JN411729

한국채택국제회계기준 목차

01 개념체계

한국채택국제회계기준	국제회계기준
재무보고를 위한 개념체계	Framework for the Preparation and Presentation

02 기업회계기준서

한국채택국제회계기준		국제회계기준	
제1101호	한국채택국제회계기준의 최초채택	IFRS 1	First-time Adoption of International Reporting Standards
제1102호	주식기준보상	IFRS 2	Share-based Payment
제1103호	사업결합	IFRS 3	Business Combinations
제1105호	매각예정비유동자산과 중단영업	IFRS 5	Non-current Assets Held for Sale and Discontinued Operations
제1106호	광물자원의 탐사와 평가	IFRS 6	Exploration for and Evaluation of Mineral Resources
제1107호	금융상품 : 공시	IFRS 7	Financial Instruments : Disclosures
제1108호	영업부문	IFRS 8	Operating Segments
제1109호	금융상품	IFRS 9	Financial Instruments
제1110호	연결재무제표	IFRS 10	Consolidated Financial Statements
제1111호	공동약정	IFRS 11	Joint Arrangements
제1112호	타 기업에 대한 지분의 공시	IFRS 12	Disclosure of Interests in Other Entities
제1113호	공정가치 측정	IFRS 13	Fair Value Measurement
제1114호	규제이연계정	IFRS 14	Regulatory Deferral Accounts
제1115호	고객과의 계약에서 생기는 수익	IFRS 15	Revenue from Contracts with Customers
제1116호	리스	IFRS 16	The Leases
제1117호	보험계약	IFRS 17	Insurance Contracts
제1118호	재무제표 표시와 공시	IFRS 18	Presentation and Disclosure in Financial Statements
제1119호	공적 회계책임이 없는 종속기업 : 공시	IFRS 19	Subsidiaries without Public Accountability : Disclosures
제1001호	재무제표 표시	IAS 1	Presentation of Financial Statements
제1002호	재고자산	IAS 2	Inventories

한국채택국제회계기준		국제회계기준	
제1007호	현금흐름표	IAS 7	Statement of Cash Flows
제1008호	회계정책, 회계추정치 변경 및 오류	IAS 8	Accounting Policies, Changes in Accounting Estimates and Errors
제1010호	보고기간후사건	IAS 10	Events after the Reporting Period
제1012호	법인세	IAS 12	Income Taxes
제1016호	유형자산	IAS 16	Property, Plant and Equipment
제1019호	종업원급여	IAS 19	Employee Benefits
제1020호	정부보조금의 회계처리와 정부지원의 공시	IAS 20	Accounting for Government Grants and Disclosure of Government Assistance
제1021호	환율변동효과	IAS 21	The Effects of Changes in Foreign Exchange Rates
제1023호	차입원가	IAS 23	Borrowing Costs
제1024호	특수관계자 공시	IAS 24	Related Party Disclosures
제1026호	퇴직급여제도에 의한 회계처리와 보고	IAS 26	Accounting and Reporting by Retirement Benefit Plans
제1027호	별도재무제표	IAS 27	Separate Financial Statements
제1028호	관계기업과 공동기업에 대한 투자	IAS 28	Investments in Associates and Joint Ventures
제1029호	초인플레이션 경제에서의 재무보고	IAS 29	Financial Reporting in Hyperinflationary Economies
제1032호	금융상품 : 표시	IAS 32	Financial Instruments : Presentation
제1033호	주당이익	IAS 33	Earnings per Share
제1034호	중간재무보고	IAS 34	Interim Financial Reporting
제1036호	자산손상	IAS 36	Impairment of Assets
제1037호	충당부채, 우발부채, 우발자산	IAS 37	Provisions, Contingent Liabilities and Contingent Assets
제1038호	무형자산	IAS 38	Intangible Assets
제1039호	금융상품 : 인식과 측정	IAS 39	Financial Instruments : Recognition and Measurement
제1040호	투자부동산	IAS 40	Investment Property
제1041호	농림어업	IAS 41	Agriculture

IFRS 중급회계 2026

저자 | 정운오 / 조성표 / 한승엽 / 선우희연

經文社

2026년판 머리말

올해로 우리나라가 「국제회계기준(IFRS)」을 전면적으로 채택한 지 15년이 지났습니다. IFRS의 채택 초기에 있었던 많은 득실 논란은 이제 먼 이야기가 되었고, 그동안 상장기업과 금융기관은 물론 대규모 공기업에까지 적용이 확대된 「한국채택국제회계기준(K-IFRS)」은 명실상부한 우리나라의 회계기준으로 자리매김하였습니다. IFRS가 영어로 작성되어 있으므로 「한국회계기준원」은 한국어 번역에 많은 시간과 노력을 기울였습니다. 그러나 직역(直譯)만 허용하는 「IFRS 재단」의 정책으로 K-IFRS의 가독성이 떨어지는 문제점은 여전히 남아 있습니다.

IFRS는 다음과 같은 특징이 있습니다. 첫째, 자산과 부채의 공정가치(fair value) 측정을 폭넓게 요구함으로써 재무성과보다는 재무 상태 정보를 더 중요시합니다. 둘째, IFRS는 '원칙 위주의 기준(principles-based standards)'입니다. 즉, 다양한 경제적 거래에 적용할 회계기준을 마련할 때 구체적인 규칙을 정하는 대신 원론적인 지침을 제공합니다. 이는 세세한 지침을 제공하는 '규칙 위주의 기준(rules-based standards)'과 대비됩니다. IFRS가 원칙 위주라는 사실은 회계산업의 종사자들에게 더 많은 전문적, 윤리적 판단을 요구합니다. 셋째, IFRS는 매우 광범위한 정보의 공시(information disclosure)를 요구함으로써 재무보고의 완전성과 투명성을 강조합니다. 이러한 정보 공시는 기업들이 원칙 위주의 기준을 적용할 때 자신의 구체적 상황에 맞춰 어떻게 합리적으로 적용하였는지 설명이 필요할 것이므로 어쩌면 당연하다 하겠습니다.

IFRS를 2005년부터 적용하고 있는 유럽연합 기업들을 대상으로 분석한 대부분의 실증연구는 IFRS의 도입이 해당 국가의 회계환경과 자본시장에 긍정적 효과를 가져왔다는 증거들을 제시했습니다. IFRS 적용 이후 경영자의 자의적인 이익 조정의 기회가 축소되었고, 자본시장의 정보 비대칭(information asymmetry)과 정보 위험(information risk)이 줄었으며, 회계이익의 가치 관련성(value relevance)은 상승하였고, 재무분석가들의 이익 예측이 더 정확해지는 등, '재무보고의 질(quality of financial reporting)'이 전반적으로 향상되었다는 증거들이 많이 관찰되었습니다. 또 IFRS 채택 이후 자본시장의 유동성은 증가하였고, 기업의 자본조달 비용은 감소하였으며, 외국인 투자가 증가했다는 증거도 제시되었습니다. 다만, 이러한 긍정적 효과는 주로 법의 집행 능력(law enforcement)이 강하고, 재무정보의 투명성을 높이려는 경영자의 유인(incentives)이 강한 국가들에서 발생했습니다. 이러한 실증결과는 높은 품질의 회계기준을 채택하는 것만으로는 자본시장에 긍정적 효과를 가져오기에 불충분하며, 회계기준의 강력한 집행과 재무정보의 투명성

에 대한 경영자들의 강한 유인이 동반될 때 바람직한 효과가 발생함을 말해줍니다. 회계 전문가의 주관적 판단이 개입될 여지가 높은 원칙 위주의 IFRS 특성상, 이러한 실증결과는 어쩌면 당연할지도 모릅니다. 우리나라도 법 집행력이나 경영자들의 투명성에 대한 유인이 점차 강해지면서 K-IFRS 채택의 긍정적 효과가 나타나고 있다고 생각합니다.

2025년판 머리글에서도 언급했듯이, 초판 발행 시부터 공저자로 함께했던 이명곤 교수께서 수년 전 뜻하지 않게 우리 곁을 떠났습니다. 이 교수님의 풍부한 회계 지식과 예리한 통찰을 더 이상 이 책에 담을 수 없게 되어 참으로 안타깝습니다. 이뿐 아니라, 2024년판까지 공저자로서 이 책의 수월성에 크게 공헌한 나인철 교수께서 개인 사정으로 더 이상 집필에 참여하지 않게 된 것은 큰 손실이 되었습니다. 나 교수님의 탁월한 논리, 뛰어난 혜안, 그리고 회계학에 대한 열정을 이 책에서 더는 접할 수 없게 되어 무척 아쉽습니다. 비록 공저자의 자리에서 물러났지만, 두 분의 수고와 지혜의 유산은 이 책 곳곳에 여전히 남아 보석처럼 빛나고 있습니다. 이 책의 2022년판부터는 이명곤 교수님을 대신하여 이화여자대학교의 한승엽 교수가 집필에 참여하였고, 2025년판부터는 나인철 교수님을 대신하여 세종대학교의 선우희연 교수가 집필진에 동참하였습니다.

늘 그러했듯이, 이번 2026년판도 이제까지 공포된 K-IFRS의 내용과 최근의 회계환경 변화를 충실하게 반영하였습니다. 2026년판 개정 내용의 핵심은 다음과 같습니다. 먼저, 최근 공포된 「기업회계기준서」 제1118호(재무제표 표시와 공시)를 반영하여 제3장(재무제표)을 대폭 개정하였습니다. 특히 포괄손익계산서에 표시되는 수익과 비용의 범주별 표시 방법은 현금흐름표의 표시 방법과 일관되게 바뀜으로써 제3장의 내용도 크게 바뀌었습니다. 「기업회계기준서」 제1118호는 제1001호(재무제표 표시)를 대체하는 기준서로서, 우리나라의 경우 2027년 1월 1일이 속한 회계연도부터 적용 예정이지만 조기 적용이 허용되었으므로, 2026년판에 그 내용을 선제적으로 반영했습니다. 이에 맞추어 제24장(현금흐름표)도 「기업회계기준서」 제1007호(현금흐름표)의 개정 내용을 바탕으로 수정하였습니다. 또 재고자산 회계를 이전 판에서는 유통기업과 제조기업으로 나누어 두 개의 장에서 설명하였으나, 이번 판에서는 하나의 장으로 통합하여 중복 내용을 제거하고 설명의 효율성을 높였습니다. 아울러 이 책의 사용자들로부터 받은 피드백을 반영하여, 설명이 다소 난해했던 내용들을 더 쉽게 풀어서 설명했습니다. 특히 제11장(금융자산 I)과 제20장(법인세비용)의 일부 내용을 이해하기 쉽게 고쳐 썼습니다.

이 책의 2026년판도 예전처럼 모두 4부로 구성되어 있습니다. 먼저 제1부는 재무회계를 이해하는 데에 필수적인 기본 개념, 회계제도, 재무제표, 화폐의 시간가치, 그리고 수익 · 비용의 인식과 측정에 관해 소개합니다. 이어서 제2부는 자산에 관한 회계 절차와 관련 이슈를 재고자산, 유형자산, 무형자산 그리고 금융자산으로 각각 나누어 상술합니다. 그다음 제3부는 부채와 자본에 관

한 회계 절차와 관련 이슈를 다루는데, 부채는 금융부채와 충당부채 등 두 개의 장으로 나누고, 자본은 한 개의 장 안에서 관련 회계 절차를 설명합니다. 그리고 금융자산, 금융부채, 자본은 그 정의(definitions)가 유사하고 중복적이며, 금융상품의 재무제표상 분류 기준도 난해하여서, 금융자산 회계를 공부하기 직전에 별도의 장(제10장)을 마련하여 금융상품의 개요, 그리고 재무제표상 표시와 측정을 위한 분류를 상세히 설명하였습니다. 마지막으로 제4부는 주당이익, 주식기준보상, 복합금융상품, 법인세, 리스, 회계변경과 오류수정, 현금흐름표 등 중급회계에서 일반적으로 다루어지는 특수 주제들을 한데 묶었습니다.

이 책은 두 학기에 걸쳐 중급회계 I과 II의 교재로 사용하도록 계획되었습니다. 다소 무리가 되더라도 조금 재촉한다면, 중급회계 I에서는 제1부와 제2부를 전부 강의하고, 중급회계 II에서는 제3부의 부채와 자본 및 제4부의 특수 주제들을 모두 강의함으로써 본 교재의 전체 내용을 학습할 수 있을 것입니다. 그러나 다소 여유를 두고 강의하려면, 제4부의 주제 중 일부는 고급 회계과목이나 다른 회계과목(예컨대, 중급회계 III)으로 이관할 수도 있을 것입니다. 예를 들면, 복합금융상품, 주식기준보상 및 종업원급여는 한 단계 수준이 더 높은 회계과목에서 다루어도 무방할 것입니다. 그동안 이 책을 교재나 수험서로 사용해 주신 교수님들 그리고 중급회계 수강생들과 공인회계사 응시생들의 성원과 격려에 대하여 저자 일동은 본 지면을 빌려 깊이 감사드리며, 이 책이 더욱 충실해질 수 있도록 지속적인 질책과 격려를 부탁드립니다.

이 책의 2026년판이 출간되기까지 오랫동안 많은 도움과 조언을 아끼지 않으신 영남대학교 이강일 교수, 경기대학교 이세철 교수, 충북대학교 박종일 교수, 덕성여자대학교 이문영 교수, 동덕여자대학교 김우영 교수, 한양대학교 김종현 교수, 대진대학교 장석진 교수, 한남대학교 이용석 교수, 경북대학교 박선영 교수, 한국외국어대학교 김영준 교수, 인하대학교 이수정, 송보미 교수, 국민대학교 임상균 교수, 한양대학교 정희선 교수, 세종대학교 이유진, 양승희 교수, 경희대학교 조미옥 교수, 그리고 한양대학교의 인창렬 박사, 경북대학교의 김현아 박사, 한국산업관계연구원 하석태 박사, 홍콩중문대학교 박다윗 교수에게 깊은 감사를 드립니다. 또 이 책의 발간을 위해 물심양면으로 심혈을 기울여주신 경문사의 한헌주 대표, 길정섭 편집실장 및 편집실 직원 여러분들의 수고에도 감사드립니다. 아울러 이 책을 저술하는 동안 인내와 사랑으로 성원을 아끼지 않은 저자들의 가족들에게도 고마운 마음을 전하며, 무엇보다 저자들에게 지혜와 통찰력을 주시고 건강을 지켜주신 하나님께 큰 감사를 드립니다.

꿈과 소망이 부푸는 새 학기를 맞이하며,

2026년 2월 저자 일동

총 목 차

차례

제 1 부 재무회계의 기초

01 재무회계의 본질과 제도적 측면

02 재무보고의 개념체계

03 재무제표

15 충당부채와 기타부채

16 자 본

제4부 특수주제

17 복합금융상품

18 주식기준보상

19 주당이익

20 법인세

21 리 스

22 종업원급여

23 회계변경과 오류수정

24 현금흐름표

PART 1

재무회계의 기초

개 요

제1부에서는 재무회계의 기초를 이루는 이론과 개념, 회계제도, 재무제표의 개괄, 화폐의 시간가치, 그리고 발생주의 회계의 핵심주제인 수익·비용의 인식과 측정에 대해 살펴본다. 먼저 제1장은 어원적 측면에서 회계의 의의가 경영자의 「수탁책임(accountability)」과 밀접한 관계가 있음을 살펴보고, 이어서 회계가 자본주의 경제 내에서, 특히 자본시장에서, 어떠한 기능을 수행하는지 설명한다. 구체적으로, 회계제도가 자본시장을 떠받치는 주요한 「기반구조(infra-structure)」이므로, 회계제도가 견실하지 못하면 자본시장을 핵심으로 하는 자본주의 경제도 건강하게 발전할 수 없음을 강조한다. 또 제1장은 재무회계와 관련한 제도적 측면도 살펴본다. 먼저 우리나라 회계제도의 전개 과정을 1950년대 최초 제정된 회계기준으로부터 2011년 한국채택국제회계기준(K-IFRS)의 전면도입에 이르기까지 연대기적 관점에서 살펴본 후, 국제회계기준위원회(IASB : International Accounting Standards Board)가 제정하는 「국제회계기준(IFRS : International Financial Reporting Standards)」의 제도적 측면에 대해 상세히 설명한다.

다음 제2장은 재무보고의 개념적 준거 기준이 되는 IASB의 「개념체계(conceptual framework)」에 대해 살펴본다. 현존하는 개념체계 중 가장 잘 정비된 것으로는 미국회계기준위원회(FASB : Financial Accounting Standards Board)의 개념체계와 IASB의 개념체계 등 두 가지가 있다. 원래 이 둘은 서로 독립적으로 존치하다가, 2004년 두 회계기준위원회의 합의에 따라 통합(convergence)을 위한 프로젝트가 시작되었다. 애초에 이 통합프로젝트는 8단계에 걸친 장기과제로 선정되어 2010년 9월에는 1단계를 마쳤으며, IASB는 이 1단계의 결과에 근거하여 자신의 개념체계를 부분적으로 개정하였다. 그러나 1단계를 마친 직후 두 회계기준위원회는 서로 다른 시급한 안건들을 먼저 다루기 위해 통합프로젝트를 잠정 중단하게 되었는데, 이후 IASB는 독자적으로 프로젝트를 진행함에 따라 FASB와의 통합프로젝트는 미완성인 채 종결되고 말았다. 그 후 약 3년 뒤인 2013년 7월에 IASB는 독자적으로 토론서(discussion paper)를 만들어 전 세계적으로 배포하였다. 그리고 이 토론서에 대한 의견수렴을 거쳐 2015년 5월에는 공개초안(exposure draft)을 발표하였고, 추가적인 의견을 수렴한 후 2018년 3월에는 완성된 개념체계를 공포하였다. 이 완성된 개념체계는 2020년 1월 1일 또는 그 이후에 시작하는 회계연도부터 공식적으로 적용되었다.

다음 제3장은 재무제표를 개괄한다. 국제회계기준에 따르면, 완전한 재무제표는 재무상태표, 포괄손익계산서, 자본변동표, 현금흐름표 및 주석으로 구성된다. 제3장은 각 재무제표에 보고되는 정보의 성격, 보고되어야 할 주요 항목과 양식 등을 제시하고, 주요 항목에 대해서는 항목별로 회계처리를 개념적으로 설명한다.

제4장은 화폐의 시간가치(time value of money)를 소개한다. 화폐의 시간가치는 회계원리나 재무관리 과목에서 이미 학습하였을 것이지만, 시간가치의 개념, 특히 현재가치의 개념은 중급회계를 이해하는 데에 필수적인 개념이므로, 본서에서는 별도의 장(章)으로 비중 있게 다룬다. 또 제4장은 화폐의 시간가치 개념이 핵심적으로 활용되는 회계 이슈들에 대해서도 간략하게 소개한다.

제1부의 마지막 장인 제5장은 수익과 비용의 기록 시점과 금액을 결정하는 인식(recognition) 및 측정(measurement)의 문제에 대해 살펴본다. 수익·비용의 인식과 측정은 발생주의 회계의 기본이므로 제1부인 재무회계의 기초에 포함하였다. 특히 제5장은 2018년 1월 1일부터 적용된 「기업회계기준서」 제1115호(고객과의 계약에서 생기는 수익)의 내용을 설명하고, 이어서 수익 인식의 문제를 수익획득의 다양한 유형별(예 재화판매, 용역제공, 자산사용 등)로 심도 있게 설명한다.

CHAPTER 01

재무회계의 본질과 제도적 측면

Contents

2019년 말 중국 우한에서 발생하여 2020년부터 2023년에 걸쳐 전 세계적으로 창궐한 코로나바이러스(COVID-19)는 사람들의 일상적 삶의 방식을 크게 바꾸어 놓았고, 경제활동을 비롯한 수많은 사회활동에도 막대한 변화를 초래하였다. 공공장소에서의 마스크 착용, 재택근무나 줌(Zoom)을 이용한 원격회의 등은 COVID-19로 인해 우리 사회와 경제제도 속에 자리 잡은 "뉴노멀(new normal)"이 되었다. 이보다 10여 년 앞선 2008년에는 그 당시 세계 5대 투자은행(investment banks : IB) 중 하나였던 리먼브라더스의 파산과 메릴린치, 골드만삭스 등 초우량 투자은행들의 심각한 유동성 문제로 촉발된 금융위기는 한때 지구촌 금융시스템을 공황에 빠뜨렸으며, 연이어 닥친 유럽 국가들의 재정위기는 세계 경제를 심각한 침체에 빠뜨렸다. 이뿐 아니라 그보다 앞선 1997년에는 태국과 우리나라를 비롯한 아시아 국가들에 전대미문의 외환위기가 닥쳤고, 이로 인해 우리나라는 국제통화기금(IMF)으로부터 구제금융(bail-out loan)을 요청할 수밖에 없었으며, 이후 강도 높은 금융권의 구조조정은 사회경제적으로 큰 손실과 고통을 안겨주었다.

위와 같이 전 세계적으로 발생하는 굵직한 사회경제적 위기에 더하여, 우리 주변에는 크고 작은 문제와 사고들이 수없이 일어난다. 이러한 문제나 사고의 해결과정에서 반드시 요구되는 것은 그 원인을 파악하고 책임소재를 규명함으로써 발생한 결과에 대해 책임을 묻는 일이다. 이는 해당 문제나 사고의 예방책임을 맡았던 사람을 벌주기 위한 목적보다는 이들에게 정당한 책임을 귀속시킴으로써 사회구성원들의 경각심을 높여 미래 유사한 문제와 사고가 재발하는 것을 막기 위함이다.

어떤 결과를 초래한 행위자에게 책임을 귀속시키는 일은 위에서 언급한 사고나 위기와 같은 '나쁜 결과'에 대해서만 요구되는 것은 아니며, '좋은 결과'에 대해서도 필요하다. 이는 좋은 결과를 이룩한 사람의 노력을 포상해 줌으로써 더 나은 성과를 성취하도록 유도하기 위함이다. 올림픽이나 월드컵대회에서 국위를 선양한 선수에게 포상금을 지급하거나 이익을 많이 낸 경영자에게 보너스를 지급하는 일은 좋은 결과에 대하여 책임을 귀속하는 예이다. '어떤 행위 또는 의사결정으로 말미암은 결과에 대하여 그 행위자나 의사결정자에게 책임을 귀속할 수 있음'을 의미하는 영어단어가 'accountability'이다. 성서에 보면, 적군이 침입할 때에 성읍을 지키던 파수꾼(watchman)이 미리 경고 나팔을 불지 않아서 그 성읍 사람 중 한 사람이 적군의 칼에 죽게 되면 하나님이 그 죽은 자의 피 값을 파수꾼에게 묻겠다는 말이 나온다. 죽은 자의 피 값에 대하여 파수꾼에게 책임을 귀속하겠다는 말을 영문성서는 "I will hold the watchman *accountable* for his blood"라고 표현하고 있다.[1)]

---

1) 영문성서 중 New International Version의 에스겔서 33장 6절을 인용함.

주지하듯, 영어로 '회계'를 'accounting' 또는 'accountancy'라고 하는데, 이 단어의 어원은 물론 accountability와 같다. 이는 결과에 대한 책임을 묻고 귀속시키는 행위가 회계와 불가분의 관계에 있음을 시사한다. 즉, 어원적 측면에서만 해석하면, 회계란 기업, 정부기관, 비영리단체 등과 같은 경제 · 사회적 실체(socioeconomic entity)의 성과(performance 또는 outcome), 특히 재무적 성과에 대하여 설명을 듣고 평가하여 정당한 책임을 귀속시키는 절차라고 할 수 있다. 한자(漢字)로도 회계(會計)는 '한데 모여서(會) 셈을 하다(計)'라는 의미를 담고 있다. 사람들이 '한데 모여 셈을 하는' 목적도 주어진 결과나 성과에 대하여 설명을 듣고 맡은 자의 책임을 평가하기 위함이다. 이처럼 동서양을 불문하고 회계의 어원적 의미는 놀라울 정도로 같다.

그런데 주어진 결과나 성과에 대해 설명을 듣고 평가하여 정당한 책임을 묻거나 보상해 주기 위해서는 반드시 관련된 정보(information)가 필요하다. 이러한 정보는 결과에 대한 정보뿐 아니라 결과가 발생하게 된 원인 및 과정에 관한 정보도 포함한다. 따라서 회계의 본질은 '결과에 대한 설명과 평가 및 책임 귀속에 필요한 정보의 생산'이라는 측면에서 찾을 수 있다.[2] 이하 본 장에서는 회계의 의의와 사회적 기능을 먼저 살펴보고, 이어서 우리나라 회계기준과 국제회계기준의 제도적 측면을 설명한다.

제1절 회계의 의의

전술한 대로 회계는 결과에 대한 설명과 평가 및 책임 귀속에 필요한 정보를 생산하는 역할을 담당하므로 이러한 역할을 전제로 회계의 의의, 즉 **회계란 무엇인가**를 규명해 보면 다음과 같다.

> 회계란 **정보이용자**(information users)**의 의사결정** 대상(對象)이 되는 **사회경제적 실체**(socioeconomic entities)의 재무상태와 재무성과를 측정하여 보고하기 위해 고안된 **정보생산체계**(information-generating system)이다.

위의 정의를 좀 더 구체적으로 이해하기 위해 몇 가지 핵심용어를 부연 설명해 보자. 먼저, 사회경제적 실체란 경제적 거래(예 재화나 용역의 구매, 자금의 투자 및 회수 등)

---

2) 정보의 생산을 위해서는 먼저 데이터를 기록, 분류, 통합하는 정보처리 과정이 필요한데, 이러한 정보처리를 오류 없이 효과적으로 하기 위해 개발된 체계적인 회계시스템이 바로 복식부기(double-entry bookkeeping system)이다. 흔히 복식부기를 인류의 위대한 발명품 중 하나로 간주하는데, 그 이유는 복식부기가 매우 효과적인 회계시스템으로서 인류문명의 발전에 크게 기여했기 때문이다.

의 대상이 되는 조직(organizations)이나 기관(institutions)을 말하는데, 이를 유형별로 나누면, 비영리기관, 사유(私有)기업 그리고 공유(公有)기업 등 세 가지로 분류할 수 있다. **비영리기관**(not-for-profit organizations)이란 이윤추구를 설립목적으로 하지 않는 기관을 가리키며, NGO, 대학교, 자선단체, 박물관, 정부기관 등이 이에 속한다. **사유기업**(privately-held businesses)은 개인사업(sole proprietorship), 동업기업(partnership), 유한회사, 비상장주식회사(private corporations) 등 다양한 조직형태로 운영되는 이윤추구기관을 가리킨다. 이러한 사유기업은 소유주와 경영자가 동일인인 것이 특징이다. **공유기업**(publicly-held businesses)은 이윤추구 기관으로서 설립에 필요한 자본을 일반 투자자들에게 주권(stock certificates)을 발행하여 조달하고, 이 주권이 제도화된 자본시장에서 거래되는 주식회사를 말한다. 주권이 거래되려면 자본시장에 상장되어야 하므로, 공유기업은 상장주식회사(listed corporations)라고 불린다. 상장주식회사는 우리나라 재벌기업의 경우처럼 지배주주가 경영자인 경우도 있지만, 일반적으로는 전문경영인이 경영함으로써 소유와 경영이 분리된 것이 특징이다. 이상의 여러 사회경제적 실체 중에서 별도 언급이 없는 한 본서에서 의미하는 사회경제적 실체란 공유기업, 즉 상장주식회사를 의미한다.

다음으로 정보이용자와 그들의 의사결정 내용을 살펴보자. 회계정보 이용자는 크게 둘로 나누어 **내부이용자**(internal users)와 **외부이용자**(external users)가 있다. 전자는 기업 내부에 존재하는 이용자로서, 대표이사(chief executive officer : CEO), 이사회(board of directors), 임원 등 기업의 주요 경영자들을(C-level managers) 가리킨다. 이 내부이용자들은 기업의 영업활동(예 제조, 판매, 구매 등), 투자활동(예 유/무형자산의 취득과 처분 등) 및 재무활동(예 차입/증자 등의 자본조달 등)에 관해 최적의 의사결정을 내리고, 그 결과를 내부적으로 평가하기 위해 다양한 정보가 필요하다. 내부이용자의 이러한 정보 수요를 충족시키는 회계를 '**관리회계**(managerial accounting)'라고 부른다.

반면, **외부이용자**는 기업의 외부에 존재하며, 내부이용자와는 달리 매우 여러 유형의 의사결정자들을 망라한다. 먼저 일차적으로 중요한 외부정보이용자들은 자본시장에서 활동하는 주식투자자와 채권투자자들이다. 기업의 주식을 사고파는 주식투자자들은 투자수익에 영향을 미치는 기업가치와 배당에 관한 정보가 필요하며, 회사가 발행하는 채권(bonds)에 투자하는 채권투자자들은 발행기업이 이자와 원금을 약속대로 지급할 능력이 있는지 평가하기 위한 정보가 필요하다.

기업의 주식이나 회사채에 투자하는 **투자자**들(investors)뿐만 아니라, 기업의 **채권자**들(creditors)도 중요한 외부정보이용자들이다. 이들은 기업에 자금을 빌려준 거래은행, 재화나 용역을 외상으로 공급한 공급자(suppliers), 미지급급여와 퇴직급여를 받을 권리가 있는 종업원(employees), 그리고 기업의 제품보증 서비스를 받을 권리가 있는 소비자(consumers) 등을 망라한다. 기업의 채권자들도 자금의 대여나 재화의 외상 공급 여부에 관한 의사결정을 바르게 내리기 위해서는 기업의 지급능력이나 이행능력을 평가할 수 있는 정보가 필요하다.

투자자와 채권자들 이외에도, 기업에 관해 최적의 의사결정을 내리기 위해 회계정보가 필요한 기타의 외부이용자들도 있다. 재무분석가(financial analysts)나 기업 신용평가기관(credit-rating agencies)과 같은 정보중개인(information intermediaries), 금융위원회나 공정거래위원회 등의 정부 감독기관, 그리고 환경단체, 소비자단체 등과 같은 NGO들이 그들이다. 이 가운데 먼저 정보중개인을 살펴보자. 주식투자자나 채권투자자들이 자신의 의사결정을 위해 개인적으로 기업정보를 수집·분석하는 데에는 많은 시간과 비용이 소요된다. 따라서 이들이 필요로 하는 기업정보를 대신 수집·분석함으로써 투자의사결정을 돕는 전문가집단이 시장에서 활동한다. 기업 신용평가기관이나 재무분석가들이 바로 그들인데, 이들은 기업가치나 신용위험을 분석하고 평가하기 위해 회계정보를 이용한다. 또 금융위원회, 공정거래위원회, 국세청 등의 정부기관도 회계정보의 외부이용자가 될 수 있다. 이들은 외부감사에 관한 법률, 증권거래법, 공정거래법, 세법 등 제반 경제법규에 대한 기업의 준법(compliance) 여부를 효과적으로 감독하기 위해 기업의 회계정보를 이용하기도 한다. 또 NGO들도 소비자 보호나 환경보호와 같은 자신의 고유목적을 달성하기 위해 기업활동을 감시할 때 효율적인 모니터링을 위해 기업의 회계정보를 활용할 수 있다. 이상으로 언급한 다양한 외부정보이용자들의 정보 수요를 충족시키기 위해 고안된 회계를 관리회계와 대비하여 '**재무회계**(financial accounting)'라고 부른다. 재무회계는 이처럼 다양한 외부정보이용자의 정보 수요를 충족해 줄 수 있지만, 이들 중 특히 자본시장에서 활동하는 투자자와 채권자들의 정보 수요 충족에 초점을 둔다. 따라서 회계정보의 주요 외부이용자는 투자자와 채권자다.

그림 1.1
재무회계의 환경

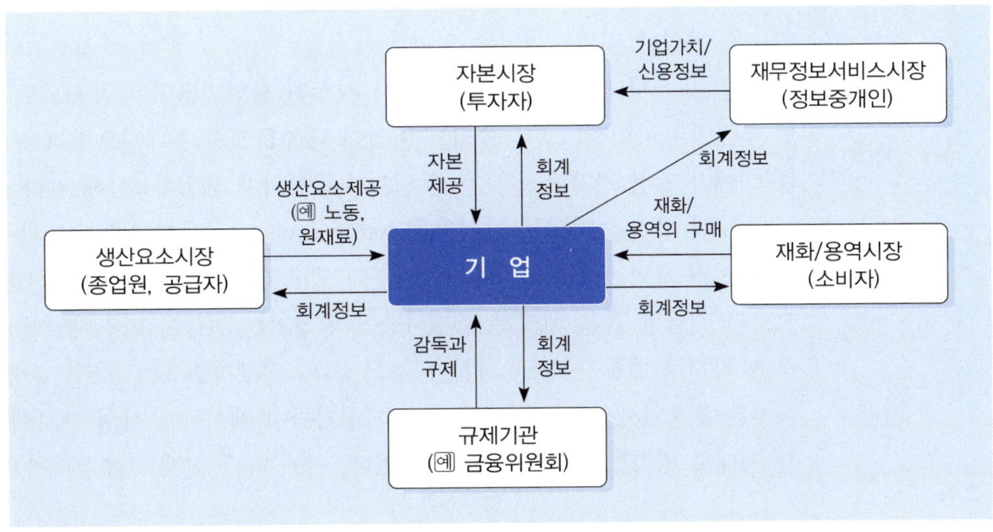

[그림 1. 1]은 위에서 설명한 내용을 정리한 것으로서 외부정보이용자들과 기업 실체 간 상호작용에 방점을 두고 요약하였다. 그림에 표현된 다양한 상호작용은 재무회계가 작동하는 환경을 잘 보여준다.

제2절 회계의 사회적 기능

자본시장이 지금처럼 제도화되기 이전의 시대, 예컨대 아시아나 유럽의 봉건 왕조시대에는 현재와 같은 형태의 기업은 존재하지 않았다. 그 당시 사업 프로젝트(business project)는 부(富)를 가진 지배층 자본가들이 자금을 출원한 후, 이 자금을 특정인에게 위탁하고, 이를 위탁받은 자, 즉 수탁자(steward 또는 agent)는 일정 기간 무역업 등의 사업을 수행한 후 사업이익을 자본가와 분배하는 단순한 형태로 이루어졌다. 그 당시 자본가들은 사업 프로젝트의 소유권, 곧 지분(equity)을 타인에게 양도할 수 있는 자본시장이 존재하지 않았으므로, 지분의 경제적 가치(value)가 얼마인지 평가하는 것보다는 수탁자에게 맡겨놓은 사업자본이 잠식되지 않고 효율적으로 운용되고 있는지 파악하는 것이 더 중요하였다. 따라서 자본가는 맡겨놓은 자본에 대한 운용책임을 수탁자에게 묻기 위한 회계정보가 필요하였다. 이러한 자본가의 정보수요를 충족시켜주는 회계의 기능을 우리는 **수탁책임 평가기능**(stewardship function)이라고 부른다.

앞에서 회계의 어원적 측면을 살펴보면서, 회계가 기업의 성과에 대한 평가 및 그 성과에 대한 책임을 밝히는 절차임을 설명하였다. 이는 곧 회계가 수탁책임을 평가하는 절차임을 분명히 나타낸다. 이를 통해 우리는 회계의 어원적 정의(definition)가 수탁책임에서 유래하였으며 자본시장이 제도화되기 훨씬 이전 시대에 회계가 담당했던 주요 기능을 반영한 것임을 알 수 있다.

봉건 왕조시대 이후 근대 유럽에서 시작된 산업혁명이 성공적으로 진행되면서, 거대한 부(富)가 사회적으로 창출되고 이것이 대중들에게 분배됨으로써 부를 독점했던 지배층 외에 상당한 경제력을 갖춘 중산층이 등장하게 되었다. 이에 따라 중산층의 여유 자금을 모아 사업을 하려는 기업가들(entrepreneurs)도 나타나게 되었다. 이러한 기업가들은 자신의 사업 아이디어를 구현하는 데 필요한 자본을 다수의 중산층으로부터 조달함으로써 지금과 같은 제도적 자본시장이 형성되는 기틀을 마련하였다. 기업가들은 중산층이 가지고 있는 한정된 자본을 놓고 서로 경쟁하였으며, 다수의 중산층 투자자들은 올바른 투자의사결정을 내리기 위해 기업가들이 제시하는 사업 프로젝트의 경제적 가치를 제대로 평가할 필요를 느끼게 되었다. 이에 따라 회계도 기업가가 제시하는 사업 프로젝트의 가치(사업가치)를 평가할 수 있는 정보를 제공하도록 요구받게 되었고, 전통적인 수탁책임 평가기능에 '가치평가를 위한 정보의 제공'이라는 기능이 회계에 자연스럽게 첨가되었다. 이처럼 자본시장의 발달에 따라 새롭게 추가된 회계의 기능을 우리는 **가치평가기능**(valuation function)이라 부른다.

사회 전체적으로 보면, 회계의 수탁책임과 가치평가기능은 한정된 경제적 자원인 자본을 가치가 가장 높은 사업 프로젝트로부터 시작하여 순차적으로 위탁되도록 도와주고, 또 이렇게 자본을 위탁받은 기업가, 즉 수탁자가 프로젝트를 효율적으로 수행하는지 평가하는 것을 도와준다. 따라서 회계의 사회적 기능은 "한정된 경제적 자원이 자본시장에서 **효율적으로** 배분되도록 촉진하는" 기능이다. 이러한 회계의 사회적 기능에 대해 좀 더 상세히 살펴보자.

1. 효율적 자원의 배분 : 역선택 문제의 해결

현대 자본주의 체제에서 경제적 자원의 배분, 곧 자본의 배분은 자본시장을 통해 이루어진다. 자본 배분이란 자본 공급자들로부터 자본 수요자들에게 한정된 자본이 나누어지는 것을 말한다. 그런데 자본 공급자는 투자자들이고 자본 수요자는 기업가들이므로, 자본이 자본시장을 통하여 나누어진다는 것은 투자자들의 한정된 자본을 기업가들에게 배분하는 기능을 자본시장이 수행한다는 것이다. 그런데 자본시장이 이러한 배분기능을 효율적으로 수행하기 위해서는 다음과 같은 걸림돌이 되는 문제가 해소되어야 한다. 하나는 자본시장에 존재하는 **정보비대칭**(information asymmetry)이고, 또 하나는 기업가의 정보제공과 관련한 **인센티브**(incentive) 문제이다.

먼저 자본시장의 정보비대칭이란 내부자인 기업가가 외부자인 투자자들보다 기업가치에 관해 더 우월한 정보를[3] 갖는 현상을 가리킨다. 사업 아이디어를 가지고 스스로 기업을 경영하는 기업가는 기업 외부에 있는 투자자에 비해 기업의 가치에 관해 더 많고 자세한 정보를 갖게 되는 것은 당연하며, 이러한 현상을 자본시장의 정보비대칭이라 부르는 것이다. 정보비대칭은 비단 자본시장에서만 발생하는 것은 아니다. 중고차시장에서처럼 품질이 매우 다양한 재화(예 중고차)가 거래되는 대부분 시장에서 발생한다. 정보비대칭을 모든 시장에 적용하여 일반적으로 표현하면 다음과 같다. 정보비대칭이란 시장에서 거래되는 재화의 품질이 다양하나 품질의 고하(高下)를 쉽게 분별할 수 없어 품질에 대한 불확실성이 존재하는 상황에서 매수자들(buyers)이 매도자들(sellers)보다 재화의 품질에 대해 열등한 정보를 가지게 되는 현상을 말한다. 예컨대, 중고차시장에서

3) 여기서 사업가치에 관한 정보는 사업의 위험(risk)에 관한 정보도 포괄한다.

매수자는 매도자인 차의 소유주에 비해 거래되는 중고차 품질에 관해 열등한 정보를 가질 수밖에 없다.

정보비대칭이 존재하는 시장에서는 매수자들이 품질의 고하를 분별할 수 없으므로, 거래되는 재화는 품질에 따라 가격이 달리 매겨질 수 없고 모든 재화가 **동일한 가격**에 거래될 수밖에 없다. 그리고 이 동일한 가격은 일반적으로 **평균수준**의 품질을 반영하는 가격이 될 것이다. 그러면 품질이 평균보다 아주 높은 양질(良質)의 재화를 매도하려는 사람은 시장가격이 자기 재화의 가치보다 훨씬 낮아 매도하는 것이 손해라고 판단하여 시장에서 이탈한다. 이러한 고품질의 매도자들이 시장에서 이탈하면 자연히 시장 전체의 평균 품질 수준은 저하되고, 이에 따라 매수자들이 매기는 시장가격도 이전보다 더 낮아진다. 이렇게 시장가격이 더 낮아지면 그나마 괜찮은 품질의 재화를 공급하던 매도자들이 시장에서 이탈하고, 거래되는 재화의 평균 품질 수준은 더욱 낮아진다. 이러한 악순환은 반복해서 발생하고, 종국에는 "가장 낮은 품질의 재화(레몬)"만이 시장에서 거래되거나, 아니면 매도자와 매수자 모두가 받아들일 수 있는 적절한 시장가격이 형성되지 못해 거래가 전혀 이루어지지 못할 수도 있다. 즉, 애초부터 시장이 형성되지 못할 수도 있는 것이다. 이러한 바람직하지 못한 경제 현상을 **역(逆)선택**(adverse selection)이라 부르며, 그런 현상이 일어나는 시장을 '**레몬시장**(market for lemons)'이라고 부른다. 그리고 역선택으로 시장이 제대로 발달하지 못하는 현상을 '**시장실패**(market failure)'라고 부른다.

그런데 여기서 만일 매도자가 매수자에게 자신의 품질정보를 자발적으로 알려주어서 정보비대칭이 사라진다면 시장실패의 문제를 해결할 수 있지 않을까? 즉, 고품질의 매도자는 자기 재화가 고품질이라 말하고 높은 가격을 받으며, 저품질의 매도자는 저품질이라고 말하고 낮은 가격을 받는 것이다. 이러한 자발적 정보공시가 시장실패를 막아줄 수 있을까? 그렇지 않다. 왜냐하면, 매도자는 품질정보를 정직하게 알려주는 대신 실제보다 **과장하여** 알려주려는 유인(incentives)이 있기 때문이다. 품질이 낮은 매도자라 하여도 어느 누가 스스로 "내 것은 싸구려"라고 알림으로써 평균가격보다 낮은 가격을 받고 싶겠는가? 자발적 정보공시와 관련한 이러한 매도자의 왜곡된 유인을 매수자들이 모를 리 없으므로, 매도자가 공시하는 어떠한 품질정보도 신뢰하지 않을 것이고, 결국 자발적 공시정보는 무용지물이 된다.

자본시장으로 돌아가서 역선택의 문제를 생각해 보자. 자본시장에서 역선택의 문제가 해결되지 못하면 어떤 일이 발생할까? 자본시장의 레몬 현상은, 사업가치가 매우 낮은 프로젝트에만 자본이 배분되어 (즉, 자본이 조달되어) 살아남고, 사업가치가 높은 프로젝트에는 자본 배분이 되지 않아 못하게 되는 현상으로 나타난다. 이에 따라 자본시장의 규모는 현저히 쪼그라들 뿐 아니라 부의 창출을 방해하므로 경제발전도 저해한다. 그러면 경제가 발전된 선진 자본시장에서는 어떻게 역선택의 문제를 해결하고 자본시장을 발전시켰을까? 선진 자본시장에는 투자자와 기업가 사이에 소위 중개인(intermediaries)이라 부르는 중간자들이 있어서 정보비대칭의 문제를 해결하는 기능을 수행한다. 이 중개인들은 **재무중개인**(financial intermediaries)과 **정보중개인**(information intermediaries)으로 나눌 수 있는데, 재무중개인은 투자자들로부터 자본을 모집하여 이를 기업가에게 연결해 주며, 정보중개인은 기업가들의 사업 프로젝트에 관한 정보(예 수익성, 위험 등)를 다면적으로 분석하여 투자자들에게 제공한다.

먼저, 재무중개인으로는 투자은행(investment banks), 뮤추얼펀드, 사모펀드, 헤지펀드, 벤처캐피탈회사 등이 있는데, 이들은 일반 투자자들과는 비교할 수 없을 정도로 우월한 기업정보를 수집하여 분석할 수 있는 능력이 있다. 이러한 월등한 정보 능력을 활용하여 재무중개인은 일반 투자자들로부터 자본을 모집할 수 있으며, 모집된 자본을 우월한 정보를 바탕으로 다양한 사업 프로젝트에 투자할 수 있다. 재무중개인의 이러한 대리투자활동은 자연스럽게 사업가치가 높은 프로젝트에도 자본이 배분될 수 있게 한다. 다음으로, 정보중개인들은 다양한 사업 프로젝트의 가치와 위험에 관한 정확하고 신뢰할 수 있는 정보를 생산하여 투자자들에게 제공한다. 대표적인 정보중개인으로는 재무분석가(financial analysts), 신용평가기관, 그리고 *Wall Street Journal*, *Financial Times*, *Forbes*, *Bloomberg* 등과 같은 재무미디어(financial media)가 있다. 이러한 정보중개인들이 생산하는 기업정보는 일반 투자자들이 프로젝트의 가치와 위험을 올바로 평가하도록 도움으로써 자본시장의 역선택 문제를 크게 경감시킨다.

재무중개인이나 정보중개인들이 역선택 문제의 효과적인 경감 수단이 되는 근본적 이유는 이들의 우월한 정보 수집 및 전문가적 분석 능력을 바탕으로 사업가치가 높은 기업과 낮은 기업을 일반 투자자들보다 더 정확하게 분별해 낼 수 있는 능력이 있기 때문이다. 그런데 이들의 월등한 분별력은 기업에 관하여 신뢰성 있는 양질의 재무정보가 없이는 발휘될 수 없다. 그러면 그러한 기업 재무정보는 어떻게 생산되고 이들에게 가용해지는가? 바로 회계가 그러한 재무정보를 만들어 냄으로써 중개인들의 정보 수요에 부응하는 것이다. 결론적으로 회계는 신뢰할 수 있는 재무정보를 재무중개인과 정보중개인들에게 제공함으로써 정보비대칭이 유발하는 역선택으로 자본시장이 실패하는 것을 막고 경제적 자원이 투자자들로부터 기업가에게 효율적으로 배분되도록 돕는다. 선진 자본시장일수록 회계제도가 더 발달되어 있는데, 이는 결코 우연이 아니다.

2. 효율적 자원의 배분 : 도덕적 해이 문제의 해결

이제까지 회계의 사회적 기능을 설명하면서, 회계가 신뢰할 수 있는 기업 재무정보를 생산하여 자본시장에 공급함으로써 역선택의 문제를 경감시키고 자본이 기업가들에게 효율적으로 배분되도록 돕는다는 사실에 초점을 맞추었다. 그러나 이렇게 자본을 배분받은 기업가들은 소위 '**도덕적 해이**(moral hazard)'라 부르는 문제에 노출될 수 있고, 이 문제에 적절하게 대처하지 못하는 자본시장은 역시 실패할 가능성이 높다. 회계는 이러한 도덕적 해이(解弛)의 문제를 완화하는 데에도 중요한 역할을 담당함으로써 자본시장에서 효율적 자원의 배분을 돕는다. 회계의 이러한 또 하나의 사회적 기능을 상세히 설명하기 전에 먼저 도덕적 해이가 무엇인지 살펴보자.

일반적으로 도덕적 해이는 다음과 같은 현상을 말한다. 어떤 사람(이를 甲이라고 하자)이 자신의 자산이나 자본과 같은 경제적 자원을 다른 사람(이를 乙이라고 하자)에게 위임하였다고 하자. 이때 갑(甲)은 위임자(principal)라고 부르며, 을(乙)은 대리인(agent)이라고 부른다. 이 경우 위임자는 대리인이 최대의 시간과 노력을 투입함으로써 위임된 경제적 자원을 효과적으로 활용하고 최대의 재무성과를 내도록 요구할 것이다. 그러나 실제로 대리인이 최대의 시간과 노력을 투입하는지 위임자가 관찰하거나(observe) 감독하는(monitor) 일은 불가능하다. 특히, 최대의 시간과 노력을 투입하는 것이 대리인 자신의 사적인 이익(private interest)과 상충하는 경우에(예 여가시간의 축소, 일로 인한 스트레스와 건강 악화 등) 위임자의 관찰 혹은 감독 불가능은 대리인의 태만과 해이를 초래할 가능성이 매우 높다. 그런데 대리인의 태만과 해이는 일반적으로 열등한 성과를 낳을 것이다. 그러면 열등한 성과를 낳은 대리인에게 사후적으로 보상 없는 해고나 막대한 손해배상을 요구하면서 심한 책임을 묻는다면, 대리인은 이러한 책임추궁을 두려워하여 성실히 일할 가능성은 없을까? 그렇지 않다. 왜냐하면, 대리인의 태만과 해이가 일반적으로는 열등한 성과를 초래할 가능성이 높기는 하지만, 외환위기나 COVID-19와 같은, 대리인의 노력과는 상관없는 통제 불능의 외부요인도 대리인의 성과에 영향을 미칠 수 있기에, 열등한 성과가 반드시 대리인의 태만과 해이로 인한 결과가 아닐 수도 있기 때문이다. 만일 대리인의 성과와 노력 간의 인과관계에 존재하는 이러한 불확실성을 고려하지 않고 사후적으로 열악한 성과에 대해 해고나 손해배상청구와 같은 막대한 책임을 묻는다면 대리인은 과도한 위험에 노출된다. 이러한 과도한 책임추궁 위험을 싫어하는 대리인은 위임자의 고용제안에 응하지 않을 것이고, 애초부터 경제적 자원을 위임하는 계약 자체가 성립하지 못하게 될 수도 있다.

이처럼 위임자가 대리인의 노력을 관찰하는 일이 불가능하고, 또 대리인의 열악한 성과에 대해 과도한 문책이 여의치 않다면, 대리인은 자신의 열악한 성과가 예측할 수 없었던 외부요인 때문이라고 변명함으로써 자신의 태만과 해이에 대해 면책받을 수 있는 여지가 생긴다. 이러한 면책 가능성을 악용하는 대리인은 위임자를 위한 최선의 노력을 기울이지 않고 자신의 사적 이익을 추구함으로써 위임자에게 경제적 손실을 끼칠 수 있다. 이러한 대리인의 기회주의적인 모든 행위를 통칭하여 '**도덕적 해이**'라고 부른다. 일례로, 유권자들은 국회의원이나 정치인들에게 나라 살림(예 세금)을 위임하면서 그들이 국민과 국가의 이익을 위해 열심히 일할 것을 기대한다. 그러나 유권자들은 이들의 노력을 일일이 관찰 감독할 수 없으므로 많은 정치인과 국회의원들이 국민과 국가의 이익보다는 자신의 사적 이익을 우선하는 도덕적 해이를 종종 범한다.

이러한 도덕적 해이는 경제적 자원을 투자자들로부터 배분받은 기업가들에게도 적용된다. 즉, 기업가들도 위임받은 경제적 자원을 사용하여 사업 프로젝트를 수행할 때에 위임자인 투자자들, 즉 주주나 채권자들의 이익에 역행하는 도덕적 해이를 범할 수 있다. 먼저 주주들의 이익을 해치는 기업가의 도덕적 해이를 살펴보자. 아마도 가장 심각한 도덕적 해이는 기업가가 주주들 몰래 비자금을 조성하고 이를 사적 이익을 위해 사용하는 것일 것이다. 비자금 조성만큼 심각하지는 않지만, 통상적으로 언급되는 기업가의 도덕적 해이로는 호화롭고 사치스러운 사무실과 집기, 값비싼 전용차나 전용기 등을 소유하거나 불필요하게 많은 비서진을 거느리며 개인적인 과시욕을 충족하는 행위이다. 이러한 행위는 기업가치를 잠식하므로 주주의 이익에 반하는 도덕적 해이에 속한다. 또 다른 예로서, 기업가가 한계사업(marginal project)을 자신의 애완사업(pet project)으로 벌이는 행위를 꼽을 수 있다. 한계사업은 말 그대로 순현금흐름이 마이너스이어서,[4] 하면 할수록 기업가치를 잠식하는 사업을 가리키며, 애완사업이란 기업가가 자신의 과시욕을 만족시키며 즐기는 사업을 말한다. 사실 이러한 애완사업이 가능한 이유는 기업가가 경영에 있어서 독단과 전횡을 휘두를 수 있는 환경 때문인데, 주주들이 이러한 기업가의 독단과 전횡을 예방하기 어려운 이유는 기업이 파산과 같은 재무적 어려움에 처하지 않는 한 기업가의 어떤 행위나 의사결정이 독단이고 전횡인지 판단하기가 쉽지 않기 때문이다.

다음으로, 채권자들에 대한 기업가의 도덕적 해이를 살펴보자. 채권자들에 대한 전형적인 도덕적 해이는 기업가가 회사의 지급능력을 위태롭게 하는 행위나 의사결정을 내림으로써 회사의 자산에 대해 채권자들이 갖는 정당한 담보권을 위태롭게 하는 것이다. 아이러니한 것은, 이러한 행위 대부분이 주주들에게는 유리하다는 것이다. 따라서 채권자에 대한 도덕적 해이는 주주의 이익을 우선시하는 기업가들이 범하게 되며, 그런 의미에서 주주와 채권자의 이해는 서로 상충한다. 회사의 지급능력을 위태롭게 만드는

---

4) 더 정확히 표현하면, 현금흐름의 순현재가치(net present value)가 마이너스

도덕적 해이의 예로는, 기업가가 차입을 일으키고 이 차입금으로 주주들에게 배당을 나누어 주거나, 아니면 매우 위험한 사업 프로젝트(high-risk project)에 투자하는 것을 들 수 있다. 차입금을 이용한 배당의 지급은 기업의 지급능력을 위태롭게 하고 파산의 위험을 높여 채권자들의 이익을 해친다. 또 고(高)위험 사업은 실패할 확률이 높고, 실패하는 경우에는 회사의 지급능력을 위태롭게 하므로 채권자들에게는 손실을 끼치지만, 성공하는 경우에는 고수익이 발생하므로 차입계약에 따라 확정되어 있는 채권자들의 몫인 차입이자를 뺀 나머지, 즉 이자비용 차감 후 이익은 주주들에게 귀속됨에 따라 주주들은 큰 이익을 취할 수 있다.[5)]

이상에서 살펴본 기업가의 도덕적 해이는 기업가들에 대한 투자자들의 신뢰를 잃게 하고 자본의 공급을 꺼리게 함으로써 자본시장이 제대로 발달하지 못하게 만든다. 따라서 도덕적 해이 문제를 적절히 대처하지 못하면 경제적 자원이 효율적으로 배분되지 못하여 자본시장의 발전과 경제발전이 지체된다. 그러면 선진 자본시장에서는 어떻게 기업가들의 도덕적 해이 문제에 대처하여 왔을까? 역선택의 문제에서처럼 도덕적 해이의 문제도 다양한 제도적 장치(institutional arrangements)를 통해 통제되어 왔다.

먼저, 주주들이 기업가의 도덕적 해이에 대처하기 위해 고안해 낸 제도적 장치를 살펴보자. 첫 번째는 기업가와 주주의 이해(interest)를 일치시켜 주는(align) 장치다. 이는 주주 이익의 극대화를 추구하는 것이 기업가에게도 이익이 되게 함으로써 기업가가 스스로 최대의 노력을 투입하도록 유인을 주는 장치이다. 주주 이익은 기업가치, 곧 주가가 상승할수록 커지므로, 주가 상승에 따라 그 경제적 가치가 증가하는 주식선택권(stock options)을 기업가에게 부여하거나, 회계 보너스(accounting bonus)와 같이 기업의 이익에 비례하여 성과급을 지급하는 제도를 채택하면 기업가는 도덕적 해이를 범하는 대신 주가 상승을 위해 최대의 노력을 투입할 동기를 가지게 된다.

두 번째 장치는 주주들이 기업가의 행동이나 의사결정을, 불완전하나마 감시할(monitor) 수 있도록 도와주는 것이다. 대표적인 예가 바로 재무보고(financial reporting) 제도이다. 사업 프로젝트가 진행되는 동안 기업가가 정기적으로 회사의 재무상태와 재무성과에 관해 주주에게 보고하도록 하면, 주주들은 기업가의 도덕적 해이 여부를 어느 정도 모니터링할 수 있다. 이때 기업가가 작성한 재무보고의 정직성을 담보하기 위해 독립된 외부감사인이 그 내용을 검토하고 인증하도록 해야 한다. 기업가에 대한 또 다른 감시장치로서 사외이사(社外理事)제도를 들 수 있다. 주주총회에서 선임된 사외이사(outside director)는 이사회에 참석하여 기업가의 의사결정이 주주 이익을 위한 것인지 점검할 수 있다.

---

5) 기업가의 도덕적 해이에 관한 더 상세한 내용은 Jensen and Meckling의 아래 논문을 참조하라. "Theory of the Firm : Managerial Behavior, Agency Costs and Ownership Structure," *Journal of Financial Economics* (October 1976), pp. 305~360.

다음으로, 채권자들이 기업가의 도덕적 해이에 대처하기 위해 고안해 낸 제도적 장치를 살펴보자. 이는 주로 채권자들이 대여한 자금을 기업가가 배당으로 분배하거나 고위험 프로젝트에 투자하는 것과 같은 도덕적 해이를 방지하는 장치이다. 구체적으로는, 자금대여 이후 기업가의 자금사용에 관하여 사후관리를 하거나, 소위 "부채계약(debt covenants)"을 활용하여 기업가의 의사결정을 통제하는 것이다. 먼저, 채권자는 사후관리를 통해 대여금이 약속과 달리 배당에 사용되거나 위험한 사업에 투자되지 못하도록 사후적으로 감시할 수 있다. 이뿐 아니라, 부채계약을 통해 회사의 지급능력을 위태롭게 하는 기업가의 투자 및 재무의사결정을 직접 제한할 수 있다. 예컨대, ① 타회사에 출자하거나 대출하는 행위를 금지하고, 기업인수합병, 특정 보유자산의 매각이나 리스를 금지하며, 운전자본(working capital)을 일정 수준 이상 유지하도록 요구한다. ② 현금배당, 현물배당, 자기주식의 취득, 주주들에 대한 대여금 등을 포함하는 모든 형태의 분배(distributions to shareholders)를 제한한다. ③ 선(先)순위 부채의 발행을 금지하고, 자산의 리스를 제한하며, 부채비율(debt-to-equity ratio)을 일정 수준 이하로 유지하거나 유동비율(current ratio)을 일정 수준 이상 유지하도록 요구한다. ④ 외부감사인이 감사한 재무제표와 증권 당국에 제출한 보고서 등을 채권자에게도 보고할 것을 요구한다. 일반적으로 위 부채계약 내용을 위반하면(이를 기술적 부도 : technical default라고 함) 기업가는 해당 차입금을 조기에 상환해야 한다.

그 밖에도 기업가의 도덕적 해이를 완화해 줄 수 있는 제도적 장치로서 기업인수합병시장(merge & acquisition market)과 법률제도도 매우 중요하다. 인수합병이 활발하게 이루어지는 자본시장에서는 기업가의 도덕적 해이로 주가가 하락한 기업은 적대적 인수합병의 손쉬운 표적이 된다. 적대적 인수합병 이후에는 기존 경영진이 교체되므로, 이러한 교체위협은 기업가의 도덕적 해이를 억제하는 효력을 갖는다. 또한, 기업가의 도덕적 해이로 인해 기업가치가 크게 하락하거나 파산하였다면, 법적으로 투자자들은 그로 인한 손해배상을 기업가들에게 청구할 수도 있다. 집단소송제도와 같은 법률제도가 잘 정비되어 있어서 투자자가 필요한 법적 절차를 밟아 손해배상을 받는 데에 큰 비용이 들지 않는다면, 법률제도도 기업가의 도덕적 해이를 통제하는 효력을 발휘할 수 있다.

이상에서 살펴본 바와 같이 기업가의 도덕적 해이에 대처하기 위해 다양한 제도적 장치들이 활용되고 있다. 그런데 중요한 사실은, 이러한 장치들 대부분이 회계정보가 없으면 효과적으로 작동할 수 없다는 사실이다. 위에서 언급한 성과급 제도에서 기업이익이나 부채계약에서의 부채비율, 유동비율, 배당에 관한 정보 등은 곧 그 자체가 회계정보이며, 재무보고나 외부감사 등의 모니터링 장치도 회계정보가 없다면 제대로 작동될 수 없다. 이처럼 회계는 도덕적 해이로 인한 문제들을 완화하는 데에 필수적인 요소로 기능함으로써 투자자들이 자본시장에 대한 신뢰를 잃지 않고 자본을 공급하도록 만드는

표 1. 1
회계의 사회적 기능

	자 본 시 장	
	자본 배분 이전	자본 배분 이후
문제점 :	역선택(adverse selection)	도덕적 해이(moral hazard)
제도적 장치 :	• 정보중개인 (information intermediaries) • 재무중개인 (financial intermediaries)	• 스톡옵션, 보너스 등 인센티브계약 • 부채계약 • 재무보고/사외이사 등 모니터링제도 • 집단소송 등 법률제도 • M&A 등 시장기능
회계기능 :	가치평가(valuation)	수탁책임 평가(stewardship)

일에 결정적으로 공헌한다.[6)]

지금까지 설명한 회계의 사회적 기능을 요약해 보자. "회계는 자본시장에서 발생할 수 있는 역선택과 도덕적 해이의 문제를 해결하는 데에 핵심적 역할을 담당함으로써 경제적 자원이 효율적으로 배분될 수 있도록 도와준다." 자본주의제도가 자본시장을 중심으로 작동함을 고려할 때 **"회계는 자본주의 경제체제를 지탱해주는 핵심적인 기반구조(infra-structure)"** 가운데 하나임을 이해하게 된다. <표 1. 1>은 회계의 이러한 사회적 기능을 일목요연하게 정리한 것이다.

제3절 회계원칙의 제정을 위한 접근방법

제2절에서 설명한 대로, 사업 프로젝트의 가치 등과 같이 기업가만이 알고 있는 기업정보를 투자자들에게 제공할 때에 기업가들은 해당 정보를 자신에게 유리하도록 왜곡시킬 유인이 있다. 이러한 문제는 기업 회계정보의 경우에도 마찬가지로 발생한다. 더욱이 회계정보를 생산하는 과정에서 기업가가 회계처리 방식을 임의대로 정하여 사용한다면 회계정보의 왜곡 가능성은 더욱 커진다. 따라서 기업가가 회계정보를 생산할 때에

---

6) 한편, 도덕적 해이가 일차적으로는 기업가의 문제이지만 비슷한 문제가 자본시장의 중개인들에게도 발생할 수 있다. 재무중개인은 왜곡되고 과장된 정보를 제공하여 투자자들을 오도하고 이들로부터 자본을 모집한 후 자신의 이익만을 위한 투자를 할 수도 있다. 또 정보중개인의 도덕적 해이도 만만치 않다. 재무분석가들은 기업가와 결탁하여 왜곡된 '장밋빛' 정보를 투자자들에게 제공하거나 기업가에게 유리한 정보만을 편파적으로 제공할 수 있으며, 외부감사인들은 기업가의 회계부정을 알고도 묵인하기도 한다(예 엔론의 아더 앤더슨 회계법인). 중개인들의 도덕적 해이도 적절히 견제되지 않으면 자본시장은 제 기능을 수행하기 어렵다.

권위 있는 기관이 규정한 회계처리 방식을 적용하도록 요구한다면 회계정보의 왜곡 가능성은 줄어들 것이다. 이러한 회계처리 방식을 '**일반적으로 인정된 회계원칙**(generally accepted accounting principles : GAAP)'이라고 통칭하는데, 회계실무에서는 '**회계기준**(accounting standards)'이라 부르며, 개념적으로는 '**실질적 권위의 지지**(substantial authoritative support)를 받는' 회계처리 방식이라고 정의한다.

그러면 실질적 권위의 지지를 받기 위해서 '일반적으로 인정된 회계원칙'은 누가 어떻게 제정해야 할까? 회계정보는 투자자나 채권자와 같은 정보이용자의 의사결정에 직접적인 영향을 미치고 정부기관의 규제 행동에도 영향을 미치므로, 경제 전반에 파급효과를 일으킨다. 따라서 어떠한 회계정보가 생산, 제공, 이용되는가에 따라 정보이용자들의 경제적 이해관계가 달라진다. 이로 인해 '일반적으로 인정된 회계원칙'은 경제 내 다양한 정보이용자들의 상충하는 경제적 이해득실을 절충하여 반영하는 경향을 보인다. 다시 말해, '일반적으로 인정된 회계원칙'은 '일반적으로 인정받기' 위해서 '정치적인 절차(political process)'를 거치는 것을 피하기가 어렵다.[7)]

여기서 회계의 정치적 절차가 무엇인지 이해하기 위해 과거 정치적 절차를 거쳐 제정된 회계원칙의 실례를 한 가지 살펴보자. 1990년대 말 우리 경제에 닥친 외환위기는 원화 가치의 급격한 하락과 환율의 가파른 상승을 초래하였다. 이로 인해 외화표시(특히 달러 표시) 부채를 원화로 환산하여 보고하는 기업들은 엄청난 규모의 외화환산손실을 보고해야 하게 되었고, 그렇지 않아도 재무위기에 몰린 기업들은 외화환산손실에 대한 회계처리에 뜨거운 관심을 갖게 되었다. 아마도 우리나라 외화환산회계에 관한 원칙만큼 우여곡절을 거친 회계원칙도 드물 것이다. 외화환산회계에 관한 논쟁은 1980년대 초로 거슬러 올라간다. 1981년 최초로 제정된 「기업회계기준」은 환율변동으로 인한 외화환산손익을 당기손익에 반영하는 것을 원칙으로 하되, 장기 화폐성 외화자산이나 외화부채에 대한 환산손익은 임시거액인 경우에 한하여, 손실이면 이연자산으로, 이익이면 반드시 이연부채로 보고하도록 하였다.[8)] 이러한 원칙은 일시적인 거액의 환산손익이 당기손익에 포함되어 기업실적을 왜곡하는 것을 방지함으로써 해당 기업들을 보호하는 효과를 낳았다. 그러나 이러한 편의주의적이고 합리적 논리가 결여된 원칙은 1990년 「기업회계기준」이 개정되면서 자연스럽게 폐기되었다. 즉, 장기 화폐성 외화자산이나 외화부채에 대한 환산손익도 당기손익에 반영하도록 원칙이 바뀐 것이다. 그런데 6년 후인 1996년에는 외환위기의 전조현상으로 환율이 크게 올랐고, 이에 따라 외화부채에 대한

---

7) 좀 더 구체적인 내용은 Solomons의 논문 “The Politicization of Accounting”, *Journal of Accountancy* (November 1978)이나 May and Sundem의 논문 “Research for Accounting Policy : An Overview,” *Accounting Review* (October 1976)를 참조하라.

8) 이연자산과 이연부채는 현행 기업회계기준에 더 이상 존재하지 않는 개념이다.

거액의 환산손실이 발생하였고, 이러한 환산손실이 당기이익을 크게 떨어뜨리는 것을 염려한 항공·해운업계와 대한상공회의소, 상장회사협의회 등은 외화환산손실과 관련하여 「기업회계기준」을 개정해 줄 것을 정부에 요청하였다. 이에 정부는 1996년 12월 「기업회계기준」의 개정을 통해, 장기 화폐성 외화자산 및 외화부채에 대한 외화환산손익은 서로 상계한 후 그 잔액을 재무상태표의 자본 항목으로 인식하도록 허용함으로써 당기이익에 미치는 악영향을 회피할 수 있는 길을 열어주었다. 그러나 외환위기가 전면적으로 발생한 1997년 들어서는 환율이 불과 몇 달 사이에 급등하고 환산손실이 기업의 영업이익을 능가할 만큼 거대해지면서 자본잠식 효과가 크게 발생하였고, 증권 당국은 또다시 이해관계자들의 강력한 요구에 따라 동년 12월 「기업회계기준」을 개정하고, 환산손실을 이연자산으로 처리할 수 있게 하였다. 이는 외화환산회계를 1980년 초로 역행시키는 결과가 되었다. 그러나 합리적인 회계 논리에 의해 인정받기 어려운 이러한 원칙은 국내외 회계전문가들로부터 큰 비판을 받았고, 1년 만인 1998년 12월에는 외화환산손익을 당기손익에 반영하는 것으로 원칙을 다시 바꾸게 되었다.

그러면 '일반적으로 인정된 회계원칙'의 제정을 위한 가장 이상적인 접근방법은 무엇일까? 그것은 여러 가지 가능한 대안들 가운데에서 사회적 후생(social welfare)을 극대화하는 대안을 선택하는 것이다. 사회적 후생이란 사회구성원들의 전반적인 효용 수준 혹은 복지 수준을 말하는데, 여러 대안적 회계원칙들 가운데 사회적 후생을 극대화하는 대안을 선택하는 접근방법은 이론적으로는 가장 이상적이지만 실현 가능성은 가장 낮은 방법이다. 그 이유는 사회적 후생을 계량화할 수 있는 일반적으로 인정된 객관적 측정기준이 없기 때문이다. 게다가 그러한 측정기준이 존재한다 해도, 회계원칙이 사회적 후생에 미치는 영향을 측정하는 것은 과도한 사회적 비용이 소요되는 일이고, 측정상의 기술적 어려움과 오류로 인해 신뢰성도 문제가 될 것이다.

여기서 한 가지 현실적인 접근방법은 정치적 과정을 거쳐 회계원칙을 제정하는 것이다. 즉, 협상과 조정이라는 정치적 과정을 통해 다양한 당사자들의 상충한 이해관계를 폭넓게 반영하여 관련 이해관계자들이 수용할 수 있는 회계원칙을 만드는 것이다. 그러나 이러한 현실적 접근방법에서는 회계원칙의 제정과정이 지나치게 정치화될 우려가 있다. 회계원칙의 제정과정이 지나치게 정치화되면, 그렇게 제정된 회계원칙을 적용하여 산출된 회계정보가 정치적 협상력이 뛰어난 집단의 이익을 대변하거나, 정보이용자의 의사결정을 특정한 방향으로 유도하는 수단으로 오용될 가능성이 매우 높다. 이는 회계정보의 중립성(neutrality)을 저해하고 궁극적으로 신뢰성을 떨어뜨릴 수 있다.

회계원칙 제정과정의 정치화를 반대하는 견해는 회계정보의 신뢰성을 보장하기 위해서는 논리적으로 타당한 기준들을 회계원칙 제정과정에 적용하여야 한다고 주장한다. 한 걸음 더 나아가, 회계란 객관적으로 존재하는 현상을 사실 그대로 옮기는 '지도 만들기(cartography)'라고 주장한다. 지도를 만드는 사람은 특정 사용자집단의 이익을 염두에 두지 않을 뿐 아니라, 그 지도를 사용하는 사람의 의사결정에 어떤 영향을 미칠지도 고려하지 않는다. 일례로, 서울시 지도를 만들면서 일정 지역의 도로혼잡을 덜기 위해 해당 도로가 차량통행이 불가능한 도로인 것처럼 제작하거나, 혹은 아예 그 지역에 도로가 없는 것처럼 제작하지 않는다. 만일 지도를 만드는 사람이 그렇게 계산된 목적을 가지고 사실을 왜곡한다면, 그 지도를 신뢰하고 사용할 사람은 아무도 없을 것이다.

실제에 있어 회계원칙은 앞의 두 가지 접근방법, 즉 정치적 접근방법과 논리적 접근방법이 절충된 형태의 접근방식을 따라 제정된다. 국가마다 조금씩 차이는 있지만, 회계원칙의 제정과정은 대체로 다음과 같은 형태를 취한다. 먼저 회계원칙의 제정 권한을 가진 기관이 '개념체계(conceptual framework)'라고 부르는 논리적으로 타당한 기준을 먼저 마련한다.[9] 그리고 개별 회계원칙을 제정할 때는 개념체계에 적시된 논리적 기준들을 적용하여 초안을 작성하며, 이 초안은 이해관계자들에게 공개되어 다양한 의견을 수렴한다. 제정기관은 이러한 수렴 과정에서 표출된 다양한 의견들을 정치적으로 절충하고 조정한 후 최종 회계원칙을 확정한다.

제4절 우리나라의 회계제도

우리나라 최초의 회계기준은 1958년 제정된 「기업회계원칙」 및 「재무제표규칙」이며, 이는 당시 재무부 장관의 자문기구인 「재정금융위원회」에서 제정하였다. 이 시기는 한국전쟁 직후라서 피폐해진 우리나라 경제를 재건하기 위해 외자도입, 자본시장의 육성, 조세제도의 정비 등이 필요하였고, 이러한 국가 정책적 필요성에 따라 회계제도의 정비도 요구되었다. 「기업회계원칙」 및 「재무제표규칙」은 이러한 배경을 가지고 탄생하였으며, 재무제표 작성에 필요한 기본적인 회계원칙과 회계처리 방법을 규정하였다.

이후 우리나라 경제가 도약할 무렵인 1970년대 초에는 급속한 경제성장을 위해서는 기업들이 원활하게 자본조달을 할 수 있어야 하며, 원활한 자본조달은 건전한 자본시장의 육성을 통해 이루어질 수 있음을 인식하게 되었다. 앞에서 살펴본 대로, 자본시장이 효율적으로 기능하기 위해서는 주권이 거래되는 상장기업들에 대한 회계정보가 투자자들에게 제공되어야 하므로, 이러한 필요성에 따라 1974년에 「상장법인 등의 회계처리에 관한 규정」이 대통령령으로 제정되었고, 1975년에는 「상장법인 등의 재무제표에 관한

9) 개념체계는 제2장에서 상세히 다루어진다.

규칙」이 재무부령으로 제정되었다. 그리고 이후 1981년에는 과거 제정되었던 기존의 규정과 규칙들을 재정비하고 통합하여 「기업회계기준」을 출범시켰다. 이로써 우리나라는 신설과 개정을 통해 우리 회계기준을 체계적으로 정비할 수 있는 기틀을 마련하였다.

그 후 1980년대에는 눈부신 경제성장과 자본시장의 발달이 이루어졌고, 1990년대 초에는 자본시장이 외국인 투자자들에게 개방되면서 우리나라는 회계기준을 더욱 정비하고 선진화해야 할 필요성을 인식하게 되었다. 이에 따라 「기업회계기준」은 1981년 최초 제정 이후부터 외환위기 직전인 1997년까지 아홉 차례에 걸쳐 신설 또는 개정되었다. 그러나 이후 외환위기를 통과하면서 우리나라 「기업회계기준」은 국제통화기금(IMF)과 세계은행(IBRD)으로부터 국제적 회계기준과의 합치를 요구받았고, 이에 따라 1998년에 「금융위원회」[10]는 국제회계기준을 대폭 수용하기 위해 「기업회계기준」을 전면적으로 개정하였다.

「기업회계기준」의 전면적 개정 이외에도, 우리나라 정부는 회계정보의 신뢰성과 기업경영의 투명성을 높이기 위해 정부로부터 독립적인 민간 회계기준제정기구를 설립하기로 세계은행(IBRD)과 합의하였다. 이 합의에 따라 1999년 9월에는 「한국회계기준원」(Korea Accounting Institute : KAI)이 발족하였고,[11] 「한국회계기준원」은 정관에 의해 그 내부에 「회계기준위원회」(Korea Accounting Standards Board : KASB)를 설치하여 회계기준의 제정과 개정을 담당하게 하였다. KASB는 「금융위원회」가 제정한 기존의 「기업회계기준」은 그대로 둔 채 새로운 회계기준을 제정하면서 이를 「기업회계기준서」라고 명명하였다. 「기업회계기준서」를 제정하는 과정에서 KASB는 국제회계기준을 벤치마킹함으로써 우리나라 회계기준이 국제적 기준과 정합성을 유지하도록 노력하였다.

그러나 이러한 노력에도 불구하고, 국제사회는 우리나라를 국제회계기준 사용국가로 인정하지 않을 뿐 아니라, 회계정보의 투명성과 질도 매우 낮은 국가로 평가하였다. 이러한 국제사회의 인식과 평가는 국제자본시장에서 우리나라 기업들의 자본조달비용을 상승시키고, 국내 주식시장에서는 우리 기업의 가치가 선진국의 유사한 기업들에 비해 디스카운트 되게 하는 불이익을 초래하였다. 이에 대처하여 우리나라 정부는 2007년 3월 국제회계기준을 전면 도입할 것을 국제사회에 공포하였고, 3년의 준비기간을 거쳐 2011년부터는 모든 상장기업과 금융기관들이 국제회계기준을 의무적으로 적용하고 있다.[12] 이에 따라 「한국회계기준원」은 영문으로 된 국제회계기준을 한글로 번역하였고,

---

10) 원래 명칭은 「금융감독위원회」이었으나, 이명박 정부 출범 이후 「금융위원회」로 개칭하였다. 이하 본서에서는 「금융위원회」로 일관되게 부를 것이다.

11) 발족 당시 원래 명칭은 「한국회계연구원」이었으나, 2006년 3월 외감법 시행령의 개정으로 「한국회계기준원」으로 개칭되었다.

12) 원하는 기업은 자신의 선택에 의해 2009년부터 국제회계기준을 조기 적용하였다. 2009년에 조기 적용한 대표기업으로는 STX팬오션, KT&G 등이 있고, 2010년 조기 적용한 대표기업으로는 삼성전자,

이를 “기존의 기업회계기준(약칭 K-GAAP)”과 구별하기 위해 “**한국채택국제회계기준**(약칭 K-IFRS)”으로 명명하였다. 한국채택국제회계기준이 전면 도입된 지 많은 시간이 흐른 현재 우리나라 회계정보의 질과 투명성에 대한 국제사회의 인식은 현저히 개선되고 있다.

1. 회계기준의 법적 근거

우리나라 기업회계기준은 「주식회사 등의 외부감사에 관한 법률」(이하 외감법)에 의해 법적 효력을 갖는다. 「외감법」 제1조는 이에 관해 다음과 같이 명시하고 있다. “이 법은 외부감사를 받는 회사의 회계처리와 외부감사인의 회계감사에 관하여 필요한 사항을 정함으로써 이해관계인을 보호하고 기업의 건전한 경영과 국민경제의 발전에 이바지함을 목적으로 한다.” 여기서 외부감사를 받는 회사란 주권이 자본시장에서 거래되는 상장법인, 그리고 자산, 부채, 종업원 수 또는 매출액 등이 일정 수준을 초과하는 대형비상장주식회사나 유한회사를 말하는데, 이 회사들은 재무제표를 작성하고 회사로부터 독립된 외부감사인에 의해 회계감사를 받아야 한다.

재무제표의 작성 책임은 회사의 대표이사(CEO)와 회계담당 임원(CFO)에게 있으며, 해당 재무제표는 사업연도 종료 후 일정 기간 안에 감사인에게 제출해야 한다. 이때 주권상장법인은 반드시 「한국채택국제회계기준」을 적용하여 재무제표를 작성하고, 나머지 외감법이 적용되는 비상장주식회사나 유한회사는 ‘외감법에 따라 정한 회계처리기준’을 적용하여 재무제표를 작성해야 한다. 그리고 독립된 외부감사인은 재무제표의 내용이 「한국채택국제회계기준」이나 ‘외감법에 따라 정한 회계처리기준’과 합치하는지를 검증한다. 이처럼 우리나라 회계기준의 법적 효력은 「외감법」으로부터 유래한다.[13)]

2. 우리나라 회계기준의 제정기관 및 체계

1981년 최초로 제정된 「기업회계기준」은 그 당시 「증권관리위원회」가 제정 주체이었으며, 그 이후의 개정도 「증권관리위원회」가 주관하였다. 그러나 외환위기 와중인 1998년에 「금융위원회」가 출범하여 「증권관리위원회」를 대체하였고, 「기업회계기준」의 제정 권한도 자연히 「금융위원회」로 이양되었다.[14)]

LG전자 등이 있다.

13) 「외감법」은 상법에 대한 특별법이므로 「외감법」에 법적 근거를 둔 「기업회계기준」도 상법에 우선하는 것으로 간주된다.

14) 좀 더 구체적으로 말하면, 「기업회계기준」은 「증권선물위원회」의 심의를 거쳐 「금융위원회」가 제정

외환위기 이후 우리나라 회계제도는 국내외의 수많은 기관과 이해관계자들의 요구에 따라 혁명적 변화를 거치게 된다. 이 가운데 가장 큰 변화는 「금융위원회」가 회계기준 제정 권한을 민간기관에 위탁한 것이다. 앞서 설명한 대로 세계은행(IBRD)과의 합의에 따라 우리나라 정부는 1999년 9월에 민간기관인 「한국회계기준원」을 설립하였고, 이 회계기준원 내에 「회계기준위원회(KASB)」를 설치하였다. 그러나 회계기준 제정 권한이 명실공히 「한국회계기준원」에게 위탁된 것은 관련 법규인 「외감법」과 그 시행령이 개정된 2000년 이후의 일이다. 2000년 1월에 「외감법」 제13조 제4항이 신설되어 「금융위원회」가 회계기준제정업무를 전문성을 갖춘 민간기관에 위탁할 수 있는 법적 근거가 마련되었고,[15] 이어서 같은 해 7월에는 「외감법 시행령」 제7조가 신설되어 회계기준 제정 권한이 구체적으로 사단법인 「한국회계기준원」에 위탁되었으며, 회계기준 제정을 위한 심의 · 의결을 위해 회계기준원 내에 전문가로 구성된 KASB를 두는 것에 대한 법적 근거가 마련되었다.

한편, 「금융위원회」는 「한국회계기준원」에게 회계기준 제정결과를 보고받으며, 이해관계자의 보호, 국제회계기준과의 합치 등을 위해 필요하다고 인정되면 증권선물위원회의 심의를 거쳐 회계기준의 수정을 요구할 수 있다. 이때 정당한 사유가 없으면 「한국회계기준원」은 수정 요구에 응해야 한다. 이와 같이 「금융위원회」는 회계기준 제정과 관련하여 전반적인 감독권만 행사한다. KASB는 7인으로 구성된 위원회이며, 위원장을 포함한 2인의 상임위원과 5인의 비상임위원으로 구성되어 있다. KASB의 위원장은 회계기준원장이 겸임한다.

전술한 대로, 1999년 창설 이후 KASB는 과거 「금융위원회」가 제정하였던 기존의 「기업회계기준」과는 별개로 독자적인 회계기준을 제정하였으며, 이를 「기업회계기준서」라고 명명하였다. 그리고 우리나라가 국제회계기준의 전면도입을 국제사회에 천명한 2007년까지 8년 동안 KASB는 총 25개의 「기업회계기준서」를 제정하였다. 「기업회계기준서」는 제정된 연대순으로 제1호에서 제25호까지 번호를 부여하였고, 각각의 「기업회계기준서」는 관련 회계기준에 관해 제정배경, 목적, 과정 등에 대해 상세히 설명하는 방식으로 기술되었다. 예컨대, 「기업회계기준서」 제1호는 '회계 변경과 오류수정'에 관한 회계기준에 대해, 제25호는 '연결재무제표'의 작성에 관한 회계기준에 대해 제정배경, 목적, 과정 등을 기술하였다. 「기업회계기준서」의 이러한 번호체계와 설명형 기술방식은 과거 금융위원회가 제정배경, 목적, 과정 등에 대한 친절한 설명도 없이 법조문 식

하였으며, 「준칙」 및 「해석」과 세부사항은 「증권선물위원회」가 제정하였다. 그리고 회계실무자들의 질의에 대한 회신은 금융위원장의 전권(全權)사항으로 되어 있었다. 「증권선물위원회」는 금융시장 중에서도 은행과 보험회사를 제외한 증권과 선물시장의 감독책임을 맡은 위원회이다.

15) 이후 「외감법」의 개정으로 동 규정은 현재 제5조 제4항이다.

으로 제정하여 딱딱하기만 했던 「기업회계기준」과 비교하면 월등히 사용자 친화적이며 선진화된 것이었다.

그러나 국제회계기준의 전면도입을 천명한 2007년 이후로 KASB는 독자적인 회계기준의 제정을 종료하였고, 영문으로 기술된 "국제회계기준(IFRS)"을 한글 번역한 "한국채택국제회계기준(약칭 K-IFRS)"을 공표하게 되었다. 그런데 흔히 사용하는 "한국채택국제회계기준(K-IFRS)"이라는 이름은 사실 공식적인 명칭은 아니다. 한글 번역된 국제회계기준을 일컫는 공식명칭은 「기업회계기준서」이다. 그런데 이 공식명칭은 2007년 이전에 KASB가 독자적으로 제정했던 25개의 「기업회계기준서」와 같아서 혼동의 우려가 제기되었다. 이러한 혼동을 막기 위해 "한국채택국제회계기준"에는 다음과 같은 새로운 번호체계가 부여되었다. 첫째, IASC가 제정한 국제회계기준인 IAS(International Accounting Standards)를 번역한 한국채택국제회계기준은 1000단위로 시작하되 끝자리 번호는 번역 대상인 관련 IAS의 번호와 일치시켰다. 예컨대, IAS No. 1을 번역한 "한국채택국제회계기준"을 「기업회계기준서」 제1001호로 명명한 것이다. 둘째, IASC가 IASB로 개칭한 이후 제정한 국제회계기준인 IFRS(International Financial Reporting Standards)를 번역한 "한국채택국제회계기준"은 1100단위로 시작하며 끝자리는 관련 IFRS 번호와 일치시켰다. 예를 들어, IFRS No. 1을 번역한 "한국채택국제회계기준"을 「기업회계기준서」 제1101호로 명명하였다.[16] 셋째, IASC와 IASB가 각각 제정한 해석서인 SIC와 IFRIC을 번역한 「기업회계기준해석서」는 2000단위와 2100단위를 각각 부여하였다. 예컨대, SIC No. 10을 번역한 것은 「기업회계기준해석서」 제2010호로 명명하였고, IFRIC No. 1을 번역한 것은 「기업회계기준해석서」 제2101호로 명명하였다. 그리고 2011년부터 "한국채택국제회계기준"이 전면적으로 의무적용됨에 따라 KASB가 1999년 창설 이후 2007년까지 제정해 왔던 25개의 「기업회계기준서」는 역사의 뒤안길로 사라졌다.

한편, "한국채택국제회계기준"은 글로벌 기준으로서 의무적용대상이 주권상장기업들과 금융기관으로 한정된다. 따라서 "한국채택국제회계기준"의 적용의무가 없는 비상장기업들을 위한 회계기준이 별도로 필요하게 되었다. 이에 따라 KASB는 「일반기업회계기준서」와 이에 대한 해석서인 「일반기업회계기준해석서」를 제정하였다. 그리고 2013년에는 중소기업들만을 위한 회계기준인 「중소기업회계기준」도 제정하였다. 결과적으로 우리나라 회계기준의 체계는 상장기업, 비상장기업, 중소기업을 위한 각각의 회계기준이 존재하는 삼중구조로 이루어지게 되었다.

---

16) IASC와 IASB, 그리고 IAS와 IFRS에 대한 구체적인 내용은 다음의 제5절을 참조하라.

제5절 IASB : 국제회계기준위원회

1. 국제회계기준의 필요성

정보 · 통신기술 및 운송수단이 고도로 발달하고 국가 간 자유무역협정(FTA)이 확대됨에 따라 전 세계는 하나의 경제단위가 되었고, 이에 따라 제품 및 서비스 시장은 물론 자본시장도 빠른 속도로 세계화되어 우리나라를 포함한 많은 국가의 증권거래소가 자국 기업뿐 아니라 외국기업의 주권을 상장하여 거래하고 있다. 우리나라 증권거래소도 미미하지만 10여 개의 외국기업 주식을 상장하고 있으며, 삼성전자, 포스코, 한국전력공사, SK텔레콤, KB금융그룹과 같은 국내 기업들은 뉴욕, 런던, 싱가포르 등의 증권거래소에서 주식이나 전환사채를 발행하여 자본을 조달하고 있다. 이처럼 한 나라의 기업이 다른 나라의 국경을 넘나들며 필요한 자본을 조달하는 자본시장의 세계화(globalization of capital markets) 시대에 우리는 살고 있다.

앞서 제2절에서 살펴본 대로, 회계정보는 자본시장이 효율적 자원 배분의 기능을 수행하기 위해 반드시 요구되는 정보이다. 따라서 세계화된 자본시장에서 자원이 효율적으로 배분되고, 이로 인해 전 세계 자본주의 경제가 성장하기 위해서도 신뢰할 수 있는 회계정보가 투자자들에게 적시에 제공되어야 한다. 그런데 만일 국가마다 재무제표를 작성하는 언어와 회계기준이 다르다면, 투자자들이 외국기업의 회계정보를 이해하는 데 어려움이 있을 뿐만 아니라, 국적이 다른 기업들 간에 회계정보를 비교하는 것도 어려울 것이다. 이러한 문제는 외국기업에 투자하는 것을 주저하게 하는 요인이 되고, 이는 기업들이 해외자본시장에서 자금을 조달할 때 큰 장애물로 작용한다.

뉴욕대학의 Frederick Choi 교수는 외국기업의 재무제표를 분석할 때 내국인 투자자들이 경험하는 문제로서, 다양한 언어, 회계정보 분류방법의 상이성, 공시수준의 다양성, 그리고 회계기준의 차이 등 네 가지를 들고 있다.[17] 이 가운데 가장 심각한 것은 국가 간 서로 다른 회계기준으로 인해 발생하는 문제이다. 국가 간 서로 다른 회계기준을 사용하면, 예컨대 국적이 다른 두 기업의 당기순이익 차이가 두 기업 간 재무성과의 차이

---

17) 국가 간 다양한 언어의 문제에 대처하기 위해 다국적기업들은 대부분 영어로 재무제표를 작성한다. 그러나 회계용어(terminology)의 차이가 주는 혼란은 여전히 존재한다. 일례로 'stock'이라는 용어는 북미(北美)국가들에서는 자본을 의미하지만, 영(英)연방국가들에서는 상품재고를 의미한다. 영연방국가들은 자본을 의미할 때 'share'라는 용어를 사용한다. 또 회계정보의 공시수준도 국가별로 다양한데, 특히 사업부문별 정보(segmental information) 및 해외사업정보(foreign operations)의 공시, 자산평가방법(asset valuation methods) 및 부외 항목(off-balance sheet items)의 공시, 그리고 중간보고(interim reports)의 횟수 및 완성도 등에 관하여 국제간 차이가 크다.

때문일 수도 있지만, 재무성과는 유사한데도 두 국가 간 회계기준이 달라서 그런 차이가 발생할 수도 있다. 독일 자동차 제조기업인 벤츠(Benz)사의 예를 들어보면, 1993년도 독일회계기준에 의한 순이익이 6억 1천5백만 마르크이었지만, 미국 회계기준을 적용한 결과 18억 3천9백만 마르크의 순손실로 나타났다. 이처럼 어느 국가의 회계기준을 적용하느냐에 따라 기업들의 재무성과나 재무상태가 상이하게 보고되어 투자자들을 혼동시킬 수 있고, 이는 국제자본시장의 발달에 걸림돌이 된다.[18)]

2. IASC의 탄생과 태생적 문제점

국간 간 회계기준의 차이에서 발생하는 제반 문제에 대처하기 위해 최초로 창립된 국제기구가 International Accounting Standards Committee(이하 **IASC**)이다. IASC는 순수민간 회계기구로서 1973년 런던에서 창립되었는데, 창립회원국은 발의 국가인 영국, 미국, 캐나다를 포함하여 이들의 결의에 따라 가입이 결정된 호주, 프랑스, 독일, 일본, 네덜란드, 멕시코를 합하여 모두 9개국이었다. 이후 1983년부터는 국제회계사연맹(International Federation of Accountants : **IFAC**)에 소속된 모든 회계사단체가 IASC에 참여하였다. IASC가 천명한 일차적인 설립목적은 재무보고를 위한 회계기준을 공공의 이익 측면에서 제정·공포하고, 그러한 기준이 국제적으로 인정되고 준수되는 것을 촉진하기 위함이었다. 이러한 목적에 따라 IASC는 "International Accounting Standards(이하 **IAS**)"라는 국제회계기준을 제정하였고, 산하에 있는 해석위원회인 Standing Interpretation Committee(이하 **SIC**)는 IAS의 해석서인 "**SIC Interpretations**"를 공표하였다.

IASC는 IAS의 국제적 수용을 통한 전 세계 회계기준의 조화와 통일을 이루기 위해 많은 활동을 전개해 왔지만 소기의 목적을 충분히 달성할 수 없었다. 그 이유는 다음 세

---

18) 독일 기업인 메탈게젤샤프트(Metallgesellschaft)의 경우는 매우 극적인 사례로 전해진다. 이 회사는 1993년 미국에서의 석유판매사업을 위해 MGRM(Metallgesellschaft Refining and Marketing)이라는 회사를 미국 내 자회사로 거느리고 있었다. 그 당시 MGRM은 향후 17년간 고정가격(fixed price)으로 석유를 공급하는 계약을 고객들과 체결하였다. 이러한 장기 석유공급계약으로 인해 MGRM은 석유가격 상승으로 인한 손실위험에 노출되었고, 이 위험을 회피하기(hedging) 위해 에너지 선물시장(futures market)에서 선매수(先買收) 계약을 체결하였다. 그러나 기대와는 달리 석유가격은 그해 6월 배럴당 $19 하던 것이 12월에는 $15로 하락하였고, 이로 인해 회사는 거액의 증거금(margin)을 납입해야 하는 문제에 봉착하였다. 그러나 증거금을 조달할 수 없게 된 회사는 결국 파산하게 되었다. 흥미로운 점은, MGRM이 1993년도에 약 $6천만의 세전이익을 보고한 반면, 독일 본사인 메탈게젤샤프트는 자신의 미국 내 영업(즉, MGRM의 영업)에서 수억 달러의 결손이 발생한 것으로 보고하였다는 것이다. 이러한 차이는 선물거래 회계기준이 미국과 독일 간에 상이하였기 때문이었는데, 이러한 극단적인 회계보고의 차이는 메탈게젤샤프트의 투자자들을 혼동시켜 회사가 증거금을 조달하는 데에 더 큰 어려움을 안겨주었다.

가지로 요약된다. 먼저 가장 큰 이유는 회원들이 민간회계단체들로 구성되어 있어서 기업들이 IAS를 채택하도록 강제할 수 있는 법적 권한이 없었다는 점이다. 또 국가별로 경제체제와 경제발전단계가 다르고, 이로 인해 자본시장의 역할도 상이해서 회원국 간에 '재무보고의 목적'이 무엇인지 정의하는 것조차 합의하기가 어려웠다.[19] 이뿐만 아니라, IAS를 제정할 때 회원국들은 저마다 자국 회계기준의 수용을 요구하였고, IASC는 이 요구를 대부분 받아들였다. 결과적으로 그 당시 IAS는 다양한 대체적(alternative) 회계처리 방법을 허용하게 되었고, 그로 인해 기준의 내용이 구체적이지 않고 원칙적이고 개괄적인 수준에 머물게 되어 실무적용 가능성이 매우 낮았다.

3. IASC의 도약

IASC의 부진한 활동이 동력을 얻게 된 것은 1987년 "**국제증권감독자기구**(International Organization of Securities Commissions : 이하 **IOSCO**)"가 IASC의 자문기구로 가입하면서부터다. IOSCO(아이오스코)는 주요 국가의 자본시장 감독기관들로 구성된 국제기구이므로 필요하다면 자국 기업들이 IAS를 사용하도록 강제할 수 있는 법적 권한을 가지고 있다. 따라서 IOSCO와 IASC의 연합은 국제자본시장에서 IAS의 사용을 의무화하는 길을 열 수 있게 되었다.

그런데 IOSCO는 그 당시 IAS가 국제자본시장이 채택할 수 있는 회계기준으로서는 미흡하다고 판단하여 IASC에게 기존의 IAS를 정비하도록 요구하였다. 구체적으로는, 재무보고에 가장 기본이 되는 회계 이슈들에 적용할 "핵심기준(core standards)"을 제정하도록 IASC에 요구하였다. 이에 따라 IASC는 1998년 12월에 30개의 핵심기준을 완성하였고, IOSCO는 이를 검토 후 2000년 연차총회에서 승인하였다. 후속 조치로서 IOSCO는 회원국의 기업들이 국경을 넘어 해외자본시장에서 자본을 조달하는 경우 30개의 핵심기준으로 구성된 IAS를 채택하도록 결의하였다. 이로 인해 IAS는 국제자본시장에서 자본을 조달하는 기업들이 재무제표를 작성할 때에 사용하는 국제표준(global standards)으로서의 지위를 획득하였다.

---

19) 회원국에 따라 재무보고의 목적이 투자자와 채권자의 의사결정에 유용한 정보를 제공하는 데 있다고 보거나, 또는 노동조합, 종업원, 또는 조세당국의 의사결정에 유용한 정보를 제공하는 데 있다고 생각하였다. 또 개발도상국 회원은 재무보고의 목적이 주로 경제사회적 목표의 설정이나 평가에 필요한 기업관련 자료를 제공하는 데에 있다고 보았다. IASC가 이렇게 다양한 재무보고의 목적을 모두 충족시키는 것은 불가능하였다.

4. IASC의 조직개편과 IFRS Foundation의 탄생

1990년대 말 대한민국을 포함한 주요 아시아 국가들을 강타한 외환위기는 자본시장이 제 기능을 발휘하려면 시장에 대한 투자자들의 신뢰가 얼마나 중요한 요소인지 절감하는 계기가 되었다. 동시에, 자본시장에 대한 신뢰를 얻기 위해서는 적절한 시장규제와 더불어 고품질의 투명한 회계정보가 담보되어야 한다는 점을 새삼 인식하는 계기도 되었다. 회계정보의 품질과 투명성은 정보의 생산에 적용되는 회계기준에 의해서도 막대한 영향을 받으므로, 외환위기를 거치며 IASC는 자본시장 참여자들로부터 더 높은 품질의 회계기준을 제정하라는 도전을 받게 되었고, 이에 따라 IOSCO와 더 긴밀하게 협력할 필요도 절감하였다. 그리고 이를 위해서는 IASC와 SIC로 구성된 기존의 단순한 조직체계를 개편해야 할 필요를 느끼게 되었다. 그리하여 2001년 4월에 IASC는 대대적인 조직개편을 단행하였다.

조직개편의 내용을 살펴보면, 제일 먼저 "**IFRS Foundation**(이하 **IFRS재단**)"을 창설하였고,[20] 국제회계기준을 제정해 왔던 IASC의 이름을 "International Accounting Standards Board(이하 **IASB**)"로 바꾸었으며, 국제회계기준의 해석을 담당해 왔던 SIC는 "IFRS Interpretations Committee(이하 **IFRIC** : 이프릭)"로 개칭하였다. 그리고 IFRS재단의 운영을 위한 예산을 조달하고, IASB와 IFRIC의 활동을 전반적으로 감독할 기구(oversight body)로서 "The Trustees of IFRS Foundation(이하 **IFRS재단이사회**)"을 발족시켰으며, 동시에 IFRS재단의 자문기구(advisory body)로서 "IFRS Advisory Council(이하 IFRS자문평의회)"도 출범시켰다.

2001년 4월에 있었던 대대적인 개편 이후에도 IFRS재단은 추가 조직개편의 필요성을 계속해서 검토해 왔으며, 이 결과 2009년 1월에는 "The Monitoring Board"를 신설하였다. The Monitoring Board는 IFRS재단이사회와 주요 국가의 자본시장 감독기구들 사이에 공식적인 연결고리 역할을 함으로써 IFRS재단의 공적 책임(public accountability)을 증진할 목적으로 만들어졌다. The Monitoring Board는 주요 국가의 자본시장 감독기구들로(예 우리나라 금융위원회, 미국의 SEC 등) 구성되는데, IFRS재단이사회와 정기적으로 만나 소통하며, IFRS재단이사회의 이사(trustees)를 임명하는 권한도 갖는다.

2009년 1월의 조직개편 이후에도 국제회계기준 제정업무의 복잡성이 더욱 증폭되고 더 높은 회계 전문성이 요구됨에 따라 IFRS재단은 IASB만을 위한 자문단이 추가로 필요함을 인식하게 되었다. 이에 따라 2013년 3월에는 "Accounting Standards Advisory

---

20) 2001년 조직개편 당시의 원래 이름은 "IASC Foundation"이었으나, 2010년에 "IFRS Foundation"으로 개칭되었다.

그림 1. 2

IFRS재단의 조직도

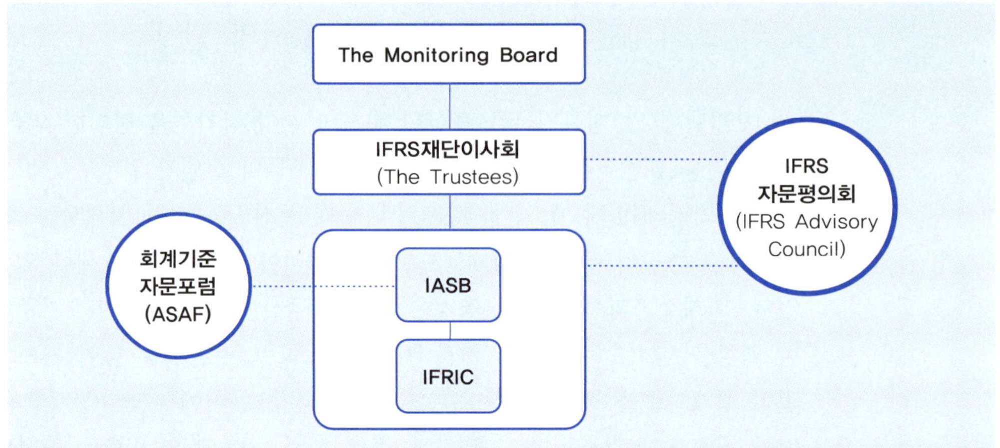

Forum(**ASAF**: 이하 **회계기준자문포럼**)"이라는 새로운 자문기구를 발족시켰다. 회계기준자문포럼은 전 세계 주요 지역의 회계기준 제정기관들로 구성된 자문기구로서 IASB가 국제회계기준을 제정할 때 회계기준 제정기관 및 관련 산업계와 좀 더 효과적이고 긴밀한 소통을 이루기 위해 만들어졌다.[21] 이상으로 설명한 IFRS재단의 조직을 알기 쉽게 정리하면 [그림 1. 2]와 같다.[22] 그림에서 보듯, IFRS재단은 3층(three-tier) 구조로 되어 있다.

먼저 그림의 제일 위에 있는 The Monitoring Board는 IOSCO를 비롯하여 우리나라의 금융위원회, 미국의 SEC(증권거래위원회), European Commission(유럽연합집행위원회) 등을 포함하는 9개의 자본시장 감독기구가 회원으로 활동한다. 다음으로 IFRS재단이사회는 22명의 이사(trustees)로 구성되는데, 아시아-오세아니아 지역, 유럽 지역, 그리고 북남미 지역으로부터 각 6명의 이사를, 아프리카 지역으로부터 1명의 이사를, 그리고 나머지 3명의 이사는 출신 지역과 상관없이 이사 구성의 전반적인 지리적 균형을 고려하여 임명한다.

다음으로 IASB 위원(member)은 모두 14명이고, IFRIC은 15명의 위원(member)으로 구성된다. 그리고 IFRS자문평의회는 전 세계적으로 51개의 기관(organizations)을 대표하는 55명의 위원(individuals)으로 구성되어 있고, 위원들은 투자자, 재무분석가, 재무정보이용자, 재무정보작성자 등 매우 다양한 이해관계자들을 망라한다. 마지막으로 회계기준자문포럼은 최소 12개, 최대 16개의 회계기준 제정기구로 구성되는데, 현재는

---

21) IASB는 회계기준자문포럼 이외에도 독립적인 다양한 자문기구들(예 Global Preparers Forum, Capital Markets Advisory Committee 등)과도 정기적으로 회동하며 자문을 얻는다.

22) 참고로, [그림 1. 2]는 이후 설명할 국제지속가능성기준위원회(ISSB)가 신설되기 직전까지의 조직도를 나타낸다.

표 1.2
국제회계기준 요약: IFRS와 IAS (2025년 2월)

기준	제 목	기준	제 목
IFRS 1	First-time Adoption of IFRS	IFRS 11	Joint Arrangements
IFRS 2	Share-based Payment	IFRS 12	Disclosure of Interests in Other Entities
IFRS 3	Business Combinations	IFRS 13	Fair Value Measurement
IFRS 5	Non-current Assets Held for Sale and Discontinued Operations	IFRS 14	Regulatory Deferral Accounts
		IFRS 15	Revenue from Contracts with Customers
IFRS 6	Exploration for and Evaluation of Mineral Resources	IFRS 16	Leases
		IFRS 17	Insurance Contracts
IFRS 7	Financial Instruments : Disclosures	IFRS 18	Presentation and Disclosure in Financial Statements
IFRS 8	Operating Segments	IFRS 19	Subsidiaries without Public Accountability : Disclosure
IFRS 9	Financial Instruments		
IFRS 10	Consolidated Financial Statements		
IAS 1	Presentation of Financial Statements	IAS 27	Separate Financial Statements
IAS 2	Inventories	IAS 28	Investments in Associates and Joint Ventures
IAS 7	Statement of Cash Flows	IAS 29	Financial Reporting in Hyper-inflationary Economies
IAS 8	Accounting Policies, Changes in Accounting Estimates and Errors	IAS 32	Financial Instruments : Presentation
IAS 10	Events after the Reporting Period	IAS 33	Earnings per Share
IAS 12	Income Taxes	IAS 34	Interim Financial Reporting
IAS 16	Property, Plant and Equipment	IAS 36	Impairment of Assets
IAS 19	Employee Benefits	IAS 37	Provisions, Contingent Liabilities and Contingent Assets
IAS 20	Accounting for Government Grants and Disclosure of Government Assistance	IAS 38	Intangible Assets
IAS 21	The Effects of Changes in Foreign Exchange Rates	IAS 39	Financial Instruments : Recognition and Measurement
IAS 23	Borrowing Costs	IAS 40	Investment Property
IAS 24	Related Party Disclosures	IAS 41	Agriculture
IAS 26	Accounting and Reporting by Retirement Benefit Plans		

14개의 제정기구가 위원으로 활동하고 있다.

한편, 2001년 조직개편 이후 IASB가 제정하는 국제회계기준은 IFRS(International Financial Reporting Standards)라 명명함으로써, 조직개편 이전 IASC가 제정하던 IAS와 구별하였으며, 해석서의 명칭도 IFRIC Interpretations로 바꾸어 기존의 SIC Interpretations와 구별하였다. <표 1. 2>는 지금까지 제정되어 유효한 국제회계기준을 요약하고 있다.[23)]

23) IFRS 18은 2027년부터 적용된다.

5. ISSB(국제지속가능성기준위원회)의 창설

IFRS재단은 2021년 들어 새로운 국면을 맞이하게 되는데 그 이유는 다음과 같다. 오랫동안 자본시장 참여자들, 특히 기관투자자들 사이에 재무적 정보뿐 아니라 비재무적 정보(non-financial information)가 투자의사결정에 있어서 매우 중요하다는 주장이 꾸준히 제기되어 왔고, 그로 인해 관련 정보의 공시 필요성도 점차 증가하였다. 비재무적 정보는 산업정보, 인적자본, 기업문화, 경영자의 능력 등 매우 다양하지만, 최근의 동향은 기업이 장기적으로 존속할 수 있는지 판단하는 데 도움을 주는, 즉 기업의 지속가능성(sustainability)을 평가할 수 있는 정보를 주로 의미한다. 일반적으로 경영자가 주주가치의 극대화만을 추구하지 않고,[24] 주주 외 다양한 이해관계자들(예 종업원, 공급/유통업자, 소비자, 사회, 환경)의 권리와 이익을 존중하는 방식으로 기업을 경영할 때 기업의 지속가능성은 높아질 수 있다. 예컨대, 소비자와 종업원들을 공정하게 대우하고, 공급/유통업자들과의 동반성장을 추구하며, 건강한 기업지배구조를 갖춘 기업은 장기에 걸쳐 존속할 가능성이 높다. 더 나아가 기업이 속한 사회의 발전과 안전에 공헌하고 기후위기 문제 해결에 관심이 있는 기업은 단기적 이윤만 추구하며 사회적으로 지탄받는 경영을 하거나, 환경을 오염시켜 거액의 과징금뿐 아니라 기업 이미지를 실추시킨 기업들에 비해 그 지속가능성은 높을 것이다.[25]

기업의 지속가능성을 평가하는 데 통상적으로 사용되는 정보는 소위 **"ESG지표"**로 불리는 정보다. E는 환경(environment)을, S는 사회(society)를, G는 지배구조(governance)를 의미하며, ESG지표는 기업이 환경과 사회적 이슈(예 인권, 다양성, 부패)를 기업경영에 얼마나 중요하게 고려하는지, 그리고 때로는 단기적 이익을 희생하더라도 환경과 사회를 위한 의사결정을 내릴 수 있는 건강한 기업지배구조가 정착되어 있는지를 보여주는 각종 지표를 말한다.

(1) ESG 용어의 유래

ESG 용어의 유래를 알기 위해서는 1999년으로 거슬러 올라가야 한다. 그 당시 유엔 사무총장이었던 "코피 아난"은 다보스포럼에서[26] "지속가능한 세계 경제의 기반"이 될

24) 주주의 이익을 극대화하는 경영을 흔히 주주우선주의(shareholder primacy)라고 부른다.

25) 특히 금세기 들어 기업활동으로 배출되는 과도한 이산화탄소로 기후위기(climate crisis)가 고조되고 있어 기후문제는 기업에게도 매우 중요한 이슈다.

26) 이 포럼의 공식적인 이름은 세계경제포럼(World Economic Forum)이지만, 매년 스위스 다보스에서 개최되어 다보스포럼으로 더 잘 알려져 있다. 이 포럼은 여러 국가로부터 경영자, 정치인, 학자들이 모여 전 세계 경제 이슈에 대해 논의하는 민간회의이다.

"글로벌 콤팩트(Global Compact)"를 포럼에 참가한 경영자들에게 제안하며 참여를 촉구하였다. 글로벌 콤팩트는 전 세계에 걸쳐 인류사회를 위협하는 문제인 "인권, 노동, 환경, 반부패" 등 네 가지 이슈와 관련된 10개의 원칙을 제시하고, 기업을 경영할 때 이 원칙을 경영자들이 준수해 줄 것을 제안한 것이다. 특히 경영자들이 이 10개의 원칙을 반영한 "핵심가치(core values)"를 수립하고 기업을 경영하는 과정에서 그 가치를 지키도록 요청하였다. 이후 2002년까지 많은 NGO들과 1,000여 개에 이르는 기업들이 글로벌 콤팩트를 지지하며 참여하였다. 이후 2004년에 코피 아난은 더 많은 기업이 글로벌 콤팩트에 참여하도록 55개의 투자기관 경영자들에게 편지를 보내면서 글로벌 콤팩트가 새롭게 제안한 "Who Cares Wins"[27] 구상계획(Initiative)에 동참하도록 요청하였다. 이에 반응하여 골드만삭스, 모건스탠리, HSBC 등 유수의 18개 기관투자자가 이 새로운 제안에 참여하였고, 이들은 "Who cares wins : connecting financial markets to a changing world(자본시장을 변화하는 세상과 연결하기)"라는 제목의 보고서를 작성하였다. 이 보고서의 핵심은 "금융시장의 더 강력한 회복력을 위해, 지속가능한 개발을 위해, 금융기관에 대한 신뢰 개선을 위해, 그리고 상호이해에 관한 이해관계자들의 깨달음을 위해, 기관투자자들이 기업에 투자할 때 'environmental, social and corporate governance(ESG)' 요소를 고려하는 것이 바람직하다"라는 것이었다. 결국, 이 보고서는 주요 기관투자자들이 기업에 자금을 투자하기 전에 해당 기업의 ESG 요소를 고려하라고 권고한 것이므로, 자금을 투자받기 원하는 기업은 ESG를 경영상 중요한 요소로 여기게 되는 계기가 되었다.

이렇게 ESG는 "Who Cares Wins" 보고서에서 처음 사용된 이후 블랙록, 벵가드와 같이 전략적으로 "책임투자"를 강조해 왔던 기관투자자들은 스스로 ESG의 전도사 역할을 자처하게 된다. 이들은 ESG를 그들의 보고서나 편지 등에 수시로 사용하였고, ESG 펀드를 만들어 일반 투자자들에게 판매함으로써 ESG의 인지도를 높이는 데에 기여하였다. 특히 블랙록의 CEO인 Larry Fink는 기업의 경영성과 및 장기전망을 평가할 때 ESG 요소를 적극적으로 반영하겠다는 정책을 기업경영자들에게 통보하고, 주주총회에서는 ESG 정보공시, 탄소배출, 이사회 다양성 등과 같은 이슈에 대해 대주주로서의 투표정책을 알리며 경영자들을 압박하기도 하였다. 이러한 기관투자자들의 노력에 더하여, ESG 관련 주주행동주의나 주주제안, 그리고 밀레니엄 세대[28]들의 ESG에 관한 높은 관심 등으로 ESG 경영은 주요한 기업 이슈로 떠오르게 되었다.

---

27) "관심을 가지고 돌보는 자(who cares)가 이긴다."라고 번역할 수 있으며, 이는 Global Compact의 10가지 원칙에 따라 경영하며 환경적, 사회적 문제의 해결에 관심을 가지는 기업이 궁극적으로 승리한다는 의미라고 할 수 있다.

28) 밀레니엄 세대는 1980년부터 2000년 사이에 태어난 세대를 가리킨다.

(2) ESG와 지속가능성

"Who Cares Wins" 보고서에도 언급되었듯이, ESG 경영의 목적 중 하나는 지속가능성이다. 그래서인지 많은 사람이 ESG 경영과 지속가능한 경영을 동일시하거나 유사한 개념으로 이해하고 있는 듯하다. 사실, ESG 관련 이슈를 언급할 때 거의 함께 사용되는 용어가 지속가능성이다. 어떤 사람들은 이 두 용어를 번갈아 가며 같은 뜻으로 사용하기도 한다. 사람마다 다소 다르기는 하지만, ESG 경영의 목표가 지속가능성이라거나, ESG 경영이 기업의 지속가능성을 보장하는 수단이 된다거나, 혹은 ESG 요소를 기업의 지속가능성 여부를 평가하는 항목 등으로 이해하고 있다. 그러나 지속가능성, 더 정확히는 "지속가능개발(sustainable development)"이라는 용어는 ESG보다 한 세대 전인 1987년 유엔 세계환경개발위원회(WCED)의 보고서[29]에서 처음 사용된 용어다. 지속가능개발이란 "다음 세대가 그들의 필요를 채울 수 있는 능력을 해치지 않는 범위 내에서 현세대가 자신의 필요를 충족시키는 개발"을 의미한다. 예를 들어, 현세대가 자신의 필요를 채우기 위해 지금보다 현저히 나빠진 지구 환경을 다음 세대에 물려줌으로써 다음 세대가 그들의 필요를 채울 수 있는 능력이 저하된다면 현세대의 그러한 행위는 지속가능개발이 될 수 없다. 이처럼 지속가능성의 원래 의미는 세계 경제개발에 적용되는 거시적 개념이었지, 개별 기업에 적용되는 미시적 개념은 아니었다.

언제부터 거시적 의미의 지속가능성이 개별 기업의 장기적 생존 가능성을 평가하는 데에 적용하는 미시적 개념이 되었는지는 분명하지 않다. 추측하건대 "Who Cares Wins" 보고서의 영향이 아닌가 생각된다. 또 다음 절에서 소개하겠지만, 산업별 ESG 공시기준을 마련하기 위해 2011년 설립된 민간기구인 **SASB**(Sustainability Accounting Standards Board)의 영향도 있는 것으로 보인다. SASB의 개념체계서를 보면, 지속가능성은 "기업이 장기에 걸쳐 기업가치를 창출할 수 있는 능력을 유지하거나 제고시키는 행위"로 정의되어 있다. 어쨌든, 지속가능성은 거시적 의미(예 우리 사회 또는 환경의 지속가능성)뿐 아니라 미시적 의미로도(예 지속가능경영 또는 지속가능 공시) 사용이 가능하다. 반면 ESG는 개별 기업의 경영에 적용되는 미시적 의미만 갖는다고 이해하면 무난할 것이다. 참고로, 이하에서 ESG 관련 공시를 언급할 때는 "지속가능성 공시"와 "ESG 공시"를 유사한 의미로 사용할 것이다.

---

29) 브룬틀란드(Brundtland) 보고서로도 알려진 이 보고서의 공식 이름은 "우리 공동의 미래(Our Common Future)"이다. 이 보고서가 발간된 이후, 유엔은 주요 국가들의 정상회의와 컨퍼런스의 개최를 통해 지속가능개발을 위한 노력을 계속해서 경주하였다. 이 가운데 가장 주목할 정상회의는 2015년 개최된 "지속가능개발 정상회의(Sustainable Development Summit)"인데, 이 회의에서 유엔은 "지속가능개발을 위한 2030 어젠다"를 발표하였다. 이 어젠다는 인류 및 지구의 평화와 번영을 위한 청사진이며, 2030년까지 달성할 것을 목표로 하는 지속가능개발을 위한 17개의 긴급한 목표들(sustainable development goals : SDGs)로 구성되어 있다. 이 17개의 목표들은 ESG를 언급할 때 인용되기도 한다.

(3) 지속가능성 공시기준 제정기관들

ESG가 주요한 이슈로 부각하면서 기관투자자들은 개별 기업의 ESG 경영성과를 평가하고 그 평가에 따라 투자의사결정을 내릴 필요가 생겼다. 이에 따라 기업들은 자신의 ESG 관련 정보를 공시해야 하며, 그러기 위해서는 적절한 공시기준이 필요하게 되었다. 이러한 필요는 다양한 공시기준 제정기관의 등장을 촉발하였는데, 모두 민간기관으로서 주요한 제정기관을 꼽으면 CDSB, IIRC, SASB, TCFD 등이 있다.

CDSB(Climate Disclosure Standards Board)는 환경 NGO들과 기업들의 국제 컨소시엄으로 2007년에 설립되었으며, 설립목적은 전통적으로 등한시되어온 "자연자본(natural capital, 예 깨끗한 물, 공기)"을 그 중요성에 있어서 "재무자본(financial capital)"과 동격으로 보는 기업 보고모델을 개발하고 이를 국제사회에서 통용되는 주류 보고모델이 되도록 하는 것이다. CDSB의 두드러진 업적은 기업이 재무정보와 동등한 엄격성을 갖춘 환경정보를 보고하는 데 필요한 "개념체계(Framework)"를 개발하였다는 점이다. **IIRC**(International Integrated Reporting Council)는 2010년 Global Reporting Initiative의 주도하에 설립된 기구로서 설립목적은 기업의 장기에 걸친 가치 창출(value creation)에 대해 이해관계자들과 소통하는 "보고 프로세스(reporting process)"를 확립하고 이 보고 프로세스의 확립에 필요한 개념체계를 제정하는 것이었다. 이에 따라 IIRC는 "통합보고개념체계(Integrated Reporting Framework)"를 제정하였는데, 통합보고란 주주들을 위한 전통적인 재무보고뿐 아니라 주주 외 이해관계자들(여기에는 물론 환경과 사회가 포함됨)을 위한 가치 창출 보고까지 포함하는 개념으로 이해할 수 있다.

다음으로 **SASB**(Sustainability Accounting Standards Board)는 2011년 블룸버그(Bloomberg)의 재정지원으로 미국에서 설립된 기구이다. 설립목적은 ESG를 위한 개념체계의 개발에 초점을 맞춘 CDSB나 IIRC와는 달리 ESG 정보공시를 위한 구체적인 기준을 제정하는 것이다. 실제로 SASB는 산업을 77개로 분류하고 산업분류별 ESG 공시기준서(Standards)를 제정하였다.

마지막으로 **TCFD**(Task Force on Climate-related Financial Disclosure)는 G20 산하 "자본시장안정이사회(Financial Stability Board)"가 2015년 발족한 기구이다. 기업성과를 이해하는 데에 자연자본과 재무자본이 똑같이 중요하다는 인식하에 자본시장의 건강한 발전에 필요한 시장 신뢰와 투명성을 제공함으로써 지속가능한 경제, 사회, 환경시스템이 정착되도록 돕는 것을 그 설립목적으로 하였다. TCFD는 2017년 기후 관련 공시에 관한 "권고(Recommendations)"를 발표하여 기업들이 환경 관련 공시를 할 때 참고할 만한 기준을 제공하였다.

이처럼 ESG 공시기준을 제정하는 민간기관들은 상호 유기적인 협력 없이 독자적으로 각자의 관심 이슈에만 초점을 맞추어 활동함으로써 일관성 없는 다양한 기준과 개념체계가 ESG 공시환경에 동시에 존재하는 결과를 낳았다. 그리고 이는 ESG 공시를 원하는 기업들이나 ESG 활동을 평가하는 기관들(ESG rating agencies), 그리고 이러한 평가에 근거하여 투자하려는 기관투자자들 모두에게 혼란스러운 상황이 되었다. 예를 들어, 네이버의 재무보고서를 보면 “2020년부터 ESG, SASB, TCFD 보고서 등 3종을 발간하여 네이버의 ESG 경영현황에 대해 다양한 이해관계자들과 효과적으로 소통하고 있습니다”라는 내용이 나온다. 이처럼 여러 종류의 유사한 보고서의 작성은 기업에게 부담을 주고, 정보이용자에게도 정보처리 과정에서 부담을 준다. 따라서 공신력을 가진 제정기관이 단일의 기준을 제정함으로써 ESG 공시환경을 단순화하고 작성자인 기업과 정보이용자인 투자자 모두에게 부담을 덜어줄 필요성이 증대되었다. 이러한 필요에 따라 전 세계적으로 공신력을 가진 유일한 제정기관인 IFRS재단이 2021년 11월 **국제지속가능성기준위원회**(International Sustainability Standards Board : **ISSB**)를 창설하게 된다.

(4) ISSB의 창설과 ESG 공시환경의 단일화

ISSB의 창설은 ESG 공시기준과 개념체계를 제정해오던 민간기관들에게 큰 지형 변화를 가져왔다. ISSB 창설 직후인 2022년 1월에 CDSB는 ISSB와의 통합을 선언하였고, 이어서 8월에는 SASB와 IIRC가 ISSB와의 통합을 결정하였다.[30)] 이는 CDSB, SASB 및 IIRC가 독자적인 활동을 중단함을 의미하므로 ISSB의 창설은 ESG 공시환경을 단일화하는 효과를 가져왔다. 창설 이후 ISSB는 지속가능성 공시를 위한 기준서 작업에 들어갔으며, 기존의 제정기관들이 이미 만들어 놓은 기준들과 개념체계를 근간으로 2022년 3월 두 개의 기준서 공개초안을 작성하였다. ISSB는 기준서의 공식명칭을 “**IFRS 지속가능성 공시기준서**(IFRS Sustainability Disclosure Standards)”라 정하고 이를 축약하여 “**IFRS S**”라고 명명하였다. 참고로, IASB가 제정하는 회계기준서는 축약하여 IFRS라 부르므로, 혼동을 방지하기 위해 지속가능성 공시기준서는 “IFRS S”로 이름한 것이다.

ISSB의 공개초안은 IFRS S1 및 S2로 명명하였다. S1의 제목은 “지속가능성 관련 재무정보 공시를 위한 일반 요구사항(General Requirements for Disclosures of Sustainability-related Financial Information)”으로서, 지속가능성 관련 공시의 핵심 내용(core content)을 규정하고 있다. 이 기준서에 의하면 기업은 자신에게 노출된 모든 지속가능성 관련 위험(risks)과 기회(opportunities)에 대한 중요한(material) 정보를 공시해야 한다. IFRS S2의 제목은 “기후 관련 공시(Climate-related Disclosures)”이며 기후 관련 위험과 기회가 기업가치에 미치는 영향을 평가할 수 있는 정보의 공시를 요구한다. 이 가

---

30) 사실 SASB와 IIRC는 ISSB 창설 직전인 2021년 6월에 이미 서로 자발적으로 통합하고 통합기구의 이름을 The Value Reporting Foundation이라 명명하였다.

그림 1.3

IFRS재단의 조직도 (ISSB 창설 이후)

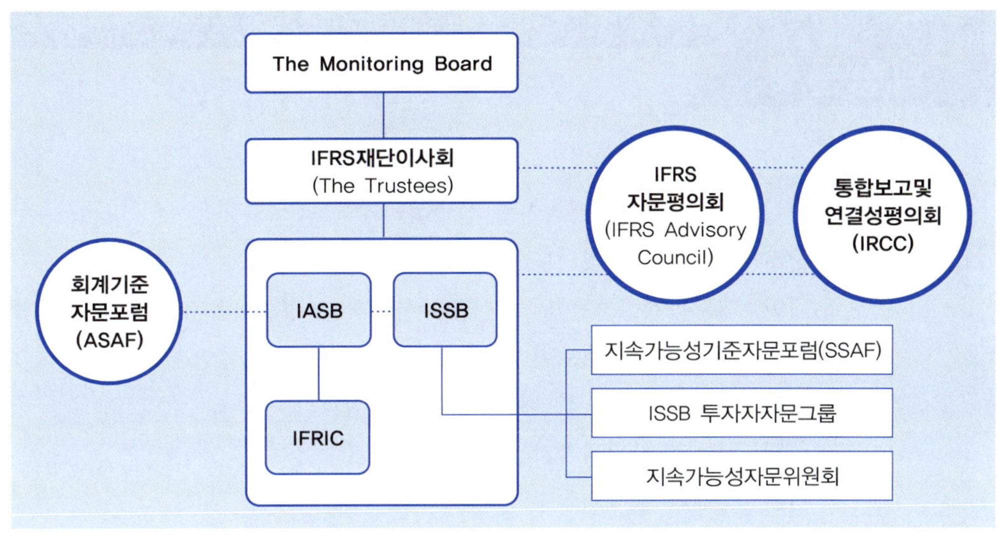

운데 중요한 것이 온실가스배출량(GHG emissions)을 공시하는 것이다. IFRS S1과 S2는 2023년 6월 정식 기준서로 확정되어 공포되었다.

한편, ISSB 창설 이후에도 IFRS재단의 조직은 [그림 1.3]처럼 여전히 삼층 구조를 유지한다. 여기서 주목할 점은 ISSB가 IASB와 동등한 위치에 있다는 것이다. ISSB도 IASB처럼 14명의 위원(members)으로 구성된다. 또 하나 주목할 점은 "Integrated Reporting and Connectivity Council(**IRCC**: 통합보고및연결성평의회)"이라는 자문기구가 새로 생긴 것이다. IRCC는 2022년 11월에 발족하였는데, "IFRS자문평의회"와는 달리 전략적이거나 공식적인 자문기구는 아니다. 다만, IRCC는 ① IASB와 ISSB가 각각 요구하는 보고내용을 어떻게 통합할 수 있을지, ② 과거 IIRC가 제정한 "통합보고개념체계"의 원칙과 개념을 IASB와 ISSB가 어떻게 자신의 프로젝트에 적용할지에 대해 자문을 제공한다. 그 밖에도 ISSB 창설 이후 ISSB만을 위한 자문기구도 세 개나 생겼는데, "Sustainability Standards Advisory Forum(**SSAF**: **지속가능성기준자문포럼**)", "ISSB Investor Advisory Group(**ISSB 투자자자문그룹**)", 그리고 "Sustainability Consultative Commitee(**지속가능성자문위원회**)" 등이 그것이다. 이 가운데 가장 중요한 자문기구는 SSAF인데, 이는 IASB의 자문기구인 ASAF처럼 전 세계 주요 지역의 회계기준 제정기관들로 구성된 자문기구다.

한편, IFRS S는 회계기준이 아니므로 상세 내용은 전통적인 재무회계 교과서의 범위를 벗어난다. 따라서 이하 본서에서는 ISSB 기준서를 더는 언급하지 않는다. 다만, ISSB의 활동이 활발해지고 더 많은 기준서가 제정되면 지속가능성 공시기준을 강의하는 별도의 과목이 경영대학 내에 개설돼야 할 것이다.

익힘문제

[1] 회계의 어원적 의미를 설명하라.

[2] 재무회계의 의의를 설명하라.

[3] 재무회계정보를 의사결정에 사용하는 정보이용자들은 누구인가?

[4] 자본시장의 정보비대칭과 역선택의 문제를 설명하라.

[5] 기업가의 도덕적 해이에 대해 설명하라.

[6] 회계의 가치평가기능이란 무엇인가?

[7] 회계의 수탁책임평가기능이란 무엇인가?

[8] 일반적으로 인정된 회계원칙이란 무엇인가?

[9] 우리나라 회계기준의 체계를 설명하라.

[10] 우리나라 회계기준을 제정하는 기관에 대해 설명하라.

[11] 1990년대 말 우리 경제에 닥쳤던 외환위기와 그 당시의 회계제도 및 관행에 관한 내용을 인터넷에서 검색하고, 외환위기를 그 당시의 회계제도 및 관행과 연관하여 조명해 보라.

[12] 1990년대 말 외환위기 중에 IMF나 IBRD가 우리나라 경제개혁의 핵심과제 중 하나로서 회계제도의 혁신을 꼽은 이유는 무엇이라 생각하는가?

[13] 2000년대 초반에 걸쳐 발생한 미국의 엔론, 월드컴, 아델피아 등 거대기업의 회계부정과 그로 인한 파산에 관하여 인터넷에서 검색하고, 이러한 회계부정이 미국 자본시장에 대한 불신으로 이어졌던 이유를 설명하라.

[14] 국제회계기준의 필요성을 요약하라.

[15] 국제회계기준위원회(IASB)의 성격을 요약하라.

[16] 국제회계기준위원회(IASB)의 목적을 설명하라.

[17] IOSCO와 국제회계기준위원회(IASB)의 관계를 설명하라.

[18] 국제지속가능성기준위원회(ISSB)의 목적을 설명하라.

CHAPTER 02

재무보고의 개념체계

Contents

제1장에서 설명한 대로 재무회계는 주주 및 채권자와 같은 기업 외부에 있는 정보이용자들(external information users)에게 기업재무정보를 제공하여 정보비대칭을 경감시킴으로써 자본시장에서 경제적 자원이 효율적으로 배분되도록 돕는 매우 중요한 제도적 하부구조이다. 일반적으로 기업재무정보는 대체적인(alternative) 여러 가지 회계처리방법이나 기준에 따라 산출될 수 있으며, 어느 한 가지 방법이나 기준이 반드시 옳고, 다른 것은 틀리다고 말할 수는 없다. 이는 여타의 사회과학분야에서처럼 회계학에서도 어떤 이슈에 대한 해답을 하나의 객관적 판단기준으로 옳고 그르다는 식의 절대평가를 할 수 없어서 주관적 판단기준에 따라 대체적인 해(解: alternative solutions)가 얼마든지 가능하기 때문이다. 그리고 외부정보이용자들이 필요로 하는 정보의 종류나 양(量)도 다양해서 각자가 요구하는 정보가 다를 수도 있다. 일례로, 투자자와 채권자들은 기업가치

나 신용위험을 평가하는 데 필요한 정보를 요구하는 반면, 감독당국은 규제나 감독에 필요한 정보가 필요하고, 조세당국은 기업의 과세소득 계산에 필요한 정보를 요구한다.

이러한 문제 이외에도 경영자와 외부감사인의 인센티브 문제까지 얽히면 회계정보의 공급 및 수요의 역학관계는 더욱 복잡해진다. 경영자들은 회계정보가 기업가치나 신용위험을 평가하는 데에 핵심적인 정보이므로, 가능하면 회계정보가 기업에 유리하게 보여지기를 원하는데, 일례로 자산과 이익은 크게, 부채는 작게 측정되기를 원한다. 또 기업의 핵심전략에 관한 기업정보(예 제조원가정보)는 경쟁관계에 있는 회사에게 노출되는 경우 기업가치를 저해할 수 있으므로, 이러한 기업전유(專有)정보(proprietary information)는 투자자들에게는 비록 유용한 정보일지라도 경영자는 공시를 꺼리게 된다. 또 회계정보의 정직성(integrity) 여부를 인증하는(attest) 외부감사인들의 경우는 사후적으로 정보의 정직성에 대해 논란이 제기되어 정보이용자들로부터 소송을 당하거나 감독당국으로부터 제재를 받을 가능성이 높은 정보는 선호하지 않는다.

이렇게 복잡한 이해관계가 얽혀 있는 회계환경에서는 회계기준제정기관이 회계 이슈를 사안(事案)에 따라 단편적으로 해결하게 되면 논리적 일관성을 잃게 되어 회계기준이 상호 모순될 가능성이 높다. 뿐만 아니라 자칫 정치적 협상력이 우월한 경영자들이나 회계법인들의 로비(lobby)로 인해 회계기준이 왜곡되거나 편향될 가능성도 존재한다. 회계기준이 논리적 일관성을 결여하거나 편향성을 갖게 되면 그 산출물인 회계정보의 신뢰성이 떨어지고 정보이용자들로부터 외면당함으로써 회계산업의 존립 자체가 어려워질 수도 있다. 따라서 회계기준제정기관은 회계 이슈를 다룰 때 논리적으로 일관성 있고 정치적으로 중립적인 접근방법을 취하는 것이 필요한데, 이러한 필요성에 따라 "**개념체계**(conceptual framework)"를 정립하였다. 개념체계란 "상호연관성이 있는 제반 목적(objectives)과 기본요소들(fundamentals)을 모아놓은 논리정연한 체계(coherent system)"로서 일관성 있는 회계기준을 제정하기 위해 재무보고의 목적, 재무제표의 표시, 재무정보의 성격 및 한계 등을 규정한 것이다. 따라서 개념체계는 회계기준제정기관이 회계 이슈를 논의하고 회계기준을 제정할 때에 적용할 수 있는 논리적 체계와 지침을 제공함으로써 일관성 있고 중립적인 접근방법을 견지하도록 도와준다.

개념체계를 가장 일찍 정비하여 성문화된 형태로 운용하고 있는 나라는 미국이다. 미국의 FASB[1)]는 1972년 설립 당시부터 개념체계의 필요성을 절감하고, 이를 제정하기 위한 작업을 진행하던 중 1976년에 "Conceptual Framework for Financial Accounting and Reporting: Elements of Financial Statements and Their Measurement"라는 제목의 토론서를 발표하였다. 이 토론서는 개념체계를 제정하는 데 있어서 고려해야 할 중요한 이슈들을 제시함으로써 FASB가 재무보고와 관련된 수많은 이해관계자들로부터 폭넓은

1) FASB에 대한 상세한 설명은 제1장을 참조하라.

의견을 수렴할 수 있게 하였다. 이후 FASB는 재무보고의 개념체계에 관한 8개의 개념체계서(Statements of Financial Accounting Concepts: SFAC)를 차례로 제정 · 공포하였고, 이 가운데 1번, 2번 및 3번을 제외하고 4번부터 8번까지 5개의 SFAC가 현재 유효하며, 지금까지 FASB가 일관성 있고 논리적으로 타당한 회계기준을 제정하는 데에 유용한 지침을 제공하고 있다.

국제회계기준위원회(IASB)도 자체적으로 1989년에 개념체계서(Framework for the Preparation and Presentation of Financial Statements)를 제정하였는데, 주요 내용 측면에서만 볼 때는 FASB의 개념체계서와 크게 다르지 않으나, 적용범위에 있어서는 큰 차이를 보였다. FASB 개념체계는 그 적용범위를 '재무회계와 재무보고(financial accounting and reporting)' 전반에 두고 있으나, IASB 개념체계는 그 적용범위를 '재무제표의 작성과 표시(preparation and presentation of financial statements)'로 국한하였다. 예컨대, FASB 개념체계는 재무제표 외의 재무정보와 비(非)재무(non-financial) 정보(예 경영자의 경영진단 의견 ; management's discussion and analysis)도 적용대상으로 하지만, IASB 개념체계는 이러한 정보들은 적용대상 밖임을 분명히 하였다.

또한 IASB의 1989년 개념체계서는 그 구성이나 내용에 있어서도 FASB의 개념체계서에 비해 덜 논리적이고 불완전한 측면이 많았다. IASB도 이러한 문제점을 인식하고, FASB 개념체계서와의 통합(convergence)을 통해 1989년 개념체계서를 정비하고자 하였다. IASB의 이러한 노력은 2004년 10월 FASB와 공동으로 '개념체계통합프로젝트(convergence project on conceptual framework)'를 시작함으로써 구현되었다. 애초 이 공동프로젝트는 8단계로 나뉘어 단계별로 진행하도록 구성되었으며, 2010년 9월에는 1단계가 종료됨에 따라 IASB는 1989년 제정한 개념체계서의 일부 내용을 개정하고 그 체계도 크게 변경하였다. 특히 주목할 만한 변경은 개념체계서의 명칭을 'The Framework for the Preparation and Presentation of **Financial Statements**'에서 'The Conceptual Framework for **Financial Reporting**'으로 바꾼 것인데, 이는 개념체계의 적용범위를 단순히 재무제표의 작성과 표시에 국한하지 않고 재무보고 관련 이슈 전반으로 확장하였음을 의미한다.

이후 1단계를 마친 공동프로젝트는 잠정적으로 중단이 되는데, 이는 IASB와 FASB가 각자 다른 시급한 안건들을 먼저 다루기로 합의하였기 때문이다. 그러나 이 합의 직후 IASB는 개념체계서를 완성하는 것이 다른 안건들보다 더 높은 우선순위에 있음을 인식하게 되었고, 독자적으로 프로젝트를 진행하기로 결정함으로써 사실상 FASB와의 공동프로젝트는 미완성인 채 종결되고 말았다. 이에 따라 IASB는 개념체계의 독자적 완성을 위한 첫 단계로서 2013년 7월에 토론서(discussion paper)를 만들어 배포하였고, 의견수렴을 거쳐 2015년 5월에는 포괄적인 공개초안(exposure draft)을 발표하였으며, 2018년 3월에는 완성된 개념체계서를 제정하여 공포하였다. 공식적으로 이 개념체계서는 2020년 1월 1일 또는 그 이후에 시작되는 회계연도부터 적용이 요구되지만, 본장에서는 선제적으로 이 완성된 개념체계서를 소개한다.

완성된 개념체계서의 구성을 살펴보면, 먼저 서론적으로 개념체계의 '위상과 목적(status and purpose)'이 기술되어 있는데, 여기서 '위상'이란 회계기준(IFRS)과의 관계에서 개념체계서가 차지하는 위치와 성격을 가리킨다. 이어서 재무보고의 뼈대가 되는 8개의 상호 연관된 개념들을 설명하는 8개의 장(chapters)이 다음과 같이 제시되어 있다.

제1장 : 일반목적재무보고의 목적(The objective of general purpose financial reporting)
제2장 : 유용한 재무정보의 질적 특성(Qualitative characteristics of useful financial information)
제3장 : 재무제표와 보고기업(Financial statements and the reporting entity)
제4장 : 재무제표의 요소(The elements of financial statements)
제5장 : 인식과 제거(Recognition and derecognition)
제6장 : 측정(Measurement)
제7장 : 표시와 공시(Presentation and disclosure)
제8장 : 자본 및 자본유지의 개념(Concepts of capital and capital maintenance)

위와 같은 구성에 맞추어 본장에서는 개념체계의 위상과 목적으로부터 시작하여 각 장에서 다루고 있는 재무보고 관련 개념들을 차례로 설명한다.

제1절 개념체계의 위상과 목적

먼저 개념체계의 목적부터 살펴보자. 개념체계는 '일반목적재무보고(general-purpose financial reporting)'의 목적(objective)과 이를 위한 개념들(concepts)을 서술함으로써 다음과 같은 목적(purpose)을 이룬다.

① 「한국회계기준위원회(이하, KASB)」가 **일관된 개념에 근거하여** 한국채택국제회계기준(이하, 회계기준)을 제·개정하도록 도와준다.
② 재무제표 작성자가 특정 거래나 사건의 회계처리에 적용할 회계기준이 없거나, 회계기준이 회계정책의 선택을 허용하는 경우 **일관된** 회계정책을 개발하도록 도와준다.
③ 모든 이해관계자들이(all parties) 회계기준을 이해하고 해석하는 데 도움을 준다.

다음으로, 개념체계의 위상과 관련하여 중요한 사실은 '개념체계는 회계기준이 아니라는' 것이다. 따라서 이 개념체계의 어떠한 내용도 회계기준이나 그 요구사항(requirement)에 **우선할 수 없다**. 이처럼 실무적용의 측면에서 볼 때, 개념체계의 위상(status)은 회계기준보다 하위에 위치한다고 볼 수 있다. 또한 KASB는 재무보고의 목적을 달성하기 위해서라면 개념체계의 내용에서 벗어난 요구사항을 정할 수도 있는데, 이러한 경우에는 그러한 이탈의 이유를 설명하도록 되어 있다.

KASB는 개념체계의 사용 경험을 바탕으로 때때로 그 내용을 수정할 수 있는데, 그렇다고 해서 해당 개념체계와 연관성이 있는 회계기준도 개념체계의 수정에 따라 자동적으로 개정되는 것은 아니다. 이는 회계기준의 개정이 KASB가 정해 놓은 정당한 절차(due process)에 따라 이루어지기 때문이다.

또 개념체계는 KASB가 소정의 임무(stated mission), 즉 '전 세계 금융시장에 투명성(transparency)과 회계책임(accountability), 그리고 효율성(efficiency)을 가져다주는 회계기준의 개발'이라는 임무를 수행할 수 있도록 돕는다. 이러한 회계기준의 개발을 통해, KASB는 세계경제 속에 신뢰와 성장 및 장기 금융안정을 조성함으로써 공공의 이익(public interest)에 기여한다. 구체적으로, 개념체계에 근거한 회계기준은

① 투자자와 그 밖의 시장참여자들이 '정보에 근거한(informed)' 경제적 의사결정을 내릴 수 있도록 재무정보의 국제간 비교가능성과 질을 높임으로써 투명성에 기여한다.

② 자본제공자들(예 투자자)과 자본수탁자(즉, 경영자)들 간의 정보비대칭을 줄임으로써 회계책임을 강화한다. 이는 자본제공자들이 경영자에게 수탁책임을 묻기 위해 필요한 정보를 회계기준이 제공하기 때문이다.

③ 투자자들이 전 세계에 걸친 투자기회와 위험을 파악할 수 있도록 도움으로써 자본배분(capital allocation)을 개선하므로 경제적 효율성을 제고한다. 기업 입장에서도, 개념체계에 근거한 회계기준으로부터 파생된 신뢰성 있는 단일의 회계언어를 사용함으로써 자본비용(cost of capital)을 낮추고 타 국가에서의 재무보고비용도 줄일 수 있다.

제2절 일반목적재무보고의 목적

재무보고와 관련하여 발생하는 다양한 문제(예 연구개발을 위한 기업의 지출은 당기비용인가 아니면 자산인가?)에 대해 답을 찾는 논의과정에서 부딪히는 근원적 질문은 "그러한 답을 통해 궁극적으로 무슨 목적을 이루려는가?"이다. 이 질문을 더 쉽게 표현하면, "재무보고의 목적은 무엇인가?"가 된다. 일례로, 기업의 연구개발지출을 자산으로

인식할 것인지, 아니면 당기비용으로 인식할 것인지의 문제도 결국은 "어떤 방법이 재무보고의 목적달성에 더 적합한가?"라는 질문에 대한 답에 따라 결정되어야 한다. 따라서 재무보고의 목적은 개념체계에서 가장 먼저 정의되어야 할 개념이다. 즉, '**재무보고의 목적**'은 개념체계의 가장 기본적인 밑바탕(foundation)을 형성하며, 개념체계의 다른 측면들(예 보고기업, 질적 특성, 재무제표 요소, 인식과 제거 등)은 그 목적으로부터 논리적으로 전개할 수 있다. 이러한 재무보고에 관하여 개념체계는 특별히 '일반목적(general-purpose)' 재무보고에 초점을 맞추고 있으며,[2] 일반목적재무보고는 다음과 같은 목적을 갖는다.

1. 일반목적재무보고의 목적

일반목적재무보고의 목적(objective)은 "현재(existing) 및 잠재적(potential) 투자자, 대여자(lenders) 및 기타 채권자(other creditors)가 보고기업에 자원(resources)을 제공하는 것과 관련하여 의사결정을 내릴 때 유용한 재무정보를 제공하는" 것이다. 이러한 의사결정은

① 보고기업이 발행한 지분상품(예 주식) 및 채무상품(예 회사채)의 매수, 매도 또는 보유결정,

② 보고기업에게 자금을 대여하고 상환받거나, 그 밖의 유형의 신용(예 외상, 지급보증)을 제공하고 결제하는 결정,

③ 보고기업의 경제적 자원의 사용에 영향을 미치는 경영진의 행위(actions)에 대해 의결권을 행사하거나 그 밖의 영향을 미치는 권리의 행사에 관한 결정을 말한다.

위 ①~③의 결정들은 '현재 및 잠재적 투자자와 대여자 및 기타 채권자들'이 기대하는 수익(returns; 예 배당, 원금 및 이자, 지분상품과 채무상품의 가격상승 등)에 따라 내려질 것인데, 이러한 기대수익은 다음 두 가지에 대한 평가에 달려 있다. 첫 번째 평가는 보고기업에 유입될 미래 순현금유입의 금액, 발생시기 및 불확실성(전망)에 대한 평가이고, 두 번째는 보고기업에 위탁된 경제적 자원에 관해 경영진이 수탁책임을 얼마나 잘 이행했는가에 대한 평가이다. 따라서 '현재 및 잠재적 투자자와 대여자 및 기타 채권자들(이하, 투자자와 채권자들)'은 이러한 평가에 도움이 되는 정보를 필요로 한다. 이러한 정보는, ① 보고기업의 자원 및 보고기업에 대한 청구권, 그리고 그러한 자원과 청

---

2) 개념체계는 일반목적재무**보고서**(financial *reports*)는 정의하였지만, 일반목적재무**보고**(financial *reporting*)는 공식적으로 정의하지 않았다. 일반목적재무보고는 '일반목적재무보고서를 작성하고 배포하는 행위'로서, 투자유치를 위한 투자설명(IR), 납세를 위한 세무보고, 경영진을 위한 내부보고 등과 같이 이용자가 제한적인 '특수목적(special-purpose) 재무보고'와 대비되는 개념으로 보면 될 것이다.

구권의 변동에 관한 정보와, ② 보고기업의 '경영진 및 이사회'가 경제적 자원의 사용에 대한 책임(responsibilities to use the entity's economic resources)을 얼마나 효율적이고 효과적으로 이행했는지를 나타내는 정보이다.

대부분의 '투자자와 채권자들'은 자신들에게 직접 정보를 제공하라고 보고기업에게 요구할 수는 없다. 따라서 이들은 필요한 정보의 상당 부분을 일반목적재무보고서에서 얻을 수밖에 없으며, 결과적으로 이들이 일반목적재무보고서(이하, 재무보고서)의 주요 이용자(primary users)가 된다. 그렇다고 재무보고서가 '투자자와 채권자'들이 필요로 하는 **모든** 정보를 제공하는 것은 아니며, 또 그럴 수도 없다. 따라서 '투자자와 채권자들'은 다른 정보 원천에서 입수한 정보(예 경제상황, 정치적 환경, 산업 및 기업전망 등)도 고려할 필요가 있다.

또한 재무보고서는 보고기업의 '가치(value)'를 직접 나타내주기 위해 고안된 것도 아니다. 그러함에도 재무보고서는 '투자자와 채권자들'이 보고기업의 가치를 **추정하는** 데 도움을 주는 정보를 제공한다. 또 '투자자와 채권자들'의 정보수요와 욕구는 서로 다르며, 상충되기도 한다. 따라서 KASB는 회계기준을 개발할 때 최대다수(maximum number)의 수요를 충족시키는 정보의 집합(set)을 제공하려고 노력한다. 그러나 이렇게 공통된 정보수요에 초점을 맞춘다고 하여, 특정한 '투자자와 채권자들'에게만 가장 유용한 정보를 보고기업이 추가로 제공하는 것을 금하는 것은 아니다.

한편, '투자자와 채권자들' 이외에도 보고기업의 재무정보에 관심을 갖는 당사자들로서 경영진과 이사회가 있다. 그렇지만 이들은 필요한 정보를 재무보고서에 의존할 필요 없이 내부적으로 얼마든지 획득할 수 있으므로 재무보고서의 주요 이용자가 아니다. 또 기타 정보이용자들(예 감독당국, 노조를 포함한 종업원들, 일반대중 등)에게도 재무보고서가 유용할 수 있지만, 이러한 기타 정보이용자들도 주요 이용자로 간주하지는 않는다.

마지막으로, 재무보고서는 상당 부분 정확한 서술(exact depictions)보다는 추정(estimates)과 판단(judgments), 그리고 모형(models)에 근거하며, 이러한 추정, 판단 및 모형의 기초를 이루는 개념들을 정하는 것이 바로 '개념체계'이다.

2. 보고기업의 경제적 자원, 청구권 그리고 자원 및 청구권의 변동에 관한 정보

지금까지 재무보고의 목적이 주요 이용자인 투자자와 채권자들의 경제적 의사결정(예 투자, 신용제공 등)에 유용한 정보를 제공하는 것이며, 유용한 정보란 보고기업에 유입될 미래 순현금유입에 대한 전망과 경영진의 수탁책임을 평가하는 데 도움을 주는 정보임을 설명하였다. 이를 위해 재무보고서는 보고기업의 재무상태(financial position)에 관한 정보, 곧 보고기업의 경제적 자원(economic resources)과 보고기업에 대한 청구권

(claims)에 관한 정보를 제공한다. 또 재무보고서는 보고기업의 경제적 자원과 청구권을 변동시키는 거래와 그 밖의 사건의 영향에 관한 정보도 제공한다. 이 두 유형의 정보, 곧 재무상태에 관한 정보와 재무상태의 변동에 관한 정보는 기업에게 자원을 제공하는 의사결정을 내리는 데 유용한 투입요소(input)가 된다. 이에 관하여 상세히 살펴보자.

(1) 경제적 자원 및 청구권

보고기업의 경제적 자원이란 곧 자산(assets)을 가리키고, 보고기업에 대한 청구권이란 채권자의 청구권인 부채(liabilities)와 소유주(주식회사의 경우 주주)의 청구권인 소유주지분(owners' equity)을 의미한다. 따라서 경제적 자원과 청구권이란 보고기업의 재무상태를 말하는 것이다. 경제적 자원과 청구권의 성격(nature) 및 금액(amounts)에 대한 정보는 투자자와 채권자들이, ① 보고기업의 재무적 강점과 약점을 식별하고, ② 경영진의 수탁책임을 평가하는 데에 도움을 준다.

여기서 재무적 강점과 약점이란 보고기업의 유동성(liquidity)과 지급능력(solvency), 추가적인 자금조달의 필요성 및 자금조달의 성공 여부에 관한 것이다. 유동성이란 가까운 장래(흔히 1년 내)에 지급일이 도래하는 금융약정(예 매입채무, 단기차입금)의 이행 의무를 고려한 **단기 현금가용성**(availability of cash)을 의미한다. 실무에서 유동성은 유동자산에서 유동부채를 차감하여 계산하는 **운전자본**(working capital)이나, 유동자산을 유동부채로 나눈 **유동비율**(current ratio)로 판단한다. 유동자산이란 단기에 현금으로 실현될 자산을 가리키고, 유동부채는 단기에 현금 지급을 통해 이행해야 할 부채를 의미하므로 단기 현금가용성을 운전자본이나 유동비율로 나타내는 것은 매우 논리적이다.

유동성이 단기 현금가용성에 관한 지표라면, 지급능력은 장기에 걸친 금융약정을 이행할 수 있는 장기지불능력을 의미하며, 실무적으로는 흔히 부채총계를 자본총계로 나눈 비율, 즉 **부채비율**(debt-to-equity ratio)로 이를 판단한다. 부채는 만기일(즉, 지급일)이 정해져 있어서, 만기가 도래하면 보고기업은 반드시 채권자들에게 상환해야 할 법률적 의무를 갖는다. 반면, 자본은 그렇지 않아서 보고기업은 주주들에게 상환해야 할 어떠한 법률적 의무도 지지 않는다. 따라서 부채비율이 매우 높으면 장기적 관점에서 보고기업의 지급능력은 낮으며, 이러한 보고기업은 추가자금조달의 필요성이 있다 하여도 자금조달의 성공가능성도 높지 않다.

경제적 자원은 그 **유형**에 따라서 보고기업의 미래 현금흐름 전망에 관한 정보이용자의 평가에 달리 영향을 미친다. 일례로, 경제적 자원 중 매출채권은 그 현금흐름이 채권추심을 통해 매출채권에서 **직접** 발생하므로 현금흐름 전망을 그 경제적 자원(즉, 매출채권)과 직접 연관지을 수가 있다. 반면, 재화나 용역의 생산과 판매로부터 발생하는 현금흐름은 여러 가지 경제적 자원(즉, 원재료, 제조설비, 토지 등)을 결합하여 사용해야 발생하므로, 이러한 현금흐름은 그 창출에 기여한 경제적 자원(예 원재료, 제조설비 등)과 일대일로 직접 연관짓기는 어렵다. 그렇더라도 정보이용자는 보고기업이 보유한 모든 경제적 자원의 성격과 금액을 알 필요가 있는데, 이는 그러할 때 보고기업의 미래 현금흐름 전망을 더 잘 평가할 수 있기 때문이다.

또한 보고기업에 대한 청구권의 우선순위(priorities)와 상환조건(payment requirements)에 관한 정보는 청구권을 가진 자들(즉, 채권자와 소유주) 간에 미래 현금흐름이 어떻게 분배될 것인지 예측하는 데에 도움을 준다. 예를 들어, 채권자는 주주보다 미래 현금흐름에 대해 우선청구권이 있으며, 채권자들 간에도 선순위채권자가 후순위채권자보다 청구권 행사순위가 더 높다. 주주들 간에도 우선주주가 보통주주보다 청구권 우선순위가 높으므로, 보고기업은 배당을 할 때 우선주주들에게 먼저 분배해야 한다.

(2) 경제적 자원 및 청구권의 변동

보고기업의 경제적 자원과 보고기업에 대한 청구권은 다음 **두 요인**에 의해 변동하는데, ① 해당 보고기업의 재무성과(financial performance)와 ② 채무상품(예 회사채)이나 지분상품(예 주식)의 발행과 같이 보고기업의 재무성과와는 상관없는 사건이나 거래로 인해 변동한다. 미래 현금흐름의 전망과 경영진의 수탁책임을 올바르게 평가하기 위해 정보이용자는 이 두 유형의 변동을 반드시 구분해야 한다.

1) 재무성과로 인한 경제적 자원 및 청구권의 변동

먼저, 재무성과로 인한 경제적 자원과 청구권의 변동에 대해 살펴보자. 재무성과 정보는 보고기업이 경제적 자원을 이용하여 창출한 수익(return)을 정보이용자가 이해하는 데 도움을 주며, 이 수익정보는 경제적 자원을 효율적이고 효과적으로 사용해야 하는 경영진의 수탁책임을 평가할 수 있게 한다. 아울러 수익의 변동성(variability) 및 구성요소(components)에 관한 정보도 중요한데, 이는 미래 현금흐름의 **불확실성**을 평가하는 데 도움을 주기 때문이다. 또 과거 기간의 재무성과와 경영진의 수탁책임 이행 정도에 대한 정보는 보고기업의 미래수익을 예측하는 데 일반적으로 도움이 된다.

① 발생기준회계가 반영된 재무성과

재무성과 정보는 **발생기준회계**(accrual accounting)를 적용하여 생산한다. 발생기준회계는 거래 및 그 밖의 사건이나 상황이 보고기업의 경제적 자원과 청구권에 미치는 효과를, 비록 그 결과로 일어나는 현금의 수취와 지급이 다른 기간에 이루어지더라도, 해당 효과가 **발생하는 기간**에 보여준다. 발생기준이 중요한 이유는, 경제적 자원과 청구권 그리고 이들의 기간 변동에 관한 정보가 단순히 그 기간에 이루어진 현금수취와 지급에 관한 정보보다, 보고기업의 과거 및 미래 성과를 평가하는 데 더 나은 근거(basis)를 제공하기 때문이다. 발생기준회계는 재무회계에 있어서 핵심적인 개념이므로, 이에 대해 좀 더 상세히 살펴보자.

전술하였듯이, 발생기준은 거래, 사건, 상황이 경제적 자원과 청구권에 미친 효과를 그 효과가 발생한 기간에 보여주는 회계처리방법으로서, 그 거래나 사건이 경제적 자원과 청구권에 미친 효과가 그 결과로 생기는 현금흐름과 시간적으로 다를 수 있음을 명시적으로 고려한다. 따라서 발생기준의 적용에는 **발생**(accrual)과 **이연**(deferral)이라는 회계절차가 필수적으로 따른다. 발생이란 미래에 수취할 현금이나 지급할 현금을 현재 시점에서 수익 또는 비용으로 인식하는 회계절차이다.3) 예컨대, 재화나 용역을 외상판매하면서 수익을 인식하거나, 아직 현금으로 지급하지 않은 이자나 급여 등에 대해 비용을 인식하는 것이 발생의 예이다. 반면, 이연이란 미래에 수익을 인식하기 위해 현재 시점의 현금유입을 부채로 인식하거나(예 선수수익, 선수금 등), 비용을 미래에 인식하기 위해 현재 시점의 현금유출을 자산으로 인식하는(예 설비, 건물, 선급비용, 선급금 등) 회계절차이다. 전자의 경우 수익 인식은 관련 부채에 내재된 의무의 일부 또는 전부가 이행될 때까지 이연되고, 후자의 경우 비용 인식은 관련 자산에 내재된 미래 경제적 효익의 일부 또는 전부가 사용될 때까지 이연된다.

발생기준에 대비되는 개념으로서 **현금기준회계**(cash accounting)가 있는데, 이는 거래나 사건의 경제적 효과를 관련 현금의 유출·입 시점에서 인식하는 회계처리방법이다. 따라서 발생기준과 현금기준의 주된 차이는 수익과 비용을 인식하는 시점이 다르다는 데에 있다. 재무성과 정보를 생산할 때 현금기준회계를 적용하지 않는 이유는 다음과 같다. 일반적으로 기업이 재화나 용역을 생산·판매하기 위해서는 먼저 설비투자가 선행되어야 하는데, 설비투자를 위한 현금지출이 이루어진 시점으로부터 생산된 재화나 용역의 판매대금이 현금으로(즉, 투자수익으로) 수취될 때까지는 상당한 기간이 경과한다. 그러므로 한 분기나 일 년이라는 짧은 기간에 대해 현금 수취와 지급만을 단순 대비하는 현금기준회계는 투자와 투자수익을 적절히 대응시킬 수 없게 되어, 기업의 재무성과를 올바로 나타낼 수 없다. 반면에 발생기준회계는 발생 및 이연을 통해 투자와 투자수익을(즉, 비용과 수익을) 기간별로 적절히 짝 맞춤함으로써(matching) 기간별 재무성과를 적정하게 측정할 수 있으므로 정보이용자의 의사결정에 더 유용한 형태의 재무정보를 제공한다.4)

---

3) 이때 복식부기의 방식에 따라 관련 자산 또는 부채도 함께 인식함은 물론이다.

4) 그러나 발생기준의 필수적인 절차인 발생과 이연에는 경영자의 주관적 판단이 개입될 소지가 있다. 경영자는 미래 일어날 현금유입의 가능성을 실제보다 과대하게 평가하여 수익을 인식하거나(발생), 비용으로 인식해야 할 현재의 현금유출을 자산으로 계상함으로써(이연) 순이익을 과대하게 하는 분식회계를 할 가능성이 있다.

재무성과 정보는 보고기업의 과거 및 미래 순현금유입 창출능력을 평가하는 데 유용하다. 이러한 재무성과 정보는 기업이 경제적 자원을 증가시켜 온 정도, 그리고 그 결과로 투자자와 채권자로부터 추가자원을 획득하지 않고 영업을 통해 순현금유입을 창출할 수 있는 능력을 증가시켜 온 정도를 보여준다. 또한 재무성과 정보는 정보이용자들이 경영진의 수탁책임을 평가하는 데에도 도움을 줄 수 있다. 추가적으로, 재무성과 정보는 시장가격이나 이자율의 변동과 같은 사건, 즉 영업이 아닌 기타 사건들이 경제적 자원과 청구권의 변동에 영향을 미치고(예 다양한 종류의 평가손익), 결과적으로 보고기업의 순현금유입 창출능력에 어느 정도의 영향을 미치는지도 보여줄 수 있다.

② 과거의 현금흐름이 반영된 재무성과

위에서 언급한 것처럼 재무성과 정보가 여러 면에서 유용하지만, **현금흐름에 대한 정보**도 보고기업의 미래 순현금유입 창출능력과 경영진의 수탁책임을 평가하는 데 도움을 줄 수 있다. 이는 현금흐름 정보가 부채의 차입과 상환, 현금배당 등의 투자자들에 대한 분배, 그 외에 보고기업의 유동성과 지급능력에 영향을 미치는 요인들에 관한 정보를 포함하여, 보고기업이 현금을 어떻게 획득하고 사용하는지 알려주기 때문이다. 이와 같이 현금흐름 정보는 정보이용자가 보고기업의 영업을 이해하고, 재무활동과 투자활동을 평가하며, 유동성이나 지급능력을 판단하고, 그 밖의 재무성과 정보를 해석하는 데 도움을 준다.

2) 재무성과에 기인하지 않은 경제적 자원 및 청구권의 변동

다음으로 재무성과에 기인하지 않은 두 번째 유형의 경제적 자원과 청구권의 변동에 대해 살펴보자. 주식 혹은 회사채의 발행이나 상환은 보고기업의 재무성과, 즉 재화나 용역의 매출로 인한 이익의 획득과는 상관없이, 보고기업의 경제적 자원(예 현금)을 증감시키고, 동시에 보고기업에 대한 청구권(자본 또는 부채)도 증감시킨다. 또 결의된 배당을 보고기업이 지급하게 되면 경제적 자원과 주주의 청구권이 감소한다. 이러한 변동에 관한 정보는 경제적 자원과 청구권이 왜 변동하였는지, 그리고 그 변동이 미래 재무성과에 어떤 시사점을 주는지 완전히 이해하는 데에 필요하다. 특히, 이러한 변동은 보고기업의 재무성과와는 무관하므로 관련 정보는 투자자와 채권자들이 미래 재무성과를 전망하기 위해 반드시 **구분되어** 제시될 필요가 있다.

3. 기업의 경제적 자원의 사용에 관한 정보

주주나 채권자 등으로부터 위탁받은 경제적 자원에 대해 보고기업의 경영진이 그 사용책임을 얼마나 효율적이고 효과적으로 이행했는지 알려주는 정보는 이들의 수탁책임을 평가하는 데에 도움이 된다. 또 이러한 정보는 경영진의 **미래** 수탁책임 이행의 효율성과 효과성을 평가하는 데에도 유용하다. 따라서 해당 정보는 보고기업의 미래 순현금유입의 전망을 평가하는 데에도 유용할 수 있다. 맡겨진 경제적 자원에 관한 경영진의 사용책임은, ① 경제적 요인들의 불리한 영향(예 가격변동, 기술의 변화 등)으로부터 그러한 자원을 보호하는 것과, ② 보고기업이 적용해야 하는 법규 및 계약조항들을 준수하도록 보장하는 것을 포함한다.

제3절 유용한 재무정보의 질적 특성

제2절에서 재무보고의 목적이 투자자와 채권자가 기업에 자원을 제공하는 의사결정을 내리는 데에 유용한 재무정보를 제공하는 것임을 설명하였다. 그러면 유용한 정보란 어떠한 정보인가? 유용한 정보는 어떠한 특성을 갖는가? 이러한 질문은 재무보고의 목적을 규정한 다음 자연스럽게 발생하는 질문이다. 재무정보가 유용하기 위해서는 특정한 성질을 가져야 하는데, 이를 재무정보의 **질적 특성**(qualitative characteristics)이라고 부른다. 질적 특성은 투자자와 채권자들의 의사결정에 유용한 재무정보와 그렇지 않은 정보를 식별하는 기준이 된다.

질적 특성은 **근본적**(fundamental) **질적 특성**과 **보강적**(enhancing) **질적 특성**으로 나누어지는데, 근본적 질적 특성은 **목적적합성**(relevance)과 **표현의 충실성**(faithful representation)이며, 보강적 질적 특성은 **비교가능성**(comparability), **검증가능성**(verifiability), **적시성**(timeliness), 그리고 **이해가능성**(understandability)이다. 즉, 재무정보가 기본적으로 유용하기 위해서는 목적적합함과 동시에 나타내고자 하는 바를 충실하게 표현해야 하며, 목적적합하고 충실하게 표현된 정보라도 비교가능성, 검증가능성, 적시성 및 이해가능성이 보강된다면 그 유용성이 한층 더 높아진다는 것이다.

이러한 질적 특성은 재무제표에 제공되는 재무정보에 적용될 뿐 아니라, 재무제표 이외의 수단으로 제공되는 재무정보[예 경영진의 기대, 전략 등을 설명하는 자료나 그 밖의 미래전망정보(forward-looking information)]에도 적용된다. 그러나 정보 유형에 따라 질적 특성의 적용방식은 달라질 수 있다. 예를 들어, 질적 특성을 미래전망정보에 적용하는 방식은 현재의 경제적 자원 및 청구권과 그 변동에 관한 정보에 적용하는 방식과 다를 수 있다. 이제 질적 특성을 하나씩 상세히 살펴보자.

1. 근본적 질적 특성

(1) 목적적합성

목적적합한(relevant) 재무정보는 정보이용자의 의사결정에 차이를 가져올 수 있는 정보를 말한다. 만일 어떤 재무정보가 **예측가치**(predictive value)나 **확인가치**(confirmatory value) 또는 이 둘 모두를 갖는다면 그 정보는 이용자의 의사결정에 차이가 나게 할 수 있으므로 목적적합한 정보가 된다. 이처럼 예측가치와 확인가치는 목적적합한 정보의 주요 속성을 이룬다.

정보이용자들이 미래결과(예 미래 순현금유입)를 예측하기 위해 사용하는 절차(예 이익예측모형)에 투입요소(input)로 사용될 수 있는 재무정보는 예측가치를 갖는다. 예를 들어, 상장기업은 연간재무보고를 하기 전에 분기재무보고를 하는데, 분기재무보고를 통해 발표되는 분기이익정보는 연간이익을 예측하는 데에 투입요소로 사용될 수 있으므로 예측가치를 갖는다. 재무정보가 예측가치를 갖기 위해서 그 자체가 예측치(prediction) 또는 예상치(forecast)일 필요는 없다. 예측가치를 갖는 재무정보는 이용자 자신이 미래결과를 예측하는 데에 사용되는 정보인 것이다.

어떤 재무정보가 미래결과에 대한 정보이용자의 과거 평가(previous evaluations)에 대해 피드백을 제공한다면 그 정보는 확인가치를 갖는다. 이러한 피드백은 과거 평가를 확인시켜주거나(confirm) 변경시키는(change) 형태로 이루어진다. 예를 들면, 일반적으로 기업이익의 공표는 그 이전까지 투자자가 가지고 있던 기업가치(주가)에 대한 평가를 확인해주거나 변경시켜준다. 만일 발표된 이익이 이전 평가를 확인하는 수준이라면 주가는 크게 변동하지 않지만, 공표이익이 이전 평가보다 높거나 낮으면(이를 earnings surprise라고 함) 주가는 상승 또는 하락한다. 이익발표 직후 흔히 관찰되는 주가변동은 기업이익정보가 확인가치를 갖는다는 분명한 증거가 된다.

재무정보의 예측가치와 확인가치는 서로 배타적이지 않고 연관되어 있다. 그래서 예측가치를 갖는 정보가 확인가치도 함께 갖는 경우도 많다. 예를 들어, 당기이익은 미래이익을 예측하는 투입요소로 사용되지만(즉, 예측가치를 가짐), 당기이익에 대한 과거 예측치와 비교함으로써 정보이용자가 과거 사용한 예측절차를 수정하고 개선하는 데에도 사용될 수 있다(즉, 확인가치를 가짐).

이상으로 목적적합한 정보가 갖는 일반적인 두 속성인 예측가치와 확인가치를 살펴보았는데, 이외에도 목적적합한 정보가 갖는 기업특유(entity-specific)의 속성으로서

중요성(materiality)이 있다. 중요성이란 재무정보에 근거한 의사결정이 그 정보의 누락(omitting)이나 오기(misstating)로 인해 영향받을 가능성 여부를 말한다. 어떤 정보의 누락이나 오기가 정보이용자의 의사결정에 영향을 줄 수 있다면 그 정보는 중요한 정보(material information)이지만, 의사결정에 영향을 주지 않는다면 중요하지 않은(immaterial) 정보이다. 이런 의미에서 중요성은 목적적합성의 속성이 되지만, 예측가치나 확인가치와는 달리, 관련 항목의 성격(nature)이나 규모(magnitude)에 근거하여 **개별 기업 재무보고서의 관점에서** 중요성을 판단하므로 기업특유의 속성이 된다. 이러한 기업특유성 때문에 중요성에 대해 KASB는 계량적 임계치(quantitative threshold)를 모든 기업에 대해 획일적으로 정하거나, 혹은 특정한 상황에서 무엇이 중요한(material) 것인지 미리 정할 수 없다.

(2) 표현의 충실성

재무정보가 표현의 충실성을 갖는다는 것은 나타내고자 하는 **경제적 현상**(economic phenomena)**의 실질**(substance)을 충실하게 표현하고 있음을 말한다. 여기서 경제적 현상이란 기업의 경제적 자원, 그에 대한 청구권, 그리고 이들의 변동을 유발하는 거래나 사건의 영향을 통칭하는 말이다. 많은 경우 경제적 현상은 그 실질과 법적 형식(legal form)이 일치한다. 그러나 실질과 형식이 같지 않은 경제적 현상도 종종 발생한다. 일례로, 자산을 장기 리스하는 경우 법적 형식은 리스료의 지불을 대가로 타인의 자산을 사용하는 장기계약의 형식을 갖지만, 실질은 자금을 차입하여 자산을 취득 · 보유하면서 사용하는 것과 동등하다. 이처럼 실질과 형식이 괴리되는 경우 법적 형식에 따른 재무정보만 제공한다면 해당 경제적 현상을 충실하게 표현할 수 없게 된다. 완벽한 표현의 충실성을 갖는 정보는 그 서술이 완전하고(complete), 중립적이며(neutral), 오류가 없다(free from error). 이 세 가지 속성을 아래에서 상세히 살펴보자.

- 완전성(완전한 서술 : complete depiction) : 완전한 서술이란 서술되는 경제적 현상을 이해하는 데 필요한 모든 정보[예 필요한 기술(descriptions), 설명 등]를 포함하는 서술이다. 예를 들어, 어떤 자산의 집합(a group of assets)을 완전하게 서술하려면, 최소한 ① 그 집합에 속한 자산의 성격(nature)(예 재고자산, 유형자산 등)을 기술하고, ② 집합 내 모든 자산에 관한 수량적 서술(numerical depiction)(예 금액)을 제시하며, ③ 그러한 수량적 서술이 무엇을 나타내는지(예 역사적 원가, 공정가치 등) 설명해야 한다. 일부 항목의 경우는 완전한 서술을 위해, ① 그 항목의 질과 성격(quality & nature)에 관한 중요한 사실, ② 그 질과 성격에 영향을 줄 수 있는 요인과 상황, ③ 수량적 서술을 결정하기 위해 사용한 절차와 관련한 유의적 사실을 설명

할 필요가 있을 수 있다.

- **중립성(중립적 서술 : neutral depiction)** : 중립적 서술은 재무정보의 선택이나 표시에 편의(bias)가 없는 서술을 말한다. 중립적 서술은, 정보이용자들이 해당 정보를 유리하게 받아들이거나 불리하게 받아들일 가능성을 높이기 위해, 편파적이 되거나(slanted), 편중되거나(weighted), 강조되거나(emphasized), 덜 강조되거나(de-emphasized) 그 밖의 방식으로 조작되지 않는다. 그렇다고 중립적인 정보가 목적이 없거나(no purpose), 정보이용자의 행동에 영향력이 없는(no influence) 정보를 의미하는 것은 아니다. 이러한 사실은 목적적합한 정보가 정의상 정보이용자의 의사결정에 차이를 가져올 수 있는 영향력을 가진 정보임을 기억하면 쉽게 이해할 수 있다.

  정보의 중립성은 **신중성**(prudence)을 발휘할 때 유지된다. 신중성이란 불확실한 상황하에서 판단을 내릴 때 주의(caution)를 기울이는 것을 말한다. 구체적으로, 신중성을 발휘한다는 것은 불확실한 상황에서 자산과 수익을 과대평가(overstate)하지 않고, 부채와 비용을 과소평가(understate)하지 않는 것을 의미한다. 똑같은 의미에서, 신중성의 발휘는 자산과 수익의 과소평가나 부채와 비용의 과대평가도 허용하지 않는다. 또한 신중성의 발휘가 어떤 구조적인 비대칭(asymmetry)을 요구하는 것은 아닌데, 예컨대 자산이나 수익의 인식을 위해서는 부채나 비용의 인식보다 더 설득력 있는 증거를 요구할 필요가 있다든지 하는 것을 의미하지는 않는다. 사실 이러한 비대칭은 유용한 재무정보의 질적 특성이 될 수 없다. 그럼에도 불구하고, 표현이 충실하고 가장 목적적합한 정보를 선택하려는 결정의 결과로서라면 특정 회계기준서가 그러한 비대칭적 요구사항을 포함할 수는 있다.

- **무오류성(오류 없는 서술)** : 무오류란 경제적 현상의 기술에 오류(errors)나 누락(omissions)이 없고, 정보의 생산을 위해 사용된 절차(process)도 오류 없이 선택되고 적용되었음을 의미한다. 여기서 오류가 없다는 말은 모든 측면에서(in all respects) 완벽하게 정확하다는(perfectly accurate) 것을 의미하지는 않는다. 예를 들어, 관측불가능한 가격이나 가치에 대한 추정치는 정확하다거나 또는 부정확하다고 판정할 수는 없다. 해당 금액을 추정치로서(as being an estimate) 분명하고(clearly) 정확하게(accurately) 기술하고, 추정절차의 성격과 한계를 설명하며, 그 추정치를 도출하기 위해 적절한 절차를 선택하고 적용함에 있어서 오류가 없다면 그 추정치는 충실하게(즉, 오류 없이) 표현되었다고 할 수 있다. 사실, 재무보고서에 나타낼 화폐금액을 직접 관측할 수 없어서 추정해야 하는 경우에는 측정의 불확실성(measurement uncertainty)이 발생한다. 그러함에도 재무정보의 작성을 위해 합리적인 추정치를 사용하는 것은 필수적이며, 그 추정치가 분명하고 정확하게 기술되고 설명되는 한 정보의 유용성을 약화시키지 않는다. 그리고 아무리 높은 수준의 측정불확실성이 있더라도

추정치를 통해 유용한 재무정보를 제공할 수 없는 것은 아니다.

(3) 근본적 질적 특성의 적용절차

개념체계는 근본적 질적 특성을 가장 효율적이고 효과적으로 적용할 수 있는 절차(process)에 대해서도 언급하고 있는데, 이 절차는 일반적으로 다음과 같은 세 단계로 이루어진다.

첫째, 정보이용자들에게 유용한 정보가 될 수 있는 경제적 현상을 식별한다.

둘째, 해당 경제적 현상에 대해 가장 목적적합한(most relevant) 정보의 유형이 무엇인지 식별한다.

셋째, 해당 정보가 이용가능하고(available) 관련 경제적 현상을 충실하게 표현할 수 있는지 결정한다. 만약 그렇다면, 근본적 질적 특성의 적용절차는 여기서 끝난다. 그러나 만일 해당 정보가 이용가능하지 않거나 관련 현상을 충실하게 표현할 수 없다면, 차선의 목적적합한(the next most relevant) 유형의 정보를 식별하고, 이 정보에 대해 세 번째 단계를 반복한다.

개념체계는 "정보가 유용하기 위해서는 목적적합하고 나타내고자 하는 바를 충실하게 표현해야 한다."라고 언급함으로써, 충실하게 표현되었더라도 목적적합하지 않거나 목적적합하더라도 충실하게 표현되지 못한 정보는 이용자들이 좋은 결정(good decisions)을 내리는 데 도움이 되지 않음을 분명히 하고 있다. 그러나 개념체계는 유용한 정보를 제공한다는 재무보고목적을 달성하기 위해서는 이 두 가지 근본적 질적 특성 간에 절충(trade-off)이 필요한 경우가 있을 수 있음도 언급하고 있다.

예를 들어 보자. 어떤 경제적 현상에 대한 가장 목적적합한 정보가 하필 불확실성이 아주 높은 추정치이고, 이 추정치의 측정불확실성이 너무 높아 관련 현상을 충분히 충실하게 표현할 수 있을지 의심스러울 수 있다. 이러한 상황에서 어떤 경우는, 이 추정치에 대한 기술(description)과 추정에 영향을 미치는 불확실성에 대해 설명이 동반된다면, 측정불확실성이 매우 높더라도 그 추정치가 가장 유용한 정보가 될 수 있다. 그러나 또 다른 경우에서는, 그 추정치가 관련 현상을 충분히 충실하게 표현할 수 없을 수도 있는데, 그렇다면 목적적합성이 약간 떨어지더라도 측정불확실성은 더 낮은 **다른** 유형의 추정치가 가장 유용한 정보가 될 수 있다. 또 제한적이기는 하지만, 유용한 정보가 될 수 있는 추정치가 아예 없을 수도 있다. 이런 경우에는 추정치에 의존하지 않고 관련 정보를 제공하는 것이 필요할 수도 있다.

2. 보강적 질적 특성

전술하였듯이, 비교가능성, 검증가능성, 적시성 및 이해가능성은 목적적합하고 표현이 충실한 정보의 유용성을 보강시키는 질적 특성이다. 만일 경제적 현상에 대한 어떤 두 가지 서술방식이 동일하게 목적적합하고 충실한 표현이 가능한 방식이라면, 보강적 질적 특성은 이 중 하나를 결정하는 데 도움을 줄 수 있다. 즉, 이러한 경우 보강적 질적 특성이 더 높은 방식을 선택한다.

(1) 비교가능성

정보이용자의 의사결정은 여러 대안들(alternatives) 가운데 하나를 선택하는 것인데, 예컨대 보유 중인 주식이나 채권과 같은 금융자산을 매도할지 또는 계속 보유할지, 혹은 여러 보고기업 가운데 어떤 기업의 주식이나 채권에 투자할지를 선택하는 것이다. 따라서 어떤 기업의 정보는 다른 기업의 유사한 정보와 비교할 수 있고(기업 간 비교), 또 그 기업에 대한 다른 기간이나 다른 일자의 유사한 정보와 비교할 수 있다면(기간 간 비교), 그 유용성은 더욱 높아진다. 이러한 정보의 특성을 **비교가능성**이라 부르며, 이는 정보이용자가 항목들 간의 유사점과 차이점을 식별하고 이해할 수 있게 하는 질적 특성이다. 다른 질적 특성들과는 달리 비교가능성은 한 개의 항목(a single item)과 관련되지 않고, 하나 이상의 항목과 관련이 있는데, 비교하려면 최소한 두 개의 항목이 필요하기 때문이다.

비교가능성과 연관이 있는 용어로서 **일관성**(consistency)이 있다. 일관성은 비교가능성과 관련은 있지만 동일하지는 않다. 일관성은 단일 기업이 여러 기간에 걸쳐서, 또는 여러 기업들이 같은 기간 동안에, 동일 항목에 대해 동일한 방법을 적용하는 것을 의미한다. 따라서 비교가능성이 목표로 삼는 질적 특성이라면, 일관성은 그 목표를 달성하는 수단이다.

비교가능성은 통일성(uniformity)을 의미하지 않는다. 정보가 비교가능하기 위해서는 비슷한 것은 비슷하게, 다른 것은 다르게 보여주어야 한다. 비슷한 것을 다르게 보이게 하거나, 다른 것을 비슷하게 보이도록 한다고 해서 비교가능성이 강화되는 것은 아니다. 또 근본적 질적 특성을 충족하면 일정수준의 비교가능성은 저절로 달성될 가능성이 높다. 이는 목적적합한 경제적 현상에 대한 충실한 표현은 다른 기업의 유사한 경제적 현상에 대한 목적적합하고 충실한 표현과 어느 정도의 비교가능성을 자연히 가져야 하기 때문이다. 일반적으로, 경제적 현상을 충실하게 표현하는 방법이 여러 가지가 있더라도, 동일한 경제적 현상에 대해 대체적인 회계처리방법을 허용하면 비교가능성은 감소한다.

(2) 검증가능성

검증가능성은 나타내고자 하는 경제적 현상을 정보가 충실히 표현하는지 여부를 정보이용자들이 확인하는 데 도움을 주는 질적 특성이다. 검증가능성이란 지식이 있고(knowledgeable) 독립적인(independent) 서로 다른 관찰자가 특정 서술이 충실하게 표현되었는지에 대해, 비록 완전하지는 않더라도, 의견의 일치를 볼 수 있음을 의미한다. 계량화된 정보가 검증가능하기 위해서 반드시 점추정치(a single point estimate)일 필요는 없으며, 가능한 금액의 범위(range)와 확률분포로 나타낸 추정치도 검증가능하다.

검증은 직접 또는 간접적으로 이루어질 수 있다. 직접검증은 현금을 세는 것과 같이, 직접적인 관찰을 통하여 금액이나 그 밖의 표현을 검증하는 것이고, 간접검증은 모형(model), 공식(formula) 또는 그 밖의 기법(technique)에 투입된 요소(inputs)를 확인하고 동일한 방법을 사용하여 산출결과(outputs)를 재계산하는 것이다. 예를 들어, 재고자산의 장부금액을 검증하기 위해 투입요소(재고수량과 원가)를 확인하고, 동일한 원가흐름(예 선입선출법)을 가정하여 기말재고금액을 재계산하는 것이다.

한편, 설명정보나 미래전망정보는 특정 미래시점이 도래하기 전까지는 검증이 불가능할 수 있다. 따라서 정보이용자가 그 정보를 이용할지 말지를 결정하는 데 도움을 주기 위해 기초가정(underlying assumptions), 정보작성방법(the method of compiling) 및 해당 정보를 뒷받침하는(support) 그 밖의 요인과 상황을 공시하는 것이 통상적으로 필요하다.

(3) 적시성

정보의 **적시성**이란 의사결정에 영향을 미칠 수 있도록 의사결정자가 해당 정보를 제때에 이용가능하게 함을 의미한다. 일반적으로 정보는 오래될수록 적시성이 낮아 유용성이 낮아진다. 그러나 일부 정보는 보고기간 말이 훨씬 지난 이후에도 적시성을 계속 유지할 수도 있는데, 이는 정보이용자가 추세(trends)를 식별하고 평가할 필요성이 있을 수 있기 때문이다.

(4) 이해가능성

분명하고(clearly) 간결하게(concisely) 분류되고 특징지어져 표시된 정보는 이해가능성이 높다. 그러나 일부 경제적 현상(예 파생상품 거래)은 본질적으로 복잡하여 이해하기 어려운데, 그렇다고 그에 관한 정보를 재무보고에서 제외하면 재무보고서를 이해하기는 더 쉽겠지만, 그 재무보고는 불완전하여 잠재적으로 정보이용자들을 오도할 수 있다.

개념체계는 재무보고서가 비즈니스와 경제활동에 대해 합리적인 지식이 있고, 보고된 정보를 부지런히(diligently) 검토하고 분석하는 정보이용자를 대상으로 한다고 언급함으로써 이해가능성이 모든 수준의 정보이용자들의 이해력을 고려하는 것이 아님을 시사한다. 또한 경우에 따라서는 충분한 정보를 보유하고(well-informed) 근면한 정보이용자라 하더라도 복잡한 경제적 현상에 대한 정보를 이해하기 위해서는 전문가의 도움이 필요할 수도 있다.

(5) 보강적 질적 특성의 적용지침

개념체계는 근본적 질적 특성을 적용하는 절차에 대해서 지침을 두고 있듯이, 보강적 질적 특성에 대해서도 다음과 같은 적용상의 지침을 마련하였다. 먼저, 정보의 보강적 질적 특성은 가능한 한 극대화되어야 한다. 그러나 정보가 목적적합하지 않거나 나타내고자 하는 것을 충실하게 표현하지 않으면, 보강적 질적 특성은 개별적으로든 집단적으로든 정보의 유용성을 높여주지 못한다.

보강적 질적 특성의 적용방식은 미리 처방된 순서를 따르지 않는 반복적인 과정(iterative process)이다. 즉, 보강적 질적 특성들 간에는 적용의 우선순위가 미리 정해진 것이 없으며, 반복적인 시행착오를 거쳐 전반적으로 보강적 질적 특성이 극대화되는 수준을 찾아간다는 것이다. 그러나 때로는 하나의 보강적 질적 특성이 다른 질적 특성의 극대화를 위해 감소되어야 할 수도 있다. 예를 들어, 장기적으로 목적적합성이나 표현의 충실성을 향상시키기 위해 새로운 회계기준을 전진적으로(prospectively) 적용하는 상황에서는 비교가능성의 일시적 감소를 감수할 수 있다. 이때 적절한 공시를 통해 비교가능성을 부분적으로 보완할 수는 있다.

이상으로 재무정보가 유용하기 위해 가져야 할 질적 특성들을 기본적 특성과 보강적 특성으로 나누어 살펴보았다. 그런데 한 가지 유의할 점은 이러한 바람직한 질적 특성을 갖춘 재무정보라고 하여 모두가 반드시 제공되어야 하는 것은 아니며, 또한 경우에 따라서는 질적 특성을 충족하지 못하는 정보도 제공될 수 있다는 것이다. 이는 이해관계자들이 재무보고와 관련하여 현실적인 요인들을 고려해야 함을 의미한다. 일반적으로 이러한 현실적 고려요인들은 유용한 재무보고를 제한하는 성격을 가지므로 **제약요인**(constraints)이라 부른다. 개념체계에서는 제약요인으로서 **원가제약**(cost constraint)을 제시하고 있는데, 이에 대해 아래에서 상세히 살펴보자.

3. 유용한 재무보고에 대한 원가제약

재무정보를 생산하여 보고하는 데에는 필연적으로 원가(cost)가 발생하므로, 원가는 재무보고 전반에 걸친(pervasive) 제약요인이다. 원가제약의 의미는 특정 정보의 생산과 보고가 정당화되려면 해당 정보의 효익(benefits)이 소요되는 원가보다 더 커야 한다는 것이다. 이러한 원가제약을 적용할 때에 고려해야 할 원가와 효익은 다음과 같다.

먼저, 재무보고와 관련된 원가를 살펴보면, 재무보고를 위해 기업은 정보를 수집하고(collecting), 처리하며(processing), 검증하고(verifying), 배포하는(disseminating) 데에 필요한 원가를 지출한다. 이러한 원가는 기업이 지출하지만 이로 인해 정보이용자의 투자수익이 감소하므로, 궁극적으로는 정보이용자가 부담하게 된다. 또 정보이용자 편에서도 제공된 정보를 분석하고 해석하는 데에 원가가 발생하며, 제공되지 않는 정보가 있어서 이를 다른 정보원천에서 얻거나, 아니면 해당 정보를 추정해야 한다면 추가적인 원가가 발생한다.

다음으로, 재무보고의 효익을 살펴보자. 목적적합하고 나타내고자 하는 것을 충실하게 표현한 재무보고는 정보이용자들이 더 확신을 가지고(with more confidence) 의사결정을 하도록 도와준다. 이는 자본시장이 더 효율적으로 기능하게 함으로써 경제전반적으로 자본비용을 감소시킨다. 또 개별 투자자와 채권자도 더 많은 정보에 근거하여 의사결정(more informed decisions)을 하게 되므로 개별적으로도 효익을 얻는다.

실무적으로 KASB는 특정 정보를 보고하는 효익이 그 정보의 제공과 사용에 소요되는 원가를 정당화할 수 있을지 평가한다. 그런데 원가와 효익은 본질적인 주관성(inherent subjectivity) 때문에 개별 기업마다 특정 정보의 원가와 효익에 관한 평가는 다를 수밖에 없다. 따라서 KASB는 원가와 효익을 고려할 때 단지 개별 기업들의 입장에서 고려하지 않고, 일반적인 재무보고와 관련하여 고려하도록 노력해야 한다. 그렇다고 동일한 보고 요구사항을 모든 기업에 대해 요구하는 것을 정당화하는 것은 아니다. 기업 규모의 차이, 자본조달방법(공모 또는 사모)의 차이, 정보이용자 니즈의 차이, 그 밖의 다른 요인을 고려하여 차별화하는 것이 더 적절할 때도 있다.

이상으로 정보를 유용하게 만들어주는 질적 특성에 대해 살펴보았으며, 이러한 정보의 제공을 제한하는 원가제약에 대해서도 설명하였다. 다음 [그림 2. 1]은 본 절에서 설명한 내용을 요약하고 있다.

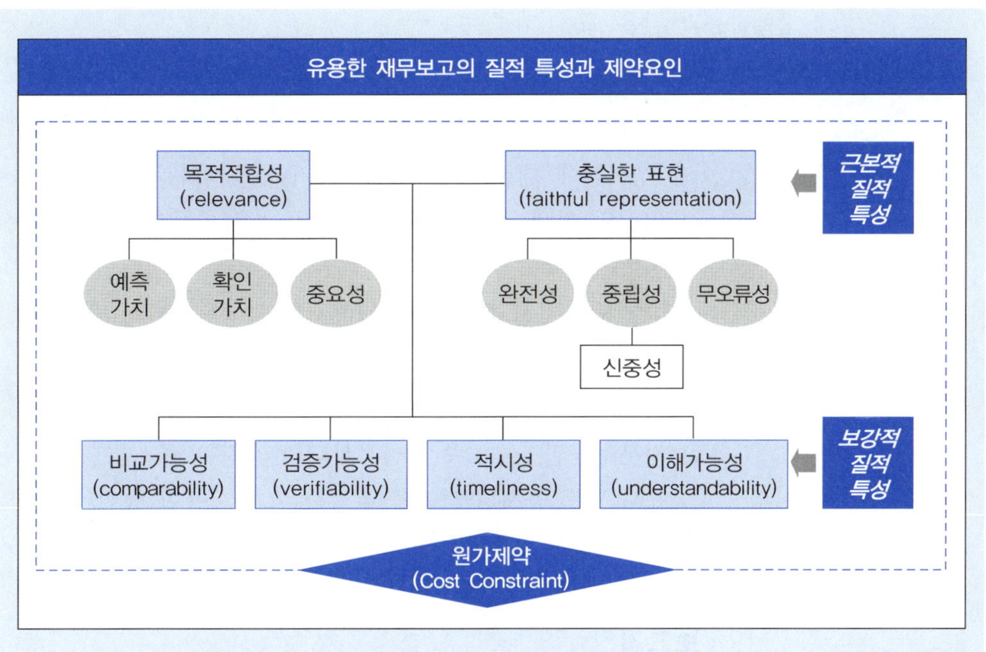

그림 2.1 유용한 재무정보의 질적 특성과 원가제약

제4절 재무제표와 보고기업

1. 재무제표

제2절과 제3절에서는 일반목적재무보고서가 제공하는 정보에 대해 논의하였으므로, 이하 제4절부터 제8절까지는 일반목적재무보고서의 한 특정한 형태(a particular form)인 '일반목적재무제표'가 제공하는 정보에 대해 논의할 것이다. 일반목적재무제표(이하, 재무제표)란 추후 제5절에서 상술할 재무제표 요소(elements)의 정의를 충족하는 경제적 자원, 청구권 및 이들의 변동에 관한 정보를 제공하는 재무제표를 말한다. 먼저 재무제표의 목적과 범위에 대해 살펴보자.

(1) 재무제표의 목적과 범위

재무제표의 목적은 '보고기업에 유입될 미래 순현금유입의 전망과 보고기업의 경제적 자원에 관한 경영진의 수탁책임을 재무제표이용자들이 평가하는 데 유용한' 보고기업의 자산, 부채, 자본, 수익 및 비용에 관한 재무정보를 제공하는 것이다. 이러한 정보는 다음과 같은 표에 제공된다.

① 자산, 부채, 자본을 인식하는 '재무상태표'

② 수익과 비용을 인식하는 '재무성과표'5)

③ 아래 항목들에 대한 정보를 표시하거나 공시하는 그 밖의 재무제표와 주석 :

i) 인식된 자산, 부채, 자본, 수익과 비용(이들의 성격과 이들로부터 발생하는 위험에 관한 정보 포함)

ii) 미인식된 자산과 부채(이들의 성격과 이들로부터 발생하는 위험에 관한 정보 포함)

iii) 현금흐름

iv) 자본청구권자(즉, 주주)들로부터의 출자 및 그들에 대한 분배(예 배당 등)

v) 표시 또는 공시된 금액을 추정하는 데 사용한 방법, 가정 및 판단, 그리고 그러한 방법, 가정 및 판단의 변경

(2) 보고기간

재무제표는 특정 기간에 대하여 작성하며, 이 특정 기간을 보고기간(reporting period)이라 부른다. 따라서 재무제표는 ① 보고기간 말 또는 보고기간 중에 존재했던 자산과 부채(미인식된 자산과 부채 포함) 및 자본에 관한 정보와, ② 보고기간에 속하는 수익과 비용에 대한 정보를 제공한다. 또 재무제표는 이용자들이 변동과 추세(changes and trends)를 파악하고 평가하는 데 도움을 주기 위해 적어도 직전 보고기간의 정보도 비교목적으로 제공한다.

일반적으로 재무제표는 미래 발생가능한 거래나 사건 관련 정보[즉, 미래전망정보(forward-looking information)]는 제공하지 않지만, 예외적으로 그러한 정보가 ① 보고기간 말 현재 또는 보고기간 중에 존재했던 자산, 부채(미인식된 자산, 부채 포함) 또는 자본이나 보고기간에 속하는 수익 또는 비용과 연관이 있고, ② 재무제표이용자들에게 유용하다면 제공한다. 일례로, 어떤 자산이나 부채가 미래 현금흐름의 추정에 근거하여 측정되었다면 그러한 현금흐름 관련 정보는 해당 측정치를 이해하는 데에 도움을 주므로 재무제표에 제공할 수 있다. 그러나 그 밖의 형태의 미래전망정보[예 보고기업에 관한 경영진의 미래전망(expectations)이나 기업전략(strategies)에 관한 설명자료]는 통상적으로 재무제표에 제공되지 않는다. 또 재무제표는 재무제표의 목적을 달성하기 위해 필요하다면 보고기간 말 **이후에** 발생한 거래와 사건에 관한 정보도 제공한다.

---

5) 개념체계는 '재무성과표'가 단일의 표 혹은 두 개의 표로 구성되어야 하는지에 대해서는 명시하지 않는다.

(3) 재무제표에 채택된 관점

재무제표는 특정 집단에 속한 '투자자와 채권자들'의 관점이 아닌 보고기업 전체의 관점(perspective of the reporting entity as a whole)에서 거래 및 그 밖의 사건에 대한 정보를 제공한다.

(4) 계속기업의 가정

일반적으로 재무제표는 보고기업이 계속기업(going concern)으로서 예측가능한 미래기간(foreseeable future)에도 영업을 계속할 것이라는 가정하에 작성한다. 따라서 보고기업은 재무제표를 작성할 때 자신의 경영활동을 청산하거나 거래(trading)를 중단할 의도도 없으며 그럴 필요성도 없다는 가정을 적용한다. 이러한 가정을 **계속기업의 가정**이라고 부르며, 다음과 같은 시사점을 제공한다. 먼저 이 가정은 재무제표항목들을 취득원가(즉, 역사적 원가) 또는 공정가치(특히, 사용가치)로 보고하는 것에 정당성을 부여한다. 만일 기업이 일정 시점에서 청산할 것을 가정한다면, 자산을 역사적 원가나 사용가치로 측정하는 것은 무의미하고, 순실현가능가치나 순공정가치, 즉 처분대가에서 처분원가를 차감한 금액으로 측정하는 것이 더 의미가 있을 것이다. 또한 계속기업을 가정하지 않으면 역사적 원가에 근거하여 유형자산이나 무형자산을 상각하는 회계절차도 무의미하며, 자산과 부채를 유동성에 따라 유동 및 비유동 항목으로 분류하는 것도 의미가 없다. 일례로, 부채의 경우는 만기까지 남은 기간의 장단에 따라 유동/비유동으로 분류하는 것보다는 청산시점에서의 우선청구권 순으로 분류하는 것이 더 유용할 것이다.

한편, 경영활동을 청산할 의도가 있거나 그럴 필요성이 존재한다면, 재무제표는 계속기업 가정과는 다른 기준(basis)을 따라 작성해야 하며, 그럴 경우 재무제표는 적용된 기준을 기술해야 한다.

2. 보고기업

보고기업이란 재무제표를 작성해야 하거나 작성하기로 선택한 실체(entity)를 말한다. 보고기업은 하나의 실체일 수도 있고, 한 실체의 일부(a portion)일 수도 있으며, 하나 이상의 실체들로 구성될 수도 있다. 결과적으로 보고기업은 반드시 법적 실체(legal entity)일 필요는 없다. 때로는 어떤 기업(지배기업)이 다른 기업(종속기업)을 지배하기도 한다. 만일 보고기업이 지배기업과 종속기업들로 구성된다면 그러한 보고기업이 작성하는 재무제표를 '**연결재무제표**(consolidated financial statements)'라고 부른다. 반면, 보고기업이 지배기업 단독인 경우 그 재무제표는 '**비연결**(unconsolidated)**재무제표**'라고 부른다. 만일 보고기업이 지배-종속관계로 모두 연결되어 있지 않은 둘 또는 둘 이상의 실체로 구성되어 있다면, 그러한 보고기업의 재무제표는 '**결합**(combined)**재무제표**'라고 부른다.

(1) 결합재무제표 보고기업의 경계

보고기업이 법적 실체가 아니면서, 동시에 지배-종속관계로 연결된 법적 실체들만으로도 구성되어 있지 않다면, 이러한 보고기업의 적합한 경계(appropriate boundary)를 정하는 일은 어려울 수 있다. 이 경우 적합한 경계는 해당 보고기업 재무제표의 주요 이용자들이 요구하는 정보수요에 맞춰 결정한다. 이러한 이용자들도 목적적합하고 표현이 충실한 정보를 필요로 하는데, 여기서 표현이 충실하려면,

① 보고기업의 경계 안에 임의적(arbitrary) 또는 불완전한 경제활동의 집합이 포함되지 않아야 하고,

② 비임의적이고 완전한 경제활동의 집합을 보고기업의 경계 안에 포함하는 것이 정보의 중립성을 초래해야 하며,

③ 보고기업의 경계가 어떻게 결정되었으며 보고기업은 어떻게 구성되어 있는가에 대한 설명이 제공되어야 한다.

(2) 연결재무제표

연결재무제표는 지배기업과 종속기업들이 하나로 모여서 이룬 단일(single) 보고기업에 대하여 자산, 부채, 자본, 수익 및 비용에 관한 정보를 제공한다. 이러한 정보는 지배기업의 '투자자와 채권자들'이 지배기업에 유입될 미래 순현금흐름의 전망을 가늠하는 데 도움이 된다. 그 이유는 지배기업으로 유입될 미래 순현금흐름에는 종속기업들로부터 받을 분배가 포함되고, 이러한 분배는 종속기업들에게 유입되는 순현금흐름에 달려 있기 때문이다. 연결재무제표는 어느 특정 종속기업의 자산, 부채, 자본, 수익 및 비용 관련 정보를 별도 제공할 목적으로 고안되지는 않았다. 그러한 재무정보는 종속기업 자신의 재무제표가 제공한다.

(3) 비연결재무제표

비연결재무제표는 지배기업의 자산, 부채, 자본, 수익 및 비용 정보를 제공하기 위해 고안되었으며 종속기업들의 재무정보를 제공하지 않는다. 지배기업의 재무정보는 지배기업의 '투자자와 채권자들'에게 유용한데, 그 이유는 ① 지배기업에 대해 청구권을 보유한 자들이라도 종속기업들에 대한 청구권은 없으며, ② 일부 국가에서는 지배기업에

대해 자본청구권을 가진 자(즉, 주주)들에게 합법적으로 분배될 수 있는 금액이 지배기업의 '분배가능한 잉여금(distributable reserves)'에 달려 있기 때문이다. 한편, 지배기업만의 자산, 부채, 자본, 수익 및 비용에 관한 일부 또는 모든 정보를 제공할 수 있는 또 다른 방법(즉, 비연결재무제표의 작성 이외에)은 연결재무제표의 **주석**(notes)에 관련 내용을 제공하는 것이다.

일반적으로, 비연결재무제표가 제공하는 정보는 지배기업의 '투자자와 채권자들'이 갖는 정보수요를 충족시키기에는 충분하지 못하다. 따라서 연결재무제표의 작성이 요구되는 상황에서는 비연결재무제표가 연결재무제표를 대체할 수 없다. 반면, 연결재무제표에 추가하여 비연결재무제표의 작성을 지배기업에게 요구할 수도 있고, 혹은 지배기업이 스스로 그 작성을 선택할 수도 있다.

제5절 재무제표의 요소

재무제표는 거래나 사건의 재무적 영향을 경제적 특성에 따라 대(大)분류하여 표시하는데, 이러한 대분류(broad classes)를 **재무제표의 요소**(elements of financial statements)라고 부른다. 개념체계에 정의된 재무제표 요소로는 재무상태와 관련된 자산, 부채 및 자본이 있고, 재무성과와 관련된 수익(income)과 비용(expense)이 있다. 이러한 요소들은 제2절에서 논의된 경제적 자원, 청구권 및 이들의 변동과 연계되어 있다. 각 요소에 대해 그 정의(definitions)를 상세히 살펴보자.

1. 자산의 정의

자산(assets)은 "과거사건의 결과로 보고기업이 통제하고 있는 현재의 경제적 자원(resource)"이다. 여기서 경제적 자원이란 "경제적 효익(benefits)을 창출할 잠재력을 가진 권리(right)"로 정의된다. 이러한 잠재력은 기계 · 설비자산처럼 생산잠재력(productive potential)일 수도 있고, 매출채권처럼 현금으로의 전환잠재력(convertibility into cash)일 수도 있으며, 대체적인(alternative) 제조공정의 도입으로 제조원가가 절감되는 경우에서처럼 현금유출을 감소시키는 능력(capability to reduce cash outflows)일 수도 있다. 그러면 자산의 정의 안에 있는 세 가지 측면, 즉 권리, 경제적 효익을 창출할 잠재력, 그리고 통제에 대해 상세히 알아보자.

(1) 권리

경제적 효익을 창출할 잠재력을 가진 권리는 크게 다음 두 가지 유형이 있다.

① **상대방의 의무가 존재하는 권리** : 이 권리는 상대방의 의무에 대응하는(correspond) 권리로서, 상대방으로부터 현금을 수취할 권리, 상대방으로부터 재화나 용역을 제공받을 권리, 유리한 조건으로 상대방과 경제적 자원을 교환할 권리[예 경제적 자원을 특정 가격에 팔거나 살 수 있는 옵션(options), 경제적 자원을 미래에 매수하는 선도계약으로서 계약에서 미리 정한 매수가격이 그 경제적 자원의 현재 가격보다 낮아서 유리한 상황], 그리고 불확실한 특정 미래사건이 발생하면 상대방이 경제적 자원을 이전해야 할 의무가 생김으로써 효익을 얻게 되는 권리 등을 말한다.

② **상대방의 의무가 존재하지 않는 권리** : 이 권리는 누군가의 의무와 상관없이 발생하는, 즉 상대방의 의무와 대응하지 않고 발생하는 권리로서, 부동산, 설비, 장비, 재고품과 같이 물리적 형체가 있는 대상(objects)에 관한 권리(예 해당 대상의 사용권, 해당 대상이 리스제공된 대상이라면 잔존가치로부터 효익을 얻을 권리 등), 그리고 지적재산을 사용할 권리 등을 가리킨다.

많은 권리들은 계약이나 법률의 제정 또는 그와 유사한 수단에 의해 성립된다. 예컨대, 보고기업은 물리적 대상을 소유하거나 리스함으로써 권리를 획득하고, 채무상품이나 지분상품을 소유함으로써도 권리를 획득하며, 등록된 특허를 소유함으로써도 권리를 얻는다. 그러나 권리는 그 밖의 방법으로도 얻을 수 있는데, 예를 들면,

① 공유영역(public domain)에 속하지 않는 노하우를 획득하거나 창출(create)함으로써, 그리고

② 상대방이 실무관행(customary practices), 공개된 정책(published policies), 또는 특정 내용의 진술(specific statements)과 상반되는 행동을 하는 것이 실질적으로 불가능하여 생기는 상대방의 의무 때문에도 권리를 획득할 수 있다.

일부 재화나 용역(예 종업원이 제공하는 용역)은 제공받는 즉시 소비된다. 그러한 재화나 용역이 제공하는 경제적 효익에 관한 권리는 기업이 그 재화나 용역을 소비할 때까지만 잠시 존재한다. 또 기업의 모든 권리가 다 자산이 되는 것은 아니다. 권리가 자산이 되기 위해서는, 해당 권리가 ① 다른 모든 당사자들(parties)이 얻을 수 있는 경제적 효익을 초월하는 경제적 효익을 그 기업에게 창출해줄 잠재력이 있고, 또 ② 그 기업에 의해 통제되어야 한다. 예를 들어, 큰 원가를 들이지 않고 모든 사람들이 이용할 수 있는 권리(예 일반대중의 도로 통행권, 공유영역에 속하는 노하우 등과 같은 공공재에 접근할 수 있는 권리)는, 그러한 권리를 보유하고 있더라도 해당 기업의 자산이 될 수 없다.

또 기업은 스스로로부터 경제적 효익을 획득하는 권리를 가질 수 없다. 따라서 자신이 발행한 후 재매입하여 보유하고 있는 채무상품(예 자기사채)이나 지분상품(예 자기주식)은 경제적 자원이 아니다. 마찬가지로, 보고기업이 둘 이상의 법적 실체로 구성된 경우 그 중 하나가 발행하고 다른 하나는 보유하고 있는 채무상품이나 지분상품도 그 보고기업의 경제적 자원이 될 수 없다.

원칙적으로 각각의 권리는 분리된(separate) 하나의 자산을 구성한다. 그러나 상호 연관된 권리들은 회계목적상 종종 하나의 **회계단위**(unit of account)[6]로서 단일 자산으로 취급된다. 일례로, 부동산과 같은 물리적 대상(object)의 법적 소유권은 여러 개의 권리를 발생시키는데, 이에는 해당 대상을 사용할 권리, 해당 대상에 관한 권리들을 매도하거나 담보로 제공할 권리 등이 포함된다. 그렇지만 대부분의 경우 이런 여러 개의 권리들은 '토지' 또는 '건물' 등과 같이 하나의 자산으로 취급된다. 이와 같이 물리적 대상의 법적 소유권에서 발생하는 '**권리의 집합**(set)'은 단일 자산으로 회계처리한다. 개념적으로 볼 때, 경제적 자원은 '권리의 집합'이지 물리적 대상을 가리키는 것은 아니다. 그럼에도 '권리의 집합'을 물리적 대상으로 표시하는 것은 종종 그런 권리들에 대한 '충실한 표현'을 가장 간결하고 이해하기 쉽게 나타내는 방법이 된다.

또 어떤 경우에는 권리의 존재 여부가 불확실할 수도 있다. 예를 들어, 보고기업이 상대방으로부터 경제적 자원을 수취할 권리가 있는지에 대해 서로 다투는 경우가 생길 수 있다. 이때 권리 존재의 불확실성(existence uncertainty)이 해소되기까지, 예컨대 법원의 판결을 통해 해결될 때까지는, 보고기업의 권리 보유 여부가 불확실하며, 결과적으로 자산의 존재 여부도 불확실하다. 이처럼 존재 여부가 불확실한 자산의 인식 여부에 대해서는 다음 절에서 논의한다.

(2) 경제적 효익을 창출할 잠재력

전술한대로 경제적 자원은 경제적 효익을 창출할 잠재력을 가진 권리이다. 그런데 이러한 잠재력이 있기 위하여 해당 권리가 경제적 효익을 확실하게 창출해야 하거나 창출할 가능성이 아주 높아야 하는 것은 아니다. 단지 그런 권리가 이미 존재하고, 적어도 하나의 상황(in at least one circumstance)에서 보고기업에게 경제적 효익[7]을 제공하기만 하면 된다.

권리는 경제적 효익을 창출할 확률이 낮더라도 경제적 자원의 정의를 충족할 수 있고, 따라서 자산이 될 수 있다. 그렇지만 그 확률이 낮다는 사실은 관련 자산에 대해 어

6) 회계단위란 인식기준과 측정 개념이 적용되는 권리나 의무들의 집합을 가리킨다. 추후 상세히 설명함.

7) 이러한 경제적 효익은 보고기업 이외의 다른 모든 당사자들에게 가용한 경제적 효익을 초월하여 보고기업에게 제공되는 것이어야 함은 물론이다.

떤 정보를, 어떤 방식으로 제공할지에 관한 결정에 영향을 미칠 수 있다. 이러한 결정에는 자산을 인식할지 여부와, 인식한다면 어떻게 측정할지에 대한 결정이 포함된다.

경제적 자원은 다음 중 하나 이상을 할 수 있는 자격이나 권한을 보고기업에게 부여함으로써 경제적 효익을 창출한다.

① 계약상의 현금흐름 또는 그 밖의 경제적 자원을 수취함

② 유리한 조건으로 상대방과 경제적 자원을 교환함

③ 다음과 같은 방식으로 현금유입을 창출하거나 현금유출을 회피함

i) 해당 경제적 자원을 개별적으로 또는 다른 경제적 자원들과 결합하여 사용함으로써 재화를 생산하거나 용역을 제공함

ii) 해당 경제적 자원을 사용하여 다른 경제적 자원의 가치를 증진함

iii) 해당 경제적 자원을 리스로 제공함

④ 해당 경제적 자원을 매각하고 현금이나 그 밖의 경제적 자원을 수취함

⑤ 해당 경제적 자원을 이전함으로써 부채를 소멸함(extinguish)

전술하였듯이, 경제적 자원은 '경제적 효익(benefits)을 창출할 잠재력'이므로, 그 가치는 미래 발생할 경제적 효익 때문에 생긴다. 그렇지만 경제적 자원은 그러한 잠재력이 내재된 **현재의 권리**를 가리키는 것이지, 그 권리가 창출할 미래 경제적 효익을 가리키는 것은 아니다. 이처럼 경제적 자원을 '**미래 경제적 효익이 아니라 현재의 권리**'로 정의한 것은 과거에 없었던 새로운 것이므로, 그 의미를 다음 예를 통해 더 분명히 이해해보자. 예컨대, 보고기업이 매수한 옵션은 미래시점에 옵션 행사를 통해 경제적 효익을 발생시킬 잠재력이 있다는 사실에서 그 가치가 생긴다. 그렇지만 그 경제적 자원(즉, 매수한 옵션)은 미래시점에 옵션을 행사할 수 있는 권리를 가리키는 것이지, 옵션 행사시점에서 보고기업이 수취할 미래 경제적 효익을 가리키는 것은 아니다.

일반적으로 지출의 발생(incurring expenditure)과 자산의 취득은 밀접한 관련이 있다. 대부분의 경우 자산은 보고기업의 지출을 통해 취득되기 때문이다. 그러나 지출의 발생과 자산의 취득은 반드시 일치하는 것은 아니다. 지출을 했다는 사실은 보고기업이 미래 경제적 효익을 획득하려는 노력을 했다는 증거는 될 수 있지만, 자산을 취득했다는 확정적인 증거는 되지 못한다. 이와 유사하게, 관련 지출이 없어도 어떤 항목은 자산의 정의를 충족할 수도 있다. 예컨대, 정부가 기업에게 무상으로 공여한 권리나 그 밖의 당사자들이 기업에 증여한 권리들도 자산에 포함될 수 있다.

(3) 통제

통제(control)는 경제적 자원을 보고기업과 결부시키는 고리이다. 즉, 통제의 존재 여부를 평가함으로써 보고기업이 회계처리해야 할 경제적 자원이 무엇인지 식별할 수 있

게 되는 것이다. 그러면 기업은 어떤 경우 경제적 자원에 대한 통제를 획득하였다고 말할 수 있는가? 보고기업이 경제적 자원의 사용을 지시(direct)할 수 있고, 그로부터 유입되는 경제적 효익을 수취할 수 있는 현재의 능력이 있으면, 그 보고기업은 해당 경제적 자원을 통제하는 것이다. 통제는 상호배타적 개념이어서, 한 기업이 경제적 자원을 통제한다면 다른 모든 기업은 그 자원을 통제하고 있지 않은 것이다. 경제적 자원의 사용을 지시할 수 있는 현재의 능력이 있으려면, 보고기업은 그 경제적 자원을 자신의 활동(activities)을 위해 동원할(deploy) 수 있는 현재의 권리가 있거나, 혹은 다른 기업이 그 경제적 자원을 그들의 활동을 위해 동원하는 것을 허용할 수 있는 권리를 가져야 한다.

경제적 자원에 대한 통제는 일반적으로 **법적 권리**를 집행할 수 있는 능력으로부터 생긴다. 하지만 그 밖의 수단으로도 경제적 자원의 사용을 지시하고 그로 인한 경제적 효익을 자신만이 얻을 수 있는 현재의 능력을 보장받을 수 있다면, 보고기업은 그 경제적 자원을 통제하고 있는 것이다. 예를 들어, 공유영역에 속하지 않아 일반대중에게 공개되지 않은 어떤 노하우가 있는데, 보고기업이 그 노하우에 접근가능하고, 또 비록 특허로 등록되지 않아 법의 보호를 못 받더라도, 그 노하우의 비밀을 지킬 수 있는 현재의 능력을 갖추었다면, 보고기업은 그 노하우의 사용권을 통제하고 있는 것이다.

또 보고기업이 경제적 자원을 통제하기 위해서는 그 자원의 미래 경제적 효익이 다른 기업이 아닌 해당 보고기업에 직접 또는 간접으로 유입되어야 한다. 그러나 통제가 이런 측면을 갖는다고 하여, 미래 **모든 상황**에서 경제적 효익의 창출이 보장되어 있다는 것은 아니다. 다만, 경제적 자원이 미래에 경제적 효익을 **창출한다면**, 그 효익을 직접 또는 간접으로 획득하는 당사자가 통제권을 가진 보고기업이라는 것이다.

경제적 자원이 창출하는 경제적 효익이 금액상 유의적으로 변동하므로 보고기업이 그러한 변동성 위험에 노출되어 있다면, 이러한 사실은 보고기업이 해당 경제적 자원을 통제하고 있음을 나타내는 것일 수 있다. 그러나 이러한 유의적 변동성에의 노출은 전반적으로 통제의 존재 여부를 판단하는 데 고려하는 하나의 요소에 불과하지, 통제 여부를 결정하는 요인은 아니다.

때로는 한 당사자(위임자)가 다른 당사자(대리인)로 하여금 자신을 대신하여 자신의 이익을 위해 행동하도록 다른 당사자(대리인)를 고용할 수 있다. 예컨대, 어떤 위임자가 대리인을 고용하여 자신이 통제하는 재화를 대신 판매하도록 위임할 수 있다. 만일 대리인이 위임자가 통제하고 있는 경제적 자원을 위탁받아 보관하고 있다면, 그 경제적 자원은 대리인의 자산이 아니다. 더 나아가, 그 대리인이 위임자가 통제하고 있는 경제적 자원을 제3자에게 이전해야 할 의무가 있더라도, 그 의무는 대리인의 부채가 아니다. 왜냐하면 이전이 가능한 그 경제적 자원은 위임자의 경제적 자원이지 대리인의 것이 아니기 때문이다.

2. 부채의 정의

부채(liabilities)는 "과거사건의 결과로서 경제적 자원을 이전해야 할 기업의 현재의무(present obligation)"를 말한다. 즉, 부채가 존재하려면 다음 세 가지 기준이 모두 충족되어야 한다.

① 기업에게 의무가 있음
② 이 의무는 경제적 자원을 이전해야 하는 의무임
③ 이 의무는 과거사건의 결과로서 존재하는 현재의무임

(1) 의무

부채의 첫 번째 조건은 **기업에게 의무가 있다**는 것이다. 여기서 의무란 보고기업이 회피할 수 있는 현실적인 능력이 없는 책무(duty) 또는 책임(responsibility)이며, 이러한 의무는 항상 다른 당사자(들)에게 이행해야 한다. 이 당사자(들)는 개인이나 다른 기업, 또는 개인들이나 기업들의 집단일 수 있고, 때론 사회전반(society at large)이 될 수도 있다. 그러므로 의무를 이행할 상대방이 누구인지 그 정체성(identity)을 꼭 알아야 할 필요는 없다.

한 당사자가 경제적 자원을 이전할 의무가 있다는 사실은 다른 당사자(들)이 해당 경제적 자원을 수취할 권리가 있다는 것을 자동적으로 의미한다. 그러나 어떤 당사자가 부채를 인식하고 이를 특정 금액으로 측정해야 한다고 하여, 반드시 다른 당사자(들)가 자산을 인식하고 동일한 금액으로 측정해야 하는 것은 아니다. 따라서 가장 목적적합하고 표현이 충실한 정보를 생산할 수 있다면, 부채(예 리스부채) 및 이에 상응하는 자산(예 리스자산)의 인식기준과 측정요구사항을 달리 정하는 회계기준이 있을 수도 있다.

대부분의 의무는 계약, 입법, 또는 이와 유사한 수단에 의해 성립되며, 의무의 이행은 법적으로 강제된다. 이러한 의무의 예로서 차입금이나 수취한 재화 및 용역에 대한 미지급부채를 들 수 있다. 그러나 법적으로 강제될 수 있는 의무 이외에도, 보고기업의 실무적 관행, 공개된 정책이나 구체적인 성명(specific statements)으로 인해 의무가 발생할 수도 있는데, 보고기업이 이러한 실무나 정책 또는 성명과 어긋나는 행동을 할 수 있는 실제적 능력이 없다면 의무가 존재한다. 이러한 의무를 '**의제의무**(constructive obligation)'라 부른다. 예를 들어, 유효기간이 경과한 상품권도 받아주는 실무관행을 가진 기업이 고객들과의 원활한 거래를 유지하기 위해 해당 관행을 유지할 수밖에 없는 경우, 유효기간 경과 상품권과 관련하여 이 기업이 지출할 것으로 예상되는 금액은 의제의무에 해당된다.

또 어떤 상황에서는 경제적 자원을 이전할 책무나 책임이 기업 스스로가 이행할 미래 어떤 특정 행위를 조건으로 한다. 이런 특정 행위는 특정 사업을 영위하거나, 특정 시장에서 영업을 하는 것, 또는 계약에 명시된 특정 옵션을 행사하는 것을 포함한다. 이 경우 보고기업이 해당 특정 행위를 회피할 실제적 능력이 없다면 의무가 존재하는 것이다. 또 어떤 경우에는 의무의 존재 여부가 불확실할 수도 있다. 예컨대, 어떤 당사자가 보고기업의 범법행위 혐의에 대해 피해보상을 요구하는 경우, 그러한 행위가 실제로 있었는지, 있었다면 해당 행위를 범한 당사자가 보고기업인지, 또는 그 범법행위에 대해 법이 어떻게 적용될 것인지 불확실할 수 있다. 그러한 '존재의 불확실성(existence uncertainty)'이 해소되기까지는(예 법원의 판결을 통해) 피해보상을 요구하는 자에게 의무가 존재하는지, 따라서 부채가 존재하는지 불확실하다. 존재가 불확실한 부채에 대한 인식문제는 다음 절에서 논의할 것이다.

이제 의무의 성격과 어떠한 때에 의무가 성립하는지 살펴보았으므로, 의무와 관련하여 중요한 개념인 '회피할 수 있는 현실적인 (혹은 실제적인) 능력이 없다'는 개념에 대해 살펴보자. 경제적 자원이전의 책임을 회피할 수 있는 유일한 수단이 기업의 청산이거나 사업의 중단인 상황에서 재무제표를 계속기업 가정하에 작성하는 것이 적절하다는 결론을 내린다면, 이는 그러한 자원이전을 회피할 수 있는 실제적 능력이 없음을 의미하는 것이다. 보고기업이 경제적 자원이전을 회피할 수 있는 실제적 능력이 있는지 여부를 평가하는 데에 고려해야 할 요소들은 관련 책무와 책임의 성격에 따라 달라질 수 있다. 예컨대, 자원이전을 회피하기 위한 조치가 자원이전 그 자체보다 더 불리한 경제적 결과(예 더 큰 손실)를 가져온다면 자원이전을 회피할 실제적 능력이 없는 것일 수 있다. 그러나 자원을 이전할 의도가 있다거나 그럴 가능성이 매우 높다는 사실이 자원이전을 회피할 실제적 능력이 없다는 결론을 내리게 할 충분한 이유가 되지는 못한다.

(2) 경제적 자원의 이전

부채의 두 번째 조건은 존재하는 의무가 **경제적 자원을 이전하는 의무**여야 한다는 것이다. 이 조건이 충족되려면, 기업에게 자원의 이전을 다른 당사자(들)가 요구할 수 있어야 한다. 그렇다고 자원이전을 요구받을 사실이 확정적이거나 그럴 가능성이 높아야 할 필요는 없다. 예컨대, 미래 불확실한 많은 상황들 중 어느 특정 상황이 일어날 경우에만 자원이전요구가 발생해도 두 번째 조건이 충족될 수 있다. 따라서 의무가 이미 존재하고, 적어도 하나의 상황에서 자원이전의 요구가 발생하는 것이 필요조건이다. 또 경제적 자원이전의 확률이 낮은 의무라도 부채의 정의를 충족할 수 있다. 그렇지만 이러한 낮은 확률은 부채에 관해 어떤 정보를 어떻게 제공할 것인지에 관한 결정에 영향을 미칠 수 있는데, 이러한 결정에는 해당 부채를 인식할 것인지, 어떻게 측정할 것인지를 포함한다.[8] 예컨대, 자원이전 확률이 매우 낮다면 부채를 인식하지 않을 수 있다.

경제적 자원이전 의무의 예로서, 현금지급의 의무, 재화를 인도하거나 용역을 제공할 의무, 경제적 자원을 불리한 조건으로 상대방과 교환할 의무(예 현재 불리한 조건으로 경제적 자원을 매도해야 되는 선도계약 또는 상대방이 기업으로부터 경제적 자원을 매수할 수 있는 옵션), 특정 불확실한 미래사건이 발생할 때 경제적 자원을 이전해야 할 의무, 기업에게 자원이전을 요구하는 금융상품을 발행할 의무 등을 들 수 있다. 또 보고기업은 경제적 자원을 수취할 권리를 가진 상대방에게 자원이전 의무를 이행하는 대신에, 상대방과 의무면제를 위한 협상을 통해 의무를 해소하거나, 해당 의무를 제3자에게 이전하거나, 또는 새로운 거래를 체결하여 해당 의무를 다른 의무로 대체하기도 한다.

(3) 과거사건의 결과로 생긴 현재의무

부채의 세 번째 조건은 의무가 **과거사건의 결과로 존재하는 현재의 의무**라는 것이다. 이러한 현재의무는 다음과 같은 조건이 만족될 때에만 존재한다.

① 보고기업이 이미 경제적 효익(예 재화, 용역)을 획득하였거나, 어떤 행동을 취하였고(예 특정 사업의 운영, 특정 시장에서의 영업행위 등),

② 그 결과로서, 이전하지 않아도 되었을 경제적 자원을 이전해야 하거나(will have to transfer), 이전해야 하게 될 수도(may have to transfer) 있게 됨(이하, '이전해야 할')

위 두 조건이 모두 만족되지 않으면, 즉 보고기업이 아직 경제적 효익을 획득하지 않았거나, 특정 행동을 취하지 않았고, 따라서 이전하지 않아도 되었을 경제적 자원을 이전하도록 요구받을 수 없다면, 그 기업은 현재의무가 없는 것이다. 예를 들어, 기업이 어떤 종업원과 고용계약을 맺고 용역제공의 대가로 급여를 지급하기로 하였다 해도, 그 종업원이 용역을 제공하기까지 기업은 급여를 지급할 현재의무를 지지 않는다. 그전까지 이 고용계약은 미이행(executory) 계약이며, 이 경우 기업은 미래 급여를 종업원의 용역과 교환할 권리와 의무를 동시에 보유하는 것이다.

위 ①에서 언급한 경제적 효익의 획득이나 특정 행동이 어떤 기간에 걸쳐 이루어진다면, 그 결과로서의 현재의무는 그 기간에 걸쳐 누적될 수 있다. 또 새로운 법이 시행됨에 따라 발생할 수 있는 현재의무는 이 법의 적용으로 경제적 효익을 얻게 되거나 특정 행동을 취한 결과로, 이전하지 않아도 되었을 경제적 자원을 이전해야 하게 되었을 때에만 발생한다. 새로운 법 시행 자체는 기업에게 현재의무를 부여하기에 충분하지 않다. 이와 유사하게, 보고기업의 실무적 관행, 공개된 정책이나 구체적인 성명의 경우도,

8) 유사한 내용이 자산에 대해서도 이미 언급되었다. 이외에도 자산과 부채에 대해서는 그 밖의 많은 내용이 대칭적으로 언급된다.

그에 따라 경제적 효익을 얻거나 특정 행동을 취한 결과로, 이전하지 않아도 되었을 자원을 이전해야 하게 되었을 때에만 현재의무가 발생한다.

또 자원이전이 미래 특정 시점까지 집행될 수 없더라도 현재의무는 존재할 수 있다. 예를 들어, 계약상의 현금지급 의무는 해당 계약이 현금지급을 미래 특정 시점까지 요구하지 않더라도 현재 존재할 수 있다. 마찬가지로, 계약상의 업무수행 의무도 상대방이 해당 업무의 수행을 미래 특정 시점까지 요구할 수 없더라도 현재 존재할 수 있다.

3. 자산 및 부채의 인식과 측정에 관한 개념들

이상으로 재무제표의 요소로서 자산과 부채의 정의를 살펴보았다. 이제 나머지 재무제표 요소들인 자본 및 수익과 비용의 정의를 살펴볼 차례인데, 개념체계는 이들을 정의하기 전에 본장에서 추후 논의할 자산/부채의 인식과 측정에 관한 주요 이슈들을 설명하는 데 필요한 개념들을 먼저 제시하고 있다. 이러한 개념들로서 회계단위, 미이행계약, 그리고 계약상 권리 및 의무의 실질 등이 있다.

(1) 회계단위(unit of account)

회계단위란 다음 두 절에서 논의할 인식기준 및 측정 개념이 적용되는, 권리 또는 권리들의 집합(group of rights), 의무 또는 의무들의 집합, 혹은 권리와 의무 모두를 포함하는 집합을 말한다. 회계단위는 하나의 자산이나 하나의 부채에 대해 선택하며, 해당 자산이나 부채, 그리고 이들과 관련된 수익과 비용에 인식기준과 측정 개념을 어떻게 적용할 것인지 고려할 때 회계단위를 선택한다.

어떤 상황에서는 인식을 위한 회계단위와 측정을 위한 회계단위를 다르게 선택하는 것이 적절할 수 있다. 예를 들어, 계약의 인식은 개별적으로 할 수 있지만 (즉, 인식을 위한 회계단위는 개별 계약), 측정을 위해서는 해당 계약을 계약포트폴리오(portfolio of contracts)의 일부로 간주할 수 있다(즉, 측정을 위한 회계단위는 계약포트폴리오).[9] 또 보고기업이 어떤 자산의 일부분이나 어떤 부채의 일부분을 이전하게 되면, 그 시점에서 회계단위가 변경되어 이전된 부분과 남아 있는 부분은 각각 별도의 회계단위가 될 수도 있다.

적절한 회계단위를 선택해야 하는 것은 유용한 정보를 제공하기 위함이다. 이 말의 의미를 구체적으로 살펴보자. 첫째, ① 권리와 의무가 서로 분리된 거래의 대상(subject)

---

9) 반면, 표시와 공시를 위해서는 자산과 부채 및 관련 수익과 비용은 통합하거나 또는 구성요소별로 분리해야 할 수도 있다. 따라서 회계단위의 선택은 인식과 측정을 위한 것이며, 표시와 공시와는 무관하다.

이 될 수 없거나 그 가능성이 희박한 경우, ② 권리와 의무가 서로 다른 형식(different patterns)으로 만료될(expire) 수 없거나 그 가능성이 희박한 경우, ③ 권리와 의무가 유사한 경제적 특성과 위험을 가지고 있어서 기업의 순현금 유입이나 유출의 전망에 관해 유사한 시사점을 가지는 경우, 또는 ④ 권리와 의무가 사업활동에 함께 사용됨으로써 기업의 현금흐름을 창출하고, 측정도 이 상호의존적인 미래 현금흐름의 추정치를 참고하여 이루어지는 경우라면, 해당 권리와 의무는 그 집합을 하나의 회계단위로 취급하는 것이 각각의 권리 또는 의무를 별도의 회계단위로 취급하는 것보다 더 목적적합한 정보를 제공할 수 있다. 둘째, 서로 다른 원천(예 거래나 사건)에서 발생하는 권리나 의무를 하나의 회계단위로 취급하거나, 그 반대로 한 원천에서 발생하는 권리나 의무를 분리하는 것이 해당 거래나 사건의 실질을 더 충실하게 표현하는 수단이 될 수도 있다.[10)]

한편, 원가가 여타의 재무보고 관련 의사결정을 제약하듯이, 회계단위의 선택도 제약한다. 따라서 회계단위를 선택할 때에는, 그 선택으로 인해 재무제표이용자들에게 제공되는 정보의 효익이 해당 정보의 제공과 사용에 드는 원가를 정당화할 수 있는지 고려하는 것은 중요하다. 일반적으로 자산, 부채, 수익, 비용을 인식하고 측정하는 데 드는 원가는 회계단위의 크기가 작아질수록 증가한다. 그러므로 한 원천에서 발생하는 권리나 의무를 분리할 때에는, 통상 그로 인한 정보가 더 유용하고, 또 그 효익이 원가를 능가하는 때이다.

가끔은 권리와 의무가 같은 원천에서 동시에 발생하기도 한다. 예를 들어, 어떤 계약에서는 권리와 의무가 각 당사자에게 동시에 성립한다. 만일 그러한 권리와 의무가 상호의존적이고 분리할 수 없다면, 불가분한(inseparable) 단일 자산 또는 단일 부채를 이루고, 따라서 하나의 회계단위를 형성한다. 이러한 예가 바로 **미이행계약**이다.[11)] 반대로, 권리와 의무가 분리가능하다면, 이 권리를 의무와 분리하여 '묶는(group)' 것이 적절할 수 있으며, 이렇게 되면 하나 이상의 자산과 부채를 별도로 식별하는 결과를 낳는다. 그렇지만, 분리가능한 권리와 의무라도 하나의 회계단위로 묶고, 이들을 단일 자산 또는 단일 부채로 취급하는 것이 더 적절한 경우가 있을 수도 있다.[12)] 회계단위가 될 수 있는 것들은 다음과 같다.

① 하나의 개별 권리 또는 개별 의무

② 한 원천(예 한 계약)에서 발생하는 모든 권리들, 모든 의무들, 또는 모든 권리들과

---

10) 마찬가지로, 서로 관련이 없는(unrelated) 권리와 의무는 분리하여 인식하고 측정하는 것이 표현의 충실성을 위해 필요할 수 있다.

11) 미이행계약은 곧 상세히 설명함.

12) 한편, 권리나 의무의 집합을 하나의 회계단위로 취급하는 것은 자산과 부채를 상계(offsetting)하는 것과는 다른 이슈이다.

의무들

③ 위 ②의 권리 혹은 의무들의 부분집합(예 어떤 유형자산에 대한 여러 권리 중 일부의 권리들로서 동 자산에 대한 다른 권리들과는 내용연수와 소비패턴이 다른 것)

④ 유사한 항목들로 구성된 포트폴리오로부터 발생하는 권리들의 집합, 의무들의 집합, 또는 권리와 의무 모두를 포함하는 집합

⑤ 유사하지 않은(dissimilar) 항목들로 구성된 포트폴리오(예 단일거래를 통해 처분될 자산과 부채의 포트폴리오)로부터 발생하는 권리들의 집합, 의무들의 집합, 또는 권리와 의무 모두를 포함하는 집합

⑥ 여러 항목으로 구성된 포트폴리오의 위험 노출[설명 : 이 포트폴리오가 공통의 위험(common risk)에 노출되어 있다면, 이 포트폴리오를 회계처리할 때에 어떤 경우에는 그 노출된 총합(aggregate exposure)에 초점을 맞출 수도 있다.]

(2) 미이행계약(executory contracts)

미이행계약이란 모든 계약당사자가 자신의 의무를 균등하게(equally) 미이행한 계약이나 그러한 계약의 일부를 말한다. 즉, 미이행계약은 계약당사자 모두가 자신의 의무를 전혀 이행하지 않았거나, 모든 당사자가 각자 의무를 균등하게 부분적으로만 이행한 계약이다. 한 계약당사자의 의무가 상대방에게는 권리이므로, 미이행계약은 각 당사자에게 결합된 권리와 의무를 발생시킨다. 즉, 미이행계약은 권리와 의무가 같은 원천에서 동시에 발생하는 예가 된다. 이처럼 미이행계약의 권리와 의무는 상호의존적이라서 분리될 수 없다. 따라서 이렇게 결합된 권리와 의무는 단일 자산 또는 단일 부채를 구성하는데, 현시점에서 교환조건이 유리하다면 자산이 존재하는 것이고, 불리하다면 부채가 존재하는 것이다. 그러나 이러한 자산 또는 부채를 재무제표에 포함할지 여부는 해당 자산 또는 부채에 적용할 인식조건과 측정기준에 달려 있다.[13)]

당사자 일방이 자신의 계약상 의무를 이행하는 한 그 계약은 더 이상 미이행계약이 아니다. 보고기업이 먼저 이행하면, 그 계약이행은 경제적 자원 교환의 권리/의무를 경제적 자원을 수취할 권리로 바꾸는 사건이 되고, 이 권리는 자산이 된다. 반면, 상대방이 먼저 이행하면, 이는 보고기업의 결합된 권리/의무를 경제적 자원을 이전할 의무로 전환하는 사건이 되고, 해당 의무는 부채가 된다.

(3) 계약상 권리와 계약상 의무의 실질

계약의 조건은 계약당사자인 기업에게 권리와 의무를 발생시킨다. 이 권리와 의무를

13) 여기에는 해당 계약이 '손실부담(onerous)' 계약인지 여부를 따지는 테스트가 포함된다.

충실하게 표현하기 위해 재무제표는 그 실질(substance)을 보고해야 한다. 어떤 경우는 계약의 법적 형식으로부터 권리와 의무의 실질이 분명하게 나타난다. 그러나 다른 경우에는 권리와 의무의 실질을 파악하기 위해 계약조건[혹은 복수의 계약이나 일련의(a series) 계약에 포함된 조건들]을 분석해야 할 필요가 있다. 명시적이든 암묵적이든 계약의 모든 조건은 그 실질이 없지 않은 한 고려되어야 한다. 암묵적 조건의 예에는 법령에 부과된 의무(예 법으로 제정된 제품보증의무)가 포함될 수 있다. 반면, 실질이 없는(no substance) 계약조건은 무시한다. 실질이 없는 조건이란, 계약의 경제적 측면에서 볼 때 식별가능한 효과가 전혀 없는 조건을 말한다. 예컨대, ① 계약당사자 누구도 구속하지(binding) 않는 조건, ② 현실적으로 어떤 상황에서도 보유자가 행사할 능력이 없는 권리(옵션 포함) 등을 말한다.

복수의 계약 혹은 일련의 계약은 전반적인 상업적 효과(commercial effect)를 달성할 수 있거나, 그런 효과를 달성할 목적으로 설계될 수 있다. 이러한 계약들의 실질을 보고하려면, 해당 복수의 계약이나 일련의 계약에서 발생하는 권리와 의무들을 하나의 회계단위로 취급하는 것이 필요할 수 있다. 일례로, 한 계약에서의 권리나 의무가, 동일한 상대방과 동시에 체결한 또 다른 계약에서의 모든 권리나 의무를 단순히 무효화시킨다면, 그 결합된 효과를 고려하여 이 두 계약은 어떠한 권리나 의무도 성립시키지 않는 것으로 취급한다. 역으로, 단일 계약으로 복수의 권리 및 의무의 집합이 성립되는 경우라도, 이 권리와 의무의 집합을 둘 이상의 분리된 계약을 통해 발생시킬 수도 있었다면, 해당 권리와 의무를 충실히 표현하기 위해서는 각 집합을 분리된 계약에서 발생한 것처럼 회계처리할 필요도 있다.

이제 나머지 재무제표 요소인 자본 및 수익과 비용의 정의에 대해 살펴보자.

4. 자본의 정의

자본(equity)은 기업의 자산에서 모든 부채를 차감한 후의 잔여지분(residual interest)이다. 따라서 자본에 대한 청구권(이하, 자본청구권, equity claims)은 자산에서 모든 부채를 차감한 잔여지분에 대한 청구권이다. 다시 말해, 자본청구권은 부채의 정의에 맞지 않아서 부채가 아닌 청구권을 가리킨다. 자본청구권은 계약이나 법률 또는 이와 유사한 수단에 의해 성립될 수 있으며, 구체적으로는, 부채의 정의를 충족하지 않는 범위 내에서 ① 기업이 발행한 다양한 종류의 지분(shares)과 ② 또 다른(another) 자본청구권을 발행할 기업의 의무 등이 자본청구권에 포함된다.

보통주(ordinary shares) 및 우선주(preference shares)와 같이 서로 다른 종류(classes)의 자본청구권은 서로 다른 권리를 보유자에게 부여할 수 있다. 예를 들어, 보통주와 우선주는 다음과 같은 권리 중 모두 또는 일부에 관하여 차이를 둘 수 있는데, ① 기업으로부터 배당금을 받을 권리, ② 청산시 자본청구권에 해당하는 전액을 수취하거나, 그 밖의 시점에서 자본청구권 금액의 일부분을 수취할 권리, 그리고 ③ 또 다른 자본청구권을 받을 권리 등이다.

때로는 법률이나 규제 또는 그 밖의 요구조건으로 인해 자본금 또는 이익잉여금과 같은 자본의 특정 구성요소가 영향을 받기도 한다. 예를 들어, 분배가능한 준비금(reserves)이 법으로 정해져 있다면, 기업은 이 준비금이 충분한 경우에만 자본청구권자(예 주주)에게 분배할 수 있다.

사업활동은 기업 이외에도 개인, 파트너십, 신탁, 또는 여러 형태의 정부사업 등과 같이 다양한 유형의 실체들이 수행한다. 이러한 실체에 적용되는 법률 및 규제는 기업실체(corporate entities)에 적용되는 것과 종종 다를 수 있다(예 이러한 실체의 자본청구권자에게는 분배제한이 거의 없음). 그럼에도 불구하고, 이 개념체계에서 제시된 자본의 정의는 모든 보고기업에 적용된다.

5. 수익과 비용의 정의

수익과 비용은 기업의 재무성과를 나타내는 재무제표 요소로서, 그 정의는 각각 다음과 같다. **수익**(income)은 자산의 증가 또는 부채의 감소이며, 그 결과로 자본의 증가를 가져온다. 수익으로 인한 자본의 증가는 자본청구권자의 출자로 인한 자본의 증가와는 구분된다. 반면, **비용**(expenses)은 자산의 감소 또는 부채의 증가이며, 그 결과로 자본의 감소를 가져온다. 수익의 경우와 마찬가지로, 비용으로 인한 자본의 감소는 자본청구권자에 대한 분배(예 배당지급)로 말미암은 자본의 감소와는 구분된다. 이러한 수익과 비용의 정의로부터, 자본청구권자의 출자는 수익이 아니며 자본청구권자에 대한 분배도 비용이 아니라는 사실이 자명하다.

이처럼 개념체계는 수익과 비용을 자산과 부채의 변동으로 정의하고 있는데, 그렇다면 기초 및 기말의 자산과 부채를 각각 보고하는 두 개의 재무상태표(이를 비교재무상태표라 함)만 있으면 수익과 비용, 즉 재무성과 정보를 알 수 있으므로 재무성과표는 별도로 필요없다는 생각을 할 수도 있다. 이러한 생각에 대비하여, 개념체계는 재무제표이용자들에게 재무상태뿐 아니라 재무성과에 관한 정보도 별도로 필요하다고 못 박았다. 즉, 개념체계는 비록 수익과 비용을 자산과 부채의 변동으로 정의하지만, 수익과 비용에 대한 별도의 정보는 자산과 부채에 대한 정보만큼 중요하다고 언급하고 있다. 이는 상이한 거래나 사건이 서로 다른 특성을 지닌 수익과 비용을 발생시키므로, 수익과 비용을 특성별로 제공하는 재무성과표가 있으면 정보이용자들이 기업의 재무성과를 이해하는 데 도움이 되기 때문이다.

지금까지 재무제표 요소의 정의를 모두 소개하였는데, 이들은 크게 두 개의 범주로 묶을 수 있다. 먼저 자산, 부채, 자본의 세 요소는 기말, 즉 일정 시점에서의 금액을 나타내므로, 경제학적 개념을 빌린다면 저량(貯量 : stock)의 개념에 속한다. 반면, 수익과 비용은 한 보고기간 동안, 즉 일정 기간에 걸쳐 발생한 자산과 부채의 변동을 나타내므로 유량(流量 : flow)의 개념이다. 따라서 기초의 자산과 부채에 당기 수익과 비용을 더하면 기말의 자산과 부채가 된다.[14] 이렇게 두 범주 사이에는 서로 긴밀한 관계가 존재한다.

제6절 인식과 제거

본 절에서는 재무제표 요소들을 인식하고 제거하는 것에 관한 개념과 이슈들을 인식절차, 인식기준 및 제거로 각각 나누어서 설명한다.

1. 인식절차

인식(recognition)이란 자산, 부채, 자본, 수익 또는 비용의 정의를 충족하는 항목을 재무상태표나 재무성과표에 포함시키기 위해 '포착하는 과정(process of capturing)'을 말한다. 어떤 항목이 인식되면, 그 항목을 설명하는 명칭과 화폐금액이 재무상태표나 재무성과표에 나타나고, 이 금액은 해당 재무제표상의 합계나 소계 금액에 포함된다. 재무상태표에 인식되는 자산, 부채 또는 자본의 금액을 '장부금액(carrying amounts)'이라고 부른다.

재무제표 요소가 인식됨에 따라, 이 요소들과 재무상태표 및 재무성과표는 [그림 2. 2]에 나타난 것처럼 상호연계성을 갖게 된다. 첫째, 보고기간 초(初)와 말(末)의 각 재무상태표에서 '총자산 빼기(minus) 총부채는 총자본'이 된다. 또 보고기간에 걸쳐 인식된 자본의 변동은, ① 재무성과표에 인식된 수익에서 비용을 차감한 금액, 즉 순이익과, ② 자본청구권자가 출자한 금액에서 이들에게 분배된 금액(예 배당)을 뺀 금액의 합으로 이루어진다.

거래나 사건에서 발생된 자산 또는 부채를 최초 인식하게 되면, 수익과 관련 비용을 동시에 인식하게 되는 경우가 있다. 예를 들어, 재화를 현금판매하면 수취한 현금을 자

---

14) 이는 물론 소유주에 의한 출자와 소유주에 대한 분배가 없는 경우에 그러하다. 만일 그러한 출자나 분배가 있다면 이를 추가로 감안해주어야 한다.

그림 2. 2
재무제표 요소, 재무상태표 및 재무성과표의 상호연계성

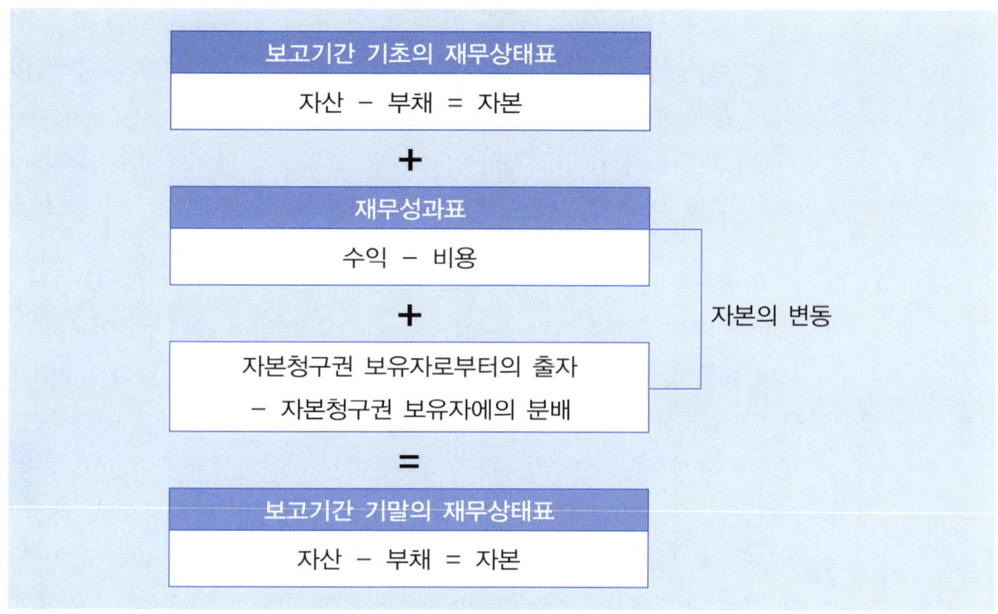

산으로 인식하면서 수익을 인식하고, 이와 동시에 판매된 재화를 제거하면서 비용을 인식한다. 이와 같이 수익과 관련 비용을 동시에 인식하는 것을 '수익과 관련 원가의 대응(matching)'으로 부르기도 한다. 개념체계를 적용하여 자산과 부채의 변동을 인식하면 이러한 대응이 자연히 나타난다. 그렇다고 하여, '수익과 관련 원가의 대응'이 본 개념체계의 목적은 아니다.

2. 인식기준

자산, 부채 또는 자본의 정의를 충족하는 항목만이 재무상태표에 인식된다. 마찬가지로 수익이나 비용의 정의를 충족하는 항목만이 재무성과표에 인식된다. 다시 말해, 개념체계는 자산, 부채, 자본, 수익 또는 비용의 정의를 충족하지 않는 항목의 인식은 허용하지 않는다.

그러나 정의를 충족하는 항목이라도 항상 인식되는 것은 아니다. 일반적으로, 재무제표 요소의 정의를 충족하는 항목이 미인식된 재무제표는 미완성된 것이며, 유용한 정보를 누락시킬 수 있다. 그렇지만 오히려 어떤 상황에서는 재무제표 요소의 정의를 충족하는 항목이라도 그 인식이 유용한 정보를 제공하지 못할 수도 있다. 따라서 재무제표 요소는 이용자들에게 목적적합하고 표현이 충실한 정보를 제공하는 경우에만 인식한다. 요약하면, 어떤 항목이 재무제표에 인식되기 위해서는 다음 세 가지 인식기준(recognition criteria)을 모두 충족해야 한다.

① 그 항목이 자산, 부채, 자본, 수익 또는 비용의 정의를 충족한다.
② 그 항목의 인식이 자산이나 부채, 그리고 그에 수반하는 수익, 비용 또는 자본 변동에 대해 목적적합한 정보를 제공한다.
③ 그 항목의 인식이 자산이나 부채, 그리고 그에 수반하는 수익, 비용 또는 자본 변동에 대해 충실한 표현을 제공한다.

한편, 원가는 여타의 재무보고 관련 의사결정을 제약하듯이, 인식에 대한 결정도 제약한다. 따라서 자산이나 부채는 그 인식으로 인해 재무제표이용자들에게 제공되는 정보의 효익이 해당 정보의 제공 및 사용에 드는 원가를 정당화할 여지가 높을 때 인식한다. 그러나 사실 어떤 때에 자산 또는 부채의 인식이 원가를 능가하는 효익을 내는지 세세하게 규정하는 것은 가능하지 않다. 이는 이용자들에게 무엇이 유용할지는 해당 항목이나 관련 사실, 그리고 상황마다 다르기 때문이다. 결과적으로, 자산 또는 부채의 인식 여부를 결정할 때에는 판단(judgement)이 필요하게 되고, 따라서 기준서마다, 그리고 같은 기준서 내에서도 인식요건이 달라야 할 필요가 있을 수도 있다.

또 인식 여부를 결정할 때는, 만일 자산이나 부채를 인식하지 않는다면 어떤 정보가 제공될지 고려하는 것도 중요하다. 예를 들어, 지출이 발생할 때 자산을 인식하지 않으면 비용이 인식될 텐데, 때로는 이렇게 해당 비용을 인식하는 것이 시간이 흐르면서(over time) 유용한 정보를 제공할 수도 있는데, 예컨대 이용자들이 추세를 식별할 수 있게 하는 정보를 제공할 수 있다. 또 기업은 자산이나 부채의 정의를 충족하지만 인식하지 않은 항목에 대해서는 관련 정보를 주석(notes)으로 제공해야 할 수도 있다. 이처럼 인식되지 않아 재무제표의 부외항목이 되는 자산이나 부채에 대해서는 관련 정보를 어떻게 충분히 보여줄 수 있는지 고려하는 것이 중요하다.

한편, 위에서 언급한 세 가지 인식기준 중 목적적합성과 표현의 충실성 기준은 실무 적용상 구체성이 떨어진다. 개념체계는 이 두 기준을 구체화하기 위해 다음과 같이 부연설명하고 있다.

(1) 목적적합성

자산, 부채, 자본, 수익과 비용은 이용자들에게 목적적합한 정보이지만, 특정 자산이나 부채의 인식과 그 결과로 발생하는 수익, 비용 또는 자본 변동의 인식이 항상 목적적합한 정보를 제공하는 것은 아니다. 예를 들어, ① 자산 또는 부채의 존재 여부가 불확실하거나, ② 자산 혹은 부채가 존재는 하지만 그로 인한 경제적 효익의 유입 또는 유출 가능성이 낮은 경우에는, 그러한 자산이나 부채의 인식은 목적적합하지 않을 수도 있다. 그러나 존재의 불확실성이 있거나, 경제적 효익의 유출입 가능성이 낮다고 하여 관련

자산이나 부채의 인식이 목적적합하지 않다는 결론을 자동적으로 내릴 수 있는 것은 아니다. 게다가, 이러한 두 요인 외에도 다양한 요인들이 인식 여부에 영향을 미칠 수 있으므로, 자산이나 부채의 인식이 목적적합한 정보를 제공하는지 여부는 하나가 아니라 여러 요인을 복합적으로 고려하여 결정한다.

1) 존재의 불확실성

먼저, 목적적합성에 영향을 미치는 요인으로서 존재의 불확실성에 대해 살펴보자. 전술하였듯이, 보고기업이 경제적 자원을 수취할 권리가 있는지 누군가와 다투는 경우에 법원판결을 통해 분쟁이 해결될 때까지 해당 기업에게 자산이 존재하는지 불확실하며, 또 누군가 보고기업에게 범법혐의를 씌워 피해보상을 요구하는 경우에도 분쟁이 해소될 때까지 해당 기업에게 부채가 존재하는지 불확실하다. 이러한 불확실성은 관련 경제적 효익의 유출입 확률이 낮고, 또 일어날 수 있는 결과의 범위(range of possible outcomes)도 예외적으로 지나치게 넓을 가능성 때문에, 단일 금액으로만 측정해야 하는 자산이나 부채의 인식을 통해 해당 항목을 보고하는 것이 목적적합하지 않을 수 있음을 시사한다. 이와 같이 존재의 불확실성은 인식가능성에 부정적 영향을 미친다. 한편, 자산이나 부채의 인식 여부와는 관계없이, 관련 불확실성에 대한 설명정보를 재무제표에 제공해야 할 수도 있다.

2) 경제적 효익의 낮은 유출입 가능성

다음으로, 경제적 효익의 낮은 유출입 가능성에 대해 살펴보자. 앞에서 이미 언급하였듯이, 경제적 효익의 유출입 가능성이 낮더라도 자산이나 부채가 존재할 수는 있다. 이 경우 해당 자산이나 부채에 대해 가장 목적적합한 정보는 발생가능한 유출입의 크기, 발생가능 시기 및 발생가능성에 영향을 미치는 요인에 대한 정보일 수 있다. 따라서 이런 경우는 자산이나 부채의 인식보다는 관련 정보를 주석에 기재하는 것이 더 적절할 수 있다. 그러나 때로는 경제적 효익의 유출입 가능성이 낮더라도, 자산이나 부채를 인식하는 것이, 주석으로 기재하는 정보를 넘어서, 목적적합한 정보를 제공할 수도 있다. 이런 경우에 해당되는지 여부는 다양한 요인을 고려하여 결정한다. 예를 들어보자. 만일 시장조건에 따른 교환거래에서 자산을 취득하거나 부채를 부담하게 되는 경우, 관련원가는 일반적으로 경제적 효익의 유입가능성이나 유출가능성을 반영한다. 따라서 그 유출입 가능성이 낮다 하여도 해당 원가는 목적적합한 정보이며, 또 일반적으로 쉽게 이용할 수 있는 정보이기도 하므로, 관련 자산/부채를 원가로 인식하는 것이 적절할 수 있다. 더구나 이 경우 자산/부채를 인식하지 않는다면, 비용이나 수익을 교환시점에서 인식해야 하는데, 이렇게 되면 해당 거래를 충실하게 표현하지 못할 수 있다.

반면, 자산이나 부채가 교환거래가 아닌 사건에서 발생하는 경우에는(예 자산을 무상으로 취득) 해당 자산/부채를 인식하게 되면 통상적으로 수익이나 비용의 인식이 뒤따른다. 이때 해당 자산/부채로 인한 경제적 효익의 유출입 가능성이 낮으면, 그러한 자산과 수익의 인식 또는 그러한 부채와 비용의 인식은 목적적합한 정보를 제공하지 못할 수 있다.

(2) 표현의 충실성

개념체계는 특정 자산이나 부채를 인식하는 것이 적합하기(appropriate) 위해서는 그 인식이 목적적합한 정보를 제공할 뿐 아니라 해당 항목을 충실하게 표현할 수 있어야 한다고 말하고 있다. 충실한 표현이 제공될 수 있는지 여부는 해당 자산이나 부채를 측정할 때 부딪치는 측정상의 불확실성(measurement uncertainty)의 정도와, 또 그 밖의 기타 요인들에 의해 영향을 받을 수 있다. 이에 대해 살펴보자.

1) 측정불확실성

자산이나 부채를 인식하기 위해서는 측정을 해야 한다. 즉, 인식된 자산과 부채는 화폐금액으로 표시된다. 그런데 많은 경우에 있어 화폐금액을 직접 관측할 수 없어서 측정을 위해 금액을 추정해야 하며, 이에 따라 측정의 불확실성이 발생한다. 제3절에서 언급하였듯이, 합리적인 추정의 사용은 재무정보 작성의 필수적인 부분이며 추정치를 명확하고 정확하게 기술하고 설명한다면 정보의 유용성을 훼손하지 않는다. 따라서 높은 수준의 측정불확실성이 있더라도 관련 추정치가 유용한 정보를 반드시 제공하지 못하는 것은 아니다.

그러나 때로는 추정치의 측정과 관련된 불확실성 수준이 지나치게 높아서, 해당 추정치가 관련 자산이나 부채 및 그에 수반하는 수익, 비용 또는 자본 변동을 충분히 충실하게 표현할 수 있을지 의심스러울 수 있다. 예를 들어, 자산이나 부채를 추정하는 유일한 방법이 현금흐름기준 측정기법(cash-flow-based measurement techniques)이고,[15] 아래 중 하나 이상에 해당하는 상황이 존재한다면, 측정불확실성은 매우 높은 수준일 수 있다.

① 일어날 수 있는 결과의 범위(range of possible outcomes)가 예외적으로 지나치게 넓고, 각 결과(outcome)의 발생확률을 추정하는 것도 예외적으로 어렵다.

② 결과의 발생확률에 대한 추정치가 약간만 바뀌어도 측정치가 예외적으로 민감하게 변동한다(예 미래 현금유출입 발생확률은 예외적으로 낮지만, 일단 발생할 경우 그 현금유출입의 크기가 예외적으로 크다면, 발생확률의 작은 변화에도 측정치의 값이 크게 변한다).

15) 현금흐름기준 측정기법은 제7절에서 상세히 설명한다.

③ 측정대상 자산이나 부채의 현금흐름이 다른 자산/부채와 연관되어 발생하는 현금흐름이어서, 이에 대한 배분(allocation)이 필요한데, 이러한 배분이 예외적으로 어렵거나 예외적으로 주관적이다.

위에 언급된 경우 중에서도 어떤 경우는, 비록 측정불확실성이 매우 높은 추정치라 하더라도 추정에 대한 설명과 추정에 영향을 미칠 수 있는 불확실성에 대한 설명이 동반된다면, 그 추정치가 가장 유용한 정보가 될 수도 있다. 이는 그러한 추정치가 해당 자산이나 부채에 대한 가장 목적적합한 측정치라면 특히 더 그러할 것이다. 반면, 또 다른 경우에는, 그 추정치가 충분히 충실한 표현이 되지 못한다면, 목적적합성이 약간 떨어지더라도 측정불확실성은 더 낮은 다른 측정치가(필요한 기술 및 설명과 함께) 가장 유용한 정보가 될 수도 있다.

또 매우 제한적인 상황이기는 하지만, 가용한 모든 목적적합한 측정치가, 비록 그 추정에 대한 설명과 그 추정에 영향을 미치는 불확실성에 대한 설명을 동반한다 하더라도, 측정불확실성이 지나치게 높아서 유용한 정보가 되지 못할 수 있다. 이런 상황이라면 자산이나 부채는 인식되지 않는다.

2) 기타 요인들

인식된 재무제표 요소들의 충실한 표현은 해당 항목의 인식뿐 아니라 측정, 그리고 관련 정보의 표시(presentation) 및 공시(disclosure)에까지 관여된다. 따라서 자산이나 부채의 인식이 해당 자산/부채를 충실하게 표현할 수 있는지 평가할 때는 재무상태표상의 설명과 측정뿐 아니라 다음 사항도 고려해야 한다.

① 해당 자산/부채에 수반하는 수익, 비용 및 자본 변동에 대한 서술. 예를 들어, 기업이 대가를 지급하고 자산을 취득한 경우, 자산을 인식하지 않으면 비용을 인식하게 되므로 기업의 이익과 자본은 감소한다. 만일 기업이 그 자산을 즉시 소비하지 않는데도 비용을 인식하면, 이는 기업의 재무상태가 악화되었다는 오해를 일으킬 수 있다.

② 해당 자산/부채와 관련된 다른 자산/부채가 인식되는지 여부. 만일 관련 자산/부채가 인식되지 않으면, 해당 자산/부채의 인식은 인식불일치(회계불일치; accounting mismatch)를 초래할 수 있다. 따라서 비록 주석에 설명정보가 제공되더라도, 해당 자산/부채를 발생시킨 거래나 사건의 전반적인 영향에 대해 이해가능하거나 충실한 표현을 제공하지 못할 수 있다.

③ 해당 자산/부채에 수반하는 수익, 비용 또는 자본 변동에 대한 정보의 표시와 공시. 완전한 서술에는 재무제표이용자들이 서술된 경제현상을 이해하는 데 필요한 모든 정보(필요한 모든 기술과 설명을 포함)가 포함된다. 따라서 관련 정보의 표시와

공시는 완전한 서술에 기여하고, 따라서 인식된 금액이 충실한 표현이 되게 한다.

3. 제거

제거(derecognition)는 기업의 재무상태표에서 인식된 자산이나 부채의 전부 또는 일부를 삭제하는 것을 말한다. 제거는 일반적으로 해당 항목이 더 이상 자산 또는 부채의 정의를 충족하지 못할 때 일어나는데, 일반적으로 ① 자산은 인식한 자산의 전부 또는 일부에 대한 통제를 상실하였을 때 제거하고, ② 부채는 기업이 인식한 부채의 전부 또는 일부에 대한 현재의무를 더 이상 부담하지 않을 때 제거한다.

제거에 대한 회계처리의 목표는, 제거 이후 유보된(retained) 자산과 부채,[16] 그리고 그 결과로 발생한 자산과 부채의 변동을 충실히 표현하는 것이며, 이 목표는 일반적으로 다음과 같은 회계처리를 통해 달성된다.

1) 만료되었거나(expired), 소비되었거나(consumed), 회수되었거나(collected), 이행되었거나(fulfilled), 이전된(transferred) 자산 또는 부채를 제거하고, 이에 수반하는 수익과 비용을 인식한다. 편의상 이하 본 절에서는 만료/소비/회수/이행/이전된 모든 자산과 부채를 '이전된 구성요소(transferred component)'라는 용어로 지칭한다.
2) 유보된 자산이나 부채가 있다면 계속해서 인식한다. 유보된 자산과 부채는 '이전된 구성요소'와 대비하여, 이하 '유보된 구성요소'로 지칭한다. 유보된 구성요소는 이전된 구성요소와는 별개의 회계단위가 된다. 결과적으로, 이전된 구성요소의 제거는 유보된 구성요소에 대한 수익이나 비용의 인식을 유발하지 않는다. 다만, 제거로 인해 유보된 구성요소에 적용되는 측정 관련 요구사항이 변동되면, 유보된 구성요소에 대해 수익이나 비용을 인식해야 할 수도 있다.
3) 필요한 경우에는, 유보된 구성요소를 재무상태표상에 별도 표시하거나, 이전된 구성요소의 제거로 인해 인식한 수익/비용을 재무성과표상에 별도 표시하거나, 혹은 관련 설명정보를 제공한다.

때로는 기업이 자산이나 부채를 이전하는 것처럼 보이지만, 그럼에도 그 자산이나 부채가 기업의 자산이나 부채로 남아 있을 수 있다. 예를 들어, 기업이 겉으로는 자산을 이전한 것처럼 보이지만 여전히 그 자산에서 발생하는 경제적 효익의 유의적인(significant) 증가나 감소에 노출되어 있을 수 있다. 경우에 따라 이러한 사실은 기업이 그 자산을 계속 통제하고 있음을 나타낸다. 또 기업이 다른 당사자에게 자산을 이전하였으나

16) 제거 이후의 유보된 자산/부채에는, 제거를 초래한 거래나 사건의 일부로서 취득하게 되었거나 발생 또는 창출된 자산/부채도 포함한다.

그 당사자가 해당 기업의 대리인으로서 자산을 보유한다면, 그 기업은 여전히 해당 자산을 통제한다. 이러한 경우 해당 자산이나 부채를 제거하는 것은 제거회계처리의 목표인 표현의 충실성을 달성할 수 없으므로 부적절하다.

일반적으로 기업이 이전된 구성요소를 더 이상 보유하지 않게 되면, 이전된 구성요소를 제거하는 것이 해당 사실을 충실하게 표현하는 회계처리이다. 그러나 그러한 경우라도 일부의 경우에 있어서는, 제거하는 회계처리가 기업의 자산이나 부채의 변동을 충실하게 표현하지 못할 수도 있다. 즉, 이전된 구성요소를 제거하면, 기업의 재무상태가 실제보다 더 유의적으로 변동한 것으로 나타날 수도 있다. 예컨대, 기업이 자산을 이전하면서 동시에 다른 거래(예 선도계약, 풋옵션 매도 또는 콜옵션 매입)를 체결하여 해당 자산을 재취득하는 현재의 권리나 의무를 갖게 되는 경우가 그러하다.

제거하는 회계처리가 표현의 충실성이라는 목표를 달성하기에 충분하지 않은 경우에는 이전된 구성요소를 계속 인식하는 것이 적절할 수 있다. 계속인식의 결과로서, ① 유보된 구성요소든 이전된 구성요소든 어느 것에 대해서도 수익이나 비용을 인식하지 않으며, ② 자산(또는 부채)의 이전에 따라 수취(또는 지급)한 대금은 차입금(또는 대여금)으로 처리하고, ③ 이전된 구성요소에서 발생하는 어떠한 권리나 의무도 더 이상 보유하지 않음을 나타내기 위해 이전된 구성요소를 재무상태표상에 별도 표시하거나 설명정보를 제공하게 된다. 또 이전 이후에는(after the transfer) 이전된 구성요소로부터 발생하는 수익이나 비용의 정보를 제공해야 할 수도 있다.

마지막으로, 제거에 대해 의문이 발생하는 경우로서, 이미 존재하는 권리나 의무를 축소하거나 삭제하는 계약변경이 있다. 이러한 계약변경을 회계처리할 때는 어떤 회계단위가 재무제표이용자들에게 계약변경 후의 유보된 자산과 부채에 대해 가장 유용한 정보를 제공하는지, 그리고 계약변경이 자산과 부채를 어떻게 변동시켰는지를 고려한다.

세 가지 관련 사례를 살펴보자. 첫째, 계약변경으로 기존 권리나 의무가 삭제되기만 하는 경우에는, 그러한 권리나 의무의 제거 여부를 결정할 때는 제거와 관련하여 위에서 논의한 모든 사항을 고려한다. 둘째, 계약변경으로 새로운 권리나 의무가 추가되기만 하는 경우라면, 추가된 권리나 의무를 별도의 자산이나 부채로 처리할지 또는 기존 권리 및 의무와 동일한 회계단위의 일부로 처리할지 결정해야 한다. 셋째, 계약변경으로 기존 권리나 의무는 삭제되고 새로운 권리나 의무가 추가되는 경우에는, 삭제 및 추가로 인한 각각의 효과뿐만 아니라 그러한 변경의 결합효과(combined effect)도 고려해야 한다. 세 번째에 해당하는 계약변경 중 일부는, 그 실질이 기존 자산이나 부채를 새로운 자산이나 부채로 대체하는 것과 동등할 정도로 광범위할 수 있다. 이처럼 광범위한 계약변경의 경우에는 원래의 자산이나 부채는 제거하고 새 자산이나 부채를 인식하는 것이 필요하다.

제7절 측 정

측정(measurement)이란 인식할 요소들을 재무제표에 표시하기 위해 화폐단위로 수량화하는 것을 말하며, 이를 위해 기업은 측정기준(measurement basis)을 선택해야 한다. 측정기준이란 측정 대상항목의 식별된 특징(identified feature), 예컨대 역사적 원가, 공정가치 또는 이행가치 등을 말하며, 측정기준을 자산이나 부채에 적용하면 해당 자산이나 부채 및 관련 수익과 비용에 대한 측정치(measure)가 산출된다. 측정기준을 선택할 때는 앞서 설명한 재무정보의 질적 특성과 원가제약을 고려해야 함에 따라, 상이한 자산, 부채, 수익과 비용에 대해서는 서로 다른 측정기준을 선택할 가능성이 있다.[17] 본 절에서는 먼저 개념체계에서 제시한 측정기준들을 설명하고, 이어서 측정기준을 선택할 때 고려해야 할 요인들을 알아보며, 이어서 자본의 측정과 관련된 독특한 이슈들을 살펴본 후, 측정기법 중 하나인 현금흐름기준 측정기법에 대해 설명한다.

1. 측정기준

개념체계는 측정기준을 크게 역사적 원가(historical cost)와 현행가치(current value)로 나누고, 현행가치에 속하는 측정기준으로서 공정가치, 사용가치(자산의 경우), 이행가치(부채의 경우) 그리고 현행원가를 제시하고 있다.

(1) 역사적 원가

먼저, 자산의 **역사적 원가**(historical cost)는 자산을 취득하거나(acquire) 창출할(create) 때 발생한 원가의 가치로서, 자산의 취득 또는 창출을 위해 지급한 대가에 거래원가(transaction costs)를 합친 금액이다. 일례로, 기업이 토지를 취득하면서 현금 ₩1,000,000을 대가로 지급하고 부동산 중개수수료로 ₩100,000을 지급하였다면 토지의 역사적 원가는 ₩1,100,000이다.

부채의 역사적 원가는 부채를 발생시키거나(incurred) 인수하면서(taken on) 수취한 대가에서 거래원가를 뺀 금액이다. 예컨대, 기업이 회사채를 발행하여 ₩1,000,000을 차입하고 채권발행에 수반되는 신용평가 수수료로 ₩100,000을 지급하였다면, 회사채의 역사적 원가는 ₩900,000이다.[18]

---

17) 따라서 각 기준서에는 그 기준서에서 선택한 측정기준을 실행하는 방법(예 측정치를 추정하는 기법 등)이 기술되어야 한다.

18) 사실, 부채에 대해 '역사적 원가'라는 표현을 사용하는 것은 다소 어색하다. 미국의 개념체계는 이를

역사적 원가는 추후 설명할 현행가치(current value)와는 달리, 자산/부채의 가치가 변동하더라도 그 변동이 손상으로 인한 자산가치의 하락이나 손실부담으로 인한 부채가치의 증가인 경우를 제외하고는, 그 가치변동을 반영하지 않는다는 특징을 갖는다. 그렇지만 역사적 원가로 최초인식된 자산과 부채의 장부금액은 몇 가지 상황을 반영하기 위해서 시간의 경과에 따라 업데이트된다(updated).

먼저, 역사적 원가로 인식된 자산의 장부금액은 아래 상황을 반영하기 위해 업데이트된다.

① 자산을 구성하는 경제적 자원의 일부 또는 전부의 소비(즉, 감가상각 또는 상각)
② 자산의 일부 또는 전부를 소멸시키며 수취한 대금
③ 역사적 원가의 일부 또는 전부를 더 이상 회수할 수 없게 만드는 자산손상
④ 자산의 금융요소로서 발생한 이자

또 역사적 원가로 인식된 부채의 장부금액도 아래 상황을 반영하기 위해 시간 경과에 따라 업데이트된다.

① 부채의 일부 또는 전부의 이행
② 부채가 손실부담부채가 됨(부채의 역사적 원가가 더 이상 부채이행의무를 나타내기에 충분하지 못하게 되면 해당 부채는 손실부담부채가 됨).
③ 부채의 금융요소로서 발생한 이자

한편, 역사적 원가를 금융자산과 금융부채에 적용하는 한 가지 방법은 이들을 상각후원가(amortized cost)로 측정하는 것이다. 금융자산과 금융부채의 상각후원가란 최초인식시점에 결정된 이자율(이를 현시점의 이자율과 구분하여 **역사적 이자율**이라 함)로 할인한 미래 현금흐름의 현재가치(present value)를 말한다.[19] 또 비금융자산/부채의 역사적 원가가 시간의 경과에 따라 업데이트되듯이, 금융자산과 금융부채의 상각후원가도 이자의 발생, 금융자산의 손상 및 수취 또는 지급과 같은 후속상황을 반영하기 위해 시간의 경과에 따라 업데이트된다.

이렇게 측정된 역사적 원가는 자산이나 부채를 발생시킨 거래나 사건의 가격에서 도출된 정보를 사용하므로, 역사적 원가로 측정된 자산/부채의 정보는 재무제표이용자들에게 목적적합할 수 있다. 이 말을 좀 더 구체적으로 살펴보자. 기업이 시장조건에 따라 자산을 취득한다면, 현시점에서 그 자산은 최소한 역사적 원가를 회수하는 데에는 충분한 경제적 효익을 제공할 것으로 기대된다. 만일 그렇지 않다면, 기업은 현시점에서 그

'**역사적 수취액**(historical proceeds)'이라는 표현을 사용하고 있다.

19) 변동금리상품의 경우 할인율은 금리변동에 맞추어 업데이트된다. 현재가치는 제4장 화폐의 시간가치에서 상세히 설명한다.

자산을 취득하지 않는 것이 더 나을 것이기 때문이다. 이렇게 역사적 원가는 자산의 경제적 효익에 대한 정보를 제공하므로 목적적합한 정보가 될 수 있다. 마찬가지로, 기업이 시장조건에 따라 부채를 발생시킨다면, 현시점에서 그 부채의 역사적 원가는 부채이행을 위해 경제적 자원을 이전해야 하는 의무의 가치보다는 클 것으로 기대되는데, 만일 그렇지 않으면 거래상대방은 해당 거래를 하지 않는 것이 더 나을 것이기 때문이다. 이렇게 역사적 원가는 부채로 인해 발생하는 의무의 가치에 관해 정보를 제공하므로 재무제표이용자들에게 목적적합한 정보가 될 수 있다.

반면, 시장조건에 따른 거래가 아닌 사건의 결과로서 자산을 취득 또는 창출하거나, 부채를 발생시킬 수도 있다. 예를 들어, 자산/부채의 거래가격이 당사자들 간의 특수관계(예 지배·종속관계) 혹은 당사자 중 어느 일방의 재무적 압박(예 부도)에 의해 영향을 받을 수 있다. 또 자산을 정부나 민간으로부터 무상으로 공여받거나 기부받을 수도 있으며, 새로운 법령에 따라 부채가 발생하거나(예 환경관련 부채), 법률 위반행위로 인해 타인을 보상하거나 과태료를 납부해야 하는 경우에도 부채가 발생한다. 이처럼 시장조건에 따르지 않는 거래로부터의 자산과 부채는 그 원가를 식별할 수 없거나, 원가가 있더라도 자산이나 부채에 관한 목적적합한 정보를 제공하지 못한다. 이런 경우 중 일부 상황에서는 추후 설명할 현행가치를 해당 자산/부채의 최초인식시점 원가로 간주한다.

또 역사적 원가는 자산의 소비와 손상을 반영하여 업데이트되면서 감소하기 때문에, 역사적 원가로 측정된 자산에서 회수할 것으로 예상되는 금액은 적어도 장부금액과 같거나 더 크다. 마찬가지로, 부채의 역사적 원가는 그 부채가 손실부담부채가 되는 경우에는 업데이트되어 증가하기 때문에, 부채이행을 위해 경제적 자원을 이전해야 하는 의무의 가치는 역사적 원가로 측정된 부채의 장부금액을 초과하지 않는다.

(2) 현행가치

현행가치(current value)는 측정일 현재의 조건(conditions)(예 금리, 환율, 주가와 같은 시장조건 등)을 반영하기 위해 업데이트된 정보를 사용하여 측정된 가치를 말한다. 이러한 업데이트로 인해 현행가치는 직전 측정일 이후의 현금흐름 추정의 변동과 그 외 추정의 변동을 반영하게 된다. 따라서 현행가치는 역사적 원가와는 달리, 해당 자산/부채를 발생시킨 과거 거래의 가격과는 부분적으로라도 연관이 없다. 전술하였듯이, 현행가치는 하나의 측정기준을 가리키는 것이 아니라 측정기준의 한 범주를 나타내며, 이 범주 안에는 공정가치(fair value), 사용가치(value in use), 이행가치(fulfillment value), 그리고 현행원가(current cost)가 포함된다.

1) 공정가치

공정가치(fair value)는 시장참여자들 간의 정상거래(orderly transaction)에서, 자산의 경우는 매도한다면 받을 가격을 말하고, 부채의 경우는 남에게 이전한다면 지급하게 될 가격을 말한다. 이처럼 공정가치는 시장참여자들의 관점을 반영하므로, 공정가치를 측정할 때 기업은, 시장참여자들이 자신의 이익을 위해 최선으로 가격을 결정할 때 사용할 가정(assumptions)과 동일한 가정을 사용한다. 자산이나 부채가 활발하게 거래되는 활성시장(active market)이 있다면 시장가격이 곧 공정가치이므로 시장가격을 관찰하여 직접 결정할 수 있다. 그렇지 않다면, 추후 설명할 현금흐름기준 측정기법(cash-flow-based measurement techniques)과 같은 측정기법을 사용하여 간접적으로 결정하며, 이때에는 ① 미래 현금흐름의 추정치, ② 미래 현금흐름의 금액이나 발생시기의 변동성(variation), ③ 화폐의 시간가치, ④ 현금흐름에 내재된 불확실성을 부담하는 대가(위험할증 또는 위험할인) 등을 반영하여 공정가치를 측정한다.

2) 사용가치와 이행가치

사용가치(value in use)는 자산에 적용되는 측정기준으로서, 자산의 사용 및 최종 처분으로 획득될 것이 기대되는 현금흐름이나 그 밖의 경제적 효익의 현재가치이며, **이행가치**(fulfillment value)는 부채에 적용되는 측정기준으로서 기업이 의무를 이행할 때 이전해야 하는 현금이나 그 밖의 경제적 자원의 현재가치를 말한다. 이러한 현금이나 그 밖의 경제적 자원은 거래상대방에게 이전되는 것뿐만 아니라, 제삼자가 의무를 이행하도록 기업이 그 제삼자에게 이전하는 현금 등도 포함한다.

사용가치와 이행가치는 미래 현금흐름에 기초하기 때문에 자산을 취득하거나 부채를 인수할 때 발생하는 거래원가는 포함하지 않지만, 기업이 자산을 최종적으로 처분하거나 부채를 이행할 때 발생할 것으로 기대되는 거래원가의 현재가치는 포함한다.

사용가치와 이행가치는 시장참여자의 관점보다는 기업특유(entity-specific)의 관점을 반영한다. 따라서 사용가치와 이행가치는 활성시장이 있는 자산/부채의 공정가치처럼 직접 관찰할 수는 없으며, 결과적으로 현금흐름기준 측정기법을 사용하여 간접적으로 측정한다. 이는 사용가치와 이행가치를 측정할 때, 공정가치를 현금흐름기준 측정기법을 사용하여 결정할 때 반영하는 요인들과 동일한 요인들을 반영해야 함을 의미한다. 하지만, 차이점은 공정가치가 시장참여자의 관점을 반영한다면, 사용가치와 이행가치는 기업특유의 관점을 반영한다는 점이다.

3) 현행원가

자산의 **현행원가**(current cost)는 해당 자산과 동등한(equivalent) 자산의 측정일 시점 원가로서, 측정일에 동등한 자산을 취득 또는 창출한다면 지급할 대가에 거래원가를 더한 금액이다. 부채의 현행원가는 해당 부채와 동등한 부채를 측정일에 인수한다면 수취할 수 있는 대가에서 거래원가를 차감한 금액이다. 이처럼 현행원가는 역사적 원가와 마찬가지로 기업이 자산을 취득하거나 부채를 인수하는 시장에서의 가격을 반영한다. 따라서 개념적으로 현행원가와 역사적 원가는 자산이나 부채가 기업으로 유입될 때의 (즉, 취득 또는 인수될 때의) 가치, 즉 **유입가치**(entry value)를 나타낸다. 반면, 공정가치, 사용가치 또는 이행가치는 자산이나 부채가 사용/매각 또는 소멸되면서 기업에서 유출될 때의 가치, 즉 **유출가치**(exit value)를 나타낸다.

이처럼 현행원가와 역사적 원가가 유입가치를 나타내지만, 이 둘의 결정적 차이점은 역사적 원가와는 달리 현행원가는 측정일의 조건을 반영하는 가치라는 점이다. 현행원가는 재고자산의 경우처럼 활성시장에서 측정일 현재의 가격을 관찰함으로써 직접 결정할 수도 있지만, 그렇지 못한 경우에는 다른 방법을 통해 간접적으로 결정해야 한다. 보유 중인 유형자산의 경우가 그러한데, 이용가능한 가격정보가 "동등한 새(new) 자산의 가격"인 경우가 대부분이므로, 보유 중인 유형자산의 현행원가는 측정일 시점의 연령과 상태를 반영하여 새 자산의 가격을 조정하여 추정한다.

2. 측정기준을 선택할 때 고려할 요인

개념체계는 "측정기준에 의해 제공되는 정보는 재무제표이용자들에게 유용해야 한다. 이를 달성하기 위해서는 그 정보가 목적적합해야 하고 나타내고자 하는 바를 충실하게 표현해야 한다. 또한 제공되는 정보는 가능한 한 비교가능하고 검증가능하며, 적시성이 있고 이해가능해야 한다."라고 함으로써 측정기준을 선택할 때 고려해야 할 요인이 결국은 근본적 질적 특성과 보강적 질적 특성임을 명시하고 있다. 아울러 원가는 재무보고 전반에 걸친(pervasive) 제약요인이므로, 원가제약도 측정기준을 선택할 때 고려해야 할 요인이 된다.

(1) 목적적합성

측정기준에 의해 제공된 정보의 목적적합성은, ① 해당 자산이나 부채의 특성과, ② 그 자산이나 부채가 미래 현금흐름에 기여하는 방식에 영향을 받는다. 먼저, 정보의 목적적합성이 어떻게 자산/부채의 특성에 의해 영향을 받는지 살펴보자.

자산/부채의 특성 중 하나는 시장요인(예 금리, 환율 등)이나 그 밖의 위험에 대한 가치변동의 민감성을 들 수 있는데, 만일 자산/부채의 가치가 시장요인 등의 위험에 민감하게 변동한다면 해당 자산/부채의 역사적 원가는 현행가치와 유의적으로 달라질 것이다. 예컨대, 채권과 같은 금융자산을 취득한 이후 시장금리가 유의적으로 상승하면, 그 금융자산의 현행가치는 상각후원가(즉, 역사적 원가)보다 유의적으로 낮아진다. 이때 가치변동에 관한 정보가 재무제표이용자들에게 중요하다면(예컨대, 자산을 단기간 내에 처분할 예정이라면), 역사적 원가는 목적적합한 정보를 제공하지 못한다.

또 역사적 원가를 사용한다면, 자산/부채의 가치변동은 그 변동이 일어날 때가 아니라 처분, 자산손상 또는 부채이행과 같은 사건이 발생할 때 보고될 것이다. 이는 관련 수익(즉, 가치상승)과 비용(즉, 가치하락)이 자산/부채를 보유하는 기간에 인식되는 것이 아니라, 처분과 같은 특정 사건이 발생할 때 한꺼번에 인식되는 것으로 잘못 해석될 수 있다. 더 나아가, 역사적 원가로 측정하면 자산/부채의 가치변동정보를 적시에 제공하지 못하므로, 보고되는 수익과 비용은 가치변동위험의 영향을 보고기간 중에는 완전히 나타내지 못한다.

반면, 자산/부채의 특성과 더불어 기업의 사업활동 성격에 따라, 현행가치 중 하나인 공정가치 정보가 역사적 원가 정보보다 더 목적적합한 정보가 아닐 수도 있다. 예를 들어, 기업이 자산을 보유하는 유일한 목적이 해당 자산을 사용하는 데에 있거나(예 유형자산을 내용연수가 다할 때까지 사용할 예정임), 계약상의 현금흐름을 회수하는 데에 있는 경우에는(예 이자와 액면금액을 수취하기 위해 채권을 만기까지 보유할 예정임), 기업의 사업활동이 해당 자산의 처분을 수반하지 않는다면, 자산의 공정가치 변동을 반영한 정보보다는 역사적 원가 정보가 더 목적적합할 수 있다. 마찬가지로, 보유 중인 부채를 기업 자신이 이행하려는 경우에는(예 회사채를 발행하여 자금을 차입하고 만기에 상환할 예정임), 사업활동이 부채의 이전을 수반하지 않는다면, 부채의 공정가치 변동을 반영한 정보보다는 역사적 원가 정보가 더 목적적합할 수 있다.

다음으로, 자산이나 부채가 미래 현금흐름에 기여하는 방식, 즉 미래 현금흐름을 창출하는 방식이 어떻게 정보의 목적적합성에 영향을 미치는지 살펴보자. 제2절에서 이미 언급한 바와 같이, 어떤 자산은 현금흐름을 직접 창출하며(예 매출채권, 투자부동산 등), 어떤 경우에는 여러 자산들이 결합·사용되어 현금흐름을 간접적으로 창출한다(예 유형자산, 재고자산 등). 만일 기업의 사업활동이 재화나 용역을 생산하고 판매하기 위해 간접적으로 현금흐름을 창출하는 여러 자산들을 결합하여 사용하는 경우라면, 전술하였듯이, 자산/부채의 역사적 원가 혹은 현행원가는 목적적합한 정보를 제공한다. 반면, 독립적으로 그리고, 유의적인 경제적 불이익 없이(예 유의적인 사업중단 없이) 판매될 수 있는 자산(예 투자부동산)과 같이 현금흐름을 직접 창출하는 경우라면, 가장 목적적합한 정보를 제공하는 측정기준은 미래 현금흐름의 금액, 시기와 불확실성의 현재 추정치를 반영한 현행가치일 것이다.

(2) 표현의 충실성

이제 측정기준을 선택할 때 고려해야 하는 두 번째 요인으로서 표현의 충실성을 살펴보자. 어떤 자산이나 부채의 현금흐름이 다른 자산이나 부채의 현금흐름과 직접 관련되어 있는 경우처럼, 자산과 부채가 서로 관련되어 있는 경우에 해당 자산과 부채에 대해 서로 다른 측정기준을 사용하면 측정불일치(회계불일치)가 발생할 수 있다. 측정불일치가 존재하는 재무제표는 기업의 재무상태와 재무성과를 충실하게 표현하지 못하므로, 서로 관련된 자산과 부채에는 동일한 측정기준을 사용함으로써 더 표현이 충실한 정보를 제공할 수 있다.

또한 측정기준과 관련된 측정상의 불확실성은 그 정도에 따라 해당 측정기준이 제공하는 정보의 표현의 충실성에 영향을 줄 수 있다. 활성시장이 존재하지 않아 가격을 직접 측정할 수 없어서 추정해야 하는 경우에는 측정불확실성이 발생한다. 측정불확실성이 크다고 해서 목적적합한 정보를 제공하는 측정기준을 사용하지 못하는 것은 아니다. 그러나 어떤 경우에는 목적적합한 정보를 제공하는 특정 측정기준의 측정불확실성이 너무 커서 충분한 표현의 충실성을 갖는 정보를 제공하지 못할 수도 있다. 이런 경우에는 다른 측정기준을 선택하여 목적적합한 정보를 제공하는 것이 더 적절하다.

한편, 측정불확실성(measurement uncertainty)은 '자산/부채에서 발생할 경제적 효익의 유출입이나 해당 금액 또는 발생시기에 대한 불확실성을 가리키는 결과불확실성(outcome uncertainty)'과는 다르며, '자산이나 부채의 존재 여부가 불확실함을 가리키는 존재불확실성(existence uncertainty)'과도 다르다. 물론 결과불확실성이나 존재불확실성이 있다면 측정불확실성으로 이어지는 경우도 있다. 그러나 결과불확실성이나 존재불확실성이 반드시 측정불확실성으로 이어지는 것은 아니다. 예를 들어, 활성시장에서 가격을 관찰하여 자산의 공정가치를 직접 결정할 수 있는 경우에는, 비록 그 자산이 궁극적으로 얼마의 현금을 산출할지 알 수 없지만(즉, 결과불확실성이 있지만), 공정가치를 측정하는 데에는 전혀 불확실성이 없다.

(3) 보강적 질적 특성과 원가제약

측정기준을 선택할 때 고려해야 하는 세 번째 요인은 보강적 질적 특성과 원가제약이다. 먼저, 보강적 질적 특성 중 비교가능성, 이해가능성, 검증가능성은 측정기준의 선택에 영향을 미치지만, 적시성은 측정기준 선택에 특별한 영향을 미치지는 않는다. 또 원가는 다른 재무보고 관련 결정을 제약하는 것처럼 측정기준의 선택도 제약한다. 따라서 측정기준을 선택할 때 그 측정기준에 의해 재무제표이용자들에게 제공되는 정보의 효익이 그 정보를 제공하고 사용하는 데 발생한 원가를 정당화할 것인지를 고려해야 한다. 측정기준이 변경되면 재무제표의 이해가능성이 감소할 수 있다. 그러나 그 변경으로 인해 정보가 더 목적적합해지는 경우에서처럼, 이해가능성보다는 다른 더 중요한 요소를 고려하는 것이 필요하다면 그러한 변경은 정당화될 수 있다. 또 이해가능성은 상이한 측정기준을 얼마나 많이 사용하고 있는지, 그리고 측정기준들이 시간의 경과에 따라 변경되는지 여부에 따라 달라진다. 일반적으로 재무제표에 더 많은 측정기준을 사용할수록 정보는 더 복잡해져서 이해하기 어려워지고 재무제표상의 총계 또는 부분합계의 유용성도 떨어진다.

검증가능성은 다음의 경우 증가한다. 즉, 시장가격의 관찰과 같은 직접적인 방법이나, 측정모형의 투입요소를 확인하는 것과 같은 간접적인 방법을 사용하여, 독립적으로 입증할 수 있는 측정치를 도출하는 측정기준을 사용할 때 검증가능성이 제고된다. 측정치를 검증할 수 없는 경우에는 그 측정치가 어떻게 결정된 것인지 이해하기 위한 설명정보가 필요할 수 있다. 때로는 다른 측정기준의 사용을 명시하는 것이 필요할 수도 있다.

개념체계는 보강적 질적 특성과 원가제약의 측면에서, 측정기준의 선택을 돕기 위해 역사적 원가와 현행가치의 차이를 아래와 같이 설명하고 있다.

1) 역사적 원가

대부분의 경우 역사적 원가의 측정이 현행가치의 측정보다 더 단순하고 비용도 더 적게 든다. 또 역사적 원가를 적용한 측정치는 일반적으로 쉽게 이해할 수 있으며, 아울러 대부분의 경우 검증도 가능하다. 그러나 자산의 소비(예 감가상각)를 추정하고 손상차손을 식별/측정하거나, 또는 손실부담부채를 식별/측정하는 것은 주관적일 수 있으므로, 자산/부채의 역사적 원가도 때로는 현행가치만큼 측정이나 검증이 어려울 수 있다. 또 역사적 원가 기준을 사용하면, 동일 자산이라도 다른 시점에 취득한 자산이거나, 동일 부채라도 다른 시점에 인수한 부채는 재무제표상에 서로 다른 금액으로 보고될 수 있는데, 이는 기간 간 또는 기업 간 비교가능성을 떨어뜨릴 수 있다.

2) 현행가치

공정가치는 개별 기업의 관점이 아닌 시장참여자의 관점에서 결정되고 자산의 취득시점이나 부채의 발생시점과는 무관하기 때문에, 공정가치로 측정된 동일 자산이나 동일 부채는 보고기업이 동일한 시장에 접근할 수 있다면 원칙적으로 같은 금액으로 측정된다. 이는 기간 간 또는 기업 간 비교가능성을 높일 수 있다. 반면, 사용가치와 이행가치는 개별 기업특유의 관점을 반영하므로, 동일 자산이나 동일 부채라도 보유기업이 다르면 그 측정치가 다를 수 있다. 이러한 차이는 비교가능성을 저하시키는데, 자산이나 부채가 유사한 방식으로 현금흐름을 창출하는 경우에는 특히 그러하다.

활성시장이 존재한다면, 자산이나 부채의 공정가치는 시장가격을 관찰하여 직접 측정할 수 있으므로, 그 측정과정은 비용이 적게 들고, 단순하며, 이해하기도 쉽다. 또 이러한 공정가치는 직접 관측을 통해 검증할 수도 있다. 반면, 활성시장이 부재하는 경우,

공정가치를 측정하기 위해서는 현금흐름기준 측정기법을 포함한 평가기법을 사용할 필요가 있다. 또 이러한 평가기법은 사용가치나 이행가치를 결정할 때에도 필요하다. 일반적으로 평가기법에 따라 투입요소를 추정하고 평가기법을 적용하는 것은 비용이 많이 들고 복잡할 수 있으며, 투입요소도 주관적이어서 투입요소뿐 아니라 평가과정 자체의 타당성을 검증하는 것이 어려울 수 있다. 결과적으로, 동일 자산이나 동일 부채라도 측정치가 다를 수 있으며, 이는 비교가능성을 저하시킨다.

어떤 자산이 다른 자산들과 결합하여 사용된다면, 그 개별 자산의 사용가치를 결정하는 것은 대부분의 경우 의미가 없다. 그 대신에, 관련 자산집합의 사용가치를 결정하고, 그 결과를 개별 자산들에 배분하는 것이 필요한데, 이 과정은 주관적이고 자의적일 수 있다. 또 개별 자산에 대한 사용가치 추정치는 부주의하게(inadvertently) 집합 내 다른 자산과의 시너지 효과를 반영할 수도 있다. 결과적으로, 다른 자산과 결합하여 사용하는 자산의 가치를 결정하는 과정은 비용도 많이 들고, 그 복잡성과 주관성으로 인해 검증가능성도 낮다. 이런 이유로 사용가치는 그러한 자산들을 정기적으로 재측정하는 데 쓰기에는 그리 현실적인 측정기준이 아니다. 그러나 자산손상검사에서처럼 자산을 부정기적으로 재측정하는 데 쓰기에는 유용할 수 있다.

현행원가 측정기준을 사용하는 경우에는, 다른 시점에서 취득하거나 발생하였더라도 동일 자산이나 동일 부채는 같은 금액으로 보고되므로, 기간 간 그리고 기업 간 비교가능성이 향상된다. 그러나 현행원가를 결정하는 것은 복잡하고 주관적이며 비용이 많이 들 수 있다. 예를 들어, 기업이 보유중인 자산의 현재 연령과 상태를 반영하기 위해 동등한 새 자산의 현재가격을 조정하여 현행원가를 측정해야 할 수도 있다. 또 기술의 변화와 사업관행의 변화로 인해 많은 자산들이 동일한 자산으로 대체되지는 않을 것이다. 따라서 기존 자산과 동등한 자산의 현행원가를 추정하기 위해서는 새 자산의 현재가격에 대해 주관적인 조정이 더 필요하게 된다. 이러한 어려움으로 인해 현행원가 측정치는 검증가능성과 이해가능성이 결여될 수 있다.

3. 자본의 측정

이제 자본의 측정과 관련하여 특수한 이슈들을 살펴보자. 먼저, 자본의 총장부금액(총자본)은 직접 측정되지 않는다. 이는 총자본이, 인식된 총자산의 장부금액에서 인식된 총부채의 장부금액을 차감한 금액과 동일해야 하기 때문이다. 또 일반목적재무제표는 기업의 가치(즉, 주가)를 보고하도록 설계된 것이 아니므로, 자본의 총장부금액은 일반적으로 다음과 동일하지 않다.

① 자본청구권(예 주식)에 대한 시가총액

② 계속기업을 전제로 하여 기업 전체를 매각하여 조달할 수 있는 금액
③ 모든 자산을 매각하고 모든 부채를 상환한 후 조달할 수 있는 금액(청산가치)

총자본은 직접 측정되지는 않지만, 자본의 일부 종류(예 우선주) 또는 자본의 일부 구성요소(예 자기주식)의 장부금액은 직접 측정하는 것이 더 적절할 수 있다. 그러나 위에서 언급한 대로, 총자본은 잔여지분으로 측정되기 때문에 적어도 한 종류의 자본(예 보통주)은 직접 측정할 수 없으며, 마찬가지로 적어도 자본의 한 구성요소(예 이익잉여금)도 직접 측정할 수는 없다.

또 자본의 모든 종류 또는 자본의 모든 구성요소는, 그 개별 장부금액이 정상적으로는 양(+)의 값을 갖는다. 그러나 일부 상황에서는 음(−)의 값을 가질 수도 있다. 마찬가지로, 총자본도 정상적으로는 양(+)의 값이지만 어떤 자산과 부채가 인식되는지, 그리고 그 자산/부채가 어떻게 측정되는지에 따라 음(−)의 값을 가질 수도 있다.

4. 현금흐름기준 측정기법

마지막으로, 자산이나 부채의 측정치를 직접 관찰할 수 없을 경우 측정치를 추정하는 방법으로서 흔히 사용되는 현금흐름기준 측정기법에 대해 살펴보자. 먼저, 당연한 이야기지만, 이러한 기법들은 측정기준이 아니라는 사실을 알아야 한다. 이 기법들은 측정기준을 적용하기 위해 쓰는 기법일 뿐이며, 따라서 이런 기법 중 하나를 사용할 때는 어떤 측정기준을 선택했는지, 그리고 그 기법이 선택된 측정기준에 반영되어야 할 요인들(예 공정가치를 측정기준으로 선택한 경우에는 미래 현금흐름, 화폐의 시간가치 등)을 어느 정도 반영하는지 점검할 필요가 있다.

현금흐름기준 측정기법에 대해 개념체계는 구체적인 설명을 제시하지 않고 있다. 일반적으로 이 기법은 자산이나 부채를 측정할 때 해당 자산/부채로부터 발생할 것으로 기대되는 미래 현금흐름을 추정하고 이를 적절한 할인율로 할인하여 현재가치를 계산한다. 따라서 현금흐름기준 측정기법에서 매우 중요한 투입요소는 미래 현금흐름인데, 일반적으로 미래 현금흐름은 그 금액이나 발생시기에 불확실성이 존재한다. 사실, 이러한 불확실성은 자산과 부채의 중요한 특성이기도 하다. 이렇게 불확실한 미래 현금흐름의 추정치를 참조하여 자산/부채를 측정할 때 고려해야 할 요인은 추정 금액 또는 추정 발생시기의 변동가능성이다. 이러한 변동성은 미래 현금흐름이 일정 범위(range) 내에서 발생하고 그 범위 내에서 단일(single) 금액을 선택해야 할 때 중요한 고려요인이 된다. 이때 가장 목적적합한 단일 금액은 일반적으로 해당 범위의 핵심부분(central part) 안에서 나온 어떤 값, 즉 핵심추정치(central estimate)이다. 서로 다른 핵심추정치는 서로 다른 정보를 제공하는데, 아래에서 세 가지 상이한 핵심추정치를 비교해 보자.

① 기대치(확률을 가중치로 하여 계산한 평균값으로, 통계적 평균치라고도 함)는 일어날 모든 결과들의 전체범위를 반영하며, 발생가능성이 높은 결과일수록 더 큰 비중을 준다. 기대치는 해당 자산/부채에서 발생하는 현금이나 그 밖의 경제적 효익의 궁극적 유출입을 예측하기 위한 것은 아니다.

② 발생가능성이 미발생가능성보다 더 높은 범위 내의 최대값(통계적 중간값과 유사)[20]은, 추후 손실을 볼 확률이 50% 이하이거나 추후 이익을 볼 확률이 50% 이하임을 나타낸다.

③ 발생가능성이 가장 높은 결과(통계적 최빈값)[21]는 발생확률이 제일 높은 단일의 유출입 금액을 나타낸다.

핵심추정치는 미래 현금흐름의 추정치 및 그 금액과 발생시기의 변동성 여하에 따라 달라지며, 핵심추정치가 최종결과와 다를 수 있다는 불확실성에 대한 대가(price)는 반영하지 않는다. 또 어떠한 핵심추정치도 가능한 결과들의 범위에 대한 완전한 정보를 제공하지 못하므로 이용자들은 이 범위에 대한 정보가 필요할 수도 있다.

예제 1

어떤 자산으로부터 미래 발생할 현금흐름의 금액과 발생가능성(확률)이 다음과 같다. 이 자산의 ① 기대치, ② 발생가능성이 미발생가능성보다 더 높은 범위 내의 최대값, 그리고 ③ 최빈값을 각각 계산하라. 또 발생가능성이 미발생가능성보다 더 높은 범위 내의 최대값에 대해서는 왜 추후 손실을 볼 확률이 50% 이하인지도 설명하라.

현금흐름	확률
1천만원	10%
2천만원	10%
3천만원	25%
4천만원	20%
5천만원	20%
6천만원	15%

해 답

① 기대치 = 1천만원 × 10% + 2천만원 × 10% + 3천만원 × 25% + 4천만원 × 20%
+ 5천만원 × 20% + 6천만원 × 15% = 37,500,000원

20) 영어로는 'the maximum amount that is more likely than not to occur'.

21) 영어로는 'the most likely outcome'.

② 발생가능성이 미발생가능성보다 더 높은 범위 내의 최대값

현금흐름 범위	발생확률	미발생확률
1천만원	10%	90%
1천만 ~ 2천만원	20%	80%
1천만 ~ 3천만원	45%	55%
1천만 ~ 4천만원	65%	35%
1천만 ~ 5천만원	85%	15%
1천만 ~ 6천만원	100%	0%

따라서 해당 최대값은 4천만원임. 만일 자산을 이 최대값으로 측정한다면 추후 현금흐름이 5천만원이나 6천만원이 될 경우 손실을 보게 되는데, 그럴 확률은 예제에서 35%이므로 50%보다 더 낮음을 알 수 있다.

③ 최빈값 = 3천만원 (확률 25%)

제8절 표시와 공시

보고기업은 재무제표에 정보를 표시하고(presenting) 공시함(disclosing)으로써 기업의 자산, 부채, 자본, 수익 및 비용에 관한 정보를 소통한다. 즉, 표시와 공시는 **정보소통의 도구**(tool)인 것이다. 재무제표 정보가 효과적으로 소통되면, 그 정보는 더 목적적합하게 되고, 자산, 부채, 자본, 수익 및 비용에 대한 표현의 충실성도 높아지며, 이해가능성과 비교가능성도 향상된다. 재무제표의 정보가 효과적으로 소통되기 위해서는, ① 규칙(rules)에 초점을 맞추기보다는, 아래에서 곧 설명할 '표시 및 공시의 목적(objectives)과 원칙(principles)'에 초점을 맞추고, ② 정보를 분류할(classify) 때는 유사한(similar) 항목은 묶고, 상이한(dissimilar) 항목은 분리하며, ③ 정보를 통합할(aggregate) 때는 불필요할 정도의 세부사항(detail)이나 지나친 통합(aggregation)에 의해 정보가 불분명해지지(obscure) 않도록 한다. 또 원가는 다른 재무보고 관련 결정을 제약하는 것처럼 표시와 공시에 관한 결정도 제약하므로, 특정 정보의 표시와 공시에 관한 결정을 할 때는 그러한 표시와 공시를 함으로써 재무제표이용자들에게 제공되는 효익이 그 정보를 제공하고 사용하는 데 드는 원가를 정당화할 수 있는지 고려해야 한다.

1. 표시 및 공시의 목적과 원칙

재무제표 정보의 효과적인 소통이 원활히 이루어지기 위해서는, 각 기준서에서 표시와 공시에 관한 사항을 요구할 때, ① 기업에게 **융통성**(flexibility)을 부여하는 것과, ② 기간 간 그리고 기업 간 비교가능한 정보를 요구하는 것 사이에 균형을 맞출 필요가 있다. 또 각 기준서에 '표시와 공시의 목적'을 기술하면 재무제표 정보의 효과적인 소통에 도움이 되는데, 이는 기업이 표시와 공시의 목적을 참고함으로써 유용한 정보가 무엇인지, 그리고 가장 효과적인 정보소통방식은 무엇인지 식별할 수 있기 때문이다. 또한 표시 및 공시에 관한 다음 원칙을 참고하는 것도 효과적인 소통을 돕는다. 먼저, 기업특유 정보가 '표준화된 설명(standardized descriptions)'[22)]보다 더 유용하며, 재무제표의 여러 부분에서 정보를 중복표시하는 것은(duplication of information) 일반적으로 불필요할 뿐 아니라 재무제표의 이해가능성도 떨어뜨린다.

2. 분류

분류(classification)란 표시와 공시를 위해 자산, 부채, 자본, 수익이나 비용을 특성이 같은 것끼리 구분하는 것(sorting)을 말한다. 이러한 특성의 예로는 항목의 성격(nature), 기업의 사업활동 내에서의 역할이나 기능(role or function), 항목을 측정하는 방법 등이 있다. 특성이 다른 자산, 부채, 자본, 수익 또는 비용을 같이 분류하면 목적적합한 정보를 모호하게 만들고, 이해가능성과 비교가능성을 떨어뜨리며, 정보의 충실한 표현을 방해할 수 있다.

(1) 자산과 부채의 분류

일반적으로 자산 또는 부채를 분류할 때는 해당 자산 또는 부채에 대해 선택된 회계단위에 대해 분류를 적용한다. 그러나 어떤 자산항목이나 부채항목은 서로 다른 특성을 갖는 구성요소들로 이루어져 있어서 해당 자산 또는 부채를 개별 구성요소로 해체한 후 각 구성요소에 대해 분류를 적용하는 것이 재무정보의 유용성을 향상시킬 수도 있다. 예를 들어, 자산이나 부채를 유동요소와 비유동요소로 구분하고 이러한 구성요소별로 분류를 적용하는 것이다.

자산과 부채의 상계표시(offsetting)도 분류의 한 모습이다. **상계**란 어떤 자산과 부채를 인식하고 측정할 때는 별도의 회계단위로 취급하지만 재무상태표에 표시할 때는 해

---

22) '표준 문안(boilerplate)'이라고도 부름.

당 자산과 부채를 서로 상쇄하여 하나의 순액(net amount)으로 나타내는 것을 말한다.[23] 상계는 서로 다른 항목을 함께 분류하는 것이므로 일반적으로는 적절하지 않으며, 예외적인 경우에 발생한다.

(2) 자본의 분류

자본의 분류에 관해서는, 자본청구권들이 서로 다른 특성을 갖는 경우에는 각 자본청구권을 별도로 분류해야(예 보통주와 우선주) 유용한 정보를 제공할 수 있다. 마찬가지로, 자본의 구성요소 중에 특정 법률, 규제 또는 그 밖의 요구사항에 저촉되는 구성요소가 있다면(예 우리나라 상법상 이익준비금), 유용한 정보를 제공하기 위해 해당 구성요소를 별도로 분류할 필요가 있다. 예를 들어, 일부 국가에서는 기업이 분배가능한 유보금(reserves)을 충분히 가지고 있는 경우에만 배당을 허용하는데, 이러한 유보금을 별도로 표시하거나 공시하면 유용한 정보를 제공할 수 있다.

(3) 수익과 비용의 분류

수익과 비용의 분류에 관하여는, ① 자산 또는 부채의 회계단위에서 생긴 수익과 비용에 분류를 적용하거나, ② 수익이나 비용을 구성하는 요소들이 서로 특성이 다르고, 또 구분하여 식별이 되는 경우에는 그러한 구성요소들에 대해 분류를 적용한다. 분류된 수익과 비용은 ① 손익계산서(statement of profit or loss)[24] 안에 포함되거나, ② 손익계산서 밖의 기타포괄손익(other comprehensive income)으로 표시된다.

손익계산서는 한 보고기간의 기업재무성과에 관한 정보를 제공하는 주요 원천이다. 따라서 모든 수익과 비용은 원칙적으로 이 재무제표에 포함된다. 그러나 자산이나 부채의 현행가치 변동으로 인한 수익과 비용(즉, 각종 미실현평가손익)을 기타포괄손익에 포함하는 것이 그 기간의 재무성과에 관해 더 목적적합한 정보를 제공하거나 더 충실한 표현을 제공하는 예외적인 상황에서는 그러한 수익이나 비용을 손익계산서 밖의 기타포괄손익에 포함시킬 수도 있다.

원칙적으로 당기의 기타포괄손익에 포함된 수익과 비용은 미래 기간에 당기손익으로 재분류하는데(reclassify), 이러한 재분류로 인해 손익계산서가 더 목적적합한 정보를 제공하게 되거나 미래 해당 기간의 재무성과를 더 충실히 표현할 수 있는 효과를 보는

23) 자산과 부채의 상계는 '권리와 의무의 집합을 하나의 회계단위로 취급하는' 것과는 다르다.

24) '개념체계'는 재무성과표를 하나의 표로 작성하는지, 또는 두 개의 표로 작성하는지(즉, 손익계산서와 포괄손익계산서를 분리하여 작성)에 대해 규정하지 않는다. '개념체계'에서 '손익계산서'는 두 개의 재무성과표를 만드는 경우에는 별도의 표를 의미하고, 하나의 재무성과표를 만드는 경우에는 그 재무성과표 내의 손익계산서 부분을 말한다.

경우에 그렇게 한다. 그러나 재분류로 인해 그러한 효과가 발생할 기간이 언제인지 또는 재분류되어야 할 금액이 얼마인지 식별할 수 있는 명확한 근거가 없다면, 기타포괄손익에 포함된 수익과 비용을 후속적으로 재분류하지 않을 수도 있다.

3. 통합

통합(aggregation)이란 특성을 공유하면서 동일한 분류에 속하는 자산, 부채, 자본, 수익 또는 비용을 합치는 것(adding together)을 말한다. 통합은 많은 양의 세부사항을 요약함으로써 정보를 더욱 유용하게 만든다. 그러나 통합은 그러한 세부사항 중 일부를 숨기기도 하므로, 목적적합한 정보가 많은 양의 중요하지 않은 세부사항과 섞이거나 과도한 통합으로 인해 가려져서 불분명해지지 않도록 균형을 찾아야 한다. 또 재무제표상의 서로 다른 부분에서는 다른 수준의 통합이 필요할 수 있다. 예를 들어, 재무상태표와 재무성과표상에는 요약 정보를 제공하고 더 자세한 정보는 주석에 제시한다.

제9절 자본 및 자본유지의 개념

이제 개념체계의 마지막 부분에 해당하는 자본과 자본유지의 개념에 대해 살펴보자.

1. 자본의 개념

자본은 '**재무적** 개념의 자본(financial concept of capital)'과 '**실물적** 개념의 자본(physical concept of capital)'으로 대별된다. 재무적 개념의 자본은 **투자된 화폐액**(invested money) 또는 **투자된 구매력**(invested purchasing power)을 의미하는데, 이 개념하에서의 자본은 순자산(net assets) 또는 지분(equity)과 동의어이다. 반면, 실물적 개념의 자본은 **조업능력**(operating capability)을 말하며, 이 개념하에서의 자본은 1일 생산량 등과 같은 기업의 **생산능력**(productive capacity)으로 간주된다.

대부분의 기업은 재무제표를 작성할 때 재무적 개념의 자본에 기초한다. 그러나 기업은 재무제표이용자의 필요에 근거하여 적절한 자본 개념을 선택해야 한다. 따라서 재무제표이용자가 투하된 명목자본(nominal invested capital)의 유지 또는 투하자본의 구매력(purchasing power of invested capital)의 유지에 주로 관심이 있다면 재무적 개념의 자본을 채택하고, 재무제표이용자의 주된 관심이 기업의 조업능력 유지에 있다면 실물적 개념의 자본을 사용한다. 아래에서 설명하겠지만, 어떤 자본 개념을 선택하는지에 따라 자본유지의 개념과 이익을 결정하는 방법이 달라진다.

2. 자본유지 개념과 이익의 결정

자본유지 개념은 기간이익을 결정할 때에 기초의 자본이 기말에도 그대로 유지되는지의 여부를 기준으로 삼는다는 개념으로서, 이 개념에서는 자본을 유지하는 데에 필요한 금액을 **초과하여** 유입된 자산의 금액만이 이익으로 간주된다. 즉, 기초에 가지고 있던 자본만큼을 기말에도 가지고 있다면 이 기업의 자본은 유지된 것이며, 기초자본을 유지하기 위해 필요한 부분을 초과하는 금액이 이익이 되는 것이다. 이와 같이 자본유지 개념은 이익측정의 준거기준(point of reference)을 제공함으로써 자본 개념과 이익 개념 사이의 연결고리 역할을 한다. 한편, 기업이 유지하고자 하는 자본의 개념이 무엇인지에 따라 자본유지 개념도 **재무자본유지**(financial capital maintenance)와 **실물자본유지**(physical capital maintenance)로 나뉜다. 이 두 개념의 주된 차이는 자산과 부채의 가격변동으로 인한 영향을 처리하는 방식이 다르다는 데에 있다.

- **재무자본유지**: 재무자본유지 개념에서의 이익은 기말 순자산의 재무적 금액(financial amount)이 기초 순자산의 재무적 금액을 초과하는 금액이다. 물론 해당 기간에 소유주에 대한 분배나 소유주에 의한 출자가 있었다면, 그로 인한 순자산의 변동효과는 이익계산에서 배제한다. 한편, 재무자본유지는 자본을 투자된 화폐액으로 정의하는 경우에는 명목화폐단위(nominal monetary units)로 측정하지만, 자본을 투자된 구매력으로 정의하는 경우에는 불변구매력단위(constant purchasing power units)로 측정한다. 즉, 자본을 명목화폐단위로 정의하면 해당 기간 중 발생한 명목화폐자본의 증가액이 이익이 된다. 따라서 일례로 기간 중 발생한 보유자산의 가격상승, 즉 자산보유이익(holding gains)은 전액이 개념적으로 이익에 해당한다.[25] 반면, 자본을 불변구매력단위로 정의하면 이익은 해당 기간 중 투자된 구매력의 증가를 의미하게 된다. 따라서 일반물가수준의 상승을 초과하는 자산가격의 상승부분만이 이익이며, 나머지 가격상승부분은 물가상승으로 인한 구매력 손실을 보전하는 데 필요한 자본유지조정(capital maintenance adjustment)으로서 자본의 일부가 된다.

- **실물자본유지**: 실물자본유지 개념에서의 이익은 기말 실물생산능력이나 조업능력(또는 그러한 능력을 갖추기 위해 필요한 자원이나 기금)이 기초 실물생산능력을 초과

---

25) 그러나 일반적으로 자산보유이익은 해당 자산이 교환거래를 통해 처분되기 전까지는 이익으로 인식되지 않을 것이다.

표 2.1 자본유지 개념과 이익의 결정

	재무자본유지 개념		실물자본유지 개념
	명목화폐단위	불변구매력단위	
이익(손실)	자산 · 부채 가격변동 전체	일반물가수준 변동을 초과하는 자산 · 부채의 가격변동	자산 · 부채 가격변동과 상관없음.
자본유지조정	해당 없음	일반물가수준 변동에 상응하는 자산 · 부채의 가격변동	자산 · 부채 가격변동 전체

하는 부분에 해당한다. 물론 해당 기간에 소유주에 대한 분배나 소유주에 의한 출자가 있었다면, 그로 인한 효과는 배제한다. 이 개념에서는 자산과 부채에 영향을 미치는 모든 가격변동을 실물생산능력 측정치의 변동으로 간주하여, 이익이 아니라 자본의 일부인 자본유지조정으로 처리한다. 즉, 자산 · 부채의 가격이 변동하여도 실물생산능력은 변함이 없으므로, 실물자본유지 개념에서는 이러한 가격변동효과를 이익으로 볼 수 없는 것이다. 한편, 실물자본유지 개념을 채택하게 되면 해당 기업은 자산 · 부채의 측정기준으로서 현행원가를 사용해야 한다.[26] 이는 현행원가가 ① 보유 중인 자산과 동일하거나 동등한 자산을 현재시점에서 취득하는 데 필요한 대가 및 ② 보유 중인 부채의 이행에 필요한 현재시점의 금액을 나타내므로, 자산과 부채의 가격변동효과를 이미 반영한 측정기준이기 때문이다. 이상의 자본유지 개념과 이익결정 간의 관계를 요약하면 <표 2. 1>과 같다.

한편, 어떤 측정기준과 어떤 자본유지 개념을 선택하느냐에 따라 재무제표 작성을 위한 다양한 회계모형(accounting model)이 생겨난다. 각각의 회계모형은 서로 다른 크기의 목적적합성과 신뢰성을 보유하므로, 경영진은 회계모형을 선택할 때에 목적적합성과 신뢰성 간의 균형을 추구해야 한다. 또 이 개념체계는 다양한 회계모형에 공통적으로 적용가능하므로, 어떤 모형이 선택되더라도 재무제표의 작성과 표시에 대한 지침을 제공해 줄 수 있다.

26) 반면, 재무자본유지 개념은 특정한 측정기준의 사용을 요구하지 않으며, 측정기준의 선택은 기업이 유지하려는 재무자본(financial capital)의 유형에 따라 달라진다.

익힘문제

[1] 개념체계의 필요성을 설명하라.

[2] 개념체계는 어떠한 역할을 하는가?

[3] 개념체계에서 말하는 재무보고의 주요 대상은 누구이며 이들은 어떠한 정보를 필요로 하는가?

[4] 일반목적재무보고란 무엇인가?

[5] 일반목적재무보고의 목적을 설명하라.

[6] 의사결정에 유용한 재무정보의 질적 특성에 대해 설명하라.

[7] 목적적합한 정보란 무엇인가?

[8] 표현이 충실한 정보란 무엇인가?

[9] 재무정보의 비교가능성이 필요한 이유는 무엇인가?

[10] 연결재무제표와 결합재무제표의 차이를 설명하라.

[11] 재무상태표를 구성하는 세 가지 요소의 정의를 제시하라.

[12] 재무성과표를 구성하는 두 가지 요소의 정의를 제시하라.

[13] 발생주의를 설명하라.

[14] 발생주의의 유용성을 현금주의와 비교하여 설명하라.

[15] 회계단위가 무엇인지 설명하라.

[16] 미이행계약에 대해 설명하라.

[17] 의제의무에 대해 설명하라.

[18] 재무제표 요소, 재무상태표 및 재무성과표의 상호연계성에 대해 설명하라.

[19] 자산과 부채의 인식기준에 대해 설명하라.

[20] 수익과 비용의 인식기준에 대해 설명하라.

[21] 자산과 부채의 측정기준으로서 역사적 원가와 현행가치 기준을 설명하라.

[22] 세 가지 핵심추정치를 비교 설명하라.

[23] 자본유지 개념을 설명하라.

[24] 재무자본유지와 실물자본유지의 차이를 설명하라.

CHAPTER 03

재무제표

Contents

한국채택국제회계기준		국제회계기준	
제1118호	재무제표 표시와 공시	IFRS 18	Presentation and Disclosure in Financial Statements
제1007호	현금흐름표	IAS 7	Statement of Cash Flows
제1010호	보고기간후사건	IAS 10	Events after the Reporting Period
제1105호	매각예정비유동자산과 중단영업	IFRS 5	Non-current Assets Held for Sale and Discontinued Operations
제1110호	연결재무제표	IFRS 10	Consolidated Financial Statements
제1027호	별도재무제표	IAS 27	Separate Financial Statements

재무제표(financial statements)는 기업의 재무상태(financial position)와 재무성과(financial performance)에 관한 '체계적인 표현(structured representation)'으로서, 투자자나 채권자와 같은 재무제표이용자들의 의사결정에 유용한 정보를 제공한다. 기업의 재무상태란 특정 시점의 재무 현황을 가리키는데, 구체적으로는 자산(assets), 부채(liabilities) 및 자본(equity)으로 표시된다.

재무성과는 일정 기간의 경영 활동을 통해 기업이 획득한 이익(또는 손실)을 가리키며, 구체적으로는 수익(revenues), 비용(expenses), 그리고 기타포괄손익(other comprehensive income)을 요약한 포괄손익(comprehensive income)으로 표시된다. 주요 재무제표로는 ① 특정 시점의 재무상태를 표시하는 재무상태표, ② 일정 기간의 재무성과를 표시하는 재무성과표(예 포괄손익계산서 등), ③ 일정 기간의 자본 변동을 설명하는 자본변동표, ④ 일정 기간의 현금 변동을 설명하는 현금흐름표가 있다.

일반적으로, 주권상장법인 및 자산이 500억 원 이상 또는 매출액이 500억 원 이상인 주식회사와 유한회사는 「주식회사 등의 외부감사에 관한 법률」에 의해 재무제표를 작성하고 외부감사인으로부터 감사를 받아 공개할 의무가 있다.[1] 이렇게 공개되는 기업의 재무제표는 「일반적으로 인정된 회계원칙(GAAP)」에 따라 작성되었다는 외부감사인의 감사 의견이 첨부됨으로써 그 정보의 정직성(integrity)이 보장된다. 그러나 공개되는 재무제표의 작성과 표시에 대한 궁극적인 책임은 외부감사인이 아니라 경영자에게 있다.

국제회계기준은 종속기업(subsidiaries)을 거느린 지배기업(parent)이라면 연결재무제표(consolidated financial statements)를 작성하도록 규정하고 있다. 종속기업이란 다른 기업의 '실질적 지배(de facto control)'를 받는 기업을 말하며, 하나 이상의 종속기업을 가지고 있는 기업을 지배기업이라고 부른다. 여기서 '실질적 지배'란 '어떤 기업의 경제활동으로부터 경제적 이득을 얻기 위해 그 기업의 재무정책과 영업 정책을 결정할 수 있는 능력'을 말한다. 지배기업과 그 지배기업의 모든 종속기업을 합하여 '연결 실체(group)'라고 부르는데, 이 연결 실체의 재무제표가 곧 연결재무제표다. 따라서 연결재무제표는 여러 개의 법적 실체(legal entity)로 구성된 연결 실체를 하나의 보고기업(a single reporting entity)으로 간주하여 작성하는 것이며, 회계적으로는 지배기업이 그 자신과 종속기업의 자산, 부채, 자본, 수익, 비용 등을 항목별로 합산하는 방식으로 작성한다.

한편, 아주 예외적인 경우 지배기업은 연결재무제표의 작성 의무가 면제될 수 있는데,[2] 이때 지배기업이 자신만을 대상으로 작성하는 재무제표를 '별도재무제표(separate financial statements)'라고 부른다.[3] 별도재무제표를 작성하는 지배기업은 종속기업에

---

1) 자산이 500억 원 미만이거나 매출이 500억 원 미만인 기업이라도 다른 일정 기준에 부합하는 경우에는 재무제표에 대한 외부감사를 받을 의무가 생긴다. 자세한 내용은 동법을 참조하라.

2) 「기업회계기준서」 제1110호 문단 4에 제시된 조건을 모두 충족하는 지배기업의 경우가 그러하다.

대한 투자를 '투자자산'으로 보고하며 취득원가나 공정가치 또는 지분법을 적용한 가치 중 하나를 선택하여 표시한다. 본 장에서 언급하는 재무제표란 지배기업의 경우에는 별도재무제표가 아닌 연결재무제표를 의미한다.[4)]

본 장에서는 주로 「기업회계기준서」 제1118호 「재무제표 표시와 공시」를 중심으로, 재무제표에 대한 일반사항, 재무제표의 표시 및 공시 방법, 재무제표의 유용성과 한계 등에 관하여 상세히 살펴본다.

먼저 제1절은 재무제표에 대한 일반사항으로서 재무제표의 목적, 전체 재무제표, 주요 재무제표와 주석의 역할을 설명하고, 이어서 재무제표의 식별, 보고 빈도, 표시·공시·분류의 일관성 등 재무제표의 작성에 요구되는 일반적인 사항을 설명한다. 제2절은 각 재무제표를 구체적으로 소개하기에 앞서, 기업의 재무적 성과를 요약하는 포괄손익과 순손익의 개념, 그리고 연관된 용어들을 설명한다. 손익과 관련된 다양한 용어들을 제2절에서 미리 익힘으로써 다음에 나올 각 재무제표에 대한 이해가 쉬워진다. 제3절부터 제7절까지는 각각 재무상태표, 포괄손익계산서, 자본변동표, 현금흐름표 및 주석에 관한 상세한 내용을 설명한다.

제1절 재무제표에 대한 일반사항

1. 재무제표의 목적(Objective of financial statements)

「기업회계기준서」 제1118호에서 말하는 재무제표는 '**일반목적재무제표**(general-purpose financial **statements**)'다. 일반목적재무제표란 "보고기업의 자산, 부채, 자본, 수익, 비용에 대한 정보를 제공하는 '일반목적재무**보고서**(financial **reports**)'로서 「기업회계기준서」에서 요구하는 **특정 형태**(a particular form)를[5)] 갖춘 보고서"를 말한다. 여기서 '일반목적재무보고서'란 주요 이용자들이 기업에 경제적 자원(resources)을 제공하는 것과 관련된 의사결정을 할 때 **유용한** 재무 정보를 제공하는 보고서를 가리키며, 이러한 의사결정이란 구체적으로 다음을 의미한다.

---

3) 연결재무제표를 작성해야 하는 지배기업도 필요에 의해 별도재무제표를 추가로 작성할 수는 있다. 이 경우 지배기업은 별도재무제표를 연결재무제표에 첨부할 의무는 없다.

4) 한편, 종속기업이 없는 기업의 재무제표는 별도재무제표라고 하지 않고 그냥 재무제표라고 부르므로 주의를 요한다.

5) 이 특정 형태에 관해서는 제2절부터 제6절에 걸쳐 재무제표를 설명할 때 상세히 소개한다.

① 지분 상품(예 주식) 및 채무 상품(예 회사채)의 매수, 매도 또는 보유
② 대여금 및 기타 형태의 신용(예 보증) 제공 또는 매도
③ 기업의 경제적 자원 사용에 영향을 미치는 경영진의 행위(예 기업인수합병, 기업분할)에 대한 의결권(또는 그와 유사한 권리)의 행사

통상적으로 '일반목적재무보고서'는 '일반목적재무제표'와 '지속가능성 관련 재무공시(sustainability-related financial disclosures)'를 가리키지만, 그렇다고 이 둘에 한정되지는 않는다.

본 장에서 다룰 '일반목적재무제표'를 조금 더 쉽게 표현하면, 투자자나 채권자와 같은 주요 정보이용자들이 경제적 자원을 기업에 제공하는 의사결정을 내릴 때 유용한 재무 정보, 즉 자산, 부채, 자본, 수익, 비용에 대한 정보를 제공하는 재무제표다.[6] 그러면 재무제표의 목적은 무엇인가?

재무제표의 목적: 기업의 미래 **순현금유입에 대한 전망**(prospects)과 기업의 경제적 자원에 대한 **경영진의 수탁책임**을 평가하는 데에 **유용한** '자산, 부채, 자본, 수익, 비용에 대한 재무 정보'를 제공하는 것

재무제표의 목적이 위와 같이 정의되는 이유는 무엇인가? 먼저, 기업의 미래 순현금유입은 그 기업의 가치(value)와 채무지급능력(solvency)을 직접적으로 결정짓는 중대한 요소다. 따라서 이에 대한 전망을 평가할 수 있게 하는 재무 정보는 투자자나 채권자와 같은 재무제표이용자가 경제적 의사결정을 내리는 데에 대단히 유용하다. 또 경제적 자원을 투자자나 채권자로부터 위탁받은 경영진에게는 해당 자원을 남용하거나(abuse) 사적으로 유용하지(divert for private gain) 않고 효율적으로 운용해야 하는 수탁책임이 주어진다. 따라서 경영진의 이러한 수탁책임 관련 정보는 경영자의 정직성(integrity)과 경영 능력(managerial talents)을 반영하므로, 투자자나 채권자들의 의사결정에 매우 유용한 정보가 된다. 이와 같은 사실로 인해, 재무제표는 미래 순현금유입의 전망과 경영진의 수탁책임을 평가하는 데 유용한 정보를 제공하는 것을 목적으로 삼는다.

2. 전체 재무제표(A complete set of financial statements)

'전체 재무제표'란 하나의 **완전한 세트**를 구성하는 재무제표의 집합을 말하며, 일반적으로 다음과 같은 여섯 가지 재무제표를 말한다. ①보고기간의 재무성과표(statements

6) 이하 본서에서의 재무제표란, 달리 설명이 없는 한, '일반목적재무제표'를 가리킨다.

of financial performance), ②보고기간 말 재무상태표(statement of financial position), ③보고기간의 자본변동표(statement of changes in equity), ④보고기간의 현금흐름표(statement of cash flows), ⑤보고기간의 주석(notes), 그리고 ⑥전기에 관한 비교 정보(comparative information in respect of the preceding period).

그 밖에도 회계정책을 소급 적용하거나 재무제표를 소급하여 재작성하는 특별한 경우(예 중요한 전기 회계오류수정 등)에는 '**전기 초 재무상태표**(a statement of financial position as at the beginning of the preceding period)'도 작성해야 하므로 이 또한 전체 재무제표에 포함된다. 이 경우 전체 재무제표는 일곱 가지가 된다. 이 가운데 위 ①~④에 열거된 재무제표와 그 비교 정보를 '**주요**(primary) **재무제표**'라고 부르며, 각각의 주요 재무제표는 전체 재무제표에서 **동등한 비중**으로 표시한다.

여기서 각 재무제표의 명칭에 관해 주목할 내용이 있다. 「기업회계기준서」 제1118호에서 사용하는 명칭에도 불구하고, 우리나라에서는 재무제표의 명칭에 관해 「주식회사 등의 외부감사에 관한 법률」 제2조를 따른다. 따라서 위 ①의 재무성과표라는 명칭은 사용하지 않고, 일반적으로 **포괄손익계산서**라는 명칭을 사용한다. 이뿐 아니라, 「기업회계기준서」 제1118호에서 사용하는 재무제표의 명칭과 다른 명칭도 사용할 수 있다. 예를 들면, 재무상태표 대신 상법 등에서 사용하는 '대차대조표'라는 명칭을 사용할 수도 있다. 더 나아가, 「기업회계기준서」 제1118호에서는 기타포괄손익, 당기순손익, 총포괄손익과 같은 용어를 사용하지만, 항목의 특성을 충실하게 표현하는 방식으로 명칭을 부여한다면, 다른 용어를 사용할 수도 있다. 예를 들면, '당기순손익(profit or loss)' 대신 '순이익(net income)'이라는 용어를 사용할 수 있다.

한편, 본 장에서는 총포괄손익이라는 용어를 대신하여 포괄손익이라는 용어를 사용할 것이다. 그 이유는 '포괄(comprehensive)'이라는 의미가 이미 '총(total)'이라는 의미를 담고 있어서 '총'과 '포괄'을 함께 사용하는 것이 이중적이기 때문이다.[7)]

3. 주요 재무제표와 주석의 역할

(1) 주요 재무제표의 역할(role of the primary financial statements)

주요 재무제표의 역할은 기업이 인식한 자산, 부채, 자본, 수익, 비용, 현금흐름에 대해 "**구조화된 요약 정보**(structured summaries)"를 제공하는 것이다. 이러한 요약 정보(summaries)는 재무제표이용자가 아래와 같은 작업을 하는 데에 유용하다.

7) 또한 '포괄손익계산서'라는 재무제표는 있어도, '총포괄손익계산서'라는 재무제표는 없기 때문이다.

① 인식된 자산, 부채, 자본, 수익, 비용 및 현금흐름에 대해 '이해가능한 **개요**(understandable overview)'를 얻는다.

② 보고기간 간 비교 및 타 기업 간 비교를 한다.

③ **주석**에서 추가 정보를 얻고자 하는 항목(items)이나 분야(areas)를 식별한다.

재무제표이용자가 위 ①~③의 작업을 하는 데에 유용한 '구조화된 요약 정보'를 「기업회계기준서」 제1118호에서는 '**유용한 구조화된 요약 정보**(a useful structured summary)'라고 부른다.

기업이 주요 재무제표에 어떠한 재무 정보를 표시할지를 결정할 때는 '유용한 구조화 요약 정보의 제공'이라는 주요 재무제표의 역할을 고려하여 결정한다. 또한 주요 재무제표가 '유용한 구조화 요약 정보'를 제공하기 위해서 기업은,

① 재무제표의 '**구조**(structure)'를 결정하는 구체적인 요구사항을 준수하며,

② 필요하다면, **별도표시항목**과 **중간합계**를 추가로 표시한다.

위 ①에서 재무제표의 구조를 결정하는 구체적인 요구사항은 제3절부터 제7절까지 각 재무제표를 소개할 때 구체적으로 살펴볼 것이다. 위 ②에서 '별도표시항목'이란 그 특성이 다른 항목들과 달라서 재무제표상 구분하여 별도 표시하는 특정 항목들(specific line items to be presented separately)을 말한다. 예컨대, 재무상태표에 표시되는 현금및현금성자산, 재고자산, 유형자산 등이나, 손익계산서에 표시되는 매출, 종업원급여, 감가상각비 등이 별도표시항목의 예가 된다.[8] 또 위 ②에서 중간합계(subtotals)란 재무제표의 하단에 최종 합계(totals)를 표시하기 전에 중간 단계에서 계산하는 합계를 말하는데, 손익계산서상의 중간합계로는 매출총손익, 영업손익, 법인세비용차감전손익 등이 그 예가 된다.

(2) 주석의 역할(role of the notes)

이제 주석의 역할을 살펴보자. 주석의 역할은 다음을 위해 필요한 중요한 정보를 제공하는 것이다.

① 재무제표이용자가 주요 재무제표에 표시된 '별도표시항목'을 이해할 수 있도록 한다.

---

8) 일부 한국채택국제회계기준에서는 주요 재무제표에 구체적인 항목을 별도표시항목으로 제시할 것을 요구한다. 하지만 '유용한 구조화된 요약 정보'를 제공하는데 필요하지 않다면, 해당 항목을 주요 재무제표에서 별도표시항목으로 제시할 필요는 없다. 이러한 규칙은 한국채택국제회계기준이 특정 항목을 구체적인 별도표시항목으로 규정하거나, 특정 별도표시항목의 표시를 최소한의 요구사항으로 규정한 경우에도 적용된다.

② 재무제표의 목적이 달성되도록 추가 정보를 제공하여 주요 재무제표를 보완한다.

위에 제시된 주석의 역할을 단순하게 표현하면, 주요 재무제표에 표시된 정보를 더 깊게 이해할 수 있도록 추가 정보 또는 보완 정보를 공시하는 것이다. 이처럼 주석의 역할과 주요 재무제표의 역할이 서로 다른데, 이러한 역할의 차이는 주석에서 요구되는 정보의 범위(extent)가 주요 재무제표에서 요구되는 그것과 다르다는 점을 분명히 보여준다. 주요 재무제표에 표시된 정보의 범위와 주석에 공시된 정보의 범위는 다음과 같은 점에서 다르다.

- 주요 재무제표에서는 구조화된 요약 정보를 제공하기 위해 주석에서 제공하는 정보보다 '**더 통합된**(more aggregated)' 정보를 제공한다.
- 주석에서는, 주석의 역할에서 언급된 정보를 제공하기 위해, 기업의 자산, 부채, 자본, 수익, 비용 및 현금흐름에 대한 '**더 자세한**(more detailed)' 정보를 제공한다. 여기서 언급된 더 자세한 정보는 주요 재무제표에 표시된 정보를 '**세분화**(disaggregation)'한 정보를 포함한다.

주요 재무제표의 역할은 구조화된 **요약** 정보(summary)를 제공하는 것인데 반하여, 주석의 역할은 주요 재무제표의 별도표시항목을 이해하는 데 도움이 되고, 재무제표의 목적이 달성되도록 주요 재무제표를 보완하는 정보를 제공하는 것이므로, 주요 재무제표와 주석 정보의 이러한 범위 차이는 어쩌면 당연하다고 볼 수 있다.

한편, 주요 재무제표에 정보를 표시하거나 주석에 정보를 공시할 때는 **재무제표의 목적**이 달성되도록 **중요한**(material) 정보만 표시 또는 공시한다. 따라서 일부 한국채택국제회계기준서가 특정 정보를 주요 재무제표에 표시하거나 주석으로 공시하도록 요구하더라도, 그러한 정보가 중요하지 않다면 해당 표시나 공시를 할 필요가 없다.[9)]

그러면 중요한 정보란 무엇인가? 먼저 제2장 개념체계에서 이미 배운 중요성(materiality)을 기억해 보자. 정보의 중요성이란 정보의 누락(omitting)이나 오기(misstating)로 인해 그 정보에 근거한 의사결정이 영향을 받을 가능성을 가리킨다. 따라서 '중요한 정보'란 일반목적재무제표에서 **누락**하거나, **잘못 기재**하거나, **불분명**하게 기술함으로써, 이에 기초한 주요 이용자의 의사결정에 영향을 줄 것이 합리적으로 예상되는 정보를 말한다.

지금까지 주요 재무제표의 역할과 주석의 역할을 상세히 살펴보았는데, 이러한 역할은 기업이 특정 정보를 주요 재무제표에 포함할지 또는 주석에 포함할지를 결정할 때 고려되어야 한다.

---

9) 이는 일부 한국채택국제회계기준이 특정 요구사항을 열거하거나 최소한의 요구사항으로 기술하였더라도 마찬가지다.

4. 재무제표의 식별(Identification of the financial statements)

기업은 재무제표를 **분명하게 식별해야**(clearly identify) 하고, 동일한 문서에 포함되어 함께 공표되는 그 밖의 정보와 재무제표를 분명하게 **구별해야**(distinguish) 한다. 예를 들면, 연차 보고서(annual reports) 또는 감독기구에 제출하는 서류 등에는 재무제표뿐만 아니라 그 밖의 정보들이 포함되는데, 기업은 재무제표가 분명하게 식별되어 다른 정보와 구분되도록 해야 한다. 그 이유는 한국채택국제회계기준이 재무제표에만 적용되며, 그 밖의 정보에는 반드시 적용되는 것이 아니므로, 한국채택국제회계기준을 준수하여 작성한 정보와 재무제표이용자에게 유용하지만 한국채택국제회계기준 적용 대상이 아닌 그 밖의 정보를 구별하는 것이 중요해 지기 때문이다. 이뿐 아니라 기업은 각 주요 재무제표와 주석을 개별적으로 분명하게 식별해야 한다.

또 기업은 아래 정보를 눈에 **잘 보이게**(prominently) 공시해야 하고, 해당 정보의 이해를 위해 필요하다면 반복적으로 공시한다.

- 보고기업의 이름(또는 그 밖의 식별 수단)과 전기 말 이후 그 이름(또는 그 밖의 식별 수단)이 변경되었다면 그 변경 내용
- 재무제표가 개별 기업에 대한 것인지 연결 실체에 대한 것인지
- 보고기간 종료일 또는 재무제표 작성 대상이 되는 기간(즉, 보고기간)
- 표시 통화(presentation currency) (「기업회계기준서」 제1021호 '환율변동효과'에서 정의한)
- 재무제표 금액을 표시하기 위해 사용한 금액 단위(level of rounding: 일례로, 천 원, 백만 원, 억 원 등)

5. 보고 빈도(Frequency of reporting)

기업은 전체 재무제표를 최소한 **매년** 제공한다. 그러나 기업이 보고기간 종료일을 변경함으로써(예 12월 결산법인이 3월 결산법인으로 변경하거나 그 반대의 변경) 해당 재무제표의 보고기간이 1년을 초과하거나 미달하는 때에는 다음 사항을 공시한다.

- 재무제표 작성 대상이 되는 기간
- 보고기간이 1년을 초과하거나 미달하게 된 이유
- 재무제표에 표시된 금액이 완전하게 비교 가능하지는 않다는 사실

일반적으로 재무제표는 1년(365일) 단위로 일관되게 작성한다. 그러나 실무적인 이유로 특정 기업들은 52주(364일)의 보고기간을 선호하는데, 「기업회계기준서」 제1118

호는 이러한 보고 관행을 금하지 않는다. 그러면 어떤 기업들이 52주의 보고기간을 채택하며 그러한 선택의 이유는 무엇일까? 기업이 52주의 보고기간을 선택하는 중요한 이유는 "**요일 효과**(day-of-week effect)"를 제거할 수 있기 때문이다.

요일 효과란 매출, 방문 고객의 수, 주문량, 인건비 등이 특정 요일에 따라 구조적으로 달라지는 현상을 말한다. 예를 들면, 소매업이나 외식업 기업은 주말로 갈수록 (금요일에서 일요일) 매출이 높아지고, 전자상거래 기업은 일반적으로 월요일에 거래량이 급증하며, B2B 서비스 기업은 주말 매출이 거의 없다. 영업 성과에 미치는 이러한 요일 효과는 경기 변동이나 기업 실적의 본질적 변화에 의한 것이 아니라 달력 구조에서 발생하는 것이므로 기간 간 영업 성과를 비교할 때 잡음(noise)으로 작동한다. 따라서 매출 증감과 같은 영업 성과의 일부가 실제 성과가 아니라 요일 효과에 좌우되어 전년 대비(year over year: YoY) 성과의 비교가 구조적으로 왜곡될 수 있다.

52주(364일) 보고기간의 핵심은 모든 보고기간의 시작일을 특정 요일(예 월요일, 일요일 등)로 고정함으로써 보고기간마다 각 요일의 빈도를 완전히 일치시키는 것이다. 이것이 가능한 이유는 52주로 구성된 하나의 보고기간이 정확히 7의 배수이기 때문이다. 결과적으로 매 보고기간은 동일한 숫자(즉, 52개)의 월, 화, 수, 목, 금, 토, 일요일을 갖게 되므로 요일 효과를 제거할 수 있다.[10)]

요일 효과의 중요성은 기업에 따라 다르다. 일반적으로 대형마트, 의류, 백화점과 같은 대규모 소매유통기업, 패스트푸드나 레스토랑 체인, 호텔 레저 기업, 전자상거래 기업들은 매출이 주말에 집중된다. 따라서 토요일이나 일요일 하루 차이만으로도 연간 실적이 유의미하게 변동할 수 있다. 우리나라 기업 중에는 공식적으로 52주를 보고기간으로 채택한 기업은 없다.[11)] 반면, 월마트(Walmart), 타겟(Target), 코스트코(Costco), 맥도날드(McDonald's), 스타벅스(Starbucks), 도미노피자(Domino's Pizza), 나이키(Nike), 갭(Gap Inc.), 프록터앤갬블(Procter & Gamble) 등과 같은 미국 기업들은 52주 보고기간을 공식적으로 채택하고 있다.

---

10) 52주 보고기간의 문제점 중 하나는 52주가 364일이므로 달력상의 1년인 365일과 달라 5~6년이 지나면 누적되는 차이가 6~7일이 된다는 점이다. 이 차이를 바로잡기 위해 기업은 5~6년마다 53주(371일) 보고기간을 채택한다. 이때에도 요일 패턴은 깨지지 않고 단지 한 주만 더 추가될 뿐이다.

11) 하지만 내부 운영이나 성과 평가와 같은 내부 관리 차원에서 요일 효과를 제거한 52주 보고기간 개념을 활용하는 기업들은 있다. 이마트, 롯데마트, 스타벅스코리아, BBQ, 교촌, 무신사, 신세계인터내셔날 등이 그러한 기업들이다.

6. 표시, 공시, 분류의 일관성(Consistency of presentation, disclosure and classification)

기업은 재무제표 항목들의 표시, 공시, 분류를 매 보고기간에 걸쳐 동일하게 유지해야 한다. 다만, ① 영업 성격이 유의적으로 변함에 따라, 혹은 재무제표를 검토한 결과에 따라 다른 표시, 공시 또는 분류가 더 적절한 것이 명백한 경우, 그리고 ② 한국채택국제회계기준서에서 표시, 공시 또는 분류의 변경을 요구하는 때에는 그렇지 않다.

예를 들어, 중요한 기업 인수 합병이나 주요 자산의 매각이 있었다면 그 기업의 영업 성격이 유의적으로 변했을 수 있다. 이때 기존의 표시, 공시, 분류 방식이 더 이상 적절하지 않다고 **명백히** 판단되면 이를 변경할 수 있다. 그 밖에도 재무제표를 검토한 결과 다른 방법으로 표시, 공시, 분류하는 것이 더 적절하다고 **명백하게** 판단되면 이를 변경할 수 있다. 이때 해당 기업은 「기업회계기준서」 제1008호(회계정책, 회계추정치 변경과 오류)에 규정된 회계정책의 선택 및 적용 요건을 고려해야 한다. 특히, 변경된 재무제표 항목의 표시, 공시 또는 분류가 재무제표이용자에게 보다 유용한 정보를 제공하며, 기업이 변경된 표시, 공시 및 분류를 계속 유지할 가능성이 높아서 기간 간 비교가능성이 훼손되지 않는 경우에만 변경이 허용된다. 그리고 그렇게 변경한 때에는 바로 아래에서 설명할 비교 정보도 재분류한다.

7. 비교정보(Comparative information)

정보의 기간별 비교가능성(inter-period comparability)을 높이면, 재무제표이용자가 경제적 의사결정을 내릴 때 도움을 주는데, 특별히 비교가능성이 정보의 **추세**(trends) 분석을 가능하게 하고 미래 예측을 도와주기 때문에 그렇다. 따라서 기업은, 한국채택국제회계기준에서 달리 허용하거나 요구하는 경우를 제외하고는, 당기 재무제표에 보고되는 모든 금액에 대한 **비교정보**, 즉, **전기 보고기간**에 대한 정보를 제공함으로써 기간별 비교가능성을 높여야 한다. 이에 따라 기업은 각 주요 재무제표 및 주석에 **당기** 보고기간과 **전기** 보고기간을 표시해야 한다. 즉, **당기** 및 **직전** 기간의 주요 재무제표와 관련 주석을 비교 형식으로 제시해야 한다.

또한 당기 재무제표를 이해하는 데에 필요하다면, **서술형**(narrative and descriptive) 정보에 대해서도 비교 정보를 제시한다. 그 이유는 전기(또는 그 이전) 보고기간의 재무제표에 제공된 서술형 정보가 당기에도 계속 목적적합한 경우가 있기 때문이다. 그러한 예로서 법률 분쟁(legal dispute)이 있다. 기업은 아직 해결되지 않은 법률 분쟁(소송 등)에 관해서는 당기에 세부 내용을 공시하는데, 이때 소송 결과에 대한 '불확실성이 전기말에 존재했다'는 정보와, '그 불확실성을 해결하기 위해 당기에 기업이 어떻게 조처했는지'에 관한 정보를 공시하면 재무제표이용자들은 도움을 얻을 수도 있다.

한편, 비교 정보의 표시에 관한 「기업회계기준서」제1118호의 공식적인 요구는 **당기** 및 **전기** 재무제표의 비교 표시에 국한하지만, 이에 더하여 기업이 추가적인 비교 정보를 표시하는 것을 허용한다.[12] 이러한 추가 비교 정보는 **하나** 또는 **그 이상**의 주요 재무제표로 구성할 수 있으며, 반드시 **전체 재무제표**로 구성해야 하는 것은 **아니다**. 예를 들어, 기업이 추가적인 비교 정보로서 세 번째 재무성과표를[13] 표시한다고 하자(따라서 당기, 전기, 그리고 추가되는 보고기간의 재무성과표를 제시). 그렇더라도, 추가되는 보고기간을 대상으로 하는 세 번째 재무상태표나 세 번째 현금흐름표, 또는 세 번째 자본변동표를 제시해야 하는 것은 아니다. 그리고 이렇게 기업이 추가하는 주요 재무제표 관련 비교 정보는 **주석**에 공시한다.

기업이 당기에 **회계정책**을 **변경**하거나, 전기 및 그 이전의 **회계 오류**를 **수정**함으로써 재무제표 항목의 표시, 공시 또는 분류를 변경하게 되면, **비교 금액**도 **재분류**하고, ①재분류의 성격, ②재분류된 개별 항목이나 항목군(class of items)의 금액, 그리고 ③재분류 이유를 공시해야 한다. 그러나 어떤 상황에서는 과거기간의 비교 정보를 재분류하는 것이 실무적으로 불가능할 수도 있다. 재분류를 가능하게 하는 과거기간의 정보를 수집할 수 없거나 실무적으로 그 정보를 재생산하는 것이 실제적이지 못한 경우가 그렇다. 비교 금액을 실무적으로 재분류할 수 없다면, 해당 금액을 재분류하지 않은 이유와 해당 금액을 재분류했다면 이루어졌을 조정의 성격을 공시한다.

또한 기업이 당기에 회계정책을 변경하거나 중요한 회계 오류를 수정하게 되면, 「기업회계기준서」 제1008호를 적용하여 회계정책을 소급·적용하거나, 재무제표 항목을 소급하여 재작성 또는 재분류해야 한다. 이때 전체 재무제표에서 이미 언급한 대로, **전기 초를 기준으로 하는 세 번째 재무상태표**도 표시해야 한다.[14] 따라서 이 경우에는 **당기 말** 재무상태표, **전기 말** 재무상태표, 그리고 **전기 초** 재무상태표 등 **세 개**의 재무상태표를 제시한다. 이때 전기 초 재무상태표와 관련되는 주석은 공시할 필요가 없다.

8. 통합과 세분화(Aggregation and Disaggregation)

재무제표에 표시되는 모든 **항목**(items)은 자산, 부채, 자본(또는 적립금), 수익, 비용 또는 현금흐름이거나, 이러한 자산, 부채, 자본, 수익, 비용, 현금흐름을 **통합하거나 세분**

---

12) 당연한 말이지만, 이 경우 해당 추가 정보는 한국채택국제회계기준에 따라 작성해야 한다.

13) 이 세 번째 재무성과표는 하나 혹은 그 이상의 보고기간에 관한 재무성과표일 수도 있다.

14) 당연한 말이지만, 만일 소급적용, 소급재작성 또는 소급재분류가 전기 초 재무상태표의 정보에 **중요한** 영향을 미치지 않는다면, 전기 초 기준 세 번째 재무상태표의 표시는 필요없다.

화한 것이다. 그렇다면 기업은 셀 수 없이 많은 거래에서 발생하는 자산, 부채, 자본, 수익, 비용의 금액과 현금흐름을 어떻게 통합하거나 세분화하는가? 이를 위해서는 통합과 세분화에 대한 원칙(principles)이 필요하다. 기업은, 한국채택국제회계기준이 요구하는 구체적인 통합 또는 세분화에 관한 요구사항을 위반하는 것이 아니라면, 아래 다섯 가지 원칙에 따라 통합하거나 세분화한다.

(1) 자산, 부채, 자본, 수익, 비용, 현금흐름을 **항목**으로 분류하고 통합할 때는 '**공유**되는 특성(shared characteristics)'을 기준으로 한다.
(2) 항목들을 **세분화**할 때는 공유되지 않는 특성을 기준으로 한다.
(3) 항목들을 **통합**하거나 **세분화**할 때, 주요 재무제표의 역할을 성취하는(fulfill) 별도 표시항목이 주요 재무제표에 표시되도록 한다.
(4) 항목들을 **통합**하거나 **세분화**할 때, 주석의 역할을 성취하는 정보가 주석에 공시되도록 한다.
(5) 항목들의 **통합** 및 **세분화**로 재무제표의 중요한 정보가 불분명해지지 않도록 해야 한다.

위 원칙들을 적용할 때, 세분화한 정보가 중요하다고 판단되면 기업은 언제든지 항목들을 세분화한다. 또, 원칙 (3)을 적용하면서 중요한 정보를 주요 재무제표에 표시하지 않을 때는 주석에 공시한다.

주요 재무제표에 표시되는 항목(즉, 합계, 중간합계, 별도표시항목)이나 주석에 공시되는 항목은 해당 항목의 **특성**을 **충실하게** 나타내는 방식으로 **명칭**을 부여하고 표현한다. 이를 위해 기업은 재무제표이용자가 해당 항목을 이해하는 데 필요한 사항을 모두 기술하고 설명한다. 이러한 기술과 설명에는 기업이 사용한 용어(terms)의 의미와 자산, 부채, 자본, 수익, 비용, 현금흐름을 통합 또는 세분화한 방법에 대한 정보를 포함할 수도 있다.

9. 상계(Offsetting)

한국채택국제회계기준서에서 요구하거나 허용하지 않으면, 자산과 부채는 서로 상계하여 순액으로 표시하지 않으며, 마찬가지로 수익과 비용도 상계하지 않는다. 다시 말해, 상계가 거래나 사건의 실질(substance)을 반영하는 경우를 제외하고는, 자산과 부채, 그리고 수익과 비용은 각각 별도로 보고한다. 그 이유는 개별 항목들의 금액 정보가 상계를 통해 사라짐으로써 발생한 거래, 사건과 상황을 재무제표이용자가 이해하고 기업의 미래현금흐름을 평가하는 능력을 떨어뜨리기 때문이다.

한편, 기업이 자산의 평가충당금을(예 재고자산에 대한 평가충당금과 금융자산에 대한 기대신용손실충당금) 차감한 순액으로 측정하는 것은 상계에 해당하지 않는다. 따라서 자산은 평가충당금을 차감한 순액으로 표시할 수 있다. 또 기업은 주요 수익 창출 활동에 **부수되는** 거래를 하기도 하는데, 이때 동일 거래에서 발생하는 수익에서 관련 비용을 차감한 상계 표시가 거래나 사건의 실질을 반영한다면, 해당 거래의 결과는 상계하여 표시한다. 예를 들면,

- 비유동자산의 처분 손익(예 유형자산처분손익)을 처분 대가에서 그 자산의 장부금액과 관련 처분 비용을 차감하여 재무제표에 표시하거나 주석에 공시한다.
- 충당부채의 이행을 위해 지출할 금액을 제삼자와의 계약(예 공급자의 보증약정)에 따라 보전받는 경우, 기업은 당해 지출 금액과 보전받을 금액을 상계하여 해당 충당부채를 표시할 수 있다.

또 외환 손익 또는 금융상품 거래에서 발생하는 손익과 같이, 유사한 거래의 집합에서 발생하는 차익과 차손은 서로 상계하여 순액으로 표시한다. 다만, 그러한 차익과 차손이 중요한 경우에는 구분하여 표시한다.

지금까지 제1절에서는 「기업회계기준서」 제1118호에 적시된 '재무제표에 관한 일반적인 사항들'을 다양한 측면에서 알아보았다. 이제는 주요 재무제표와 주석에 관해 구체적으로 살펴볼 차례인데, 그 이전에 제2절에서는 주요 재무제표 중 하나인 포괄손익계산서가 표시하는 핵심 정보인 포괄손익과 순손익을 개념적인 차원에서 먼저 이해해 보도록 한다. 이후 제3절부터 제7절까지 재무상태표, 포괄손익계산서, 자본변동표, 현금흐름표, 주석의 순서로 상세히 살펴볼 것이다.

제2절 포괄손익, 순손익, 기타포괄손익의 개념

1. 포괄손익[15]

개념적으로 포괄손익(comprehensive income)은 거래나 그 밖의 모든 사건으로 인한 자본(즉, 순자산)의 변동에서 소유주와의 거래(예 유상증자, 유상감자, 자기주식의 취득 또는 재발행, 배당 등)로 인한 자본 변동의 효과를 제외한 '자본 변동'으로 정의된다. 한

15) 이미 앞에서 언급하였듯이, 본 장에서는 '총포괄손익'이라는 용어 대신 '포괄손익'을 사용한다.

보고기간에 발생하는 자본의 변동은 다음 두 가지 요소에 기인한다. 첫 번째 요인은 기업의 재무적 성과인데, 성과가 좋아 순이익(profit 또는 net income)이 발생하면 자본이 증가하지만, 성과가 나빠 순손실(loss 또는 net loss)이 발생하면 자본이 감소한다. 자본 변동을 유발하는 두 번째 요인은 소유주와의 거래다. 유상증자나 자기주식의 재발행과 같은 소유주와의 거래는 자본을 증가시키나, 유상감자나 배당의 지급과 같은 소유주와의 거래는 자본을 감소시킨다. 따라서 기업의 재무적 성과를 측정하려면, 전체 자본 변동에서 소유주와의 거래로 인한 자본 변동의 효과를 **제거**해야 한다. 결과적으로, 위에서 정의한 포괄손익은 기업의 재무적 성과를 나타내는 측정치가 된다. 이를 개념적으로 나타내면,

> **포괄손익**(기업의 재무적 성과)
> = 전체 자본의 변동 − 소유주와의 거래로 인한 자본 변동의 효과

한편, 재무상태표 정보인 자산, 부채 및 자본은 일정 시점(a specific point in time), 즉 보고기간 말 시점의 금액을 나타내므로, 경제학적으로 저량(貯量; stock)의 개념이며, 포괄손익은 일정 기간(for a period), 즉 한 **보고기간**에 발생한 자본의 **변동**(change)을 나타내므로 유량(流量; flow)에 해당한다.

예제 1

㈜평화의 자본은 20×9년 초와 말에 각각 ₩25억과 ₩30억이었다. 20×9년 중 회사는 유상증자를 통해 ₩3억을 조달하였고, ₩1억을 배당으로 지급하였다. ㈜평화의 20×9년 포괄손익을 계산하라.

해 답

자본의 증가:	₩5억 (=₩30억−₩25억)
유상증자:	(3억)
지급 배당금:	1억
포괄이익	₩3억

전술한 대로 포괄손익은 소유주와의 거래로 인한 효과를 제외한 자본 변동으로서 기업의 재무적 성과를 나타낸다. 제2장 개념체계에서 배운 대로, 수익(revenues)은 자본을 증가시키고, 비용(expenses)은 자본을 감소시키므로, 결국 포괄손익을 구성하는 기본적인 항목은 수익과 비용이다. 따라서 수익에서 비용을 차감하면 포괄손익을 계산할 수도

있다. <예제 1>에서 만일 ㈜평화의 20×9년도 비용이 ₩7억이었다면, 수익은 ₩10억 원(=₩7억+₩3억)인 셈이다.

2. 순손익과 기타포괄손익

기업이 보고기간 말 **보유**하고 있는 자산·부채가 보고기간 초 대비 그 **가치**에 **변동**이 발생했다면, 이는 **자본의 변동**도 초래한다.16) 포괄손익의 개념은 기본적으로 한 보고기간에 일어난 '자본의 변동'이므로, 이러한 보유 자산·부채의 가치 변동에 따라 손익을 인식하면 해당 손익은 당연히 포괄손익에 포함된다. 즉, 포괄손익은 자산·부채의 가치 변동에 따라 인식한 '**미실현 평가손익**'도 포함한다. 「기업회계기준서」 제1118호는 이러한 미실현 평가손익은 순손익을 구성하는 수익·비용 항목들과 구분하여 별도 표시하도록 요구한다. 그 이유는 다음과 같다.

기업이 보유한 자산과 부채는 주가, 환율, 금리 등의 시장 변수들이 변동함에 따라 그 가치가 변동하고, 이러한 가치 변동은 일반적으로 보고기간 말에 평가하여 재무제표에 인식한다. 그런데 주가, 환율, 금리 등의 시장 변수는 그 변동성이 매우 높아서 미실현 평가손익의 변동성은 매우 높다. 따라서, 만일 이러한 미실현 평가손익이 순손익 계산에 포함되면 보고되는 이익의 변동성(earnings variability)을 지나치게 높일 수 있다. 경영자들은 자신들의 주요 성과지표인 이익이 기간 간 과도하게 변동하는 것을 싫어하므로, 변동성이 높은 미실현 평가손익을 인식하는 것을 원하지 않는다. 반면, 투자자들은 기업 가치나 신용도를 정확하게 평가하기 위해서는 미실현 평가손익 항목까지 포함된 완전한 이익 정보를 원한다. 이렇게 미실현 평가손익의 인식에 관해 경영자와 투자자들 사이에 이해 상충이 존재한다.

이러한 이해 상충의 상황에서 우리는 제1장에서 배운 '기업회계가 정치적 과정의 산물'이라는 사실을 기억할 필요가 있다. 완전한 정보에 근거한 의사결정(informed decision)을 원하는 투자자들의 이익을 보호해야 하는 자본시장 감독기관과 지나친 이익의 변동성을 회피하려는 경영자들 사이에 절충이 이루어졌으며, 이러한 절충의 결과가 바로 '미실현 평가손익을 순손익과 구분하여 표시'하는 것이다. 이를 위해 미실현 평가손익 항목들을 지칭하는 이름이 필요했고, 이에 따라 '**기타포괄손익**(other comprehensive income)'이라는 용어가 탄생하였다. 결과적으로, 포괄손익은 다음과 같이 표시할 수 있다.

> 포괄손익 = 순손익 + 기타포괄손익

16) 이는 자본이 순자산(=자산−부채)임을 생각하면 쉽게 이해된다.

순손익은 재화나 용역의 제조·판매와 같은 기업의 주요한 영업활동에서 발생하는 영업손익과 재무·투자활동에서 부수적으로 발생하는 손익을 합한 이익의 개념이며, **포괄손익**은 이러한 순손익뿐 아니라 보고기간 말 보유 중인 자산·부채의 가치 변동으로 말미암아 인식한 미실현 평가손익까지도 포함하는 이익이다. 포괄손익은 그 이름이 의미하는 대로 '포괄적인' 개념의 손익이다.

순손익은 보고기간 말에 결산을 통해 자본 항목인 '이익잉여금'으로 마감되며, 기타포괄손익은 또 다른 자본 항목인 '기타포괄손익누계액'으로 마감된다. 즉, 순손익은 재무상태표의 자본 항목 중 이익잉여금 계정에 누계되고, 기타포괄손익은 자본 항목 중 기타포괄손익누계액 계정에 누계된다. 본 장의 [부록 A]는 주요 기타포괄손익 항목들을 요약해 설명한다. 이하 제3절부터 제7절까지 주요 재무제표와 주석에 대해 살펴보자.

제3절 재무상태표

재무상태표(statement of financial position 또는 balance sheet)는 보고기간 말 기업의 재무상태에 관한 정보를 표시한다. 재무상태란 특정 시점에 기업이 보유하고 있는 경제적 자원(자산)과 경제적 의무(부채), 그리고 소유주지분(자본)의 현재 상황을 말한다. 복식부기의 규칙에 따라 자산은 차변에, 부채와 자본은 대변에 기록하므로 재무상태표의 차변 금액인 자산과 대변 금액인 부채와 자본의 합은 일치한다. 즉,

자산(assets) = 부채(liabilities) + 자본(owners' equity)

이 등식은 재무회계의 기본을 이루는 등식이므로 특별히 **회계등식**(accounting equation)이라고 부르며, 재무상태표의 세 구성요소에 관한 등식이므로 **재무상태표 등식**(balance-sheet equation)이라고도 부른다.

자산, 부채 및 자본의 정의는 제2장에서 개념적으로 이미 살펴보았으므로, 좀 더 실제적인 의미에서 이들을 이해해 보자. 먼저, 자산은 기업이 보유하는 총투자(investments)로 이해할 수 있으며, 부채와 자본은 이러한 투자를 위해 기업이 조달한 재원(財源), 즉 기업에 제공된 총자본(capital)으로 이해할 수 있다. 달리 표현하면, 총투자에 해당하는 자산은 기업이 사용할 수 있는 경제적 자원(economic resources)의 총합을 나타내며, 이 경제적 자원을 누가 제공하였는가에 따라 부채와 자본으로 나뉜다. 채권자(creditors)가 제공한 경제적 자원이면 부채로, 소유주(owners)가 제공한 경제적 자원이

면 자본으로 표시한다.

예제 2

임대 사업을 하기 위해 창업한 회사가 ₩5억을 지급하고 창고 건물을 취득하였다. 이 건물의 취득을 위해 회사의 주주들이 ₩1억의 현금을 출자하였고, 나머지 ₩4억은 회사가 거래 은행으로부터 차입하였다. 건물 취득 직후 시점을 기준으로 회계등식을 써보라.

해 답

₩5억(자산: 투자) = ₩4억(부채) + ₩1억(자본)

<예제 2>에서 ₩5억의 건물은 회사의 자산으로서 임대 사업을 위한 투자이자 회사가 사용할 수 있는 경제적 자원을 나타내며, 이 투자의 재원으로서 ₩4억의 부채와 ₩1억의 자본이 각각 채권자(거래 은행)와 주주(소유주)로부터 조달되었다. 재무상태표는 바로 이러한 정보를 표시하는 재무제표다. 이와 같이 재무상태표의 뼈대가 되는 회계등식은 복식부기의 규칙에 따라 기계적으로 성립하는 것으로 이해하는 대신, <예제 2>에서처럼 실제적인 의미로 이해하는 것이 더 중요하다.

1. 재무상태표의 표시

「기업회계기준서」 제1118호는 재무상태표를 포함하는 주요 재무제표의 표시 방법에 대해 세부적인 지침을 제공하는 대신, 재무제표 작성 시 기업들이 지켜야 할 **기본적인 원칙**만 정하고 있다. 이뿐 아니라 더 목적적합한 정보를 제공하기 위해서라면, 이러한 기본적인 원칙에도 불구하고 재무제표의 형식, 항목의 명칭, 배열순서, 통합 또는 세분화 등에 관해 상당한 **재량**을 기업에 허용한다. 먼저 재무상태표의 표시 방법에 대한 원칙을 살펴보자.

(1) 자산과 부채의 유동 또는 비유동 분류

유통회사나 제조회사처럼 **명확하게 식별가능한 영업주기** 내에서[17] 재화나 용역을 제공하는 기업은 자산과 부채를 각각 유동(current)과 비유동(non-current)으로 분류하여 표시한다. 영업주기(operating cycle)란 정상적인 영업활동을 위해 자산을 취득한 때부터 생산, 판매, 그리고 대금의 회수를 통해 현금이나 현금성자산(cash equivalent)으로

17) 영업주기를 명확히 식별할 수 없는 경우에는 그 기간이 12개월인 것으로 가정한다.

실현하는 데까지 걸리는 시간을 말한다.[18] 명확히 식별가능한 영업주기가 있는 기업은 유동 · 비유동의 분류를 통해, 운전자본(working capital)으로서 계속 순환되는 단기 자산 · 부채를 장기 영업활동에 사용되는 자산 · 부채와 구분함으로써, 재무제표이용자들에게 더 유용한 '구조화된 요약 정보'를 제공한다. 또한 유동 · 비유동의 분류는 영업주기 내에서 실현이 예상되는 자산을 같은 기간 안에 결제일이 도래하는 부채와 함께 강조하여 나타냄으로써 기업의 유동성과 부채 상환능력을 평가하는 데 유용하다.

그러나 금융회사(예 은행, 증권회사, 보험회사)처럼, 명확히 식별가능한 영업 주기 내에서 재화나 용역을 제공하지 않는 기업들은 유동 · 비유동의 구분보다는 단순히 **유동성 순서**에 따라 자산과 부채를 분류 · 표시하는 것이 더 유용한 '구조화된 요약 정보'를 제공할 수 있다. 그런 경우라면 모든 자산과 부채를 유동성 순서에 따라 오름차순이나 내림차순으로 표시한다.

위 둘 중 어느 분류 방법을 채택하든지, 기업이 어떤 자산이나 부채를 '별도표시항목'으로 표시하면서, 보고기간 말 이후 12개월 **이내에** 회수 또는 결제될 부분과 12개월 **후에** 회수 또는 결제될 부분을 **합친 금액**으로 표시할 때는, 12개월 후에 회수 또는 결제될 금액은 **별도로 공시**한다. 예를 들어, 매출채권을 별도표시항목으로 표시하면서 12개월 이내에 회수될 금액과 12개월 후에 회수될 금액을 합하여 표시한다면, 12개월 후에 회수될 채권 금액은 따로 공시한다. 한편, 자산과 부채를 유동과 비유동으로 분류하여 재무상태표에 표시할 때, **이연법인세자산**은 유동자산으로 분류하지 않으며, **이연법인세부채**도 유동부채로 분류하지 않는다.

유동과 비유동의 분류는 매우 중요한 주제이므로 분류를 위한 기준을 자산과 부채로 나누어 상세히 살펴보자.

(2) 유동자산 분류 기준

자산 항목이 다음 중 어느 **하나**에 해당하면 유동자산으로 분류하고, 그 밖의 모든 자산은 비유동자산으로 분류한다.

① 기업의 정상 영업주기(normal operating cycle) 내에 실현될 것으로 예상하거나(예 매출채권), 정상영업주기 내에 판매하거나 소비할 의도가 있음(예 제품, 재공품, 원재료 등의 재고자산, 소모품)

② 주로 단기매매 목적으로 보유함(예 단기매매금융자산)

③ 보고기간 후 12개월 이내에 경제적 효익이 실현될 것으로 예상되는 자산(예 단기미수금, 선급금)

18) 「기업회계기준서」 제1118호는 이를 '정상(normal)영업주기'라고 부른다.

④ 현금이나 현금성자산(단, 사용하는 데에 12개월 이상 제한이 없어야 함)

일반적으로 정상 영업주기는 12개월보다 짧지만, 제품의 숙성 과정이 필요한 제조업(예 포도주 제조업) 같은 특정 기업은 정상 영업주기가 12개월을 초과할 수 있다. 따라서 이런 기업의 재고자산이나 매출채권과 같은 자산은 정상 영업주기 내에 판매, 소비 또는 실현된다면 보고기간 후 12개월 **이후**에 실현되더라도 유동자산으로 분류한다.

「기업회계기준서」 제1118호는 유동자산으로 분류되지 않는 모든 자산을 비유동자산으로 분류하도록 요구한다. 비유동자산의 예로는 유형자산, 무형자산 및 장기의 성격을 가진 금융자산을 포함한다.

(3) 유동부채 분류 기준

부채 항목이 다음 어느 **하나**에 해당하면 유동부채로 분류하고, 그 밖의 모든 부채는 비유동부채로 분류한다.

① 정상 영업주기 내에 결제될 것으로 예상됨(예 매입채무, 미지급비용)
② 주로 단기매매 목적으로 보유함(예 대주(貸株))
③ 보고기간 후 12개월 이내에 결제일이 도래함(예 당좌차월, 미지급배당금, 미지급법인세)
④ 보고기간 말 현재 보고기간 후 12개월 이상 결제를 연기할 수 있는 권리를 보유하지 않은 부채

위 ①의 매입채무나 미지급비용과 같은 부채는, 자산의 경우와 마찬가지로, 기업의 정상 영업주기 내에 결제된다면, 보고기간 후 12개월 **이후**에 결제되더라도 유동부채로 분류한다. 위 ②의 예에서 대주(貸株)란 빌린 주식을 말하는데, 이는 일정 기간 후 주식 대여자에게 상환해야 하므로 부채가 된다. 대주는 주가 하락을 예상하는 투자자가 사용하는 전략으로, 빌린 주식을 현재 가격으로 매도하고 이후 주가가 하락하면 매수하여 상환함으로써 그 차익을 획득한다.

위 ③에 해당하는 추가적인 예로서 '비유동금융부채의 **유동성 대체** 부분'이 있다. 이는 원래 결제 기간이 12개월을 초과하는 비유동금융부채이지만, 결제일이 보고기간 말 이후 **12개월 이내에** 도래할 예정이라 유동부채로 재분류한 것이다. 이때 만일 12개월 이내에 결제일이 도래할 부채를 장기로 차환하는(refinancing) 약정이나 그 결제일을 장기로 재조정하는 약정이 '보고기간 말 이후에 그러나 재무제표 발행승인일 전'에 체결된다면 어떻게 해야 할까? 다시 말해, 장기부채로의 차환 약정이나 결제일 장기 재조정 약정이 '보고기간 후 사건'으로 발생한다면 해당 부채를 유동부채로 대체하지 않고 계속 비유동부채로 분류할 수 있을까? 그렇지 않다. 이러한 약정이 '보고기간 후 사건'으

로 발생한다면, 해당 부채는 유동부채로 대체해야 한다. 그 이유는 재무제표가 작성되는 **보고기간 말 현재** 해당 부채의 결제일이 12개월 이내에 도래하기 때문이다.

반면 이와 같은 약정이 보고기간 말 이전에 체결된다면 어떠할까? 이 질문에 대한 답은 위 ④를 적용하면 나온다. 장기부채로의 차환이나 결제일 장기 재조정 약정이 보고기간 말 이전에 체결되면, 기업은 보고기간 말 현재 '보고기간 후 12개월 이상 결제를 연기할 수 있는 권리'를 보유하므로, 해당 부채는 유동부채로 대체하지 않고 계속해서 비유동부채로 분류한다.

이와 유사하게, 장기금융부채에 대한 차입약정(debt covenant)을 위반하면 채권자가 채무자에게 즉시 상환을 요구할 수 있는 상황에서도 위 ④를 적용할 수 있다. 이와 관련한 내용과 예제는 본 장의 <부록 B>를 참조하기 바란다.

(4) 재무상태표의 별도표시항목

「기업회계기준서」 제1118호는 성격이나 기능 면에서 서로 다른 19개의 별도표시항목을 다음과 같이 나열식으로 예시하고 있다.

① **유형자산(property, plant, and equipment : PP&E)** : 유형자산은 재화의 생산, 용역의 제공, 임대 또는 자체적으로 영업활동에 사용할 목적으로 보유하는 물리적 형체가 있는 사업용 자산(operating assets)을 말한다. 유형자산의 예로서 토지, 건물, 구축물(structures), 기계장치(machinery), 항공기, 선박, 차량운반구(moving vehicles), 건설중인자산(assets under construction) 등이 있다. 건물에는 건물뿐 아니라 냉난방, 전기, 통신 및 기타 건물 부속 설비도 포함한다. 구축물이란 건물을 제외하고 지상에 건설한 모든 구조물로서 교량, 궤도, 갱도, 정원설비(landscape), 토목 설비, 공작물 등을 포함한다.

② **투자부동산(investment property)** : 투자부동산은 가치 상승으로 인한 자본이득이나 임대수익을 얻기 위해 취득한 토지, 건물 등의 부동산으로서, 영업활동에 사용되는 사업용 부동산과 구분된다.

③ **무형자산(intangible assets)** : 무형자산은 재화의 생산, 용역의 제공, 임대 또는 자체적으로 영업활동에 사용할 목적으로 보유하며 물리적 형체는 없지만 식별가능한 자산이며, 유형자산과 마찬가지로 기업의 사업용 자산(operating assets)이다. 무형자산의 예로는 산업재산권, 각종 라이선스와 프랜차이즈(license and franchise), 저작권(copyright), 컴퓨터소프트웨어, 개발비 등이 있다. 산업재산권이란 법에 따라 일정 기간 독점·배타적으로 이용할 수 있는 권리로서 특허권, 실용신

안권, 의장권, 상표권, 상호권 등이 이에 속한다. 라이선스와 프랜차이즈는 특정 사업을 영위할 수 있는 권리를 취득하기 위해 지급하는 대가를 말한다. 일례로 스타벅스나 맥도날드 점포를 운영하기 위해서는 먼저 프랜차이즈 권리금(franchise fee)을 지급해야 하며, 이는 무형자산으로 계상된다. 개발비(development costs)는 신제품이나 신기술의 **개발단계**에서 발생한 지출로서 엄격한 인식 조건을 충족하여 무형자산으로 계상한 것이다.

④ **영업권**(goodwill) : 영업권은 기업 인수를 위해 지급한 금액, 즉 사업결합대가가 기업 인수로 획득한 순자산의 공정가치를 초과하는 경우 그 초과 금액을 가리킨다. 개념적으로 영업권은 특정 기업이 동일 업종에 속한 타 기업들의 평균 이익보다 더 많이 벌 수 있는 능력, 곧 초과수익력을 의미한다. 이러한 초과수익력은 해당 기업만의 독특한 노하우(knowhow), 경영진의 능력, 좋은 고객과의 관계, 기술개발 능력, 직원들의 높은 사기 등에 의해 생겨나지만, 이와 같은 무형의 경제적 자원은 일반적으로 자산 인식 기준을 충족하지 못해 무형자산으로 계상되지 않는다. 그러나 초과수익력이 있는 기업이 사업 결합을 통해 다른 기업에 인수될 때는 그 초과수익력이 사업결합 대가에 반영됨으로써 사업결합 대가가 장부상 순자산의 공정가치보다 더 높아진다.

인수기업이 지급하는 사업결합 대가와 피인수기업의 순자산 공정가치 간 차이는 일반적으로 인수기업의 재무상태표에 영업권으로 인식된다. 다만, 인수기업은 피인수기업이 장부상 인식하지는 않았으나 '식별가능한' 무형자산, 예컨대 브랜드가치 또는 고객가치 등이 존재한다고 판단되면, 추가로 이러한 무형자산을 인식할 수 있는데, 이때에는 사업결합 대가와 피인수기업 순자산의 공정가치 간 차이 전부가 영업권이 되지 못한다. 이 경우 영업권은 사업결합 대가와 순자산 공정가치의 차이에서 인수기업이 추가로 인식한 식별가능한 무형자산 금액을 차감한 금액이다. 아래 예제를 통해 영업권을 계산해 보자.

예제 3

(주)모레는 (주)뷰티의 주식 전부를 인수하면서 ₩100억의 사업결합대가를 현금으로 지급하였다. 인수 시점에서 (주)뷰티의 순자산 공정가치는 ₩80억으로 평가되었으며, 그밖에 (주)뷰티의 장부에 인식되지 못한 무형의 자산으로서 고객가치가 ₩5억으로, 브랜드가치가 ₩3억으로 평가되었다. 이 사업결합에서 (주)모레가 인식할 영업권은 얼마인가?

해 답

₩100억(사업결합대가)
= ₩80억(인수한 순자산 공정가치) + ₩5억(고객가치) + ₩3억(브랜드가치) + **₩12억(영업권)**

⑤ 금융자산(financial assets) : 금융자산은 현금및현금성자산, 타 기업 발행 지분상품, 거래 상대방에게서 금융자산을 수취할 계약상 권리(예 매출채권, 미수금, 양도성예금증서 등의 각종 금융상품, 대여금, 타 기업 발행 회사채 등), 그리고 잠재적으로 유리한 조건으로 거래상대방과 금융자산이나 금융부채를 교환하기로 한 계약상의 권리(예 파생금융상품) 등 다양한 항목을 포함한다. 다만, 이 가운데 현금및현금성자산, 매출채권과 기타 채권, 그리고 지분법을 적용하는 투자자산은 금융자산에 속하지만, 금융자산과는 구분하여 별도표시항목으로 표시한다.

⑥ 「기업회계기준서」 제1117호(보험계약)의 적용 범위에 포함되는 자산인 계약 포트폴리오 : 이는 보험계약과 직접적으로 관련이 있어서, 일반적인 자산 관련 기업회계기준 대신 보험계약 회계기준(제1117호)을 적용하는 계약의 묶음(포트폴리오)이다. 보험회사는 보험계약을 하나씩 개별적으로 회계처리 하지 않고, 유사한 위험특성을 가진 계약의 집합, 즉 계약 포트폴리오(portfolio of contracts)에 대해 회계처리 한다. 보험계약이 보험회사의 자산인 이유는 보험계약자로부터 보험료(현금흐름)를 받을 권리가 있기 때문이다. 이러한 자산은 성격상 금융자산이지만, 보험계약과 관련된 자산이므로 금융자산과는 별도로 표시된다.

⑦ 지분법을 적용하여 회계처리 하는 투자자산(investments accounted for using the equity method) : 지분법은 관계기업(affiliates 또는 associates)이나 공동기업(joint ventures)의 지분을 취득한 회사(투자회사: investor company)가 해당 취득 지분의 회계처리에 적용하는 방법이다. 즉, 지분법은 타 기업의 지분 취득을 통해 그 기업의 경영에 유의적인 영향력(significant influence)을 행사할 수 있게 된 투자회사가 적용하는 방법이다. 투자회사는 관계기업이나 공동기업의 지분을 취득하면 이 투자 지분을 취득원가로 최초 인식하고, 이후 관계기업이나 공동기업의 순자산이 변동할 때마다(예 순이익 발생, 배당지급 등) 그 순자산 변동 금액에 자신의 지분율(예 20%)을 곱하여 산출한 (즉, 지분율에 비례하는) 금액을 취득원가에 가감하여 투자 지분의 장부금액을 조정한다.[19)]

---

19) 지분법은 피투자회사를 일종의 종속기업으로 취급하는 방법이다. 피투자회사가 실제 종속회사(subsidiary)라면 연결(consolidation) 대상이 되지만, 지분법은 피투자회사의 전체 자산과 전체 부채

⑧ 「기업회계기준서」 제1041호(농림어업)의 적용 범위에 포함되는 생물자산(biological assets) : 살아 있는 동물이나 식물을 자산으로 가지고 있는 경우 이를 생물자산으로 표시한다.

⑨ 재고자산(inventories) : 재고자산이란 정상적인 영업 과정에서 보유 중이거나 생산 중인 자산 및 생산 또는 용역 제공에 사용될 원재료와 소모품을 말한다. 재고자산은 다음 같이 세분화할 수 있다.

- 상품(merchandise) : 도·소매회사가 판매를 목적으로 보유 중인 재고
- 제품(finished goods) : 제조회사가 판매를 목적으로 제조하여 보유 중인 생산품 및 부산물
- 재공품(work-in-process) : 보고기간 말 생산과정 중에 있는 재고
- 원재료(raw materials) : 생산을 위해 사용되는 원료, 재료 및 부분품
- 소모품(supplies, tools and spare parts) : 생산 또는 용역 제공에 사용될 소모성 기구나 비품 등

⑩ 매출채권 및 기타 채권(trade and other receivables) : 매출채권(trade receivables)은 영업활동에서 발생한 외상매출금(accounts receivable)과 받을어음(notes receivable)을 말하는데, 전자는 외상으로 판매한 재화와 용역의 대금 지급에 대한 구두약속(oral promises)이고, 후자는 서면 약속(written promises)이다. 기타 채권(other receivables)은 비경상적인 거래에서 발생한 미수채권을 가리키며 대표적인 것으로 미수금을 들 수 있다. 미수금의 예로는 임직원에 대한 선급금, 재해 발생으로 수령할 보험금, 과·오납으로 인해 환급받을 세금, 미수배당금 등이 있다.

⑪ 현금및현금성자산(cash and cash equivalents) : 현금은 통화(currencies and coins) 및 당좌예금과 같은 요구불예금(demand deposits)을 말한다. 또 현금성자산이란 유동성이 매우 높은 단기투자자산(㉑ 금융상품 등)으로서 확정된 금액의 현금으로 전환이 용이하고 가치 변동의 위험이 중요하지 않은 자산을 가리킨다. 일반적으로 지분증권, 취득일로부터 상환일이 3개월 이상인 채무증권, 또는 자본이득(capital gains)의 획득을 목적으로 보유 중인 증권 등은 현금성자산에 포함하지 않는다.

를 통합한 금액, 즉 피투자회사의 순자산을, 투자회사 재무상태표에 하나의 자산 항목으로 표시한다. 다시 말해, 지분법은 투자회사의 지분율에 상당하는 피투자회사의 순자산 금액을 한 줄의 자산 항목(지분법적용투자)으로 표시한다. 이로써 지분법을 일명 '한 줄 연결(single-line consolidation)'이라고도 부른다.

⑫ 「기업회계기준서」 제1105호(매각예정비유동자산과 중단영업)에 따라 매각 예정으로 분류된 자산과 매각 예정으로 분류된 처분 자산 집단에 포함된 자산의 합계 : 「기업회계기준서」 제1105호는 매각 예정 자산을 계속영업(continuing operations)에 사용할 자산과 구분하여 보고하도록 요구한다. 매각 예정 자산이나 중단영업(discontinued operations)에 속한 자산은 더 이상 영업활동에 사용되지 않으므로 미래 현금흐름의 예측에 목적적합하지 않다. 따라서 이를 계속영업 자산과 구분 표시함으로써 더 유용한 정보를 제공할 수 있다.

⑬ 매입채무와 기타 채무(trade and other payables) : 매입채무(trade payables)는 경상적인 영업활동에서 발생한 외상매입금(accounts payable)과 지급어음(notes payable)을 가리키며, 기타 채무(other payables)는 다음과 같은 항목들을 포함한다.
- 미지급비용(accrued expenses) : 보고기간 말 현재 이미 발생한 비용이지만 지급기일이 아직 도래하지 않아 현금 등의 자산으로 지급하지 않은 비용을 말한다. 미지급비용은 발생주의회계에 의한 발생항목에 해당하며, 대표적인 예로서 미지급급여(wages payable), 미지급이자(interest payable) 등이 있다.
- 예수금 : 기업이 제삼자를 대신하여 일시 보관 중인 금액을 말한다. 예를 들어, 회사는 임직원의 급여에서 소득세를 원천징수하고, 이를 정기적으로 국세청에 송금할 의무가 있는데, 송금하기 전까지 회사가 보유하고 있는 원천징수 소득세는 예수금의 예다.
- 유동성장기차입부채(current maturities of long-term debt) : 장기차입부채가 보고기간 후 12개월 내에 상환될 것이 예상되어 유동부채로 재분류한 것이다.
- 미지급금 : 비경상적인 거래에서 발생한 채무이다. 일반적으로 재고자산 이외의 자산(예 비품, 장비, 건물 등)을 외상으로 매입하였을 때 그 대금을 미지급금으로 계상한다.

⑭ 충당부채(provisions) : 충당부채는 과거 사건이나 거래의 결과로 보고기간 말 현재 부담하고 있는 의무로서, 그 의무를 이행하는 데 필요한 지출의 시기 또는 금액은 불확실하나, 지출 가능성이 높고 그 금액을 신뢰성 있게 추정할 수 있어서 부채로 인식한 것이다. 한 가지 예로서 제품보증 충당부채를 들 수 있다. 제조회사가 제품의 품질을 보증하기 위해 하자 제품을 무상(無償)으로 수리해 주거나 교환해 주는 의무를 진다면, 회사가 이러한 의무를 이행함에 따라 미래 지출이 발생한다. 하지만 관련 지출이 언제 발생할지, 발생한다면 그 금액은 얼마가 될지 확실하지 않다. 그렇더라도 이러한 미래 지출은 회사와 고객 사이에 이미 발생한 거래의 결과로 회사가 현재 부담하고 있는 의무이며 지출 가능성도 높으므로, 그 금액을

신뢰성 있게 추정할 수 있는 한 부채로 인식한다. 이러한 부채가 충당부채다.

⑮ **금융부채(financial liabilities)** : 금융부채는 거래 상대방에게 현금 등의 금융자산을 인도하기로 한 계약상 의무(㉦ 매입채무, 미지급금, 차입금, 사채(社債)), 그리고 잠재적으로 불리한 조건으로 거래상대방과 금융자산이나 금융부채를 교환하기로 한 계약상의 의무(㉦ 옵션, 선물 등의 파생금융상품) 등을 가리킨다. 다만, 이 가운데 '매입채무와 기타 채무(trade and other payables)'는 금융부채이지만 별도표시항목으로 표시하고, 금융부채에 속하는 충당부채도 충당부채 항목으로 별도 표시한다.

⑯ **「기업회계기준서」 제1117호(보험계약)의 적용 범위에 포함되는 부채인 계약 포트폴리오** : 보험회사는 보험 계약자에게 미래에 일정 조건이 충족되면 보험금을 지급해야 할 계약상 의무를 진다. 그래서 보험계약은 보험회사의 부채가 된다. 이러한 부채는 성격상 금융부채이지만 보험계약과 관련된 부채이므로, 금융부채와 별도로 표시한다. 보험금 지급 의무를 가진 보험계약들은 성격이 비슷한 것끼리 포트폴리오를 구성하여 표시한다.

⑰ **「기업회계기준서」 제1012호(법인세)에서 정의된 당기 법인세와 관련된 부채와 자산(liabilities and assets for current tax)** : 당기 법인세(current tax) 관련 부채는 회계기간의 과세소득(taxable income)에 대해 납부할 법인 세액, 즉 미지급법인세를 말하며, 당기 법인세 관련 자산이란 세무상 결손금에 대해 환급받을 법인 세액을 가리킨다.

⑱ **「기업회계기준서」 제1012호(법인세)에서 정의된 이연법인세부채와 이연법인세자산(deferred tax liabilities and deferred tax assets)** : 이연법인세부채는 일시적 차이(temporary differences)로 인한 미래 법인 세액의 **증분**을 나타내는데, 이러한 일시적 차이는 재무상태표상 자산·부채의 장부금액이 세무상의 자산·부채 금액(이를 세무기준액(tax basis)이라 부름)과 달라서 발생한다. 이연법인세부채를 유발하는 일시적 차이(㉦ 미수이자)는 당기 납부할 법인 세액을 당기 법인세비용보다 더 적게 만든다. 그러나 미래 기간에 일시적 차이가 반전됨에 따라 그 차이가 미래 과세소득에 가산되어[20] 그 기간에 납부할 법인 세액을 증가시킨다.

이연법인세자산은 이연법인세부채와 정반대되는 성격의 항목으로서 미래 납부할 법인 세액의 **감소분**을 나타낸다. 이연법인세자산은 이연법인세부채처럼 일시

20) 이러한 이유로 이연법인세부채를 유발하는 일시적 차이를 **가산할 일시적 차이**(taxable temporary differences)라고 부른다.

적 차이로 인해 발생하기도 하지만, 이월결손금이나 이월 세액공제로 인해 발생하기도 한다. 먼저 이연법인세자산을 유발하는 일시적 차이(예 제품보증충당부채)는 당기 납부할 법인 세액을 당기 법인세비용보다 더 크게 만든다. 그러나 미래 기간에 일시적 차이가 반전됨에 따라 그 차이가 미래 과세소득에서 차감되므로[21] 그 기간에 납부할 법인 세액을 감소시킨다.

다음으로 이연법인세자산을 유발하는 이월결손금을 살펴보자. 당기에 결손이 발생하면 해당 결손액은 세법에 따라 차기 이후로 이월되어 미래 과세소득으로부터 공제할 수 있고, 이에 따라 미래 납부할 법인 세액을 감소시켜 준다. 따라서 이월 결손으로 인한 미래 법인세의 감소분도 이연법인세자산에 포함된다. 이와 유사하게 이월 세액공제도 미래 납부할 법인 세액을 줄여주므로 이연법인세자산에 포함된다.

⑲ 「기업회계기준서」 제1105호(매각예정비유동자산과 중단영업)에 따라 매각 예정으로 분류된 처분 집단에 포함된 부채(liabilities included in disposal groups classified as held for sale) : 매각 예정으로 분류된 처분 집단에 포함된 자산에서와 같이, 중단영업으로 인해 처분 집단에 속하게 된 부채도 계속영업에 속한 부채와 구분하여 표시한다.

이상 19개 항목은 「기업회계기준서」 제1118호가 재무상태표의 별도표시항목으로 예시해 놓은 것들이다. 그런데 이 모든 항목이 재무상태표 본문에 표시되어야 하는 것은 아니며 기업의 판단에 따라 재무상태표의 주석으로 표시할 수도 있다. 더 나아가, 유용한 정보를 제공하는 데 필요하다면, 기업의 판단에 따라 위 19개 항목 이외에도 추가로 별도표시항목을 표시할 수 있다.[22] 별도표시항목을 추가로 표시할지 또는 주석에 항목을 공시할지 판단을 내릴 때 기업은 해당 항목의 성격이나 기능에 대한 평가에 기초한다.

이하 다음 두 개 항목은 지배회사(parent)가 종속회사(subsidiary)의 자산과 부채를 자신의 것과 연결(consolidation)하여 작성하는 연결재무상태표에 나타나는 항목들이다.

① 비지배지분(non-controlling interests presented within equity) : 지배회사가 종속회사 지분의 100% 미만을 보유하는 경우(예 95%), 종속회사 순자산(자본)의 5%는 비지배지분에 해당한다. 이러한 비지배지분은 연결재무상태표의 **자본 부분**에 별도 표시한다.

---

21) 이러한 이유로 이연법인세자산을 유발하는 일시적 차이를 **차감할 일시적 차이**(deductible temporary differences)라고 부른다.

22) 이러한 판단은 추가 별도표시항목의 필요성 여부뿐 아니라, 개별 별도표시항목을 더 **세분화**할 필요성 여부도 포함한다.

② 지배기업의 소유주에게 귀속되는 납입자본과 적립금(issued capital and reserves attributable to owners of the parent) : 이는 연결재무상태표에서 비지배지분을 제외한 순자산(자본)을 가리키며, 자본금(share capital), 주식발행초과금(additional paid-in capital), 이익잉여금(retained earnings), 기타자본항목 등으로 세분화하여 표시할 수 있다.

<표 3. 1>은 「기업회계기준서」 제1118호에 따른 재무상태표를 예시하고 있다. 이 재무상태표는 한국채택국제회계기준을 따른 예시이므로 실무적으로 이를 반드시 따라야 할 필요는 없다. 이제 재무상태표의 유용성을 살펴보자.

표 3. 1
재무상태표 예시

	20×9년 12월 31일	20×8년 12월 31일
자 산		
유동자산		
현금및현금성자산	312,400	322,900
매출채권	117,250	120,010
재고자산	130,000	132,500
기타유동자산	5,230	3,330
	564,880	578,740
비유동자산		
유형자산	350,700	360,020
무형자산	227,470	198,760
이연법인세자산	80,800	91,200
관계기업투자	100,150	139,480
금융자산	142,500	156,000
	901,620	945,460
자산 총계	1,466,500	1,524,200
자본과 부채		
지배기업 소유주지분		
납입자본	650,000	600,000
이익잉여금	243,500	161,700
기타자본요소	10,200	21,200
	903,700	782,900
비지배지분	70,050	48,600
자본 총계	973,750	831,500
유동부채		
매입채무	115,100	187,620
단기차입금	150,000	200,000
미지급법인세	50,000	66,800
	315,100	454,420
비유동부채		
장기차입금	120,000	187,620
이연법인세부채	28,800	200,000
장기충당부채	28,850	66,800
	177,650	238,280
부채 총계	492,750	692,700
부채및자본 총계	1,466,500	1,524,200

2. 재무상태표의 유용성

"모(某) 중소기업은 자본금이 65억 원이고, 재무구조가 대단히 안정적이어서 부채비율이 75%이다." "모 건설회사는 부채비율이 270%로 건설업체 평균인 430%보다 훨씬 낮다." 경제신문을 보면 이와 같은 종류의 기사를 자주 대하게 된다. 부채비율이 높을수록 기업이 고정적으로 지출해야 할 이자 비용이 많고, 만기일에 현금보유액 등 유동성이 충분치 못하면 부도 위험에 처하게 된다. 따라서 부채비율이 높아서 재무구조(financial structure)가 취약하면 장기적으로 그 기업은 재무적 생존 가능성이 높지 않다. 즉, 부채비율이 높을수록 기업위험(business risk)도 높아진다.

부채비율이 반영하는 기업의 장기 지급능력(solvency)은 재무상태표가 제공해 주는 대표적인 정보이다. 그 밖에도 재무상태표는 회사의 **유동성**(liquidity)과 **재무탄력성**(financial flexibility)을 평가할 수 있는 정보도 제공한다.

유동성은 기업의 단기채무 상환능력을 가리키며, 유동성이 높을수록 상환능력도 높다. 재무상태표로부터 얻을 수 있는 유동성 지표로서, 유동자산을 유동부채로 나눈 유동비율(current ratio)과 당좌자산(quick assets)을 유동부채로 나눈 당좌비율(quick ratio) 등이 있다. 유동성 지표는 단기채권자들의 경제적 의사결정에 특히 유용한 정보이다.

재무탄력성이란 회사가 예상치 못했던 상황에 대응하여 현금흐름의 크기와 시점(timing)을 조절할 수 있는 능력을 가리킨다. 재무탄력성이 높은 회사는 돌발적인 유동성의 위기 상황으로부터 쉽게 회복할 수 있고, 예상치 못했던 투자 기회도 쉽게 포착할 수 있으므로 경쟁에서 이기고 성장할 가능성이 매우 높다. 수년 전 일본 닛산자동차의 부사장은 회사가 현금 부족으로 인해 많은 흥미로운 프로젝트를 포기해야 하는 등 투자에 제한을 받는다고 토로한 적이 있다. 이는 닛산의 재무탄력성이 낮음을 의미한다. 회사가 보유한 대부분의 자산이 환금성이 낮은 '기업 특유 자산(firm-specific assets)'이거나, 부채를 과도하게 보유한 회사는 재무탄력성이 낮을 수밖에 없다.

장기 지급능력, 유동성 및 재무탄력성에 관한 정보 이외에도 재무상태표는 기업의 수익성을 평가하는 데 필요한 정보도 제공해 준다. 수익성 평가지표로서 총자산수익률(return on assets)과 자기자본수익률(return on equity)이 있는데, 이는 순이익을 재무상태표 정보인 총자산과 자본으로 각각 나눈 것이다. 수익률은 현재 및 잠재적 지분 투자자들(equity investors)에게 매우 유용한 정보다. 이렇게 재무상태표는 이용자들에게 유용한 정보를 제공하지만, 한편으로는 그러한 정보의 한계도 존재한다.

3. 재무상태표 정보의 한계

제2장 재무보고 개념체계에서 살펴보았듯이, 재무상태표의 자산과 부채에 대한 측정 속성은 취득원가를 비롯하여 실현가능가치, 공정가치, 기업특유가치, 이행가치 등 여러 종류가 있다. 기본적으로 한국채택국제회계기준은 자산과 부채를 측정할 때 목적적합성이 높은 공정가치로 측정할 것을 요구하지만, 여전히 많은 자산·부채 항목들을 역사적 원가(historical cost)나 역사적 현금수취액(historical proceeds)으로 측정하는 것을 허용하고 있다. 일반적으로 역사적 원가는 공정가치와 현저히 차이가 나기 때문에 목적적합성이 낮을 수밖에 없다.

재무상태표 정보의 또 다른 한계점은 인식과 측정의 불확실성이나 회계기준의 불완전성으로 인해 재무상태표에서 누락되는 자산이 있다는 점이다. 예를 들어, 숙련된 노동력이나 노사 화합을 이룬 노동력과 같은 양질의 인적자원은 경제적 효익이 높은 무형의 자산이지만, 그러한 자산은 인식과 측정이 어려워 재무상태표에 보고되지 않는다. 마찬가지로 회사의 신기술 개발 능력, 최고경영자(CEO)의 경영 능력, 인지도 높은 브랜드 등도 경제적 효익을 주는 무형의 자산이지만 재무상태표에 표시되지 못한다. 따라서 이러한 항목들은 부외자산(簿外資産 : off-balance-sheet assets)으로 처리되는 셈이다. 정보기술(IT)기업(예 삼성전자, 마이크로소프트 등)이나 바이오기업(예 셀트리온, 삼성바이오로직스 등) 그리고 플랫폼을 기반으로 하는 기업(예 쿠팡, 넷플릭스 등) 등 기술력과 창의성이 기업 가치에 중대한 영향을 미치는 기업들의 경우는 특히 부외로 처리되는 무형자산의 비중이 커서 재무상태표의 유용성을 떨어트린다.

이뿐 아니라 회계제도의 미비나 회계기준의 불완전성으로 인하여 재무상태표에서 빠지는 부채 항목들도 있다. 이러한 항목들을 **부외부채**(off-balance-sheet debt)라고 부르며, 부외부채와 연관된 자금조달 행위를 **부외금융**(off-balance-sheet financing)이라고 부른다. 부외금융의 대표적 사례로 운용리스(operating leases)를 들 수 있다. 어떤 리스계약이 경제적 실질로는 금융리스(finance leases)에 해당하지만, 기계적인 분류 기준에 따라 (혹은 금융공학적 편법을 활용하여) 운용리스로 분류되게 함으로써 리스이용자가 관련 리스부채를 인식하지 않는 경우가 부외금융에 해당한다. 이러한 부외금융의 문제는 기업가치평가를 심각하게 왜곡시킬 위험이 있다. 사실, 이러한 문제의식을 바탕으로 국제회계기준위원회는 과거 오랫동안 적용해 왔던 리스회계 기준인 IAS 17을 현행 리스회계기준인 IFRS 16으로 대체하였다.

재무상태표 정보의 또 다른 한계점은 자산이나 부채의 가치를 평가할 때 추정(estimation)과 주관적 판단(subjective judgment)이 개재된다는 사실이다. 일례로 매출채권의 자산가치는 총액에서 기대신용손실(expected credit loss)을[23] 차감한 것이다. 그러나 이러한 신용 손실은 미래 발생할 손실이므로 매출채권의 평가 시점에서는 그 금액을 추정할 수밖에 없고, 그 추정에 따라 매출채권의 평가금액이 달라진다. 또 감가상각을 하는 자산에 대해서도 내용연수와 잔존가치를 추정해야 하며, 어떻게 추정하는지에 따라 해당 자산(그리고 관련 비용)의 금액이 달라진다.

재무상태표를 작성할 때 사용하는 추정 방법은 특정 이해관계자에게 이익을 줄 수도 있고 손해를 끼칠 수도 있다. 실제보다 자산의 가치는 높이고 부채의 가치를 낮추는 추정치를 사용하면 경영자나 대주주들은 유리하겠지만, 그러한 회계정보에 따라 의사결정을 하는 소액주주나 채권자들에게는 불리하다. 이러한 주관적 추정이나 판단은 회계 부정이 개입될 여지를 남기기도 한다. 이제 다음 절에서 기업의 재무성과를 보여주는 포괄손익계산서를 상세히 살펴보자.

제4절 포괄손익계산서

1. 포괄손익을 표시하기 위한 두 가지 방식

'포괄손익계산서'에 '포괄손익'을 표시하기 위해 기업은 아래 ① 또는 ②의 방식 가운데 하나를 선택한다.

① **단일** 포괄손익계산서에 당기순손익과 기타포괄손익을 **두 부분**(two sections)으로 나누어 표시함. 이 방식을 선택하면, 당기순손익을 구성하는 항목들을 **먼저** 포괄손익계산서에 표시하고, 바로 이어서 기타포괄손익 항목들을 표시한다.

② 당기순손익을 구성하는 항목들만 표시하는 '**손익계산서**'와, 당기순손익에서 시작하는 '**기타포괄손익을 표시하는 보고서**'를 **별도로** 작성함. 이 방식을 선택하면, '손익계산서'는 '기타포괄손익을 표시하는 보고서'의 바로 앞에 위치시킨다.

위 ①의 방식은 당기순손익을 구성하는 수익·비용 항목들과 기타포괄손익 항목들을 각기 두 부분(section)으로 구분하여 표시하되, 이 모든 항목을 **하나**의 '포괄손익계산서' 안에 넣어서 통합적으로 작성하는 방식이다. 결국 **한 개**의 보고서만 작성하므로, 편의상 이 방식을 '**통합**방식'이라 부르도록 하자.

---

23) 기대신용손실은 매출채권의 회수가 불가능할 때 발생할 손실을 추정한 금액을 말하며, 실무에서 대손이라 부른다.

위 ②의 방식은 당기순손익을 구성하는 수익 · 비용 항목들만 표시하는 '손익계산서'를 먼저 작성한다. 그리고 이어서 포괄손익을 표시하는 **별개**의 보고서를 작성하는데, 당기순손익에 기타포괄손익 항목들을 가감 표시하는 방식으로 작성한다. 결과적으로, ②의 방식은 '손익계산서'와 '기타포괄손익을 표시하는 보고서' 등 **두 개**의 보고서를 각각 작성하는 방식이다. 이처럼 두 개의 보고서를 분리하여 작성하므로, 편의상 이를 '**분리 방식**'이라고 부르도록 하자.

한편, 「기업회계기준서」 제1118호는 위 보고서들을 부르는 명칭과 관련하여 혼동을 방지하기 위해 다음과 같이 명칭을 정하였다. 먼저, 통합방식(①)에서의 '당기순손익 부분(section)'과 분리 방식(②)에서 작성하는 손익계산서를 통틀어 '**손익계산서**(statement of profit or loss 또는 statement of income)'라 부른다. 그리고 통합방식(①)에서의 '기타포괄손익 **부분**(section)'과 분리 방식(②)에서 '기타포괄손익을 표시하는 **보고서**(statement)'를 통틀어 '**포괄손익을 표시하는 보고서**(statement presenting comprehensive income)'라고 부른다. 그러면 '손익계산서'와 '포괄손익을 표시하는 보고서'를 결합한 재무제표가 '**포괄손익계산서**'가 된다.[24] 이하에서는, '손익계산서'와 관련된 「기업회계기준서」 제1118호의 내용을 먼저 살펴보고, 이어서 '포괄손익을 표시하는 보고서'와 관련된 내용을 살펴본다.

2. 손익계산서

손익계산서는 기업의 재무적 성과를 보고하는 재무제표로서 주요 구성요소는 수익과 비용이다.

(1) 수익과 비용의 표시를 위한 다섯 가지 범주

손익계산서는 수익과 비용을 다섯 가지 범주(categories)로 분류하여 표시하는데, ① 영업(operating) 범주, ② 투자(investing) 범주, ③ 재무(financing) 범주, ④ 법인세(income taxes) 범주 그리고 ⑤ 중단영업(discontinued operations) 범주가 그것이다.

1) 영업 범주

영업 범주는 투자 범주, 재무 범주, 법인세 범주, 중단영업 범주 중 어느 것으로도 분류되지 않은 모든 수익과 비용을 포함한다. 이러한 영업 범주의 정의는 영업 범주가

24) 「기업회계기준서」(K-IFRS) 제1118호는 '포괄손익계산서'라는 명칭을 사용하지만, IFRS 18은 '포괄손익계산서'에 해당하는 **영어** 명칭을 사용하지 않는다.

'**잔여** 범주(residual category)'임을 의미한다. 즉, 나머지 네 개의 범주 가운데 어느 범주에도 속하지 않는 **나머지(잔여)** 수익과 비용은 모두 영업 범주라는 식의 정의다. 이는 현금흐름표에서의 영업활동현금흐름을 정의하는 방식과 일치한다.

2) 투자 범주

기업은 아래의 수익과 비용을 투자 범주로 분류한다.

① 지분법을 적용하여 회계처리 하는 관계기업이나 공동기업에 대한 투자자산과 비연결 종속기업에 대한 투자자산에서 발생하는 수익과 비용

② 현금및현금성자산에서 발생하는 수익과 비용

③ 개별적으로 그리고 기업의 다른 자원과 대부분 독립적으로 수익을 창출하는 기타의 자산에서 발생하는 수익과 비용

위 ①에서 비연결 종속기업에 대한 투자자산은 지배기업의 별도재무제표에서 표시되는 종속기업 투자를 말하며, ③에서의 "개별적으로 그리고 기업의 다른 자원과 대부분 독립적으로 수익을 창출하는 기타 자산"의 예로는 채무상품(예 타 기업이 발행한 사채)이나 지분상품(예 타 기업이 발행한 주식)으로 구성된 금융자산, 투자부동산과 투자부동산에서 발생한 임대료 수취채권 등이 있다.[25)]

위 ①~③에 해당하는 수익과 비용의 예로는 지분법손익, 이자수익, 배당수익, 임대수익, 투자부동산에 대한 감가상각비, 손상차손과 환입, 자산의 취득 및 처분과 직접 관련된 증분원가(예 거래수수료), 그리고 당기손익-공정가치 측정 항목으로 지정된 금융자산의 후속 측정에서 발생하는 수익과 비용(예 공정가치 평가손익) 등이 있다. 한편, 당기손익-공정가치 측정 항목으로 지정된 금융자산은, 이하 편의상 '금융자산(FVPL)'이라 부르도록 한다[FV는 공정가치(fair value)를, PL은 당기손익(profit & loss)를 의미함].

3) 재무 범주

일반적으로 기업의 재무 활동은 자금조달 관련 활동을 말하며, 그 결과로 부채가 생긴다.[26)] 따라서 기업은 어떤 수익과 비용을 재무 범주로 분류할지 결정하기에 앞서 자신의 부채를, ① 오직 자금조달만을 위한 거래에서 발생한 부채와 ② 그 이외의 부채,

---

25) 위 ③과 반대되는 자산, 즉 "개별적으로 그리고 기업의 다른 자원과 대부분 독립적으로 수익을 창출하지 **않는**" 자산은, 기업이 재화나 용역을 생산·공급하기 위해 **결합**하여 사용하는 자산을 말한다. 그 예로는, 유·무형자산, 재화나 용역의 생산·공급으로 생기는 자산(예 재화나 용역에 대한 수취채권, 재고자산) 등이 있다.

26) 기업의 재무활동은 부채 이외에도 자본을 발생시킨다. 그러나 자본의 사용은 수익이나 비용을 발생시키지 않으므로 손익계산서와 무관하다. 따라서 자본은 여기서 논외로 한다.

즉 오직 자금조달만을 위함이 아닌 거래에서 발생한 부채로 구분한다.

먼저, 자금조달만을 위한 거래란 다음 **두 조건**을 충족하는 거래다. 첫째 조건은 기업이 **금융을 제공받아야** 한다는 것이고, 둘째 조건은 금융을 제공받는 대가로 이후에 '**현금을 지급**하거나 **자기지분상품을 인도**해야' 한다는 것이다. 일반적으로 금융을 제공받는다는 것은 자금조달과 관련하여 **현금을 수취**하는 것을 말한다. 그러나 현금 수취 외에도 '**금융부채의 소멸**이나 **자기지분상품의 수취**'를 통해서도 금융을 제공받을 수 있다.

오직 자금조달만을 위한 거래에서 발생하는 부채(위 ①의 부채)의 일반적인 예로는 회사채, 어음 등과 같은 채무상품의 발행이나 차입(loans)이 있는데, 이러한 자금조달 거래에서 기업은 현금을 수취하고(즉, 빌리고) 이후에 그 대가로 현금을 지급한다. 또 다른 예로서 "자기주식의 인도를 통해 결제될 채권(a bond)"이 있다. 이러한 자금조달 거래에서 기업은 현금을 수취하고 이후에 그 대가로 자기지분상품을 인도한다.[27)]

그러면 오직 자금조달만을 위한 거래에서 생긴 부채는 어떤 수익과 비용을 발생시키는가? 먼저 자금조달을 위해 기업이 발행한 채무상품(예 회사채나 어음)은 이자비용을 발생시킨다. 그리고 부채의 발행 및 소멸과 직접 관련하여 증분비용(예 거래 원가)이 발생하고 부채의 제거로 인해 수익이나 비용이 발생한다. 또 금융부채로서 당기손익-공정가치 측정 항목으로 지정되면 그 공정가치의 변동으로 평가손익이 발생한다. 이러한 수익과 비용은 은행·보험·금융·투자회사가[28)] 아닌 일반기업이라면 **재무 범주**로 분류한다.

다음으로, 오직 자금조달만을 위함이 아닌 거래에서 발생한 부채(위 ②의 부채)를 살펴보자. 일반적으로 이러한 부채는 재화나 용역의 거래와 연관하여 발생한다. 그러한 부채의 예로서 다음과 같은 것들이 있다.

- 현금으로 결제될 재화나 용역에 대한 채무(payables for goods or services) : 단순히 말해, 이는 재화나 용역을 외상으로 제공받은 거래에서 발생한 매입채무를 가리킨다. 이러한 거래에서 기업은 **금융을 제공받는 것이 아니라, 재화나 용역을 제공받으므로** 오직 자금조달만을 위한 부채가 되는 첫 번째 조건을 충족하지 못한다.
- 계약 부채(contract liabilities) : 단순히 말해, 이는 선수금이나 선수수익을 가리킨다.[29)] 이 거래에서 기업은 "현금을 지급하거나 자기지분상품을 인도하는" 것이

27) 또 다른 예로서 자기지분상품 매입 의무가 있다. 이 거래에서는 기업이 자기지분상품을 수취하고 이후에 그 대가로 현금을 지급한다.

28) 「기업회계기준서」 제1118호는 금융·투자·보험 활동 등이 본업인 기업들을 통칭하여 '특정한 주된 사업 활동을 하는 기업(an entity with specified main business activities)'이라 칭한다.

29) 「기업회계기준서」 제1115호(고객과의 계약에서 생기는 수익)는 계약부채를 "기업이 고객으로부터 대가를 이미 받았거나 받을 권리가 있지만, 아직 그에 대응하는 재화나 용역을 이전하지 않아 이행

아니라, **재화나 용역을 인도하므로**, 오직 자금조달만을 위한 부채가 되는 두 번째 조건을 충족하지 못한다.

- 리스 부채(lease liabilities) : 리스 거래에서 기업은 금융을 제공받는 것이 아니라 **사용권 자산을 제공받으므로** 오직 자금조달만을 위한 부채가 되는 첫 번째 조건을 충족하지 못한다.
- 확정급여형 연금부채(defined benefit pension liabilities) : 이 부채와 관련하여 기업은 금융을 제공받는 것이 아니라, **종업원 용역을 제공받으므로** 오직 자금조달만을 위한 부채가 되는 첫 번째 조건을 충족하지 못한다.
- 사후 처리 또는 자산 복구 관련 충당부채(decommissioning or asset restoration provisions) : 이 부채와 관련하여 기업은 금융을 제공받는 것이 아니라 **자산을 제공받으므로**[30] 오직 자금조달만을 위한 부채가 되는 첫 번째 조건을 충족하지 못한다.

위와 같은 부채에서 발생하는 수익과 비용은 금융 요소와 관련된 부분만 재무 범주로 분류하고, 나머지는 영업 범주로 분류한다. 먼저, 위 부채에서 발생하는 수익과 비용으로서 **재무 범주로 분류**하는 것들을 살펴보자.

- 재화 또는 용역의 구매에서 발생한 채무의 이자비용 : 이는 장기매입채무의 경우처럼, 대금의 지급이 현저히 지연됨으로써 기업이 자금을 조달한 것과 유사한 효과가 발생할 때(즉, 금융 요소가 유의적일 때) 유효이자율법을 적용하여 기간별 인식한 이자비용을 말하며, 재무 범주로 분류한다.
- 유의적인 금융 요소가 있는 계약부채의 이자비용 : 이는 장기선수금의 경우처럼, 고객이 재화나 용역의 대가를 현저히 먼저 지급함으로써 기업이 자금을 조달한 것과 유사한 효과가 발생할 때(즉, 금융 요소가 유의적일 때) 유효이자율법을 적용하여 기간별로 인식한 이자비용이며, 재무 범주로 분류한다.
- 리스부채의 이자비용 : 이는 리스부채(lease liability)에 대해 리스이용자가 인식하는 이자비용이다. 리스부채 이자비용은 본질적으로 차입금 이자와 동일한 성격의 금융 원가이며, 재무 범주로 분류한다.
- 순확정급여부채나 자산에 대한 순이자비용 또는 순이자수익 : 종업원 급여에 해당하는 퇴직연금(pension) 가운데 하나인 확정급여제도(defined benefit plan)에 대해 회사는 '확정급여부채'를 인식한다. 이 부채는 미래에(종업원 퇴직 이후) 지급

의무가 남아 있는 상태에서 인식하는 부채"로 정의한다.

30) 사후 처리나 자산 복구 관련 충당부채는 설비자산 등을 **취득**하면서 자산 사용 종료 후 이를 철거하거나 부지를 원상복구할 의무가 있는 경우 이를 부채로 인식한 것이다.

할 급여이므로 일정 할인율로 할인한 현재가치로 계상한다. 또한, 퇴직급여의 지급을 보장하기 위해 회사는 매년 일정 금액을 갹출하여 사외에 자산을 적립해야 한다. 이를 사외적립자산(pension assets)이라 부른다. 따라서 확정급여제도로 인한 부채를 재무제표에 표시할 때는 관련 사외적립자산의 공정가치를 차감한 순액으로 표시하는데, 이를 **순확정급여부채**라 부른다. 때로는 사외적립자산이 초과 적립되어 그 공정가치가 확정급여부채보다 더 클 수도 있는데, 그런 경우에는 **순확정급여자산**으로 표시한다. 순확정급여부채나 자산에 대한 순이자비용 또는 순이자수익이란 순확정급여부채(자산)에 할인율을 곱하여 산출하며, 재무 범주로 분류한다.

- **시간의 경과 및 할인율의 변동으로 인해 발생하는 충당부채 장부금액의 변동** : 복구충당부채의 장부금액은 미래 예상되는 지출을 현재가치로 할인한 금액이므로 시간의 경과에 따라 증가하고, 적용된 할인율이 변동하면 장부금액도 변동한다. 이러한 장부금액의 변동은 충당부채의 금융 요소(즉, 현저히 지연된 지출)와 관련이 있으므로 장부금액의 증가는 비용으로 인식하고 감소는 수익으로 인식하되, 재무 범주로 분류한다.

위에 열거한 수익과 비용들은 '오직 자금조달만을 위함이 아닌 거래에서 발생한 부채(위 ②의 부채)'의 금융 요소와 연관되어 재무 범주로 분류하는 것들이다. 그러면 그러한 부채에서 발생한 수익과 비용 중 금융 요소와 무관하여 영업 범주로 분류하는 것들은 무엇인가? 당연하게도, 이들은 재화나 용역의 거래와 연관된 다음과 같은 것들을 포함한다.

- **구매한 재화 또는 용역의 소비에 대해 인식한 비용** : 이는 신용으로 구매한 재화나 용역을 기업이 소비할 때 인식한 비용으로서, 대금 지급의 이연(즉, 금융 요소)과 무관하므로 영업 범주로 분류한다.
- **확정급여제도에서 발생하는 당기 및 과거 근무원가** : 종업원 급여에 대해 인식한 당기 및 과거 근무원가는 금융 요소와 무관하므로 영업 범주로 분류한다.[31)]
- **사업결합에서 인식된 조건부대가에 대한 부채의 공정가치 재측정** : 사업결합에서의 조건부대가(contingent consideration)란 피취득 기업의 장래 성과나 특정 사건 발생 여부에 따라 추가로 지급(또는 환급)하기로 약정한 대가를 말한다. 예컨대, 향

---

31) 제3장의 내용을 꼼꼼히 따라온 학습자라면 눈치챘겠지만, 확정급여제도와 관련된 수익 · 비용은 포괄손익계산서상 세 군데에 나누어 표시된다. 근무원가는 손익계산서의 영업 범주에 표시되고, 순확정급여부채(자산)에 대한 순이자는 손익계산서의 재무 범주에 표시된다. 마지막으로, 확정급여 재측정요소는 기타포괄손익으로서 '포괄손익을 표시하는 보고서'에 표시된다.

후 3년 내 피취득 기업의 순이익이 목표치를 달성하면 추가로 대가를 지급한다는 약정이 그러한 것이다. 조건부대가는 성격에 따라 부채나 자본으로 인식하는데, 부채로 인식하면 각 보고기간 말에 공정가치로 재측정한다. 그리고 공정가치의 변동은 손익으로 인식하면서 영업 범주로 분류한다.

지금까지 부채에서 발생하는 수익과 비용을 재무 범주 혹은 영업 범주로 분류하는 것에 관해 설명하였다. 그 내용이 다소 복잡하므로 요점만 정리하면 다음과 같다. 부채가 '오직 자금조달과 관련'이 있으면 재무 범주이며, '영업 과정의 부산물'이면 기본적으로 영업 범주다. 그리고 재무 범주로 분류하는 수익과 비용은 **직접적으로 자금을 조달**하거나(예 차입), **간접적으로 자금을 조달**한(예 재화·용역에 대한 대금 지급의 현저한 이연) 대가로 발생한 것들이다. 직접적인 자금조달과 관련된 수익·비용으로는 차입금 이자비용, 사채·리스부채 이자비용 등이 있고, 간접 자금조달과 관련된 것으로는 지급 이연 매입채무의 이자 요소, 유의적인 금융 요소가 있는 계약부채의 이자비용 등이 있다.

반면, 영업 범주로 분류되는 수익과 비용은 자금조달과 상관없이 재화나 용역의 제공 또는 소비 과정에서 발생하는 것들이다. 예컨대, 매입채무를 발생시킨 재화나 용역의 소비에 대해 인식한 비용(예 매출원가, 판매비와관리비, 감가상각비), 재화나 용역의 인도로 계약부채(예 선수금)가 감소하여 인식한 수익(예 매출) 등이 영업 범주로 분류된다.

4) 법인세 범주

법인세 범주로 분류되는 수익과 비용은 「기업회계기준서」 제1012호(법인세)를 적용하여 인식한 법인세비용 또는 법인세수익이다. 법인세 범주로 분류한 수익과 비용은 영업, 투자, 재무 범주로 분류하지 않는다. 즉, 법인세 관련 비용과 수익은 범주와 연관하여 구분 표시하지 않고 일괄적으로 표시한다. 법인세비용과 수익에 관해서는 추후 손익계산서의 별도표시항목에서 상세히 설명한다.

5) 중단영업 범주

중단영업 범주로 분류되는 수익과 비용은 「기업회계기준서」 제1105호(매각예정비유동자산과 중단영업)의 규정에 따라 중단영업에서 발생하는 수익과 비용을 가리킨다. 법인세 범주와 마찬가지로, 중단영업 범주로 분류한 수익과 비용은 영업, 투자, 재무, 법인세 범주로 분류하지 않고 일괄 표시한다. 중단영업에서 발생하는 수익과 비용에 관해서도 추후 손익계산서의 별도표시항목에서 자세히 설명한다.

(2) 손익계산서에 표시할 합계 및 중간 합계

손익계산서에는 다음과 같은 합계(totals)와 중간 합계(subtotals)를 표시한다. 첫 번째 중간 합계는 '**영업손익**(operating profit or loss)'인데, 이는 영업 범주로 분류된 모든 수익과 비용을 더한 손익이다. 두 번째 중간 합계는 '**재무손익및법인세비용차감전손익**(profit or loss before financing and income taxes)'이며, 이는 영업손익과 투자 범주로 분류된 모든 수익과 비용을 합한 손익이다. 세 번째는 합계에 해당하는 **당기순손익**(profit or loss 또는 net income)이다. 당기순손익은 손익계산서에 포함된 모든 수익에서 모든 비용을 차감한 합계다. 즉, 당기순손익은 손익계산서상 모든 범주로 분류된 모든 수익과 비용으로 구성된다.

한편, 연결손익계산서에서는 당기순손익을 지배기업 소유주의 지분과 비지배지분으로 각기 배분한 금액도 표시한다. 일례로, 당기순이익이 ₩1,000이고, 비지배지분이 5%라면, 지배기업소유주지분과 비지배지분을 각각 ₩950과 ₩50으로 표시한다.

(3) 손익계산서의 별도표시항목

「기업회계기준서」 제1118호는 손익계산서의 별도표시항목을 다음 **세 개의 기준서가 요구하는 항목별로** 나누어 제시하고 있다. 첫째는 본 기준서(제1118호), 둘째는 「기업회계기준서」 제1109호(금융상품), 그리고 셋째는 「기업회계기준서」 제1117호(보험계약)가 요구하는 항목이다. 이 가운데 보험계약은 중급회계의 주제가 아니므로, 더 이상 다루지 않는다.[32)]

1) 「기업회계기준서」 제1118호에서 요구하는 별도표시항목

① 수익(revenue) : 수익은 거래(예 매출)나 그 밖의 사건으로 인한 '자본의 증가'를 가리킨다(단, 소유주와의 거래로 인한 자본의 증가는 제외). 수익은 기업의 영업성과를 크게 좌우하는 매우 중요한 항목이므로 손익계산서상 별도표시항목으로 표시한다. 단, 「기업회계기준서」 제1109호(금융상품)에 따라 금융상품에 대해 '유효이자율법을 사용하여 산출한 이자수익'은 다른 수익과 구분하여 표시한다. 이는 일반적으로 수익이 영업 범주에 속하나 이자수익은 투자 범주에 속하기 때문이다.

② 영업비용(operating expenses) : 영업비용은 영업 범주에 속하는 모든 비용을 말

---

32) 참고로, 보험계약기준서에서 표시를 요구하는 항목으로는 다섯 가지가 있다. 구체적인 내용은 「기업회계기준서」 제1117호를 참조하라.

한다. 추후 상세히 설명하겠지만, 영업비용을 표시할 때는 비용의 **성격**(nature)에 따라 구분하여 표시할 수도 있고 그 비용이 기업 내에서 담당하는 **기능**(function)에 따라 구분 표시할 수도 있다.

③ 지분법을 적용하여 회계처리 하는 관계기업 및 공동기업의 당기손익에 대한 지분(share of the profit or loss of associates and joint ventures accounted for using the equity method) : 이는 지분법손익을 가리킨다. 이미 설명하였듯이, 지분법은 유의적인 영향력을 행사할 수 있는 지분증권을 취득한 투자회사가 투자한 지분에 적용하는 회계처리 방법으로서, 지분증권 취득 시 취득원가로 인식하고, 이후 피투자회사의 순자산이 변동할 때마다(예 순이익 발생, 배당지급 등) 이를 투자회사 자신의 지분율에 비례하여 취득원가에 가감하는 방법이다. 만일 투자회사의 지분율이 30%이고, 피투자회사의 당기순이익이 ₩1,000이라면, ₩300은 투자회사의 손익계산서에 '지분법이익'으로 구분하여 표시한다.

④ 법인세비용 또는 법인세수익(income tax expense or income) : 개념적으로 법인세비용은 기업의 세전이익에 대한 세금 비용으로서 손익계산서에 표시되는 비용이다. 전술하였듯이, 일반적으로 자산·부채의 장부금액이 세무기준액과 일시적으로 달라서 이연법인세가 발생하며, 이 때문에 **법인세비용은 당기에 납부할 법인세, 즉 당기법인세와 일치하지 않는다.** 따라서 법인세비용은 "**당기법인세 및 이연법인세와 연관하여** 당기손익을 결정하는 데 포함되는 금액"으로 정의된다. 이 정의는 다소 이해하기가 어려우므로 추가 설명이 필요하다. 먼저, 이연법인세부채의 당기 발생액은, 당기 이후에 납부할 법인세이지만(즉, 당기법인세가 아니지만) **당기에 귀속하는 법인세비용**이며, 반대로 이연법인세자산의 당기 발생액은 당기 법인세이지만 **당기 이후에 귀속되는 법인세비용**이다. 따라서 당기 법인세비용은 다음과 같이 계산된다.

당기 법인세비용 = 당기법인세 + 이연법인세부채의 당기 발생액
　　　　　　　　　　- 이연법인세자산의 당기 발생액

일례로, 당기법인세가 ₩2,000(= 미지급법인세: 대변 금액), 이연법인세부채의 당기 발생액이 ₩700(대변 금액), 그리고 이연법인세자산의 당기 발생액이 ₩500(차변 금액)이라면, 당기 법인세비용은 ₩2,200(= ₩2,000 + ₩700 - ₩500)이 된다. 위 식에서 볼 수 있듯이, 이연법인세자산의 당기 발생액이 상대적으로 큰 경우에는 당기 법인세비용이 음(-)의 값이 될 수 있다. 이런 경우는 법인세수익을 인식한다. 일례로, 세무상 당기 결손이 발생하면 납부할 법인세가 없으므로 당기 법인세는 0이 된다. 그런데 이 당기 결손은 차기 이후로 이월되어 법인소득에서

공제가 허용되므로, 그로 인한 절세 효과가 생긴다. 만일 이러한 절세 효과의 발생 가능성이 상당히 높다면 미래 발생할 절세액은 이연법인세자산으로 인식한다. 이때 이연법인세부채의 당기 발생액이 그리 크지 않다면 당기 법인세비용은 음의 값이 되어 법인세수익이 발생한다.

⑤ 중단영업의 합계를 표시하는 하나의 금액(a single amount for the total of discontinued operations) : 이는 중단영업과 관련하여 발생한 다음의 금액을 합한 금액을 말한다.

- 세후 중단영업손익 : 이는 중단된 영업으로부터 발생한 **영업손익**에서 법인세효과를 제거한 금액이다.
- 중단영업에 포함된 자산이나 처분집단(disposal group)을 순공정가치(=공정가치－매각비용)로 측정함에 따라 발생한 세후손익 : 이는 중단영업에 포함된 자산과 처분집단을 처분 시점까지 보유하는 동안 **순공정가치가 변동하여 발생한 평가손익**으로서 관련 법인세 효과를 제거한 세후금액이다.
- 중단영업에 포함된 자산이나 처분집단의 **처분**으로 발생한 세후처분손익

기업은 변화하는 경제 상황에 따라 특정 영업 부문이 수익성을 상실하여 해당 부문을 중단하는 것이 바람직할 수 있다. 이와 같이 중단된 영업이 있으면 기업은 그 영업손익을 따로 계산하여 계속영업(continuing operations)으로부터 획득한 이익과 구분하여 보고한다. 중단영업(discontinued operations)은 미래에 반복되지 않으므로, 관련 영업손익은 지속성(persistence)이 낮아서 투자자들의 미래 이익 예측에 유용하지 않다. 따라서 이를 계속영업의 결과와 분리하여 보고함으로써 투자자들의 예측이 왜곡되는 것을 막을 수 있다. 또한 중단영업에 속한 자산의 보유 중 순공정가치의 변동과 처분 시점의 처분손익도 중단영업손익과 합산하여 표시한다. 이때 합산되는 모든 금액은 관련 법인세효과를 제거한 세후금액이다.

2) 「기업회계기준서」 제1109호(금융상품)에서 요구하는 항목

① 유효이자율법을 사용하여 산출한 이자수익 : 일반적으로 채무상품으로 이루어진 금융자산을 만기까지 보유할 의도로 취득하면, 유효이자율법을 적용하여 이자수익을 인식한다. 유효이자율(effective interest rate)이란 채무상품의 취득원가를 그 자산으로부터 발생할 미래 현금흐름의 현재가치와 일치시켜 주는 할인율을 말하며 개념적으로는 투자자에게 귀속되는 내부수익률(internal rate of return)이다. 이러한 채무상품의 장부금액을 상각후원가(amortized cost)라 부르는데, 이자수익은 상각후원가에 유효이자율을 곱하여 계산한다.

② **금융자산 손상차손과 손상차손환입** : 손상차손(impairment loss)은 금융자산의 신용 위험 증가로 인해 회수하지 못할 것으로 예상되는 금액(기대신용손실)을 미리 비용으로 인식한 것이고, 환입은 기대신용손실이 감소하여 수익으로 인식한 것이다. 손상차손과 환입의 인식은 기대신용손실의 변동을 손익에 반영하는 절차이다.

③ **상각후원가로 측정한 금융자산의 제거로 인한 손익** : 상각후원가로 측정하는 금융자산으로는 회사채와 같은 채무증권, 매출채권, 대여금 등이 있다. 이러한 금융자산을 회수 또는 양도하여 장부에서 제거(derecognition)할 때는 받은 대가와 제거 시점 장부금액(상각후원가)의 차이를 손익으로 인식한다.

④ **금융자산을 상각후원가 측정에서 당기손익-공정가치 측정으로 재분류하는 경우, 재분류 전 상각후원가와 재분류일 공정가치의 차이로 인한 손익** : 드물지만, 채무증권으로 구성된 금융자산을 최초 인식할(취득할) 때 상각후원가로 측정하였다가 이후 금융자산의 보유 목적이 바뀜에 따라 당기손익-공정가치 측정으로 변경할 수 있다. 이때 해당 금융자산의 장부금액은 상각후원가에서 공정가치로 재분류되는데, 일반적으로 이 둘은 서로 다르므로 그 차이를 손익으로 인식한다.

⑤ **금융자산을 기타포괄손익-공정가치 측정에서 당기손익-공정가치 측정으로 재분류하는 경우, 당기손익으로 재분류되는 기인식 기타포괄손익누계액** : 금융자산을 기타포괄손익-공정가치로 측정하면 공정가치의 변동을 기타포괄손익으로 인식하며 매기 발생한 기타포괄손익은 누계되어 자본 항목을 구성한다. 이때 측정 방법을 당기손익-공정가치로 재분류하면, 이후부터 공정가치 변동은 기타포괄손익이 아닌 당기손익 항목이 된다. 그리고 최초 인식 시점부터 누적된 기타포괄손익누계액은 일시에 당기손익으로 인식한다.

이상으로 손익계산서에 별도로 표시될 항목들을 설명하였다. 이 항목들 이외에도, 기업은 수익과 비용에 관하여 '유용한 구조화된 요약 정보'를 제공하는 데에 필요하다면, 추가적인 별도표시항목을 손익계산서에 표시한다. 이때 기업은 해당 수익·비용 항목의 성격(nature), 기능(function), 지속성(항목의 발생 빈도나 반복 여부 등), 측정 기준(㉮ 상각후원가, 공정가치 등), 측정이나 결과의 불확실성, 크기 등을 근거로 판단한 후 추가 별도표시항목의 표시 여부를 결정한다.

(4) 영업 범주로 분류하는 비용의 표시 및 공시

「기업회계기준서」 제1118호에 따르면, 기업은 **영업 범주로 분류되는 비용** 항목에 대해 가장 '유용한 구조화된 요약 정보'를 제공하기 위해, 다음 두 가지 특성(characteristics)을 기준으로 비용을 분류하고 표시한다. 첫 번째 특성은 비용의 **성격**(nature)이고, 두 번째 특성은 비용이 기업 내에서 담당하는 **기능**(function)이다.

1) 영업비용의 성격별 분류

먼저, 영업비용을 **성격별**로 분류할 때는 경제적 자원이 소비된 **기업 활동**(예 생산, 구매, 판매, 관리, 연구 개발 등의 활동)은 고려하지 **않고**, 그러한 활동을 하기 위해 소비된 경제적 자원의 **성격과 관련된** 정보를 제공한다. 이러한 정보의 예로는 원재료비, 종업원급여, 감가상각비, 상각비에 대한 정보가 있다. 이 가운데 종업원급여를 예로 들어보자. 종업원급여는 '인적자원의 소비라는 **성격**을' 공유하지만, 생산직 종업원, 판매직 종업원, 관리직 종업원, 연구 개발에 투입된 종업원 등 다양한 기업 활동에 종사하는 종업원들의 모든 급여를 망라한다. 따라서 종업원급여라는 별도표시항목은 인적자원이라는 경제적 자원이 어떤 활동에서 소비되는지는 고려하지 않고, 인적자원의 소비라는 **공통의 성격에 따라** 분류한 **성격 비용**(nature expense)인 것이다.

2) 영업비용의 기능별 분류

다음으로, 영업비용을 기업 내 **기능별**로 분류할 때는 동일한 성격을 갖는 비용(예 종업원급여)을 '자원의 소비가 발생한 **활동에 따라**' **배분**하고, 활동별로 배분된 금액을 통합한다. 예를 들면, 매출원가라는 별도표시항목은 수익 창출 활동(예 제품의 생산 · 판매, 용역의 인도 등)을 위해 소비된 모든 경제적 자원(예 원재료, 인적자원, 유 · 무형자산 등)을 **통합한 기능 비용**(function expense)인 것이다. 따라서 비용을 기능별로 분류할 때 기업은, ① 경제적 자원의 소비로 발생한 각 동일 성격의 비용을 기능별 별도표시항목(즉, 기능 비용)에 배분한 후, ② 이러한 여러 성격의 비용 배분액(예 원재료/인적자원/유 · 무형자산 사용액 등의 배분액)을 통합하여 하나의 별도표시항목으로(예 매출원가, 판매비관리비, 연구개발비 등) 표시한다.

3) 특성을 선택할 때 고려할 사항

기업이 영업비용을 분류할 때, 비용의 성격과 기능 중 어떤 특성을 사용할지 선택하기 위해 다음 사항들을 고려한다. 첫째, 어떤 별도표시항목이 기업 수익성의 주요 구성요소나 동인(動因)에 대해 가장 유용한 정보를 제공하는가? 예를 들면, 소매기업의 수익성은 주요 동인이 매출원가인 경우가 일반적이다. 따라서 '기능 비용'인 매출원가를 별도표시항목으로 하면, 재화 판매 수익이 주된 영업비용(즉, 매출원가)을 충당하기에 충분한지, 그리고 이윤은 얼마인지에 대해 목적적합한 정보를 제공할 수 있다. 그러나 서비스 기업처럼 수익과 원가 간에 연결이 덜 직접적인 기업은 매출원가가 수익성의 중요한 구성요소일 가능성은 높지 않다. 오히려 일부 서비스 기업의 경우 종업원급여가 수익성의 주요 동인일 수 있다. 이 경우는 성격별로 분류된 영업비용 정보가 재무제표이용자에게 더 목적적합하다.

둘째, 어떤 별도표시항목이 사업의 관리 방식과 경영진의 내부 보고 방식을 가장 가깝게 나타내는가? 예를 들면, 주요 기능에 따라 관리되는 제조기업은 내부 보고를 위해 기능별로 비용을 분류할 수 있다. 이와 달리, 고객에게 금융서비스를 제공하는 기업처럼 **하나의 주된 기능만** 있는 기업은 성격별로 분류한 별도표시항목이 내부 보고 목적으로 가장 유용한 정보를 제공할 수 있다. 이에 따라 손익계산서상 영업비용 분류 방식도 성격별이나 기능별로 선택할 수 있다. 셋째, 표준적인 업계 관행은 무엇인가? 표준 업계 관행을 고려하는 이유는 동일 산업 내 기업들이 비용을 동일한 방식으로 분류한다면 재무제표이용자가 동일 산업 내 기업들의 비용을 더 쉽게 비교할 수 있기 때문이다. 넷째, 비용의 기능별 배분으로 구성된 '기능 비용'이 비용에 대한 충실한 표현이 되는지, 아니면 충실한 표현을 나타내지 못할 정도로 비용 배분이 자의적인가? 만일 그렇다면, 성격에 따라 비용을 분류한다.

4) 두 특성을 모두 사용하는 경우

위에서 영업비용을 분류할 때 사용하는 두 특성을 살펴보았다. 상식적인 말이지만, **개별**(individual) 별도표시항목은 두 특성 중 **하나만**을 기준으로 통합된 영업비용이어야 한다. 그러나 모든 개별 별도표시항목이 동일한 특성만을 기준으로 통합돼야 하는 것은 아니다. 어떤 경우에는 일부 별도표시항목은 성격별로, 다른 별도표시항목은 기능별로 분류하여 표시하는 것이 가장 '유용한 구조화된 요약 정보'를 제공할 수도 있다. 그러한 예는 다음과 같다. 첫째, 기능별로 비용을 분류·표시하는 것이 유용한 정보를 제공하지만, 특정 비용의 기능별 배분이 자의적일 때 해당 비용만 성격별로 분류하고 나머지 비용은 기능별로 분류하는 경우다. 둘째, 기업이 **두 가지 유형의 주된 사업활동**을 한다면 수익성의 주요 동인에 대한 정보를 제공하기 위해 일부 비용은 기능별로, 다른 비용은 성격별로 분류하여 표시하는 경우이다.

한편, 손익계산서의 영업 범주에 기능별로 분류된 하나 이상의 별도표시항목이 있는 경우에는 다음과 같이 표시하고 공시한다. 첫째, 매출원가를 포함하여 영업비용을 기능별로 분류하는 기업은 **매출원가**를 나타내는 별도표시항목을 구분하여 표시한다. 그리고 이 별도표시항목이 재고자산 비용의 합계(즉, 취득원가, 가공원가 및 기타 원가의 합계)를 반영하도록 한다. 둘째, 각 '기능 비용'은 그 성격에 대해 비계량적 설명을 공시한다.

이상으로 손익계산서와 관련된 「기업회계기준서」 제1118호의 규정을 살펴보았으므로, 다음으로 '포괄손익을 표시하는 보고서'에 관한 규정을 알아보자.

3. 포괄손익을 표시하는 보고서

전술하였듯이, '포괄손익을 표시하는 보고서'는 '포괄손익'을 표시하는 두 가지 방식 중 통합방식에서는 '기타포괄손익 부분(section)'을 가리키고, 분리 방식에서는 '기타포괄손익을 표시하는 보고서(statement)'를 가리킨다. 따라서 이 보고서의 주요 표시 항목은 당기순손익, 기타포괄손익, 이 둘을 합산한 포괄손익이다. 그리고 포괄손익은 비지배지분과 지배기업 소유주의 지분으로 각각 배분한 금액도 표시한다.[33]

(1) 기타포괄손익 항목의 두 범주

손익계산서에 표시되는 수익과 비용을 다섯 가지 범주로 분류 · 표시하듯이, '포괄손익을 표시하는 보고서'의 수익과 비용(즉, 기타포괄손익 항목)은 다음 **두 가지 범주**로 분류 · 표시한다.

① **특정 조건을 충족할 때 당기손익으로 재분류되는 기타포괄손익** : 여러 「기업회계기준서」에서는[34] 이전에(previously) 인식한 **기타포괄손익 금액을 당기손익으로 재분류**할지, 그리고 재분류한다면 그 시기에 관하여 규정한다. 그러한 재분류 절차를 **재분류조정**(reclassification adjustments)이라고 하며, **재순환**(recycling)이라고도 한다. 이 범주에 속하는 기타포괄손익의 예로는 현금흐름위험회피손익, 해외사업장외화환산손익, 그리고 기타포괄손익-공정가치 측정 항목으로 지정된 채무상품으로 이루어진 금융자산의 미실현 평가손익이 있다. 기타포괄손익-공정가치 측정 항목으로 지정된 금융자산을, 이하 편의상, 금융자산(FVOCI)라 부르고, 채무상품으로 이루어진 그러한 금융자산을 '채무상품 금융자산(FVOCI)'로 부르도록 한다(OCI는 기타포괄손익을 의미함).

이 가운데 '채무상품 금융자산(FVOCI)'를 예로 들어보자. 회사채와 같은 채무

---

33) 연결포괄손익계산서에서 포괄손익은 비지배지분과 지배기업 소유주의 지분으로 배분 표시된다.

34) 「기업회계기준서」 제1109호(금융상품), 제1019호(종업원급여), 제1016호(유형자산) 등임.

상품을 취득한 후 만기 이전에 처분할 의도를 가진 기업은 이를 매 보고기간 말 공정가치로 재측정하고, 재측정으로 인한 미실현 평가손익은 해당 보고기간의 기타포괄손익으로 인식한다. 예컨대, 어떤 기업이 당기 말 '채무상품 금융자산(FVOCI)'의 가치를 재측정하고 ₩1,000의 미실현 평가이익(회사채 공정가치의 상승)을 기타포괄이익으로 인식하였다고 하자. 그러면 이 ₩1,000의 기타포괄이익은 후속 기간에 자산의 처분 등으로 실현되어 당기이익으로 재분류될 때는 **차감되어야** 한다. 그 이유는 처분 기간의 당기순손익이 자산 처분으로 실현된 ₩1,000의 이익을 포함하므로, 동 금액을 차감하지 않으면(즉, '조정'하지 않으면) 전체 기간의 포괄손익에서 이중으로 계상되기 때문이다. 이렇게 차감하는 절차를 재분류조정이라 부르고, 해당 ₩1,000의 조정 금액도 '재분류조정'이라는 이름으로 재분류 기간 기타포괄손익 항목 중 하나로 표시된다. 더 상세한 내용은 본 장 [부록 A]에 상술되어 있다.

② 당기손익으로 재분류되지 않는 기타포괄손익 : 두 번째 범주는 당기손익으로 재분류되지 않는 기타포괄손익 항목이다. 이러한 항목들로는 종업원급여 중 하나인 확정급여제도의 재측정요소, 유·무형자산의 재평가잉여금 변동, 그리고 지분상품으로 구성된 금융자산(FVOCI)의 미실현 평가손익이 있다. 편의상, 이러한 금융자산을 '지분상품 금융자산(FVOCI)'로 부르도록 한다. 이 항목들은 후속 기간에 당기손익으로 재분류되지 않는 대신, 다른 자본 항목(예 이익잉여금)으로 대체될 수 있다. 한편, 이러한 기타포괄손익 항목의 성격에 관한 요약 내용은 본 장 [부록 A]에 상술되어 있다.

(2) '포괄손익을 표시하는 보고서'의 별도표시항목

손익계산서에서처럼, '포괄손익을 표시하는 보고서'에도 다음과 같은 별도표시항목이 있다.

① 지분법을 적용하여 회계처리 하는 관계기업과 공동기업의 기타포괄손익에 대한 지분(share of the other comprehensive income of associates and joint ventures accounted for using the equity method) : 이는 지분법 적용 대상 피투자회사인 관계기업이나 공동기업에서 발생한 **기타포괄손익**에 대한 투자회사의 몫을 의미하며, '지분법기타포괄손익' 항목으로 구분하여 표시한다.

② 그 밖의 기타포괄손익 항목 : 이는 금융자산(FVOCI)의 평가손익, 현금흐름위험회피손익, 해외사업장외화환산손익, 재평가잉여금변동, 확정급여제도의 재측정요소 등을 가리킨다.

위 별도표시항목은 **범주별로** 표시한다. 즉, 재분류되는 것과 그렇지 않은 것으로 분류한다. 따라서 지분법기타포괄손익(①)의 경우 재분류되는 지분법기타포괄손익과 재분류되지 않는 지분법기타포괄손익을 각각 별도 표시한다.

예를 들면, 관계기업이 보유한 채무상품 금융자산(FVOCI)의 평가이익이 ₩40,000이고, 지분상품 금융자산(FVOCI)의 평가이익은 ₩10,000이라고 하자. 이때 투자기업의 지분율이 20%라면, ₩8,000(=₩40,000 × 20%)은 '재분류되는 지분법기타포괄손익'으로 표시하고, ₩2,000(=₩10,000 × 20%)은 '재분류되지 않는 지분법기타포괄이익'으로 각각 표시한다.

(3) 개별 기타포괄손익 관련 법인세 효과의 표시 방식

개별 기타포괄손익 항목(재분류조정 포함)과 관련된 법인세비용 금액을 표시하는 방법으로서 다음 중 한 가지를 선택할 수 있다. ① 개별적으로 관련 법인세 효과를 차감한 '세후 금액으로' 표시한다. ② 개별 항목들을 법인세 반영 전 금액(즉, 세전 금액)으로 표시하고, 각 항목과 관련된 법인세 효과를 하나의 합계 금액으로 별도 표시한다. 후자(②)를 선택하면, 법인세는 재분류되는 범주와 재분류되지 않는 범주 간에 배분되어 표시된다.

이상으로 손익계산서 및 '포괄손익을 표시하는 보고서'와 관련된 주요 규정을 살펴보았다. 그 내용이 복잡하여 해당 규정을 따라 작성된 손익계산서와 '포괄손익을 표시하는 보고서'의 모습이 궁금할 수 있다. 본 장의 [부록 C]는 포괄손익계산서와 '포괄손익을 표시하는 보고서'를 예시하고 있다. [부록 C-1]에 예시된 포괄손익계산서는 **통합형**식으로 작성되었고, 영업비용은 기능별로 분류되었으며, '포괄손익을 표시하는 보고서' 부분에서 기타포괄손익 항목은 관련 법인세 효과를 개별적으로 차감한 '**세후** 금액으로' 표시되었다. 이어서 [부록 C-2]는 영업비용을 성격별로 분류한 사례를 보여준다.

[부록 C-3]는 분리형식으로 작성된 '포괄손익을 표시하는 보고서'를 예시하고 있다. 이 예시에서는 모든 기타포괄손익 항목을 법인세 반영 전 '**세전** 금액'으로 표시하였고, 각 항목과 관련된 법인세 효과는 하나의 합계 금액으로 별도 표시하였다. 따라서 법인세 효과는 재분류되는 범주와 재분류되지 않는 범주 간에 배분되어 표시되었다.

이제 마지막으로 포괄손익계산서의 유용성과 한계에 대해 살펴보자. 앞에서 이미 설명하였듯이, 포괄손익계산서란 손익계산서와 '포괄손익을 표시하는 보고서'를 합친 재무제표를 의미한다.

4. 포괄손익계산서의 유용성과 한계

"삼성전자가 3분기 영업이익을 약 12조 1천억 원으로 추정 발표하면서 투자 심리가 개선됐다. 해당 수치는 3년여 만의 최대치이자 시장 예상치를 크게 웃도는 수준으로, 인공지능(AI) 관련 메모리 반도체 수요 급증이 실적 개선을 이끌었다. 이와 같은 긍정적인 실적 전망은 반도체 업황의 지속적인 회복에 대한 기대를 키웠고, 이에 삼성전자 주가는 사상 최고치를 기록했으며 반도체 업종 전반도 동반 강세를 보였다. SK하이닉스는 2.7% 상승했고, LG에너지솔루션은 5.6% 올랐다." "아모레퍼시픽은 이번 주 2분기 실적을 발표한 이후 주가가 약 30% 가까이 급락했는데, 이는 해당 분기 실적이 시장 예상치를 크게 밑돌았기 때문이다. 이러한 큰 폭의 하락은 화요일에 발표된 어닝쇼크(earnings shock)에 따른 것이다. 시장에서는 2분기 영업이익이 695억 원에 이를 것으로 예상했으나, 회사는 화장품 부문의 수익성 악화를 이유로 영업이익이 42억 원에 그쳤다고 밝혔다." 이러한 회계 관련 뉴스는 이익 정보가 주가, 즉 기업 가치에 미칠 수 있는 잠재력을 잘 대변해 준다. 포괄손익계산서는 한 보고기간에 걸친 기업의 재무적 성과(financial performance)를 보여주는 재무제표이며, 특히 기업의 재무적 성과를 요약한 영업손익(operating profit or loss)이나 순손익(profit or loss 또는 net income or net loss)은, 위 뉴스에서 본 대로, 기업 가치에 큰 영향을 미치므로 재무제표이용자들에게 매우 유용한 정보다.

포괄손익계산서는 기업이 한 보고기간에 걸친 영업활동을 통해 얼마의 이익을 획득하였는지 보여줌으로써 기업의 재무성과를 나타낸다. 기본적으로 포괄손익계산서는 기업의 당기 성과에 관한 정보를 제공하는 것이지만, 당기 성과와 미래성과는 일반적으로 높은 상관관계에 있으므로, 포괄손익계산서 정보는 기업의 미래성과를 예측하는 데에도 도움을 준다. 즉, 포괄손익계산서는 기업이 미래에 창출할 수 있는 이익의 크기, 시기 및 그 불확실성을 예측할 수 있는 정보를 제공함으로써 재무제표이용자들이 기업 가치나 신용도(credit worthiness)를 평가하는 데 매우 적합하다.

그러나 포괄손익계산서의 한계점 중 하나는 보고된 회계이익이 회사가 한 보고기간에 획득한 모든 경제적 자원을 완전하게 나타내지는 못한다는 점이다. 즉, 포괄손익으로 대변되는 **회계이익**(accounting earnings)은 일반적으로 **경제적 이익**(economic earnings)과 일치하지 않는다. 힉스(J. R. Hicks)는 경제적 이익을 '기말에도 기초와 동일한 순자산 가치를 유지하면서, 기중에 소비할 수 있는 최대한의 경제적 자원의 가치'로 정의하였다.[35)]

---

35) J. R. Hicks, *Value and Capital*(1946).

여기서 기업의 경우 '소비'란 경제적 자원의 사외유출에 해당하므로 배당, 자기주식의 취득 등과 같은 소유주에 대한 분배를 의미한다. 따라서 힉스의 이익을 기업에 관해 재정의하면, '기말 순자산을 기초 순자산과 동일하게 유지하면서 소유주에게 분배할 수 있는 최대한의 경제적 자원'이라 할 수 있다. 따라서 순자산이 증가(또는 감소)하였다면, 당기이익이 소유주에 대한 분배보다 더 컸음(또는 더 작았음)을 의미한다. 이렇게 해석하면 힉스의 이익은 **개념적으로는** 포괄손익과 일치함을 알 수 있다. 한 가지 차이점은 힉스의 이익에서 순자산은 물가 변동을 고려한 순자산의 실질 가치를 의미하나, 포괄손익에서의 순자산은 명목가치라는 점이다.[36)]

회계이익이 경제적 이익과 일치하지 않는 이유는 다음 두 가지로 축약된다. 첫째, 회계상의 순자산이 실질 가치로 측정되지 않고 명목가치로 측정되므로 물가 변동이 있는 경우 회계이익은 경제적 이익과 달라진다. 둘째, 회계상의 순자산, 즉, 자산/부채의 모든 항목이 공정가치로 평가되지 않을 수도 있고(㉥ 유·무형자산은 기업의 선택에 따라 취득원가로 평가할 수 있음), 또 설사 모든 자산/부채가 공정가치로 평가된다고 해도 시장가격이 없다면 추정 가치나 감정가격에 근거해야 하는데, 이 경우 측정 오류를 피할 수 없고, 결과적으로 자산/부채의 공정가치 변동이 회계이익에 정확하게 반영되지 않아서 경제적 이익과 달라질 수 있다. 이뿐만 아니라, 이러한 측정 오류는 불완전한 회계기준으로 인해 부외자산(㉥ 브랜드가치 등)이나 부외부채(㉥ 진행 중인 소송, 제삼자 지급보증 등으로 인한 잠재적 부채)가 발생할 때는 더 커진다. 이러한 한계점에도 불구하고 회계이익은 발생주의와 같은 합리적인 회계이론에 따라 측정되므로 경제적 이익을 가장 잘 대표해 주는 정보라 할 수 있다.

포괄손익계산서의 또 다른 한계점은 회계이익이 여러 가지 대안이 가능한 회계처리 방법에 따라 산출된다는 점이다. 예를 들어, 재고 원가를 평가하는 방법만 해도 선입선출법과 평균원가법이 있는데, 물가가 상승하는 시기에는 평균원가법으로 계산한 이익이 선입선출법으로 계산한 이익보다 작다. 기업의 경제적인 실질(economic substance)은 동일하더라도 이렇게 회계처리 방법이 다름으로 해서 서로 다른 회계이익이 산출될 수 있다. 또 유형자산의 감가상각방법, 내용연수나 잔존가치와 같은 회계추정을 변경하여도 회계이익은 크게 변동할 수 있다.

36) 또 다른 사소한 차이점은, '소유주와의 거래'로 인해 순자산이 증감하므로 포괄손익은 그러한 순자산 변동 효과를 제외하지만, 힉스의 이익은 그러한 순자산의 변동은 명시적으로 고려하지 않는다.

제5절 자본변동표

1. 자본변동표의 목적

자본변동표는 한 보고기간 동안 발생한 소유주지분의 변동을 보고하는 재무제표로서, 자본을 구성하고 있는 요소들(즉, 납입자본과 적립금의 세부 항목들)의 변동에 대한 **종합적인** 정보를 제공하는 것을 그 목적으로 한다. 국제회계기준이 채택되기 이전까지 우리나라는 이익잉여금처분계산서를 기본 재무제표의 하나로 인정해 왔다. 그러나 이익잉여금처분계산서는 자본을 구성하는 하나의 항목에 불과한 이익잉여금의 변동 내용만을 보고할 뿐, 자본을 구성하는 모든 항목의 변동 내용을 총체적으로 보고하지는 못한다. 따라서 자본 변동에 관한 종합적인 정보를 제공하기 위하여 한국채택국제회계기준은 자본변동표의 작성을 의무화하고, 이익잉여금처분계산서는 주요 재무제표에서 배제하였다.

2. 자본변동표의 구조와 내용

자본변동표는 자본을 구성하는 항목들을 항목별로 기초잔액과 변동 사항 및 기말잔액으로 표시한다. 자본의 구성요소는 종류별 납입자본(예 보통주, 우선주 등), 종류별 기타포괄손익누계액과 이익잉여금 등을 포함한다. 기초잔액은 전기 말의 금액이고 기말잔액은 기초잔액에 변동 사항을 단순히 가감한 것이므로, 자본변동표의 핵심 정보는 각 자본 구성 요소의 변동 사항이라고 할 수 있다.

먼저, 납입자본의 변동은 유·무상증자 또는 감자 및 주식배당 등에 의하여 발생하며, 이러한 변동 사항은 납입자본 종류별로 구분하여 표시한다. 기타포괄손익누계액의 변동도 금융자산(FVOCI)평가손익누계액, 해외사업장외화환산손익누계액, 현금흐름위험회피손익누계액, 재평가잉여금 등 종류별로 중요성에 따라 구분하여 표시한다. 또 이익잉여금의 변동은 당기손익, 배당, 이익잉여금 대체(transfer to retained earnings) 등으로 구분하여 표시한다. 여기서 이익잉여금 대체란 재분류되지 않는 범주의 기타포괄손익 금액을 이익잉여금으로 대체하는 것을 말한다. 예를 들어, 유·무형자산의 재평가잉여금은 기타포괄이익으로 계상된 이후 당기이익으로 재분류되지 않는데, 관련 자산이 사용(즉, 상각) 또는 제거되는 기간에 이익잉여금으로 대체하는 것을 허용한다.[37] 자본변동표상에 표시되는 금액은 비지배지분과 지배기업의 소유주에게 각각 귀속되는 금액을 구분하여 표시한다.

한편, 「기업회계기준서」 제1008호(회계정책, 회계추정의 변경 및 오류)는 실무적으로 적용할 수 있는 범위까지 회계정책의 변경과 오류수정에 대해 소급법을 적용하여 재무제표의 재작성을 요구한다. 일반적으로, 소급법을 적용한 수정과 재작성은 자본의 당기 변동으로 표시하지 않고 이익잉여금의 기초잔액을 수정한다. 일례로, 과거에 발생한 중요한 회계 오류를 당기에 발견하였다면, 이 오류가 자본의 다른 구성요소(예 납입자본)의 소급 수정을 요구하는 경우가 아니라면 그 수정 효과는 당기의 기초이익잉여금을 조정하는 항목으로 처리한다. 이때 수정전 기초이익잉여금과 오류수정 효과는 통합한 단일 금액으로 표시하지 않고, 두 금액을 각기 구분하여 표시한다. 마찬가지로, 회계정책 변경으로 인한 누적효과도 회계변경 연도의 기초이익잉여금을 조정하는 항목으로서 수정전 기초이익잉여금과 구분하여 표시한다. 만일 오류수정과 회계변경이 동시에 발생하였다면, 각각의 효과를 구분하여 표시한다. <표 3. 2>는 이상에서 논의한 자본변동표를 예시하고 있다.

표 3. 2
자본변동표 예시

	납입자본	이익잉여금	금융자산평가손익	재평가잉여금변동	합계	비지배지분	자본총계
20×8. 1. 1. 잔액	600,000	118,100	(4,000)	-	714,100	29,500	743,600
회계정책변경	-	400	-	-	400	100	500
회계오류수정	-	(1,000)	-	-	(1,000)	(250)	(1,250)
재작성 잔액	600,000	117,500	(4,000)	-	713,500	29,350	742,850
20×8년 자본변동							
배 당	-	(10,000)	-	-	(10,000)	-	(10,000)
포괄손익	-	53,200	6,400	1,600	61,200	15,300	76,500
20×8. 12. 31. 잔액	600,000	160,700	2,400	1,600	764,700	44,650	809,350
20×9년 자본변동							
유상증자	50,000	-	-	-	50,000	-	50,000
배 당	-	(15,000)	-	-	(15,000)	-	(15,000)
포괄손익	-	96,600	3,200	800	100,600	25,150	125,750
이익잉여금대체	-	200	-	(200)	-	-	-
20×9. 12. 31. 잔액	650,000	242,500	5,600	2,200	900,300	69,800	970,100

37) 한국채택국제회계기준에서는 언급이 없지만, 주식할인발행차금의 상각액, 감자차손 및 자기주식처분손실도 이익잉여금과 상계 처리되는데, 그런 의미에서 이러한 회계처리도 이익잉여금 대체로 볼 수 있을 것이다.

제6절 현금흐름표

1. 현금흐름표의 목적

현금은 기업이 매일의 영업활동(예 재고자산 매입, 급여 지급 등), 투자활동(예 유·무형자산의 취득 등), 그리고 재무활동(예 차입금 상환, 배당 지급 등)을 수행하는 데 있어서 없어서는 안 될 경제적 자원이다. 인체에 비유하자면, 현금은 혈액(life blood)에 해당한다. 혈액이 부족하면 인체가 생존할 수 없듯이, 충분한 현금이 확보되지 않으면 기업도 도산하게 된다.

전술하였듯이, 재무제표의 목적 중 하나가 기업의 미래 순현금유입에 대한 전망(prospects)을 평가하는 데 유용한 재무 정보를 보고하는 것이다. 구체적으로, 기업의 미래 현금흐름의 크기, 발생 시기 및 이에 관한 불확실성을 평가할 수 있는 정보의 제공이 재무제표의 주목적 중 하나다. 재무상태표, 포괄손익계산서 및 자본변동표도, 제한적이기는 하지만, 현금흐름에 관한 정보를 제공한다. 일례로, 비교 재무상태표를 분석하면 현금의 변동을 총괄적으로 알 수 있고, 회계연도 중에 취득한 자산과 처분한 자산이 얼마인지 알 수 있으며, 새로 발생한 부채 및 상환된 부채가 얼마인지도 알 수 있다. 또 포괄손익계산서는 비록 현금의 형태로는 아니지만, 회사가 영업활동을 통해 경제적 자원을 얼마나 획득하였는지 보여주고, 자본변동표는 배당지급으로 얼마의 현금이 사용되었으며, 유상증자, 자기주식 거래 등으로 얼마의 현금흐름이 발생하였는지 알려준다. 그러나 이 세 가지 재무제표 중 어느 것도 현금유입(cash inflows)과 현금유출(cash outflows)에 대해 직접적이고 완전한 정보를 제공해 주지 못한다. 따라서 한 보고기간에 발생한 모든 현금유출·입을 나타내기 위해 회사는 현금흐름표(cash flow statement)를 작성한다.

여기서 현금흐름표상의 현금은 단순히 기업이 보유 중인 현금(cash)과 요구불예금(demand deposits)만을 가리키는 것은 아니다. 그 외에도 현금성자산(cash equivalents), 즉 '유동성이 매우 높은 단기투자자산으로서 확정된 금액의 현금으로 전환이 용이하고 가치 변동의 위험이 중요하지 않은 자산'도 포함된다. 현금성자산을 현금흐름표 작성에 포함시키는 이유는, 이 자산이 기업의 현금 관리(cash management) 차원에서 취득·처분되기 때문이다. 일례로, 일시적인 여유자금이 발생한 기업은 이를 단기투자자산에 필요시까지 투자함으로써 현금 관리의 효율성을 높인다.

2. 현금흐름표의 구조와 내용

구체적으로 현금흐름표는 한 보고기간 동안 어디서 현금이 들어왔으며(현금의 출처: sources of cash), 어디에 현금이 사용되었고(현금의 사용처 : uses of cash), 현금액은 어떻게 변동했는지에 관해 정보를 제공한다. 현금흐름표 작성을 위한 논리와 방법은 제24장에서 상세히 설명할 것이므로, 여기서는 구조와 내용에 관해서만 간략하게 소개한다.

현금흐름표는 한 보고기간 동안 발생한 현금유출·입을 영업활동(operating activities), 투자활동(investing activities) 및 재무활동(financing activities)으로 구분하여 보고한다. 각 활동으로 인한 현금유출·입의 성격과 내용은 다음과 같다.

(1) 영업활동현금흐름

영업활동은 기업의 주요 수익 창출 활동(principal revenue-producing activities)을 말하는데, 기업마다 수익 창출의 행태가 다르므로 구체적으로 무엇이 영업활동인지도 기업에 따라 다를 수 있다. 일반적으로 영업활동현금흐름은 '당기순이익의 결정에 영향을 미치는 거래나 사건'으로부터 발생하는 현금흐름으로 보는데, 이는 영업활동현금흐름을 포괄손익계산서상의 순이익에 대응하는 개념으로 보는 견해에 근거한다. 영업활동현금흐름의 예를 들면 다음과 같다.

① 재화의 판매와 용역 제공에 따른 현금유입
② 로열티(royalties), 수수료(fees), 중개료(commissions) 및 기타수익에 따른 현금유입
③ 재화와 용역의 매입에 따른 현금유출
④ 종업원과 관련하여 직·간접으로 발생하는 현금유출
⑤ 보험회사의 경우 수입보험료, 보험금, 연금 및 기타 급부금과 관련된 현금유입과 현금유출
⑥ 법인세의 납부 또는 환급(단, 재무활동이나 투자활동에 명백히 관련되는 법인세 납부나 환급은 제외) : 사실 법인세는 영업활동뿐 아니라, 투자활동이나 재무활동으로 인해서도 발생한다. 법인세비용은 투자활동이나 재무활동으로 쉽게 식별이 가능한 경우라 하더라도 관련 법인세 현금흐름은 식별할 수 없는 경우가 많고, 또 관련 거래의 현금흐름 발생 기간과 다른 기간에 발생하기도 한다. 따라서 법인세의 현금 지급은 일반적으로 영업활동현금흐름으로 분류한다. 그러나 투자활동이나 재무활동에 해당하는 개별 거래에 관련된 법인세 현금흐름을 실무적으로 식별할 수 있다면, 이는 투자활동이나 재무활동으로 분류한다.
⑦ 단기매매목적으로 보유하는 계약에서 발생하는 현금유입과 현금유출 : 기업은 단

기매매목적으로 금융자산(예 금융상품, 유가증권, 대출채권 등)을 보유할 수 있는데, 이 경우 이들은 판매를 목적으로 취득한 재고자산과 성격이 유사하다. 따라서 단기매매목적으로 보유하는 금융상품 계약의 취득과 판매[38]에 따른 현금흐름은 영업활동으로 분류한다.

영업활동현금흐름을 표시하는 방법은 직접법(direct method)과 간접법(indirect method)이 있다. 직접법은 영업을 통해 획득한 총 현금유입과 영업을 위해 지출한 총 현금유출을 주요 항목별로 구분하여 표시하는 방법으로서, 현금유입은 주요 원천(sources)별로 구분하고 현금유출은 주요 용도(uses)별로 구분하여 표시한다. 직접법은 영업활동현금흐름을 총 현금유입에서 총 현금유출을 차감하여 계산하므로 매우 직관적이고, 회계에 미숙한 재무제표이용자도 쉽게 이해할 수 있는 장점이 있다.

반면, 간접법은 영업활동현금흐름을 손익계산서의 영업손익과의 조정(reconciliation)을 통해 계산하므로 회계 미숙자들에게는 매우 난해한 방법이다. 영업손익은 영업활동의 결과가 반영된 금액이므로 영업활동현금흐름과 개념적으로는 일치한다. 그러나 영업손익은 발생주의(accrual basis)를 적용하여 산출하는 반면, 영업활동현금흐름은 그 의미대로 현금주의(cash basis)에 따라 산출하므로 이 둘은 일치하지 않는다. 따라서 영업손익의 조정을 통해 영업활동현금흐름을 간접적으로 구하기 위해서는 수익·비용 인식 시점에 관한 발생주의와 현금주의 간 차이를 조정해 줄 필요가 있다. 일반적으로 이러한 조정은 회계기간 동안 발생한 ① 재고자산의 변동 및 영업활동 관련 채권·채무(예 매출채권, 매입채무 등)의 변동과 ② 감가상각비, 충당부채, 이연법인세 등과 같은 비현금 항목을 영업손익에 가감함으로써 이루어진다. <표 3. 3>은 영업활동현금흐름을 직접법과 간접법으로 표시한 예를 보여준다.

표 3. 3
영업활동 현금흐름 예시

직 접 법		간 접 법	
영업활동현금흐름		**영업활동현금흐름**	
매출처(고객)로부터의 현금유입	₩30,150	영업이익	₩1,550
매입처(공급자)에 대한 현금유출	(20,000)	가감 :	
종업원에 대한 현금유출	(7,600)	감가상각비	450
법인세의 납부	(700)	재고자산의 감소	1,050
영업활동순현금흐름	₩1,850	매출채권의 증가	(850)
		매입채무의 증가	350
		법인세의 납부	(700)
		영업활동순현금흐름	₩1,850

38) 국제회계기준은 '금융상품'을 '계약'으로 정의하므로(제10장 참조), 관련 기준서에서도 '금융상품의 취득과 판매'를 '계약의 취득과 판매'라고 기술하고 있다.

(2) 투자활동현금흐름

투자활동이란 장기성 자산(long-term assets) 및 기타 투자자산을 취득하고 처분하는 활동을 가리킨다. 따라서 투자활동 현금흐름은 일반적으로 미래 수익을 창출할 경제적 자원의 확보를 위해 회사가 지출한 정도를 나타낸다. 투자활동의 구체적인 예로는 현금을 대여하고 회수하는 활동, 금융자산의 취득, 투자자산 및 유·무형자산을 취득하거나 처분하는 활동을 들 수 있다.

투자활동 현금흐름으로는 금융자산이나 유·무형자산의 처분, 대여금의 회수 등에 따른 현금유입과, 현금의 대여, 금융자산이나 유·무형자산의 취득에 따른 현금유출이 있다. 투자활동 현금흐름은 <표 3. 4>에서처럼 투자활동에서 발생하는 총 현금유입과 총 현금유출을 주요 항목별로 구분하여 표시한다.

표 3.4

투자활동현금흐름 예시

	20×9	20×8
투자활동현금흐름		
유·무형자산의 취득	₩(12,000)	₩(17,000)
금융자산의 취득	(5,000)	(3,500)
종속기업의 취득	(20,000)	0
대여금의 회수	0	5,000
유·무형자산의 처분	7,000	3,000
투자활동순현금흐름	₩(30,000)	₩(12,500)

(3) 재무활동현금흐름

마지막으로 재무활동은 회사의 납입자본과 차입금의 크기 및 구성요소에 변동을 가져오는 활동으로서, 자금의 차입 및 상환, 신주발행, 자기주식의 취득과 재발행, 배당금의 지급 등과 같은 자본조달과 관련한 활동을 말한다. 재무활동 현금흐름의 구체적인 예로는 자금의 차입, 어음 및 채권의 발행, 주식이나 기타 지분상품의 발행 등에 따른 현금유입이 있고, 배당금 지급, 차입금 이자 지급, 차입금 상환 등으로 인한 현금유출이 있다. 재무활동현금흐름은 <표 3. 5>에서처럼 재무활동에서 발생하는 총 현금유입과 총 현금유출을 주요 항목별로 구분하여 표시한다.

표 3.5
재무활동현금흐름 예시

	20×9	20×8
재무활동현금흐름		
사채발행	₩17,500	₩11,000
유상증자	25,000	0
장기차입금 상환	(15,000)	(5,000)
자기주식의 취득	0	(700)
이자 지급	(500)	(800)
배당금 지급	(1,500)	(1,000)
재무활동순현금흐름	₩25,500	₩3,500

3. 현금흐름표의 유용성

기업의 장기 지급능력(solvency)은 투자자들에게 특별히 유용한 정보인데, 이를 평가하는 데 목적적합한 정보는 영업활동 순현금흐름(net operating cash flow)이다. 만일 이 순현금흐름이 충분하다면 그 기업은 외부의 재무자원에 의존할 필요 없이 영업을 통해 내부적으로 획득하는 현금만으로 차입금 상환, 영업능력의 유지, 배당의 지급, 신규투자 등을 수행할 수 있다. 반면에 영업활동 순현금흐름이 충분하지 않거나, 심지어는 음(−)이라면 그 기업은 영업을 통해 내부적으로 창출하는 현금이 부족하므로 자금을 차입하거나 주식을 발행하는 등 외부의 재무자원에 의존할 수밖에 없게 된다. 이럴 경우 투자자가 부담하는 투자위험은 상대적으로 더 높다.

또한, 포괄손익계산서상의 순이익과 영업활동 순현금흐름 간에는 큰 차이가 있을 수 있다. 극단적인 경우 이익이 난 기업이 현금이 부족하여 부도위험에 직면할 수도 있다. 이러한 차이가 발생하는 이유는 순이익이 발생주의에 따라 계산한 이익임에 반해, 영업활동 순현금흐름은 현금주의를 따르기 때문이다. 일반적으로 순이익과 영업활동 순현금흐름이 상당한 차이를 보일 때는 매출채권과 재고자산이 크게 증가함으로써 대부분의 발생이익이 이들 비현금 자산에 잠기는 경우인데, 결과적으로 그러한 기업들은 매출채권과 재고자산의 회전율이 매우 낮게 된다. 현금흐름표(특히 간접법으로 표시된 현금흐름표)는 순이익과 영업활동 순현금흐름의 차이를 설명하는 정보도 제공한다.

그 밖에도 현금흐름표는 기업의 유동성과 재무탄력성에 관한 정보도 제공한다. 대표적인 유동성 정보는 유동자산을 유동부채로 나눈 유동비율이지만, 유동자산 대신 영업활동 순현금흐름을 유동부채로 나눈 비율도 실무에서 많이 사용하는 유동성 정보이다. 이 비율이 높으면 유동부채와 같은 단기채무를 내부자금으로 상환할 능력이 높음을 의미한다.

재무탄력성에 관해 현금흐름표가 제공할 수 있는 정보는 **잉여현금흐름**(free cash flow)

이다. 이는 영업활동 순현금흐름에서 유·무형자산의 취득과 같은 자본적 지출(capital expenditures)을 차감한 금액이다. 자본적 지출을 차감하여 잉여현금흐름을 산출하는 이유는, 자본적 지출이 현재의 영업능력을 유지하는 데 필요한 현금 지출액이기 때문이다. 자본적 지출에 대한 정보는 현금흐름표의 투자활동으로부터 얻을 수 있다.

잉여현금흐름(free cash flow) = 영업활동 순현금흐름 − 자본적 지출

잉여현금흐름은 기업이 마음만 먹으면, 현재의 영업능력을 유지하면서도 성장을 위한 기업인수합병, 자산의 추가 취득이나, 부채의 상환, 배당의 지급, 자기주식의 취득 등을 위해 재량적으로 사용할 수 있다. 잉여현금흐름이 많을수록 기업의 재무탄력성은 높아서 돌발적인 유동성의 위기 상황으로부터 쉽게 회복할 수 있고, 또 예상치 못했던 투자 기회를 쉽게 포착할 수도 있게 된다.

제7절 주 석

주석(notes)은 재무상태표, 포괄손익계산서, 자본변동표 및 현금흐름표 등 주요 재무제표에 표시된 정보를 보완하거나 추가하여 제공된 정보다. 주석은 각 주요 재무제표에 표시된 항목을 구체적으로 설명하거나 세분화한 정보를 제공하고, 또 의사결정에는 유용하지만 주요 재무제표에 인식되지 못하는 항목들에 관한 정보도 제공한다.

재무상태표, 포괄손익계산서 등 주요 재무제표는 회사의 재무상태나 재무성과에 관하여 구조화된 요약 정보를 보여준다. 그러나 구조화된 요약 정보를 제공하려면 정보를 담는 공간을 제한할 수밖에 없으므로, 주요 재무제표는 의사결정에 유용한 정보를 세부적으로 제공하는 데에 한계가 있다. 또 주요 재무제표는 그 측정 단위가 화폐이므로 정량적 정보(quantitative information)는 쉽게 제공할 수 있으나, 계량화하기 어려운 정성적(定性的) 정보(qualitative information)는 제공하기 어렵다. 이뿐만 아니라, 주요 재무제표에 표시되는 항목은 일정한 인식 기준을 만족해야 하는데, 어떤 항목들은 비록 이용자의 의사결정에는 유용하지만 인식 기준을 충족하지 못해 표시되지 못한다.

이러한 문제를 완화하고, 의사결정에 유용한 정보를 추가로 제공하기 위해 기업은 주요 재무제표 정보에 추가 또는 보완하는 정보를 주석(notes)으로 보고한다. 따라서 주석은 주요 재무제표와 동등한 비중을 갖는 재무제표로 간주한다.

일반적으로 주석은, ① 재무제표 작성 근거와 기업이 사용한 구체적인 회계정책에

대한 정보, ② 한국채택국제회계기준에서 요구하는 정보지만, 재무제표 어느 곳에도 표시되지 않는 정보, 그리고 ③ 재무제표 어느 곳에도 표시되지 않지만, 재무제표를 이해하는 데에 목적적합한 정보를 제공한다. 또 주석은 재무상태표 등의 각 재무제표상에 표시된 관련 항목과 상호 연결(cross-referenced)하는 방식으로 작성한다. 「기업회계기준서」 제1118호에서 주석 기재를 명시적으로 요구하고 있는 사항을 주요한 것들을 위주로 살펴보면 다음과 같다.

(1) 경영진이 정의한 성과측정치

경영진이 정의한 성과측정치(management-defined performance measures: MPM)란 다음 요건을 모두 충족하는 **수익과 비용의 중간 합계**(subtotal)를 말한다.

① 재무제표와 구분하여 **공개적인 의사소통**(예 보도자료, IR, 사업보고서 등)에 해당 중간 합계를 사용한다.
② 기업 전체의 재무성과에 대한 경영진의 견해를 재무제표이용자에게 전달하기 위해 해당 중간 합계를 사용한다.
③ 한국채택국제회계기준에서 표시나 공시를 명시적으로 요구하지 않은 것이어야 한다. 특히, 매출총손익(=수익－매출원가)과 이와 유사한 중간 합계, 감가상각비·상각비·손상차손 차감 전 영업손익, 영업손익과 지분법 적용 투자자산에서 발생한 수익과 비용의 합계액, 영업손익과 투자 범주로 분류된 모든 수익과 비용으로 구성되는 중간 합계, 법인세비용차감전손익, 그리고 계속영업손익은 MPM이 될 수 없다.

「기업회계기준서」 제1118호가 MPM의 주석 공시를 요구하는 이유는 경영진이 공개적인 의사소통에 사용하는 재무성과 지표로서의 “조정 이익(adjusted profit)”이 기업마다 제각각이어서 비교가능성이 부족할 뿐만 아니라, 재무제표에 표시되는 성과측정치(예 영업손익 등)와도 연계성이 부족하여 재무제표이용자가 혼동을 일으킬 가능성이 있기 때문이다. 쉽게 말해, MPM의 사용은 허용하되, 그 의미 및 재무제표와의 연결을 명확히 하라는 취지이다.

「기업회계기준서」 제1118호는 MPM에 대해 다음 정보를 주석으로 공시하도록 요구한다. ① MPM의 정의 : 해당 성과측정치가 무엇을 의미하는지, 어떤 항목을 포함하거나 제외했는지 공시한다. 그리고 모호한 명칭의 사용을 금지한다. ② 가장 유사한 IFRS 성과측정치와의 조정(reconciliation) : MPM과 IFRS에서 정의된 가장 유사한 중간 합계(subtotal) 간의 조정 내용을 공시한다. 예컨대, MPM과 가장 유사한 IFRS 성과측정치가 영업손익이라면, “영업손익 + 일회성 구조조정비－자산처분이익 = MPM”과 같은 방식으로 조정한 내용을 공시한다. ③ MPM이 유용하다고 판단한 이유 : 경영진이 왜 이 지표를 사용하는지, 재무제표이용자에게 어떤 추가적인 정보 가치가 있는지 등을 제시한다. ④ 산정 방식의 일관성 및 변경 설명 : 전기와 동일한 방식으로 계산했는지, 변경했다면 변경 내용, 변경 사유, 비교정보에 미치는 영향 등을 설명한다.

MPM과 관련하여서는 몇 가지 제약사항이 있다. 첫째, MPM을 재무제표 본문(손익계산서 등)에 표시하는 것은 허용되지 않으며, 반드시 주석으로만 공시한다. 둘째, IFRS 성과측정치(예 영업손익 등)보다 더 눈에 띄게 표시하면 안 된다. 그리고 '비경상'이나 '일회성'과 같은 표현도 명확한 근거를 제시하고 사용해야 한다.

(2) 재무제표의 작성 기준과 회계정책(accounting policies)에 대한 정보

재무 정보를 정확하게 해석하기 위해서는 정보의 산출 근거가 되는 기업의 회계정책을 이해하는 것이 매우 중요하다. 따라서 기업은 중요한 회계정책의 요약으로서, 재무제표를 작성하는 데 사용한 측정기준(예 역사적 원가, 현행원가, 순실현가능가치, 공정가치, 회수가능금액 등)과 재무제표를 이해하는 데에 목적적합한 기타의 회계정책을 주석으로 공시해야 한다. 특히 회계정책이 한국채택국제회계기준에서 허용하는 여러 대안 중에서 선택된 것이라면, 회계정책의 공시는 재무제표이용자에게 특별히 유용하다.

특정 회계정책의 공시 여부를 결정할 때 경영진은, ① 관련 거래나 사건이 재무 정보에 어떻게 반영되었는지를 재무제표이용자가 이해하는 데 도움이 될지 고려하고, ② 당해 기업의 유형에서 공시할 것으로 재무제표이용자가 기대하는 사업 내용과 정책도 고려한다. 예를 들어, 법인세를 납부하는 기업이라면 재무제표이용자들은 이연법인세부채 및 자산 등 법인세 관련 회계정책의 공시를 기대할 것이고, 중요한 해외사업을 수행하거나 외화 거래를 하는 기업이라면 외환손익의 인식에 대한 회계정책의 공시를 기대할 것이다. 따라서 기업은 이와 같은 재무제표이용자들의 기대를 고려하여 회계정책 관련 공시를 한다.

또 회계정책을 적용하는 과정에서 경영진이 내린 판단이 재무제표에 인식되는 금액에 중요한 영향을 미친다면, 관련 판단의 내용, 근거 등을 주석으로 공시한다. 이러한 판단의 예로는, ① 금융자산이 만기 보유 투자자산인지, ② 금융자산과 리스자산의 소유권에 대한 모든 중요한 위험과 효익이 실질적으로 다른 기업에 이전되었는지, ③ 특정 매출이 실질적으로 차입거래이며 수익을 창출하지 않는 거래인지, ④ 기업과 특수목적기업(SPC) 간의 실질관계를 고려했을 때 해당 기업이 특수목적기업을 지배하고 있는지 등을 들 수 있다.

(3) 재무제표에 표시된 개별 항목의 보충 정보

재무상태표, 포괄손익계산서, 별개의 손익계산서(표시하는 경우), 자본변동표 및 현금흐름표에 표시된 항목에 대한 보충 정보도 주석으로 보고할 수 있다. 예를 들어, 기본 재무제표에 표시된 자산, 부채, 자본, 수익, 비용 등 개별 항목에 대해 기업의 영업활동을 나타내기에 적절한 방법으로 세분류하는 경우 그 세분류된 내용을 재무제표에 직접 표시하는 것이 바람직하지 않다면 주석으로 공시할 수 있다. 예를 들면, 유형자산은 토지, 토지와 건물, 기계장치, 선박, 항공기, 차량 운반구, 집기, 사무용 비품 등으로 세분화할 수 있는데, 이를 재무상태표에 세분하여 표시하는 대신 주석으로 표시할 수 있다. 또 채권도 일반상거래 채권, 특수관계자 채권, 선급금 및 기타 금액으로 세분화할 수 있는데, 이와 같은 세분화된 정보를 재무상태표에 일일이 표시하는 것이 바람직하지 않다면 주석으로 표시한다.

자본변동표와 관련하여서는, 주식 종류별 수권주식수, 주당 액면금액, 기초와 기말 유통주식수 조정 내역, 종류별 주식에 부여된 권리, 발행주식 중 당해 기업, 종속기업 또는 관계기업이 소유하고 있는 주식 등을 주석으로 표시할 수 있으며, 포괄손익계산서와 관련하여서는 비용의 성격별 분석 내용을 주석으로 보고할 수도 있다.

(4) 추정 불확실성의 원천(key sources of estimation uncertainty)

일부 자산과 부채는 불확실한 미래 사건의 영향에 대한 추정에 근거하여 장부금액을 결정하는 경우가 있다. 이렇게 추정에 근거하는 자산/부채의 예로는, 손상된 유형자산의 회수 가능 금액, 기술적 진부화로 가치가 하락한 재고자산, 진행 중 소송사건의 결과에 따라 변동될 충당부채, 종업원의 미래 급여 수준/퇴직 시기/수명 등에 영향을 받는 퇴직연금채무 등이 있다. 이러한 자산과 부채는 장부금액을 측정할 때 **최근 관측된 시장가격이 존재하지 않는다면** 미래지향적인 추정에 의존하게 되는데, 이러한 추정은 현금흐름, 할인율에 대한 위험 조정, 급여의 미래 변동, 원가에 영향을 미치는 가격의 미래 변동 등에 대한 가정이 필요하다. 이와 같은 추정 불확실성의 주요 원천은 주석으로 공시한다. 또 이러한 추정의 불확실성으로 인해 다음 회계연도에 장부금액이 중요하게 변동될 위험이 있는 개별 자산과 부채(또는 자산이나 부채의 집단)에 대해서는, 해당 자산과 부채의 성격, 그리고 기말 장부금액을 주석으로 기재한다.

일반적으로, 추정의 불확실성과 관련된 주석 정보는 경영진이 내린 판단을 재무제표 이용자가 이해하는 데 도움을 줄 수 있도록 표시하여야 한다. 예를 들면 다음과 같은 사항을 표시할 수 있다.

- 가정 또는 기타 추정 불확실성의 성격

- 계산에 사용된 방법, 가정 및 추정에 따른 장부금액의 민감도와 그 이유
- 불확실성의 예상 해소 방안(expected resolution; 예컨대, 소송에서의 합의나 조정 등)과 불확실성의 해소에 따른 결과(예 합의금 등)의 합리적으로 가능한 범위(range of reasonably possible outcome)
- 불확실성이 해소되지 않고 지속되는 경우라면, 과거 추정에 사용한 가정과의 차이에 대한 설명

반면, 기말 추정의 불확실성이 갖는 잠재적 영향을 실무적으로 공시할 수 없는 경우도 있을 수 있다. 이러한 경우 기업은 다음 회계연도 중에 관련 자산과 부채의 장부금액이 중요하게 수정될 수도 있다는 사실을 공시하고, 관련 개별 자산이나 부채(또는 자산이나 부채의 집단)의 성격과 장부금액도 공시한다.

한편, 비록 다음 회계연도에 장부금액이 중요하게 변동될 중대한 위험이 있는 자산과 부채라 할지라도 **최근에 형성된 시장가격에 기초하여 기말 공정가치를 측정하는 경우**라면(예 금융자산(FVPL 또는 FVOCI), 금융부채(FVPL) 등), 위에 언급한 것과 같은 주석 공시는 필요 없다. 그 이유는 해당 공정가치가 다음 회계연도에 중요하게 변동될 수도 있지만, 그러한 변동은 기말 추정의 불확실성과는 무관한 것이기 때문이다.

(5) 자본

자본의 성격과 구조, 그리고 자본이 어떻게 관리되고 있는지에 대한 정보는 이용자들이 기업위험을 평가하는 데 유용한 정보다. 특히 이러한 정보는 기업의 주요 경영진에게 내부적으로 제공된 정보에 기초하므로 더욱 그러하다. 따라서 자본의 관리(capital management)와 관련하여 기업은 다음 정보를 주석으로 공시한다.

① 자본 관리의 목적, 정책 및 절차에 대한 비계량적(qualitative) 정보 : 이러한 정보는 다음과 같은 정성적 설명을 포함한다.
   - 기업이 자본으로 관리하는 항목이 무엇인지에 대한 설명
   - 외부적으로 부과된 자본 유지 요건(externally imposed capital requirements)이 있는 경우, 그러한 요건의 내용 및 해당 요건을 자본 관리에 어떻게 반영하고 있는지에 대한 설명
   - 자본 관리의 목적을 어떻게 달성하고 있는지에 대한 설명

② 자본으로 관리하는 항목에 대한 계량적(quantitative) 자료의 요약 : 어떤 기업은 특정 금융부채(예 후순위채무)를 자본의 일부로 간주하기도 하고, 또 다른 기업은 자본의 구성요소 중 일부(예 현금흐름 위험회피 거래에서 발생하는 평가손익 등)를 자본 관리에서 제외하기도 한다. 따라서 자본으로 관리하는 항목에 대한 계량

적 자료의 제공은 중요하다.

③ 전기(前期) 이후 ①과 ②의 변경 사항

④ 외부적으로 부과된 자본 유지 요건의 회계기간 동안 준수 여부

⑤ 외부적으로 부과된 자본 유지 요건을 준수하지 않았다면, 그로 인한 결과

(6) 보고기간후사건[39)]

'보고기간후사건(events after the reporting period 또는 subsequent events)'이란 보고기간 말과 재무제표 발행승인일 사이에 발생한 유리하거나 불리한 사건으로서, 기업의 재무제표에 영향을 미치는 사건을 말한다. 여기서 '재무제표 발행승인일'이란 일반적으로 이사회가 재무제표 발행을 승인한 날이며, 주주에게 승인을 받기 위해 재무제표를 제출해야 하는 때에도 마찬가지다.

「기업회계기준서」 제1010호에 따르면, '보고기간후사건'은 재무제표의 수정을 요구하는 사건과 수정을 요하지 않는 사건으로 구분된다. 먼저 '수정을 요구하는 보고기간후사건'은 **보고기간 말에 존재하였던** 상황에 대한 추가적 증거를 제공하는 사건으로서 재무제표에 영향을 주는 사건을 말한다. 이러한 사건에 대해서는 그 영향을 반영하여 재무제표를 수정해야 한다. 즉, 재무제표에 이미 인식한 금액은 수정하고, 재무제표에 미인식된 항목은 이를 새로 인식한다.

이러한 예로는 **보고기간 말 현재** 이미 자산의 가치가 하락하였음을 나타내는 정보를 보고기간 후에 입수하는 경우, 보고기간 말에 존재하였던 현재의무가 보고기간 후에 소송사건의 확정으로 확인되어 이미 인식한 손실 금액과 충당부채를 수정하는 경우, 또는 보고기간 말 이전에 매입한 자산의 취득원가, 또는 매각한 자산의 대가를 보고기간 후에 결정하는 경우 등을 들 수 있다.

반면에 '수정을 요하지 않는 보고기간후사건'은 보고기간 후에 발생한 상황을 나타내는 사건을 말한다. 이러한 사건에 대해서는 재무제표상의 금액을 수정하지 않는다. 예를 들어, 투자자산의 시장가치가 보고기간 말과 재무제표 발행승인일 사이에 하락한 경우, 시장가치의 하락은 보고기간 말의 상황과 관련된 것이 아니라 그 이후에 발생한 상황이 반영된 사건이다. 따라서 비록 시장가치가 하락하였더라도 해당 투자자산의 재무제표 금액을 수정할 필요가 없다. 또 보고기간 후부터 재무제표 발행승인일 전 사이에 기업이 배당을 선언한 때에도 그 배당금은 '현재의무' 기준을 충족하지 못하므로 보고기간 말의 부채(즉, 미지급배당금)로 인식하지 않는다. 즉, 이러한 배당의 선언도 '수정

39) '보고기간후사건'은 「기업회계기준서」 제1118호에 따라 주석 공시 사항으로 규정된 것이 아니라 제1010호에 의한 것임을 밝힌다.

을 요하지 않는 보고기간후사건'인 셈이다.

비록 재무제표 금액을 수정하지는 않는다 하더라도, '수정을 요하지 않는 보고기간후사건'이 **중요한** 경우에는, 사건의 **성격**과 **재무적 영향**에 대한 추정치(추정이 어렵다면 이에 대한 설명)를 주석으로 보고한다. 일반적으로 주석에 공시하게 되는 '수정을 요하지 않는 보고기간후사건'의 예로는 다음과 같은 것들이 있다.

① 주요 사업결합 또는 주요 종속기업의 처분
② 영업중단계획의 발표
③ 주요 자산의 매입, 자산을 매각 예정으로 분류, 자산의 매각, 정부에 의한 주요 자산의 수용
④ 화재로 인한 주요 생산설비의 파손
⑤ 주요한 구조조정계획의 공표나 이행착수
⑥ 주요한 보통주 또는 잠재적 보통주 거래
⑦ 자산 가격이나 환율의 비정상적 변동
⑧ 당기법인세 자산과 부채 및 이연법인세자산과 부채에 중요한 영향을 미치는 세법이나 세율에 대한 변경 또는 변경 예고
⑨ 중요한 지급보증 등에 의한 우발부채의 발생이나 중요한 계약의 체결
⑩ 보고기간 후에 발생한 사건에만 관련되어 제기된 주요한 소송의 개시

(7) 기타 공시

그 밖에도 「기업회계기준서」 제1118호는 다음 사항을 공시하도록 규정하였다.

① 재무제표 발행승인일 전에 제안 또는 선언되었으나 해당 기간에 소유주에 대한 분배금으로 인식되지 않은 배당금액과 주당배당금
② 미인식 누적우선주 배당금 : 특정 기간에 대한 배당을 거르더라도 이후에 배당을 결의하게 되면 과거 연체된 배당(dividend in arrears)도 지급해야 하는 우선주를 누적우선주(cumulative preferred stock)라고 한다. 누적우선주에 대한 연체배당금은 배당결의 전까지는 부채가 아니므로 재무제표에 인식하지 않는다. 이렇게 미인식된 연체배당금 정보는 주석으로 공시한다.
③ 재무제표와 함께 공표된 기타 정보에 공시되지 않은 경우
   - 기업의 소재지와 법적 형태, 설립지 국가 및 등록된 본점사무소(또는 등록된 본점사무소와 다르다면, 주요 사업소재지)의 주소
   - 기업의 영업과 주요 활동 내용에 대한 설명
   - 지배기업과 연결 실체 최상위 지배기업의 명칭

[부록 A] 기타포괄손익 항목

본 장의 본문에서 열거한 기타포괄손익 항목의 예로는 다음과 같은 것들이 있다.

(1) 금융자산(FVOCI)평가손익 [gains/losses from remeasuring financial assets(FVOCI)]

이는 금융자산(FVOCI)에 대해 보고기간 말 공정가치로 평가하여 장부금액과의 차액을 기타포괄손익으로 인식한 것이다. 일례로, 기중 ₩1,000에 취득한 금융자산(FVOCI)의 공정가치가 기말에 ₩1,200이 되었다면, ₩200의 미실현 평가이익은 당기순이익과 구분 표시되는 기타포괄이익으로 인식되고, 결산을 통해 자본(즉, 기타포괄손익누계액)에 직접 가산된다. 일반적으로 이러한 평가손익누계액은 추후 관련 금융자산을 처분할 때 단번에 실현되어 당기손익에 포함된다 단, 지분상품 금융자산(FVOCI)의 경우에는 처분손익을 당기손익에 반영할 수 없고 채무상품 금융자산(FVOCI)의 처분손익만 당기손익에 포함될 수 있다. 이처럼 이전에 인식한 기타포괄손익누계액을 당기손익에 포함시키는 회계처리를 국제회계기준에서는 "기타포괄손익의 재분류(reclassification) 또는 재순환(recycling)"이라고 부른다.

(2) 현금흐름위험회피손익(gains/losses on cash flow hedges)

이는 미래 예상되는 거래(forecasted transactions)로 인한 현금흐름의 위험을 회피할 목적으로 거래한 파생상품을 보고기간 말에 공정가치로 평가하면서 발생한 손익이다. 이 평가손익 중 위험회피에 효과적인 부분은 자본으로 인식하였다가 관련 예상 거래가 발생하는 미래 기간에 다음과 같이 처리한다. 첫째, 예상 거래가 자산의 취득이나 부채의 발생일 경우에는 관련 자산이나 부채의 장부금액에 가감하고, 둘째, 그 밖의 예상 거래일 경우(예 미래 예상 매출 또는 매입 등)에는 해당 거래로부터 발생한 손익과 상계처리한다. 이렇게 함으로써 파생상품 거래의 원래 목적인 위험회피의 효과를 재무제표에 적절히 반영할 수 있게 된다. 일례로, 6개월 후 해외로부터 전산장비를 $1,000,000에 구매할 예정인 한국기업은 환위험을 회피하기 위해 달러 표시 선물환을 지금 매수해 둘 수 있다. 이 선물환은 기말 공정가치에 따라 평가한 후 관련 평가손익 중 위험회피에 효과적인 부분은 자본으로 인식하였다가(즉, 자본에 가감) 전산장비를 취득할 때 취득원가에 가감하며, 이때 관련 금액을 당기손익으로 인식한다. 따라서 현금흐름위험회피손익은 재분류되는 기타포괄손익이다.

(3) 해외사업장외화환산손익 (gains/losses on translation of financial statements of foreign operations)

기업이 외화로 표시된 자산이나 부채 항목을 보유한 경우, 이를 개별 항목별 원화로 환산하고 환율 변동에 따라 발생하는 외화환산손익을 손익계산서에 보고한다. 그러나 영업 및 재무 활동이 본점과 독립적으로 운영되는 해외사업장이 보유하는 외화 자산과 부채 등은 개별 항목별 환산 대신 일괄 환산을 선택할 수 있다. 이 경우 발생하는 외화환산손익은 당기손익으로 처리하지 않고 자본으로 인식하는데(즉, 자본에 가감), 이렇게 인식된 항목이 해외사업환산손익이다. 해외사업환산손익은 관련 해외사업장이 청산, 폐쇄, 매각 등이 되는 때에 당기손익에 포함된다. 따라서 해외사업장외화환산손익은 재분류되는 기타포괄손익이다.

(4) 재평가잉여금의 변동(changes in the revaluation of surplus)

유·무형자산은 기업의 선택에 따라 공정가치로 재평가할 수 있다. 기업이 자산을 공정가치로 재평가하는 경우 자산의 공정가치가 상승하면 재평가이익이 발생한다. 재평가이익은 기타포괄이익 항목이므로 포괄손익계산서에 보고된 후, 재무상태표의 자본 항목인 '재평가잉여금'으로 누적된다. 즉, 재평가잉여금은 개념적으로 기타포괄손익누계액에 해당하는 것이다. 반면 공정가치가 하락하면 재평가손실이 발생하는데, 기업은 재평가손실을 기타포괄손실 항목으로 보고한 후 '재평가잉여금'의 잔고를 감소시킨다. 재평가잉여금은 음(−)의 값을 가질 수 없으므로, 재평가잉여금이 0이 된 후 발생하는 재평가손실은 기타포괄손실이 아닌 당기손실로 보고한다. 한편, 재평가잉여금은 자산의 상각이나 처분 시점에서 당기손익으로 재분류되지 않는다. 즉, 재평가잉여금은 재분류 되지 않는 기타포괄손익 항목이다.

(5) 확정급여제도(defined benefit plans)의 재측정요소(remeasurements)

「기업회계기준서」 제1019호 '종업원급여(employee benefits)'에 따르면, 다양한 종업원급여 중 **퇴직연금**(pension)이라 부르는 것이 있는데, 이는 회사가 종업원의 과거 근무 용역에 대한 대가로서 퇴직 후 일정 급여를 일정 기간 또는 사망할 때까지 지급하는 각종 급여를 말한다. 퇴직연금 제도로는 회사가 매년 일정액을 사외에 있는 신탁자산에 기여하는 것으로 퇴직급여지급책임이 종료되는 **확정기여제도**(defined contribution plan)가 있는 반면, 종업원이 퇴직 이후 받을 급여가 확정되어 있어서 회사가 그 지급을 보장해 주어야 할 책임이 있는 **확정급여제도**(defined benefit plan)가 있다. 확정급여제도에서 지급할 퇴직급여가 확정되어 있지만, 이는 지급공식이 확정되어 있다는 의미일 뿐(예

퇴직시점 직전 3개월 임금평균×근무연수 등)이며, 실제 지급액이 사전적으로 확정되어 있는 것은 아니다. 따라서 확정급여제도로 인한 회사의 부채(이를 확정급여부채라 함)는 여러 가지 환경적 불확실성(예 근무연수, 임금 상승률, 수명 등)으로 인해 그 금액을 추정해야 하며, 추정액은 일정 할인율로 할인한 현재가치로 보고한다. 이러한 회계처리를 위해 회사는 불확실한 환경적 변수들과 할인율에 대해 일정한 가정이나 추정을 해야 한다. 또한, 퇴직급여의 지급을 보장하기 위해 회사는 매년 일정 금액을 기여하여 사외에 자산을 적립해야 한다. 따라서 확정급여제도로 인한 부채를 재무제표에 표시할 때는 관련 사외적립자산의 공정가치를 차감한 순액(이를 순확정급여부채라 함)으로 보고한다. 때로는 사외적립자산이 초과 적립되어 그 공정가치가 확정급여부채보다 더 클 수도 있는데, 그런 경우에는 순확정급여자산으로 표시된다. 단, 이 경우 사외적립자산의 초과 적립액, 즉 순확정급여자산은 "환급액이나 미래 기여금 경감의 형태로 발생하는 경제적 효익의 현재가치"를 상한(이를 자산인식 상한효과라고 함)으로 하여 보고해야 한다. 다시 말해, 순확정급여자산은 정해진 상한보다 더 큰 금액으로 표시될 수 없다.

확정급여제도의 재측정요소란 ① 보험수리적손익, ② 사외적립자산의 실제 수익과 기대수익의 차이, 그리고 ③ 자산인식 상한효과의 실제 변동액과 기대변동액의 차이로 구성된다. 확정급여부채를 근무연수, 임금 상승률, 수명 등에 대한 가정에 기초하여 측정하는 것을 **보험수리적 평가 방법**(actuarial valuation method)이라고 하는데, **보험수리적손익**이란 이러한 가정을 변경함에 따라 보고기간 중 발생한 확정급여부채의 증감을 말한다. 따라서 보험수리적손익은 기말에 변경된 보험수리적 가정에 따라 확정급여부채를 **재측정**함으로써 발생한다. 그 다음으로, 사외적립자산의 기대수익이란 기초의 공정가치에 할인율(확정급여부채를 할인할 때 사용한)을 곱한 금액을 말하는데, 이 기대수익과 기말 사외적립자산 공정가치의 **재측정**을 통해 파악된 실제 수익이 다름에 따라 차이가 발생한다. 마지막으로, 자산인식 상한효과의 기대변동액은 기초 자산인식 상한 금액에 할인율(확정급여부채를 할인할 때 사용한)을 곱한 금액으로서 개념적으로 이자 부분에 해당하는데, 이 이자 부분이 기말 자산인식 상한금액의 **재측정**을 통해 파악된 실제 변동액과 다름으로써 차이가 발생한다. 이 세 가지 요소를 통합하여 재측정요소라고 부르며, 당기의 기타포괄손익으로 인식한다.[40] 확정급여제도 재측정요소는 당기손익으로 재분류되지 않는 기타포괄손익 항목이다.

(6) 재분류조정(reclassification adjustments)

재분류조정이란 당기 및 과거기간에 발생했던 기타포괄손익의 누적 금액이 관련 자

40) 자세한 내용은 제22장을 참조하라.

산의 처분으로 실현되어 당기손익에 반영될 때(즉, 재분류될 때), 해당 처분 손익과 동일한 크기이지만 반대 부호를 갖는 금액을 기타포괄손익으로 인식하는 회계 절차를 가리킨다. 전술하였듯이, 채무상품 금융자산(FVOCI)가 처분되면 기타포괄손익누계액으로 인식되었던 관련 미실현 평가손익의 누적 금액은 처분 손익으로 실현되어 당기손익에 반영된다. 즉, 재분류되는 것이다. 그런데 이 처분 손익은 당기 및 과거 연도에 발생했던 개별 미실현 평가손익의 누계액으로서 각 해당 연도에서는 기타포괄손익으로 인식되어 포괄손익에 이미 반영되었던 금액이다. 따라서 당기 실현된 처분 손익을 당기손익에 반영한 후 아무런 후속 조치를 하지 않으면 관련 손익이 전체 포괄손익에 이중으로 계상되는 문제가 발생한다. 이를 방지하기 위해서는 처분 손익과 반대 부호를 갖는 금액을 당기에 기타포괄손익으로 인식해야 하는데, 이러한 기타포괄손익 항목을 재분류조정이라고 부른다.[41] 다음 예제를 통해 재분류조정을 익혀보자.

부록 예제 1

㈜자유는 20×7년 9월 1일에 타회사가 발행한 5년 만기 회사채를 액면금액인 ₩1,000에 취득하고 이를 금융자산(FVOCI)로 분류하였다. 20×7년 말 이 사채의 공정가치는 ₩1,200이 되었고, 20×8년 말에는 ₩1,150이 되었다. 그리고 20×9년 1월 2일 회사는 동 사채를 ₩1,150에 매도하였다. 이 사채의 평가손익과 처분 손익을 각 연도 포괄손익계산서에 어떻게 보고하는지, 그리고 20×9년도 재분류조정은 어떻게 하는지 설명하라. 재분류조정에 초점을 맞추기 위해 이 예제에서는 이자수익의 인식 및 이자수취에 대한 회계처리는 고려하지 않는다.

해 답

- 20×7년 말: 금융자산(FVOCI) 평가이익 ₩200을 당기손익에는 반영하지 않고 기타포괄이익으로서 포괄손익에 반영한다.
- 20×8년 말 : 금융자산(FVOCI) 평가손실 ₩50을 당기손익에는 반영하지 않고 기타포괄손실로서 포괄손익에 반영한다.
- 20×9년도: 금융자산(FVOCI) 처분이익 ₩150(이 처분이익은 20×7년 인식한 ₩200의 기타포괄이익과 20×8년에 인식한 ₩50의 기타포괄손실의 누적 금액임)이 당기손익에 포함된다. 따라서 ₩150의 처분이익에 대해 재분류조정을 해주지 않으면 동 금액은 전체 포괄손익의 관점에서 이중으로 계상된다. 따라서 이를 막기 위해 20×9년도에는 처분이익과 동일한 ₩150을, 부호가 반대인 손실로, 즉 기타포괄손실로 인식한다. 결과적으로, ₩150의 처분이익이 20×9년도 포괄손익에는 반영되지 않아 전체 포괄손익에서의 이중 계상이 방지된다.

---

41) 한편 이렇게 재분류하는 회계 절차도 '재분류조정'이라고 부르므로, 재분류조정은 이중의 의미가 있다.

20×7년, 20×8년 및 20×9년의 당기순이익을 각각 ₩900, ₩1,000, ₩1,500이라 가정하고 각 연도의 포괄손익계산서를 작성하면 다음과 같다.

	20×7년	20×8년	20×9년
수익/비용 제좌 (순액)	₩ 900	₩1,000	₩1,350*
금융자산처분이익	–	–	150
당기순이익	₩ 900	₩1,000	₩1,500
기타포괄손익:			
금융자산평가손익	200	(50)	–
재분류조정	–	–	(150)
포괄손익	₩1,100	₩ 950	₩1,350

* 이 금액은 금융자산 처분이익을 반영하기 전 금액임.

<부록 예제 1>에서 다룬 채무상품 금융자산(FVOCI) 이외에도, 재분류조정은 해외사업장을 청산 또는 매각할 때나 현금흐름위험회피 예상 거래가 당기손익에 영향을 미칠 때도 필요하다. 절차는 <부록 예제 1>의 경우와 유사하다. 반면에, 지분상품 금융자산(FVOCI)이나 재평가잉여금의 변동, 또는 확정급여제도의 재측정요소에 대해서는 재분류조정이 필요하지 않은데, 그 이유는 이들 항목이 기타포괄손익으로 인식된 이후 그 후속 기간에 당기손익으로 **재순환**(recycling) **되지 않기** 때문이다. 먼저, 재평가잉여금의 변동은 후속 기간에 해당 자산이 감가상각될 때 또는 자산의 처분 등으로 장부에서 제거될 때 이익잉여금으로 직접 대체되며,[42] 확정급여제도의 재측정요소도 후속 기간에 이익잉여금 등의 자본 내 다른 항목으로 직접 대체할 수 있다. 지분상품 금융자산(FVOCI)에 대한 평가손익누계액은 재순환이 금지되어 있으며, 이에 따라 자본에 누적되어 있던 평가손익누계액은 자산 처분 시점과 같은 후속 시점에 이익잉여금 등으로 대체될 수 있다.

42) 사실 재평가잉여금의 이익잉여금 대체는 기업의 선택사항이므로 하지 않아도 무방하다.

[부록 B] 특수상황의 장기금융부채에 대한 유동 · 비유동 분류

[부록 B]는 ① 차환(refinancing) 가능성이 있는 장기금융부채와, ② 차입약정 위반 시 채권자가 즉시 상환을 요구할 수 있는 장기금융부채에 대해 유동·비유동 분류기준을 적용하는 사례를 제시한다.

부록 예제 2

■ 보고기간 후 12개월 이내에 결제일이 도래하는 장기금융부채의 차환:
㈜하나는 20×9년 3월 31일에 결제일이 도래하는 장기차입부채가 있다. 다음 각 상황에서 20×8년 재무상태표에 이 장기차입부채를 유동 또는 비유동부채 중 어느 것으로 분류해야 하는지 설명하라.

- 상황 1 : 회사는 위 장기차입부채에 대해 상환기일을 장기로 재조정하거나 또 다른 장기차입부채로 차환(refinancing)할 것을 신중히 고려하고 있다.
- 상황 2 : 회사는 20×8년 12월 중 이 부채를 3년 만기 조건의 장기차입금으로 차환할 것을 국민은행과 협의하였으나, 협의 과정이 지연되어 20×9년 1월 31일에 차환 약정을 체결할 수 있었다. 체결 시점에서 회사의 재무제표는 아직 발행이 승인되지 않았다.
- 상황 3 : 회사는 20×8년 12월 중 국민은행과의 협의를 거쳐 이 부채를 3년 만기 조건의 차입금으로 차환(refinancing)하기로 하였다. 20×8년 12월 31일 현재 차환 약정과 관련하여 쌍방 날인된 계약서를 보관 중이지만 실제 차환은 아직 이루어지지 않았다.

해 답

「기업회계기준서」 제1118호는 원래의 결제 기간이 12개월을 초과하는 금융부채라도 보고기간 후 12개월 이내에 결제일이 도래하면 이를 유동부채로 분류하도록 한다. 이는 차환 가능성이나 상환기일 재조정의 가능성이 존재하더라도 마찬가지인데, 그러한 비확정적 가능성은 회계처리의 근거가 되지 못하기 때문이다. 따라서 상황 1의 장기차입부채는 유동부채로 분류한다.

반면, 기존의 장기금융부채를 차환하거나 상환기일을 재조정하는 계약을 통해 **보고기간 후 적어도 12개월 이상 부채 상환을 연장할 수 있을 것으로 기대**하고, 또 그럴 수 있는 **재량권**이 있다면, 보고기간 후 12개월 이내에 만기가 도래하는 부채라도 **비유동부채**로 분류한다. 단, 그러한 계약이 보고기간 말 이전에 체결되어야 비유동부채로 분류할 수 있으며, 만일 보고기간 후 재무제표 발행승인일 전에 체결된 경우라면(즉, 계약체결이 '보고기간 후 사건'에 해당한다면) 유동부채로 분류해야 한다. 따라서 상황 3의 장기차입부채는 비유동부채로, 상황 2의 장기차입부채는 유동부채로 분류한다.[43)]

부록 예제 3

■ 차입약정 위반시 채권자가 즉시 상환을 요구할 수 있는 장기금융부채:

㈜둘은 20×7년 1월 1일 ㈜신한은행으로부터 만기 5년의 장기차입금을 조달하였다. 은행은 차입약정을 통해 ㈜둘이 부채비율을 100% 미만으로 유지하도록 요구하였으며, 이 약정을 위반하면 ㈜둘은 만기 전이라도 즉시 상환해야 한다. ㈜둘은 20×7년 12월 1일 부채비율이 120%가 되어 차입약정을 위반하였다. 다음 각 경우에 있어서 ㈜둘은 신한은행으로부터 빌린 장기차입금을 유동과 비유동 중 어느 것으로 분류해야 하는지 설명하라.

- 상황 1 : 회사는 20×7년 12월 15일 신한은행과 재협의를 하였으며, 은행은 차입금의 즉시 상환을 요구하는 대신 20×9년 1월 31일까지 유예기간을 두고 회사가 부채비율을 100% 미만으로 낮추도록 하였다. 회사는 유예기간 내에 부채비율을 100% 미만으로 낮출 것으로 기대한다.
- 상황 2 : 회사는 20×7년 12월 15일 신한은행과 재협의를 하였으며, 은행은 차입금의 즉시 상환을 요구하는 대신 20×8년 6월 30일까지 유예기간을 두고 회사가 부채비율을 100% 미만으로 낮추도록 하였다. 회사는 유예기간 내에 부채비율을 100% 미만으로 낮출 것으로 기대한다.
- 상황 3 : 회사는 약정 위반 직후 신한은행과 재협의에 들어갔으나, 20×8년 2월 1일이 되어서야 상황 1에서와 같은 유예기간을 얻을 수 있었다.

해 답

「기업회계기준서」 제1118호는 채무자가 장기차입 약정을 위반했을 때 채권자가 즉시 상환을 요구할 수 있는 채무에 대해 다음과 같이 규정하고 있다. 보고기간 종료 이전에 보고기간 후 적어도 12개월 이상의 유예기간을 주는 데 양자가 합의하여 그 유예기간 내에 채무자가 위반 사항을 해소할 수 있고, 또 그 유예기간 동안 채권자가 즉시 상환을 요구할 수 없다면, 그 부채는 비유동부채로 분류한다. 예제의 상황 1에서 ㈜둘은 보고기간 종료(즉, 20×7년 12월 31일) 이전인 12월 15일에 신한은행과 합의하여 보고기간 후 13개월의 유예기간을 얻었으므로 해당 장기차입금은 약정 위반에도 불구하고 여전히 비유동부채로 분류한다.

반면 상황 2에서는 유예기간이 6개월에 불과하므로 보고기간 종료 이전에 합의가 있었더라도 유동부채로 분류해야 한다. 상황 3에서는 보고기간 종료 이후에 유예기간을 얻었으므로 비록 재무제표 발행승인일 이전에 합의가 이루어졌더라도 유동부채로 분류해야 한다. 이는 ㈜둘의 보고기간 말이 12월 31일이며, 그 시점 현재 적어도 12개월 이상 결제를 연기할 수 있는 권리가 ㈜둘에게 없기 때문이다.[44)]

43) <부록 예제 2>의 상황 2에서처럼, 보고기간 이후 재무제표 발행승인일까지의 기간에 발생한 '장기차환약정'은 「기업회계기준서」 제1010호 '보고기간후사건'에 따라 재무제표의 **수정을 요하지 않는 사건**에 해당되며(즉, 장기차환 약정에도 불구하고 기존 장기차입금을 유동부채로 대체하여 보고해야 함을 의미), 이에 따라 관련 사실은 주석으로만 공시한다.

<부록 예제 3>의 세 가지 상황에서 분석한 내용은 다소 복잡하므로, 이를 순서도(flow chart)로 정리하면 [그림 3. 1]과 같다.

그림 3. 1

약정 위반 장기차입부채의 분류를 위한 순서도

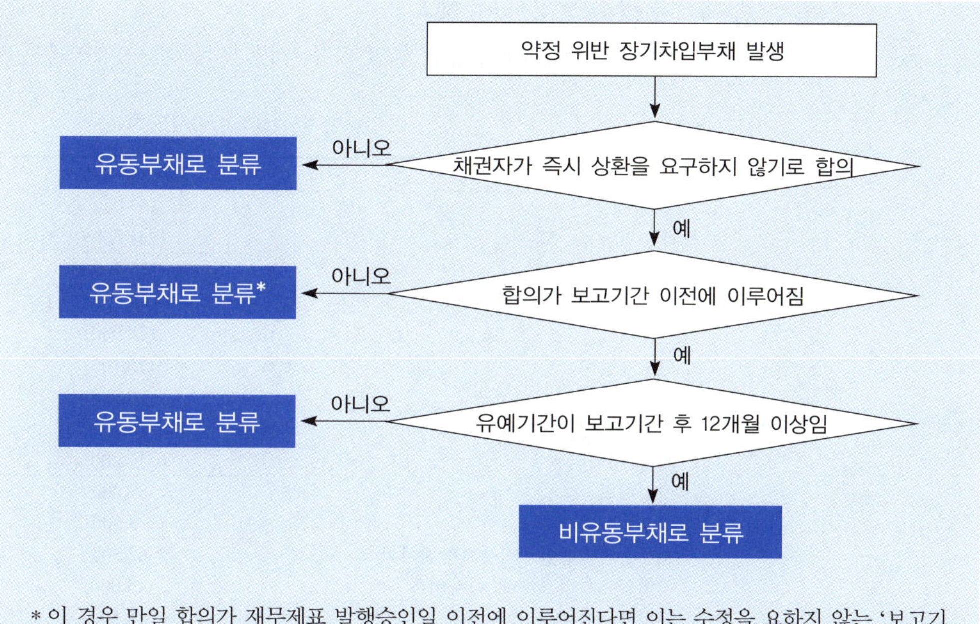

* 이 경우 만일 합의가 재무제표 발행승인일 이전에 이루어진다면 이는 수정을 요하지 않는 '보고기간후사건'에 해당하여 주석으로 공시함.

---

44) <부록 예제 3>의 상황 3에서처럼, 보고기간 이후 재무제표 발행승인일까지의 기간에 '적어도 12개월 이상 장기차입 계약 위반 사항을 해소할 수 있는 유예기간을 채권자로부터 부여받은 사건'은 「기업회계기준서」 제1010호 '보고기간후사건'에 따라 재무제표의 **수정을 요하지 않는 사건**에 해당되며(즉, 약정 위반 장기차입금을 유동부채로 대체하여 보고해야 함을 의미), 이에 따라 관련 사실은 주석으로만 공시한다.

[부록 C] 포괄손익계산서의 예시

C-1. 포괄손익계산서 예시

(통합방식: 영업비용은 기능별 분류; 개별 기타포괄손익 항목은 세후 금액으로 표시)

포괄손익계산서(통합방식)

	20x9년	20x8년
수익(매출)	₩ 367,000	₩ 353,100
매출원가	(241,600)	(224,100)
매출총이익	₩ 125,400	₩ 129,000
기타 영업수익	12,200	4,100
판매비	(28,900)	(27,400)
연구개발비	(25,100)	(25,900)
관리비	(20,900)	(22,400)
영업권 손상차손	(4,500)	–
기타 영업비용	(1,200)	(5,600)
영업이익	₩ 57,000	₩ 51,800
지분법이익	5,300	7,300
재무손익및법인세비용차감전이익	₩ 62,300	₩ 59,100
차입금 및 리스부채 이자비용	(13,000)	(13,200)
순확정급여부채 이자비용	(6,500)	(6,000)
법인세비용차감전이익	₩ 42,800	₩ 39,900
법인세비용	(10,700)	(9,975)
계속영업이익	₩ 32,100	₩ 29,925
중단영업손실	–	(5,500)
당기순이익	₩ 32,100	₩ 24,425
기타포괄손익 :		
재분류되는 기타포괄손익		
해외사업장외화환산이익	4,200	–
채무상품금융자산평가손실	(580)	(210)
재분류되지 않는 기타포괄손익		
재평가이익	740	–
확정급여제도재측정요소	260	(140)
세후기타포괄손익	₩ 4,620	₩ (350)
포괄이익	₩ 36,720	₩ 24,075
당기순이익의 귀속		
지배기업소유주지분	₩ 25,680	₩ 19,540
비지배지분	6,420	4,885
	₩ 32,100	₩ 24,425
포괄이익의 귀속		
지배기업소유주지분	₩ 29,376	₩ 19,260
비지배지분	7,344	4,815
	₩ 36,720	₩ 24,075
기본 및 희석 주당이익	₩ 12	₩ 11

C-2. 손익계산서 영업비용의 성격별 분류 예시

	20x9년	20x8년
감가상각비		
매출원가	₩ 23,710	₩ 21,990
연구개발비	2,515	2,590
관리비	4,975	4,750
감가상각비 합계	₩ 31,200	₩ 29,330
상각비		
연구개발비	13,840	12,690
상각비 합계	₩ 13,840	₩ 12,690
종업원급여		
매출원가	61,640	57,175
판매비	7,515	7,110
연구개발비	6,545	6,750
관리비	8,920	5,825
종업원급여 합계	₩ 84,620	₩ 76,860
손상차손		
연구개발비	1,600	1,500
영업권 손상차손	4,500	-
손상차손 합계	₩ 6,100	₩ 1,500

C-3. 포괄손익을 표시하는 보고서 예시

(분리방식: 개별 기타포괄손익 항목은 세전 금액으로 표시)

포괄손익을 표시하는 보고서(분리방식)

	20x9년	20x8년
당기순이익	₩ 52,750	₩ 49,733
기타포괄손익 :		
재분류되는 기타포괄손익		
해외사업장외화환산이익	5,330	–
채무상품금융자산평가손익	(4,800)	3,740
현금흐름위험회피손익	(650)	360
지분법기타포괄손익	780	(910)
법인세효과	(165)	(798)
재분류되지 않는 기타포괄손익		
지분상품금융자산평가손익	1,200	(575)
재평가이익	400	–
확정급여제도재측정요소	460	(326)
지분법기타포괄손익	(390)	980
법인세효과	(418)	(20)
세후기타포괄이익	1,747	2,451
포괄이익	₩ 54,497	₩ 52,184
포괄이익의 귀속		
지배기업소유주지분	₩ 49,047	₩ 46,966
비지배지분	5,450	5,218
	₩ 54,497	₩ 52,184

익힘문제

[1] 재무제표란 무엇인가?

[2] 전체 재무제표는 무엇인가?

[3] 재무제표 작성시 상계(offsetting)와 관련된 원칙을 설명하라.

[4] 재무제표 작성시 비교정보(comparative information)와 관련된 원칙을 설명하라.

[5] 회계등식을 설명하라.

[6] 자산 항목을 유동/비유동으로 분류하는 기준에 대해 설명하라.

[7] 부채 항목을 유동/비유동으로 분류하는 기준에 대해 설명하라.

[8] 보고기간 후 12개월 이내에 결제일이 도래하는 장기차입부채를 차환을 통해 비유동부채로 분류할 수 있는 경우에 대해 설명하라.

[9] 차입약정을 위반하면 채권자가 즉시 상환을 요구할 수 있는 장기차입약정을 보고기간 말 이전에 위반한 채무자가 해당 장기차입부채를 여전히 비유동부채로 분류할 수 있는 경우에 대해 설명하라.

[10] 현금성자산이란 무엇인가?

[11] 충당부채에 대해 설명하라.

[12] 당기법인세와 관련한 부채와 자산에 대해 설명하라.

[13] 재무상태표 정보의 유용성과 한계를 간략히 설명하라.

[14] 포괄손익과 순손익을 비교하여 설명하라.

[15] 금융자산(FVOCI)의 평가손익에 대해 설명하라.

[16] 당기순손익의 계산에 포함되는 법인세비용은 어떻게 정의되는가?

[17] 중단영업과 관련한 정보는 포괄손익계산서에 어떻게 보고하며, 왜 계속영업의 결과와 구분하여 보고하는지 설명하라.

[18] 포괄손익계산서를 작성하는 방법으로서 분리방식과 통합방식의 차이점을 설명하라.

[19] 기타포괄손익 항목들에 대한 법인세 효과를 표시하는 두 가지 방식에 대해 설명하라.

[20] 영업 범주에 속하는 비용을 분석하는 두 가지 방법과, 분석한 내용을 어떻게 재무제표에 표시하는지에 대해 설명하라.

[21] 재무 범주로 분류되는 수익과 비용을 설명하라.

[22] 투자 범주로 분류되는 수익과 비용을 설명하라.

[23] 기타포괄손익 항목에 대한 재분류조정이란 무엇인가?

[24] 포괄손익계산서 정보의 한계점을 설명하라.

[25] 자본변동표를 작성하는 주요 목적은 무엇인가?

[26] 자본변동표상의 이익잉여금 대체를 설명하라.

[27] 현금흐름표의 기본 구조를 설명하라.

[28] 현금성자산을 현금흐름표의 작성에 포함시키는 이유는 무엇인가?

[29] 현금흐름표상 영업활동 현금흐름이란 무엇인가?

[30] 현금흐름표상 투자활동 현금흐름이란 무엇인가?

[31] 현금흐름표상 재무활동 현금흐름이란 무엇인가?

[32] 현금 이자수입 및 배당금수입을 현금흐름표상 어떤 활동으로 구분하는지 설명하라.

[33] 현금 이자의 지급 및 배당의 지급을 현금흐름표상 어떤 활동으로 구분하는지 설명하라.

[34] 영업활동 현금흐름을 표시하는 방법으로서 직접법과 간접법을 비교하여 설명하라.

[35] 잉여현금흐름이 무엇이며, 어떠한 정보를 제공하는지 설명하라.

[36] 주석이 제공하는 정보의 성격에 대해 설명하라.

[37] 추정 불확실성의 원천에 대해 설명하라.

[38] '보고기간후사건'이란 무엇인가?

[39] '보고기간후사건'은 수정을 요하는 사건과 수정을 요하지 않는 사건으로 나뉜다. 이 두 유형의 사건이 무엇인지 구별하여 설명하라.

[40] 위 [39]에서 수정을 요하는 사건과 수정을 요하지 않는 사건이 각각 어떻게 회계처리 되는지 설명하라.

[41] 수정을 요하는 '보고기간후사건'의 예를 들어보라.

[42] 누적우선주배당금이란 무엇이며 재무제표에는 어떻게 표시하는지 설명하라.

연습문제

[1] 포괄손익계산서항목

다음에 열거한 각 항목이 당기 포괄손익계산서상에 어떻게 취급되는지 밝혀라(아래의 알파벳 코드를 이용하여 답할 것).

a. 손익계산서의 영업 범주로 분류되는 항목임.
b. 손익계산서의 투자 범주로 분류되는 항목임.
c. 손익계산서의 재무 범주로 분류되는 항목임.
d. 손익계산서에서 영업, 투자, 재무 이외의 범주로 분류되는 항목임.
e. '포괄손익을 표시하는 보고서'에 표시되는 항목임.
f. 포괄손익계산서 항목이 아님.

(1) 회사가 2년 전 발행한 회사채를 채권자들로부터 취득하여 소각함으로써 만기 전에 상환하였다. 이와 관련하여 ₩20,000의 사채 조기상환 손실이 발생하였다.
(2) 회계 부서가 전년도에 감가상각비 ₩10,000을 실수로 과대하게 인식한 것을 당기에 발견하였다. 이 회계오류는 중요한 오류로 간주되었다.
(3) 원가가 ₩500인 상품을 도난당하였다.
(4) 회사 제품 판매를 위해 ₩3,000의 접대비를 지출하였다.
(5) 단기매매 목적으로 취득한 (주)삼성전자의 주식을 회계연도 말에 공정가치로 평가한 결과 ₩300의 평가이익이 발생하였다.
(6) 당기에 재고자산 회계처리 방법을 선입선출법에서 총평균법으로 변경하였다. 원래부터 총평균법을 사용하였더라면 회사의 순이익은 누적적으로 ₩50,000이 더 적었을 것이다.
(7) 지분법으로 처리하는 관계회사의 당기순이익 ₩100,000에 대해 ₩30,000의 이익을 인식하였다.
(8) 중단영업에 포함되어 보유 중인 자산의 공정가치가 변동하여 ₩200,000의 평가손실이 발생하였다.
(9) 주당 ₩1,000으로 취득하여 보유 중이던 1,000주의 자기주식을 당기에 주당 ₩1,300에 재발행하여 ₩300,000의 자기주식처분이익을 얻었다.
(10) 전기에 기타포괄이익으로 계상되었던 ₩20,000의 재평가잉여금 중 ₩5,000이 당기에 이익잉여금으로 대체되었다.
(11) 회사는 당기의 연구비로서 ₩4,000을 지출하였다.

(12) 10년 전 방콕에서 영업활동을 위해 설립하였던 사업장을 당기에 폐쇄하였다. 해당 사업장은 폐쇄 시점에 ₩700의 해외사업장외화환산손실이 있었다.

(13) 당기 법인세비용이 ₩50,000이다.

(14) 지분법으로 처리하는 관계회사의 기타포괄손실 금액 ₩50,000에 대해 ₩15,000의 손실을 인식하였다.

(15) 지분법으로 처리하는 관계회사로부터 ₩20,000의 현금배당을 받았다.

(16) 확정급여제도 관련 순확정급여부채에 대해 당기에 ₩300의 이자비용을 인식하였다.

(17) 확정급여제도와 관련하여 ₩400의 당기 근무원가를 인식하였다.

(18) 확정급여제도의 재측정요소로서 ₩90의 손실을 인식하였다.

[2] 포괄손익계산서의 작성

12월 결산 유통기업인 ㈜삼영은 20×9년 1월 1일 영업을 개시하였고, 연결이 필요한 종속회사는 없다. 다음은 첫 회계연도에 발생한 거래나 사건들을 요약한 것이다. 이 정보에 근거하여 회사의 20×9년 포괄손익계산서를 통합형식으로 작성하되, 영업 범주로 분류되는 비용은 기능별로 분석하여 포괄손익계산서상에 표시하라. 기타포괄손익 항목은 법인세 효과를 제외한 세후 금액으로 표시한다. ㈜삼영은 유형자산이나 투자부동산 모두 원가 모형을 적용하여 측정한다.

① 1월 1일 :	
• 보통주 1,000주의 발행으로 현금유입 (액면금액=₩200,000)	₩300,000
• 장기차입으로 현금유입	100,000
• 업무용 토지를 취득하고 현금 지급	(110,000)
• 업무용 사무실 건물을 취득하고 현금 지급	(110,000)
• 임대용 사무실을 취득하고 현금 지급	(110,000)
• 사무실 가구 등 집기를 취득하고 현금을 지급	(103,000)
• 채무상품 금융자산(FVOCI)를 취득하고 현금 지급	(45,000)
• 임대용 사무실을 1년 임대하고 1년분 임대료를 현금으로 선취	10,000
② 연중 :	
• 외상 매출	300,000
• 현금매출	150,000
• 매출채권의 현금 회수	280,000
• 상품의 외상 매입	(275,000)
• 상품 매입채무의 지급	(255,000)
• 매출원가	(205,000)
• 영업 범주 급여의 현금 지급	(35,000)
• 업무용 건물 연간 감가상각비	(4,500)

• 임대용 건물 연간 감가상각비	(4,500)
• 사무실 집기의 연간 감가상각비 (전액 영업 범주)	(6,000)
• 현금및현금성자산으로부터 1년간 발생한 이자수익 (모두 현금으로 수취하여 20×9년 말 미수이자는 없음)	2,700
• 현금으로 지급한 차입금 이자비용(20×9년 말 미지급이자는 없음)	(700)
• 중간배당을 결의하고 현금을 지급함.	(20,000)
③ 12월 31일 :	
• 20×9년 말 현재 기타 미지급된 영업 범주 관리 비용	(5,000)
• 연말 현재 발생하였으나 미지급된 영업 범주 급여	(8,000)
• 채무상품 금융자산(FVOCI)의 평가손실 :	(300)
이 평가손실에 대한 법인세 효과	40
• 당기손익에 대한 법인세비용	47,000
• 당기 법인세(20×9년 말 현재 미지급됨)	47,040

[3] 현금흐름표의 작성(직접법)

문제 [2]에서 각 거래가 현금흐름에 미친 영향을 영업활동, 투자활동 및 재무활동으로 구분하여 분석하고, ㈜삼영의 20×9년 현금흐름표를 작성하라. 단, 영업활동현금흐름은 직접법으로 표시하라.

[4] 재무상태표의 작성

문제 [2]와 [3]의 해답에 근거하여 ㈜삼영의 20×9년 12월 31일 현재 재무상태표를 작성하라.

[5] 자본변동표의 작성

다음은 ㈜청해의 20×5년과 20×6년 말 자본 상태와 각 연도의 이익잉여금 변동 내역이다. 이 정보를 이용하여 20×6년도 자본변동표를 작성하라.

기말 자본 상태 :

	20×6. 12. 31.	20×5. 12. 31.
납입자본(자기주식 제외)	2,600,000[1)]	1,750,000
자기주식	(30,000)[2)]	(12,000)
금융자산(FVOCI)	30,000	15,000
해외사업장외화환산손익	(20,000)	(10,000)
이익잉여금	1,318,400	630,000
합 계	3,898,400	2,373,000

1) 20×6년 5월에 주식 1,000주 발행(주당 액면금액 : ₩500, 주당 발행 금액 : ₩850)

2) 20×6년 6월에 자기주식 20주 취득(주당 취득원가 : ₩900)

20×6년도 배당 및 당기순이익 정보 :

중간배당	30,000
당기순이익	500,000

[추가 정보]

① 20×4년에 취득한 무형자산을 자산으로 회계처리 하지 않고 비용으로 처리한 오류를 20×6년 중에 발견하였다. 이 오류가 없었다면 순이익은 누적적으로 ₩200,000이 더 컸을 것이다.

② 20×4년에 취득하여 사용해 오던 기계장치의 감가상각방법을 20×6년 중에 변경하였다. 이 회계변경으로 인해 순이익이 누적적으로 증가하는 효과는 ₩18,400이다.

③ 금융자산(FVOCI)와 해외사업장외화환산의 변동은 각각 자산 가격 및 환율의 변동에 기인한다.

CHAPTER 04

회계와 화폐의 시간가치

Contents

대학 졸업 후 25세에 취직한 사람이 매년 말 300만 원씩을 연 수익률 6%의 연금저축에 가입한다면, 55세에 퇴직할 때 대략 2억 3천 7백만 원을 손에 쥘 수 있다. 이 금액은 투자원금인 9,000만 원(=300만 원/연 × 30년)의 약 2.6배에 달한다. 또 어떤 사람이 25세에 4천만 원의 목돈을 연 6%의 수익률로 투자해 두면, 55세에 약 2억 3천만 원을 찾을 수 있다. 이 금액은 원금의 약 5.7배에 해당한다. 이 두 가지 예는 이자의 경이로움을 잘 나타낸다. 미국의 재무잡지인 '*Forbes*'의 1971년 6월 1일자 기사에는 이자의 경이로움을 보여주는 재미있는 예화 하나가 소개되어 있다. Peter Minuit라는 사람은 1626년 뉴욕의 맨해튼 섬을 아메리카 원주민들로부터 매입하고, 그 당시 약 $24어치의 장신구를 매입 대가로 지급했다. 그때 만일 원주민들이 그 장신구를 $24에 팔아 그 돈을 연 6%의 복리로 저축하였다면 1971년에는 그 저축액이 약 $130억에 이르게 되어, 그 당시 시가로 맨해튼 섬을 되사고도 $20억 정도가 남았을 것이라고 한다.[1)]

1) 복리(複利 : compound interest) 개념은 잠시 후 설명할 것인데, 유럽 로스차일드 은행의 창업자인 Mayer Rothschild는 복리를 세계 8대 불가사의(the 8th wonder of the world)로 칭했다고 전해진다.

제1절 화폐의 시간가치

화폐는 시간가치(time value)를 갖는다. 이는 현재 수중에 있는 1원의 가치가 미래에 갖게 될 1원의 가치보다 크다는 의미이다. 이렇게 현재의 1원이 미래의 1원보다 가치가 더 큰 이유는 현재의 1원을 투자하면 이자(interest) 등의 투자수익을 발생시켜서 미래에는 1원보다 더 큰 금액이 되기 때문이다. 투자기회가 없다 할지라도 인플레이션이 진행 중인 경제에서는 현재 1원의 구매력이 미래 1원의 구매력보다 크므로 더 가치가 있다. **화폐의 시간가치**(time value of money)는 이자와 불가분의 관계에 있으므로 먼저 이자에 관한 기본적인 개념부터 살펴보자.

1. 이자

이자는 자금을 빌리는 측에서 보면 **일정기간** 자금을 사용하는 데에 따르는 비용(cost)이고, 빌려주는 측에서 보면 일정기간 자금을 빌려준 대가로 받는 보상(return)이므로 화폐의 시간가치를 반영한다. 만일 지금 100만 원을 빌려서 1년 후 120만 원을 갚기로 하였다면, 100만 원을 초과한 부분인 20만 원은 이자가 된다. 이자는 일정기간에 대한 백분율(percentage)로 표시한다. 위의 차입거래에서 이자율(interest rate)은 연 20%(=20만 원÷100만 원)이다. 이자율은 기간만 주어지면 어떠한 기간에 대해서도 표시할 수 있지만, 1년에 대해 표시하는 것이 일반적이다. 달리 언급이 없는 한, 모든 이자율은 연리(年利 : annual rate)로 표시된다.

이자율은 크게 다음 세 가지 요소로 구성된다. 첫째는 무위험이자율(risk-free interest rate)로서, 이는 대여자(貸主 : lender)가 인플레이션이 없는 상황에서 상환위험이 전혀 없는 차입자(借主 : borrower)에게 자금을 빌려줄 때 적용하는 이자율이다.[2)]

이자율을 구성하는 두 번째 요소는 상환위험에 대한 보상률(default rate of interest)이다. 다른 조건이 동일하다면, 상환위험이 높을수록 이자율은 높다. 이는 대여자가 차입자의 원리금 상환능력이 낮을수록 그에 따른 위험을 보상받기 위해 더 높은 이자율을 적용하기 때문이다.

이자율의 세 번째 구성요소는 예상되는 인플레이션(expected inflation rate of interest)이다. 물가가 상승하는 인플레이션 기간에는 대여자들이 더 높은 이자율을 적용하여 화폐의 구매력 감소에 따른 손실을 보상받으려 하므로 이자율은 높아진다.

---

2) 경제학의 개념을 빌린다면, 무위험이자율은 자본의 한계생산성(marginal productivity of capital)을 나타낸다.

대차거래에서 발생하는 이자는 원금(principal), 이자율, 그리고 만기(maturity)까지의 기간에 따라 결정된다. 원금은 대차거래 금액을 가리키며, 만기일은 대차기간이 만료되어 원금을 상환 혹은 회수하는 날이다. 이자는 단리(單利) 또는 복리(複利)에 의해 계산한다.

(1) 단리

단리(simple interest)는 원금에 대해서만 계산하는 이자이며, 다음과 같이 계산한다.

$$\text{단리} = \text{원금} \times \text{이자율} \times \text{기간 수(數)}$$

₩10,000을 3년간 10%의 이자율로 빌린다면 단리계산에 의한 3년간 총이자는 ₩3,000(=₩10,000 × 10% × 3년)이다. 만일 같은 이자율로 6개월간 빌리면 총이자는 ₩500(=₩10,000 × 10% × (6개월 ÷ 12개월))이 된다.

(2) 복리

복리(compound interest)는 원금뿐 아니라 이전 기간에 이미 발생한 이자에 대해서도 계산하는 이자이다. 즉, 복리이자는 이전 기간에 발생하여 누적된 이자와 원금을 합한 금액에 이자율을 곱하여 계산한다. 일정기간(이를 t로 표시하자)에 대한 복리는 다음 식에 따라 계산할 수 있다.

$$\text{복리}_t = (\text{원금} + \sum_{i=1}^{t-1} \text{복리}_i) \times \text{이자율}$$

따라서 복리계산에 관한 한 실질원금은 시간이 흐를수록 체증하는 셈이다. 아래 <표 4. 1>은 ₩10,000을 10%의 이자율로 3년간 투자한 경우 단리와 복리계산이 투자총액에 미치는 영향을 대조적으로 보여준다.

표 4. 1 단리와 복리계산의 차이

연도		이자	누적이자	투자총액
단리	1	₩10,000 × 10% = ₩1,000	₩1,000	₩11,000
	2	10,000 × 10% = 1,000	2,000	12,000
	3	10,000 × 10% = 1,000	3,000	13,000
복리	1	₩10,000 × 10% = ₩1,000	₩1,000	₩11,000
	2	11,000 × 10% = 1,100	2,100	12,100
	3	12,100 × 10% = 1,210	3,310	13,310

<표 4. 1>의 복리계산은 1년 단위로 이루어지는 경우이다. 그러나 실제에서 복리계산은 1년보다 더 짧은 기간(예 3개월, 6개월 등) 단위로 이루어지기도 한다. 이 경우 복리계산을 위해서는 단위기간에 해당하는 이자율을 먼저 계산해야 한다. 이를 기간이자율(interest rate per period)이라 하며, 연리(annual rate)를 연중 복리계산 횟수로 나누어 구한다. 예를 들어, 이자율이 12%이고, 1개월마다 복리계산을 한다면, 연중 12회에 걸쳐 이자계산을 하는 것이므로 기간이자율은 1%(=12% ÷ 12)가 된다. 만일 3개월 단위로 복리계산을 한다면 기간이자율은 3%(=12% ÷ 4)이다.

이자가 1년에 한 번 이상 복리계산이 되는 경우 실질이자율, 즉 유효이자율은 계약상 명시된 명목이자율(nominal interest rate)보다 더 커진다. 6개월마다 복리를 주는 은행에 ₩10,000을 12%의 이자율로 예금한 경우를 고려해 보자. 기간이자율은 6%이므로 6개월 뒤의 예금액은 ₩10,600(=₩10,000+₩10,000 × 6%)이 되고, 1년 뒤에는 후반기 이자 ₩636(=₩10,600 × 6%)을 포함하여 ₩11,236(=₩10,600+₩636)이 된다. 결국 1년간 총이자는 ₩1,236이 되고, 유효이자율은 12.36%(=₩l,236 ÷ ₩10,000)가 되어 명목이자율인 12%보다 더 크다. 일반적으로 1년에 이자가 h번 복리계산되는 경우, 유효이자율은 명목이자율을 r%라 할 때 다음과 같이 구할 수 있다.

$$\text{유효이자율} = (1+\frac{r}{h})^h - 1$$

일례로, 이자율이 12%이고 3개월마다 복리계산이 된다면 h가 4이므로

$$\text{유효이자율} = (1.03)^4 - 1 = 12.55\%$$

여기서 복리계산을 3개월 단위로 할 때의 유효이자율인 12.55%는 6개월 단위로 할 때의 유효이자율인 12.36%보다 더 높음을 알 수 있다. 사실 복리계산이 자주 이루어질수록 유효이자율은 더 커진다. 실무에서 복리계산의 최저단위는 하루이다. 그러나 개념적으로는 하루보다 더 자주 복리계산을 할 수 있으며, 극단적으로는 연속적인 복리계산도 가능하다. 이러한 **연속복리계산**(continuous compounding)은 개념상 h가 무한대인 경우이므로 수학에 있어서의 극한개념을 이용하여 유효이자율을 구할 수 있다. 연속복리계산의 경우 유효이자율은 다음과 같이 자연대수를 이용하여 표시할 수 있다.

$$\begin{aligned}\text{연속복리계산할 때의 유효이자율} &= \lim_{h\to\infty}(1+\frac{r}{h})^h - 1 \\ &= e^r - 1\end{aligned}$$

만일 12%의 이자율로 연속복리계산을 한다면 유효이자율은 12.75%($=e^{0.12}-1$)가 된다. 복리계산에서 단위기간은 어느 경우이든 연속복리계산의 경우보다 더 짧을 수는 없으므로 12.75%는 12%의 이자율로 복리계산을 통해 얻을 수 있는 가장 높은 유효이자율이다.

제2절 현재가치와 미래가치

현재가치 혹은 현가(present value)란 일정기간에 걸쳐[3] 발생하는 현금흐름을 그 기간의 시작 시점에서 평가한 가치를 말하며, **미래가치**(future value)란 그 기간의 끝 시점에서 평가한 가치를 말한다. 이렇게 현재가치와 미래가치는 같은 현금흐름의 가치를 측정하는 값이지만 측정 시점이 상이하므로 그 금액도 다르다. 또 현재가치와 미래가치는 시간과 분리하여 생각할 수 없으므로 측정에 있어서 이자의 개념이 중요한 역할을 한다. 미래가치는 일정기간의 현금흐름을 정해진 이자율로 복리계산한 값(compounded value)이며, 현재가치는 그 현금흐름을 정해진 이자율로 할인한 값(discounted value)이다. 이런 의미에서 현재가치와 미래가치는 같은 동전의 양면이라 할 수 있다.

일정기간에 걸쳐 발생하는 현금흐름은 크게 두 가지 유형(patterns)이 있다. 어떤 투자자가 지금 목돈을 정기예금에 예치하고 3년 후 만기에 원금과 이자를 받는다고 하자. 이 상황에서의 현금흐름은 예금 가입일의 목돈이 전부인데, 이런 형태의 현금흐름은 일정기간에 걸쳐 단 한 번만 발생하므로, 이를 **일회**(一回)**금액**(single sum)이라 부른다. 반면에 이 투자자가 3년간 매달 일정 금액을 납입하는 적금에 가입한다면, 3년의 기간에 걸쳐 36회의 현금흐름이 발생한다. 이 상황에서의 현금흐름은 여러 번에 걸쳐 발생하므로 **일련**(一連)**금액**(a series of amounts)이라고 부른다. 대부분의 정기적금에 있어서 매회 납입액은 그 액수가 동일한데, 이처럼 **동일한** 액수의 일련금액(a series of equal amounts)은 특별히 **연금**(annuity)이라고 부른다.[4] 이제부터 우리는 일회금액의 미래가치와 현재가치를 계산하는 방법을 먼저 살펴본 후 일련금액, 특히 연금의 미래가치와 현재가치를 계산하는 방법을 공부할 것이다.

---

3) 여기서 미래 일정기간의 시작시점은 현재시점일 수도 있다.

4) 여기서 연금(annuity)은 퇴직종업원이 퇴직 후 일정기간 동안 회사로부터 받는 연금(pension)과는 독립적인 개념이다. 영어로는 annuity와 pension이 구분되지만, 우리말은 이 두 개념을 가리키는 용어가 동일하고, 또 한자까지도 같아서 구분이 어렵다.

1. 일회금액의 미래가치와 현재가치

(1) 일회금액의 미래가치

어떤 투자자가 연간 10%의 수익률을 보장하는 수익증권에 ₩100을 투자한다면 1년 뒤 얼마를 받을 수 있을까? 이 질문은 **일회금액의 미래가치**(future value of a single sum)를 묻는 전형적인 문제이다. 이 투자자는 ₩100의 투자액에 대한 10% 수익인 ₩10을 포함하여 ₩110을 받게 될 것이다. 만일 이 투자자가 같은 금액을 2년간 투자하고, 수익증권이 1년 단위로 복리계산(annually compounded)된 투자수익을 보장한다면 2년 뒤의 수령액은 ₩110에 대한 10% 수익인 ₩11을 더한 ₩121이 될 것이다.

이제 일회금액의 미래가치를 ₩1에 대해 표시해 보자. 기간이자율(혹은 기간수익률)이 r%이면, 1기(一期) 후의 미래가치는 원금 ₩1과 이자(혹은 수익)인 r원을 합한 $(1+r)$원이 된다. 2기(二期) 후의 미래가치는 $(1+r)$원과 이자인 $(1+r)r$원을 합한 것이므로 $(1+r)+(1+r)r = (1+r)^2$원이 된다. 이 분석을 연장하면 일반적으로 n기 뒤의 ₩1의 미래가치는 아래와 같다.

$$\text{₩1의 } n\text{기간 후 미래가치} = (1+r)^n$$

여기서 n은 복리계산이 이루어지는 기간의 수(數)이지만, 이를 복리계산이 이루어지는 횟수로 간주하면 더 편리하다. 달리 언급이 없는 한 복리계산은 연 단위로 하는 것으로 간주한다.

예제 1

신한은행으로부터 ₩50,000을 연리 12%로 1년간 빌릴 경우 1년 뒤 갚아야 할 원리금 상환액은 얼마인가? 신한은행은 만기 전에 이자지급이나 원금상환을 요구하지 않는다.

해 답

₩50,000 × (1.12) = ₩56,000

(2) 일회금액의 현재가치

1년 후 만기상환액이 ₩10,000인 채권을 지금 얼마에 매입하면 10%의 연간 수익률을 올릴 수 있을 것인가? 이는 지금 채권매입에 얼마를 투자하면 1년 후 ₩10,000을 받을 때 10%의 수익을 올리게 되는가라는 질문과 같다. 따라서 이에 대한 답은 채권매입에 투자한 금액(즉, 채권매입가격)의 1년 후 미래가치가 10%로 계산하여 ₩10,000이 되게 하면 구할 수 있다. 채권매입가격을 P라고 할 때, P × (1.1) = ₩10,000이면 된다. 따라서 P = ₩10,000 ÷ (1.1) = ₩10,000 × $(1.1)^{-1}$ = ₩9,091이다. 즉, ₩9,091에 채권을 매입하고 1년 뒤 ₩10,000을 상환받으면 10%의 수익을 올리는 셈이 된다.

여기서 채권매입가격은 만기상환액 ₩10,000을 10%로 할인한 금액, 곧 ₩10,000의 현재가치다. 만일 채권의 만기가 2년 뒤라면 채권의 가격은 ₩10,000 ÷ $(1.1)^2$ = ₩10,000 × $(1.1)^{-2}$ = ₩8,264이 된다. 따라서 지금 ₩8,264으로 채권을 매입하고 2년 후 ₩10,000을 상환받으면 2년간 매년 10%의 수익을 올리게 된다. 일반적으로, n기 후 발생할 ₩1의 현재가치는 할인율[5])이 r%일 때 다음과 같이 나타낼 수 있다.

$$n\text{기 후 발생할 ₩1의 현재가치} = \frac{1}{(1+r)^n} = (1+r)^{-n}$$

예제 2

할인율이 12%일 때 3년 뒤에 받을 ₩40,000의 현재가치는 얼마인가?

해 답

₩40,000 × $(1.12)^{-3}$ = ₩28,471

2. 연금의 미래가치와 현재가치

앞서 언급했듯이, 연금(annuity)은 동일한 액수로 지급 혹은 수령할 일련금액이다. 동일한 금액을 기말에 지급 혹은 수령할 때 이를 **기말연금**(ordinary annuity)이라 부르며, 기초에 지급이나 수령이 이루어지면 이를 **기초연금**(annuity due)이라 부른다. 대부분의 연금은 기말에 현금흐름이 발생하는 것이 정상적(正常的)이므로 기말연금을 영어로는 ordinary(정상) annuity라 하며, 본 장에서 달리 언급이 없는 한 모든 연금은 기말연금으로 간주한다.[6])

---

5) 현재가치를 말할 때는 이자율이라 하지 않고 할인율이라 한다.

6) 실무에서 기말연금은 정상연금으로도 불린다. 그러나 기말연금은 용어 자체의 설명력이 더 높으므로 여기서는 이 용어를 쓰기로 한다. 또 기초연금은 실무에서 선급연금이라고도 하는데, 이는 미리 주는 연금이라는 의미다. 그러나 미리 주는 시점이 언제인지 모호하고, 연금을 받는 사람의 입장에서는 타당한 용어가 아니므로(선수연금이라 해야 함), 본 장에서는 기초연금이라는 용어를 사용한다.

(1) 기말연금의 미래가치

향후 3기에 걸쳐서 매기 ₩1씩 발생할 기말연금의 현금흐름을 그림으로 나타내면 [그림 4. 1]과 같다.

그림 4. 1
3기에 걸친 기말연금의 현금흐름

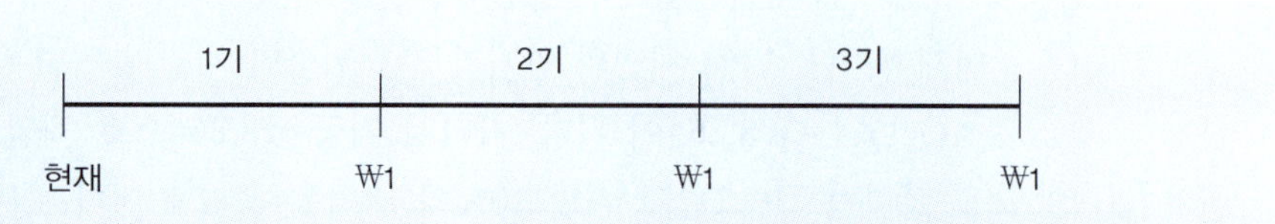

연금의 미래가치를 계산할 때 중요한 **가정**은, 중도에 발생하는 현금흐름은 **주어진** 이자율에 의해 복리로 재투자된다는 것이다. 위 기말연금의 미래가치는 3기 말에 평가한 투자가치이므로, 1기 및 2기 말에 각각 수령하는 ₩1의 미래가치와 3기 말에 수령하는 ₩1을 합한 금액, 즉 $1+(1+r)+(1+r)^2$이 된다. 이 분석을 확장하면, n기에 걸쳐 매기 말 ₩1씩 발생하는 연금의 미래가치는 다음과 같다.

$$1+(1+r)+(1+r)^2+\cdots+(1+r)^{n-1}$$

이는 초항이 1이고, 항수가 n개이며, 등비가 $(1+r)$인 등비급수다. 따라서

$$n\text{기에 걸쳐 매기 ₩1씩 발생하는 기말연금의 미래가치} = \frac{(1+r)^n-1}{r}$$

예제 3

연리 11%를 지급하는 은행에 향후 5년에 걸쳐 매년 말 ₩200씩 적금을 붓는다면, 5년째 되는 해에 마지막으로 ₩200을 납입한 후 적금계정에 들어 있을 총액은 얼마인가?

해 답

$$\left[\frac{(1.11)^5-1}{0.11}\right]\times ₩200 = ₩1{,}246$$

(2) 기말연금의 현재가치

향후 3기에 걸쳐 ₩1씩 발생하는 기말연금의 현재가치는 매기 말 발생하는 ₩1에 대한 현재가치를 모두 더한 금액이다. 첫 번째 ₩1의 현재가치는 $(1+r)^{-1}$이고, 두 번째 ₩1의 현재가치는 $(1+r)^{-2}$이며, 세 번째 ₩1의 현재가치는 $(1+r)^{-3}$이므로 향후 3기에

걸친 이 기말연금의 현재가치는 $(1+r)^{-1}+(1+r)^{-2}+(1+r)^{-3}$이 된다. 이를 연장하면, n기에 걸친 기말연금의 현재가치는 $[(1+r)^{-1}+(1+r)^{-2}+\cdots+(1+r)^{-n}]$이 되므로, 첫 항이 $(1+r)^{-1}$이고, 등비가 $(1+r)^{-1}$이며, n개의 항을 가진 등비급수임을 쉽게 알 수 있다. 따라서

$$n\text{기에 걸쳐 매기 ₩1씩 발생하는 기말연금의 현재가치} = \frac{1-(1+r)^{-n}}{r}$$

한편, 상기한 기말연금의 현재가치는 앞에서 이미 구한 기말연금의 미래가치인 $[(1+r)^n-1]\div r$을 이용하면 더 쉽게 계산할 수 있다. 여기서 핵심 아이디어는 기말연금의 미래가치를 n기 말에 발생하는 일회금액으로 간주하는 것이다. 그러면 이 일회금액을 n기 할인한 현재가치는 개념적으로 상기 기말연금의 현재가치와 같아야 한다. 이에 따라 기말연금의 미래가치 $[(1+r)^n-1]\div r$을 n기 할인하면, 그 현재가치는 $(1+r)^{-n}\times[(1+r)^n-1]\div r$이므로, 이 식을 정리하면 앞에서 제시한 기말연금의 현재가치와 같음을 쉽게 알 수 있다. 현재가치와 미래가치가 같은 동전의 양면과 같다는 사실이 여기서 확인된다.

예제 4

연간 할인율이 11%라면 5년에 걸쳐 매년 ₩200씩 현금흐름이 발생하는 연금의 현재가치는 얼마인가?

해 답

$$\left[\frac{1-(1.11)^{-5}}{0.11}\right]\times ₩200 = ₩739$$

예제 5

<예제 4>의 답을 <예제 3>의 답을 이용하여 구해보라.

해 답

$(1.11)^{-5}\times ₩1,246 = ₩739$

(3) 기초연금의 미래가치

이제 기초연금을 고려해 보자. n기에 걸쳐 매기 ₩1씩 발생하는 기초연금의 현금흐름을 그림으로 나타내면 [그림 4. 2]와 같다.

그림 4. 2

n기에 걸친 기초연금의 현금흐름

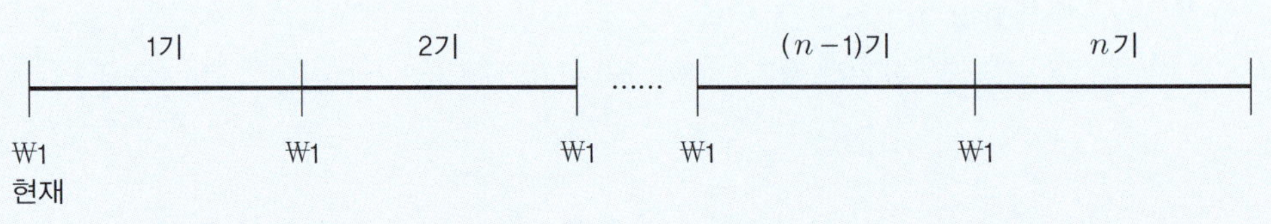

위 기초연금의 미래가치는 각 ₩1의 미래가치를 모두 더한 급수이다. 이 급수의 초항은 n기초에 수령하는 금액의 미래가치인 $(1+r)$원이고, 두 번째 항은 $(n-1)$기 초에 수령하는 금액의 미래가치인 $(1+r)^2$원이며, 마지막 항은 1기 초에 수령하는 금액의 미래가치인 $(1+r)^n$원이 된다. 즉,

$$(1+r)+(1+r)^2+\cdots+(1+r)^{n-1}+(1+r)^n$$

이 등비급수를 **기말**연금의 미래가치와 비교해 보면, 이 급수가 $\boldsymbol{(n+1)}$기에 걸친 기말연금의 미래가치에서 초항인 1을 뺀 것과 같음을 알 수 있다. 즉,

n기에 걸쳐 매기 ₩1씩 발생하는 기초연금의 미래가치

$$=[1+(1+r)+(1+r)^2+\cdots+(1+r)^{n-1}+(1+r)^n]-1$$

따라서 n기에 걸친 **기말**연금의 미래가치 공식을 이용하면,

$$n\text{기에 걸쳐 매기 ₩1씩 발생하는 기초연금의 미래가치} = \frac{(1+r)^{n+1}-1}{r}-1$$

예제 6

연리 11%를 지급하는 은행에 앞으로 5년간 매년 초 ₩200씩 적금을 붓는다면, 5년째 되는 해 말에 적금총액은 얼마가 될까?

해 답

$$\left[\frac{(1.11)^6-1}{0.11}-1\right]\times ₩200 = ₩1,383$$

(4) 기초연금의 현재가치

n기에 걸쳐 ₩1씩 발생하는 기초연금의 현재가치는 각 기초수령액의 현재가치를 모두 더한 급수이다. 첫 번째 ₩1의 현재가치는 그 금액 그대로 ₩1이고, 두 번째 ₩1의 현재가치는 $(1+r)^{-1}$이며, n기 초에 발생하는 ₩1의 현재가치는 $(1+r)^{-(n-1)}$이므로 n기에 걸친 기초연금의 현재가치는 아래와 같다.

$$1+(1+r)^{-1}+(1+r)^{-2}+\cdots+(1+r)^{-(n-2)}+(1+r)^{-(n-1)}$$

이 급수를 n기에 걸친 기말연금의 현재가치와 비교해 보면, 이 급수가 $(\boldsymbol{n}-1)$기에 걸친 기말연금의 현재가치에 1을 더한 것과 같음을 알 수 있다. 즉,

n기에 걸쳐 매기 ₩1씩 발생하는 기초연금의 현가

$$= 1+[(1+r)^{-1}+(1+r)^{-2}+\cdots+(1+r)^{-(n-1)}]$$

따라서 n기에 걸친 **기말**연금의 현재가치 공식을 이용하면,

n기에 걸쳐 매기 ₩1씩 발생하는 기초연금의 현재가치[7] $= 1+\dfrac{1-(1+r)^{-(n-1)}}{r}$

예제 7

할인율이 11%라면 5년에 걸쳐 매년 초 ₩200씩 현금흐름이 발생하는 연금의 현재가치는 얼마인가?

해 답

$$\left[1+\frac{1-(1.11)^{-4}}{0.11}\right]\times ₩200 = ₩820$$

3. 이연연금의 현재가치

일반적으로 연금(annuity)의 현금흐름은 제1기부터 발생한다. 그러나 일정기간이 유예된 후에 첫 번째 현금흐름이 발생하는 경우도 있다. 이러한 형태의 연금을 **이연연금**

7) 기말연금에서처럼 기초연금의 현재가치도 기초연금의 미래가치를 이용하여 쉽게 구할 수도 있다. 즉, 기초연금의 미래가치를 n기 할인하면 기초연금의 현재가치가 된다. 확인은 독자들에게 맡긴다.

(deferred annuity)이라고 부른다. 현재 30세인 종업원이 60세에 퇴직한 후 퇴직 시점부터 사망 시점까지 받을 퇴직연금은 이연연금의 대표적인 예이다. [그림 4. 3]은 3기에 걸친 연금이 1기 이연된 경우의 현금흐름을 보여준다.

그림 4. 3

3기에 걸친 연금이 1기 이연된 경우의 현금흐름

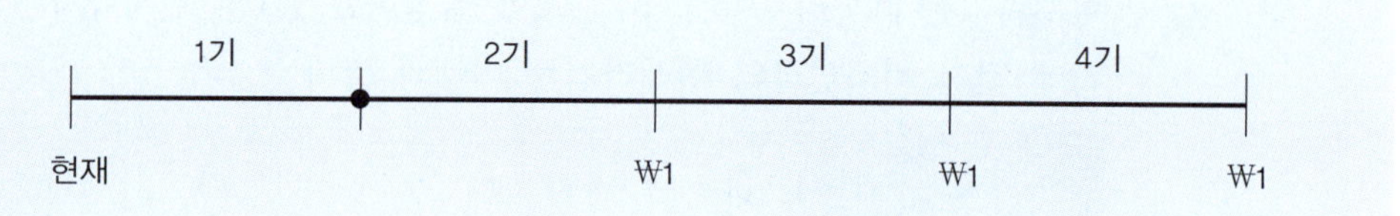

위 이연연금의 현재가치는 다음 두 단계에 의해 계산할 수 있다. 일 단계로서 기말연금의 현재가치를 2기 초(그림 4. 3에서의 검은 점)에서 구한다. 2기 초에서 보면 연금은 이연된 것이 아니므로 일 단계의 현재가치 계산은 통상적인 것이다. 다음 단계에서는 일 단계에서 구한 현재가치를 **일회금액으로 간주**하고 이 일회금액을 1기 할인한다. 이렇게 두 단계를 거쳐 계산한 현재가치가 바로 이연연금의 현재가치다. 그러면 1기 이연된 연금의 현재가치를 계산해 보자. 먼저 2기 초에서의 현재가치는 $[(1-(1+r)^{-3})\div r]$이다. 이를 일회금액으로 간주하여 1기 할인하면 $[(1+r)^{-1}\times\{1-(1+r)^{-3}\}\div r]$이 되므로 이것이 위 이연연금의 현재가치다.

이제 이연연금의 현재가치를 일반적으로 표시하여 보자. 다음 그림은 n기에 걸친 ₩1의 연금이 m기 이연된 경우의 현금흐름을 보여준다. 첫 번째 현금흐름이 $(m+1)$기 말에 발생함에 유의하라. 일례로 5기 말에 첫 번째 현금흐름이 발생하는 연금은 4기 이연된 것이다.

그림 4. 4

n기에 걸친 연금이 m기 이연된 경우의 현금흐름

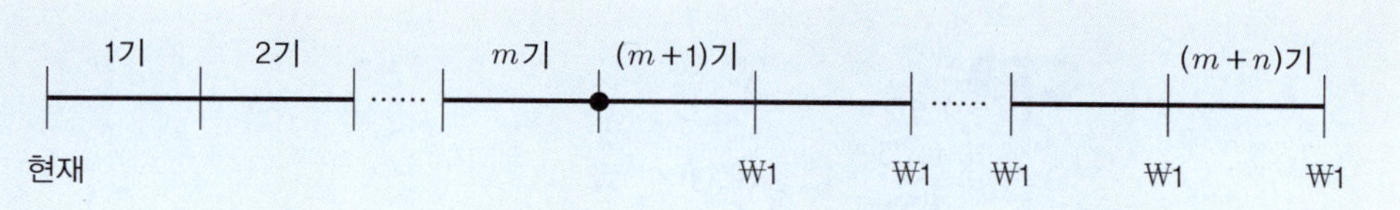

이 경우 n기에 걸친 연금의 현재가치 $(1-(1+r)^{-n})\div r$은 m기 말(그림 4. 4에서의 검은 점)의 현재가치이므로 이를 현재로부터 m기가 지난 후 발생하는 일회금액으로 간주할 수 있다. 따라서

$$m\text{기 이연된 후 } n\text{기에 걸쳐 ₩1씩 발생하는 연금의 현재가치} = (1+r)^{-m}\times\frac{1-(1+r)^{-n}}{r}$$

예제 8

첫 번째 현금흐름이 8기 말에 발생한 후 9번에 걸쳐 매기 말 ₩5,000씩 현금흐름이 발생하는 연금의 현재가치를 계산하라. 할인율은 12.5%이다.

해 답

$$(1.125)^{-7} \times \frac{1-(1.125)^{-9}}{0.125} \times ₩5,000 = ₩11,462$$

4. 영속연금의 현재가치

영속연금(perpetuity)은 연금의 특수한 형태로서 현금흐름이 영원히 계속되는 연금을 가리킨다. 매기 말 ₩1씩 지급되는 영속연금의 현재가치는 n기에 걸친 기말연금의 현재가치를 이용하여 쉽게 구할 수 있다. 개념적으로 영속연금의 현재가치는 n이 무한대로 커지는 기말연금의 현재가치다. 즉, 영속연금의 현재가치는 기말연금 현재가치의 수학적 극한치(limit)인 것이다. n이 무한대로 갈 때 $(1+r)^{-n}$은 0으로 수렴하므로 ₩1의 영속연금의 현재가치는 단순히 $(1 \div r)$이 된다.

$$₩1\text{의 영속연금의 현재가치} = \frac{1}{r}$$

예제 9

할인율이 10%일 때, 매년 말 ₩7,000씩 영구히 지급될 연금의 현재가치를 계산하라.

해 답

$$\frac{1}{0.1} \times ₩7,000 = ₩70,000$$

예제 10

<예제 9>에서 영속연금이 매년 초 지급된다면 그 현재가치는 얼마인가?

해 답

$$\left[1 + \frac{1}{0.1}\right] \times ₩7,000 = ₩77,000$$

예제 11

<예제 9>에서 첫 번째 현금흐름이 3년째 말에 지급된다면, 영속연금의 현재가치는 얼마인가?

해 답

영속연금이 2년간 이연되었으므로 그 현재가치는 다음과 같다.

$$(1.1)^{-2} \times \frac{1}{0.1} \times ₩7{,}000 = (1.1)^{-2} \times ₩70{,}000 = ₩57{,}851$$

제3절 응용문제

1. 대차거래

현재가치 및 미래가치의 개념은 금전의 대차거래(borrowing and lending)에 널리 적용된다. 어떤 사람이 ₩14,000을 은행에서 빌리고, 향후 4년에 걸쳐 매년 말 **일정** 금액을 은행에 지급함으로써 4년째 말에 원리금 모두를 상환하는 경우를 생각해 보자. 은행이 9%의 이자율을 적용한다면, 이 차입자가 매년 말 지급해야 할 일정 금액은 얼마일까? 이를 풀기 위해서는 이 차입거래 안에 **두 개의 상반된 현금흐름**이 발생함을 주목해야 한다. 첫째, ₩14,000을 빌렸으므로, ₩14,000의 현금유입(cash inflow)이 차입자에게 발생한다. 둘째, 앞으로 4년 동안 네 번에 걸쳐 일정 금액을 은행에 지급하므로 현금유출(cash outflow)이 발생한다. 따라서 이 상반된 현금유입과 현금유출의 가치가 9%의 이자율로 계산하여 **같다면,** 위 차입자는 4년째 말에 원리금을 모두 상환할 수 있다. 미지수인 상환액을 ₩P이라 하고, 이 상반된 두 개의 현금흐름을 그림으로 나타내면 [그림 4. 5]와 같다.

그림 4. 5
차입과 상환에 따른 상반된 두 현금흐름

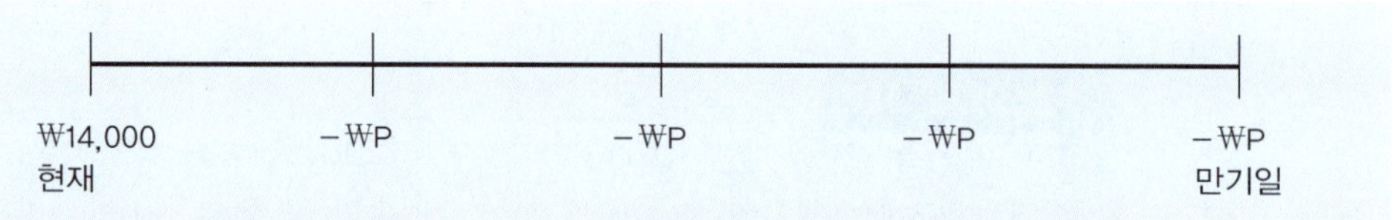

그러면 위 현금유입과 현금유출의 가치를 어느 시점에서 같게 만들 것인가? 이론적으로 이 일치시점은 계약기간 4년 중 어느 시점이 되어도 상관없다. 만일 차입일 현재를 일치시점으로 잡으면, 네 번에 걸친 상환액 ₩P의 현재가치만 계산하면 된다. 그러나 만일 차입기간이 만료되는 4년 후를 일치시점으로 잡으면, 차입금의 4년 뒤 미래가치와 상환액의 미래가치를 모두 계산해야 한다. 또 만일 차입기간 중의 어느 시점, 예를 들어 차입 후 1년 후를 일치시점으로 잡으면 차입금의 1년 뒤 미래가치와 상환액의 현재가치를 계산하여야 할 것이다(이 경우는 기초연금의 현재가치 계산이 됨). 이렇게 여러 가지 가능한 일치시점들 중 하나를 결정하는 기준은 계산의 간편성이다. 이 문제에서는 차입일을 일치시점으로 잡는 것이 가장 좋은데, 그렇게 하면 차입금의 현재가치는 별도 계산이 필요 없고, 상환액의 현재가치만 계산하면 되기 때문이다. 최선의 일치시점은 해당 기간의 양쪽 끝 중 하나, 즉 현재이거나 만기일인 경우가 대부분이다.

이제 매년 말 지급해야 할 금액 ₩P을 구해보자. 이 금액이 매년 일정하므로, 4년에 걸친 지급액은 기말연금의 형태를 가진 현금흐름이다. 따라서 그 현재가치는 $[(1-(1.09)^{-4}) \div 0.09] \times P$가 된다. 차입금의 현재가치는 ₩14,000이므로, 이 두 현재가치를 일치시키면 상환액 P를 구할 수 있다.

$$\left[\frac{1-(1.09)^{-4}}{0.09}\right] \times P = ₩14{,}000$$

$$P = \frac{₩14{,}000}{3.2397} = ₩4{,}321$$

따라서 매년 말 ₩4,321씩 갚아 나가면 4년째 말에 원리금 모두를 상환할 수 있다. 그러면 과연 그런지 4년에 걸친 원리금 상환계획표를 작성하여 점검해 보자. 아래 <표 4. 2>가 상환계획표인데, 4년 뒤 원리금 상환이 종료됨을 보여주는 것 이외에도 매년 발생하는 이자비용과 매년 말 차입금 잔액이 얼마인지도 알려준다. 이 표의 첫째 칸(column)은 차입금의 상환주기(이 경우는 1년)이고, 둘째 칸은 매 상환주기의 기초차입금 잔액, 즉 매기 시작 시점에서 앞으로 상환해야 할 전체 차입금액이 얼마인지 보여준다. 셋째 칸은 매기 발생하는 이자비용이고, 네 번째 칸은 매기 말 지급액(즉, P)이며, 다섯 번째 칸은 지급액 P로 인해 줄어든 차입금을 기간별로 나타낸다. 그리고 마지막 칸에 있는 금액은 매기 말 시점 남아 있는 차입금 잔액이다.

표 4. 2
상환계획표

기간	기초차입금 잔액	발생이자	지급액(P)	차입금감소액	기말차입금 잔액
첫해	₩14,000	₩1,260[a)]	₩4,321	₩3,061[b)]	₩10,939[c)]
둘째 해	10,939	984	4,321	3,337	7,602
셋째 해	7,602	684	4,321	3,637	3,965
넷째 해	3,965	356	4,321	3,965	0

a) ₩14,000 × 9%
b) ₩4,321 − ₩1,260
c) ₩14,000 − ₩3,061

상환계획표의 첫째 줄(row)의 내용을 살펴보자. 첫해 초에 ₩14,000을 차입했으므로 첫해의 기초차입금은 표에 나타난 대로 ₩14,000이다. 이 ₩14,000은 9%의 이자비용을 발생시키므로 첫해 이자비용은 ₩14,000 × 9% = ₩1,260이다. 다음은 지급액(P)인데 은행과의 계약에 따라 매기 ₩4,321으로 일정하다. 이 지급액은 첫해 발생한 이자 ₩1,260을 갚는 데 먼저 쓰이고, 남은 금액 ₩3,061(= ₩4,321 − ₩1,260)은 차입금을 상환하는 데 쓰인다. 따라서 이 ₩3,061은 표에서 차입금감소액으로 표시되어 있다. 이렇게 차입금이 감소하였으므로 첫해 말 차입금 잔액은 ₩10,939(= ₩14,000 − ₩3,061)이 된다.

둘째 해의 기초차입금은 전년도 기말차입금과 동일하게 ₩10,939이고, 이자비용은 이 금액의 9%인 ₩984이다. 둘째 해 지급액(P)도 전년도와 같이 ₩4,321이므로, ₩984을 차감한 ₩3,337(= ₩4,321 − ₩984)은 차입금 감소액이 되고, 기말차입금은 ₩7,602(= ₩10,939 − ₩3,337)된다. 다음 연도에도 이와 유사하게 차입금상환이 이루어져 마지막 해 말에는 차입금 전부를 상환하게 된다.

2. 채권가격의 결정

채권(債券 : bonds)이란 정부나 기업들이 일반투자자들로부터 일정기간 자금을 빌리고 원금의 상환과 이자지급, 만기일 등의 조건을 명시하여 투자자들에게 발행하는 유가증권이다. 채권은 그 권면(券面 : face)에 만기 상환할 금액이 적혀 있는데, 이를 **액면금액**(face amount)이라 부른다. 또 보유기간 중 지급할 이자를 액면금액의 몇 %라는 식으로 정해 놓는데, 이 백분율을 **표시이자율**(coupon) 또는 **표면금리**라고 한다.

채권은 자본시장에서 자유롭게 매매되므로 그 거래가격(실무에서는 단가라 부름)이 어떻게 결정되는가를 이해하는 것은 매우 중요하다. 일반적으로 채권을 보유한 사람은 보유기간 동안 일정액의 이자를 정기적으로 지급받고 만기일에는 원금을 상환받는다. 이와 같이 채권은 현금흐름을 동반하므로 채권의 가격은 이 현금흐름을 할인한 현재가치가 된다. 이때의 할인율은 거래일의 **시장이자율**(실무에서는 이를 시장금리라 부름)이다.

이렇게 채권의 가격은 현금흐름을 시장이자율로 할인한 현재가치이므로 시장이자율이 변동함에 따라 수시로 변한다. 이자율이 상승하면 채권의 현금흐름이 더 크게 할인되므로 현재가치인 채권가격은 하락하고, 반면 이자율이 하락하면 채권의 현금흐름이 더 적게 할인되므로 채권가격은 상승한다. 시장이자율은 채권보유자가 얻는 투자수익률이므로 **채권의 가격과 수익률 사이에는 반비례의 관계**가 있다.

채권의 상환기간, 즉 채권발행기관이 자금을 빌려 쓰는 기간은 대부분 수년(數年)에 걸치는데, 우리나라의 경우 기업이 발행하는 회사채(會社債 : corporate bonds)의 대부분은 그 상환기간이 3년이며, 드물게 5년 혹은 그 이상의 상환기간을 갖는 회사채가 발행되기도 한다. 반면, 미국의 회사채는 상환기간이 대부분 5년을 초과하는 장기간이며, 만기가 100년인 century bonds도 간혹 발행된다.

우리나라에서 통용되는 채권은 이자지급방식에 따라 **이표채**, **할인채**, **복리채** 등 세 종류로 구분된다. 대부분의 회사채는 3개월마다 이자를 지급하며,[8] 채권에 첨부된 이표(利票 : interest tickets)를 떼어내어 이자지급을 대행하는 은행에 제시하면 이자를 받을 수 있다. 이렇게 정기적으로 이자를 지급하는 채권을, 이표가 붙어 있다고 하여 이표채라고 부른다. 이표채는 표시이자율이 시장이자율과 비교하여 높고 낮음에 따라 그 가격이 액면금액보다 높을 수도 있고 낮을 수도 있다.

할인채는 보유기간 동안 이자를 지급하지 않으며, 만기에는 권면에 적힌 액면금액만 지급한다. 이러한 채권은 발행 시에 액면금액보다 낮은 금액으로 할인되어 발행되므로 할인채라 불린다. 할인채는 보유기간 동안 이자를 지급하지 않지만, 발행 시에 액면금액보다 할인된 가격에 발행되므로 발행기관은 액면금액보다 더 적은 금액을 빌리는 셈이고, 만기 시에는 액면금액을 지급하므로 액면금액과 발행금액의 차이는 사실상의 이자다. 따라서 할인채는 이자를 만기에 한꺼번에 지급하는 셈이다. 또 다른 측면에서 보면, 할인채는 중도에 이자를 지급하지 않으므로 표시이자율이 0%인 이표채라 할 수 있다. 즉, 할인채는 이표채의 한 특수한 형태로 이해할 수 있다. 그래서 미국 채권시장에서는 할인채를 zero-coupon bonds라고 부른다.

마지막으로 복리채는 할인채처럼 보유기간 중 이자지급이 없으나, 할인채와 다른 점은 만기일에 액면금액뿐 아니라 표시이자율에 의해 복리계산된 이자를 가산하여 지급한다. 이제 이렇게 종류가 다른 채권의 가격이 어떻게 결정되는지 예제를 통해 살펴보자.

(1) 이표채의 가격

예제 12

㈜삼성전자는 20×5년 5월 27일에 액면 ₩10,000, 표시이자율 11%, 3년 만기 회사채를 발행하였다. 발행 당시 시장이자율이 표시이자율과 동일하게 11%라면 발행 시점에서 삼성전자 채권의 가격은 얼마인가? 이자는 3개월마다 지급한다.

해 답

본 예제의 채권은 이자를 1년에 4번 지급하므로 이자 지급으로 인한 현금흐름은 3년에 걸쳐 12번 발생하는 연금의 형태를 갖는다. 이에 더하여 만기일에 액면금액이 상환되므로 채권의 가격은 이 두 현금흐름의 현재가치를 합친 것이다. 시장이자율을 r%라 하고 이자지급횟수를 n이라 한다면 이표채의 가격은 일반적으로 다음과 같이 나타낼 수 있다.

---

8) 미국의 회사채는 대부분 6개월 단위로 이자를 지급한다.

이표채의 가격 = 이자지급으로 인한 연금의 현재가치 + 만기상환액의 현재가치

$$= 현금이자액 \times \left[\frac{1-(1+r)^{-n}}{r} \right] + 만기상환액 \times (1+r)^{-n}$$

삼성전자 채권은 3개월마다 이자를 지급하므로 3개월 이자는 ₩275(=(11%÷4)×₩10,000)이고, 이자지급횟수는 12회이다. 또한 시장이자율이 표시이자율과 동일한 11%이므로 3개월 할인율이 2.75%(=11%÷4)이다. 따라서

$$채권가격 = ₩275 \times \frac{1-(1.0275)^{-12}}{0.0275} + ₩10{,}000 \times (1.0275)^{-12}$$
$$= ₩10{,}000$$

위 계산에서 보듯이 채권의 가격은 액면금액과 같은 ₩10,000인데, 이는 우연의 일치가 아니다. 시장이자율과 표시이자율이 같으면 채권의 가격은 항상 액면금액과 동일하며, 이 경우 채권은 **액면발행**되었다고 말한다(bonds are issued at par).

예제 13

<예제 12>에서 발행 당시 시장이자율이 12.7%라면 삼성전자 채권의 발행가격은 얼마인가?

해답

시장이자율이 12.7%이므로 3개월 할인율은 3.175%(=12.7%÷4)이다. 따라서

$$채권가격 = ₩275 \times \frac{1-(1.03175)^{-12}}{0.03175} + ₩10{,}000 \times (1.03175)^{-12}$$
$$= ₩9{,}581$$

위 <예제 13>의 채권가격은 액면금액보다 낮은데, 그 이유는 다음과 같다. 시장이자율이 12.7%라는 말은, 투자자들이 삼성전자 채권 대신 다른 채권에 투자하면 12.7%의 수익을 얻을 수 있음을 의미한다. 이때 만일 삼성전자 채권의 가격이 액면금액과 같은 ₩10,000이라고 하자. 그러면 삼성전자 채권의 수익률은 표시이자율과 같은 11%밖에 되지 않는다(<예제 12> 참조). 따라서 어떤 투자자도 삼성전자 채권에 투자하지 않는다.

결국 삼성전자 채권이 유통되려면 채권가격이 액면금액 이하로 조정됨으로써 채권수익률이 시장이자율과 같은 12.7%가 되어야 한다. 즉, 채권가격이 ₩9,581으로 하향조정됨으로써 투자자들은 ₩9,581을 회사에 빌려주고 만기에 액면금액 ₩10,000을 돌려받게 되고, 그 차액인 ₩419은 표시이자 11%와는 별도로 수취하는 추가적인 이자가 된다. 이러한 추가 이자로 인해 투자자들은 시장이자율과 동일한 12.7%의 수익을 얻게 되는 것이다. 이 경우 채권은 **할인발행**되었다고 말한다(bonds are issued at discount).

예제 14

<예제 12>에서 발행당시 시장이자율이 10.2%라면 삼성전자 채권의 발행가격은 얼마인가?

해 답

시장이자율이 10.2%이므로 3개월 할인율은 2.55%(=10.2%÷4)이다. 따라서

$$채권가격 = ₩275 \times \frac{1-(1.0255)^{-12}}{0.0255} + ₩10,000 \times (1.0255)^{-12}$$
$$= ₩10,204$$

<예제 14>에서 삼성전자 채권의 가격은 액면금액보다 높다. 즉, 채권이 **할증발행**되었다(bonds are issued at premium). 이렇게 채권이 할증발행되는 이유는 무엇일까? 그 이유는 <예제 14>에서 채권이 지급하는 11%의 표시이자율은 투자자들이 다른 채권에 투자해서 얻을 수 있는 10.2%(시장이자율)를 상회하므로, 투자자들의 수요가 몰려서 채권가격을 액면금액 이상으로 올리기 때문이다. 채권가격이 할증되므로 투자자들은 할증된 가격인 ₩10,204을 발행회사에 빌려주지만(즉, 할증액이 ₩204임) 만기에는 액면금액인 ₩10,000밖에 받지 못한다. 이로 인해 투자자의 실제 수익률은 시장이자율과 같은 10.2%가 된다. 그러면 투자자는 ₩204의 할증액을 돌려받지 못하는 것인가? 그렇지 않다. ₩204의 할증액은 채권 보유기간 중 매기 11%의 현금이자가 지급될 때 투자자에게 부분적으로 돌려주고, 만기가 이르면 할증액 전액이 투자자에게 상환된다. 즉, 할증액은 보유기간에 걸쳐 분할상환되는 것이다. 그 이유는 발행회사가 지급하는 현금이자 11%가 투자자의 실제 이자수익 10.2%보다 크므로, 현금이자가 실제 이자수익을 초과하는 부분인 0.8%는 할증액의 상환에 해당하기 때문이다.

(2) 할인채의 가격

예제 15

산업은행은 우리나라 주요 산업의 개발을 지원하기 위하여 산업은행법에 따라 설립되었으며, 산업개발지원금을 조달하기 위하여 정기적으로 산업금융채권(산금채)을 발행한다. 산업은행이 20×5년 8월 26일에 액면금액이 ₩10,000인 1년만기 산금채를 할인채로 발행하였다고 하자. 발행당시의 시장이자율이 11.5%라면 이 산금채의 발행시점에서의 가격은 얼마인가?

해 답

할인채는 만기 전 이자지급을 하지 않으므로 현금흐름은 만기일의 액면금액뿐이다. 따라서 할인

채의 가격은 단순히 액면금액을 만기까지의 기간에 대해 할인한 현재가치이다. 다시 말해, 할인채의 가격은 만기일에 일회 지급되는 액면금액의 현재가치인 것이다. 위 산금채는 발행일로부터 만기까지 1년이고 발행당시 시장이자율이 11.5%이므로 가격은 ₩8,968(=₩10,000 × $(1.115)^{-1}$)이다.

예제 16

한국은행은 통화관리를 위하여 통화안정증권(통안채)을 발행한다. 20×5년 7월 11일 한국은행이 액면금액 ₩10,000, 만기 182일인 통안채를 10.95%로 할인발행하였다면 가격은 얼마인가?

해 답

이 통안채의 가격은 182일을 1기로 보고 액면금액을 할인한 현재가치가 된다. 이 기간에 대한 할인율은 5.46%[=10.95% × (182일 ÷ 365일)]이므로

$$\text{통안채의 가격} = ₩10,000 \times (1.0546)^{-1} = ₩9,482$$

(3) 복리채의 가격계산

예제 17

국민주택채권(1종)은 기획재정부가 국민주택건설 재원을 확보하기 위하여 발행하는 만기가 5년이고 표시이자율이 3%인 국채의 일종이다.[9] 이 채권은 만기상환 시에 원금과 함께 연 단위 복리로 계산한 이자를 한꺼번에 지급하는 복리채이다. 20×5년 7월 31일에 발행된 액면 ₩10,000의 국민주택채권을 7일 뒤인 8월 7일 시장금리가 6%일 때 매입하였다면 매입가격은 얼마인가?

해 답

복리채는 할인채처럼 중도에 이자지급이 없으므로 현금흐름은 만기일에 상환되는 금액뿐이다. 따라서 복리채의 가격은 만기상환액을 매매일로부터 만기까지의 기간에 대해 할인한 현재가치가 된다. <예제 17>에서 국민주택채권은 만기상환액이 ₩11,593(=₩10,000 × $(1.03)^5$)이고, 만기까지 4년 358일(=365일 − 7일) 남았으며, 358일에 대한 할인율은 5.88493%(=6% × (358일 ÷ 365일))이므로 그 가격은 다음과 같이 계산한다.

$$\text{국민주택채권의 가격} = ₩11,593 \times (1.06)^{-4} \times (1.0588493)^{-1} = ₩8,672$$

---

9) 국민주택채권은 표시이자율이 시장이자율에 비해 낮음에도 불구하고 액면금액으로 발행되는데, 그 이유는 부동산등기나 식품숙박업소 등의 영업허가를 취득하고자 하는 사람들이 법에 의해 액면금액으로 **강제** 구입해야 하기 때문이다. 따라서 국민주택채권은 부동산등기나 영업허가 등에 첨가하여 물량

3. 재무계획

현재가치와 미래가치의 개념은 노후대책을 위한 투자계획이나 주택마련을 위한 저축계획 등과 같은 재무계획(financial planning)을 수립하는 데에도 유용하게 활용될 수 있다. 다음 예제를 살펴보자.

예제 18

철수는 앞으로 10년 후에 대학을 가게 된다. 4년제 대학을 다니기 위해 소요되는 비용은 등록금, 하숙비 등을 포함하며 1년에 ₩700만 정도로 예상된다. 철수 아버지는 1년 뒤부터 향후 10년간 매년 동일한 금액의 적금을 부어서 철수의 학비에 충당하고자 한다. 적금이 10%의 수익률을 보장하고, 철수의 학비는 매 학년 초에 ₩700만씩 지출해야 한다면, 철수 아버지가 향후 10년간 매년 말 부어야 할 적금 금액은 얼마인가?

해 답

이미 앞에서 다룬 차입금상환문제처럼 이 문제에서도 현금유출(학비지출)과 현금유입(적금)이 존재하므로 이 두 상반된 현금흐름의 가치가 일치되도록 적금 금액을 결정하면 된다. 일치시점을 현재로 잡으면, 학비지출의 가치는 이연연금의 현재가치가 되고, 적금의 가치는 기말연금의 현재가치가 된다. 그러나 상식적으로 생각하면, 적금이 10년 뒤에 일정 금액으로 적립되고, 학비는 이 적립된 금액에서 빠져나가므로, 두 현금흐름의 일치시점을 10년 뒤로 잡는 것이 더 자연스럽다. 일치시점을 이렇게 잡으면, 적금의 가치는 10년에 걸친 기말연금의 미래가치가 되고, 학비지출의 가치는 4년에 걸친 **기초**연금의 현재가치가 된다. 따라서 적금 금액을 미지수 ₩S라고 하면,

$$\left[\frac{(1.1)^{10}-1}{0.1}\right] \times ₩S = \left[\frac{1-(1.1)^{-3}}{0.1}+1\right] \times ₩700\text{만}$$

이를 정리하면,

$$15.9374246 \times ₩S = ₩24{,}407{,}946$$

따라서 S는 ₩1,531,487이다. 즉, 철수 아버지는 향후 10년간 매년 말 약 ₩153만의 적금을 부어야 한다.

4. 이자율 및 융자기간이 미지수인 문제

실제 대차거래상황에서는 현재가치와 미래가치는 알지만, 해당 이자율 또는 기간이 미지수인 문제에 부딪칠 때가 있다. 이러한 문제를 다음 두 예제를 통해 살펴보자.

을 소화시키는 채권이라는 뜻으로 **첨가소화채**라 불린다. 국민주택채권은 발행 시, 즉 강제 구입 시에는 액면금액으로 발행되지만 발행 후 채권시장에서 거래될 때는 시장이자율에 따라 가격이 결정된다.

예제 19

한중석 씨는 주택을 매입하기 위해 할부금융사로부터 12%의 이자율로 주택매입자금을 빌렸다[금융기관은 이를 주택담보대출(mortgage loans)이라 부른다]. 대출조건은 매월 같은 금액을 상환하는 것인데, 현재의 상환계획대로라면 앞으로 5년(60개월) 만에 상환이 끝난다. 한중석 씨는 월 상환액을 지금의 두 배로 증액할 것을 고려하고 있으며, 그렇게 하면 앞으로 몇 년 후에 빌린 돈을 모두 갚게 될지 궁금해하고 있다.

해 답

현재의 월 상환액을 ₩M이라 하면, 앞으로 남은 60개월 동안 갚을 월 상환액의 현재가치가 한씨의 현재 갚아야 할 주택담보대출금액이 될 것이다.

$$\text{주택담보대출금액} = \left[\frac{1-(1.01)^{-60}}{0.01} \right] \times M$$

여기서 월 상환액을 두 배로 증액하는 경우 주택담보대출을 모두 상환하는 데에 n개월이 걸린다고 하자. 그러면 새로운 상환계획에 의한 월 상환액의 현재가치는

$$\left[\frac{1-(1.01)^{-n}}{0.01} \right] \times 2M$$

이다. 위 현재가치는 주택담보대출금액과 같아야 하므로, 다음 식이 성립한다.

$$\left[\frac{1-(1.01)^{-60}}{0.01} \right] \times M = \left[\frac{1-(1.01)^{-n}}{0.01} \right] \times 2M$$

양변에서 M을 소거하여 정리하면,

$$44.95503841 = 2 \times \left[\frac{1-(1.01)^{-n}}{0.01} \right]$$

이를 n에 관해 단순화하면, $(1.01)^{-n}=0.775224808$이 되고, 로그함수를 이용해 이 식을 n에 관해 풀면, n=25.59개월이 된다. 즉, 한중석 씨는 새로운 상환계획에 따를 때 주택담보대출 전액을 약 2년 2개월이면 갚을 수 있다.

예제 20

현대 뉴그랜저를 판매하는 자동차 딜러가 다음과 같은 광고를 『월간자동차』에 실었다고 하자. 뉴그랜저의 현금 매입가격은 ₩1천만이지만 할부로 매입할 수 있으며, 할부조건은 현금 매입가격의 50%를 현금으로 지급하고, 이후 한 달 뒤부터 12달에 걸쳐 매달 ₩45만을 내는 조건이다. 이 자동차 딜러가 할부판매 시에 적용하는 이자율은 얼마일까?

해 답

이 자동차 딜러는 현금판매를 하든 할부판매를 하든 무관하므로 할부판매 시 현금흐름의 가치는 현금판매 시 현금흐름의 가치와 같을 것이다. 자동차 딜러의 이자율을 **월** r%라고 하고, 두 현금

흐름의 현재가치를 계산하여 같게 놓으면,

$$₩1,000만 = ₩500만 + \left[\frac{1-(1+r)^{-12}}{r} \right] \times ₩45만$$

이를 정리하면,

$$\left[\frac{1-(1+r)^{-12}}{r} \right] = 11.11$$

위 식을 미지수인 이자율 r에 대해 풀려면 r값으로 임의의 수치를 반복적으로 대입해 봄으로써 해답을 찾아가야 한다. 즉, 시행착오(trial and error)의 반복을 통해 해답을 찾는 것이며, 이 방법이 유일한 방법이다. 먼저 1.5%를 r에 대입해 보면, 식의 왼쪽 값은 10.9075가 되어 오른쪽 값보다 작다. 이것은 1.5%가 너무 높은 할인율이라는 것을 의미하므로 다음번에 시도하는 할인율은 이보다 낮아야 한다. 이번에는 1.1%를 대입해 보자. 그러면 왼쪽 값이 11.18이 되어서 11.11보다 약간 크다. 이는 1.1%가 정답보다 낮은 할인율임을 의미하므로 다음번에는 이보다 조금 더 높은 값의 r을 시도해 보아야 한다. 이렇게 여러 번의 시행착오를 통해 구한 할인율 r은 대략 1.21%이다. 따라서 자동차 딜러가 적용하는 이자율은 14.52%(=1.21%×12) 정도임을 알 수 있다.

<예제 20>의 이자율을 할부판매 등의 대차거래에 내재되어 있다는 의미로 **내재이자율**(implicit interest rate)이라 부른다. 혹은 해당 거래에 귀속시킬 수 있는 이자율이므로 **귀속이자율**(imputed interest rate)이라 부르기도 한다.

제4절 회계와 화폐의 시간가치

자산, 부채, 수익, 비용 등 재무제표 항목을 측정함에 있어서 취득원가(상각후원가 포함), 공정가치, 기업특유가치(사용가치), 순실현가능가치 등 매우 다양한 측정속성이 사용된다. 이 가운데 공정가치와 기업특유가치는 기본적으로 현재가치의 개념에 근거한 측정속성이다. 개념적으로, 시장에서 거래되는 자산과 부채의 시장가격은 해당 자산과 부채로부터 기대되는 미래현금 유입 또는 유출을 시장참여자들이 평가한 현재가치며, 이 현재가치가 곧 자산과 부채의 공정가치가 된다.

한 걸음 더 나아가, 시장에서 거래되지 않는 자산과 부채의 경우에도 시장참여자의 관점에서 그 자산과 부채의 미래현금흐름을 추정하고 이 현금흐름을 현재가치로 계산하여 공정가치로 사용할 수 있다. 또한 기업특유가치도 기업이 자산 또는 부채를 계속 사용하거나 보유할 경우 이로부터 기대되는 미래현금 유입 또는 유출의 현재가치로 측정할 수 있다.

일반적으로 현재가치의 개념에 근거한 측정속성인 공정가치나 기업특유가치는 취득원가나 역사적 현금수취액보다 목적적합성(relevance)이 더 높은 정보를 제공한다. 그러함에도 전통적으로 현재가치 개념의 사용이 회계에서는 보편화되지 못했었는데, 이는 미래현금흐름이 추정의 불확실성이 높고, 또 적절한 할인율을 결정하는 것이 어려워 현재가치 정보의 신뢰성(reliability)이 의문시되었기 때문이다. 하지만 국제회계기준이 회계정보의 신뢰성보다는 목적적합성을 더 중시하여 공정가치 회계를 전반적으로 채택함에 따라 재무보고에 있어 현재가치 개념의 활용빈도도 크게 증가하였다. 한국채택국제회계기준에 있어서 현재가치의 적용이 반드시 요구되는 주요한 사례를 소개하면 다음과 같다.

1. 장기금전대차거래에서 발생하는 채권 및 채무

일반적으로 장기금전대차거래 또는 이와 유사한 거래에서 발생하는 채권(債權)과 채무로서 명목가치와 현재가치의 차이가 중요한 경우에는 이를 현재가치로 측정하여 인식한다. 장기금전대차거래의 대표적인 예는 만기 1년 이상의 회사채를 매수하거나, 그러한 회사채를 발행하는 행위를 들 수 있다. 또, 기업이 금융기관으로부터 장기차입금을 빌리는 경우도 장기금전대차거래의 예이다. 이러한 경우 대여자와 차입자는 각기 해당 채권 또는 채무를 이자와 원금의 수취나 지급으로 발생하는 현금흐름의 현재가치로 기록한다. 금전대차거래의 이자와 원금은 계약에 의해 확정되므로 관련 현금흐름의 크기를 측정함에 있어 불확실성이 거의 없다.

또 금전대차거래는 일상적으로 일어나는 거래이므로 할인율을 객관적으로 결정하는 데에도 큰 어려움이 없다. 장기금전대차거래의 할인율로서 해당 거래의 유효이자율을 사용하되, 만일 이를 결정할 수 없다면 동종(同種)의 금전대차거래에 적용하는 유효이자율을 사용한다.

2. 장기연불조건의 매매거래에서 발생하는 채권 및 채무

장기연불조건의 매매거래 또는 이와 유사한 거래에서 발생하는 채권·채무로서 명목가치와 현재가치의 차이가 중요한 경우에도 이를 현재가치로 평가하여 인식한다. 연불(延拂)이란 거래발생시에 한꺼번에 대금의 전부를 지급하는 일시불에 반대되는 개념으로서 거래금액의 전부 또는 일부를 거래가 발생한 이후에 지불하는 것을 말하며, 거래대금을 일정액으로 나누어 지불하는 할부거래나 거래대금 전액을 일정기간 후에 지불하는 연불거래를 모두 포함하는 개념이다. 따라서 장기연불조건이란 매매거래로 인한 대금의 최종지급일이 거래발생일로부터 1년 이후에 도래하는 계약조건이다. 장기연불조건의 매매거래에서 발생하는 채권과 채무를 현재가치로 평가할 때 사용할 할인율은 장기금전대차거래에서와 동일한 방법으로 결정한다.

3. 장기충당부채

충당부채란 과거사건이나 거래의 결과로 인해 존재하는 현재의 의무로서, 그 의무이행에 필요한 경제적 자원의 지출시기 또는 금액이 불확실하지만 자원의 유출가능성이 높고 관련 금액을 신뢰성 있게 추정할 수 있어서 재무제표에 인식한 부채를 말한다. 대표적인 예로서 기업이 품질보증을 약속하고 판매한 제품과 관련하여 인식한 의무인 제품보증충당부채가 있다. 또 환경을 손상할 수 있는 자산을 운용하고 있는 기업이 추후 자산을 폐기할 때 손상된 환경을 복구하는 것이 법적으로 요구되는 경우 인식하는 복구충당부채가 있다. 일례로, 원자력발전소나 탄광 또는 유전을 운용하는 기업은 내용연수가 다하여 해당 자산을 폐기할 때 손상된 환경을 복구해야 한다. 이러한 의무에 따라 기업은 복구에 필요한 지출을 추정하여 복구충당부채를 인식한다. 복구충당부채와 같은 장기 충당부채는 그 명목가치(즉, 예상되는 지출액)와 현재가치의 차이가 중요할 수 있으며, 그런 경우라면 현재가치로 평가하여 인식한다. 현재가치 평가에 사용하는 할인율은 그 부채의 고유한 위험과 화폐의 시간가치에 대한 현행시장의 평가를 반영한 이자율이다.

4. 리스채권 및 리스부채

건물이나 장비와 같은 비유동자산을 장기에 걸쳐 임대 또는 임차하고 사용대가를 정기적으로 주고받는 계약을 리스계약(lease contract)이라고 한다. 장기 리스계약이 일정한 기준에 따라 금융리스(capital lease)로 분류되면 리스회사(lessor)는 리스채권(lease payments receivable)을, 리스이용자(lessee)는 리스부채(lease obligation)를 인식해야 하며, 리스채권과 리스부채의 금액은 리스료를 포함하는 계약상의 모든 현금흐름을 적절한 이자율로 할인한 현재가치가 된다.

이때의 할인율은 리스계약의 유효이자율인 리스회사의 내재이자율이다. 리스회사의 내재이자율이란 리스료를 포함하는 계약상의 모든 현금유입의 현재가치를 리스물건을 취득하기 위해 리스회사가 지불한 금액과 일치시켜 주는 할인율이다. 다시 말해, 리스자산의 취득원가는 리스료 등의 수령으로 인한 현금흐름을 리스회사의 내재이자율로 할인한 현재가치가 된다. 결과적으로 리스회사는 리스물건에 투자한 투자액에 대해서 내재이자율만큼의 수익을 거두게 된다.

5. 채권 · 채무의 조정

실무에서는 채무자의 재무상태가 나빠져 지급불능이 되어도 이러한 어려움이 장기적으로는 해결될 수 있다고 판단되는 경우 채권자는 원금이나 이자율을 낮추어 주거나 상환기간을 연장해 주는 등 계약조건을 채무자에게 유리하도록 조정해 주기도 한다. 이러한 채권 · 채무의 조정이 채권자에게 불리해 보이지만, 채무자의 부도를 방치해 원리금의 대부분을 잃는 것보다는 채무자를 재무적으로 회생시켜 원리금의 상당부분을 회수하는 것이 장기적으로는 채권자에게 유리하다.

채권 · 채무가 조정되면 조정내용에 따라 채무자가 채권자에게 지급하도록 약정된 미래현금흐름을 현재가치로 평가하고, 해당 채권 · 채무의 장부금액과의 차이는 채무조정이익(채무자의 경우) 혹은 대손상각비(채권자의 경우)로 인식한다. 이때 사용하는 할인율은 채권 · 채무 발생시점의 유효이자율이다.

6. 확정급여형퇴직연금 관련 부채

퇴직연금은 퇴직종업원들의 노후보장을 위한 소득이며, 회사는 연금지급의 보장을 위해 대부분 기금(fund) 등의 자산을 사외에 적립한다. 퇴직연금제도에는 ① 회사가 부담하는 금액이 확정되어 있는 확정기여형(defined contribution plan)과, ② 퇴직 이후 종업원이 수령할 급여금액이 확정되어 있는 확정급여형(defined benefit plan) 등 두 유형이 있다. 확정기여형은 회사가 일정액을 사외적립자산에 기여하기만 하면 책임이 종료되므로 퇴직연금과 관련하여 인식할 장기부채는 없다. 또 종업원이 궁극적으로 수령할 퇴직급여금액은 사외적립자산의 운용실적에 달려 있으므로, 사외적립자산의 수익자는 종업원이 된다.

반면, 확정급여형은 종업원이 수령할 퇴직급여금액이 근로계약에 의해 확정되어 있고, 회사는 사외적립자산의 수익을 이용하여 종업원의 퇴직급여를 지급한다. 결과적으로, 확정급여형의 경우는 회사가 사외적립자산의 수익자가 되는 것이다. 따라서 만일 사외적립자산이 퇴직급여를 지급하기에 부족하다면 회사는 이를 보전해야 할 의무가 있으며, 이로 인해 경제적 효익의 유출가능성이 존재한다. 이는 회사가 확정급여형 퇴직연금에 대해서는 부채를 인식해야 함을 의미한다. 이때 관련 부채는 보고기간 말 현재 확정급여채무의 현재가치에서 사외적립자산의 공정가치를 차감한 금액으로 보고한다.

7. 유 · 무형자산의 공정가치 평가 : 자산손상 포함

제1장에서 이미 언급하였듯이, 한국채택국제회계기준은 공정가치 회계를 광범위하게 수용하고 있다. 시장가격을 쉽게 알 수 있는 금융자산이나 금융부채는 말할 나위 없고, 활성시장이 없어서 공정가치를 객관적으로 용이하게 결정할 수 없는 유 · 무형자산에 대해서도 공정가치 회계를 선택적으로 적용할 수 있게 하였다. 이때 회사는 유 · 무형자산으로부터 창출될 미래현금흐름을 추정하고 이를 적절한 할인율로 할인한 현재가치를 이들 자산의 공정가치로 사용할 수 있다. 이뿐 아니라 회사는 유 · 무형자산의 경제적 손상(impairment) 여부를 정기적으로 검사해야 하며, 경제적 손상이 발생하였을 징후가 발견된 경우에는 장부금액과 비교할 공정가치를 추정하기 위해서도 현재가치를 활용한다.

앞에서 열거한 각 경우는 한국채택국제회계기준이 화폐의 시간가치를 명시적으로 재무보고에 적용한 예이다. 이렇게 회계기준의 적용에 있어서 현재가치의 사용을 명문화한 경우가 있는 반면, 화폐의 시간가치 적용을 적극적으로 금지한 경우도 있다. 전세권, 전신전화가입권, 회원권, 임차보증금, 장기선급금 및 장기선수금 등은 일반적으로 현재가치로 측정하여 인식하지 않는다. 예를 들어, 부동산을 전세로 빌리는 경우 전세금은 계약이 끝나는 미래시점에 돌려받는 금액이므로 그 현재가치는 명목가치에 못 미칠 것이다. 그러함에도 전세금을 재무상태표에 인식할 때에 명목가치로 기록하며, 현재가치로 기록할 수 없다.

화폐의 시간가치 적용을 명시적으로 배제한 또 다른 예는 이연법인세의 평가에 관한 규정이다. 자산/부채의 장부금액(book value)과 세무기준액(tax base)의 일시적 차이(temporary differences)로 발생하는 이연법인세자산 또는 이연법인세부채는 원칙적으로 현재가치로 평가해야 하는데, 이는 일시적 차이가 반전되는 시점, 즉 일시적 차이가 차감 또는 가산될 시점이 이연법인세의 인식 시점보다 미래이기 때문이다. 그러나 이연법인세의 현재가치 평가를 위한 적절한 할인율을 객관적으로 결정하는 것이 매우 어렵고, 또 일시적 차이의 항목과 그 반전 시점이 매우 다양해서 실무적으로 복잡한 문제가 발생할 소지가 높으므로 현재가치 평가의 적용을 명시적으로 배제한다.

익힘문제

[1] 이자율에 영향을 미치는 요소에 대해 설명하라.

[2] 이자를 계산하는 방식인 단리와 복리의 차이에 대해 설명하라.

[3] 1년에 한 번 이상 복리계산을 하면 실질이자율이 명목이자율보다 커지는 이유는 무엇인가?

[4] 현재가치란 무엇인가?

[5] 미래가치란 무엇인가?

[6] 현재가치와 미래가치를 한 동전의 양면이라고 하는 이유는 무엇인가?

[7] 영속연금과 이연연금에 대해 설명하라.

[8] 이표채, 할인채 및 복리채에 대해 설명하라.

[9] 첨가소화채란 무엇이며 어떠한 것이 있는가?

[10] 기업회계기준에서 현재가치의 적용이 반드시 요구되는 사례를 들어라.

[11] 기업회계기준에서 현재가치의 적용을 명시적으로 배제한 사례를 들어라.

연습문제

[1] 일회금액의 미래가치 – 단리적용

제일은행으로부터 ₩50,000을 연리 9%로 1년간 빌렸을 경우 1년 뒤 갚아야 할 원리금상환액은 얼마인가? 제일은행은 만기 전에 이자지급이나 원금상환을 요구하지 않았다.

[2] 일회금액의 미래가치 – 복리적용

문제 [1]에서 제일은행이 3개월 단위로 복리계산한 이자를 적용한다면, 1년 뒤 갚아야 할 원리금상환액은 얼마인가? 이 경우 상환액은 문제 [1]과 비교하여 클 것인가 작을 것인가? 그 이유는 무엇인가?

[3] 일회금액의 현재가치

할인율이 9%일 때, 3년 뒤에 받을 ₩70,000의 현재가치는 얼마인가?

[4] 일회금액의 현재가치

문제 [3]에서 3개월 단위로 복리계산하는 것이 관행이라면 현재가치는 어떻게 달라지는지 밝히고, 달라진 이유를 설명하라.

[5] 기말연금의 미래가치

연리 9%를 지급하는 은행에 향후 5년에 걸쳐 매년 말 ₩200씩 적금을 붓는다면, 5년째 되는 해에 마지막으로 ₩200을 납입한 후 적금계정에 들어 있을 총액은 얼마인가?

[6] 기말연금의 미래가치

문제 [5]에서 매 6개월마다 ₩200의 절반인 ₩100씩 적금을 붓고, 은행은 6개월 단위로 계산한 복리를 지급한다면, 마지막 ₩100을 납입한 후 적금계정에 들어 있을 총액은 얼마인가? 이 총액은 문제 [5]의 총액보다 클 것인가 혹은 작을 것인가? 그 이유는?

[7] 기말연금의 현재가치

연간 할인율이 9%인 경우 5년에 걸쳐서 매년 말 ₩200씩의 현금흐름이 발생하는 연금의 현재가치를 구하라.

[8] 기말연금의 현재가치

문제 [7]에서 매 6개월마다 ₩200의 절반인 ₩100씩의 현금흐름이 발생하는 연금의 현재가치를 계산하라. 이 현재가치는 문제 [7]의 현재가치보다 클 것인가 혹은 작을 것인가? 그 이유는?

[9] 기초연금의 미래가치

연리 9%를 지급하는 은행에 앞으로 5년간 매년 초 ₩200씩 적금을 붓는다면, 5년째 되는 해 말에 적금총액은 얼마가 될까?

[10] 기초연금의 미래가치

문제 [9]에서 매 6개월마다 ₩200의 절반인 ₩100씩 적금을 붓고, 은행은 6개월 단위로 계산한 복리를 지급한다면 5년째 말의 적금총액은 얼마가 될까? 이 총액을 문제 [9]의 답과 비교하라.

[11] 기초연금의 현재가치

할인율이 10%라면, 5년에 걸쳐 매년 초 ₩200씩 지급되는 연금의 현재가치는 얼마인가?

[12] 기초연금의 현재가치

문제 [11]에서 연금이 매 6개월마다 ₩100씩 지급된다면 그 현재가치는 얼마인가? 이를 문제 [11]의 답과 비교하라.

[13] 대차거래

금호주택할부금융사는 1천만 원의 주택매입자금을 14.5%에 다음과 같은 조건으로 대출한다. 최초 2년간 매월 이자 ₩120,833을 상환한 후 3년과 4년차에 매월 원리금 ₩158,391을, 5년과 6년차에는 매월 ₩174,230을, 7년과 8년차에는 매월 ₩190,069을, 그리고 9년과 10년차에는 매월 ₩205,908을 상환한다. 금호주택할부금융사는 이러한 대출조건으로 자금을 빌려주고 어떻게 14.5%의 수익을 거둘 수 있을까?

[14] 이표채의 가격 계산

서울시도시철도채권은 일명 지하철공채라고도 불리는데, 차량을 등록하는 사람은 의무적으로 매입해야 하는 첨가소화채의 일종이다. 1999년 8월 이전 발행된 서울시도시철도채권의 표시이자율은 6%이며, 원금을 일시에 상환하지 않고 5년 거치 후 5년에 걸쳐 매년 20%씩 균등분할상환한다. 이자는 원금거치기간인 5년간 지급되지 않으며, 거치기간이 끝난 시점, 즉 5년째 말에 거치기간 동안 연단위로 복리계산된 이자를 일차로 지급한다. 이때에 원금의 20%도 함께 상환된다. 그 후의 이자는 매년 원금의 잔여분에 대해서 지급된다. 따라서 원금이 완전히 상환되는 데에 9년이 걸린다. 액면금액이 ₩10,000인 서울도시철도채권이 발행당일 11.5%로 시장에서 매매되었다면 거래가격은 얼마인가?

[15] 이표채의 가격 계산

문제 [14]의 서울시도시철도채권이 12.3%의 수익률로 거래되었다. 거래가격은 얼마인가?

[16] 복리채의 가격 계산

산업은행이 20×5년 5월 26일부로 액면금액 ₩10,000, 표시이자율 11.59%, 3년 만기 산금채를 복리채로 발행하였다. 즉, 이 산금채는 만기상환시에 원금과 함께 3개월 단위로 복리계산한 이자를 일시에 지급한다. 이 산금채를 발행일로부터 12일 뒤인 6월 7일에 시장이자율이 12.3%일 때 매매하였다면 거래가격은 얼마인가?

[17] 복리채의 가격 계산

문제 [16]에서 산금채가 발행일보다 25일 먼저인 5월 1일에 매출되었다고 가정하고 (즉, 선매출일수가 25일임), 6월 7일자 채권가격을 계산하라.

[18] 대차거래 – 동일금액으로 상환

㈜하나는 ㈜보람종합금융으로부터 ₩2,000,000을 차입하고, 원리금을 1년에 한 번씩 동일한 액수로 3년에 나누어 상환하고자 한다. 첫 번째 상환일은 차입일로부터 1년 후이다. ㈜보람종합금융이 10%의 이자를 적용한다면, ㈜하나가 매년 말 지급해야 할 원리금상환액은 얼마인가?

[19] 대차거래 – 매기 다른 금액으로 상환

위의 문제 [18]에서 ㈜하나가 첫해 말에 ₩1,000,000을 상환하고, 세 번째 연도 말에 ₩200,000을 상환함으로써 원리금상환을 모두 마쳤다면, 두 번째 연도 말에 ㈜하나는 얼마를 상환하였을까? 또 구한 답에 근거하여 ㈜하나의 상환표를 작성해 보라.

[20] 재무계획

20×2년에서 20×7년에 걸쳐 매년 초에 ₩1,000씩을 연복리 8.5%로 투자하면, 20×7년 말부터 시작하여 20×9년 말에 걸쳐 매년 얼마의 균등액을 인출할 수 있을까? 투자 및 인출계획표를 작성하여 20×9년 말 잔고가 0이 됨을 확인하라.

[21] 대출기간 계산

김호동 씨 부부는 ㈜미래주택할부금융사로부터 9.6%의 대출금을 얻어 새 주택을 매입하였다. 대출금은 매년 말 균등액으로 상환해 가고 있으며, 현재의 상환계획대로라면 앞으로 5년 만에 모두 상환할 것이다. 그러나 앞으로의 상환액을 현재의 절반으로 줄인다면 대출금을 모두 갚는 데에 몇 년이 걸릴까?

[22] 내재이자율 계산 – 매입의사결정

㈜한양은 회사사옥의 매입과 관련하여 다음 두 가지 매입조건을 건물소유주로부터 제안받았다. 첫 번째 조건은 ₩1,500,000의 현금을 지급하고 건물을 매입하는 것이고, 두 번째 조건은 현금 ₩300,000을 계약금으로 지급한 후 향후 3년에 걸쳐 매년 말 ₩495,335을 지불하는 조건이다. 두 번째 연불조건에 묵시적으로 들어 있는 내재이자율은 몇 %인가? 회사가 현재 ₩1,500,000의 유휴자금을 가지고 있고, 회사의 자본비용(cost of capital)이 11%라면 회사는 두 조건 중 어떤 조건으로 건물을 매입하는 것이 유리할까?

CHAPTER 05

수 익

Contents

한국채택국제회계기준	국제회계기준
제1115호 고객과의 계약에서 생기는 수익	IFRS 15 Revenue from Contracts with Customers
제2115호 부동산건설약정	IFRIC 15 Agreements for the Construction of Real Estate

제1절 수익과 기준서 제1115호에 대한 이해

1. 수익에 대한 이해

(1) 수익의 의의

제2장 '재무보고를 위한 개념체계'에서 학습한 바와 같이 일반목적재무보고는 "현재 및 잠재적 투자자, 대여자와 그 밖의 채권자가 기업에 자원을 제공하는 것과 관련된 의사결정을 할 때 **유용한 재무정보를 제공**"하는 것을 주된 목적으로 한다. 이를 위해 기업은 "기업에 유입될 미래 순현금유입의 금액, 시기 및 불확실성(전망) 및 기업의 경제적 자원에 대한 경영진의 수탁책임을 평가"할 수 있는 정보를 적절히 제공할 의무가 있다.

기업은 이러한 목적을 달성하고자 재무제표라는 표준화된 보고체계를 통해 기업의 **재무현황**에 대한 유용한 정보를 제공하고자 하며, 기업의 재무현황에 대한 정보는 다시 **자산, 부채, 자본 항목으로 구성된 재무상태 정보**와 **수익과 비용 항목으로 구성된 재무성과 정보**로 구분된다.

이처럼 **수익**은 비용과 함께 기업의 **재무성과 정보를 생산**함으로써 투자자, 대여자, 채권자 등 다양한 외부정보이용자에게 유용한 정보를 제공하고자 하는 **일반목적재무보고의 목적을 달성하게 하는 핵심 요소**라 할 수 있다.

(2) 수익의 개념

기준서는 **광의의 수익**(Income)과 **수익**(Revenues)을 개념적으로 구분하고 있다.[1] 또한, 별도로 정의되어 있지는 않지만, **차익**(Gains)이라는 개념도 간접적으로 언급하고 있다. 따라서 현행 기준서 상의 수익 개념을 명확히 하기 위해서는 이러한 세 용어의 개념을 정확하게 구분·이해할 필요가 있다.

먼저 **광의의 수익**(Income)은 "자산의 유입 또는 가치 증가나 부채의 감소 형태로 (궁극적으로) **자본의 증가**를 가져오는, 특정 회계기간에 생긴 **경제적 효익의 증가**"로 정의된다. 다만, 동일한 자본의 증가를 가져오더라도 유상증자와 같이 **지분참여자의 출연과 관련된 것**은 광의의 수익(Income)에서 **제외**된다.

1) Revenue를 광의의 수익인 Income에 대비되는 개념으로 **협의의 수익**으로 이해할 수도 있다.

다음으로 **수익**(Revenue)은 "광의의 수익(Income) 중 기업의 **통상적인 활동**에서 생기는 것"으로 보다 좁게 정의된다. 매출과 같이 재화나 용역의 이전 등 기업의 주된 영업활동 결과로 인해 경제적 효익이 유입되는 것을 예로 들 수 있다.

끝으로 **차익**(Gains)은 수익(Revenues)에 대비되는 개념으로 광의의 수익(Income) 중 기업의 **통상적인 활동 이외의 활동**과 관련하여 나타난 것으로 이해될 수 있다. 사용중이던 기계장치를 장부금액보다 높은 가격으로 처분하여 나타나는 유형자산처분이익이 이러한 차익의 대표적 예라 할 수 있다.

요컨대 **광의의 수익**(Income)은 **지분참여자의 출연과 관련된 것을 제외하되 자본을 증가시키는 모든 경제적 효익의 증가**를 의미하며, 이는 다시 **통상적인 기업 활동과 관련된 수익**(Revenues)과 **관련되지 않은 차익**(Gains)으로 구분된다.

이처럼 광의의 수익(Income)과 수익(Revenues)은 전자가 후자를 포함하는 서로 다른 개념이다. 그러나 현행 기준서는 이 둘을 모두 수익으로 번역하고 있다. 따라서 동일한 '수익'이라 하더라도 문맥에 따라 이 둘을 구분할 필요가 있다.

한편, 기준서가 수익(Revenues)과 차익(Gains)을 구분하는 이유는 두 정보의 속성이 다르기 때문이다. **수익**(Revenues)은 통상적인 활동과 관련된 (당기) 경제적 효익의 증가인 만큼 **미래에도 계속해서 유사한 형태로 발생할 가능성이 클 것으로 기대**된다. 반면, **차익**(Gains)은 통상적인 활동 이외의 활동과 관련되어 있는 만큼 **비경상적, 혹은 일시적 성격이 강해 미래에 유사한 형태로 다시 나타날 것으로 기대하기 어렵다**. 이처럼 동일한 경제적 효익의 증가[즉, 광의의 수익(Income)]라 하더라도 수익(Revenues)은 정보의 지속성(persistence)이 높은 반면, 차익(Gains)은 정보의 지속성이 상대적으로 낮다. 이처럼 수익(Revenues)이 차익(Gains)에 비해 **예측가치**(prediction value)**가 높은 보다 유용한 정보**이므로, 외부정보이용자의 합리적 의사결정을 위해 속성이 다른 두 정보를 적절히 구분해 표시해 줄 필요가 있다.[2)]

덧붙여, 이러한 재무정보 유용성 관점에서 **수익**(Revenues)은 보다 정확한 미래 예측이 가능하도록 **비용과 구분되어 총액**(gross amount)**으로 표시**되나, **차익**(Gains)은 일반적으로 **비용이 차감된 순액**(net amount)**으로 표시**된다.

이상의 내용을 정리하면 다음 <표 5. 1>과 같다.

---

2) **예측가치**는 중요성(materiality), 확인가치(confirmation value)와 함께 재무정보가 유용하기 위한 두 가지 근본적 질적 특성(fundamental qualities) 중 하나인 **목적적합성**(relevance)**을 구성하는 핵심요소**에 해당한다(즉, 예측가치 제고 → 목적적합성 제고 → 재무정보 유용성 제고).

표 5.1

수익 개념과 특성(요약)

광의의 수익(Income)*1 = 수익(Revenues)*1 + 차익(Gains)*3

*1 자본의 증가를 가져오는 특정 회계기간의 경제적 효익의 증가(단, 지분참여자의 출연 관련분 제외)

*2 통상적인 활동과 관련해 자본의 증가를 가져오는 특정 회계기간의 경제적 효익의 증가 [예측가치(정보 지속성) 높음 → 정보 중요성 높음, 비용과 구분하여 '총액'으로 표시]

*3 통상적인 활동 이외의 활동과 관련해 자본의 증가를 가져오는 특정 회계기간의 경제적 효익의 증가
[예측가치(정보 지속성) 낮음 → 정보 중요성 낮음, 비용을 차감한 '순액'으로 표시]

2. 기업회계기준서 제1115호에 대한 이해

(1) 기업회계기준서 제1115호 제정 배경

앞서 살펴본 바와 같이 수익 정보의 중요성에도 불구하고 **과거 기준서**는 **거래 유형별**(예 재화의 판매, 용역의 제공, 이자수익, 로열티수익, 배당수익, 건설계약 등)**로 규정**되어 있어 일관성이 떨어질 뿐만 아니라 복잡하고, 다양하게 변화하는 새로운 거래에 적용하기 어렵다는 비판이 지속적으로 제기되어 왔다. 이에 국제회계기준위원회는 **모든 거래 유형에 적용될 수 있는 통일된 하나의 수익인식 기준을 제정**하고자 하였으며, 그러한 노력의 결과로 수익인식에 대한 일반원칙과 모형을 새롭게 제시한 기준서가 바로 **기업회계기준서 제1115호 '고객과의 계약에서 생기는 수익**(2018년 1월 1일 이후 최초로 시작하는 회계연도부터 적용)'이다. 이처럼 제1115호는 모든 거래 유형에 적용가능한 **보편적 수익인식 기준을 제시**하는 것을 기본 목표로 하고 있으며, 따라서 과거 유형별로 존재했던 여러 수익인식 기준서를 대거 대체한다.

표 5.2

제1115호 기준서 성격

〈과거 수익 기준서〉 (유형별)	• 기준서 제1011호 '건설계약' • 기준서 제1018호 '수익' • 기준해석서 제2113호 '고객충성제도' • 기준해석서 제2115호 '부동산건설약정' • 기준해석서 제2118호 '고객으로부터의 자산이전' • 기준해석서 제2031호 '수익: 광고용역의 교환거래'
↓	
〈현행 수익 기준서〉 (통합형)	• 기준서 제1115호 '고객과의 계약에서 생기는 수익'

(2) 기업회계기준서 제1115호 적용범위

모든 거래 유형에 적용가능한 보편적이고 통일된 수익인식 기준을 제시하고자 한 제1115호의 기본 제정 취지를 감안할 때 수익이 발생하는 모든 거래에 제1115호가 적용될 수 있을 것처럼 생각될 수 있다. 그러나 '고객과의 계약에서 생기는 수익'이라는 기준서 명칭에서부터 알 수 있듯이 제1115호는 **거래 상대방이 고객인 경우에 한해 적용**된다. 제1115호에 따르면 고객은 "기업의 **통상적인 활동**의 산출물인 재화나 용역을 대가와 교환하여 획득하기로 그 기업과 계약한 당사자"로 정의된다. 예를 들어, 공동기업 설립을 위해 재무적 투자자(financial investors)와 투자계약을 체결하고 그러한 투자활동의 결과나 과정에서 창출된 수익과 위험을 함께 공유하는 경우 기업의 통상적인 활동의 산출물을 취득하기 위한 목적이 아니므로 재무적 투자자는 제1115호에 정의된 고객이 아니다. 따라서 해당 거래에서 수익이 발생하더라도 제1115호가 적용되지 않는다. 이처럼 제1115호가 **기업의 통상적인 활동의 산출물을 취득하고자 하는 고객과의 계약에서 생기는 수익만을 적용대상**으로 하기에 앞서 설명한 광의의 수익(Income) 중에서도 **수익(Revenues)을 발생시키는 거래는 적용범위에 포함**되는 반면, 차익(Ganis)을 발생시키는 거래는 적용범위에 포함되지 않는다. 따라서 본 장에서 제1115호의 내용을 설명함에 있어 별도의 언급이 없는 한 수익이라 함은 광의의 수익(Income)이 아닌 (협의의) 수익(Revenues)을 의미한다.

한편, **거래 상대방이 고객이라 하더라도 제1115호가 항상 적용되는 것은 아님**에 유의할 필요가 있다. 제1115호가 모든 거래에 적용가능한 보편적 수익인식 원칙을 제시하고는 있는 것은 사실이나, 특정 거래의 고유한 특성을 반영하기 위한 **별도의 기준서가 존재하는 경우 해당 기준서가 우선적으로 적용**된다. 제1115호는 이처럼 제1115호에 우선적으로 적용해야 하는 기준서를 다음과 같이 열거하고 있다. 따라서 제1115호는 **<표 5. 3> 에 열거된 거래를 제외한 모든 고객과의 계약에 적용**된다.[3)]

덧붙여 고객과의 전체 계약 중 일부는 제1115호의 적용범위에, 다른 일부는 <표 5. 3>에 열거된 다른 기준서의 적용범위에 포함되는 경우가 있을 수 있다. 이처럼 **고객과의 계약의 각 부분에 대해 서로 다른 기준서가 적용되는 경우**에는 적용 기준서 선택에 앞서 **전체 계약을 적절하게 분리**하고, 분리된 계약의 **거래가격을 다시 측정할 필요**가 있다. 이때에도 제1115호는 계약의 분리와 거래가격 측정을 위한 방법론에 있어 "다른 기

---

3) 타 기준서가 우선적으로 적용된다고 해서 제1115호가 제시한 보편적 수익인식 기준이 완전히 배제되는 것은 아니다. 예를 들어, 2023년부터 적용되는 기업회계기준서 제1117호 '보험계약'의 경우 보험서비스 제공에 따라 보험수익을 인식하는 기본 원칙이 개념적으로 제1115호의 수익인식 모형과 일관됨을 분명히 하고 있다. 즉, 제1115호의 수익인식 기준을 보험계약이라는 특수한 금융상품에 적합하도록 변형시킨 기준서가 제1117호 '보험계약'이라는 것이다.

표 5.3
제1115호 적용 범위에 포함되지 않는 거래

(1) 기업회계기준서 제1116호 '리스'의 적용범위에 포함되는 리스계약
(2) 기업회계기준서 제1117호 '보험계약'의 적용범위에 포함되는 보험계약[*1]
(3) 기업회계기준서 제1109호 '금융상품', 제1110호 '연결재무제표', 제1111호 '공동약정', 제1027호 '별도재무제표', 제1028호 '관계기업과 공동기업에 대한 투자'의 적용범위에 포함되는 금융상품과 그 밖의 계약상 권리 또는 의무
(4) 고객이나 잠재적 고객에게 판매를 쉽게 하기 위해 행하는 같은 사업 영역에 있는 기업 사이의 비화폐성 교환[*2]

*1 현재 제1104호 '보험계약'이 적용되고 있으나, 2023년부터 제1117호 '보험계약'으로 대체 예정
*2 예를 들어, 두 정유사가 서로 다른 특정 지역에 있는 고객의 수요를 적시에 충족하기 위해, 두 정유사끼리 유류를 교환하기로 합의한 경우의 거래

준서에서 계약의 어느 한 부분 이상을 분리하는 방법과(이나) 그것의 최초 측정방법을 규정하고 있다면, 먼저 그 기준서의 분리 및(또는) 측정 요구사항을 적용"하되, 다른 기준서에서 규정한 내용이 없는 경우에 한해 제1115호를 따르도록 하고 있다.

요컨대, 제1115호가 **모든 거래에 적용가능한 보편적 수익인식 기준을 제시**하고는 있으나, 기업의 통상적인 활동과 관련된 **고객과의 계약에서 발생하는 수익**(Revenues)**만을 대상으로 하고 있다**는 점, 고객과의 계약이라 하더라도 **다른 기준서의 적용대상인 경우 해당 기준서가 우선적으로 적용**되어야 한다는 점에 유의할 필요가 있다.

(3) 기업회계기준서 제1115호 수익인식 모형

수익에 대한 회계처리의 핵심은 **인식**(recognition)과 **측정**(measurement)으로 요약될 수 있다. 수익 인식과 측정 결과에 따라 기업의 재무성과가 직접적으로 영향을 받게 되기 때문이다. 여기서 **수익의 인식**은 **수익을 기록하는 시점**(timing)**을 결정**하는 것을, **수익의 측정**은 **재무제표에 보고할 금액**(amount)**을 결정**하는 것을 의미한다.

이러한 수익의 인식과 측정과 관련하여 제1115호는 "고객에게 약속한 재화나 용역을 이전함으로써 (또는 기간에 걸쳐 이전함으로써) 계약상의 수행의무를 이행하고, 해당 재화나 용역의 대가로 받을 권리를 갖게 될 것으로 예상하는 (대가를 반영한) 금액으로 수익을 인식"하는 것을 핵심원칙으로 제시하고 있다.[4] 즉, 고객에게 약속한 재화나 용역을 이전함으로써 **계약상의 수행의무를 이행한 시점에 수익을 인식**하되, **이전한 재화나**

4) 좀 더 정확한 이해를 위하여 원문의 문장을 인용한다. The core principle of IFRS 15 is that an entity recognises revenue to depict the transfer of promised goods or services to customers in an amount that reflects the consideration to which the entity expects to be entitled in exchange for those goods or services. (IFRS 15, para. IN7)

용역의 대가로 받을 권리를 갖게 될 것으로 예상하는 금액으로 수익 규모를 측정해야 한다. 이러한 핵심원칙에 따라 수익을 인식·측정하고자 제1115호는 다음의 **'5단계 수익 인식 모형'**을 제시하고 있다.

표 5.4
제1115호 5단계 수익인식 모형

(1단계)	고객과의 '계약'을 식별
(2단계)	'수행의무'를 식별
(3단계)	'거래가격'을 산정
(4단계)	거래가격을 계약 내 '수행의무에 배분'
(5단계)	'수행의무를 이행'할 때 수익을 인식

상기 수익인식 모형에서와 같이 (1단계)의 **고객과의 '계약'**과 (2단계)의 **'수행의무'**는 개념적으로 구분된다. 제1115호는 계약(contract)을 "둘 이상의 당사자들 사이에 집행 가능한(enforceable) 권리와 의무가 생기게 하는 합의"로, 수행의무(performance obligation)를 "**고객과의 계약**에서 재화나 용역(또는 재화나 용역의 묶음)을 고객에게 이전하기로 한 **각 약속**"으로 각각 정의한다. 따라서 **고객과의 계약**은 기업이 고객에게 재화와 용역을 이전하는 **단일의 수행의무** 혹은 **복수의 수행의무의 집합**으로 이해될 수 있다.

또한 (1단계)에서 식별된 고객과의 계약을 기초로 (2단계)에서 **수행의무를 식별**해 내는 과정이 **수익인식 모형에서 매우 중요**하다. (2단계)의 수행의무 식별 결과를 토대로 (3~4단계) 계약 단위의 거래가격의 산정 및 거래가격의 계약 내 수행의무 배분, (5단계) 각 수행의무 이행에 따른 수익인식 등의 나머지 절차가 순차적으로 이루어지기 때문이다. 예를 들어, 고객과의 계약이 단일의 수행의무로 구성된 경우 전체 계약의 거래가격이 바로 수행의무에 배분된 거래가격이 되므로, (4단계) 거래가격의 수행의무 배분 절차가 불필요해진다. 또한, 하나의 수행의무에 대해서만 이행 여부를 판단하면 되므로 (5단계)에서의 수익인식 과정도 비교적 단순해진다. 반면, 계약이 복수의 수행의무로 구성된 경우에는 (2단계)에서의 수행의무 식별 결과를 기초로 계약의 거래가격을 (계약 내) 각 수행의무에 배분하는 (4단계) 절차가 실무적으로 중요해질 뿐만 아니라, 개별 수행의무마다 이행되는 시점이 다를 수 있어 마지막 (5단계)에서의 수익인식 결과(예 수익의 기간배분)도 달라지게 된다.

이처럼 **수행의무의 식별이 중요시되는 이유**는 기업이 고객에게 재화와 용역을 이전하는 **거래의 실질이 계속해서 복잡해지고 있기 때문**이다. 예를 들어, 기업이 고객에게 재화를 판매하는 경우 과거에는 해당 재화를 고객에게 이전하는 의무가 주를 이루었다. 그러나 요즘에는 고객만족도 제고를 위해 판매된 재화에 대한 보증서비스를 제공하는 것은 물론, 고가의 재화에 대해서는 할부판매 등 신용서비스를 제공하는 경우도 흔하다.

심지어 재구매 할인 옵션과 같은 기업 자체의 보상 외에도 신용카드사 등 제3자와 연계한 포인트 리워드 등 고객에게 다양한 추가혜택이 제공되기도 한다. 그 결과 고객 입장에서는 특정 재화를 제공받고 단일 금액의 대가(거래가격)를 지급하는 외형상 단순해보이는 계약일지라도, 기업 입장에서는 **보다 정확하고 유용한 재무정보를 제공**하기 위해 약속된 재화를 이전하는 것 외에도 보증서비스, 신용서비스, 보상제공 등 고객과의 계약 내에 포함된 다양한 수행의무를 식별하고, 각각의 수행의무가 이행되는 정도에 따라 수익을 인식할 필요가 있다.

요컨대, 제1115호의 수익인식 모형은 **날로 복잡·다양해지는 고객과의 거래의 경제적 실질**을 **수행의무**라는 **계약의 하위 개념**을 통해 기업의 영업활동과 관련된 재무성과와 재무현황을 **최대한 정교하게 나타내기 위한 보편적 모형**이라 할 수 있다.

한편, 기업의 재무성과 측정을 위해 수익과 함께 고려되어야 할 부분이 바로 비용의 인식과 측정이다. 그러나 '고객과의 계약에서 생기는 수익'이라는 기준서 명칭에서 알 수 있듯이 제1115호의 경우 비용과 관련된 내용은 일절 다루지 않는다. 따라서 본 장에서도 **수익과 관련한 내용에 초점을 맞추어 학습**하도록 한다. 다만, 제2장에서 학습한 바와 같이 **비용**은 **수익·비용 대응**(revenue-expense matching)**이라는 일반 원칙에 따라 인식·측정**된다. 따라서 비용의 인식과 측정에 대한 내용을 학습하고자 하는 경우 제2장을 참고하기 바란다.[5)]

제1115호(이하 '수익인식기준서') 수익인식 모형의 세부 내용을 학습하기에 앞서 다음 예제를 통해 모형의 전체적인 작동원리와 개념을 살펴보자.

예제 1

한양전산은 행당기업에게 ERP 프로그램을 판매하면서 이후 2년간 문제 발생시 해결하여 주는 서비스를 제공하는 계약을 ₩1,200,000에 체결하고, 프로그램을 설치하였다. 본래 프로그램과 문제해결 서비스는 별개로 판매하는 것인데, 별개로 판매하는 경우 각각 ₩1,000,000과 ₩500,000을 지불하여야 하지만, 두 계약을 동시에 체결하였기에 일부 할인하여 계약한 것이다. 본 계약을 수익인식 5단계를 적용하여 설명하시오(단, '1단계'에서 고객과의 계약이 식별되는 것으로 가정할 것).

5) 수익·비용 대응에 관한 일반 원칙 외에 직접비 추적(tracing), 간접비 배분(allocation) 등 비용과 관련한 보다 세부적인 내용을 학습하고자 하는 경우 관리회계(managerial accounting) 또는 원가회계(cost accounting) 관련 교재(수업)를 참고하기 바란다.

해 답

(1) 1단계 : 고객과의 계약을 식별

(1단계)는 수익인식기준서 적용 여부를 판단하는 절차로 추후 설명할 다섯 가지 기준의 충족 여부가 판단의 초점이 된다. 다만, 여기서는 두 기업 간 계약이 체결되고 이전할 재화와 용역이 식별되므로 고객과의 계약이 식별되는 것으로 간주하도록 한다.

(2) 2단계 : 수행의무를 식별

이 계약은 동시에 체결되었지만, 프로그램 판매와 서비스 제공은 별개로 판매되는 계약이기 때문에 두 개의 수행의무로 구분할 수 있다.

(3) 3단계 : 거래가격을 산정

이 계약의 거래가격은 ₩1,200,000으로 확정되어 있다.

(4) 4단계 : 거래가격을 계약 내 수행의무에 배분

본래 프로그램과 문제해결서비스를 별개로 판매하는 경우 각각 ₩1,000,000과 ₩500,000이지만, 두 계약을 동시에 체결하여 ₩1,200,000으로 할인받았기 때문에 이 ₩1,200,000을 두 거래의 판매가격에 비례하여 다음과 같이 배분한다.

$$\text{프로그램 판매}: ₩1,200,000 \times \frac{1,000,000}{1,000,000+500,000} = ₩800,000$$

$$\text{문제해결 서비스}: ₩1,200,000 \times \frac{500,000}{1,000,000+500,000} = ₩400,000$$

(5) 5단계 : 수행의무를 이행할 때 수익을 인식

프로그램 판매는 프로그램 설치 시점에서 ₩800,000 전액 수익으로 인식한다. 그러나 문제해결 서비스 ₩400,000은 2년간에 걸쳐 이루어지기 때문에, 설치 후 2년 동안 매년 ₩200,000을 시간의 경과에 따라 또는 서비스 적용 유형에 따라 수익을 인식한다.

제2절 수익인식 모형

1. [1단계] 고객과의 계약 식별

(1) 계약의 정의

앞서 개괄한 바와 같이 수익인식 모형 적용을 위한 첫 번째 단계는 **고객과의 계약을 식별**하는 것이다. 고객과의 계약 여부를 식별하기 위해서는 아래 제시된 **다섯 가지 세부 요건**을 적용하며, **동 요건이 모두 충족되는 계약**만 **고객과의 계약**으로 본다. 따라서 아래

다섯 가지 요건 중 어느 하나라도 미충족되는 계약에는 본 장의 5단계 수익인식 모형에 따른 회계처리가 적용되지 않는다.

표 5.5

제1115호 적용을 위한 고객과의 계약 식별 요건 (동시 충족 필요)

(1) 계약 당사자들이 계약을 서면 또는 구두로 승인하고 각자의 의무를 수행하기로 확약한다.
(2) 이전할 재화나 용역과 관련된 각 당사자의 권리를 식별할 수 있다.
(3) 이전할 재화나 용역의 지급조건을 식별할 수 있다.
(4) 계약에 상업적 실질이 있다. 즉 계약의 결과로 기업의 미래 현금흐름의 위험, 시기, 금액이 변동될 것으로 예상된다.
(5) 고객에게 이전할 재화나 용역에 대하여 받을 권리를 갖게 될 대가의 회수 가능성이 높다.

고객과의 계약을 식별하기 위한 다섯 가지 요건 중 (1)~(3)번은 계약의 일반적 특성으로 직관적인 이해가 가능하다. 그런데 수익인식기준서는 이러한 일반적 계약 특성에 더해 (4)번의 **상업적 실질**과 (5)번의 **회수가능성** 요건을 추가로 충족할 것을 요구한다. 여기서 상업적 실질이 있다는 것은 계약의 결과로 기업의 미래 현금흐름의 위험, 시기, 금액이 변동될 것으로 예상된다는 의미로, **계약의 결과가 기업의 미래 현금흐름에 의미 있는 영향을 미칠 정도로 중요해야 한다**는 것을 뜻한다. 또 회수가능성이 높다는 것은 기업이 고객에게 재화와 용역을 이전한 **대가를 정상적으로 회수할 수 있어야 한다**는 것을 의미한다.[6] 따라서 이상의 다섯 가지 식별 요건을 적용할 경우 요건 (1)~(3)을 충족하여 외견상 고객과의 계약처럼 보이더라도, 그러한 계약의 결과가 기업의 미래 현금흐름에 영향을 미칠 만큼 **경제적으로 중요하고**(요건 (4) 충족), 나아가 높은 확률로 대금회수가 기대(요건 (5) 충족)되는 **정상적인 고객과의 거래에 한해 수익인식기준서가 적용**된다.

한편, 어떤 계약은 존속 기간이 고정되지 않을 수 있고 당사자 중 한 편이 언제든지 종료하거나 수정할 수도 있다. 또한 새로운 계약이 기존 계약과 결합되거나 기존 계약의 내용이 변경될 수도 있다. 따라서 (1단계) 고객과의 계약 식별 절차가 완료되더라도 계약 기간의 갱신, 기존 계약의 내용 변동 등 사후적으로 여러 변경 사항이 발생할 수 있는 만큼 **상기 다섯 가지 식별 요건과 관련한 사실과 상황에 유의적인 변동 징후가 있는 경우**에는 **고객과의 계약 식별 요건 충족 여부를 재검토**해야 한다. 또 지금은 요건을 충족하지 못하더라도 추후 요건을 충족할 수 있으므로 **요건 미충족 계약**에 대해서도 **요건 충족 여부를 지속적으로 검토**해야 한다.[7]

---

6) 대가의 회수가능성은 지급기일에 고객이 대가(금액)를 **지급할 수 있는 능력**과 **지급할 의도**만을 고려하여 평가하여야 하며, 사후적인 회수 결과 등은 고려요인이 아니다.

7) 다만, 본 절에서는 수익인식 모형의 기본 체계를 학습하는 것에 초점을 맞추고자 이미 식별된 계약의

예제 2

부동산개발업자인 대구개발은 ₩1,000,000에 건물을 판매하기 위해 김종길과 계약을 체결하였다. 김종길은 레스토랑을 개업하려고 하는데, 레스토랑을 운영한 경험이 없으며, 더구나 그 지역은 경쟁이 심한 지역에 위치하고 있어 사업성이 불투명하다.

대구개발은 김종길로부터 계약 개시시점에 환불되지 않는 계약금 ₩50,000을 받고, 잔액 95%는 대구개발과 장기 금융약정을 체결하였다. 금융약정은 비소구(non-recourse)조건으로 제공되었는데, 이는 김종길이 채무를 이행하지 못할 경우에 기업이 그 건물을 회수하고, 그 담보물의 가치가 받아야 할 금액보다 적더라도 김종길에게 추가적인 보상을 요구할 수 없음을 뜻한다. 기업의 건물 원가는 ₩600,000이다. 김종길은 계약 개시시점에 건물을 통제하게 된다.

1. 위 계약이 기업회계기준서 제1115호의 적용범위에 포함되는 수익인식이 가능한 고객과의 계약인지 판단하라.
2. 위 계약에 대한 적절한 분개를 하라.

[출처] 기준서 1115호의 사례에서 수정됨

해 답

1. 위 계약은 기업회계기준서 제1115호 문단 9(5)의 기준을 충족하지 못한다고 결론 내린다. 다음의 요소로 인해 김종길의 지급능력과 의도에 의문이 제기될 수 있으므로 기업이 건물의 이전에 대하여 받을 권리가 있는 대가를 회수할 가능성이 높다고 보기 어렵기 때문이다.
   (1) 김종길은 주로 레스토랑 사업에서 얻는 수익으로 차입금을 상환하고자 하고 있는데, 이 사업은 경쟁이 심하고 김종길의 경험 부족으로 상환이 매우 불확실하다고 할 수 있다.
   (2) 김종길은 차입금 상환에 사용할 수 있는 다른 수익이나 자산이 명시되어 있지 않다.
   (3) 비소구 조건이기 때문에 잔금이 회수되지 않아도 다른 상환방법이 없다.

2. 기업회계기준서 제1115호 문단 9의 기준을 충족하지 못하기 때문에, 기업은 환불되지 않는 계약금 ₩50,000을 보증금 채무로 회계처리한다.

(차) 현 금	50,000	(대) 보증금채무	50,000

2. [2단계] 수행의무의 식별

(1단계)에서 고객과의 계약이 식별되고 나면 (2단계)에서는 고객과의 계약에 포함된 **수행의무를 식별**해야 한다. 전술한 바와 같이 수행의무란 고객과의 계약에서 기업이 "고

내용이나 범위의 변경, 타 계약과의 결합 등 (1단계) 수익인식 절차와 관련한 기타 실무상의 이슈는 <부록>에서 별도로 다루도록 한다.

객에게 **재화나 용역**(혹은 재화나 용역의 묶음)**을 이전하기로 한 약속**"을 의미한다. 이처럼 수행의무가 **고객에게 이전될 재화나 용역을 기준으로 정의**되어 있기에 수행의무를 식별하는 과정도 결과적으로는 계약에 따라 이전하기로 한 재화나 용역의 특성(후술할 '**구별가능성**')을 중심으로 이루어진다.

한편, 하나의 계약 내에 기업이 고객에게 재화나 용역을 이전하기로 한 약속이 여러 개일 수 있는데, **각각의 약속이 모두 수행의무로 식별되는 것은 아니다**.

먼저, 고객과의 계약에 포함된 약속임에도 **수행의무에 해당하지 않는 경우**가 있을 수 있다. 예를 들어, 기업이 자신이 생산·판매한 모든 제품에 대해 1년간의 **품질보증 서비스를 제공**함에 있어 **고객에게 구별되는 추가적인 재화나 용역을 제공할 필요성이 없는 경우**를 가정해 보자. 이러한 기본적인 보증서비스와 관련된 약속은 **확신 유형의 보증**에 해당되어 수익인식기준서에 의한 수행의무로 식별되지 않고, 기업회계기준서 제1037호에 의한 충당부채로 회계처리된다.[8] 또 기업이 자신의 통제 하에 있는 재화나 용역을 이전하지 않고 **제3자가 재화나 용역을 이전하도록 주선하는 소극적인 역할을 수행하는 경우**에도 해당 약속은 수행의무로 식별되지 않는다.[9]

다음으로 수행의무에 해당하는 여러 약속이 존재하는 경우 이를 각각의 개별 수행의무로 식별할지 아니면 묶어서 하나의 수행의무로 식별할지를 추가적으로 판단해야 한다. 수행의무 식별을 위한 기본 원칙은 다음과 같다.

계약 개시시점에 고객과의 계약에서 약속한 재화나 용역을 검토하여 고객에게 다음 중 어느 하나를 이전하기로 한 각 약속을 하나의 수행의무로 식별한다. (1) **구별**되는 재화나 용역(또는 재화나 용역의 묶음) (2) 실질적으로 서로 같고 고객에게 이전하는 방식도 같은 '일련의 **구별**되는 재화나 용역'

(1)은 일반적인 재화나 용역 판매와 같이 주로 **한 시점**에 재화나 용역이 이전되는 경우의 수행의무 식별 기준을, (2)는 건설용역과 같이 기업이 **기간에 걸쳐** 일련의 재화나 용역을 연속적으로 제공하는 경우의 수행의무 식별 기준을 각각 제시한다(참고로, (1)과 관련한 수익인식 유형은 본 장 제3절 1.에서, (2)와 관련한 수익인식 유형은 본 장 제3

---

8) 이와 달리 판매된 재화에 대한 보증서비스를 위해 기업이 고객에게 구별되는 추가적인 재화나 용역을 제공해야 하는 경우에는 '**용역 유형의 보증**'으로 보아 수행의무로 식별된다(보증과 관련한 보다 자세한 내용은 '제3절 1.(5) 반품권(보증)이 있는 판매' 부분 참조).

9) 기업이 **자신의 통제 하에 있는 재화나 용역을 고객에게 직접 이전**하는 경우 **본인** 역할을, 제3자로 하여금 해당 재화나 용역을 이전토록 **주선하는 경우 대리인 역할을 수행**한다고 한다. 이처럼 기업은 계약 내 약속을 이행함에 있어 본인 또는 대리인 여부를 판단해야 하며, 수익인식기준서는 기업이 **본인 역할을 수행하는 경우에 한해 수행의무를 식별**토록 하고 있다.

절 2.에서 구체적인 예시와 함께 자세하게 학습하도록 한다).[10] 이처럼 (1)과 (2)가 거래 유형의 특성에 따라 구분되어 기술되어 있기는 하나, 두 기준 모두 **제공되는 (일련의) 재화나 용역의 '구별(distinct) 여부 혹은 가능성'을 수행의무 식별을 위한 기준으로 제시**하고 있다. 즉, 고객에게 이전하는 특정 재화나 용역이 동일 계약에 의해 제공되는 **다른 재화나 용역과 구별될 수 있다면 별도의 수행의무로 식별하되, 구별되지 않는다면 하나의 수행의무로 식별**해야 한다.

위 기준은 수행의무 식별에 관해 고객에게 이전되는 (일련의) 재화나 용역의 구별 가능성이라는 원칙을 제시하였는데, 이러한 구별의 의미는 다음과 같이 보다 구체적으로 설명할 수 있다.

> 다음 기준을 **모두 충족**한다면 고객에게 약속한 재화나 용역은 구별되는 것이다.
> (1) 고객이 재화나 용역 **그 자체에서 효익**을 얻거나 **고객이 쉽게 구할 수 있는 다른 자원과 함께하여 그 재화나 용역에서 효익**을 얻을 수 있다(그 **재화나 용역이 구별**될 수 있다).
> (2) 고객에게 재화나 용역을 이전하기로 하는 약속을 **계약 내의 다른 약속과 별도로 식별**해 낼 수 있다(그 재화나 용역을 이전하기로 하는 약속은 **계약상 구별**된다).

수익인식기준서가 제시한 바와 같이 **(일련의) 재화나 용역이 구별**되기 위해서는 **다음 두 가지 요건이 모두 충족**되어야 한다. 먼저, (1)과 같이 **고객**이 기업으로부터 이전받은 재화나 용역으로부터 **(실질적으로) 독립된 효익**을 얻을 수 있어야 한다. 고객이 이전받은 재화나 용역으로부터 기대했던 효익을 누리지 못한다면, 상식적으로 기업이 계약에 의해 재화나 용역을 이전하기로 한 약속을 적절히 이행했다고 보기 어렵다. 이러한 **고객의 효익 관점**에 따르면 고객이 이전받은 재화나 용역으로부터 한 가지 효익만 얻게 되는 경우에는 기업은 해당 재화나 용역을 구별하지 않되(즉, 하나의 수행의무로 식별), 고객이 서로 다른 N 가지의 효익을 얻게 된다면 기업은 각각의 효익과 관련된 N가지 재화나 용역으로 구별해야 한다(즉, N개의 수행의무로 식별). 예를 들어, A사가 고객에게 커피머신과 커피캡슐의 두 가지 재화를 이전하는 계약을 체결한 경우, 고객은 A사의 커피머신에 더해 A사의 커피머신에 특화된 커피캡슐을 함께 사용할 때 커피를 즐기는 효익을 누릴 수 있다. 그러나 이때 유의할 점은 고객이 A사로부터 커피머신(커피캡슐)

10) 수행의무 식별 기준이 (1)과 (2)로 구분된 것은 한 시점에서 재화나 용역이 이전되는 (1)과 달리 **기간에 걸쳐 연속적으로 재화나 용역이 제공되는 경우** 제공되는 각각의 재화나 용역을 별도의 수행의무로 식별할 경우 **회계처리의 일관성이 저해될 우려**가 있을 뿐만 아니라 생산된 수익 정보의 유용성에 비해 **회계처리가 과도하게 복잡해질 가능성**이 있기 때문이다.

만 이전받더라도 추후에 큰 노력을 들이지 않고 별도로 A사의 커피캡슐(커피머신)을 별도로 구매함으로써 커피를 즐기는 효익을 누릴 수 있다는 점이다. 따라서 A사는 비록 커피머신과 커피캡슐을 이전하는 하나의 계약을 체결하였으나, 고객이 커피머신과 커피캡슐로부터 실질적으로 독립된 효익을 누릴 수 있으므로 두 재화는 구별 가능하며, 따라서 A사 입장에서 '커피머신 이전'과 '커피캡슐 이전'은 별개의 수행의무로 식별된다. 반면, B사가 고객(조선사)에게 선박 생산에 필요한 초대형 크레인을 설치해주는 계약을 체결한 경우에는 초대형 크레인 설치를 위한 부품(재화)을 이전하고, 해당 부품을 사용해 지정된 장소에 초대형 크레인 설치(용역)하는 두 가지 약속을 동시에 이행해야 한다. 이때 고객은 초대형 크레인 부품을 이전받더라도 B사가 해당 부품을 이용해 초대형 크레인을 직접 설치해주지 않는다면 기대했던 효익을 누릴 수 없다. 초대형 크레인처럼 특수한 장비는 제조사가 직접 설치까지 완료해 주어야만 고객이 기대했던 효익을 누릴 수 있기 때문이다. 이처럼 크레인 부품(재화)의 이전과 설치(용역)는 고객 효익 관점에서 서로 구별되지 않는 재화와 용역에 해당하므로 B사는 이 둘을 하나의 수행의무로 식별한다.

다음으로, 첫 번째 요건[고객 효익 관점에서 재화나 용역 그 자체(*per se*)의 구별]에 더해 그러한 **재화나 용역을 이전하는 약속이 계약상으로도 구별**되어야 한다. 많은 경우 기업은 계약상의 약속을 이행하기 위해 고객에게 여러 형태의 재화나 용역을 이전해야 할 수 있다. 예를 들어, 건설사가 고객과 아파트 시공 계약을 체결하는 경우 건설사는 터파기, 시멘트·철근 작업, 전기배선 작업, 내부 인테리어 시공, 페인트 작업, 조경 작업 등 그 자체로 독립된 효익을 제공할 수 있는 수많은 재화와 용역을 공급한다.[11] 그러나 고객의 입주 목적에 따라 아파트를 준공하기로 한 계약상 관점에서는 이러한 재화와 용역을 구별하는 것이 의미가 없다. 예를 들어, 터만 다져진 나대지에 고객이 입주할 수는 없기 때문이다. 이처럼 기업이 이전하기로 한 재화와 용역이 그 자체로는 구별된다 하더라도 계약의 목적상 이를 별개의 수행의무로 식별하는 하는 것이 실무적으로 가능하지 않거나, 설령 식별된다 하더라도 기업의 수행 정도를 유용하게 나타내지 못하는 경우가 있을 수 있다. 따라서 (고객 효익 관점에서) 재화나 용역이 그 자체로 구별되더라도 그러한 재화나 용역을 이전하는 약속이 계약상 구별되지 않는 경우에는 구별되지 않는 약속 전체를 하나의 수행의무로 식별한다. 이는 다른 의미로 재화나 용역이 구별되지 않거나(요건 (1) 미충족) 그러한 재화나 약속을 이전하기로 한 약속이 계약상 구별되지 않는 경우(요건 (2) 미충족)에는 **구별되는 재화나 용역의 묶음**을 통해 **하나의 수행의무로 식별할 수 있을 때까지 약속된 재화나 용역을 결합**해야 함을 의미한다.[12]

---

11) 예를 들어, 이미 준공된 집이 있는 고객이라면 인테리어 시공만으로도 독립된 효익을 누릴 수 있을 것이다. 이 경우 고객 효익 관점에서 인테리어 시공은 그 자체로 구별되는 용역이라 할 수 있다.

한편, 첫 번째 '재화나 용역 자체의 식별'과 비교하여 두 번째 재화나 용역을 이전하는 약속의 '계약상 식별'은 개념적 이해가 조금 더 어려운 측면이 있다. 이에 수익인식기준서는 재화나 용역을 이전하는 약속이 계약상 식별이 되지 않는 유형을 다음과 같이 구체적으로 예시하고 있다.

> 고객에게 재화나 용역을 이전하기로 하는 약속이 계약상 구별 여부에 따라 별도로 식별되는지를 파악할 때, 그 목적은 계약상 그 약속의 성격이 각 재화나 용역을 개별적으로 이전하는 것인지, 아니면 약속된 재화나 용역을 투입한 결합 품목(들)을 이전하는 것인지를 판단하는 것이다. **고객에게 재화나 용역을 이전하기로 하는 둘 이상의 약속을 별도로 식별해 낼 수 없음을 나타내는 요소**에는 다음이 포함되지만, 이에 한정되지는 않는다.
>
> (1) 기업은 해당 재화나 용역과 그 계약에서 약속한 다른 재화나 용역을 통합하는(이 통합으로 고객이 계약한 결합산출물(들)에 해당하는 재화나 용역의 묶음이 됨) 유의적인 용역을 제공한다. 다시 말해서, 기업은 고객이 특정한 **결합산출물(들)**을 생산하거나 인도하기 위한 투입물로서 그 재화나 용역을 사용하고 있다. **결합산출물(들)**은 둘 이상의 단계, 구성요소, 단위를 포함할 수 있다.
>
> (2) 하나 이상의 해당 재화나 용역은 그 계약에서 약속한 하나 이상의 다른 재화나 용역을 **유의적으로 변형** 또는 **고객 맞춤화**하거나, 계약에서 약속한 하나 이상의 다른 재화나 용역에 의해 **변형** 또는 **고객 맞춤화**된다.
>
> (3) 해당 재화나 용역은 **상호의존도**나 **상호관련성**이 매우 높다. 다시 말해서 각 재화나 용역은 그 계약에서 하나 이상의 다른 재화나 용역에 의해 유의적으로 영향을 받는다. 예를 들면 어떤 경우에는 기업이 각 재화나 용역을 별개로 이전하여 그 약속을 이행할 수 없을 것이기 때문에 둘 이상의 재화나 용역은 서로 유의적으로 영향을 주고받는다.

계약상 구별이 어려운 첫 번째 유형은 **결합산출물**인 경우다. 앞서 예시한 것처럼 수많은 재화(건설자재)와 용역(단계별 시공 작업)이 결합되어 하나의 산출물(아파트)을 고객(분양권자)에게 이전하는 아파트 건설계약이 이러한 유형에 해당한다.

두 번째 유형은 **유의적 변형** 또는 **고객 맞춤화**가 이루어지는 경우다. 회계법인이 기업에 회계시스템 구축 서비스를 제공하는 경우를 예로 들면, 회계법인은 기업과 협의된 범용 회계 소프트웨어(재화)를 구매 · 설치하고, 이를 다시 해당 기업에 적합하도록 조정

---

12) 수익인식기준서는 이처럼 재화나 용역을 결합함으로써 경우에 따라서는 "기업이 계약에서 약속한 재화나 용역 모두를 단일 수행의무로 회계처리하는 결과"가 나타날 수도 있다고 기술하고 있다.

하는 추가 과정을 거치게 된다. 이처럼 기업에 특화된 회계 프로그램(범용 회계 소프트웨어 이전 + 고객 맞춤화)을 제공하는 약속은 계약상 구별되지 않는다고 본다.

마지막 유형은 **상호의존도**나 **상호관련성**이 높은 유형인데, 앞서 예시한 초대형 크레인 설치계약이 이러한 유형에 해당한다. 이처럼 고가의 특수장비(예 초대형 크레인)를 제공하기로 한 경우 기업은 고객의 상황(예 설치 지형)과 요구사항(예 기중기 중량)을 반영한 설계를 거치게 되며, 그 결과 통상 해당 장비의 부품 이전과 설치 작업을 직접 수행하게 된다(사실상 타 기업 수행 불가). 따라서 특수장치 설치에 따른 재화(크레인 부품 이전)와 용역(크레인 설치 작업)은 상호의존(관련)성이 높다고 볼 수 있다.

(2단계) 수행의무 식별과 관련한 지금까지의 설명을 정리하면 다음과 같다. (일련의) **재화나 용역이 구별**되는 경우 기업은 해당 재화나 용역을 이전하는 약속을 **별개의 수행의무로 식별**한다. (일련의) 재화나 용역이 구별된다는 것은 이전하기로 한 재화나 용역이 **그 자체로 고객에게 실질적으로 독립된 효익을 제공**할 수 있으며, 이와 동시에 그러한 재화나 용역을 이전하기로 한 약속이 **계약 내 다른 약속과 계약상 구별이 가능**하다는 것을 의미한다. 이전하기로 한 재화나 용역이 **결합산출물** 형태거나, **유의적 변형** 또는 **고객 맞춤화**가 이루어지거나, **상호의존(관련)성이 높은 경우**에는 계약상 구별되지 않는 것으로 본다. 이상의 내용을 정리하면 다음과 같다.

표 5.6
(2단계) 수행의무 식별 기준

■ 수행의무 식별 기준(원칙 제시) : 아래 (1) 또는 (2) 충족
(1) 재화나 용역의 구별 → (제3절 1.) 한 시점에서 이행되는 수행의무 (2) (일련의) 재화나 용역의 구별 → (제3절 2.) 기간에 걸쳐 이행되는 수행의무

↓

■ 재화나 용역의 구별 판단 기준(수행의무 식별 기준의 구체화) : 아래 (1)과 (2) 요건 모두 충족
(1) 재화나 용역 자체의 구별 : 고객에서 (실질적으로) 독립된 효익 제공 (2) 재화나 용역 이전 약속의 계약상 구별

• **계약상 구별 불가 유형 예시**(계약상 구별 여부를 판단하기 위한 예시)* *단, 아래 세 유형으로 제한되지 않음
(1) 결합산출물 (2) 유의적 변형 또는 고객 맞춤화 (3) 상호의존(관련)성

예제 3

다음 두 가지 사례 각각에 대하여 각 수행의무가 구별되는지, 아니면 하나의 수행의무로 처리하여야 하는지 설명하시오.

1. 경남건설은 대전병원의 건물을 신축하는 계약을 체결하였다. 경남건설은 그 프로젝트 전체를 책임지고 있으며, 엔지니어링, 부지 정리, 기초공사, 조달, 구조물 건설, 배관·배선, 장비 설치, 마무리 등에 관련된 모든 재화와 용역을 제공한다.
2. 광주전산은 김순진 씨에게 워드프로세서를 판매하였다. 일반적으로 워드프로세서는 고객들이 스스로 설치하여 사용할 수 있지만, 김순진 씨는 컴퓨터에 익숙하지 않아서 추가로 경비를 지불하고 설치작업을 광주전산에 부탁하였다.

[출처] 기준서 1115호의 사례에서 수정됨.

해 답

1. 경남건설의 약속된 재화와 용역은 기업회계기준서 제1115호 문단 27(1)에 따라 구별될 수 있다. 즉 건설업체들이 이러한 공사들을 다른 고객에게 별도로 판매하기 때문에 구별되는 의무라고 할 수 있다. 그러나 문단 27(2)에 따라 해당 계약 내에서 다른 약속과 별도로 식별하기 곤란하다. 즉, 대전병원과 체결한 계약에 따라 재화와 용역(투입물)을 통합하여 병원(결합산출물)을 건설하는 용역을 제공하기 때문이다. 따라서 기업회계기준서 제1115호 문단 27의 두 가지 기준을 모두 충족하지 못하기 때문에, 그 재화와 용역은 구별되지 않는다. 따라서 경남건설은 이 계약의 모든 재화와 용역을 단일 수행의무로 회계처리한다.
2. 여기서 워드프로세서는 고객이 스스로 손쉽게 설치하여 사용할 수 있다. 그럼에도 불구하고 김순진 씨는 설치작업을 광주전산에 추가 비용을 부담하면서 부탁하였기 때문에 설치작업은 워드프로세서 판매와 구별되는 약속이라고 할 수 있다. 따라서 광주전산은 계약에서 다음의 두 가지의 수행의무를 식별하여 각각 별도의 회계단위로 수익을 인식하여야 한다.
   (1) 워드프로세서 판매
   (2) 설치용역

3. [3단계] 계약의 거래가격 산정

고객과의 계약(1단계)과 계약 내 수행의무(2단계)가 식별되고 나면, 식별된 **계약의 거래가격을 측정**(3단계)해야 한다. 거래가격은 "고객에게 약속한 재화나 용역을 이전하고 그 대가로 기업이 받을 권리를 갖게 될 것으로 예상하는 금액"으로 정의된다. 쉽게 말해 기업이 **고객에게 약속된 재화나 용역을 이전하고 수령할 것으로 기대하는 대가**를 의미한다. 이때 고객으로부터 수령하더라도 **제3자를 대신해 받은 금액은 제외**한다. 예를 들어, 기업이 고객에게 소매가 100만원인 TV를 이전하는 하나의 수행의무를 이행하고 그 대가로 부가가치세(판매가격의 10%)를 포함한 110만원을 수령하기로 한 경우 거래가격은 TV 이전의 결과로 순수하게 기업에 귀속될 것으로 예상되는 100만원이 된다.

그러나 현실에서는 거래가격 산정이 항상 명확하게 이루어지지만은 않는다. "고객이 약속한 대가의 특성, 시기, 금액(즉, 상업적 실질)"이 거래가격 추정치에 영향을 미칠 수 있으므로 **다음의 고려사항이 존재하는 경우**에는(if any), **거래가격 산정 시 이를 모두 고려**해야 한다.

표 5.7
(3단계) 거래가격 측정 시 고려사항

(1) 변동대가
(2) 변동대가 추정치의 제약
(3) 계약에 있는 유의적인 금융요소
(4) 비현금 대가
(5) 고객에게 지급할 대가

(3단계)에서 측정된 거래가격은 추후 기업이 인식하는 수익 금액이 되므로 거래가격이 기업의 재무성과에 직접적으로 미치는 영향은 매우 중요하다. 따라서 거래가격 측정과 관련하여 각 고려사항이 어떻게 영향을 미치는지 순차적으로 살펴본다.

(1) 변동대가

기업이 고객으로부터 얻을 것으로 기대하는 거래가격은 고정된 금액(즉, 고정대가)의 형태일 수도 있으나, 어떤 경우에는 변동금액(즉, 변동대가)의 형태일 수도 있으며, 심지어 이 둘을 모두 포함할 수도 있다. 이처럼 약속한 대가에 변동금액이 포함된 경우를 **변동대가**라 부르며, (조건부로 지급되는) 각종 할인, 리베이트, 환불(반품 포함), 공제, 가격할인, 장려금, 성과보너스, 위약금 등이 변동대가의 예가 된다. 예를 들어, 기업이 고객과 개당 100원의 자동차 부품을 제공하는 장기공급계약을 체결하되, 고객의 구매 수량이 월 1,000개를 초과하는 경우 5%의 리베이트를 제공하는 조건이 있다고 가정해 보자. 이때 기업은 부품 판매단가 100원 중 95원은 고객의 구매수량과 무관하게 얻을 것으로 기대되므로 고정대가에 해당한다. 그러나 5원은 고객의 구매수량이 월 1,000개를 초과할 경우 회수할 수 없게 되므로 변동대가에 해당된다. 따라서 거래가격은 (과거 데이터 등을 바탕으로) 고객의 구매수량이 월 1,000개를 초과할 가능성을 반영하여 부품 개당 100원 이하[= 고정대가(95원) + 변동대가(5원 × (1 − 고객의 1,000개 초과 구매 확률))]가 될 것이다.

약속한 대가에 **변동대가가 포함**된 경우 거래가격은 **기댓값**과 **가능성이 가장 높은 금액** 중 기업이 받을 권리를 갖게 될 대가(금액)를 **더 잘 예측할 것으로 예상하는 방법으로 측정**한다.

표 5.8
변동대가 추정 방법 [(1)과 (2) 중 예측력이 높은 방법]

(1) 기댓값 (expected value)	가능한 대가의 범위에 있는 모든 금액에 각각의 확률을 곱한 금액의 합
(2) 가능성이 가장 높은 금액 (most likely amount)	가능한 대가의 범위에서 가능성이 가장 높은 단일 금액(계약에서 가능성이 가장 높은 단일 결과치 → 사실상 '최빈값' 개념)

(2) 변동대가 추정치의 제약

변동대가 추정치를 거래가격에 반영할 때에는 변동대가와 관련한 불확실성이 해소된 후, 추정치에 근거하여 이미 인식한 누적수익 중 **유의적인 금액을 되돌리지 않을 가능성이 매우 높은**(highly probable) **정도까지만 거래가격에 포함**해야 한다.13) 이를 **'변동대가 추정치의 제약'**이라 하는데, 동 제약에 따르면 인식된 누적수익 중 환원될 가능성이 조금이라도 있는 금액은 거래가격에서 제외(미반영)되므로 **추후 인식되는 수익 규모가 감소**되는 결과가 나타난다. 이는 변동대가 추정치에 대한 불확실성이 높아 표현의 충실성이 현저히 낮아질 우려가 있다면 수익으로 인식하지 않아야 한다(즉, 수익의 과대계상 예방)는 **회계의 보수적 관점**(conservatism)이 투영된 결과라 할 수 있다.

끝으로 변동대가가 포함된 경우 기업은 각 보고기간 말의 상황과 보고기간 동안의 상황 변동을 충실하게 표현하기 위하여 **보고기간 말마다 추정 거래가격을 새롭게 수정**해야 하며, 이 과정에서 **변동대가 추정치가 제약되는지도 다시 평가**해야 한다.

변동대가(변동대가 추정치의 제약 포함)와 관련한 구체적 회계처리는 본 장 '제3절 1.(5) 반품권(보증)이 있는 판매' 예시에서 상세하게 다루도록 한다.

(3) 계약에 있는 유의적인 금융요소

거래가격을 산정할 때 계약 당사자들 간에 (명시적 또는 암묵적으로) 합의한 지급시기로 인해 **자금조달**(financing)**과 관련한 경제적 효익이 계약 당사자에게 제공**된다면 화폐의 시간가치를 반영하여 **약속된 대가를 조정**해야 한다. 이처럼 유의적인 금융요소를 반영하여 약속한 대가를 조정하는 목적은 "약속한 재화나 용역을 고객에게 이전할 때

---

13) 제1115호는 변동대가의 환원 가능성을 높이는(즉, 변동대가 추정치를 제약하는) 요인을 다음과 같이 예시하고 있다.
⑴ 대가가 기업의 영향력이 미치지 못하는 요인(예 시장의 변동성, 제3자의 판단이나 행동, 날씨 상황, 약속한 재화나 용역의 높은 진부화 위험)에 매우 민감하다.
⑵ 대가에 대한 불확실성이 장기간 해소되지 않을 것으로 예상된다.
⑶ 비슷한 유형의 계약에 대한 기업의 경험(또는 그 밖의 증거)이 제한적이거나, 그 경험(또는 그 밖의 증거)은 제한된 예측치만 제공한다.
⑷ 폭넓게 가격할인을 제공하거나, 유사 상황에 있는 유사 계약의 지급조건을 변경하는 관행이 있다.
⑸ 계약에서 생길 수 있는 대가가 다수이고 그 범위도 넓다.

(또는 이전하는 대로) 그 고객이 그 재화나 용역 대금을 **현금으로 결제했다면 지급하였을 가격을 반영하는 금액**(현금판매가격)**으로 수익을 인식**"하기 위함이다. 따라서 계약의 대가에 유의적인 금융요소가 존재하는 경우(즉, 재화나 용역 이전 외에 사실상 대출에 준하는 금융서비스가 포함된 경우) 기업이 최종적으로 수령하게 되는 **명목대가와 현금판매가격과의 차이인 금융요소**는 고객과의 계약에서 생기는 수익이 아니므로 **포괄손익계산서에 이자수익이나 이자비용 등으로 구분하여 표시**한다. 예를 들어, 기업이 고객에게 현금판매가 6,000만원인 자동차를 매월 110만원씩 60개월 할부로 총 6,600만원(명목가액)에 이전하기로 한 경우 수익인식기준서에 따라 고객과의 계약으로 인식할 수익(거래가격)은 현금판매가인 6,000만원이며, 나머지 600만원은 유의적 금융요소에 의한 금융수익(이자수익)으로 인식한다.

이처럼 계약의 거래가격 측정 시 유의적 금융요소를 고려하는 이유가 화폐의 시간가치를 반영하기 위한 목적인 만큼 재화나 용역을 이전하는 시점과 고객이 대가를 지급하는 시점 간 기간이 **1년 이내로서 화폐의 시간가치가 중요하지 않는 경우**에는 **화폐의 시간가치를 반영하는 조정을 하지 않는**(즉, 계약에 있는 유의적 금융요소 무시) **실무적 간편법을 적용**할 수 있다.

한편, 재화나 용역을 이전하는 시점과 고객이 대가를 지급하는 시점 간 **기간이 1년을 초과**하더라도 다음과 같이 **화폐의 시간가치와 무관한 상황**에서는 **금융요소를 고려할 필요가 없다**(즉, 유의적인 금융요소가 없다고 간주).

표 5.9

유의적 금융요소를 고려하지 않아도 되는 상황

(1) 고객이 재화나 용역의 대가를 선급하였고 그 재화나 용역의 이전 시점은 **고객의 재량**에 따른다.

(2) 고객이 약속한 대가 중 상당한 금액이 변동될 수 있으며 그 대가의 금액과 시기는 고객이나 **기업이 실질적으로 통제할 수 없는 미래 사건의 발생 여부**에 따라 달라진다.

(3) 약속한 대가와 재화나 용역의 현금판매가격 간의 차이가 **고객이나 기업에 대한 금융제공 외의 이유**로 생기며, 그 금액 차이는 그 차이가 나는 이유에 따라 달라진다.

(1)의 예로는 신용카드회사가 카드회원(고객)에게 재화나 용역을 구매할 수 있는 포인트를 지급한 경우를 들 수 있다. 카드회원의 경우 약속된 재화나 용역을 얻기 위해 자신이 원하는 시점에 포인트를 사용할 것이므로 카드회사 입장에서는 포인트 사용 시점을 특정할 수 없다. 따라서 카드회사는 카드회원의 포인트 사용에 따른 재화나 용역의 이전이 포인트 지급시점으로부터 1년을 초과하여 이루어지더라도 유의적 금융요소를 고려할 필요가 없다.

(2)와 관련해서는 제약회사가 신약개발에 따른 기술로열티를 판매하고, 그 대가를

미래 신약판매로 인한 매출액에 연동해서 받는 경우를 예로 들 수 있다. 신약판매가 기술이전 시점으로부터 1년을 초과하여 장기에 걸쳐 이루어질 것이므로 그로 인한 기술로열티 수익도 1년을 초과하여 장기에 걸쳐 발생하게 된다. 그러나 이는 자금조달과 무관한 장기 현금흐름이므로 유의적 금융요소(즉, 화폐의 시간가치)가 아니다.

마지막 (3)과 관련해서는 계약상 의무의 일부나 전부를 적절히 완료하지 못하는 계약상대방으로부터 기업이 스스로를 보호할 목적으로 현금판매가격보다 높은 대가를 요구하는 경우를 예로 들 수 있다. 계약상대방이 관련 의무를 적절히 이행하여 1년을 초과한 시점에 수령한 대가를 되돌려주더라도 애초에 자금조달과 무관한 이유로 수령한 것이므로 유의적 금융요소로 보지 않는다.

다음으로 유의적인 금융요소를 반영하여 약속한 대가(금액)를 조정할 때 적용되는 **할인율**은 "계약개시 시점에 기업과 고객이 별도 금융거래를 한다면 반영하게 될 할인율"이다. 즉, 약속한 대가의 **명목금액을 할인한 현재가치가 현금판매가격과 일치하도록 만드는 할인율**로서 재무관리에서 말하는 내부수익률(Internal Rate of Return) 개념에 해당하는 할인율을 사용한다.

유의적 금융요소와 관련한 구체적 회계처리는 본 장 '제3절 1.(2) 할부판매' 예시에서 학습하도록 한다.

(4) 비현금 대가

고객이 현금 이외의 형태(즉, 재화나 용역)로 대가를 지급하기로 약속할 수도 있다. 이때 기업은 그러한 **비현금 대가**(또는 비현금 대가의 약속)를 **공정가치로 측정**한다. 그러나 비현금 대가의 공정가치를 합리적으로 추정할 수 없는 경우에는 그 대가와 교환하여 고객(또는 고객층)에게 이전하기로 약속한 재화나 용역의 개별 판매가격을 참조하여 간접적으로 그 대가를 측정한다. 고객충성(만족)도 제고 차원에서 다양하게 실시되고 있는 중고차 보상판매가 이러한 비현금 대가의 예라고 할 수 있다. 예를 들어, A사가 5,000만원의 신차를 판매하며 고객이 과거에 타던 A사의 기존 중고차를 반납하는 경우 판매가격의 10%를 할인해 주는 프로모션을 진행 중이라고 가정해 보자. 고객이 반납하는 중고차의 공정가치가 300만원이라면 A사가 고객에게 신차를 이전하기로 한 계약의 거래가격(즉, 수익)은 현금판매가액 4,500만원(= 5,000원 × (1 − 10%))에 반납된 중고차의 공정가치 300만원을 합산한 4,800만원이 된다.

(5) 고객에게 지급할 대가

고객에게 지급할 대가는 기업이 "고객 또는 고객에게서 기업의 재화나 용역을 구매하는 다른 당사자(즉, 고객의 고객)에게 지급하거나 지급할 것으로 예상하는 대가"를 의미한다. 고객에게 지급할 대가는 현금 지급액 외에도 고객 또는 고객의 고객이 기업에 갚아야 할 금액에 적용되는 공제나 그 밖의 항목(예 쿠폰이나 상품권)을 포함한다.

고객에게 지급할 대가는 고객이 기업에 이전하는 구별되는 재화나 용역의 대가로 지급하는 것이 아니라면, 그 대가는 거래가격, 즉 **수익에서 차감**하여 회계처리한다. 예를 들어, 기업이 유통업체인 고객(즉, 도매상)에게 현금판매가격 1,000만원의 제품을 판매하며 고객의 자사 제품 (소매)판매를 돕기 위해 50만원 상당의 전시용 제품(비현금 대가)을 별도로 제공하는 경우 동 판매 계약의 거래가격(수익)은 950만원(=1,000만원 - 50만원)이 된다. 즉, 비현금 대가인 50만원을 판매비 등의 별도 비용 항목으로 인식하며 총액인 1,000만원을 거래가격으로 인식하지 않는다. 이처럼 고객에게 지급할 대가를 거래가격에서 차감하여 회계처리하는 경우에는 아래 **①과 ② 중 나중의 사건이 일어나는 시점**(즉, ①과 ②의 사건이 모두 완료되는 시점)**에 수익을 차감**하여 인식한다.

① 기업이 고객에게 재화나 용역을 이전하고 그 수익을 인식함
② 기업이 대가를 지급하거나 지급하기로 약속함

한편, 고객에게 지급할 대가가 **고객에게서 받은 구별되는 재화나 용역에 대한 지급**이라면, 이는 기업이 해당 재화와 용역을 이전받는 고객의 입장인 만큼 **다른 공급자에게서 구매한 경우와 같은 방법으로 회계처리**한다.[14)]

4. [4단계] 거래가격의 계약 내 수행의무 배분

(3단계)에서 계약 단위의 거래가격이 측정된 다음에는 **계약의 거래가격을 다시 계약 내 수행의무에 배분**(4단계)해야 한다. 따라서 단일 수행의무로 구성된 계약은 거래가격을 수행의무에 배분하는 절차를 생략할 수 있다. 그러나 하나의 계약에 여러 개의 수행

---

14) 한편, 고객에게 지급할 대가(금액)가 고객에게서 받은 구별되는 재화나 용역의 공정가치를 초과한다면, 그 초과액을 거래가격에서 차감하여 회계처리한다. 예를 들어, 고객으로부터 이전받은 재화나 용역의 공정가치가 100임에도 기업이 150의 대가를 지급하는 경우 공정가치를 초과하는 50은 기존 계약의 거래가격에서 차감된다. 또한, 고객에게서 받은 재화나 용역의 공정가치를 합리적으로 추정할 수 없다면, 고객에게 지급할 대가 전액을 거래가격에서 차감하여 회계처리한다. 상기 예에서 고객으로부터 이전받은 재화나 용역의 공정가치를 합리적으로 추정할 수 없다면 50이 아닌 150을 거래가격에서 차감해야 한다. 이 역시 회계의 보수적 관점이 반영된 예라 할 수 있다.

의무가 포함되어 있는 경우에는 계약 단위의 거래가격을 여러 수행의무로 배분하는 절차가 필요하며, 이는 실무적으로도 중요하다. 수행의무에 배분된 거래가격이 향후 각 수행의무가 이행됨에 따라 인식하게 되는 수익이 되기 때문이다.[15)]

(1) 개별 판매가격 배분 기준

거래가격의 수행의무 배분 시 "계약 개시시점에 계약상 각 수행의무의 대상인 구별되는 재화나 용역의 개별 판매가격을 산정하고 이 개별 판매가격에 비례하여 거래가격을 배분"하도록 하는 **상대적 개별 판매가격 배분** 기준(혹은 원칙)을 적용한다. 여기서 **개별 판매가격**이라 함은 "기업이 고객에게 약속한 재화나 용역을 **별도로 판매할 경우의 가격**"으로서 "기업이 비슷한 상황에서 비슷한 고객에게 별도로 재화나 용역을 판매할 때 그 재화나 용역의 관측 가능한 가격"을 의미한다.

그러나 **개별 판매가격을 직접 관측할 수 없는 경우**가 있을 수 있다. 이때는 합리적인 범위에서 구할 수 있는 모든 정보(시장조건, 기업 특유 요소, 고객이나 고객층에 대한 정보 포함)를 고려하여 **개별 판매가격을 추정**해야 한다. 개별 판매가격을 추정하기 위해 다음 세 가지 방법이 사용될 수 있다.

표 5.10
거래가격 배분을 위한 개별 판매가격 추정 방법(예시)

방법	내용
시장평가 조정 접근법	기업이 재화나 용역을 판매하는 시장에서 고객이 그 재화나 용역에 대해 지급하려는 가격을 추정하는 방법
예상원가 · 이윤 가산 접근법	수행의무를 이행하기 위한 예상원가를 예측하고 여기에 그 재화나 용역에 대한 적절한 이윤을 더하여 가격을 산정하는 방법
잔여접근법	구별된 재화나 용역의 개별 판매가격이 일부만 알 수 있는 경우에는, 총 거래가격에서 계약에서 개별 판매가격의 합계를 차감하고 남은 금액으로 가격의 관측이 어려운 재화의 판매가격을 추정하는 방법

그러나 위의 방법 외에 **다른 합리적인 방법**이 있는 경우 **사용 가능**하며, 한 번 방법이 정해지면 **비슷한 상황에서는 일관되게 적용**해야 한다.

(2) 할인액 배분

고객이 여러 개의 구별되는 재화나 용역을 동시에 구매하는 경우 판매비 경감 등의 이유로 기업이 해당 재화나 용역의 개별 판매가격을 합산한 금액보다 할인된 거래가격

---

15) 거래가격을 수행의무에 배분하는 목적은 "기업이 고객에게 약속한 재화나 용역을 이전하고 그 대가로 받을 권리를 갖게 될 금액을 각 수행의무에 배분"하여 수행의무가 이행된 만큼 수익을 인식함으로써 궁극적으로 적정한 재무성과를 나타내기 위함이다.

을 제시하는 경우가 일반적이다(예 도매가 < 소매가). 이때 할인액을 식별된 수행의무에 적절히 배분할 필요가 있는데, **원칙은 계약상 모든 수행의무에 비례하여 배분**하는 것이다. 예를 들어, 고객이 개별 현금판매가격이 각각 100원, 200원, 300원인 재화 A, 용역 B, 재화 C를 동시에 구매함에 따라 기업이 10% 할인된 540원으로 제공한다면, 할인액 60원을 재화 A, 용역 B, 재화 C를 이전하는 수행의무에 각각 10원[= 60원 × (100원 / 600원)], 20원[= 60원 × (200원 / 600원)], 30원[= 60원 × (300원 / 600원)]씩 비례하여 배분한다. 그 결과 재화 A, 용역 B, 재화 C를 이전하는 수행의무에 배분되는 거래가격은 각각 90원(= 100원 - 10원), 180원(= 200원 - 20원), 270원(= 300원 - 30원)이 된다.

그러나 항상 모든 수행의무에 비례하여 배분해야 하는 것은 아니며, "할인액 전체가 계약상 하나 이상의 **일부 수행의무에만 관련된다는 관측 가능한 증거가 있는 때**"에는 **할인액과 관련된 일부 수행의무에만 배분**해야 한다. 다음의 세 요건이 모두 충족되는 경우 할인액 전체가 일부 수행의무에만 관련되었다고 판단한다.

표 5.11
할인액이 일부 수행의무에만 관련되어 있다고 판단되는 상황

(1) 기업이 계약상 각각 구별되는 재화나 용역(또는 구별되는 재화나 용역의 각 묶음)을 보통 **따로 판매**한다.
(2) 또 기업은 (1)의 재화나 용역 중 일부를 묶고 그 묶음 내의 재화나 용역의 **개별 판매가격보다 할인**하여 **그 묶음을 보통 따로 판매**한다.
(3) (2)에서 기술한 재화나 용역의 **각 묶음의 할인액이 계약의 할인액과 실질적으로 같고**, 각 묶음의 재화나 용역을 분석하면 계약의 전체 할인액이 귀속되는 수행의무(들)에 대한 관측 가능한 증거를 제공한다.

예를 들어, 앞선 예에서 고객이 재화 A, 용역 B, 재화 C를 동시에 구매하며 받은 할인액이 재화 A와 용역 B의 묶음 구매에 따른 것이라면 전체 할인액 60원을 재화 A와 용역 B를 이전하는 수행의무에만 배분한다. 그 결과 재화 A, 용역 B, 재화 C를 이전하는 수행의무에 배분되는 거래가격은 각각 80원[= 100원 - 20원(= 60원 × (100원 / 300원))], 160원[= 200원 - 40원(= 60원 × (200원 / 300원))], 300원이 된다.

(3) 변동대가 배분

거래가격에 포함된 변동대가를 수행의무에 배분하는 방법도 앞서 살펴본 할인액 배분과 동일하다. **원칙은 모든 수행의무에 비례하여 배분**하되, 변동대가가 다음과 요건을 모두 충족하며 계약의 **특정 부분에 기인한다는 관측 가능한 증거가 있는 경우**에는 **관련된 일부 수행의무에만 배분**한다.

표 5.12

변동대가가 일부 수행의무에만 관련되어 있다고 판단되는 상황

(1) 수행의무를 이행하거나 **구별되는 재화나 용역**을 이전하는 기업의 노력(또는 그에 따른 특정 성과)과 **변동 지급조건이 명백하게 관련**되어 있다.

(2) 계약상 모든 수행의무와 지급조건을 고려할 때, 변동대가(금액)를 전부 그 수행의무나 구별되는 재화 또는 용역에 배분하는 것이 **수행의무 적정하게 배분하고자 하는 목적에 부합**한다.

(4) 계약 개시 후의 거래가격 변동

계약이 개시된 후 계약에 포함된 수행의무의 개별 판매가격이 변동될 수 있다. 그러나 수행의무와 관련된 재화나 용역의 개별 판매가격이 바뀔 때마다 매번 변경된 개별 판매가격을 고려하여 일일이 거래가격 배분기준을 조정해야 한다면 기대되는 효익에 비해 실무적으로 지나치게 많은 비용이 발생할 수 있다. 따라서 **거래가격의 후속 변동**은 **계약 개시시점과 같은 기준으로 계약상 수행의무에 배분**하며, 계약을 개시한 후의 개별 판매가격 변동을 반영하기 위해 거래가격을 다시 배분하지는 않는다. 그리고 **이미 이행된 수행의무에 배분되는 금액**이 있는 경우에는 **거래가격이 변동되는 기간에 수익으로 인식**하거나 **수익에서 차감**한다. 앞서 살펴본 할인액 배분의 예에서 재화 C를 이전하는 수행의무가 이행된 상황에서 품질문제 등으로 전체 계약에 대해 90원을 추가 할인하는 거래가격 조정이 있었다고 가정해 보자. 이때 추가 할인액 90원은 계약 개시시점의 배분비율(1 : 2 : 3)에 따라 재화 A, 용역 B, 재화 C 이전과 관련된 수행의무에 각각 15원, 30원, 45원씩 배분된다. 따라서 이행 전인 재화 A 및 용역 B와 관련한 수행의무에 배분된 거래가격은 각각 15원, 30원씩 감소시키되, 이미 이행이 완료된 재화 C와 관련된 수행의무에 배분된 45원은 당기 수익에서 직접 차감한다.

예제 4

경인악기는 쇼팽피아노학원에 인테리어공사를 한 후 피아노를 납품하고, 비품을 제작하여 주었는데, 총 거래가격은 ₩100,000이다.

1. 피아노, 인테리어공사, 비품의 관측가능한 시장판매가격은 각각 ₩50,000, ₩40,000 ₩35,000이다.
2. 피아노의 시장에서 거래되는 개별 판매가격은 ₩50,000이다. 인테리어공사의 가격은 정가가 없지만 유사한 업자들의 견적에 의하면 ₩55,000으로 예상되고 있다. 비품은 동일/유사 제품의 시장가격을 확인할 수 없으나, 생산원가는 ₩30,000이며, 이윤은 원가의 50%를 가산한다. 총 거래가격 ₩100,000을 각 제품과 용역에 배분하시오.

해 답

1. 피아노 : ₩100,000 × 50/125 = ₩40,000
   인테리어 : ₩100,000 × 40/125 = ₩32,000
   비품 : ₩100,000 × 35/125 = ₩28,000

2. 피아노는 관측 가능한 시장가격 ₩50,000 인테리어는 시장평가 조정접근법, 그리고 비품은 예상원가 · 이윤 가산접근법을 적용하여 개별 판매가격을 추정한다.

<판매가격의 추정>

피아노 : ₩50,000 (판매가격)
인테리어 : ₩55,000 (시장평가 조정접근법)
비품 : ₩30,000 × (1 + 50%) = ₩45,000 (예상원가 · 이윤 가산접근법)

<배분가격>

피아노 : ₩100,000 × 50/150 = ₩33,333
인테리어 : ₩100,000 × 55/150 = ₩36,667
비품 : ₩100,000 × 45/150 = ₩30,000

5. [5단계] 수익인식

(1) 수익인식 기준 : 이전된 자산에 대한 고객의 통제 보유

수익은 "고객에게 약속한 재화나 용역, 즉 **자산을 이전**하여 수행의무를 이행할 때(또는 기간에 걸쳐 이행하는 대로)" **인식**하되, "**고객이 그 자산을 통제**할 때(또는 일정 기간에 걸쳐 통제하게 되는 대로) **이전**"되는 것으로 본다. 이러한 수익인식 기준의 의미를 보다 구체적으로 설명하면 다음과 같다.

첫째, 기업의 수행의무는 고객에게 계약상 약속한 **자산을 이전**함으로써 이행된다. 여기서 자산은 **물리적 실체가 있는 재화**와 **물리적 실체가 없는 용역을 모두 포함**하는 개념이다. 수익인식기준서는 용역을 고객이 이전받음과 동시에 소비함에 따라 물리적 실체가 존재하지는 않지만, 소비되기 직전 일시적으로 자산의 특성을 갖는다고 설명한다. 따라서 기업은 계약에 따라 기업이 고객에게 이전하기로 한 **재화와 용역, 즉 자산을 이전함으로써 수행의무를 이행**하게 된다.

둘째, 자산은 **고객이 약속된 재화를 통제**하게 될 때, **용역은 기간에 걸쳐 통제**하게 되는 대로 이전된 것으로 본다. 즉, 약속된 재화나 용역에 대한 **통제**(control)가 기업에서 고객으로 넘어가게 되면 자산이 이전된 것으로 본다는 것이다. 여기서 고객 관점을 강조하는 이유는 기업이 재화나 용역에 대한 통제를 상실하는 시점과 고객이 보유하는 시점이 일치하는 것이 일반적이지만, 두 시점 간에 시차가 존재하는 경우 기업이 고객에게 재화나 용역을 이전하는 활동에 부합하지 않는 활동을 통해 수익을 인식할 위험이 존재하기 때문이다. 따라서 이러한 기회주의적 수익 인식을 최소화하기 위해 기업의 통제 상실이 아닌 고객의 통제 보유를 기준으로 자산의 이전 여부를 판단해야 한다.

요컨대, 수익 인식은 수행의무가 이행될 때, 수행의무 이행은 다시 자산(약속된 재화나 용역)이 이전될 때, 자산의 이전은 고객이 자산에 대한 통제를 보유할 때 이루어진다. 이러한 관점에서 **고객의 자산에 대한 통제 보유 여부**가 **수익인식을 위한 핵심 판단 기준**이 된다.[16] 이를 도식화하면 다음과 같다.

그림 5.1

(5단계) 수익인식 기준

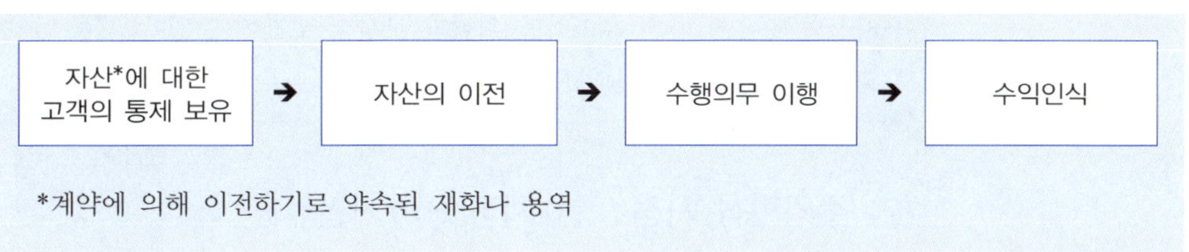

이처럼 이전된 자산에 대한 고객의 통제 보유를 기준으로 수익 인식 여부가 결정되므로 **통제의 의미**를 보다 엄밀하게 살펴볼 필요가 있다. 자산에 대한 통제는 "자산을 사용하도록 지시하고 자산의 나머지 효익의 대부분을 획득할 수 있는 능력"으로 정의된다. 따라서 통제는 "다른 기업이 자산의 사용을 지시하고 그 자산에서 효익을 획득하지 못하게 하는 능력"을 포함한다. 즉, 자산과 관련한 **배타적 (사용)지시권**과 **효익 향유권**이 **통제 여부를 판단하는 두 가지 핵심 기준**이 된다.[17] 예를 들어, 고객이 자산을 통

---

16) 수익인식기준서 시행 전에는 위험과 보상 접근법에 따라 수익을 인식했다(즉, 자산 보유에 따른 대부분의 위험과 보상이 고객에게 이전된 경우 해당 자산을 제거하고 수익 인식). 따라서 **통제를 기준으로 수행의무 이행 여부를 판단토록 한 현재의 접근법**은 개념적으로 과거와 큰 차이를 보인다. 국제회계기준위원회가 <u>위험과 보상에서 통제로 기준을 변경한 주요 배경</u>을 소개하면 다음과 같다.

(1) **(자산 정의와 수익 인식 기준 간의 일관성 제고)** 재화나 용역 모두 고객이 취득하는 자산이며, 자산에 대한 기존 정의에서는 통제 개념을 사용하여 인식과 제거 시점을 판단하고 있음

(2) **(위험과 보상 접근법과 수행의무의 식별 간의 상충 가능성)** 기업이 고객에게 자산을 이전하더라도 그 자산과 관련된 위험을 일부 보유하는 경우, 과거 기준에 따르면 모든 위험이 제거된 다음에만 이행할 수 있으므로 단일 수행의무만 식별하는 결과를 가져올 수 있음. 그러나 통제에 기초하여 판단하면 다수의 수행의무가 식별될 수도 있음.

17) 수익인식기준서는 통제의 구성요소인 자산의 효익을 "직・간접적으로 획득할 수 있는 잠재적인 현금흐름의 유입 또는 유출의 감소"로 정의하고 있으며, 이러한 자산의 효익이 발생하는 방법을 다음과 같이 예시하고 있다.

(1) 재화를 생산하거나 용역(공공용역 포함)을 제공하기 위한 자산의 사용

(2) 다른 자산의 가치를 높이기 위한 자산의 사용

제하는지를 판단할 때는 그 자산을 재매입하는 약정을 고려해야 하는데, 전술한 통제 개념에 따르면 재매입 약정이 있는 경우 기업이 재매입 시점부터 해당 자산을 사용하고 그로부터 발생하는 효익을 직접 누릴 수 있으므로 고객에게 자산에 대한 통제가 실질적으로 이전되었다고 볼 수 없다.

끝으로, 고객에게 통제가 이전되었음을 나타내는 일반적인 지표는 다음과 같다. 그러나 이는 예시적 지표이므로, 그 밖의 지표가 통제 이전을 나타낼 수도 있다.

표 5.13
자산에 대한 통제의 이전을 나타내는 일반 지표(예시적)

(1) **기업**은 자산에 대해 현재 **지급청구권**이 있음
(2) **고객**에게 자산의 **법적 소유권**이 있음
(3) **기업**이 자산의 **물리적 점유를 이전**하였음
(4) 자산의 소유에 따른 **유의적인 위험과 보상**이 **고객**에게 있음
(5) **고객이 자산을 인수**하였음

(2) 수익인식 시점 : 한 시점 vs. 기간

앞서 설명한 수익인식 기준에서 정의된 바와 같이 **수행의무**는 **한 시점에 이행되는 경우**와 **기간에 걸쳐 이행되는 경우**로 구분된다. 따라서 수익인식 시점도 '한 시점'인 경우와 '기간'에 걸친 경우로 구분된다.

1) 기간에 걸쳐 이행되는 수행의무

먼저, 기간에 걸쳐 수행의무가 이행되는 경우는 아래 제시된 **세 가지 독립된 기준 중 하나가 충족되는 경우**이며, 이 세 가지 기준 중 어느 하나에도 해당하지 않으면 한 시점에 수행의무가 이행되는 것으로 간주한다.

표 5.14
기간에 걸쳐 수행의무가 이행되는 경우

(1) 고객은 기업이 수행하는 대로 기업의 수행에서 제공하는 **효익을 동시에 얻고 소비**한다.
(2) 기업이 수행하여 만들어지거나 **가치가 높아지는 대로 고객이 통제**하는 자산(예 재공품)을 기업이 만들거나 그 자산 가치를 높인다.
(3) 기업이 수행하여 만든 자산이 기업 자체에는 **대체 용도가 없고**, 지금까지 수행을 완료한 부분에 대해 집행 가능한 **지급청구권**이 기업에 있다.

---

(3) 부채를 결제하거나 비용을 줄이기 위한 자산의 사용
(4) 자산의 매각 또는 교환
(5) 차입금을 보증하기 위한 자산의 담보 제공
(6) 자산의 보유

(1)과 관련해서는 청소, 보안, 건물관리 등 일상적이거나 반복적인 용역을 제공하는 경우를 예로 들 수 있다. 이러한 일반 용역은 기업이 수행의무를 이행(즉, 용역을 제공)함과 동시에 고객이 효익을 얻고 소비하게 되므로 약정된 용역제공 기간에 걸쳐 수익을 인식하게 된다.

(2)의 예로는 조선, 건설, 플랜트 등 오랜 시간에 걸쳐 물리적 실체가 있는 재화를 생산하는 (장기)생산용역 거래를 들 수 있다. 제품이 장기에 걸쳐 생산되는 경우 현재 완성 전 상태(즉, 재공품 상태)라 하더라도 계약 조건에 따라 해당 재고자산에 대한 소유권이 고객에게 있을 수 있다. 우리나라의 아파트 분양 거래에서 분양권자는 아파트 준공 전이더라도 분양권(준공 후 입주할 권리)을 제3자에게 매도할 수 있는데, 건설사의 시공(즉, 용역 제공)과 동시에 해당 부동산에 대한 통제가 분양권자인 고객에게 이전되는 경우에 해당한다.

(3)과 관련해서는 **대체 용도**와 **지급청구권**이라는 개념에 대해 먼저 이해할 필요가 있다. 기업이 수행하여 만든 자산이 그 기업에 **대체 용도가 없는 것**은 "기업이 자산을 만들거나 그 가치를 높이는 동안에 그 자산을 **다른 용도로 쉽게 전환하는 데에 계약상 제약**이 있거나, **완료된 상태의 자산을 쉽게 다른 용도로 전환하는 데에 실무상 제한**"이 있음을 의미한다. 기업의 **대체 용도 여부 판단**은 **계약개시 시점**에 이루어지며, 계약을 개시한 다음에는 계약 당사자들이 수행의무를 실질적으로 변경하는 계약변경을 승인하지 않는 한 다시 판단하지 않는다. 고객의 요구사항을 대거 반영한 특수한 선박 건조 용역의 경우를 예로 들면, 기업이 계약상 건조 중인 선박을 영업에 활용할 수 없으며 특수한 사양 등으로 해당 선박을 발주한 고객 외의 다른 고객에게 판매하는 것도 현실적으로 불가능한 상황이라면, 대체 용도가 없다고 볼 수 있다.

다음으로 기업의 **지급청구권**은 "기업이 약속대로 수행하지 못했기 때문이 아니라 그 밖의 사유로 고객이나 다른 당사자가 계약을 종료한다면 적어도 **지금까지 수행을 완료한 부분에 대한 보상 금액을 받을 권리**가 계약기간에는 언제든지 있는 경우"를 의미한다. 이러한 지급청구권의 존재를 판단함에 있어 기업은 계약에 적용되는 법률뿐만 아니라 계약 조건도 고려한다. 그러나 그 권리가 시간의 경과 외의 조건이 없는 **무조건적 수취권일 것을 요구하지는 않는다.**[18] 무조건적인 지급청구권은 많은 경우 기업이 합의한 단계에 이르거나 수행의무의 이행이 완료된 제한된 경우만 발생하기 때문이다. 따라서 기업의 수행의무 미이행이 아닌 그 밖의 **비자발적인 사유로 계약이 종료된 경우**라면 기

18) 이처럼 기업이 고객에게 이전한 재화나 용역에 대하여 그 대가를 받을 기업의 권리(즉, 지급청구권) 중에서도 "시간의 경과 외의 조건이 *없는*" *무조건적인* 지급청구권을 **수취채권**이라 부른다. 반면, "시간의 경과 외의 조건이 *있는*" 조건부적인 지급청구권을 **계약자산**이라 한다(이와 관련한 보다 자세한 설명은 '본 장 제2절 5.(4) 계약자산과 계약부채' 부분 참조).

업이 자신이 **지금까지 수행을 완료한 부분에 대해 지급을 청구**하거나 **이미 받은 금액을 보유할 집행 가능한 권리가 있는 정도**라면 기업에 지급청구권이 있는 것으로 본다.

2) 한 시점에 이행되는 수행의무

<표 5. 14>의 세 가지 기준 중 어느 하나에도 해당하지 않는다면, 그 수행의무는 한 시점에 이행되는 것으로 본다. 그리고 **수행의무가 이행되는 한 시점**은 전술한 수익인식 기준에 따라 **이전된 자산을 고객이 통제하는 시점**으로 본다. 고객에게 물리적 실체가 있는 완성된 재화(즉, 제품 또는 상품)를 이전하는 일반적인 재화판매 거래의 경우 대부분 한 시점에 이행되는 수행의무에 해당한다.

요컨대, 일반적으로 기업이 고객에게 이전하는 자산의 특성이 물리적 실체가 없는 용역(예 일상 용역[(1)에 해당] 또는 조선, 플랜트, 건설 등 (장기)제품생산 용역[대개 (2) 또는 (3)에 해당])인 경우에는 **기간에 걸쳐 수행의무가 이행되는 계약**으로 분류될 여지가 큰 반면, 물리적 실체가 있는 완성된 **제품**(기업이 직접 생산·판매하는 경우)이나 **상품**(기업이 완성된 재화를 구매하여 재판매하는 경우)**을 이전**하는 경우에는 **한 시점에 수행의무가 이행**되는 계약으로 분류될 가능성이 크다.[19]

(3) 수익인식 금액

1) 한 시점에 이행되는 수행의무

일반적인 재화판매 거래에서와 같이 한 시점에 이행되는 수행의무는 기업이 고객에게 자산에 대한 통제를 이전함과 동시에 약속된 수행의무의 이행이 완료되므로 (4단계) 거래가격의 수행의무 배분 절차에 따라 배분된 거래가격을 그대로 수익으로 인식하면 된다. 즉, **수행의무가 이행되는 시점**에 해당 수행의무에 **배분된 거래가격 전체를 일시에 수익으로 인식**한다. 이와 관련한 회계처리는 이어지는 '제3절 1. 한 시점에 이행되는 수행의무' 부분에서 자세하게 학습하도록 한다.

2) 기간에 걸쳐 이행되는 수행의무

기간에 걸쳐 이행되는 수행의무의 경우 당기에 약속된 수행의무가 완료되지 않고 부

---

19) 조선, 플랜트, 건설 등 장기 제품생산 계약의 경우 결과적으로는 고객에게 완성된 재화(선박, 공장, 건물 등)가 이전된다. 그러나 기업이 해당 제품을 생산 완료하여 통제를 이전하기 전이라도 생산과 동시에 소유권이 고객에게 이전되고, 해당 재화의 대체 용도가 없으며 기업이 지급청구권을 보유한다면(즉, (2) 또는 (3)에 해당) 그러한 계약의 핵심은 최종 완성된 제품을 이전하는 것보다는 약속된 제품을 생산하기 위한 용역을 제공하는 것이라고 보는 것이 타당하다(∵ 기업이 생산을 완료하더라도 고객이 완성된 재화에 대한 통제를 보유하고 있어 이전할 재화가 존재하지 않음).

분적으로만 이행될 수 있다. 따라서 기업의 정확한 재무성과(즉, 수행의무 이행 정도에 따른 수익 창출액) 측정을 위해서는 기간에 걸쳐 이행되는 수행의무에 대해 "**수행의무 완료까지의 진행률**(즉, 수행의무의 진행률)**을 측정**하여 기간에 걸쳐 수익을 인식"해야 한다.[20] 예를 들어, 기업이 고객에게 공장 건설 용역을 제공하는 계약을 체결하였으며, 거래가격이 1,000이라고 가정해 보자(계약상 식별 기준을 충족하지 못하여 전체 계약을 하나의 수행의무로 식별했다고 가정). 이때 계약 체결이 이루어진 당기 보고기간 말 현재 해당 공사 건설용역의 진행률이 30%라면, 기업은 수행의무에 배분된 전체 거래가격에서 이행된 비율(즉, 진행률)에 해당하는 300(= 1,000 × 30%)을 수익으로 인식한다. 그리고 해당 계약의 거래가격이 1,000으로 변동이 없는 상황에서 차기 보고기간 말 진행률이 50%라면 전기말과 비교하여 추가적으로 수행의무가 이행된 20%에 상응하는 200을 수익으로 인식한다.

한편, 기간에 걸쳐 이행하는 수행의무에는 **하나의 진행률 측정방법을 적용**하되, 비슷한 상황에서의 비슷한 수행의무에는 그 방법을 **일관되게 적용**한다. 또한, 원가 상승 등 시간의 경과와 함께 변화된 상황으로 인해 수행의무의 결과가 변동되는 것을 반영하기 위해 기간에 걸쳐 이행하는 수행의무의 **진행률은 보고기간 말마다 다시 측정**(즉, 업데이트)한다.[21]

끝으로, 기간에 걸쳐 이행하는 수행의무라 하더라도 측정의 신뢰성 측면에서 수행의무의 진행률을 합리적으로 측정할 수 있는 경우에만 진행률에 따라 수익을 인식할 수 있다는 점에 유의할 필요가 있다. 가령 진행률 측정에 필요한 신뢰할 수 있는 정보가 부족한 경우에는 수행의무 진행률의 합리적 측정이 어려울 수 있다. 이때는 **진행률을 합리적으로 측정할 수 있기 전까지**는 수행의무를 이행하는 동안에 드는 (발생)원가의 범위 내에서 회수될 것으로 예상되는 금액을 수익으로 인식한다.[22]

이처럼 진행률은 기간에 걸쳐 이행되는 수행의무에서 수익을 인식하기 위한 핵심 요

---

20) 진행기준을 적용하기 위해서는 진행률을 추정해야 하므로 상당한 불확실성이 따를 뿐만 아니라 추정에 많은 주관적 요소가 개입되어 측정의 신뢰성을 담보하기 어려운 측면이 있다. 그러나 진행률에 따른 수익인식은 수행의무가 기간에 걸쳐 연속적으로 이루어지기 때문에, 그에 따른 재무적 영향을 적절히 보고함으로써 기업의 재무성과를 발생기준에 따라 보다 적절하게 나타내게 한다(즉, 목적적합한 재무성과 정보를 통해 재무정보 유용성 제고).

21) 진행률 수정은 오류 수정이 아닌 회계추정의 변경으로 보아 기업회계기준서 제1008호(회계정책, 회계추정의 변경 및 오류)에 따라 회계처리한다.

22) 이처럼 높은 불확실성 등으로 진행률을 합리적으로 산정할 수 없는 경우 발생원가(즉, 비용) 범위 내에서 수익을 인식하는 방법을 실무에서는 **원가회수기준**(또는 원가회수법)이라고 부른다. 원가회수기준 하에서는 수행의무 이행에도 불구하고 이익을 인식하는 것이 구조적으로 불가능한데, 이는 신뢰성 있는 측정이 어려운 경우 수익의 과대계상을 예방함으로써 재무성과 정보의 신뢰성(표현의 충실성)을 제고하기 위한 **회계의 보수주의적 시각이 투영된 결과**라 할 수 있다(원가회수기준과 관련한 구체적인 내용은 '본 장 제3절 2.(5) 기타 수익인식 방법' 부분 참조).

소로 작용한다. 진행률을 측정하는 방법으로는 **산출법**과 **투입법**이 있으며, 이 중 하나를 선택할 때는 고객에게 이전하기로 약속한 재화나 용역의 특성을 고려한다.[23)]

(4) 계약자산과 계약부채

수익인식기준서는 수익인식과 관련하여 **계약자산**(contract asset)과 **계약부채**(contract liability)라는 새로운 개념을 도입하였다. 그리고 **수취채권**을 계약자산과 별도로 구분하고 있다. 따라서 정확한 회계처리를 위해서는 계약자산과 계약부채의 개념과 의의를 정확하게 이해함은 물론, 계약자산과 수취채권을 명확하게 구분할 수 있어야 한다.

먼저 기업이 고객에게 이전한 재화나 용역에 대하여 그 대가를 받을 기업의 권리 중 **"시간의 경과 외의 조건이 <u>없는</u>"** (사실상 무조권적인) **지급청구권**을 **수취채권**이라 부른다. 이에 반해 기업이 고객에게 이전한 재화나 용역에 대해 그 대가를 받을 기업의 권리 중에서도 **"시간의 경과 외의 조건이 <u>있는</u>"** (조건부적인) **지급청구권**을 **계약자산**이라 한다. 예를 들어, 기업이 고객에게 제품 A와 B를 이전하고 그 대가로 1,000원을 받기로 한 계약에서 기업이 제품 A를 먼저 인도하되, 제품 A의 인도 대가는 제품 B의 인도를 조건으로 지급된다고 가정해 보자(즉, 기업이 고객에게 제품 A와 B 모두를 이전한 다음에만 대가 1,000원을 받을 권리가 발생). 동 거래와 관련해 기업이 제품 A와 B를 이전하기로 한 약속을 별도의 수행의무로 식별하고 제품의 상대적 개별 판매가격에 기초하여 제품 A와 B에 대한 수행의무에 각각 400원과 600원을 배분했다면, 제품 A가 이전되는 시점에 기업은 아래와 같이 수취채권이 아닌 계약자산을 인식한다. 제품 A를 고객에게 이전하는 수행의무가 이행되었으나, 제품 B를 이전하는 추가적인 수행의무가 이행되기 전까지는 무조건적인 지급청구권이 발생하지 않기 때문이다(즉, 제품 B의 이전을 조건부로 하는 지급청구권(계약자산)만 발생).

(차) **계약자산**	400	(대) 수　　익	400

이후 기업이 제품 B를 이전하는 수행의무까지 모두 이행하게 되면 1,000원을 회수할 무조건적인 권리가 발생하므로 제품 B와 관련한 수취채권(600원)을 인식함과 동시에 제품 A와 관련된 기존의 계약자산(400원)을 수취채권으로 대체한다.

(차) **수취채권**	1,000	(대) **계약자산**	400
		수　　익	600

23) 산출법, 투입법 등 진행률 산정과 관련한 구체적인 내용은 '제3절 2. 기간에 걸쳐 이행되는 수행의무' 부분에서 자세하게 학습하도록 한다.

이처럼 발생주의 관점에서는 수행의무 이행에 따른 동일한 지급청구권이라 하더라로, 대가 수령에 **시간 경과 외에 아무런 제약이 없는 경우**(즉, 수행의무 이행 + 지급요건 충족)에는 **수취채권**으로, 일정 업무수행 등 대가 수령에 **추가적인 제약이 있는 경우**(즉, 수행의무 이행 + 지급요건 미충족)에는 **계약자산**으로 구분한다.[24] 한편, 이러한 수취채권과 계약자산의 개념을 고려할 때 기업이 수행의무를 이행하고 그에 따른 대가를 정상적으로 회수할 수 있게 된다면 기존의 계약자산은 (대가 수령 직전 일시적으로나마) 수취채권으로 전환된다고 볼 수 있다. 동일한 맥락에서 고객이 대가를 지급하기 전이나 지급기일 전에 기업이 수행의무를 이행하는 경우, 그 계약에 대해 이미 **수취채권으로 표시한 금액이 있다면 계약자산은 이를 제외한 금액으로 표시**해야 한다. 가령 수행의무 이행에 따라 총 1,000원의 지급청구권이 발생한 상황에서 수취채권(무조건적인 지급청구권)이 300원이라면, 나머지 700원은 계약자산(조건부적 지급청구권)으로 표시해야 한다.

한편, **계약부채**는 "기업이 고객에게서 받은 대가(또는 지급받을 권리가 있는 대가)에 상응하여 고객에게 재화나 용역을 이전하여야 하는 기업의 의무"를 의미한다. 다시 말해, 기업이 수행의무를 이전하기 전에 **고객으로부터 이미 대가를 지급받거나 대가를 받을 무조건적인 권리(즉, 수취채권)를 갖고 있는 경우**, 기업은 이러한 대가와 관련된 **미래의 수행의무**를 계약부채로 표시한다. 계약부채는 기업이 고객으로부터 대가를 지급받은 때나 지급받기로 한 때(혹은 둘 중 이른 시기)에 인식한다. 예를 들어, 기업이 제품을 개당 150원에 이전하기로 고객과 계약을 체결하되, 고객이 1년 내에 1,000,000개 이상의 제품을 구매할 경우 개당 가격을 소급하여 25원을 할인해 준다고 가정해 보자. 과거 경험상 계약개시 시점에서 이미 고객이 1,000,000개 이상의 제품을 구매할 것으로 예상됨에 따라 거래가격 산정 시 기업이 실질적인 개당 거래가격을 125원으로 추정했다면, 제품 1,000개 판매 후 수행할 분개는 아래와 같다.

(차) **수취채권***	150,000	(대) 수 익	125,000
		계약부채	25,000

* 제품 1,000,000개를 이전하기 전까지는, 제품을 이전할 때마다 개당 150원의 대가를 받을 무조건적인 권리가 있으므로 '수취채권'으로 인식[25]

---

24) 무조건적인 지급청구권이란 것은 기업 관점에서 고객에게 시간 경과 외에 조건 없이 대가를 지급받을 권리(즉, 대금지급 요청)가 있다는 뜻일 뿐 **회수가능성이 100%라는 의미가 아님에 유의할 필요**가 있다. 기업에 무조건적인 지급청구권이 있다하더라도 추후 고객의 자금사정 등으로 인해 정상적인 대금회수가 이루어지지 않을 가능성이 있기 때문이다. 이에 수익인식기준서는 계약자산과 수취채권의 손상 여부에 대해 기업회계기준서 제1109호에 따른 금융자산과 동일하게 측정 · 표시 · 공시토록 하고 있다.

지금까지 설명한 계약자산과 수취채권, 계약부채의 개념에 따르면 다음과 같은 관계가 성립한다. 계약 당사자(기업과 고객) 중 어느 한 편이 계약을 수행했을 때 기업의 수행 정도[A]와 고객의 지급[B]과의 관계에 따라 그 계약을 재무상태표에 계약자산이나 계약부채로 표시하되, **기업의 수행 정도가 고객의 지급보다 많은 경우**(즉, A > B)에는 **계약자산**을, **기업의 수행 정도가 고객의 지급보다 적은 경우**(즉, A < B)에는 **계약부채**를 인식한다. 그리고 계약자산 중에서도 시간 경과 외에 조건이 없는 **무조건적인 권리는 수취채권으로 별도로 구분하여 표시**한다. 그 결과 재무상태표상 계약자산은 수취채권을 차감한 금액으로 표시된다.

참고로 익인식기준서는 계약자산과 계약부채라는 용어를 도입하였지만, 기업의 영업 특성이나 기업이 속한 산업의 관행에 따라 **다른 표현을 사용하는 것이 가능**하다. 다만, 계약자산에 대해 다른 표현을 사용하고자 하는 경우에는 수취채권과 계약자산이 구별될 수 있도록 외부이용자에게 충분한 정보를 제공해야 한다.

요컨대, 수익인식기준서는 계약자산과 계약부채라는 새로운 개념을 통해 발생주의 관점에서 고객과의 계약과 관련한 **기업의 권리**(계약자산)**와 의무**(계약부채)**를 보다 충실하게 나타내고, 지급청구권의 특성에 따라 계약자산**(조건적)**과 수취채권**(무조건적)**을 구분**토록 함으로써 재무상태 정보의 유용성을 제고하고자 한 것으로 풀이된다.

지금까지 살펴본 수익인식 모형의 주요 내용을 단계별로 정리하면 다음과 같다.

표 5.15

수익인식 모형 단계별 주요 내용

(1단계) 고객과의 계약 식별

1 수익인식기준서 적용 여부
- 리스, 보험계약, 금융상품, 공동약정, 비화폐성 교환 등을 제외한 고객과의 모든 거래

2 고객과의 계약 해당 여부
(1) 당사자 간 계약에 대한 구두 또는 서면 승인 및 의무에 대한 확약
이전할 재화나 용역과 관련된 (2) 각 당사자의 권리 및 (3) 지급조건 식별
(4) 상업적 실질의 존재, (5) 대가의 높은 회수가능성
→ **모두 충족** 시 고객과의 계약에 해당[즉, 수익인식기준서 적용, (2단계) 이동]

(2단계) 수행의무 식별

1 수행의무 식별 기준
- 이전되는 (일련의) 재화나 용역의 구별 여부
→ 구별되는 경우 별도의 수행의무로 식별

25) 수익인식기준서도 기업에 무조건적인 현재의 지급청구권이 있는 한 그 금액이 미래에 환불될 수 있더라도 수취채권을 인식토록 하고 있다[즉, 수취채권(차변)과 환불부채(대변)를 동시에 인식].

2 재화나 용역의 구별 가능성 판단 기준
(1) 재화나 용역 *자체*의 구별(즉, 고객에게 (실질적으로) 독립된 효익 제공)
(2) 재화나 용역 이전 약속의 계약상 구별
→ **모두 충족** 시 재화나 용역 구별 가능[즉, 수행의무 식별 가능]
cf. 계약상 구별 불가 유형: 결합산출물, 유의적 변형 또는 고객 맞춤화, 상호관련성

(3단계) 거래가격 산정

1 변동대가
– 기댓값과 최빈값 중 예측력이 높은 방법으로 측정

2 변동대가 추정치의 제약
– 인식한 누적수익 중 환원되지 않을 가능성이 매우 높은 정도까지만 거래가격에 포함

3 유의적인 금융요소
– 고객으로부터 수령할 명목대가와 현금판매가격과의 차이(즉, 화폐의 시간가치)
– 유의적 금융요소를 적용하지 않아도 되는 상황(예시)
- 재화나 용역 이전 시점과 대가 수령 시점 간 시차가 1년 이내
- 대가 선급 후 고객의 재량에 따라 재화나 용역 이전 시점 결정
- 대가의 금액과 시기가 기업의 실질적인 통제 밖에 있는 미래 사건에 의해 결정
- 기업의 금융서비스 제공 이 외의 이유에 따른 시차 발생 등

4 비현금대가
– 현금 이외의 형태로 지급되는 비현금대가의 경우 공정가치로 측정
– 공정가치를 합리적으로 추정할 수 없는 경우 개별 판매가격을 통해 간접적으로 추정

5 고객에게 지급할 대가
– 고객이 기업에 이전하는 재화나 용역에 대한 대가가 아닌 경우 거래가격에서 차감
– 고객이 기업에 이전하는 재화나 용역에 대한 대가인 경우 일반 구매로 처리

(4단계) 거래가격의 계약 내 수행의무 배분

1 상대적 개별 판매가격 기준
– 기업이 고객에게 약속한 재화나 용역을 별도로 판매할 경우의 가격에 비례하여 배분
– 개별 판매가격을 직접 관측할 수 없는 경우 다른 합리적 방법*에 따라 배분
* 시장평가 조정 접근법, 예상원가·이윤 가산 접근법, 잔여접근법 등

2 할인액 배분
–(원칙) 계약상 모든 수행의무에 비례하여 배분
–(예외) 할인액이 일부 수행의무에만 관련되어 있는 경우* 해당 수행의무에만 배분
* 보통 따로 판매되는 재화나 용역을 묶음으로 할인하여 판매하며, 그러한 할인액이 계약의 할인액과 실질적으로 같은 경우

③ 변동대가 배분
- (원칙) 계약상 모든 수행의무에 비례하여 배분
- (예외) 변동대가가 일부 수행의무에만 관련되어 있는 경우 해당 수행의무에만 배분

④ 계약 개시 후의 거래가격 변동
- 거래가격의 후속 변동은 계약 개시시점과 같은 기준으로 계약상 수행의무에 배분
- 이미 이행된 수행의무에 배분된 금액은 거래가격이 변동되는 기간의 수익에 반영

(5단계) 수행의무 이행에 따른 수익인식

① 수익인식 기준
- 고객이 약속된 자산(재화나 용역)에 대한 **통제**를 보유할 때(고객 관점) 수익 인식
- 통제는 자산에 대한 배타적 (사용)지시권과 효익 향유권을 중심으로 판단
- 고객에게 자산에 대한 통제가 이전되었음을 나타내는 예시적 지표*

* (기업) 자산 이전에 따른 지급청구권 보유, 자산의 물리적 점유 이전 등
(고객) 자산 인수와 그에 따른 위험과 보상 부담, 자산에 대한 법적 소유권 보유 등

② 수익인식 시점
- 기간에 걸쳐 이행되는 수행의무(아래 세 경우 중 하나 이상에 해당)
  • 기업이 수행하는 대로 **고객이 효익을 얻음과 동시에 소비**
  • 기업이 자산 가치를 높이는 대로 고객이 **통제**
  • 기업이 만든 자산에 **대체 용도가 없고, 지급청구권 보유**
- 한 시점에 이행되는 수행의무*

* 기간에 걸쳐 이행되는 수행의무가 아닌 모든 수행의무

③ 수익인식 금액
- 기간에 걸쳐 이행되는 수행의무: 수행의무 완료까지의 **진행률**에 따라 수익인식
  • 진행률은 약속된 재화나 용역의 특성을 고려하여 **산출법** 또는 **투입법**에 따라 측정
  • 진행률은 매 보고기간 말 다시 측정(업데이트)
  • 진행률을 합리적으로 추정할 수 없는 경우 원가회수기준 적용
- 한 시점에 이행되는 수행의무
  • 자산에 대한 통제가 이전되는 때 배분된 거래가격 전체를 일시에 수익인식

④ 계약자산과 계약부채
- 기업의 수행의무 이행 정도 > 고객의 지급 → 계약자산
- 기업의 수행의무 이행 정도 < 고객의 지급 → 계약부채
- 계약자산 중 무조건적인 지급청구권 → 수취채권

제3절 수익인식 회계처리

1. 한 시점에 이행되는 수행의무

이하에서는 제2절에서 학습한 수익인식 모형을 실제 거래 유형에 적용시켜 보고, 이와 관련된 회계처리에 대해 구체적으로 살펴보도록 한다.

먼저 한 시점에 이행되는 수행의무 중에도 가장 일반적인 거래 형태인 재화판매 거래에 대해 살펴본다. **재화판매 거래**에서 기업은 **고객에게 재화를 실질적으로 판매**(혹은 판매 완료)**한 시점**에 **수익을 인식**한다. 기업의 판매시점으로부터 고객은 이전받은 재화에 대한 통제를 보유하고, 해당 재화로부터 발생하는 효익을 직접적으로 누릴 수 있게 되기 때문이다.

이상의 기본적인 이해를 바탕으로 지금부터는 수익인식 모형에 대한 이해와 적용 능력을 심화시키기 위해 재화판매 거래 중에서도 형태가 다소 변형된 '(1) 위탁판매, (2) 할부판매, (3) 상품권 발행에 의한 판매, (4) 정기구독 신청에 의한 판매, (5) 반품권(보증)이 있는 판매'에 대해 순차적으로 학습하도록 한다.

(1) 위탁판매

위탁판매(consignment sales)는 ① **위탁자가 수탁자에게 재화의 판매를 위탁**하고, ② **수탁자가 위탁자를 대리하여 위탁받은 재화를 판매하는 거래**를 의미한다. 따라서 위탁판매의 경우 외형상으로는 수탁자가 직접 재화를 판매하는 것처럼 보이나, 실질은 **위탁자가 재화에 대한 통제를 보유한 상태**에서 **수탁자가 위탁자를 위해 판매 서비스(용역)를 제공**하는 거래에 해당한다. 이러한 위탁거래에서 **위탁자**는 수탁자에게 재화를 인도하는 시점이 아니라 **수탁자가 재화를 고객에게 판매하는 시점**에 수익을 인식한다. 이는 위탁자가 수탁자에게 위탁품(구별되는 재화)을 발송(또는 적송)하더라도 해당 자산에 대한 통제가 고객에게 이전되지 않았으므로 수행의무가 이행된 것으로 볼 수 없기 때문이다. 대신 위탁자는 수탁자가 위탁받은 재화를 판매하여 해당 자산에 대한 통제가 고객에게 이전되는 때 수행의무가 이행되므로 관련 수익을 인식한다. **수탁자**도 **위탁받은 재화를 고객에게 판매한 시점에 수행의무**(위탁자에 대한 판매용역 제공)**가 완료**된 것으로 볼 수 있으므로 **판매와 관련한 수수료를 수익으로 인식**한다.[26] 다만, 위탁자와 수탁자 간의 물

---

26) 이러한 위탁판매의 예는 다음과 같다.

① 수출업무를 대행하는 종합상사가 판매를 위탁하는 회사를 대신하여 재화를 수출하는 경우

리적 거리 등으로 수탁자가 고객에게 위탁받은 재화를 고객에게 판매하더라도 수탁자가 판매대금 송금과 함께 판매 사실을 통지하기 전까지는 위탁자가 이러한 사실을 인지하는 것이 현실적으로 어렵다. 따라서 실무에서 **위탁자의 수익인식 회계처리**는 **수탁자의 판매사실 통지 시점**에 이루어진다. 이상의 위탁판매 회계처리를 정리하면 다음과 같다.

■ 위탁판매 회계처리

① 위탁자의 위탁품 발송(적송) : 재화의 물리적 이전(위탁자 → 수탁자)

[위탁자] 1. 수탁자에게 발송한 재고자산을 '적송품' 계정으로 재분류

2. 발송운임은 적송품 원가에 포함[27]

[수탁자] 별도 회계처리 없음*

* 단, 판매수수료 책정 및 재화 관리 목적에서 재화를 수탁한 사실은 비망기록

② 수탁자의 재화 판매 : 자산에 대한 통제 이전(위탁자 → 고객)

[수탁자] 1. 수취한 판매대금 중 약정된 수수료를 수익으로 인식

2. 판매대금에서 수수료를 차감한 잔액은 위탁자에 대한 부채*로 인식

* 예 수탁판매부채

3. 판매 중 발생한 판매비에서 수탁자가 부담해야 할 몫은 수탁자 비용으로 계상하되, 위탁자가 부담하기로 한 몫은 부채에서 차감

③ 수탁자의 판매사실 통보와 판매대금 송금(즉, 위탁자의 판매 사실 인지와 판매대금 수령)

[위탁자] 1. 적송품 판매에 따른 매출(수익) 및 매출원가(비용) 인식

2. 수탁자에 대한 판매수수료와 위탁자 몫의 판매비를 비용으로 인식

cf. 기말 재고자산 파악 시 수탁자가 보관 중인 미판매 적송품 누락에 유의할 필요

[수탁자] 판매대금 송금에 따른 위탁자에 대한 부채 제거

---

② 전자(또는 홈)쇼핑몰 운영회사가 제품공급자로부터 받은 제품을 인터넷(또는 홈쇼핑) 상에서 판매하고 중개 수수료를 수취하는 경우

27) 판매시 운임은 판매비에 포함시키나 적송시 운임은 판매가능한 상태(수탁자의 매장)에 이르기 위한 지출이므로 매입운임과 같이 적송품 원가에 포함시킨다.

예제 5

㈜위탁상사와 ㈜수탁상사 간의 위탁매매계약(판매수수료는 판매대금의 10%)에 따른 다음 거래들을 각 회사의 입장에서 분개하라.

1. 20×5년 초 ㈜위탁상사는 단위당 원가가 ₩1,000인 상품 100단위를 ㈜수탁상사로 적송하였다. 이때 운임 ₩10,000을 현금지불하였다.
2. 20×5년 1월 중 ㈜수탁상사는 수탁받은 상품 80단위를 현금 ₩1,500씩에 판매하였으며, 자기가 부담하는 판매비로 ₩4,000을 지출하였다.
3. 20×5년 1월 말 ㈜위탁상사는 팩스로 다음과 같은 매출계산서와 송금전표 사본을 받았다.

매출액	₩120,000 (80개 × ₩1,500)
매출수수료	(12,000)(₩120,000 × 10%)
현금송부액	₩108,000

해 답

거 래	㈜위탁상사 (차)		㈜위탁상사 (대)		㈜수탁상사 (차)		㈜수탁상사 (대)	
1. 적송	적 송 품	110,000	재고자산	100,000	분개 없음			
			현 금	10,000				
2. 매출	분개 없음				현 금	120,000	수탁판매부채	108,000
							수탁수수료수익	12,000
					수탁판매비	4,000	현 금	4,000
3. 통보	현 금	108,000	매 출	120,000	수탁판매부채	108,000	현 금	108,000
	위탁판매비용	12,000						
	매출원가	88,000	적 송 품	88,000				

* 기말 실지재고조사에서 적송품 잔액 ₩22,000의 누락가능성에 유의하여야 한다.

(2) 할부판매

할부판매(installment sales)는 기업이 **고객에게 재화를 판매**하고 **대금을 분할하여 회수하는 거래**를 의미한다. 즉, 할부판매는 기업이 고객에게 재화에 대한 통제를 이전하는 **일반 재화판매 거래에 판매대금의 분할 납부라는 금융서비스를 부가한 거래 형태**라 할 수 있다. 따라서 할부판매는 기본적으로 일반 재화판매 거래와 같이 **고객에게 재화를 판매한 시점**(즉, 재화에 대한 통제를 이전한 시점)**에 수익**(예 매출수익)**을 인식**하되, 할부기간이 장기로 유의적 금융요소가 있는 경우에는 (3단계) 거래가격 측정 시 분할 납부에 따른 명목대금과 현금판매가격(분할납부 없이 일시에 대금을 회수했을 경우의 판매가격)과의 차이를 거래가격에서 제외한 후 **시간의 경과에 따라 금융수익**(예 이자수익)**으로 인식**하는 이원화된 회계처리를 수행한다.[28] 이상의 할부판매 회계처리를 정리하면 다음과 같다.

■ 할부판매 회계처리

① (판매시점) 재화판매에 따른 수익 및 관련 비용 인식

1. 매출수익과 함께 판매대금 회수 권리를 자산(예 할부매출채권)*으로 인식

 * 이때 채권의 장부가액은 유효이자율법에 따른 현재가치로 인식(즉, 분할 납부로 회수될 판매대금의 명목가치를 채권의 장부가액으로 기록하되, 명목가치와 현재가치의 차액을 '현재가치할인차금계정'으로 해당 채권의 차감항목으로 기록)

2. 고객에게 이전한 재고자산을 제거하고, 매출원가 인식

② (할부기간) 분할 납부 서비스(금융요소) 제공에 따른 이자수익 인식

할부대금의 (분할)회수시점 및 결산시점에 유효이자율법에 따른 이자수익 인식*

 * 할부대금에 재화에 대한 판매대금과 분할 납부 서비스에 대한 이자수익이 모두 포함되어 있으므로 별도의 현금 이자를 수취하지 않더라도 이자수익에 상응하는 금액만큼 현재가치할인차금을 감소시켜 간접적으로 채권 장부금액을 증가시켜야 함

예제 6

㈜할부물산이 20×5년 1월 초에 외상대금 ₩200,000(원가율 60%)의 절반씩을 20×5년 말과 20×6년 말에 회수하는 조건으로 할부판매하고 그 대금을 약정일에 모두 회수하였다. ㈜할부물산은 연 10%의 유효이자율을 적용한다.

1. 매출거래와 20×5년 말과 20×6년 말 대금회수거래를 분개하라.
2. 매출시점과 20×5년 말과 20×6년 말 재무상태표의 관련 계정을 표시하라.

해 답

1. 거래 분개

<매출시점>

(차) 할부매출채권	200,000	(대) 매　　출	173,554*
		현재가치할인차금	26,446
(차) 매출원가	120,000	(대) 재고자산	120,000

 * ₩100,000 ÷ (1.1) + ₩100,000 ÷ $(1.1)^2$ = ₩173,554

<제1차 할부대금 회수시점>

(차) 현　　금	100,000	(대) 할부매출채권	100,000
현재가치할인차금	17,355	이자수익	17,355*

 * 이자수익 : 173,554 × 10% = ₩17,355

28) 할부판매에서 대금회수 기간의 장 · 단기 여부와 무관하게 재화판매 시점에 수익을 인식하는 것은 대금이 회수되지 않더라도, 판매시점에 이미 재화에 대한 통제가 고객에게 이전되어 고객에 대한 수행의무가 이행 완료되었기 때문이다.

<제2차 할부대금 회수시점>

(차) 현 금	100,000	(대) 할부매출채권	100,000
현재가치할인차금	9,091	이자수익	9,091

2. 재무상태표 표시

	20×5. 1. 초	20×5. 12. 말	20×6. 12. 말
할부매출채권	₩200,000	₩100,000	₩0
현재가치할인차금	26,446	9,091	0
	₩173,554	₩90,909	₩0

(3) 상품권 발행에 의한 판매

기업(예 백화점)은 **상품권을 발행**하고 추후 **고객이 상품권을 제시할 때 자산**(재화나 용역)**을 이전**하는 형태의 거래를 수행하기도 한다.[29] 기업이 상품권을 발행하는 경우 발행 시점에는 수행의무가 이행되지 않은 상태이므로 수익을 인식하지 않는다. 대신 미래에 고객이 상품권을 제시하는 경우 상품권에 기재된 명목금액에 해당하는 자산을 이전할 의무가 있으므로, 기업은 발행된 상품권의 명목금액에 상응하는 **상품권선수금**(부채)을 인식한다. 다만, 상품권은 판매를 장려하고자 상품권에 기재된 명목가액보다 할인된 가격으로 발행되는 경우가 많다. 이때 상품권 명목가액과 판매액 간의 차이(즉, 할인액)는 **상품권할인액**(부채 차감)**으로 하여 해당 선수금에서 차감**하는 형태로 표시된다.[30]

한편, 기업은 추후 **고객이 상품권을 제시하고 자산의 이전을 요구**(즉, 일종의 구매의사를 표시)**할 때 요구받은 자산에 대한 통제를 이전하고 수익을 인식**한다. 기업이 자산에 대한 통제를 이전한 시점에 이르러서야 비로소 고객이 상품권을 통해 얻고자 했던 효익이 실질적으로 실현되기 때문이다. 한편, **상품권을 할인발행한 경우**에는 상품권 발행 시 부채 차감항목으로 인식했던 **상품권할인액만큼 수익을 차감**한다. 상품권 할인으로 인해 기업이 수령할 대가가 감소하는 것이 구매자에게 가격을 낮춰주는 매출할인과 실질이 동일하기 때문이다.

---

29) 고객이 상품권을 통해 재화가 아닌 용역(예 상품권으로 백화점 문화센터가 주관하는 강좌 수강)을 이전받더라도 기본적인 회계처리는 동일하다.

30) 상품권 발행 시 고객에게 상품권 구매금액을 할인해 주는 대신 추후 상품권 사용 시 일정한 사은품을 판매자 또는 다른 업체가 고객에게 지급해 주는 경우도 있다. 이 경우에는 상품권할인액을 인식하는 대신 미래의 사은품 지급예상액을 별도의 부채로 인식한다.

예제 7

다음은 호동제화㈜의 상품권 발행 및 제품 인도 거래이다. 각 거래를 분개하라.

1. 20×7년 2월 초 액면 ₩10,000인 상품권 1장을 10% 할인하여 발행하였다.
2. 20×7년 10월, 위 상품권이 제시되어 원가 ₩4,000에 해당하는 ₩8,000의 상품을 매출하고 나머지 ₩2,000은 현금으로 지급하였다.

해 답

1. 상품권 발행 시

(차) 현 금	9,000	(대) 상품권선수금	10,000
상품권할인액	1,000		

2. 제품 인도 시

(차) 상품권선수금	10,000	(대) 매 출	8,000
		현 금	2,000
매출할인	1,000	상품권할인액	1,000
(차) 매출원가	4,000	(대) 재고자산	4,000

(4) 정기구독 신청에 의한 판매

정기구독 신청(subscription)**에 의한 판매**는 정기간행물과 같이 기업이 **고객으로부터 대가를 선수**하고, 그 대가로 **고객에게 정기적으로 약정된 자산을 이전하는 거래**를 의미한다. 따라서 정기구독신청에 의한 판매는 기업이 대가를 선수한다는 측면에서 상품권 발행에 의한 판매와 유사하지만(즉, 구독료선수금[부채] 인식), 고객에게 자산을 일시에 이전하지 않고 약정된 구독기간 동안 정기적으로 이전한다는 점에서 차이가 있다.

한편, 정기구독 신청에 의한 판매가 약정된 기간(즉, 구독 기간) 동안 자산을 이전하는 거래이긴 하나, 기간에 걸쳐 이행되는 수행의무가 아님에 유의할 필요가 있다. 기간에 걸쳐 이행되는 수행의무로 보기 위해서는 전술한 세 가지 요건(① 기업이 수행하는 대로 고객이 효익을 얻음과 동시에 소비, ② 기업이 자산 가치를 높아는 대로 고객이 *통제*, ③ 기업이 만든 자산에 대체 용도가 없고, 지급청구권 보유) 중 어느 하나에 해당해야 하나, 정기구독 신청에 의한 판매가 항상 그렇다고 볼 수 없기 때문이다(특히, 재화를 이전하는 경우). 따라서 정기구독 신청에 의한 판매는 고객에게 정기적으로 이전되는 각각의 자산이 고객에게 효익을 제공한다는 점에서 구별 가능성 요건을 충족하므로 **한 시점에 이행되는 일련의 수행의무의 집합**(즉, 정기적으로 이행되는 각각의 자산 이전 의무를 별개의 수행의무로 식별)으로 보는 것이 바람직하다고 판단된다.

이처럼 정기구독 신청에 의한 판매가 한 시점에 이행되는 일련의 수행의무의 집합으로서의 성격을 지니고 있으므로 선수한 구독료 중에서 구독 신청 기간 동안 **이전하게 될 것으로 예상되는 모든 자산의 예상총판매가액에서 당기에 이전된 자산의 판매가액에 해당하는 비율**만큼 수행의무가 이행된 것으로 보아 수익으로 인식한다. 이는 수익인식 모형 (4단계)에서 계약의 거래가격을 상대적 개별 판매가격의 비율에 따라 수행의무에 배분하도록 한 것과 동일한 맥락이다. 예를 들어, 가장 일반적인 정기구독 형태로 매 기간 비슷한 품목을 정기구독 신청에 의해 판매하는 경우라면 마치 유형자산을 정액법에 따라 감가상각하는 것처럼 전체 구독기간 중 당기에 경과한 기간의 비율로 수익을 안분하여 인식할 수 있다.

예제 8

20×5년 11월에 설립된 ㈜이천각은 월간 기술잡지를 1년분 정기구독료를 선납한 독자에게만 판매한다. 그리고 구독료를 납입한 달부터 잡지를 발송한다. 20×5년에 납입된 정기구독료는 11월 ₩120,000, 12월 ₩240,000이었다. 다음의 각 거래를 분개하라.

1. 11월 및 12월 정기구독료 납입거래
2. 11월 및 12월말 수익 인식거래(원가율 50%)

해 답

		차변	금액		대변	금액
1. 11월:	(차)	현 금	120,000	(대)	구독료선수금	120,000
12월:	(차)	현 금	240,000	(대)	구독료선수금	240,000
2. 11월:	(차)	구독료선수금	10,000	(대)	매 출	10,000*
		매출원가	5,000		재고자산-잡지	5,000
12월:	(차)	구독료선수금	30,000	(대)	매 출	30,000**
		매출원가	15,000		재고자산-잡지	15,000

* ₩120,000 × 1/12

** ₩120,000 × 1/12 + ₩240,000 × 1/12

(5) 반품권(보증)이 있는 판매

일부 계약에서는 기업이 고객에게 제품에 대한 통제를 이전하고, 제품 불만족 등 다양한 이유로 제품을 반품할 권리와 함께 이미 지급된 대가를 환불(또는 지급할 금액을 공제)받을 수 있는 권리를 고객에게 부여한다. 이처럼 제품이 고객의 기대에 못 미치거나 제품에 하자가 있을 때 제품을 반품받고 고객에게서 받은 대가의 일부나 전부를 환불할 것으로 예상하는 경우에는, 기업은 "**기업이 받았거나 받을 대가 중에서 권리를 갖게 될 것으로 예상하지 않는 금액**(즉, 거래가격에 포함되지 않는 금액)"을 **환불부채**(refund liability)로 인식한다. 따라서 반품권이 있는 판매에서 기업이 **제품판매 시점에**

인식하게 되는 수익(매출)은 **환불부채 장부가액만큼 감소**하게 된다(즉, 전체 제품판매 대가에서 환불부채를 차감한 금액만큼만 수익[순액] 인식). 또한, 추후 반품권이 행사될 경우 기업은 고객에 대한 환불의무가 있지만, 이와 더불어 **고객에게 이전했던 제품을 회수할 권리**도 동시에 가지게 된다. 따라서 제품 판매 시 환불부채와 더불어 그에 상응하는 기업의 **제품회수권을 자산**(예 반환제품회수권)**으로 인식**한다.[31] 그리고 환불부채가 수익을 차감시키는 것과 동일하게 인식된 **제품회수권 장부금액만큼 매출원가를 감소**시킨다.

거래가격 측정과 관련하여 반품권은 고객의 반품 여부에 따라 기업이 얻게 될 대가에 변동을 초래한다. 따라서 전술한 (3단계) 계약의 거래가격 측정과 관련하여 **변동대가**와 **변동대가 추정치의 제약**을 **모두 고려**한다. 즉, 제품 판매에 따른 최초 거래가격 측정 시 기업은 **유의적으로 환원되지 않을 가능성이 매우 높은 금액까지만 수익으로 인식**하고, **나머지 금액**(즉, 유의적으로 환원되지 않을 가능성이 매우 높지 않은 금액)**은 환불부채로 인식**한다. 최초 측정 후에는 **보고기간 말마다** 반품 예상량 변동 등 관련 상황의 변동을 반영하여 **환불부채를 새롭게 수정**(업데이트)하고, 이에 따라 생기는 조정액을 해당 기간의 **수익으로 인식**(예상보다 반품이 적게 된 경우)하거나 **수익에서 차감**(예상보다 반품이 많이 된 경우)한다.

지금까지 설명한 회계처리를 다음의 예를 통해 간략히 정리해 보자. 기업이 제품 100개(단위당 원가 50원, 판매가격 100원)를 판매하고 이 중 10개가 반품기한 내 반품될 것이라고 예상한 경우, 제품판매 시점에 반품가능성(즉, 유의적 환원 가능성)이 매우 낮은 90개에 대해서는 수익(매출) 9,000원(= 90개 × 100원)과 비용(매출원가) 4,500원(= 90개 × 50원)을 인식한다. 그리고 반품이 예상되는 10개에 대해서는 환불부채 1,000원(= 10개 × 100원)과 반환제품회수권 500원(= 10개 × 50원)을 인식한다. 이 후 8개의 제품이 반품되었다면, 최초 반품 예상치(10개)와 비교하여 2개의 제품이 더 판매된 것과 경제적 실질이 동일하므로 수익(매출) 200원(= 2개 × 100원)과 비용(매출원가) 100원(= 2개 × 50원)을 추가로 인식한다. 반면, 예상보다 많은 12개의 제품이 반품되었다면 최초 예상치(10개)와 비교하여 2개의 제품이 덜 판매된 것과 경제적 실질이 동일하므로 수익(매출) 200원(= 2개 × 100원)과 비용(매출원가) 100원(= 2개 × 50원)을 각각 차감한다.

---

31) 수익인식기준서는 기업의 반환제품회수권을 최초 측정할 때 제품의 이전 장부금액에서 그 제품 회수에 예상되는 원가(반품된 제품이 기업에 주는 가치의 잠재적인 감소를 포함)를 차감하도록 하고 있다. 예를 들어, 기업이 고객에게 반품권과 함께 장부가액 1,000원인 제품을 판매하고 반품 시 배송비 100원을 자신이 부담하기로 했다면, 판매 시 인식되는 반환제품회수권의 최초 장부가액은 900원(= 1,000원 − 100원)이 된다.

예제 9

㈜광천은 제품 100개를 단위당 ₩100에 판매하면서 고객에게 반품권을 주는 계약을 체결하였다. 회사는 제품에 대한 통제를 이전하고 반품기간이 종료된 후 1개월 뒤에 고객으로부터 대가를 현금으로 수령한다. 반품조건은 고객이 미사용한 제품을 30일 이내 반품하면 전액 환불해 주는 것이다. 제품의 원가는 단위당 ₩60이다. 회사는 변동대가의 기댓값에 근거하여 3개의 제품이 반환될 것으로 추정하였다(97개는 반환되지 않을 것으로 추정). 이 추정치는 불확실성이 해소될 때(즉, 반품기한이 종료될 때) 이미 인식한 누적수익금액(= 97개 × ₩100 = ₩9,700) 중 유의적인 부분을 환원하지 않을 가능성이 매우 높은 추정치이다. 회사가 반품 제품을 회수하는 데 소요되는 원가는 중요하지 않으며, 반품된 제품은 재판매하여 이윤을 남길 수 있다. 다음 각 경우에 대해 회사가 해야 할 회계처리를 제시하라.

1) 제품 통제의 이전 시점(즉, 수익인식시점)
2) 30일 이내 제품 1개가 반품된 경우
3) 30일 이내 제품 4개가 반품된 경우

해 답

1) 제품 통제 이전 시점(수익인식 시점):

(차) 계약자산	10,000	(대) 매 출	9,700
		환불부채	300
(차) 매출원가	5,820	(대) 재고자산	6,000
반환제품회수권	180		

2) 반품시점 (1개 반품 < 기댓값): 미반품된 2개에 대해 매출/매출원가 인식

(차) 환불부채	300	(대) 매출	200
		계약자산	100
(차) 재고자산	120	(대) 반환제품회수권	180
재고자산	60		
(차) 매출채권	9,900	(대) 계약자산	9,900

3) 반품시점(4개 반품 > 기댓값): 초과 반품된 1개에 대해 매출/매출원가 취소

(차) 환불부채	300	(대) 계약자산	400
매출	100		
(차) 재고자산	240	(대) 반환제품회수권	180
		재고자산	60
(차) 매출채권	9,600	(대) 계약자산	9,600

한편, 기업은 고객에게 반품권과는 별개로 결함이 있는 제품을 정상 제품으로 교환할 수 있는 **보증**(warranty)을 제공하는 것이 일반적이다. 이러한 보증은 계약, 법률, 기업의 사업 관행 등 다양한 요인에 의해 나타나는데, 기업이 **보증과 관련하여 추가 용역**

을 **제공하는지 여부**에 따라 **확신 유형**(assurance-type)**의 보증**과 **용역 유형**(service-type) **의 보증**으로 구분된다. 확신 유형의 보증은 고객에게 "제품이 합의한 요구조건에 맞고 의도한 대로 작동할 것이라는 확신"을 주기 위한 보증을 의미한다. **확신 유형의 보증**은 **고객이 제품 구매 시 당연히 기대하게 되는 기본적인 효익**(예 정상 작동)**을 보장하는 보증**이기 때문에 기업이 이러한 확신에 더해 추가로 용역을 제공하지 않는다. 또한, 기업이 판매한 제품의 품질을 보증하는 것은 당연한 것이므로 **고객이 확신 유형의 보증을 별도로 구매할 필요가 없다**. 따라서 확신 유형 보증은 수익인식기준서에 의한 **수행의무로 식별되지 않으며**, 기준서 제1037호 '충당부채, 우발부채, 우발자산'에 따라 회계처리 한다. 예를 들어, 자동차 제조사가 자사가 제조한 모든 자동차에 대해 고객이 구매한 시점으로부터 3년 또는 주행거리 50,000km가 되기 전까지 발생한 엔진, 기어, 브레이크 등 핵심 부품에 문제가 발생하는 경우 무상으로 수리해주는 보증을 제공하는 경우가 이러한 확신 유형의 보증이라 할 수 있다.

용역 유형의 보증은 제품에 대한 확신을 주는 것에 대해 **고객에게 별도의 용역을 제공하는 보증**을 의미한다. 용역 유형의 보증은 기업이 계약에서 기술한 기능성이 있는 제품(즉, 확신)에 더하여 **고객에게 용역을 추가로 제공**하기로 한 것이므로 수익인식기준서에 의한 **별도의 수행의무로 식별**된다. 용역 유형의 보증은 기본적인 확신 유형의 보증에 더해 고객에게 기업으로부터 추가적인 용역을 제공받을 수 있는 권리를 제공하므로 **별도로 구매할 수 있는 선택권이 있는 것이 일반적**이다(즉, 추가 용역의 구별 가능). 이처럼 용역 유형의 보증은 구별되는 수행의무로 식별되므로 **해당 용역이 제공될 때 배분된 거래가격 중 수행의무가 이행된 부분만큼 수익을 인식**한다. 앞서 소개한 자동차 제조사의 예를 다시 들면, 해당 제조사의 모든 자동차에 대해 적용되는 보증(구매 시점으로부터 3년 또는 주행거리 50,000km)에 더해 고객이 100만원을 별도로 지급하고 보증 조건을 강화하는 경우(예 구매 시점으로 5년 또는 주행거리 100,000km), 이는 제품의 기본적인 기능성에 대해 자동차 제조사로 하여금 추가적인 보증(예 보증기간 2년 연장 및 보증 주행거리 50,000km 연장)을 제공하도록 하므로 용역 유형의 보증에 해당한다. 이 경우 자동차 제조사는 추가 보증을 별도의 수행의무로 식별하고, 해당 수행의무에 대한 대가 100만원을 추후 추가 보증 용역이 제공되는 비율에 따라 수익으로 인식한다.[32)]

---

32) 수익인식기준서는 보증의 유형(확신 vs. 용역)을 판단할 때 다음과 같은 요소를 고려토록 하고 있다.
(1) 법률에서 보증을 요구하는지 - 법률에 따라 기업이 보증을 제공하여야 한다면 그 법률의 존재는 약속한 보증이 수행의무가 아님을 나타낸다. → **확신 유형의 보증**에 해당
(2) 보증기간 - 보증기간이 길수록, 제품이 합의된 규격에 부합한다는 확신에 더하여 용역을 제공할 가능성이 높기 때문에 약속한 보증이 수행의무일 가능성이 높다. → **용역 유형의 보증**에 해당
(3) 기업이 수행하기로 약속한 업무의 특성 - 제품이 합의된 규격에 부합한다는 확신을 주기 위해 기업이 정해진 업무를 수행할 필요가 있다면(예 결함이 있는 제품의 반품 운송용역), 그 업무는

예제 10

구미전자는 안동기업에 컴퓨터를 ₩10,000 판매하였다. 여기에는 1년 동안 사후보증 서비스가 포함되어 있는데, 판매 후 1년 동안 약 ₩700의 사후보장원가가 예상된다. 그런데 안동기업은 1년에 더하여 추가로 2년 동안 추가보증서비스를 요구하여 이 추가보증에 대하여는 ₩2,000의 별도 요금을 징수하기로 하였다. 매출시점에 분개를 하고 이후의 회계처리에 대하여 설명하시오.

해 답

여기서 1년 동안의 사후 보증은 일반적인 관례로서 제품과 구별되기 어렵기 때문에 전액 수익을 인식하고 관련된 사후서비스비용을 인식한다. 그러나 고객이 보증을 별도로 구매할 수 있는 선택권이 있는 추가 서비스는 구별되는 별도 용역으로 선수수익으로 구별하여 회계처리하여야 한다.

매출시점 :

(차) 매출채권	12,000	(대) 매　　출	10,000
		보증선수수익	2,000
(차) 사후서비스비용	700	(대) 사후서비스충당부채	700

이후 회계처리 :

앞으로 1년 동안 사후서비스에 대한 충당부채에 대하여 회계처리하며, 그 이후 2년 동안 보증선수수익 ₩2,000에 대하여는 서비스 제공형태 또는 정액법 등으로 수익을 인식한다.

끝으로, 반품권이 있는 판매 중에서도 고객이 상품 또는 제품을 일정 기간 시험적으로 사용한 후 구매를 결정하는 거래를 **시용판매**(sales on approval)라 부른다. 시용판매는 **처음부터 반품을 전제로 이루어지는 거래**이기 때문에 고객이 구매의사를 표시하기 전까지는 자산에 대한 통제가 실질적으로 이전되었다고 보기 어렵다. 따라서 기업이 고객에게 시용 목적으로 자산을 물리적으로 이전한 시점에는 별도의 회계처리가 이루어지지 않는다(재고자산 관리 목적상 비망기록만 수행). 대신, **고객이 구매의사를 표시**하면 반품 가능성이 사라짐과 동시에 해당 자산에 대한 통제가 고객에게 이전되므로 **수행의무가 이행된 것으로 보아 수익을 인식**한다.

2. 기간에 걸쳐 이행되는 수행의무

기술 · 운송 · 의료 · 법률 · 회계 · 교육 · 컨설팅 등의 **일반적인 용역거래**는 계약에 의해 사전적으로 정해진 바에 따라 **기업이 용역을 생산함과 동시에 고객에게 이전**하게 된

수행의무를 생기게 할 것 같지는 않다. → **확신 유형의 보증**에 해당

다. 그리고 **고객은 기업으로부터 용역을 이전받음과 동시에 소비**하며 효익을 누리게 된다(기간에 걸쳐 이행되는 수행의무 (1) 유형에 해당). 건설, 조선, 플랜트 등의 수주계약처럼 기업이 고객과의 약정에 따라 **일정기간 동안 재화를 생산**하되 **생산과 동시에 고객에게 해당 자산에 대한 통제를 이전하는 거래**도 기업의 수행의무 이행 관점에서는 완성된 재화를 고객에게 이전하는 것보다는 **해당 재화를 생산하기 위해 제공하는 용역이 더욱 중요**하다(기간에 걸쳐 이행되는 수행의무 (2) 유형에 해당).[33] 특히, 생산된 재화의 대체 용도가 없고, 기업이 제공한 생산 용역에 대해 지급청구권이 있는 경우 더욱 그러하다(기간에 걸쳐 이행되는 수행의무 (3) 유형에 해당). 이처럼 재화의 이전이 없는 일반 용역제공 거래 또는 재화의 이전을 수반하는 생산 용역 제공 거래와 같이 **기간에 걸쳐 이행되는 수행의무**는 제2절에서 설명한 바와 같이 **진행률**(즉, 수행의무의 이행 정도)**에 따라 수익을 인식**한다(단, **진행률을 합리적으로 추정할 수 없는 경우**에는 보수적 관점에서 **원가회수기준에 따라 수익 인식**).

따라서 이하에서는 기간에 걸쳐 이행되는 수행의무에 대한 회계처리를 학습하기 위해 (1) 용역계약금액과 총추정원가의 개념을 살펴보고, (2) 동 개념을 바탕으로 진행률을 산정한 다음, (3) 산정된 진행률에 따라 용역 거래에서 수익을 인식하는 방법에 대해 순차적으로 살펴본다. 그리고 (4) 회계처리가 복잡한 (장기)생산용역 거래를 중심으로 용역 거래의 구체적 회계처리를 소개한다.

(1) 용역계약금액과 총추정원가

용역제공 거래에서 **용역이 제공됨에 따라 인식하게 되는 수익총액을 추정한 금액**을 **용역계약금액**이라고 부른다. 따라서 용역계약금액은 추후 수행의무 이행 정도에 따라 수익으로 전환되는 용역계약의 거래가격에 해당한다. 용역계약금액은 고객과의 계약체결 시점에 확정되기도 하나, 여러 후속적 요인에 의해 변경되기도 한다. 예를 들어, 계약 후 발주자(고객)의 추가 요구에 의하여 제공될 용역의 내역이 변경되거나 원자재 가격의 변동 등으로 계약금액이 증감될 수 있다. 또한 용역제공회사의 과실이나 용역제공의 지연으로 지체보상금을 별도로 지불해야 할 수도 있다. 따라서 기업은 **용역제공 기간 동안** 발생하는 새로운 상황의 변동이나 취득한 추가 정보를 바탕으로 **용역계약금액을 지속적으로 추정**(업데이트)해야 한다.

---

33) 수행의무가 이행되는 기간이 1년 이내인 경우 진행률 추정 등에 상당한 시간과 비용이 소요됨에도 그로 인해 얻게 되는 효익이 실질적으로 크지 않을 수 있다. 그러나 국제회계기준위원회는 1년 이내의 단기 용역 거래라 하더라도 수행의무 이행 중 보고기간이 도래할 경우 정확한 재무성과 측정(즉, 손익의 기간 배분)을 위해 진행기준을 적용하는 것이 논리적으로 바람직할 뿐만 아니라, 회계처리와 관련한 회사의 임의적 선택으로 재무정보의 비교가능성이 저해되는 것을 예방하고자 **장 · 단기 구분 없이 모든 용역 거래에 대해 진행률에 따라 수익을 인식**하도록 하고 있다.

한편, 수익총액에 해당하는 용역계약금액에 대비되는 개념으로 **수행의무를 이행 완료하기 위해 소요될 것으로 예상되는** **비용총액**을 **추정한 금액**을 **총추정원가**라 한다. 총추정원가는 **용역제공을 시작한 시점부터 특정 시점까지 발생한 원가**와 **그 시점 이후 용역제공이 완료되는 시점까지 발생할 것으로 예상되는 원가**를 모두 포함한다(즉, 총추정원가 = 기발생원가 + 미래 예상원가).

용역계약의 회계처리는 용역계약금액과 총추정원가의 상대적 크기에 따라 달라진다. 먼저, 용역계약금액(수익총액)이 총추정원가(비용총액)보다 커 거래 전체에서 **총이익이 발생할 것으로 예상되는 정상적인 상황**에서는 수행의무의 이행 정도를 나타내는 **진행률에 따라 용역이익을 기간별로 나누어 인식**한다. 반면, 용역제공 기간 중 사고 발생, 원자재 가격 폭등 등 예상치 못한 사유로 총추정원가가 용역계약금액을 초과하여 거래 전체에서 **총손실이 발생할 것으로 예상되는 상황**에서는 회계의 보수적 관점에 따라 **미래의 예상 손실까지 모두 전액 당기손실로 인식**한다. 본 절에서는 총이익이 예상되는 일반적인 상황의 용역제공 거래를 중심으로 학습한다.[34]

(2) 진행률

제2절에서 소개한 것처럼 **진행률을 측정하는 방법**에는 크게 **산출법**(output method)과 **투입법**(input method)이 있다. 산출법은 아래와 같이 계약에서 약속한 재화나 용역이 고객에게 주는 전체 가치(분모) 대비 지금까지 이전한 재화나 용역의 가치(분자)의 비율로 진행률을 측정하는 방법이다.

$$\text{진행률}(\textbf{산출법}) = \frac{\text{지금까지 이전한 재화나 용역(산출물)이 고객에 주는 }\textbf{가치}}{\text{계약에서 약속한 재화나 용역의 총 }\textbf{가치}}$$

산출법에서는 당연히 진행률 산정의 기준이 되는 **산출물**(용역제공 계약으로 고객에 주는 가치)이 **수행의무 완료 대비 기업의 수행 정도를 충실하게 나타낼 수 있어야** 한다. "지금까지 수행을 완료한 정도를 조사한 결과, 달성한 결과에 대한 평가, 도달한 단계, 생산한 단위나 인도한 단위" 등이 이러한 산출물의 예가 될 수 있다. 그 외에도 기업이 용역 시간당 고정금액(예 시간당 10만원)을 청구할 수 있는 용역계약과 같이 기업이 지금까지 수행을 완료한 정도에 비례하여 고객에게 대가(즉, 고객에게 주는 가치에 직접 상응하는 금액)를 받을 권리가 있는 경우에는 청구권이 있는 금액을 기준으로 수익을 인식하는 실무적 간편법을 쓸 수도 있다.

이처럼 **산출법**은 산출물(즉, 고객이 얻는 가치)이 **고객 효익 관점**에서 **기업의 수행의**

---

34) 총손실이 예상되는 용역제공 거래에 대한 회계처리는 <부록>을 참조하라.

무 이행 정도를 나타낸다는 점에서 **이론적으로 우수**하다. 그러나 고객이 얻는 가치라는 추상적 개념에 기초하고 있어 실무적으로는 진행률 측정을 위한 산출물을 직접 관측하지 못하거나 과도한 원가를 들이지 않고는 산출법 적용에 필요한 정보를 구할 수 없는 한계가 있을 수 있다. 따라서 산출법을 적용하는 것이 어려운 경우 투입법과 같은 대안적 방법이 필요할 수 있다.

투입법도 기본적인 진행률 측정 방식은 산출법과 동일하다. 다만, **진행률 산정 시의 기준**이 산출물이 아니라 **투입물**이라는 점에서만 차이가 있다. 구체적으로 해당 수행의무의 이행에 예상되는 총 투입물(분모) 대비 수행의무를 이행하기 위해 현재까지 기업이 투입한 노력이나 투입물(분자)의 비율로 진행률이 측정된다. "소비한 자원, 사용한 노동시간, 발생원가, 경과한 시간, 사용한 기계시간" 등이 이러한 투입물의 예가 된다.

$$\text{진행률}(\textbf{투입법}) = \frac{\text{지금까지 수행의무를 이행하기 위해 투입된 }\textbf{노력/투입물}\text{(원가)}}{\text{수행의무를 완료하기 위한 총 }\textbf{노력/투입물}\text{(원가)}}$$

투입법은 산출물에 비해 투입물의 관측이 용이해 **실무상 적용이 편리**하다는 장점이 있다. 그러나 이론적 관점에서는 **기업의 투입물**과 **고객에게 재화나 용역에 대한 통제를 이전하는 것 사이**에 **직접적인 (인과)관계가 없는 경우 수행의무의 이행 정도를 정확하게 나타내지 못한다**는 단점이 존재한다. 따라서 투입법을 사용함에 있어 기업의 수행 정도를 나타내지 못하는 투입물은 진행률 측정 시 제외해야 한다. 예를 들어, 기업이 수행의무를 이행하기 위해 들였으나 예상 밖으로 낭비된 재료원가, 노무원가, 그 밖의 자원의 원가는 수행의무 이행 정도를 진척시키는 데 유의적으로 기여하지 못하므로 진행률 측정을 위한 투입물에서 제외한다. 또한 수행의무 이행을 위해 외부로부터 고가의 부품이나 원재료를 조달하여 일시에 투입하는 경우가 있을 수 있다.[35] 이때 투입물 원가로 진행률을 측정하면 단순 구매활동만으로도 진행률이 크게 증가하여 수행의무 이행 정도가 실제보다 과대되어 나타날 수 있다. 따라서 비경상적이고 과도한 조달원가도 투입법에 의한 진행률 산정 시 제외해야 한다.[36]

---

35) 선박제조 용역에서 고가의 엔진을 자체 제작하지 않고 외부에서 조달하는 경우, 건물 리모델링 용역에서 고가의 인테리어 설비(예 발전설비, 초고속 엘리베이터)를 외부에서 조달하는 경우 등을 예로 들 수 있다.

36) 그 외에 기업컨설팅과 같이 계약기간 내에 불특정 다수의 용역을 복합적으로 제공하는 거래에서 그 용역수행 정도를 보다 잘 나타낼 수 있는 다른 방법이 없는 경우에는 실무적 편의를 위하여 정액법이나 작업시간 또는 작업일자 기준으로 수익을 인식하는 것도 가능하다. 이때 어떤 용역활동이 다른 활동에 비해 특별히 중요한 때에는 그 활동이 수행될 때까지 수익의 인식을 연기한다. 외부감사 용역에 포함된 내부통제시스템 점검 용역을 예로 들면, 내부통제시스템의 적정성 여부가 그 이후의 외부감사 활동에 직접적으로 영향을 미치므로 내부통제시스템 점검이 완료되기 전까지는 외부감사 진행에 따른 수익을 인식하지 않는다.

진행률 측정 방법이 정해지고 나면, **일관되게 적용**하되 **보고기간 말마다** 새로운 상황의 변화와 정보를 반영하여 **진행률을 새롭게 수정**하는 것은 전술한 바와 같다.

(3) 용역수익과 용역비용

당기에 인식해야 할 용역수익은 두 단계에 걸쳐 측정된다. 먼저, 용역계약금액에 당기말까지의 진행률(수행의무가 이행된 정도)을 곱하여 **당기말까지 인식해야 할 누적수익 총액[A]을 계산**한다. 다음으로 **당기말까지 인식할 누적수익[A]에서 전기말까지 인식한 누적수익[B]을 차감**한다. 여기서 당기말까지의 누적수익에서 전기말까지의 누적수익을 차감한 금액[A－B]이 바로 당기에 인식할 용역수익이 된다.

용역비용도 기본적인 측정방법은 용역수익과 동일하다. 먼저, 총추정원가에 당기말까지의 진행률(수행의무가 이행된 정도)을 곱하여 **당기말까지 인식해야 할 누적비용[A]을 계산**한다. 다음으로 **당기말까지 인식할 누적비용[A]에서 전기말까지 인식한 누적비용[B]을 차감**하여 당기 용역비용[A－B]을 산정한다.

이처럼 용역계약금액(총추정원가)에 당기에 늘어난 진행률을 곱하는 직접적인 방식 대신 당기말까지의 누적수익(누적비용)을 계산한 다음 여기에 전기말까지의 누적수익(누적비용)을 차감하는 **간접적인 방식을 사용하는 이유**는 새로운 상황이나 정보로 인해 당기에 발생한 **용역계약금액 또는 총추정원가의 변동에 따른 재무적 영향을 전진적으로 반영하기 위함**이다.[37)]

예를 들어, 용역계약금액이 1,000원, 총추정원가가 500원인 용역계약에서 발생원가에 기초한 투입법에 따라 측정한 전기말까지의 진행률이 50%라고 가정해 보자. 이때 전기말까지 인식한 용역수익은 500원(＝1,000원 × 50%), 투입된 원가(비용)는 250원(＝500원 × 50%)이 된다. 당기 중 용역계약금액과 총추정원가에 아무런 변동이 없는 상황에서 추가로 100원의 원가가 투입된 경우 진행률은 70%(＝[250원＋100원] / 500원)가 된다. 이때 당기 용역수익은 당기말까지의 누적수익 700원(＝1,000원 × 70%)에서 전기말까지 인식한 누적수익 500원을 차감한 200원이 된다. 이러한 결과는 용역계약금액인 1,000원에 늘어난 진행률 20%(＝70%－50%)를 곱한 금액과 일치한다.

그러나 당기 중 원자재 가격 상승으로 용역계약금액과 총추정원가가 각각 1,200원과 600원으로 상향 조정되는 경우(즉, 계약의 변경 발생), 당기말까지의 누적진행률은 58.3%(＝[250원＋100원] / 600원)가 되며, 당기에 인식해야 할 용역수익은 당기말까지 인식해야 할 누적수익 700원(＝1,200원 × 58.3%)에서 전기말까지 인식한 누적수익 500

---

37) 이처럼 당기에 발생한 각종 변경 효과를 과거 재무정보를 소급하여 수정하지 않고 당기 재무정보에 일괄 반영(즉, 최신정보에 따라 기존 재무정보를 모두 업데이트)하는 방식(catch-up approach)을 회계에서는 '전진법'이라 부른다.

원을 차감한 200원이 된다. 만약 새로운 용역계약금액 1,200원에 당기에 늘어난 진행률 8.3%(=58.3% - 50%)를 직접 곱할 경우 당기 용역수익이 100원으로 계산되어 당기 중 발생한 용역계약금액과 총추정원가의 변경 효과가 적절하게 반영되지 못한다.

한편, **발생원가에 기초한 투입법**으로 진행률을 산정하게 되면, 용역제공과 관련하여 **당기에 투입된 원가를 그대로 당기 용역비용으로 사용**할 수 있다. 발생원가를 기초로 진행률을 측정할 경우 총추정원가에 진행률을 곱한 금액이 그대로 투입된 원가가 되므로 진행률을 기초로 산정한 당기말까지의 누적비용에서 전기까지 인식한 비용을 차감한 금액과 결과적으로 동일해지기 때문이다.

이상의 용역수익 및 용역비용 측정과 관련한 내용을 정리하면 다음과 같다.

[1] 당기말까지의 누적수익 계산

당기말까지의 **누적수익** = **용역계약금액** × 진행률

[2] 당기에 인식할 용역수익 계산

용역제공 시작시점으로부터 **당기말**까지의 기간 동안에 귀속되는 **누적수익**	-	**전기말**까지의 기간 동안에 귀속되는 **누적수익**	=	**당기**에 인식할 용역수익

[3] 당기말까지의 누적비용 계산

당기말까지의 **누적비용** = **총추정원가** × 진행률

[4] 당기에 인식할 용역비용 계산

용역제공 시작시점으로부터 **당기말**까지의 기간 동안에 귀속되는 **누적비용**	-	**전기말**까지의 기간 동안에 귀속되는 **누적비용**	=	**당기**에 인식할 용역비용

cf. **발생원가에 기초한 투입법**으로 진행률 산정 시 **당기 발생원가를 그대로 용역원가로 사용 가능**

[5] 당기 용역이익 계산

당기 용역이익 = 당기 용역수익([2]) - 당기 용역원가([4])

(4) 용역제공 거래 회계처리

기업이 제공함과 동시에 고객이 통제를 이전받고 소비하며 효익을 누리는 **일반 용역거래**는 회계처리가 비교적 간단하다. 용역이 제공된 정도(진행률)에 따라 수익과 비용을

각각 인식하되, 기업의 용역제공 정도와 고객의 지급을 비교하여 전자가 크다면 계약자산을, 후자가 크다면 계약부채를 인식하고, 계약자산 중 무조건적인 지급청구가 가능한 부분을 수취채권으로 별도로 구분표시하는 정도다.

그러나 건설, 조선, 플랜트 등 **용역제공 완료 시점**에 고객에게 **물리적 실체가 있는 재화를 이전해야 하는 수행의무**는 재화생산 과정에서 발생하는 원가 집계의 필요성, 진행률에 따라 인식한 수익 금액과 계약상 대금지급 조건 간의 불일치로 인해 발생하는 복잡한 채권·채무 관계 등으로 **회계처리가 복잡**하다. 따라서 이하에서는 실무적으로 회계처리가 보다 복잡하고 어려운 **(장기)생산용역 거래를 중심으로 학습**하도록 한다.

(장기)생산용역에 대한 회계처리를 각 거래 단계별로 살펴보면 다음과 같다. 먼저, **용역개시 이전 시점의 회계처리**다. 용역계약을 체결하기에 앞서 전략컨설팅, 법률검토 수수료 등 각종 원가가 발생할 수 있다. 이처럼 "고객과 계약을 체결하기 위해 들인 원가로서 계약을 체결하지 않았다면 들지 않았을 원가"를 **계약체결 증분원가**라 부르며, 향후 계약 이행 과정에서 이러한 계약체결 증분원가가 **회수될 것으로 예상**된다면 **자산**(예 선급비용)**으로 인식**한다. 다만, 자산으로 인식하더라도 계약자산이나 계약부채와는 별도로 표시한다. 자산으로 인식된 계약체결 증분원가는 후술할 **미성용역 계정 등으로 대체되며 체계적으로 비용화**된다.[38] 반면, 계약체결 여부와 무관하게 드는 원가는 계약 체결 여부와 관계없이 고객에게 그 원가를 명백히 청구할 수 있는 경우가 아니라면 발생시점에 비용으로 인식한다.

계약체결 후 **용역이 개시된 다음**에는 **발생한 여러 가지 원가**(예 직접노무원가, 직접재료원가, 계약의 이행에 사용된 기기·장비·사용권자산의 감가상각비 등 계약활동에 직접 관련되는 원가 배분액)**를 미성용역 계정에 집계**한다.

그리고 기업은 계약상의 대금결제 조건에 따라 고객에게 용역대금을 청구할 권리를 갖게 되는데, **용역대금 청구** 시 청구한 대금을 차변에 **용역미수금**과 대변에 **진행청구액**으로 각각 인식한다. 참고로 기업의 대금청구(금액)는 기업이 용역을 제공하는 정도(즉, 진행률)와는 직접적인 관련이 없을 수 있다. 예를 들어, 용역계약금액 1,000인 건설용역계약에서 고객이 계약 착수 시점(진행률 0%, 기성률 0%)에 계약금 200, 터파기 등 기초 지반 공사가 완료되는 시점(진행률 30%, 기성률 50%)에 중도금 500, 최종 준공 시점(진행률 100%, 기성률 100%)에 잔금 300을 지급하기로 했다고 가정해 보자.[39] 건설

---

38) 미성용역 계정으로 대체되며 비용화되더라도 추후 지급받는 용역대금에 계약체결 증분원가가 반영되어 있으므로 관련 대가가 회수되는 것으로 볼 수 있다.

39) 건설 부문에서 총공사비용 중 완성된 부분의 건축비용을 **기성률**이라고 한다. 따라서 개념적으로는 발생원가에 의한 투입법으로 측정한 진행률과 유사하다. 그러나 전자는 모든 공사비용을 대상으로 건설감리 자격을 갖춘 외부 전문인력이 측정하는 반면, 후자는 수행의무 이행 정도를 적절히 나타낼 수 있는 원가만을 대상으로 건설사가 자체적으로 측정한다. 따라서 유사한 개념임에도 불구하고, 실

사는 건설용역 개시 시점에 아무런 수행의무가 이행되지 않았음에도 계약에 따라 계약금 200을 청구할 권리가 있다(즉, 용역수익 = 0, 용역미수금 및 진행청구액 = 200). 마찬가지로 지반 공사가 완료되는 경우 진행률에 따른 용역수익은 300(= 1,000 × 30%)에 불과하나, 계약에 따라 기성률을 50%로 보아 기업은 중도금 500을 청구할 수 있다.

청구한 대금이 회수되면 대금청구 시 인식했던 **공사미수금과 상계**하되, 공사미수금 잔액 이상으로 대금을 지급받게 되면(즉, 선수하면), 그 초과액을 **공사선수금**으로 인식한다.

결산 시점에서는 전술한 **진행률에 따라 산정한 용역수익과 용역비용을 인식**하되, 용역수익과 용역비용의 차액인 **용역손익은 미성용역 계정으로 집계**한다. 이로써 (장기)생산용역 거래의 수익인식 및 대금회수와 관련한 회계처리는 일단락된다.

다음으로 용역기간 중 도래하는 **결산 시점**마다 **미성용역과 진행청구금액 잔액을 비교**하여 **전자가 크면** 그 차액(= 미성용역 − 진행청구금액)을 **계약자산인 미청구용역**으로, 후자가 크면 그 차액(= 진행청구금액 − 미성용역)을 **계약부채인 초과청구용역**으로 순액 표시한다. 예를 들어, 기말 시점 현재 미성용역 잔액이 150, 진행청구액 잔액이 100이면 재무상태표에 미청구용역(계약자산) 50을 표시하고, 미성용역 잔액이 100, 진행청구액 잔액이 150이면 재무상태표에 초과청구용역(계약부채) 50을 표시한다.

여기서 미성용역과 진행청구액 계정의 차액으로 계약자산과 계약부채를 표시하는 원리에 대해 이해할 필요가 있다. 앞서 미성용역은 용역제공 과정에서 발생한 원가를 집계하는 계정이라고 설명한 바 있다. 그런데 발생원가 외에도 결산 시점에 인식된 용역손익도 함께 미성용역 계정에 집계된다. 그 결과 용역 완료시점이 되면 미성용역 계정에는 용역기간 중 발생한 원가와 용역손익이 모두 누적되며, 이러한 발생원가 총액에 용역손익 총액을 합산한 금액은 자연스럽게 용역계약금액이 된다. 용역계약금액(수익)에서 발생원가(비용)를 차감한 금액이 바로 용역손익(이익)이기 때문이다. 한편, 기업은 고객에게 용역계약금액만큼만 대금을 청구할 수 있다. 이는 전체 용역기간의 진행청구액 총액이 결국에는 용역계약금액이 된다는 것을 의미한다. 이처럼 전체 용역기간 동안 인식되는 미성용역 총액과 진행청구액 총액은 구조적으로 용역계약금액으로 일치할 수밖에 없다. 따라서 용역제공 과정에서 발생한 용역원가와 용역이익의 합계액으로서 기업의 용역 이행정도를 나타내는 '미성용역'과 기업의 지급청구권으로서 고객의 지급 정도를 나타내는 '진행청구액'과의 상대적 관계를 통해 수익인식기준서가 표시를 요구한 계약자산과 계약부채를 효과적으로 측정 · 표시할 수 있게 되는 것이다.

끝으로, **용역완료 시점**에는 이행이 완료된 용역과 관련된 **미성용역**과 **진행청구액** 계

무에서는 기성률(고객의 건설진행 경과 감독 및 이를 바탕으로 한 대금지급 기준)과 진행률(발생주의에 따라 재무성과를 측정하기 위한 기준)은 서로 다르게 나타나는 것이 오히려 일반적이다.

정은 더 이상 필요하지 않으므로 **두 계정을 서로 상계**함으로써 모든 회계처리가 마무리된다(이때 두 계정의 잔액은 전술한 바와 같이 용역계약금액으로 일치하게 된다).

이상의 회계처리를 분개 양식으로 정리하면 다음과 같다.[40)]

■ (장기)생산용역 회계처리

① (계약 전) 계약체결 증분원가의 자산(자산성 有) 또는 비용(자산성 無) 처리

선급비용*(또는 판관비)	×××	현금 등	×××

* 선급비용(자산) 인식 시 추후 미성용역 등으로 대체되며 비용으로 전환

② (용역개시 후) 발생원가의 미성용역 집계

미성용역	×××	현금 등*	×××

* 자산으로 인식된 계약체결 증분원가(선급비용)가 있는 경우 포함

③ (대금청구 시) 용역미수금 및 진행청구액 인식

용역미수금*	×××	진행청구액*	×××

* 계약에 의해 지급청구권이 발생한 금액

④ (대금회수 시) 용역미수금 상계(초과 회수 분에 대한 용역선수금 인식)

현 금	×××	용역미수금	×××
		용역선수금*	×××

* 용역미수금 잔액을 초과하여 회수하는 경우

⑤ (결산 시) 용역수익과 용역비용 인식, 용역손익의 미성용역 집계

용역비용	×××	용역수익	×××
미성용역*	×××		

* 용역손실인 경우 대변에 기록

<기말 재무상태표 표시>
- 기말 미성용역[A] > 진행청구액[B] → 미청구용역[A－B] (계약자산)
- 기말 미성용역[A] < 진행청구액[B] → 초과청구용역[B－A] (계약부채)

⑥ (용역완료 시) 미성용역과 진행청구액 상계

진행청구액*	×××	미성용역*	×××

* 용역계약금액으로 일치

40) 용역계약에서 총손실이 예상되는 경우 회계의 보수적 관점에 따라 미래의 예상손실을 조기에 인식하는 등 회계처리가 더욱 복잡하다. 이와 관련한 사례는 <부록>을 참고하기 바란다.

예제 11

㈜이익용역은 20×5년 초에 수주하여 20×7년 말에 완료한 공사계약에 진행기준을 적용하였다. 용역계약금액은 계약기간 내내 ₩1,200이었으며, 건설용역에 대한 통제는 기간에 걸쳐 이전한 것으로 판단된다. 공사기간 중 발생한 원가와 매기 말 완공을 위한 예상 추가원가는 아래와 같으며, 진행률 산정에는 발생원가에 의한 투입법을 적용한다.

	20×5	20×6	20×7
당기에 발생한 원가	₩400	₩300	₩300
매기말에 추정한 예상추가원가	400	300	0
당기에 청구한 거래대금	450	600	150
당기에 회수한 거래대금	400	500	300

1. 각 기말 현재 거래 전체로부터 예상하는 총이익을 측정하여 이 공사에서 이익 또는 손실이 예상되는지 판단하라.
2. 각 연도말 진행률을 측정하라.
3. 각 연도 포괄손익계산서에 보고할 용역수익, 용역원가, 용역손익을 산정하라.
4. 각 연도별 필요한 분개를 제시하라.
5. 각 연도별 재무상태표에 표시될 계약자산(또는 계약부채)을 산정하라.

해 답

1. 거래 전체로부터의 총이익

구 분	20×5	20×6	20×7
① 용역계약금액	₩1,200	₩1,200	₩1,200
②-1 당기발생원가	₩400	₩300	₩300
②-2 누적발생원가	400	700	1,000
②-3 예상추가원가	400	300	0
② 총추정원가 (②-2+②-3)	₩800	₩1,000	₩1,000
총이익 (①－②)	₩400	₩200	₩200

2. 진행률

구 분	20×5	20×6	20×7
②-2 누적발생원가	₩400	₩700	₩1,000
② 총추정원가	800	1,000	1,000
③ 진행률(②-2÷②)	50%	70%	100%

3. 연도별 용역수익과 용역원가

구 분	20×5	20×6	20×7
① 용역계약금액	₩1,200	₩1,200	₩1,200
③ 진행률	50%	70%	100%
④ 누적수익 (① × ③)	₩600	₩840	₩1,200
⑤ 용역수익 (당기중 ④의 변동액)	600	240	360
②-1 용역원가 (②-1)	₩400	₩300	₩300
⑥ 용역손익 (⑤ - ②-1)	₩200	(₩60)	₩60

4. 연도별 분개

거래	계정과목	금액		
		20×5	20×6	20×7
원가발생	(차) 미성공사	400	300	300
	(대) 현금 등	400	300	300
대금청구	(차) 공사미수금	450	600	150
	(대) 진행청구액	450	600	150
대금회수	(차) 현금	400	500	300
	(대) 공사미수금	400	500	300
결산	(차) 공사원가	400	300	300
	(차) 미성공사	200		60
	(대) 공사수익	600	240	360
	(대) 미성공사		60	
공사완료	(차) 진행청구액			1,200
	(대) 미성공사			1,200

5. 연도별 계약자산과 계약부채

구분	금액		
	20×5	20×6	20×7
미성공사 잔액	400(공사원가) +200(공사이익) 600	600(전기말 잔액) +300(공사원가) - 60(공사손실) 840	840(전기말 잔액) +300(공사원가) + 60(공사이익) 1,200
진행청구액	450(당기청구액)	450(전기말 잔액) +600(당기청구액) 1,050	1,050(전기말 잔액) +150(당기청구액) 1,200
계정과목	미청구공사 (계약자산)	초과청구공사 (계약부채)	해당사항 없음
금액	600 - 450 = 150	1,050 - 840 = 210	1,200 - 1,200 = 0

(5) 기타 수익인식 방법

기간에 걸쳐 이행되는 수행의무라 하더라도 진행률을 합리적으로 측정할 수 없는 경우에는 전술한 바와 같이 **원가회수기준**에 따라 회계처리한다. 원가회수기준에 의하면 진행률을 합리적으로 측정할 수 있기 전까지는 **발생한 원가의 범위 내에서 회수가능한 금액을 수익으로 인식**하고 또한 **발생원가 전액을 비용으로 인식**한다. 이처럼 발생원가를 한도로 수익을 인식하기에 용역대금이 원가를 초과하여 회수되기 전까지는 손익은 0이 된다. 다만, 추후 새로운 정보 취득 등으로 진행률을 합리적으로 측정할 수 있게 되는 경우에는 앞서 학습한 바와 같이 진행률에 따라 수익을 인식하는 일반적인 회계처리를 수행하면 된다.

한편, 진행률 추정의 어려움에 더해 **발생한 원가의 회수가능성마저도 낮은 경우**에는 **당기비용처리법**에 따라 회계처리한다. 당기비용처리법에 따르면 **수익은 실제 회수된 금액을 한도로 인식**하고(즉, 회수된 금액이 없으면 수익=0), **발생한 원가는 모두 즉시 비용처리**한다. 그 결과 대금 회수가 실제로 이루어지지 않는다면, 수익은 0이 되어 발생한 비용만큼 손실이 인식된다.

예제 12

㈜성실용역은 계약금액 ₩1,200의 용역제공거래를 20×5년 7월 초에 수주하고 20×6년 6월 말에 완료하였다. 20×5년과 20×6년의 원가발생액은 각각 ₩500이었다. 다음 각각의 경우에 각 연도 수익과 비용을 인식하라.

1. 거래성과를 신뢰성 있게 추정할 수 있어 진행기준에 따라 회계처리한다.
2. 최초의 용역계약이어서 거래성과를 신뢰성 있게 추정할 수 없었다. 그렇지만 20×5년 말 최소한 발생원가를 회수할 수 있다고 판단하였으며, 용역제공완료와 함께 계약금액 전액을 결제받았다.
3. 거래처가 부실화되어 20×5년 발생한 원가의 회수 가능성이 매우 불확실하여졌다. 이에 따라 20×5년 발생한 비용으로 처리하였다. 다행하게도 20×6년 ₩800이 회수되고 본 계약은 종료되었다.

해 답

	1. 진행기준		2. 원가회수기준		3. 당기비용처리법	
	20×5	20×6	20×5	20×6	20×5	20×6
용역수익	₩600	₩600	₩500	₩700	₩0	₩800
용역원가	500	500	500	500	500	500
용역이익	₩100	₩100	₩0	₩200	△₩500	₩300

[부록] 계약의 결합, 계약의 변경 및 총손실이 예상되는 용역거래

(1) 계약의 결합

외견상 구분되는 서로 다른 별개의 계약이라 하더라도 **다음 기준 중 하나 이상을 충족**하는 경우에는 같은 고객(또는 그 고객의 특수관계자)과 동시에 또는 가까운 시기에 체결한 **둘 이상의 계약을 결합하여 단일 계약으로 회계처리**한다.

> (1) 복수의 계약을 **하나의 상업적 목적으로 일괄 협상**한다.
> (2) **한 계약에서 지급하는 대가**(금액)는 **다른 계약의 가격이나 수행**에 따라 달라진다.
> (3) **복수의 계약에서 약속한 재화나 용역**(또는 각 계약에서 약속한 재화나 용역의 일부)이 **단일 수행의무**에 해당한다.

즉, (2단계)에서 수행의무 식별 시 재화나 용역이 그 자체로 구별되지 않거나 계약상 구별되지 않을 때 수행의무로 식별가능할 때까지 재화나 용역을 묶음으로 결합하는 것처럼 (1단계)에서 **고객과의 계약을 식별할 때**도 법적 외형보다 **경제적 실질**(즉, 상업적 목적, 대가의 상호관련성, 재화나 용역의 구별 가능성)**에 따라 계약을 식별**하라는 의미다.

(2) 계약의 변경

계약변경은 계약 당사자들이 승인한 **계약의 범위**나 **계약가격**, 또는 **계약의 범위와 계약가격 둘 다를 변경**하는 것을 의미한다. 이처럼 계약변경이 발생한 경우에는 **계약변경의 내용**에 따라 (1단계) **고객과의 계약 식별 결과가 상이**하게 나타난다.

먼저, 다음 **두 조건을 모두 충족**하는 경우에는 계약변경을 **별도의 계약으로 회계처리**한다.

> (1) 구별되는 약속한 재화나 용역이 추가되어 **계약의 범위가 확장**된다.
> (2) **계약가격**이 추가로 약속한 재화나 용역의 **개별 판매가격**에 특정 계약 상황을 반영하여 **적절히 조정한 대가(금액)만큼 상승**한다.[41)]

---

41) 개별판매가격(stand-alone selling prices)은 추가된 재화나 용역을 별도로 판매할 경우의 가격을 의미한다. 그리고 적절한 가격조정의 예로는 기존 고객이 받는 할인을 고려하여 추가 재화나 용역의 개별 판매가격을 조정하는 경우를 들 수 있다. 이는 기존 고객에게 판매하는 경우 새로운 고객에게 비슷한 재화나 용역을 판매할 때 드는 판매 관련 원가를 들일 필요가 없기 때문이다.

즉, 계약변경 결과 계약의 범위가 확장되고, 확장된 계약의 범위에 상응하는 적정한 대가가 기대된다면, 계약상 변경된 부분을 기존 계약과 구분되는 새로운 계약으로 식별하라는 것이다. 가령, 기업이 단위당 가격 50원인 제품을 100개 납품하는 계약이 체결된 상황을 가정해 보자(거래가격 = 5,000원). 이후 고객이 제품 구매수량을 150개로 증가시키며 추가된 제품에 대한 단가를 10% 할인된 45원으로 책정하여 전체 계약가격을 7,750원(= 50원 × 100개 + 45원 × 50개)으로 함께 상향 조정했다면, 거래범위의 확장(제품 수량 100단위 → 150단위)과 그러한 거래범위 확장에 상응하는 적절한 계약가격 조정(5,000원 → 7,750원)이 동시에 이루어진 것으로 볼 수 있다. 따라서 외관상 하나의 계약임에도 기존의 계약(제품 100단위, 단위당 50원에 판매)과 계약내용이 변경된 부분(제품 50단위, 단위당 45원에 판매)을 분리하여 별개의 계약으로 식별한다.

다음으로 변경된 계약의 내용이 전술한 **범위 확장**과 **적절한 가격조정**의 **두 기준을 동시에 충족시키지 못하는 경우**에는 계약변경 시점을 기준으로 **이미 이전된 재화나 용역**과 아직 **미이전된 재화나 용역 간의 구별 가능성**에 따라 다음과 같이 회계처리한다.

> (1) 미이전된 재화나 용역이 이미 이전된 것과 **구별되는** 경우
> → 기존계약을 종료하고 **새로운 계약을 체결한 것**으로 회계처리
>
> (2) 미이전된 재화나 용역이 이미 이전된 것과 **구별되지 않는** 경우
> → **기존 계약의 일부로 회계처리**하되, **계약변경으로 인한 누적효과**에 따라 **수익을 일괄적으로 조정**(cumulative catch-up basis)

계약변경과 관련한 이상의 내용을 도식화하면 [그림 5. 2]와 같다.

그림 5. 2

계약변경에 대한 회계처리

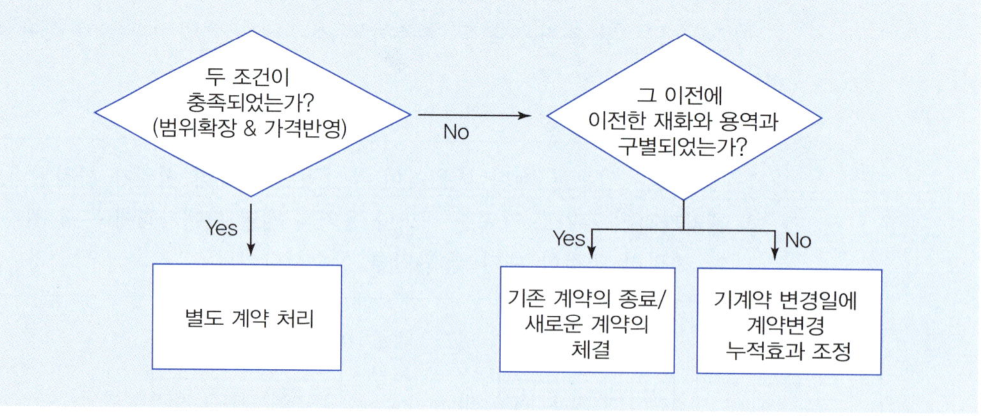

부록예제 1

경기통상은 제품 120개를 수원상회에게 ₩12,000(단위당 @₩100)에 판매하기로 계약하고, 제품은 6개월에 걸쳐 수원상회에게 인도하기로 하였다. 경기통상이 제품 60개를 수원상회에 인도하고 난 후, 다음과 같은 계약의 변동이 있었다. 각각의 사례는 독립적이며 이에 대한 회계처리를 설명하시오.

1. 경기통상에서 처음 납품한 제품 60개에 하자가 있어, 단위당 @₩15씩 총 ₩900을 공제받기로 하였다.
2. 추가로 제품 30개를 고객에게 납품하기로 계약을 변경하여, 납품수량이 총 150개로 변경되었다. 추가 제품 30개에 대한 가격은 단골고객임을 감안하여, 종전 120개에 대한 단가 @₩100에서 5% 할인된, 단위당 @₩95으로 변경하였다.
3. 추가 제품 30개를 구매하는 협상을 진행하면서, 두 기업은 처음에 단위당 @₩80, 총 ₩2,400에 판매하기로 합의하였다. 새로운 단가는 개별판매가격을 반영하지 않은 가격이다.

[출처] 기준서 1115호의 사례에서 수정됨.

해 답

1. 이 변경은 재화나 용역이 구별되지 않고 이미 부분적으로 이행된 단일 수행의무의 일부를 구성하고 있기 때문에 변경일에 계약변경 누적효과인 에누리액 ₩900은 기존 매출액 ₩6,000에서 차감한다.

2. 제품 30개를 추가하는 계약변경은 종전과 구별되는 재화와 용역이 추가되었다. 그리고 단골고객에 대한 5%의 할인은 개별판매가격을 반영한 것으로 판단되어 별도계약으로 회계처리한다. 이에 따라 기업은 원래 계약의 제품 120개에 개당 @₩100원씩 수익을 인식하고, 별도계약인 제품 30개에 대하여는 개당 @₩95원씩 수익을 인식한다.

3. 여기서 추가 제품 30개에 대한 @₩80의 협상가격은 개별판매가격을 반영하지 않았다고 판단한다. 다만 인도할 나머지 제품이 이미 이전한 제품과 구별되기 때문에 원래 계약이 종료되고 새로운 계약이 체결된 것처럼 회계처리한다. 따라서 미래에 인도할 90개의 제품의 단가는 다음과 같이 평균 단가 @₩93.33원을 적용한다.

$$\frac{\text{원래계약 미인도분 60개} \times \text{100원} + \text{추가계약분 30개} \times \text{80원}}{\text{향후 이전할 수량 90개}} = \text{93.33원}$$

(3) 총손실이 예상되는 용역거래

전술한 바와 같이 급격한 원가 상승 등으로 당초 기대와 달리 용역제공 거래에서 **총손실이 발생**할 수도 있다. 이처럼 고객과의 계약에서 **총손실이 예상되는 경우**를 **손실부담계약**이라 부른다. 손실부담계약의 경우 진행률에 따른 회계처리를 모두 수행한 후 아래와 같이 **미래 예상손실을 당기에 인식하는 회계처리를 추가적으로 수행**한다. 이는 재고자산 회계처리에서 재고자산의 진부화 등으로 손실이 예상되는 경우 저가법에 따라 판매 전임에도 재고자산평가손실을 미리 인식하는 것처럼, 용역계약에서도 용역계약이 종료되기 전임에도 현 시점에서 총손실이 예상된다면 **회계의 보수적 관점**에 따라 미래 예상손실을 조기에 인식함으로써 **총손실 가능성과 관련한 사실을 외부이용자에게 적시에 알리기 위함**이다.

미래 예상손실액은 다음과 같이 추정한다.

예상손실액 = 예상총손실액 × (1 − 진행률)
　　　　　　= 예상추가원가 − 용역계약금액 × (1 − 진행률)

위 식의 첫째 줄은 예상손실액이 용역계약과 관련한 예상총손실액 중 현재시점까지 인식되지 않은(즉, '1 − 진행률') 미래분임을 의미한다. 둘째 줄은 이를 달리 표현하여 잔여 용역기간 중 예상되는 추가원가의 합계액이 동일 기간 중 인식될 용역수익의 합계액을 초과하는 금액으로 측정됨을 의미한다.

다만, 수익인식기준서는 손실부담계약에 대한 회계처리를 구체적으로 제시하지 않고 있다. 대신 결론도출근거에서 손실부담계약에 대해서는 제1037호 '충당부채, 우발부채 및 우발자산'에 따라 회계처리할 수 있다고 기술하고 있다. 따라서 총손실이 예상되는 손실부담계약의 경우 보수적 관점에 따라 당기에 인식하는 **미래 예상손실액**은 아래와 같이 실제 발생한 **용역원가에 부가**하되, 이에 **대응되는 계정과목으로 충당부채를 사용**하는 것이 바람직할 것으로 판단된다.[42)]

(차) 용역원가(예상손실액)	×××	(대) 충당부채	×××

이후 용역 의무가 이행되며 **미래 예상손실이 실현**되면, 기존에 인식했던 충당부채를 제거하며 **미리 인식한 예상손실액만큼 용역원가를 차감**한다. 총손실 예상 시점에 이미 미래 예상손실액을 비용으로 추가 인식(즉, 용역손실 증가)한 만큼, 실제 손실이 실현되

42) 총손실이 예상되는 상황이므로 미래 손실 발생 가능성이 높은 것으로 보아(more likely than not) 우발부채보다는 충당부채로 회계처리하는 것이 타당할 것이다.

는 시점에는 과거에 조기 인식한 예상손실액만큼 역으로 비용을 감소(즉, 용역손실 감소)시켜줄 필요가 있기 때문이다.

(차) 충당부채 ××× (대) 용역원가(예상손실액) ×××

부록예제 2

㈜손실용역은 20×5년 초에 수주하여 20×7년 말에 완료한 공사계약에 진행기준을 적용하였다. 용역계약금액은 계약기간 내내 ₩1,200이었으며, 건설용역에 대한 통제는 기간에 걸쳐 이전한 것으로 판단된다. 그런데 공사기간 중 20×6년부터 시작된 원가폭등으로 인해 발생한 원가와 매기 말 완공을 위한 예상 추가원가는 아래와 같다. 진행률 산정에는 발생원가에 의한 투입법을 적용한다.

	20×5	20×6	20×7
당기에 발생한 원가	₩400	₩510	₩490
매기말에 추정한 예상추가원가	400	490	0
당기에 청구한 거래대금	450	600	150
당기에 회수한 거래대금	400	500	300

1. 각 기말 현재 거래 전체로부터 예상하는 총손익과 진행률을 측정하라.
2. 각 연도 포괄손익계산서에 보고할 용역수익, 용역원가, 용역예상손실액·환입액, 당기이익 및 누적이익을 계산하라.
3. 각 연도별 필요한 분개를 제시하라.
4. 1.총손익과 2.누적이익 간의 관계를 설명하라.

해 답

1. 거래 전체로부터의 총이익과 진행률

구 분	20×5	20×6	20×7
① 용역계약금액	₩1,200	₩1,200	₩1,200
②-1 당기발생원가	₩400	₩510	₩490
②-2 누적발생원가	400	910	1,400
②-3 예상추가원가	400	490	0
② 총추정원가(②-2+②-3)	₩800	₩1,400	₩1,400
총이익 (①-②)	₩400	(₩200)	(₩200)
③ 진행률(②-2÷②)	50%	65%	100%

위에서 볼 때, 20×6부터 동 공사와 관련한 계약은 손실부담계약임을 알 수 있다.

2. 용역수익, 용역원가, 용역예상손실액·환입액, 당기이익 및 누적이익 계산

구 분		20×5	20×6	20×7
④ 누적수익(① × ③)		₩600	₩780	₩1,200
⑤ 용역수익(④ 당기변동액)		600	180	420
⑥ 용역원가	당기발생액	₩400	₩510	₩490
	예상손실액*	0	70	0
	예상손실환입액*	0	0	(70)
	전입·환입후용역원가	₩400	₩580	₩420
당기이익(⑤ − ⑥)		₩200	₩(400)	₩0
누적이익		₩200	₩(200)	₩(200)

* 총예상손실 = (1,400 − 1,200) × (1 − 65%)

3. 각 연도별 분개

거래	계정과목	금액					
		20×5		20×6		20×7	
원가발생	(차) 미성공사	400		510		490	
	(대) 현금 등		400		510		490
대금청구	(차) 공사미수금	450		600		150	
	(대) 진행청구액		450		600		150
대금회수	(차) 현금	400		500		300	
	(대) 공사미수금		400		500		300
결산	(차) 공사원가	400		510		490	
	(차) 미성공사	200					
	(대) 공사수익		600		180		420
	(대) 미성공사				330		70
예상손실 전입	**(차) 공사원가**			**70**			
	(대) 공사충당부채				**70**		
예상손실 환입	**(차) 공사충당부채**					**70**	
	(대) 공사원가						**70**
공사완료	(차) 진행청구액					1,200	
	(대) 미성공사						1,200

4. 전체 용역제공 거래로부터 총이익이 예상되는 한 누적이익은 총이익에 진행률을 곱한 금액이 된다. 이는 이행되지 않은 용역에 해당하는 총이익은 미실현이익으로서 이행이 완료된 후에 인식할 수 있기 때문이다. 20×5년이 이에 해당한다. 그러나 총손실이 예상되면(즉, 손실부담계약이 되면) 그 예상액이 누적이익이 된다. 용역을 제공하지 않은 부분에 해당되는 총손실액(미래 예상손실액)도 보수적 관점에서 당기에 모두 비용으로 인식하기 때문이다.

익힘문제

[1] 다음 질문에 답하라.

(1) 광의의 수익(Income), 수익(Revenues), 차익(Gains)의 개념을 각각 설명하라.

(2) 수익인식기준서(기업회계기준서 제1115호)에 의한 계약(contract)과 수행의무(performance obligation)의 개념 및 양자의 관계를 설명하라.

(3) 수익인식기준서에 의한 수익인식 모형 5단계를 설명하라.

(4) 수익인식기준서 적용의 전제가 되는 다섯 가지 고객과의 계약 식별 요건을 설명하라.

(5) 수행의무 식별 기준인 재화나 용역의 구별 가능성의 개념을 설명하라.

(6) 거래가격 측정 시 고려되어야 하는 변동대가 추정치의 제약에 대해 설명하라.

(7) 수익인식을 위한 수행의무 이행 여부 판단 기준에 대해 설명하라.

(8) 계약자산, 계약부채, 수취채권의 개념을 각각 설명하라.

(9) 기간에 걸쳐 이행되는 수행의무로 볼 수 있는 상황에 대해 설명하라.

[2] 다음의 각 진술의 옳고 그름을 구별하고, 그른 경우에는 그 이유를 설명하라.

(1) 고객과 체결한 계약이라면 상업적 실질이나 회수가능성과 무관하게 기업회계기준서 제1115호에 의한 회계처리가 가능하다.

(2) 계약에 고객에게 재화나 용역을 이전하는 여러 약속(수행의무)이 포함되는 경우 각 수행의무의 상대적 개별 판매 가격에 따라 계약 단위의 거래가격을 배분하는 것을 원칙으로 한다.

(3) 반품권이 부여된 매출에서 판매대금을 현금으로 결제받아도 반품률을 예측하기 어렵다면 수익을 인식할 수 없다.

(4) 거래가격을 측정할 때 그 금액이 확정되어야 하며, 변동 가능성이 있는 경우에는 수익을 인식할 수 없다.

(5) 수익인식은 기업이 수행의무를 이행함에 따라 고객이 약속된 자산을 통제하는 시점을 고려하여 결정한다.

(6) 한 계약에서 수익인식은 한 시점에서 이루어져야 한다.

(7) 원칙적으로 그 성과를 신뢰성 있게 측정할 수 있는 모든 용역제공거래에는 진행기준을 적용하여야 한다.

(8) 거래 상대방이 고객인 모든 거래에 기업회계기준서 제1115호가 적용된다.

(9) 수행의무와 관련된 재화나 용역의 개별 판매가격이 바뀌는 경우 변경된 개별 판매가격을 고려하여 일일이 거래가격 배분기준을 조정해야 한다.

연습문제

[1] 수익인식의 5단계

부산전자는 밀양복사에 복사기 한 대를 판매하고 이후 3년간 유지서비스(토너와 기계보수 및 청소)를 제공하는 계약을 ₩2,700,000에 체결하고, 복사기를 설치하였다. 본래 복사기와 유지서비스는 별도로 판매하는 것인데, 별도로 판매하는 경우 각각 ₩2,000,000과 ₩1,000,000을 지불하여야 하지만, 두 계약을 동시에 체결하였기에 일부 할인하여 계약한 것이다. 본 계약을 다음 수익인식 5단계를 적용하여 설명하시오.

(1) 1단계 : 고객과의 계약을 식별

(2) 2단계 : 수행의무를 식별

(3) 3단계 : 거래가격을 산정

(4) 4단계 : 거래가격을 계약 내 수행의무에 배분

(5) 5단계 : 수행의무를 이행할 때 수익을 인식

[2] 수행의무의 식별

다음 두 가지 사례 각각에 대하여 각 수행의무가 식별되는지, 아니면 하나의 수행의무로 처리하여야 하는지 설명하시오.

1. 광주전산은 ERP 프로그램을 목포기업에 판매하였다. 본 프로그램은 개별 기업의 상황에 맞추어 설치하여야 하며, 매우 전문적인 프로그램이라서 직원들의 교육이 필수적이다. 이에 따라 광주전산은 목포기업에 프로그램 판매, 설치용역, 직원교육 세 가지 용역을 계약하였으며, 이러한 세 가지 용역은 대부분의 기업들이 동시에 구매한다.
2. 광주전산은 소프트웨어를 개발하여 순천기업에 2년 동안 소프트웨어 라이선스를 이전하고, 설치용역을 수행하며, 소프트웨어 갱신(update)과 기술지원을 제공하는 계약을 체결하였다. 이 소프트웨어는 일반적인 프로그램이라서 대개의 구매자들은 스스로 설치하고 갱신하여 사용한다. 그러나 광주전산은 순천기업의 특별한 요청에 따라 이러한 서비스를 지원하는 것이며, 이러한 라이선스, 설치용역, 갱신, 기술지원을 별도로 판매하기도 한다.

[3] 변동대가의 추정

동남조선은 카리브석유와 ₩1,000,000의 플랜트 건설계약을 체결하였다. 본 플랜트는 2년에 걸쳐 건설되는데, 동남조선은 플랜트 건설 경험이 많지 않아 공기를 제대로 맞출 수 있을지 확신하지 못하고 있다. 만일 공기가 1달 늦어지면 매달 ₩10,000씩 수주가격이 감소한다. 동남조선의 예상에 의하면 2년 이내에 완공할 확률이 60%이지만, 1달 늦을 확률이 30%, 2달 늦을 확률이 10%이다.

1. 동남건설이 기댓값에 의하여 매출을 예측할 경우, 향후 예상되는 매출액(즉, 거래가격)은 얼마인가?
2. 동남건설이 가능성이 가장 높은 금액에 의하여 매출을 예측할 경우, 향후 예상되는 매출액(즉, 거래가격)은 얼마인가?

[4] 수행의무에 거래가격의 배분

회사는 제품 A, B, C를 함께 판매하였다. 총 거래가격은 ₩100이다. 다음 각 경우에 거래가격을 각 수행의무인 제품들에게 배분하라.

1. 제품 A, B, C의 관측가능한 시장판매가격은 각각 ₩50, ₩30, ₩40이다.
2. 제품 A의 개별 판매가격은 ₩50으로 시장에서 거래되고 있는 반면, 제품 B와 C는 개별 판매되지 않는다. 다만, 경쟁사는 제품 B와 매우 비슷한 제품을 ₩25에 판매하고 있다. 제품 C는 동일/유사 제품의 시장가격을 확인할 수 없으나, C의 생산원가는 ₩50이며, 이윤은 원가의 50%를 가산한다.

[출처] 기준서 1115호의 사례에서 수정됨.

[5] 위탁판매

아래의 거래를 위탁자인 ㈜위탁상사와 수탁자인 ㈜수탁상사의 입장에서 분개하라.

(1) 20×5년 초에 ㈜위탁상사는 ㈜수탁상사와 다음 내용의 위탁매매계약을 체결하고 취득단가 ₩1,000인 상품 100개를 적송하였다.

가. 판매가격은 ㈜위탁상사가 책정하며 당분간 상품단위당 ₩2,000이다.

나. ㈜수탁상사는 현금매출만 수행하며, 이에 대한 수수료는 매출액의 20%이다. 그리고 판매를 수행하는 과정에서 발생하는 판매비는 ㈜위탁상사가 부담한다.

다. ㈜수탁상사는 매월 말에 월중의 매출계산서와 대금회수액을 송부한다.

(2) 20×5년 1월 중에 ㈜수탁상사는 적송상품 90개를 매출하였다. 이때 판매관련비용으로 ₩5,000을 지출하였다.

(3) 20×5년 1월 31일에 ㈜위탁상사는 매출계산서와 함께 현금 ₩139,000의 입금을 통보받았다.

[6] 상품권발행에 의한 판매

㈜동아백화점은 다음 조건의 상품권(장당 액면 ₩10,000) 100장을 10% 할인하여 발행한 적이 있다.

> [발행조건]
> 유효기간은 1년이며, 유효기간 중에 현금교환은 인정하지 않는다. 다만, 물품구입 후 잔액이 액면금액의 40% 이하면 현금을 환급한다.

위 상품권을 발행한 다음 해에 전체 상품권 발행액 대비 90%가 행사되었는데, 이와 관련해 발생한 매출원가는 ₩520,000이었다. 행사되지 않은 상품권 발행액 10%에 대해서는 현금 ₩100,000이 환급되었다. 상품권 발행 및 상품 판매 시의 거래를 각각 분개하라.

[7] 정기구독 신청에 의한 판매

㈜한양출판은 정기구독으로만 판매하는 월간잡지 '한양저널'을 출판하는 회사이다. 최소정기구독기간은 1년이고, 연 단위로 연장이 가능하다. 정기구독 신청 후 2개월 내에 취소가 가능하다. ㈜한양출판의 매출 관련정보는 다음과 같다.

	20×5	20×6	20×7
매 출 액	₩3,000,000	₩2,400,000	₩3,200,000
매출액취소율	30%	20%	10%

㈜한양출판은 매년 1월 1일과 7월 1일에 정기구독신청을 받고 있는데, 상반기와 하반기 구독신청비율은 각각 반이다. 20×5년부터 20×7년까지 각 연도에 ㈜한양출판이 보고할 매출수익은 얼마인가?

[8] 반품가능판매

㈜사네는 법적인 의무와 계약규정이 없음에도 불구하고 제품에 불만을 가지는 고객에게는 전액을 환불해 주는 판촉활동으로 고객충성도를 높이고 있다. 20×5년 말 ₩30,000의 현금판매(원가율 80%)를 실시하였다. 과거경험에 따라 판매액의 2.5%가 환불될 것으로 추정하였다.

(1) ㈜사네는 언제 수익을 인식하는가를 설명하라.

(2) ㈜사네의 판매시점에 수행할 분개를 제시하라.

[9] 용역제공거래 : 진행률에 따른 수익인식

20×6년 2월 5일에 ㈜신뢰건설은 계약금액이 ₩500,000인 건설용역프로젝트를 수주하였다. 프로젝트는 20×8년 12월 완성예정으로 진행하여 기간 내에 완공하였다. 아래는 프로젝트와 관련하여 발생한 보고기간별 원가정보와 고객에게 청구한 금액 및 수령한 금액에 관한 정보이다. 공사원가추정치는 매 보고기간 말 최선의 추정치를 나타낸다. 이 프로젝트는 진행률에 따라 수익을 인식하며 진행률 산정에는 투입법을 적용한다.

(단위 : 천원)

	20×6	20×7	20×8
당기 발생원가	₩126,000	₩168,000	₩146,000
기말 추정 추가 공사원가	294,000	126,000	0
대금 청구액	140,000	160,000	200,000
대금 수령액	120,000	150,000	230,000

(1) 각 보고기간 말 진행률과 보고기간별 당기 공사수익을 계산하라.

(2) 20×6년 중 대금청구 · 수령 및 20×6년 말 수익 · 비용 인식을 위한 분개를 제시하라.
참고 : 20×6년 중 지출된 공사원가에 대해서는 다음과 같이 분개하였음.
(차) 미성공사 126,000 (대) 현금 등 제좌 126,000

(3) 20×7년과 20×8년에 필요한 모든 분개를 하라. (단, 지출된 공사원가에 대한 분개를 제시할 필요는 없음)

(4) 위 프로젝트와 관련하여 매 보고기간 말 공시해야 할 계약자산과 계약부채를 계산하라.

[10] 용역제공거래 : 진행률에 따른 수익인식

다음은 20×5년 초에 설립된 ㈜사요컨설팅이 당기 중 수주한 총 5건의 단기환경평가 용역들과 관계된 당년도 자료이다.

<제일팀 수주건>

계약건	용역계약액	당기 발생원가	추가 원가추정액	대금청구액	대금회수
건#1(완성)	₩1,000,000	₩1,100,000	₩0	₩1,000,000	₩1,000,000
건#2(완성)	800,000	700,000	0	800,000	800,000
건#3	1,200,000	400,000	600,000	700,000	1,000,000
건#4	2,000,000	800,000	800,000	1,600,000	1,500,000

<제이팀 수주건>

계약건	용역계약액	당기 발생원가	추가 원가추정액	대금청구액	대금회수
건#5	₩300,000	₩200,000	₩200,000	₩100,000	₩300,000

(1) 제일팀 수주용역에서 발생한 수익과 비용은 얼마인가?

(2) 제이팀 수주용역에서 발생한 수익과 비용은 얼마로 인식해야 하는가?

(3) 상기 수주건과 관련하여 재무상태표에 표시할 계약자산과 계약부채, 용역미수금과 용역선수금은 각각 얼마인가?

[11] 용역제공거래 : 발생주의

다음은 ㈜사자용역의 20×5년 포괄손익계산서의 내용을 정리한 것이다.

용 역 수 익	₩1,000,000
급 여	(500,000)
소 모 품 비 용	(100,000)
기 타 운 영 비 용	(200,000)
당 기 순 이 익	₩200,000

㈜사자용역은 모든 용역제공거래에서 대금을 선취하고 이를 일단 '선수용역수익'이라는 부채계정에 기록한다. 그리고 진행기준에 따라 용역수익을 인식한다. 한편, 급여는 매월 말일에 지급한다. 또한 소모품을 구입하면 '소모품'이라는 자산계정에 일단 기록한다. 이러한 사항들과 아래에 제시된 일부 재무상태표 자료를 이용하여 다음 ①~④의 답을 구하라.

과 목	기초잔액	기중증가액	기중감소액	기말잔액
소모품	₩50,000	①	②	₩55,000
선수용역수익	100,000	③	④	600,000

[12] 용역제공거래 : 기타의 수익인식 방법

㈜사명이 최초로 수주에 성공한 용역제공 거래의 계약금액은 ₩5,000,000이었다. 이 거래를 20×5년 초에 수주하여 20×7년 말에 완료하였다. ㈜사명은 경험이 없었으며 또한 관련 기술의 개발비를 추정하기 어려워 용역제공기간 내내 합리적인 진행률을 산정할 수 없었다. 각 연도의 발생원가와 대금회수는 다음과 같았다.

(단위 : 천원)

	20×5	20×6	20×7
당기 발생원가	₩1,500	₩1,500	₩2,000
당기 대금회수	1,800	1,500	1,700

(1) 최소한 발생원가는 회수할 수 있다고 판단하였을 경우의 각 연도 수익과 비용을 계산하라.

(2) 수주시점 이후 용역발주자의 재무상태가 악화되어 회수되지 못한 미수금의 회수 가능성이 매우 낮다고 판단하였을 경우의 각 연도 수익과 비용을 계산하라.

[13] 계약의 변경

강원물산은 원주상회에게 제품 100개를 ₩20,000(단위당 @₩200)에 판매하기로 계약하였다. 제품은 6개월에 걸쳐 원주상회에게 인도된다. 강원물산이 제품 60개를 원주상회에 인도하고 난 후, 추가로 제품 50개를 고객에게 납품하기로 계약을 변경하여, 동일한 제품을 총 150개 납품하였다. 다음 각각의 경우에 대하여 회계처리를 설명하라. 두 사례는 독립적이다.

1. 원주상회가 단골고객의 추가주문임을 고려하여, 추가 제품 50개에 대한 가격은 10% 할인된, 단위당 @₩180으로 변경하였다.
2. 원주상회는 처음 이전받은 제품 60개에 하자가 있어, 단위당 @₩15씩 총 ₩900을 공제받기로 하였다. 그런데 이 금액은 돌려주기보다는 앞으로 납품할 90개에 대하여 ₩10씩 공제하여 단가를 단위당 @₩190으로 결정하였다.

PART 2
자 산

개 요

제2부는 자산회계를 다룬다. 구체적 내용은 「기업회계기준서」에서 제시하고 있는 자산의 종류별 정의 및 자산 수명주기 동안 발생하는 거래에 관한 회계처리 절차이다. 출발점은 제1부의 제2장 재무보고의 개념체계와 제3장에서 배운 재무제표이다. 자산의 수명주기 동안 발생하는 거래는 크게 취득, 사용 · 보유 및 제거로 나누어 볼 수 있는데, 회계처리 역시 이러한 구분으로 나누어진다. 자산 종류에 따라서는 현재가치 계산이 그 회계의 근간을 이루는 자산도 있으므로 제4장에서 배운 내용을 복습하면 도움이 될 것이다.

재무상태표의 자산을 변동시키는 거래 중에는 손익을 발생시키는 거래도 많이 존재한다. 독자들은 회계원리 혹은 초급 재무회계를 통해서, 보고기간 말(기말)에는 반드시 포괄손익계산서의 손익 항목을 재무상태표의 자본 항목으로 마감하여야 함을 익혔을 것이다. 교재에서 특별히 강조하지 않더라도, 재무상태표의 기말 자본 보고액은 당기손익을 이익잉여금으로, 기타포괄손익을 기타포괄손익누계액으로 마감시킨 후의 금액을 의미한다.

기업은 고유의 사업모델을 추구하는 과정에서 용도에 맞는 자산 포트폴리오를 유지하려고 노력한다. 이미 언급하였듯이 제2부에서는 기업이 보유한 주요 자산별로 취득, 사용 · 보유, 제거에 적용되는 회계처리를 다루지만, 모든 기업이 보유하는 모든 종류의 자산에 관한 회계를 설명하지는 않는다. 본서에서 초점을 맞추는 자산은 유통활동, 제조활동 혹은 농림어업활동에 종사하는 기업이 내수시장에서 재화를 유통, 제조, 생산하는 과정에서 일반적으로 보유하는 자산이다. 다시 말해, 금융기업의 고유자산 중 다양한 금융기법에 대한 이해를 전제로 하는 자산은 다루지 않는다. 같은 맥락에서, 파생금융상품거래에서 나타나는 자산도 다루지 않는다. 그리고 외화로 표시되었기에 외환시장에서의 환율변동에 따라 그 가치가 변화되는 자산 역시 다루지 않는다. 이들 자산의 회계는 고급재무회계 교재로 그 처리를 미룬다. 결론적으로 제2부에서 다루는 자산은 재고자산, 수확물 · 생물자산, 유형자산, 무형자산, 투자자산, 매각예정비유동자산, 금융자산, 관계기업 · 종속기업 · 공동지배기업에의 투자와 영업권이다.

회계처리는 자산을 취득하고 그 종류와 금액을 장부에 기록하는 것으로 시작되며, 기록하는 행위를 '인식(recognition)'이라고 부른다. 이어서 자산의 고유한 사용 및 보유와 관련된 회계처리를 장부에 기록한다. 제2부에서 살펴볼 감가상각 · 상각 그리고 유효이자율법에 의한 상각 등이 그것이다. 그밖에 회계기간 중 발생하는 자산의 판매나 처분도 장부에 기록한다. 그리고 기말에는 자산에 관해 재무보고를 한다.

제2부에서 살펴보는 자산은 기말 재무보고를 할 때 공정가치로 보고할 것인지 여부에 따라 크게 공정가치모형(fair value model)을 적용하는 자산과 원가모형(cost model)을 적용하는 자산으로 구분할 수 있다.

공정가치모형은 자산의 장부금액을 기말 시점의 공정가치로 재측정하여 보고하는 측정모형이다. 이러한 기말 재측정 과정에서 공정가치가 장부금액 이하로 하락한 경우 평가손실을 기록하고, 그 반대이면 평가이익을 기록한다. 이러한 평가손익은 자산에 따라 실현손익인 당기손익으로 간주되어 회계처리되기도 하고, 미실현손익인 기타포괄손익으로 회계처리되기도 한다. 또한 회계기간 중 자산의 가치에 손상이 발생했다고 판단되는 경우에는 기말에 손상 회계를 적용하여 손상차손이라고 부르는 실현손실을 인식해야 한다.

반면, 원가모형은 기말 현재 장부에 기록된 금액을 재무제표에 보고한다. 다만, 원가모형을 적용하는 자산이라도 회계기간 중 자산손상이 발생했다고 판단된다면 반드시 기말에 손상 회계를 적용해야 한다. 그리고 후속 기간에 자산가치가 회복되더라도 과거 인식한 손상차손의 범위 내에서 그 회복을 기록하지만 그 이상의 회복은 기록하지 못한다.

[자산별 측정모형과 손상 회계의 적용 여부]

장	자산 종류*	측정모형		손상**
제6장	재고자산	원가		○
제6장	수확물 · 생물자산	공정가치(당기손익)		반영
제7장~제9장	유형자산과 무형자산	선택	원가	○
			공정가치(기타포괄손익, 당기손익)	○
제9장	투자부동산	선택	공정가치(당기손익)	반영
			원가	○
제9장	매각예정비유동자산	원가		○
제11장	금융자산 중 지분투자	공정가치(당기손익)		반영
		공정가치(기타포괄손익)		×
	금융자산 중 채권투자	원가		○
		공정가치(기타포괄손익)		○
		공정가치(당기손익)		반영
제12장	금융자산 중 수취채권	원가		○
제13장	특수한 지분투자	기타(지분법)		○
	영업권	원가		○

* 제12장에서 다루는 현금(현금및현금성자산)은 제외하였음.

** '반영'은 당해 자산에 적용되는 공정가치모형에서 평가손익을 당기손익으로 인식함에 따라 손상 회계의 취지가 충분히 반영됨을 뜻하며, '○'는 손상 회계를 적용함을, '×'는 손상 회계를 적용하지 않음을 뜻함.

이제 제2부의 장별로 다루는 자산에 측정모형이라고 부르는 두 모형 중 어느 것이 적용되는가와 손상 회계의 적용 여부를 정리한 앞 페이지의 표를 살펴본다.

두 가지 측정모형 중 그 선택이 기업에 위임된 자산도 있고 엄격하게 규정되어 있는 자산도 있다. 금융자산의 경우에는 그 세부 종류에 따라서 선택권·지정권이 부여되기도 한다. 유형자산·무형자산·투자부동산의 경우에는 측정모형의 선택이 허용되지만 다른 종류의 자산에는 자산 종류 혹은 세부 종류별로 적용 모형이 규정된다. 제11장에서 다루는 금융자산들은 투자목적과 대상자산의 특성에 따라서 적용될 모형이 정해지는 것으로 이해하면 된다.

원가모형이 적용되는 자산에는 손상 회계 또한 적용된다. 이미 언급한 대로, 원칙적으로 평가이익은 기록할 수 없다. 한편, 자산회계에 적용되는 공정가치모형은 평가손익이 실현된 손익인지 아닌지에 따라 손상 적용이 달라짐을 알 수 있다. 평가손익을 전액 당기손익으로 인식하는 수확물·생물자산(제6장), 투자부동산(제9장), 지분투자·채권투자(제11장)의 경우 표에서는 '반영'으로 표시되어 있다. 평가손실에 손상이 자연스럽게 반영되어 있다는 의미이다. 평가손실의 일부가 손상차손인데, 전체 금액이 실현손실이므로 손상차손을 구태여 구분하지 않는다는 취지이다. 손상차손은 성격 자체가 실현손실이면서 자산에 따라서는 그 측정이 쉽지 않으므로 이를 구분할 실익이 없다고 보기 때문이다.

반면, 평가손익을 전액 기타포괄손익으로 인식하는 채권투자(제11장)와 일부 기타포괄손익으로 인식하는 유형·무형자산(제7장~제9장)의 경우에는 공정가치 평가로 평가손익을 인식하는데도 불구하고 추가로 손상 회계를 적용한다. 그 이유는 평가손익을 미실현손익으로 인식하는데 그 일부인 손상차손은 실현손익이므로 이를 구분해야 하기 때문이다. 한 가지 더 눈에 띄는 점은, 지분투자(제11장)의 경우에는 평가손익을 기타포괄손익으로 인식하지만 손상 회계를 적용하지 않는다는 것이다.

제2부의 제13장에서 다루는 지분법은 지분투자의 기말 보고액이 공정가치모형도 원가모형도 아닌 모형에 해당한다. 그리고 제10장은 금융상품의 표시 및 측정을 위한 분류를 소개한다. 금융자산(제11장, 제12장), 금융부채(제14장) 및 자기지분상품(제16장) 회계에 대한 이해를 돕기 위해 금융상품에 대한 전반적 지식과 그 종류 및 재무제표상의 표시와 회계처리를 위한 분류를 설명하기 위함이다.

마지막으로 공정가치의 개괄적 정의와 측정방식에 대한 접근법을 소개한다. 「기업회계기준서」 제1113호 '공정가치측정'에서는 공정가치를 '측정일에 시장참여자 사이의 정상거래에서 자산을 매도하면서 수취하거나 부채를 이전하면서 지급하게 될 가격'으로 정의하고 있다. 따라서 개념적으로 공정가치는 자산과 부채가 그 보유 기업으로부터 유출될 때의 가치, 즉 유출가격(exit price)으로 정의된다. 또 시장참여자 사이의 거래는 청산 혹은 기타 강제에 의한 비자발적 매도나 이전이 아닌 정상적인 거래(orderly transaction)로서 유동성이 가장 높은 주된 시장(또는 가장 유리한 시장)에서 이루어지는 거래를 의미한다.

그리고 금융자산이 아닌 자산의 공정가치를 측정하는 경우에는 해당 자산에 대한 최고 최선의 사용(highest and best use)을 가정한다. 최고 최선의 사용 여부를 고려할 때에는 해당 자산의 물리적 사용가능성, 법적 허용 여부, 재무적 실행가능성 등을 고려해야 하며 반증이 없는 한 기업의 현재 사용을 최고 최선의 사용으로 간주한다.

공정가치를 측정할 때는 관측가능한 투입변수의 사용을 최대화하고 관측가능하지 않은 투입변수의 사용을 최소화하면서, 상황에 적합하고 이용가능한 다음의 가치평가기법을 적용한다.

① 시장접근법 : 시장가격이나 그 밖의 관련 정보를 이용하는 방법
② 원가접근법 : 해당 자산의 사용능력을 유지하면서 대체하는 데 필요한 현재 금액을 반영하는 방법(예 현행대체원가법)
③ 이익접근법 : 미래 금액을 단일의 현행 금액으로 전환/할인하는 방법 (예 현재가치기법, 옵션가치평가모형, 다기간 초과이익법)

그리고 이러한 가치평가 기법을 적용할 때, 측정 및 공시의 일관성과 비교가능성을 높이기 위해 투입변수를 아래 세 가지 수준으로 구분하고, 이용가능한 최상위 수준의 변수부터 차례로 투입하여 공정가치를 측정한다. 이러한 공정가치 측정체계를 **공정가치 서열체계**(fair value hierarchy)라고 부른다.

- 수준 1 : 측정일에 동일한 자산이나 부채에 대한 접근가능한 활성시장의 공시가격
- 수준 2 : 수준 1의 공시가격 외에 자산·부채에 대하여 직·간접적으로 관측가능한 투입변수
- 수준 3 : 자산이나 부채에 대한 관측가능하지 않은 투입변수

CHAPTER 06

재고자산

Contents

한국채택국제회계기준		국제회계기준	
제1001호	재무제표 표시	IAS 1	Presentation of Financial Statements
제1118호	재무제표 표시와 공시*	IFRS 18	Presentation and Disclosure in Financial Statements
제1002호	재고자산	IAS 2	Inventories
제1011호	건설계약	IAS 11	Construction Contracts
제1018호	수 익	IAS 18	Revenue
제1023호	차입원가	IAS 23	Borrowing Costs
제1041호	농림어업	IAS 41	Agriculture

* 2027년 1월 1일 이후 최초 개시 회계연도부터 적용되며, 제1001호를 대체함. 조기적용이 허용됨.

재고자산은 통상적인 영업과정에서(in the ordinary course of business) 고객에게 판매하기 위해 기업이 보유하는 자산이다. 실무적으로 타 기업이 생산한 제품을 매입 후 판매하는 활동만 하는 유통기업도 있지만, 대부분의 기업은 자체적으로 수행한 생산활동의 결과물인 제품이나 용역을 고객에게 판매하기도 하고, 채굴한 광물자원이나 생육한 생물자원을 판매하기도 한다. 유통기업과 제조기업의 재고자산 회계는 원가모형을 적용한다는 공통점을 갖는다. 반면, 생물자산을 생산하여 판매하는 농림어업활동 기업의 경우는 생산과정에서 나타나는 재고자산(예 수확물, 생물자산)에 원칙적으로 공정가치모형을 적용한다. 본 장에서는 재고자산 회계 전반에 적용되는 개념과 절차를 설명하되, 편의상 타 기업이 생산한 제품을 고객에게 판매하는 유통기업의 재고자산 회계에 초점을 맞춘다. 제조기업에 달리 고려해야 하는 사항이 있는 경우에는 본문과 부록에 부연설명을 하였다. 농림어업기업의 재고자산 회계는 본장의 제5절에서 소개한다.[1)]

본 장에서 중점을 둔 유통기업의 대표적인 재고자산은 외부에서 매입하는 **상품**이다. 유통기업의 주요 활동은 매입한 상품에 '이윤(markup)'을 붙여 고객에게 판매하는 것이다. 따라서 기업의 재무성과가 일반적으로 총포괄이익으로 요약되지만, 유통기업의 영업활동 성과를 평가할 때의 주요 정보는 매출에서 매출원가(매출한 상품의 매입원가)를 차감한 매출총이익이라 할 수 있다. 상품을 위주로 설명하는 유통기업의 재고자산 회계는 이러한 매출총이익을 산정하는 과정을 쉽게 이해하도록 돕는다.

재고자산은 매입시 취득원가로 **인식**(recognition)하며 기중 판매한 자산을 **제거**(derecognition)하고 기말에 남은 자산을 재무상태표에 보고할 때 **원가배분**(cost allocation)의 절차를 밟는다. 원가배분이란 기초 재고자산 원가와 기중 매입한 재고자산 원가의 합(이를 '매출가능재고원가'라 부름)을 기중 판매한 재고자산의 원가와 기말 재고자산의 원가로 구분하는 과정을 말한다. 이러한 원가배분시에는 원칙적으로 개별법과 함께 종목별 선입선출법 · 가중평균법을 적용하되, 제한적인 특수상황에서는 소매재고법을 적용할 수 있다. 판매한 재고자산의 원가는 **매출원가**(cost of sales)로 보고한다.[2)] 원가

---

1) 농림어업활동에서의 생산용식물은 본서 제7장 · 제8장에서 그 회계처리를 다루는 유형자산이다. 한편, 용역제공활동은 제5장에서 소개하고 있고, 광물추출활동은 제9장에서 광물자원의 탐사와 평가를 다룰 때 설명한다.

2) 「기업회계기준서」 제1001호 '재무제표 표시'에서는 포괄손익계산서를 작성할 때 기업이 그 역사 · 산업 · 기업의 특성에 비추어 비용을 성격별로 분류하거나 혹은 기능별로 분류하는 방식을 선택하되, 성격별 분류가 현금흐름 예측에 더 유용하므로 기능별로 분류한 경우에는 성격별 추가공시를 요구하고 있다(제3장 내용 참조). 매출원가는 기능별 분류방식에서 나타나는 비용 항목이다. 유통기업 회계에서는 매출원가 혹은 이에 근거한 매출총이익률이 제조기업에 비해 더 중요한 역할을 차지하므로(예 소매재고법의 활용이 상대적으로 더 활성화되어 있음), 본 장에서는 기능별 분류 포괄손익계산서의 작성을 전제로 재고자산 회계의 기본을 살펴본다. 부록에서는 제조기업 재고자산인 제품과 재공품의 원가흐름을 배운 후 성격별 분류에 따른 포괄손익계산서와의 표시 차이를 살펴본다.

배분절차를 통해 구분된 기말 재고자산의 원가에는 **저가법**(the lower-of-cost-or-market rule)을 적용하여 보고금액을 결정한 후 이를 재무상태표에 표시한다.

제1절 재고 파악과 원가측정

1. 재고자산과 그 회계의 특징

(1) 재고자산의 정의와 특징

재고자산(在庫資産, inventories)은 다음의 자산을 말한다.

① 통상적인 영업과정에서 판매를 위하여 보유 중인 자산
② 통상적인 영업과정에서 판매를 위하여 생산 중인 자산
③ 생산이나 용역제공에 사용될 원재료나 소모품

재고자산은 궁극적으로 판매하기 위한 자산이다. 통상적인 판매과정에서의 주된 거래상대방은 고객이기 때문에, 동일한 재화라도 고객에게 판매할 용도가 아닌 다른 용도로 보유하고 있으면 재고자산이 아니다. 예를 들어, 차량 판매기업이 보유중인 차량은 그 기업의 재고자산이지만, 이를 사서 업무용으로 사용하는 기업에게는 유형자산이다.

재고자산은 주로 재화(goods)이며, 기업 실무에서 관찰되는 그 종류와 형태는 다양하다. 예를 들어, 상품, 제품, 반제품, 재공품, 원재료, 소모성공구·비품, 미착품 등이다. 여기서, 상품(merchandise) 혹은 제품(manufactured goods)으로의 구분은 외부에서 매입한 것이냐 아니면 자체적으로 생산한 것이냐에 따른 것이다. 두 가지 모두 고객에게 판매하기 위한 자산이라는 점은 동일하다. 기술발전에 따라 재화의 범위는 점차 확대되고 있다. 예를 들어, 전산소프트웨어는 이전수단(예 다운로드) 혹은 저장수단(예 CD)과 복합시켜 제품 혹은 상품으로 분류하고 있다. 유사하게 음악도 그 전달매체와 복합하여 엔터테인먼트회사의 제품 혹은 상품을 구성한다.

(2) 재고자산 회계의 특징

① 인식기준

제2장 '재무보고의 개념체계'의 제6절에서 설명하였듯이, 어떤 항목이 재무제표에 인식되기 위해서는 다음 세 가지 **인식기준**(recognition criteria)을 모두 충족해야 한다.[3)]

(ㄱ) 그 항목이 자산, 부채, 자본, 수익 또는 비용의 정의를 충족한다.
(ㄴ) 그 항목의 인식이 자산이나 부채, 그리고 그에 수반하는 수익, 비용 또는 자본 변동에 대해 목적적합한 정보를 제공한다.
(ㄷ) 그 항목의 인식이 자산이나 부채, 그리고 그에 수반하는 수익, 비용 또는 자본 변동에 대해 충실한 표현을 제공한다.

② 물량흐름의 파악

재고자산은 보고기간 내내 취득 · 처분이 계속적으로 이루어지므로, 회계절차인 자산의 **인식**(recognition) · **제거**(derecognition) 역시 반복적으로 그리고 자주 이루어진다. 취득 · 처분이 **물량흐름**(physical flow)에 초점을 맞춘 표현이라면, 인식 · 제거는 **원가흐름**(cost flow)에 초점을 맞춘 것이다. 물량흐름은 입고와 출고에 따른 재고자산의 실제적 물량 변화를 나타내는 반면, 인식 · 제거는 그 취득원가로 기록한 재고자산에 후술할 단위원가 결정방법(혹은 원가배분방법)을 적용하여 나타나는 장부 기록 금액의 변화를 포착하기 때문이다.

취득 · 처분이 신속, 빈번하게 이루어지는 기업 실무에서 물량흐름을 실시간으로 파악하고 적절하게 관리 및 통제하는 것은 그 자체가 중요한 경영활동의 하나이다. 재고자산 회계 관점에서는 특정 시점에 이 재화를 우리 기업이 판매한 것이냐, 아니냐 혹은 매입한 것이냐, 아니냐를 판단하여 우리 기업의 재고자산을 파악하는 작업이 중요하다. 이를 본 절의 2.에서 살펴본다.

재고 파악이 충실히 이루어져야 그 원가도 정확히 파악할 수 있다는 점에서는 물량흐름의 철저한 관리가 원가흐름 기록의 전제가 된다고 할 수 있다. 그러나 본 장 제2절에서 상세히 설명할 단위원가를 결정할 때는 언제 취득한 재화가 언제 판매된 것인지에 대한 실제 물량흐름과는 별개의 원가흐름에 대한 가정을 사용할 수 있다. 이러한 원가흐름은 실제 물량흐름을 최대한 반영하는 것이 바람직하다. 그러나 물량흐름과 원가흐름이 정확히 일치하지 않을 수도 있다. 예를 들어, 실제로는 먼저 입고된 재고(예 신선식품)를 먼저 판매하는, 즉 물량을 선입선출 처리하는 기업의 경우에도 그 매출원가를 계산할 때 실제 판매된 선입물량의 단위원가를 적용하지 않고 선입물량과 후입물량의

---

3) 본서에서 다루는 자산 중 재고자산, 금융자산 그리고 지분법적용투자자산의 경우에는 「기업회계기준서」에서 별도의 인식기준을 제시하지 않고 있어, 「재무보고를 위한 개념체계(2019)」에서 제시하는 자산 인식기준으로 그 내용을 대체한다. 한편, 생물자산과 수확물, 유형자산, 무형자산, 투자부동산의 경우에는 「기업회계기준서」에서 해당 자산의 인식기준을 제시하고 있다. 공통적으로 포함되는 사항은 해당 자산의 정의를 충족해야 하고, 미래경제적효익의 유입가능성이 높고, 그 자산의 원가를 신뢰성 있게 측정할 수 있어야 한다는 것이다. 자산을 인식함에 있어 「개념체계」가 필요조건을 제시한다면, 「기업회계기준서」는 충분조건을 제시하는 것으로 이해하면 된다. 재고자산이나 금융자산 등은 「개념체계」와 「기업회계기준서」에서의 인식기준이 수렴하는 것으로 생각하면 된다.

평균단가를 적용할 수 있다.

③ 원가배분 혹은 단위원가 결정

재고자산의 원가흐름을 파악하는 것은 보고기간 초 현재 보유하고 있는 재고자산의 원가와 당기에 여러 번에 걸쳐 매입한 재고자산의 원가를 **매출가능재고원가**(cost of goods available for sale)에 모은 다음 이를 기말재고원가와 매출원가로 배분하는 과정을 알아보는 것이다.[4] 이와 같은 원가흐름을 정리하면 다음과 같다.

• 원가흐름 : 기초재고원가 + 당기매입원가 = 매출가능재고원가
= 기말재고원가 + 매출원가

기말재고원가는 후술할 **저가법**을 적용한 후의 금액으로 재무상태표에 보고하며, 매출원가는 기능별 분류 포괄손익계산서의 당기손익항목으로 보고한다. 이렇듯 보고기간 전체의 매출가능재고원가를 재무상태표와 포괄손익계산서에 나누어 보고하는 **원가배분**(cost allocation)을 실시하는 것이 재고자산 회계의 틀이다.

원가흐름은 보고기간 전체뿐 아니라 그 일부를 대상으로 한 경우에도 파악할 수 있다. 다음의 <예제 1>을 통하여 이를 연습해 보자.

예제 1

20×7년 1월 초에 ₩200의 상품을 보유하고 있었다. 1월 중 ₩300의 상품을 매입하였고, ₩400의 상품을 판매하면서 고객으로부터는 ₩600을 받았다. 20×7년 1월 말의 상품 재고원가를 계산하라.

해 답

	월초재고원가	₩200
+	월간매입원가	300
=	매출가능재고원가	₩500
−	매출원가	(400)
=	월말재고원가	₩100

한편, 원가배분을 위해서는 재고자산의 단위원가를 계산하는 것이 필요하다. 기말재고원가를 파악하기 위해서는 기말보유 물량이 어떤 단위원가로 구성되었는지 알아야 하기 때문이다. 따라서 본 장에서는 재고자산의 '**단위원가 결정**'과 '**원가배분**'이라는 용어

4) 제조기업의 경우에는 당기매입원가 대신 당기제조원가를 사용한다.

를 혼용하되, 계산 절차를 강조할 때는 전자를 그리고 재무제표에 미치는 영향에 초점을 맞출 때는 후자를 사용한다.

④ 저가법

가능한 빠른 시간에 판매하거나 혹은 생산을 종료하고자 취득하는 재고자산이지만, 고객에게 판매되기 전까지는 기업이 이를 보유하는 시간이 있을 수밖에 없다. 이 기간이 길어지거나 시장 상황이 변하는 경우, 고객 취향의 변화 혹은 다른 사유로 판매가치가 떨어지거나, 과거기간에 떨어졌던 가치가 전부 또는 일부 회복될 수도 있다. 따라서 기말 재고자산으로 배분된 원가에 저가법을 적용하여 보고기간 말에 보유한 재고자산의 원가를 최종 결정한 후, 해당 금액을 재무상태표에 보고한다.

저가법은 자산은 그 경제적 효익을 초과하는 금액으로 보고하지 않는다는 취지의 **손상 회계**가 재고자산의 경우에 다소 특수한 모습으로 구현된 회계절차이다. 자세한 내용은 본 장 제3절에서 살펴보는데 보고기간 말에 원가와 **순실현가능가치**(통상적인 영업과정의 예상판매가격에서 예상되는 추가 완성원가와 판매비용을 차감한 금액) 중 작은 금액인 저가를 재무상태표에 보고하는 방법이다. 이러한 특징에 초점을 맞출 때는 '재고자산은 저가법으로 측정하는 자산'이라고도 표현할 수 있다.[5)]

2. 재고 파악

재고 파악은 특정 시점에 특정 재고자산이 그 기업의 자산인지 아닌지 여부를 판별하는 과정이다. 재고자산을 취득·처분하는 거래가 다양한 형식으로 표출되는 기업실무에서는 그 작업이 단순하지 않다. 기본원칙은 「기업회계기준서」 제1018호의 수익인식기준에서 제시하고 있다.[6)] 이에 따르면, **법적 소유**(ownership)나 **물리적 점유**(occupation)와 같은 거래의 외형적 특성뿐 아니라 경제적 실질을 함께 고려하여 재고자산 인식 여부를 결정한다.

경제적 실질은 특정 시점 현재 재고자산 보유에 따른 **위험**과 **보상**이 누구에게 귀속하는가 그리고 누가 해당 자산을 **통제**하는가에 달려 있다. 이하에서는 먼저 보유재고 파악에 적용할 수 있는 일반기준을 소개하고, 이어서 일반기준으로 파악하기 힘든 몇몇 특수한 상황을 살펴본다.

---

5) 단, 제5절에서 살펴보는 농림어업활동의 수확물·생물자산에는 순공정가치에 기반을 둔 공정가치모형이 적용(단, 수확물의 경우에는 수확시점에만 적용)된다.

6) 자세한 내용은 제5장에서 다루고 있다.

(1) 일반기준

해당 재고자산이 특정 시점에서 특정 기업 자산인지의 여부는, 많은 경우 물리적 점유보다는 법적 소유 기준에 따라 판정한다. 특수한 상황을 제외하고는 **법적 소유**만으로도 기업이 해당 자산을 배타적이고 독점적으로 사용할 수 있기 때문이다. 기업 자체의 보관시설이 부족한 경우 임대창고에 법적으로 소유하고 있는 상품이나 원재료를 보관시켜 두고 계획에 따라 매장이나 공장으로 이송시키는 상황이 그 예이다.

법적 소유기준에 따르면 운송 중인 재고자산의 귀속판정은 소유권의 이전시점이 될 것이다. 따라서 선적지인도기준(F.O.B. shipping point)으로 운송 중인 자산은 선적시점부터 구매한 기업의 재고자산이며 목적지인도기준(F.O.B. destination)으로 운송 중인 자산은 목적지에 도착하기까지는 판매한 기업의 재고자산이다.

또한 위탁매출계약(consignment sales contract)에 따라 위탁한 상품의 소유권은 판매시점까지는 판매를 위탁한 기업에게 귀속한다. 따라서 판매를 대행하는 수탁기업의 재고자산이 아니다. 한편, 고객이 상품이나 제품을 일정한 기간 동안 시험적으로 사용한 후 그 구매의사를 밝히거나 혹은 구매하지 않고 반송하는 거래에서는 고객이 구매의사를 표시하는 시점까지 해당 자산은 판매기업의 재고자산이다. 이러한 형태의 매출을 시용매출(sales on approval)이라고 부른다.

(2) 법적으로 소유하지 않으나 보유재고에 포함

이제 판매기업이 법적으로 소유하지 않고도 자기의 재고자산으로 기록하는 경우와 또한 법적으로 소유하고 있음에도 자기의 재고자산으로 기록하지 못하는 경우를 살펴본다. 거래상대방인 구매기업의 경우에는 대칭적인 논리가 적용된다.

법적 소유 기준만으로는 재고자산의 귀속 여부를 결정할 수 없어 거래의 경제적 실질로 판단하여 보유재고에의 포함 여부를 결정하는 경우도 있다. 예를 들어, 매출가격에 적절한 이자를 덧붙인 가격으로 다시 사겠다는 조건으로 이루어진 환매조건부매출(sales with buyback agreement)의 경우를 살펴보자. 이러한 거래의 경제적 실질은 재고자산 소유에 따른 위험과 보상이 구매기업에 이전되지 않고 여전히 판매기업에게 귀속한다는 것이다. 그 사이 소비자 취향이 변화해서 판매가격이 떨어질 위험이나 혹은 환매 후 가치상승이 있는 경우의 추가효익은 판매기업에 귀속된다. 따라서 이러한 거래의 본질은 판매기업이 구매기업으로부터 재고자산을 담보로 자금을 차입한 거래에 해당하므로 법적 소유권이 이전되었다 하더라도 판매기업의 재고자산으로 남는다.

다음으로 반품가능판매(sales with return privilege)의 경우를 살펴보자. 매출에 따라 재고자산의 소유권은 구매기업에게로 이전한다. 그런데 예상되는 반품부담액이 중요한

데도 그 금액을 신뢰성 있게 추정하는 것이 불가능한 경우에는 반품기간이 종료되거나 혹은 구매기업이 반품하지 않고 인수한다는 의사를 표시하는 시점까지 매출 자체를 인식하지 않는 것이 적절할 수 있다. 즉, 판매기업은 그 시점까지 해당 재고자산을 자신의 보유재고에 포함시키는 것이다.

(3) 법적으로 소유하고 있으나 보유재고에서 제외

한편, 법적으로 소유하고 있어도 해당 재고자산을 기업의 보유재고에 포함해서는 안되는 경우가 있다. 예를 들어, 판매기업이 소유권을 보유하고 있지만 수익인식기준을 충족시키는 장기할부판매의 경우를 살펴보자. 장기할부판매(long-term installment sales) 중에는 판매기업이 할부대금의 회수를 보장받기 위하여 법적 소유권은 유지한 채 재고자산을 인도하고 할부대금을 회수하지 못하면 해당 상 · 제품의 재점유(repossession)를 행사하는 형태의 판매가 있다.

이러한 거래는 구매기업의 입장에서도 유리한 점이 있기 때문에 많이 나타날 수 있다. 동종 자산을 대량으로 소유하고 있는 판매기업으로 하여금 보험료지급을 대행하게 함으로써 낮은 보험요율을 적용받을 수 있는 등의 혜택을 누릴 수 있기 때문이다. 이 거래에서 판매기업은 해당 자산에 대한 소유권을 가지고 있어도 이를 자신의 보유재고에 포함하지 않는다.

지금까지 설명한 보유재고 파악에 대한 일반기준과 예외사항들에 대한 내용을 익히기 위하여 다음의 <예제 2>를 살펴보자.

예제 2

다음은 ㈜오이유통이 결산일인 20×7년 12월 31일 현재의 보유재고를 파악하기 위하여 정리한 자료이다. 각각의 경우에 ㈜오이유통의 기말재고인가를 검토하라.

1. 대금을 완불하였으나 보관장소를 결정하지 못하여 판매기업에게 보관시키고 있는 상품
2. 매매계약을 체결하였으며 20×8년 초에 계약대금을 수취하면서 인도하기로 한 상품
3. 다른 기업에게 (수익인식기준을 충족하는) 장기할부판매를 실시하고 그 소유권은 ㈜오이유통이 유지하고 있는 상품
4. 외국에서 주문하고 대금을 결제하여 현재 선적지인도기준(F.O.B. shipping point)으로 이송 중인 상품
5. 다른 기업이 20×8년 초에 되사겠다고 약속하여 그 기업으로부터 매입하여 보관하고 있는 상품 (환매가격은 매입가격에 적절한 이자를 합한 금액이라고 가정)

해 답

1의 상품은 법적 소유기준에 따라 점유 여부와 관계없이 기말재고에 포함한다.

2의 상품은 계약만 체결한 상태이므로 회계거래로서 인정하지 않는다. 판매거래가 발생하지 않았기에 기말재고에 포함한다.

3의 상품은 법적으로 소유하고 있어도 그 경제적 실질에 비추어 볼 때 판매한 것이므로, 기말재고에 포함하지 않는다.

4의 상품은 선적시점부터 이미 ㈜오이유통의 재고자산이다.

5의 상품은 상대방이 다시 가져가는 조건으로 잠시 보관하고 있을 뿐이며 소유에 따른 위험과 보상 역시 상대방에게 귀속되므로, ㈜오이유통은 비록 점유하고 있더라도 이를 기말재고에 포함하지 않는다.

3. 원가측정

재고자산의 **취득원가**는 **매입원가, 전환원가** 및 재고자산을 현재의 장소에 현재의 상태로 이르게 하는 데 발생한 **기타원가**로 구성된다.

(1) 매입원가

재고자산의 **매입원가**는 매입가격에 수입관세와 제세금(과세당국으로부터 추후 환급받을 수 있는 금액은 제외), 매입운임, 하역료 그리고 완제품, 원재료 및 용역의 취득과정에 직접 관련된 원가를 가산한 금액이다. 그리고 재고자산의 매입원가를 결정할 때는 매입할인, 리베이트 및 기타 유사내역은 차감한다.

이러한 원가를 현금으로 즉시 결제하기도 하고 혹은 일단 외상으로 하고 나중에 결제하기도 하면서, 그 발생액을 재고자산으로 인식한다. 이때 실무에서는 본 장 제2절에서 후술할 원가흐름 기록방식에 따라 해당 재고자산의 증가를 '상품'계정에 기록하기도 하고(계속기록법), 일단은 자산의 가산항목인 '**매입**'계정에 기록하기도 한다(실지재고조사법).[7] 예를 들어, 다음과 같이 '매입'계정을 차기하여 분개한 상품취득거래로 인식한 상품 취득원가는 ₩300(=₩250+₩20+₩30)이다.

[매입가격 외상]	(차) 매 입	250	(대) 매입채무	250
[매입운임 현금]	(차) 매 입	20	(대) 현 금	20
[하역요금 외상]	(차) 매 입	30	(대) 매입채무	30

7) 후속거래 진행에 따라 '매입'계정의 성격이 변화하지만, 취득시점의 '매입'은 자산의 가산항목이다.

매입할인(purchase discount)은 재고자산을 외상으로 매입할 때 판매자가 거래대금의 조속한 회수를 위하여 제시하는 인센티브이다. 정해진 기간 내에 현금을 지급하면 거래대금의 일부를 할인하여 주는 형태로 나타난다. 주로 제조기업 혹은 도매상이 그들의 고객인 소매상들에게 재화를 판매할 때 제공하는 결제조건이다.

할인하여 지급할 금액(이하, 순액)이 매입시점의 재고자산 현금등가액이며, 매입할인 금액은 거래대금을 늦게 지급하면 부담하는 암묵적 금융비용(즉, 이자비용)에 해당한다. 매입할인을 포기하는 매입자는 매입할인에 해당하는 금액을 더 지급하는 대신 할인받은 기간 동안 해당 금액을 다른 용도에 활용할 수 있다. 외상지급 만기일까지 현금을 융자받는 대가로 금융비용을 부담하는 셈이다. 그러므로 매입할인을 재고자산 취득원가에 포함하지 않는 것이 적절하다. 원칙적으로 금융비용은 당기손익으로 인식하며 자산 취득원가에 포함시키지 않기 때문이다. 이와 같은 방식은 재고자산의 취득원가를 순액으로 인식하는 회계처리이므로, 실무에서는 **순액법**이라고 부르기도 한다.

한편, 실무에서는 매입시점에 암묵적 이자를 포함한 총액으로 자산 취득원가를 기재한 후, 매입할인을 선택하면 그에 해당하는 금액을 해당 자산의 취득원가에서 차감하는 회계처리를 수행하기도 한다. 소위 **총액법**이라고 부르는 방식이다.

매입할인을 선택한 경우에는 순액법과 총액법은 모두 매입할인 금액을 재고자산 취득원가에 포함시키지 않는다. 그러나 두 방법은 포기한 할인혜택에 해당하는 금액을 취득원가에서 제외하고 금융비용으로 인식하는지(순액법) 혹은 재고자산 취득가액으로 포함하는지(총액법)의 측면에서 차이가 있다. 기준서에서는 재고자산의 후불조건 취득거래에서 계약이 실질적으로 금융요소를 포함하고 있다면, 해당 금융요소를 금융이 이루어지는 기간 동안 이자비용으로 인식하도록 한다. 따라서 총액법은 순액법 적용 결과와의 차이가 중요하지 않은 경우에만 사용될 수 있을 것이다.

다음의 <예제 3>을 이용하여 매입할인 회계처리를 살펴보자.

예제 3

다음과 같이 ㈜오삼유통이 20×7년 여름에 수행한 상품 외상매입과 관련된 거래들을 순액법과 총액법으로 분개하라. 단, 상품매입은 '상품'으로 인식하라.

- 7월 초, 다음 신용조건으로 상품 ₩300을 외상매입하였다.
  [정상조건] 일주일 내 결제시 대금의 1% 할인, 한 달 내 결제시 할인 없음.
  [추가조건] 두 달 내 결제시 대금의 3% 할증
- ㈜오삼유통은 외상매입의 각 1/3씩을 일주일 되는 날, 한 달 되는 날 그리고 두 달 되는 날에 결제하였다.

해 답

거 래	순액법				총액법			
	(차)		(대)		(차)		(대)	
매 입 시 점	상 품	297	매입채무	297	상 품	300	매입채무	300
일주일 되는 날	매입채무	99	현 금	99	매입채무	100	현 금	99
							상 품	1
한 달 되는 날	이자비용*	2	매입채무	2	분개없음			
	매입채무	100	현 금	100	매입채무	100	현 금	100
두 달 되는 날	매입채무	100	현 금	103	매입채무	100	현 금	103
	이자비용	3			이자비용	3		

* 매입할인을 선택하지 않은 상품 ₩200에 대한 한 달 간의 이자비용을 인식함.

(2) 전환원가

전환원가는 원재료를 완제품으로 전환하는 과정에서 소요되는 원가를 의미한다. 따라서 전환원가는 제조기업의 재고자산의 취득원가를 계산하는 과정에서 고려된다. 전환원가를 이해하기 위해서는 제조기업의 재고자산 흐름을 먼저 살펴볼 필요가 있다.

유통기업의 재고자산은 주로 상품으로 구성되는 반면, 제조기업의 재고자산은 크게 제품, 재공품 및 원재료 · 소모품 등으로 분류할 수 있다. **제품**(manufactured goods)은 고객에게 판매할 완성된 재화이므로, 유통기업의 상품에 해당되며 판매되는 시점에 매출원가로 기록된다. **재공품**(WIP, work in process)은 생산 중인 미완성재화를 의미한다. 재공품은 완성되는 시점에 제품 계정으로 대체된다. 그리고 **원재료**(raw materials)는 제품생산을 위하여 매입한 자산이다. 따라서 공정에 투입되는 시점에 재공품으로 전환된다. 부품(parts)과 소모품(supplies)도 원재료와 성격을 같이 하는 자산이며 그 금액이 중요한 경우에는 별도로 구분할 수 있다. 제조기업의 원가흐름을 정리하면 다음과 같다.

• 제조기업 원가흐름: 기초재고원가 + 당기제조원가 = 매출가능재고원가
= 기말재고원가 + 매출원가

이는 유통기업의 원가흐름 중 당기매입원가를 당기제조원가로 대체한 것이다. 제조기업의 **당기제조원가**에는 **재료원가, 노무원가** 및 경비 등이 포함된다. 재료원가와 노무원가는 제품의 일부분임을 구분할 수 있는지 여부에 따라 직접 및 간접원가로 나뉜다. 제조 공정에 사용된 유형자산에 대한 감가상각비 및 수선유지비와 공장 관리비 등의 제반 지출을 포함하는 경비항목은 생산량에 관계없이 일정하게 발생할 경우 고정제조간접

원가로 구분된다. 변동제조간접원가는 간접재료원가나 간접노무원가처럼 생산량(즉, 조업도)에 완전하게 혹은 거의 비례적으로 발생하는 원가를 말한다.

상기와 같은 제조원가의 구성요소를 정리하면 <표 6.1>과 같다.

표 6.1
제조원가 구성요소

구성요소			
제조원가	직접재료원가		
	직접노무원가		
	제조간접원가	고정제조간접원가	
		변동제조간접원가	간접재료원가
			간접노무원가
			기타

전환원가는 이 중에서 직접노무원가 등 생산량과 직접 관련된 원가를 포함한다. 또한 원재료를 완제품으로 전환하는 데 드는 고정 및 변동 제조간접원가도 포함한다.

한편, **제조간접원가**는 원가·관리회계 영역에서는 전통적으로 **배부**(allocation)라고 부르는 과정을 거친다. 생산이 진행됨에 따라 발생되었으리라고 추정되는 원가를 제조간접원가로 집계하는 과정이다. 배부는 생산량과 같은 생산활동의 수준을 의미하는 '**조업도**'에 근거한다. **실제조업도**는 보고기간 중 실제 달성한 생산수준을 의미한다. 한편, **정상조업도**는 정상적인 상황에서 상당한 기간 동안 평균적으로 달성할 수 있을 것으로 예상되는 생산량으로, 계획된 유지활동에 따른 조업도 손실이 고려된다. **고정제조간접원가**는 생산설비의 **정상조업도**에 기초하여 전환원가에 배부한다. 여기에는 실제조업도가 정상조업도와 유사할 것이라는 가정이 깔려있다. 따라서 기업이 적용하는 정상조업도 기준이 적정한지 검토 없이 사용하게 되면 배부액이 비용발생액과 크게 달라지게 된다. 만일 실제조업도가 정상조업도보다 낮아서 결과적으로 전환원가에 배부되지 않은 고정제조간접원가가 생긴다면, 이는 발생한 기간의 비용으로 인식한다.[8] 반면, 비정상적으로 많은 생산이 이루어진 기간에는, 재고자산이 원가 이상으로 측정되지 않도록 생산단위당 고정제조간접원가 배부액을 감소시켜야 한다. 한편, 변동제조간접원가는 생산설비의 실제 사용에 기초하여 각 생산단위에 배부한다. 일반적으로 실제 사용 정도는 실제조업도와 일치하므로, 실제조업도에 따라 배부하는 것과 동일한 결과를 가져온다.

---

8) 예를 들어, 제조설비의 감가상각비가 연 ₩10,000이라고 하자. 연간 정상조업도가 20단위이면 단위당 감가상각비는 ₩500이 된다. 그런데 실제 생산을 15단위밖에 하지 않았다면 실제 생산량에 해당되는 감가상각비 ₩7,500은 제조원가로 배부되어 재고자산으로 인식되며, 향후 제품이 판매될 때 매출원가로 대체된다. 한편, 배부되지 않은 ₩2,500은 즉시 당기비용으로 인식된다. 생산과정에서 비정상적인 비능률 및 비효율이 발생한 결과를 당기비용으로 처리하는 것이다. 따라서 비정상적인 낮은 조업도 및 유휴 설비와 관련된 비용을 정확히 회계처리하려면 정상조업도의 적정성을 꾸준히 검토해야 한다.

제조기업의 원가흐름에 관한 보다 자세한 설명은 부록에 제시되어 있다.

(3) 기타 원가

기타 원가는 재고자산을 현재의 장소에 현재의 상태로 이르게 하는 데 발생한 범위 내에서만 취득원가에 포함된다. 예를 들어 특정한 고객을 위한 비제조간접원가 또는 제품 디자인원가를 재고자산의 원가에 포함하는 경우를 들 수 있다. 그러나 다음과 같은 원가는 재고자산의 취득원가에 포함할 수 없으며, 발생기간의 비용으로 인식하여야 한다.

(1) 재료원가, 노무원가 및 기타 제조원가 중 비정상적으로 낭비된 부분
(2) 후속 생산단계에 투입하기 전에 보관이 필요한 경우 이외의 보관원가
(3) 재고자산을 현재의 장소에 현재의 상태로 이르게 하는데 기여하지 않은 관리간접원가
(4) 판매원가

재고자산의 취득원가에는 '차입원가' 또한 포함될 수 있다. '차입원가'는 유형자산 회계를 다루는 제7장에서 자세히 설명하기로 하고, 여기서는 간단히 개념만 살펴본다. 기업 회계에서 원칙적으로 모든 금융비용은 당기손익으로 인식한다. 앞서 살펴보았듯이 재고자산 취득시 매입할인의 포기로 인한 실질적인 금융요소도 당기비용으로 인식하고 자산으로 인식하지 않는다. 다만, 적격자산의 취득, 건설 또는 생산과 직접 관련되는 차입원가는 당해 자산의 취득원가에 포함하여야 한다. 이러한 차입원가는 적격자산 취득에 필수적이며, 당해 자산을 취득하지 않았더라면 **회피가능하였을**(즉, 부담하지 않았을) 원가이므로, 취득원가의 일부로 포함하여야 한다는 것이 주요 논리이다.

여기서 **적격자산**(a qualifying asset)이란 의도된 용도로 사용하거나 판매가능한 상태에 이르게 하는 데 상당한 기간을 요구하는 자산으로서, 재고자산, 제조설비자산, 전력생산설비, 무형자산 및 투자부동산 등의 자산이 경우에 따라 적격자산에 해당한다. 따라서 재고자산에 국한하여 볼 때 ① 취득시점에 의도된 용도로 사용할 수 있거나 판매가능한 상태에 있는 재고자산과 ② 단기간 내에 생산되거나 제조되는 재고자산은 적격자산이 아니다.

적격자산에 해당하면 그 취득, 건설 또는 생산과 직접 관련되는 차입원가를 반드시 자본화하여야 한다. 다만, 반복적으로 대량 생산·제조하는 재고자산의 경우에는 자본화 여부를 선택할 수 있다.[9] 여기서 **차입원가**(borrowing costs)는 자금의 차입과 관련하

---

9) 생물자산도 적격자산이 될 수 있는데, 그 취득 또는 생산과 직접 관련되는 차입원가의 자본화 역시 반드시 수행되어야 하는 것은 아니다.

여 발생하는 이자 및 기타 원가이며, **자본화**(capitalization)는 관련 금액을 자산의 취득원가로 인식하는 회계처리이다. 보다 자세한 내용은 유형자산 회계를 다루는 제7장에서 설명한다.

제2절 원가흐름 기록과 단위원가 결정

인식은 취득시점에 이루어져야 한다. 반면 보고기간 중에 재고자산의 제거를 기록하는 시점, 즉 판매된 재고자산원가를 매출원가로 기록하는 시점은 엄격하게 규정되고 있지 않다. 매출원가를 구분하는 과정인 단위원가의 결정, 즉 원가배분을 보고기간 중에 얼마나 자주 실시하는지를 기업의 판단에 따르도록 하고 있기 때문이다. 이하의 내용은 모든 종류의 재고자산(제5절의 최초인식 후의 수확물 포함)에 동일하게 적용되지만, 유통기업의 주요 재고자산인 상품을 중심으로 설명한다.

1. 원가흐름의 기록

원가배분은 수행 빈도에 따라 보고기간 말에 1회 실시·기록하는 방식과 매출시점마다 실시·기록하는 방식으로 크게 나눌 수 있다. 각각에 대응하는 실무를 실지재고조사법과 계속기록법이라고 부르는데, 먼저 그 특징을 살펴본 다음 구체적인 적용 방법을 익힌다.

(1) 실지재고조사법

실지재고조사법(periodic inventory system)은 보고기간 말에 1회 원가배분을 실시하고 그 결과를 기록하는 방식이다. 보고기간 말에는 먼저 **재고실사**를 통하여 보유 상품들의 원가를 파악한다. 즉, 필수적으로 실시하는 재고실사과정에서 기말재고의 단위원가를 결정하는 것이다. 그리고 이 실사액을 보고기간 중에 집계한 매출가능재고원가에서 차감함으로써 매출원가를 인식한다.

이 방식에서는 상품을 매입할 때마다(현금매입 가정) 통상 그 매입원가를 임시계정인 '매입'에 기재한다.

(차) 매 입	×××	(대) 현 금	×××

그리고 상품을 매출할 때는(현금판매 가정) 다음과 같은 수익인식 분개만 하고 자산

제거 및 매출원가 인식 분개를 수행할 수 없다. 기중에는 원가배분을 하지 않아 매출시점에 판매된 재고자산의 원가를 모르기 때문이다.

(차) 현　　금	×××	(대) 매　　출	×××

그리고 보고기간 말에는 일단 다음의 ① 분개를 통해 '매입'을 '상품' 계정으로 재분류한다.

① (차) 상　　품	×××	(대) 매　　입	×××

이제 '상품' 잔액은 보고기간 초 전년도 말에서 이월된 상품의 원가와 당기 매입원가를 모은 매출가능재고원가를 나타낸다. 여기에서 실지재고조사를 통해 파악한 기말재고원가를 차감하게 되면 매출원가가 산출된다. 즉, 매출원가는 '기초재고원가+당기매입원가-기말재고원가'에 해당한다.

이렇게 산출된 매출원가를 비용으로 인식하고 동액의 상품을 제거한다. 보고기간 말에 1회 실시하는 이 분개는 다음의 ②와 같다.

② (차) 매출원가	×××	(대) 상　　품	×××

보고기간 말의 원가배분과 관련된 위의 ①과 ②의 분개는 모아서 수행하는 것이 편리하다. 이때 상품의 차변기재액(당기매입원가)과 대변기재액(매출원가, 즉 기초재고원가+당기매입원가-기말재고원가)이 상계되면서 그 순잔액(기초재고원가-기말재고원가)이 대변에 나타날 수도 있고 차변에 나타날 수도 있다. 보고기간 중에 재고자산 보유액이 감소한 경우, 즉 상품변동액 순잔액이 대변에 나타나는 경우의 결합된 원가배분 분개는 다음과 같다.

(차) 매출원가	×××	(대) 매　　입	×××
		상　　품	×××

앞의 분개는 또한 금액 측면에서 매출원가는 당기매입원가와 기중의 상품감소액(기초재고원가-기말재고원가)의 합계액임을 표현한 것이기도 하다.

(2) 계속기록법

계속기록법(perpetual inventory system)은 매출시점마다 원가배분을 수행함으로써 상품 원가흐름의 변동을 계속해서 파악하고 그 결과를 자산제거·매출원가인식으로 기록하는 방법이다. 원가배분을 수행하기 위해서는 매출된 재고자산에 적용할 단위원가를 매출시마다 결정하여야 한다.

그리고 이 방식에서는 상품을 매입할 때마다 통상 그 매입원가를 '**상품**'계정에 기록하고, 그리고 매출할 때마다 다음의 두 개의 분개를 기록한다. 매출수익인식 분개와 자산제거 · 매출원가인식 분개이다. 외상매출을 가정할 때 해당 분개는 각각 다음과 같다.

(차) 매출채권	×××	(대) 매 출	×××
(차) 매출원가	×××	(대) 상 품	×××

매번의 매출시점마다 계산한 매출원가를 합하면 보고기간의 매출원가가 된다. 그리고 보고기간 말의 '상품' 계정 잔액인 기말재고원가는 '기말재고원가=기초재고원가+당기매입원가-매출원가'를 통해 계산할 수 있다.

(3) 실지재고조사법 대 계속기록법

이렇듯 두 방식은 보고기간 중에 실시하는 **원가배분의 빈도**에서 차이를 보인다. 그리고 인식 · 제거를 기록할 때 사용하는 계정에도 다소 차이가 있다. 이러한 차이가 재무제표에 보고되는 금액에도 차이를 가져올까?

매입단가가 불변할 경우에는 원가배분의 빈도 차이가 기말재고원가 · 매출원가 차이로 이어지지 않는다. 매입시점마다 매입단가가 변동될 경우에는, 원가배분을 실시할 때 적용하는 단위원가 결정방법에 달려 있다. 단위원가 결정방법은 본 절의 다음 주제이므로, 여기에서는 원가배분빈도에 따른 차이만 확인한다. 매입단가를 ₩1으로 고정하여 원가배분과정에서의 단위원가 결정방법이 영향을 미치지 않는 <예제 4>를 살펴보자.

예제 4

다음의 상품 관련 자료를 보고, 요구된 사항을 처리하라.

- 기초재고원가 ₩200, 당기매입원가 ₩300
- 독립적인 두 경우의 기말재고원가, 매출원가 및 매출액은 다음과 같다.

	기말재고원가	매출원가	매출액
경우 1 :	₩100	₩400	₩600
경우 2 :	400	100	150

- 매입과 매출은 모두 현금거래였다.

경우 1과 경우 2의 매입, 매출 및 기말의 분개를 실지재고조사법과 계속기록법을 대비하는 형식으로 보여라.

해 답

<경우 1>

	실지재고조사법	계속기록법
매입	(차)매 입 300 (대)현 금 300	(차)상 품 300 (대)현 금 300
매출	(차)현 금 600 (대)매 출 600	(차)현 금 600 (대)매 출 600 (차)매출원가 400 (대)상 품 400
기말**	(차)매출원가 400 (대)매 입 300 상 품 100*	없음

* 상품변동액 = 기초재고원가 ₩200 − 기말재고원가 ₩100 = ₩100. 대변잔액

** 다음과 같이 분개할 수도 있다.

(차) 매출원가	500	(대) 상 품(기초)	200
		매 입	300
(차) 상 품(기말)	100	매출원가	100

<경우 2>

	실지재고조사법	계속기록법
매입	(차)매 입 300 (대)현 금 300	(차)상 품 300 (대)현 금 300
매출	(차)현 금 150 (대)매 출 150	(차)현 금 150 (대)매 출 150 (차)매출원가 100 (대)상 품 100
기말**	(차)매출원가 100 (대)매 입 300 상 품 200*	없음

* 상품변동액 = 기초재고원가 ₩200 − 기말재고원가 ₩400 = ₩(200). 차변잔액

** 다음과 같이 분개할 수도 있다.

(차) 매출원가	500	(대) 상 품(기초)	200
		매 입	300
(차) 상 품(기말)	400	매출원가	400

또한 두 방식은 감모손실의 파악 가능 여부에서 차이를 보인다. **감모손실**(loss due to inventory shrinkages)이란 재고자산 보유 중의 폐기, 증발, 감량, 도난, 분실 등의 사유에 따라 발생하는 손실이다.

계속기록법은 이러한 감모손실을 포착할 가능성이 상대적으로 높다. 매출시점마다 그 당시 매출가능재고원가에서 판매된 재고자산의 원가를 제거하므로, 보고기간 말에는 감모가 없는 한 장부상 금액의 자산이 실제로 존재하여야 한다. 만일, 보고기간 말에 수행한 재고실사로 파악한 금액이 장부상 원가보다 적다면 감모손실이 발생했음을 알게 된다.

반면, 실지재고조사법은 재고실사를 수행하여 기말재고자산원가를 파악하고 나서 이를 매출가능재고원가에서 제외한 금액을 모두 판매된 것으로 간주하는 방식이다. 결과적으로, 감모로 인해 감소된 재고자산은 별도로 구별되지 않는다.

2. 단위원가의 결정(원가배분)

앞서 보았듯이 재고자산의 매입단가가 변하지 않는 경우에는 재고기록의 빈도에 관계없이 어느 방법에서나 동일한 기말재고자산 및 매출원가금액이 도출된다. 그러나 실무에서는 동일한 재고자산이라 할지라도 매입단가가 매입시점마다 다른 경우가 더 흔하다. 이런 경우에는 당기에 판매된 재고자산과 당기 말 남아 있는 재고자산에 얼마의 매입단가를 적용하는가에 따라 기말재고자산 및 매출원가금액이 달라진다. 가장 정확하게 회계처리를 하려면 판매되는 재고자산이 얼마에 구입된 것인지를 추적하여야 하겠지만, 시간과 노력이 많이 든다. 따라서 「기업회계기준서」에서는 재고자산의 단위원가를 결정하는 방식을 선택하여 적용하도록 한다. 이러한 단위원가의 결정방법은 원가의 흐름에 대한 가정이 반영된다. 다음에서는 「기업회계기준서」에서 인정하는 합리적인 단위원가 결정방법인 개별법, 선입선출법 및 가중평균법을 살펴본다.10)

(1) 개별법

개별법(specific identification method)은 개별적으로 식별되는 재고자산 항목(an item, 단위자산이라고 해석해도 무방함)별 원가를 그 단위원가로 하는 방법이다. 따라서 물량흐름과 원가흐름이 정확하게 일치한다.

이러한 개별법은 통상적으로 상호 교환될 수 없는 항목이나 특정 프로젝트별로 생산되고 분리되는 재화 또는 용역에 적용하는 방법이다. 예를 들어, 주문제작된 특수한 설비나 특정 기업에 대한 회계감사 서비스 등이다. 그러나 통상적으로 상호교환가능한 대량의 재고자산에 개별법을 적용하는 것은 적절하지 않다. 그런 경우에는 기말재고로 남아 있는 항목을 선택하는 방식을 이용하여 손익을 자의적으로 조정할 수도 있기 때문이다.

(2) 선입선출법과 가중평균법

상호 교환가능하고 대량으로 취득·보유하기에 혹은 다른 사유로 인하여 개별법 적용이 적절하지 않은 재고자산이 있다. 이러한 경우 기업은 재고자산을 그 성격과 용도면에서의 유사성에 따라 분류한 다음 각 분류별로 그 단위원가를 선입선출법이나 가중평균법을 적용하여 결정한다. 따라서 재고자산의 분류가 다르면, 다른 단위원가 결정방

10) 현행 「기업회계기준서」에서는 인정하지 않는 후입선출법을 본 장 부록에서 다루고 있다. 선입선출법과 대비할 때 원가배분의 중요성을 확인할 수 있는 학습사례이기도 하고 일반기업회계기준에서 규정하는 원가결정방법의 하나이기도 하기 때문이다.

법을 사용할 수 있다. 본 장에서는 단위원가 결정목적으로 정한 이러한 분류를 종목이라고 부른다.

종목별로 매출된 재고 혹은 보유한 재고의 단위원가를 결정할 때는 그 종목에 속하는 항목들의 물량흐름을 정확히 파악하기 어렵거나 혹은 파악할 경제적 실익이 없는 경우가 많다. 따라서 선입선출 혹은 평균적으로 매출하였을 것이라는 원가흐름가정(cost flow assumption)하에 단위원가를 결정한다.

선입선출법(first-in first-out method : FIFO)은 먼저 매입한 재고자산항목(즉, 단위자산)이 먼저 판매되고 결과적으로 원가배분시점에 재고로 남아 있는 항목은 가장 최근에 매입한 순서로 구성된다고 가정하는 방법이다. 그리고 기말재고원가는 그 항목들의 단위원가를 집계한 금액이다.

이렇게 먼저 매입된 재고가 먼저 판매된다는 가정은 많은 기업이 보유하는 많은 종목의 재고자산 물류흐름과 일관되기도 한다. 선입되었는지 여부는 원가배분시점에 판정한다. 실지재고조사법으로 보고기간 말에 1회 자산제거를 기록하는 경우에는 보고기간 말 기준으로 선입 여부를, 그리고 계속기록법으로 매번의 매출시점에 자산제거를 하는 경우에는 그 시점에서의 선입 여부를 살펴본다. 그런데 선입 여부는 보고기간 중에 언제 헤아려 보아도 동일하다.[11] 따라서 선입선출법을 적용할 경우에는 원가흐름 기록방식에 무관하게 기말재고원가·매출원가는 동일하게 계산된다.

가중평균법(weighted average cost method)은 기초재고자산과 기중매입 재고자산의 원가를 가중평균하여 해당 종목에 속하는 재고자산의 단위원가를 결정하는 방법이다. 이 경우 평균은 기업의 상황에 따라 주기적으로 계산하거나 매입할 때마다 계산할 수 있다.

실지재고조사법에서는 보고기간 말에 1회 원가배분을 실시하므로, 단위원가는 보고기간 전체의 매출가능재고원가를 그 해당 단위수(기초재고물량+당기매입물량)로 나누어 계산한다. 실무에서는 이를 **총평균법**이라고 부르기도 한다.

한편, 계속기록법에서는 매번의 매출시점마다 매출원가를 기록해야 하므로, 매출시마다 적용할 단위원가를 계산한다. 매출 직전에 보유하고 있던 재고자산 원가총액을 보유단위수로 나누어 단위원가를 계산한다. 달리 표현하면, 매출시점 사이에 이루어진 매입에 따라 새로이 구성되는 보유재고의 단위원가를 계산하고 이를 다음 번의 매출에 적용하는 것이다. 실무에서는 이를 **이동평균법**이라고 부르기도 한다. 평균을 구할 때마

---

11) 2년 전에 태어난 '첫째'는 올해 설날에나, 추석에나 첫째다. 즉, 관찰시점에 따라 첫째의 신원은 바뀌지 않는다. 하지만 막내의 경우는 다르다. 올해 여름에 '둘째'가 태어나는 경우, 설날의 막내는 2년 전 태어난 '첫째'지만, 추석의 막내는 올해 여름 태어난 '둘째'이기 때문이다. 본 장 부록에서 다루는 후입선출법의 경우 일반적으로 실지재고조사법과 계속기록법의 원가배분결과가 다른 이유이기도 하다.

다, 구성 재고자산의 내역이 다르므로, 일반적으로 총평균법과 이동평균법의 계산결과는 다르다.

(3) 원가흐름 기록방식과 단위원가 결정방법

기업은 자신의 영업특성과 재고자산 종목의 성격에 적합하게 보고기간 중 원가배분(단위원가 결정)을 실시한다. 따라서 두 가지 기록방식과 세 가지 결정방법의 조합으로 된 원가배분이 나타난다.

이제 다음의 <예제 5>를 이용하여, 단위원가가 변동하는 경우에 기록방식과 단위원가 결정방법의 조합에 따라 재무제표 보고액이 달라지는 상황을 살펴본다.

예제 5

㈜오오유통의 20×7년 상품흐름과 관련된 자료는 다음과 같다.

	수 량	단위당 원가	원 가
기초재고(1월 1일)	+200	₩1	₩200
매 출 1(5월 1일)	−100		
매 입 (7월 1일)	+300	2	600
매 출 2(9월 1일)	−300		
기말실사 보유재고	100		

1. 선입선출법에 따라 원가배분을 실시한다. 실지재고조사법과 계속기록법 각각에 따른 매출원가와 기말재고원가를 계산하라.
2. 가중평균법에 따라 원가배분을 실시한다. 실지재고조사법과 계속기록법 각각에 따른 매출원가와 기말재고원가를 계산하라.
3. 각 방식에 따른 원가배분 결과를 비교하라.

해 답

* 매출가능재고원가 = 기초재고원가 + 당기매입원가 = ₩200 + ₩600 = ₩800
그 단위수 = 기초물량 + 매입물량 = 200 + 300 = 500단위

1. 선입선출법

① 실지재고조사법

기말보유재고 100단위는 가장 최근에 매입한 단가 ₩2짜리이므로 기말재고원가는 ₩200이다. 따라서 매출원가는 ₩600(= 매출가능재고원가 − 기말재고원가 = ₩800 − ₩200)이다.

② 계속기록법

- 매출 1 : 기초재고 중 100단위를 판매한 셈이므로 매출1의 원가는 ₩100(= 기초 100 × ₩1)이다.

- 매출 2 : 매입으로 보유재고는 400단위(기초 100, 매입 300)가 되었으며 그 중 300단위를 선입선출한 매출 2의 원가는 ₩500(= 기초분 100 × ₩1 + 매입분 200 × ₩2)이다.
- 따라서 매출원가는 ₩600(= 매출 1원가 ₩100 + 매출 2원가 ₩500)이고, 기말재고원가는 ₩200(= 매출가능재고원가 - 매출원가 = ₩800 - ₩600)이다.

2. 가중평균법

① 실지재고조사법(총평균법)

단위원가 = 매출가능재고원가 ÷ 그 단위수 = ₩800 ÷ 500단위 = ₩1.6

기말원가 = ₩160(= 100 × ₩1.6)

매출원가 = ₩640(= 매출가능재고원가 - 기말재고원가 = ₩800 - ₩160)

② 계속기록법(이동평균법)

- 매출 1 : 단위원가 = ₩1, 매출 1원가 = 100 × ₩1 = ₩100
- 매출 2 : 매입으로 보유재고는 400단위(기초 100, 매입 300)가 되었기에, 단위원가는 ₩1.75 (= 매출 2 직전 보유재고 원가 ÷ 그 단위수 = ₩700 ÷ 400단위)이다.
  매출 2의 원가는 ₩525(= 300 × ₩1.75)이다.
- 따라서 매출원가는 ₩625(= 매출 1원가 ₩100 + 매출 2원가 ₩525)이고, 기말재고원가는 ₩175(= ₩800 - ₩625)이다.

3. 결과비교

	실지재고조사법 하의 배분결과		계속기록법 하의 배분결과	
	기말재고원가	매출원가	기말재고원가	매출원가
선입선출법	₩200	₩600	₩200	₩600
가중평균법	160	640	175	625

3. 원가배분의 중요성

재고자산의 원가배분은 매출가능재고원가를 재무상태표(의 기말재고원가)와 포괄손익계산서(의 매출원가)로 나누어 보고하는 절차이다. 기업경영에서 재고자산과 매출원가가 차지하는 높은 비중을 고려할 때, 이 둘에 함께 영향을 미치는 원가배분은 매우 중요한 과정이다. 앞선 예제를 바탕으로 원가배분방식에 따른 재무제표 효과를 살펴보자.

(1) 선입선출법 대 가중평균법

<예제 5>의 선입선출법 대 가중평균법의 원가배분결과는 다음과 같다.

	실지재고조사법 하의 배분결과		계속기록법 하의 배분결과	
	기말재고원가	매출원가	기말재고원가	매출원가
선입선출법	₩200	₩600	₩200	₩600
가중평균법	160	640	175	625

동일한 매출가능재고원가(₩800)를 재무상태표와 포괄손익계산서에 배분한 결과이다. 선입선출법에 따른 재고자산보고액이 가중평균법을 적용했을 때보다 상대적으로 큰 대신, 매출원가는 작다. 선입선출법은 선입재고의 원가를 포괄손익계산서의 비용으로 우선적으로 계상하는 방법이므로, <예제 5>에서와 같이 재고자산의 매입단가가 상승하는 추세에 있는 경우 포괄손익계산서의 매출원가는 평균단가보다 낮은 매입단가로 구성된다. 그리고 매출원가가 상대적으로 작기 때문에 당기순이익은 보다 높게 보고된다. 반면 재무상태표의 재고자산은 최근에 구입된 상대적으로 높은 단가로 표시되므로 보다 현행원가에 가까운 금액을 보고하는 경향을 보여준다. 반면, <예제 5>와는 반대로 매입단가가 하락하는 추세를 보일 경우에는 선입선출법과 가중평균법 간 상대적 크기가 반전될 것이다.

요약하면, 매입단가가 상승(또는 하락)하는 추세를 가질 경우 두 방법 중 선입선출법을 적용할 때, 매출원가 보고액이 작기에(또는 크기에) 당기순이익이 높게(또는 낮게) 보고된다. 추가적으로 당기순이익 변화는 기업의 법인세 부담 변화로 이어진다. 이처럼 원가배분방식에 따라서 재무제표에 보고되는 숫자가 달라질 수 있다는 점은, 해당 자산의 특성을 반영한 합리적인 원가배분방식의 선택이 중요함을 시사한다. 즉, **이익관리** 혹은 **법인세관리**만을 목적으로 배분방법을 결정하거나 변경하는 것은 적절하지 않다.

물론 원가흐름에 영향을 미치는 여러 다른 요소들을 고려하면 이러한 단순한 분석만으로 두 방법의 차이를 다 설명할 수는 없을 것이다. 그렇지만 이러한 비교는 원가배분이 재무제표에 체계적인 영향을 줄 수 있는 매우 중요한 회계절차임을 이해하는 데 유용하다.

(2) 원가배분 오류

원가배분에 오류가 발생하는 경우도 살펴보자. 가능한 신속하게 고객에게 제공할 목적으로 보유하는 재고자산의 경우, 특정 기간에 발생한 오류가 발견되지 않고 후속 보고기간으로 이월되면, 오류의 흔적이 사라지는(wash-out) 수도 있다.[12] **원가배분 오류**가 발생한 후속 보고기간에 관련 재고자산이 판매되면, 후속기간 말 재무상태표에 해당 자

12) 본 교재 제23장 '회계변경과 오류수정'에서 보다 자세하게 다루는 차기자동수정오류(counterbalancing error)에 해당한다. 자세한 내용은 제23장을 참조하기 바란다.

산이 나타나지 않기 때문이다. 그리고 오류로 인하여 해당 보고기간의 이익이 변동하는 만큼 후속기간의 이익이 반대방향으로 조정되어 후속기간 말 재무상태표 이익잉여금에도 오류의 흔적이 남지 않게 된다. 따라서 기간별 재무제표를 바르게 작성하기 위해서는 매 기간 원가배분방법을 정확히 적용하는 것이 중요하다.

다음의 <예제 6>으로 이러한 내용을 자세히 살펴보자.

예제 6

앞의 <예제 5> 상품에 이동평균법을 적용하는 중에 발생한 오류로 인하여 매출원가를 ₩625이 아닌 ₩525으로 보고하였다고 하자. 즉, 상품의 기말재고원가를 ₩175이 아닌 ₩275으로 보고하였던 것이다. 그리고 다음 사항을 추가한다.

- 20×7년의 매출은 ₩1,000이다. 나머지 포괄손익계산서 항목은 무시한다.
- 20×8년의 경우에는 기초재고 100단위를 ₩200에 매출한 거래만 고려한다.

1. 오류가 없었던 경우 각 연도 포괄손익계산서에 보고할 매출, 매출원가 및 당기순이익과 각 연도 말 재무상태표에 보고할 상품과 이익잉여금을 보여라.
2. 오류가 있었을 때 각 연도 포괄손익계산서에 보고한 매출, 매출원가 및 당기순이익과 각 연도 말 재무상태표에 보고한 상품과 이익잉여금을 보여라.

해 답

		1. 오류가 없었다면		2. 오류가 있었기에	
		20×7	20×8	20×7	20×8
부분 포괄손익계산서	매 출	₩1,000	₩200	₩1,000	₩200
	매 출 원 가	(625)	(175)	(525)	(275)
	당기순이익	₩375	₩25	₩475	₩(75)
부분 재무상태표	상 품	₩175	₩0	₩275	₩0
	이익잉여금	₩375	₩400	₩475	₩400

제3절 저가법

자산회계의 한 축인 **손상 회계**는 자산을 보유하고 있는 중에 그 미래 경제적 효익이 훼손되었다고 판단하면 자산의 장부금액을 낮아졌다고 판단한 금액 이상으로 보고하지 않도록 하는 회계처리방법이다. 재고자산의 경우, 저가법을 통해 손상 회계를 적용한다. 저가법은 본 장에서 다루는 모든 종류의 재고자산에 적용한다. 즉, 상품, 제품, 재공품, 원재료 · 소모품, 미성용역, 수확물(수확시점 이후), 가공품 등에 적용한다.

저가법(lower-of-cost-or-market method : LCM)은 재고자산의 **원가**와 **순실현가능가치** 중 낮은 금액을 재무상태표에 보고하는 방법이다.[13] 예를 들어, (가) 물리적 손상, (나) 완전 · 부분 진부화, (다) 판매가격의 하락, (라) 완성 · 판매에 필요한 원가의 상승 등과 같은 사유로 재고자산의 원가를 회수하기 어려울 수 있기 때문이다.

이제 저가법에 내재된 몇 가지 개념을 살펴보고 나서 저가법 적용을 연습한다.

1. 원가와 순실현가능가치

① 원가

저가법 적용시점의 **원가**(cost)란 원가배분을 실시하여 계산한 기말재고자산원가이다.

② 순실현가능가치

순실현가능가치(net realizable value)는 **통상적인 영업과정**의 **예상판매가격**에서 **예상되는 추가 완성원가와 판매비용을 차감**한 금액이다. 저가법은 재고자산의 장부금액이 이 금액을 초과할 수 없도록 제한하는 회계적 장치이다. 순실현가능가치는 보고기간 말에 사용가능한 가장 신뢰성 있는 증거에 기초하여 추정하여야 한다.

③ 대체적 순실현가능가치로서의 현행대체원가

판매목적으로 보유하고 있는 재고자산(예 상품, 제품)의 경우와는 달리 생산과정에 투입될 원재료의 경우에는, 통상적인 영업과정에서 거래하는 시장이 판매시장이 아니라 구매시장이다. 따라서 원재료의 경우에는 그 순실현가능가치에 대한 최선의 이용가능한 측정치는 현행대체원가가 될 수 있다. 여기서 **현행대체원가**(current replacement costs)란 현재 상태의 재고자산을 지금 매입하거나 혹은 재생산한다고 할 때 지급해야 할 현

---

13) 실무에서는 순실현가능가치를 '시가(market)'라고 불러왔기에 LCM이 익숙한 표현이기는 하지만, 순실현가능가치는 시장거래를 통하여 결정된 가치는 아니다.

금(또는 현금등가액)을 의미한다.

2. 저가법의 적용

저가법은 원가배분절차를 통해서 기말재고자산으로 분류된 원가에 재고자산 **항목**(an item)별로 적용한다. 그러나 이는 개별법으로 단위자산 하나하나의 원가를 추적할 수 있을 때를 상정한 원칙적인 적용방식이다. 실무적으로는 서로 유사하거나 관련이 있는 항목들을 통합하여 **종목**별로 적용하는 것도 적절할 수 있다. 다만 보유재고자산 전체 포트폴리오에 대한 저가법 적용은 허용되지 않는다.

기말재고자산의 원가에 비하여 순실현가능가치가 낮으면, 원가와 순실현가능가치의 차이에 대해 다음과 같은 분개를 실시한다.

(차) 재고자산평가손실 ××× (대) 재고자산평가충당금 ×××

재고자산평가손실은 당기 비용으로 인식한다. 일반적으로 매출원가에 가산하여 보고하고, 그 금액을 주석으로 공시한다.

그리고 **재고자산평가충당금**은 재고자산을 차감하는 계정과목이다. 재무상태표에는 재고자산과 그 평가충당금의 두 과목으로 장부금액을 나누어 보고하거나 혹은 재고자산 한 과목에 그 (순)장부금액을 보고할 수도 있다.

한편, 매 후속기간에 순실현가능가치를 다시 파악하고 재고자산의 감액을 초래하였던 사유가 해소되었거나 경제상황의 변동으로 순실현가능가치가 상승한 명백한 증거가 있으면 최초의 장부금액을 그 **한도**로 하여 평가손실을 **환입**한다. 그 결과 기말재고자산의 새로운 장부금액은 원가와 수정된 순실현가능가치 중 작은 금액이 된다. 다시 말해, 회복된 손상차손은 재고자산평가충당금의 잔액을 한도로 인식하며, 다음과 같이 분개한다.

(차) 재고자산평가충당금 ××× (대) 재고자산평가손실환입 ×××

재고자산평가손실환입은 환입이 발생한 기간의 비용으로 인식된 재고자산 금액의 차감액으로 인식한다. 따라서 일반적으로 매출원가에서 차감하여 보고하고, 그 금액을 주석으로 공시한다.

이제 다음의 <예제 7>을 통하여 저가법의 적용 및 회계처리를 익혀보자.

예제 7

㈜오칠유통이 보고기간 말 현재 보유하고 있는 상품과 관련된 자료는 다음과 같다.

합리적 저가평가 적용	순실현가능가치	원 가	저가평가 결과
육	₩130	₩100	₩100
해	90	100	90
공	90	100	90
비합리적 저가평가 적용	₩310	₩300	₩300

1. 세 종목의 상품에 저가법을 적용한 분개와 재무상태표 보고를 보여라.
2. ㈜오칠유통이 이들 세 종목을 묶은 포트폴리오 전체에 저가법을 적용하면 평가결과가 달라진다. 평가손실을 계산하여 합리적인 적용결과와 비교하라.

해 답

1. '해'와 '공'이 손상되었다. 종목별 저가법의 취지를 반영한 분개는 다음과 같다.

(차)	재고자산평가손실	20	(대) 재고자산평가충당금–해	10
			재고자산평가충당금–공	10

그리고 재무상태표에는 다음과 같이 재고자산과 그 평가충당금(종목별 평가충당금계정의 합계액인 ₩20) 과목에 나누어 표시하거나 혹은 그 순액인 장부금액 ₩280으로 단일 표시할 수 있을 것이다.

재고자산	300
재고자산평가충당금	(20)

2. 종목을 분류하지 않고 저가법을 적용하면, 평가손실이 ₩0으로 계산된다. 종목별 등락이 서로 상계되기 때문이다. 상품의 구체적 용도와 판매시장이 다른 경우에 그 전체로 구성된 포트폴리오에 저가법을 적용하면 합리성을 주장하기가 어려울 것이다.

상품유통기업과 달리 제조기업에서는 원재료·소모품을 저가로 평가할 때 추가적인 고려가 필요하다. 완성될 제품이 원가 이상으로 판매될 것으로 예상하는 경우에는 그 생산에 투입하기 위하여 보유하는 원재료·소모품을 감액하지 않는다. 그러나 원재료 가격의 하락이 제품 순실현가능가치가 그 원가보다 낮아질 가능성을 시사하는 경우라면 해당 원재료를 순실현가능가치로 감액한다. 이러한 경우 원재료의 **현행대체원가**가 순실현가능가치에 대한 최선의 이용가능한 측정치가 될 수 있을 것이다. 예를 들면, 목재의 가격이 원가 이하로 하락하더라도 목재를 가공한 가구의 가격이 충분히 높아 가구의 제조원가를 회수할 수 있다면 원재료인 목재를 감액하지 않는다.

제4절 대체적인 원가측정방법

1. 소매재고법과 매출총이익률법

원가배분은 재고자산 항목 혹은 이를 유사한 집단으로 분류한 종목별로 실시한다. 그런데 기업의 재고자산 특성에 따라 종목을 묶어서 구성한 **묶음자산**을 대상으로 원가배분을 실시할 필요성이 있기에, 실무에서 사용하고 「기업회계기준서」에서는 일정한 제한 하에 그 대체법을 제시하고 있다. 바로 **소매재고법**인데 그간 실무에서는 매가환원법 혹은 매출가격환원법이라고도 불러온 방법이다.

한편, 기업은 재무제표 작성 외 다른 목적으로 간편하게 원가를 추정하고자 할 수 있다. 예를 들어, 시장상황이 계속적이고 신속한 원가추정을 요구하는 경우, 재고관리과정에서 비효율과 부정을 예상하는 경우, 혹은 홍수 · 화재 등의 천재지변을 당하여 신속하게 보상을 청구하고 재산보전계획을 세워야 하는 경우, 외부감사인이 보고기간 중 재고자산 시재액을 추정하여 재고관리 및 그 회계처리가 적절한가를 판단하고자 하는 경우 등이다. 실무에서 활용하는 기법으로는 **매출총이익률법**이 있다.

소매재고법과 매출총이익률법은 소매가(retail price)에서 차지하는 매출총이익(=소매가−원가)을 대비한 이익률에 근간을 둔다는 점에서 함께 살펴봄으로써 학습효율을 높일 수 있다. 두 방법은 모두 종목별 분류가 불가능하거나 실익이 없을 때 사용한다. 그런데 여러 종목을 합하여 **묶음자산을** 구성하면 그 물량단위를 해석하기 어렵다는 문제에 봉착할 수 있다. 예를 들어, 알약과 물약으로 구성된 묶음자산의 구성변동을 물리적인 단위로 계량화하기는 힘든 것이다. 원가배분은 항목 또는 종목의 물량흐름 파악을 전제로 한다. 즉, 단위의 원가를 결정하는 것인데, 단위가 '알+cc'라는 상황이 되면 곤란해진다. 따라서 원가배분에 사용할 물량흐름을 대신하는 다른 흐름을 찾아볼 필요가 있다. 실무적으로 개발된 방식은 **이익률**을 활용하는 것이다. 원가배분의 접근방식이 "단위당 몇 원짜리지?"가 아니라 "이익률이 몇 %지?"인 것이다.

두 방법의 차이는 계산논리와 구조의 차이에 있는 것이 아니라 계산목적과 사용정보 신뢰성의 차이를 반영하는 것이라고 할 수 있다. 이 때문에 소매재고법에 따른 결과는 제한적인 상황에서나마 재무제표 표시 능력을 인정받지만 매출총이익률법의 경우는 그렇지 않다.

(1) 소매재고법

소매재고법(retail price method)은 이익률이 유사하고 품종변화가 심한 다품종 상품을 취급하는 기업에서 실무적으로 다른 원가배분방법을 사용할 수 없으며, 배분결과가 종목별 원가배분 결과와 유사하다고 판단할 때 사용한다. 이러한 기업들의 경우에는 재고자산의 종목이 대단히 많고 그 회전속도가 매우 빨라 종목별 물량흐름을 파악하는 것이 기술적으로 불가능하지는 않더라도 경제적으로는 실익이 없는 작업이 되기 때문이다.

적용하는 이익률은 일반적으로 **판매부문별 매출총이익률의 평균**을 사용한다. 따라서 부문이익률이 중요하게 다른 부문이 있는 경우에는 해당 부문에 속하는 재고자산 종목을 포함하는 것에 신중을 기하여야 한다. 소매재고법 적용결과가 종목별 배분결과와 유사하지 않을 수도 있기 때문이다. 그리고 부문별 이익률에는 최초판매가격 이하로의 **가격인하분**도 적절히 반영하여야 할 것이다.

재고자산 원가는 그 소매가에 적절한 이익률을 반영하여 환원한 금액이다. 즉, '원가 = 소매가 × (100% − 이익률%)'로 계산하는 것이다. 물량흐름을 이익률흐름으로 대체하는 것이므로, 실무에서는 원가배분 시 선입선출 혹은 가중평균 가정 중 하나를 선택하면 될 것이다. 그러므로 필요에 따라서는 기초재고 이익률, 당기매입 이익률 및 가중평균 이익률 등을 별도로 계산하여야 한다. 이제 <예제 8>을 이용하여 소매재고법의 적용을 살펴본다.

예제 8

㈜오파유통은 의류(아동복, 숙녀복 및 신사복 부문으로 구성)를 한 묶음으로 취급하는 소매재고법을 사용하고 있다. 이를 위하여 취합한 20×7년 자료는 다음과 같은데, 원가율은 '100% − 부문매출총이익률의 평균'으로 산정한다.

구 분	소매가	이익률 및 비고사항
기초재고소매가	₩1,000	기초재고 이익률 60%
당기매입소매가	3,000*	당기매입 이익률 55%
매출가능재고소매가	4,000	가중평균 이익률 56.25% (= 60% × 1,000/4,000 + 55% × 3,000/4,000)
매 출 액	2,500	
기말재고소매가	1,500	

* 할인액 ₩100을 차감한 금액

1. 선입선출법을 적용하여 기말재고원가와 매출원가를 추정하라.
2. 가중평균법을 적용하여 기말재고원가와 매출원가를 추정하라.

해 답

1. 선입선출법을 적용
   - 기말에 남은 의류는 선입선출흐름에 따를 때, 나중에 매입한 부분, 즉 당기매입분에서 팔고 남은 것이다. 따라서 해당 원가율 45%(=100%−55%)를 적용한다.
     기말재고원가 = ₩1,500 × 45% = ₩675
   - 매출가능원가에서 기말재고원가를 차감하여 매출원가를 계산한다.
     매출가능원가는 매출가능소매가에 평균이익률을 적용하여 계산한다.
     매출원가 = ₩4,000 × (100% − 56.25%) − ₩675 = ₩1,750 − ₩675 = ₩1,075
2. 가중평균법을 적용
   - 기말에 남은 의류는 가중평균흐름에 따를 때, 기초재고와 당기매입이 가중평균된 부분에서 팔다 남은 것이다. 따라서 해당 원가율 43.75%(=100%−56.25%)를 적용한다.
     기말재고원가 = ₩1,500 × 43.75% = ₩656.25
   - 매출원가 = ₩4,000 × 43.75% − ₩656.25 = ₩1,750 − ₩656.25 = ₩1,093.75

일단, 기말재고원가를 계산하고 나면 저가법을 적용하여야 한다. 그런데 저가법은 항목별 혹은 종목별 판매시장에서의 정보를 반영하여 손상을 파악하는 방법이기에, 묶음자산에 적용하기가 용이하지는 않을 것이다. 이용가능한 정보를 토대로 최선의 파악을 수행하면서, 적절한 실무기법을 개발 · 적용할 수 있을 것이다.

(2) 매출총이익률법

매출총이익률법(gross profit method)은 자기 기업의 보고기간 이익률을 활용하지 못하고, 자신의 **과거이익률** 혹은 **유사기업의 이익률** 등을 이용하여 보유재고 원가를 추정하는 방법이다. 따라서 소매재고법과는 달리 종목별 원가배분결과를 대체한다고 간주할 수 없는 실무적 기법이다. 다음의 <예제 9>를 이용하여 매출총이익률법을 살펴본다.

예제 9

20×8년 결산을 앞둔 시점에 화재가 발생하여 ㈜오구유통의 모든 상품과 장부기록 일체를 재로 만들었다. 매출총이익률법을 적용하기 위한 자료와 그 취합원천은 다음과 같았다.

구 분	수 치	취 합 원 천
20×7년 매출총이익률	20%	외부감사인이 보관한 20×7년 감사보고서
기초재고원가	₩200	상동
당기매입원가	700	매입처에서 확인
매 출	1,000	매출처에서 확인

위의 자료를 이용하여 보험회사에 청구할 근거가 되는 손실액을 추정하라.

해 답

기말재고 소멸분에 대한 추정원가는 다음과 같이 계산한다.

① 추정매출원가 = 매출액 × (100% − 과거매출총이익률%)
= ₩1,000 × 80% = ₩800

② 추정기말재고 = 기초재고원가 + 당기매입원가 − 추정매출원가
= ₩200 + ₩700 − ₩800 = ₩100

즉, 추정손실액은 ₩100이다.

2. 표준원가법

표준원가법은 소매재고법과 마찬가지로 원칙적인 방법에 따른 결과와 유사한 경우에 편의상 사용할 수 있는 대체적인 평가방법이다. 소매재고법이 일반적으로 실제원가로 구성된 매출가능재고원가를 배분할 때 개별법 · 선입선출법 · 가중평균법 대신에 적용하는 방법이라면, 표준원가법은 제품(및 재공품)의 취득원가를 측정할 때 실제원가 대신에 표준원가를 사용하는 방법이다.

표준원가법(standard costing method)은 제품(및 재공품)원가를 측정함에 있어 기업이 제품원가 구성요소별로 설정한 **표준**(standards)에 근거한다. 이 역시 기업 실무를 수용하는 회계처리이다. 기업은 효율적인 경영을 위해, 사전에 객관적이고 합리적인 방법에 의하여 산정한 표준을 설정한 다음 이를 이용하여 제조원가를 측정하고 실제원가와의 차이를 분석하여 추후의 경영개선을 도모하는 것이 필수적이다.

표준원가는 모든 원가구성요소에 대한 표준에 근거한다는 점에서 실제원가와 차이를 보인다. 표준은 공학적이고 통계적인 기법으로 뒷받침되는 자료를 경영자가 전문적으로 판단하여 설정한 요소별 원가배부기준이라고 할 수 있다. 이런 측면에서 보면, 실제원가에 포함하는 고정제조간접원가 역시 정상조업도에 근거한 원가배부기준에 근거하므로, 그 발생을 미리 추정하고 배부율을 설정하면 표준에 따라 배부한 것으로 볼 수도 있다. 정상조업도와 발생원가를 추정할 때 과학적인 근거와 전문적인 판단이 선행되기 때문이다.

표준원가는 더 나아가 다른 원가요소에도 표준을 설정한다는 점에서 더욱 체계적이고 종합적인 **원가관리수단**이다. 실제원가를 취합하는 직접재료원가, 직접노무원가 및 간접제조원가에도 표준을 설정하고 표준과 실제의 차이를 분석하는 노력을 하기 때문이다. 이를 위해, 표준을 설정할 때 정상적인 재료원가, 소모품원가, 노무원가 및 효율성과

생산능력활용도를 반영한다.

표준원가로 측정한 금액을 재무제표에 보고하는 표준원가법은 제한적으로 허용되고 있다. 그에 따른 결과가 실제원가의 경우와 유사하여야만 기업의 내부관리목적으로 측정한 수치가 신뢰성 있는 재무정보의 특성을 가질 수 있기 때문이다. 따라서 정기적으로 표준원가의 적정성을 검토하고 필요한 경우 현재 상황에 맞게 조정함으로써 실제원가에 따른 결과와 차이가 없도록 유지하는 것이 중요하다. 물론 만일 이러한 유지에도 표준원가와 실제원가와의 차이가 중요하다면 실제원가로 전환하여 재무제표를 작성하여야 한다.

제5절 농림어업활동

농림어업활동(agricultural activity)은 예를 들어, 목축, 조림, 일년생이나 다년생 곡물 등의 재배, 과수재배와 농원경작, 화훼원예, 양식(양어 포함) 등과 같은 다양한 활동을 포함한다. 「기업회계기준서」에서 포괄적으로 '판매목적 또는 수확물이나 추가적인 생물자산으로의 전환목적으로 생물자산의 생물적 변환과 수확을 관리하는 활동'으로[14] 정의하는 이 활동에 특유한 자산은 수확물과 생물자산이다.

생물자산은 살아 있는 동물과 식물로서, 그 생애주기 동안 질적 혹은 양적 변화를 일으키는 성장, 생식, 생산, 퇴화와 같은 **생물적 변화**(biological transformation) 과정을 거친다. 생물자산은 그 관리목적에 따라 생산용 혹은 소비용으로 구분된다. **생산용 생물자산**은 성숙하면 정기적으로 생산물을 수확하는 자산이다. 예로는 젖소나 과실수를 들 수 있다. **소비용 생물자산**은 그 자체를 수확물로 수확하거나 혹은 생물자산으로 판매할 자산을 말한다. 예로는 정육용 가축, 판매용 가축, 양식장의 어류, 벼나 옥수수 같은 한해살이 작물, 생산용식물에서 자라는 생산물(곧, 부연 설명함), 목재용으로 재배된 나무가 있다. 그리고 **수확물**은 생물적 변화 과정을 거친 생물자산에서 수확한 생산물이다. 예로는 우유, 돈육, 쌀, 수확한 포도 · 찻잎 · 고무즙, 벌목된 나무 등을 들 수 있다.

생물적 변화 과정은 일반적으로 자산가치의 변화로 연결된다. 생물적 변화 과정을 거치고 있는 생물자산은 최초인식 시점과 매 보고기간 말에 **순공정가치**(공정가치에서 추정되는 매각부대원가를 차감한 금액)로 측정함이 원칙이다. 단, 후술할 신뢰성 예외가

14) 그러므로 관리하지 않는 자원을 수확하는 어로어업이나 천연림의 벌채 등과 같은 활동은 농림어업활동이 아니다. 또한 관리목적이 본문에서 언급한 것이 아닌 경우에도 그러하다. 한 예로, 공연목적으로 관리하는 돌고래 사육활동을 들 수 있다.

적용된다. 한편 생물적 변화 과정을 거친 수확물은 수확시점에 반드시 순공정가치로 측정하여야 한다. 수확물이 거래되는 시장은 일반적으로 폭과 깊이가 풍부하여 공정가치를 신뢰성 있게 측정할 수 있는 반면, 그 원가는 신뢰성 있게 측정하기가 쉽지 않은 실무적 상황을 반영한 것으로 본다. 그리고 생물자산과 수확물에 (순)공정가치모형을 적용함에 따른 평가손익은 **당기손익** 항목으로 인식한다.

적용되는 측정모형과 관련하여 두 가지 부연할 사항이 있다. 그 하나는 생산용 생물자산 중 생산용식물(bearer plants; 예 차나무, 고무나무, 과수 등)은 유형자산으로 취급하여 제7장과 제8장에서 다루는 원가모형 혹은 재평가모형을 적용한다는 것이다.[15] 이하에서 생물자산 회계를 살펴볼 때는 혼선을 피하기 위하여 생물자산에서 생산용식물은 제외한다. 다른 하나는 생산용식물에서 자라는 생산물(예 자라는 찻잎 · 고무즙 · 포도 등)은 소비용 생물자산이며 (순)공정가치 모형을 적용한다는 것이다.

농림어업활동을 수행하는 기업의 소비용 생물자산 혹은 수확물은 통상적인 영업과정에서 판매를 위하여 보유 중이거나 혹은 생산 중인 자산이라는 점에서는 '재고자산'에 해당한다고 볼 수 있다. 특수한 생산 활동에서 발생하고 적용 평가모형이 다르기에 유통기업이나 제조기업의 재고자산과는 달리 다룬다. 그리고 다음의 조건이 모두 충족되는 경우에 한하여 생물자산이나 수확물을 인식한다.[16]

(ㄱ) 생물자산이나 수확물의 정의를 충족한다.
(ㄴ) 과거 사건의 결과로 자산을 통제한다.
(ㄷ) 자산과 관련된 미래경제적효익의 유입가능성이 높다.
(ㄹ) 자산의 공정가치나 원가를 신뢰성 있게 측정할 수 있다.

또한 기업은 농림어업활동에 추가하여 후속적인 **가공활동**을 수행하기도 한다. 예를 들어, 수확물(예 양모)을 가공하여 가공품(양탄자)을 생산하는 활동인데, 이 경우 순공정

---

15) 생산용식물이란 ① 수확물을 생산하거나 공급하는 데 사용하고, ② 한 회계기간을 초과하여 생산물을 생산할 것으로 예상하며, 또한 ③ 수확물로 판매될 가능성이 희박(단, 부수적인 폐물(scrap)로 판매하는 경우는 제외)하다는 조건 모두에 해당하는 살아있는 식물이다. 그러므로 다음은 생산용식물이 아니다: 1) 수확물로 수확하기 위해 재배하는 식물(예 목재로 사용하기 위해 재배하는 나무), 2) 한해살이 작물(예 옥수수와 밀), 3) 부수적인 폐물 판매가 아닌, 수확물로도 식물을 수확하고 판매할 가능성이 희박하지 않은 경우 수확물을 생산하기 위해 재배하는 식물(예 과일과 목재 모두를 얻기 위해 재배하는 나무). 생산용식물은 마치 그에서 자라는 생산물을 생산하는 기계와 유사하다고 보는 것이다.

16) **통제**를 강조하고 있다. 마구 돌아다니다 행방불명되거나 섞이면 구별하기가 힘든 경우도 있기 때문이다. 판매용 가축에 낙인을 찍거나 그 밖의 방법으로 표시하여 소유 혹은 통제를 입증할 수 있어야 할 것이다. 그리고 본문의 인식기준은 앞에서 살펴본 재고자산의 인식기준(정의 · 목적적합성 · 표현충실성 충족)보다 좀 더 구체적이다. 본문 기준의 (ㄷ)은 목적적합성 기준에 해당하고, (ㄹ)은 표현충실성 기준에 해당한다고 보면 될 것이다.

가치로 인식된 수확물을 원재료로 하여 완성되어 가는 **가공품**은 재고자산(재공품 혹은 제품에 해당)이다.

참조용으로 다음의 <표 6. 2>로 생물자산, 수확물 및 가공품의 사례를 보인 후, 수확물과 가공품 회계를 함께 다루고 이어서 생물자산 회계[17]를 살펴본다.

표 6. 2
생물자산, 수확물 및 가공품의 사례

생물자산	수확물	가공품
양	양모	모사, 양탄자
젖소, 돼지	우유, 돈육	치즈, 소시지, 햄
조림지의 나무	벌목된 나무	원목, 목재
목화, 사탕수수, 담배 식물	수확한 면화, 사탕수수, 담배 잎	실, 설탕, 담배
차 관목,* 고무나무*	수확한 잎, 고무즙(라텍스)	차, 고무제품
포도나무 등 과수*	수확한 포도 등 과일	포도주 등 가공품

* 보통 생산용식물에 해당하여 유형자산으로 회계처리하지만, 생산용식물에서 자라는 생산물(즉, 수확 상태에 이르지 않은 찻잎 · 즙 · 열매)은 소비용 생물자산으로 회계처리함.

1. 수확물

수확물(agricultural produce)은 그 최초인식시점인 수확시점에서는 항상 공정가치를 신뢰성 있게 측정할 수 있다는 관점에서 이를 **순공정가치**(fair value less costs to sell)로 측정하도록 규정하고 있다. 공정가치에서 추정 매각부대원가를 차감한 금액으로 인식하라는 것이다. 그리고 여기서의 **매각부대원가**(costs to sell)는 중개인이나 판매상에게 지급하는 수수료, 규제기관과 상품거래소에서 부과하는 금액, 양도시 세금 등을 말한다. 다만, 자산을 시장으로 운반하는데 소요되는 운반 및 기타 원가는 공정가치를 측정할 때 이미 차감하므로 부대원가로 간주하지 않는다.

또한 수확시점의 순공정가치로 측정함에 따른 평가손익은 당기손익 항목으로 분류한다. 평가이익이 발생하는 경우의 분개는 다음과 같다.

(차) 수확물	×××	(대) 수확물평가이익(당기손익)	×××

그리고 수확비용은 당기손익 항목으로 인식한다. 이렇듯 수확시점에 **순공정가치**로 인식한 수확물을 곧바로 고객에게 인도할 때는 어떤 기록을 수행하는 것이 적절한가? 이미 수익을 인식하였기에 다음과 같이 재화 인도와 함께 대금 결제(예 현금 수취)를 기

17) 정부보조금 회계처리는 제7장에서 유형자산에 대한 정부보조금 회계를 살펴볼 때 간단히 언급한다.

록하면 될 것이다. 분개는 다음과 같다.[18)]

(차) 현 금	×××	(대) 수확물	×××

그런데 수확 후 인도가 다소 지체되면 순매각대금(매각대금에서 실제 처분부대원가를 차감한 금액)과 수확시점에 추정한 순공정가치가 다를 수 있다. 이 경우에 그 차액은 **당기손익**으로 계상하면 될 것이다.

한편, 수확물을 추가로 가공하는 경우에는 장부에 기록한 수확시점 순공정가치를 **가공품**(processed products)의 **원재료 취득원가**로 취급하여 일반적인 재고자산 회계를 적용하면 된다. 예를 들어, 발생하는 가공원가는 가공품의 원가에 가산하는 것이다. 다음 <예제 10>의 상황을 이용하여 이들 자산과 관련된 회계를 살펴본다.

예제 10

㈜유유포도는 20×7년 초, 농림어업활동 관련 재고자산 재고가 없었다. 연중에 발생한 다음 거래를 분개하라. (단, 가공품은 계속기록법으로 회계처리한다)

1. 6월 말에 조생종 포도를 수확(수확비용 ₩300, 순공정가치 ₩2,000)하였다.
2. 7월 초순에 조생종 포도 전량을 포도주회사에 현금 ₩2,100에 납품하였다.
3. 8월 말에 만생종 포도를 수확(수확비용 ₩500, 순공정가치 ₩5,000)하고, 그 전량을 건포도로 가공하기 시작하였다.
4. 그 보름 후 건포도 가공을 마쳤는데, 집계·배부된 가공원가는 ₩3,000이었다.
5. 건포도 전량을 추석 시즌에 현금 ₩10,000에 판매하였다.

해 답

* 이하의 모든 수익, 비용은 당기손익 항목으로 분류함.

1. 조생종 포도의 수확

(차) 수확물	2,000	(대) 수확물평가이익	2,000
(차) 수확비용	300	(대) 현 금	300

2. 조생종 포도의 인도

(차) 현 금	2,100	(대) 수확물	2,000
		수확물처분이익	100

18) 순공정가치로 인도하는 경우 매출·매출원가를 인식하면 비록 당기순이익에 미치는 영향은 없지만, 수익이 이중계상되고 또한 매출과 동액인 매출원가가 비용으로 계상되기 때문이다. 본문 설명은 「기업회계기준서」 제1041호 '농림어업' 부록의 적용사례1 농림어업활동의 포괄손익계산서 내역과 일관된다.

3. 포도의 수확 및 가공 시작

(차) 수확물	5,000	(대) 수확물평가이익	5,000
(차) 수확비용	500	(대) 현 금	500
(차) 가공품(재고자산)	5,000	(대) 수확물	5,000

4. 가공원가의 집계 · 배부

(차) 가공품(재고자산)	3,000	(대) 현 금	3,000

5. 건포도의 판매

(차) 현 금	10,000	(대) 매 출	10,000
(차) 매출원가**	8,000	(대) 가공품(재고자산)*	8,000

* ₩5,000 + ₩3,000

2. 생물자산

생산용 생물자산(bearer biological assets)[19]이든 **소비용 생물자산**(consumable biological assets)이든 생물자산은 최초인식 시점과 그 후 보고기간 말에 순공정가치로 측정하고, 그에 따른 평가손익을 당기손익 항목으로 분류한다.

생물자산을 외부에서 취득하였을 때는 최초인식 시점에서 그 취득원가와 순공정가치 간의 차액을 평가손익으로 인식한다. 평가이익뿐 아니라 평가손실을 인식할 수도 있는 것이다. 예를 들어, 좀 더 키워 재판매할 목적으로 현금 ₩1,000을 지급하고 산 소비용 생물자산의 취득시점 순공정가치가 ₩980이라면 다음과 같이 분개한다.

(차) 소비용생물자산	980	(대) 현 금	1,000
소비용생물자산평가손실	20		

그렇지만 소비용 생물자산이 생산되었을 때는 생산시점의 순공정가치로 평가이익을 인식하게 될 것이다. 그 분개는 생략한다.

처분 전의 매 보고기간 말에는 다음과 같이 계산되는 순공정가치 변동액을 자산의 장부금액 증감액이자 평가손익으로 인식한다. 역시 그 분개의 제시는 생략한다.

- 순공정가치변동액 = 보고기간 말 순공정가치 − 순공정가치측정 직전의 장부금액

19) 유형자산으로 분류하는 생산용식물(bearer plants)은 제외함.

그리고 관련된 생육비는 발생시점의 당기손익 항목으로 인식하고, 처분시점에는 순매각대금과 장부금액 간의 차액을 역시 당기손익 항목인 **처분손익**으로 인식하면 될 것이다.

한편, 저가법을 적용하는 재고자산과는 달리, 순공정가치로 측정하는 생물자산에는 손상 회계가 별도로 규정되고 있지 않다. 기본적인 손상 회계의 틀은 제8장에서 살펴보는데, 손상금액은 보고기간 말 자산의 장부금액이 회수가능액보다 큰 경우 그 차액으로 측정한다. 그런데 생물자산의 경우 보고기간 말 장부금액은 순공정가치인데 이는 또한 회수가능액이므로,[20] 장부금액은 이미 손상을 반영하고 있기 때문이다. 뿐만 아니라, 그 평가손실을 손상 회계에서의 손상차손과 마찬가지로 당기손익 항목으로 인식하므로 공정가치 평가 후에는 손상 회계를 적용할 실익이 없는 것이다.

생물자산에는 원칙적으로 (순)공정가치모형을 적용하지만, 최초인식하는 시점에서 순공정가치를 측정할 수 없는 경우의 생물자산은 원가에서 감가상각누계액과 손상차손누계액을 차감한 금액으로 측정한다. 즉, 최초인식시점에서 시장에서 결정된 공정가치를 구할 수 없고 또한 대체적인 추정액을 신뢰할 수 없는 경우에는 **원가모형**을 적용하도록 허용하고 있다. 이렇듯 신뢰성 있는 공정가치를 측정할 수 없어 원가모형을 대체적으로 적용하는 것이 허용되는 경우를 **신뢰성 예외**(reliability exception)라고 부른다. 다만, 그 이후 공정가치 측정을 신뢰성 있게 할 수 있으면 순공정가치로 측정하여야 한다.

이제 <예제 11>을 이용하여 생물자산의 회계처리를 익혀 본다.

예제 11

다음은 ㈜하늘소의 20×7년 농림어업활동 자료이다. (순)공정가치모형을 적용하는 생물자산과 관련된 거래를 분개하라.

- 연초 현재, 생산용 엄마벌레 10마리(순공정가치 ₩10,000)와 소비용(판매용) 애완벌레 10마리(순공정가치 ₩1,000)를 생육하고 있었다.

1. 3월 말에 애완벌레 10마리 전부를 애완곤충센터에 ₩1,400에 납품하였다.
2. 5월 말에 엄마벌레로부터 애완벌레 10마리가 생산되었다. 그 순공정가치는 ₩1,500이었다.
3. 7월 말에 엄마벌레 10마리를 ₩12,000에 추가로 매입하였다. 매입시점의 순공정가치는 ₩11,500이었다.

20) 제8장에서 살펴보지만, 순공정가치와 사용가치 중 큰 금액이 회수가능액이다. 그런데 생물자산의 경우에는 사용가치를 따로 측정하지 않으므로 순공정가치가 곧 회수가능액에 해당한다.

4. 연중에 발생한 벌레생육비(전액 현금으로 지출)는 ₩2,000이었다.
5. 연말 현재 생육 중인 엄마벌레 20마리의 순공정가치는 ₩25,000, 그리고 애완벌레 10마리의 순공정가치는 ₩1,800이었다.

해 답

* 이하의 모든 수익, 비용은 당기손익 항목으로 분류함.

1. 애완벌레 납품

(차) 현 금	1,400	(대) 소비용생물자산	1,000
		소비용생물자산처분이익	400

2. 엄마벌레의 애완벌레 생산 (최초인식)

(차) 소비용생물자산	1,500	(대) 소비용생물자산평가이익	1,500

3. 엄마벌레 추가매입 (최초인식)

(차) 생산용생물자산	11,500	(대) 현 금	12,000
생산용생물자산평가손실	500		

4. 벌레생육비

(차) 생물자산생육비	2,000	(대) 현 금	2,000

5. 보고기간 말 순공정가치 측정

(차) 생산용생물자산	3,500	(대) 생산용생물자산평가이익	3,500*
(차) 소비용생물자산	300	(대) 소비용생물자산평가이익	300**

* 순공정가치변동액 = 기말순공정가치 − [기초순공정가치 + 매입시점 순공정가치]
= ₩25,000 − [₩10,000 + ₩11,500] = ₩3,500

** 순공정가치변동액 = 기말순공정가치 − [기초순공정가치 − 납품액 + 생산액]
= ₩1,800 − [₩1,000 − ₩1,000 + ₩1,500] = ₩300

[부록] 후입선출법, 에누리·반품 및 제조기업의 원가흐름

부록에서는 먼저 「기업회계기준서」에서는 더 이상 제시하고 있지 않는 원가배분방법인 후입선출법의 의의와 적용을 살펴본다. 그리고 본문에서 다루지 못한 에누리와 반품이 있는 경우의 재고자산 인식·제거 회계를 살펴본다. 마지막으로 제조기업의 원가흐름에 대해서 설명한다.

1. 후입선출법

후입선출법(last-in first-out method ; LIFO)은 원가배분시점을 기준으로 그 시점에 시간적으로 가장 근접하여 매입한 물량부터 매출한다고 가정하는 원가배분방법을 말한다. 즉, 시간적으로 가장 근접한 순서는 배분시점에 따라 달라지는 상대적인 순서이다. 따라서 선입선출법과 달리 후입선출법의 가정하에서는 계속기록법에 따른 배분결과와 실지재고조사법에 따른 배분결과 간에 차이가 나타날 수 있다.

후입선출법을 살펴보는 이유는 선입선출법과 대비할 때 회계정책의 선택이 재무제표에 미치는 영향을 이해하는 데 도움이 되기 때문이다. 또한, 이 방법은 미국의 경우 **법인세 절감** 측면에서 활발히 이용되고 있는 방법이기도 하다. 두 방법이 재무제표에 미치는 영향의 특징 및 각 방법의 장점으로 주장하는 측면을 정리하면 다음과 같다.

① 선입선출법은 기말재고원가를 상대적으로 현행 매입원가에 가까운 금액으로 보고하므로 **자산측정**을 보다 적정하게 수행하는 회계처리이다.

② 후입선출법에 따른 매출원가는 현행 매입원가를 보다 잘 반영하므로 **수익·비용 대응**의 원칙에 보다 충실한 방법이다. 또한 후입선출법은 법인세를 절감하여 현금흐름을 개선할 수 있는 방법이다.

이렇듯 한 방법의 장점은 다른 방법의 단점으로 인용되곤 한다. 즉, 선입선출법은 재무상태표의 자산측정을 강조한 결과 포괄손익계산서에 당기의 영업실적을 제대로 반영하지 못하는 방법이라는 것이다. 따라서 영업활동에 따른 미래현금흐름을 예측하는 과정에 왜곡을 발생시킨다고 주장한다. 또한 영업실적 보고액이 상대적으로 높아서 법인세를 많이 납부한다는 것이다.

한편, 후입선출법은 여러 갈래의 비판을 받아온 방법이다. 첫째, 수익·비용 대응을 강조한 결과 재무상태표에 오래전에 매입한 자산의 매입원가를 보고하여 역사적 원가주의에 따른 회계가 가지는 문제점을 지나치게 부각시키는 방법이라는 비판을 받고 있다. 둘째, 오래전에 매입한 **재고층**(inventory layer)을 **청산**하면 수익·비용 대응구조를 크게 왜곡하고 또한 당기의 이익과 법인세납부액이 급증할 수 있다는 점이다. 셋째, 경영진으로 하여금 건전하고 정상적인 재고수급계획을 수행하지 않고 당기이익을 감소시켜 절세효과를 유지하기 위한 목적으로 재고수준을 관리할 유혹에 빠지게 할 수 있다는 것이다. 넷째, 기업의 경영상황에서 발생하는 실제 물량흐름이 후입선출일 가능성이 거의 없다는 것이다.

다음의 <부록예제 1>로써 선입선출법과 후입선출법에 따른 원가배분결과가 어떤 체계적인 차이를 보이는지를 살펴보는데, 기중에 매입단가가 상승하고 또한 재고층의 청산이 발생하지 않기에 기업들의 일반적인 경영상황을 나타낸다고 할 수 있다. 이러한 경우 후입선출법을 적용할 때 상대적으로 적은 당기순이익을 보고한다. 즉, 후입선출법 < 가중평균법 < 선입선출법의 순서이다.

부록예제 1

㈜부일유통의 20×7년 상품 매입・매출에 관련한 자료는 다음과 같다.

	수 량	단위당 원가	단위당 판매가	총원가
기초재고(1월 1일)	+100	₩50		₩5,000
매 입 1(3월 1일)	+200	65		13,000
매 출 1(5월 1일)	−200		₩150	
매 입 2(7월 1일)	+200	75		15,000
매 출 2(9월 1일)	−100		150	

단, 기말재고수량은 장부상 수량과 실지수량이 일치하였다.

1. 후입선출법을 적용하여 실지재고조사법으로 기록할 때와 계속기록법으로 기록할 때의 각각에 대하여 매출원가와 기말재고원가를 구하라.
2. 선입선출법, 가중평균법 및 후입선출법에 따른 기능별 분류 포괄손익계산서를 작성하라(단, 실지재고조사법에 따른 당기순이익을 보고하는 부분까지만 보여라. 그리고 세율은 30%라고 가정하라).

해 답

1. 후입선출법에 따른 매출원가와 기말재고원가

(물량, 원가)에 대한 정보는 다음과 같다.

기초재고	+ 당기매입	= 매출가능재고	= 매출	+ 기말재고
(100,₩5,000)	(400,₩28,000)	(500,₩33,000)	(300, ?)	(200, ?)

① 실지재고조사법

기말재고원가 : 100단위 × ₩50 + 100단위 × ₩65 = ₩11,500

매출원가 : ₩33,000 − ₩11,500 = ₩21,500

② 계속기록법

	매입			매출			잔액		
	수량	단위원가	총원가	수량	단위원가	총원가	수량	단위원가	총원가
기초재고	100	₩50	₩5,000				100	₩50	₩5,000
매 입 1	200	65	13,000				100 200	50 65	5,000 13,000
매 출 1				200	₩65	₩13,000	100	50	5,000
매 입 2	200	75	15,000				100 200	50 75	5,000 15,000
매 출 2				100	75	7,500	100 100	50 75	5,000 7,500

매출원가 : ₩13,000 + ₩7,500 = ₩20,500, 기말재고원가 : ₩33,000 − ₩20,500 = ₩12,500

2. 기능별 분류 포괄손익계산서(부분)

	선입선출법	가중평균법	후입선출법
매 출	₩45,000	₩45,000	₩45,000
매출원가*	18,000	19,800	21,500
매출총이익	₩27,000	₩25,200	₩23,500
법인세비용(30%)	(8,100)	(7,560)	(7,050)
당기순이익	**₩18,900**	₩17,640	**₩16,450**

* 각 방법에 따라 계산한 매출원가는 다음과 같다.

	선입선출법	가중평균법	후입선출법
매출가능재고원가	₩33,000	₩33,000	₩33,000
(−)기말재고원가	15,000	13,200	11,500
= 매출원가	₩18,000	₩19,800	₩21,500

2. 에누리 · 반품

(1) 매입에누리와환출

매입조건에 따라서는 매입한 재고자산에 파손이나 결함이 있어 반품하는 경우가 있다. 이를 **매입환출**이라고 부른다. 관련하여, 이때 반품 대신 결제대금의 할인을 요구할 수도 있다. 이때는 **매입에누리**라고 부르는데, 유사한 상황에서 발생하기에 함께 살펴본다. 일반적으로 반품과 에누리를 **매입에누리와환출**이라는 계정에 함께 다음과 같이 기록하기 때문이다.

(차) 현금(혹은 매입채무) ××× (대) 매입에누리와환출 ×××

이때 매입에누리와환출은 계속기록법에서는 재고자산에 대한 차감항목이며 실지재고조사법에서는 매입계정에 대한 차감항목으로서 마감분개를 통하여 각각 재고자산과 매입계정에 대체한다.

(2) 매출에누리와환입

파손이나 품질불량 등의 사유로 매출대금의 인하를 요구받거나 혹은 매출한 재고자산이 반품되는 경우에 발생하는 매출에누리와 매출환입은 일반적으로 **매출에누리와환입** 계정을 사용하여 다음과 같이 분개한다.

(차) 매출에누리와환입 ××× (대) 현금(혹은 매출채권) ×××

계속기록법을 사용하든 실지재고조사법을 사용하든 분개가 동일하며 매출에누리와환입은 마감분개를 통하여 매출수익에서 차감한다. 즉, 매출에누리와환입은 매출에 대한 차감계정의 성격을 가진다.

그런데 매출환입으로 재고자산이 반품되면 그 수취를 기록하여야 한다. 실지재고조사법에서는 매출시점에서 매출원가의 기록을 수행하지 않고 보고기간 말로 이연하였으므로 별도의 분개를 하지 않고 물량변화만 보조장부에 기록한다. 반면에 계속기록법에서는 매출시점에서 매출원가를 기록하였으므로 매출환입이 발생하면 과대계상한 매출원가를 조정하고 재고자산이 반품되었음을 다음과 같이 기록한다.

(차) 재고자산 ××× (대) 매출원가 ×××

그리고 중대한 반품이 발생하면 경영진은 그 원인분석을 하고 필요한 조치를 수행한다. 필요한 조치에는 반품된 재고자산의 가치가 어느 정도나 손상되었는지를 판단하되 경우에 따라서는 현재 보유 중인 모든 재고자산을 검사하는 것도 포함된다.

다음의 <부록예제 2>를 이용하여 계속기록법과 실지재고조사법의 회계절차를 익혀보도록 하자.

부록예제 2

㈜부이유통의 20×7년 재고자산의 매입과 매출에 관한 자료는 다음과 같다. 실지재고조사법과 계속기록법에 의한 원가흐름 기록결과를 비교하고자 한다.

	장부상 원가	판매가
기초재고	₩120	
당기매입	200	
매입환출	(50)	
당기매출	(220)	₩400
매출환입	50	100
기말재고	100	

각각의 기록방식에 따른 매입, 매출, 환출, 환입 거래 및 보고기간 말 분개를 보여라. 단, 매출환입을 조사한 결과 반품된 재고자산 가치가 손상되지 않았다고 가정하고, 에누리가 발생하지 않았기에 편의상 계정명칭에서도 생략하라.

해 답

	실지재고조사법	계속기록법
매입시점	(차)매 입 200 (대)현 금 200	(차)재고자산 200 (대)현 금 200
매입환출	(차)현 금 50 (대)매입환출 50	(차)현 금 50 (대)매입환출 50
매출시점	(차)현 금 400 (대)매 출 400	(차)현 금 400 (대)매 출 400 (차)매출원가 220 (대)재고자산 220
매출환입	(차)매출환입 100 (대)현 금 100	(차)매출환입 100 (대)현 금 100 (차)재고자산 50 (대)매출원가 50
수정마감 분개	(차)매입환출 50 (대)매 입 50 (차)매 출 100 (대)매출환입 100 (차)매출원가 170 (대)재고자산 20 매 입 150	(차)매입환출 50 (대)재고자산 50 (차)매 출 100 (대)매출환입 100

3. 제조기업의 원가흐름

이제부터는 제조활동 재고자산의 원가흐름을 살펴본다. 먼저 제품 자체만의 원가흐름을 유통기업의 상품 원가흐름과 대비한 후, 추가적으로 재공품과 원재료가 있는 상황을 검토한다. 이어서 재무보고와 관련된 사항을 살펴본다.

부록그림 6. 1

상품·제품원가흐름 (단위 : ₩)

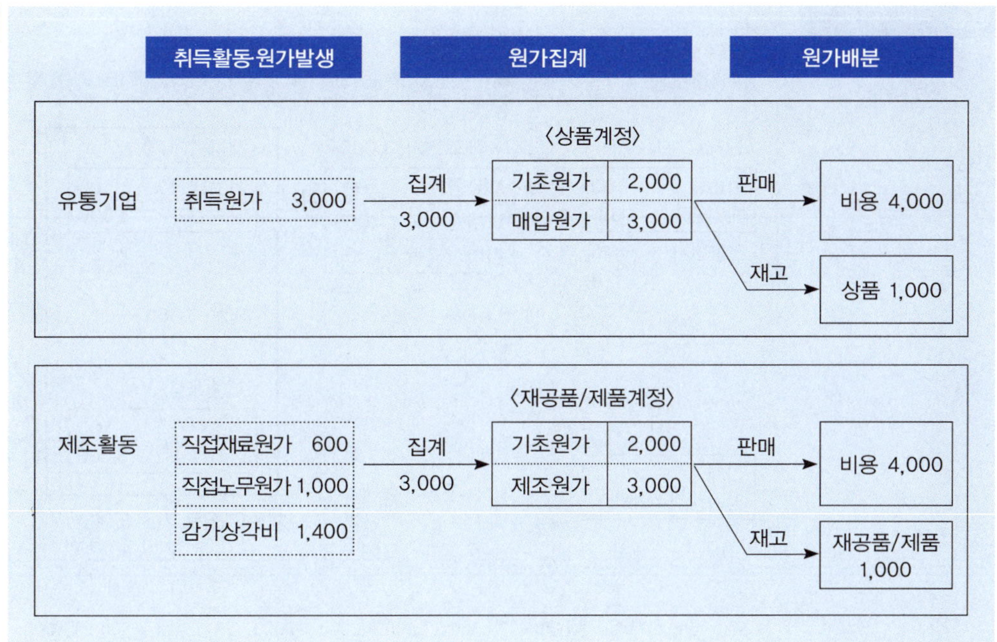

(1) 원가흐름

① 상품원가흐름과 제품원가흐름

[부록그림 6. 1]을 이용하여 상품과 제품의 원가흐름을 비교한다. [부록그림 6. 1] 윗단의 상품원가흐름은 보고기간 초 상품재고액이 ₩2,000인데 당기에 ₩3,000을 매입함에 따라 보고기간 중 매출가능재고원가는 ₩5,000이 되었다가 매출원가로 ₩4,000이 배분되고 나머지 ₩1,000은 기말재고원가로 배분되는 과정을 나타내고 있다.

[부록그림 6. 1] 아랫단의 제품원가흐름은 당기의 매입원가 대신 제조원가로 원가를 집계하는 것 외에 큰 차이가 없다. 제조원가는 직접노무원가 등과 같은 구성요소로 나타낼 수도 있지만 다소 복잡하기에 성격별 원가항목으로 표시하였다. 경비의 대표적 항목으로서 감가상각비를 보이고 있다. 그림에는 나타나지 않지만, 제조원가를 집계할 때는 원칙적으로 실제원가를 사용하되 대체적으로 그리고 제한적으로 표준원가를 사용할 수 있음을 앞에서 설명하였다.

② 제품 · 재공품 · 원재료 원가흐름

이제 원재료, 재공품 및 제품이 모두 있는 경우를 살펴본다. 제조과정에서 발생한 원가항목들은 일단 '**재공품**'계정으로 집계한 후, 모든 공정이 완료되면 '제품'계정으로 **대체**(transfer)한다.[21] 그런데 실무에서는 원활한 제조공정을 위하여 원재료 역시 기업이 미리 확보해 두었다가 필요한 만큼 사용할 것이다. 따라서 직접 · 간접재료원가는 재고

부록그림 6. 2
제품 · 재공품 · 원재료의 원가흐름

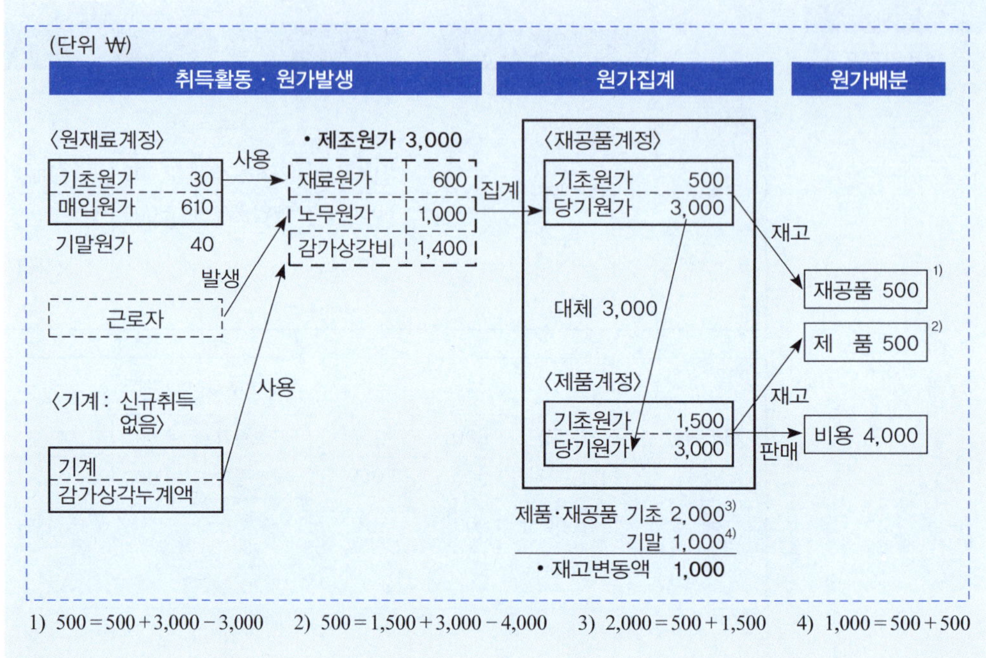

1) 500 = 500 + 3,000 − 3,000 2) 500 = 1,500 + 3,000 − 4,000 3) 2,000 = 500 + 1,500 4) 1,000 = 500 + 500

자산의 하나인 원재료가 제조과정에 투입된 금액을 나타낸다. 그리고 감가상각비는 유형자산인 기계 등을 사용한 원가를 나타낸다. 이렇듯 제조활동 원가흐름을 전체적으로 포착하려면, 제조활동에 선행되는 원재료 구입과 기계 등의 취득도 포함하여 제조원가의 발생을 파악해야 한다. 다만, 노무원가는 발생액만을 파악하면 되는데, 종업원의 노동은 재고자산으로 처리되지 않기 때문이다.

[부록그림 6. 2]는 이상 설명한 종합적인 제조과정의 원가흐름을 정리한다. 보고기간초 현재 재공품은 ₩500이다. 기중에 추가적으로 원재료 사용, 인력 투하 및 기계 사용 등과 같은 ₩3,000 상당액의 제조 노력을 기울였다. 이와 같이 발생한 재료원가, 노무원가 및 경비 등의 원가는 재공품계정에 집계된다.

그리고 제조과정을 거쳐 ₩3,000에 해당하는 제품이 완성된다. 실제 물량의 흐름은 완성된 제품을 작업라인에서 제품보관실로 옮기는 것이며, 이에 대응하여 원가는 재공품원가를 제품원가로 대체한다. 이를 분개로 표시하면 '(차) 제품 3,000 (대) 재공품 3,000'이 된다.

완성품 대체에 따라 재공품 기말재고원가는 ₩500(= ₩500 + ₩3,000 − ₩3,000)이

---

21) 제조공정이 복잡한 기업에서는 한 단계 작업 중인 미완성품은 재공품 1로, 그리고 그 공정이 끝나서 다음 공정으로 넘어가면 그때부터 재공품 2 등으로 구분하다가, 마지막 공정이 끝나면 비로소 제품으로 집계한다. 즉, 원재료에 각 세부 공정별 원가를 배부 등의 방법으로 집계할 때 체계적으로 관리하기 위하여 여러 개의 재공품 계정을 활용하는 것이다.

된다. 그리고 제품 기초재고원가 ₩1,500에 완성품 대체액이 합산됨에 따라 매출가능재고원가는 ₩4,500으로 집계된다. 이는 매출원가 ₩4,000과 제품 기말재고원가 ₩500으로 배분된다. <부록예제 3>에서는 [부록그림 6. 2]에 제시된 제조원가흐름을 어떻게 회계처리하는지 보여준다.

부록예제 3

다음은 [부록그림 6. 2]의 원가흐름에 대한 회계처리이다. (단, 제품매출액은 ₩5,000인데 계속기록법에 따라 매출원가도 매출시점에 기록한 것으로 가정하였다)

해 답

1. 취득활동과 원가발생의 기록

<원재료 매입과 사용>	(차) 원 재 료	610	(대) 현　　금	610
	(차) 재료원가	600	(대) 원 재 료	600
<노무원가 발생>	(차) 급　　여	1,000	(대) 현　　금	1,000
<기계 사용>	(차) 감가상각비	1,400	(대) 감가상각누계액	1,400
2. 재공품으로의 집계	(차) 재 공 품	3,000	(대) 재료원가	600
			급　　여	1,000
			감가상각비	1,400
3. 제품으로의 대체	(차) 제　　품	3,000	(대) 재 공 품	3,000
4. 매출기록	(차) 현　　금	5,000	(대) 매　　출	5,000
	(차) 매출원가	4,000	(대) 제　　품	4,000

(2) 재무제표 보고

제조활동을 반영하는 재무상태표에는 재고자산을 제품, 재공품, 원재료(및 소모품) 등으로 구분하여 보고한다. 한편, 당기에 비용으로 인식한 재고자산 금액은 포괄손익계산서의 보고방식에 따라 달리 보고한다. 비용을 기능별로 분류한 포괄손익계산서(**기능별 분류 포괄손익계산서**)에는 **매출원가**를 보고한다. 본 장에서는 이러한 포괄손익계산서를 전제로 설명하여 왔다.

또 다른 포괄손익계산서는 비용을 **성격별**로 분류하는 것이다. 이를 위해 본 장에서 소개한 바와 같이 '기초재고원가－기말재고원가'를 기중의 '재고변동액'으로 규정하고, 유통기업의 원가흐름을 다음과 같이 정리하였다.

• **유통기업 원가흐름:**
기초재고원가 + 당기매입원가 = 기말재고원가 + 매출원가
→ 매출원가 = 재고변동액 + 당기매입원가

제조활동의 경우에는 위 산식에 당기매입원가 대신 제조원가를 대입하면 된다. 재고증가액은 매출원가에 대한 차감액으로 해석하면 제조활동의 원가흐름을 다음과 같이 나타낼 수도 있다.

• **제조활동 원가흐름:** 매출원가 = 재고변동액 + 제조원가

그런데 재고변동액으로 어떤 재고자산의 변동액을 대체해야 하는가? 제품의 변동액인가? 혹은 여러 재공품들의 변동액인가? [부록그림 6. 2]로 다시 돌아가 보자. 그림에서는 재공품과 제품을 묶어서 굵은 실선으로 표시하고 있다. 이는 실무 현장에서의 '공장'(및 제품창고)을 표현한다. 그리고 그 아래쪽에 제품·재공품 합계의 감소액이 ₩1,000으로 계산되어 있다. 이 금액과 제조원가 ₩3,000을 합하면 매출원가 ₩4,000이 된다. **성격별 분류 포괄손익계산서**에는 제품·재공품의 변동액의 합계를 보고하면 되는 셈이다.

재무상태표에 자산을 보고할 때는 그 각각이 기업의 자산상황과 관리효율 등에 대한 별도의 정보를 알려줄 수 있기에, 제품과 재공품을 구분하여 보고하는 것이 적절하다. 한편, 비용을 보고할 때에는 구태여 각각의 변동액을 구분할 필요가 없다. 즉, 기초에 '공장' 내부의 완성품과 미완성품을 합하여 ₩2,000의 해당액이 있다가 보고기간 말에는 ₩1,000의 해당액으로 감소한 것이니 그 차이인 ₩1,000의 해당액은 고객에게 판매되었을 것이라는 것이다. 앞서 제조원가는 성격(nature)별로 재료원가, 노무원가 그리고 경비로 구분한다고 설명했다. 이와 같은 성격에 따라 [부록그림 6. 2]에서의 판매된 재고자산의 원가는 다음과 같이 풀어서 보고할 수 있다.

• **포괄손익계산서에 보고하는 판매된 재고자산의 원가**

기능별 분류	성격별 분류			
매출원가 ₩4,000	= 재고변동액	+ 제조원가		
	= 제품·재공품변동액	₩1,000	+ 원재료사용액	₩600
			+ 종업원급여비용	₩1,000
			+ 감가상각비	₩1,400

이제 다음의 <부록예제 4>로 매출원가의 포괄손익계산서 보고방식을 연습해 보자.

부록예제 4

<부록예제 3>의 매출액과 매출원가 관련내용을 두 가지 형식으로 작성된 포괄손익계산서에 보고하라. 단, 기중에 제조활동과 관련이 없는 판매활동과 관리활동에서 판매비와관리비 항목에 속하는 비용인 종업원급여비용 ₩210과 감가상각비 ₩90이 발생하였다고 가정하고, 또한 다른 수익과 비용 항목의 발생은 무시하라.

해 답

<table>
<tr><th colspan="2">기능별 분류 포괄손익계산서</th><th colspan="2">성격별 분류 포괄손익계산서</th></tr>
<tr><td>매 출</td><td>₩5,000</td><td>매 출</td><td>₩5,000</td></tr>
<tr><td rowspan="4">매출원가</td><td rowspan="4">(4,000)</td><td>제품 · 재공품 변동액</td><td>(1,000)</td></tr>
<tr><td>원재료사용액</td><td>(600)</td></tr>
<tr><td>종업원급여비용 *1)</td><td>(1,210)</td></tr>
<tr><td>감가상각비 *2)</td><td>(1,490)</td></tr>
<tr><td>매출총이익</td><td>₩1,000</td><td></td><td></td></tr>
<tr><td>판매비와관리비 *3)</td><td>(300)</td><td></td><td></td></tr>
<tr><td>영업이익</td><td>₩700</td><td>영업이익</td><td>₩700</td></tr>
<tr><td>당기순이익</td><td>₩700</td><td>당기순이익</td><td>₩700</td></tr>
<tr><td>기타포괄이익</td><td>0</td><td>기타포괄이익</td><td>0</td></tr>
<tr><td>총포괄이익</td><td>₩700</td><td>총포괄이익</td><td>₩700</td></tr>
</table>

*1) 제조활동분 ₩1,000 + 판매 · 관리활동분 ₩210

*2) 제조활동분 ₩1,400 + 판매 · 관리활동분 ₩90

*3) 판매활동 종업원급여 ₩210 + 감가상각비 ₩90

익힘문제

[1] 재고자산의 인식기준을 설명하라.

[2] 재고자산 회계에 적용하는 원가배분 또는 단위원가 결정의 개념을 설명하라.

[3] 재고자산 회계는 저가법(손상 회계)을 적용하는 원가모형을 기조로 하는데, 기업이 영위하는 사업의 특성에 따라 공정가치모형을 적용한다. 이에 대해서 요약하라.

[4] 재고 파악의 원칙 및 기준에 대해서 설명하라.

[5] 제조원가의 구성요소를 정리하라.

[6] 고정제조간접원가의 초과배부 혹은 부족배부를 어떻게 회계처리하는지에 대해서 설명하라.

[7] 원가흐름의 기록방식인 실지재고조사법과 계속기록법의 차이를 대비하여 설명하라.

[8] 단위원가 결정방법의 개념 및 특징에 대해서 요약하라.

[9] 원가배분이 왜 중요한지에 대해서 단위원가 결정방법이 미치는 영향과 원가배분 오류에 대해서 설명하라.

[10] 저가법이란 어떤 회계절차인가? 그리고 재고자산 종류별로 저가법 적용의 구체적 방식이 어떻게 다른가?

[11] 소매재고법의 특징은 무엇인가? 어떠한 업종에 가장 적절한 대체적 원가측정방식인지와 연관하여 설명하라.

[12] 매출총이익률은 재무제표 보고목적으로 사용할 수 없다. 그 이유는 무엇이라고 생각하는가? 그렇다면 어떤 목적으로 이 방법을 적용하여 재고자산가액을 계산하는가?

[13] 제조활동 재고자산 회계에 인정되는 대체적 평가방법인 표준원가법의 개념, 사용 전제조건 및 그 의의에 대해서 정리하라.

[14] 후입선출법은 「기업회계기준서」에서 더 이상 단위원가 결정방법으로 인정하지 않고 있는데, 그렇다면 후입선출법의 단점은 무엇인가? 그럼에도 불구하고 기업들이 후입선출법을 선택한다면 어떠한 이유 때문인지를 밝혀라.

[15] 농림어업활동의 수확물과 생물자산에 적용하는 회계처리의 특징을 설명하라.

연습문제

[1] 보유재고의 파악

결산일이 12월 31일인 ㈜오일유통의 20×7년 12월 31일 현재 창고에 보관 중인 재고자산은 ₩1,000,000이었다. 그런데 다음의 추가자료를 발견하고서 기말재고인지 여부를 검토하고 있다. ㈜오일유통의 정확한 기말재고원가 금액을 구하라.

(1) 거래처로부터 ₩200,000의 상품을 매입하고 그 대금을 완불하였으나 보관장소를 결정하지 못하여 동 상품을 거래처의 창고에 보관하고 있다.

(2) 12월 1일에 상품 ₩100,000어치를 ₩150,000에 판매하기로 매매계약을 체결하고, 계약대금을 수취하는 20×8년 초에 상품을 인도하기로 하였다.

(3) 20×7년 12월 31일 현재 거래처로부터 선적지인도기준으로 운송 중인 상품 ₩80,000이 있다(동 금액에는 매입운임 ₩5,000이 포함되어 있지 않다).

(4) 거래처가 20×8년 초에 되사겠다고 약속하여 거래처로부터 매입하여 20×7년 12월 31일 현재 ㈜오일유통 창고에는 ₩450,000어치의 상품이 포함되어 있다. (환매가격은 매입가격에 적절한 이자를 합한 금액이라고 가정한다)

(5) ㈜오일유통은 위탁매출도 실시하고 있는데, 20×7년 12월 31일 현재 상품 ₩70,000어치가 팔리지 않고 수탁기업이 보관하고 있다.

[2] 매입할인 및 추가적 금융요소

다음과 같이 ㈜오이유통이 20×7년 여름에 수행한 상품외상매입과 관련된 거래들을 순액법과 총액법으로 분개하라. 단, 상품매입은 '상품'으로 기재하라.

- 7월 초, 다음 신용조건으로 ₩900어치 상품을 외상매입하였다.
  [정상조건] 반 달 내 결제 시 대금의 1% 할인, 한 달 내 결제 시 할인 없음.
  [추가조건] 두 달 내 결제 시 대금의 5% 할증
- ㈜오이유통은 외상매입의 각 1/3씩을 반 달되는 날, 한 달되는 날 그리고 두 달되는 날에 결제하였다.

[3] 제조원가(구성요소–재공품 무시)

다음은 ㈜유일의 20×7년 재고자산 관련 원가의 발생내역이다. (재공품은 무시한다)

- 공장장임금 ₩1,100, 공장근로자임금 ₩10,000
- 원재료 매입액 ₩2,600, 직접재료 사용액 ₩2,500, 간접재료 사용액 ₩300
- 설비취득원가 ₩35,000, 설비감가상각비 ₩5,000

- 제품 제조활동원가 조달을 위한 금융비용(즉, 자본화된 차입원가) ₩100
- 제품판매를 위한 광고비 ₩400
- 고객에게 제품을 배달할 때 발생한 배송료 ₩200

아래의 제품원가 구성요소 집계표(재공품변동액은 표시 않음)를 완성하라.

<table>
<tr><td rowspan="5">제조원가</td><td colspan="3">직접재료원가</td><td>₩</td></tr>
<tr><td colspan="3">직접노무원가</td><td></td></tr>
<tr><td rowspan="3">제조간접원가</td><td colspan="2">고정제조간접원가</td><td></td></tr>
<tr><td rowspan="2">변동제조간접원가</td><td>간접재료원가</td><td></td></tr>
<tr><td>간접노무원가</td><td></td></tr>
<tr><td colspan="4">비제조원가(차입원가 등의 기타원가)</td><td></td></tr>
<tr><td colspan="4">제품원가</td><td>₩</td></tr>
</table>

[4] 제조원가(제조간접원가 배부)

㈜유동구단의 고정제조간접원가의 한 항목은 연초에 납부하는 ₩3,000의 상해보험료이다. 구단주가 매 경기에 참석하는데 가끔 과열된 관중으로부터 찐달걀 세례를 받기 때문이다. 조업도는 경기출장횟수로 측정된다. 구단주인 유동구 씨는 20×7년 초 정상조업도를 10회로 추정하고, 실제조업도가 5회, 10회, 15회인 경우에 각각 재공품에 배부될 고정제조간접원가는 얼마가 될지를 알아보고자 한다. 각 경우에 대한 계산근거를 제시하라.

[5] 실지재고조사법 대 계속기록법 1

다음의 상품 관련 자료를 보고, 요구된 사항을 처리하라.
(상품원가는 단위당 ₩1이어서, 다음의 원가흐름은 곧 물량흐름이다)

- 보고기간 초 원가 ₩400, 매입원가 ₩600. 즉, 매출가능재고원가 ₩1,000
- 실지재고조사법으로 보고기간 말에 1회 원가배분을 실시하여 계산한 기말원가와 계속기록법으로 보고기간 중 부지런히 원가배분을 실시하여 계산한 매출원가는 다음과 같이 어느 경우에나 일관되게 나타났다. 매출액도 추가하여 보인다.

	실지재고조사법	계속기록법	매출액
경우 1 :	기말원가 ₩200	매출원가 ₩800	₩1,200
경우 2 :	기말원가 ₩800	매출원가 ₩200	₩300

- 매입과 매입 후에 이루어진 매출은 모두 현금거래였다.

(1) 경우 1의 매입, 매출 및 기말분개를 두 기록방식을 대비하는 형식으로 보여라.
(2) 경우 2의 매입, 매출 및 기말분개를 두 기록방식을 대비하는 형식으로 보여라.

[6] 실지재고조사법 대 계속기록법 2

㈜오사유통은 가중평균법으로 재고자산의 원가배분을 실시한다. 그리고 매입할인·매출할인에 순액법을 선택한다. 즉, 외상매출도 순액으로 기록한다. ㈜오사유통은 20×7년 초 현재 ₩2,000(200장×₩10)어치의 상품(도시락주머니)을 보유하고 있다. 20×7년 내내 상품 1장당 매입단가는 변하지 않았으며, 다음 거래가 발생하였다.

- 1분기 말에 상품 ₩4,000(400장×₩10)어치를 외상매입하였다.
  이때 운임 ₩1,000을 지출하였다.
  외상대금을 할인기간 내에 지급하여 2%의 현금할인을 받았다.
- 2분기 말에 보유상품의 절반을 ₩5,000에 외상판매하였다.
  외상대금을 할인기간 내에 회수하고 2%의 현금할인을 해주었다.
- 4분기 말에 상품을 실사하였던 바, 재고량이 300장으로 확인되었다.
  또한 재고상품의 회수가능액은 장당 ₩9으로 추정되었다.

(1) 실지재고조사법으로 장부를 기록할 때, 보고기간 중 및 보고기간 말에 수행할 모든 분개를 보여라.

(2) 계속기록법으로 장부를 기록할 때의 모든 분개를 보여라.

[7] 실지재고조사법 대 계속기록법(기능별 분류 포괄손익계산서)

다음은 ㈜오오유통의 20×7년 원가배분이 수행된 재고자산 관련 자료이다.

	원 가	판 매 가	재고실사액
기초재고	₩200		
당기매입	500		
당기매출	600	₩900	
기말재고	100		₩90

(1) 실지재고조사법과 계속기록법에 따른 보고기간 중의 분개와 보고기간 말의 수정·마감분개를 보여라(단, 감모는 비정상적인 사유로 발생하였기에 '감모손실' 과목으로 하여 당기손익으로 인식한다고 가정하라).

(2) 각 기록방식에 따른 원가배분 결과를 나타내는 기능별 분류 포괄손익계산서의 당기순이익 부분을 보여라.

[8] 선입선출법과 가중평균법 1

다음의 자료를 이용하고 실지재고조사법과 계속기록법으로 원가흐름을 기록할 때 선입선출법과 가중평균법을 적용하여 매출원가와 기말재고원가를 계산하라. 감모손실은 발생하지 않았다고 가정하라.

	수 량	단위당 원가	단위당 판매가
기초재고	100	₩120	
매 입 1	2,000	110	
매 출 1	1,200		₩150
매 입 2	3,000	130	
매 출 2	2,000		160
매 입 3	1,000	120	
기말재고	2,900		

[9] 선입선출법과 가중평균법 2

㈜오칠양행의 20×7년의 상품의 매입과 매출에 관련한 자료는 다음과 같다.

	수 량	단위당 원가	총원가
기초재고(1월 1일)	100	₩50	₩5,000
매 입 1(3월 1일)	200	65	13,000
매 출 1(5월 1일)	(200)		
매 입 2(7월 1일)	200	75	15,000
매 출 2(9월 1일)	(100)		

단, 기말재고수량은 장부상 수량과 실지수량이 일치하였다.

(1) 실지재고조사법으로 기록할 때 선입선출법 및 총평균법을 적용하여 기말재고원가와 매출원가를 계산하라.

(2) 계속기록법으로 기록할 때 선입선출법 및 이동평균법을 적용하여 매출원가와 기말재고원가를 계산하라.

[10] 재고자산의 원가배분 오류

다음은 ㈜오팔유통의 기능별 분류에 따른 포괄손익계산서의 일부이다.

	20×7	20×8	20×9
매 출	₩2,000	₩3,000	₩4,000
매출원가	1,750	2,500	3,400
매출총이익	₩250	₩500	₩600

그간 ㈜오팔유통은 단위원가 결정방법으로 가중평균법을 적용하여 오고 있었다. 다음과 같은 원가배분 오류가 20×7년~20×9년의 각 회계연도 매출총이익에 미친 영향을 계산하라.

(1) 20y0년 중 내부감사 과정에서, 회계담당자의 실수로 인하여 20×7년의 기말재고원가가 가중평균법의 잘못된 적용에 따른 ₩50만큼 과소계상되어 있었음을 알게

되었다.

(2) 20y0년 중 내부감사 과정에서, 회계담당자의 실수로 인하여 20×7년의 기말재고 원가가 가중평균법의 잘못된 적용에 따른 ₩70만큼 과대계상되어 있었음을 알게 되었다.

[11] 저가법 1

다음은 ㈜오구상사가 보고기간 말 현재 보유하고 있는 네 종목의 상품에 대한 원가(선입선출법 적용)와 순실현가능가치 자료이다.

저가평가 적용대상	수 량	단위원가	순실현가능가치
상품 1	100개	₩100	₩120
상품 2	200	120	130
상품 3	150	110	100
상품 4	300	90	85

(1) 네 종목의 상품에 저가법을 적용한 분개와 재무상태표 보고를 보여라.

(2) ㈜오구상사가 이들 네 종목의 상품을 묶어서 저가법을 적용하면 평가결과가 달라진다. 평가손실을 계산해 보고 위 (1)의 평가결과와 비교하여 설명하라.

[12] 저가법 2 (2024년 공인회계사 1차 기출문제 변형)

유통업을 영위하고 있는 ㈜오구는 재고자산에 대해 계속기록법과 이동평균법을 적용하고 있으며, 기말에는 실지재고조사를 실시하여 실제 재고수량을 파악하고 있다. 다음은 ㈜오구의 20×1년 재고자산에 관한 자료이다.

일 자	적 요	수 량	매입단가	비 고
1월 1일	기초재고	100개	₩3,000	전기말 실제수량
6월 1일	매입	400개	₩4,000	
7월 1일	매출	300개		판매단가 ₩6,000
9월 1일	매입	100개	₩5,000	
10월 1일	매출	200개		판매단가 ₩5,000

20×1년 기말재고자산의 실제 재고수량은 장부수량과 일치하였고, 단위당 순실현가능가치는 ₩3,000인 경우, ㈜오구의 20×1년도 매출총이익은 얼마인가? 단, 재고자산평가손실은 매출원가로 분류하며, 기초재고자산과 관련된 평가충당금은 ₩40,000이다.

[13] 소매재고법과 매출총이익률법

(1) ㈜오공유통은 보유하고 있는 모든 상품을 한 묶음으로 취급하는 소매재고법을 사용하고 있다. 이를 위하여 취합한 20×7년 자료는 다음과 같은데, 고객들에게 제시했던 바겐세일 등에 따른 할인을 반영한 것이다. 원가율은 '100% – 영업부문 매출총이익률의 평균'을 의미한다.

구 분	소매가	이익률 및 비고사항
기초재고 소매가	₩2,400	기초재고 이익률 60%
당기매입 소매가	9,600*	당기매입 이익률 50%
매출가능재고 소매가	12,000	가중평균 이익률 52% (=60% × 2,400/12,000 + 50% × 9,600/12,000)
매 출	10,000	
기말재고 소매가	2,000	

* 할인액 ₩400을 차감한 금액

가) 선입선출법을 적용하여 기말재고원가와 매출원가를 추정하라.
나) 가중평균법을 적용하여 기말재고원가와 매출원가를 추정하라.

(2) 20×8년 4월 초 ㈜Five11의 상품보관창고에서 화재가 발생하여 일부의 상품만 남고 모두 소실되었다. 남은 상품도 화재진화과정 중의 파손으로 인하여 처분가액은 ₩3,000에 불과한 것으로 평가하였다. 화재발생 직전까지의 상품거래에 대한 관련 자료는 다음과 같다. 화재발생으로 인한 손실액을 추정하라.

기초재고(20×8년 초)	₩10,000
매 입 액(20×8년 1분기)	30,000
매 출 액(20×8년 1분기)	20,000
20×7년 매출총이익률*	20%

* 외부감사인이 보관한 20×7년 감사보고서에서 입수하였다.

[14] 농림어업활동(수확물)

㈜유구포도는 포도를 수확하여 소비자에게 직접 판매하거나 혹은 포도주 생산업체에 판매하기 위해 20×7년 초부터 포도나무를 재배하기 시작하였다.

(1) 20y0년도에 처음으로 포도 10kg을 수확하였다. ㈜유구포도의 회계담당자가 동 시점에서 농수산물거래소에 전화로 시세를 확인한 결과, 포도는 kg당 ₩150에 직거래되고 있음을 확인하였다. 또한 포도를 출하하기 위해서는 kg당 ₩20원의 매각부대원가가 발생할 것으로 추정하였다. 수확을 분개하라.

(2) 포도를 출하한 후 그 절반을 포도주 생산업체인 A사에 kg당 순매각대금 ₩145에 판매하였다. 판매를 분개하라.

[15] 농림어업활동(생물자산)

㈜유영순록은 가축순록을 연중 산에 방목하다가 가을에 모아서 그 연도 중 출산한 꼬마순록을 다른 농장에 판매한다. 20×7년 관련 자료이다.

- 연중 사육비(관찰, 통제, 모을 때 노래부르기 등 활동) 발생액은 총 ₩1,500이었다.
- 태어난 꼬마순록은 50마리에, 각 ₩100의 순공정가치에 해당한다고 확인하였다.
- 꼬마순록 50마리를 각 ₩110에 판매하였다.
- 어른순록은 작년 가을에 100마리, 마리당 순공정가치는 ₩200이었다. 올해 가을에도 100마리가 다 살아남았음을 확인하였고, 마리당 순공정가치는 연말에 ₩250으로 상승하였다.

(1) 위의 내용에서 파악되는 자산 관련 거래를 분개하라.

(2) 20×7년 재무상태표의 기말자산보고액과 성격별 분류 포괄손익계산서 내용을 보여라.

[16] 후입선출법(학습목적 원가배분방법)과 반품회계

(1) 다음은 20×7년에 설립된 ㈜OilLee의 영업 첫 2개년 동안의 순이익과 재고자산원가의 내용이다.

	20×7	20×8
선입선출법 순이익	₩8,000	₩2,400
선입선출법 기말재고	1,700	2,500
후입선출법 기말재고	2,300	2,100

후입선출법 하에서의 이익은 각 연도별로 얼마인가?

(2) 다음은 ㈜오파상사의 20×7년 원가배분이 수행된 재고자산 관련 자료이다.

	장부상 원가	판 매 가	재고실사액
기초재고	₩200		
당기매입	500		
매입환출	50		
당기판매	600	₩900	
매출환입	20	30	
기말재고	70		₩60

㈜오파상사는 매출환입을 조사한 결과 반품된 재고자산의 가치가 손상되지 않았다고 판단하였다. 그리고 매출 · 매입 에누리가 발생하지 않았기에 관련 계정명칭에서도 '에누리'를 생략한다.

① 실지재고조사법과 계속기록법에 따라 보고기간 중의 거래와 보고기간 말의 수정 및 마감거래를 보여라(단, 감모는 비정상적인 사유로 발생하였기에 '감모손실' 과목으로 하여 당기손익으로 인식한다고 가정하라).

② 각각의 기록방식에 따른 원가배분 결과를 나타내는 기능별 분류 포괄손익계산서(당기순이익 부분까지)를 작성하라.

CHAPTER 07

유형자산 Ⅰ: 인식과 측정

Contents

한국채택국제회계기준		국제회계기준	
제1008호	회계정책, 회계추정치 변경 및 오류	IAS 8	Accounting Policies, Changes in Accounting Estimates and Errors
제1016호	유형자산	IAS 16	Property, Plant and Equipment
제1020호	정부보조금의 회계처리와 정부지원의 공시	IAS 20	Accounting for Government Grants and Disclosure of Government Assistance
제1023호	차입원가	IAS 23	Borrowing Costs
제1037호	충당부채, 우발부채, 우발자산	IAS 37	Provisions, Contingent Liabilities and Contingent Assets

유형자산은 장기적으로 영업활동에 사용하는 물리적 실체를 가진 자산이다. 유형자산의 수명주기(life cycle)는 취득, 사용 및 처분으로 구분된다. 기업은 유형자산을 성격과 용도에 따라 토지, 건물, 기계장치, 선박, 항공기, 차량운반구, 집기 혹은 사무용비품 등으로 분류할 수 있는데, 동일한 분류에 속하는 유형자산 전체에 대하여 원가모형이나 혹은 재평가모형 중 하나를 회계정책으로 선택하여 취득시점 이후의 회계처리를 한다.

본 장에서는 유형자산의 인식(최초취득과 후속취득)과 제거(처분 등)에 적용하는 전반적인 회계절차를 다룬다. 그리고 제8장에서는 유형자산의 보유 중 기말에 나타나는 감가상각, 손상 및 재평가에 대한 회계처리를 살펴본다.

제1절 유형자산 회계의 개요

1. 유형자산의 정의와 특징

유형자산(property, plant and equipment, PP&E)이란 재화나 용역의 생산·제공, 타인에의 임대 또는 관리활동에 사용하려고 보유하는 물리적 형태가 있는 자산으로서 한 회계기간을 초과하여 사용할 것이 예상되는 자산이다.

따라서 유형자산의 특징은 ① 물리적 실체를 가지고 있으며, ② 그 용역잠재력을 영업활동에 사용하며, ③ 장기적으로 사용한다는 세 가지로 정리할 수 있다. 이들 특징을 자세히 알아보도록 하자.

먼저, 유형자산은 ① 그 **물리적 실체**가 나타내는 용역잠재력(service potential)으로부터 경제적 효익을 얻으려고 보유하는 자산이다. 따라서 그 용역잠재력이 물리적 실체가 아닌 권리로 표시되는 특허권과 같은 자산은 무형자산으로 분류한다. 무형자산에 대한 회계처리는 제9장에서 살펴본다.

다음으로 ② 유형자산의 **용도**(intended use)는 그 용역잠재력을 **영업활동에 사용**한다는 것이다. 그렇지 않은 자산은 유형자산이 아니다. 예를 들어, 용역잠재력을 사용하는 것이 아니라 실물 자체를 고객에게 판매하기 위한 용도로 보유하는 자산은 재고자산이다.

또한 유형자산은 ③ 장기적 사용을 전제로 취득한 비유동자산이다. 물론, 취득시점에서 예상하는 사용기간(즉, 내용연수)에 따른 분류이므로 사후적으로 단기사용에 그치는 경우를 완전히 배제하지는 않지만, 일반적으로 장기적 사용을 전제로 취득한다. 영업활동에 사용하는 한 유형자산으로 분류하며, 사용 최종연도에 이르더라도 유동자산으로 분류하지 않는다. 한편, 처분을 예정하는 경우 매각예정비유동자산으로 분류하는데 그 회계처리는 제9장에서 살펴본다.

이상의 특징을 가지는 자산을 제작 · 건설 · 개발 중인 경우에는 아직 완성하지 못하여도 유형자산으로 분류한다. 이를 실무에서는 유형자산에 속하는 **건설중인자산**으로 구분하고 있다. 한편, 유형자산의 특징을 일부 공유하지만 본 장에서 설명하는 회계처리가 그대로 적용되지 않고, 해당 자산별로 고유 회계처리가 가감되는 자산이 있다. 농림어업활동의 생산용생물자산의 경우 제6장에서 다룬 바 있으며,[1] 투자부동산은 제9장에서 다룬다.

그리고 **예비부품**, **대기성장비** 및 **수선용구**와 같은 자산은 유형자산의 정의를 충족하면 유형자산으로 분류한다. 그렇지 않다면 이들은 재고자산으로 분류한다.

2. 인식

유형자산으로 인식되기 위해서는 그 정의를 충족해야 하고, 또한 다음의 두 가지 인식기준(recognition criteria)을 모두 충족하여야 한다.

① 자산으로부터 발생하는 미래 경제적 효익이 기업에 유입될 가능성이 높다.
② 자산의 원가를 신뢰성 있게 측정할 수 있다.

기업은 영업활동에 그 용역잠재력을 투입하고 그 결과로 경제적 효익을 얻기 위해서 앞서 살펴본 특징을 가진 자산을 취득한다. 인식기준은 그 미래 경제적 효익이 유입될 가능성이 높아야 자산을 취득하였다고 기록할 수 있다는 것이다. 또한 기록하려면 취득에 소요된 원가를 화폐액으로 신뢰성 있게 측정할 수 있어야 할 것이다. 매입 · 건설할 때 최초로 발생하는 원가뿐만 아니라, 본 장 제4절에서 그 회계처리를 살펴보는 대체 혹은 정기적 종합검사와 같은 사용 중에 발생하는 원가를 유형자산으로 **인식**할 것인가를 판정할 때 이 두 가지 인식기준을 적용한다.

인식기준을 적용할 인식의 단위(unit of measurement for recognition)는 기업이 자신의 상황을 고려하여 판단한다. 그 원가가 중요한 자산의 경우 개별 자산별로 적용하며, 금형 · 공구 · 틀과 같이 개별적으로 중요하지 않은 자산은 통합하여 그 전체가치에 대하여 인식기준을 적용할 수 있다.

그런데 유형자산으로서의 특징을 가지고 있지만, 자체 미래 경제적 효익의 확인이 어려운 자산이 있다. 예를 들면, **안전 · 환경상의 이유**로 취득하여야 하는 유형자산으로

---

1) 생산용식물(bearer plants; 예 차나무, 고무나무, 과수 등)은 유형자산으로 분류하고 그에 따라 회계처리한다.

서, 그 자체로는 직접적인 미래 경제적 효익을 얻을 수 없으나, 다른 자산으로부터 미래 경제적 효익을 얻기 위하여 필요한 자산이다. 「기업회계기준서」는 이러한 자산의 경우 인식기준을 충족시키는 것으로 규정하고 있다.[2)]

3. 원가모형 혹은 재평가모형의 선택

취득원가로 최초 인식한 유형자산은 그 **분류별로 동일**하게, 원가모형 혹은 재평가모형 중 하나를 회계정책으로 선택하여 적용하여야 한다.

원가모형(cost model)은 유형자산의 장부금액을 그 최초 및 사용 중 인식에 따라 원가로 기록한 후, 사용 중의 감가상각과 손상차손에 따라 감소시키는 회계방식이다. 원가는 본 장 제2절에서 살펴보듯 다양한 요소로 구성된다.

원가모형에서는 인식시점 이후에 공정가치가 변동하더라도 장부에 그 정보를 반영하지 않는 방식이다. 다만, 손상이라고 판단하는 가치훼손이 발생하면 가치감소를 인식한다. 제8장에서 다루는 손상차손에는 손상시점의 공정가치가 한 축을 이루고 있다. 그러나 원가를 초과하는 공정가치의 상승은 어떠한 경우에도 인식하지 않는 방식이다.

한편, **재평가모형**(revaluation model)은 기업이 자신의 영업특성을 고려할 때, 유형자산 분류 중 취득 후 공정가치 변동을 반영하는 것이 적절하다고 판단하는 경우에 선택 적용하는 방식이다. 즉, 가치상승과 가치하락을 모두 장부금액에 반영하는 공정가치모형(fair value model)의 하나로서 그 자세한 내용은 제8장에서 다룬다.[3)]

2) 추가적으로, 만일 이러한 자산의 최초 인식시점에 손상(impairment)을 검토하고 손상되었다고 판단하면 손상차손을 인식하도록 하고 있다. 안전·환경상의 이유로 취득한 유형자산의 경우, 그 취득시점에 미래 경제적 효익에 대한 상대적 불확실성이 클 수 있기 때문이라고 본다.

3) 공정가치모형을 적용 혹은 허용하는 자산은 농림어업활동의 생물자산(단, 수확물은 수확시점에만 적용. 제6장), 유형자산과 무형자산(제8장, 제9장), 투자부동산(제9장) 및 금융자산(제11장)이다. 각각의 공정가치모형은 다소 다른 방식으로 구체화되기도 한다.

제2절 원가 구성요소

유형자산은 원가로 측정한다. 원가는 구입가격, 직접관련원가, 차입원가, 추정복구원가 등으로 구성된다. 이들 항목은 주로 유형자산을 최초로 취득하는 과정에서 발생하지만, 취득 후 사용 중에 나타나기도 한다. 인식과 측정 규정은 두 가지 경우를 구별하지 않고 공통적으로 적용된다.

본 절에서는 먼저 직접관련원가의 개념과 내역을 개관한다. 이어서 소위 특정목적 차입금뿐 아니라 일반목적 차입금도 고려한다는 점에서 반드시 직접관련원가라고는 할 수 없는 차입원가 관련회계를 살펴본다. 다음으로 취득시점이 아니라 일반적으로 사용 종료 후에 지출이 발생하는 추정복구원가와 관련한 내용을 익힌다.

1. 구입가격

구입가격은 관세 및 환급불가능한 취득 관련 세금을 가산하고, 매입과정에서의 제반 할인과 리베이트 등을 차감한 순금액이다.

2. 직접관련원가

직접관련원가란 경영진이 의도하는 방식으로 자산을 가동하는 데 필요한 장소와 상태에 이르게 하는 데 직접 관련되는 원가요소들이다. 일반적인 예는 다음과 같다.

① 유형자산의 매입 또는 건설과 직접적으로 관련하여 발생한 종업원급여
② 설치장소 준비원가
③ 최초의 운송 및 취급 관련 원가
④ 설치원가 및 조립원가
⑤ 유형자산이 정상적으로 작동되는지 여부를 시험하는 과정에서 발생하는 원가[4)]
⑥ 전문가에게 지급하는 수수료

유형자산은 그 물리적 성격, 기능적 특성 및 용도가 다양하며 취득조건이나 적용되는 규제여건이 다를 수 있어 실무에서 나타날 수 있는 직접 관련 원가요소의 내역은 이

---

4) 경영진이 의도한 방식으로 유형자산을 가동할 수 있는 장소와 상태에 이르게 하는 동안에 재화(예 자산이 정상적으로 작동되는지를 시험할 때 생산되는 시제품)가 생산될 수 있다. 그러한 재화를 판매하여 얻은 매각금액과 그 재화의 원가는 당기손익으로 인식한다.

보다 더 다양할 수 있다. 예를 들면, 유형자산을 취득할 때 그 거래에 적용되는 제반 규제를 충족하는 과정에서 불가피하게 국채 · 공채를 그 미래현금흐름의 현재가치보다 높은 가액으로 매입함에 따라 발생하는 요소가 있다. 이때 그 현재가치 이상으로 지급한 금액은 해당 유형자산을 취득하기 위하여 발생한 직접 관련 요소이다.

이들 원가요소들은 그 중요성에 따라 요소별로 금액을 분리하여 집계하기도 하고 혹은 다른 요소와 통합하여 집계하기도 한다. 이제 다음의 <예제 1>을 이용하여 원가에 포함하는 직접 관련요소를 확인하는 연습을 한다.

예제 1

㈜칠일칠기는 20×7년에 공장을 신축하였다. 계획에 따라 먼저, 부지를 취득하고, 공장형 컨테이너 박스를 구입하고, 기계장치를 구입 · 설치하였다. 관련 자료를 정리해보니 다음과 같았다.

1. 1월 1일, 신축업무 전체를 담당할 실무자를 선정하였다.
2. 3월 21일, 여러 후보지를 물색한 끝에 부지매입계약을 체결하고, 매입대금 전액인 ₩200,000을 지급하였다.
3. 3월 22일, 부지 한가운데 있는 큰 바위를 다이너마이트로 발파하였다. 발파에는 ₩30,000이 지출되었고, 쪼개진 바위부스러기는 ₩15,000을 받고 건축자재상에 판매하였다.
4. 3월 23일, 공장형 컨테이너 박스를 ₩300,000에 구입하였다. 운반비, 설치 · 내장비 및 취득세로 ₩2,500의 추가지출이 있었다.
5. 3월 25일, 부지중개료, 취득세 및 등기비용으로 ₩2,000을 지출하였다.
6. 3월 30일, 가구에 광택을 내는 기계를 ₩100,000에 구입하였다. 운반비, 설치비는 판매자가 부담하였다. 이때 먼지와 소음을 많이 일으키는 기계이기에 부담하는 환경분담금 성격의 추가지출이 발생하였다. 즉, 당일 발행된 만기 2년, 액면금액 ₩50,000의 국채(보유기간 중 이자를 지급하지 않는 할인채)를 액면으로 매입한 것이다. 당일, 국채에 적용하는 유효이자율은 연 5%였다.
7. 3월 31일, 기계 시운전과정에서 ₩300어치의 목재와 광택제를 현금으로 구입해서 소모하였다.
8. 4월 1일자로 공장신축업무 업무담당자는 총무과 첫 번째 사원으로 보직을 변경하고 일상관리업무를 수행하기 시작하였다. 그의 급여는 연초부터 매월 ₩10,000이었다.

공장신축업무를 부지, 컨테이너 박스 및 기계 취득업무로 구분할 때 각각의 비중은 6 : 3 : 1이었다고 판단한다. 유형자산 각각의 취득원가를 산정하라.

해 답

부지, 컨테이너 박스 및 기계 각각의 구입가격과 함께 각각을 의도한 용도대로 가동하는 데 필요한 장소와 상태에 이르게 하는 데 직접 관련된 원가요소를 파악하고 합산한다.

- 부지의 경우 3월 25일까지 발생한 원가는 ₩235,000(=매입대금 ₩200,000+직접 발생 급여 ₩10,000×3개월×6/10+발파비 ₩30,000−바위부스러기 판매대금 ₩15,000+중개료 등 ₩2,000)이다.
- 컨테이너 박스 원가는 ₩311,500(=매입대금 ₩300,000+직접발생급여 ₩10,000×3개월×3/10+운반비 등 ₩2,500)이다.
- 기계원가는 매입대금 ₩100,000, 직접발생급여 ₩3,000(=₩10,000×3개월×1/10), 시운전원가 ₩300 외에 환경분담금 성격의 지출액을 추가한다. 그 금액은 현재가치 ₩45,351(=₩50,000 ÷ 1.05^2)인 국채를 액면인 ₩50,000에 매입한 차액인 ₩4,649이다. 따라서 기계원가는 ₩107,949이다.

한편, 유형자산의 원가가 아닌 항목의 예는 다음과 같다.

① 새로운 시설을 개소하는 데 소요되는 원가(costs of opening a new facility)
② 새로운 상품과 서비스를 소개하는 데 소요되는 원가
③ 새로운 지역에서 또는 새로운 고객층을 대상으로 영업을 하는 데 소요되는 원가
④ 관리 및 기타 일반간접원가

위의 항목들은 개업비, 광고·판매촉진비, 교육훈련비 혹은 일반관리비 등의 과목으로 하여 당기손익으로 인식한다.

경영진이 의도하는 방식으로 가동될 수 있는 장소와 상태에 이른 후에는 해당 자산의 원가를 더 이상 인식하지 않는다. 그리고 이 시점이 제8장에서 설명하는 감가상각 시작시점이다. 따라서 유형자산을 사용하거나 재이전하는 과정에서 발생하는 원가는 당해 유형자산의 장부금액에 포함하지 않는다.[5)]

유형자산을 경영진이 의도하는 방식으로 가동하는 데 필요한 장소와 상태에 이르게 하기 위해 필요한 활동은 아니지만, 유형자산의 건설 또는 개발과 관련하여 영업활동이 이루어질 수 있다. 이러한 부수적인 영업활동은 건설이나 개발이 진행되는 동안 또는 그 전 단계에서 이루어질 수 있는데 관련 항목은 당기손익으로 인식한다. 예를 들면, 건설이 시작되기 전에 건설용지를 주차장 용도로 사용함에 따라 수익을 인식하는 것이다.

자가건설한 유형자산의 경우에도 그 원가는 외부에서 구입한 유형자산에 적용하는

---

5) 예를 들어, 다음과 같은 항목들이다.
① 경영진이 의도하는 방식으로 가동될 수 있으나 아직 실제로 사용되지는 않고 있는 경우 또는 가동수준이 완전조업도 수준에 미치지 못하는 경우 발생하는 원가
② 유형자산과 관련된 산출물에 대한 수요가 형성되는 과정에서 발생하는 가동손실과 같은 초기 가동손실
③ 영업의 전부 또는 일부를 재배치하거나 재편성하는 과정에서 발생하는 원가

것과 같은 기준을 적용하여 결정한다. 어떤 기업이 유사한 자산을 정상적인 영업활동과정에서 판매를 위해 만든다면, 일반적으로 자가건설한 유형자산의 원가는 판매목적으로 건설하는 자산의 원가와 동일하다. 따라서 자가건설에 따른 내부이익과 자가건설과정에서 원재료, 인력 및 기타 자원의 낭비로 인한 비정상적인 원가는 자산의 원가에 포함하지 않는다.

그리고 건물을 취득할 때는 그 부속대지도 함께 매입하므로 매입대금을 건물취득원가와 토지취득원가로 분리하여 계상함에 유의해야 한다. 건물에는 감가상각 회계를 적용하지만, 채석장이나 매립지 등 외의 토지에는 적용하지 않기 때문이다. 이는 <예제 8>에서 다루는 일괄취득의 예이기도 하다.

3. 차입원가

적격자산의 취득, 건설 또는 제조와 직접 관련되는 차입원가는 당해 자산취득원가의 일부를 구성하여야 한다. 이러한 차입원가는 적격자산취득에 필수적이며 또한 당해 자산을 취득하지 않았더라면 **회피가능하였을**(즉, 부담하지 않았을) 원가이므로, 취득원가의 일부로 포함하여야 한다는 것이다. 그 외의 모든 차입원가는 당기비용으로 인식한다.

여기서 **적격자산**(a qualifying asset)이란 의도된 용도로 사용하거나 판매가능한 상태에 이르게 하는 데 상당한 기간을 요구하는 자산이며, ① 재고자산, ② 제조설비자산, ③ 전력생산설비, ④ 무형자산, ⑤ 투자부동산 및 ⑥ 생산용식물 등의 자산이 경우에 따라 적격자산에 해당한다. 그러나 금융자산, 단기간 내에 생산되거나 제조되는 재고자산, 취득시점에 의도된 용도로 사용할 수 있거나 판매가능한 상태에 있는 자산 등은 적격자산에 해당하지 아니한다.

차입원가(borrowing costs)는 자금의 차입과 관련하여 발생하는 이자 및 기타 원가이며,[6] 이를 자산취득원가에 포함하는 것을 **자본화**(capitalization)라고 부른다. 적격자산의 경우 차입원가 자본화는 **반드시 수행**되어야 한다. 다만, 다음에 해당하는 적격자산은 그 취득, 건설 또는 제조와 직접 관련되는 차입원가를 반드시 자본화하여야 하는 것은 아니다. 즉, 자본화 여부를 **선택**할 수 있는 것이다.

① 공정가치로 측정하는 적격자산(예 생물자산)

② 반복적으로 대량 생산·제조하는 재고자산

---

6) 차입원가는 다음 항목을 포함할 수 있다.

① 「기업회계기준서」 제1109호 '금융상품'에 기술된 유효이자율법을 사용하여 계산된 이자비용

② 「기업회계기준서」 제1017호 '리스'에 따라 인식하는 금융리스 관련 금융원가

③ 외화차입금과 관련되는 외환차이 중 이자원가의 조정으로 볼 수 있는 부분

공정가치로 측정하는 자산의 경우, 기말에 공정가치로 평가할 것이므로 차입원가가 취득원가에 포함되든 아니 되든 당기손익에 영향을 미치지 않는다. 즉, 차입원가 자본화 여부는 공정가치평가손익과 금융원가(finance costs, 이자비용 등) 간 배분에만 영향을 미치기 때문에 자본화 여부를 선택할 수 있도록 한 것으로 보인다. 한편, 반복 대량생산 재고자산의 경우에 자본화를 선택적으로 허용한 이유는 회계처리의 편의를 추구한 것으로 해석된다.

앞서 제6장에서 재고자산 중의 적격자산을 대상으로, 차입원가 자본화를 소개한 바 있다. 본 장에서는 먼저 몇 가지 추가적인 용어 내지 개념을 알아보고 나서, 유형자산 중 적격자산을 대상으로 구체적으로 그 회계절차를 살펴본다.

(1) 용어와 개념

① 자본화 개시

적격자산의 취득, 건설 또는 제조와 직접 관련되는 차입원가는 자본화 개시일부터 취득원가에 포함되기 시작한다. **자본화 개시일**(commencement date)이란 최초로 다음 조건을 모두 충족시키는 날이다.

(가) 적격자산에 대하여 지출하고 있다.
(나) 차입원가를 발생시키고 있다.
(다) 적격자산을 의도된 용도로 사용하거나 판매가능한 상태에 이르게 하는 데 필요한 활동을 수행하고 있다.

여기서의 지출(expenditures)은 현금의 지급, 다른 자산의 제공, 차입원가를 부담하는 부채의 발생 등에 따른 지출을 의미한다.

② 필요한 활동

적격자산을 의도된 용도로 사용하거나 판매가능한 상태에 이르게 하는 데 필요한 활동은 당해 자산의 물리적인 제작뿐만 아니라 그 전 단계에서 이루어진 기술 및 관리상의 활동도 포함한다. 예를 들어, 물리적인 제작 전에 각종 인허가를 얻기 위한 활동 등을 들 수 있다.

그러나 자산의 상태에 변화를 가져오는 생산 또는 개발이 이루어지지 아니하는 상황에서 단지 당해 자산의 보유는 필요한 활동으로 보지 아니한다. 예를 들어, 토지가 개발되고 있는 경우 개발과 관련된 활동이 진행되고 있는 기간 동안 발생한 차입원가는 자본화 대상에 해당하지만, 건설목적으로 취득한 토지를 별다른 개발활동 없이 보유하는 동안 발생한 차입원가는 자본화 요건을 충족하지 못한다.

③ 자본화 종료

적격자산을 의도된 용도로 사용하거나 판매가능한 상태에 이르게 하는 데 필요한 거의 모든 활동이 완료된 시점에 차입원가의 자본화를 종료(cessation)한다. 예컨대, 적격자산이 물리적으로 완성된 경우라면 일상적인 건설관련 후속 관리업무 등이 진행되고 있더라도 당해 자산을 의도된 용도로 사용할 수 있거나 판매할 수 있기 때문에 자본화를 종료하고 구입자 또는 사용자의 요청에 따른 내장공사 등의 추가 작업만이 진행되는 경우도 거의 모든 건설활동이 종료된 것으로 본다.

④ 자본화 중단

적격자산에 대한 적극적인 개발활동을 중단한 기간에는 차입원가의 자본화를 중단(suspension)한다. 적격자산을 의도된 용도로 사용하거나 판매가능한 상태에 이르게 하는 데 필요한 활동을 중단한 기간에도 차입원가는 발생할 수 있지만, 중단기간 동안의 차입원가는 미완성된 자산을 보유함에 따라 발생하는 비용이므로 자본화조건을 충족하지 못한다.

한편, 상당한 기술 및 관리활동을 진행하고 있는 기간에는 차입원가 자본화를 중단하지 아니한다. 또한 자산을 의도된 용도로 사용하거나 판매가능한 상태에 이르기 위한 과정에 있어 일시적 지연이 필수적인 경우에도 차입원가 자본화를 중단하지 아니한다. 예를 들어, 건설기간 동안 해당 지역의 하천수위가 높아지는 현상이 일반적이어서 교량건설이 지연되는 경우에는 차입원가의 자본화를 중단하지 아니한다.

⑤ 자본화가능차입원가

자본화가능차입원가(borrowing costs eligible for capitalization)는 적격자산의 취득, 건설 또는 제조와 직접 관련된 차입원가이다. 즉, 당해 적격자산과 관련된 지출이 발생하지 아니하였다면 부담하지 않았을 차입원가로서 두 부분으로 나누어 볼 수 있다.

첫째, 특정 적격자산을 취득하기 위한 목적으로 특정하여 자금을 차입(이하, **특정목적 차입**)하는 경우 당해 적격자산과 직접 관련된 차입원가는 쉽게 식별할 수 있으며 자본화가능차입원가에 포함한다(단, **일시적 운용수익은 차감**).

그런데 개별 차입금과 적격자산 간의 직접 관련성을 식별하고, 적격자산과 관련된 지출이 발생하지 않았다면 부담하지 아니할 수 있었던 차입원가를 결정하기 어려운 차입(이하, 일반목적 차입)도 있다. 적격자산을 포함하는 사업단위별로가 아니라 본부에서 일괄하여 소요자금을 조달하는 기업의 차입을 예로 들 수 있다. 따라서 둘째, 일반목적 차입금 중 적격자산의 취득을 위해 사용하는 금액에 한하여 당해 자산 관련 지출액에 자본화이자율을 적용하는 방식으로 계산한 금액을 자본화가능차입원가에 포함한다.

(2) 차입원가 자본화 절차

차입원가를 자본화함에 있어, 특정목적 차입금에 따른 자본화가능차입원가와 일반목적 차입금에 따른 자본화가능차입원가를 각각 계산한 다음 합산한다. 각각은 자본화기간을 자본화 개시일로부터 그 종료일까지의 기간 중 중단기간을 제외한 기간으로 할 때 다음 <표 7.1>에 요약한 바와 같이 계산된다.

이하에서는 그 내용을 살펴본다.

① 특정목적 차입금 차입원가의 자본화

자본화 기간 동안에 발생한 특정목적 차입금에 따른 차입원가는 전액 자본화한다. 다만, 이때 자산을 취득하지 않았다면 회피할 수 있었던 금액은 해당 기간 동안 특정목적 차입금의 일시적 운용에 따른 수익을 차감한 금액이므로, 이렇게 계산한 순차입원가를 자본화하는 것이 타당할 것이다.

② 일반목적 차입금 차입원가의 자본화

적격자산을 취득하기 위한 지출과 차입은 자금의 사용 · 조달계획에 따라 이루어진다. 또한 차입시점마다 이자율을 포함한 차입조건이 달라질 수 있다. 또한 지출과의 직접적인 관련성을 확인할 수 있는 특정목적 차입금과는 달리 일반목적 차입금의 경우에는 어떤 조건으로 차입한 자금을 언제 대상자산 취득을 위하여 사용하였는지를 확인한

표 7.1

자본화가능차입원가계산과정의 요약

특정목적 차입금 자본화가능차입원가: 다음 a에서 b를 차감한 금액

a. 기간 중 특정목적 차입금의 차입원가 발생액
b. 기간 중 특정목적 차입금에 따른 일시적 운용수익

일반목적 차입금 자본화가능차입원가: $min\{c, d\}$, 즉 다음 c와 d 중 작은 금액

c. 기간 중 일반목적 차입금의 차입원가 발생액
d. {연평균 지출액 − 연평균 특정목적 차입금 조달액} × 자본화 이자율
여기서, 연평균 특정목적 차입금 조달액 = 연평균 특정목적 차입금 − 연평균 일시적 운용액

일반목적 차입금 자본화가능차입원가 − 구체적 단계

i) 일반목적 차입금에 따라 발생한 차입원가를 취합한다.
ii) 연간 평균적으로 자산취득에 투입한 지출액(적격자산에 대한 평균지출액)과 특정목적 차입금의 차액을 구한다. 이때 특정목적 차입금에 의한 연평균조달액은 특정목적 차입금의 연평균액에서 관련 일시적 운용액의 연평균액을 차감하여 구한다.
iii) 일반목적 차입금에 적용되는 대표적인 이자율인 자본화 이자율을 계산한다.
iv) 위의 ii) 금액에 iii) 이자율을 적용하여 계산한 금액과 i) 금액을 비교하여 둘 중 작은 금액을 자본화한다.

다는 것이 사실상 불가능하다. 따라서 <표 7. 1>에 정리한 구체적 단계를 거쳐 자산을 취득하지 않았더라면 회피할 수 있었을 금액을 추산한다.

<표 7. 1>의 단계 ii)에서 평균지출액이 특정목적 차입금 평균액보다 작은 경우 자본화 금액으로 계산할 금액(즉, 일반목적 차입금으로 조달한 지출) ₩0으로 처리하는데, 이것은 당보고기간 중 일반목적 차입금은 자산취득과 무관한 자금이었으며 따라서 그에 따른 차입원가는 시설취득이 없었을 때의 회피가능원가가 아님을 반영하기 위함이다.

그리고 단계 iv)를 통하여 자본화 금액의 상한으로서 기간 동안의 실제 발생한 차입원가로 규정하는 이유는 단계 ii)의 금액에는 **자기자본원가**(cost of equity)가 포함될 수 있기 때문이다. 따라서 이를 배제하기 위하여 상한을 규정하고 있다.

한편, 일반목적 차입금의 경우 일시적 운용에 따른 수익은 차입원가 자본화 금액을 산정할 때 차감하지 않는다. 이러한 수익이 있는 경우 일반목적 차입금과 대상자산 취득 간의 상관관계를 더욱 낮게 하므로 자본화 금액을 산정할 때 고려하지 않는 것이 적절하다고 생각한다. 이제 위의 단계 ii)와 단계 iii)을 좀 더 자세히 살펴보도록 하자.

③ 연평균지출액과 특정목적 차입금 평균차입금액

이 금액들은 일반목적 차입금의 자본화가능차입원가를 계산할 목적으로 헤아리는 금액들이며, 통상 각각의 연평균금액을 연중 변동하는 지출(expenditures) 잔액과 차입 잔액의 적절한 근사치로 활용한다.

연평균지출액을 구할 때 한 가지 유념할 점은 연평균지출액이 순지출액을 의미한다는 것이다. 따라서 정부보조금(government grants)이나 건설 등의 진행에 따라 수취하는 금액(progress payments)의 연평균액을 자본화 대상자산에 대한 지출액에서 차감한 순지출액을 구해야 한다. 이렇게 계산한 연평균지출액과 특정목적 차입금의 차이로서, 연간 평균적으로 특정목적 차입금 외에 얼마의 자금(즉, 일반목적 차입금에 의한 조달액)이 더 소요되었는지를 알아낸다.

지출의 연평균액은 세부지출별로 그 지출금액에 '{지출 이후 회계기간 말까지의 경과기간(일 혹은 월)} ÷ {일년(일 혹은 월)}'을 적용하여 계산하고 이들을 합산하여 구한다. 특정목적 차입금의 경우에도 동일한 방식으로 그 연평균액을 계산한다. 다음의 <예제 2>를 이용하여 이들을 계산하는 과정을 익혀보자.

예제 2

㈜칠이통신은 20×7년 초에 기계장치를 제작하기 시작하였다. 기계장치는 20×8년 말에 완성되었다. 제작 중인 기계장치는 차입원가 자본화의 적격자산이라고 하자. ㈜칠이통신이 20×7년 중에 제작을 위하여 집행한 지출내역과 금융기관으로부터의 특정목적 차입내역은 다음과 같았다.

내 역	일 자	금 액	상환일	이자율
지 출	20×7년 초	₩20,000		
지 출	20×7년 7월 1일	60,000		
특정 차입	20×7년 5월 1일	30,000	20×8년 말	연 8%

특정목적 차입금 중 ₩5,000을 20×7년 5월 1일에서 10월 31일 사이에 연 6% 이자지급조건의 6개월 만기 정기예금에 예치하였던 바, 그에 따른 이자수익은 ₩150이었다. 한편, ㈜칠이통신은 정부보조금을 수취하고 이를 제작에 사용하였다. 정부보조금 수령일은 20×7년 7월 1일이었고 그 금액은 ₩10,000이었다. ㈜칠이통신의 20×7년 기계장치 제작과 관련된 다음 금액을 계산하라.

1. 연평균 지출액은 얼마인가?
2. 연평균 특정목적 차입금은 얼마인가?
3. 특정목적 차입금에 의한 연평균 조달액은 얼마인가?
4. 연평균 지출액(1.의 답)과 연평균 특정목적 차입금 조달액(3.의 답)의 차이는 어떠한 의미를 가지는가?

해 답

1. 적격자산에 대한 연평균 지출액은 순지출액을 의미하므로 연간 평균총지출액에서 정부보조금의 연평균수령액을 차감해서 연간 평균순지출액을 구한다.
   ₩50,000(= ₩20,000 × 12/12 + ₩60,000 × 6/12) − ₩5,000(= ₩10,000 × 6/12) = ₩45,000
2. ₩20,000(= ₩30,000 × 8/12)
3. 조달액 = 차입액 − 일시적 운용액 = ₩20,000 − ₩2,500(= ₩5,000 × 6/12) = ₩17,500
4. ㈜칠이통신은 20×7년 중 제작을 위하여 연간 평균적으로 ₩45,000을 지출하고 이를 위하여 ₩17,500을 특정목적 차입금을 조달하였다. 이러한 20×7년의 평균적인 자금 지출 · 조달 행태에 비추어 보아, ㈜칠이통신은 그 차액인 ₩27,500을 일반목적 차입금으로 조달하였거나 혹은 일반목적 차입금이 부족하였다면 자본으로 충당하였을 것이다.

④ 자본화 이자율

일반목적 차입금의 자본화가능차입원가를 계산하는 데 필요한 **자본화 이자율**(capitalization rate)은 기업이 실제 부담한 각 일반목적 차입금 차입원가를 가중평균하여 산정한다. 즉, 회계기간 동안 상환되었거나 미상환된 일반차입금에 대하여 발생된 차입원가를 가중평균하는 것이다. 다만, 회계기간 동안 일반목적 차입금 구성종목 및 차입금액의 변동이 중요하지 않은 경우에는, 자본화 이자율은 결산일 현재 미상환된 일반목적 차입금에 대한 차입원가를 가중평균하여 산정할 수도 있을 것이다. 그리고 차입원가의 가중평균을 산정함에 있어 지배기업과 종속기업의 모든 일반목적 차입금을 포함하는 것이 적절할 수도 있고 개별 종속기업의 차입금에 적용되는 차입원가의 가중평균을 사용하는 것이 적절할 수도 있다.

⑤ 자본화 분개

자본화가능차입원가는 보고기간 말에 계산가능하다.[7] 그러므로 보고기간 중에 차입금의 차입원가와 일시적 운용수익이 발생하면 각각의 발생을 분개한 후 보고기간 말에 산정된 자본화가능차입원가를 자본화한다. 자본화기간이 종료되기 전의 보고기간 말에는 유형자산에 속하는 자산인 '건설중인자산'의 취득원가에 반영하는 것이 적절할 것이다. 그 분개들은 다음과 같다.

[차입원가 발생]	(차) 이자비용*	×××	(대) 현　금	×××
[운용수익 발생]	(차) 현　금	×××	(대) 이자수익**	×××
[차입원가 자본화]	(차) 건설중인자산	×××	(대) 이자비용***	×××
	이자수익****	×××		

* 일반목적차입금 차입원가 발생액(<표 7.1>에서의 a항목)
+특정목적차입금 차입원가 발생액(<표 7.1>에서의 c항목)

** 일반목적차입금 일시 운용수익 발생액(<표 7.1>에 해당 항목 없음)
+특정목적차입금 일시 운용수익 발생액(<표 7.1>에서의 b항목)

*** <표 7.1>에서의 'a+min{c, d}'로서 일반적으로 위 *금액(=a+c)과 일치하지 않음.

**** <표 7.1>에서의 b항목, 즉 일반목적차입금 일시운용에 따른 수익은 자본화와 무관

이제 <예제 3>을 이용하여 자본화 이자율을 계산하는 과정을 포함한 차입원가 자본화 회계를 정리한다.

예제 3

앞의 <예제 2>의 상황에 다음 사항을 추가한다.

- ㈜칠이통신의 20×7년 중 일반목적 차입금은 다음과 같았다.

일반목적 차입금	차입일	금　액	상환일	이자율
일반목적 차입금 A	20×7년 초	₩10,000	20×8년 말	연 10%
일반목적 차입금 B	20×7년 7월 1일	30,000	20×9년 6월 30일	연 12%

- 이들 일반목적 차입금의 이자는 차입 후 매 6개월 말에 연 이자율의 1/2씩 지급하였다.
- 20×7년 중 일반목적 차입금에 따른 일시투자수익이 ₩100 발생하였다.

7) 적격자산의 취득, 건설 또는 제조가 진행되는 기간 중의 보고기간 말에 해당 자산의 장부금액 또는 예상최종원가(expected ultimate cost)가 회수가능액(유형자산의 경우) 또는 순실현가능가치(재고자산의 경우)를 초과하면 제8장에서 다루는 손상차손 회계를 적용한다.

1. ㈜칠이통신이 20×7년에 일반목적 차입금에 따른 자본화가능차입원가를 산정하는 데 적용할 자본화 이자율은 연 몇 %인가?
2. ㈜칠이통신이 20×7년에 수행한 자본화가능차입원가를 계산하는 과정을 보여라.
3. 20×7년의 차입원가 자본화 거래를 분개하라.

해 답

1. 이자율이 다른 두 종류의 일반목적 차입금 이자율의 가중평균을 구하되, 가중치로서 각 차입금액에 일 년 중 얼마나 오랫동안 차입하였는지를 나타내는 기간비중을 곱한 금액인 연평균차입금액을 이용한다. 차입금 A의 경우 이 금액은 ₩10,000(=₩10,000 × 12/12)이며, 차입금 B의 경우 ₩15,000(=₩30,000 × 6/12)이다.

$$자본화\ 이자율 = \frac{10\% \times ₩10{,}000 + 12\% \times ₩15{,}000}{₩10{,}000 + ₩15{,}000}$$

$$= \frac{₩2{,}800}{₩25{,}000} = 11.2\%$$

그리고 위의 계산과정은 다음과 같이 정리할 수도 있다.

	차입액	차입기간비중	연평균차입금액	이자율	발생차입원가
A	₩10,000	12/12	₩10,000	10%	₩1,000
B	30,000	6/12	15,000	12%	1,800
계	₩40,000		₩25,000		₩2,800

자본화이자율 = 발생차입원가 합계 ÷ 연평균차입금액의 합계
= ₩2,800 ÷ ₩25,000 = 11.2%

2. ① 특정목적 차입금의 자본화가능차입원가

자본화기간 동안의 차입원가	₩30,000 × 8% × 8/12 =	₩1,600
차감 : 일시적 운용수익		(150)
자본화금액		₩1,450

② 일반목적 차입금의 자본화가능차입원가
- 발생된 차입원가 = ₩2,800(자본화금액의 상한)
- {연평균지출액 − 특정목적 차입금 연평균차입금액} × 자본화이자율
  = {₩45,000 − ₩17,500} × 11.2% = ₩3,080
- 두 금액 중 작은 금액인 ₩2,800이 자본화금액이다.

③ 자본화가능차입원가=₩4,250(=특정목적 차입금분+일반목적 차입금분=₩1,450+₩2,800). 결과적으로 <예제 3>의 상황에서는 특정목적 차입금과 일반목적 차입금에 따른 차입원가 발생액이 전액 자본화되었음을 알 수 있다. 그리고 특정목적 차입금 일시적 운용수익이 자본화액을 그만큼 감소시켰다.

3. 각 차입금에 따른 일시적 운용수익과 차입원가가 발생하였을 때 수행한 분개들을 결합하면 다음과 같은 내용을 장부에 반영하였을 것이다.

(차) 현 금	250*	(대) 이자수익	250
(차) 이자비용	4,400**	(대) 현 금	4,400

* 특정목적 차입금 일시투자수익 ₩150과 일반목적 차입금 일시투자수익 ₩100의 합계액
** 특정목적 차입금 이자비용 ₩1,600, 일반목적 차입금A 이자비용 ₩1,000 및 일반목적 차입금B 이자비용 ₩1,800의 합계액

따라서 위와 같이 인식한 일시투자수익과 차입원가에 따른 자본화 결과를 반영하기 위하여 다음의 분개를 수행한다.

(차) 건설중인자산	4,250	(대) 이자비용	4,400
이자수익	150		

4. 복구원가

토양, 수질, 대기, 방사능오염 등을 유발할 가능성이 있는 시설물, 예를 들면 원자력발전소, 해상구조물, 쓰레기매립장, 저유설비 등의 유형자산의 경우 그 사용이 종료된 후에 환경보전을 위하여 원상을 복구해야 한다. 이와 같이 원상복구를 위하여 시설물을 제거, 해체하거나 또는 부지를 복원할 의무에 따른 유형자산 **복구원가**(restoration costs)는 해당 유형자산을 (가) 취득한 시점에 혹은 (나) 해당 유형자산을 특정 기간 동안 재고자산 생산 이외의 목적으로 사용한 결과로 발생한다.[8)]

복구의무가 제15장에서 다루는 충당부채의 인식요건을 충족하는 시점에 최초로 추정한 복구소요액을 적절한 **할인율**로 할인한 **현재가치**를 유형자산 취득원가에 포함한다. 그리고 **복구충당부채** 발생을 기록한다. 이는 다음과 같이 분개한다.

(차) 유형자산	×××	(대) 복구충당부채	×××

이렇듯 추정 복구소요액의 현재가치를 취득원가에 포함시키는 것은 자산을 사용하기 위해 반드시 부담해야 할 원가이기 때문이다. 다시 말해, 취득시점에서 발생하는 지출과 사용종료 후 발생할 복구원가는 자산을 취득하지 않았더라면 회피할 수 있었을 원가라는 점에서 동질적이기 때문이다. 그리고 자산의 내용연수에 걸쳐, 복구원가를 포함한 취득원가를 기준으로 감가상각을 수행한다.

또한 최초에 현재가치로 측정한 복구충당부채는 시간이 경과함에 따라 그 장부금액이 점차 증가하게 된다. 앞서 제4장에서 익힌 화폐의 시간가치 개념이 적용되는 것이다. 편의상 보고기간 초에 충당부채가 최초로 인식되었다고 할 때, 보고기간에 발생하는 복

---

8) 유형자산을 특정 기간 동안 재고자산을 생산하기 위하여 사용함에 따른 복구의무의 원가는 재고자산 원가에 포함한다.

구충당부채의 증가액은 다음과 같이 측정한다.

복구충당부채 증가액 = 보고기간 초 충당부채 잔액 × 할인율

위의 식에서의 할인율이란 충당부채 인식시점에 복구소요액의 현재가치를 측정하기 위하여 사용한 할인율이다. 이렇게 계산한 금액은 시간의 흐름에 따라 발생한 이자요소이므로 **당기손익** 항목으로 인식한다. 실무에서는 **복구충당부채전입액**에 차기한다. 동시에 이를 복구충당부채에 대기한다. 이렇게 보고기간 말의 충당부채잔액이 증가하면, 다음 보고기간 충당부채의 증가액은 더 커지게 된다.

실제 복구공사가 수행되는 보고기간에는 복구충당부채잔액과 발생된 복구공사비와의 차액을 당기손익으로 인식한다. 이때 복구공사손익 등의 과목을 사용할 수 있을 것이다. 다음의 <예제 4>를 이용하여 복구원가 및 복구충당부채 회계처리를 살펴본다.[9)]

예제 4

급성장에 따른 심각한 주차난에 시달리던 ㈜칠사관광은 20×7년 초, 소유토지에 임시주차장을 설치하였다. 담을 두르고, 아스콘바닥을 깔고, 조명시설을 설치하는 등에 지출한 주차장 건설원가는 ₩300,000이었다. 이 금액은 유형자산인 구축물(facilities)로 계상하였다. 토지는 풍치보존지구 내에 있어, 주차장 설치를 하는 데 당국의 특별허가를 받아야 했다. 허가조건은 2년 후 주차장을 철거하고 토지를 주변경관에 맞게 원상복구하는 것이었다. 설치시점에 추정한 복구공사 소요액은 ₩100,000이었으며, 이러한 복구의무는 충당부채에 해당한다고 하자. 그 현재가치 계산에 적용할 유효이자율은 연 10%가 적합하다고 판단하였다. 그리고 20×8년 말에 복구공사를 실시하였다.

1. 20×7년 초의 구축물 취득을 분개하라.
2. 20×7년 말과 20×8년 말에 수행할 감가상각과 복구충당부채전입 분개를 보여라. (감가상각은 내용연수 2년, 잔존가치 ₩0으로 하는 정액법으로 상각하라)
3. 20×8년 말에 복구공사비로 ₩120,000이 지출된 경우와 ₩90,000이 지출된 경우 각각에 대하여 복구공사를 분개하라.

해 답

1. 복구의무는 재고자산을 생산하는 과정에 발생하는 것이 아니라, 유형자산을 취득하는 과정에 필수적으로 수반된 의무이다. 충당부채의 요건을 충족하므로, 구축물 취득원가로 산입한다. 그 현재가치는 ₩82,645(=₩100,000 ÷ 1.10^2)이며 다음과 같이 분개한다.

---

9) 유형자산에 원가모형을 적용할 때의 회계처리이다. 재평가모형 적용을 선택하는 경우의 충당부채 관련 회계처리는 제8장에서 재평가모형의 기본구조를 익힌 후 제15장에서 살펴본다.

(차) 구축물	382,645	(대) 현 금	300,000
		복구충당부채	82,645

2. <20×7년 감가상각비>

(차) 감가상각비	191,322*	(대) 감가상각누계액	191,322

* (₩382,645 − ₩0) ÷ 2년

<20×7년 복구충당부채 증가>

(차) 복구충당부채전입액	8,264*	(대) 복구충당부채	8,264

* ₩82,645 × 10%. 당기손익항목

<20×8년 감가상각비>

(차) 감가상각비	191,323*	(대) 감가상각누계액	191,323

* 단수차이 조정

<20×8년 복구충당부채 증가>

(차) 복구충당부채전입액	9,091*	(대) 복구충당부채	9,091

* (₩82,645 + ₩8,264) × 10%. 당기손익항목. 단수차이 조정.

(참고) 이제, 구축물 장부금액은 ₩0(= ₩382,645 − ₩191,322 − ₩191,323)이며, 복구충당부채 장부금액은 ₩100,000(= ₩82645 + ₩8,264 + ₩9,091)이다.

3. <복구지출이 ₩120,000인 경우>

(차) 복구충당부채	100,000	(대) 현 금	120,000
복구공사손실	20,000*		

<복구지출이 ₩90,000인 경우>

(차) 복구충당부채	100,000	(대) 현 금	90,000
		복구공사이익	10,000*

* 당기손익항목

제3절 원가측정

본 절에서는 유형자산의 취득을 기록할 때 특수한 고려가 필요한 (1) 교환에 의한 취득, (2) 정부보조금에 의한 취득, (3) 장기연불조건에 의한 취득 및 (4) 기타의 취득(일괄취득, 현물출자 및 증여에 의한 취득)에 대한 회계처리를 알아본다.

1. 교환

기업은 비화폐성자산 또는 화폐성자산과 비화폐성자산이 결합된 대가(이하, 제공한 자산)와 교환하여 유형자산을 취득하기도 한다. 이때의 원가를 측정하기 위해서는 먼저 교환을 상업적 실질의 유무에 따라 구분한 후 살펴보아야 한다. 곧이어 설명할 내용 중 측정기준에 관한 사항을 정리하면 다음의 <표 7. 2>와 같은데, '측정할 수 있다는 것'은 신뢰성 있게 측정할 수 있음을 나타낸다.

표 7. 2
교환거래 측정기준

<table>
<tr><td colspan="3">상업적 실질이 있는 거래</td><td rowspan="3">상업적 실질이 없는 거래</td></tr>
<tr><td colspan="2">취득한 자산과 제공한 자산의 공정가치 중 최소한 하나를 측정할 수 있는 경우</td><td rowspan="2">둘 다 측정할 수 없는 경우</td></tr>
<tr><td>취득한 자산의 공정가치가 보다 명백한 경우</td><td>그렇지 않은 경우 (우선적 적용)</td></tr>
<tr><td>취득한 자산의 공정가치</td><td>제공한 자산의 공정가치</td><td colspan="2">제공한 자산의 장부금액</td></tr>
<tr><td colspan="2">처분손익 인식</td><td colspan="2">처분손익=0</td></tr>
</table>

(1) 상업적 실질과 취득원가

교환이 **상업적 실질**(commercial substance)을 가지고 있다는 것은 다음의 첫째 혹은 둘째에 해당하면서 셋째 조건을 충족한다는 것이다.

첫째, 취득한 자산과 관련된 현금흐름의 구성(위험, 유출입시기, 금액)이 제공한 자산과 관련된 현금흐름의 구성과 다르다.

둘째, 교환거래의 영향을 받는 영업 부분의 기업특유가치가 교환거래의 결과로 변동한다.

셋째, 위 첫째 혹은 둘째의 차이가 교환된 자산의 공정가치에 비하여 유의적이다.

그리고 상업적 실질이 있는 교환에서 취득한 유형자산의 원가는 다음과 같이 측정한다.

① 취득한 유형자산과 제공한 자산의 공정가치 중 하나를 신뢰성 있게 측정할 수 있으면 **우선적으로 제공한 자산의 공정가치**로 측정한다. 다만, 취득한 자산의 공정가치가 더 **명백**한 경우에는 **취득한 자산의 공정가치**를 원가로 한다.

② 취득한 유형자산과 제공한 자산 모두의 공정가치를 신뢰성 있게 측정할 수 없는 경우에는, 유형자산의 원가를 **제공한 자산의 장부금액**으로 측정한다.

한편, 당해 교환거래에 상업적 실질이 결여되면, 취득 유형자산의 원가는 **제공한 자산의 장부금액**으로 측정한다.

(2) 처분손익의 인식

교환으로 취득한 자산이 제공한 자산의 장부금액으로 측정되는 경우에는 처분손익이 인식되지 않는다. 그러나 제공한 혹은 취득한 자산의 **공정가치**로 측정하는 경우에는 제공한 자산 **장부금액**과의 차이를 당기손익인 **처분손익**으로 인식한다. 이때 감가상각대상자산을 제공하는 경우에는 그 장부금액을 제거하기 위하여 취득원가와 감가상각누계액을 모두 제거하여야 한다.

그런데 교환되는 두 자산의 공정가치를 모두 신뢰성 있게 측정할 수 있는데 두 가치가 유사하지 않은 경우에, 거래 당사자 간에 현금 혹은 다른 자산을 추가로 주고받는 조건으로 교환을 성사시키는 거래도 나타날 수 있다. 이 경우의 취득원가는 다음과 같이 나타낼 수 있다.

취득원가 = 제공한 자산공정가치 − 현금수취액(혹은 +현금지급액)

<예제 5>는 교환거래로 유형자산을 취득하는 사례를 다루고 있다.

예제 5

㈜칠오건영은 보유하던 유형자산을 다른 기업 A의 임야와 교환하고 이 임야를 유형자산으로 분류하였다. 유형자산 교환관련 자료는 다음과 같았다.

	취득한 임야	제공한 유형자산
장부금액	기업A가 ₩4,000으로 기록	㈜칠오건영이 ₩8,000으로 기록
공정가치	₩10,000	₩9,000

1. 제공한 유형자산이 토지라고 하자. 다음과 같이 독립적으로 수행된 ①~④ 교환거래들을 분개하라.

<table>
<tr><td colspan="2">상업적 실질 있음</td><td rowspan="3">③ 둘 다
측정 불가능</td><td rowspan="3">④ 상업적 실질
없음</td></tr>
<tr><td colspan="2">두 자산 공정가치 중 최소한 하나 측정가능</td></tr>
<tr><td>① 취득한 임야의
공정가치가 보다 명백</td><td>② 그렇지 않은 경우
(우선적 적용)</td></tr>
</table>

2. 상업적 실질이 있는 유형자산 교환거래에서 토지를 제공하였는데, 그 공정가치와 취득한 임야의 공정가치가 둘 다 신뢰성 있게 측정되었다고 하자. 그리고 교환시 ㈜칠오건영이 현금 ₩1,000을 지급하였다고 하자. 교환거래를 분개하라.

3. 위의 거래에서 제공한 유형자산이 건물이었다고 가정하자. 그리고 그 취득원가는 ₩20,000, 교환시점의 감가상각누계액은 ₩12,000이었다고 하자. 교환거래를 분개하라.

해 답

1. 교환거래의 분개

	(차)		(대)	
①	임 야	10,000	토 지 처분이익	8,000 2,000
②	임 야	9,000	토 지 처분이익	8,000 1,000
③	임 야	8,000	토 지	8,000
④	임 야	8,000	토 지	8,000

2. (차)	임 야	10,000	(대) 토 지	8,000
			현 금	1,000
			처분이익	1,000
3. (차)	임 야	10,000	(대) 건 물	20,000
	감가상각누계액	12,000	현 금	1,000
			처분이익	1,000

2. 정부보조금

정부보조금(government grants)이란 정부가 특정 영업활동과 관련하여 과거나 미래에 일정한 조건을 충족하였거나 충족할 기업에게 이전하는 현금이나 비화폐성자산 가액 혹은 허용하는 부채감소액이다. 여기서 정부는 지방자치단체, 중앙정부 또는 국제기구인 정부, 정부기관 및 이와 유사한 단체를 망라한다.

정부가 토지나 그 밖의 자원과 같은 비화폐성자산을 기업이 사용하도록 이전하는 경우, 기업은 보조금과 자산 모두를 그 공정가치로 회계처리한다. 한편, 정부보조금을 인식하는 거래에는 합리적으로 가치를 산정할 수 없는 정부지원과 기업의 정상적인 거래와 구분할 수 없는 정부와의 거래를 포함하지 않는다.

정부보조금(공정가치로 측정되는 비화폐성 보조금 포함)은 첫째, 수반되는 조건의 준수와 둘째, 보조금 수취라는 두 가지 모두에 대한 **합리적인 확신**(reasonable assurance)이 있을 경우에만 인식한다. 보조금 수취 자체만으로는 보조금에 부수되는 조건이 이행되었거나 이행될 것이라는 결정적인 증거가 되지 않는다.

정부보조금은 기업으로 하여금 수행할 것을 장려하는 활동과 관련된 비용과 대응(matching)시키기 위해 필요한 기간에 걸쳐 체계적인 기준에 따라 수익으로 인식하는 **수익접근법**을 적용한다. 즉, 주주지분에 직접 인식하는 자본접근법을 적용하지 않는 것이다.

대부분의 경우 관련비용을 인식하는 기간은 쉽게 확정할 수 있기에, 그 기간에 걸쳐 보조금을 수익으로 인식한다. 예를 들면, 감가상각자산과 관련된 보조금을 감가상각의 기간과 상각비율(즉, 감가상각액/감가상각대상금액)에 따라 인식하는 것이다. 한편, 비상각자산과 관련된 보조금이 일정한 의무이행을 요구하는 경우에는 그 의무를 충족시키기 위한 원가를 부담하는 기간에 수익으로 인식할 수 있을 것이다. 혹은 특정 지출활동에 대한 인센티브가 아니라 즉각적인 금융지원용 보조금인 경우에는 수취조건을 충족하는 기간에 수익을 인식할 수도 있을 것이다.

정부보조금은 기업이 보조금으로 특정 자산을 매입하는 것이 일차적 조건으로 수반되느냐 여부에 따라 자산관련보조금과 수익관련보조금으로 구분한다.[10)]

(1) 자산관련보조금

자산관련보조금(government grants related to assets)은 정부지원의 요건을 충족하는 기업이 장기성 자산을 매입, 건설하거나 다른 방법으로 취득하여야 하는 일차적 조건이 있는 정부보조금이다. 이러한 보조금은 재무상태표에 부채항목인 **이연수익**으로 표시하거나 혹은 대체적으로 해당 **자산의 차감**항목으로 표시할 수 있다. 그러므로 정부보조금

---

10) 주로 공익기업(public utilities)이 고객에게 서비스를 공급할 목적으로 취득하는 유형자산 취득대금의 일부를 고객으로부터 현금으로 수취하는 소위, 공사부담금도 약정기간에 걸쳐 수익으로 인식하는 이연수익으로 표시한다. 한편, 제6장에서 살펴본 순공정가치로 측정하는 생물자산과 관련된 정부보조금의 경우에는, 이를 수취할 수 있게 되는 시점에만 수익으로 인식한다. 이때 정부보조금에 조건이 수반되면 그 조건을 충족하는 시점에만 수익으로 인식한다. 다만, 순공정가치를 신뢰성 있게 측정할 수 없어(즉, 신뢰성 예외에 따라) 취득원가에서 감가상각누계액과 손상차손누계액을 차감한 금액으로 측정하는 생물자산과 관련된 정부보조금에 대해서는 유형자산의 경우와 동일한 회계처리를 수행한다.

인식시점(여기서는 편의상, 보조금을 활용한 자산 취득시점)에서의 분개는 다음 둘 중의 하나로 나타낼 수 있다.

(차) 자　산	×××	(대) 정부보조금(이연수익)	×××
		현　금	×××
(차) 자　산	×××	(대) 정부보조금(자산차감)	×××
		현　금	×××

부채항목인 이연수익으로 표시하는 경우 자산의 내용연수에 걸쳐 체계적인 기준으로 **수익**을 인식한다. 그 분개는 다음과 같다.

(차) 정부보조금(이연수익)	×××	(대) 정부보조금수익	×××

한편, **자산의 차감**으로 표시하는 경우에는 내용연수에 걸쳐 **감가상각비를 감소**시키는 방식으로 **수익**을 인식한다. 먼저 정부보조금을 차감하기 전 기준으로 감가상각비를 인식한 후, 다음과 같이 분개한다.

(차) 정부보조금(자산차감)	×××	(대) 감가상각비	×××

(2) 수익관련보조금

수익관련보조금(government grants related to income)은 자산관련보조금이 아닌 정부보조금이다. 이 보조금은 그 인식시점에 기타수익항목으로 하여 수익으로 인식한다. 예를 들어, 버스회사로 하여금 심야운행시간을 연장시키기 위하여 지급하는 보조금을 그 부수되는 조건의 준수를 합리적으로 확신하는 버스회사가 정부보조금수익으로 인식하는 것이다. 이제 다음의 <예제 6>을 통하여 정부보조금 회계를 연습한다.

예제 6

다음은 20×7년에 ㈜칠육라디오가 수취한 정부보조금과 관련된 거래들이다.

1. 자산관련정부보조금
   20×7년 초 정부로부터 기계구입자금으로 보조금 ₩4,000을 지원받아, 그 공정가치가 ₩10,000인 기계를 취득하는 데 지출하였다.
   (이 기계에는 내용연수 2년, 잔존가치 ₩1,000으로 하는 정액법을 적용하므로, 감가상각대상금액은 취득원가 ₩10,000에서 잔존가치 ₩1,000을 차감한 ₩9,000이다. 매년 감가상각비는 ₩4,500(=감가상각대상금액÷2)이다.)
   (1) 정부보조금을 이연수익으로 처리하고 기계사용 첫째 해에 75%, 그리고 둘째 해에

25%를 수익으로 인식하는 것이 합리적이라고 판단하였다고 하자. 20×7년에 수행할 기계 관련 분개를 모두 보여라.

(2) 정부보조금을 기계의 차감항목으로 처리하였다고 할 때의 20×7년 기계 관련 분개를 모두 보여라.

2. 수익관련정부보조금

20×7년 중 두메동 동사무소로부터 광고주가 별로 없는 새벽방송 편성확장을 지원하는 ₩2,000을 수취하였다. 그리고 수취시점에 전액을 수익으로 인식하는 것이 합리적이라고 가정할 때의 보조금수취를 분개하라.

해 답

1. 자산관련정부보조금

(1) 이연수익 처리

취득 :	(차) 기 계	10,000	(대) 현 금	6,000
			정부보조금(이연수익)	4,000
감가상각 :	(차) 감가상각비	4,500	(대) 감가상각누계액	4,500
보조금수익 :	(차) 정부보조금	3,000	(대) 정부보조금수익	3,000*

* ₩4,000 × 75%

(2) 자산차감 처리

취득 :	(차) 기 계	10,000	(대) 현 금	6,000
			정부보조금(기계차감)	4,000
감가상각 :	(차) 감가상각비	4,500	(대) 감가상각누계액	4,500
보조금수익 :	(차) 정부보조금	2,000	(대) 감가상각비	2,000*

* ₩4,000 × (₩4,500/₩9,000)

	이연수익 처리	자산차감 처리
기계	10,000	10,000
감가상각누계액	(4,500)	(4,500)
정부보조금	-	(2,000)
기계(순액)	5,500	3,500

2. 수익관련정부보조금

(차) 현 금	2,000	(대) 정부보조금수익	2,000

3. 장기연불조건

대금지급이 일반적인 신용기간을 초과하여 이연되는 경우에 유형자산의 취득대가를 거래당사자 간에 이루어진 합의에 의하여 단기간 내에 현금으로 결제하지 않고, 자산취득 기업이 발행한 약속증서에 기재한 **장기연불**(deferred payment)조건으로 결제할 수도 있다. 즉, 기업은 자산을 취득하면서 비유동부채를 발생시키는 거래이다. 이러한 거래에서의 유형자산 취득원가는 발생한 비유동부채에 따라 미래에 지급할 금액 총액의 **현재가치**에 해당한다.

유효이자율(effective interest rate)은 취득원가와 미래에 발생할 총지급액의 현재가치를 일치시키는 할인율로서 연리로 표시하는데, 일반적으로 시장이자율에 근거하고 부채 발행기업의 신용수준을 반영한 것이다. 신용기간에 속하는 매 이자기간별로 다음과 같이 계산한 금액을 당기손익항목인 **이자비용**으로 인식한다.

이자비용 = 기초의 비유동부채 장부금액* × 이자기간당 유효이자율

* 기초는 이자기간 초를 의미함.

다음의 <예제 7> 상황에서는 신용기간 동안에 인식한 이자비용을 정기적으로 주고받지 않고 신용기간 종료시점(즉, 만기)에 일괄하여 주고받는 장기연불조건을 다루고 있다. 이러한 경우, 자산취득기업은 인식한 이자비용을 현금으로 결제하지 않기에 그 부채장부금액이 계속 증가한다. 만기에 지급하는 금액인 실제 총지급액은 결국 취득원가에 신용기간에 걸쳐 인식한 이자비용을 합한 금액이 된다. 혹은 취득원가와 실제 총지급액의 차액은 신용기간 동안 이자비용으로 인식하는 금액이다.

예제 7

㈜칠칠제강은 20×7년 초에 시장에서 ₩82,645에 거래되는 기계장치를 구입하고 2년 후인 20×8년 말에 ₩100,000을 지급하기로 약속하였다. 그리고 약속을 이행하였다.

1. 장기연불 취득거래에 적용된 20×7년 초 유효이자율을 계산하라.
2. 20×7년 초의 취득거래를 분개하라. (단, 비유동부채 계정명은 장기성미지급금으로 기재하라)
3. 20×7년과 20×8년의 이자비용을 기록하라.
4. 신용기간(20×7년과 20×8년) 동안의 이자비용 합계액을 분석하라.

해 답

1. 유효이자율은 연 10%였다. 다음과 같이 확인할 수 있다.
   연리 r로 할인한 ₩100,000의 현재가치는 "₩100,000 × $(1+r)^{-2}$"이다. 이 금액을 공정가치 ₩82,645과 일치시키는 0.10(즉, 10%)이 거래당일에 적용된 유효이자율이다.

2. (차) 기 계 82,645 (대) 장기성미지급금* 82,645

   * 지급약속액 ₩100,000을 대변에 기재하고, 동시에 부채의 차감계정인 현재가치할인차금 ₩17,355을 차변에 기재하는 것이 바람직하나 설명의 편의를 위하여 순액으로 기재하였다.

3. 20×7년의 이자비용은 이자기간 초의 부채장부금액인 ₩82,645의 10%이다. 그 인식분개는 다음과 같다.

(차) 이자비용	8,265	(대) 장기성미지급금	8,265

20×8년 초의 부채장부금액은 ₩90,910(=₩82,645+₩8,265)이므로 이자비용은 그 10% 상당액이다. 분개는 다음과 같다. (₩1 단수조정)

(차) 이자비용	9,090	(대) 장기성미지급금	9,090

4.

실제 총지급액	₩100,000
공정가치	−82,645
신용기간 이자비용 합계액	₩17,355

4. 기타의 취득

(1) 일괄취득

두 종류 이상의 유형자산을 한꺼번에 취득하고 대금을 일괄하여 지급하는 거래에서는, 취득한 유형자산군의 원가를 각 유형자산별 취득원가로 분리하여 측정한다.

자산군의 일괄취득원가를 개별 자산에 배분함에 있어, 각 자산의 공정가치를 상대적 가치로 하여 개별 자산에 배분한다. 다음의 <예제 8>을 이용하여 일괄취득원가를 각 자산별로 배분하는 방법을 익혀보도록 하자.

예제 8

토지와 건물을 일괄취득하고 ₩8,000을 지급하였다. 관련 자료가 다음과 같을 때, 토지와 건물의 취득원가를 구하고자 한다.

	시장거래가격	감정액	판매자 장부금액
토 지	₩5,000	₩4,000	₩100
건 물	5,000	6,000	60

해 답

배분과정 자체는 어려운 것이 없다. 토지와 건물의 상대적인 가격비율로 배분하는 것이다. 예를 들어, 시장거래가격을 기준으로 배분한다면 토지와 건물 각각의 취득원가는 ₩4,000씩이다. 위의 예제에서는 여러 가지 가격자료가 주어져 있다. 시장거래가격이 가장 적절한 배분기준일 것이다. 여의치 않은 경우, 전문가의 감정액을 활용할 수 있을 것이다. 그러나 판매자의 장부금액은 판매자가 취득한 당시의 원가와 판매자가 선택한 감가상각방법의 영향을 반영하고 있으므로 적합한 자료로 간주할 수 없을 것이다.

(2) 현물출자

유형자산을 구입하고 그 대금으로 주식을 발행·교부하는 거래를 실무에서는 **현물출자거래**라고 부른다. 이러한 거래에는 주식결제형 주식기준보상거래에 대한 회계처리를 적용하며,[11] 출자된 유형자산은 그 자산의 공정가치로 측정한다. 그러나 해당 자산의 공정가치를 신뢰성 있게 측정할 수 없다면, 발행한 주식의 공정가치에 기초하여 측정한다.

유형자산의 취득원가를 결정한 후 발행주식의 액면금액을 자본금계정에 기록하고 액면금액을 초과하는 취득원가는 자본항목인 주식발행초과금계정에 기록한다. 또한 자본금은 발행한 주식이 보통주인가 우선주인가에 따라 구체적으로 구분한다. 예를 들어, 중고설비를 취득하고 액면이 ₩5,000인 주식 10주를 발행하였는데, 이 교환거래에서의 공정가치로는 중고설비의 시가 ₩100,000이 합당한 것으로 판단하였다고 하자. 이 경우 다음과 같이 취득거래를 기록한다.

(차) 설 비	100,000	(대) 자본금-보통주	50,000
		주식발행초과금	50,000

(3) 증여에 의한 취득

기업이 제3자로부터 유형자산을 증여받는 경우에도, 그 자산을 취득원가로 계상한다. 그런데 제공한 대가가 없으므로 대변에 기록할 항목이 무엇인지 그 성격을 규명할 필요가 있다.

증여란 증여자가 상환을 요구하지 않는 일방적인 부의 이전거래이다. 상환의무가 없을 뿐만 아니라, 통상 기업으로 하여금 기타 특정 의무를 수행할 것도 요구하지 않는다. 이렇게 아무런 조건이 없는 일방적인 부의 이전거래에서는 다음 분개에서와 같이 대변과목을 자산수증이익으로 하여 당기손익으로 인식하는 것이 일반적이다.

(차) 유형자산	×××	(대) 자산수증이익	×××

11) 현물출자거래의 회계처리는 제16장에서 자세히 다룬다.

제4절 후속원가와 제거

1. 후속원가

유형자산을 취득하여 사용하는 중에도 그 자산과 관련된 여러 가지 후속원가가 발생한다. 이 경우 앞서 제1절의 두 가지 **인식기준**이 모두 충족되면 해당 유형자산의 원가에 산입한다.[12] 사용 중에 발생하는 후속원가를 수선 · 유지, 대체, 정기종합검사로 나누어 살펴본다.

(1) 수선 · 유지

인식기준에 따르면, 일상적인 **수선 · 유지**(repair and maintenance)를 위한 원가는 해당 유형자산의 장부금액에 포함하여 인식하지 아니한다. 이러한 원가는 해당 유형자산에 내재된 미래 경제적 효익을 보존시키려는 목적에서 발생하므로 자산으로서의 인식기준을 충족시키지 못하는 것이다.

수선 · 유지 원가는 발생시점에 **당기손익**으로 인식한다. 일상적인 수선 · 유지과정에서 발생하는 원가는 주로 노무비와 소모품비로 구성되며 사소한 부품원가가 포함될 수도 있다.

(2) 대체

일부 유형자산의 경우 주요 부품이나 구성요소의 정기적 교체가 필요할 수 있다. 예를 들면, 용광로의 경우 일정시간 사용 후에 내화벽돌의 교체가 필요할 수 있으며, 항공기의 경우에도 좌석과 취사실 등의 내부설비를 항공기 동체의 내용연수 동안 여러 번 교체할 필요가 있을 수 있다. 또한 유형자산이 취득된 후 반복적이지만 비교적 적은 빈도로 대체(예 건물 내부 벽 대체)되거나 비반복적으로 대체되는 경우도 있다.

유형자산의 일부를 **대체**(replacement)할 때 발생하는 원가가 **인식기준**을 충족하는 경우에는 이를 해당 유형자산의 장부금액에 포함하여 인식한다. 그리고 **대체되는 부분의 장부금액을 제거**한다. 이때는 대체된 부분을 그간 별도로 분리하여 상각하였는지 여부와 관계없이 대체된 부분에 대한 감가상각 후의 장부금액을 적절히 산정 혹은 추정

---

12) 기업의 경영실무에서는 취득 후의 지출이 원가에 산입되는, 즉 자본화되는 회계처리 대상이 되면 자본적 지출(capital expenditure)이라고도 부르고, 원가에 산입되지 않고 당기비용으로 처리되는 경우 수익적 지출(revenue expenditure)이라고 부르기도 한다.

하여 제거한다.

(3) 정기적 종합검사

항공기와 같은 유형자산을 계속적으로 가동하기 위해서는 당해 유형자산의 일부가 대체되는지 여부와 관계없이 결함에 대한 정기적인 **종합검사**(major inspection)가 필요할 수 있다. 정기적인 종합검사과정에서 발생하는 원가가 **인식기준**을 충족하는 경우에는 유형자산의 일부가 대체되는 것으로 보아 해당 유형자산의 장부금액에 포함하여 인식한다.

이 경우 직전에 이루어진 종합검사에서의 원가와 관련되어 **남아 있는 장부금액**(물리적 부분의 장부금액과는 구별됨)**을 제거**한다. 이러한 회계처리는 해당 유형자산을 매입하거나 건설할 때 종합검사와 관련된 원가를 분리하여 인식하였는지 여부와 관계가 없다. 필요하다면 해당 유형자산의 종합검사와 관련된 기존 원가요소가 매입 또는 건설시점에 얼마였는지를 나타내는 지표로서 미래의 유사한 종합검사 추정원가를 사용할 수 있다.

인식기준을 충족하는 **대체** 혹은 **정기적 종합검사**에 따라 유형자산의 장부금액이 변동한다. 또한 보고기간 말에 잔존 내용연수와 잔존가치에 대한 **추정변경**을 실시할 수도 있다. 그러므로 새로운 장부금액과 새로운 추정치를 기준으로 감가상각비를 계산하여야 한다.

다음의 <예제 9>를 이용하여 후속원가에 대한 학습을 다진다.

예제 9

㈜칠구제약의 20×7년 유형자산 관련 후속원가발생을 분개하라.

1. 본사: 사옥유리창 청소비(일상적인 수선 · 유지 항목) ₩500 지급
2. 공장: 연초에 물약 증류기의 버너 대체. 대체원가로 ₩3,000 지급
   - 취득원가 ₩10,000의 증류기는 정확히 3년 전에 설치되었다. 그간 정액법(내용연수 5년, 잔존가치 ₩0)으로 감가상각하여 왔다. 따라서 연초 현재, 증류기 장부금액은 ₩4,000(= 취득원가 − 감가상각누계액 = ₩10,000 − ₩6,000)이었다.
   - 대체된 버너는 연초의 관리소홀로 불에 탔다. 대체원가는 인식기준을 충족시킨다.
   - 그동안 버너를 증류기의 다른 부분과 분리하여 감가상각하지 않았는데, 대체 이후에는 분리상각하고 있다.

해 답

1. 본사 청소비는 건물과 관련한 일상적인 수선 · 유지이다.

(차) 수선유지비	500	(대) 현 금	500

2. 공장 버너 대체
- 신 버너 구입

(차) 버 너	3,000	(대) 현 금	3,000

- 구 버너 폐기처분

(차) 감가상각누계액	1,800**	(대) 증류기*	3,000
유형자산처분손실	1,200		

* 대체원가 ₩3,000을 구 버너의 취득원가로 추정한다,

** ₩3,000 × $\frac{1}{5}$ × 3

2. 제거

유형자산의 장부금액은 ① 처분하는 때와 ② 사용이나 처분을 통하여 미래 경제적 효익이 기대되지 않을 때 장부에서 (결과적으로 재무제표에서) 제거한다.

처분하는 시점을 확인할 때는 매출 수익인식 시점을 결정할 때 적용하는 규정에 따른다. 기업이 유형자산을 이전하여 수행의무를 이행함에 따라 매입자가 그 자산을 통제할 수 있게 된 시점인 것이다.[13] 처분시점이 결정되면, 먼저 보고기간 초부터 처분시점까지의 감가상각비를 계산하여 **처분시점에서의 장부금액**을 산출하여야 한다.

기중처분에 따른 감가상각비 계산과정은 1년분 감가상각비를 계산한 후 그 금액을 처분시점까지의 사용기간에 비례하여 분배하는 소위 **기간안분**(proration)을 수반한다. 안분된 감가상각비를 반영한 장부금액과 처분대가 간의 차액인 제거손익은 **처분이익 혹은 처분손실**의 과목으로 하여 당기손익으로 인식한다.

처분 외의 사유로 제거하는 경우에도 제거시점까지 안분되는 감가상각비를 반영한 장부금액을 근거로 **제거손익**을 인식하여야 한다. 앞서 본 절 1.에서 유형자산 부분의 대체에 따른 지출을 자산원가로 인식함에 따라 대체된 부분의 장부금액을 제거할 때도, 대체된 부분을 그간 별도로 분리하여 상각하였는지 여부와 관계없이 대체된 부분에 대한 감가상각 후 장부금액을 적절히 산정 혹은 추정하여 제거하여야 할 것이다.

또한 **매각예정비유동자산**으로 **분류**할 유형자산의 경우에도 그 시점까지의 감가상각을 수행한 결과를 반영한 장부금액을 기준으로 분류한다. 분류시점의 순공정가치와 장부금액의 차액은 당기손익 인식항목인 손상차손으로 인식한다. 매각예정비유동자산은 1년 이내에 매각할 예정인 자산으로서, 재무상태표에 별도로 공시하며, 분류 후에는 감가상

13) 자세한 내용은 제5장에서 다루고 있다.

각을 수행하지 않는 대신 순공정가치와 장부금액 중 작은 금액으로 측정하는 자산이다. 보다 자세한 내용은 제9장에서 다룬다.

그런데 **소실, 포기** 혹은 손상된 유형자산에 대하여 제3자로부터 **보상**을 받는 경우가 있다. 예를 들어, 손해보험에 가입한 후에 손해사유가 발생하여 보험금을 받는 경우이다. 이 경우 보상금은 수취할 권리가 발생하는 시점에 **당기손익**으로 인식한다. 그리고 손상 후 폐기하는 경우에는 폐기시점까지 적절히 감가상각한다.

이제 <예제 10>을 이용하여 제거와 관련된 회계처리를 연습하여 본다.

예제 10

20×7년 7월 1일, ㈜치영비단은 만 5년 전에 취득(원가 ₩10,000)하여 그간 정액법(내용연수 10년, 잔존가치 ₩0)으로 감가상각하던 방직기를 현금 ₩6,000을 받고 처분하였다. 처분거래를 분개하라.

해 답

• 상반기 감가상각비의 계상

(차) 감가상각비	500*	(대) 감가상각누계액	500

* (₩10,000 ÷ 10년) × 1/2

• 처분 자체의 분개

(차) 현　　금	6,000	(대) 기　　계	10,000
감가상각누계액*	5,000	유형자산처분이익	1,000

* 20×6년 말까지의 ₩4,500 $\left(= \{₩10,000 \div 10년\} \times 4\frac{1}{2}\right)$ + 상반기의 ₩500

익힘문제

[1] 유형자산은 어떤 속성을 가진 자산인가? 그리고 유형자산을 다른 자산과 구별짓는 가장 중요한 회계적인 특징은 무엇인지를 설명하라.

[2] 유형자산은 그 분류별로 동일하게 원가모형(cost model) 혹은 재평가모형(revaluation model) 중 하나를 회계정책으로 선택하여 적용하여야 한다. 이에 대해 요약하라.

[3] 차입원가의 자본화에 관한 회계적 개념에 대해서 설명하고, 이와 관련하여 적격자산에 대해서도 간단히 요약하라.

[4] 유형자산의 원가구성요소 중 추정복구원가는 어떻게 회계처리하는가? 그리고 어느 시점에서 취득원가에 포함시키는지도 함께 설명하라.

[5] 교환에 의한 유형자산 취득의 출발점은 '상업적 실질'의 유무이다. 상업적 실질의 개념에 대해서 설명하고, 상업적 실질이 있는 교환과 상업적 실질이 결여된 교환으로 구분하여 회계처리를 요약하라.

[6] 정부보조금과 관련하여 자산관련보조금 및 수익관련보조금의 회계처리에 대해서 비교하여 설명하라.

[7] 유형자산을 장기연불조건으로 취득하는 경우, 그 취득원가 산정에 대해서 설명하라.

[8] 유형자산을 취득하여 사용하는 중에도 그 자산과 관련된 여러 가지 후속원가가 발생한다. 이러한 후속원가에는 수선 · 유지, 대체 및 정기적 종합검사 등이 포함되는데 그 회계처리에 대해서 설명하라.

[9] 다음의 각 기술이 옳다고 생각하는지 아닌지를 간단한 판단근거와 함께 밝혀라.

(1) 그 자체로는 직접적인 미래 경제적 효익이 발생하지 않지만, 다른 자산으로부터의 경제적 효익을 얻는 데 필수적이라면 유형자산으로 고려할 수 있다.

(2) 취득과정에서 발생하는 모든 금융비용은 당기손익으로 인식한다.

(3) 자산취득을 위해 지급된 정부보조금은 자산사용 혹은 처분에 의하여 당기순이익을 증가시킨다.

(4) '상업적 실질'이 있는 유형자산 교환거래에서 수취한 자산의 장부가액은 우선적으로 수취한 자산의 공정가치를 반영한다.

(5) 정기적인 수선, 종합검사 등에 따른 지출은 모두 당기손익으로 인식한다.

연습문제

[1] 취득원가(유형자산)

다음은 각각 독립적인 상황이다. 물음에 답하라.

(1) ㈜칠일상공은 20×7년 중에 토지를 취득하고 건물을 신축하였다. 관련 자료는 아래와 같다.

① 토지구입대금	₩100,000
② 기초굴착비용	10,000
③ 토지정지비용	8,000
④ 토지취득세	1,000
⑤ 신축공사비	200,000
⑥ 보험료(공사도중 발생하는 안전사고에 대비)	5,000

토지와 건물의 취득원가를 계산하라.

(2) ㈜칠일기계는 20×7년 초에 토지를 구입하고 구입대가로 액면금액 ₩100,000, 만기 3년, 표시이자율 연 8%, 이자지급일 매년 12월 31일인 약속어음을 발행하였다. 단, 어음의 현재가치계산에 적용하는 유효이자율은 연 10%였다. 토지 취득거래를 분개하라.

(3) ㈜칠일유지는 20×7년 초에 ㈜다른화학의 자산 중 일부를 일괄하여 ₩1,000,000에 취득하였다. 관련 자료는 다음과 같다.

	장부금액	공정가치
토 지	₩150,000	₩400,000
건 물	500,000	600,000
기 계	250,000	300,000
	₩900,000	₩1,300,000

토지, 건물 및 기계의 취득원가를 계산하라.

(4) 20×7년 초 ㈜칠일가구는 ㈜성심퍼니처로부터 특수기계(공정가치 ₩100,000)를 매입하였다. 매입대가로 만기 3년, 액면 ₩100,000, 표시이자율 연 10%(연말 후급)의 약속어음을 발행하였다. 당일 유효이자율이 연 10%였다. 적절한 분개를 수행하라.

(5) 20×7년 초 비상장기업인 ㈜칠일제지는 자사의 보통주식 1,000주(액면금액: ₩5,000)를 발행하여, 중고 펄프제조기를 구입하였다. 이 거래에 적용한 주식 1주당 공정가치

₩5,200은 당일 올손컨설팅에 수수료 ₩12,000을 지급하고 평가받은 수치였다. 펄프 제조기 구입을 분개하라.

[2] 취득원가(부지)

㈜치리목재는 20×7년에 공장부지를 취득하였다. 공장건물의 착공에 앞서 부지취득과 관련한 자료를 정리해 보니 다음과 같았다.

1. 1월 1일, 공장부지취득을 전담할 실무부서를 구성하였다. 부지취득 후에 이 부서는 공장신축 전담부서로 통합한다. 분리 회계한 활동원가는 매월 ₩10,000이었다.
2. 2월 1일, 경영자가 부지후보 중 하나를 결정함에 따라 계약을 체결하고 매입가액의 10%인 ₩100,000을 계약금으로 지급하였다. 선정한 부지 한가운데에 화강암괴가 있어 중도금 지급 후에 제거공사를 시작할 수 있는 조건으로 계약을 체결하였다.
3. 3월 1일, 중도금 ₩450,000을 지급하고, 암괴발파작업을 시작하였다.
4. 4월 1일, 암괴제거공사를 완료하고 대금 ₩200,000을 지급하였다. 발파폐석은 ₩100,000에 건축자재로 판매하였다.
5. 5월 1일, 잔금을 정산하였다. 또한 중개료와 취득세 등으로 ₩80,000을 지출하고 소유권이전 등기를 마쳤다.

위의 부대활동원가는 모두 그 금액이 중요하여 회계적으로 분리 포착하였으며, 기타 활동의 원가는 기간비용으로 처리한다고 가정하자. 토지의 취득원가는 얼마인가?

[3] 차입원가 자본화

㈜칠삼유리는 20×8년 초에 토지취득을 완료하고 사옥신축 공사를 ㈜퇴계건설에 도급하였다. 도급금액 ₩500,000은 전액 선불하였으며 공사는 계약체결 직후에 시작하였다. 20y0년 12월 31일에 사옥을 준공하였다. 다음의 관련 자료를 이용하여 토지와 건물의 취득원가에 포함할 차입원가를 계산하라(단, 일반목적 차입금은 없었다고 가정한다).

(1) 토지구입대금은 ₩400,000이었는데, 이 중 부족자금 ₩200,000을 20×7년 7월 1일에 차입하였다.

<토지구입을 위한 특정목적 차입금에 대한 이자비용 내역>

20×7년분	20×8년분	20×9년분	20y0년분
₩10,000	₩20,000	₩20,000	₩20,000

단, 토지구입을 위한 차입금 중 미사용액을 토지취득기간인 20×7년의 7월 1일부터 12월 말까지 은행에 예입함에 따른 이자비용은 ₩8,000이었다.

(2) 도급금액을 지급하기 위하여 20×8년 초에 4년 만기로 ₩500,000을 차입하였다(특정목적 차입금). 이자비용은 매년 ₩50,000이었다.

[4] 차입원가 자본화(정부보조금)

20×7년 초 ㈜칠사통신은 ㈜한국위성에 저궤도위성의 제작 · 발사계약을 발주하였는데, 동 위성은 20×8년 10월 초 궤도에 진입하여 성능을 발휘하기 시작하였다. 이 시점까지의 관련 자료는 다음과 같았다.

내 역	일 자	금 액	상환일	이자율	일시적 운용수익
1차지급**	20×7년 초	₩2,000,000			
2차지급	20×8년 초	2,000,000			
잔금지급	20×8년 10월 초	1,000,000			
특정 차입	20×7년 초	1,000,000	20×9년 말 예정	연 8%(연말)	₩25,000*
일반차입 A	20×7년 7월 초	500,000	20y0년 말 예정	연 12% (매년 6월 말)	10,000*
일반차입 B	20×8년 초	5,000,000	20y1년 말 예정	연 10%(연말)	0

* 20×7년분임. 특정목적 차입금의 경우 ₩1,000,000을 연 5%로 연초부터 6개월간 예치함.
** 이 중 ₩800,000은 당일 수취한 정부보조금으로 지급함

(1) 차입원가의 자본화기간은 언제인가?
(2) 20×7년 자본화가능차입원가를 계산하고, 관련 자본화거래를 분개하라.
(3) 20×8년 자본화가능차입원가를 계산하고, 관련 자본화거래를 분개하라.

[5] 자본화 중단 시 차입원가 자본화 (2023년 공인회계사 2차 기출문제 변형)

20×1년 4월 1일 ㈜칠공업은 ㈜칠건설과 도급계약을 체결하였으며, 동 건설공사는 20×3년 3월 31일에 완공되었다. ㈜칠공업의 공장건물은 차입원가 자본화 적격자산에 해당한다. 동 공사비와 관련된 공사비는 20×1년 9월 1일에 ₩1,620,000, 20×2년 4월 1일에 ₩3,000,000, 20×2년 12월 1일에 ₩1,200,000이 지출되었다. ㈜칠공업의 차입금 내역은 다음과 같으며, 모든 차입금은 매년 말 이자지급조건이다.

차입금	차입금액	차입일	상환일	연이자율
특정차입금 A	₩900,000	20×1. 8. 1	20×3. 1. 31	5%
특정차입금 B	1,800,000	20×2. 11. 1	20×3. 3. 31	7%
일반차입금 C	1,000,000	20×1. 1. 1	20×3. 9. 30	8%
일반차입금 D	500,000	20×1. 7. 1	20×4. 6. 30	10%

㈜칠공업은 ㈜칠건설과 상기 도급계약의 일부 조항 해석에 대한 이견이 발생하여, 20×3년 1월 한 달 동안 적격자산에 대한 적극적인 개발활동을 중단하였다. 이 기간

동안 상당한 기술 및 관리활동은 진행되지 않았으며, 이러한 일시적 지연이 필수적인 경우도 아니어서 ㈜칠공업은 동 기간 동안 차입원가의 자본화를 중단하였다. 이때 ㈜칠공업이 20×3년 자본화할 차입원가를 계산하라. 동 건설공사는 예정대로 20×3년 3월 31일에 완공되었다. 단, ㈜칠공업은 전기 이전에 자본화한 차입원가는 연평균 지출액 계산 시 포함하지 아니하며, 연평균 지출액과 이자비용은 월할계산한다. 자본화 이자율은 소수점 아래 둘째 자리에서 반올림한다.

[6] 복구원가 종합

㈜치로는 20×2년 1월 3일에 발전설비를 제작하기 위해 토지를 ₩7,500,000에 취득하였다. 취득한 토지에는 원래의 소유주가 경영하던 식당 건물이 있어서 이를 철거하는 비용으로 ₩300,000을 지출하였으며, 철거건물에서 재활용 가능한 철근과 목재를 판매하여 ₩50,000을 받았다. 토지의 취득을 위해 지출한 취득세 등 제세공과금과 부동산중개수수료는 ₩500,000이었다. 한편, 토지매입대금 가운데 ₩5,000,000은 정부보조금으로 충당하였다. 발전설비의 제작은 20×2년 12월 31일에 완료되었으며 총 제작원가는 ₩56,000,000이고, 내용연수와 잔존가치는 각각 20년과 ₩10,000,000으로 추정하였다. 한편, 환경법규에 따라 발전설비는 사용 만료 후 안전하게 철거해야 하며 철거비용은 ₩8,000,000으로 추정된다. ㈜치로는 환경복구비용 산출을 위해 7%의 할인율을 사용한다. 발전설비에는 냉각장치가 부착되어 있으며, 이 장치의 내용연수는 5년으로서 발전설비의 내용연수와 현저히 달라 별도의 자산으로 인식하였다. 이 냉각장치의 취득원가는 발전설비 제작원가의 10%로 추정하였고, 잔존가치는 0원으로 추정하였다. 발전설비와 냉각장치의 감가상각은 정액법을 사용하였다(모든 계산에서 소수점 이하는 반올림하라).

(1) 20×2년 1월 3일 토지의 취득과 관련하여 필요한 분개를 제시하라. ㈜치로는 정부보조금을 자산 차감으로 인식하였다.

(2) 20×2년 12월 31일 발전설비의 취득을 위한 분개를 제시하라. 발전설비 제작원가 전액은 12월 31일 회사가 보유 중이던 현금으로 지급하였다.

(3) 20×3년 12월 31일 발전설비와 냉각장치에 대해 필요한 분개를 제시하라.

(4) 발전설비의 내용연수가 다한 후 환경복구를 실시하면서 실제 복구비가 ₩10,000,000인 경우와 ₩5,000,000인 경우 각각에 대해서 분개를 제시하라.

[7] 교환취득

㈜땡칠전자는 사용 중이던 기계(이하 구기계라 함)를 다른 기업의 기계(이하 신기계라 함)와 교환하였다. 교환된 기계 관련 자료는 다음과 같다.

	구기계(즉, 제공한 기계)	신기계(즉, 취득한 기계)
취득원가	₩200,000	₩250,000
감가상각누계액	50,000	140,000
공정가치	115,000	130,000

다음은 독립적으로 수행된 교환거래들이다. 다음 물음에 답하라.

(1) 동 교환이 상업적 실질을 가지고 있으며, 신기계의 공정가치가 보다 명백한 경우

(2) 동 교환이 상업적 실질을 가지고 있으며, 구기계의 공정가치가 보다 명백한 경우

(3) 동 교환이 상업적 실질을 가지고 있으나 구기계 공정가치와 신기계 공정가치 모두 다 측정이 불가능한 경우

(4) 동 교환이 상업적 실질을 가지고 있지 않은 경우

(5) 동 교환이 상업적 실질을 가지고 있으며, 두 기계의 공정가치가 모두 명백하기에 ㈜땡칠전자가 현금 ₩15,000을 지급한 경우

[8] 증여 및 정부보조금

다음은 영농전업기업인 ㈜칠팔홍농이 그간 자산취득 시 무상지원받은 것과 관련된 사항들이다. 이들을 분개하라.

(1) 20×7년 초 지자체로부터 공정가치 ₩1,000,000의 간척지를 증여받았다. 이 증여는 해당 간척지를 경작하는 조건으로 성립된 것이었다.

(2) 또한 20×7년 초 애향시민 1로부터 아무 조건 없이 공정가치 ₩600,000의 영농기계를 기부받았다.

(3) 또한 20×7년 초 공정가치 ₩3,000,000의 종묘발아장비를 구입하면서 그 대금 중 절반은 정부보조금을 지원받아 지급하고 나머지는 일단 1개월 기한의 외상으로 처리하였다. 단, 정부보조금은 자산차감 항목으로 기록하였다.

(4) 하루 뒤, 애향시민 2인 기계판매자가 외상대금의 결제를 면제하여 주었다.

(5) 20×7년 말 영농기계와 발아장비를 감가상각하였다. 영농기계는 잔존가치 ₩0, 내용연수 10년으로 하고, 발아장비는 잔존가치 10%, 내용연수 5년으로 하여 각각 정액법으로 상각하였다.

(6) 20×8년 5월 초 발아장비를 ₩2,000,000에 처분하였다. 이 경우의 기계처분은 정부보조금의 교부조건을 위배하지 않는다고 가정하자.

[9] 장기연불조건

㈜칠구제강은 20×7년 초에 시장에서 ₩71,178에 거래되는 기계장치를 구입하고 3년 후인 20×9년 말에 ₩100,000을 지급하기로 약속하였다. 그리고 약속을 이행하였다.

1. 장기연불 취득거래에 적용된 20×7년 초 유효이자율을 계산하라.
2. 20×7년 초의 취득거래를 분개하라. (단, 비유동부채 계정명은 장기성미지급금으로 하고, 현금가격상당액으로 기재하라)
3. 20×7 ~ 20×9년의 이자비용을 기록하라.
4. 신용기간(20×7 ~ 20×9년) 동안의 이자비용 합계액을 분석하라.

[10] 후속원가(대체)

㈜치라노건축은 20×7년 초 기계장치의 고장난 핵심부속 A를 대체하는 데 ₩400,000을 지출하였으며, 대체원가는 유형자산의 인식기준을 충족한다. 기계장치는 2년 전에 ₩2,000,000(내용연수 5년, 잔존가치 ₩0)에 취득하였으며, 정액법으로 감가상각해 오고 있었다. 그간 핵심부속 A를 기계장치의 다른 부분과 분리하여 감가상각하지 않았는데 대체 이후에는 분리 상각하고 있으며 (계정명칭은 기계부속), 해당 부속은 기계장치 장부금액에서 약 25% 정도의 비중을 차지하는 것으로 추정된다. ㈜치라노건축의 20×7년 유형자산 관련 후속원가 발생을 분개하라.

[11] 유형자산의 제거

20×7년 7월 1일, ㈜치롱출판은 만 3년 전에 취득(원가 ₩20,000)하여 그간 정액법(내용연수 10년, 잔존가치 ₩0)으로 감가상각하던 출판기계를 만기 2년의 어음을 받고 처분하였다. 어음조건에 따라 만기일에 ₩15,000을 수취할 것이다. 당일, 이러한 어음에 적용되는 유효이자율은 연 10%였다. 그리고 처분과정에서 수수료 등 잡비로 ₩500이 지출되었다.

(1) 처분손익을 계산하라.

(2) 처분거래를 분개하되, 수취한 어음은 '장기미수금'으로 계상하라.

CHAPTER 08

유형자산 Ⅱ: 감가상각·손상·재평가

Contents

한국채택국제회계기준	국제회계기준
제1113호 공정가치 측정	IFRS 13 Fair Value Measurement
제1001호 재무제표 표시	IAS 1 Presentation of Financial Statements
제1118호 재무제표 표시와 공시*	IFRS 18 Presentation and Disclosure in Financial Statements
제1016호 유형자산	IAS 16 Property, Plant and Equipment
제1036호 자산손상	IAS 36 Impairment of Assets

* 2027년 1월 1일 이후 최초 개시 회계연도부터 적용되며, 제1001호를 대체함. 조기적용이 허용됨.

제1절 감가상각

유형자산을 영업활동에서 사용함에 따라 수익이 발생하고 그 용역잠재력은 소진된다. 수익을 인식하고, 소진한 용역잠재력을 당기손익항목인 감가상각비로 대응시킨다. 감가상각은 보고기간 말과 유형자산 제거시점에서 수행한다.

1. 의의와 고려사항

감가상각(減價償却 : depreciation)은 유형자산의 감가상각대상금액을 그 자산의 내용연수 동안 체계적으로 배분하는 회계절차이다. 모든 유형자산에 적용하는데, 일반적으로 토지와 건설중인자산에는 적용하지 아니한다.[1)]

유형자산의 원가를 인식한 후 적용되는 감가상각회계는 **내용연수와 잔존가치**를 추정하는 것으로부터 시작된다. 적어도 **매 회계연도 말**에 이들의 추정적정성을 재검토해야 하고, 그 결과 추정치가 변화되면 후술할 **회계추정의 변경**으로 처리한다.

(1) 내용연수, 잔존가치 및 감가상각대상금액

내용연수(耐用年數 : useful life)는 기업이 유형자산을 사용할 것으로 기대하는 기간 또는 자산에서 얻을 것으로 예상되는 생산량이나 이와 유사한 단위수량을 뜻한다. 즉, 시간 또는 물량 개념으로 파악하는 것이다. 예를 들면, 신형 승용차의 내용연수를 10년 또는 총주행거리 15만km로 표시하는 것이다.

그리고 내용연수는 반드시 물리적 수명을 의미하지는 않는다. 기업은 자산의 용도, 기술발전에 따른 대체필요성, 관리와 유지노력의 요구 정도 등을 종합적으로 판단하여 경제적으로 사용할 수 있는 수명을 추정한다. 따라서 **경제적 내용연수**라고도 부른다. 동일한 성능을 가진 자산이라도 기업별, 용도별로 추정한 경제적 내용연수가 다를 수 있다. 예를 들면, 택시기업이 보유한 승용차의 내용연수를 영업용은 3년, 관리업무용은 5년으로 구별할 수 있는 것이다.

다음으로, **잔존가치**(residual vale)란 자산이 이미 오래되어 내용연수 종료시점에 도달하였다는 가정하에 자산의 처분으로부터 현재 획득할 금액에서 추정 처분부대원가를 차감한 금액의 추정치인데, 실무적으로는 중요하지 않은 금액인 경우가 많다. 예를 들

---

1) 토지의 내용연수가 한정되는 경우(예 채석장) 감가상각이 적용된다. 그리고 토지의 원가에 해체, 제거 및 복구원가 포함된 경우에도 그러한 원가를 관련 경제적효익이 유입되는 기간에 감가상각한다.

면, 잔존가치를 추정하고자 하는 신형 승용차와 동형이되 내용연수는 종료된 중고차를 지금 처분한다고 가정할 때, 수수료 등을 다 공제하고 난 후 기업이 수령할 금액을 의미하는 것이다.

감가상각대상금액(depreciable amount)은 자산의 원가 또는 원가를 대체하는 다른 금액에서 잔존가치를 차감한 금액이다. 여기서 원가를 대체하는 다른 금액은 본 장의 이하에서 살펴볼 여러 상황에 따라 다양하게 나타난다. 예를 들면, 회계추정 변경 직후 장부금액, 손상 혹은 회복 후 장부금액, 사용 중에 자산을 추가 인식하거나 부분 제거한 시점의 장부금액, 재평가모형을 적용하기로 선택한 유형자산의 분류에 속하는 자산의 경우에는 재평가된 자산금액에 근거한 장부금액 등이며, 이들 사유가 복합적으로도 나타날 수 있다.

(2) 감가상각 기록 및 재무상태표 표시

내용연수에 걸쳐 매기 체계적인 방법으로 산정한 감가상각액은 다음과 같이 장부에 기록한다.

(차) 감가상각비	×××	(대) 감가상각누계액	×××

감가상각비(depreciation expense)는 다른 자산의 장부금액에 포함해야 하는 경우가 아니라면 **당기손익**으로 인식한다. 예를 들어, 앞서 제6장에서, 재고자산 중 제품 · 재공품의 장부금액에는 기계설비와 같은 생산용 유형자산의 감가상각비가 포함됨을 살펴본 바 있다. **감가상각누계액**(accumulated depreciation)은 **자산차감**항목이다. 앞서 제7장에서 정부보조금을 표시하는 대체적인 방식 중 하나가 자산을 차감하는 것임을 살펴본 바 있다. 또한 후술한 손상차손 인식에 따라 또 다른 차감항목이 나타나기도 한다. 손상차손누계액이다. 따라서 유형자산의 장부금액은 원가와 함께 최대 세 개까지의 차감항목에 나누어 기재될 수 있다. 예를 들어, 기계장치의 경우 재무상태표에 다음과 같이 보고될 수 있는 것이다.

기계장치	×××	
감가상각누계액	(×××)	
손상차손누계액	(×××)	
정부보조금	(×××)	×××

(3) 감가상각기간

유형자산의 감가상각은 자산이 사용가능한 때부터 시작한다. 즉, 경영진이 의도하는 방식으로 자산을 가동하는 데 필요한 장소와 상태에 이른 때부터 시작한다. 그리고 자

산이 제거되는 날과 매각예정자산으로 분류되는 날 중 이른 날에 중지한다.[2)]

따라서 자산이 가동되지 않거나 유휴상태가 되더라도, 감가상각이 완전히 이루어지기 전까지는 감가상각을 중단하지 않는다. 다만, 유형자산의 사용 정도에 따라 감가상각을 하는 경우(후술할 생산량비례법에 따라 감가상각하는 경우)에는 생산활동이 이루어지지 않는 기간에는 중단한다.

(4) 부분자산 분리상각

유형자산을 구성하는 일부의 원가가 당해 유형자산의 전체원가에 비교하여 유의적인 경우(즉, 중요한 경우)에는 해당 유형자산을 감가상각할 때 그 부분은 별도로 구분하여 감가상각한다. 예를 들면, 항공기 동체와 엔진을 별도로 구분하여 감가상각하는 것이 적절할 수 있는 것이다.

그리고 유형자산의 일부를 별도로 구분하여 감가상각하는 경우에는 동일한 유형자산을 구성하고 있는 나머지 부분도 별도로 구분하여 감가상각한다. 나머지 부분은 개별적으로 중요하지 않은 부분들로 구성된다. 이러한 나머지 부분에 대해 다양한 기대치가 존재한다면 각 부분들의 소비형태나 내용연수를 충실하게 반영하는 방법으로 근사치를 이용하여 감가상각할 필요가 있을 것이다.

2. 감가상각방법

감가상각방법은 유형자산의 감가상각대상금액을 그 자산의 내용연수 동안 체계적으로 배분하는 방법이다. 기업은 해당 자산에 내재되어 있는 미래 경제적 효익의 예상 소비형태를 가장 잘 반영하는 방법을 선택하고, 예상 소비형태가 변하지 않는 한 매 회계기간에 일관성 있게 적용한다. 그리고 선택한 **감가상각방법**을 적어도 **매 회계연도 말**에 재검토한다. 재검토결과 자산에 내재된 미래 경제적 효익의 예상되는 소비형태에 중요한 변동이 있다면, 변동된 소비형태를 반영하기 위하여 감가상각방법을 변경하고 이를 후술할 **회계추정의 변경**으로 처리한다.

유형자산을 사용할 때 미래 경제적 효익이 어떻게 구체적으로 소비되는가를 객관적으로 입증하기 어렵기에 실무적으로 다양한 체계적 배분방법들이 사용되고 있다. 이러한 감가상각방법에는 정액법, 체감잔액법, 연수합계법 및 생산량비례법 등이 있다. 각

2) 매각예정자산으로의 분류는 「기업회계기준서」 제1105호 '매각예정비유동자산과 중단영업' 규정에 따른다. 이러한 분류는 매각예정으로 분류되는 처분자산집단에 포함되는 것도 망라한다. 제9장에서 살펴본다.

방법에 따를 때, 내용연수 동안의 각 기간 감가상각액이 다른 행태(behavior)를 나타낸다. 내용연수와 잔존가치가 변동하지 않을 때의 각 기간 감가상각액은 정액법의 경우 동일하며, 체감잔액법과 연수합계법의 경우 감소하며 그리고 생산량비례법의 경우 각 기간 생산량에 따라 증감한다. 즉, 미래 경제적 효익의 소비형태가 다름을 반영하는 것이다.

감가상각대상금액을 D로, 내용연수를 N으로, 그리고 내용연수 중의 제n번째 기의 상각률을 K_n이라고 표현할 때, 위의 방법들에 따른 감가상각액 계산공식은 아래 <표 8.1>과 같이 정리할 수 있으며, 이하에서 그 내용을 설명한다.

① 정액법

정액법(straight-line method)은 잔존가치가 변동하지 않는다고 가정할 때 자산의 내용연수 동안 매 기간 일정액의 감가상각액을 계상하는 방법이다. 구체적으로 내용연수를 N이라고 표시할 때, 감가상각대상금액에 매 기간 동일한 상각률 '1/N'을 곱하는 방법이다.

② 체감잔액법

체감잔액법(diminishing balance method)을 적용하면 내용연수 동안 감가상각액이 매 기간 감소한다. 이렇듯 유형자산의 사용 초기 감가상각액이 많기에, 역시 감가상각액이 감소하는 연수합계법과 함께 초기에 급속상각한다는 의미에서 **가속상각법**이라고도 한다. 실무에서는 정률법으로 구체화되는데, 이하에서는 이를 중심으로 살펴본다.

정률법(constant percentage method)에서는 먼저 내용연수 동안 적용할 고정적인 상각률을 산출한다. 그리고 매 보고기간 초의 유형자산 장부금액, 즉 '취득원가 − 감가상각누계액 = 미상각잔액'에 이 상각률을 곱하여 감가상각비를 계산하는데 내용연수가 진행됨에 따라 기초의 장부금액이 차츰 차츰 감소하므로 감가상각비 역시 점차 감소한다. 이렇듯 고정된 상각률을 유형자산의 체감하는 장부상 잔액에 적용하여 감가상각비를 계

표 8.1
정액법, 정률법, 연수합계법 및 생산량비례법의 감가상각비 산식

감가상각방법	상각률 K_n	K_n의 성격	매기 감가상각액	총감가상각액
정 액 법	$1/N$	매기 동일 K	$D \times K$	D
정 률 법	$1-\sqrt[N]{\frac{\text{잔존가치}}{\text{취득원가}}}$	매기 동일 K	보고기간 초 장부금액 × K	D
연수합계법	$\frac{\text{기초 현재 잔존내용연수}}{\text{연수합계}}$	매기 감소	$D \times K_n^*$	D
생산량비례법	매기생산량/총생산량	기별 변화	$D \times K_n$	D

N = 내용연수, D = 감가상각대상금액 = 취득원가 − 잔존가치, K_n = n번째 기의 상각률

* 식으로 표현하면 $K_n = \frac{i}{N \times (N+1)/2}$, $i = N+1-n$

산하는 구조가 체감잔액법의 특징이라고 할 수 있다.[3)]

내용연수가 종료되면 최종적인 장부금액은 추정잔존가치가 된다. 이렇게 내용연수에 걸쳐 취득원가를 잔존가치로 바꾸는 고정적인 상각률은 다음과 같이 도출한다.

$$\text{정률법의 상각률} = 1 - \sqrt[N]{\frac{\text{잔존가치}}{\text{취득원가}}}$$

그런데 정률법의 상각률은 '$1 - \sqrt[N]{\text{잔존가치/취득원가}}$'이므로 잔존가치가 ₩0인 경우 상각률이 1이 되어 첫해에 감가상각대상금액 전액을 상각하는 문제점이 나타난다. 따라서 정률법을 운용하려면 잔존가치에 ₩0이 아닌 금액을 사용하여야 한다. 이러한 경우, 내용연수의 최종연도에는 감가상각대상금액 중 미상각액을 전액 상각시켜야 한다.

③ 연수합계법

연수합계법(SYD : sum-of-the-years'-digits method)은 가속상각을 유도하기 위하여 단순한 논리를 적용한다.[4)] 감가상각대상금액을 매기 감소하는 상각률로 곱하면 체감배분을 실시할 수 있으므로, 매기 상각률의 분모를 고정시키되 분자를 감소시켜 나가는 방법이다. 이때 공통적용하는 분모로서는 내용연수의 연수합계, 즉 '1+2+…N'을 사용하고 매기의 분자는 연수를 역순으로 적용한다. 예를 들어, N은 2년인 경우에 제1기 상각률은 2/(1+2) 그리고 제2기 상각률은 1/3을 적용하는 방법이다.

④ 생산량비례법

생산량비례법(unit-of-production method)은 자산의 예상생산량(혹은 예상조업도)에 근거하여 감가상각액을 계상하는 방법이다. 감가상각대상금액을 매기의 생산량에 비례하여 배분하므로, 매기의 상각률은 '매기생산량/예상생산량'이라서 매기의 생산량이 변화됨에 따라 감가상각비 역시 변화한다. 강조할 점은 생산량비례법에서의 내용연수는 예상생산량으로 표현하므로 감가상각을 수행하는 기간의 수는 총생산량을 달성하는 시

---

3) 미국 실무에서는 체감잔액법의 계산구조를 유지하되, 편의를 추구하는 이중체감법(double declining balance method), 150%체감법(150% declining balance method) 등을 활용하기도 한다. 매 기간의 상각률을 단순히 정액법 상각률의 두 배 혹은 1.5배로 상정하는 방법이다. 예를 들어, 내용연수가 5년이라면 상각률은 각각 매년 0.4(=정액법 상각률 0.2 × 2)와 0.3(=정액법 상각률 0.2 × 1.5)이 된다. 그리고 상각률 산정과정에 잔존가치를 반영하지 않음에 따라 내용연수가 종료될 때의 장부금액이 잔존가치와 차이를 나타낸다. 이를 방지하기 위하여 최종 몇 기간 동안의 감가상각액 계산을 위하여 연수합계법 혹은 정액법으로 변경하는 것으로 알려진 실무이다.

4) 연수합계법은 「기업회계기준서」 제1016호 '유형자산'에서 별도로 예시하고 있지는 않지만, 일반기업회계기준에서는 합리적인 감가상각방법의 하나로 예시하고 있다.

점에 따라 달라진다는 점이다.

이제 다음의 <예제 1>을 이용하여 감가상각방법을 적용하는 연습을 한다.

예제 1

㈜팔일제과는 20×7년 초에 기계를 현금 ₩100,000에 구입하여 즉시 제품생산에 투입하였다. 취득시점에서 이 기계의 내용연수는 3년, 잔존가치는 ₩10,000으로 추정하였다. 그리고 이 기계의 내용연수 동안의 예상생산량은 제품 10,000개로 추정하였는데, 사용 제1기인 20×7년에 3,000개, 사용 제2기에 3,000개, 사용 제3기에 4,000개를 생산하였다. 정액법, 정률법, 이중체감법, 연수합계법 및 생산량비례법에 따라 기계사용 후 3회계기간인 20×7~20×9년 동안의 감가상각비를 계산하고 이들을 비교하라.

해 답

(참고) 정률법에서의 상각률 K는 0.53584이다.

- 정액법과 정률법의 감가상각 계산결과를 대비하면 다음과 같다.

	정 액 법			정 률 법				
	감상비	감누액	기말액	기초액	상각률	감상비	감누액	기말액
제1기	₩30,000	₩30,000	₩70,000	₩100,000	0.53584	₩53,584	₩53,584	₩46,416
제2기	30,000	60,000	40,000	46,416	0.53584	24,872	78,456	21,544
제3기	30,000	90,000	10,000	21,544	0.53584	11,544	90,000	10,000

금액단위: ₩, 기초액=각 상각기간 초 장부금액, 감상비=감가상각비, 감누액=감가상각누계액, 기말액=각 상각기간 말 장부금액

- 정액법과 이중체감법의 감가상각 계산결과를 대비하면 다음과 같다.

	정 액 법			이중체감법				
	감상비	감누액	기말액	기초액	상각률	감상비	감누액	기말액
제1기	₩30,000	₩30,000	₩70,000	₩100,000	0.66667	₩66,667	₩66,667	₩33,333
제2기	30,000	60,000	40,000	33,333	0.66667	22,222	88,889	11,111
제3기	30,000	90,000	10,000	11,111	–	1,111	90,000	10,000

- 한편, 연수합계법과 생산량비례법에 따른 감가상각 계산결과는 다음과 같다.

	연수합계법				생산량비례법			
	상각률	감상비	감누액	기말액	상각률	감상비	감누액	기말액
제1기	3/6	₩45,000	₩45,000	₩55,000	0.3	₩27,000	₩27,000	₩73,000
제2기	2/6	30,000	75,000	25,000	0.3	27,000	54,000	46,000
제3기	1/6	15,000	90,000	10,000	0.4	36,000	90,000	10,000

연수합계법을 적용할 때의 각 연도 상각률은 3/(1+2+3), 2/6 및 1/6이며, 생산량비례법을 적용할 때의 각 연도의 상각률은 '실제생산량/예상생산량'으로 계산한 각각 0.30, 0.30, 0.40이다.

3. 감가상각 변경과 기중 취득 · 처분

(1) 감가상각 변경

추정한 내용연수 및 잔존가치와 선정한 감가상각방법은 적어도 매 회계연도 말에 그 적정성을 검토하여야 한다. 그리고 선정한 감가상각방법은 유형자산에 내재된 미래 경제적 효익의 예상 소비형태가 변하지 않는 한 매 회계기간에 일관성 있게 적용한다.

그런데 추정 · 선정할 때 고려하지 못하였던 새로운 정보들을 입수하고 또한 경영여건이 변화함으로써 이들을 수정 혹은 변경하고자 할 때가 있다. 이에 따른 내용연수, 잔존가치 혹은 미래 경제적 효익 소비형태 추정의 변화는 모두 회계추정의 변경에 해당한다.[5)]

회계추정 변경의 효과는 변경이 발생한 기간과 미래기간에 반영하며 그 이전 기간의 회계처리결과에는 영향을 미치지 않도록 한다. 즉, **전진법**(prospective approach)으로 처리한다. 그러므로 새로운 추정치들이 기간 중에 취합되었더라도 그 적용은 기간 전체에 대해 이루어지며, 새로이 선정한 감가상각방법과 새로이 추정한 내용연수와 잔존가치에 근거하여 새로운 감가상각대상금액과 상각률을 계산하고 감가상각액을 산출한다. 다음의 <예제 2>를 이용하여 회계추정의 변경을 연습한다.

예제 2

㈜파리합섬은 20×7년 초에 기계 1대를 ₩10,000에 취득하고, 내용연수 5년, 잔존가치는 ₩0으로 추정하고 정액법으로 감가상각하는 것이 타당하다고 판단하였다. 그리고 다음과 같은 회계추정의 변경이 발생하였다.

- 20×8년 초, 기계를 앞으로 5년 더 사용할 수 있다고 재판단하였다. 또한 잔존가치는 ₩1,000이라고 재판단하였다.
- 20×9년 초, 감가상각방법을 연수합계법으로 변경하였다.

20×7년, 20×8년 및 20×9년의 기계 감가상각비와 연말 장부금액을 계산하라.

해 답

<20×7년> 연초 현재의 추정 · 선정(내용연수 5년, 잔존가치 ₩0, 정액법)에 따른 감가상각비는 ₩2,000이므로, 연말의 기계 장부금액은 취득원가에서 감가상각누계액을 차감한 ₩8,000이다.

<20×8년> 연초 현재의 재추정 · 재선정(잔존 내용연수 5년, 잔존가치 ₩1,000, 정액법)에 따라 새로이 계산한 감가상각대상금액은 ₩7,000(= 연초 장부금액 ₩8,000 − 새로운 잔존가치

5) 회계추정 변경을 포함한 회계변경에 대한 자세한 내용은 제23장에서 다루고 있다.

₩1,000)이다.
정액법에 따른 감가상각비는 ₩1,400(=₩7,000×1/5)이며 감가상각누계액이 ₩3,400(=₩2,000+₩1,400)이므로, 연말 기계 장부금액은 ₩6,600이다.

<20×9년> 연초 현재, 잔존 내용연수는 4년이다. 그리고 감가상각방법을 연수합계법으로 변경하였는데, 감가상각대상금액은 ₩5,600(=연초 장부금액 ₩6,600−잔존가치 ₩1,000)이다. 20×9년의 상각률은 40%(=4/(1+2+3+4))여서 감가상각비는 ₩2,240(=₩5,600×40%)이고, 감가상각누계액이 ₩5,640(=₩2,000+₩1,400+₩2,240)이므로, 연말 기계 장부금액은 ₩4,360이다.

(2) 기중 취득 · 처분

기중에 취득하거나 혹은 처분한 유형자산은 그 회계기간에는 기간 전체가 아닌 일부 동안만 사용한다. 이 일부기간에는 **기간안분**(期間按分 : proration) 개념을 적용하여 감가상각비를 계산한다. 적용할 수 있는 안분기준으로는 일단위 혹은 월단위 등을 들 수 있다.

기중취득 혹은 처분이 있는 경우에는 자산사용연도와 회계연도를 구분하여야 한다. 따라서 자산사용연도와 회계연도가 다르면 손익계산서에 보고하는 당기분 감가상각비를 자산사용연도별로 계산한 감가상각비로부터 취합하여 계상하여야 한다. 이때 앞에서 설명한 기간안분 개념을 적용한다.

예를 들어, 회계연도 20×7년의 중간시점에서 내용연수 2년의 유형자산을 취득한 경우의 회계연도와 자산사용연도의 차이를 [그림 8. 1]과 같이 나타낼 수 있다.

감가상각방법을 적용하여 사용 1기와 사용 2기의 감가상각비를 계산한다. [그림 8. 1]에서 회계연도 20×7년의 감가상각비는 사용 1기 감가상각비의 1/2이 됨을 알 수 있으며, 회계연도 20×8년의 감가상각비는 다음과 같이 구할 수 있음을 알 수 있다.

20×8년 감가상각비 = 사용 1기 감가상각비 × 1/2 + 사용 2기 감가상각비 × 1/2

그림 8. 1
회계연도와 자산사용연도의 구분

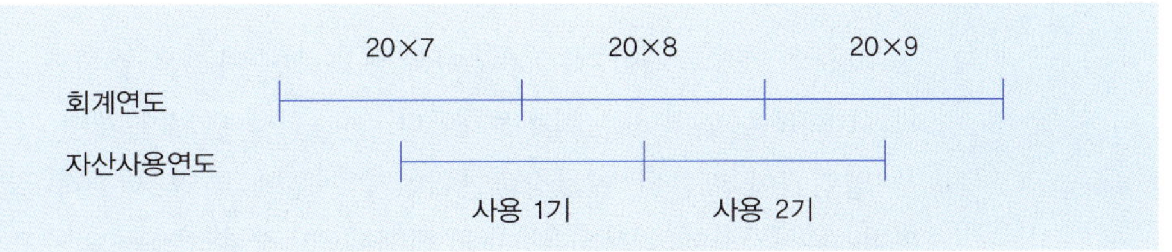

다음의 <예제 3>으로 기중 취득한 유형자산의 감가상각을 익혀보자.

예제 3

<예제 1>의 기계를 20×7년 초가 아닌 7월 1일에 취득한 후, 20×9년 6월 30일, 즉 만 2년 사용한 시점에서 이 기계를 처분하였다고 하자. 생산실적은 20×7년(하반기) 1,500개, 20×8년 3,000개 및 20×9년 2,000개(상반기)였다고 하자.

정액법, 정률법, 연수합계법 및 생산량비례법에 의한 사용 제1기와 제2기에 해당하는 20×7～20×9 회계연도의 기계 감가상각비를 계산하라. 단, 정액법, 정률법 및 연수합계법에 의한 취득 후 3개 사용기간의 감가상각비는 <예제 1> 해답을 참조하라.

해 답

<정액법, 정률법, 연수합계법 ; 단위 : ₩>

회계연도	정액법	정률법			연수합계법		
		상반기	하반기	합계	상반기	하반기	합계
20×7	30,000×1/2＝15,000	0	53,584 × 1/2	26,792	0	45,000 × 1/2	22,500
20×8	30,000	53,584 × 1/2	24,872 × 1/2	39,228	45,000 × 1/2	30,000 × 1/2	37,500
20×9	30,000×1/2＝15,000	24,872 × 1/2	0	12,436	30,000 × 1/2	0	15,000

<생산량비례법 ; 단위 : ₩>

회계연도	상 반 기	하 반 기	합 계
20×7	0	90,000 × 1,500/10,000	13,500
20×8	90,000 × 3,000/10,000		27,000
20×9	90,000 × 2,000/10,000	0	18,000

제2절 손상 회계

자산의 장부금액이 회수가능액을 초과하면 자산은 손상된 것이다. **손상 회계**는 **손상**과 그 **회복**을 인식하는 회계절차이다. 손상검사 단위가 개별 자산, 현금흐름창출단위 혹은 영업권이 배분된 현금창출단위인지 여부에 따라 세부적 절차에 있어 차이가 있다. 또한, 유형자산에 적용하는 손상 회계는 그 장부금액을 원가모형으로 유지하는지 혹은 재평가모형으로 유지하는지에 따라서도 구체적인 절차가 다르다. 이제 공통적인 몇 가지 개념과 절차를 살펴본 후, 원가모형에서의 개별 자산과 현금창출단위에 적용하는 손상 회계를 설명한다. 재평가모형에 적용하는 손상 회계는 본 장 제3절에서, 그리고 영업권이 배분된 현금창출단위에의 적용은 제13장에서 다룬다.

1. 손상징후 · 검사단위 · 손상차손

(1) 손상징후의 검토

각 보고기간 말마다 자산의 **손상징후**(indication of impairment)를 검토한다. 손상징후가 있으면, 그 자산의 회수가능액을 추정하고 손상차손을 파악하는 **손상검사**(impairment test)를 실시한다. 손상징후가 없으면 손상검사를 실시하지 않는다.[6)]

손상차손의 발생 유무와 관계없이, 손상징후가 있다는 것은 해당 자산 감가상각 **추정**(내용연수, 잔존가치, 감가상각방법)을 조정할 필요성을 나타내는 것일 수 있다. 최소한 다음을 고려하여 그 하나라도 해당하면 손상징후가 있는 것이다.

<외부정보>

i) 자산의 시장가치가 회계기간 중에 유의적으로 하락하였다는 관측가능한 징후가 있음.

ii) 경영환경과 판매시장에서의 불리하고 중요한 변화가 발생함.

iii) 시장이자율 상승에 따른 할인율 상승으로 회수가능액이 중요하게 감소할 가능성이 있음.

iv) 순자산 장부금액이 시가총액보다 큼.

<내부정보>

v) 자산의 진부화나 물리적 손상의 증거가 있음.

vi) 자산 사용범위 · 사용방법의 제한에* 따라 불리한 변화가 일어났거나 가까운 미래에 일어날 것으로 예상함.

vii) 자산의 경제적 (예상)성과가 기대에 못 미친다는 내부보고가 있음.

* 제한사례 : 유휴화, 영업중단 · 구조조정 계획, 조기처분 계획, 비한정 내용연수를 유한 내용연수로 재평가 등

(2) 손상검사단위의 파악

손상징후가 있으면, **개별 자산**별로 회수가능액을 추정한다. 만약 개별 자산의 회수가능액을 추정할 수 없다면, 그 **자산이 속하는 현금창출단위**의 회수가능액을 추정한다. 여

6) 손상징후 유무에 관계없이, 미래 경제적 효익에 대한 불확실성이 상대적으로 높은 (가) 내용연수가 비한정인 무형자산, (나) 아직 사용할 수 없는 무형자산, (다) 영업권의 경우에는 일 년에 한번은 손상검사를 한다.

기서 **현금창출단위**(cash generating unit, CGU)는 다른 자산이나 자산집단에서의 현금 유입과는 거의 독립적인 현금유입을 창출하는 식별가능한 최소자산집단이다.

그리고 개별 자산의 회수가능액을 추정할 수 없는 경우란 ⅰ) 자산의 사용가치를 그 '처분부대원가를 차감한 공정가치'에 가깝게 추정할 수 없으면서 동시에 ⅱ) 자산이 다른 자산의 현금흐름과 거의 독립적인 현금흐름을 창출하지 않는 경우이다. 이렇게 되면 사용가치, 나아가 회수가능액은 그 자산이 속하는 현금창출단위에 대해서만 결정할 수 있기 때문이다.

(3) 손상차손의 측정

손상차손(impairment losses)은 자산(개별 자산 혹은 현금창출단위)의 회수가능액이 그 장부금액보다 작은 경우의 그 차액이다. 구체적으로 손상차손액은 다음과 같이 측정하는데, *max*는 둘 중 큰 금액을 선정한다는 의미이다.

손상차손 = 장부금액 − 회수가능액
= 장부금액 − *max*{'처분부대원가를 차감한 공정가치', 사용가치}

① '처분부대원가를 차감한 공정가치'

'**처분부대원가를 차감한 공정가치**(fair value less costs of disposal)'에서 **공정가치**는 측정일에 시장참여자 사이의 **정상적인 거래**(orderly transaction)에서 자산을 매도하면서 수취하거나 부채를 이전하면서 지급하게 될 가격이다. 자산 매도와 부채 이전이 함께 발생하는 거래에서는 수취하고 지급할 금액 간의 차액에 해당한다. 예를 들어, 원상복구의무(현재가치 ₩500인 복구충당부채)가 부가된 토지(공정가치 ₩1,300)를 매도할 때는 구매자에게 토지와 함께 부채도 이전한다. 복합거래의 공정가치는 ₩800이다.

한편, **처분부대원가**는 자산처분에 직접 귀속되는 증분원가이다. 예를 들면, 법률원가, 인지세 및 이와 유사한 거래세, 자산제거원가, 자산을 매각가능한 상태로 만들 때 발생할 원가 등이다.[7] 바로 앞선 복합거래 예에서, 처분부대원가로 법률원가 ₩50이 발생하였다고 하자. '처분부대원가를 차감한 공정가치'는 ₩750(=공정가치 ₩800 − 처분부대원가 ₩50)이다. 즉, 이미 부채로 인식한 금액은 처분부대원가에 속하지 않는다.

② 사용가치

사용가치(value in use)는 자산에서 얻을 것으로 예상되는 미래현금흐름의 현재가치

7) 자산처분에 따르는 사업의 축소나 조직변경과 관련된 해고급여 등은 직접 증분원가가 아니다.

이다. **미래현금흐름**은 자산의 현재 상태를 근거로 추정한 세전 금액으로서, 이에는 ⅰ) 자산의 계속 사용으로 인한 현금유입액, ⅱ) 계속 사용과정에서 필수적으로 발생하고 자산에 직접 귀속되거나 혹은 배분될 현금유출액, ⅲ) 내용연수 말에 처분으로 수수할 순현금흐름이 포함된다.[8)]

현재가치 계산에 적용하는 **할인율**에는 **화폐의 시간가치**와 **고유위험**을 반영한다. 즉, 할인율은 현행 무위험시장이자율을 미래현금흐름의 변동가능성 및 비유동성 등의 고유위험을 고려하여 상향조정한 세전 이자율인 것이다. 한편, 미래현금흐름을 고유위험을 고려한 기대현금흐름으로 추정하고 무위험시장이자율로 할인함으로써 더 효과적으로 현재가치를 추정할 수 있는 경우도 있다. 상황에 따라서 두 가지 접근법 중의 하나를 선택할 수 있다.

③ 회수가능액

회수가능액(recoverable amount)은 자산을 처분하여 얻을 것으로 예상하는 금액(즉, '처분부대원가를 차감한 공정가치')과 자산을 계속 사용하여 얻을 것으로 예상하는 금액(즉, **사용가치**) 중 큰 금액이다. 합리적인 경영자는 이 두 금액을 비교하여 전자가 크면 해당 자산을 처분하고, 후자가 크면 계속 사용하는 결정을 하여 기업가치 극대화를 도모할 것이므로 회수가능액이 자산 가치의 합리적인 추정치라고 볼 수 있는 것이다.

④ 장부금액

원가모형이 적용되는 유형자산의 경우 보고기간 말에 감가상각을 수행한다. 그리고 손상 회계를 적용한다. 따라서 회수가능액과의 비교대상인 **장부금액**(carrying amount)은 자산)의 감가상각 후, 손상 회계 적용 전 장부금액이다. 손상 회계를 적용한 후에는 손상차손 혹은 그 환입을 인식함에 따라 개별 자산의 장부금액이 변동된다. 이 변동된 장부금액이 재무상태표에 보고되는 해당 자산의 기말 장부금액이다.

이제 「기업회계기준서」 제1036호 '자산손상'에 수록된 몇 가지 사례와 그 해답을 그대로 전재하면서 분석요구만 명기한 다음의 <예제 4>를 이용하여 손상검사단위 파악과 손상차손 인식여부를 익힌다.

---

8) 미래현금흐름 추정치에서 제외되는 것으로는 ⅰ) 자산의 현재 상태에 따른 현금흐름이 아니라 예상되는 사유에 따른 것(이러한 사유로는 아직 확약되지 않은 미래의 구조조정과 아직 현금지출이 집행되지 않은 자산성능의 향상을 들 수 있다), ⅱ) 할인율과 일관되게 운용하기 위하여 제외하는 것(재무활동으로부터의 현금흐름을 제외하고 세전 기준으로 추정한다), ⅲ) 이중계산을 방지하기 위하여 제외하는 ㉠검토대상 자산의 현금유입과 거의 독립적인 현금유입을 창출하는 자산으로부터의 현금유입(예 수취채권과 같은 금융자산)과 ㉡이미 부채로 인식된 의무와 관련하여 발생하는 현금유출(예 충당부채) 등이 있다.

예제 4

1. 버스기업은 시청과의 계약에 의해 시내버스 운송서비스를 제공하고 있다. 이 계약에 의하면 기업은 다섯 개 노선에 대해 최소한 일정수준 이상의 서비스를 제공하여야 한다. 각 노선에 투입된 자산과 각 노선에서 창출되는 현금흐름은 개별적으로 식별가능하다. 그런데 이 중 하나의 노선에서 심각한 손실이 발생하고 있다.
   • 분석요구 : 개별 버스노선이 그 자체로 현금창출단위를 구성하는가를 분석하라.

해 답

기업은 각 노선에 대해 최소한 일정수준 이상의 서비스를 제공하여야 하므로 다섯 개 노선 중 어느 하나를 폐지할 수 있는 선택권을 갖고 있지 않다. 따라서 다른 자산이나 자산집단의 현금유입과 거의 독립적이고 식별가능한 현금유입의 최저수준은 다섯 개 노선이 함께 창출하는 현금유입이 된다. 따라서 각 노선에 대한 현금창출단위는 버스기업 전체가 된다.

---

2. 기계장치가 물리적으로 손상되었고 손상되기 전만큼은 아니지만 여전히 가동되고 있다. 기계장치의 '처분부대원가를 차감한 공정가치'는 장부금액에 미달한다. 이 기계장치는 독립적인 현금유입을 창출하지 못한다. 당해 기계장치를 포함하면서 다른 자산의 현금유입과 거의 독립적인 현금유입을 창출하는 식별가능한 최소 자산집단은 기계장치가 속한 생산라인이다. 당해 생산라인의 회수가능액을 감안하면 생산라인 전체에서는 손상이 발생하지 않은 것으로 판단된다.
   • 분석요구 : 다음 각 가정하에서의 손상검사단위를 분석하고, 손상검사결과에 따른 후속조치가 무엇일지를 분석하라.
   - 가정 1 : 경영진이 승인한 재무예산 · 예측에 따르면 경영진은 당해 기계장치를 대체할 계획을 가지고 있지 않다. (즉, 사용가치가 '처분부대원가를 차감한 공정가치'보다 클 가능성을 시사한다)
   - 가정 2 : 경영진이 승인한 재무예산 · 예측에 따르면 경영진은 가까운 장래에 기계장치를 대체할 계획을 가지고 있다. 대체시점까지 당해 기계장치를 계속 사용하는 동안에 창출될 것으로 기대되는 현금흐름은 미미한 것으로 추정된다. (즉, 자산사용으로 창출될 미래현금흐름이 미미할 것으로 판단된다. 사용가치가 '처분부대원가를 차감한 공정가치'에 근접할 가능성이 높은 것이다)

해 답

<가정 1> 기계장치 자체의 회수가능액은 다음의 이유에서 추정될 수 없다.

(1) 기계장치의 사용가치가 '처분부대원가를 차감한 공정가치'와 다를 수 있다.

(2) 기계장치의 사용가치는 그 기계장치가 속하는 현금창출단위(생산라인)에 대해서만 결정될 수 있다.

생산라인에서 손상이 발생하지 않았으므로 기계장치에 대해서 손상차손을 인식하지 않는다. 그러나 그 기계장치에 대한 감가상각기간이나 감가상각방법을 재검토할 필요가 있을 수는 있다. 당해 기계장치의 추정 잔여내용연수를 반영하기 위하여 감가상각기간을 단축하거나 경제적 효익이 소비되는 형태를 반영하기 위한 방법으로 가속감가상각방법을 적용할 수도 있기 때문이다.

<가정 2> 당해 기계장치의 사용가치는 '처분부대원가를 차감한 공정가치'와 거의 같을 것으로 추정된다. 따라서 당해 기계장치의 회수가능액은 결정가능하고 동 기계장치가 속하는 현금창출단위(생산라인) 수준에서 고려할 필요는 없다. 기계장치의 '처분부대원가를 차감한 공정가치'가 장부금액에 미달하기 때문에 당해 기계장치에 대하여 손상차손을 인식한다.

---

3. 기업은 채광사업이 완료된 후 법령상 광산현장을 복구하여야 한다. 복구원가에는 채광사업 시작 전에 제거하는 표토의 복구원가도 포함된다. 표토를 복구하는 데 소요되는 원가는 처음에 표토를 제거할 때 충당부채로 인식한다. 동 충당부채금액은 광산취득원가의 일부로 인식되고 광산의 내용연수에 걸쳐 감가상각된다. 복구충당부채의 장부금액은 500원이고, 이는 복구원가의 현재가치와 일치한다. 기업은 광산에 대해 손상검사를 한다. 광산이 속하는 현금창출단위는 광산 전체이다. 기업은 여러 원매자로부터 광산을 약 800원에 매입하겠다는 제의를 받고 있다. 이 가격으로 구입하는 구매자는 표토복구의무를 자신이 부담한다. 광산의 처분부대원가는 미미하다. 복구원가를 고려하지 아니할 경우 광산의 사용가치는 대략 1,200원이며, 광산의 장부금액은 1,000원이다.
   • 분석요구 : 현금창출단위의 자산손상 여부를 분석하라.

해 답

현금창출단위의 처분부대원가를 차감한 공정가치는 800원이다. 이 금액에는 이미 충당부채로 인식된 복구원가가 반영되어 있다. 결과적으로 복구원가를 고려한 후에 현금창출단위의 사용가치를 산정하고 700원(1,200원에서 500원을 차감)으로 추정한다. 해당 현금창출단위의 장부금액은 500원인데, 이는 광산의 장부금액(1,000원)에서 복구충당부채의 장부금액(500원)을 차감한 금액이다. 따라서 현금창출단위의 회수가능액은 장부금액을 초과하므로 자산손상이 발생하지 않은 것이다.

2. 개별 자산의 손상 회계

원가모형을 적용하는 유형자산의 경우, 감가상각을 실시한 후 손상차손을 인식할 때는 다음 분개를 수행하는데 **손상차손**은 **당기손익** 항목으로 인식한다.

(차) 손상차손(당기손익) ××× (대) 손상차손누계액(자산차감) ×××

손상차손을 인식한 후속 보고기간에는 해당 자산의 손상차손이 더 이상 존재하지 아니하거나 감소되었음을 시사하는 **회복징후**가 있는지를 검토한다. 상황에 따라서는 추가적인 자산손상을 시사하는 징후가 있는지를 검토할 때도 있을 것이다.

손상회복의 징후가 있는 경우 당해 자산의 회수가능액을 추정한다. 그리고 직전 손상차손이 인식된 이후에, 회수가능액을 결정하는데 사용된 추정치에 변화가 있는 경우에만 과거 손상차손을 환입한다. 원가모형을 적용하는 유형자산의 경우, **환입한도**가 규정되어 있다. "손상차손을 인식하지 않았을 경우의 (감가상각 후) 금액"으로서 이 금액까지의 환입은 **당기손익** 항목으로 인식한다. 한도를 초과한 회수가능액의 상승은 인식하지 않는다. 환입분개는 다음과 같다.

(차) 손상차손누계액(자산차감) ××× (대) 손상차손환입(당기손익) ×××

이제 <예제 5>를 이용하여 개별 유형자산에 적용하는 손상 회계(손상차손 · 환입의 당기손익 항목으로의 인식)를 익혀보자.

예제 5

다음 자료를 참조하여 ㈜팔오재평가가 20×7년 초에 취득하고 원가모형을 적용하는 1. 토지와 2. 기계의 감가상각 · 자산손상 회계를 수행하라. 이들 자산의 회수가능액 변동은 각 자산의 손상 혹은 그 회복에 따른 것이다. 기계는 잔존가치 ₩0, 내용연수 3년인 정액법으로 감가상각한다.

종 류	취득원가	각 연도 말의 회수가능액*	
	20×7년 초	20×7년 말	20×8년 말
토 지	₩10,000	₩12,000	₩6,000
기 계	30,000	15,000	8,500

* 각 자산의 '처분부대원가를 차감한 공정가치'와 사용가치 중 큰 금액

해 답

1. 토지 (감가상각대상자산이 아님)

20×7년: 손상 회계 적용결과 분개 없음(회수가능액 ₩12,000 > 장부금액 ₩10,000)

20×8년: (차) 손상차손(당기손익) 4,000 (대) 손상차손누계액-토지 4,000

2. 기계 (감가상각 후 손상 회계 적용)

20×7년: (차) 감가상각비(당기손익) 10,000 (대) 감가상각누계액 10,000

(차) 손상차손(당기손익)* 5,000 (대) 손상차손누계액-기계 5,000

* 회수가능액 ₩15,000 − 감가상각후 장부금액 ₩20,000(= 취득원가 − 감가상각누계액)

(참고) 20×7년 말 기계 장부금액은 회수가능액인 ₩15,000인데, 손상후원가라고 부르기도 한다. 그리고 '취득원가 − 감가상각누계액 − 손상차손누계액 = ₩30,000 − ₩10,000 − ₩5,000'에 해당한다.

20×8년: (차) 감가상각비(당기손익)* 7,500 (대) 감가상각누계액 7,500

(차) 손상차손누계액-기계 1,000 (대) 손상차손환입(당기손익)** 1,000

* 연초 장부금액 ₩15,000 ÷ 잔존 내용연수 2년

** 환입절차는 아래와 같다.

- 감가상각 후, 손상 회계(여기서는 환입) 적용 전 장부금액은 ₩7,500이다.
- 회복판정 : 회수가능액 ₩8,500이 장부금액 ₩7,500을 초과한다.
- 회복한도 : 손상되지 않았을 경우의 장부금액, 즉 취득원가 ₩30,000을 근거로 2년간 정액상각한 결과인 ₩10,000이 될 때까지 장부금액을 회복시킬 수 있다. 회수가능액의 회복이 충분하지 않으므로 ₩8,500까지만 환입시킨다.

즉, 환입액은 ₩1,000(=회수가능액 ₩8,500 - 장부금액 ₩7,500)이다.

(참고) 20×8년 말 기계 장부금액은 회수가능액인 ₩8,500이며 이 금액은 또한, '취득원가 - 감가상각누계액 - 손상차손누계액 = ₩30,000 - ₩17,500 - ₩4,000'이기도 하다.

3. 현금창출단위의 손상 회계

현금창출단위의 **회수가능액**이 그 장부금액에 미달하면 현금창출단위에 손상이 발생한 것이다. 이 미달액은 구성 자산들 각각의 **장부금액에 비례하여 배분**하고 개별 자산의 손상차손으로 회계처리한다. 이때 개별 자산은 ① 개별 자산 '처분부대원가를 차감한 공정가치'(결정가능한 경우), ② 개별 자산 사용가치(결정가능한 경우) 및 ③ ₩0 중 가장 큰 금액 이하로 감액시킬 수 없으며 **[하한]**, 그 제약에 따라 특정 자산에 배분되지 않는 손상차손은 현금창출단위 내의 다른 자산 각각의 장부금액에 비례하여 배분한다.

현금창출단위의 손상차손을 인식한 후속연도에 소속된 개별 자산의 가치 **회복징후**가 있을 때, 그 회수가능액을 측정하고 직전 손상차손이 인식된 이후에 회수가능액을 결정하는 데 사용된 추정치에 변화가 있는 경우에만 과거 손상차손을 환입한다.

현금창출단위의 손상차손환입은 개별 자산들의 장부금액에 비례하여 배분하는데, 배분결과 장부금액은 ① 회수가능액(결정가능한 경우)과 ② 손상차손을 인식하지 않았을 경우의 감가상각 후 금액 중 작은 금액을 초과할 수 없다 **[상한]**. 즉, **환입한도**가 규정되어 있다. 그리고 이러한 제약에 의해 특정 자산에 배분되지 않는 환입액은 현금창출단위 내의 다른 자산들 각각의 장부금액에 비례하여 배분한다. 다만, 현금창출단위에 속하는 모든 개별 자산이 환입한도에 저촉되는 경우라면 환입되지 않는 금액이 있을 수 있다. 다음의 <예제 6>을 이용하여 현금창출단위에 적용하는 자산손상 및 그 회복회계를 연습한다.

예제 6

<예제 5>의 20×7년 초에 취득한 토지(취득원가 ₩10,000)와 기계(취득원가 ₩30,000)는 모두 독립된 현금흐름을 창출하지 못하고, 또한 그 회수가능액을 추정할 수 없어 단일의 현금창출단위로 함께 고려되어야만 한다.

1. 20×7년에 수행한 토지와 기계의 감가상각과 손상인식을 분개하라. (단, 하한은 무시한다)
2. 20×8년에 수행한 토지와 기계의 감가상각과 손상환입을 분개하라.

현금창출단위	취득원가	각 연도 말의 회수가능액	
	20×7년 초	20×7년 말	20×8년 말
	₩40,000	₩27,000	₩21,000

해 답

1. 20×7년 :

(차) 감가상각비(당기손익)	10,000	(대) 감가상각누계액	10,000
(차) 손상차손(당기손익)*	3,000	(대) 손상차손누계액-토지	1,000
		손상차손누계액-기계	2,000

* 손상인식 내역은 다음과 같다.

현금창출단위			개별 자산	
			1차배분액	배분 후 장부금액
장부금액	토 지	₩10,000	₩1,000	₩9,000
	기 계	20,000	2,000	18,000
	계	₩30,000	₩3,000	₩27,000
회수가능액		27,000		
손상액		₩3,000		

현금창출단위의 자산손상액 ₩3,000을 개별 자산의 장부금액에 비례하여 토지와 기계에 각각 1/3과 2/3씩 1차 배분한다. 그리고 배분결과는 제약조건에 저촉되지 않으므로 1차배분 결과로 개별 자산의 손상차손을 인식한다.
토지의 손상차손은 ₩1,000으로 그리고 기계의 손상차손은 ₩2,000으로 인식한다.

2. 20×8년 :

(차) 감가상각비(당기손익)	9,000	(대) 감가상각누계액	9,000
(차) 손상차손누계액-토지	1,000	(대) 손상차손환입(당기손익)*	2,000
손상차손누계액-기계	1,000		

* 손상환입 내역은 다음과 같다.

현금창출단위			개별 자산				
			1차배분액	1차배분 후 장부금액		상 한	한도 고려 후 2차배분액
장부금액	토 지	₩9,000	₩1,500	₩10,500	>	₩10,000	₩1,000
	기 계	9,000	1,500	10,500	>	10,000	1,000
	계	₩18,000	₩3,000	₩21,000		₩20,000	₩2,000
회수가능액		21,000					
회복액		₩3,000					

현금창출단위의 손상회복액 ₩3,000을 개별 자산의 장부금액에 비례하여 토지와 기계에 각각 1/2씩 1차 배분한다. 그런데 토지의 회복한도는 취득원가 ₩10,000이며, 기계의 경우 손상되지 않았을 경우의 장부금액의 감가상각 후 잔액은 ₩10,000이다.
따라서, 두 자산 모두 회복한도를 초과하므로 한도초과로 배분이 부인된 금액은 더 이상 배분될 수 없기에 토지와 기계의 손상차손환입액은 각각 ₩1,000이다.

제3절 재평가모형

큰 틀에서, **재평가모형**은 '**재평가일의 공정가치**'로 자산의 기존 장부금액을 대체하면서, 그에 따른 장부금액의 증가액(즉, 재평가이익)은 기타포괄손익으로 그리고 장부금액의 감소액(즉, 재평가손실)은 당기손익으로 인식하는 모형이라고 할 수 있다. 기업은 유형자산의 유형별로 원가모형이나 재평가모형 중 하나를 선택하여 동일하게 적용한다. 단, 재평가모형을 선택하려면 자산의 유형별로 최초 인식 이후 그 공정가치를 신뢰성 있게 측정할 수 있어야 한다. 여기서 자산의 유형이란 기업의 영업에서 특성과 용도가 비슷한 자산의 집합을 말하며, 그 예로는 토지, 건물, 기계장치, 선박, 항공기, 차량운반구, 집기, 사무용비품, 생산용식물 등을 들 수 있다.

재평가는 정기적으로 수행함으로써 기말 장부금액이 공정가치와 유의적인 차이가 나지 않도록 해야 하는데, 재평가 주기는 자산의 유형에 따라 다를 수 있다. 일반적으로, 자산가치의 변동성이 높은 자산은 매년 재평가를 수행하는 것이 적절하지만, 가치 변동성이 낮은 자산은 매 3년이나 매 5년에 재평가를 해도 무방하다.

감가상각을 하는 유형자산의 경우에는 재평가하기에 앞서 감가상각을 수행한다. 즉, 재평가를 함으로써 감가상각을 반영한 장부금액을 '재평가일의 공정가치'로 바꾸는 것이다. 본 절 이하에서는 설명의 편의를 위해, '기계'는 '감가상각을 하는' 재평가 대상자산을 대표하고, '토지'는 '감가상각을 하지 않는' 재평가 대상자산을 대표하는 것으로 간주한다. 본 절 1.은 재평가 회계의 기초적인 내용을 설명하고, 그 내용을 토지의 재평가에 적용하는 절차를 살펴본다. 이어서 본 절 2.는 기계에 적용되는 재평가 회계 및 그와 관련된 추가적인 이슈를 다룬다.

재평가 직후의 장부금액은 '재평가일의 공정가치'이다. 이 금액과 회수가능액을 비교하여 회수가능액이 낮은 경우[9] 손상을 인식해야 한다. 이러한 손상 처리와 후속적인 회복 처리를 다루는 손상 회계는 제2절에서 살펴보았다. 재평가모형에서도 원가모형에서의 손상 회계의 틀을 준용한다. 다만, 재평가 회계와 손상 회계를 접목하는 과정에서 몇 가지 고려할 사항들이 나타나는데, 처음으로 재무회계를 익히는 독자들에게 부담을 줄 수 있어 그러한 내용은 본 장의 <부록>으로 다룬다.

9) 예를 들어, 기업내부사정으로 예상보다 조기에 자산을 처분해야 하므로 사용가치가 공정가치보다 크게 낮아지고 또한 급매에 따른 처분부대원가가 무시하지 못할 정도로 클 것으로 판단하는 경우이다.

1. 재평가 회계의 기초와 토지의 재평가

(1) 공정가치의 측정과 장부금액의 수정

① 공정가치의 측정

유형자산의 재평가는 '재평가일의 공정가치'를 측정하는 것으로 시작된다. 공정가치는 시장참여자 사이의 정상거래에서 해당 자산을 매도할 때 받을 가격이다. 즉, 개념적으로 공정가치는 유출가격(exit price)에 해당한다. 이때 그 가격은 직접 관측할 수도 있고, 다음의 세 가지 가치평가기법 중 하나를 사용하여 추정할 수도 있다.

시장접근법에서는 동일하거나 비교 가능한 자산의[10] 시장 거래에서 생성된 가격이나 (시장 거래에서 추출된) 그 외의 목적적합한 정보를 사용한다. 예를 들어, 비교가능한 자산으로부터 도출한 시장배수(market multiples)를 사용하는 것이다.[11] 그러한 자산의 시장 가격 대비 장부금액 배수를 사용하는 것이다.

원가접근법은 자산의 사용능력을 대체하기 위해 현재 필요한 금액, 즉 통상 현행대체원가라고 부르는 금액을 반영하는 방법이다. 현행대체원가법은 많은 경우 다른 자산과 함께 사용되는 자산에 대한 공정가치를 측정할 때 사용된다.

이익접근법에서는 자산의 사용으로부터 다중 기간에 걸쳐 발생할 미래 금액(예 미래 현금흐름 또는 미래수익과 비용)을 단일의 현재 금액(예 할인된 현재가치)으로 전환한다. 이익접근법에 따른 공정가치의 측정치는 그러한 미래 금액에 대한 현행의 시장 기대를 반영한다.[12]

② 장부금액의 수정

유형자산의 **총장부금액**은 최초 재평가 전에는 취득원가이다. 재평가 후에는 토지의 총장부금액은 '재평가일의 공정가치'이다. 그러나 감가상각대상자산의 경우에는 조금 달리 해석할 상황이 나타난다. 본 절 2.에서 설명한다.

유형자산의 **장부금액**은 총장부금액에서 감가상각누계액과 손상차손누계액을 차감한 금액이다. 취득 이후, 토지는 불리한 상황의 발생(예 새로운 법령의 제정으로 토지개발이 제한됨)으로 인해 경제적으로 손상될 수 있고, 기계는 사용에 따라 감가상각이 될 뿐 아니라 어떤 경우에는 경제적으로도 손상이 발생할 수 있기 때문이다.

'재평가일의 공정가치'의 측정 대상은 재평가일 현재 상태의 자산이다. 그러므로

---

10) 자산 또는 자산·부채 집합(예 사업)

11) 시장배수로는 비교가능한 자산의 $\frac{\text{시장가격}}{\text{장부금액}}$ 등을 사용할 수 있을 것이다.

12) 측정기법의 예로는 ⅰ)현재가치기법, ⅱ)옵션가격결정모형, ⅲ)다기간 초과이익법 등을 들 수 있다.

'재평가일의 공정가치'는 「기업회계기준서」의 표현을 빌리자면 **'재평가된 장부금액'**이기도 하다. 이미 인식된 장부금액과 '재평가된 장부금액' 간의 차액인 재평가증가액 혹은 감소액을 각각 재평가이익 혹은 재평가손실로 인식한다. 손상을 고려하지 않을 때, 토지의 경우 장부금액의 수정은 곧 총장부금액의 수정이기도 하다.

또한 재평가된 자산의 마감 후 장부금액은 재평가금액이라고도 부른다. 가장 최근 '재평가일의 공정가치'에서 이후의 감가상각누계액과 손상차손누계액을 차감한 금액이다.

(2) 재평가손 · 익의 구분 인식

재평가 회계의 큰 틀은 재평가증가액, 즉 재평가이익을 기타포괄이익으로 인식하고, 재평가감소액, 즉 재평가손실은 당기손실로 인식한다는 것이다. 그리고 각각에 다음과 같은 세부적인 조정을 한다.

① 재평가이익

당기의 재평가이익은 포괄손익계산서 상에 기타포괄이익 항목으로 보고하며, 이 금액은 장부를 마감함에 따라 재무상태표상 **재평가잉여금**으로 보고된다. 여기서 재평가잉여금은 자본항목 중 하나인 기타포괄손익누계액 항목에 해당한다. 당기에 발생한 재평가이익에 대한 이러한 일반적 회계처리에 앞서 고려해야 할 사항이 있는데, 만일 동일자산에 대하여 과거 기간에 당기손실로 인식했던 재평가감소액(즉, 재평가손실)이 누적되어 있다면, 먼저 그 누적금액을 초과하지 않는 범위에서 당기 발생한 재평가이익을 당기이익으로 인식해야 한다. 즉, 당기 발생 재평가증가액은 과거 기간에 걸쳐 이익잉여금에 누적된 재평가(순)손실을 한도로 당기에 **재평가이익(당기손익)**으로 인식하며, 이 한도를 초과하여 당기에 발생한 재평가증가액만 **재평가이익(기타포괄손익)**으로 인식하는 것이다.

② 재평가손실

당기의 재평가손실은 포괄손익계산서상에 당기손실 항목으로 인식한다. 다만, 재평가이익의 경우와 유사하게, 당기에 발생한 재평가손실을 당기손실로 인식하기 전에 동일자산에 대해 과거 기간에 인식했던 재평가잉여금 잔액이 있는지 고려해야 한다. 만일 재평가잉여금 잔액이 있다면, 그 금액을 초과하지 않는 범위에서 당기 발생한 재평가손실을 기타포괄손실로 인식한다. 이렇게 **재평가손실(기타포괄손익)**으로 인식한 재평가손실은 자연스럽게 장부 마감에 따라 **재평가잉여금**에서 차감된다. 그리고 이 한도를 초과하는 당기 재평가손실만 **재평가손실(당기손익)**으로 인식한다.

(3) 유형자산의 제거와 재평가잉여금 대체(선택)

재평가잉여금은 유형자산의 보유 중 발생한 가치상승에 따라 인식한 금액이므로 미실현된 순이익이며, 이 미실현 순이익은 이후 해당 자산이 처분 등을 통해 제거될 때 실현된다. 그러나 자산의 제거에 대한 분개만으로는 미실현 순이익이 전부 실현되었다는 사실을 장부에 제대로 반영할 수가 없다. 이는 포괄손익계산서상에 보고되는 처분이익이 미실현 순이익의 전부가 아니라 '처분대가와 직전 재평가일의 공정가치 간의 차이'만[13] 보고할 뿐만 아니라, 재무상태표에는 재평가잉여금이 그대로 남아 있기 때문이다.

따라서 유형자산을 제거할 때는 보유 중 발생한 미실현 순이익의 실현을 올바로 인식할 수 있도록, 기업의 선택에 따라 재평가잉여금을 이익잉여금으로 대체하는 것이 허용되어 있다. 이를 위한 분개는 다음과 같다.

(차) 재평가잉여금	××	(대) 이익잉여금	××

이제 아래 <예제 7>을 통해 지금까지 익힌 재평가 회계에 대한 기초적인 내용을 학습해 본다.

예제 7

20×7년 초 ₩10에 취득하고 재평가모형을 적용하는 토지의 재평가 회계를 살펴본다. 토지의 공정가치 변동이 다음 A 또는 B와 같을 때, 각 기말에 재평가를 실시한 상황이다.

경우	20×7년 말	20×8년 말	20×9년 말
A	₩12	₩9	₩10
B	9	12	10

1. 경우 A와 B 각각에 대해 매 기말 재평가 분개를 제시하라.
2. 위 표의 정보만 이용하여, 경우 A와 B 각각에서 20×9년 말 토지 관련 이익잉여금과 재평가잉여금 잔액은 각각 얼마이어야 하는가 말해보라.
3. 경우 B에서 20×9년 초에 토지를 ₩12에 매각하고 재평가잉여금 대체를 선택하였다고 가정하자. 매각으로 인한 토지의 제거 분개와 재평가잉여금 대체 분개를 제시하라.

해 답

(해답 이하에서의 '기포손익'은 기타포괄손익을 나타냄)

1.	20×7년 말		20×8년 말		20×9년 말	
	공정가치 ₩12		공정가치 ₩9		공정가치 ₩10	
A	토지 2	재평가이익 2* (기포손익)	재평가손실 2 (기포손익)** 재평가손실 1 (당기손익)	토지 3	토지 1	재평가이익 1 (당기손익)

13) 명료하게 강조하기 위해 손상을 고려하지 않은 토지의 경우를 설명한 것이다.

	공정가치 ₩9		공정가치 ₩12		공정가치 ₩10	
B	재평가손실 1 (당기손익)	토지 1	토지 3	재평가이익 1 (당기손익) 재평가이익 2* (기포손익)	재평가손실 2 (기포손익)**	토지 2

* [참고: 마감분개의 예시] (차) 재평가이익(기포손익) 2 (대) 재평가잉여금 2

** [참고: 마감분개의 예시] (차) 재평가잉여금 2 (대) 재평가손실(기포손익) 2

2. 20×7년 초 ₩10에 취득한 토지의 20×9년 말 공정가치가 ₩10이므로 토지 취득 후 3년간 누적된 토지 관련 이익잉여금과 재평가잉여금은 일제히 ₩0이다.

3. (차) 현 금 12 (대) 토 지 12
   (차) 재평가잉여금 2 (대) 이익잉여금 2

2. 감가상각대상자산의 재평가

기계의 재평가 회계에는 본 절 1.에서 살펴본 기초내용에 다음 두 가지 이슈가 추가된다. 첫째, 재평가에 앞선 선행 회계처리로서 감가상각을 해야 하고, 아울러 기업의 선택에 따라 자산을 사용하는 중이라도 재평가잉여금을 부분적으로 대체하는 것이다. 둘째, 재평가증감액만큼 장부금액을 수정할 때 '감가상각누계액 제거법'과 '총장부금액 조정법' 중 하나의 방식을 선택하여 적용하는 것이다.

(1) 재평가 전 회계처리: 감가상각 및 사용 중의 재평가잉여금 대체(선택)

기계를 재평가하기 전에 기계의 사용에 따른 감가상각을 인식함으로써 재평가일의 공정가치(즉, '재평가된 장부금액')와 비교할 장부금액(이를 '인식된 장부금액'으로 표현할 수도 있음)을 확정한다. 그런데 기계의 사용에 따른 감가상각은 기계의 **부분 제거**와 동등하므로 재평가잉여금에 누적되어 있던 미실현 보유순이익의 일부를 실현시키는 거래에 해당한다. 즉, 기계의 제거가(예컨대, 매각이) 재평가잉여금 전체를 실현시키는 거래라면, 기계의 사용은 그 일부분만을 실현시키는 거래인 것이다. 따라서 감가상각을 하지 않는 토지와는 달리 기계에 대해서는, 감가상각을 인식할 때 재평가잉여금의 일부를 이익잉여금으로 대체할 수 있는 선택권을 주고 있다. 즉, 기업은 해당 자산을 제거할(예컨대, 매각할) 때까지 기다렸다가 관련 재평가잉여금 전부를 이익잉여금으로 일괄 대체할 수도 있고, 원한다면 사용 중에 부분 대체를 **선택**할 수도 있다.[14)]

---

14) 사용 중 재평가잉여금 대체를 선택하면 재평가이익이 감소하면서 이익잉여금이 증가한다. 다만, 당

'사용 중 재평가잉여금의 부분 대체'를 선택하는 경우, 대체할 수 있는 재평가잉여금은 '재평가된 장부금액에 근거한 감가상각액 - 최초원가에 근거한 감가상각액'으로 산정한다. 즉, 사용 중 부분적으로 대체되는 재평가잉여금은 재평가로 말미암아 증액된 감가상각액에 해당한다. 이러한 '사용 중 재평가잉여금의 부분 대체'는 재평가를 실시한 보고기간부터 즉시 가능한 것이 아니라, 그 다음 보고기간부터 가능하다. 이는 부분 대체가 재평가된 자산의 사용을 전제로 하기 때문이다.

(2) 재평가: 장부금액의 수정(감가상각누계액 제거법과 총장부금액 조정법)

기계의 재평가도, 위에서 설명한 토지의 재평가에서처럼, 재평가증가액으로 발생한 재평가이익을 기타포괄이익 (또는 당기이익)으로 인식하고, 재평가감소액으로 발생하는 재평가손실은 당기손실 (또는 기타포괄손실)로 각각 인식한다. 그런데 기계의 장부금액을 그 공정가치로 수정할 때는 **감가상각누계액 제거법**과 **총장부금액 조정법**이라 부르는 두 가지 방식 중 하나를 임의대로 선택하여 적용한다.[15)]

이 두 방식을 다음 사례를 이용하여 살펴보자. 취득 후 최초로 재평가하는 기계의 총장부금액(즉, 기계 계정의 잔액)이 ₩15이고, 당기 감가상각 후의 감가상각누계액은 ₩5이며, 따라서 '인식된 장부금액'이 ₩10이라 하자. 감가상각이 이미 진행되고 있으므로 이 자산은 중고기계이다. 이제 이 중고기계의 '재평가일의 공정가치'가 ₩12라고 가정하면(즉, 이 중고기계의 '재평가된 장부금액'이 ₩12임), 재평가이익은 '재평가된 장부금액'과 '인식된 장부금액' 간의 차액인 ₩2이다. 따라서 장부금액의 수정 방식이 무엇이든 이 ₩2의 재평가이익은 동일하게 인식된다.

한편, 장부금액을 수정하는 두 가지 방식의 핵심적 차이는, **감가상각누계액 제거법**이 감가상각누계액을 완전히 제거함으로써 그 잔액이 ₩0이 되므로 중고기계가 장부상 마치 신형기계인 것처럼 보고되는 반면, **총장부금액 조정법**은 총장부금액과 감가상각누계액을 동시에 수정하여 재평가된 장부금액이 재평가일의 공정가치와 일치되도록 조정함으로써 해당 기계가 중고기계임이 장부상으로도 분명히 드러난다는 점이다. 이제 이 두

기 혹은 후속 기간에 재평가가 또 이루어지면 대체로 인한 이익잉여금 증가 효과가 희석되기도 하는데, 이는 대체로 인하여 재평가잉여금이 감소하면 그 이후의 회계처리가 영향을 받기 때문이다. <예제 8>의 문항 2와 3에서 20×8년 재평가 분개를 대비하면 이를 알 수 있다. <예제 8>에서 문항 3의 경우 문항 2와 비교하여, 20×8년 대체 후 재평가에 따라 재평가손실(당기손익)이 대체액인 ₩40만큼 커지고 있다. 즉, 대체로 인해 ₩40 증가한 이익잉여금은 이후 재평가로 같은 금액만큼 감소하는 것이다. 대체에 따른 이익잉여금 증가가 후속 재평가로 상쇄되는 것인데, 이는 어디까지나 대체의 후속효과(후폭풍)이다.

15) 본 교재의 2020년 판부터 「기업회계기준비교 2019」(한국회계기준원, 2019. 8)의 p.91에 따라, 장부금액 수정의 두 방식을 감가상각누계액 제거법과 총장부금액 조정법이라고 고쳐 부른다.

가지 방식을 분개를 통해 더 상세히 살펴보자.

감가상각누계액 제거법에서는 먼저 감가상각누계액인 ₩5을 제거하는데, 이렇게 되면 장부상에는 기계의 원래 총장부금액인 ₩15이 남게 된다. 그런데 재평가된 장부금액은 ₩12이 되어야 하므로, ₩3을 원래 총장부금액에서 차감해 주어야(즉, 기계 계정에 대기해야) 한다. 그리고 이어서 재평가이익 ₩2을 인식한다. 이를 분개로 나타낸 것이 <표 8. 2>에 요약되어 있다.

표 8. 2

감가상각누계액 제거법과 총장부금액 조정법 분개 (손상 고려하기 전)

감가상각누계액 제거법	총장부금액 조정법
(차) 감가상각누계액 5 (대) 기 계 3 재평가이익 2	(차) 기 계 4 (대) 감가상각누계액 2 재평가이익 2

총장부금액 조정법에서는 신형기계에 해당하는 총장부금액의 공정가치(개념적으로는 신형기계의 재평가일 공정가치)도 측정해야 한다. '**재평가된 총장부금액**'이라고도 부르는 이 금액을 근거로 원래 총장부금액인 ₩15을 조정하는 것이 제일 먼저이다. 논의를 이어가기 위해 이 신형기계에 해당하는 재평가된 총장부금액을 ₩19이라 하자. 그러면 총장부금액을 조정하기 위해 ₩4을 원래 총장부금액에 가산해 주어야(즉, 기계 계정에 차기해야) 한다. 그런데 현재 감가상각누계액이 ₩5이므로 장부상 기계는 ₩14이 되어 '재평가된 장부금액'인 ₩12과 일치하지 않는다. 따라서 감가상각누계액을 ₩2만큼 증액함으로써 기계의 장부금액이 재평가된 장부금액 ₩12과 일치되도록 한다. 그리고 마지막으로 재평가이익 ₩2을 인식한다. 이 분개를 정리한 것도 <표 8. 2>에 제시되어 있다.

이제 <예제 8>을 통해 기계의 재평가 회계를 더욱 익혀보자.

예제 8

㈜팔팔은 20×7년 초 기계 1대를 ₩1,000에 취득한 후, 재평가모형을 적용하고 정액법(내용연수 5년, 잔존가치 ₩0)으로 감가상각하고 있다. 다음 1.과 2.의 방식이 각각 적용된 20×7년 기말과 20×8년 기말의 회계처리를 (1) '재평가 전 − 감가상각'과 (2) '재평가 − 장부금액 수정'으로 나누어 제시하라.

	재평가 방식	재평가일의 공정가치	
		20×7년 말	20×8년 말
1.	감가상각누계액 제거법	재평가된 장부금액 = ₩960	재평가된 장부금액 = ₩540
2.	총장부금액 조정법	재평가된 장부금액 = ₩960 재평가된 총장부금액 = ₩1,200	재평가된 장부금액 = ₩540 재평가된 총장부금액 = ₩900

3. 추가로 ㈜팔팔은 기계의 '사용 중의 재평가잉여금 대체'를 선택하였다고 하자. 총장부금액 조정법 방식의 회계처리를 (1) '재평가 전 - 감가상각과 사용 중 재평가잉여금 대체'와 (2) '재평가 - 장부금액 수정'으로 나누어 제시하라.

해 답

1. 감가상각누계액 제거법 (해답 이하의 '기포손익'은 기타포괄손익을 나타냄)

20×7년 말				20×8년 말			
(1) 재평가 전 - 감가상각				(20×8년 감가상각비 = ₩960/4 = ₩240)			
(차) 감가상각비 200 (대) 감가상각누계액 200				(차) 감가상각비 240 (대) 감가상각누계액 240			
(2) 재평가 - 장부금액의 수정							
분석표	수정 전	수정 후	수정액	분석표	수정 전	수정 후	수정액
총장부금액	₩1,000	₩960	₩(40)	총장부금액	₩960	₩540	₩(420)
감가상각누계액	(200)	·	200	감가상각누계액	(240)	·	240
장부금액	₩800	₩960	₩160	장부금액	₩720	₩540	₩(180)
(차) 감가상각누계액 200 (대) 기 계 40 재평가이익(기포이익) 160 [참고] 기포이익 마감으로 재평가잉여금은 ₩160				(차) 감가상각누계액 240 재평가손실(기포손실) 160 재평가손실(당기손실) 20 (대) 기 계 420			

2. 총장부금액 조정법

20×7년 말				20×8년 말			
(1) 재평가 전 - 감가상각				(20×8년 감가상각비 = ₩960/4 = ₩240)			
(차) 감가상각비 200 (대) 감가상각누계액 200				(차) 감가상각비 240 (대) 감가상각누계액 240			
(2) 재평가 - 장부금액의 수정							
분석표	수정 전	수정 후	수정액	분석표	수정 전	수정 후	수정액
총장부금액	₩1,000	₩1,200	₩200	총장부금액	₩1,200	₩900	₩(300)
감가상각누계액	(200)	(240)	(40)	감가상각누계액	(480)	(360)	120
장부금액	₩800	₩960	₩160	장부금액	₩720	₩540	₩(180)
(차) 기 계 200 (대) 감가상각누계액 40 재평가이익(기포이익) 160 [참고] 기포이익 마감으로 재평가잉여금은 ₩160				(차) 감가상각누계액 120 재평가손실(기포손실) 160 재평가손실(당기손실) 20 (대) 기 계 300			

3. 총장부금액 조정법 : '사용 중 재평가잉여금 대체'를 추가

- '사용 중 재평가잉여금 대체'는 재평가증가액의 발생 후속년도인 20×8년부터 가능함. 따라서 20×7년의 모든 분개는 위 2.와 동일하므로 기재를 생략함
- 그리고 20×8년 분개 중 '사용 중 재평가잉여금 대체'에 따라 달라지는 부분인 (1) 사용 중 재평가잉여금 대체 분개와 (2) 장부금액 수정 분개만 기재함

20×7년 말	20×8년 말
(1) 재평가 전 - 감가상각과 사용 중 재평가잉여금 대체 (감가상각 분개는 기재 생략)	
- 잉여금 대체 불가 -	(차) 재평가잉여금 40* (대) 이익잉여금 40 * 20×7년 말 재평가잉여금 잔액 ₩160 중 ₩40(= 재평가금액에 근거한 감가상각비 ₩240 - 최초원가에 근거한 감가상각비 ₩200) * 재평가잉여금 잔액은 ₩120(= ₩160 - ₩40)
(2) 재평가 - 장부금액 수정(분석표와 20×7년 분개는 위 2.의 (2)와 동일하여 기재 생략)	
- 기재 생략 -	(차) 감가상각누계액 120 재평가손실(기포손실) 120 재평가손실(당기손실) 60 (대) 기 계 300

(3) 재평가된 총장부금액을 결정하는 실무적 방법: 비례조정법

이미 설명하였듯이, 총장부금액 조정법을 사용하여 기계의 장부금액을 수정하려면 재평가된 총장부금액 정보가 필요하다. 이 정보를 실무적으로 간편하게 얻는 방법은 해당 기계가 속한 기계 장치류의 가격지수 변화율을 적용하는 것이다. 이러한 방법을 실무에서 **비례조정법**(proportional method)이라 부른다.

앞의 사례로 돌아가서, 해당 기계가 속한 기계 장치류의 가격지수(기준시점 평균가격 대비 기말 평균가격의 비율)가 20% 상승하였다고 하자. 이 지수상승률을 적용하면 '재평가된 총장부금액'은 ₩18(=₩15×1.2)으로 측정되고, '재평가된 장부금액'은 ₩12 (=₩10×1.2)으로 측정된다. 따라서 새로 인식되는 감가상각누계액은 두 개의 재평가된 금액 ₩18과 ₩12의 차액인 ₩6이 된다. 이에 따라, 비례조정법을 적용하기 전과 후의 장부금액 구성내역을 정리하면 다음과 같다.

	전	증가율	후
기계(즉, 총장부금액)	₩15	1+0.2	₩18
감가상각누계액	(5)		(6)
장부금액	₩10	1+0.2	₩12

위의 정리내용을 보면, 감가상각누계액의 증가율 역시 20%임을 알 수 있다. 따라서 비례조정법에 따른 총장부금액 조정법에서는 장부금액을 구성하는 모든 금액들이 **비례**적으로 동일하게 **조정**된다. 이러한 특징을 강조하여 비례조정법이라고 부르는 것이다. 이처럼 비례조정법은 지수변화율을 이용하여 장부금액 구성내역을 일제히 재평가할 수 있는 편리함이 있으며, 기계의 노후 정도를 알려주는 누적상각률(=감가상각누계액/총장부금액)이 재평가 여부에 따라 달라지지 않는 특성도 아울러 갖는다. 위 사례에서는 누적상각률이 재평가 전후 모두 33.3%이다. 따라서 비례조정법은 실무에서 개발한 총장부금액 조정법의 원초적 방식(prototype)이라 할 수 있다.[16)]

16) 비례조정법에 따른 장부금액의 수정은 본 장 <연습문제>의 하나로 연습한다.

[부록] 재평가모형과 손상 및 특수한 감가상각방법

1. 재평가모형과 손상

본 장 제2절에서 익힌 원가모형에 적용되는 손상 회계의 틀은 손상 혹은 후속적 회복의 징후가 있을 때 회수가능액을 측정하고, 그에 따른 손상차손 혹은 손상차손환입을 당기손익으로 인식하는 것이다. 다만, 과거 손상차손을 인식하기 전 장부금액의 (감가상각 후) 금액을 한도로 환입하는 것이다. 재평가모형에서 손상 회계를 작동할 때는 이 틀을 활용하면서 몇 가지 추가로 고려할 점들에 유념한다. 부록에서는 편의상 토지를 대상으로 재평가 회계와 손상 회계가 접목될 때 고려할 내용을 다분히 회계 기술(테크닉)적인 관점에서 설명한다.

(1) 손상차손과 손상차손환입의 구분 인식과 공시

재평가모형에서의 손상차손과 손상차손환입은 당기손익 또는 기타포괄손익으로 구분하여 인식한다. 구분의 기본원칙은, 손상차손(손상차손환입)의 성격이 재평가감소액(재평가증가액)과 동일하므로 당기손실(기타포괄이익)로 인식하는 것이다. 그리고 각각에 대해 다음과 같은 세부적인 조정을 한다.

손상차손은 당해 자산에서 과거 기간에 발생하였던 재평가잉여금을 한도로 기타포괄손실로 인식하고, 이를 초과하는 손상차손은 당기손실로 인식한다. 손상차손환입은 당해 자산에 대해 과거기간에 당기손실로 인식하였던 손상차손 금액(즉, 이익잉여금에 누적된 순손상차손)을 한도로 당기이익으로 인식하고 이를 초과하는 손상차손환입은 기타포괄이익으로 인식한다.

「기업회계기준서」에서는 공시 목적상 손상차손과 재평가감소액 간의 구분이, 그리고 손상차손환입과 재평가증가액 간의 구분이 중요하다고 보고 있다. 그리고 **손상차손(당기손익)**, **손상차손(기타포괄손익)**, **손상차손환입(기타포괄손익)**, **손상차손환입(당기손익)** 항목들의 공시도 요구하고 있으므로, 예를 들자면 손상차손(당기손익)과 재평가손실(당기손익)을 각기 다른 항목으로 인식하여야 하는 것이다.

(2) 재평가와 손상차손누계액의 제거

과거에 손상을 인식한 토지를 재평가하는 경우, 손익의 구분 인식을 제외하고는 그 회계처리가 단순하다고 할 수 있다. 예를 들어, 토지의 재평가일 장부금액이 ₩7(=토지

₩10 - 손상차손누계액 ₩3)이고, '재평가일의 공정가치', 즉 '재평가된 장부금액'이 ₩9 이라고 할 때의 재평가 분개는 다음과 같다.

(차) 손상차손누계액	3	(대) 토　지	1
		재평가이익	2

이제 재평가이익 ₩2(= 재평가된 장부금액 ₩9 - 인식된 장부금액 ₩7)의 성격을 구분하면 된다. 두 가지 접근법을 생각해 볼 수 있다. 첫 번째 접근법은 이 재평가이익 중 과거 기간에 인식하였던 재평가손실(당기손익)에 해당하는 금액은 재평가이익(당기손익)으로, 이를 초과하는 재평가손실은 재평가이익(기타포괄손익)으로 구분하는 것이다.

어떻게 보면 자연스러운 회계처리일 수 있다. 그러나 과거의 순손상(즉, 손상 · 회복 역사의 압축)을 나타내는 손상차손누계액을 제거하였는데 연관된 과거 손익 항목에의 영향은 제거하지 않는 점이 마음에 걸린다.

바로 앞 본 부록 (1)의 설명을 음미하면, 그러한 과거 회계처리의 존재 여부와 재평가일부터의 회계처리가 항상 독립적이라고 보기에는 무리가 있지 않을까 하는 우려가 생기는 것이다.

두 번째 접근법을 제시한다. **손상차손누계액의 제거**를 손상환입으로 처리하는 방식이다. 즉, 다음 분개에서와 같이 단계를 나누어 먼저 ①분개를 실시하고, 이어서 ②분개를 실시하는 방식이다.

① (차) 손상차손누계액	3	(대) 손상차손환입	3
② (차) 재평가손실	1	(대) 토　지	1

①로써 손상차손누계액이 제거되므로, 토지의 장부금액은 ₩10이 된다. 따라서 이 금액과 '재평가일의 공정가치' ₩9을 비교하는 ②에서의 재평가증 · 감액은 감소액 ₩1, 즉 재평가손실 ₩1으로 인식된다. 그리고 나서, 손상차손환입 ₩3과 재평가손실 ₩1 각각을 적절한 항목으로 구분하는 것이다.

일견, 장부금액과 공정가치를 비교하여 일괄적으로 분리되는 재평가이익 ₩2을 번거롭게 단계를 나누어 손상차손환입 ₩3과 잔여액인 재평가손실 ₩1으로 분리하는 것처럼 비칠 수 있다. 본 교재의 입장은 두 번째 접근법이 적절하다는 것이다. 그럼에도 이 접근법은 재평가 회계처리 과정에서 8개의[17] 각기 다른 손익항목을 적절하게 인식하는 것을 전제하므로, 처음 재무회계를 배우는 학생들에게 지나칠 정도로 많은 종류의 정보

17) 손상 · 재평가 여부, 이익 · 손실 여부 및 당기손익 · 기타포괄손익 여부에 따라 8개로 구분 인식되는 재평가 회계와 관련된 손익 항목들은 본 부록에서 제시하는 손상차손(당기손익), 손상차손(기타포괄손익), 손상차손환입(기타포괄손익), 손상차손환입(당기손익)과 앞서 본 장 제3절에서 익힌 재평가손실(당기손익), 재평가손실(기타포괄손익), 재평가이익(기타포괄손익), 재평가이익(당기손익)이다.

를 산출하도록 강요한다는 우려도 제기된다. 그런 이유로 제8장 본문이 아니라 부록에서 소개한다. 원가모형의 손상 회계와 (손상을 배제한) 재평가모형을 충분히 익힌 후 부록을 살펴보는 것을 권장한다.

두 번째 접근법이 적절하다고 판단하는 이유는 다양한 실무현장에서 장기간 사용하는 유형자산의 재평가에 적용될 때, 첫 번째 접근법으로 재평가를 회계처리하면 앞서 설명한 공시 요구를 충족시키지 못하는 상황이 나타날 수 있기 때문이다.[18] 그렇다고 해서 반드시 '**선 환입 - 후 재평가**' 순으로 처리하는 것만이 적절한 접근법인가에 대한 의문이 제기될 수는 있다. 이어지는 회복 회계의 설명에서 해답의 실마리를 찾을 수 있다.

(3) 손상과 그 회복

① 손상

재평가는 매년 실시될 수도 있고 주기적으로 실시될 수도 있다. 재평가를 실시한 당년도이든 후속적으로 재평가를 실시하지 않는 연도(이하에서는 줄여서 **후속연도**라고 부름)이든, 손상이 인식될 수 있다. 「기업회계기준서」에서는 재평가된 유형자산의 경우 처분부대원가가 무시하지 못할 정도인 경우에 주의를 촉구하고 있다. 예를 들어, 해당 자산의 사업성이 취약해지면, 그 사용가치가 낮아지고 예상보다 조기에 처분함에 따라 처분부대원가는 증가할 가능성이 나타난다. 손상징후라고 판단되면 손상검사가 실시되어야 하는 것이다.

당년도이든 후속연도이든, 원가모형에서의 손상 회계처리를 원용한다. 가장 최근의 '재평가일의 공정가치'가 원가모형에서의 취득원가 역할을 수행한다. 차이점은 장부금액과 회수가능액 간의 차이로 측정하는 손상차손을 당기손익 혹은 기타포괄손익으로 적절하게 구분하여 인식하는 것이다.

② 회복

한편, 손상의 회복은 후속연도에만 발생 여부를 판단한다. 재평가 당년도에는 재평가 과정에서 손상차손누계액을 제거하므로 회복 대상인 손상 자체가 없기 때문이다.[19] 후속연도에만 원가모형에서의 회복 회계를 원용하되 손상차손환입은 기타포괄손익 혹

---

18) 본 장 <연습문제>의 하나로 단순한 상황을 이용하여 두 접근법에 따른 회계처리를 비교한다.

19) 감가상각대상자산의 재평가에 총장부금액 조정법을 적용하는 경우에는 "과거의 손상차손누계액을 고려한 후" 회계처리를 해야 한다. 실무적으로는 '제거'가 아닌 다른 방식으로 '고려'할 필요성과 정보취합가능성이 뒷받침되는 상황이 나타날 수도 있을 것이다. '제거'하지 않으려면, '손상의 공정가치'를 추가로 추정해야 한다. 본 교재에서는 '제거'에만 초점을 맞춘다. 그런 점에서 필수적인 절차이다. 그리고 '제거'를 '손상의 회복'으로 접근하는 것이 단계법의 핵심이라고 할 수도 있다.

은 당기손익으로 적절하게 구분하여 인식한다.

한편, 회복 한도를 적용할 때는 그 방식에서 차이가 나타난다. 원가모형에서와 유사하게 회복 상한의 적용 여부를 검토한다. 토지의 경우, 손상차손을 인식하지 않은 경우의 장부금액인 가장 최근 '재평가일의 공정가치'가 회복 상한이 된다. 즉, 환입한도액은 손상차손누계액의 잔액이다.

원가모형에서는 상한 초과 금액의 회복이 금지되지만, 재평가모형에서는 회수가능액이 가장 최근 '재평가일의 공정가치'를 상회하면, 손상차손누계액을 전액 환입(앞서의 ①분개 처리)한 후 재평가를 실시한다.[20] 그에 따른 재평가손 · 익은 회수가능액을 구성하는 측정요소 중 하나였던 **'후속연도의 공정가치'**와 장부금액 간의 차액이다. 재평가 분개는 앞서의 ②분개와 동일한 처리이다. 다시 말해, 상한까지의 회복으로 ①손상차손누계액의 전액환입 처리가 실시된다. 이어서 상한 초과액의 존재가 촉발시킨 ②재평가가 실시된다. 앞서의 두 번째 접근법과 일관된다.

지금까지 설명한 토지에 적용되는 재평가모형에서의 재평가 회계처리와 손상 · 회복 회계처리가 운용되는 상황을 다음과 같이 정리한다.[21][22]

ㄱ) 재평가 당년도 – 평가 처리(①손상차손누계액 전액환입 분개, ②재평가 분개). 그 후 손상여부 판단.

ㄴ) 후속연도 – 아래의 세 가지 상황이 나타남 :

i) 손상만 처리

ii) 회복만 처리(회복상한 내에서 손상차손누계액 일부환입)

iii) 회복(①손상차손누계액 전액환입 분개) 및 재평가(②재평가 분개) 처리

---

20) 재평가는 「기업회계기준서」 제1036호 '자산손상' 문단 118의 규정에 따른 것이다.

21) 정리한 내용의 ㄱ)은 재평가연도에 재평가를 실시한 경우이고, ㄴ)의 iii)은 주기적으로 재평가를 실시하는 자산의 비실시연도에 환입징후가 있어 환입을 실시하다가 재평가로 이어진 경우에 해당한다. 두 경우를 아우르는 재평가 실시에 적용되는 회계처리는 '선 환입 – 후 재평가'에 해당한다.

22) 감가상각대상자산(예 기계)의 경우에도 본 부록에서 설명한 토지 회계처리를 원용하면 된다. 몇 가지 유의할 점이 있다. 첫째, 재평가 전 단계 회계처리인 감가상각과 사용 중 잉여금 대체를 고려한다. 둘째, ㄴ)의 iii) 경우에는 ①에서 제거할 손상차손누계액이 그 전액이 아님에 유의한다. 개념적으로는 '감가상각방법과 일관되게 상각된 손상차손누계액'이 환입한도가 되기 때문이다. 그렇지만 미제거된 금액도 ②재평가에 앞서 추가로 제거되어야 하므로 결국은 그 전액이 제거된다. (물론 환입한도는 ㄴ)의 ii)와 iii) 경우로의 분류에는 영향을 미친다. 하지만 일단 분류된 후에는 토지 회계처리가 거의 그대로 적용된다는 점에서 토지 회계처리를 원용할 수 있다는 것이다) 셋째, ②재평가 단계에서 비례조정법을 사용하는 경우 유의한다. ①손상차손누계액의 제거 결과로, 장부금액은 통상적인 장부금액, 즉 "총장부금액에 감가상각과 손상을 반영한 금액"이 아니라 "총장부금액에 감가상각만 반영한 금액"이 된다. 당기의 자산가격지수 등락률을 후자의 금액에 적용하는 것이다.

2. 특수한 감가상각방법

어느 경우에나 사실상 동일한 형식의 회계처리를 하지만 배경상황은 다를 것이다. ㄱ)의 경우에는 재평가증 혹은 재평가감이 나타나고 또한 손상이 인식될 수 있을 것이다. 한편, ㄴ)의 iii)의 경우에는 재평가증이 인식될 가능성이 높고 손상이 인식되지 않을 가능성도 높을 것이다. 물론, 실무현장에서 재평가감도 나타나고 손상도 인식되는 경우의 발생도 배제할 수는 없다.

유형자산 회계에서의 인식단위, 즉 유형자산 항목을 구성하는 범위는 특별히 규정되어 있지 않다. 따라서, 인식기준을 적용할 때 기업의 특수한 상황과 항목의 중요성을 고려하여 결정한다. 예를 들어, 개별적으로 중요하지 않은 금형, 공구 혹은 틀과 같은 항목들은 통합하여 그 전체가치에 대하여 적용하는 것이다. 이하에서는 이렇게 통합 인식한 자산을 **묶음자산**이라고 부른다.

본 장 제1절에서 살펴본 감가상각은 해당 자산의 내용연수와 잔존가치를 추정한 후 내용연수 동안 정액법, 체감잔액법 혹은 생산량비례법 등에 따른 상각률을 적용하여 감가상각액을 계산하는 방식이다. 해당 자산의 처분시점에서는 이렇게 계산한 감가상각이 반영된 장부금액에 근거하여 처분손익을 인식한다. 즉, 재무상태표에 적정한 장부금액을 보고하고 또한 포괄손익계산서에 감가상각비와 처분손익을 분리하여 표시함으로써 기업 내부·외부의 이해관계자에게 중요한 유형자산의 운용에 대한 효율을 판단할 자료를 제시하는 것이다. 이렇게 실시하는 감가상각은 개별적으로 중요한 유형자산에 적용하는 방식이라고 할 수 있다.

감가상각을 위한 회계적 노력은 자산 단위의 수가 많을수록 커질 것이다. 그러면 개별 자산 하나하나는 중요하지 않기에 묶음자산으로 인식하고 또한 용도대로 사용한 다음 폐기(처분손익이 거의 ₩0) 형식으로 제거하는 자산에 대해서도 본문에서 살펴본 감가상각을 그대로 적용할 것인가 하는 의문이 제기될 수 있다. 실무에서는 이에 대한 대응으로서 간편하게 감가상각액의 근사치를 구하는 방법을 개발하여 사용하고 있다. 부록에서는 그러한 방법들 중 일부를 소개하고 있는데, 이들은 어디까지나 기업의 특수한 상황에 의하여 그 타당성이 뒷받침되어야만 적절한 감가상각방법으로 인정될 수 있을 것이다.

(1) 폐기법과 대체법

폐기법(retirement method)은 유형자산을 폐기하는 시점에서 폐기한 자산의 취득원가를 감가상각비로 인식한다. 즉, 특정 보고기간의 감가상각비는 산정대상 유형자산 묶음에 속한 개별 자산들 중 폐기한 자산들의 취득원가를 합한 금액이다.

따라서 폐기법의 감가상각비는 개념적으로 감가상각비가 아니며 감가상각비의 근사치를 제공할 뿐이다. 재무보고목적으로 폐기법을 이용하려면 감가상각비계산이 불가능한(혹은 현실적으로 비경제적인) 상황에서, 동질적인 묶음자산을 구성할 수 있음을 입증하여야 할 것이다. 실제 이 방법은 이러한 조건을 충족시키는 전력공급기업의 전선, 전봇대, 통신사업체의 통신선, 수도사업소의 송수관, 가스기업의 가스관, 호텔의 집기나 비품 등과 같은 자산의 감가상각액 근사치를 계산하기 위하여 개발한 방법으로 알려져 있다.

이제 폐기법의 적용절차를 살펴보자. 묶음에 속한 개별 유형자산별 취득원가는 취득시점에 따라 변하므로 폐기한 개별 자산의 장부금액 역시 언제 어떤 가액으로 취득한 자산을 폐기하였는가에 따라 다를 것이다. 폐기법에서는 묶음에 속한 개별 자산들 중 가장 먼저 취득한 개별 자산의 취득원가를 감가상각비로 처리한다. **선입선출** 논리를 적용하는 셈이다. 폐기란 유형자산을 내용연수 종료 후 처분한다는 뜻이므로 가장 선입한 개별 자산을 폐기하였다고 간주하는 것이 자연스러운 처리이다. 이 절차를 계속적으로 적용하면 나름대로의 체계를 가진다.

그런데 폐기법을 적용할 수 있는 업종 · 자산을 살펴보면 많은 수의 개별 유형자산들을 한꺼번에 취득하고 또한 연중 계속하여 개별 자산들을 폐기처분한다는 점에서 재고자산으로서의 특성을 일부 가지고 있다. 그러하기 때문에 유형자산의 성격을 가지는 예비부품과 수선용구는 재고자산으로 분류하고 있다.

따라서 선입선출방식에 근거한 폐기법을 적용할 수 있다면 후입선출방식도 적용할 수 있다는 주장을 제기할 수 있다. 후입선출가정을 적용하는 방식이 **대체법**(replacement method) 혹은 갱신법이다. 이 방법에서는 개별 유형자산의 대체시점에서 취득한 개별 자산의 취득원가를 감가상각비로 기록한다. 다만, 「기업회계기준서」에서는 재고자산에 **후입선출법**을 적용하지 않는 것으로 규정하고 있기에, 대체법에 대한 실무적 지지를 후입선입법에서 구하기는 어렵다고 생각한다.

실무적으로 사용하는 폐기법과 대체법은 적용하는 업종 · 자산의 특성과 자산 묶음의 감가상각비를 계산한다는 특성을 반영하여 기록방식을 단순화시킨다. 유형자산 실물을 폐기처분할 때 발생하는 처분실수금을 폐기법과 대체법에 따른 감가상각비와 상계하는 것이다. 결과적으로는 감가상각비와 처분손익의 구분을 하지 않는 회계처리인데 개별 자산의 장부금액을 계산하지 않는데서 비롯한 것이다. 그리고 자산 차감계정인 감가상각누계액을 운용할 필요가 없기에, 감가상각액을 자산에서 직접 차감한다.

다음의 <부록예제 1>을 이용하여 폐기법과 대체법에 따른 감가상각비를 계산하는 과정을 살펴보도록 하자.

부록예제 1

㈜평강실내리조트는 고객대여용 스키를 500벌 상시 보유하고 있다. 그리고 안전이 의심스러운 스키는 내용연수 이전에도 즉시 폐기 · 대체하며, 안전하다고 판단하면 내용연수가 경과하여도 계속 사용한다. 내용연수 전에 폐기한 스키는 중고품으로 처분하는 경우가 있다. 20y0년 초에 보유한 스키 명세는 다음과 같았다.

내 역	수 량	취득원가
20×7년 취득분	20벌	₩10,000
20×8년 취득분	180벌	70,000
20×9년 취득분	300벌	120,000
합 계	500벌	₩200,000

- 20y0년 중에 250벌의 스키를 폐기하고, 처분실수금으로 ₩4,000을 수취하였다.
- 20y0년 중 새로이 250벌의 스키를 취득하였는데, 취득원가는 ₩110,000이었다.

1. 만약 ㈜평강실내리조트가 폐기법을 사용할 수 있다면 20y0년의 감가상각비는 얼마인가를 계산하라. 그리고 스키 취득, 감가상각 및 폐기를 분개하라.
2. 대체법이 허용된다고 할 때, 위 요구를 반복 처리하라.

해 답

1. 폐기법은 폐기시점에서 선입선출가정에 따라 선입된 스키의 취득원가를 감가상각비로 처리한다. 총 250벌을 폐기하였기에, 다음과 같이 선입선출방식으로 기초보유 스키를 폐기한 것으로 가정하고 감가상각비를 계산한다.

20×7년 취득분	20벌	= ₩10,000
20×8년 취득분	180벌	= ₩70,000
20×9년 취득분	50벌	= ₩20,000(=₩120,000×50/300)
합 계	250벌	₩100,000

그리고 스키를 폐기할 때 처분실수금으로 ₩4,000을 수취하였으므로 감가상각비는 이를 상계한 ₩96,000이다. 분개는 다음과 같다.

[취득]	(차) 스 키	110,000	(대) 현 금	110,000
[처분 · 감가상각]	(차) 현 금	4,000	(대) 스 키	100,000
	감가상각비	96,000		

2. 한편, 대체법을 적용하면 당기의 취득원가 ₩110,000이 감가상각비이다. 여기에서 처분실수금을 차감하면 감가상각비는 ₩106,000이다. 분개는 다음과 같다.

[취득 · 감가상각]	(차) 감가상각비	110,000	(대) 현 금	110,000
[처분]	(차) 현 금	4,000	(대) 감가상각비	4,000

(2) 조별상각법과 종합상각법

용도, 기능, 내용연수 및 '잔존가치/취득원가'의 비율이 유사한 개별 유형자산들로 묶음을 구성하고 이 묶음자산의 취득원가에 평균적인 상각률을 곱하여 감가상각비를 계산하는 회계절차를 **조별상각법**(group depreciation method)이라고 부른다. 이러한 묶음자산의 예로서는 운수기업의 화물트럭들을 들 수 있다. 한편, 묶음에 포함하는 개별 유형자산들의 성격이 상대적으로 다양하고 내용연수 또한 상당히 다른 경우에 적용하는 방법을 **종합상각법**(composite depreciation method)이라고 부른다. 예를 들어, 화물트럭과 집하 · 하역시설을 묶음으로 구성하는 경우를 들 수 있다. 재무보고목적으로의 사용을 염두에 둘 때 종합상각법은 감가상각비의 근사치를 구하는 방법으로서의 의미를 많이 상실한다.

이렇게 묶음에 포함하는 개별 자산의 동질성에 따라 두 방법을 구분하지만 회계실무로서의 특성에는 차이가 없다. 이 특성은 첫째, 묶음자산에 **평균상각률**을 적용하여 감가상각비의 근사치를 구한다는 것이며 둘째, 개별 자산을 처분할 때 처분손익을 분리하지 않고 처분자산의 원가와 처분실수금의 차이를 감가상각누계액의 제거액으로 처리한다는 것이다. 이러한 특성들은 묶음 내의 개별 자산의 수가 많을 때 위의 방법들을 사용함으로써 회계처리 노력을 크게 감소시킬 수 있음을 나타낸다. <부록예제 2>를 이용하여 조별상각법의 계산과정과 회계절차를 익혀보자.

부록예제 2

20×7년 초 유형자산 1과 유형자산 2를 취득하고 감가상각목적으로 이를 '기계'묶음으로 구성하였다. 그 내용은 다음과 같았다.

자산종류	원 가	잔존가치	감가상각 대상금액	내용연수	정액법 감가상각비
유형자산 1	₩10,000	₩0	₩10,000	2	₩5,000
유형자산 2	20,000	2,000	18,000	3	6,000
합 계	₩30,000	₩2,000	₩28,000		₩11,000

1. 자산취득을 분개하라.
2. 평균상각률을 계산하라.
3. 20×7년의 감가상각비를 계산하고 분개하라.
4. 20×8년 7월 1일 유형자산 1을 처분하고 현금 ₩4,800을 수취한 거래를 분개하라.
5. 20×8년 10월 1일에 다음과 같은 자산 3을 구입하여 묶음에 포함시켰다.
   20×8년의 감가상각비를 계산하라.

자산종류	원 가	잔존가치	감가상각 대상금액	내용연수	정액법 감가상각비
유형자산 3	₩30,000	₩0	₩30,000	2	₩15,000

해 답

1. (차) 기 계 30,000 (대) 현 금 30,000

2. 여러 가지 방법으로 구할 수 있으나, 다음에 제시한 방법 들 중 첫 번째를 선택한다.
   - 정액법 감가상각비 ÷ 취득원가 : ₩11,000 ÷ ₩30,000 = 36.67%
   - 정액법 감가상각비 ÷ 감가상각대상금액 : ₩11,000 ÷ ₩28,000 = 39.29%

3. (차) 감가상각비* 11,000 (대) 감가상각누계액-기계 11,000

* ₩30,000 × 36.67% = ₩11,000

4. (차) 현 금 4,800 (대) 기 계 10,000
   감가상각누계액-기계 5,200

   (참고) 자산 1 처분 후, 기계의 잔액은 ₩20,000(=₩30,000 − ₩10,000)이며
   감가상각누계액의 잔액은 ₩5,800(=₩11,000 − ₩5,200)이다.

5. 새로운 자산을 취득하면 그 취득가액은 묶음자산인 기계계정에 포함한다. 따라서 이제 기계계정의 잔액은 취득원가에 근거한 ₩50,000(=₩20,000 + ₩30,000)이다. 20×8년의 감가상각비는 이 기계원가에 이미 계산한 평균상각률 36.67%를 적용한 ₩18,335이다. 그리고 묶음자산에 포함하는 개별 자산의 내용연수와 잔존가치가 상당히 큰 폭으로 변화하면 평균상각률에 큰 영향을 미칠 수 있다. 예를 들어, <부록예제 2>의 상황에서 유형자산 3의 내용연수가 4년이라면 평균상각률을 재검토할 필요가 생길 수 있다.

익힘문제

[1] 감가상각과정의 본질은 무엇인지, 그리고 감가상각을 수행하려면 어떤 정보를 알고 있어야 하는지에 대해서 설명하라. 또한 감가상각비는 그 성격에 따라 다른 자산의 장부금액 또는 당기손익으로 인식되는데, 각각의 사례를 들어보라.

[2] 체계적인 감가상각방법에는 어떠한 것들이 있는가? 그리고 유형자산에 내재된 미래 경제적 효익의 예상 소비형태가 변한다면 감가상각방법을 변경할 수 있는데, 이러한 경우 어떻게 회계처리하는가를 밝혀라.

[3] 원가모형이 적용되는 유형자산의 손상차손 인식과 환입처리회계를 설명하라. 이때 손상차손 발생 여부는 언제 판단하여야 하는지, 손상차손이 발생하였음은 어떻게 알 수 있는지, 그리고 환입할 때 그 한도에 대해서도 설명하라.

[4] 재평가모형에 사용되는 공정가치는 세 가지 접근방식에 따라 측정할 수 있다. 즉, ① 시장접근법, ② 원가접근법 및 ③ 이익접근이다. 이들의 개념에 대해서 설명하라.

[5] 유형자산을 재평가모형으로 측정하는 경우, 재평가증가액 혹은 재평가감소액이 나타난다. 이러한 과목을 재무제표에 어떻게 보고하는지에 대해서 설명하라.

[6] 재평가모형 적용 시 감가상각대상자산의 자산 장부금액 변동을 조정하는 두 가지 방법(감가상각누계액 제거법과 총장부금액 조정법)에 대해서 설명하라.

[7] 재평가모형을 채택한 유형자산의 경우, 만일 손상 혹은 그 회복 징후가 나타나면 보고기간 말에 감가상각, 재평가뿐 아니라 자산손상 회계처리도 수행하여야 한다. 그렇다면 관련 회계처리를 어떤 순서에 따라 적용해야 하는지를 설명하라.

[8] 자본에 계상된 재평가잉여금은 해당 자산이 제거되거나 혹은 해당 자산을 사용 중에 이익잉여금으로 대체할 수 있다. 그 내용을 설명하라.

[9] 잉여금대체의 선택 여부가 재무상태표와 포괄손익계산서에 미치는 영향을 설명하라.

[10] 특수한 감가상각방법에는 폐기법과 대체법, 조별상각법과 종합상각법을 들 수 있다. 각각에 대해서 개념 및 어떠한 회계처리를 하는지에 대해서 정리하라.

연습문제

[1] 감가상각(방법)

㈜파릴진공(결산일 : 12월 31일)은 20×7년 7월 1일에 기계를 ₩1,000,000에 매입하였는데 이 기계의 내용연수는 4년, 잔존가치는 ₩100,000으로 추정하였다. 그리고 이 기계를 사용하여 생산가능한 제품단위는 200,000개인데 20×7년과 20×8년에 각각 30,000개와 75,000개를 생산하였다.

(1) 다음의 각 감가상각방법에 따라 산정한 20×7년과 20×8년의 감가상각비는 얼마인가?

㉮ 정액법 ㉯ 정률법 ㉰ 연수합계법 ㉱ 생산량비례법

(2) 정액법으로 감가상각비를 인식하다가 이 기계를 20×9년 7월 1일에 ₩400,000에 처분한 거래를 분개하라.

[2] 감가상각(회계추정의 변경)

㈜파리제당은 20×7년 초에 기계 1대를 ₩150,000에 취득하였다. 그리고 내용연수 5년, 잔존가치는 ₩0으로 추정하고 정액법으로 감가상각하는 것이 타당하다고 판단하였다. 그리고 아래의 두 가지 독립적인 회계추정의 변경은 그 적정성을 인정받았다고 가정하라. 각각의 경우에 20×9년의 회계추정의 변경과 기계감가상각을 분개하라.

(1) 20×9년 초 생산기술의 급변으로 이 기계는 앞으로 5년 더 사용할 수 있다고 판단하였다. 또한 사용후 잔존가치는 취득원가의 10%에 달할 것으로 판단하였다.

(2) 20×9년 초 생산기술의 급변으로 기계에 내재된 미래 경제적 효익의 소비형태가 변화함에 따라 감가상각방법을 연수합계법으로 변경하였다.

[3] 감가상각(기중 취득 · 처분)

20×7년 7월 1일에 기계를 취득하고 20y0년 6월 30일에 만 3년 사용한 시점에서 이 기계를 처분하였다. 다음의 자료를 참조하여 정액법, 정률법, 연수합계법 및 생산량비례법에 의한 사용 제1기 ~ 제3기에 해당하는 20×7 ~ 20y0회계연도의 기계감가상각비를 계산하라.

- 감가상각 자료 : 원가 ₩100,000, 내용연수 5년, 잔존가치 ₩10,000, 총생산량 제품 10,000개로 추정
- 생산실적 자료 : 20×7년 하반기 1,000개, 20×8년과 20×9년 중 각 2,000개, 20y0년 상반기 1,500개

[4] 손상 회계(개별 자산)

20×7년 초 ㈜팔사건강은 스포츠센터를 설치하였다. 다음 자료를 참조하여 원가모형을 적용하는 부지와 설비자산에 대해서 (1) 각 연도 말의 감가상각, 손상 · 환입을 분개하고, (2) 해당 유형자산을 재무상태표에 보고하라. 단, '처분부대원가를 차감한 공정가치' 또는 사용가치의 급격한 등락은 그 징후가 해당 연도 말에 나타났던 국제테러의 여파 혹은 회복에 의한 것이고, 설비는 잔존가치 ₩0, 내용연수 3년인 정액법으로 감가상각한다.

종 류	취득원가	각 연도 말의 '처분부대원가를 차감한 공정가치'와 사용가치			
		'처분부대원가를 차감한 공정가치'		사용가치	
	20×7년 초	20×7년 말	20×8년 말	20×7년 말	20×8년 말
부 지	₩1,000,000	₩1,100,000	₩800,000	₩950,000	₩850,000
설 비	3,000,000	1,400,000	950,000	1,500,000	800,000

[5] 손상 회계(현금창출단위)

앞의 문제 [4]에서 다음을 제외한 모든 상황이 동일할 때 문제 [4]의 요구사항 (1)에 대해 다시 답하라. (단, 하한은 무시하라)

다음 : ① 부지와 설비자산은 모두 독립된 현금흐름을 창출하지 못하고 단일의 현금창출단위로 함께 고려되어야만 한다.

② 개별 자산의 각 연도 말 '처분부대원가를 차감한 공정가치' 또는 사용가치는 결정불가능하다.

③ 20×7년과 20×8년 말 현금창출단위의 회수가능액은 각각 ₩2,5500,000과 ₩1,900,000이다.

[6] 재평가모형(토지)

㈜파륙제과는 20×7년 초 처음으로 토지를 ₩10,000에 취득한 후 재평가모형을 적용하고 있다. 손상 회계는 무시하고 다음 요구에 답하라.

(1) 토지 공정가치가 20×7년 말에 ₩7,000, 20×8년 말에 ₩11,000이었다.

① 20×7년 말과 20×8년 말에 수행한 재평가를 분개하라.

② 재평가가 각 연도 포괄손익계산서에 미치는 영향을 분석하라.

③ 각 연도 말 재무상태표에 보고되는 토지, 이익잉여금 및 재평가잉여금을 보여라.

(2) 토지 공정가치가 20×7년 말에 ₩15,000, 20×8년 말에 ₩9,000이었다. 위의 요구에 다시 답하라.

(3) 앞 (1)에서 해당 토지를 20×9년 초에 ₩11,000에 매각하였다. 관련 재평가잉여금을 이익잉여금으로 대체한 경우와 대체하지 않은 경우로 나누어 필요한 분개를 제시하라.

[7] 재평가모형(감가상각대상자산 1)

㈜팔칠쿠키는 20×7년 초 기계 1대를 ₩10,000에 취득한 후, 재평가모형을 적용하고 정액법(내용연수 5년, 잔존가치 ₩0)으로 감가상각하고 있다. 회사는 기계의 경우 취득한 첫 해 말에 재평가를 실시하고, 그 이후에는 격년제로 재평가를 실시한다. 그리고 재평가잉여금 잔액이 있는 연말에는 재평가잉여금을 이익잉여금으로 대체하는 것을 선택하고 있다. 손상 회계는 무시하고 다음 요구에 답하라.

(1) 20×7년 감가상각을 분개하라.

(2) 다음 두 가지 장부금액 수정방식에 따른 20×7년 말 재평가를 분석하고 분개하라.

① 감가상각누계액 제거법을 적용한다고 가정한다. 재평가일의 공정가치, 즉 '재평가된 장부금액'은 ₩9,600이었다.

② 총장부금액 조정법을 적용한다고 가정한다. 재평가일의 두 가지 공정가치인 '재평가된 총장부금액'은 ₩12,000이고 '재평가된 장부금액'은 ₩9,600이다.

(3) 20×8년에는 재평가를 실시하지 않는다. 20×8년의 감가상각비를 계산하고, 재평가잉여금을 이익잉여금으로 대체할 때 수행하는 분개를 제시하라.

(4) 이하에서는 재평가에 총장부금액 조정법을 사용한다고 가정한다. 20×9년 재평가일의 '재평가된 총장부금액'은 ₩13,200이고 '재평가된 장부금액'은 ₩5,280이다. 회사가 기말에 실시하는 분개를 모두 제시하라.

(5) 재평가를 실시하지 않은 20y0년 말에 실시하는 분개를 모두 제시하라.

[8] 재평가모형(감가상각대상자산 2)

㈜팔팔초콜릿은 20×7년 초 중장비인 기계를 ₩50,000에 취득한 후, 재평가모형을 적용하고 정액법(내용연수 5년, 잔존가치 ₩0)으로 감가상각하고 있다. 손상 회계와 기계 사용 중의 잉여금 대체는 무시하고, 다음 두 가지의 장부금액 수정방식과 그에 따른 공정가치 추정치를 이용하여 20×7년과 20×8년의 재평가 회계를 처리하라.

(1) 총장부금액 조정법 중 비례조정법

보고기간 초 대비 보고기간 말 중장비물가지수 등락률을 적용한 대체원가방식에 따라 두 가지 공정가치(즉, '재평가된 총장부금액'과 '재평가된 장부금액')를 산출한다. 20×7년에는 하락률 10%를, 그리고 20×8년에는 상승률 30%를 적용한다.

(2) 감가상각누계액 제거법

현재가치기법으로 재평가일의 공정가치인 '재평가된 장부금액'을 추정한다. 20×7

년 말의 공정가치는 ₩35,200, 20×8년 말의 공정가치는 ₩34,500으로 추정한다.

[9] 재평가모형(감가상각대상자산 3) (2024년 공인회계사 2차 기출문제 변형)

㈜파론은 제조기업이며, 20×1년 초에 제품의 생산을 위해 기계장치를 취득하였다(취득원가: ₩600,000, 내용연수: 10년, 잔존가치: ₩50,000, 감가상각방법: 정액법). ㈜파론은 기계장치에 대하여 재평가모형을 적용하기로 하였으며, 기계장치의 각 연도 말 공정가치는 다음과 같다.

20×1년 말	20×2년 말	20×3년 말
₩500,000	₩550,000	₩350,000

㈜파론은 20×3년 초에 기계장치의 잔존내용연수를 5년, 잔존가치는 ₩60,000으로 추정을 변경하였다. ㈜파론의 기계장치 관련 회계처리가 20×2년도 및 20×3년도 당기순이익에 미치는 영향은 각각 얼마인가? 단, ㈜파론은 기계장치를 사용하는 기간 동안 재평가잉여금을 이익잉여금으로 대체하지 않으며, 손상차손은 고려하지 않는다.

[10] 재평가모형과 손상(토지)

20×7년 초 ₩10에 취득하고 재평가모형을 적용하는 토지의 연도별 공정가치와 회수가능액이 아래와 같다고 하자. 그리고 20×7년 말에는 재평가 회계와 손상 회계를 실시하고, 20×8년 말에는 재평가 회계를 실시하였다고 하자.

	20×7년 말	20×8년 말
공정가치	₩13	₩10
회수가능액	11	10

(1) 매년 재무상태표의 자산 중 토지의 기말 보고내역을 보여라. 그리고 20×8년의 자본 중 이익잉여금 · 재평가잉여금의 적정한 기말 보고내역을 보이면서 왜 그렇게 판단하는지도 밝혀라.

(2) 매년 수행하는 분개를 보여라. 단, 20×8년의 재평가 분개에서는 재평가손실의 구분 인식을 다음 두 가지 접근법으로 처리하라.

① 재평가 분개를 본 장 <부록>에서 첫 번째 접근법으로 설명한 방법으로 수행한다. 즉, '재평가일의 공정가치' ₩10과 장부금액 ₩11 간의 차액인 재평가손실 ₩1 중 과거 기간에 발생하였던 재평가잉여금에 해당하는 금액은 재평가손실(기타포괄손익)으로, 이를 초과하는 재평가손실은 재평가손실(당기손익)으로 구분 인식한다.

② 재평가 분개를 본 장 <부록>에서 두 번째 접근법으로 설명한 방법으로 수행

한다. 즉, 손상차손누계액의 제거를 손상환입으로 처리함으로써, 재평가손실 ₩1을 손상차손환입 ₩2과 재평가손실 ₩3으로 분리한 후 각각에 적절한 구분 기준을 적용하여 인식한다.

(3) 위 두 가지 접근법으로 분개한 결과를 정리하여 연도별 당기손익 총액과 재평가손익 총액을 구분하여 보이고, 또한 당기손익과 재평가손익 각각을 2년간 누적한 금액도 보여라.

[11] 특수한 감가상각

다음의 독립적인 상황들을 처리하라.

(1) ㈜파란도시가스는 20×7년 초에 가스관을 단위당 ₩50,000에 100단위 구입하여 매설하였다. 그리고 20×8년 3월 1일에 신형가스관을 50단위 구입하여 대체하였다. 이때 구입·매설비용으로 단위당 ₩80,000씩을 지출하였으며, 대체된 노후 가스관은 폐기하였는데 단위당 잔존가치가 ₩2,000씩이었다.

① 폐기법을 적용하여 20×7년과 20×8년의 가스관 취득, 처분과 감가상각 인식거래를 분개하라.

② 대체법을 적용하여 위의 요구를 답하라.

(2) ㈜파란합섬은 20×7년 초에 여러 종류의 기계장치를 구입하고 종합상각법에 따라 감가상각비를 추정하고자 한다. 관련자료는 다음과 같다.

기계장치	취득원가	추정잔존가치	내용연수	감가상각 대상금액	정액법에 의한 1년분 감가상각비
A	₩30,000	₩3,000	3년	₩27,000	₩9,000
B	50,000	4,000	4	46,000	11,500
C	20,000	1,000	2	19,000	9,500
	₩100,000	₩8,000		₩92,000	₩30,000

① 20×7년의 감가상각비 추정액은 얼마인가? (단, 취득원가를 기준으로 평균상각률을 구하라)

② 20×8년 7월 1일에 기계장치 C를 ₩12,000에 처분하였다. 처분거래를 분개하라.

③ 20×8년 12월 1일에 내용연수 3년, 잔존가치 ₩0인 기계장치 D를 ₩105,000에 구입하였다. 20×8년의 감가상각비 추정액은 얼마인가?

CHAPTER 09

무형자산 · 투자부동산 · 매각예정비유동자산

Contents

한국채택국제회계기준		국제회계기준	
제1103호	사업결합	IFRS 3	Business Combinations
제1105호	매각예정비유동자산과 중단영업	IFRS 5	Non-current Assets Held for Sale and Discontinued Operations
제1106호	광물자원의 탐사와 평가	IFRS 6	Exploration for and Evaluation of Mineral Resources
제1016호	유형자산	IAS 16	Property, Plant and Equipment
제1036호	자산손상	IAS 36	Impairment of Assets
제1038호	무형자산	IAS 38	Intangible Assets
제1040호	투자부동산	IAS 40	Investment Property
제2032호	무형자산: 웹 사이트 원가	SIC-32	Intangible Assets-Web Site Costs

본 장에서는 먼저 무형자산 회계를 살펴본다. 무형자산은 기업 외부로부터 취득하기도 하고 그 내부에서 창출하기도 하는데, 그에 따라 인식기준 및 후속 회계에 있어 차이가 나타난다. 제1절에서는 무형자산의 특징을 살펴본 다음, **외부취득** 무형자산에 초점을 맞추고 그 회계처리를 살펴본다. 많은 회계처리가 유형자산과 유사하기에 무형자산에 고유한 회계를 중심으로 설명한다.

제2절은 **내부창출** 무형자산의 고유 회계처리를 중점적으로 다룬다. 살펴보는 대표적인 내부창출 무형자산은 기업의 **연구개발활동**에서 나타난다. 그리고 천연자원 추출활동에서도 내부창출 무형자산이 나타날 수 있기에 함께 살펴보는데, **탐사평가자산**에 초점을 맞춘다.

그리고 제3절에서는 투자부동산과 매각예정비유동자산의 회계를 다룬다. 매각예정비유동자산은 영업을 중단하는 상황과 연계되어 발생하는 경우가 많아 중단영업을 함께 다룬다.

제1절 외부취득 무형자산

본 절에서는 먼저 무형자산의 의의, 인식조건 및 분류에 대하여 알아본다.

1. 무형자산의 특성

(1) 정의

무형자산(intangible assets)은 물리적 실체는 없지만 식별가능한 비화폐성자산을 말한다. 구체적으로는 ① 식별가능성, ② 자원에 대한 통제 및 ③ 미래 경제적 효익의 존재 등 세 가지의 조건을 모두 충족하여야 한다.

① 식별가능성

다음 중 하나에 해당하는 경우에 무형자산 정의의 **식별가능성**(identifiability) 조건을 충족한 것으로 본다.

첫째, 자산이 **분리가능**하다. 즉, 기업에서 분리하거나 분할할 수 있고, 개별적으로 또는 관련된 계약, 자산이나 부채와 함께 매각, 이전, 라이선스, 임대, 교환할 수 있다.

둘째, 자산이 **계약상 권리** 또는 기타 **법적 권리**로부터 발생한다. 이 경우 그러한 권리가 이전가능한지 여부 또는 기업이나 기타 권리와 의무에서 분리가능한지 여부는 고려하지 않는다.

② 자원에 대한 통제

자원에 대한 **통제**란 기업이 그 자원으로부터 유입되는 미래 경제적 효익을 확보할 수 있고 또한 그 효익에 대한 제3자의 접근을 제한할 수 있음을 의미한다. 일반적으로 무형자산의 미래 경제적 효익에 대한 통제능력은 법적 권리에서 나오며, 법적 권리가 없는 경우에는 통제를 증명하기 어렵다. 그러나 다른 방법으로도 미래 경제적 효익을 통제할 수 있기 때문에 권리의 법적 집행가능성이 통제의 필요조건은 아니다.

예를 들어, 계약상의 제약이나 법에 의한 종업원의 기밀유지의무 등과 같은 법적 권리에 의하여 보호되는 경우에 시장에 대한 지식과 기술적 지식에 따른 경제적 효익을 통제할 수 있다. 그러나 법적 권리가 없는 경우에도, 동일하거나 유사한 '계약에 의하지 않은 고객과의 관계'에 대한 개별적인 취득거래는 그 미래 경제적 효익의 통제가능성에 대한 증거를 제시할 수 있다.

③ 미래 경제적 효익의 존재

무형자산으로부터의 미래 경제적 효익은 제품의 매출, 용역수익, 원가절감 또는 자산의 사용에 따른 기타 효익의 형태로 발생할 수 있다. 예를 들면, 제조과정에서 지적재산을 사용하면 미래 수익을 증가시키기보다는 미래 제조원가를 감소시킬 수 있다.

(2) 인식조건

무형자산으로 인식하기 위해서는 앞서 설명한 무형자산의 정의를 충족시키면서 ① 자산에서 발생하는 미래 경제적 효익이 기업에 유입될 가능성이 높고 또한 ② 자산의 취득원가를 신뢰성 있게 측정할 수 있다는 두 가지 인식기준을 모두 충족하여야 한다. 무형자산의 정의와 인식기준은 무형자산을 취득하거나 내부적으로 창출하기 위하여 최초로 발생한 원가, 취득이나 완성 후에 증가 · 대체 · 수선을 위하여 발생한 원가에 적용한다.

본 절 2.에서 후술하지만, 무형자산의 **개별 취득**과 **사업결합 시 취득**은 ① 미래 경제적 효익의 유입가능성 조건을 항상 충족하는 것으로 간주한다. 그러나 취득이나 완성 후의 지출은 기존 무형자산에 내재된 기대 미래 경제적 효익을 유지하는 것이 대부분이며, 취득이나 완성 후의 지출을 사업 전체가 아닌 특정 무형자산에 직접 귀속시키기 어려운 경우가 많기 때문에 인식조건을 충족시키는지의 여부를 매우 엄격하게 검토하여야 할 것이다.

(3) 분류

① 성격과 용도에 따른 분류

무형자산은 기업의 영업활동에서 유사한 성격과 용도를 가진 자산끼리 묶어서 분류한다. ① 브랜드명, ② 제호와 출판표제, ③ 컴퓨터소프트웨어, ④ 라이선스와 프랜차이즈, ⑤ 저작권, 특허권, 기타 산업재산권, 용역운영권, ⑥ 기법, 방식, 모형, 설계 및 시제품, ⑦ 개발 중인 무형자산 등으로 분류하는 것이다.

그런데 일부 무형자산은 컴팩트디스크(컴퓨터 소프트웨어의 경우), 법적 서류(라이선스나 특허권의 경우)나 필름과 같은 물리적 형체에 담겨 있을 수 있다. 유형의 요소와 무형의 요소를 모두 갖추고 있는 자산을 유형자산으로 회계처리하는지 아니면 무형자산으로 회계처리하는지를 결정해야 할 때에는, 어떤 요소가 더 중요한가를 판단하여 더 중요한 요소에 따라 자산을 분류한다. 예를 들면, 컴퓨터로 제어되는 기계장치가 특정 컴퓨터소프트웨어가 없으면 가동이 불가능한 경우에는 그 소프트웨어를 관련된 하드웨어의 일부로 보아 유형자산으로 회계처리한다. 컴퓨터의 운영시스템에도 또한 동일하게 적용한다(예 Windows). 그러나 관련된 하드웨어의 일부가 아닌 소프트웨어는 무형자산으로 회계처리한다(예 흔글, Excel).

② 외부취득 대 내부창출

무형자산의 분류를 다음과 같이 구분함으로써 그 회계처리를 체계적으로 다룰 수 있다. 그 하나는 **외부취득** 혹은 **내부창출**에 따른 구분이다. 무형자산은 개별 자산거래를 통해서 혹은 사업결합거래를 통해서 기업 외부로부터 취득하기도 하고, 내부에서 창출하기도 한다. 외부 취득 여부에 따라 최초 취득 · 창출과 후속 지출에 대한 자산 인식조건이 달리 적용된다. 앞서 무형자산 취득과 관련하여 일반적인 인식조건을 알아보았다. 한편, 제3자와의 공정한 거래로 뒷받침되지 않는 내부창출 무형자산은 그 미래 경제적 효익의 존재와 실현가능성에 대한 불확실성이 상대적으로 높아 보다 엄격한 인식기준이 적용된다. 자세한 내용은 제2절에서 살펴본다.

③ 내용연수 결정 여부와 사용가능성 여부

다른 하나는 내용연수 결정에 따른 후속적 회계처리로 구분할 수 있다. 즉, 무형자산은 그 내용연수가 **유한**(finite)한지 또는 **비한정**(indefinite)인지에 따라 유한한 무형자산과 비한정인 무형자산으로 구분할 수도 있다. 관련된 모든 요소의 분석에 근거하며, 그 자산이 순현금유입을 창출할 것으로 기대되는 기간에 대하여 예측가능한 제한이 없을 경우, 무형자산의 내용연수가 비한정인 것으로 본다.

내용연수가 유한한 무형자산은 매 보고기간 말에 상각회계를 적용하고 또한 자산손상 회계를 실시한다. 반면에, 내용연수가 비한정인 무형자산은 상각을 하지 않고, 매년 그리고 손상징후가 있을 때 손상검사를 수행하여 손상차손(또는 손상차손환입)을 인식한다. 뿐만 아니라 매 회계기간마다 내용연수가 비한정이라는 판단이 정당한지를 검토해야 한다.

또한 현재 사용할 수 없는 무형자산 역시 상각대상이 아니다. 그리고 이에 대한 손상검사 빈도 역시 내용연수가 비한정인 무형자산에 준한다.

2. 취득

무형자산의 최초 인식은 취득상황에서 이루어지며, 무형자산을 취득하는 상황은 ① **개별 취득**과 ② **사업결합 시의 취득**으로 구분된다. 개별 취득의 경우 그 회계처리는 유형자산 회계와 유사한 점이 많아 사업결합에 의한 취득에 초점을 맞춘다. 그리고 정부보조에 의한 취득[1] 및 자산의 교환에 의한 취득 등 특수한 취득상황에 대한 회계적 고려 역시 유형자산의 관련 내용과 유사하기에 따로 살펴보지 않고 다음의 <예제 1>로 그 회계를 다져본다.

예제 1

다음 각각의 거래에서 현금지급 혹은 교환으로 취득한 무형자산의 취득원가를 밝혀라.

1. 다른 기업이 그 장부에 ₩1,000으로 기록했던 특허권을 ₩10,000에 취득하였다.
2. 다른 기업이 그 장부에 ₩2,000으로 기록했던 연구개발프로젝트를 ₩20,000에 취득하였다.
3. 다른 기업이 그 장부에 자산으로 기록하지 않았던 제조비법을 공증된 사용포기 및 기밀유지 각서를 받고 ₩30,000에 취득하였다.
4. 업무처리용 컴퓨터 소프트웨어를 ₩40,000에 취득하였다.
5. 2년 전에 취득했던 컴퓨터프로그램으로 제어되는 종이절단기계의 일부인 제어프로그램이 개선되어 이를 ₩50,000에 취득하였다.
6. 정부로부터 예술공연을 방영하는 텔레비전 방송국의 운영권을 ₩6,000에 할당받았다. 그 공정가치는 ₩60,000에 달할 것으로 추정된다.
7. 사업전환을 계획하고 장부금액 ₩7,000이며 공정가치가 ₩70,000인 부두사용권을 다른 기업의 특허권과 교환하였다. 이 교환은 상업적 실질을 가지는 거래였다.
8. 물류중심지가 변경됨에 따라 장부금액 ₩8,000이고 공정가치가 ₩80,000인 A도(道)에

---

1) 예를 들면, 정부가 기업에게 공항 착륙권, 라디오 · 텔레비전 방송국 운영권, 수입면허 또는 수입할당 혹은 기타 제한된 자원을 이용할 수 있는 권리를 이전하거나 할당하는 경우가 이에 해당한다.

소재한 부두의 사용권을 다른 기업이 보유한 B도(道)에 소재한 부두의 사용권과 교환하였다. 이 교환은 상업적 실질이 결여된 거래였다.

해 답

1, 2, 3, 4 : 지급대가가 공정한 경우 인식요건을 충족시키며, 취득원가는 그 지급대가이다.
5. 종이절단기계의 제어프로그램은 기계취득시점에서 기계의 일부로 처리되었다. 개선된 제어프로그램의 취득은 유형자산의 개선에 해당되며 무형자산 취득이 될 수 없다.
6. 운영권은 무형자산이며 그 공정가치를 취득원가로 한다. 공정가치와 지급대가의 차액은 정부보조금으로서 자산관련 보조금의 경우 재무상태표에 이연수익으로 표시하거나 자산의 장부금액을 결정할 때 차감하여 표시한다.
7. 상업적 실질을 가진 무형자산의 교환거래에서 취득한 자산인 특허권의 공정가치가 더 명백하지 않는 한, 제공한 자산인 부두사용권의 공정가치를 취득원가로 한다.
8. 상업적 실질이 결여된 무형자산의 교환거래에서 취득원가는 제공한 자산의 장부금액으로 한다.

한편, **사업결합**(business combinations)은 취득자가 피취득자의 자산과 부채를 일괄하여 인수하는 대가로 자산이전 · 채무부담을 하거나 혹은 주식을 발행함으로써 이루어진다. 이 과정에서 다음과 같은 두 종류의 자산이 추가적으로 인식될 수 있는데, **영업권**(goodwill) 회계는 제13장에서 살펴본다.

① 피취득자의 장부에 그동안 기록되지 않았던 무형자산
② 영업권

취득자는 피취득자의 재무제표에 인식되지 않았지만 그 인식요건을 충족시키는 무형자산이 있는 경우 이를 영업권과 분리하여 개별적으로 인식한다. 예를 들어, 사업결합 전에 피취득자가 자산으로 인식하였는지 여부에 관계없이 취득자는 취득일에 피취득자가 진행하고 있던 연구 · 개발 프로젝트가 무형자산의 정의를 충족하고 그것의 공정가치를 신뢰성 있게 측정할 수 있다면 취득자가 영업권과 분리하여 별도의 자산(㉥ 매수연구비)으로 인식할 수 있는 것이다.

무형자산의 공정가치는 그 자산에 내재된 미래 경제적 효익이 기업에 유입될 확률에 대한 시장의 기대를 반영한다. 따라서 사업결합으로 취득하는 무형자산은 미래 경제적 효익의 유입가능성조건을 항상 충족하는 것으로 본다.

활성시장(active market)의 시장가격은 무형자산의 공정가치에 대한 가장 신뢰할 수 있는 추정치를 제공한다. 그런데 무형자산에 대한 활성시장이 존재하지 않는 경우, 그 무형자산의 공정가치는 취득일에 최선의 정보에 근거하여 합리적인 판단력과 거래의사가 있는 독립된 당사자 사이의 거래에서 그 자산에 대하여 지급하였을 금액으로 간주할 수 있다. 이 금액을 결정하기 위하여 유사한 자산의 최근 거래의 결과를 고려한다.

다음의 <예제 2>를 이용하여 사업결합으로 인한 무형자산취득 회계를 연습한다.

예제 2

20×7년 초 ㈜구이전자는 합병거래를 통하여 ㈜팔팔전기의 주식 100%를 매수하고, 그 사업결합대가로 현금 ₩3,500을 지급하였다. 이러한 사업결합시점에서 ㈜팔팔전기의 재무상태표에 따른 순자산 장부금액과 식별가능한 취득자산과 인수부채의 장부금액과 공정가치 측정액은 다음과 같았다(다만, 취득자산의 공정가치는 매수연구비를 제외한 공정가치를 의미한다).

	장부금액	공정가치
취득자산	₩5,000	₩7,000
인수부채	4,000	4,000
순 자 산	₩1,000	₩3,000

* 취득자산 및 인수부채란 실제로는 여러 가지 자산 및 부채항목들을 기록할 것을 압축하여 표현한 것이다.

1. 매수연구비의 공정가치를 신뢰성 있게 측정할 수 없을 때, 사업결합시점에서 ㈜구이전자가 인식할 매수연구비와 영업권을 측정하라.
2. 매수연구비의 공정가치를 ₩300으로 신뢰성 있게 측정하였다고 가정하고 물음 1.에 다시 답하라.

해 답

1. 매수연구비 = ₩0
   영업권 = ₩3,500 − ₩3,000(= ₩3,000 + ₩0) = ₩500
2. 매수연구비 = ₩300
   영업권 = 사업결합대가 − 매수기업의 순자산 공정가치
   = ₩3,500 − ₩3,300(= ₩3,000 + ₩300) = ₩200

3. 상각과 손상 회계

내용연수가 유한한 무형자산은 상각하고, 비한정 내용연수를 가진 무형자산은 상각하지 아니한다. 여기서 **상각**(amortization)이란 무형자산의 상각대상금액(취득원가에서 잔존가치를 차감한 금액)을 자산이 사용가능한 때부터 그 자산의 추정내용연수 동안 체계적인 방법에 의하여 비용으로 배분하는 회계절차이다.

(1) 내용연수와 잔존가치

무형자산의 내용연수는 기업에서 자산이 사용가능할 것으로 기대되는 기간 또는 자산에서 얻을 것으로 예상되는 생산량이나 이와 유사한 단위 수량으로 정의된다. 경제적 요인과 법적 요인의 영향을 동시에 고려하여 이러한 요인들에 의해 결정된 기간 중 짧은 기간을 내용연수로 본다. 관련된 모든 요소의 분석에 근거하여, 그 자산이 순현금유입을 창출할 것으로 기대되는 기간에 대하여 **예측가능한 제한**(foreseeable limit)이 없을 경우 해당 무형자산의 내용연수가 비한정인 것으로 보는데, 여기서 '비한정(indefinite)'은 '무한(infinite)'을 의미하지는 않는다.

한편, 내용연수를 결정할 수 있는 무형자산은 유한한 내용연수를 가지는 것이다. 이렇듯 내용연수가 유한한 무형자산의 **잔존가치**는 일반적으로 영(0)으로 본다. 그리고 잔존가치는 적어도 매 회계기간 말에는 검토한다.

(2) 내용연수가 유한한 무형자산 – 상각과 손상 회계

① 상각

무형자산의 상각은 유형자산의 감가상각과 그 의의 및 회계처리절차가 유사하다. 상각방법에는 정액법, 체감잔액법과 생산량비례법 등이 있다. 다만, 무형자산의 경제적 효익이 소비되는 형태를 신뢰성 있게 결정할 수 없는 경우에는 정액법을 사용한다.

상각은 대상자산이 더 이상 사용되지 않을 때도 중단하지 아니한다. 다만, 완전히 상각하거나 대상자산이 「기업회계기준서」 제1105호 '매각예정비유동자산과 중단영업'에 따라 매각예정 기타비유동자산으로 분류되는(또는 매각예정 기타비유동자산으로 분류되는 처분자산집단에 포함되는) 날과 재무상태표에서 제거되는 날 중 이른 날에 중단한다.

인식된 무형자산상각비는 일반적으로 당기손익으로 인식하지만, 자산에 내재된 미래경제적 효익이 다른 자산의 생산에 소모되는 경우(예 제조과정에서 사용된 무형자산의 상각)에는 그 자산의 상각비용은 다른 자산의 원가를 구성하여 장부금액에 포함한다.

그리고 무형자산의 내용연수와 상각방법은 적어도 매 회계연도 말에 검토하고, 자산의 예상 내용연수가 과거의 추정치와 다르다면 상각기간을 이에 따라 변경한다. 자산에 내재된 미래 경제적 효익의 예상소비형태가 변동된다면, 변동된 소비형태를 반영하기 위하여 상각방법을 변경한다. 내용연수, 잔존가치 혹은 상각방법의 변경은 **회계추정의 변경**에 해당한다. 유형자산과 마찬가지로 **전진법**으로 회계처리한다.

② 손상 회계

무형자산에도 유형자산과 마찬가지로 자산의 손상과 그 회복을 인식하는 회계절차를 적용한다.

원가모형을 적용하는 경우, 손상차손과 그 환입을 당기손익 항목으로 인식하는 것이다. 이 경우의 환입에는 한도가 적용된다. 즉, 과거에 손상차손을 인식하기 전 장부금액의 (상각 후) 잔액을 초과하여 회복을 기록하지 않는 것이다.

재평가모형을 적용하는 경우, 손상차손은 당해 자산에서 발생한 재평가잉여금에 해당하는 금액까지는 **기타포괄손실**로 인식하고, 이를 초과하는 금액은 **당기손실**로 인식한다. 손상차손환입은 당해 자산의 손상차손을 과거에 당기손실로 인식한 부분까지는 **당기이익**으로 인식하고, 이를 초과하는 부분은 **기타포괄이익**으로 인식한다. 환입시에는 원가모형과 유사하게 한도가 적용되지만 적용방식에 차이가 있다. 이에 대해서는 제8장 <부록>의 '1. 재평가모형과 손상'을 참조하기 바란다.

손상차손이 인식되거나 환입된 후속연도에는 내용연수와 잔존가치의 적정성을 검토한 후, 손상차손과 환입에 따라 수정된 장부금액에서 잔존가치를 차감한 금액을 자산의 잔존 내용연수에 걸쳐 상각한다.

상각회계를 적용하는, **내용연수가 유한**한 무형자산의 경우에는 매 회계연도 말에 당해 자산의 손상을 시사하는 징후가 있는지를 검토한다. 그리고 손상징후가 있는 경우에만 손상검사를 한다. 자산의 손상을 시사하는 징후가 있는지를 검토할 때는 기업 내·외부에서 관련 정보를 취합하여 분석하여야 한다. 그러한 내부정보 항목의 하나의 예로서 비한정 내용연수를 유한 내용연수로 재평가하는 것을 들 수 있다.

해당 자산으로부터 창출되는 현금유입의 대부분이 다른 자산이나 자산집단으로부터의 현금유입과 독립적으로 구분되지 않으면 당해 자산이 속한 현금창출단위(cash generating unit)의 회수가능액을 추정하고 손상차손 발생 여부를 파악한다. 그 내용 역시 유형자산 회계에서 살펴본 바 있다.

한편, 손상차손을 인식한 이후 매 보고기간 말마다 과거에 인식한 손상차손이 더 이상 존재하지 않거나 감소된 것을 시사하는 징후가 있는지를 검토하는데, 그 결과 직전 손상차손이 인식된 이후 회수가능액을 결정하는 데 사용된 추정치에 변화가 생긴 경우에만 과거 손상차손을 환입한다.

(3) 내용연수가 비한정인 무형자산 – 손상 회계

내용연수가 유한한 무형자산과는 달리 내용연수가 비한정인 무형자산은 상각하지 아니한다. 그 상각을 하지 아니하는, 비한정 내용연수를 가진 무형자산의 경우에는 자산 손상을 시사하는 징후가 있는지에 관계없이 회수가능액을 추정하고 장부금액과 비교하여 손상검사를 한다는 점에서 내용연수가 유한한 무형자산의 손상 회계와 차이를 나타낸다. 즉, **내용연수가 비한정**인 무형자산에 대해서는 ① 매년 그리고 ② 손상징후가 있을 때 손상검사를 한다. 또한 아직 사용할 수 없는 무형자산도 상각하지 않으며, 이들 역시 매년 손상검사를 실시한다. 그 이유는 무형자산을 사용할 수 있기 전에는 당해 장부금액을 회수하기에 충분한 미래 경제적 효익을 창출할 수 있을지가 더욱 불확실하기 때문이다.

그리고 손상검사는 회계연도 중 어느 때라도 할 수 있으며 매년 같은 시기에 실시하는데, 서로 다른 무형자산에 대해서는 각기 다른 시점에서 손상검사를 할 수 있다. 다만, 회계연도 중에 이러한 무형자산을 최초로 인식한 경우에는 당해 회계연도 말 전에 손상검사를 한다.

또한 무형자산에 대하여 사건과 상황이 그 자산의 내용연수가 비한정이라는 평가를 계속하여 정당화하는지를 매 회계기간에 검토하고, 사건과 상황이 그러한 평가를 정당화하지 않는 경우에 비한정 내용연수를 유한 내용연수로 변경해야 한다. 이러한 변경 또한 회계추정의 변경으로 회계처리한다. 그런데 비한정 내용연수를 유한 내용연수로 재평가하는 것은 그 자산의 손상을 시사하는 하나의 징후가 된다. 따라서 그 자산에 대한 손상검사를 하고, 회수가능액을 초과하는 장부금액을 손상차손으로 인식해야 한다.

손상검사의 구체적인 절차와 손상징후 검토 및 환입절차는 내용연수가 유한한 무형자산의 경우와 동일하다. 이제 다음의 <예제 3>을 이용하여 무형자산의 상각과 손상회계를 익힌다.

예제 3

㈜구삼통신은 20×7년 초 사업결합으로 취득하고 원가모형을 적용하는 무형자산과 관련한 자료는 다음과 같은데, 회수가능액의 등락은 손상과 회복에 따른 것이다.

종류	내용연수	취득원가	20×7년 말 회수가능액	20×8년 말 회수가능액
상표권	비한정	₩10,000	₩8,000	₩12,000
매수브랜드	5년	50,000	36,000	33,000

매수브랜드는 정액법으로 상각하는데 잔존가치는 ₩0으로 추정하였다.

1. 20×7년 무형자산의 상각과 손상인식을 분개하라.
2. 20×8년 무형자산의 상각과 손상회복을 분개하라.

해 답

(참고) 원가모형을 적용하므로, 손상차손과 그 환입은 모두 당기손익 항목으로 인식한다.

1. 20×7년 상각과 손상

<상표권>

- 내용연수가 비한정이므로 상각을 하지 않는다.

• (차) 무형자산손상차손-상표권 2,000* (대) 손상차손누계액-상표권 2,000
　* 회수가능액 ₩8,000 – 취득원가 ₩10,000

<매수브랜드>
• (차) 무형자산상각비-매수브랜드 10,000 (대) 상각누계액-매수브랜드 10,000
• (차) 무형자산손상차손-매수브랜드 4,000* (대) 손상차손누계액-매수브랜드 4,000
　* 회수가능액 ₩36,000 – 상각후 장부금액 ₩40,000

2. 20×8년 상각과 회복
<상표권>
• 내용연수가 비한정이므로 상각을 하지 않는다.
• (차)손상차손누계액-상표권 2,000 (대) 손상차손환입-상표권 2,000*
　* 환입한도적용으로 인하여, 취득원가 ₩10,000 – 장부금액 ₩8,000

<매수브랜드>
• (차) 무형자산상각비-매수브랜드 9,000 (대) 상각누계액-매수브랜드 9,000
　* 손상후 장부금액 ₩36,000 ÷ 잔존 내용연수 4년
• (차) 손상차손누계액-매수브랜드 3,000 (대) 손상차손환입-매수브랜드 3,000*
　* 환입한도는 손상이 발생하지 않았다고 가정할 경우의 상각후 장부금액인 ₩30,000이다. 한도적용으로 인하여, 환입액은 상각후 장부금액과 ₩30,000과 장부금액 ₩27,000간의 차액이다. (장부금액 = 취득원가 ₩50,000 – 상각누계액 ₩19,000 – 손상차손누계액 ₩4,000)

4. 원가모형과 재평가모형

무형자산을 최초 인식한 이후에는 원가모형이나 재평가모형 중 하나의 회계정책을 선택하여 무형자산의 분류별로 동일하게 적용한다. 즉, 재평가모형은 자산을 취득원가로 최초에 인식한 후에 적용한다. 그러므로 ① 이전에 자산으로 인식하지 않은 무형자산의 재평가와 ② 취득원가가 아닌 금액으로 무형자산을 최초로 인식한 경우에는 허용하지 않는다. 다만, 일부 과정이 종료될 때까지 인식기준을 충족하지 않아서 무형자산의 취득원가의 일부만 자산으로 인식한 경우에는 그 자산 전체에 대하여 재평가모형을 적용할 수 있다. 또한 정부보조를 통하여 취득하고 명목상 금액으로 인식한 무형자산에도 재평가모형을 적용할 수 있다.

재평가모형과 관련한 자세한 내용은 제8장 유형자산의 재평가모형을 참조하면 된다. 그런데 유형자산의 재평가모형(revaluation model)은 그 공정가치를 측정할 수 있으면 적용할 수 있지만 무형자산의 경우 **활성시장**이 존재하는 경우에만 자산재평가가 가능하다는 점에서 차이가 있다.

관련하여, 재평가한 무형자산의 공정가치를 더 이상 활성시장을 기초로 하여 측정할 수 없는 경우에는 자산의 장부금액은 활성시장을 기초로 한 최종 재평가일의 재평가금액에서 이후의 상각누계액과 손상차손누계액을 차감한 금액으로 한다. 하지만 자산의 공정가치를 이후의 측정일에 활성시장을 기초로 하여 결정할 수 있는 경우에는 그 날부터 재평가모형을 적용한다.

5. 취득 후 지출

특정 항목이 무형자산으로 인식되기 위해서는 무형자산의 정의와 인식요건을 모두 충족하여야 한다. 그리고 무형자산의 취득이나 완성 후에 증가 · 대체 · 수선을 위한 추가적 지출이 발생할 수 있는데, 이러한 지출에 대해서도 무형자산의 인식요건은 동일하게 적용된다.

그런데 무형자산의 특성상 자산이 증가하지 않거나 자산의 부분대체가 이루어지지 않는 경우가 많다. 따라서 대부분의 취득이나 완성 후의 지출은 무형자산의 정의와 인식요건을 충족하기보다는 기존 무형자산에 내재된 미래 경제적 효익을 유지하는 것이 대부분이다. 또한 취득이나 완성 후의 지출을 사업 전체가 아닌 특정 무형자산에 직접 귀속시키기 어려운 경우가 많다.

이러한 관점에서, 취득한 무형자산의 최초인식 후 또는 내부적으로 창출한 무형자산의 완성 후 발생한 지출이 자산의 장부금액으로 인식되는 경우는 매우 드물다. 또한 내부적으로 창출한 브랜드, 제호, 출판표제, 고객목록과 이와 실질이 유사한 항목은 무형자산으로 인식하지 않는다. 관련하여 이러한 항목(외부에서 취득하였는지 또는 내부적으로 창출하였는지에 관계없이)에 대한 취득이나 완성 후의 지출은 사업을 전체적으로 개발하기 위한 지출과 구분할 수 없기 때문에 발생시점에 항상 당기비용으로 인식한다.

한편, 개별 취득하거나 사업결합으로 **취득한 연구 · 개발 프로젝트**에 대한 후속 지출은 **내부적으로 창출한 연구 · 개발 프로젝트**에 대한 후속 지출과 일관성 있게 처리한다. 즉, 관련 후속 지출이 연구관련 지출이라면 발생기간의 비용으로 인식하고, 추가인식조건을 충족하기 못하는 개발관련 지출이라면 발생기간의 비용으로 인식하며, 추가인식조건을 충족하는 개발관련 지출이라면 취득한 진행 중인 연구 · 개발 프로젝트의 장부금액에 가산한다.

제2절 내부창출 무형자산

먼저, 원칙적으로 **내부적으로 창출한 영업권**은 자산으로 인식하지 아니하고 지출된 기간의 비용으로 인식함을 강조한다. 계속기업은 미래의 경제적 효익을 창출하기 위한 활동을 끊임없이 수행하는데, 그러한 활동의 원가 중에는 기업의 주요한 무형자원을 구성하면서도 회계적인 자산으로는 인식되지 못하는 항목들이 있다. 예를 들어, 확실하게 인지되고 있는 브랜드, 충성스러운 고객의 목록 등과 같은 항목들로서 집합적으로 내부적으로 창출한 영업권이라고 지칭한다.2)

내부적으로 창출한 영업권은 취득원가를 신뢰성 있게 측정할 수 없고 기업이 통제하고 있는 식별가능한 자원이 아니기 때문에(즉, 분리가능하지 않고 계약상 또는 기타 법적 권리로부터 발생하지 않기 때문에) 자산으로 인식하지 않으며, 이러한 무형자원에 대한 후속적 지출 또한 비용으로 처리한다.3)

1. 개발비 등의 인식요건

내부창출 무형자산은 그 존재 여부와 인식시점을 식별하기 어렵고, 그 원가를 신뢰성 있게 측정하기 어렵다. 또한 많은 경우 내부창출 무형자산의 원가를 내부적으로 창출된 영업권을 유지 또는 향상시키는 비용이나 일상적인 경영관리활동에서 발생하는 비용과 구별하기 어렵다. 따라서 내부창출 무형자산에 대해서는 인식기준의 충족과 개발단계에서의 창출이라는 엄격한 잣대를 적용한다.4)

그리고 이러한 요건은 비단 내부창출 무형자산에만 적용하는 것이 아니고, 다른 기업이 내부창출한 프로젝트를 취득한 후에 추가되는 지출에도 적용된다. 무형자산을 내부창출하는 프로젝트는 기업 내부에서 자체적으로 시작한 것일 수도 있고, 기업 외부에서 시작한 프로젝트를 중도에 취득하여 계속 진행하는 것일 수도 있는데, 그 프로젝트

---

2) 사업개시원가, 교육 및 훈련을 위한 지출, 광고 및 판매촉진을 위한 지출, 조직개편 및 이전과 관련된 지출 등도 미래 경제적 효익을 제공할 수 있지만 비용으로 인식한다.

3) 본 절 내용의 일부는 조성표 · 권선국 · 안홍복, "무형자산 회계기준서에 관한 연구"(2000 ; 한국회계기준원 연구보고서)를 참조하고 있는데, 특히 [그림 9. 1]은 이 보고서 54쪽의 그림을 사실상 그대로 활용하고 있다.

4) 내부 또는 외부 접근을 위한 기업 자체의 **웹사이트**의 개발과 운영과 관련된 원가가 발생할 수 있다. 기업이 개발한 자체 웹사이트는 「기업회계기준서」 제1038호가 적용되는 내부적으로 창출한 무형자산이다. 따라서 자체적으로 개발한 웹사이트는 이러한 인식요건을 모두 충족시켜야만 무형자산으로 인식한다.

의 성격과는 상관없이 내부창출활동에 적용하는 자산 인식요건은 일관되어야 하기 때문이다.

(1) 일반적 인식기준

앞서 제1절에서 살펴본 조건으로서, 무형자산의 정의(미래 경제적 효익의 존재, 통제 및 식별가능성)와 인식조건(미래 경제적 효익의 유입가능성 및 측정가능성)을 모두 충족시켜야 한다는 것이다. 그런데 내부적으로 창출한 무형자산은 첫째, 기대 미래 경제적 효익을 창출할 식별가능한 자산이 있는지와 시점을 파악하기 어렵고, 둘째, 자산의 취득원가를 신뢰성 있게 측정하는 것이 어렵기 때문에 일반적 인식조건을 충족하는지를 평가하기가 용이하지 않다. 따라서 내부적으로 창출한 무형자산에 대해서는 일반적 인식조건과 함께 다음의 요건이 추가로 적용된다.

(2) 추가적 인식기준

내부적으로 창출한 무형자산의 추가적 인식조건을 충족시키는지를 평가하기 위하여 무형자산의 창출과정을 연구단계와 개발단계로 구분한다. 무형자산을 창출하기 위한 내부 프로젝트를 연구단계와 개발단계로 구분할 수 없는 경우에는 그 프로젝트에서 발생한 지출은 모두 연구단계에서 발생한 것으로 본다.

① 연구단계

내부 프로젝트의 개발 초기 단계에 해당하는 연구단계에서 수행하는 활동의 예는 다음과 같다.

i) 새로운 지식을 얻고자 하는 활동
ii) 연구결과나 기타 지식을 탐색, 평가, 최종선택, 응용하는 활동
iii) 재료, 장치, 제품, 공정, 시스템이나 용역에 대한 여러 가지 대체안을 탐색하는 활동
iv) 새롭거나 개선된 재료, 장치, 제품, 공정, 시스템이나 용역에 대한 여러 가지 대체안을 제안, 설계, 평가, 최종선택하는 활동

이렇듯 내부 프로젝트의 연구단계에서는 주로 신제품 개발을 위한 여러 가능성을 탐색하는 활동을 수행하는데, 이런 아이디어의 대부분은 구상에만 머물 뿐 생산이나 판매로 이어지지 않는다. 뿐만 아니라 연구의 대부분이 성공하는 것이 아니고 실패도 하게 된다. 이런 활동을 기업의 경제적 효익과 연결하는 것은 매우 어렵기에, 연구단계에서 발생하는 지출은 무형자산으로 인식하지 않고, 그 발생시점에 전액 **비용(연구비)**으로 인

식하여 포괄손익계산서에 공시한다.

② 개발단계

연구단계에서 다양한 대안에 대한 검토를 마치면 이 중 가장 바람직한 대안을 선정하여 상업화에 들어가게 된다. 이때부터 개발단계라고 하는데, 수행하는 개발활동의 예는 다음과 같다.

i) 생산이나 사용 전의 시제품과 모형을 설계, 제작, 시험하는 활동
ii) 새로운 기술과 관련된 공구, 지그, 주형, 금형 등을 설계하는 활동
iii) 상업적 생산목적으로 실현가능한 경제적 규모가 아닌 시험공장을 설계, 건설, 가동하는 활동
iv) 신규 또는 개선된 재료, 장치, 제품, 공정, 시스템이나 용역에 대하여 최종적으로 선정된 안을 설계, 제작, 시험하는 활동

이렇듯 개발단계에서는 연구단계에서의 성공을 바탕으로 채택된 아이디어를 상업화하기 위해서 시제품을 만들고 금형을 설계하는 활동 등을 수행하는데, 이에 수반되는 지출에는 신제품 개발과 직접적인 관련된 부분도 있지만 관련성이 약한 부분도 있다. 따라서 「기업회계기준서」에서는 다음 사항을 모두 제시할 수 있는 경우에만(추가적 인식기준에 해당한다) 그 지출을 **무형자산(개발비)**으로 인식하여 재무상태표에 공시하고, 아래 조건을 하나라도 충족하지 않는 지출은 **비용(경상개발비)**으로 인식하여 포괄손익계산서에 공시하도록 규정하고 있다.

i) 무형자산을 사용하거나 판매하기 위해 그 자산을 완성할 수 있는 기술적 실현가능성
ii) 무형자산을 완성하여 사용하거나 판매하려는 기업의 의도
iii) 무형자산을 사용하거나 판매할 수 있는 기업의 능력
iv) 무형자산이 미래 경제적 효익을 창출하는 방법(그 중에서도 특히 무형자산의 산출물이나 무형자산 자체를 거래하는 시장이 존재함을 제시할 수 있거나 또는 무형자산을 내부적으로 사용할 것이라면 그 유용성을 제시할 수 있음)
v) 무형자산의 개발을 완료하고 그것을 판매하거나 사용하는 데 필요한 기술적, 재정적 자원 등의 입수가능성
vi) 개발과정에서 발생한 무형자산 관련 지출을 신뢰성 있게 측정할 수 있는 기업의 능력

개발단계는 연구단계보다 훨씬 더 진전되어 있는 상태이므로, 이 단계에서는 위의 조건을 충족시키는 활동에 따른 무형자산을 식별할 수 있고 또한 그 무형자산이 미래

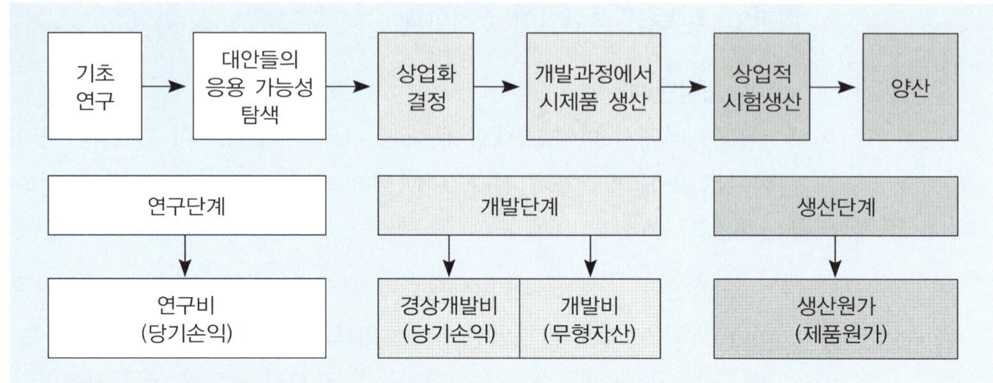

그림 9.1
연구단계, 개발단계 및 생산단계에서의 회계처리

경제적 효익을 창출할 것임을 제시할 수 있기 때문이다. 무형자산의 과목명으로서는 일반적으로 개발비를 사용하지만 프로젝트의 성격을 반영하는 표현충실한 과목명(예를 들어, 소프트웨어개발비)을 사용할 수도 있을 것이다.

이와 같이 「기업회계기준서」는 연구단계와 개발단계에서 발생한 지출에 대한 회계처리를 엄격하게 규정하고 있다. [그림 9.1]로 그 요지를 정리하는데, 성공적인 연구개발에 따라 속행할 생산단계에서의 지출에 대한 회계처리도 함께 보인다.

[그림 9.1]에서의 생산단계는 성공적으로 개발된 신제품을 만들어 상업적 판매를 시작하는 시점부터 시작한다. 이 단계에서 발생하는 생산원가에는 재무상태표에 개발비 등으로 인식하였던 무형자산의 상각비도 포함되는데, 생산원가의 회계처리에는 제6장에서 다루는 제조기업 재고자산 회계를 준용하면 될 것이다.

(3) 인식기준 충족 후 원가

내부적으로 창출한 무형자산의 취득원가는 그 인식기준(즉, 일반적 인식조건과 추가적 인식조건)을 최초로 충족시킨 이후에 발생한 지출금액의 합으로 하며, 그 자산의 창출, 제조 및 경영자가 의도하는 방식으로 운영될 수 있게 준비하는 데 필요한 직접 관련된 모든 원가를 포함한다. 그러나 이미 비용으로 인식한 지출은 무형자산의 취득원가로 인식할 수 없다.

즉, 무형자산의 **취득 전 지출**은 원칙적으로 비용처리한다는 것이다. 예를 들어, 새로운 생산공정을 개발 중인 기업이 이와 관련하여 20×7년에 지출한 금액이 ₩1,000이고 그 중 새로운 생산공정이 무형자산의 인식기준을 충족한 시점인 20×7년 12월 1일 이후에 발생한 금액이 ₩100이라고 한다면, 그 전에 발생한 지출금액 ₩900은 자산으로 인식할 수 없는 것이다.

이제 <예제 4>를 이용하여 내부창출 무형자산과 관련한 회계처리를 연습한다. 설명

편의상 <예제 4>에서는 개발비의 상각비를 생산원가에 산입하는 것은 일단 무시한다. 이를 산입하는 내용은 다음의 <예제 5>에서 다룬다.

예제 4

1. ㈜쿠사쿠커는 고객의 성원에 보답하기 위하여 계속적으로 신형모델을 개발하여 출시하고 있다. 20×7년 초에 시작하여 20×7년 6월 말에 시제품 개발이 완료되어 생산이 개시된 전통모델#52 프로젝트와 관련된 원가자료는 다음과 같다.

프로젝트단계	직접원가
연구단계	₩1,200
개발단계-자산인식조건 충족 전	2,000
개발단계-자산인식조건 충족 후	15,000
완성 후 시제품 보관 및 홍보	500

㈜쿠사쿠커는 위 프로젝트에 따라 창출된 무형자산을 내용연수 3년, 잔존가치 ₩0으로 하는 정액법으로 상각한다. 20×7년 말에 자산손상의 징후가 없었다고 할 때, 관련된 원가는 20×7년 재무제표에 어떻게 보고되겠는가?

2. 또한 ㈜쿠사쿠커는 20×7년 1월 말에 ㈜환희쌀통이 추진하고 있던 혁신쌀통 프로젝트를 ₩20,000에 매입하였다. 당시 동 프로젝트는 연구단계에 머무르고 있어 ㈜환희쌀통은 관련지출을 자산으로 계상하지 않았었다. ㈜쿠사쿠커는 매입 후 시제품의 개발을 추진하고 있는데, 20×7년 말까지 발생한 원가자료는 다음과 같다.

프로젝트단계	직접원가
개발단계-자산인식조건 충족 전	₩5,000
개발단계-자산인식조건 충족 후	25,000

20×7년 말에 자산손상의 징후가 없었다고 할 때, ㈜쿠사쿠커는 혁신쌀통 프로젝트에 따라 발생한 원가를 20×7년 재무제표에 어떻게 보고하겠는가?

해 답

1. (성격별 분류) 포괄손익계산서에 보고될 금액은 다음과 같다.

감가상각비와 기타 상각비

무형자산상각비	₩2,500*

기타 비용

연구비	₩1,200
경상개발비	2,000
판매촉진비	500

* 개발비 취득원가 ₩15,000 × 1/3 × 6개월/12개월

그리고 재무상태표에 보고될 금액은 다음과 같다.

개발비	₩15,000
상각누계액	(2,500)
	₩12,500

2. (성격별 분류) 포괄손익계산서에 보고될 금액은 다음과 같다.

기타 비용

경상개발비	₩5,000

그리고 재무상태표에 보고될 금액은 다음과 같다.

개발비	₩45,000

아직 개발이 완료되지 않았으므로 무형자산 인식조건을 충족한 이후 발생한 원가 ₩45,000(= 매입원가 ₩20,000 + 추가발생개발비 ₩25,000)은 상각하지 않는다.

2. 탐사평가자산

(1) 의의 및 원가구성요소

석유나 가스 등의 광물자원을 개발하기 위해서는 우선 매장 여부를 조사해야 하고, 매장을 확인한 후에는 경제성이 있는지 평가해야 한다. 이와 같은 탐사와 평가절차를 거친 후에야 비로소 광물자원 개발로 이어질 것이다. 광물자원을 개발하기 전까지 발생하는 탐사 및 평가에 관련된 지출을 기업의 회계정책에 따라 자산으로 인식한 경우 이 자산을 탐사평가자산[5]이라고 한다.

기업은 **탐사**(exploration)와 **평가**(evaluation) 관련 지출이 특정 광물자원의 발견활동과 어느 정도 관련되는지를 고려하여 **탐사평가자산** 혹은 비용으로 인식하는 회계정책을 정하여 이를 계속적으로 적용한다. 탐사평가자산을 최초로 인식할 때 포함할 수 있는 지출의 예로는 탐사권리의 취득, 지형학적 · 지질학적 · 지구화학적 · 지구물리학적 연구, 탐사를 위한 시추, 굴착, 표본추출, 광물자원 추출의 기술적 실현가능성과 상업화가능성에 대한 평가와 관련된 활동 등이다. 탐사와 평가 관련 지출에 대한 회계정책의 변경이 이용자의 경제적 의사결정 필요와 관련하여 목적적합성을 증가시키면서 신뢰성을 감소시키지 않거나, 신뢰성을 증가시키면서 목적적합성을 감소시키지 않는다면 회계정책을 변경할 수 있다.

---

5) 「기업회계기준서」 제1106호 '광물자원의 탐사와 평가'를 중심으로 탐사평가자산의 측정 및 전반적인 회계처리에 대해서 설명한다.

한편, 탐사 및 평가가 종료된 후 광물자원의 개발활동과 관련된 지출은 탐사평가자산으로 인식하지 않는다. 개발단계에서 발생한 자산의 인식에 대해서는 지금까지 살펴본 무형자산 회계를 적용한다.

(2) 인식 및 측정

탐사평가자산은 인식시점에서 원가로 측정하고, 그 성격에 따라 유형자산이나 무형자산으로 분류하며 이 분류를 일관되게 적용한다. 예를 들어, 탐사나 시추를 위해서 취득한 권리(시추권)는 무형자산으로 분류하고 시추장비는 유형자산으로 분류하는 것이다.

인식한 후에는 탐사와 평가 관련 자산의 분류형태에 따라 **원가모형**이나 **재평가모형**을 적용한다. 재평가모형을 적용할 경우 탐사평가자산이 유형자산에 해당되면 제8장 유형자산의 재평가모형 회계처리를 적용하고, 탐사평가자산이 무형자산에 해당되면 본 장의 제1절에서 설명하고 있는 무형자산 재평가모형의 회계처리를 적용한다. 그리고 탐사평가자산의 장부금액이 회수가능액을 초과할 수 있는 다음과 같은 사실이나 상황을 나타나면 손상에 대해 검토하고 손상차손을 인식한다.

① 특정 지역 탐사에 대한 권리의 보유기간이 당기 중 만료되었거나 가까운 미래에 만료될 예정이고 갱신될 가능성이 없는 경우

② 특정 지역 광물자원의 추가적 탐사와 평가를 위한 중요한 지출에 대한 예산이 편성되지 아니하거나 계획되지 아니한 경우

③ 특정 지역 광물자원의 탐사와 평가를 통하여 상업적으로 실행가능한 수량의 광물자원을 발견하지 못하였고 그 지역에 대한 탐사와 평가활동을 중단하기로 결정한 경우

④ 특정 지역을 개발할 가능성이 있더라도 탐사평가자산의 장부금액이 개발의 성공이나 판매로 전액 회수되지 아니할 수 있다는 충분한 자료가 있는 경우

광물자원 추출에 대한 기술적 실현가능성과 상업화가능성을 제시할 수 있는 시점에는 더 이상 탐사평가자산으로 분류하지 않는다. 탐사평가자산을 재분류하기 전에 손상을 검토하여 손상차손을 인식한다. 기업회계기준서에서는 어떤 자산으로 재분류하는지를 명시하지 않고 있다. 다양한 실무 상황에 처한 경영진이 적절하게 판단하여야 할 것으로 본다. 비용처리(예를 들어, 재분류시점의 탐사평가자산 장부금액을 전액 손상처리)해야 하는 경우도 발생할 수 있고, 개발비로 재분류하는 것이 적절한 경우도 나타날 수 있을 것이다. 또한 새로운 적절한 명칭을 가진 무형자산 혹은 유형자산으로 재분류하는 것이 적합할 수도 있을 것이다. 광물자원 추출에 종사하는 기업들의 재무제표에서 탐사

평가자산 재분류에 적용하는 회계처리의 다양성이 발견된다.

<예제 5>로 탐사평가자산에 적용하는 회계처리를 연습하는데, 탐사평가자산을 개발비로 재분류하는 것이 적절하다고 상정한 예제이다.

예제 5

㈜Kuo Oil은 20×7년 북해 석유탐사권을 ₩40,000에 취득하고 ₩30,000을 추가적으로 지출한 후, 이들 지출을 탐사평가자산으로 인식하였다. 그리고 탐사평가자산은 내용연수가 비한정인 무형자산으로 분류하고 그 회계처리에 원가모형을 적용하였다. 운 좋게도 20×7년 말에 원유추출의 기술적 실현가능성과 상업화가능성을 확인함에 따라, 탐사평가자산의 손상을 파악한 후 이를 무형자산인 개발비로 재분류하는 것이 적절하다고 판단하였다. 이때 탐사평가자산의 손상은 없었던 것으로 판단하였다. ㈜Kuo Oil은 20×7년 말에 추가적인 개발비로 ₩350,000을 지출하고 또한 추출설비를 ₩1,050,000에 취득하여 원유추출 준비를 갖춘 후, 20×8년 초부터 원유추출에 착수하였다.

1. 20×7년 말 재무상태표의 자산보고 내역을 밝혀라.
2. 원유 매장량이 35,000배럴로 추정되고, 첫 해인 20×8년도에 2,500배럴이 추출되었다고 하자. 잔존가치 없는 생산량비례법을 적용한 개발비 상각액과 추출설비 감가상각비를 인식한 후 이를 추출한 원유 재고자산의 원가에 산입하라.

해 답

1. 20×7년 자산 내역
   - 무형자산 : 기말에 탐사평가자산 ₩70,000(=₩40,000+₩30,000)이 손상되지 않은 금액으로 개발비로 재분류되었기에 재무상태표에는 개발비 ₩420,000(=₩70,000+₩350,000)이 보고됨.
   - 유형자산 : 재무상태표에 기말에 취득한 추출설비 ₩1,050,000이 보고됨.

2. 20×8년 개발비 상각비와 추출설비 감가상각비
   - 개발비 상각비 :

     배럴당 상각비 = 취득원가 ÷ 총추정매장량 = ₩420,000 ÷ 35,000배럴 = ₩12/배럴

(차)	무형자산상각비-개발비	30,000*	(대) 상각누계액-개발비	30,000
(차)	재고자산-원유	30,000	(대) 무형자산상각비-개발비	30,000

     * ₩12 × 2,500배럴

   - 추출설비 감가상각비 :

     배럴당 감가상각비 = 취득원가 ÷ 총추정매장량 = ₩1,050,000 ÷ 35,000배럴 = ₩30/배럴

(차)	감가상각비-추출설비	75,000*	(대) 감가상각누계액-추출설비	75,000
(차)	재고자산-원유	75,000	(대) 감가상각비-추출설비	75,000

     * ₩30 × 2,500배럴

제3절 투자부동산과 매각예정비유동자산

본 절에서는 투자부동산과 매각예정비유동자산의 회계를 다룬다. 매각예정비유동자산(혹은 자산집단)은 영업을 중단하는 상황과 연계되어 발생하는 경우가 있어 중단영업을 함께 다룬다.

1. 투자부동산

(1) 정의와 분류

투자부동산(investment property)이란 **임대수익**이나 **시세차익** 또는 두 가지 모두를 얻기 위하여 **소유자**나 **금융리스이용자**가 보유하고 있는 토지나 건물 등의 부동산을 말한다. 다만, (가) 재화의 생산이나 용역의 제공 또는 관리목적에 사용하는 부동산과 (나) 통상적인 영업과정에서의 판매하는 부동산은 제외한다. 투자부동산에 해당되는 경우와 해당되지 않는 경우의 예는 다음의 <표 9. 1>과 같다.

표 9.1 투자부동산에 해당되는 경우와 해당되지 않는 경우

투자부동산의 예	투자부동산이 아닌 항목의 예
① 장기 시세차익을 얻기 위하여 보유하는 토지 ② 장래 사용목적을 결정하지 못한 채 보유하는 토지 ③ 직접 소유(또는 금융리스를 통해 보유)하고 운용리스로 제공하는 건물 ④ 운용리스로 제공하기 위하여 보유하는 미사용 건물 ⑤ 투자부동산으로 사용하기 위하여 건설 · 개발 중인 부동산	① 통상적인 영업과정에서 판매하기 위한 부동산이나 이를 위하여 건설 · 개발 중인 부동산 ② 제3자를 위하여 건설 · 개발 중인 부동산 ③ 자가사용부동산 ④ 금융리스로 제공한 부동산

투자부동산은 기업이 보유하고 있는 다른 자산과 거의 독립적으로 현금흐름을 창출한다. 이러한 측면에서 볼 때, 창출되는 현금흐름이 당해 부동산에만 귀속되는 것이 아니라 생산이나 공급과정에서 사용된 다른 자산에도 동시에 귀속되는 자가사용부동산(owner-occupied property, 유형자산으로 회계처리함)과 구별된다.

(2) 공정가치 측정

투자부동산은 최초인식시점에 원가로 측정한다. 원가에는 당해 자산을 취득하기 위하여 최초로 발생한 원가(직접적인 거래원가를 포함), 후속적으로 발생한 추가원가, 대체원가, 중요한 유지원가 등이 포함된다. 그러나 부동산과 관련하여 일상적으로 발생하

는 유지원가는 발생기간의 비용으로 인식한다.

그리고 기업은 공정가치모형이나 원가모형 중 하나를 회계정책으로 **선택**하여 모든 투자부동산에 적용한다. 공정가치모형을 적용하는 경우, 기업은 투자부동산을 그 공정가치로 보고하고 또한 **평가손익을 당기손익으로 인식**한다.

공정가치모형을 적용하는 투자부동산의 경우 감가상각회계가 별도로 규정되어 있지 않다. 감가상각 여부는 평가손익의 크기에만 영향을 미칠 뿐 당기손익에는 영향을 미치지 않기 때문일 것으로 판단한다. 또한 공정가치모형을 적용하는 투자부동산의 경우 손상 회계가 별도로 규정되어 있지 않다. 원가모형을 적용하는 투자부동산은 앞서 익힌 유형·무형자산의 원가모형에서의 감가상각·상각 회계와 손상 회계를 적용한다.

그런데 원가모형을 적용하더라도 기업은 투자부동산의 공정가치를 주석으로 공시하여야 한다. 결국, 모든 기업은 신뢰성 있게 측정할 수 있는 경우 투자부동산의 공정가치를 측정해야 하는 것이다.

다음의 <예제 6>을 통해 투자부동산의 평가에 관한 회계처리를 연습해 보자.

예제 6

㈜구식개발은 20×7년 초에 5개의 상점이 있는 상가건물을 취득하고 투자부동산으로 분류하였다. 이 상가건물에 있는 5개의 상점 중 4개의 상점은 임대되어 있으며, 한 개의 상점은 임대되어 있지 않다. 취득과 관련한 원가 및 기타 정보는 다음과 같다.

매입가격	₩1,000
취득관련 법률비용	30
취득세/등록세	50
미임대상점 페인트비용	10
상가건물담보 차입금(매도자로부터 인수)	700
상점임대보증금(매도자로부터 인수)	100
취득한 투자부동산의 20%는 토지에 해당하고, 80%는 건물에 해당함.	

1. 위 투자부동산의 취득을 분개하라(투자부동산 취득원가의 결정은 유형자산 회계기준서(제1016호)를 따름).
2. 회사가 위 투자부동산에 공정가치모형을 적용하며, 20×7년 말과 20×8년 말 공정가치는 각각 ₩1,020과 ₩1,100이다. 취득시점과 각 연도 말에 필요한 분개를 하라.
3. 회사가 위 투자부동산에 원가모형을 적용하며, 건물은 정액 상각한다(내용연수 10년, 잔존가치 ₩64). 20×7년 말 수행할 회계처리를 보이고, 20×7년 말과 20×8년 말 재무상태표에 투자부동산이 어떻게 표시되는지 보여라.

해 답

1. 취득원가 = 매입가격 ₩1,000 + 법률비용 ₩30 + 세금 ₩50 = ₩1,080 ;
   토지부분 : ₩1,080 × 20% = ₩216 ; 건물부분 : ₩1,080 × 80% = ₩864 ;

투자부동산-토지	216	
투자부동산-건물	864	
건물보수비용	10	
부동산담보장기차입금		700
임대보증금		100
현　　금		290

2. 공정가치모형에서는 감가상각이나 취득원가의 배분(토지/건물) 등은 고려대상이 아니므로 취득시점에 ₩1,080 전액을 단일의 투자부동산 계정(예 상가건물)에 계상함.

   20×7년 말 공정가치 평가 분개 :

투자부동산평가손실-상가건물(당기손익)	60	
투자부동산-상가건물		60

   20×8년 말 공정가치 평가 분개 :

투자부동산-상가건물	80	
투자부동산평가이익-상가건물(당기손익)		80

3. 원가모형에서는 감가상각을 인식함.

   20×7년 말 분개

   (차) 감가상각비 80 (대) 감가상각누계액 80

재무상태표(일부)	20×7년 말	20×8년 말
투자부동산		
토지(원가)	216	216
건물(원가에서 감가상각누계액을 차감한 순액)	784	704
	1,000	920

(3) 계정대체와 제거

부동산의 사용목적 변경이 다음과 같은 사실로 입증되는 경우에만 투자부동산의 대체가 발생한다.

① 투자부동산의 대체

(가) 자가사용을 개시하면 자가사용부동산(유형자산)으로 대체한다.

(나) 통상적인 영업과정에서 판매하기 위한 개발을 시작하면 재고자산으로 대체한다.[6)]

② 투자부동산으로 대체

(가) 자가사용을 종료하면 투자부동산으로 대체한다.

(나) 제3자에게 운용리스로 제공하면 재고자산을 투자부동산으로 대체한다.

그리고 투자부동산을 처분하거나 혹은 그 사용을 영구히 중지하고 처분으로도 더 이상의 경제적 효익을 기대할 수 없는 경우에는 제거한다. 이러한 처분 혹은 폐기 시에는 순처분금액과 장부금액의 차이를 당기손익으로 인식한다.

2. 매각예정비유동자산과 중단영업

(1) 정의와 분류

기업이 영업활동을 수행하는 과정에서 사용하던 유형자산과 같은 비유동자산을 더 이상 사용하지 않고 매각하기로 결정하는 경우가 있을 수 있다. 이와 같이 비유동자산의 장부금액이 계속사용이 아닌 매각거래를 통하여 주로 회수될 것이라면 이를 **매각예정비유동자산**(non-current assets held for sale)으로 분류한다.[7] 개별 자산뿐 아니라 처분자산집단(disposal group)일 수도 있는데, 단일거래를 통해 매각·처분될 예정인 자산의 집합과 당해 자산과 직접 관련되어 이전될 부채를 망라한 것이다.

비유동자산을 매각예정으로 분류하기 위해서는 당해 자산을 현재의 상태에서 통상적이고 관습적인 거래조건만으로 즉시 매각될 가능성이 매우 높아야 한다. 매각될 가능성이 매우 높으려면 경영진이 매각계획을 확약하고, 매수자를 물색하고 매각계획을 이행하기 위한 적극적인 업무진행을 시작하고, 또한 현행 공정가치에 비추어 볼 때 합리적인 가격 수준으로 적극적으로 매각을 추진하여야 한다. 그리고 일반적으로 분류시점에서 1년 이내에 매각완료 요건이 충족될 것으로 예상하며, 매각계획이 유의적으로(즉, 중요하게) 변경되거나 철회될 가능성이 낮아야 한다.

처분만을 목적으로 **취득**한 비유동자산이 위에서 제시한 분류기준을 충족하지 못하였으나, 취득시점에서 **1년 이내에 매각완료** 요건이 충족되면서 취득 후 빠른 기간(통상 3개월 이내) 내에 충족할 가능성이 매우 높은 경우에도 매각예정자산으로 분류한다.

한편, **중단영업**(discontinued operations)은 이미 처분되었거나 매각예정으로 분류되고 다음 중 하나에 해당하는 기업의 구분단위를 말한다.

---

6) 투자부동산을 개발하지 않고 처분하려는 경우에는 재고자산으로 대체하지 않는다.

7) 상업적 실질이 있는 비유동자산간의 교환 대상인 자산도 포함. 폐기될 비유동자산은 장부금액이 주로 계속 사용을 통해 회수된다는 점에서, 일반적으로 매각예정비유동자산으로 분류할 수 없다.

① 별도의 주요 사업계열 혹은 영업지역
② 별도의 주요 사업계열 혹은 영업지역을 처분하는 단일계획의 일부
③ 매각만을 목적으로 취득한 종속기업

(2) 인식

매각예정비유동자산은 **순공정가치**(fair value less costs to sell)와 **장부금액** 중 **작은 금액**으로 측정한다. 그리고 신규로 취득한 자산(또는 처분자산집단)이 매각예정분류기준을 충족한다면 최초인식시점에 순공정가치와 매각예정으로 분류되지 않았을 경우의 장부금액(예 원가) 중 작은 금액으로 측정한다.

여기서 순공정가치는 공정가치에서 매각부대원가를 차감한 금액이다. 이때 1년 이후에 매각될 것으로 예상된다면 매각부대원가는 현재가치로 측정하고, 기간 경과에 따라 발생하는 매각부대원가 현재가치 증가분은 금융원가로서 당기손익으로 인식한다.

순공정가치의 하락은 당기손익 항목인 손상차손으로 인식한다. 그리고 순공정가치의 상승은 당기손익 항목인 손상차손환입으로 인식한다. 다만, 그 금액은 과거 인식하였던 손상차손누계액을 초과할 수 없다. 즉, 원가모형을 적용하는 유형자산의 **손상 회계**와 본질적으로 동일한 회계처리이다. 다만, 추가적인 사용을 전제로 하지 않기에, 손상판정 시에 회수가능액(max\{순공정가치, 사용가치\}) 대신 순공정가치를 활용하고 또한 환입한도 역시 간단하게 규정된 것이라고 보면 될 것이다.

한편, 비유동자산이 매각예정으로 분류되거나 매각예정으로 분류된 처분자산집단의 일부가 되면 그 자산에 대해서는 감가상각이나 상각을 하지 않는다. 그러나 매각예정으로 분류된 처분자산집단의 부채와 관련된 이자와 기타비용은 계속해서 인식한다.

(3) 재무제표 표시

매각예정으로 분류된 비유동자산은 다른 자산과 별도로 재무상태표에 표시한다. 매각예정으로 분류된 처분자산집단에 포함되는 자산이나 부채도 다른 자산이나 부채와 별도로 재무상태표에 표시하며, 해당 자산과 부채를 상계하여 단일금액으로 표시할 수 없다. 또한 매각예정으로 분류된 비유동자산(또는 처분자산집단)과 관련하여 기타포괄손익으로 인식한 손익누계액도 별도로 표시한다.

중단영업과 관련된 손익은 포괄손익계산서에 **중단영업손익**으로 하여 세후 금액으로 표시한다. 중단영업손익에는 중단영업에서 발생한 수익과 비용뿐만 아니라 중단영업에 속하는 자산은 매각예정자산에 해당된다는 점에서 중단영업의 정의를 충족하는 매각예정비유동자산의 손상차손 · 환입도 포함된다. 그러나 매각예정으로 분류하였으나, 중단

영업의 정의를 충족하지 않는 비유동자산을 재측정하여 인식하는 평가손익은 **계속영업손익**에 포함한다.

이제 <예제 7>을 이용하여 매각예정비유동자산과 중단영업이 재무상태표에 어떻게 표시되는지를 살펴본다.

예제 7

20×7년 말 ㈜구칠제과는 A, B, C 세 개의 사업부문 중 20×8년 중에 매각할 예정인 B사업부문을 중단영업으로 구분하였다. 20×7년도 B사업부문의 영업에서 발생한 세전 이익은 ₩80,000이었다. 그리고 B사업부문과 관련된 부채는 없으며, 부문의 자산은 모두 매각예정비유동자산(장부금액 ₩1,050,000, 순공정가치 ₩1,000,000)이다.

1. 20×7년 말 ㈜구칠제과의 재무상태표에 표시될 매각예정비유동자산은 얼마인가?
2. 20×7년 말 ㈜구칠제과의 포괄손익계산서에 중단영업손익은 얼마로 보고되는가? (단, 세율은 30%로 가정)

해 답

1. 매각예정비유동자산은 순공정가치와 장부금액 중 작은 금액으로 측정한다. 따라서 재무상태표에 보고되는 매각예정비유동자산의 금액은 ₩1,000,000이다.
2. 중단영업손익은 중단영업에서 발생한 수익과 비용뿐 아니라 중단영업의 정의를 충족하는 매각예정비유동자산의 손상차손도 포함한다. 또한 중단영업손익은 세후 금액으로 표시되어야 한다. 따라서 포괄손익계산서에 보고되는 중단영업이익은 ₩21,000이다. 즉, ₩21,000 = (₩80,000 − ₩50,000*) × (1 − 30%).

   * 매각예정비유동자산 손상차손 = ₩1,050,000 − ₩1,000,000

익힘문제

[1] 무형자산의 일반적인 인식요건을 열거하라.

[2] 무형자산의 식별가능성을 설명하라.

[3] 개별 취득 무형자산과 사업결합으로 취득한 무형자산을 비교·설명하라.

[4] 무형자산의 내용연수는 어떻게 결정되는가를 요약하고, 관련하여 내용연수가 비한정(indefinite)인 무형자산에 대해서도 생각해 보라.

[5] 무형자산의 상각과 관련하여 상각방법, 잔존가치 및 상각기간 등에 대해서 내용연수가 유한한 무형자산과 내용연수가 비한정인 무형자산을 비교·설명하라.

[6] 무형자산에 자산손상 회계를 적용할 때 유의할 점을 정리하라.

[7] 내부적으로 창출한 무형자산의 인식요건을 기술하라.

[8] 내부창출 무형자산과 관련하여 연구단계 및 개발단계에서 발생한 지출을 어떻게 회계처리하는지에 대해서 설명하라.

[9] 투자부동산은 최초 인식 후 원칙적으로 공정가치모형과 원가모형 중 하나를 선택하여 모든 투자부동산에 적용한다. 공정가치모형의 특징에 대해서 재평가모형과 비교하여 설명하라.

[10] 비유동자산 또는 처분자산집단을 매각예정비유동자산으로 분류하기 위한 기준에 대해서 정리하라.

[11] 중단영업의 개념이 무엇인지, 그리고 중단영업 관련 손익을 포괄손익계산서에 어떻게 표시하는지도 함께 설명하라.

연습문제

[1] 무형자산(인식과 측정)

다음 자료에 기초할 때 ㈜구일공작이 20×7년 말 재무상태표에 보고할 무형자산 가액은 얼마인가?

(1) 보고기간 말 현재 처분대기 중인 무형자산(손상 후 가액 : ₩3,000)

(2) 보고기간 말에 특허권(출원료 : ₩200)을 부여받은 개발공정의 개발비(미상각잔액 : ₩700) 및 연구비(발생액 : ₩350)

(3) 20×7년 초 의류생산기계를 기계가동을 위한 2개의 소프트웨어와 함께 ₩1,000,000에 일괄구입. 기계와 소프트웨어 A, B의 공정가치는 각각 ₩700,000, ₩300,000, ₩200,000임. 단, 소프트웨어 A가 없더라도 의류생산기계는 사용가능하나 소프트웨어 A로 인해 기계의 효율성이 높아짐. 반면 소프트웨어 B 없이는 의류생산기계의 가동이 불가능하며 소프트웨어 B로부터 발생하는 미래 경제적 효익은 확인할 수 없음. 동종업종에서 10년 전 소프트웨어 A, B를 모두 사용해 본 결과 각각 3년간 경제적 효익이 발생하였으나, ㈜구일공작이 20×7년 초 진부화를 고려하여 추정한 결과 2년간 경제적 효익이 발생할 것으로 예상됨. (2024년 공인회계사 2차 기출문제 변형)

(4) 보고기간 말에 개발된 시작품(prototype) 원가(₩1,000)

(5) 전기에 감액된 특허권의 보고기간 말 미상각잔액이 ₩500인데, 회수가능액이 ₩800으로 추정됨. 차액 ₩300은 손상차손의 환입으로 처리됨.

[2] 무형자산(교환)

㈜구이제지는 자사가 소유하고 있는 산업재산권을 ㈜팔팔환경이 소유하고 있는 소프트웨어와 교환하였다. 두 회사가 소유하고 있던 무형자산의 장부금액과 공정가치 평가액은 다음과 같다(단, 교환과 관련하여 현금수수는 없는 것으로 가정하라).

	㈜구이제지 산업재산권	㈜팔팔환경 소프트웨어
장부금액	₩10,000	₩12,000
공정가치	9,000	8,000

(1) 두 회사 소유 무형자산의 공정가치를 신뢰성 있게 측정할 수 없는 경우 각 회사 입장에서의 회계처리를 보여라.

(2) ㈜구이제지 소유 산업재산권의 공정가치가 ㈜팔팔환경 소유 소프트웨어의 공정가치보다 더 명백한 상황에서 위의 요구사항(1)에 다시 답하라.

[3] 무형자산(사업결합)

20×7년 초 ㈜구삼통신은 합병거래를 통하여 ㈜팔팔유리의 주식 100%를 매수하고, 그 사업결합대가로 현금 ₩4,000을 지급하였다. 이러한 사업결합시점에서 ㈜팔팔유리의 재무상태표에 따른 순자산 장부금액과 식별가능한 취득자산과 인수부채의 장부금액과 공정가치 측정액은 다음과 같았다(다만, 취득자산의 공정가치는 매수연구비를 제외한 공정가치를 의미한다).

	장부금액	공정가치
취득자산	₩5,000	₩7,000
인수부채	4,000	4,000
순자산	₩1,000	₩3,000

* 취득자산 및 인수부채란 실제로는 여러 가지 자산 및 부채항목들을 기록할 것을 압축하여 표현한 것이다.

(1) 매수연구비의 공정가치를 ₩700으로 신뢰성 있게 측정하였을 때, 사업결합시점에서 인식할 매수연구비와 영업권을 측정하라.

(2) 매수연구비의 공정가치를 신뢰성 있게 측정할 수 없다고 가정하고 위의 요구사항 (1)에 다시 답하라.

[4] 상표권 및 영업권

20×7년 10월 1일에 ㈜구사방적은 상표권을 등록하고 무형자산인 상표권의 취득을 기록하였다. 취득원가는 ₩100,000이었다. 그리고 같은 날 ㈜동양면화의 제2공장을 현금으로 인수한 후 이를 합병하였는데 이때 영업권의 취득을 기록하였다. 그 취득원가는 ₩200,000이었다. ㈜구사방적은 상표권의 내용연수를 모두 5년으로 추정하고 정액법으로 상각한다. 20×7년에 수행한 상표권과 영업권 상각을 분개하라.

[5] 특허권

다음의 세 가지 서로 관련이 있는 상황을 처리하라.

(1) 20×7년 초에 ㈜구오제과는 다른 기업이 소유하고 있던 특허권을 ₩1,500,000에 구입하였다. ㈜구오제과의 경영진은 이 특허권의 유효기간은 10년이 남아 있지만 현재의 기술진보 속도로 판단할 때 5년이 합리적인 내용연수라고 추정하였다. ㈜구오제과는 정액법으로 특허권을 상각한다. 20×7년의 특허권 취득과 상각을 분개하라.

(2) 20×8년 초에 ㈜구오제과는 삼류업체가 위의 (1)에서 취득한 특허권 내용과 유사한 제과기술을 사용하고 있는 것을 적발하고 특허권 침해소송을 제기하여 승소하였다. 소송과 관련한 지출은 ₩50,000이었다. 20×8년 소송비용의 발생과 특허권

의 상각을 분개하라.

(3) 20×9년 초에 경쟁사인 ㈜마라과자가 특허권 내용과 유사한 원재료 배합비율을 사용하고 있어 특허권 침해 소송을 제기하였다. 소송비용은 ₩100,000에 달하였는데 패소하였다. 그리고 이에 따라 누구든 유사한 과자를 만들 수 있어 특허권의 의미가 없어졌다고 판단하였다. 소송비용과 손상차손의 인식을 분개하라.

[6] 무형자산(상각과 손상)

다음은 ㈜꾸찌가 20×7년 초 사업결합으로 취득한 무형자산과 관련한 자료이다.

	취득시점 내용연수	취득원가	20×7년 말 회수가능액	20×8년 말 회수가능액
상표권	비한정	₩20,000	₩16,000	₩24,000
매수브랜드	5년	100,000	72,000	66,000
라이선스	10만벌	200,000	162,000	138,000

매수브랜드는 정액법으로, 그리고 라이선스는 생산량비례법으로 상각하는데 라이선스에 따른 생산량은 20×7년 1만 벌 및 20×8년 2만 벌이었다. 그리고 각각의 잔존가치는 ₩0이다.

개별 무형자산은 각각 독립된 현금창출단위이다. 또한 20×7년 말에는 모든 자산에 대한 손상징후가 있었고, 20×8년 말에는 모든 자산에 대한 손상회복 징후가 있었다.

(1) 20×7년 무형자산의 상각과 손상을 분개하라.

(2) 20×8년 무형자산의 상각과 회복을 분개하라.

[7] 내부창출 무형자산

㈜구칠철강은 새로운 생산공정을 개발하고 있다. 개발과 관련하여 20×7년 동안 발생한 지출은 ₩1,000이었으며, 이 중 ₩900은 새로운 생산공정이 무형자산의 인식기준을 충족했다는 사실을 제시할 수 있는 시점인 20×7년 12월 1일 이전에 발생한 것이고 나머지는 그 이후 시점에서 발생하였다. 20×8년 중에도 ㈜구칠철강은 새로운 생산공정을 개발하는데 추가적으로 ₩2,000을 지출하였다. 한편, 20×7년 말과 20×8년 말 시점에서 측정한 생산공정에 내재된 노하우의 회수가능액(그 공정이 사용가능하기 전에 해당 공정을 완료하기 위한 매래 현금유출액 고려 후의 금액)은 각각 ₩500과 ₩1,900으로 추정된다. 20×7년 말과 20×8년 말 재무상태표에 보고되는 생산공정의 장부금액은 각각 얼마이겠는가?

[8] 내부창출 무형자산(재무제표 보고)

- ㈜구파쌀통은 고객의 성원에 보답하기 위하여 계속적으로 신형모델을 개발하여 출시하고 있다. 20×7년 초에 시작하여 20×7년 6월 말에 시제품 개발이 완료되어 생산이 개시된 전통모델#52 프로젝트와 관련된 원가자료는 다음과 같다.

프로젝트 단계	직접원가
연구단계	₩1,000
개발단계-자산인식조건 충족 전	3,000
개발단계-자산인식조건 충족 후	12,000
완성 후 시제품 보관 및 홍보	1,500

㈜구파쌀통은 위 프로젝트에 따라 창출된 무형자산을 내용연수 4년, 잔존가치 ₩0으로 하는 정액법으로 상각한다. 20×7년 말에 자산손상의 징후가 없었다고 할 때, 관련된 원가는 20×7년 재무제표에 어떻게 보고되겠는가?

- 또한 ㈜구파쌀통은 20×7년 6월 말에 ㈜희한밥솥이 추진하고 있던 혁신쌀통 프로젝트를 ₩50,000에 매입하였다. 당시 동 프로젝트는 연구단계에 머무르고 있어 ㈜희한밥솥은 관련지출을 자산으로 계상하지 않았었다. ㈜구파쌀통은 매입 후 시제품의 개발을 추진하고 있는데, 20×7년 말까지 발생한 원가자료는 다음과 같다.

프로젝트 단계	직접원가
개발단계-자산인식조건 충족 전	₩5,000
개발단계-자산인식조건 충족 후	25,000

㈜구파쌀통은 혁신쌀통 프로젝트에 따라 발생한 원가를 20×7년 재무제표에 어떻게 보고하겠는가? (자산손상은 무시)

[9] 탐사평가자산

- **탐사평가활동**

㈜구구희토류는 20×7년 시베리아 오지에서 희토류 탐사평가활동을 수행하면서 발생한 원가 ₩480,000을 탐사평가자산으로 인식하였다. 회사는 동 자산을 원가모형을 적용하고 내용연수가 비한정인 무형자산으로 분류하였다. 그리고 연말이 다가올 때 희토류 채굴의 기술적 실현가능성과 상업화가능성을 확인하고 향후 8년간 총 1,000톤의 희토류를 채굴할 수 있다고 추정하였다. 탐사평가활동이 종료됨에 따라 탐사평가자산을 무형자산인 개발비로 재분류하였다. 탐사평가자산의 손상은 없었다.

- **개발활동**

탐사평가활동 결과를 토대로 시베리아 환경에 적합한 최적채굴방식을 시험하는

데 20×7년 말까지 현금 ₩20,000을 지출하였다. 이는 무형자산인 개발비로 인식하였다.

• **채굴 및 판매 활동**

20×8년 초부터 채굴된 희토류는 계속기록법을 적용하는 재고자산으로 인식하였다. 약간의 시행착오를 겪은 20×8년에는 100톤을 채굴하였는데, 개발비의 상각비 외에 ₩200,000의 채굴원가(임금, 채굴재료, 간접채굴원가 등)가 발생하였다. 그리고 연말에 채굴량 중 60톤을 현금 ₩270,000에 판매하였다.

(1) 20×7년 탐사평가활동이 종료된 시점에서의 탐사평가자산 재분류를 분개하라.
(2) 20×7년 말에 수행한 개발활동에 따른 개발비 발생을 인식하라.
(3) 20×8년 희토류의 채굴활동과 판매활동을 분개하라. 단, 개발비 상각에는 잔존가치를 ₩0으로 한 생산량비례법을 적용하라.

[10] 투자부동산

㈜구공빌딩은 20×7년 초에 임대수익을 얻을 목적으로 건물을 ₩2,000(잔존가치 ₩0, 내용연수 10년)에 취득하였다. 20×7년 말과 20×8년 말의 건물 공정가치는 각각 ₩2,500과 ₩1,500이었다. 또한 감가상각에는 정액법을 적용한다.

(1) ㈜구공빌딩은 이 투자부동산의 회계처리에 공정가치모형을 적용한 경우 각 연도의 공정가치 평가를 분개하라.
(2) 원가모형을 적용한 경우 각 연도의 감가상각을 분개하라.

[11] 매각예정비유동자산과 중단영업

㈜Kuil전자는 20×7년 말 현재 A, B 및 C 사업부문을 운영하고 있는데, 이 중 C 사업부문을 20×8년 중에 매각하기로 결정하였다. 이와 관련하여 20×7년 말 현재 C 사업부문 자산·부채의 장부금액, 공정가치 및 추가 자료는 다음과 같다.

	장부금액	공정가치
자 산	₩2,500,000	₩2,600,000
부 채	1,300,000	1,300,000

• 20×7년 말 현재 C 사업부문은 중단영업으로서의 분류요건을 충족하고 있으며, C 사업부문의 자산은 기계와 설비자산뿐이다.
• C 사업부문을 매각하는 데 ₩250,000의 추가비용이 발생할 것으로 예상된다.
• 20×7년도 C 사업부문의 영업에서 발생한 세전 순이익은 ₩200,000이었다.

(1) 20×7년 말 ㈜Kuil전자의 재무상태표에 표시될 매각예정비유동자산은 얼마인가?

(2) 20×7년 말 ㈜Kuil전자의 포괄손익계산서에 중단영업손익은 얼마로 보고되는가? (단, 세율은 30%로 가정)

CHAPTER 10

금융상품 : 표시 및 측정을 위한 분류

Contents

한국채택국제회계기준	국제회계기준
제1032호 금융상품 : 표시	IAS 32 Financial Instruments : Presentation
제1109호 금융상품	IFRS 9 Financial Instruments

본 장의 목적은 앞으로 다루게 될 금융자산, 금융부채 및 지분상품 회계에 대한 이해를 돕기 위해, ① 금융상품이 무엇인지, 그리고 어떤 종류가 있는지 소개하고, ② 금융상품을 재무제표상에 표시하기(presentation) 위해 어떻게 분류하며, ③ 그 측정(measurement)을 위해서는 어떻게 분류하는지를 설명하는 데 있다.

본 장의 내용은 「기업회계기준서」 제1032호(금융상품 : 표시)와 제1109호(금융상품)에 근거한다.

제1절 금융상품의 의의

금융상품(financial instruments)은 **금융거래**에서 사용되는 모든 수단 또는 도구를 가리키며, 법률적으로는 거래당사자들 사이에 합의되어 구속력을 갖는 **계약**(contract)의 형태를 취한다. 회계에서 금융거래의 범주는 일반인의 상식을 넘어 매우 넓다. 주식이나 채권의 매수, 자금의 대여와 같은 투자행위, 그리고 주식이나 채권의 발행, 자금의 차입과 같은 자금조달행위는 일반인이 상식적으로 아는 금융거래이다. 그밖에 재화나 용역을 외상으로 판매하는 거래에서 판매자는 **신용을 제공하고**(credit granting) 매입자는 신용을 제공받는데, 이러한 행위도 금융거래의 범주에 속한다. 또 제삼자가 차입자를 위해 대여자에게 **지급보증**을 제공하는 행위도 금융거래다. 신용의 공여나 지급보증 행위는 일반인이 흔히 금융거래로 인식하지 못하지만, 이들도 금융거래의 범주에 속한다.

그러면 금융상품은 무엇인가? 기업회계기준서 제1032호(금융상품: 표시)는 금융상품을 다음과 같이 공식적으로 정의하고 있다.

- 금융상품의 정의 : 거래당사자 일방에게 **금융자산**을 발생시키고 동시에 다른 거래상대방에게는 **금융부채**나 **지분상품**을 발생시키는 모든 **계약**(contract)

여기서 말하는 계약은 문서화된 계약만 가리키지 않고 상(商)거래에서 발생하는 관습적 계약도 포함한다. 예를 들어보자. 자금을 대여하고 빌리는 금융거래, 즉 자금대차거래에서는 계약이 문서로 존재한다. 또 회사가 신주를 발행하고 주식투자자가 이를 매수하는 금융거래에서도 계약이 문서로 존재한다. 반면 외상판매에서처럼 신용을 주고받는 금융거래에는 문서화된 계약은 없다.

다음으로 위 금융상품의 정의에서 거래당사자들이 누구인지 알아보자. 거래당사자들이란 기본적으로 금융상품의 발행자(issuer)와 보유자(holder)를 말한다. 채권이나 주식과 같은 단순한 형태의 금융상품은 보유자에게는 금융자산(financial asset)을, 발행자에게는 금융부채(financial liability) 혹은 지분상품(equity instrument)을 발생시킨다. 예컨대, 자금을 빌리기 위해 회사채를 발행한 회사에게는 금융부채(사채)가 발생하고, 이 회사채에 투자한 채권보유자에게는 금융자산(투자채권)이 발생한다. 또 자금을 조달하기 위해 주식을 발행한다면, 발행회사에게는 지분상품(자본)이 발생하고, 주식투자자(즉, 주주)에게는 금융자산(투자주식)이 발생한다. 그리고 외상판매에서처럼 신용을 주고받는 금융거래에서는 판매자에게는 매출채권이라는 금융자산이, 매입자에게는 매입채무라는 금융부채가 발생한다.

전통적으로 채권과 주식은 금융거래에서 오랫동안 사용되어온 금융상품의 대표적인 예이다. 그러나 금융시장이 발달하면서 금융공학(financial engineering)을 통한 첨단 금융기술이 개발되고, 이에 따라 채권이나 주식을 기초자산으로 하는 파생금융상품이 또 다른 금융거래수단으로 자리매김하게 되었다. 이에 따라 금융상품은 채권, 주식, 대여금/차입금, 매출채권/매입채무 등과 같은 비파생적 금융상품(이를 '본원적 금융상품'이라 부름)과 파생적 금융상품(이하 '파생금융상품')으로 나눌 수 있다.

금융상품 = 본원적(primary) 금융상품 + 파생적(derivative) 금융상품

파생금융상품은 본원적 금융상품에 비해 매우 복잡한 성격의 금융상품이며, 파생금융상품에 관한 이해는 앞으로 금융자산, 금융부채 및 지분상품의 정의와 회계를 이해하는 데 필수적이므로 다음 절에서는 파생금융상품에 대해 상세히 살펴보도록 한다.

제2절 파생금융상품

파생금융상품은 파생상품(derivatives)의 일부분이므로, 이를 이해하기 위해서는 파생상품에 대한 이해가 선행되어야 한다. 따라서 파생금융상품에 앞서 파생상품에 대해 먼저 살펴보자.

1. 파생상품의 의의

파생상품이란 다른 상품이나 자산의 **가격** 또는 **지수**(index)에 의해 그 가치가 결정되는 상품을 통칭한다. 파생상품의 가치를 결정하는 다른 상품이나 자산의 가격 또는 지수를 **기초변수**(underlying variables)[1]라고 부른다. 기초변수의 예로는 농·축산물(예 옥수수, 돼지삼겹살 등) 및 금속(예 금, 구리 등)과 같은 일반상품(commodities)의 가격,

그리고 이자율, 주가, 환율 등이 있으며, 이외에도 주가지수, 신용등급이나 신용지수 등도 포함된다. 요약하면, 파생상품이란 각종의 기초변수로부터 파생되어 만들어진 상품이라 할 수 있으며, 흔히 볼 수 있는 파생상품으로는 선도계약(forward contracts), 선물(futures), 옵션(options), 스왑(swaps) 등이 있다.

전통적으로 파생상품은 곡물(grains), 금속(metals), 가축(livestock) 등을 취급하는 거래자들이 이러한 기초상품의 가격변동위험에 노출되는 것을 회피하기 위한 수단으로서 개발되었다. 그러나 근래에 와서는 세계화된 경제환경 및 자본시장의 발달로 인해 대부분의 경제활동이 환율, 금리, 주가 등의 변화무쌍한 금융변수에 의해 영향을 받게 되고, 이에 따른 기업위험이 증대됨에 따라 이러한 위험을 회피하기 위해 금융상품을 기초로 하는 파생상품거래가 급증하고 있다. 이에 더하여, 금융산업에서는 개별고객의 특정 수요에 부응하여 맞춤 형태의 현금흐름 패턴을 창출해 내기 위한 수단으로서 새로운 형태의 파생상품이 계속해서 개발되고 있다.

파생상품거래는 그 목적에 따라 **위험회피목적 거래**와 **매매목적 거래**로 나눌 수 있다. 먼저 위험회피(hedging)란 한 거래자가 자신에게 노출된 위험을 다른 거래자에게 이전(transfer)하는 행위를 말하며, 위험회피를 목적으로 파생상품을 거래하는 것이 위험회피목적 거래다. 선물시장을 예로 든다면, 위험회피거래자는 자신이 보유 중인 현물, 혹은 미래에 보유하게 될 현물의 가격이 크게 하락할 가능성에 대비하여 선물을 매도함(short selling)으로써 위험을 회피한다. 예컨대, ㈜광물은 6개월 후 1kg의 금을 채굴할 계획이 있으며 채굴 예상원가는 ₩4,000만이라 하자. 이때 6개월 후 금 1kg의 시장가격이 채굴원가인 ₩4,000만보다 낮게 형성되면 회사는 영업손실을 보게 된다. 그리고 그 손실의 크기는 6개월 후 시장가격에 따라 결정된다. 이는 ㈜광물이 금 가격 변동위험에 노출되어 있음을 말해준다. 만일 이때 ㈜광물이 1kg의 금을 채굴원가보다 높은 ₩5,000만으로 6개월 후 매도하는 계약을 오늘 체결한다면, 6개월 후 채굴할 금을 미리 정한 가격에 매도하므로, 6개월 후 있을지 모를 금 가격의 하락으로 인한 손실위험에서 벗어날 수 있다. 이러한 계약을 선물계약이라 하는데(이 예에서는 금 선물계약), 계약에서 정한 가격(이 예에서는 ₩5,000만)을 선물가격이라 부른다. 선물가격은 미래 시장변수에 대한 예상(expectations)에 근거하여 형성되므로, 지금 현재 사고팔리는 금의 가격(이를 현물가격이라 부름)과는 통상적으로 다르다.

다음으로 매매목적 거래는 가치변동위험에 노출된 현물이 없거나 미래 보유할 예정도 없는 거래자가 순전히 선물가격 변동으로 인한 차익을 획득할 목적으로 하는 파생상품 거래를 말한다. 매매목적 거래자는 선물가격이 지금보다 상승할 것으로 기대되면 선

---

1) 기초변수가 가격인 경우 해당 상품이나 자산을 **기초상품**(underlying goods) 또는 **기초자산**(underlying asset)이라고 부른다.

물을 매수하고(buy), 일정 기간 후 선물가격이 예상대로 상승할 때 **매수포지션**(long position)을 청산하고 차익을 실현한다. 그러나 기대와 달리 선물가격이 매수가격 이하로 하락하면 손실을 본다. 반면에 선물가격이 하락할 것으로 기대되면 해당 선물을 매도하고(sell) 이후 예상대로 선물가격이 하락하면 **매도포지션**(short position)을 청산함으로써 차익을 실현한다. 물론, 이 경우도 기대와 달리 선물가격이 상승하면 손실을 본다. 이처럼 선물가격의 변동을 예상하고 선물을 매수 또는 매도하고 일정 기간 후 가격변동으로 인한 차익을 실현하는 거래가 매매목적 파생상품 거래다.

2. 파생금융상품

파생상품의 기초자산은 금, 은, 곡물, 돼지삼겹살 등과 같은 비금융항목(non-financial items)일 수도 있으며, 주식, 채권, 외국통화(foreign currencies) 등과 같은 금융항목(financial items)일 수도 있는데, 기초자산이 금융항목인 경우 해당 파생상품을 특별히 **파생금융상품**(derivative financial instruments)이라 부른다. 예컨대, 금이나 곡물을 3개월 후 일정 가격에 매수하거나 매도하기로 한 계약은 파생금융상품이 아니다. 이는 금이나 곡물은 금융항목이 아니기 때문이다. 반면, 미국 달러 $1,000을 3개월 후 달러당 ₩1,400에 매수하는 계약을 거래은행과 체결하였다면 이 선물계약은 파생금융상품인데, 이는 미국 달러와 원화가 금융항목이기 때문이다.

파생금융상품의 특징은 거래당사자들에게 '**금융자산을 수취 혹은 인도하거나 교환할 현재의 권리나 의무**'를 발생시킨다는 사실이다. 위에서 언급한 금 선물계약은 거래당사자들에게 금융자산이 아닌 금을 수취 혹은 인도할 권리나 의무를 발생시키므로 파생금융상품이 아니다. 그러나 이러한 계약이 **실물을 인수하거나 인도하는 방식으로 결제되지 않고, 현금 등 금융상품으로 차액 결제될** 수 있는 경우에는 파생금융상품으로 간주한다. 예를 들어, 1kg의 금을 3개월 후 ₩5,000만에 매도하는 금 선물계약을 오늘 체결하고, 3개월 후 금 현물가격과 ₩5,000만의 차이에 해당하는 현금을 주고받음으로써 결제하는 조건이라면 해당 계약은 파생금융상품이다. 그 이유는 다음과 같다. 만일 3개월 후 금 현물가격이 1kg에 ₩6,000만이 된다면, 금을 매도하는 거래자는 매수자에게 그 차액인 ₩1,000만을 현금으로 지급함으로써 선물계약을 청산한다. 반면, 3개월 후 금 현물가격이 1kg에 ₩4,500만이라면 매수자가 매도자에게 그 차액인 ₩500만을 현금으로 지급한다. 이처럼 이 금 선물계약은 비록 기초자산이 비금융항목인 금이지만, 거래당사자들에게 현금(금융자산)을 수취 혹은 인도할 권리나 의무를 발생시키므로 파생금융상품인 것이다. 이제 파생금융상품을 포함하는 파생상품을 이해하였으니, 이하에서는 다양한 파생상품의 종류를 살펴본다.

3. 파생상품의 종류

파생상품을 유형별로 분류해 보면 선도거래, 선물, 옵션, 스왑으로 나누어 볼 수 있다. 이러한 파생상품들은 각기 그 자체가 독립적인 거래대상이 되기도 하지만 상호 간의 결합이나 또는 다른 금융상품과의 결합에 의해 더 복잡한 형태의 금융상품을 만드는 데에 활용되기도 한다. 일례로, 일반 회사채에 파생상품인 전환옵션을 결합하여 전환사채를 만들 수 있다.

(1) 선도계약(forward contracts)

선도계약은 하나의 자산을 또 다른 자산과 교환할 것을 약속한 계약으로서, 약속에 따른 실제 거래의 이행은 미래시점에 이루어지나 거래가격, 수량, 시기 등의 거래조건은 계약체결 시점에서 결정되는 거래를 가리킨다. 사실 이러한 선도거래는 일반인들에게 이미 익숙한 거래이기도 하다. 선도거래의 가장 알기 쉬운 예로 입도선매(立稻先買(賣))가 있는데, 이는 봄철에 농부와 곡물상인이 계약을 체결하고 가을에 쌀을 추수하면 계약시점에 미리 정한 가격에 쌀을 인도하기로 한 약속이다.

입도선매는 상인에게는 일정한 가격에 햅쌀을 확보함으로써 흉년의 경우 쌀값 폭등위험을 회피하는 수단이 되고, 반대로 농부에게는 풍년의 경우 추수기 쌀값 폭락위험을 회피할 수 있는 수단을 제공한다. 따라서 불확실한 미래의 위험을 회피하고자 하는 상인과 농부의 이해가 서로 일치할 때 입도선매라는 선도계약이 성립되는 것이다. 선도거래는 그 내용이 단순하면서도 위험회피수단으로서의 유용성이 높아서, 인류역사상 오래전부터 사용되어 왔다.

현대 경제에서 중요한 비중을 이루는 선도거래는 외환시장에서 외환을 대상으로 이루어지는 선물환거래, 즉 **통화선도거래**이다. 통화선도거래를 이해하기 위해 다음의 예를 들어보자. ㈜수출은 제품을 미국의 거래처에 외상매출하고 6개월 후에 $100의 대금을 수령할 예정이다. 만일 회사가 6개월 후 $100을 수령하고 이를 외환시장에서 그 시점의 현물환율로 매도한다면, 회사는 환율변동으로 인한 위험에 노출되고 최종적으로 얼마의 원화매출을 올릴지 알 수 없게 된다. 이러한 위험을 회피하기 위해 ㈜수출은 $100을 6개월 후에 매도하는 선도계약을 체결할 수 있다. 이때 회사가 체결한 계약가격이 $1당 ₩1,100이라면[2] 회사는 6개월 후의 현물환율에 상관없이 ₩110,000의 원화매출을 올리고 환율변동의 위험을 회피할 수 있다. 한편, 이 통화선도계약에서 ㈜수출의 거래상대방은 6개월 후 $100을 $1당 ₩1,100에 미리 확보함으로써 그도 역시 환율변동

---

2) 이 계약가격을 현물환율(spot rate)과 대조하여 선도환율(forward rate)이라고 부른다.

위험을 회피할 수 있게 된다. 이처럼 통화선도계약을 체결한 두 당사자는 6개월 후, 즉 만기에 그 시점의 현물환율과 상관없이 $100을 $1당 ₩1,100에 인도 및 수취하고 계약은 종료된다.

위 설명에서는 선도계약을 사전적(ex-ante) 시각에서 살펴보았으므로, 이제 관점을 달리하여 선도계약의 사후(ex-post) 결과를 살펴보자. 전술한 통화선도계약의 예에서 사후결과는 다음 둘 중 하나이다. 첫째는 현물환율이 6개월 후 만기에 $1당 ₩1,100(계약시점의 선도환율) 이하로 하락한 경우로서, 예를 들어 현물환율이 ₩1,050이 되었다면, $100을 ₩1,100에 매도하기로 한 ㈜수출은 사후적으로 ₩5,000(=(₩1,100−₩1,050)×$100)의 이익을 보게 된다. 그 이유는 선도계약이 없었다면 $1당 ₩1,050에 매도해야 했을 $100의 수출대금을 선도계약으로 인해 ₩50 더 비싼 ₩1,100에 매도할 수 있었기 때문이다. 반대로 거래상대방은 $1당 ₩1,050에 살 수 있었을 $100을 ₩1,100원에 매수해야 하므로 사후적으로는 손해를 입게 되며, 그 손해액은 ㈜수출의 사후적 이익과 같은 금액인 ₩5,000이다.

선도계약의 두 번째 사후결과는 6개월 후 현물환율이 계약시점 선도환율 이상으로 상승하는 경우이다. 예를 들어, 만기에 환율이 ₩1,150이 된다면, ㈜수출은 ₩5,000의 손실을 입게 되나, 거래상대방은 같은 금액만큼 이익을 얻게 된다. 요약하면, 선도계약 체결 후, 향후 계약 실행시점, 즉 만기일에 가격이 하락하면 (위 통화선도계약에서는 환율이 하락하면) 매도포지션을 가진 거래자(매도자)는 사후적으로 이익을 보게 되나, 매수포지션을 보유한 자(매수자)는 손실을 입게 된다. 반대로 미래에 가격이 상승하면(위 통화선도계약에서는 환율이 상승하면), 매도자는 손실을, 매수자는 이익을 본다. 즉, "매수자(매수포지션)는 가격이 상승해야 이익이 발생하고, 매도자(매도포지션)는 가격이 하락해야 이익이 발생한다"는 현물거래에서의 단순한 원칙이 선도거래에서도 성립하는 것이다.

선도계약의 또 하나의 특징은 어느 한 거래자가 이익을 보면 상대 거래자는 반드시 손실을 입게 되며, 이러한 사후적 이익과 손실은 그 크기가 동일하다는 사실이다. 즉, 선도계약은 사후적으로 제로섬게임(ex-post zero-sum game)인 것이다.[3] 그러나 물론 어느 거래자가 이익을 볼지 또는 손해를 입을지 사전적으로는 알 수 없다. 이와 같이 어느 거래자나 이익을 볼 수도 있고 손실을 입을 수도 있으므로 선도계약은 사전적으로 대가를 주고받지 않는 파생상품이다. 다시 말해, 최초 계약시점에서의 순투자액은 0이며, 이를 두고 선도계약의 프리미엄(premium)은 0이라고 말한다.[4] 다시 말해, 회계처리

---

3) 사실 "매수자는 가격이 오르면 이익, 매도자는 가격이 내리면 이익"이라는 사실과 제로섬 현상은 선도거래뿐 아니라 대부분의 파생상품거래에서도 성립한다.

4) 한편, 사후적으로는 선도계약에서 어느 한 거래자만 이익을 보고 상대방은 손실을 입게 되므로, 손실

상 최초인식시점에서 선도계약의 공정가치(fair value)는 0이다.

최초인식시점에서 선도계약의 공정가치가 0이라는 사실을 이해하는 것이 회계처리를 이해하는 데 매우 중요하므로, 앞서 언급한 ㈜수출의 경우를 들어 구체적으로 살펴보자. 통화선도계약으로 ㈜수출은 6개월 후 $100을 상대거래자에게 인도해야 할 의무가 있는 동시에 그 대가로 원화를 수취할 권리도 갖는다. 이 의무와 권리는 개념적으로 부채(USD 미지급금)와 자산(원화 미수금)에 해당하므로, 선도계약은 부채와 자산의 성격을 동시에 갖는 특이한 항목이다. 따라서 선도계약의 공정가치는 USD 미지급금의 공정가치와 원화 미수금 공정가치의 차이가 될 것이다. 그렇다면 최초인식시점에서 ㈜수출의 통화선도계약의 공정가치는 얼마일까? 먼저 USD 미지급금 $100의 공정가치는 6개월 후의 현물환율에 의해 최종적으로 결정될 것이나, 이 미래의 현물환율은 최초인식시점에서 알 수는 없다. 그러나 이 미래 현물환율에 대한 합리적 추정치가 바로 최초인식시점의 선도환율이므로, 이 선도환율을 이용하여 부채의 공정가치를 계산할 수 있다. 즉, 최초인식시점에서 부채의 공정가치는 ₩110,000(=$100 × ₩1,100)으로 평가된다. 반면, 원화미수금의 공정가치는 계약에 의해 이미 선도환율로 확정되었으므로, 이 금액 역시 ₩110,000(=$100 × ₩1,100)이 된다. 이처럼 최초인식시점에서 선도계약에 따른 부채와 자산의 공정가치는 일치하므로 선도계약 자체의 공정가치가 0이 되는 것이다.

최초인식시점에서 선도계약의 공정가치는 0이지만, 이후 공정가치는 계속적으로 변동한다. 그 이유는 원화미수금의 공정가치는 환율의 변동과 상관없이 계약에 의해 ₩110,000으로 고정되어 있지만, USD 미지급금의 공정가치는 선도환율이 변동함에 따라 변동하기 때문이다. 이는 최초인식시점 이후 선도계약의 공정가치가 0과 달라짐을 의미하며, 해당 공정가치는 회계연도 말에 자산 또는 부채로 인식하고, 동시에 공정가치의 변동은 평가손익으로 인식한다.

(2) 선물(futures contracts)

전술한 대로 거래자 쌍방의 계약에 근거한 선도거래는 사후적으로 계약을 위반하려는 유인이 존재하고 계약이행에 관한 보장이 미약하므로 실무적으로 광범위하게 이용되는 데에는 한계가 있다. 이러한 선도계약의 문제점을 적절한 제도적 장치를 통해 보완한 것이 **선물**이다. 즉, 내용면에서 볼 때 선물은 선도계약과 동일하나 다음 몇 가지 점에서 차이가 난다.

을 입은 거래자는 계약을 불이행하려는 유인을 가지게 되고, 이는 선도거래 자체를 불안하게 만드는 요인이 된다. 이로 인해 선도계약은 기본적으로 상호 신뢰할 수 있는 거래자들 사이에서만 성립되는 특징을 갖는다. 사실 실무에서 체결되는 대부분의 통화선도계약은 주로 은행 간 또는 신용이 확실한 기업과 거래은행 간에 이루어지는 것이 보통이다.

첫째, 선물은 조직화된 거래소(organized exchanges)에서 거래되나 선도계약은 단순히 쌍방의 개별적인 약속에 따라 거래된다. 현재 우리나라에서 선물은 한국거래소(Korea Exchange : KRX)에서 거래되고 있다.

둘째, 선물은 규격화된 거래조건(standardized terms)에 의해 거래되나 선도계약은 거래조건이 표준화되지 않고 개별계약에 따라 각기 다르다. 앞서 예를 든 입도선매는 계약조건이 규격화 또는 표준화되지 않은 선도거래의 전형적인 예인데, 예컨대 추수기에 인도될 쌀의 수량이나 품질에 대해 계약상 특별히 규격화된 조건이 없다. 그 이유는 두 개인 간 계약에서는 거래품목의 수량이나 품질을 표준화할 필요가 없기 때문이다. 단순히 가을에 추수되는 쌀 전량(全量), 또는 상호 간에 적절하다고 판단되는 양의 쌀을 인도하는 조건으로 거래하면 된다. 반면, 선물계약은 거래대상의 수량, 품질, 인도시점, 청산방법 등이 규격화되어 있으며 가격을 매기는 호가단위도 규격화되어 있다. 일례로, 금선물의 경우 거래수량은 1kg 단위로 규격화되어 있고,[5] 품질도 순도 99.99% 이상의 금괴로 표준화되어 있다.

셋째, 선물거래가 선도거래와 또 다른 점은 **청산소**(clearing houses)가 있어서 모든 선물계약의 의무가 이행되도록 보장하는 기능을 담당한다는 것이다. 이 기능을 수행하기 위해 청산소는 각 매도자에 대한 매수포지션과 각 매수자에 대한 매도포지션을 모두 자신이 갖는다. 즉 모든 선물거래자들은 청산소에 대해서만 계약이행의 의무를 가지며, 자신과 반대 포지션을 가진 거래상대방에 대해서는 의무를 갖지 않는다. 이러한 청산소의 존재로 인해 선물거래자들은 거래상대방의 신용에 관해 염려할 필요가 없게 되고, 그 신원조차도 알 필요가 없게 된다.

넷째, 선물거래에는 선도거래에 없는 **증거금납입**(margin payments)과 일일정산(daily settlement)이라는 제도적 장치가 있다. 먼저, 선물거래자들은 거래를 시작하기 전에 계약불이행, 즉 신용위험에 대비하여 일정액의 보증금을 예치하여야 하며, 이를 개시증거금(initial margin)이라 한다. **일일정산**(daily settlement)이란 하루의 거래가 종결되면 그날의 정산가격[6]에 따라 포지션을 정산하는 것을 말한다. 즉, 모든 거래자들은 자신의 매수 또는 매도포지션을 공정가치로 평가하고 매일 발생한 이익이나 손실을 실제 현금으로 결제한다. 이처럼 모든 선물계약은 매일 공정가치로 평가되고(marked to market), 공정가치변동을 현금으로 결제함으로써 계약불이행의 위험이 제거된다.

마지막으로, 선도계약이 체결되면 만기에 매도자가 거래대상 상품을 인도하고 매수자는 이를 인도받음으로써 두 거래자의 포지션이 청산되는 반면 선물계약은 만기에 실

---

5) 즉, 금선물 1계약은 1kg에 해당한다.

6) 이를 **일일정산가격**이라 하는데, 이는 일반적으로 시장 종료 직전 일정기간 동안 체결된 가격을 거래량으로 가중평균한 가격이다.

물인도를 통해 청산되는 경우가 매우 드물다. 이는 선물이 거래소에서 매일 거래되므로 거래자는 현재 보유 중인 포지션에 대해 반대포지션을 취함으로써 만기 전에라도 얼마든지 쉽게 청산할 수 있기 때문이다. 이처럼 선물은 기초자산인 실물이 없이도 얼마든지 거래가 가능하다.

(3) 옵션(options)

옵션이란 만기까지의 기간에 걸쳐 미리 정한 행사가격(exercise price)으로 특정자산(기초자산)을 매수하거나 매도할 수 있는 권리를 말한다. 매수할 수 있는 권리를 **콜옵션**(call option)이라고 하며, 매도할 수 있는 권리를 **풋옵션**(put option)이라고 한다. 옵션을 행사시점에 관한 조건에 따라 구분하면, 만기에만 행사할 수 있는 유럽식 옵션(European options)과 만기까지 아무 때라도 행사 가능한 미국식 옵션(American options)으로 나눌 수 있다.

여기서 우리나라 시장에서 거래되는 미국달러(USD) 통화옵션을 통하여 옵션의 내용을 좀 더 구체적으로 알아보자. 일례로, 20×5년 1월 환율(즉, $1의 원화가격)이 ₩1,100일 때에 거래자 A가 미국달러에 대한 콜옵션 1계약을[7] 매도하고 거래자 B는 이를 매수하였다고 하자. 이 콜옵션의 행사가격은 현물환율과 같은 ₩1,100이고 만기는 20×5년 6월이라고 가정하자. 만일 만기에 환율이 ₩1,200으로 오른다면, 이 콜옵션의 가치는 $1당 ₩100(=₩1,200−₩1,100)이 된다. 그러나 만일 만기환율이 ₩1,000으로 하락한다면 콜옵션의 가치는 −₩100이 아니라 ₩0이 된다. 왜냐하면 ₩1,000짜리 미국달러를 행사가격인 ₩1,100에 매입하면 손해이므로 콜옵션 매수자 B는 행사를 포기하기 때문이다. 이와 같이 옵션보유자 B는 자신에게 손실이 되는 경우에는 이를 행사하지 않고 이익이 되는 경우에만 행사하므로 의무는 없고 권리만 존재한다. 반면, 콜옵션 발행자 A는 권리는 없고 의무만 있다. 이는 거래당사자 모두에게 권리와 의무가 동시에 존재하는 선도나 선물계약과는 대조적이다. 그러므로 사전적으로 옵션은 보유자에게는 자산이 되고, 발행자에게는 부채가 된다. 따라서 선도나 선물거래와는 달리 옵션은 계약시점에 일정금액(이를 프리미엄이라 함)을 지불(또는 수령)하고 매수(또는 매도)하게 된다. 즉, 옵션의 순투자액은 0이 아니며, 이로 인해 계약시점, 즉 최초인식시점에서의 공정가치도 0이 아니다.

한편, 옵션의 행사가격이 기초자산의 현재가격보다 높거나 낮아서 옵션보유자에게 옵션행사이익이 발생할 수 있다면, 옵션이 '**내가격**(in the money)'에 있다고 말하며, 그 반대로 옵션행사이익이 발생할 수 없는 경우에는 옵션이 '**외가격**(out of the money)'에

---

7) 미국달러 통화옵션의 1계약은 $10,000임.

있다고 말한다. 예를 들어, 삼성전자주식을 기초자산으로 하는 콜옵션의 행사가격이 ₩100만이고, 현재 주가가 ₩120만이라면 이 콜옵션은 내가격에 있으며, 주가가 ₩70만이라면 외가격에 있는 것이 된다. 반면, 풋옵션이라면 전자의 경우 외가격, 후자의 경우 내가격에 있게 된다.

(4) 스왑(swaps)

스왑(swaps)의 문자적 의미는 '교환'이다. 파생상품으로서의 스왑은 기초자산 가격에 근거하는 조건에 따라 두 개의 서로 다른 현금흐름을 일정기간 동안 서로 교환하는 계약이다. 원리적으로 스왑의 대상은 모든 형태의 현금흐름이 될 수 있지만, 실무적으로 가장 빈번하게 이루어지는 스왑거래는 금리스왑이다. 금리스왑은 변동금리와 고정금리를 일정기간 동안 교환하기로 약정하는 거래이다. 대차거래에서 계약에 의해 금리(이자율)를 만기까지 고정시키면, 대출자(lender)는 금리변동위험에 노출된다. 즉, 대출 이후 시장금리가 계약상의 고정금리 이상으로 상승하면, 그 상승분만큼의 기회비용을 부담하게 된다. 따라서 시장금리가 미래에 상승할 것이 예상되면, 고정금리 대출자는 변동금리와 스왑함으로써 더 많은 현금유입을 창출할 수 있게 된다. 반대로, 차입거래에서 금리를 추후 시장금리의 변동과 연계시킨 변동금리로 정하면, 차입자는 금리가 상승할 때 더 많은 이자비용을 부담하게 된다. 따라서 미래에 금리가 상승할 것이 예상된다면 변동금리 차입자는 고정금리와 스왑함으로써 이자부담을 줄일 수 있다.

금리스왑의 구체적인 예를 들어보자. ㈜상승은 ₩1,000,000에 대해 향후 3년간 매 6개월마다 연리 6%의 고정금리를 ㈜하락에게 지불하고, ㈜하락은 ㈜상승에게 이자교환을 하는 시점에서의 LIBOR[8]를 지불하기로 하였다. 이자교환을 하는 시점은 미래시점이므로 매 이자교환시점의 LIBOR는 변할 것이다. 따라서 ㈜하락은 고정금리를 받고, 대신 ㈜상승에게 변동금리를 주는 셈이다. 즉, ㈜상승은 매 6개월마다 ㈜하락에게 ₩30,000 (=₩1,000,000 × 6% × 1/2)의 이자를 지급하고, ㈜하락은 ㈜상승에게 이자교환시점에서의 LIBOR를 적용한 이자를 지불하게 된다. 일례로, 이자교환시점에서 LIBOR가 8%라면, ㈜하락은 ㈜상승에게 ₩40,000(=₩1,000,000 × 8% × 1/2)을 지불해야 하고, 그 대신 ㈜상승으로부터 ₩30,000을 받는다. 이 두 상반된 현금흐름을 상쇄하면, 결국 ㈜하락이 ㈜상승에게 ₩10,000을 지급하게 되는 것이다. 반면, 이자교환시점에서 LIBOR가 5%라면, ㈜하락은 ㈜상승에게 ₩25,000을 지불해야 하나, ㈜상승으로부터 ₩30,000을 지급받으므로, 결국 ㈜상승이 ㈜하락에게 ₩5,000을 지급하게 되는 것이다.[9]

---

8) LIBOR란 London Inter-Bank Offer Rate의 약자로서, 런던의 은행들 간 단기자금결제에 적용하는 이자율을 말한다. LIBOR는 국제금융시장에서 기준금리의 역할을 한다.

이처럼 금리스왑은 원금(위 예에서 ₩1,000,000)은 교환하지 않고 일정기간(즉, 이자교환시점)마다 그 시점의 변동금리와 계약 당시 미리 정한 고정금리의 차액만큼만 결제하는 계약이므로 원금에 비해 매우 적은 비율의 현금이 교환된다. 따라서 스왑거래는 신용위험이 그리 크지 않다고 할 수 있다. 또 이렇게 주어진 기간 동안 일정시점마다 차액을 결제하므로 스왑은 여러 번에 걸친 연속된 선도거래라고도 볼 수 있다. 한편, 이미 짐작하였겠지만 스왑계약도 선도 및 선물계약처럼 제로섬게임이다. 또한 선도 및 선물계약처럼 스왑계약도 최초인식시점에서 프리미엄이 없고, 공정가치도 ₩0이다.

4. 파생상품의 「기업회계기준서」상 정의

지금까지 파생상품의 의의와 종류에 대해 살펴보았으므로, 이제는 기업회계기준이 파생상품을 어떻게 정의하고 있는지 살펴보자. 기업회계기준서 제1039호는 파생상품을 다음 세 가지 특성을 **모두** 가진 금융상품이나 기타 계약으로 정의하고 있다.

- 기초변수의 변동에 따라 가치가 변동한다.
- 최초 계약시 순투자금액이 필요하지 않거나 시장요소의 변동에 유사한 영향을 받을 것으로 기대되는 다른 유형의 계약보다 **적은** 순투자금액이 필요하다.
- 미래에 결제된다.

위 첫 번째와 세 번째 특성은 다른 설명이 필요 없지만, 두 번째 특성은 약간의 추가 설명이 필요하다. 먼저 최초 계약시 순투자금액이 '필요하지 않다'는 것은 파생상품 거래자가 대가를 지급할 필요가 없다는 의미인데, 그 이유는 해당 파생상품의 최초 계약시 공정가치, 즉 경제적 가치가 0이기 때문이다. 이러한 예에 해당하는 파생상품으로는 선도, 선물, 스왑 등이 있다.

다음으로, '시장요소의 변동에 유사한 영향을 받을 것으로 기대되는 다른 유형의 계약보다 **적은** 순투자금액'을 필요로 하는 파생상품을 생각해 보자. 이러한 파생상품의 대표적인 예가 **옵션**이다. ㈜삼성전자의 주가가 주당 ₩80,000일 때 1주를 ₩80,000에 살 수 있는 **콜옵션**을 예로 들어보자. 삼성전자의 주가는 회사의 이익전망이 더 좋아지거나 나빠짐에 따라 변동하며, 이는 콜옵션의 가치에도 유사한 영향을 미친다. 예컨대, 삼성전자의 미래 이익전망이 좋아져 주당 ₩80,000 하던 주가가 ₩81,000이 된다면 콜옵션의 가치도 이와 유사하게 상승한다.[10] 즉, 삼성전자 주식과 콜옵션은 "시장요소의 변동

---

9) 이 예에서의 금리스왑은 이자교환시점에서의 LIBOR 금리와 고정금리 간의 차액을 결제하는 것으로 되어 있으나, 일반적으로 실무에서는 매 이자 교환기간(여기서는 6개월) 초(初)의 LIBOR와 고정금리 간의 차액을 결제금액으로 미리 정한다.

에 유사한 영향을 받을 것으로 기대된다." 그러나 삼성전자 주식을 매수하려면 현재 주가(예 ₩80,000)에 상응하는 순투자금액이 필요하지만, 콜옵션의 가격(프리미엄이라 부름)은 그보다 훨씬 낮아서(예컨대, ₩300), 콜옵션의 순투자액은 주식의 순투자액보다 현저하게 적다. 따라서 콜옵션은 파생상품의 두 번째 특성을 만족한다.

5. 내재파생상품과 복합금융상품

파생금융상품을 포함하여, 모든 파생상품은 독립된 상품으로서 그 자체로 거래되는 것이 보통이다. 그러나 특수한 경우 파생금융상품은 일반 금융상품(예 채권, 우선주 등)에 부가되어(attached) 해당 금융상품의 **현금흐름 중 일부 또는 전부를 변동**시키기도 하는데, 이러한 파생금융상품을 특별히 **내재파생상품**(embedded derivatives)이라 부른다. 내재파생상품이 부가된 금융상품을 흔히 '**복합금융상품**(compound financial instrument)'이라 부른다. 그 이유는 발행자의 관점에서 볼 때 복합금융상품이 부채요소와 자본요소를 동시에 가지고 있기 때문이다. 이처럼 내재파생상품은 복합금융상품을 구성하는 하나의 요소이지만, 해당 복합금융상품은 그 자체로 하나의 비파생(non-derivative) 금융상품으로 분류된다.

복합금융상품의 대표적인 예로 **전환사채**(convertible bonds)가 있다. 전환사채는 일반 회사채에 전환권이 부가된 채권이다. 전환사채 보유자가 전환권을 행사하면 보유채권을 발행회사의 주식으로 전환할 수 있다. 따라서 전환사채 보유자는 보유기간 중 발행회사의 주가가 일정 수준 이상 상승하면 채권보다는 주식이 더 높은 수익을 줄 것이므로 전환권을 행사한다.

이처럼 전환권은 그 경제적 가치가 발행회사의 주가에 달려 있으므로 주식에서 파생되는 파생상품(derivative)이다. 그런데 주 계약(host instrument)인 사채에 부가되어 독립된 상품으로 분리할 수 없으므로 **내재파생상품**이다. 전환권이 행사되면 사채는 발행회사의 주식으로 대체되어 소멸하므로, 이 전환권은 이자와 액면금액의 상환으로 이루어진 사채의 현금흐름을 배당과 주가로 구성된 현금흐름으로 변동시킨다. 한편, 전환권의 행사는 발행회사 주식의 발행을 촉발하므로 채권 발행자의 관점에서 볼 때 자본요소가 된다. 그러므로 전환사채는 채권으로 대표되는 부채요소와 전환권으로 대표되는 자

---

10) 사실 아래 기사를 참조하면, 주가가 오를 때 콜옵션의 가격은 훨씬 더 큰 비율로 상승할 수도 있다. "행사가격이 ₩82,000인 삼성전자 4월물 콜옵션은 3월 29일 40.3% 급등한 ₩1,880에 마감했다. 이달 11일 이 콜옵션의 가격은 ₩70에 불과했는데 18일 만에 26배 넘게 뛴 것이다. 행사가격이 ₩84,000인 삼성전자 콜옵션도 3월 20일 ₩370에서 3월 29일 ₩1,060으로 2.8배가량 급등했다. 3월 삼성전자가 12.2% 오를 동안 파생상품들은 더욱 높은 상승률을 보였다." (한국경제, 2024년 3월 31일)

본요소를 동시에 갖는 복합금융상품이 된다.

한편, 파생금융상품이 특정 금융상품에 부가되어 있더라도, 해당 금융상품과 분리하여 독립적으로 양도될 수 있거나, 거래상대방이 해당 금융상품의 거래상대방과 다른 경우에는 내재파생상품이 될 수 없다. 따라서 그러한 파생상품은 별도의 독립된 금융상품으로 취급해야 한다.

제3절 금융상품의 재무제표상 표시를 위한 분류

제1절 금융상품의 의의에서 설명하였듯이, 일반적으로 금융상품보유자는 해당 금융상품을 금융자산으로 재무제표에 표시하고, 금융상품 발행자는 금융부채 혹은 지분상품(자본) 중 하나로 분류하여 재무제표에 표시한다. 금융상품을 재무제표에 어떻게 표시하는가에 따라 재무정보(예 부채비율 등)에 미치는 영향은 크게 달라진다. 따라서 기업회계기준서 제1032호는 금융자산, 금융부채 및 지분상품에 대한 정의를 상세히 제시하고, 이 정의에 따라 금융상품을 재무제표에 표시하도록 하였다. 본 절에서는 이들에 대한 정의를 살펴본다.

1. 지분상품(자본)의 정의

먼저 지분상품의 정의는 개념적으로 매우 단순하다. 지분상품은 '기업의 자산에서 모든 부채를 차감한 후의 잔여지분을 나타내는 모든 계약'으로 정의한다. 즉, 지분상품은 기업의 **순자산**을 표시하는 모든 계약인 것이다. 한편, 기업 자신이 발행한 자신의 지분상품을 가리킬 때 편의상 **'자기지분상품'**이라 부른다. 일례로, ㈜현대자동차 주식은 ㈜현대자동차에게 자기지분상품이다.

2. 금융자산의 정의

기업회계기준서는 금융자산의 정의를 **개념적으로 설명하지 않고**, 아래와 같이 **나열식**으로 제시하고 있다. 즉, 아래 열거된 항목들이 금융자산이다.

(a) 현금

(b) 다른 기업의 지분상품

(c) **계약상 권리**(contractual right)로서,
　① 거래상대방에게서 현금 등 금융자산을 수취할 계약상 권리 또는
　② 잠재적으로 유리한 조건으로 거래상대방과 금융자산이나 금융부채를 교환할 계약상 권리
(d) 자기지분상품으로 결제되거나 결제될 수 있는 계약으로서,
　① **수취할** 자기지분상품의 수량이 **변동 가능한 비파생**계약 또는
　② 확정수량의 자기지분상품에 대하여 확정금액의 현금 등 금융자산을 교환하여 결제하는 방법이 **아닌** 방법으로 결제되거나 결제될 수 있는 **파생**계약

먼저 '(a) 현금'은 다른 금융자산(예 채권 등)과 자유롭게 교환될 수 있어서 금융자산으로 간주한다. 또 은행 등 금융기관에 예치된 예금도 현금으로 인출하거나 수표를 발행하여 금융부채를 결제할 수 있는 계약상 권리를 나타내므로 금융자산이다.

다음으로, '(b) 다른 기업의 지분상품'으로는 그 기업이 발행한 주식이나 신주인수권(stock warrants) 등이 있는데, 이러한 지분상품은 보유한 회사의 금융자산이다. 예컨대, ㈜현대자동차가 발행한 주식 또는 신주인수권을 ㈜롯데가 보유한다면, ㈜롯데의 재무상태표는 이를 금융자산으로 표시한다.

나머지 '(c)와 (d), 즉 계약상 권리 및 자기지분상품으로 결제되거나 결제될 수 있는 계약'으로서의 금융자산은 잠시 뒤 금융부채의 정의를 먼저 살펴본 후 설명한다. 그 이유는 금융자산 (c)와 (d)가 금융부채와 같은 방식으로 정의되면서도 그 내용은 대응적이어서 금융부채와 나란히 이해하는 것이 더 효과적이기 때문이다.

3. 금융부채의 정의

기업회계기준서는 다음 항목들을 금융부채로 정의한다.

(a) **계약상 의무**(contractual obligation)로서,
　① 거래상대방에게 현금 등 금융자산을 인도할 계약상 의무 또는
　② 잠재적으로 불리한 조건으로 거래상대방과 금융자산이나 금융부채를 교환할 계약상 의무
(b) 자기지분상품으로 결제되거나 결제될 수 있는 계약으로서,
　① **인도할** 자기지분상품의 수량이 **변동 가능한 비파생**계약 또는
　② 확정수량의 자기지분상품에 대하여 확정금액의 현금 등 금융자산을 교환하여 결제하는 방법이 **아닌** 방법으로 결제되거나 결제될 수 있는 **파생**계약

위 정의에서 확인할 수 있듯이, 금융부채 (a)는 금융자산 (c)와 대응하여 정의되고,

금융부채 (b)는 금융자산 (d)와 대응하여 정의된다. 즉, 금융자산이 현금 등 금융자산을 **수취할** 계약상 **권리**라면 금융부채는 현금 등 금융자산을 **인도할** 계약상 **의무**이다. 또 금융자산이 잠재적으로 **유리한** 조건으로 금융자산이나 금융부채를 교환하기로 한 계약상 **권리**라면, 금융부채는 잠재적으로 **불리한** 조건으로 교환하기로 한 계약상 **의무**이다. 마찬가지로, 자기지분상품으로 결제되거나 결제될 수 있는 금융상품에 대해서도 금융자산과 금융부채의 정의가 대응적으로 제시되어 있음을 알 수 있다. 이제 이러한 내용을 좀 더 상세히 살펴보자.

4. 금융자산과 금융부채의 정의: 추가 설명

(1) 거래상대방에게서 현금 등 금융자산을 수취(인도)할 계약상 권리(의무)

미래에 거래상대방으로부터 현금을 수취할 계약상 권리로서의 금융자산과 이에 대응하여 미래에 현금을 지급할 계약상 의무로서의 금융부채에 해당하는 일반적인 예로는, ① 매출채권과 매입채무(trade accounts receivable & payable), ② 받을어음과 지급어음(notes receivable & payable), ③ 대여금과 차입금(loans receivable & payable), ④ 투자사채와 사채(bonds receivable & payable) 등이 있다. 이 모든 예에서 거래당사자가 현금을 수취할 계약상 권리는 거래상대방이 현금을 인도할 계약상 의무와 대응한다. 예를 들면, 매출채권이 현금을 수취할 계약상의 권리로서 금융자산이라면, 그에 대응하여 매입채무는 현금을 지급할 계약상의 의무로서 금융부채다.

위에 언급한 각 예에서는 미래에 수취하거나 인도할 경제적 효익이 현금이지만, 주고받을 경제적 효익이 **현금 이외**의 금융자산인 경우도 있다. 예를 들어, 국채지급어음(a note payable in government bonds)의 경우 어음 보유자는 국채를 수취할 계약상 권리가 있고, 어음 발행자는 국채로 지급할 계약상 의무를 갖는다. 국채는 현금이 아닌 금융자산이므로 국채지급어음은 보유자와 발행자에게 현금 외의 금융자산을 수취할 권리와 인도할 의무를 각각 나타낸다.

일반적으로 금융상품이 부여한 계약상 권리의 행사나 의무의 이행은 무조건적(absolute)이다. 그런데 이러한 권리행사와 의무이행이 미래 특정 사건의 발생을 조건부로(contingent) 하는 수도 있다. 금융보증계약(financial guarantee contract)이 대표적인 예인데, 이는 자금차입자의 채무불이행으로 자금대여자가 손실을 보는 경우 제3의 보증인이 특정 금액을 자금대여자에게 보상해 주는 계약이다. 이러한 계약에서 자금대여자의 계약상 권리행사와 보증인의 의무이행은 자금차입자의 채무불이행이라는 미래 사건의 발생을 조건부로 한다. 이처럼 금융상품과 관련한 권리행사나 의무이행이 조건부이더라도 해당 권리와 의무는 금융자산과 금융부채의 **정의**를 **충족**한다. 다만, 이러한 조건부 권리와 의무가 금융자산 또는 금융부채로서 재무제표에 **인식**되려면 인식요건을 추가적으로 충족해야 함은 물론이다.

한편, 미래 경제적 효익이 현금 등 금융자산을 수취할 권리가 아니라, 재화나 용역을 수취할 권리라면 금융자산이 아니다. 예를 들어, 선급비용이나 선급금은 금융자산이 아니다. 마찬가지로 선수금 및 선수수익이나, 제품보증충당부채와 같은 품질보증의무도 재화나 용역을 인도할 의무이지, 현금 등 금융자산을 지급할 계약상 의무가 아니므로 금융부채가 아니다.

또한, 현금 등 금융자산을 지급할 의무 또는 수취할 권리라도 **계약에 의해 발생한 것이 아니면** 금융부채나 금융자산이 될 수 없다. 이러한 예로는 정부가 부과하는 **법률적 요구에 따라** 발생하는 법인세 관련 부채와 자산을 들 수 있다. 즉, 미지급법인세나 이연법인세부채는 금융부채가 아니며, 당기법인세자산(예 당기 손실의 소급적용으로 인한 법인세환급 예정액)이나 이연법인세자산도 금융자산이 아니다. 같은 맥락에서, 의제의무(constructive obligations)[11]도 계약에 의해 발생한 것이 아니므로 금융부채가 아니다. 의제의무의 예로서 기업의 환불정책(refund policy)을 들 수 있는데, 고객이 구매한 제품에 대해 만족하지 못하면 환불해 주는 정책이 고객들에게 널리 알려져 있다면, 이 기업은 해당 환불정책으로 인해 의제의무가 발생한다. 이러한 의제의무와 관련하여 인식하는 부채도 계약에 의한 것이 아니므로 금융부채가 아니다.

마지막으로 리스계약(lease contract)이 금융상품인지 살펴보자. 리스계약이란 리스회사가 특정 자산의 법적 소유권을 취득한 후 이 자산의 장기 사용권을 리스이용자에게 제공하고, 리스이용자는 그 대가로서 일정한 수수료를 정기적으로(예 매달) 리스회사에 지급하는 계약이다.[12] 여기서 리스수수료는 '**대출 약정에 따른 원금과 이자 지급액**'을 합친 일련의 지급액과 **실질적인 의미에서 동등**하다는 사실에 주목할 필요가 있다. 그 이유는 자산의 장기 사용권을 획득하는 대체적인 방법으로서 리스이용자가 대출기관으로부터 자금을 차입한 후 그 돈으로 자산을 취득하고, 차입금의 원금과 이자 지급액을 합친 금액을 대출기관에 정기적으로 상환하는 것이기 때문이다. 따라서 리스회사는 현금 등 금융자산을 수취할 계약상의 권리가 있고, 리스이용자는 현금 등 금융자산을 인도할 계약상의 의무가 있다. 다시 말해, 리스계약은 리스회사에게 금융자산을, 리스이용자에게는 금융부채를 발생시키는 금융상품인 것이다.

---

11) **의제의무**란 과거의 기업관행이나 공표된 경영방침 또는 구체적이고 유효한 약속 등을 통해 기업이 특정의무를 부담하겠다는 것을 거래상대방에게 표명하고, 이로 인해 기업이 해당 의무를 이행할 것이라는 정당한 기대를 상대방에게 가지게 함으로써 기업에게 발생하는 의무를 통칭한다.

12) 리스계약의 의의와 성격 및 회계처리에 관한 상세한 내용은 제21장을 참조하라.

(2) 잠재적으로 유리(불리)한 조건으로 금융자산이나 금융부채를 교환하기로 한 계약상 권리(의무)

잠재적으로 유리하거나 불리한 조건으로 금융자산이나 금융부채를 교환하기로 한 계약상 권리 또는 의무는 일반적으로 **파생금융상품거래**에서 발생한다. 예를 들어, 미리 정해진 행사가격(예 ₩1백만)으로 금융상품(예 국채)을 교환하는 풋옵션이나 콜옵션은 해당 금융상품의 공정가치 변동(예 주가변동)에 따른 잠재적 이익을 획득할 권리를 옵션보유자에게 부여한다. 반면, 옵션발행자에게는 잠재적으로 불리한 조건으로 금융자산이나 금융부채를 교환하는 계약상 의무를 부여한다. 이처럼 옵션의 경우는 거래당사자 일방(즉, 보유자)에게는 잠재적으로 유리한 조건의 교환 권리를, 다른 일방(즉, 발행자)에게는 잠재적으로 불리한 조건의 교환 의무를 부여한다.

반면, 옵션을 제외한 대부분의 파생금융상품(통화선도, 주가선물, 금리스왑 등)은 '잠재적으로 유리한 조건으로 교환할 권리'와 '잠재적으로 불리한 조건으로 교환할 의무'를 거래당사자 쌍방에게 동시에 부여한다. 그 이유는 교환조건이 최초 계약시점에 결정되므로, 이후 기초자산의 가격변동에 따라 최초 계약조건이 유리해질 수도, 불리해질 수도 있기 때문이다. 예를 들어, 6개월 후 ₩1백만을 대가로 액면금액 ₩1백만의 국채를 매수 · 도하기로(교환하기로) 계약한 선도거래를 생각해 보자. 6개월 동안 양 당사자는 금융상품을 유리한 조건으로 교환할 계약상 권리와 불리한 조건으로 교환할 계약상 의무를 동시에 갖는데, 그 이유는 국채의 시장가격이 ₩1백만 이상으로 상승하면 최초 계약조건이 매수자에게는 유리하지만, 매도자에게는 불리하고, 반대로 국채가격이 ₩1백만 미만으로 하락하면 그 반대의 상황이 전개되기 때문이다. 어떤 의미로는, 이 선도거래에서 국채를 매수할 당사자는 국채에 대한 콜옵션을 매입한 동시에 동일한 국채에 대한 풋옵션을 매도한 것과 동등하며, 국채를 매도할 당사자는 콜옵션을 매도한 동시에 풋옵션을 매입한 것과 동등하다. 결과적으로 양 당사자 모두 콜옵션과 풋옵션을 동시에 보유함으로써 '잠재적으로 유리한 조건으로 교환할 권리'와 '잠재적으로 불리한 조건으로 교환할 의무'를 동시에 지니게 되는 셈이다.

(3) 자기지분상품으로 결제되거나 결제될 수 있는 계약

자기지분상품(예 자신이 발행한 주식 등)으로 결제되는 금융상품의 대표적인 예는 신주인수권(stock warrants)과 같이 미리 정한 행사가격으로 주식을 매수할 수 있는 권리를 들 수 있다. 즉, 신주인수권은 옵션과 동등한 파생계약으로서, 신주인수권이 행사되면 신주인수권을 발행한 회사는 자신의 주식을 신주인수권 행사자에게 인도할 계약상 의무를 지고, 신주인수권 행사자는 그 주식을 수취할 권리를 갖는다. 마찬가지로, 전환사채나 전환우선주에 부가된 전환권도 자기지분상품으로 결제되는 금융상품인데, 이는 전환권이 행사되면 전환사채나 전환우선주를 발행한 회사는 자신의 주식을 인도할 계약상 의무를 지고, 전환권 행사자는 그 주식을 수취할 권리가 있기 때문이다.

신주인수권과 전환권이 자기지분상품으로 결제되는 **파생**계약이라면, **비파생**계약으로서 자기지분상품으로 결제되는 계약도 있다. 예를 들어, 회사가 채권을 발행하면서 이자지급일에 자기지분상품으로 이자를 갚거나 혹은 만기에 자기지분상품으로 채권을 상환하는 경우가 그러하다. 이때 발행회사는 자기지분상품 또는 현금 중 택일하여 이자를 지급하고 채권을 상환하는 선택권을 보유할 수도 있다. 이러한 선택권이 없이 자기지분상품으로만 결제되는 전자의 경우가 자기지분상품으로 결제**될** 비파생계약(a non-derivative contract that **will** be settled in the entity's own equity instruments)이고, 자기지분상품과 현금 중 선택권이 있는 후자의 경우는 자기지분상품으로 결제**될 수 있는** 비파생계약(a non-derivative contract that **may** be settled in the entity's own equity instruments)이다.

자기지분상품으로 결제되거나 결제될 수 있는 계약에 있어서 유의할 점은, 계약에 따라 자기지분상품을 수취하거나 인도하게 된다고 하여 해당 계약이 **항상** 자기지분상품(자본)이 되는 것은 아니라는 점이다. 어떤 경우에는 금융자산이나 금융부채가 되어야 한다. 이를 위해 이하에서는 '지분상품과 금융부채' 또는 '지분상품과 금융자산'을 분류하는 기준을 살펴볼 필요가 있다. 기업회계기준은 이 분류기준을 비파생계약과 파생계약으로 나누어 제시하고 있으므로, 비파생의 경우를 먼저 살펴본다.

① 수취 또는 인도할 자기지분상품의 **수량이 변동 가능한 비파생계약**

수취할 자기지분상품의 수량이 **변동 가능**한 비파생계약은 금융자산이고, 인도할 자기지분상품의 수량이 변동 가능한 비파생계약은 금융부채다. 예를 들어, 어떤 기업이 결제일에 ₩1천만의 공정가치에 해당하는 수량의 자기지분상품을 수취 또는 인도할 계약을 지금 체결하였다면, 결제일에 수취 또는 인도할 자기지분상품의 수량은 **지금 확정되지 않는다**. 예컨대, 결제일에 자기지분상품의 가격(이하 주가)이 주당 ₩10만이 된다면 수취 또는 인도할 수량은 100주가 되지만, 결제일 주가가 ₩8만이 된다면 그 수량은 125주가 되므로 변동 가능하다. 이와 유사하게, 결제일에 금 100온스의 공정가치와 동등한 가치를 갖는 자기지분상품을 수취 또는 인도할 계약에서도 결제될 자기지분상품의 수량은 결제일 금값에 따라 변동한다. 이처럼 결제될 자기지분상품의 수량이 변동적인 비파생계약은 비록 자기지분상품을 수취 또는 인도하게 되더라도 지분상품(즉 자본)이 아니라 금융자산 또는 금융부채가 된다. 그 이유는 이러한 계약이 **자기지분상품(자본)에 대한 권리와 의무**를 나타내기보다는 **특정 금액**(예 ₩1천만, 금 100온스의 가치 등)**에 대한 권리와 의무**를 나타내기 때문이다. 이를 부연 설명해 보자. 자기지분상품에 대한 권리와 의무는 자기지분상품의 가격이 변함에 따라 그 가치도 변한다. 예컨대, 삼성전자

주식 10주의 가치는 삼성전자의 주가변동에 따라 변한다. 다시 말해, 자기지분상품에 대한 권리와 의무는 자기지분상품의 가격변동 위험에 노출되어 있다. 이러한 가격변동 위험에 노출되지 않으려면 자기지분상품의 결제 수량을 변동 가능하게 해야 한다. 즉, 가격이 하락하면 더 많은 수량으로, 가격이 상승하면 더 적은 수량으로 결제함으로써 가격변동 위험에서 벗어날 수 있다. 이렇게 되면 **결제금액**이 확정되는 결과를 가져오므로 이런 계약은 **특정 금액**에 대한 권리와 의무를 나타내게 되어 금융자산 혹은 금융부채로 간주하는 것이다.

정리하면, 비파생계약에서 변동 가능한 수량의 자기지분상품을 결제수단으로 사용하는 경우, 이러한 계약은 특정 금액에 대한 권리나 의무를 나타내므로, 금융자산(자기지분상품을 수취하는 경우) 또는 금융부채(자기지분상품을 인도하는 경우)가 된다.

이제 다음의 <예제 1>을 이용하여 비파생계약이 지분상품의 인도 조건에 따라 재무제표상 어떻게 표시되는지 연습해 보자.

예제 1

㈜협동은 표시이자율 0%, 만기 3년, 액면금액 ₩100억의 회사채를 다음 중 하나의 조건으로 발행할 예정이다. ㈜협동의 재무담당이사(CFO)는 각 조건에 따라 해당 회사채가 재무제표상 어떻게 표시되는지 궁금하다.

(1) 만기에 ㈜협동의 주식을 인도하여 상환하되, 인도할 주식 수량은 사채의 액면금액을 사채 **발행일** 직전 3일간 회사 주가의 평균으로 나누어 결정함.

(2) 만기에 ㈜협동의 주식을 인도하여 상환하되, 인도할 주식 수량은 사채의 액면금액을 **만기일** 직전 3일간 회사 주가의 평균으로 나누어 결정함.

(3) 만기에 ㈜협동이 보유하고 있는 ㈜한국전력의 주식을 인도하여 상환하되, 인도할 ㈜한국전력 주식의 수량은 사채의 액면금액을 만기일 직전 3일간 ㈜한국전력 주가의 평균으로 나누어 결정함.

해 답

먼저 ㈜협동이 발행할 금융상품은 표시이자율이 0%인 무이표채권(zero-coupon bonds)이므로, 만기 이전까지 이자를 지급할 의무는 없다. 즉, 이자와 관련된 금융부채는 존재하지 않는다. 따라서 만기상환 조건에 따라 해당 금융상품은 분류될 것이다. ㈜협동의 회사채는 비파생계약이므로, (1)과 (2)에서 인도할 자기지분상품의 수량이 발행 시점에서 확정되는지가 중요하다.

(1)에서는 인도할 자기지분상품의 수량을 사채 **발행일** 직전 3일간 회사의 주가 평균에 따라 결정하므로, 그 수량이 발행 시점에 확정된다. 따라서 (1)은 지분상품(자본)이다.

(2)에서는 회사채 **만기일** 주가에 따라 인도할 자기지분수량이 결정되므로, 발행 시점에서 가변적이다. 따라서 (2)는 금융부채다.

(3)에서는 회사채가 자기지분상품으로 결제되는 것이 아니라, 다른 기업(한국전력)의 지분상품, 즉 금융자산으로 결제되므로, 거래상대방에게 금융자산을 인도할 계약상 의무를 발생시킨다. 따라서 (3)은 금융부채다.

② **확정수량**의 자기지분상품에 대하여 **확정금액**의 현금 등 금융자산을 교환하여 결제하는 방법이 **아닌** 방법으로 결제되거나 결제될 수 있는 **파생상품**

이제 자기지분상품으로 결제되거나 결제될 수 있는 **파생**상품은 어떻게 분류하는지 살펴보자. 자기지분상품으로 결제되는 파생상품에 적용되는 분류기준은 '**확정대확정의 요건**(fixed-for-fixed requirement)'으로 요약할 수 있다. 즉, **확정**수량의 자기지분상품에 대해 **확정**금액의 대가가 교환되는 파생계약을 제외한 모든 '자기지분상품 결제 파생상품'은 금융자산이거나(자기지분상품을 수취하는 경우) 금융부채다(자기지분상품을 인도하는 경우). 역으로 말하면, **확정**수량의 자기지분상품에 대해 **확정**금액의 대가가 교환되는 파생계약만 지분상품(자본)인 것이다.

한편, 주의 깊은 독자는 이미 눈치챘겠지만, 자기지분상품으로 결제되는 파생상품의 경우에서만은, 금융자산과 금융부채의 정의가 서로 대응적으로 다르지 않고, 글자 한 자까지 같다. 이는 동일한 파생상품이 기초변수의 변동에 따라 '유리한 조건으로 거래상대방과 금융자산이나 금융부채를 교환할 계약상 권리(즉, 금융자산)'도 되고, '불리한 조건으로 거래상대방과 금융자산이나 금융부채를 교환할 계약상 의무(즉, 금융부채)'가 되기도 하기 때문이다.

다음의 <예제 2>로 자기지분상품으로 결제하는 파생상품의 재무제표상 표시를 연습해 보자.

예제 2

㈜통일은 1,000개의 신주인수권을 발행하면서, 행사가격에 대해 다음과 같은 두 가지 대안을 고려하고 있다. 각 대안에 대해 회사는 신주인수권을 재무제표상 어떻게 표시해야 하는지 설명하라.

(1) 행사가격을 주당 ₩5,000으로 정함.

(2) 행사가격을 행사시점 금 1온스의 공정가치로 정함.

해 답

(1)에서 발행회사는 신주인수권이 행사될 때 **확정된** 현금(₩5백만=₩5,000 × 1,000개)을 받는 대가로 **확정된** 수량(1,000주)의 자기지분상품을 인도할 것이므로, **확정대확정**의 요건이 성립함에 따라 신주인수권은 지분상품(자본)이다.

(2)에서는 행사가격이 미래 금 1온스의 공정가치에 따라 가변적이므로, 금액이 확정되지 않는다. 이렇게 **확정대확정**의 요건이 성립하지 않으므로, 신주인수권은 금융부채다.

5. 재무제표상 표시를 위한 분류 : 금융상품 발행자의 관점

전술하였듯이, 금융상품 발행자는 최초인식시점, 즉 발행시점에서 계약의 실질과 금융부채 및 지분상품의 정의에 따라 해당 금융상품을 금융부채 또는 지분상품으로 분류하고 재무제표상 표시한다. 또 복합금융상품의 경우는 구성요소별로 금융부채나 지분상품으로 분류하여 표시한다. 발행된 금융상품이 부채로 분류되는 경우 부채비율의 상승 등 재무제표에 미치는 부정적 영향이 크므로, 발행회사는 가능한 지분상품으로 분류하여 표시하려는 유인이 강할 것이다. 기업회계기준서는 지분상품 및 금융부채의 정의를 제시하는 것만으로는, 이러한 기회주의적 유인을 제어하기에 부족하다고 판단하여, 금융상품을 지분상품으로 분류할 수 있는 조건을 다음과 같이 별도로 재정리하여 제시하였다. 구체적으로는, 다음 (a)와 (b)를 **모두 충족**하는 금융상품을 발행한 경우에만 재무제표상 지분상품으로 표시할 수 있다.

(a) 해당 금융상품이 다음과 같은 계약상 의무를 **포함하지 아니한다**.
- ① 거래상대방에게 현금 등 금융자산을 인도하기로 하는 계약상 의무

  또는
- ② 발행자에게 잠재적으로 불리한 조건으로 거래상대방과 금융자산이나 금융부채를 교환하는 계약상 의무

(b) 해당 금융상품이 자기지분상품으로 결제되거나 결제될 수 있다면,
- ① **변동 가능한** 수량의 자기지분상품을 인도할 계약상 의무가 **없는** 비파생계약이거나
- ② **확정수량**의 자기지분상품에 대하여 **확정금액**의 현금 등 금융자산의 교환을 통해서만 결제될 파생계약

금융상품 발행자가 그 금융상품을 지분상품으로 표시하기 위한 위 조건을 금융부채의 정의와 비교해 보면, 금융상품이 발행자에게 금융부채가 되지 않을 조건임을 쉽게 알 수 있다. 즉, 금융상품 발행자의 관점에서 볼 때, 발행된 금융상품이 지분상품으로 분류되기 위해서는 **금융부채의 정의를 충족해서는 안 된다**는 것이다. 따라서 위 조건은 금융부채로 분류되지 않을 조건을 제시한 것에 불과하다.

그림 10.1

발행자가 금융상품을 금융부채와 지분상품으로 분류하는 기준

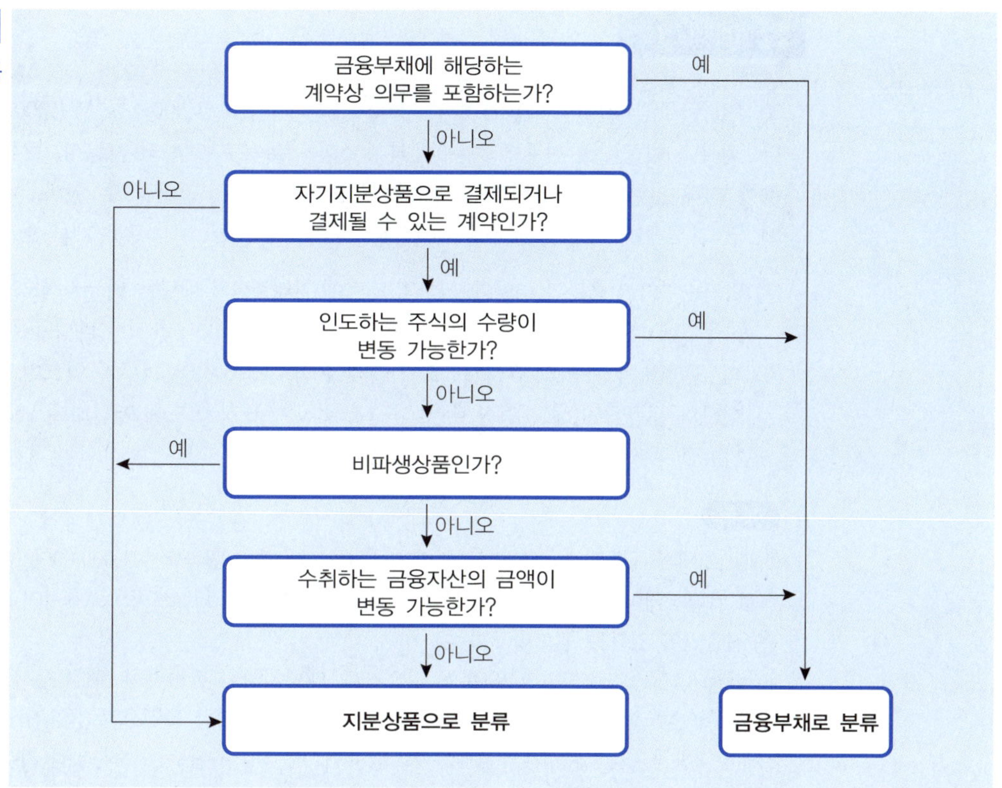

주: 한국회계기준원 교육자료(2014.5)의 발행자 '금융부채 vs 자기지분상품' 분류원칙을 일부 수정하여 인용

구체적으로, 금융상품이 발행자에게 지분상품(자본)이 되려면, 거래상대방(금융상품 보유자)에게 현금 등 금융자산을 인도하기로 하는 계약상 의무가 없거나, 잠재적으로 불리한 조건으로 거래상대방과 금융자산이나 금융부채를 교환하는 계약상 의무가 없어야 한다. 또 자기지분상품으로 결제되는 금융상품의 경우에는, 그것이 비파생계약이라면 인도할 자기지분상품의 수량이 확정되어 있는 경우에만 지분상품(자본)으로 표시할 수 있고, 그것이 파생계약이라면 전술한 '확정대확정의 요건'이 성립하는 경우에만 지분상품(자본)으로 표시할 수 있다. 이와 같은 발행자 관점에서의 분류기준을 알기 쉽게 도식화하면 [그림 10. 1]과 같다.

이제 <예제 3>을 통해 발행자가 금융상품을 금융부채와 지분상품(자본)으로 분류하는 연습을 해보자.

예제 3

㈜삼일은 주당 액면금액(par)이 ₩1,000인 전환우선주 1,000주를 ₩1,000,000에 발행하였다. 회사는 이 전환우선주에 대해 계약상 상환의무를 부담하지 않는다. 보유자는 자신의 재량에 의해 1주의 전환우선주를 ㈜삼일의 보통주 1주로 전환할 수 있다. 아래 상호 독립적인 두 경우에서 ㈜삼일의 전환우선주를 금융부채 또는 지분상품(자본)으로 분류하라.

(1) 당기순이익이 충분한 경우에 회사의 재량에 따라 6%의 배당을 비누적적으로 지급한다. 다만, 보통주에 대해 배당을 지급하면 전환우선주에 대해서도 반드시 배당금을 지급해야 한다.

(2) 회사는 6%의 배당을 누적적으로 지급해야 할 무조건적인 의무가 있으며, 배당지급 여부를 회사의 재량에 의해 결정할 수 없다. 즉, 회사가 특정 연도에 지급하지 않은 배당은 배당이 가능한 후속 연도에 누적하여 지급한다.

해 답

(1)과 (2)에서 공통적으로 고려해야 할 점은 ① 회사가 발행금액 ₩1,000,000을 현금 등 금융자산으로 거래상대방(즉, 전환우선주 보유자)에게 상환할 의무가 없으며, ② 자기지분상품으로 결제하는 전환권이 있다는 점이다.

먼저, 발행금액을 상환할 의무가 없으므로, **배당지급**과 관련하여 '현금 등 금융자산을 거래상대방에게 인도할 계약상의 의무'가 없고, 잠재적으로 불리한 조건으로 금융자산이나 금융부채를 거래상대방과 교환하는 계약상 의무가 없다면, 예제의 우선주는 지분상품(자본)이다.

다음으로, 파생계약에 해당하는 전환권의 조건을 살펴보면, 확정된 금액(₩1,000)으로 확정된 수량(1주)의 지분상품(주식)을 교환하는 것임을 알 수 있다. 따라서 '확정대확정의 요건'이 성립함에 따라 전환권은 지분상품(자본)이다.

그러면 배당지급과 관련된 조건을 달리 설명하고 있는 (1)과 (2)를 나누어 분석해 보자.

(1)의 경우 배당은 발행회사의 재량에 따라 지급되므로, 회사는 배당지급을 회피할 무조건적인 권리가 있다. 보통주에 대해 배당을 지급하면 전환우선주에 대해서도 반드시 배당금을 지급해야 한다는 조건이 있어도 이는 마찬가지인데, 그 이유는 보통주 배당지급 자체가 회사의 재량이기 때문이다. 따라서 회사는 배당과 관련하여 현금 등 금융자산을 거래상대방에게 인도할 계약상 의무가 없고, 이에 따라 배당지급은 금융부채가 아니다. 결과적으로, 전환우선주는 전체가 지분상품(자본)이 되고, ㈜삼일은 발행금액 전부를 지분상품(자본)으로 분류한다. 이러한 결론은 [그림 10.1]에서 아니오-예-아니오-아니오-아니오의 흐름을 따라가도 얻는다.

(2)의 경우 회사는 특정 연도에 지급하지 않은 배당을 배당이 가능한 후속 연도에 누적하여 지급할 의무가 있으므로 회사는 배당지급을 회피할 무조건적인 권리가 없다. 따라서 배당지급은 현금 등 금융자산을 거래상대방에게 인도할 계약상 의무인 금융부채를 발생시킨다. 반면, 전환권은 지분상품이므로, 이 전환우선주는 ㈜삼일의 관점에서 금융부채와 지분상품(자본)의 성격을 모두 갖는 복합금융상품이 된다. 이에 따라 회사는 전환우선주 발행금액 ₩1,000,000을 부채와 자본으로 배분하여 회계처리한다.[13)]

13) 구체적인 회계처리는 제17장 복합금융상품을 참고하라.

제4절 금융자산과 금융부채의 측정을 위한 분류

제3절에서는 금융상품을 재무제표에 금융자산, 금융부채 또는 지분상품(자본)으로 표시하기 위한 지침으로서 각각의 정의에 대해 살펴보았다. 본 절에서는 관점을 바꾸어 금융자산과 금융부채로 표시된 금융상품을 어떻게 **측정**하는지 살펴볼 것인데, 구체적 방법과 절차는 추후 해당 장(章)에서 상술할 것이므로 본 절에서는 향후 학습을 돕는 차원에서, 측정을 위한 다양한 모형을 개념적으로 소개하고, 각 모형이 어떤 금융자산과 어떤 금융부채에 적용되는지에 대해 개괄한다. 즉, 다양한 측정모형의 적용을 위한 금융자산과 금융부채의 분류에 대해 학습할 것이다.

금융상품 보유자는 해당 금융상품을 최초인식시점에 공정가치로 측정하여 금융자산으로 인식하며, '인식 이후의 측정(후속측정)'을 위해서는 다음 세 가지 중 하나의 모형을 적용한다. 즉, "상각후원가모형", "기타포괄손익-공정가치모형", "당기손익-공정가치모형"이 그것인데, 후속측정의 방법과 절차는 모형별로 달라진다. 본 교재에서는 설명의 편의상, **상각후원가**(amortized cost)**모형**을 **AC모형**으로, **기타포괄손익-공정가치**(fair value through other comprehensive income)**모형**을 **FVOCI모형**으로, 그리고 **당기손익-공정가치**(fair value through profit or loss)**모형**은 **FVPL모형**으로 나타낸다. 또 "금융자산(AC)"는 AC모형이 적용되는 금융자산(혹은 그 계정과목)을 나타내고, "금융자산(FVOCI)"는 FVOCI모형이 적용되는 금융자산(혹은 그 계정과목)을 가리키며, "금융자산(FVPL)"은 FVPL모형이 적용되도록 분류된 금융자산(혹은 그 계정과목)을 의미한다.

한편, 금융상품 발행자가 금융부채로 분류하여 표시한 금융상품은 최초인식 이후 유효이자율법을 사용하여 상각후원가(AC)로 측정한다. 금융부채에는 AC모형을 적용한다는 이 대(大)원칙은 추후 설명할 "금융부채(FVPL)", 즉 FVPL모형이 적용되는 금융부채 등 몇 가지 예외적인 특수한 범주의 금융부채를 제외하고 적용된다. 먼저 금융자산의 측정을 위한 분류부터 상세히 살펴보자.

1. 금융자산의 측정을 위한 분류

제3절에서 살펴본 대로, 금융상품 보유자에게 해당 금융상품은 금융자산이다. 이러한 금융자산을 좀 더 세분해 보면, 먼저 발행자에게 금융부채가 되는 금융상품(예 채권, 차입금, 지급어음, 매입채무)을 취득함으로써 보유하게 된 금융자산은 일반적으로 그 보유자에게 "채무상품"이 된다. 또 발행자에게 자기지분상품이 되는 금융상품(예 주식)을 취득함으로써 보유하게 된 금융자산은 일반적으로 그 보유자에게 지분상품이 된다. 그

밖에도, 보유한 상품의 특성에 따라 해당 금융자산이 보유자에게 파생상품이 될 수도 있다.

지분상품, 채무상품, 또는 파생상품으로서의 금융자산은 후속측정을 위해 금융자산(AC), 금융자산(FVOCI), 또는 금융자산(FVPL) 중 하나로 분류하는데, 이는 전술한 대로 측정모형이 세 가지가 있기 때문이다. 본 절에서는 세 가지 측정모형의 특징과 차이를 먼저 간략하게 살펴본 후, 측정을 위한 분류에 대해 상세히 설명한다.

- **상각후원가(AC) 모형**: 이 측정모형은 최초인식시점 이후 발생하는 공정가치의 변동에 따라 해당 금융자산의 장부금액을 조정하지 않고, 취득시점의 공정가치를 최초 장부금액(즉, 취득원가)으로 인식한 후, 최초인식시점에서 산정한 유효이자율에 따라 이자수익을 인식하는 모형으로서, 취득원가(cost)에 근거한 측정모형이다. 다만 최초인식시점에서 산정한 유효이자율과 표시이자율이 달라서 최초 장부금액이 액면금액과 상이하고, 이 둘의 차액을 이자수익 인식시점에서 상각함에 따라 장부금액을 조정할 뿐이다. 이러한 회계절차를 **유효이자율법**(effective interest method)**에 의한 상각**이라고 부른다. 유효이자율이란 최초인식시점의 공정가치와 해당 금융자산이 창출할 미래 현금흐름의 현재가치가 일치되게 하는 할인율이므로, AC모형을 이해하려면 제4장의 현재가치 개념에 대한 충분한 이해가 요구된다.
- **기타포괄손익-공정가치(FVOCI)모형과 당기손익-공정가치(FVPL)모형**: 이 두 측정모형의 공통점은 AC모형과는 달리 최초인식 이후 금융자산의 공정가치가 변동함에 따라 그 장부금액을 조정한다는 점이다. 반면, 이 두 모형의 기본적 차이는 FVOCI의 경우 공정가치 변동으로 인한 평가손익을 기타포괄손익(other comprehensive income: OCI)으로 인식하지만, FVPL의 경우는 당기손익(profit or loss: PL)으로 인식한다는 점이다. 한편, FVOCI 모형은 제3장에서 살펴본 OCI의 재분류조정(reclassification adjustment)이라는 회계절차의 적용 여부에 따라 다시 두 종류로 나뉘는데, 이는 추후 설명한다. OCI의 재분류조정을 실무에서는 재순환(recycling)이라고도 부르는데, 이는 과거 발생한 평가손익이 자본항목인 OCI로 표시되어 있다가, 관련 금융자산이 처분되거나 손상됨에 따라 당기순이익에 반영되어 포괄손익계산서에 다시 나타나게 됨으로써 총포괄이익에는 과거 및 당기 등 두 번에 걸쳐 이중으로 반영되는 것을 방지하기 위해 당기에는 반대 부호를 갖는 OCI로 재등장하는 현상을 가리킨다.

세 가지 측정모형을 개괄하였으므로, 이제는 어떤 측정모형을 어떤 금융자산에 적용할지를 결정해야 한다. 전술한 대로, 이를 금융자산의 '**측정을 위한 분류**'라고 하는데, 다음의 [그림 10. 2]로 금융자산의 상품 종류별 '측정을 위한 분류' 기준을 요약하여 제시한다.

그림 10. 2

금융자산의 상품 종류별 측정을 위한 분류

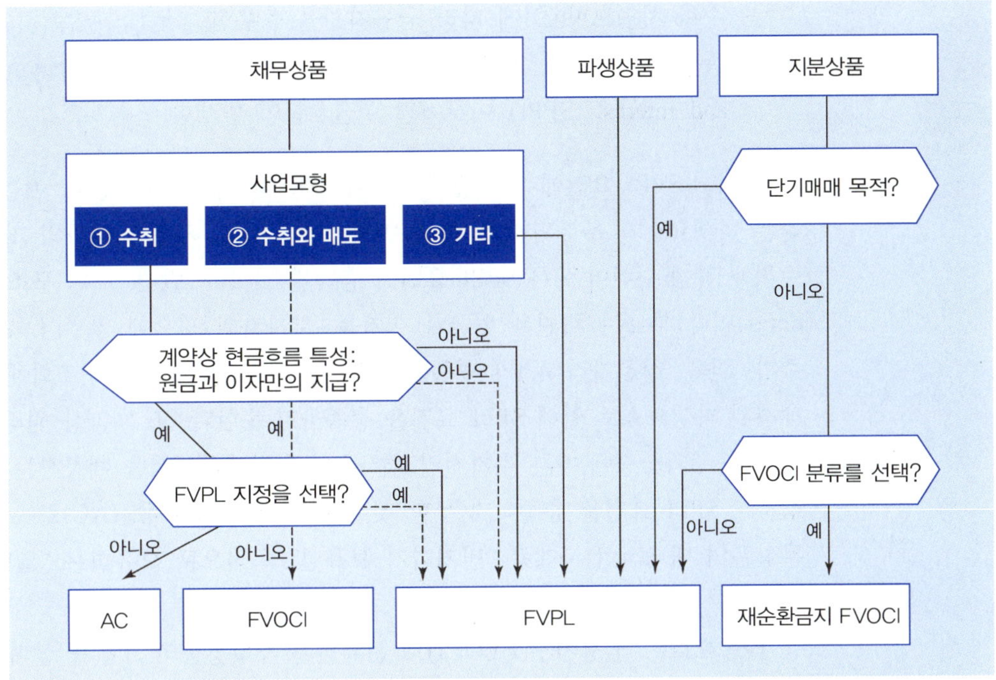

자료 : 회계기준원(2016.5)의 '금융상품 종류별 분류와 측정 Flow Chart'를 일부 수정하여 인용.

먼저 채무상품으로서의 금융자산은 어떻게 분류하는지 알아보고, 이어서 지분상품과 파생상품으로서의 금융자산에 대한 분류를 살펴본다. 채무상품에 대한 분류원칙은 [그림 10. 2]에 요약되어 있는 대로, 다음 두 가지 요소를 모두 고려하여 분류한다.

- 금융자산의 관리 및 운용목적, 즉 사업모형(business model)
- 금융자산의 계약상 현금흐름(contractual cash flows)의 특성

여기서 계약상 현금흐름이란 금융계약의 내용에 따라 발생할 현금흐름으로서, 채권의 원금, 이자, 매도대금이나, 수익증권(펀드)의 수익분배금과 환매대금 등을 가리킨다. 사업모형은 금융자산의 관리 또는 운용목적에 따라 크게 세 가지 나뉘는데, ① 계약상 현금흐름의 수취만을 목적으로 채무상품을 보유하는 사업모형(이하 수취 사업모형), ② 계약상 현금흐름의 수취뿐 아니라 가격변동에 따라 매도할 목적으로 채무상품을 보유하는 사업모형(이하 수취&매도 사업모형), 그리고 ③ 그 밖의 기타 목적으로 채무상품을 보유하는 사업모형(이하 기타 사업모형) 등이 그것이다. 기타 목적(③)이란 일반적으로 주로 매도만을 목적으로 하는 단기매매투자를 의미한다.

이와 같은 사업모형의 유형과 계약상 현금흐름의 특성을 반영하여, 다음 두 가지 조건을 모두 충족하는 채무상품은 "금융자산(AC)"로 분류한다.

- 수취 사업모형(①)에 따라 금융자산을 보유함.
- 특정일에 원금과 원금잔액에 대한 이자지급만으로(solely payments of principal and interest: SPPI) 이루어진 현금흐름이 발생함.

여기서 SPPI 요건에 대해 좀 더 살펴보자. 대부분의 채무상품, 예를 들어 옵션 등과 같은 파생요소가 부가되지 않은, 일반사채나 국공채 혹은 고객과의 거래에서 발생하는 수취채권(예 수취어음)은 SPPI 요건이 충족될 것이다. 반면, 소위 **구조화채권**(structured notes)이라 부르는 채권은 원금과 이자를, 투자자의 필요에 맞추어, 기초변수(예 금리, 주가, 환율, 상품가격 등)와 연동되도록 설계된 채권인데,[14] 구조화채권의 현금흐름은 내재된 파생요소로 인해 SPPI 요건을 충족하지 못한다. 또 계약상 원리금을 지급하기도 하지만, 주가상승에 따른 추가적인 투자수익의 발생가능성을 제공하는 전환사채와 같은 상품도 SPPI 요건을 충족하지 못할 것이다. 따라서 금융자산(AC)로 분류될 수 있는 채무상품의 대표적인 사례는 "만기까지 보유할" 목적으로 보유하는 "일반사채나 국공채"라고 볼 수 있다.

다음으로는, 금융자산(FVOCI)로 분류하는 채무상품의 요건을 살펴보자. 다음 두 가지 요건을 모두 충족하는 채무상품은 금융자산(FVOCI)로 분류한다.

- 수취&매도 사업모형(②)에 따라 금융자산을 보유함.
- SPPI로 이루어진 현금흐름이 발생함(즉, SPPI 요건의 충족).

위 요건에 따라 금융자산(FVOCI)로 분류될 수 있는 채무상품의 대표적인 사례는 "만기 전이라도 매도할" 목적으로 보유하는 "일반사채나 국공채"라고 할 수 있다.

실무적으로는 매우 다양한 종류의 금융상품이 존재하므로, 측정을 위한 분류의 원칙을 이해하는 것은 매우 중요하다. 위 AC 및 FVOCI의 분류요건에서 살펴보았듯이, 계약상 현금흐름의 원천이 오직 원리금으로만 구성되어 있는지 여부, 즉 SPPI 요건의 충족여부가 매우 중요한 분류요건이 됨을 알 수 있다. 이 SPPI 요건을 충족하지 못하는 채무상품투자는 사업모형을 불문하고 금융자산(AC)나 금융자산(FVOCI)로 분류할 수 없다.

마지막으로, AC 혹은 FVOCI로 분류될 수 없는 채무상품은 금융자산(FVPL)로 분류한다. 이러한 예로는, 기타 사업모형(③)에 따라 보유하는 단기매매목적의 채무상품을

---

14) 따라서 **구조화채권**은 원금과 이자가 고정되어 있는 일반채권과 파생상품이 결합되어 만들어진 상품이라 할 수 있는데, 우리나라에서 발행되어 유통되는 구조화채권의 대부분은 "금리연계채권"으로서, 이자지급액이 다양한 시장금리(예 CD 3개월물 금리, LIBOR 9개월물 금리, 이들 금리 간 스프레드 등)와 연계되어 있어서 시장금리의 변동에 따라 현금흐름도 다양하게 변동한다. 사실 실무에서 드물지 않게 발행되는 "변동금리부 채권"은 가장 단순한 형태의 구조화된 금리연계채권이다.

들 수 있고, 또 수취 또는 수취&매도 사업모형(① 또는 ②)에 따라 보유하지만 SPPI 요건을 충족하지 못하는 구조화채권과 같은 채무상품이 포함될 수 있다.

FVPL과 관련하여 한 가지 추가할 점은, AC 또는 FVOCI로 분류되는 채무상품이더라도 기업의 선택에 따라 FVPL로 분류할 수 있다는 점이다. 이 "FVPL선택"은 임의적이지 않고 조건적인데, 이런 선택권이 허용되는 조건은 금융부채의 "FVPL선택권"이 허용되는 두 가지 조건 중 첫 번째인 '**회계불일치**를 **경감**'시키는 것과 동일하므로, 추후 금융부채의 측정상 분류를 설명할 때 한꺼번에 설명할 것이다. 한편, FVPL선택권은 채무상품을 보유하는 중에는 행사할 수 없고, 최초인식시점에서만 할 수 있으며, 일단 FVPL로 분류된 후에는 이를 변경할 수 없다.

이제까지는 채무상품의 측정을 위한 분류를 살펴보았으므로, 이제는 파생상품과 지분상품의 분류를 살펴보자. [그림 10. 2]에서 알 수 있듯이, 파생상품과[15] 지분상품의 측정을 위한 분류는 채무상품에 비해 매우 단순하다. 원칙적으로 파생상품과 지분상품은 금융자산(FVPL)로 분류해야 한다. 다만, 지분상품의 경우는 단기매매목적이 아닌 한, 최초인식시점에서 FVOCI로 분류할 수 있는 선택권을 갖는다. 그러나 "FVOCI 선택권"이 적용된 지분상품의 OCI(즉, 공정가치 변동액)는 FVOCI로 분류된 채무상품과는 달리 재순환(recycling) 회계처리가 금지되어 있다는 점에서 특이하다. 따라서 [그림 10. 2]에서는 재순환을 해야 하는 FVOCI 채무상품과 구별되도록 FVOCI 지분상품에 대해서는 "재순환금지"가 명기되어 있다.

2. 금융부채의 측정을 위한 분류

금융부채는 최초인식 이후 후속측정을 위하여 상각후원가모형을 적용하는 것이 원칙이다. 따라서 금융부채는 상각후원가모형을 적용하는 금융부채와 상각후원가모형을 적용하지 않는 금융부채로 분류할 수 있겠으나, 금융자산의 분류와 일관성을 유지하기 위해, 상각후원가 모형을 적용하는 금융부채(AC), 공정가치 변동을 당기손익으로 인식하는 모형을 적용하는 금융부채(FVPL), 그리고 AC도 FVPL도 아닌 측정모형을 적용하는 금융부채로 분류한다.

- **금융부채(AC)** : 금융부채는 원칙적으로 후속측정을 위하여 **상각후원가모형**을 적용하는데, 금융부채의 **상각후원가**란 최초인식시점에서 기록한 장부금액에다 만기금액과 최초인식금액의 차이에 유효이자율법을 적용하여 계산된 상각누계액을 가감한 금액

15) 여기서 파생상품은 매매목적으로 보유한 파생상품을 말하며, 위험회피목적으로 보유하는 파생상품은 포함하지 않는다. 위험회피회계는 본 교재의 범위를 벗어나며, 고급회계에서 다룬다.

이다. 금융부채(AC)의 대표적 사례로서 장기성매입채무, 장기차입금, 사채 등이 있다.

- **금융부채(FVPL)** : 금융부채(FVPL)로 분류될 수 있는 상황은 금융자산(FVPL)과 같이 다음 두 가지이다. 첫 번째는 **단기매매목적의 금융부채**인데, 이는 단기매매차익을 획득할 목적으로 취득하는 금융부채를 말한다. 단기매매목적의 금융부채로는 공매자(차입한 금융자산을 매도한 자)가 금융자산을 인도할 의무, 단기간 내에 재매입할 의도로 발행하는 금융부채(예 공정가치 변동에 따라 발행자가 단기간 내에 재매입할 수 있으며 공시가격이 있는 채무상품), 통화나 이자율 스왑거래에서 발생하는 금융부채 등이 있다. 두 번째는 최초인식시점에서 FVPL선택권을 행사할 수 있는 조건이 충족되어 경영자가 **금융부채(FVPL)로 지정하는** 경우이다.

  금융부채에서 FVPL선택권을 행사할 수 있는 첫 번째 조건을 살펴보면, **회계불일치**를 **경감**하여 더욱 목적적합한 정보를 제공하기 위한 경우이다. 예를 들어, 공정가치 변동을 당기손익으로 인식할 수 있도록 지정하지 않을 경우 금융자산(FVOCI)의 공정가치변동은 기타포괄손익으로 인식하고, 이 금융자산과 관련된 금융부채는 AC모형을 적용하는 금융부채로 분류되어 공정가치변동을 인식하지 않으므로 **회계불일치**가 발생한다. 이러한 경우 해당 금융자산과 금융부채의 공정가치 변동을 모두 당기손익으로 인식할 수 있도록 지정하면 재무제표가 보다 목적적합한 정보를 제공할 수 있게 된다.

  공정가치선택권을 행사할 수 있는 두 번째 조건은 금융상품 집합(금융자산과 금융부채의 조합으로 구성된 포트폴리오)을 공정가치기준으로 관리하고 그 성과를 평가하는 경우이다. 구체적으로 문서화된 위험관리전략이나 투자전략에 따라, 금융상품 집합을 공정가치 기준으로 관리하고 그 성과를 평가하며 그 정보를 이사회, 대표이사 등 주요 경영진에게 그러한 공정가치 기준에 근거하여 내부적으로 제공하는 경우에도 공정가치 변동을 당기손익으로 인식하도록 지정할 수 있다.[16)]

- **특수한 측정모형을 적용하는 금융부채** : AC도 FVPL도 아닌 **특수한 측정모형**을 적용하는 예외적인 금융부채로는 금융기관이 보증하는 금융보증계약, 시장이자율보다 낮은 이자율로 대출하기로 한 대출약정, 지속적관여접근법이 적용되는 경우에 발생하는 금융부채(금융자산의 제거와 관련된 이슈로부터 발생하는 금융부채) 등이 있다. 특수한 측정모형을 적용하는 금융부채는 제14장 금융부채의 측정에서 구체적으로 살펴본다.

---

16) 한편, 국제회계기준서는 주계약에 내재파생상품이 포함된 복합계약에서 금융부채(FVPL)에 내재된 파생상품은 주계약과 분리하지 않도록 하고 있다. 따라서 금융부채(AC)가 주계약인 복합계약에서 내재파생상품이 중요하여 분리해야 하지만 분리가 어려운 경우에, 만일 FVPL선택권을 행사할 수 있는 요건이 충족되어 이를 행사할 수 있다면, 주계약과 내재파생상품을 분리하지 않는 규정을 적용함으로써 실무적 편의를 얻을 수 있을 것이다.

익힘문제

[1] 금융상품의 정의를 설명하라.

[2] 금융상품의 거래에서 발행자와 보유자들에게 금융자산과 금융부채 또는 지분상품을 동시에 발생하는 현상을 회사채와 주식의 예를 들어 설명하라.

[3] 파생상품의 정의를 설명하고, 기업회계기준서에서 규정하는 파생상품의 세 가지 특성을 설명하라.

[4] 파생상품을 거래하는 두 가지 목적을 설명하라.

[5] 선도계약과 선물의 공통점과 차이점을 설명하라.

[6] ㈜울산조선은 해외에서 배를 수주하여 3년 동안 건조하면서 중간에 여러 번에 걸쳐 대금을 달러로 받게 된다. 그런데 중간에 대금을 받을 때마다 환율이 달라지기 때문에, 원화 수입액이 변동하여 경영성과가 불안정해지는 경우가 자주 있었다. ㈜울산조선 사장은 선물계약이 유용하다는 이야기를 듣고 당신에게 그 이유를 물었다. 선물계약이 어떻게 환율변동위험을 줄이고 일정액의 원화 수입을 확보할 수 있는지 설명하라.

[7] 선물과 옵션의 차이를 설명하라.

[8] 선도계약과 선물거래의 최초 계약시점에서 프리미엄이 0인 이유를 설명하라.

[9] 옵션거래 시에 옵션프리미엄이 존재하는 이유를 설명하라.

[10] 미래에 거래상대방에게서 현금 등 금융자산을 수취할 계약상 권리인 금융자산과 거래상대방에게서 현금 등 금융자산을 인도할 계약상 의무로서의 금융부채의 예를 각각 세 가지 이상 제시하라.

[11] 풋옵션이나 콜옵션이 금융자산과 금융부채를 동시에 발생시키는 이유를 설명하라.

[12] 금융상품이 자기지분상품으로 결제되거나 결제될 수 있는 경우, 지분상품으로 분류되려면 비파생계약과 파생계약에서 어떠한 차이가 있는가?

[13] ㈜대구전자는 1,000개의 신주인수권을 발행하면서 이를 부채가 아닌 자본으로 분류하고 싶어 한다. 이 신주인수권이 자본으로 분류되려면 행사가격을 어떻게 설정해야 하는지 설명하라.

[14] 기업회계기준서에서 금융자산에 대하여 적용하는 세 가지 측정모형을 설명하라.

CHAPTER 11

금융자산 I : 지분투자와 채권투자

Contents

한국채택국제회계기준	국제회계기준
제1109호 금융상품 (제1039호 '금융상품: 인식과 측정'을 대체하여* 2018.1.1. 시행)	IFRS 9 Financial Instruments
제1107호 금융상품 : 공시	IFRS 7 Financial Instruments : Disclosure
제1032호 금융상품 : 표시	IAS 32 Financial Instruments : Presentation
제1039호 금융상품 : 인식과 측정*	IAS 39 Financial Instruments : Recognition and Measurement
제1001호 재무제표 표시	IAS 1 Presentation of Financial Statements
제1118호 재무제표 표시와 공시**	IFRS 18 Presentation and Disclosure in Financial Statements

* 2018년 제1109호의 시행 후에도 제1039호의 위험회피 규정 일부 등은 계속 적용됨.
** 2027년 1월 1일 이후 최초 개시 회계연도부터 적용되며, 제1001호를 대체함. 조기적용이 허용됨.

기업은 투자활동의 일환으로 다른 기업이나 국가기관과 같은 회계실체가 발행한 금융상품에 투자하기도 하고, 영업활동의 결과로서 수취채권이 발생하기도 하고, 자금의 대여를 통해 대여금을 보유하기도 한다. 그리고 이러한 활동을 통해 기업은 현금및현금성자산과 함께 관련된 다양한 종류의 금융자산을 보유하게 된다. 따라서 금융자산을 크게 타 실체가 발행한 지분상품·채무상품, 수취채권·대여금, 현금및현금성자산, 리스채권, 파생상품 등으로 나누어 주요 회계이슈를 다루게 된다. 이 가운데 리스채권은 본 교재의 제21장 "리스"에서 다루며, 위험회피회계를 포함한 파생상품회계는 고급회계의 주제로서 본 교재의 범위를 초월하므로, 본 교재의 제11장과 제12장에서는 타 실체 발행 지분상품·채무상품에 대한 투자, 발생한 수취채권·대여금 그리고 보유하는 현금및현금성자산의 회계처리를 살펴본다.

금융자산의 회계 역시 다른 자산회계와 마찬가지로 최초인식, 후속인식 및 제거에 관한 회계처리로 이루어진다. 기존의 「기업회계기준서」를 대체하여 2018년부터 시행되는 **「기업회계기준서」 제1109호**는 이러한 회계처리의 전 과정에 영향을 주는데, 앞서 제10장 제4절에서 살펴본 것처럼 금융자산의 측정을 위한 분류방식부터 기존의 기준서와 크게 다르다.

본 제11장에서는 지분상품 및 채무상품에 대한 투자를 취득거래, 보유 중 발생하는 거래 및 처분거래로 나누어 그 회계처리를 살펴본다. 본 장에서 의미하는 지분상품에 대한 투자(이하 **지분투자**라 지칭함)란, 다양한 지분상품 중 '타 기업이 발행한 주식'에 대한 투자로 한정하며, 채무상품에 대한 투자도 다양한 채무상품 중 '타 기업이 발행한 일반사채'에 대한 투자로 국한한다(이하 **채권투자**라 지칭함). 이는 독자들에게 보다 익숙한 투자 상황을 배경으로 지분상품 및 채무상품 투자에 적용하는 회계처리를 설명하기 위해서이다. 제11장에서 익힌 회계처리의 큰 줄기는 당연히 다른 종류의 지분상품 및 채무상품 투자에도 적용된다.

금융자산의 계약상 권리를 이전하는 거래가 발생할 때, 해당 자산을 장부에서 삭제하는 조건, 즉 '제거조건'을 충족하는지 여부의 판단은 금융자산 회계의 중요한 부분을 차지한다. 이는 양도자의 제거조건이 양수자의 인식조건과 맞물리기 때문이기도 하다. 이 '금융자산의 제거'라는 주제의 분량을 감안하여, 그 내용은 제12장에서 다루고, 제11장에서는 지분투자와 채권투자에 대해, ① 인식조건이 명확하게 충족되는 금융시장에서의 **취득**과, ② 제거조건이 분명하게 충족되는 금융시장에서의 매도 또는 만기상환과 같은 **처분**을 다룬다. 제12장에서는 '금융자산의 제거'와 함께 수취채권·대여금에 관한 회계, 그리고 본원적 지불수단인 현금및현금성자산과 관련된 회계를 다룬다.

한편, 지분투자에 있어서는 취득한 지분율이 낮아서 지분투자자가 지분발행회사에 대해 유의적인 영향력을 행사할 수 없는 경우에는 제11장의 금융자산 회계를 적용하지만, 취득한 지분율이 높아서 지분발행회사(이 경우 피투자회사라 부름)가 투자회사의 관계기업이나 공동소유기업 또는 종속기업이 되는 경우에는 상이한 회계를 적용한다. 그 상이한 회계의 출발이 관계기업 지분투자에 적용하는 '**지분법회계**'로서, 본 교재의 제13장의 주제이다. 공동소유기업과 종속기업에 대한 지분투자는 고급회계 주제이므로 본 교재에서는 다루지 않는다.

제1절 지분투자

본 교재 제10장 제4절에서 살펴본 **FVPL**(fair value through profit or loss: **당기손익-공정가치**)은 금융자산을 공정가치로 측정하고, 이때 발생하는 평가손·익을 당기손익(PL) 항목으로 인식하는 측정모형을 가리키는 용어이다. 동시에, 이러한 측정모형을 적용하여 회계처리하는 금융자산의 범주(category)를 가리키는 용어이기도 하다. 또한 **FVOCI**(fair value through other comprehensive income: **기타포괄손익-공정가치**)는 금융자산을 공정가치로 측정하지만, 그 평가손·익은 기타포괄손익(OCI) 항목으로 인식하는 측정모형이자 그러한 금융자산의 범주를 가리킨다.

타 기업이 발행한 주식에 대한 투자는, 최초 인식시점에서 원칙적으로 FVPL로 분류한다. 다만, 그 주식이 **단기매매항목**이[1] 아닌 경우에는 '**재순환금지 FVOCI**'로 분류할 수 있지만,[2] 그 선택은 해당 투자의 최초 인식시점에서만 가능하고 추후 취소할 수 없다. 본 교재에서의 '**지분증권**'은 주식투자를 기록하기 위한 장부상 자산계정과목이며, 동시에 재무제표에 표시하는 자산항목을 지칭하는 용어이기도 하다. 후속측정을 위한 측정모형에 따라 지분증권을 구별해야 할 때는 '**지분증권**(FVPL)' 혹은 '**지분증권**(FVOCI)'라고 부른다.

---

1) 단기매매항목인 금융자산은 ① 주로 단기간에 매각하거나 재매입할 목적으로 취득하거나 부담한 자산이거나 ② 최초 인식시점에 공동으로 관리하는 특정 금융상품 포트폴리오의 일부로 운용 형태가 단기적 이익 획득 목적이라는 증거가 있는 자산이거나 혹은 ③ 파생상품이다(다만 금융보증계약인 파생상품이나 위험회피수단으로 지정되고 위험회피에 효과적인 파생상품은 제외한다).

2) FVOCI로 분류된 주식투자는 '재순환'이 금지되어 있다. 이전에 해당 주식에 대해 인식한 미실현 평가손·익의 누계액은 처분시점에서 실현되더라도 당기손익으로 인식함과 동시에 당기손익과는 반대부호를 갖는 기타포괄손익을 인식하는 것(이러한 회계처리를 **재분류조정**(reclassification adjustment)이라 함)이 금지되어 있는 것이다. 재분류조정은 실무에서는 **재순환**(recycling)이라는 용어로 더 자주 사용되므로, 본 교재에서는 재분류조정과 아울러 재순환이라는 용어를 함께 사용한다. 따라서 본 장에서는 재분류조정의 적용이 금지된 FVOCI를 '**재순환금지 FVOCI**'라고 부른다. 재분류조정에 대한 상세한 내용은 이미 제3장에서 설명하였다.

그리고 지분증권(FVPL) 중 단기매매항목은 재무상태에 유동자산으로 표시하고, 그 외의 자산은 적절하게 유동자산 혹은 비유동자산으로 표시한다. 한편 지분증권(FVOCI)는 비유동자산으로 표시한다. 금융자산은 보유 중 12개월 내에 현금화될 것으로 예상하는 기말에 재무상태표 표시를 유동자산으로 대체하여야 한다. 이 회계처리는 만기가 존재하는 채무증권에서 더욱 빈번할 수 있어 본 장의 제2절에서 다루고, 본 절에서는 먼저 지분증권의 취득과 보유 중에 적용하는 회계처리를, 그리고 이어서 그 처분에 적용하는 회계처리를 설명한다.

1. 취득, 배당수익, 공정가치 평가

기업은 지분증권을 그 취득시점의 공정가치로 측정하여 인식한다. 일반적으로 지분증권의 공정가치는 거래가격이 되는데, 이는 거래가격이 공정가치에 대한 최선의 증거가 되기 때문이다. 지분증권(FVPL)의 경우 취득과 직접 관련되는 **거래원가**(예 수수료)는 당기비용으로 인식하는 반면, 지분증권(FVOCI)의 거래원가는 공정가치에 가산함으로써 자본화한다.

예를 들어, ㈜갑이 ㈜을의 보통주 10주를 1주당 ₩1,000씩에 현금매입하고 거래원가로 총 ₩30을 지출하였다고 하자. 이 지분투자가 지분증권(FVPL)로 분류되면, 취득시점 최초 인식금액, 즉 취득원가는 ₩10,000이 되고, 거래원가 ₩30은 당기비용 (예 수수료비용 등)으로 인식한다. 반면, 이 지분투자를 지분증권(FVOCI)로 분류하는 경우 최초 인식금액, 즉 취득원가는 ₩10,030이 된다.

타 기업이 발행한 주식에 투자하면 현금배당을 받거나, 주식배당 또는 무상증자에 따라 주식을 추가로 받기도 한다. **현금배당**이 선언되면 주식에 투자한 기업은 다음의 분개로 거래를 인식하고, 추후 현금을 수취하면 미수배당금을 제거한다.

(차) 미수배당금	×××	(대) 배당금수익(당기손익)	×××

한편, **주식배당** 혹은 **무상증자**의 경우에는 그 선언시점(혹은 발표시점)에서든 추후 주식을 수취하는 시점에서든 분개를 하지 않는다. 이는 주식배당과 무상증자를 통해 유입되는 경제적 효익이 없어서 회계적인 사건으로 보지 않기 때문이다. 다만, 추가적으로 수령한 주식 수에 따라 주당 취득원가를 비례적으로 조정할 필요는 있을 것이다. 자세한 내용은 본 교재의 제16장을 참조한다.

지분증권은 FVPL이든 FVOCI든, 보고기간 말(이하, 기말)이나 제거할 때 그 시점의 공정가치로 다시 측정한다. 이는 장부금액이 공정가치가 되도록 조정을 하는 동시에 그 조정금액을 평가손·익으로 인식하는 것을 의미한다. 공정가치가 상승하여 평가이익이 발생한 상황을 가정하면, 지분증권의 분류 여하에 따라 각각 다음과 같이 분개한다.

(차) 지분증권(FVPL)	×××	(대) 지분증권평가이익 (당기손익)	×××
(차) 지분증권(FVOCI)	×××	(대) 지분증권평가이익 (기타포괄손익)	×××

FVPL의 경우 평가손 · 익은 **실현손익**인 **당기손익** 항목으로 인식하고, FVOCI의 경우에는 **미실현손익**인 **기타포괄손익** 항목으로 인식한다. 따라서 FVPL의 평가손 · 익은 장부마감을 통해 자본항목인 **이익잉여금**에 누적(즉, 가감)되고, FVOCI의 평가손 · 익은 또 다른 자본항목인 **기타포괄손익누계액**에 누적된다.

여기서 기타포괄손익누계액은 제3장에서 살펴본 대로 그 성격에 따라 몇 가지 구체적인 소 항목들로 구분된다. 이러한 소 항목의 예로서 제8장에서 살펴본 재평가잉여금이 있다. 본 장에서는 매 보고기간마다 발생하는 지분증권(FVOCI) 평가손 · 익을 누계하는 소 항목의 이름으로서 **지분증권평가손익**을 사용한다. 그리고 마감분개에서는 그 계정명칭을 '**지분증권평가손익**(기타포괄손익누계액)'으로 표시한다.

예를 들어, 지분증권(FVOCI)을 취득한 첫 해 말에 ₩100의 평가손실을 인식하고, 그 다음 기말에는 ₩120의 평가이익을 인식하였다고 하자. 이 경우 앞에서 제시한 분개에 따라 각 보고기간 말에 해당 평가손익을 인식한 후, 마감 분개를 다음과 같이 한다.

(차) **지분증권평가손익** (기타포괄손익누계액)	100	(대) 지분증권평가손실 (기타포괄손익)	100
(차) 지분증권평가이익 (기타포괄손익)	120	(대) **지분증권평가손익** (기타포괄손익누계액)	120

지분증권평가손익은 각 보고기간에 발생한 평가손실 혹은 이익을 누계하는 항목이므로, 그 첫 기말의 잔액은 ₩(100)이며, 그 다음 기말 잔액은 ₩20이 된다.[3)]

---

3) 실무에서는 누적 잔액이 양의 금액, 즉 누적이익이면 지분증권평가이익, 그리고 음의 금액, 즉 누적손실이면 지분증권평가손실로 구분한다. 본 장에서는 단일 계정과목인 **지분증권평가손익**을 사용하고, 그 잔액의 부호에 따라 누적된 이익 혹은 누적된 손실 여부를 구분한다. 유사하게, 본 장 제2절에서도 단일의 **채무증권평가손익**을 사용한다. 독자들의 이해에 도움이 된다는 판단에 따른 것이다. 두 개의 계정을 사용하는 경우, 본문의 두 분개는 다음과 같이 달라진다.

(차) 지분증권평가손실 (기타포괄손익누계액)	100	(대) 지분증권평가손실 (기타포괄손익)	100
(차) 지분증권평가이익 (기타포괄손익)	120	(대) 지분증권평가손실 (기타포괄손익누계액)	100
		지분증권평가이익 (기타포괄손익누계액)	20

이상에서 살펴본 대로, 지분투자는 최초 인식이후 공정가치에 따라 평가하는데, 이하 '공정가치 평가'란 '공정가치로 측정'하고 그에 따라 장부금액을 조정하는 회계처리를 의미한다. <예제 1>을 통하여 지금까지 익힌 내용을 연습해 보자.

예제 1

12월 말 결산법인인 ㈜이일은 20×1년 초에 타 기업의 상장주식 100주를 현금 ₩10,000에 매입하고 증권회사 수수료 ₩30을 현금으로 지급하였다. 취득 이후에 아래 자료와 같이 주식의 기말 공정가치가 변동하였다.

보고기간 말(연도 말)	20×1년 말	20×2년 말
공정가치(100주)	₩8,000	₩14,000

1. 위 지분투자를 FVPL 혹은 재순환금지 FVOCI로 분류하였다고 가정하고, 각 분류에 대해 취득거래와 매 기말의 공정가치 평가 분개를 보여라. 단, 재순환금지 FVOCI로 분류한 경우에는 매 기말 기타포괄손익을 마감하는 분개도 보여라.[4]
2. 재순환금지 FVOCI로 분류한 경우 매기 포괄손익계산서에 보고하는 기타포괄손익과 재무상태표에 보고하는 **기타포괄손익누계액**의 내역을 보여라.

해 답

1. 취득거래와 기말 공정가치 평가

	FVPL로 분류하였을 경우			
취득	지분증권(FVPL) 수수료비용	10,000 30	현 금	10,030
20×1말	지분증권평가손실(당기손익)	2,000	지분증권(FVPL)	2,000
20×2말	지분증권(FVPL)	6,000	지분증권평가이익(당기손익)	6,000
	재순환금지 FVOCI로 분류하였을 경우			
취득	지분증권(FVOCI)	10,030	현 금	10,030
20×1말	지분증권평가손실 (기타포괄손익)	2,030	지분증권(FVOCI)	2,030
	지분증권평가손익(기포누)*	2,030	지분증권평가손실 (기타포괄손익)	2,030
20×2말	지분증권(FVOCI)	6,000	지분증권평가이익 (기타포괄손익)	6,000
	지분증권평가이익 (기타포괄손익)	6,000	**지분증권평가손익**(기포누)*	6,000

* 기포누 = 기타포괄손익누계액

2. 재순환금지 FVOCI 범주의 기타포괄손익과 기타포괄손익누계액

	포괄손익계산서-기타포괄손익		재무상태표-기타포괄손익누계액	
20×1말	지분증권평가손실	₩(2,030)	**지분증권평가손익**	₩(2,030)
20×2말	지분증권평가이익	6,000	**지분증권평가손익**	3,970

지금까지 지분증권의 취득 및 보유 중의 회계처리를 살펴보았다. 두 가지를 추가로 언급한다.

첫째, 본 장 제2절에서 다루는 채권투자와는 달리 지분투자에는 기말에 수행하는 손상 회계를 적용하지 않는다. 이는 손상 회계의 적용이 재무보고의 유용성 측면에서 큰 실익이 없기 때문인 것으로 보이는데, 특히 FVPL의 경우가 더욱 그러하다.[5)]

둘째, 재순환금지 FVOCI 지분투자에서 발생한 누적 평가손익은 자본 내에서 이전할 수 있다. 그리고 별도의 구체적인 요구사항이 규정되어 있지 않으므로 기업의 회계정책에 따라서는 **지분증권평가손익**을 이익잉여금으로 대체할 수도 있을 것이다. 이하에서는 이러한 회계처리를 '이익잉여금으로의 대체'라고 부른다.

2. 처분

처분 등으로 금융자산을 제거할 때는 다음 ①과 ②의 차액을 당기손익으로 인식한다.

① 수취한 대가

② 금융자산의 장부금액 (**제거일에 측정**)

금융자산의 제거는 여러 가지 다양한 방식으로 이루어질 수 있지만, 본 장에서 다루

---

4) <예제 1>은 동일한 투자에 대해 두 개의 상이한 범주로 분류할 수 있는 것처럼 오해할 여지가 있지만, 지분투자의 경우 원칙적으로 FVPL로 분류하며, 재순환금지 FVOCI로 분류하는 것은 선택적으로 허용된 것일 뿐이므로 이 두 분류는 동일한 지분투자에 대해서는 상호배타적임을 기억해야 한다. 이렇게 오해할 수 있는 상황을 제시한 이유는 두 분류에 따른 회계처리를 대비하는 것이 학습효과를 높일 것으로 판단했기 때문이다.

5) 지분투자에는 원칙적으로 FVPL 모형이 적용되므로, 일상적인 가치변동을 나타내는 평가손·익이 특수한 상황에서의 가치변동인 손상차손·환입과 마찬가지로 당기손익항목으로 보고된다. 따라서 이 둘을 구태여 구분하는 회계처리가 재무보고의 유용성을 향상시킬 여지는 많지 않다. 그리고 재순환금지 FVOCI의 경우에도 손상 회계를 적용하지 않으므로, 자산손상으로 인한 손실이든 추후 가치회복으로 인한 환입이든, 일상적인 가치변동을 나타내는 평가손·익과 구분되지 않고 기타포괄손익으로 인식된다.

는 제거는 지분 · 채권투자의 매도와 채권투자의 만기상환과 같은 처분거래로 한정한다. 그리고 여기서 수취한 대가란, 일반적으로 매수자로부터 받은 금액에서 처분과 직접 관련되는 거래원가를 차감한 금액이다.

한편, 「기업회계기준서」 제1109호는 지분투자의 장부금액을 '제거일에 측정'함을 추가로 명시하였는데, 이는 처분 직전에도 공정가치 평가를 수행할 것을 요구한 것이다. 그러므로 세부적인 처분 회계처리는 다음 두 가지이다.

첫째, 처분일에 장부금액을 **공정가치로 재측정**한다. 앞에서 익힌 기말 공정가치 평가와 동일한 방식으로 평가손 · 익을 인식하는 것이며, 재측정 직후 지분투자의 장부금액은 처분일의 공정가치와 같아지게 된다.

둘째, 처분거래를 기록한다. 처분대금을 현금으로 결제받고, 또 증권회사 수수료와 증권거래세 등을 현금으로 지급한 처분거래에서의 분개는 다음과 같다.

(차) 현 금	×××	(대) 지분증권(FVPL 또는 FVOCI)	×××
처분손실(당기손익)[6]	×××		

지분증권 장부금액은 처분일의 공정가치이며 수취한 현금은 이 공정가치에서 수수료 등의 거래원가를 차감한 금액이기에, 일반적으로 거래원가 만큼의 **처분손실**을 인식하게 된다.

한편, 지분증권(FVOCI)의 경우에는 기업이 '이익잉여금으로 대체'를 선택하지 않는 한, 보유 중에 발생한 **지분증권평가손익**은 해당 증권이 처분된 후에도 장부에 남게 된다. 이는 지분증권(FVOCI)의 경우 재분류조정 회계처리를 금지한 규정(즉, 재순환금지규정) 때문이다. 금융자산에 대한 재분류조정 회계처리는 본 장 제2절에서 상세히 설명할 것이므로, 여기서는 재분류조정 금지의 내용과 효과가 무엇인지, 그리고 '이익잉여금으로 대체' 허용의 의의가 무엇인지만을 간략히 설명한다.

예를 들어, 기초에 어떤 금융자산을 처분하였는데 그간 매기 발생한 평가이익이 누적되어 **지분증권평가손익** 계정에 계상되어 있다고 하자. 이 누적평가이익이 ₩20이라면, 재분류조정은 다음의 분개를 통해 누적된 미실현 평가이익을 실현된 처분이익으로 재분류하는 동시에 ₩20을 기타포괄손실로 인식하는 회계처리이다.

(차) 재분류조정(기타포괄손익)	20	(대) 처분이익(당기손익)	20

한편, 보유 중에 누적적으로 평가손실을 기록한 상황이라면 동 평가손실을 처분손실로 인식하고, 같은 금액만큼의 기타포괄이익을 인식한다. 이러한 재분류조정이 필요한

6) 본 장 제1절에서의 '처분손실'은 '지분증권처분손실'을 의미하고, 제2절에서의 '처분손실'은 '채무증권처분손실'을 의미한다.

이유는, 이미 제3장에서 설명하였듯이 누적 평가손·익이 총포괄손익에 이중으로 계상되는 것을 방지하기 위함이다. 위 예에서 재분류조정의 재무보고 효과는 두 가지로 나타난다. 첫째, 포괄손익계산서의 당기손익이 ₩20 증가하고 기타포괄손익이 그만큼 감소한다. 둘째, 장부마감으로 이익잉여금이 ₩20 증가하는 반면, **지분증권평가손익**은 ₩20 감소하여 그 잔액이 ₩0으로 된다.

재순환금지란 위와 같은 재분류조정 회계의 적용을 금지한 것이다. 위 분개를 하지 못하면, 당기손익은 ₩20 감소하고, 이익잉여금도 역시 ₩20 적게 표시된다. 그렇지만 **지분증권평가손익** 잔액 ₩20은 그대로 남아 있으므로 자본 총액은 영향을 받지 않는다.

재순환금지로 처분된 지분증권(FVOCI)의 누적 평가손익은 실현되었음에도 자본 중 기타포괄손익누계액으로 남아 있지만, 기업이 그 잔액을 자본 내의 다른 항목으로 이전 대체시키는 것은 허용된다. 기업이 선택하는 가장 합리적인 대체는 이익잉여금으로 대체하는 것일 것이다. **'이익잉여금으로의 대체'**는 다음 분개를 통해 할 수 있다.

(차) **지분증권평가손익** (기타포괄손익누계액)	20	(대) 이익잉여금	20

위 분개의 결과는 앞에서 보인 재분류조정 분개의 차·대변 손익 항목을 마감시킨 결과와 정확하게 일치한다.

요약하면, '이익잉여금으로의 대체'는 자본항목들 간의 대체이므로 재무상태표에만 영향을 미치지만, 재분류조정 회계는 추가로 포괄손익계산서에도 영향을 미친다. 관련 내용은 본 장 제2절에서 상세히 살펴보도록 한다. 이제 <예제 2>를 이용하여 지분증권의 처분과 관련한 회계처리를 연습한다.

예제 2

앞의 <예제 1>에서, 20×2년 말 지분증권의 장부금액은 그 공정가치인 ₩14,000이었다. 그리고 지분증권(FVOCI)의 경우에는, 20×2년 재무상태표에 **지분증권평가손익** ₩3,970이 보고되었다. 즉, ㈜이일은 '이익잉여금으로의 대체'를 선택하지 않았던 것이다. 추가로 다음을 가정한다.

- 20×3년 10월 초, 공정가치가 ₩16,200일 때 지분증권을 ₩16,000에 처분하였다. 처분대가가 공정가치보다 ₩200이 적은 이유는 처분원가 때문이다.
- 20×4년 중 경영진은 지분증권평가손익의 이익잉여금 대체를 결정하였다.

FVPL 또는 FVOCI로 분류한 각 경우에 대해,

1. 처분회계를 수행하라. 단, FVOCI의 경우 기타포괄손익 마감도 보여라.
2. 20×1년~20×3년 포괄손익계산서상 당기손익 · 기타포괄손익이 어떻게 보고되는지, 그리고 재무상태표상 이익잉여금 · 기타포괄손익누계액은 어떻게 보고되는지 설명하라.
3. 20×4년 '이익잉여금으로의 대체'를 분개하라.

해 답

1. 처분회계와 기타포괄손익 마감 (기포=기타포괄손익, 기포누=기타포괄손익누계액)

분류		(차)		(대)	
FVPL	측정	지분증권(FVPL)	2,200	지분증권평가이익(당기손익)	2,200
	처분	현 금 처분손실(당기손익)	16,000 200	지분증권(FVPL)	16,200
FVOCI	측정	지분증권(FVOCI)	2,200	지분증권평가이익(기포)	2,200
	처분	현 금 처분손실(당기손익)	16,000 200	지분증권(FVOCI)	16,200
	마감	지분증권평가이익(기포)	2,200	**지분증권평가손익**(기포누)	2,200

2. 포괄손익계산서 내역과 재무상태표 자본 (단위: ₩)

	FVPL			FVOCI		
기말(연도 말)	20×1	20×2	20×3	20×1	20×2	20×3
당기손익	(2,030)*	6,000	2,000			(200)
기타포괄손익				(2,030)	6,000	2,200
이익잉여금	(2,030)	3,970	5,970			(200)
기타포괄손익누계액				(2,030)	3,970	6,170

* <예제 1>에서의 수수료비용 ₩30과 지분증권평가손실 ₩2,000의 합산액

3. (차) **지분증권평가손익**(기타포괄손익누계액) 6,170 (대) 이익잉여금 6,170

(참고) 지분증권을 FVPL 혹은 FVOCI로 분류를 달리하게 되면, 위 <예제 2>를 통해 알 수 있듯이 자본을 구성하는 개별항목들의 금액이 달라진다. 그러나 어떻게 분류하든 자본 총액은 동일하다.

제2절 채권투자

타 기업이 발행한 사채나 국가기관이 발행하는 국공채와 같은 채무상품에 투자한 경우에는, 제10장 제4절에서 살펴본 대로 사업모형과 계약상 현금흐름의 특성에 따라 AC, FVOCI 혹은 FVPL 측정모형 중 하나를 적용해야 한다. 여기서 FVOCI나 FVPL은 지분투자에 적용되는 방식과 거의 동일하게 채권투자에도 적용되는 모형이며, **AC**(amortized cost, 상각후원가)는 최초 인식시점에서 취득원가(cost)로 기록한 채무증권의 장부금액을 후속시점에 유효이자율법에 의한 상각(amortization)에 따라 조정하는 측정모형이다. 본 절에서는, 설명의 편의상, 채무상품 중 현금흐름이 원리금 지급으로만 구성되는 일반사채에 대한 투자를 회계처리 대상으로 상정한다. 물론 국공채에 대한 투자도 함께 고려할 수 있을 것이다. 그리고 위 각 측정모형이 적용되는 채권투자를 기록하기 위한 계정과목과 재무제표에 표시하는 관련항목의 명칭으로서 각각 **채무증권(AC)**, **채무증권(FVOCI)** 혹은 **채무증권(FVPL)**을 사용한다.

먼저 채무증권(FVPL)의 회계처리를 살펴보면, 이자수익을 유효이자율에 따라 인식하지 않고, 표시이자율에 따라 인식한다. 이는 채무증권(FVPL)의 투자목적이 원리금의 수취가 아니고 공정가치의 변동으로 발생하는 경제적 효익, 즉 자본이득(capital gains)의 추구이기 때문이다. 그리고 취득 이후 후속측정을 위한 회계처리는 지분증권(FVPL)의 경우와 동일하다. 즉, 보유 중 공정가치 변동으로 인한 평가손·익을 당기손익으로 인식하며, 손상 회계는 적용하지 않는다. 한편, 지분증권(FVPL)을 보유하면 배당을 수취하고 채무증권(FVPL)을 보유하면 계약상 이자를 수취한다는 차이가 있지만, 이는 FVPL 모형의 적용에 있어서 본질적인 차이는 아니므로, 본 절의 이하에서는 더 이상 채무증권(FVPL)의 회계처리를 별도로 다루지 않는다.

이하 채무증권(AC)와 채무증권(FVOCI)의 회계처리를 설명하기에 앞서, 이 두 회계처리가 근본적으로 유사하다는 사실을 미리 밝혀둔다. 그 이유는 '**유효이자율법에 의한 상각**'과 '**기대신용손실모형**'이라는 두 회계 논리가 채무증권(AC)와 채무증권(FVOCI)에 공통적으로 적용되기 때문이다.[7] 따라서 동일한 사채를 AC로 분류하든 FVOCI로 분류하든, **매기** 인식되는 **당기손익** 항목의 금액은 정확하게 동일하다. 다만, 채무증권(FVOCI)의 경우는, 채무증권(AC)와는 달리, 기말 공정가치 평가를 추가 적용한다는 점에서 차이가 날 뿐이다. 후술하지만, 그 평가손·익은 기타포괄손익으로 인식한다.

또한, AC 혹은 FVOCI로 분류되어야 하는 채무증권이더라도 기업의 선택에 따라

---

7) 본 절의 3.에서 후술할 소위, POCI에는 손상에 '발생손실모형'이 부가된다는 점에서 회계 논리가 다소 달라진다. 그러하더라도, 두 범주 간에 차등적으로 적용되지는 않는다.

FVPL로 '지정할 수' 있음도 언급한다. 앞서 제10장 제4절에서 설명한 바와 같이 이 'FVPL선택'은 임의적이지 않고 조건적인데, 이런 선택은 **'회계불일치'**를 제거 · 감소시키는 경우에만 허용되고, 그것도 최초 인식시점에서만 할 수 있으며, 일단 FVPL로 지정한 후에는 이를 변경할 수 없다.[8)]

채무증권(FVPL) 중 단기매매항목은 재무상태표에는 유동자산으로 표시한다. 한편, 채무증권(AC)와 채무증권(FVOCI)은 그 보유목적으로 보아 대부분 비유동자산으로 표시할 것이다. 이런 경우, 보유 중 12개월 내에 현금화될 것으로 예상하는 기말에 재무상태표 표시를 유동자산으로 바꾸어야 한다. 예를 들어, 12개월 내에 만기가 도래하는 기말에 해당 자산을 **유동자산으로 대체**하는 분개를 수행하는 것이다.

1. 취득, 이자수익, 공정가치 평가

(1) 취득

채무증권(AC)와 채무증권(FVOCI)는 취득시점에 공정가치로 측정하여 인식한다. 그리고 지분증권(FVOCI)와 마찬가지로, 취득에 직접 관련되는 거래원가를 공정가치에 가산함으로써 자본화한다.[9)] 이러한 최초 인식금액이 해당 채무증권의 취득원가인데, 채무증권 회계에서는 이를 특별히 **최초 총장부금액**이라고 부른다. 최초 총장부금액을 인식하면서 후속 회계처리를 위해 **유효이자율**을 산정한다. **유효이자율**(effective interest rate)이란 '금융자산의 만기까지 남은 기간에 걸쳐 발생할 미래현금흐름의 현재가치를 최초 총장부금액과 일치시켜 주는 이자율'이다. 일반적으로 최초 인식시점에서 산정된 유효이자율은 그 시점의 시장금리 수준과 사채 발행기업의 신용위험을 반영한다.

'최초 인식시점의 유효이자율'은 채무증권 회계에서 독특한 위상을 차지한다. 이에 근거하여 이자수익을 인식하면서 동시에 후속적으로 총장부금액을 조정하기 위한 상각을 수행하기 때문이다. 이후에도 '최초 인식시점의 유효이자율'은 변하지 않지만 후속기간에 총장부금액은 계속 조정되는데, 이는 채권의 할인발행차금 또는 할증발행차금의 상각을 반영하기 때문이다. 이렇게 '최초 인식시점의 유효이자율'은 해당 채무증권을 처분할 때까지 이자수익 계산의 근거가 되는 유일한 이자율이므로, 본 절 이하와 다음 장

---

8) 한편, 금융부채의 경우는 그 금융부채가 속하는 금융상품 집합을 공정가치기준으로 관리 · 성과평가 · 정보제공을 하는 경우에도 'FVPL 선택'이 허용된다. 즉, 채무상품을 발행하고 해당 채무상품을 다른 금융상품과 함께 집합적으로 관리 · 평가하는 경우에도 FVPL 선택권이 주어진다. 그러나 채무증권에 투자하고 이를 다른 금융상품과 함께 집합적으로 관리 · 평가하는 경우에는 허용되지 않는다. 사업모형에 따라 이러한 채무증권은 FVPL로 분류해야만 하기 때문인 것으로 판단된다.

9) 본 장 이하에서는, 특별히 언급하는 경우에만 거래원가를 고려한다.

인 제12장에서는 이를 줄여서 '**유효이자율**'이라고 부른다.

이제, 만기까지 이자지급 횟수가 n이고, 이자는 각 이자지급기간 말에 후급으로 수취하며, 만기에는 약속된 금액(즉, 액면금액)을 받게 되는 일반사채를 고려해 보자. 이자수취액은 액면금액에 일정 %를 곱하여 계산하는데, 이 일정 %는 채권에 표시되어 있으므로 이를 **표시이자율**(coupon)이라고 부른다. 현재가치 계산에 사용하는 이자기간당 할인율을 r이라고 할 때, 이러한 사채의 현금흐름의 현재가치는 다음 두 현재가치의 합산액이 된다.[10)]

① 액면금액 현재가치 : 액면금액 $\times (1+r)^{-n}$

② 이자수취액 현재가치 : 액면금액 × 이자기간당 표시이자율 $\times \dfrac{1-(1+r)^{-n}}{r}$

위의 ①과 ②에 사용한 산식은 앞서 제4장에서 익힌 바와 같다. ①은 미래 n번 째 이자기간 말에 해당하는 만기일에 수취할 액면금액(개념상 단일금액)의 현재가치이며, ②는 n번에 걸쳐 매 기말 수취할 이자(개념상 기말연금)의 현재가치이다.

그리고 위 산식에 나타난 현재가치 계산구조를 보면, 사채의 현금흐름은 계약에 의해 확정되어 있으므로 그 현재가치와 할인율은 서로 역의(inverse) 관계에 있음을 알 수 있다. 즉, 할인율이 높아지면(또는 낮아지면) 현재가치는 감소한다(또는 증가한다). 또 이 둘(현재가치와 할인율) 중 하나를 알면 다른 하나를 계산할 수도 있다. 사채의 최초 총장부금액이 그 현금흐름의 현재가치와 일치된다고 할 때, 위의 산식을 이용하여 r을 계산할 수 있게 된다.

한편, 최초 총장부금액은 채무증권 취득에 소요된 총원가로서 채권투자자 입장에서는 투자원금에 해당한다. 따라서 최초 총장부금액과 채권 현금흐름의 현재가치를 일치시켜주는 r은 투자원금을 투자로 인해 수취할 미래현금흐름의 현재가치와 일치시키는 수익률이 되므로, 개념적으로는 **내부수익률**(internal rate of return, **IRR**)이다. 이것이 바로 회계처리에 사용될 유효이자율인 것이다.

그런데 IRR에 해당하는 이 유효이자율을 계산하는 유일한 방법은 장시간이 소요되는 반복적인 시행착오(trial and error)에 의한 방법뿐이므로, 이를 산정하려면 일반적으로 전산프로그램의 도움을 받아야 한다. 따라서 실무가 아닌 학습현장에서는 유효이자율이 주어진 것으로 가정하고 그에 근거하여 최초 총장부금액을 계산하는 것이 더 효과

---

10) 현재가치를 계산하려면, 표시이자 금액을 포함한 미래현금흐름이 어떤 기간단위로 구성되어 있는지를 정확하게 파악하여야 한다. 계산식에 투입되는 표시이자율이나 계산 결과인 유효이자율도 이자기간당 이자율인 것이다. 가장 일반적인 사채인 이표채(coupon bond)는 분기가 이자기간이지만 증서에는 연리(per annum)로 표시하는 것이 관행이다. 이러한 경우, 계산할 때 증서 상의 표시이자율을 4로 나누어 사용해야 한다. 그리고 계산 결과인 유효이자율도 분기당 이자율임을 알아야 한다. 편의상, 본 장에서는 이자기간을 1년으로 가정한다.

적이다.

다음의 <예제 3>을 이용하여, 채무증권의 취득 분개를 살펴보고, 최초 장부금액이 주어진 상황에서 유효이자율을 산정하는 방법을 살펴본다. 또한, 역으로 유효이자율이 주어진 상황에서 최초 총장부금액을 계산하는 방식도 살펴보는데, 이 방식이 더 효과적인 학습방법이므로 본 장 이하에서는 이러한 방식으로 회계처리를 살펴볼 것이다.

예제 3

12월 말 결산법인인 ㈜이삼은 20×1년 초에 타 기업이 발행한 다음 조건의 사채를 매수하였다.

다음 : 20×1년 초 발행, 액면금액 ₩100,000
연 5%의 표시이자를 연말에 지급, 만기 20×3년 말

㈜이삼은 사업모형과 계약상 현금흐름의 특성에 근거하여 동 채권투자를 AC 혹은 FVOCI 중 하나로 분류한다.

1. ㈜이삼은 거래원가를 포함한 ₩87,565을 최초 총장부금액으로 인식하였다. 취득 거래를 분개하고, 유효이자율을 산정하라.
2. 유효이자율이 다음과 같을 때, 위 채무증권의 최초 총장부금액을 계산하라.
   1) 연 10%
   2) 연 5%

해 답

1. 취득거래의 분개는 다음과 같다.

(차) 채무증권(AC 또는 FVOCI) 87,565 (대) 현 금 87,565

유효이자율 r은 다음 등식과 같이 최초 총장부금액 ₩87,565과 사채 미래 현금흐름의 현재가치를 일치시키는 할인율이다.

$$₩87{,}565 = \frac{100{,}000}{(1+r)^3} + 5{,}000 \times \frac{1-(1+r)^{-3}}{r}$$

이 r을 산출하기 위해서는 전산프로그램을 활용해야 한다. 정답은 연 10%인데, 위 등식 우변의 r에 0.1을 대입하여 좌변과 일치함을 확인할 수 있다.

2. (1) 유효이자율이 연 10%이면, 최초 총장부금액은 다음과 같다.

$$\frac{100{,}000}{(1+0.1)^3} + 5{,}000 \times \frac{1-(1+0.1)^{-3}}{0.1} = ₩75{,}131 + ₩12{,}434 = ₩87{,}565$$

(2) 유효이자율이 연 5%이면, 최초 총장부금액은 다음과 같다.

$$\frac{100{,}000}{(1+0.05)^3} + 5{,}000 \times \frac{1-(1+0.05)^{-3}}{0.05} = ₩100{,}000$$

(2) 이자수익

주어진 유효이자율에 따라 최초 총장부금액을 산정한 <예제 3>의 2를 고려해 보자. 먼저, 유효이자율이 표시이자율과 동일하게 연 5%이면 최초 총장부금액은 ₩100,000이 되어 액면금액과 동일하게 된다. 이를 **액면취득** 상황이라고 부른다. 유효이자율 연 5%, 즉 IRR이 연 5%라는 것은 채권투자자가 요구하는 투자수익률이 연 5%라는 의미를 갖는다. 이때 표시이자율이 5%이고 액면금액이 ₩100,000이라서 매년 ₩5,000의 이자를 수취할 수 있다면(즉, 매년 5%의 요구수익을 획득한다면), 투자자는 현재시점에 ₩100,000을 투자하고 만기에 투자원금 ₩100,000을 돌려받는 계약에 기꺼이 응할 것이다. 이것이 바로 최초 총장부금액이 액면금액과 같아지는 이유이다.

그런데 유효이자율이 표시이자율 보다 높으면, 즉 채권투자자가 표시이자율 보다 더 높은 IRR을 요구한다면, 상황은 달라진다. 표시이자율이 연 5%인 채권을 액면금액으로 취득하면 IRR이 5%에 불과하므로, 채권투자자는 액면금액 보다는 낮은(즉, 할인된) 금액을 투자함으로써 유효이자율을 높이려 할 것이다. 구체적으로, 만일 채권투자자가 연 10%의 IRR을 요구한다면, <예제 3>의 2에서 본 것처럼, 투자원금은 ₩87,565이 되어야 한다. 다시 말해, 지금 ₩87,565을 투자하고 만기에 액면금액인 ₩100,000을 회수하면, 비록 이자수취액이 매기 ₩5,000이더라도 연 10%의 수익률을 얻게 된다. 즉, 액면금액에서 ₩12,435이 할인된 금액으로 채권을 취득하는 것이다. **할인취득** 상황이다.[11)]

이처럼 할인액은 표시이자율보다 더 높은 IRR을 채권투자자가 요구할 때 발생하는데, 그 본질은 바로 **이자**이다. 왜냐하면, 채권투자자는 ₩87,565을 채권발행회사에게 빌려주고, 만기에는 ₩100,000을 회수하므로 빌려준 돈보다 ₩12,435만큼 더 돌려받기 때문이다. 이를 달리 설명해 보자. 만일 연 10%의 IRR을 원하는 채권투자자가 액면금액으로 채권을 매수한다면, 당연히 매년 ₩10,000(=₩100,000×10%)의 이자를 요구할 것이다. 그런데 5%의 표시이자율에 따라 매년 ₩5,000만 받는다면 이자부족액 ₩5,000이 매년 발생한다. 채권투자자의 입장에서 볼 때, 이 이자부족액의 현재가치는 ₩12,435(=₩5,000 × $[\{1-(1+0.1)^{-3}\}/0.1]$)이 된다. 따라서 이자부족액의 현재가치만큼 할인한 ₩87,645을 빌려주고, 만기에 ₩100,000을 받음으로써 ₩12,435의 이자를 추가적으로 더 받아야 원하는 IRR 연 10%를 획득할 수 있게 되는 것이다.

채무증권 투자자는 최초 인식시점부터 만기까지 매 이자기간마다 **이자기간 초**의 **총장부금액**에 **유효이자율**을 곱하여 **이자수익**을 인식한다. 그리고 계약상 표시이자율에 따른 이자를 수취한다. 각 이자기간의 이자수익과 이자수취액은 다음과 같다.

---

11) 드물지만, 유효이자율이 표시이자율보다 낮으면 소위 '할증 취득' 상황이 나타난다. 본 절에서 설명하는 유효이자율법에 의한 상각을 조금 응용하면 이 경우의 회계처리도 충분히 할 수 있을 것이다. 본 장 연습문제의 하나로 제시할 때, 응용시 고려할 점을 간단히 언급한다.

이자수익 = **이자기간 초** 총장부금액 × 유효이자율
이자수취액 = 액면금액 × 표시이자율

여기서, 액면취득의 경우에만 매 기간 이자수익과 이자수취액이 동일한 금액이 되는데, 이는 유효이자율과 표시이자율이 동일하고, 또 최초 총장부금액이 액면금액과 같아서 후속기간에도 불변하기 때문이다.

반면, 유효이자율이 표시이자율보다 높아서 할인 취득한 경우에는, 항상 이자수익이 이자수취액보다 크게 된다. 보고기간 말이 아니라면, 이자수익은 실무적 편의상 이자수취일에 인식하는데, 이때 이자수익이 이자수취액보다 크므로 현금으로 수취하지 못한 이자수익 부분은 자연스럽게 관련 채무증권에 재투자한 금액으로 간주된다. 따라서 채무증권의 총장부금액은 증가하게 된다. 이를 분개로 살펴보면 다음과 같다.

(차) 현 금	×××	(대) 이자수익	×××
채무증권(AC 또는 FVOCI)	×××		

한편, 이자기간 중에 보고기간 말이 도래하면 이자수익을 인식해야 하지만 현금으로 수취되는 이자는 없으므로 위 분개의 차변에 현금 대신 **미수이자**를 인식한다.

이러한 방식으로 최초인식 이후 매 기말에 총장부금액을 증가시키는 회계처리를 '**유효이자율법에 의한 상각**'이라고 부른다. 상각(amortization)은 '체계적인 감소'를 의미하는 용어인데, 총장부금액을 증가시키는 회계처리를 상각이라 부르는 이유는, 최초 취득시점의 할인액이 이자수익을 인식함에 따라 체계적으로 상각(감소)되면서 총장부금액이 점차 증가하기 때문이다. 이렇게 체계적으로 상각되는 할인액은 만기가 되면 전액 상각되어 없어지고, 이에 따라 점차 증가하던 총장부금액도 만기가 되면 액면금액과 같아진다. 결국 상각은 '총장부금액 증가'의 다른 이름인 셈이다. 한편, 총장부금액은 개념적으로 상각후원가(amortized cost)에 해당한다.[12)]

이상의 회계처리는 채무증권(AC)와 채무증권(FVOCI)에 공통적으로 적용된다. 그러므로 원리금 지급 계약의 내용과 최초 총장부금액(취득원가)이 동일한 투자 상황이라면, 두 범주의 채무증권에 대한 매 기간 이자수익과 상각은 동일하다. 이자기간 별 이자수익 인식과 상각 과정은 '상각표'라는 명칭의 표를 통해 일목요연하게 보여줄 수 있다. 이제 <예제 4>를 통해 구체적인 회계처리를 살펴보자.

12) 다만, 손상 회계를 수행한 후의 채무증권(AC)과 채무증권(FVOCI)의 상각후원가는 "총장부금액에서 손실충당금을 차감한 금액"이다. 손상은 본 절의 3.에서 다룬다.

예제 4

앞의 <예제 3>에서,

1. 유효이자율이 연 10%일 때, 사채 만기까지의 유효이자율법에 의한 상각표를 작성하라.
2. 유효이자율이 연 10%일 때, 20×1년 이자수익 인식을 분개하라.
3. 유효이자율이 연 5%라면, 상각표가 어떻게 달라지는지, 그리고 매 기말 이자수익 인식을 위한 분개는 어떻게 되는지 간단하게 설명하라.

해 답

1. 상각표 – 유효이자율 연 10% (금액단위 : ₩)

이자 기간	①기초* 총장부금액	②이자 수익	③이자 수취액	④상각액 (=총장부금액 증가액)	⑤기말* 총장부금액
20×1	87,565	8,757	5,000	3,757	91,322
20×2	91,322	9,132	5,000	4,132	95,454
20×3	95,454	9,546	5,000	4,546	100,000

* 상각표에서의 기초와 기말은 각각 '이자기간 초'와 '이자기간 말'이다.
본 예제에서는 '기'가 이자기간이면서 동시에 회계기간을 나타낸다.
② 이자수익 = ①기초 총장부금액 × 유효이자율 연 10%
(단, 20×3년에는 반올림오차를 조정하기 위하여 ₩0.6을 가산함)
③ 이자수취액 = 액면 ₩100,000 × 표시이자율 연 5%
④ 상각액 = 총장부금액 증가액 = ②이자수익 – ③이자수취액
⑤ 기말 총장부금액 = ①기초 총장부금액 + ④상각액

2. 이자수익 인식 분개 – 유효이자율 연 10%

연말	(차)		(대)	
20×1	현 금	5,000	이자수익	8,757
	채무증권(AC 또는 FVOCI)	3,757		

3. 유효이자율이 연 5%일 때

<상각표> 이자기간별 이자수익은 표시이자율에 따른 이자수취액과 동일하므로, 할인액 상각이 '0'이다. 따라서 총장부금액은 증가하지 않는다. 상각표(금액단위 : ₩)의 첫 이자기간분만 제시하면 다음과 같으며 만기까지 매기 동일한 내용이 반복된다.

이자 기간	①기초 총장부금액	②이자 수익	③이자 수취액	④상각액 (= 총장부금액 증가액)	⑤기말 총장부금액
20×1	100,000	5,000	5,000	0	100,000

<이자수익> 이자수익을 측정모형과 관계없이 또 매기 동일하게 다음과 같이 인식한다.

(차) 현 금 5,000 (대) 이자수익 5,000

<예제 3>과 <예제 4>는 학습목적을 위해 실무를 다소 단순화시킨 측면이 있다. 즉, 채권투자자의 회계기간 초가 이자기간 초와 일치하는 것으로 가정하였는데, 앞서 설명하였듯이, 이자기간 중에 보고기간 말이 도래하면 현금 대신 **미수이자**를 인식한다. 이때도 물론 상각표가 유용하다. 예를 들어, <예제 4>의 할인취득 상황에서 ㈜이삼이 12월 말 결산법인이 아니라 6월 말 결산법인이라고 하자. 상각표에 따르면 사채의 첫 이자기간인 '20×1년 초 ~ 20×1년 말'의 이자수익은 ₩8,757이고, 그 중 ₩5,000은 연말에 지급된다. ㈜이삼은 20×1년 6월 말에 결산을 수행하면서 이자수익 ₩4,379(=₩8,757 × 6/12)과 미수이자 ₩2,500(=₩5,000 × 6/12)을 인식한다. 분개는 다음과 같다.

(차)	미수이자	2,500	(대) 이자수익	4,379
	채무증권(AC 또는 FVOCI)	1,879		

이러한 이자기간 중의 상각은, 추후 본 절 3.에서처럼, 채무증권을 이자기간 중에 처분할 때의 회계처리에도 활용된다.

(3) 공정가치 평가

채무증권(AC)의 경우, 재무상태표에 보고하는 금액은 상각으로 조정된 **총장부금액**이지만, 채무증권(FVOCI)의 경우는 기말 **공정가치**이다. 따라서 채무증권(FVOCI)은 공정가치 보고를 위해 총장부금액을 평가증·감시키는 공정가치 평가를 추가로 적용한다. 다음과 같이 계산되는 공정가치 평가이익·손실만큼 채무증권이 증·감된다.

공정가치 평가이익·손실

= 기말 공정가치 − 공정가치 평가 직전의 장부금액

= 기말 공정가치 − [전기 말* 공정가치 + 당기 할인액 상각액]

= 당기 공정가치변동액 − 당기 할인액 상각액

* 당기에 취득한 채무증권의 경우에는 최초 총장부금액

위의 평가손·익은 **기타포괄손익** 항목으로 인식하고, 장부 마감과정에서 **기타포괄손익누계액**인 **채무증권평가손익**으로 마감한다. 이러한 인식분개와 마감분개는, 평가이익이 발생한 경우를 가정하면, 각각 다음과 같다.

(차) 채무증권(FVOCI)	×××	(대) 채무증권평가이익 (기타포괄손익)	×××
(차) 채무증권평가이익 (기타포괄손익)	×××	(대) **채무증권평가손익** (기타포괄손익누계액)	×××

채무증권평가손익은 매기 발생한 평가이익 혹은 손실을 누계한다. 이러한 회계처리는 지분증권(FVOCI)의 경우와 유사하다. 다음의 <예제 5>로 공정가치 평가를 익혀본다. 다만, 이에 앞서 예제에서의 20×3년 말은 만기시점이자 기말임을 기억할 필요가 있다. 만기에는 채무증권의 상환이 이루어지는데, 만기상환은 금융자산 제거의 여러 방식 중 하나에 해당한다. 그런데 본 장 제1절에서 익힌 것처럼, 금융자산을 제거할 때는 먼저 측정을 하고 다음으로 제거거래를 기록한다. 따라서 만기에는 상환을 기록하기 전에 먼저 측정을 해야 하는 것이다.

AC모형에서는 상각으로 조정된 총장부금액이 만기가 되면 자동적으로 액면금액과 동일한 금액으로 측정된다. 반면, FVOCI모형에서는 공정가치로 측정해야 하는데, 만기에서는 공정가치가 액면금액과 같아지므로 측정 후 장부금액 역시 액면금액과 같아진다.[13] 이후 현금상환 거래를 기록하는데, 채무증권(AC)의 경우 만기상환 기록은 단순하다. <예제 5>에서는 채무증권(FVOCI)만 다룬다.

예제 5

<예제 4>의 채무증권(FVOCI)에서 매년 말 공정가치를 다음과 같이 가정한다.

기말	20×1년	20×2년	20×3년
공정가치	₩89,000	₩95,000	₩100,000

- 이자수익 인식을 분개하라. (<예제 4>에서의 상각표를 참조하여 분개하라)
- 각 기말 공정가치 평가를 수행하라.
- 장부 마감 분개 중 기타포괄손익의 마감도 분개하라.
- 20×3년 말, 만기가 되어 액면을 회수한 거래도 분개하라.
- 각 기말 재무상태표에 보고하는 **채무증권평가손익**의 잔액을 확인하라.

해 답

아래 해답에서 압축하여 기록한 계정과목명과 정식명칭은 다음과 같다.

평가손실(기포) = 채무증권평가손실(기타포괄손익)
평가이익(기포) = 채무증권평가이익(기타포괄손익)
기포누 = **채무증권평가손익**(기타포괄손익누계액)

13) 본 절에서 후술할 손상 회계와 손상 발생은 고려하지 않은 단순한 상황을 염두에 둔 설명이다.

기말	거래	(차)		(대)	
20×1	이자수익 인식	현 금 채무증권(FVOCI)	5,000 3,757	이자수익	8,757
	공정가치 평가	평가손실(기포)*	2,322	채무증권(FVOCI)	2,322
	기타포괄손익 마감	**기포누**	2,322	평가손실(기포)	2,322
20×2	이자수익 인식	현 금 채무증권(FVOCI)	5,000 4,132	이자수익	9,132
	공정가치 평가	채무증권(FVOCI)	1,868	평가이익(기포)**	1,868
	기타포괄손익 마감	평가이익(기포)	1,868	**기포누**	1,868
20×3	이자수익 인식	현 금 채무증권(FVOCI)	5,000 4,546	이자수익	9,546
	공정가치 평가	채무증권(FVOCI)	454	평가이익(기포)***	454
	만기상환	현 금	100,000	채무증권(FVOCI)	100,000
	기타포괄손익 마감	평가이익(기포)	454	**기포누**	454

*공정가치 평가손실 = 공정가치변동액[= ₩89,000 - ₩87,565] - 상각액 ₩3,757 = ₩(2,322)

**공정가치 평가이익 = 공정가치변동액[= ₩95,000 - ₩89,000] - 상각액 ₩4,132 = ₩1,868

***공정가치 평가이익 = 공정가치변동액[=₩100,000 - ₩95,000] - 상각액 ₩4,546 = ₩454

그리고 **채무증권평가손익**(기타포괄손익누계액)의 잔액은 각각 다음과 같다:

기말	20×1년	20×2년	20×3년
채무증권평가손익	₩(2,322)	₩(454)	₩0

2. 손상

손상은 자산의 가치훼손을 의미한다. 「기업회계기준서」 제1109호가 적용되기 이전의 금융자산 손상 회계는 가치가 **이미** 훼손되어 손실이 발생한 경우 해당 손실을 인식하는 소위 **발생손실모형**(incurred loss model)에 근거하였다. 이러한 모형은 손실을 적시에 보고하지 못하므로 신용위험 관련 정보를 조기에 알려주지 못하는 단점이 있다. 반면, 「기업회계기준서」 제1109호에서 규정한 손상 회계는 미래 가치훼손이 **기대**될 때 손실을 측정하여 인식하는 **기대신용손실모형**(expected credit loss(ECL) model)에 근거하므로 회계정보를 통해 신용위험을 적시에 보고할 수 있다.

손상 회계는 지분투자에는 적용되지 않고 채무상품 투자에만 적용되는데, 본 장에서는 사채 및 국공채 등과 같은 채무상품 투자의 손상을 다루며, 수취채권과 같이 영업활동에서 나타나는 금융자산과 금전 대여거래로 인한 대여금에 대한 손상은 제12장에서 살펴본다.

또 손상은 기말에 단위 자산별로 평가하지만, 보유 채무상품의 특성과 기업의 자산관리정책에 따라서는 자산 집합을 대상으로 평가하기도 한다. 손상의 집합 평가는 제12장에서 매출채권 손상을 설명할 때 소개할 것이며 이하에서는 단위 자산별 손상 평가를 전제로 설명을 이어간다.

(1) 기대신용손실

채무증권 투자는 발행자의 원리금 상환능력을 믿고 자금을 제공하는 신용거래이다. 그리고 투자기업은 예기치 못한 상환능력의 변동위험(즉, 신용위험)에 노출됨에 따른 재무적 손실을 최소화하기 위해 노력한다. 손상 회계에서는 이 신용위험을 '**채무불이행이 발생할 위험**(risk of default occurring, **RDO**)'으로 개념화하고 있다. 다시 말해, 신용위험을 채무증권발행자, 즉 차입자가 '계약상 현금흐름의 지급을 계약조건에 따라 적정하게 이행하지 못할 위험'으로 정의한 것이다. 그리고 신용손실(credit losses)은 '**계약에 따라 지급받기로 한** 모든 계약상 현금흐름과 **수취할 것으로 예상하는** 모든 계약상 현금흐름의 차이(즉, 모든 현금부족액)를 유효이자율로 할인한 금액'으로 규정한다.

채무증권에 투자한 기업은 해당 채무증권과 관련된 미래상황을 예측하고 각 상황별 발생확률을 추정할 것이다. 이러한 시나리오 분석은 미래 현금흐름에 개재된 불확실성에 대한 투자기업 '경영자의 관점'을 나타내기에 이에 근거한 손상추정액은 그 투자기업의 재무제표이용자에게 매우 목적적합할 것이다.

기대신용손실(expected credit losses, ECL)은 투자기업 경영자가 추정한 RDO의 상황별 신용손실을 그 발생확률로 가중평균한 금액인데, **전체기간 ECL**(life-time ECL)과 **12개월 ECL**(12-month ECL)로 구분된다. 전자는 해당 채무상품의 **기대존속기간**에 발생할 수 있는 모든 채무불이행 사건을 감안하여 측정한 ECL이며, 후자는 **보고기간 말 이후 12개월 내**에 발생가능한 채무불이행 사건에 국한하여 측정한 ECL이다. 그러므로 12개월 ECL은 전체기간 ECL의 일부분이다.

이러한 ECL을 측정할 때는 다음 사항이 반영되어야 한다.

- 일정 범위의 발생 가능한 결과를 평가하여 산정한 금액으로서 편의가 없고 확률로 가중한 금액
- 화폐의 시간가치
- 기말 현재까지 수집되는 과거사건, 현재 상황과 미래 경제적 상황의 예측에 대한 정보로서 합리적이고 뒷받침될 수 있으며 과도한 원가나 노력 없이 이용할 수 있는 정보

(2) 손상요구사항

위에서 설명한 두 가지 ECL은 기업이 임의로 선택하여 사용할 수 있는 측정치는 아니다. 이를 [그림 11. 1]에 요약된 '보고기간 말에 손상요구사항의 적용'을 이용하여 설명해 보자.[14] **손상요구사항**(impairment requirement)은 기말 손상측정을 할 때 어떤 경우에 어떤 ECL을 사용하여 어떻게 회계처리하는지를 정리한 길라잡이다.[15]

첫 번째 경우는 [그림 11. 1] 중앙의 굵은 선 안에 제시된 질문인 '최초 인식 후에 신용위험이 유의적으로 증가하였는지' 여부에 관한 것이다. 만일 최초 인식 후에 채무증권의 신용위험이 보고기간 말 현재 유의적으로 증가하였다면, **전체기간 ECL**로 손상을 측정한다. 그 다음에 신용이 손상되었는지 여부를 따져봐야 하는데 신용 손상에 관해서는 본 절의 4.에서 설명한다. 만일, 실제로 신용은 아직 손상되지 않았다면 이자수익은 유효이자율을 **총장부금액**에 적용하여 인식한다([그림 11. 1]의 ①). 최초인식 후에 신용이 손상된 경우는 아래 넷째에 해당된다.

둘째, '최초 인식 후에 신용위험이 유의적으로 증가하지 않은' 채무증권은 **12개월 ECL**로 손상을 측정하고, 이자수익도 위 첫 번째 경우와 동일하게 유효이자율을 **총장부금액**에 적용하여 인식한다([그림 11. 1]의 ②).

셋째, 보고기간 말에 평가한 신용위험이 낮으며, 아울러 '신용위험이 낮은' 채무증권에 한하여 허용된 '12개월 ECL 측정' 옵션(이를 '낮은 신용위험' 간편법이라 부름)의 적용을 선택하는 경우에는 위 둘째 경우와 마찬가지 방식으로 손상을 측정하고, 이자수익을 인식한다([그림 11. 1]의 ③).

넷째, '최초 인식 후에 신용위험이 유의적으로 증가한' 경우의 부분 집합인 보유기간 말 현재 **신용**이 **이미 손상**된 경우는, 첫 번째 경우처럼 **전체기간 ECL**로 손상을 측정한다. 다만, 이자수익은 유효이자율을 **상각후원가**에 적용하여 인식한다. 여기서 상각후원가란 총장부금액에서 손실충당금을 차감한 금액을 가리킨다. 따라서 어떤 금융자산을 보유하는 중에 실제로 신용이 손상되면 해당 증권의 후속기간 이자수익은 신용손상이 발생하지 않았을 경우에 비하여 적게 인식된다([그림 11. 1]의 ④).

다섯째, 위 네 번째 경우처럼 최초인식 이후 '보유 중'에 손상을 입은 것이 아니라, '최초 인식할 때부터' 신용이 손상되어 있는 채무증권은 **전체기간 ECL의 변동**으로 손상을 측정하고, **신용조정 유효이자율**을 상각후원가에 적용하여 이자수익을 인식한다([그림 11. 1]의 ⑤).

---

14) [그림 11. 1]은 「기업회계기준서」 제1109호의 적용사례에 제시된 내용을 일부 조정하여 인용한 것이다.

15) '손상요구사항'의 적용대상 금융자산은 AC 혹은 FVOCI로 분류하는 채무상품 투자와 「기업회계기준서」 제1109호의 손상 회계를 적용하는 매출채권, 계약자산, 리스채권, 대출약정 및 금융보증계약이다. 매출채권은 제12장에서 다루며, 계약자산은 제12장 주석 6)으로 설명한다. 리스채권과 대출약정·금융보증계약은 각각 제21장과 제14장에서 다룬다.

그림 11.1

보고기간 말에 손상요구사항의 적용

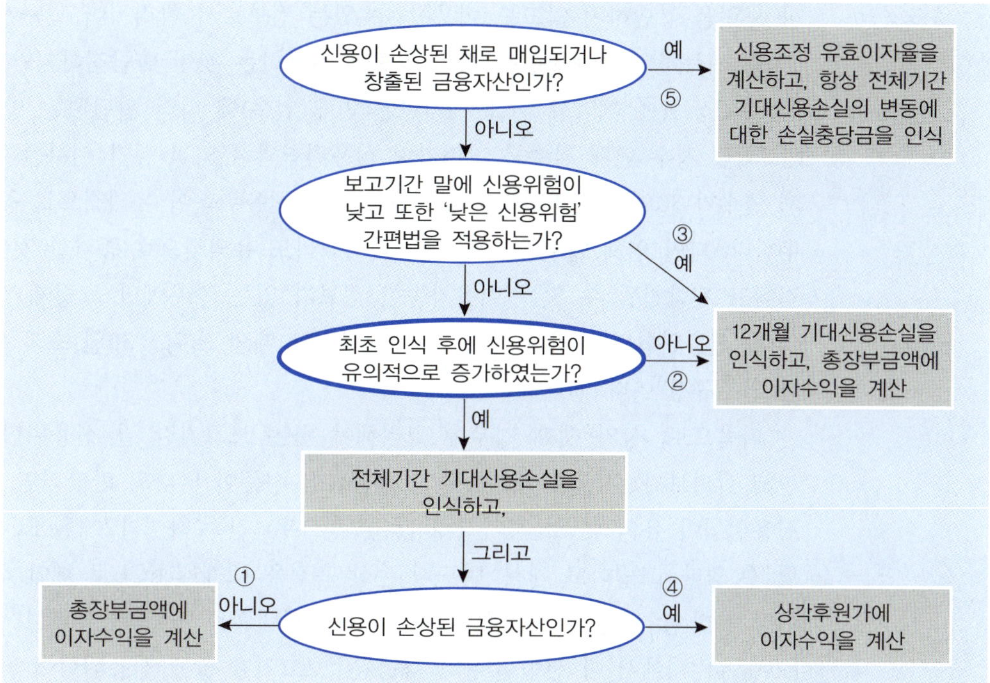

주 : 「기업회계기준서」 제1109호 적용사례에 제시된 Flowchart를 일부 조정하여 인용함.
동 적용사례 Flowchart에서 '매출채권 등에 실무적 간편법을 적용하는지의 여부'를 파악하는 항목을 제외한 그림임. 해당 항목이 존치된 Flowchart는 제12장의 [그림 12.1]을 참조 바람.

위의 넷째와 다섯째 경우는 신용이 이미 손상된 채무증권에 관한 것인데, 구체적인 설명은 본 절의 4.로 미룬다. 첫째에서 셋째까지의 상황은, 아직 신용이 손상되지 않은 채무증권에 대하여 기대신용손실을 전체기간 ECL로 측정하는지, 아니면 12개월 ECL로 측정하는지를 그 조건에 따라 구분한 것이다. 첫째와 둘째 상황은 신용위험의 유의적 증가 여부, 즉 신용위험의 **변동**(change) 여부에 따라 구분된 것이고, 셋째 상황은 신용위험의 **수준**(level)에 따라 구분된 경우이다. 이를 좀 더 상세히 살펴보자.

먼저, '최초 인식 후에 신용위험이 유의적으로 증가한' 채무증권은 그 손상을 매 기말에 전체기간 ECL로 측정하지만, 그렇지 않은 채무증권은 12개월 ECL로 측정한다. 만일 전기에는 '최초 인식 후에 신용위험이 유의적으로 증가하여' 전체기간 ECL로 측정하였으나, 당기에는 '최초 인식 후에 신용위험이 유의적으로 증가하지 않은' 것으로 평가하면 당기 말에는 12개월 ECL을 측정하여 사용한다.

여기서 신용위험의 유의적 증가 여부는 ECL(기대신용손실) 금액의 변동이 아니라, 금융자산의 기대존속기간에 대한 RDO(채무불이행이 발생할 위험)의 변동으로 평가한다. 이를 위해, 금융자산의 기말 RDO를 최초 인식일의 RDO와 비교하며, 최초 인식 후에 신용위험의 유의적인 증가를 나타내는 정보를 고려한다. 이러한 정보는 과도한 원가나 노력을 부담하지 않고도 이용할 수 있는 정보로서 합리적이고 근거가 있어야 한다.

또 가능하면 미래전망에 관한 정보를 사용하는 것이 바람직하지만, 현재 상황을 나타내는 정보(예 계약상 지급이 지연된 연체 일수)에 따라 판단하는 경우도 있을 수 있다. 이런 경우 연체 일수를 살펴가며 신용위험의 유의적 증가 여부를 판단하더라도, 연체 일수가 30일을 초과하면 '최초 인식 후에 신용위험이 유의적으로 증가한' 것으로 간주한다. 다만 연체 일수가 30일을 초과하더라도 유의적으로 증가한 것이 아니라는 합리적이고 뒷받침될 수 있는 이용가능한 정보가 있는 경우에만 그렇게 간주하지 않을 수 있다. 신용위험의 유의적 증가 여부를 판정할 때의 소위, "**30일 초과 연체의 반증 가능한 간주규정**"이다.[16)] [17)]

다음으로, 상기 셋째 경우에 고려해야 하는 보고기간 말 신용위험의 수준(level)에 관해 살펴보자. 기말에 채무증권의 신용위험 수준이 낮다고 판단되면, '최초 인식 후에 신용위험이 유의적으로 증가하지 않은' 것으로 '간주'하여 12개월 ECL로 손상 측정을 할 수 있다. 그렇다고 해서, 반드시 손상 측정을 12개월 ECL로 해야 하는 것은 아니고, 그렇게 할 수 있는 선택권만 준 것이다. 이 선택권을 '낮은 신용위험' 간편법이라 한다. [그림 11. 1]에서 이 선택권 관련 내용은 '보고기간 말에 신용위험이 낮고 또한 낮은 신용위험 간편법을 적용하는가?'라는 조건으로 표현되어 있다. 외부 신용평가기관이 '투자등급'에 해당하는 등급을 매긴 채무증권은 신용위험이 낮은 채무증권의 한 가지 예가 된다. 다음에서는 위의 첫째에서 셋째까지의 경우에 적용하는 손상 회계처리에 관하여 구체적으로 살펴본다.

(3) 손상 회계

기말에 손상요구사항에 따라 전체기간 ECL 또는 12개월 ECL을 측정하고, 채무증권(AC)의 경우에는 이를 **손실충당금**으로 인식한다. 예를 들어, 기말 추정 직전의 손실충당금 잔액이 ₩10이었는데, 기말에 추정한 ECL이 ₩12인 경우라면, 다음과 같이 분개

16) 「기업회계기준서」 제1109호의 적용지침에서 사용하는 용어이다. 반증가능한 규정(a rebuttable presumption)이라는 규정의 성격은 소위, '무죄추정의 원칙'을 생각해 보면 쉽게 이해된다. 1) 유죄라는 명백한 증거가 나타나기 전까지는, 2) 무죄로 추정한다는 원칙이다. 본문 내용은 "1) 연체 일수가 30일을 초과하더라도 유의적으로 증가한 것이 아니라는 정보가 있기 전에는, 2) 30일을 초과하면 일단 유의적으로 증가한 것으로 본다"는 것으로 해석하면 될 것이다.

17) 신용위험, 즉 채무불이행이 발생할 위험이 기대신용손실(ECL) 측정시의 기반 개념이지만, 채무불이행 자체는 「기업회계기준서」 제1109호에서 정의하고 있지 않다. 동 기준서의 취지에 맞추어 기업이 판단할 사항이다. 다만 채무불이행과 관련하여 '채무불이행은 연체 일수 90일보다 늦게 발생하지 않는다'는 반증 가능한 간주규정을 두고 있다. 즉, 1) 채무불이행이 연체 일수 90일보다 늦게 발생한다는 것을 입증하는 합리적이고 뒷받침될 수 있는 정보가 있는 경우를 제외하고는, 2) 채무불이행은 연체 일수 90일 경과 전에 발생한다고 보는 규정이다.

한다.

(차) 손상차손(당기손익) 2 (대) 손실충당금 2

위 분개에서 **손상차손**은 당기손익 항목이며, **손실충당금**은 총장부금액의 차감 항목이다. 만일 기말 추정한 ECL이 손실충당금의 (직전) 잔액 보다 적은 경우에는 **손상환입**을 인식하며, 이 역시 당기손익 항목이 된다. 예를 들어, 앞의 예에서 기말 ECL이 ₩7으로 측정된 경우 다음과 같이 분개한다.

(차) 손실충당금 3 (대) 손상환입(당기손익) 3

한편, 채무증권(FVOCI)의 경우는 공정가치 측정 대상이므로, 기말에 공정가치로 측정한 후 손상 회계를 적용한다. 공정가치 측정단계에서는 기타포괄손익인 채무증권평가손 · 익이 인식되므로, 이후 손상 회계의 적용에서는 앞서 설명과 같이 인식한 **손상차손 · 환입**을 **평가손 · 익**에서 가감한다. 따라서 기대신용손실을 인식하여도 채무증권(FVOCI)의 장부금액은 감소하지 않는다. 결국, 채무증권(FVOCI)의 손상 회계에서는 공정가치 측정에서 인식한 기타포괄손익항목인 평가손 · 익의 일정 부분을 당기손익항목인 손상차손 또는 손상환입으로 재분류하는 것에 불과하다.

예를 들어, 기말 공정가치 측정으로 평가손실 ₩9을 인식하고 다음의 분개를 하였다고 하자('기포'는 기타포괄손익을 나타낸다).

(차) 채무증권평가손실(기포) 9 (대) 채무증권(FVOCI) 9

그리고 ECL이 ₩12으로 측정되어 누적손상액이 ₩10에서 ₩2만큼 증가하였기에 ₩2을 손상차손으로 인식해야 한다. 따라서 평가손실(기타포괄손익) ₩9 중 ₩2을 손상차손(당기손익)으로 대체하는 다음의 분개가 필요하다.

(차) 손상차손(당기손익) 2 (대) 채무증권평가손실(기포) 2

손상요구사항을 적용하는 데에 있어서, '최초 인식 후 신용위험이 유의적으로 증가하였는지' 여부에 대한 판단이 핵심적인 역할을 한다. 그리고 시장에서 관찰되는 공정가치와 같은 미래전망 정보가 이러한 판단에 대단히 중요하므로, 공정가치 측정과 ECL 측정은 긴밀하게 연결될 수밖에 없다. 그러므로 위 두 분개는 다음의 결합분개로 처리한다.

(차) 채무증권평가손실(기포) 7 (대) 채무증권(FVOCI) 9
손상차손(당기손익) 2

위 결합분개를 좀 더 상세히 살펴보자. 손상차손 ₩2은 투자회사 '경영자의 관점'에서 평가된 가치 감소액인 반면, 공정가치 측정에 따른 평가손실 ₩9은 시장의 판단에 근거한 가치 감소액이라고 할 수 있다. 따라서 위 결합분개는 경영자의 판단에 따른 가치 감소액을 시장판단에 의한 가치감소액에서 분리하여 당기손익으로 인식한 것이 된다. 그리고 주석으로는 매기 누적손상액, 즉 보고기간 말 ECL 측정액을 공시한다(위 예에서는 ₩12을 주석으로 공시함). 결국, 재무상태표에는 **채무증권**(FVOCI)의 **공정가치**가 자산으로 보고되고, **채무증권평가손익**은 **자본** 항목으로 보고되며, 관련 **주석**으로서 **누적손상**이 공시된다. 그러므로 채무증권(FVOCI)의 경우 **상각후원가** 자체는 직접적으로 재무보고되지 않는다. 상각후원가는 채무증권(AC)에 대해서만 장부기록으로 유지되고 보고되기 때문이다.[18)]

<예제 6>으로 손상 회계를 연습해 보기 전에 한 가지 강조할 점은, 채무증권은 AC로 분류되든 FVOCI로 분류되든 '**매기 동일한 금액의 당기손익 항목을 인식한다**'는 사실이다. 이는 당기손익 항목인 이자수익이 동일하며, 또 다른 당기손익 항목인 손상차손·환입 역시 동액으로 인식되기 때문이다. 아울러 FVOCI에 대한 공정가치 측정결과는 손상차손·환입 차감 후 기타포괄손익으로 인식되기 때문이기도 하다.

예제 6

앞의 <예제 3> ~ <예제 5>에 이어서, ㈜이삼은 채권투자를 AC 혹은 FVOCI 중 하나로 분류한다고 가정한다. 또한 손상 회계에 초점을 맞추기 위하여, 다음 회계처리는 이미 수행되었고, 만기까지의 원리금이 전액 정상적으로 회수되었다고 가정한다.

- 취득 분개, 상각표 작성, 이자수익 인식 분개(<예제 3>, <예제 4> 참조)
- 채무증권(FVOCI)에 대한 공정가치 평가(<예제 5> 참조)

그 결과, 손상 평가 전 채무증권(AC)의 총장부금액과 채무증권(FVOCI)의 공정가치와 그 평가손·익(기타포괄손익) 및 평가손익(기타포괄손익누계액)은 다음과 같았다(<예제 4>와 <예제 5>를 참조).

손상 평가 직전 자료	20×1년	20×2년	20×3년
AC - 총장부금액	₩91,322	₩95,454	₩100,000
FVOCI - 공정가치	89,000	95,000	100,000
평가손·익(기타포괄손익)	(2,322)	1,868	454
평가손익(기타포괄손익누계액)	(2,322)	(454)	0

18) 채무증권(FVOCI)의 상각후원가는 상각표의 기말 총장부금액에서 주석 공시되는 누적손상 정보, 즉 손실충당금 해당액을 차감하여 간접적으로 구성할 수 있다. 혹은, 재무상태표의 채무증권(FVOCI)과 그 평가손익(기타포괄손익누계액)의 차액으로 간접적으로 구성할 수도 있다. 그러나 재무상태표에 그 금액이 직접 표시되지는 않는다.

기말에 손상요구사항에 따라 판단하고 12개월 ECL을 측정하였는데 그 측정액이 20×1년 말 ₩125, 20×2년 말 ₩82이라고 가정하자. (ECL 측정방법은 본 장 <부록 A>를 참조)

1. 채무증권(AC)의 각 기말 손상 회계처리를 분개하고, 재무상태표에 보고하는 상각후원가 내역을 밝히라.
2. 채무증권(FVOCI)에 대하여, 각 기말에 공정가치 평가와 손상 평가를 동시에 처리할 때의 분개를 보이고 또한 재무상태표·주석 보고 내역을 밝히라.

해 답

1. 채무증권(AC)의 손상 회계처리 :

기말	(차)		(대)	
20×1	손상차손(당기손익)	125*	손실충당금	125
20×2	손실충당금	43	손상환입(당기손익)	43**
20×3	손실충당금	82	손상환입(당기손익)	82***

* 손상 = 손실충당금의 변동액 = ₩125 − ₩0 = ₩125 → 손상차손
** 손상 = 손실충당금의 변동액 = ₩82 − ₩125 = ₩(43) → 손상환입
*** 손상 = 손실충당금의 변동액 = ₩0 − ₩82 = ₩(82) → 손상환입

상각후원가는 총장부금액에서 손실충당금 잔액을 차감한 금액이다. 다음과 같다.

재무상태표	20×1년	20×2년	20×3년*
채무증권((AC) – 총장부금액	₩91,322	₩95,454	₩100,000
(손실충당금)	(125)	(82)	(0)
상각후원가	₩91,197	₩95,372	₩100,000

* 만기상환 직전의 가상적 상황이다.

2. 채무증권(FVOCI) 공정가치 평가와 손상 평가 ('기포'는 '기타포괄손익'의 약칭임) :

기말	(차)		(대)	
20×1	채무증권평가손실(기포)	2,197*	채무증권(FVOCI)	2,322
	손상차손(당기손익)	125		
20×2	채무증권(FVOCI)	1,868	채무증권평가이익(기포)	1,825**
			손상환입(당기손익)	43
20×3	채무증권(FVOCI)	454	채무증권평가이익(기포)	372***
			손상환입(당기손익)	82

* 평가손실 = 공정가치 평가손실 ₩(2,322) − 손상인식액 ₩(125) = ₩(2,197)
** 평가이익 = 공정가치 평가이익 ₩1,868 − 손상인식액 ₩43 = ₩1,825
*** 평가이익 = 공정가치 평가이익 ₩454 − 손상인식액 ₩82 = ₩372

재무상태표* 19)	20×1년	20×2년	20×3년***
채무증권(FVOCI) - 공정가치	₩89,000	₩95,000	₩100,000
기타포괄손익누계액 – **채무증권평가손익**	(2,197)	(372)**	0

* 주석 공시 : 누적손상액 20×1년 ₩(125), 20×2년 ₩(82)

** ₩(2,197) + ₩1,825

*** 만기상환 직전의 가상적 상황이다.

처분 거래를 살펴보기 전에 채무증권의 기말 회계절차의 하나로 수행할 **유동성 대체**를 설명한다. 재무상태표에 비유동자산으로 표시하던 채무증권은 보고기간 후 12개월 이내에 현금화될 것으로 예상하면 유동자산으로 표시해야 하기에, 장부 계정명칭 또한 유동항목임을 나타내도록 조정해야 한다. 이러한 회계절차를 유동성 대체라고 부른다. 예를 들어, <예제 6>에서 20×2년 말에 공정가치·손상 평가가 수행된 후 채무증권(FVOCI)는 공정가치 ₩95,000으로 인식되어 있다. 재무상태표에 보고하기 전에 다음과 같은 분개로 유동성 대체를 실시해야 한다. 만기가 기말로부터 12개월 이내로 다가왔기 때문이다.

(차) 유동성채무증권(FVOCI) 95,000 (대) 채무증권(FVOCI) 95,000

채무증권(AC)의 경우라면 그 상각후원가를 구성하는 총장부금액과 손실충당금이 유동자산 항목임을 나타내도록 '유동성'이란 표현을 추가하는 위와 같은 형식의 분개를 수행하는 것이다. 유동성 대체는 그 수행 의의를 이해하는 것과 그 시점을 확인하는 것이 중요함을 강조한다. 분개는 형식을 갖추어 관련 항목의 명칭을 적절하게 조정하는 것뿐이기에 본 절에서는 유동성 대체를 더 이상 언급하지 않는다.

3. 처분과 재분류조정

(1) 채무증권(AC)

채무증권(AC)는 투자자가 일반적으로 계약상의 만기일까지 보유할 것으로 기대하는 자산이지만 사업모형이 바뀌면 (즉, 수취모형에서 수취&매도모형으로 바뀌면), 만기 전이라도 매도할 수 있을 것이다. 처분시점의 회계처리는, 지분증권의 처분에서 이미 설명

19) 상각후원가 해당액은 '공정가치 – 채무증권평가손익'을 계산하여 알아볼 수 있다. 예를 들어, 20×1년 말의 경우, ₩91,197(=₩89,000 – ₩(2,197))이다.

한 것처럼, ① 처분시점에서 장부금액을 측정하고, ② 처분거래를 기록하는 것이다.

① 장부금액의 측정

채무증권(AC)의 처분시점 장부금액은 그 시점의 상각후원가인데, 이 **상각후원가**는 처분시점 총장부금액에서 손실충당금 잔액을 차감한 금액이 된다. 처분시점의 총장부금액을 결정하려면, 직전 이자수익 인식 후 처분시점까지 경과한 기간에 대한 이자수익을 인식하고 할인액을 상각한다. 다만 일반적으로 이자기간 중에 처분이 이루어지므로 이자를 수취하지 못하게 되어, 경과기간에 해당하는 **미수이자**가 발생한다. 따라서 장부에서 삭제해야 하는 자산, 즉 처분대상 자산이 채무증권 이외에도 미수이자가 있는 셈이다. 따라서 **일괄 처분**하는 이 두 자산의 장부금액은 채무증권(AC)의 상각후원가와 미수이자 발생액을 합한 금액이 된다.

② 처분거래의 기록

처분거래를 기록할 때에 **당기손익** 항목으로 인식하는 **처분손익**은 다음과 같다. 계산결과가 양(+)의 값이면 **처분이익**, 음(−)의 값이면 **처분손실**이다.

채무증권(AC) 처분손익	=	수취한 대가 − 처분자산 장부금액
여기서, 처분자산 장부금액	=	채무증권(AC)의 상각후원가 + 미수이자
	=	[채무증권(AC)의 총장부금액 − 손실충당금] + 미수이자

수취한 대가란 처분수수료, 증권거래세 등의 거래 직접원가를 차감한 채무증권 매도대금이다. 예를 들어, 만기 3년, 액면 ₩100, 표시이자율 연 8%의 사채가 연초에 발행될 때 액면취득하고(즉, 유효이자율도 연 8%), 채무증권(AC)로 분류하였다고 하자. 그리고 첫 해 말 ECL이 ₩7이어서, 아래의 분개를 한 후 손실충당금이 ₩7이었다고 하자.

(차) 손상차손(당기손익)	7	(대) 손실충당금	7

그리고 동 사채에 대한 사업모형이 바뀌면서 둘째 해 3월 말에는 ₩83을 수취하고 처분하였다고 가정하자. 먼저, 처분시점의 측정을 위해 다음 분개가 필요하다.

(차) 미수이자	2	(대) 이자수익	2

위 분개에서 이자수익과 미수이자는 3개월분(=₩100 × 8% × 3/12)을 인식한 것인데, 이 두 금액이 같은 이유는 동 사채를 액면취득하였으므로 상각이 없기 때문이다. 이제 처분거래를 기록해야 하는데, 장부금액 ₩2인 **미수이자**와 상각후원가 ₩93(=₩100 −₩7)인 채무증권을 일괄 처분하면서 ₩83만 수취하였기에 처분손익 ₩(12)(=₩83 −

₩95)이 발생한다. 즉, 처분손실 ₩12이다. 필요한 분개는 다음과 같다.

(차) 현 금	83	(대) 채무증권(AC)	100
손실충당금	7	미수이자	2
처분손실(당기손익)	12		

(2) 채무증권(FVOCI)

채무증권(FVOCI)을 처분할 때도 금융자산 제거의 일반원칙을 적용하여, ① 처분시점 장부금액을 측정하고, ② 처분거래를 기록한다. 다만, 채무증권(AC)의 경우에 비해 기타포괄손익의 재분류조정 회계절차가 추가로 고려되어야 한다.

본서의 제3장 및 제10장에서 이미 설명한 대로, **재분류조정**(reclassification adjustments)이란 **이전에(당기 및 과거기간에**, previously) 인식한 기타포괄손익이 당기손익으로 인식될 때, 해당 당기손익과 반대부호를 갖는 기타포괄손익을 인식함으로써 해당 손익이 총포괄손익에 이중으로 계상되는 불합리를 방지하는 회계절차이다. 채무증권(FVOCI)에 대한 기타포괄손익의 누계액이 처분거래로 인해 실현될 때 처분이익 혹은 처분손실로 전환되어 당기손익으로 인식되므로 재분류조정이 필요한 것이다. 예를 들어, 이전에 인식한 기타포괄손익을 처분손실로 인식하는 경우, 재분류조정을 위해 필요한 분개는 다음과 같다.

(차) 처분손실(당기손익)	×××	(대) 재분류조정(기타포괄손익)	×××

위 분개의 '**재분류조정**' 금액은 포괄손익계산서의 본문에 채무증권의 평가손익(기포포괄손익) 세부항목 중 하나로 보고하거나, 혹은 본문 채무증권의 평가손익에서 차감하고 (즉, 채무증권의 평가손익을 순액으로 보고하고) 주석으로 공시할 수도 있다.

① 장부금액의 측정

채무증권(FVOCI)의 처분시점 장부금액은 측정을 통해 해당 처분시점의 공정가치와 같아진다. 채무증권(FVOCI)계정에 처분시점 공정가치 금액이 계상되어 있으려면, 앞서 본 절 1.에서 익힌 회계절차를 수행해야 한다. 즉, 이자수익을 인식하여 할인액을 상각하고, 공정가치 평가를 하여 평가손·익을 인식해야 한다. 그 결과 장부금액은 처분시점 공정가치와 같아진다. 아울러, 처분한 채무증권에 대해 보유 중 인식한 (즉, 취득이후 처분시점까지 인식한) 평가손·익의 누계액을 확인한다. 전기 말 **채무증권평가손익**(기타포괄손익누계액) 잔액에 당기에 인식한 평가손·익을 누계한 이 금액이 재분류조정의 대상금액이기 때문이다(이하, **재분류조정금액**).

② 처분거래의 기록

채무증권(FVOCI) 처분거래의 기록은 두 단계로 구성된다. 그 하나는 수취한 대가와 장부금액을 비교하여 그 차액을 처분이익 혹은 처분손실로 인식하는 것이며, 다른 하나는 처분시점까지 인식한 기타포괄손익의 누계액(즉, **재분류조정금액**)을 당기손익(**처분손·익**)으로 재분류하는 재분류조정을 수행하는 것이다. 설명의 편의상, 전자의 처분손·익을 처분손·익 A, 그리고 후자를 처분손·익 B라고 부르도록 한다. A와 B를 결합한 처분손·익은 다음과 같이 계산된다.

채무증권(FVOCI) 처분손익 = 수취한 대가 − 처분시점 장부금액 + 재분류조정금액
여기서, 처분시점 장부금액 = 채무증권(FVOCI)의 공정가치 + 미수이자

위 산식에서 계산결과가 양(+)의 값이면 처분이익이고, 음(−)이면 처분손실이다. 또 재분류조정금액은 누적된 보유손익이므로, 손실인 경우에는 음의 값으로 대입해야 한다. 간단한 예를 들어보자. 앞서 채무증권(AC)에서 살펴본 예를 수정하고, 공정가치 정보를 추가한 예인데, 만기 3년, 액면 ₩100, 표시이자율 연 8%의 사채가 연초에 발행될 때 액면취득하고 FVOCI로 분류한 경우이다. 첫해 말, 공정가치가 ₩90으로 하락하고 ECL은 ₩7으로 측정되었다고 하자. 그러면 다음 분개가 필요하다.

(차)	채무증권평가손실(기타포괄손익)	3	(대) 채무증권(FVOCI)	10
	손상차손(당기손익)	7		

위 ₩(3)의 평가손실은 장부마감을 통해 **채무증권평가손익**(기타포괄손익누계액)에 ₩(3)으로 반영된다. 그리고 둘째 해 3월 말 공정가치가 ₩83.5으로 추가 하락하였을 때, ₩83으로 처분하였다고 하자. 이때 ① 단계에서는 경과기간에 대한 이자수익과 미수이자를 인식하고, 이어서 공정가치 측정을 통해 평가손·익을 인식한다. 이자수익과 미수이자 ₩2의 발생과 분개는 앞에서 이미 살펴보았으므로, 공정가치 측정을 수행하여 보자. 공정가치 측정을 할 때에 한 가지 주의할 점은, '공정가치(즉, 시장가치)에는 미수이자가 포함되어' 있다는 사실이다. 따라서 공정가치 ₩83.5 중 순수한 채무증권 가치는 ₩81.5이고, 이에 따라 평가손실은 ₩(8.5)(=₩81.5−₩90)이 된다. 이를 분개로 나타내면 다음과 같다.

(차)	채무증권평가손실(기타포괄손익)	8.5	(대) 채무증권(FVOCI)	8.5

그러면 보유 중 인식한 평가손·익의 누계액, 즉 재분류조정금액은 얼마일까?

이는 과거연도(첫 해)에 인식한 ₩(3)과 당기(둘째 해)에 인식한 ₩(8.5)을 합한 ₩(11.5)인 것이다.

이제 ② 단계인 처분거래를 기록한다. 채무증권(AC)의 예에서 이미 언급하였듯이, 이 처분거래는 장부금액 ₩2인 미수이자와 채무증권을 일괄 처분하는 것이다. ① 단계의 측정을 통해 채무증권 장부금액은 이미 공정가치와 동일한 ₩81.5이 되었으므로, 채무증권과 미수이자를 합한 ₩83.5의 자산을 현금 ₩83에 **일괄 처분**한 것이 되고, 이에 따라 처분손실 A ₩(0.5)이 발생한다. 이를 나타낸 분개가 다음 [분개A]이다.

[분개A]	(차) 현 금	83	(대) 채무증권(FVOCI)	81.5
	처분손실 A	0.5	미수이자	2

그리고 이어서 재분류조정을 위해 다음 [분개B]를 수행한다.

[분개B]	(차) 처분손실 B	11.5	(대) 재분류조정(기포)	11.5

두 분개를 결합하여 보면, 처분손실은 ₩(12)이 된다. 결합된 분개는 다음과 같은데, 앞서 제시한 처분손익 계산식을 차·대로 구분한 것이다.

(차) 현 금	83	(대) 채무증권(FVOCI)	81.5
처분손실(당기손익)	12	미수이자	2
		재분류조정(기타포괄손익)	11.5

한편, 본 절 2.에서 언급한, 채무증권은 <u>AC로 분류되든 FVOCI로 분류되든</u> '<u>매기 동일한 금액의 당기손익 항목을 인식한다</u>'는 원칙이 여전히 성립한다. 본 절 1.에서 익힌 것처럼, 두 범주의 이자수익 인식 및 손상인식에 차이가 없을 뿐 아니라, 처분손익 역시 동일하기 때문이다.[20] 이제 다음 <예제 7>을 통해 채무증권 처분회계를 연습해 보자.

예제 7

앞의 <예제 6>에서, 20×1년 말 재무상태표의 채무증권(AC)와 채무증권(FVOCI) 관련 기말 잔액은 다음과 같았다.

채무증권(AC)의 재무상태표	채무증권(FVOCI)의 재무상태표	
채무증권(AC)	채무증권(FVOCI)	자본
총장부금액 ₩91,322 손실충당금 (125) 상각후원가 ₩91,197	공정가치 ₩89,000	기타포괄손익누계액 중 **채무증권평가손익** ₩(2,197)

20) 처분손익이 동일한 것은 처분시점에서 채무증권(AC)의 상각후원가와 채무증권(FVOCI)의 '채무증권(FVOCI) − 재분류조정'이 구조적으로 같은 금액이기 때문이다. 본문의 예에서는, '상각후원가 ₩93 = 공정가치 ₩81.5 − 재분류조정 ₩(11.5)'이며, 이에 따라 처분손익도 ₩(12)으로 동일하다.

20×2년 3월 말, 그 공정가치가 ₩93,000인 채무증권이 ₩92,000에 처분되었다고 할 때, (1) 채무증권(AC) 혹은 (2) 채무증권(FVOCI)의 처분 회계를 수행하라.

해 답

(1) 채무증권(AC)의 처분 회계

① 장부금액의 측정 (이자수익 인식과 처분자산 장부금액 확인)

- 이자수익 인식

(차) 미수이자	1,250**	(대) 이자수익	2,283*
채무증권(AC)	1,033		

* ₩91,322 × 10% × 3/12, ** ₩100,000 × 5% × 3/12

- 처분자산 장부금액 확인

다음 두 자산 장부금액을 합산한 ₩93,480이다.

채무증권(AC) 상각후원가 :	₩92,230(=총장부금액 ₩92,355* − 손실충당금 ₩125)
미수이자 :	1,250
합계 :	₩93,480

* ₩91,322 + 할인액 상각액 ₩1,033

② 처분거래 기록

(차) 현 금	92,000	(대) 채무증권(AC)	92,355
손실충당금	125	미수이자	1,250
처분손실(당기손익)*	1,480		

* 수취한 대가 ₩92,000 − 처분자산 장부금액 ₩93,480

(2) 채무증권(FVOCI)의 처분 회계 ('기포'는 기타포괄손익을 나타냄)

① 장부금액 측정

- 이자수익 인식 : 동일한 상각표에 근거하므로, 채무증권(AC)의 경우와 동일하다.

(차) 미수이자	1,250	(대) 이자수익	2,283
채무증권(FVOCI)	1,033		

- 공정가치 평가

공정가치 ₩93,000에는 미수이자 ₩1,250이 반영되어 있음에 주의해야 한다.
즉, 채무증권만의 공정가치는 ₩91,750인 것이다.

(차) 채무증권(FVOCI)	1,717	(대) 채무증권평가이익(기포)	1,717*

* 공정가치변동액 ₩2,750(=₩91,750 − ₩89,000) − 할인액 상각액 ₩1,033

- 처분자산 장부금액과 재분류조정금액의 확인

장부금액 = 공정가치 ₩93,000 = 채무증권(FVOCI) ₩91,750 + 미수이자 ₩1,250
재분류조정금액 = **채무증권평가손익** ₩(2,197) + 채무증권평가이익 ₩1,717 = ₩(480)

② 처분거래 기록

(차) 현 금	92,000	(대) 채무증권(FVOCI)	91,750
처분손실(당기손익)*	1,480	미수이자	1,250
		재분류조정(기포)	480

* 수취한 대가 ₩92,000 − 일괄 처분 자산의 공정가치 ₩93,000 + 재분류조정액 ₩(480)

4. 신용이 손상된 채무증권

이제부터는 [그림 11. 1]의 ④ 및 ⑤에 적용되는 회계처리를 살펴본다. 이 두 경우는 모두 채무증권의 신용이 손상된 경우에 해당된다. 채무증권의 '**신용이 손상된**(credit-impaired)' 것은 하나 이상의 손상사건이 발생하여 미래현금흐름에 악영향을 미쳤다는 것을 의미한다. 따라서 기존 발생손실모형(incurred loss model)하에서 '손상의 발생을 인식한다'는 것과 같은 의미를 갖는다고 볼 수 있다. **손상사건**의 예를 들면 다음과 같다.

(1) 발행자나 차입자의 유의적인 재무적 어려움
(2) 채무불이행이나 연체 같은 계약 위반
(3) 차입자의 재무적 어려움에 관련된 경제적 또는 계약상 이유로 당초 차입조건의 불가피한 완화
(4) 차입자의 파산 가능성이 높아지거나 그 밖의 재무구조조정 가능성이 높아짐
(5) 재무적 어려움으로 해당 금융자산에 대한 활성시장이 소멸함. 즉, 공개적으로 거래되지 않음.
(6) 이미 발생한 신용손실을 반영하여 크게 할인된 가격으로 금융자산을 매입하거나 창출하는 경우

위에 예시한 단일 사건을 특정하여 신용손상을 식별하는 것이 불가능할 수 있으며, 오히려 여러 사건의 결합된 효과로 신용손상이 초래될 수 있음에 유의해야 한다.

'신용이 손상된' 채무증권은 취득 이후 '**보유 중에 신용이 손상되는**' 것과 '**취득시**(즉, 최초 창출시점이나 매입시점에) **신용이 손상되어 있는**'(purchased or originated credit-impaired, **POCI**) 것으로 구분하고, 각각에 고유한 회계처리가 규정되어 있다.

(1) 보유 중에 신용이 손상되는 채무증권[21)]

'보유 중에 신용이 손상되는' 채무증권에 적용되는 회계처리는 **'기대신용손실모형 하의 발생손실기준'** 회계라고 부를 수 있다. 앞서 본 절 2.에서의 [그림 11. 1]을 보면, '보유 중에 신용이 손상되는' 채무증권은 '최초 인식 후에 신용위험이 유의적으로 증가한' 채무증권 중 특수한 경우([그림 11. 1]의 ④)에 해당한다.

이 경우에 적용되는 회계처리의 큰 줄기는 기대신용손실(ECL)모형이 제공한다. 손상이 발생한 채무증권은 **보고기간 말**에 **전체기간 ECL**로 손실충당금을 인식한다. 손상이 발생한 **다음 보고기간**부터는 총장부금액에서 손실충당금을 차감한 ㉠**상각후원가**에 **유효이자율**을 적용하여 계산한 이자수익을 인식한다. 이와 같은 조치는 투자액 중 손상된 부분으로부터의 이자수익의 인식을 허용하지 않기 위함이다. 이처럼 이자수익을 상각후원가에 근거하여 순액(net basis)으로 인식한다는 측면에서 볼 때, 기대신용손실모형에 발생손실모형의 이자수익 인식기준이 접목된 셈이다. 회계처리를 단계적으로 설명하면 다음과 같다.

첫 번째 단계에서는 보고기간 말의 총장부금액을 측정한다. 총장부금액의 측정은 앞서 본 절의 1.에서 살펴본 바 있다. 즉, 보고기간 말이 속한 이자기간 초의 총장부금액에 유효이자율을 적용하여 계산한 이자수익을 인식하면 보고기간 말의 총장부금액이 적절하게 인식된다.

두 번째 단계에서는 기대신용손실모형을 적용하여 손실충당금을 산정한다. '보유 중에 신용이 손상되는' 채무증권의 기대신용손실은 다음의 ⓐ와 ⓑ 금액의 차이로 측정한다.

ⓐ 첫 번째 단계에서 산출한 총장부금액

ⓑ 추정미래현금흐름을 최초 유효이자율로 할인한 현재가치

채무증권의 총장부금액에서 손실충당금을 차감한 금액은 상각후원가가 된다.

마지막 단계에서는 이자수익을 상각후원가에 근거해서 인식하는 조정을 한다. 이러한 조정은 손상이 발생한 이후의 보고기간부터 수행해야 한다. 이 단계에서는 첫 번째 단계에서 인식된 총장부금액에 근거한 이자수익을 총장부금액 기준 이자수익으로 감소시켜야한다. 구체적으로, 두 이자수익의 차액을 이자수익 계정에 차기하고, 두 번째 단계에서 인식한 손상차손(혹은 환입) 계정에 대기한다. 이자수익과 손상차손·환입은 모두 당기손익 항목이기에, 이자수익을 차기하고 손상차손(혹은 환입)을 대기하여도 당기

---

21) 「기업회계기준서」 제1109호의 문단 5.5.3, 부록 A의 총장부금액·상각후원가·기대신용손실의 정의, B5.5.33, BC5.72~BC5.80을 참조한다. 그리고 "Staff Paper, 'Measurement of the loss allowance for credit-impaired financial assets', IFRS, 2015, 12. 11"과 "Meeting Summary, Transition Resource Group for Impairment of Financial Instruments, IFRS, 2015, 12. 11"을 참조한다.

손익 인식액은 변하지 않는다. 채무증권(FVOCI)의 기타포괄손익 역시 변하지 않는다. 당기손익의 세부 항목 간 금액재분류라는 점에서, 재무상태표와 포괄손익계산서의 주요 내용은 흔들리지 않는다.[22)]

이상 소개한 내용을 <예제 8>로 연습해 본다.

예제 8

본 예제는 앞 <예제 4>와 <예제 6>의 ₩87,565에 취득하였고, 유효이자율이 연 10%인 채무증권(AC)의 회계처리 상황을 활용한다. 그러나 20×1년 말에 신용손상 사건이 발생한 결과 표시이자 ₩5,000은 계속하여 수취하지만 만기에는 액면금액 중 ₩70,000만 회수할[23)] 수 있을 것으로 판단하였다. 이어서 20×2년 말에는 추가적인 신용손상 사건이 발생하여 표시이자는 계속 수취하지만 만기에는 ₩50,000만 회수할 것으로 판단하였다. (20×1년 말과 20×2년 말에, 추정미래현금흐름이 실현될 확률을 100%로 판단) 20×1년 말과 20×2년 말에 수행할 회계처리를 보여라. 단, 전체기간 ECL을 측정하는 과정도 함께 다루라.

해 답

	20×1	20×2
이자수익	현 금 5,000 이자수익 8,757 채무증권(AC) 3,757	현 금 5,000 이자수익 9,132 채무증권(AC) 4,132
ECL 측정	총장부금액 ₩91,322 -추정미래현금흐름 현재가치* 66,529 ₩24,793	총장부금액 ₩95,454 -추정미래현금흐름 현재가치* 50,000 ₩45,454
손상인식	손상차손 24,793 손실충당금 24,793	손상차손** 20,661 손실충당금 20,661
순액이자로 조정	해당 없음	이자수익*** 2,479 손상차손 2,479

* 20×1년 추정미래현금흐름 현재가치 = ₩5,000×1.10^{-1} + ₩5,000×1.10^{-2} + ₩70,000×1.10^{-2}
= ₩4,545.5 + ₩4,132.2 + ₩57,851.2 = ₩66,529

20×2년 추정미래현금흐름 현재가치 = ₩5,000×1.10^{-1} + ₩50,000×1.10^{-1}
= ₩4,545.5 + ₩45,454.5 = ₩50,000

** 20×2년 : ₩20,661 = ₩45,454 − ₩24,793

---

22) 손상 발생 후속기간의 마지막 단계 회계처리는 이자수익 인식과 손상 평가가 동시에 수행되는 보고기간 말의 회계처리를 전제로 설명한 것이다. 기중에 이자기간 말이 도래하여 이자수익을 인식하는 상황에서는 첫 번째 단계의 총액기준 이자수익을 인식하고, 기말에 마지막 단계를 수행하여 기간 전체의 이자수익을 순액으로 조정하면 될 것이다. 기중에 당해 채무증권을 처분하는 경우에는 이자수익을 직접 순액으로 인식하면 될 것이다. 당기손익의 세부 항목(이자수익과 손상차손) 간 금액재분류는 수행하지 못하지만, 처분손익을 합산한 당기손익은 영향을 받지 않는다. 손상 발생 후의 기중 처분 사례는 연습문제에서 다룬다.

*** 손상이 발생한 다음 보고기간인 20×2년부터는 첫 번째, 두 번째 단계로, 지금까지 살펴본 바와 같은 이자수익 인식과 손상 평가를 수행한다. 20×2년의 경우, 이자수익을 총액기준인 ₩9,132(=₩91,322 × 10%)으로 인식한 것이다. 그리고 마지막 단계로, 이자수익을 순액기준으로 조정한다. 즉, ₩6,653(=상각후원가 ₩66,529[=₩91,322 - ₩24,793] × 10%)으로 조정한다. 이자수익의 조정액 ₩2,479은 당연히 손실충당금 기초 잔액인 ₩24,793의 10%이기도 하다.

(2) 취득시 신용이 손상되어 있는 채무증권(POCI)

POCI는 취득시점에서 신용이 손상되지 않은 채무증권(이하, '일반채무증권')과는 다르게 [그림 11. 1] 손상요구사항의 적용이 원천 배제되고 있다. 그 손상 회계는 발생손실모형에서 출발하여 여기에 기대신용손실(ECL) 측정 개념을 접목한 것으로 이해할 수 있다. 신용조정 유효이자율을 계산하고 전체기간 ECL을 측정한 후 규정된 방식으로 손실충당금을 인식한다([그림 11. 1]의 ⑤).

① 신용조정 유효이자율 산정과 이자수익 인식

기업은 POCI를 크게 할인된 가격으로 취득하는데, 그 이유는 이미 발생한 손상이 가격에 반영되어 있기 때문이다. 따라서 POCI의 취득시점 공정가치는 손상을 반영한 금액, 즉 상각후원가인 셈이다.

일반채무증권은 그 취득시점에 계약에 따른 원리금 수취액의 현재가치를 총장부금액에 일치시키는 유효이자율에 따라 이자수익을 인식한다. 그런데 만일 이러한 기대신용손실모형 규정을 POCI에도 그대로 적용하면 이자수익이 과도하게 인식된다. 계약상 원리금은 그대로인데 취득시점 공정가치가 손상을 반영하여 크게 할인되어 있으므로 유효이자율이 지나치게 높게 산정되기 때문이다. 그 결과 이자수익도 과도하게 인식되는 것이다. 이를 방지하기 위해 **신용조정 유효이자율**을 산정하도록 규정하고 있다. 이는 조정된 미래 현금흐름(계약에 따른 원리금을 이미 발생한 신용손실을 고려하여 감액시킨 현금흐름)의 현재가치를 상각후원가(즉, POCI의 취득시점 공정가치)와 일치시켜 주는 이자율이다. 그리고 **최초 인식시점부터**의 이자수익은 **신용조정 유효이자율**을 **상각후원가**에 적용하여 인식한다.

---

23) <예제 8>은 <u>만기에 수취할 금액이 손상</u>되는 경우의 회계처리를 다룬다. 그런데 손상이 발생되는 상황은 채무증권의 계약상 현금흐름을 구성하는 표시이자가 지급불능이 되는 경우와 연계될 가능성이 있다. 제각(write-off)은 금융자산의 전체 혹은 일부의 회수를 합리적으로 예상할 수 없을 때 그 총장부금액을 직접 차감하는 회계절차이다. 약속된 시점에 수취하지 못한 미수이자의 성격을 판단하고, 기대신용손실(ECL) 측정을 위한 미래현금흐름을 추정할 때 그 회수를 합리적으로 기대하지 못하면 측정에 앞서 미수이자를 제각한다. 연습문제에서 다룬다.

② 손실충당금 인식

POCI의 경우 취득 후 기말에 손실충당금을 인식하는 구조도 조금 변형된다. 보고기간 말에 **최초 인식 이후 전체기간 ECL의 누적변동분**만(only the cumulative changes in lifetime ECL)을 **손실충당금**으로 인식하며, 당기의 **전체기간 ECL 변동액**을 **손상차손 · 환입**으로 당기손익에 인식하는 것이다. 또, 전체기간 ECL이 최초 인식시점의 추정현금흐름에 포함되었던 ECL 금액보다 적더라도 전체기간 ECL의 유리한 변동을 손상환입으로 인식한다.

<예제 9>로 POCI의 신용조정 유효이자율 산정, 기말 손실충당금 인식 그리고 이자수익 인식을 익힌다.

예제 9

12월 말 결산법인인 ㈜이구는 20×2년 초에 타 기업이 발행한 다음 조건의 사채를 만기까지 보유하기 위하여 취득하고 채무증권(AC)으로 분류하였다.

다음 : 20×1년 초 발행, 액면금액 ₩100,000,
연 5%의 표시이자를 연말에 지급, 만기 20×3년 말

취득시 신용이 손상되어 있는 증권(POCI)인 이 사채를 ㈜이구는 크게 할인된 가격인 ₩57,851에 취득하였다. 취득금액에 반영된 신용손실 내역은 100%의 확률로 만기까지 남은 표시이자를 받지 못하고 또한 만기에는 액면금액 중 ₩70,000만 회수할 수 있다는 것이었다. 그리고 다음을 가정한다.

- 취득 이후 사채발행기업의 재무적 상황이 다양하게 변함에 따라, ㈜이구는 이 사채의 예상현금흐름을 계속해서 분석하고 전체기간 추정 현금흐름에 근거한 가중평균신용손실인 ECL을 추정하였다. 결국, 사채발행기업은 만기까지 표시이자를 지급하지 못하였고, 만기에는 ₩70,000을 일괄 지급하였다.
- ㈜이구는 20×2년 말에 재추정한 예상현금흐름에 근거하여 전체기간 ECL을 ₩34,000으로 측정하였다. 그리고 20×3년 말 현금회수 직전에는 ₩70,000을 회수할 수 있다고 정확하게 재판단하고 ₩70,000을 수취하였다. 이 시점 ECL 해당액은 ₩30,000인 셈이다.

1. 취득거래를 분개하고, 취득시점에서의 신용조정 유효이자율을 산정하는 식을 기재하라.
2. 취득시점에서의 전체기간 ECL 해당액을 추정하라.
3. 20×2년 초(취득시점), 20×2년 말 그리고 20×3년(만기 회수 직전)의 채무증권(AC), 손실충당금 및 상각후원가의 잔액을 보여라.
4. 동 채무증권에 대하여 20×2년과 20×3년에 수행한 분개를 보여라.

해 답

1. 취득분개와 신용조정 유효이자율

<취득 분개> (차) 채무증권(AC) 57,851 (대) 현 금 57,851

<신용조정 유효이자율> 신용조정 유효이자율은 다음을 성립시키는 'r = 연 10%'이다.*

$$₩57,851 = ₩70,000 \times (1 + r)^{-2}$$

* 실무에서 신용조정 유효이자율은 무척 높을 수 있지만, 편의상 10%가 되도록 취득금액을 설정하였음.

2. 취득시점 전체기간 ECL 해당액

취득시점에서 이미 발생한 신용손실의 현재가치이다. 계약상 현금흐름과 수취할 것으로 예상하는 현금흐름의 차이(모든 현금부족액)를 신용조정 유효이자율로 할인한 금액이다. 예제에서의 현금부족액은 못 받을 것으로 예상하는 두 번의 표시이자와 만기에 회수하지 못할 ₩30,000(=₩100,000−₩70,000)이다. 그 현재가치는 다음과 같이 계산한 ₩33,470이다.

$$₩5,000 \times 1.10^{-1} + ₩5,000 \times 1.10^{-2} + ₩30,000 \times 1.10^{-2} = ₩4,545 + ₩4,132 + ₩24,793 = ₩33,470$$

3. 채무증권(AC) 잔액, 손실충당금 잔액, 상각후원가 (₩1의 단수차이를 조정하였음)

	20×2년 초	20×2년 말	20×3년 현금회수 직전
채무증권(AC)*	₩57,851	₩63,636	₩70,000
손실충당금**	−	(530)	0
상각후원가	₩57,851	₩63,106	₩70,000

* 채무증권(AC)는 취득 이후 총장부금액의 변동을 표시한 것임. 신용조정 유효이자율을 산정할 때 반영한 추정 미래현금흐름에 근거하여 매년 기초 잔액의 10%만큼 증가함.

** 20×2년 말 손실충당금 잔액 ₩530(=₩34,000−₩33,470)은 자산차감으로 표시됨.
20×3년 말 현금회수 직전 손실충당금은 주어진 자료에 따르면 차변 잔액 ₩(3,470)(=₩30,000−₩33,470)을 가짐. 다만, 현금이 회수될 때 채무증권과 함께 손실충당금 잔액도 제거되므로 잔액은 ₩0으로 표시됨.

4. 분개

	20×2년				20×3년			
이자수익	채무증권(AC)	5,785	이자수익	5,785	채무증권(AC)	6,364	이자수익	6,364
손상인식*	손상차손	530	손실충당금	530	손실충당금	530	손상환입	530
순액이자로 조정**	−				이자수익	53	손상환입	53
현금회수*	−				현 금	70,000	채무증권(AC)	70,000

* 20×3년의 손상인식 분개는 다음의 두 분개를 결합한 것으로 해석할 수도 있음.

(차) 손실충당금 4,000 (대) 손상환입 4,000

(차) 손상환입 3,470 (대) 손실충당금 3,470

첫 번째 분개는 당기 ECL 변동액을 손실충당금에 반영하는 분개임. 즉, 당기 ECL 변동액 ₩(4,000)(=₩30,000−₩34,000)을 환입함. 이로써 손실충당금 잔액은 ₩(3,470)(=₩530−₩4,000)이 됨.

두 번째 분개는, 즉시 현금을 회수할 때 남아 있는 손실충당금의 차변 잔액 ₩3,470을 제거한 분개임.

결합분개는 또한 20×2년 손상인식 분개를 반대 분개한 내용이 되기도 함. 본 예제에서는 사후적으로 회수한 금액이 취득시점에 추정한 내용과 동일하게 확정되었기 때문에, 손상인식이 보유기간 전체의 당기손익 합계액에 미치는 영향이 없음(=20×2년 손상차손 ₩(530)+20×3년 손상환입 ₩530=₩0).

** 20×2년의 경우 취득금액이 상각후원가에 해당하므로 순액이자로의 조정이 필요하지 않음.
한편, 20×3년에는 기초 손실충당금 잔액의 10%에 해당하는 금액 ₩53(=₩530×10%)을 이자수익에서 차감하여야 함. 이를 위하여 앞서 다룬 '보유 중 신용이 손상된 채무증권'의 회계처리를 원용함.

[부록 A] 기대신용손실(ECL)의 측정

신용손실은 계약에 따라 지급받기로 한 모든 계약상 현금흐름과 수취할 것으로 예상하는 모든 계약상 현금흐름의 차이(모든 현금 부족액)를 **최초 인식시점의 유효이자율**(또는 취득시 신용이 손상되어 있는 금융자산은 **신용조정 유효이자율**)로 할인한 금액이다. 그리고 기대신용손실(ECL, expected credit losses)은 경영자가 추정한 채무불이행 발생 상황별 신용손실을 그 발생확률, 즉 **채무불이행 발생 위험**(RDO, risk of default occurring)으로 **가중평균**한 금액이다.

ECL은 전체기간 ECL(life-time ECL)과 12개월 ECL(12-month ECL)로 구분된다. 전자는 금융상품의 기대존속기간에 발생할 수 있는 모든 채무불이행 사건에 따른 기대신용손실이며, 후자는 보고기간 말 후 12개월 내에 발생 가능한 금융상품의 채무불이행 사건으로 인한 기대신용손실을 나타낸다. 12개월 ECL은 전체기간 ECL의 일부이다. <부록 A>에서는 각각의 측정사례를 다루는 예제를 살펴보는데, 채무불이행 발생 상황을 발생 여부만으로 구분한 **단순한 시나리오 분석**에 근거한 것이다. 예제에 제시된 분석방식은 'Gebhardt, G., 2015, Impairments of Greek Government Bonds under IAS 39 and IFRS 9: A Case Study, Study for the ECON Committee, Directorate-General For Internal Policies, European Parliament'를 참조하였다. 예제에서는 채무증권(AC)에 대한 ECL 측정을 살펴보지만, 모든 분석은 채무증권(FVOCI)에도 그대로 적용된다.

<부록예제 1>은 전체기간 ECL의 일부인 12개월 ECL을 측정하는 과정을 다룬다.

부록예제 1

12월 말 결산법인인 ㈜부일은 20×1년 초에 타 기업이 당일 발행한 사채(액면금액 ₩100,000, 연 5%의 표시이자 연말 지급, 만기 20×3년 말인 조건)를 ₩87,565에 취득하고 사업모형과 계약상의 현금흐름 특성에 따라 AC 범주로 분류하였다. (거래원가는 무시한다. 채무증권은 물론 '취득시 신용이 손상되어 있는 금융자산'이 아니다. 그리고 유효이자율은 연 10%였다)

㈜부일은 동 사채를 만기까지 보유하였으며, 원리금을 계약상의 일자에 전부 받았다. 그리고 다음 자료와 판단에 따라 20×1년 말과 20×2년 말에 12개월 기대신용손실(ECL)을 측정하여 손실충당금으로 인식하였다.

- 채무불이행 사건이 발생하면 그 시점부터 표시이자를 받지 못하고 만기에 액면의 3/5만을 받는다.

- 20×1년 말 판단 :
  '최초 인식 후에 동 투자의 신용위험이 유의적으로 증가'하지 않았고, 20×2년 중 채무불이행 사건이 발생할 확률이 0.3%라고 추정하였다.
- 20×2년 말 판단 :
  '최초 인식 후에 동 투자의 신용위험이 유의적으로 증가'하지 않았고, 20×3년 중 채무불이행 사건 발생 확률이 0.2%라고 추정하였다.

20×1년 말과 20×2년 말의 12개월 ECL을 측정하라.

해 답

손상추정은 20×1년 말과 20×2년 말에 실시한다. 20×3년 말은 사채 만기시점이고, 원리금을 계약상의 일자에 다 받았기 때문이다. 각 추정시점에서의 미래상황은 두 가지로 나누어진다. 12개월 내 채무불이행 사건이 발생하거나 혹은 발생하지 않는 것이다. 두 사건은 상호배타적이기에 전자의 확률을 추정하면, 후자의 확률은 자동적으로 결정된다.

ECL은 각 사건의 신용손실을 그 확률로 가중한 평균이기에 다음과 같이 계산된다. (아래 표 20×1년 말 측정시점의 자료를 활용) :

ECL = 신용손실 ₩41,735 × 채무불이행확률 0.3% + 신용손실 ₩0 × 채무이행확률 99.7%
　　= ₩125

채무이행시 신용손실은 항상 ₩0이기에, 계산식의 뒷부분은 고려하지 않아도 무방하다.
12개월 ECL을 측정하는 절차를 정리하면 다음과 같다.

12개월 ECL	ECL 측정시점	20×1년 말		20×2년 말
	채무불이행 사건 발생연도	20×2년		20×3년
	채무불이행 사건이 발생하면 현금을 부족하게 받을 연도	20×2년	20×3년	20×3년
①현금부족액	계약에 명시된 금액	₩5,000	₩105,000	₩105,000
	받을 것으로 예상되는 금액	0	60,000	60,000
	부족금액	₩5,000	₩45,000	₩45,000
②신용손실	현재가치 비율	$\frac{1}{(1+0.1)}$	$\frac{1}{(1+0.1)^2}$	$\frac{1}{(1+0.1)}$
	부족금액의 현재가치	₩4,545	₩37,190	₩40,909
	현재가치의 합	₩41,735		₩40,909
③채무불이행확률	12개월 내 채무불이행확률	0.3%		0.2%
④사건 발생연도별 기대신용손실(=② × ③)		₩125		₩82

이제, 다음의 <부록예제 2>로 전체기간 ECL을 측정하는 과정을 살펴본다.

부록예제 2

<부록예제 1>의 손상 관련 자료와 판단사항을 변경한다.

㈜부일은 '취득시 신용이 손상되어 있는 금융자산'이 아닌 동 사채를 만기까지 보유하였으며, 원리금을 계약상의 일자에 전부 받았다. 그리고 다음 자료와 판단에 따라 20×1년 말과 20×2년 말에 전체기간 ECL을 측정하여 손상 회계처리를 하였다.

- 채무불이행 사건이 발생하면 그 시점부터 표시이자를 받지 못하고 만기에 액면의 3/5을 받는다.
- 채무증권을 취득한 후부터 채무증권의 사채등급이 점차 하락하고, 채무불이행 사건 발생 위험이 높아지기 시작하였다.
- 20×1년 말 판단 :
  '최초 인식 후에 동 투자의 신용위험이 유의적으로 증가'하고, 20×2년 중 채무불이행 사건이 발생할 확률이 5%라고 추정하고, 20×3년 중 채무불이행 사건이 발생할 조건부 확률이 4%로 추정하였다.
- 20×2년 말 판단 :
  '최초 인식 후에 동 투자의 신용위험이 유의적으로 증가'하고, 20×3년 중 채무불이행 사건 발생 확률이 9%라고 추정하였다.

20×1년 말과 20×2년 말의 전체기간 ECL을 측정하라.

해 답

20×1년 말에 사채의 기대존속기간 전체의 ECL을 측정할 때, 미래상황은 다음과 같이 상호배타적인 세 가지 상황으로 나누어진다 :

1) 20×2년 중 사건(채무불이행) 발생
2) (20×2년 중에는 채무가 이행되고) 20×3년 중 사건 발생
3) 위 두 사건이 발생치 않음 (즉, 채무 이행)

위 1)사건과 2)사건에 따른 신용손실을 추정하고 또 각각의 발생확률을 추정한다. 2)사건의 확률은 조건부확률이다. ㈜부일은 20×2년 중에는 사건이 발생하지 않은 후 20×3년 중에 사건이 발생할 확률을 추정한 것이다.

다음과 같이 전체기간 ECL을 측정한다 :

전체기간 ECL = Σ[신용손실 × 채무불이행확률]
= 1)사건 신용손실 × 확률 + 2)사건 신용손실 × 확률

두 사건이 모두 발생하지 않으면 신용손실이 ₩0이므로 위 측정식에서 생략한 것이다.

20×2년 말에는 기대존속기간이 1년뿐이다. 따라서 12개월 ECL이 곧 전체기간 ECL이다. <부록예제 1>에서와 같이 미래상황은 두 가지로 나누어질 뿐이기에 같은 방식으로 분석한다. 추정한 채무불이행확률이 다르기에 금액은 다르게 산출된다.

전체기간 ECL을 측정하는 절차를 정리하면 다음과 같다.

전체기간 ECL*	ECL 측정시점	20×1년 말			20×2년 말
	채무불이행 사건 발생연도	20×2년		**20×3년**	20×3년
	채무불이행 사건 발생시 현금부족 수취 연도	20×2년	20×3년	**20×3년**	20×3년
①현금부족액	계약상의 금액	₩5,000	₩105,000	**₩105,000**	₩105,000
	받을 것으로 예상되는 금액	0	60,000	**60,000**	60,000
	부족금액	₩5,000	₩45,000	**₩45,000**	₩45,000
②신용손실	현재가치 비율	$\frac{1}{(1+0.1)}$	$\frac{1}{(1+0.1)^2}$	$\frac{1}{(1+0.1)^2}$	$\frac{1}{(1+0.1)}$
	부족금액의 현재가치	₩4,545	₩37,190	**₩37,190**	₩40,909
	현재가치의 합	₩41,735		**₩37,190**	₩40,909
③채무불이행 확률	12개월 내 채무불이행확률	5%		**4%**	9%
④사건 발생연도별 기대신용손실(=② × ③)		₩2,087		**₩1,488**	₩3,682
⑤전체기간 기대신용손실		**₩3,575**			**₩3,682**

*12개월 ECL과 비교할 때, 추가적으로 고려하는 사항을 짙은 배경에 굵은 글씨체로 표시함.

[부록 B] 금융자산의 범주 재분류

금융자산을 관리하는 사업모형을 변경하는 경우에만, 영향 받는 모든 금융자산의 범주를 재분류한다. 지분상품에 대한 투자는 재분류할 수 있는 소지가 거의 없으므로, **범주 재분류**(reclassification of category)는 사실상 채무상품 투자에 적용하는 회계처리로 보면 될 것이다.

범주 재분류 회계는 재분류일에 수행하는 회계처리를 일컫는다. **재분류일**은 금융자산 재분류를 초래하는 사업모형의 변경 후 첫 번째 보고기간의 첫 번째 날이다. 그리고 재분류 회계의 큰 줄기는 첫째, 재분류일이 새로운 범주 자산의 최초 인식일이므로 공정가치로 측정한다는 것과 둘째, 재분류 전에 인식한 손익(손상차손·환입)이나 이자는 다시 작성하지 않는다는 것이다. 그리고 추가적으로 고려할 사항이 있어 어떤 범주에서 어떤 다른 범주로 재분류하는지에 따라 살펴보는 것이 편리하다. 이러한 이유로 범주 재분류 회계는 <부록예제 3>의 문제 상황에 대한 해답을 설명하는 형식으로 살펴본다. 문제의 상황을 AC · FVOCI로부터의 재분류와 FVPL로부터의 재분류로 구분한 까닭은 후자의 경우에는 재분류일에 유효이자율을 측정해야 하고 또한 손상을 측정해야 하는 특수한 고려가 추가되기 때문이다(「기업회계기준서」 제1109호의 문단 B5.6.2 참조). 특히, POCI가 아닌 채무증권임에도 기말이 아닌 시점에 ECL을 측정해야 하는 손상 평가 시점의 예외 상황에 해당하기 때문이다. 예제의 상황은 「기업회계기준서」 제1109호 적용사례 16을 일부 재정리한 것이다.

부록예제 3

12월 말 결산법인인 ㈜부사는 20×1년 초에 타 기업이 당일 발행한 사채(만기 5년, 액면 ₩500,000, 표시이자율 연 5% 연말지급 조건)를 ₩500,000에 액면취득하고, 최초인식시의 사업모형 · 현금흐름 특성에 근거한 금융자산 범주로 회계처리하였다('취득시 신용이 손상되어 있는 금융자산'은 아님).

20×1년 말에 채무증권의 공정가치는 ₩490,000이었으며, 이자수익 인식과 손상 회계를 처리한 상황으로 다음 두 가지 중 하나가 발생한 것으로 가정한다:

[상황 1] 손상을 인식하는 AC 범주 혹은 FVOCI 범주로 분류하였기에 유효이자율에 따른 이자수익을 인식하였고(액면취득임에 유의), 최초 인식 후에 채무증권의 신용위험이 유의적으로 증가하였다고 판단하여 전체기간 ECL ₩6,000을 손실충당금으로 인식하였다. 그리고 보유 중에 신용이 손상되지는 않은 것으로 판단하였다.

[상황 2] FVPL 범주로 분류하였기에 이자수익을 표시이자율에 근거하여 인식하였고, 손상 회계를 실시하지 않았다.

기중의 사업모형 변경으로 채무증권의 범주를 재분류하게 되었다. 재분류일인 20×2년 초의 공정가치는 직전일 공정가치인 ₩490,000에서 변화하지 않았다.

그리고 [상황 2]에서의 재분류시에는 재분류일에 손상 회계를 적용해야 하기에, 재분류일의 12개월 ECL 측정치 ₩5,000을 적용하였다. (「기업회계기준서」 제1109호 적용사례 16의 경우, 재분류일의 ECL은 12개월 ECL이며 그 금액은 ₩4,000으로 제시되어 있다. 최초 인식일인 재분류일에 손상 평가를 하기에, '최초 인식 후에 신용손실 위험이 유의적으로 증가'하기가 어렵다. 따라서 12개월 ECL을 적용하는 것이 적절할 것이다. 본 예제에서는 그 금액을 ₩2,000으로 변경하였다)

1. AC, FVOCI, FVPL 각각의 범주로 분류하였을 때 20×1년에 수행하였을 분개를 보이고, 각각의 범주에 따라 회계처리한 후 재무상태표에 보고할 채무증권 관련 항목의 잔액과 주석 내용을 정리하라.
2. 다음 각 경우의 범주 재분류일에 수행할 분개를 보여라.
   (1) AC 범주 → FVPL 범주 혹은 FVOCI 범주
   (2) FVOCI 범주 → FVPL 범주 혹은 AC 범주
   (3) FVPL 범주 → AC 범주 혹은 FVOCI 범주

1. 최초 범주에 따른 20×1년의 회계처리 결과

그 내용을 요약 제시하면 다음과 같다. (표에서의 '기포'는 '기타포괄손익'이며, 'FV'는 '공정가치 평가'이며, 금액단위는 천원임. 그리고 분개는 들여쓰기 형식임)

• 최초 범주에 따른 재분류 전 분개

	AC 범주	FVOCI 범주	FVPL 범주
취득	채무증권(AC) 500 현 금 500	채무증권(FVOCI) 500 현 금 500	채무증권(FVPL) 500 현 금 500
이자수익	현 금 25 이자수익 25	현 금 25 이자수익 25	현금 25 이자수익 25
FV · 손상	손상차손(당기손익) 6 손실충당금 6	채무증권평가손실(기포) 4 손상차손(당기손익) 6 채무증권(FVOCI) 10	채무증권평가손실 10 (당기손익) 채무증권(FVPL) 10

• 채무증권 관련 항목의 기말 잔액 등

	AC 범주		FVOCI 범주		FVPL 범주	
자산	채무증권(AC) 손실충당금	500 (6)	채무증권(FVOCI)	490	채무증권(FVPL)	490
자본			기타포괄손익누계액 중 **채무증권평가손익**	 (4)		
주석			누적손상	(6)		

2. 범주 재분류

(1) AC 범주로부터의 재분류

재분류일 전에 산정한 유효이자율과 손실충당금은 FVOCI 범주로 재분류시에는 모두 승계되지만, FVPL 범주로 재분류시에는 의미가 상실된다. 재분류일 공정가치가 새로운 범주 자산의 인식액이 되며, 재분류손 · 익은 재분류 전 상각후원가와 재분류일 공정가치 간 차이로서 당기손익 혹은 기타포괄손익으로 인식한다. 분개는 다음과 같다.

AC → FVPL				AC → FVOCI			
채무증권(FVPL)	490	채무증권(AC)	500	채무증권(FVOCI)	490	채무증권(AC)	500
손실충당금	6			손실충당금	6		
재분류손실(당기손익)	4*			재분류손실(기포)	4*		

*재분류일의 상각후원가(₩494,000)와 공정가치(₩490,000) 간의 차이

(2) FVOCI 범주로부터의 재분류

재분류일 전에 산정한 유효이자율과 그간 주석 공시한 누적손상액은 AC 범주로 재분류시에는 모두 승계된다. 다만, 누적손상액은 손실충당금 계정으로 인식한다. FVPL 범주로 재분류시에는 의미를 상실한다.

재분류일에 FVOCI 범주의 기말 공정가치를 승계하기에 재분류손 · 익은 인식되지 않는다. FVPL 범주로 재분류시에는 **재분류조정 회계**가 적용된다. 그리고 AC 범주로 재분류시에는 기타포괄손익누계액을 제거하면서 채무증권(AC)의 공정가치를 조정한다. 이때 "마치 처음부터 AC 범주로 분류"했을 때의 결과를 재현할 것이 요구된다. 따라서, FVOCI 범주의 주석 공시내용인 누적손상액, 즉 손실충당금 잔액 ₩(6)을 이용하여 '채무증권 변동액 ₩(10) - 손실충당금 ₩(6) = 기타포괄손익누계액 ₩(4)'이라는 관계를 파악한다. 본 장 <예제 6>을 검토하면 이 관계가 성립함을 유추할 수 있다. 필요한 경우 관련된 본문 내용을 다시 살펴보면 된다. 그리고 기타포괄손익누계액 잔액을 자산과 그 손실충당금으로 대체한다. 분개는 다음과 같다.

FVOCI → FVPL				FVOCI → AC			
채무증권(FVPL)	490	채무증권(FVOCI)	490	채무증권(AC)	490	채무증권(FVOCI)	490
재분류손실(당기손익)	4	재분류조정 (기타포괄손익)	4	채무증권(AC)	10	손실충당금 기타포괄손익	6 4

(3) FVPL 범주로부터의 재분류

재분류일 공정가치가 새로운 총장부금액이 되며, **유효이자율** 산정의 기초가 된다. 재분류일을 새로운 자산과 손실충당금 계정의 최초 인식일로 간주한다. 분개는 다음과 같다.

FVPL → AC*				FVPL → FVOCI*			
채무증권(AC)	490	채무증권(FVPL)	490	채무증권(FVOCI)	490	채무증권(FVPL)	490
손상차손(당기손익)	2	손실충당금	2	손상차손(당기손익)	2	기타포괄손익	2

*유효이자율은 다음 계산식을 만족시키는 'r = 연 5.5715%'이다.

$$₩490{,}000 = \frac{500{,}000}{(1+r)^4} + 25{,}000 \times \frac{1-(1+r)^{-4}}{r}$$

손상 평가에 따른 ECL ₩5,000은 AC로의 분류시에는 손상차손과 손실충당금을 각각 차변과 대변 항목으로 대응 인식한다. 한편, FVOCI로의 분류시에는 손상차손 인식액이 기타포괄손익을 조정함을 익힌 바 있다. 필요하면 <예제 6>을 복습하라.

익힘문제

[1] 지분투자 회계에 적용하는 범주 분류와 측정모형에 대하여 설명하라.
(필요하면, 본 교재 제10장 제4절 내용도 참고하라)

[2] 지분투자의 각 범주 분류별로 취득과 보유 중에 적용하는 회계처리를 요약하여 설명하라.

[3] 재순환금지 FVOCI 모형을 적용하는 지분투자에서 허용되는 '이익잉여금의 대체'와 채권투자의 FVOCI 모형에서 수행하는 재분류조정의 공통점과 차이점을 설명하라.

[4] 채권투자 회계에 적용하는 범주 분류와 측정모형에 대하여 설명하라.
본 교재 제10장 제4절 내용도 참고하여 범주 분류에 적용하는 기준도 정리하라.

[5] 채권투자의 (최초 인식시점에서) 유효이자율을 어떻게 측정하는지와 채권투자 범주별로 적용하는 회계처리에서 언제, 어떻게 이용하는지를 정리하라.

[6] 유효이자율법에 의한 상각이란 어떤 회계처리 과정을 의미하는가? 그 내용을 설명하라.

[7] 기말에 채무증권의 손상 평가를 위하여 적용하는 손상요구사항(즉, [그림 11. 1])의 내용을 정리하라.

[8] 채무증권 손상 평가에서 기대신용손실(expected credit losses, ECL)을 어떻게 측정하는지를 설명하라. 그리고 전체기간 ECL과 12개월 ECL의 차이도 설명하라.

[9] ECL을 측정한 후, 채무증권(AC)와 채무증권(FVOCI) 각각의 경우 어떻게 손실충당금을 인식하는지에 대하여 정리하라.

[10] 채무증권(AC)의 처분 회계를 설명한 후, 이에 대비한 채무증권(FVOCI) 처분 회계의 특징적 차이를 설명하라.

[11] 왜 동일한 채무증권을 AC 범주로 분류하건 혹은 FVOCI 범주로 분류하건 보고기간마다 당기손익 금액은 동일한지를 설명하라.

[12] 신용이 손상되지 않은 채무증권의 회계처리와 비교할 때, (1) 보유 중에 신용이 손상되는 채무증권의 회계처리와 (2) 취득시 신용이 손상되어 있는 채무증권(POCI)에 적용하는 회계처리의 각각은 어떤 점에서 다른지를 요약하라.

연습문제

* 유동성대체는 연습문제 [4]에서만 다룬다. 나머지 문제들의 기말 회계처리에서 유동성대체는 무시한다.

[1] 지분투자(FVPL, 재순환금지 FVOCI) – 취득, 배당 수취, 공정가치 평가

* 이 문제에서는 **지분증권평가손익**(기타포괄손익누계액)의 '이익잉여금으로의 대체'는 무시한다.

㈜이일은 20×1년 중에 타 기업의 상장주식 100주를 현금 ₩20,000에 매입하고 증권회사 수수료 ₩60을 현금으로 지급하였다. 그 후 다음과 같이 보유 주식의 기말 공정가치가 변동하였다.

기말 (연말)	20×1년 말	20×2년 말
공정가치	100주, ₩18,000	200주, ₩23,000

20×2년 3월 말 주당 ₩10원씩의 현금배당을 받고, 주당 1주씩의 주식배당을 받았다. 다음 요구를 순서대로 처리하되, 지분투자를 ①FVPL과 ②재순환금지 FVOCI로 분류한 각각의 상황에 따라 처리하라.

(1) 취득, 배당 수취 및 매 기말의 공정가치 평가를 회계처리하라. 단, 재순환금지 FVOCI로 분류한 경우에는 매 기말 기타포괄손익을 마감하는 분개도 보여라.

(2) 위 거래들이 재무보고에 미친 영향을 분석한다. 매기 재무상태표 내역(지분증권 기말 잔액과 기타포괄손익누계액 기말 잔액)과 포괄손익계산서 내역(당기손익 금액, 기타포괄손익 금액 및 총포괄손익 금액)을 보여라.

[2] 지분투자(재순환금지 FVOCI) – 처분 · '이익잉여금으로의 대체'

㈜이지는 20×1년 중에 타 기업의 상장주식 100주를 ₩10,000에 매입하고 증권회사 수수료 ₩30을 현금으로 지급하였다. ㈜이지는 **장기보유목적**으로 취득한 동 주식에 '재순환금지 FVOCI로의 분류'를 선택 · 적용하였다.

동 주식 시가는 20×1년 말 주당 ₩250이 되었지만, 20×2년 말에는 주당 ₩50으로 폭락하였다. 그간 배당을 받지 못하였다가, 20×3년 초부터 폭등세로 돌아선 동 주식의 시가가 주당 ₩800이 된 2월 중순 ㈜이지는 지분증권 전체를 ₩79,300에 처분하였다. 처분대가가 공정가치보다 ₩700이 적은 이유는 처분원가 때문이었다.

㈜이지는 창업한 이후 일관되게 재순환금지 FVOCI로 분류된 지분증권에서 발생하는 기타포괄손익누계액을 동 지분증권을 처분한 후 이익잉여금으로 대체하고 있다. (* 회계처리상으로는 기타포괄손익누계액으로 누적되어야만 이익잉여금으로 대체할 수 있다. 따라서 ㈜이지는 먼저, 처분시점에서 인식한 당해 증권의 지분증권평가손·익을 기말에 **지분증권평가손익**(기타포괄손익누계액)으로 마감한다. 그리고 누적된 **지분증권평가손익** 잔액을 이익잉여금으로 대체하는 것으로 마감을 종료한다.)

다음 요구에 대해 답하라.

(1) 처분회계를 수행하라. (공정가치 평가 후 처분기록을 수행함을 기억하라)

(2) 기말에 기타포괄손익을 마감하면서, '이익잉여금 대체'도 수행하라.

(3) 재순환금지 FVOCI로 분류된 지분증권에 허용되는 '이익잉여금 대체'의 회계적 효과에 대하여 설명하라.

[3] 지분투자(FVPL) – 취득, 처분(평균법 · 선입선출법)

* 본 교재 제11장에서 다루지 않은 실무적 내용을 반영한 문제이다. 투자한 주식의 종목별(즉, 주식 발행기업별)로 소량 매매거래가 빈번하게 수행되는 경우 자연스럽게 제6장에서 익힌 재고자산 회계처리를 응용한다. 종목별로 적용하는 평균법 혹은 선입선출법 중 하나를 회계정책으로 선택하여 일관되게 종목별 주당 취득원가를 산정하는 것이다. 문제에 주어진 정보만으로는 평균법 중 이동평균법은 다루지 못하고 총평균법만 적용할 수 있다. 문제를 통하여 실무적 상황에서 이렇게 산정한 단가로 처분에 따른 당기손익 증감을 인식함을 배우는 것이다. 또한 기말 현재 보유하고 있는 물량의 평가손·익 인식액 역시 산정된 단가에 따라 달라짐도 배우는 것이다. 연습의 초점을 확실하게 하기 위하여, 매입·매도시 발생하는 거래원가는 무시한다.

아래의 표는 ㈜이삼이 20×1년에 단기간 내의 매매차익 실현을 목적으로 취득한 지분증권(FVPL) 내역을 요약하고 있다.

주식 종목	기초보유		기중매입		기중처분		기말종가
	수 량	취득원가	수 량	취득원가	수 량	처분대금	1주당
주식 A	50	₩5,000	100	₩12,000	30	₩3,300	₩140
주식 B	100	7,000	200	16,000	120	9,000	60

다음의 요구를 순서대로 처리하되, 각 종목별 단가를 ①총평균법으로 산정한 결과와 ②선입선출법으로 산정한 결과를 모두 보여라.

(1) 20×1년 지분투자 처분에 따른 당기손익 증·감 내역을 밝혀라.

(2) 20×1년 말 공정가치 평가를 분개하라.

[4] 채무증권(AC)

㈜이삭은 20×1년 초에 타 기업이 발행한 다음 조건의 사채를 매입하고, 적절하게 채무증권(AC)로 분류하였다. 당일 유효이자율은 연 10%였다.

〈다음〉: 20×1년 초 발행, 액면금액 ₩100,000,
연 **5%**의 표시이자를 연말에 지급, **만기 20×2년 말**

동 사채를 만기까지 보유하였으며, 최초 기대하였던 대로 원리금을 계약상의 일자에 전부 받았다. 매매거래의 거래원가는 무시하고 또 손상 평가도 무시한다. 다음을 처리하라.

(1) 유효이자율법에 의한 (사채 만기시점까지의) 상각표를 작성하라.
(2) 취득과 각 기말의 회계처리(만기까지의 이자수익 인식, 유동성 대체 및 만기 회수)를 분개하라.

[5] 채무증권(FVOCI)

㈜이삭은 20×1년 초에 타 기업이 발행한 다음 조건의 사채를 매입하고, 적절하게 채무증권(FVOCI)로 분류하였다. 당일 유효이자율은 연 10%였다.

〈다음〉: 20×1년 초 발행, 액면금액 ₩100,000,
연 **5%**의 표시이자를 연말에 지급, **만기 20×2년 말**

그리고 동 채무증권의 20×1년 말 공정가치는 ₩96,000, 그리고 20×2년 말의 공정가치는 물론 ₩100,000이었는데, 동 사채를 만기까지 보유하고 최초 기대하였던 대로 원리금을 계약상의 일자에 전부 받았다. 매매거래의 거래원가는 무시하고 또 손상 평가도 무시한다. 다음을 처리하라.

(1) 유효이자율법에 의한 상각표를 작성하라.
(2) 취득과 각 기말의 회계처리(만기까지의 이자수익 인식과 공정가치 평가 및 만기 회수)를 분개하라. 단, 기타포괄손·익의 마감도 분개하라.
(3) 상황을 변경한다. 20×2년 초 공정가치 ₩96,000에 처분한다고 가정하자. 처분 회계처리를 수행하라. (이자수익 인식, 공정가치 평가 및 처분 기록이다. 후자에는 재분류조정이 포함된다)

[6] 채무증권(AC) – 할인 · 할증 취득

* 본 예제는 채무증권(FVOCI)에도 공정가치 평가 회계처리만 제외하고 그대로 적용된다. 유효이자율이 표시이자율보다 낮은 **할증취득** 상황은 실무적으로 드물게 나타나는 거래이기에 본 교재 제11장에서 다루지 않았다. 그 취득원가이자 최초 총장부금액을 산정하는 논리는 할인취득 상황과 동일하다. 다만, 취득원가는 액면금액보다 크게 된다. 즉, 할증액(premium)을 주고 사채를 취득하는 것이다.

이자수익 인식 논리 역시 동일하다. 다만, 상각은 이제 '할증액 상각'에 해당하며 그 금액은 '표시이자 금액에서 이자수익 인식액을 차감'한 금액이라는 점에서만 차이가 날 뿐이다. 표시이자 금액이 이자수익 인식액보다 언제나 더 크기 때문이다. 그러므로 표시이자를 수취하는 형식을 빌려 이자수익을 현금 회수하고 동시에 투자원금을 일부 회수하는 셈이다. 따라서 '할증액 상각'만큼 **총장부금액이 감소**한다. 할증취득의 상각표는 할인취득의 상각표 형식을 그대로 이용하되 표의 열을 설명하는 제목(column heading) 중 하나만 수정한다. '상각액(=총장부금액 증가액)'을 '상각액(=총장부금액 **감소액**)'으로 바꾸는 것이다.

㈜이륙은 20×1년 초에 타 기업이 발행한 다음 조건의 사채를 매입하고 채무증권(AC)로 분류하였다.

〈다음〉: 20×1년 초 발행, 액면금액 ₩100,000,
연 **7%**의 표시이자를 연말에 지급, **만기 20×4년 말**

동 사채를 만기까지 보유하였으며, 최초 기대하였던 대로 원리금을 계약상의 일자에 전부 받았다. 당일 유효이자율이 ① 연 10%인 경우와 ② 연 3%인 경우 각각에 대하여, 거래원가는 무시하고 다음을 처리하라.

(1) 사채 만기까지의 유효이자율법에 의한 상각표를 작성하라.
(2) 취득과 20×1년의 이자수익 인식을 분개하라.

[7] 채무증권(AC, FVOCI) – 취득, 이자수익, 공정가치 · 손상 평가

㈜이칠은 20×1년 초에 타 기업이 발행한 다음 조건의 사채를 매입하였다.

〈다음〉: 20×1년 초 발행, 액면금액 ₩100,000,
연 7%의 표시이자를 연말에 지급, 만기 20×4년 말

거래원가는 무시한다. 당일 유효이자율은 연 10%였다. 그리고 동 사채를 만기까지 보유하였으며, 최초 기대하였던 대로 원리금을 계약상의 일자에 전부 받았다. 추가로 다음을 가정한다.

• 채무증권의 기말 공정가치 : 20×1년 ₩93,000, 20×2년 ₩94,000
• 기말 손상 평가시의 적절한 ECL 측정치
 - 20×1년 말, '최초 인식 후에 동 투자의 신용위험이 유의적으로 증가'하지 않아 12개월 ECL을 측정함. 그 금액은 ₩200.
 - 20×2년 말, '최초 인식 후에 동 투자의 신용위험이 유의적으로 증가'함. 신용 손상이 발생한 것은 아니라고 판단함. 전체기간 ECL을 측정함. 그 금액은 ₩1,200.

다음 요구를 순서대로 처리하되, 채권투자를 ① AC와 ② FVOCI로 분류한 각각의 상황에 대하여 처리하라.

(1) 사채 만기까지의 유효이자율법에 의한 상각표를 작성하라. (문제 [6]의 상각표와 동일하지만, 다시 작성한다)
(2) 취득을 분개하라.
(3) 20×1년 말의 기말 회계처리를 수행하라. (즉, 이자수익 인식과 손상 평가를 분개하라. FVOCI의 경우에는 물론 공정가치 평가와 손상 평가를 결합하여 분개하며 또한 기타포괄손·익의 마감도 수행한다)
(4) 20×2년 말의 기말 회계처리를 수행하라.
(5) 위 회계처리들의 결과로 20×1년과 20×2년의 재무상태표에 나타나는 항목들(현금 제외)과 그 기말 잔액을 보여라. 그리고 각 년도 포괄손익계산서에 보고되는 당기손익 금액과 기타포괄손익 금액을 보여라. 또한 FVOCI의 각 년도 재무보고서 주석으로 공시되는 누적손상금액도 보여라.

[8] 채무증권(AC, FVOCI) - 보유 중 손상, 처분

* 문제 [7]의 상각표를 승계한다.

20×1년 초에 채무증권(발행 20×1년 초, 액면 ₩100,000, 만기 20×4년 말, 연말 지급 표시이자 연 7%)을 ₩90,490에 취득(유효이자율 연 10%)한 ㈜이칠은 20×2년에 들어와 사채발행기업이 큰 재무적 어려움을 겪고 있음을 알고 그 동향을 예의주시하고 있었다. 연말에 표시이자를 수취하지 못한 ㈜이칠은 신용 손상을 가리키는 여러 가지 사건이 복합적으로 발생한 것을 근거로 동 채무증권이 '보유 중 신용이 손상된' 것으로 판정하였다. 추가적인 자료와 거래내역은 다음과 같다.

• 20×1년 말의 12개월 ECL은 ₩200.
• 20×2년 말 전체기간 ECL을 측정하기에 앞서, 미수취된 20×2년 표시이자를 제각함. 그리고 100%의 확률로 만기까지 표시이자를 수취하지 못하고 또한 만기에는 액면 중 ₩70,000을 회수할 수 있을 것으로 추정함. 그 결과 ECL은 20×2년 말 ⓐ총장부금

액 ₩94,793과 ⓑ추정미래현금흐름을 최초 유효이자율로 할인한 현재가치 ₩57,851 (=₩70,000 × 1.10^{-2})의 차이인 ₩36,942으로 산정됨.

- 20×3년 말 전체기간 ECL을 측정하기에 앞서 미수취된 20×3년 표시이자를 제각함. 그리고 100%의 확률로 만기까지 표시이자를 수취하지 못하고 또한 만기에는 액면 중 ₩50,000만 회수할 수 있을 것으로 예상함. 즉, 추가적인 손상이 발생한 것으로 판단함. 그 결과 ECL은 20×3년 말 ⓐ총장부금액 ₩97,272(문제 [7]에서 승계)과 ⓑ 추정미래현금흐름을 최초 유효이자율로 할인한 현재가치 ₩45,454(=₩50,000 × 1.10^{-1}, ₩1 단수조정)의 차이인 ₩51,818으로 산정됨.
- 20×1년 말, 20×2년 말, 20×3년 말의 동 채무증권의 공정가치는 각각 ₩93,000, ₩60,000, ₩50,000임.
- 20×4년 6월 말 동 채무증권을 공정가치 ₩48,000에 매도함(단, 미수이자의 제각과 거래원가는 무시함).

다음 요구를 순서대로 처리하되, 채권투자를 ① AC와 ② FVOCI로 분류한 각각의 상황에 대하여 처리하라.

(1) 20×1년~20×3년 동안 동 채무증권에 대하여 수행하는 분개를 보여라.

(2) 20×1년~20×3년의 기말 재무상태표와 포괄손익계산서에 보고되는 동 채무증권 관련 항목과 금액을 보여라.

(3) 20×4년 동 채무증권의 처분을 분개하라. (이자수익은 '순액기준'으로 직접 인식하면 됨. 즉, 기초의 상각후원가에 유효이자율을 적용하여 구한 금액 중 경과기간에 해당하는 금액을 인식하는 것임)

[9] 채무증권(AC, FVOCI) – 이자기간 중 취득

㈜이구는 **20×1년 7월 초**에 타 기업이 발행한 다음 조건의 사채를 유통시장에서 매입하였다.

〈다음〉: 20×1년 초 발행, 액면금액 ₩100,000,
연 7%의 표시이자를 연말에 지급, 만기 20×4년 말

거래원가는 무시한다. 당일 유효이자율은 연 10%였다. (이 유효이자율이 20×1년 초에도 유효한 것처럼 취급하고 이자기간별로 상각한다)
그리고 동 사채를 만기까지 보유하였으며, 최초 기대하였던 대로 원리금을 계약상의 일자에 전부 받았다. 추가로 다음을 가정한다.

- 기말 채무증권 공정가치 : 20×1년 ₩92,000, 20×2년 ₩92,500
- 기말 손상 평가시의 적절한 ECL 측정치
  - 20×1년 말, '최초 인식 후에 동 투자의 신용위험이 유의적으로 증가'하지 않아

12개월 ECL을 측정함. 그 금액은 ₩200.

- 20×2년 말, '최초 인식 후에 동 투자의 신용위험이 유의적으로 증가'함. 신용 손상이 발생한 것은 아니라고 판단함. 전체기간 ECL을 측정함. 그 금액은 ₩1,000.

다음 요구를 순서대로 처리하되, 채권투자를 ① AC와 ② FVOCI로 분류한 각각의 상황에 대하여 처리하라.

(1) 사채 만기까지의 유효이자율법에 의한 상각표를 작성하라. (문제 [6]의 상각표와 동일하다. 다시 작성한다)

(2) 취득을 분개하라.

(3) 20×1년 말의 기말 회계처리를 수행하라. (즉, 이자수익 인식과 손상 평가를 분개하라. FVOCI의 경우에는 물론 공정가치 평가와 손상 평가를 결합하여 분개하며 또한 장부 마감 분개 중 기타포괄손익의 마감도 수행한다)

(4) 20×2년 말의 기말 회계처리를 수행하라.

(5) 위 회계처리들의 결과로 20×1년과 20×2년의 재무상태표에 나타나는 항목들(현금 제외)과 그 기말 잔액을 보여라. 그리고 각 년도 포괄손익계산서에 보고되는 당기손익 금액과 기타포괄손익 금액을 보여라. 또한 FVOCI의 각 년도 재무보고서 주석으로 공시되는 누적손상금액도 보여라.

[10] 신용이 손상된 채무증권(AC, FVOCI) – POCI의 신용조정 유효이자율

12월 말 결산법인인 ㈜이십은 20×2년 초에 타 기업이 발행한 다음 조건의 사채를 취득하였다.

〈다음〉 : 20×1년 초 발행, 액면금액 ₩100,000,
연 5%의 표시이자를 연말에 지급, 만기 20×4년 말

취득시 신용이 손상되어 있는 증권(POCI)인 이 사채를 ㈜이십은 크게 할인된 가격인 ₩38,439에 취득하였다. 취득금액에 반영된 신용손실 내역은 100%의 확률로 만기까지 남은 표시이자를 받지 못하고 또한 만기에는 액면금액 중 ₩60,000만 회수할 수 있다는 것이었다. 그리고 다음을 가정한다.

- ㈜이십은 만기까지 표시이자를 현금으로 수취하지 못하였으며, 만기에 ₩65,000을 현금으로 회수하였다.
- 20×2년 말, 20×3년 말 그리고 20×4년 만기회수 직전에 측정한 전체기간 ECL은 각각 ₩38,000, ₩36,000, ₩35,000이었다.

아래 요구 (1) ~ (3)은 채무증권(AC)로의 분류를 가정하여 처리하고, 요구 (4)는 채무

증권(FVOCI)로의 분류를 가정하여 처리하라.

(1) 취득거래를 분개하고, 취득시점에서의 신용조정 유효이자율을 산정하는 식을 기재하고 또한 취득시점에서의 전체기간 ECL 해당액을 추정하라.

(2) 20×2년 초, 20×2년 말, 20×3년 말 그리고 20×4년 현금회수 직전의 채무증권(AC), 손실충당금 및 상각후원가의 잔액을 보여라.

(3) 동 채무증권에 대하여 20×2년~20×4년에 수행한 분개를 보여라.

(4) 20×3년 말의 공정가치평가 · 손상인식을 분개하라. 단, 채무증권(FVOCI)의 공정가치는 20×2년 말과 20×3년 말에 각각 ₩40,000과 ₩50,000인 것으로 가정하라.

[11] ECL측정 – 12개월 ECL, 전체기간 ECL

* 채무증권(AC)와 채무증권(FVOCI)에 동일하게 적용된다.

㈜부일은 20×1년 초에 타 기업이 당일 발행한 사채(만기 4년, 액면 금액 ₩100,000, 표시이자율 연 7% 연말지급 조건)를 ₩90,490에 취득하고 사업모형과 계약상의 현금흐름 특성에 따라 AC 범주로 분류하였다. (거래원가는 무시한다. 채무증권은 '취득시 신용이 손상되어 있는 금융자산'이 아니다. 유효이자율은 연 10%였다)

㈜부일은 동 사채를 만기까지 보유하였으며, 원리금을 계약상의 일자에 전부 받았다. 그리고 다음 자료와 판단에 근거하여 20×1년 말, 20×2년 말 및 20×3년 말에 적절한 기대신용손실(ECL)을 측정하고 손실충당금을 인식하였다. (20×4년 말에는 약속된 원리금을 모두 회수하기에 ECL은 '0'이다. 이에 근거하여 손실환입 분개는 하지만, 본 문제에서의 현재가치 측정은 하지 않기에 무시한다)

- 채무불이행 사건이 발생하면 그 시점부터 표시이자를 받지 못하고 만기에 액면의 2/5만을 받는다.
- 20×1년 말 판단 :
  '최초 인식 후에 동 투자의 신용위험이 유의적으로 증가'하지 않았고, 20×2년 중 채무불이행 사건이 발생할 확률이 0.3%라고 추정하였다.
- 20×2년 말 판단 :
  '최초 인식 후에 동 투자의 신용위험이 유의적으로 증가'하였다. 그러나 '신용이 손상된' 상황은 아니었다.
  20×3년 중 채무불이행 사건이 발생할 확률이 5%라고 추정하고,
  20×4년 중 채무불이행 사건이 발생할 조건부 확률이 4%로 추정하였다.
- 20×3년 말 판단 :
  '최초 인식 후에 동 투자의 신용위험이 유의적으로 증가'하였다. 그러나 '신용이

손상된' 상황은 아니었다. (만기 1년 전이므로 이 판단은 손상요구 사항 적용에 영향을 미치지 않는다. 전체기간 ECL이 12개월 ECL이기 때문이다)

20×4년 중 채무불이행 사건 발생 확률이 8%라고 추정하였다.

20×1년 말의 12개월 ECL, 20×2년 말의 전체기간 ECL 그리고 20×3년 말의 전체기간 ECL을 측정하라.

[12] 범주 재분류

㈜범주는 20×1년 초에 타 기업이 당일 발행한 사채(**만기 4년**, 액면 금액 **₩10,000**, 표시이자율 **연 7%** 연말지급 조건)를 ₩9,049에 취득하고, 최초인식시의 사업모형·현금흐름 특성에 근거한 금융자산 범주로 회계처리하였다.

- AC 혹은 FVOCI 범주로 원천 분류한 경우의 유효이자율은 연 10%였던 것이다.
- 동 채무증권은 '취득시 신용이 손상되어 있는 금융자산'이 아니다.

20×1년 말, 동 채무증권의 공정가치는 ₩9,100이었다. 그리고 다음을 가정한다.

- 동 채무증권은 기말 현재 '보유 중 신용이 손상된' 채권이 아니다. (신용이 손상되면 ECL 측정액이 영향을 받는다는 점에서 20×1년 기말에는 회계처리 금액이 달라진다. 본 문제에서 요구하는 재분류일 회계처리는 이렇게 바뀐 금액을 동일한 형식으로 반영한다는 점에서 영향을 받지 않는다고 할 수 있다)
- AC 혹은 FVOCI 범주로 원천 분류한 경우의 적절한 ECL 측정액은 ₩50이었다.

㈜범주는 20×1년 중에 사업모형의 변경을 결정하였다. 그에 따른 채무증권의 범주 재분류일은 20×2년 초이다.

- FVPL로 원천 분류한 경우에는 재분류일에 ECL을 측정해야 한다. 이 금액은 ₩25으로 가정한다.

1. AC, FVOCI, FVPL 각각의 범주로 분류하였을 때 20×1년에 수행하였을 분개를 보이고, 각각의 범주에 따라 회계처리한 후 재무상태표에 보고할 채무증권 관련 항목의 잔액과 주석 내용을 정리하라.

2. 다음 각 경우의 범주 재분류일에 수행할 분개를 보여라.
   (1) AC 범주 → ①FVPL 범주 혹은 ②FVOCI 범주
   (2) FVOCI 범주 → ③FVPL 범주 혹은 ④AC 범주
   (3) FVPL 범주 → ⑤AC 범주 혹은 ⑥FVOCI 범주

CHAPTER 12

금융자산Ⅱ: 수취채권, 대여금, 현금

Contents

한국채택국제회계기준		국제회계기준	
제1109호	금융상품 (제1039호 '금융상품 : 인식과 측정'을 대체하여* 2018.1.1. 시행)	IFRS 9	Financial Instruments
제1115호	고객과의 계약에서 생기는 수익 (제1018호 '수익'과 제1011호 '건설계약'을 대체하여 2018.1.1. 시행)	IFRS 15	Revenue from Contracts with Customers
제1107호	금융상품 : 공시	IFRS 7	Financial Instruments : Disclosure
제1032호	금융상품 : 표시	IAS 32	Financial Instruments : Presentation
제1039호	금융상품 : 인식과 측정*	IAS 39	Financial Instruments : Recognition and Measurement
제1001호	재무제표 표시	IAS 1	Presentation of Financial Statements
제1118호	재무제표 표시와 공시**	IFRS 18	Presentation and Disclosure in Financial Statements

* 2018년 제1109호의 시행 후에도 제1039호의 위험회피 규정 일부 등은 계속 적용됨.
** 2027년 1월 1일 이후 최초 개시 회계연도부터 적용되며, 제1001호를 대체함. 조기적용이 허용됨.

본 장에서는 수취채권과 대여금, 금융자산의 제거 그리고 현금및현금성자산을 다룬다. **수취채권**과 **대여금**은 기업활동에 따라 발생하고, 현금 등 금융자산을 수취할 계약상의 권리이다. 제1절의 1.에서는 그 회계처리에 본 교재 제11장에서 살펴본 채권투자 회계를 준용함을 설명한다. 다만, 본 장에서 '손상 간편법'을 적용하는 매출채권이라고 부르는 매출채권의 경우에는 그 특성을 고려하여 실무적으로 간편한 회계처리를 적용하는 것이 허용되고 있다. 그 내용을 제1절의 2.로 다룬다.

제2절에서 다루는 금융자산의 **제거**(derecognition)는 수취채권과 대여금뿐 아니라 다른 금융자산에도 적용될 수 있는 일반적 회계처리를 다루고 있다. 한편, 제3절에서 그 회계처리를 살펴보는 **현금및현금성자산**은 화폐와 사용에 제한이 없는 예금뿐만 아니라, 표시된 금액이 현금으로 전환되는 데 어려움이 없는(즉, 거래비용과 가치변동 위험이 유의적이지 않은) 현금성자산을 포괄하는 금융자산이다. 원화로 표시된 현금및현금성자산은 취득 후에 가치를 재측정하지 않아서 기업경영에서 차지하는 비중이 중요함에도 그 회계처리는 상대적으로 단순하다.

제1절 수취채권과 대여금

1. 수취채권 · 대여금과 그 회계

기업활동을 수행하는 과정에서 발생하는 **수취채권**(receivables)을 크게 매출채권과 미수금으로 나눌 수 있다. **매출채권**(trade receivables)은 고객에게 재화나 용역을 공급하고 수익을 인식하면서 거래당사자들의 합의하에 대금결제를 이연하는 거래에서 발생한다.[1] 앞서 제5장에서 살펴본 바 있다. **미수금**(non-trade receivables)은 기업이 주로 재고자산 외의 자산을 처분하고서 계약 내용에 따라 처분대금은 이연 결제하는 경우에 나타난다. 또한 경영현장에서는 금융기업이 아니더라도 이해관계자들에게 여유자금을 대여하는 상황이 나타나기에 **대여금**(loan receivables)이 발생한다.[2]

---

1) 본 장에서의 매출채권은 「기업회계기준서」 제1115호에서 규정하는 수취채권이다.

2) 본 장에서는 경영현장에서 나타나는 수취채권의 또 다른 종류인 미수수익(accrued revenue)과 그 회계처리를 특별히 언급하지 않는다. 미수수익은 미수이자, 미수수수료, 미수임대료 등과 같이 대부분 기말 결산과정에서 인식되어 시간만 경과하면 계약에 따라 현금 등 금융자산으로 회수될 자산이고, 또 금액도 유의적이지 않은 경우가 많기 때문이다. 금융자산이며 유의적인 경우에는 본 장의 회계처리를 준용하면 될 것이다.

수취채권과 대여금은 거래상대방이 계약에 따라 원리금을 지급할 의무를 금융부채로 인식하기에, 금융자산 중의 채무상품이다. 원칙적으로 앞서 제11장에서 살펴본 채권투자 회계를 적용한다. 매출채권·미수금과 대여금으로부터의 현금흐름은 원금과 이자만으로 구성되므로 범주 분류는 사업모형에 따라 결정될 것이다. "회계불일치"를 제거하기 위하여 "FVPL선택"을 하지 않는 한, 이들 자산은 대부분 상각후원가(AC) 모형을 적용하는 범주로 분류될 것이다. 사업모형, 즉 금융자산을 보유하는 목적이 원리금의 회수이기 때문이다.[3] 이런 이유로 이하에서는 매출채권 등과 같은 계정 이름에 구태여 '(AC)'라는 표현을 추가하지 않는다.

AC(상각후원가, amortized cost) 모형은 최초에는 취득원가로 기록한 채무증권의 장부금액을 후속시점에 유효이자율법에 의한 상각에 따라 조정하는 측정 모형이다. 기업은 수취채권과 대여금 역시 그 취득시점의 공정가치로 측정하여 최초인식한다. 일반적으로 이 시점에서의 공정가치는 거래가격이 되는데, 이는 거래가격이 공정가치에 대한 최선의 증거가 되기 때문이다. 그리고 취득과 직접 관련되는 거래원가가 있다면 공정가치에 가산한다. 이렇게 산출한 금액이 최초 인식금액이 된다. 최초인식된 금액은 또한 당해 자산의 취득원가이자 **최초 총장부금액**이다.

수취채권과 대여금을 상각후원가로 측정하려면 먼저 유효이자율을 산정하여야 한다. 앞서 제11장에서 익힌 것처럼, 미래 현금 수취액의 현재가치를 최초 총장부금액에 일치시키는 이자율이다.

그런데 거래가액이 크고 대금수수 이연기간이 길어질수록 신용위험의 관리가 중요해지기에, 기업은 관행적으로 원리금의 계약상 지급조건을 명시한 **어음**을 받게 된다. 실무에서는 수취채권과 대여금이 어음으로 뒷받침되는지 여부를 계정 이름에 명확하게 밝힌다. 특히, 매출채권의 경우 계정 이름을 받을어음과 외상매출금으로 구별하여 부르기도 한다. 본 절에서는 매출채권, 미수금, 대여금 계정 이름 뒤에 '(어음)'이라는 표현을 추가하여 구별한다. 그리고 **유동자산**인 매출채권과 구분하여, 그 이연지급 기한이나 어음 만기일이 1년 이상이면 '장기'이라는 표현을 계정 이름 앞에 추가하여 **비유동자산**임을 알린다.

다음의 <예제 1>로 표시이자율이 명시된 **이자부어음**과 그렇지 않은 **무이자부어음**으로 뒷받침되는 미수금 발생을 기록하고 제11장에서 배운 유효이자율법 산정 방법을 연습한다. 어음을 받지 않은 거래라면 계정 이름에서 '(어음)' 부분만 제거하면 되므로 추가적으로 다루지 않는다.

---

3) 수취채권과 대여금의 경우에는 제11장에서 다룬 사채(및 국공채)에 비해 공정가치 모형을 적용하기가 쉽지 않다. 공정가치 모형을 적용하려면 공정가치 정보의 획득이 필수적인데, 사채(및 국공채)의 경우와는 달리 수취채권과 대여금의 경우에는 활성화된 유통시장에서 관찰되는 가격 정보가 공시되지 않기 때문이다.

예제 1

12월 말 결산법인인 ㈜삼일은 20×1년 초에 유형자산으로 보유하던 토지를 그 공정가치가 ₩100,000인 어음을 받고 처분하였다. 취득후 원가모형으로 회계처리한 토지의 장부금액은 ₩90,000이었다. 아래 요구를 처리하되, 유효이자율은 연리(per annum)로 산정하라.

1. 다음과 같은 어음을 받은 토지처분에서의 유효이자율을 계산하라.
   (1) 이자부어음 (조건 : 액면금액 ₩109,502, 연 5%의 표시이자를 연말에 지급, 만기 20×2년 말)
   (2) 무이자부어음 (조건 : 액면금액 ₩121,000, 만기 20×2년 말)
2. 토지처분 거래를 분개하라.

해 답

1. 각 상황에서의 유효이자율 r은 아래 각 식을 성립시키는 연 10%였다. (전산프로그램의 도움을 받아야 한다. 아래 식에 연 10%를 대입하여 확인하는 것으로 만족하자)

   (1) $₩100,000 = ₩109,502 \times \frac{1}{(1+r)^2} + ₩5,475^{*} \times \frac{1-(1+r)^{-2}}{r}$

   * ₩5,475(= ₩109,502 × 5%)

   (2) $₩100,000 = ₩121,000 \times \frac{1}{(1+r)^2}$

2. (무)이자부어음으로 뒷받침된 토지처분 거래는 다음과 같이 분개한다.

(차) 장기미수금(어음)	100,000	(대) 토 지	90,000
		유형자산처분이익(당기손익)	10,000

<예제 1>의 금융자산 발생 사건이 자산처분 거래가 아닌 매출 거래였다면 '장기매출채권(어음)'을, 그리고 자금대여 거래였다면 '장기대여금(어음)'을 인식하면 된다. 물론 대변 기록도 거래 상황에 맞게 적절하게 달라져야 한다.

산정한 유효이자율은 계약상 수취할 현금을 회수할 때까지의 기간 동안, 즉 만기까지의 기간 동안 수취채권 혹은 대여금을 측정할 때와 그 기말 손실충당금을 산정할 때 주춧돌 역할을 한다. 측정은 기말과 당해 자산의 제거 시점에 이루어진다. 다만, 수취채권과 미수금의 경우 만기 전 제거는 일상적인 거래가 아닐 것이다.

AC모형에서의 측정은 유효이자율법에 의한 상각이다. 즉, 이자수익을 인식하고 총장부금액을 조정하는 회계처리이다. 한 **이자기간** 동안의 이자발생액은 이자기간 초의 총장부금액에 유효이자율을 적용하여 계산한 금액이다. 회계기간의 이자수익을 인식하면 채무증권의 총장부금액이 증가한다. 이러한 회계절차인 유효이자율법에 의한 상각 역시 앞서의 제11장에서 익힌 내용과 동일하다.

이때 이자수익 인식액보다 현금으로 수취한 이자 금액이 적으면 그 차액을 미수이자로 인식한다. 다만, <예제 1>에서의 무이자부어음을 받은 경우와 같이 만기에 원리금을 일괄해서 회수하는 경우에는 최초 인식한 금융자산의 총장부금액에 가산하는 것이 적절할 것이다.

그리고 기말에 손상을 추정할 때는 앞서 제11장에서 살펴본 [그림 11. 1]의 '손상요구사항'에 따라 전체기간 기대신용손실(ECL)을 측정하거나 혹은 12개월 ECL을 측정하여 자산 차감 계정인 손실충당금으로 인식한다.

또한 최초에 장기매출채권·장기미수금·장기대여금 등의 비유동자산으로 인식한 자산은 보유 중에 12개월 내 현금화할 것이 예상되는 기말이 도래하면, **유동성 대체**를 통하여 재무상태표에 유동자산으로 표시할 수 있도록 해야 한다.

다음의 <예제 2>로 장기미수금의 취득 후 회계처리를 연습한다.

예제 2

<예제 1>의 토지를 ₩100,000에 처분한 상황에서 이어진다. 추가로 20×1년 말의 적절한 ECL측정치는 ₩120이었고, 20×2년까지 원리금이 전액 정상적으로 결제되었다고 가정한다(즉, 채무불이행 사건이 발생하지 않았다).

1. (1) 이자부어음, (2) 무이자부어음 상황에서의 상각표를 작성하라.
2. 위 각 상황에서의
   - 20×1년 기말 분개(이자수익 인식, 손상 인식, 유동성 대체)를 보여라.
   - 20×2년 기말 분개(이자수익 인식, 결제대금 회수)를 보여라.

해 답

1. 상각표 (모든 상황의 상각표 주석은 동일하기에 (1)의 상황 것만 먼저 보인다)

상황	이자기간	①기초* 총장부금액	② 이자수익	③이자 수취액	④ 상각액	⑤기말* 총장부금액
(1) 이자부어음	20×1년	100,000	10,000	5,475	4,525	104,525
	20×2년	104,525	10,452	5,475	4,977	109,502
(2) 무이자부어음	20×1년	100,000	10,000	0	10,000	110,000
	20×2년	110,000	11,000	0	11,000	121,000

* 상각표에서 금액단위는 ₩, 기초와 기말은 각각 '이자기간 초'와 '이자기간 말'이다.

② 이자수익 = ①기초 총장부금액 × 유효이자율 10%
(단, 20×2년에는 반올림오차를 조정하기 위하여 ₩0.5을 차감함)

③ 이자수취액 = 이자부어음의 경우, 액면 ₩109,502 × 표시이자율 연 5%, 무이자부어음의 경우는 ₩0

④ 상각액 = 총장부금액 증가액 = ②이자수익 - ③수취액

⑤ 기말 총장부금액 = ①기초 총장부금액 + ④상각액 → 최종 원리금 수취 직전 금액

2. 기말분개(상각표 정보에 근거한다. (1)=이자부어음, (2)=무이자부어음)

상황	보고기간	거래	(차)		(대)	
(1)	20×1년	이자수익	현 금 장기미수금(어음)	5,475 4,525	이자수익	10,000
		손상 인식	손상차손(당기손익)	120	손실충당금	120
		유동성 대체[4]	미수금(어음)	104,525	장기미수금(어음)	104,525
	20×2년	이자수익	현 금 미수금(어음)	5,475 4,977	이자수익	10,452
		손상 환입	손실충당금	120	손상환입(당기손익)	120
		만기 결제	현 금	109,502	미수금(어음)	109,502
(2)	20×1년	이자수익	장기미수금(어음)	10,000	이자수익	10,000
		손상 인식	손상차손(당기손익)	120	손실충당금	120
		유동성 대체	미수금(어음)	110,000	장기미수금(어음)	110,000
	20×2년	이자수익	미수금(어음)	11,000	이자수익	11,000
		손상 환입	손실충당금	120	손상환입(당기손익)	120
		만기 결제	현 금	121,000	미수금(어음)	121,000

2. '손상 간편법' 적용 매출채권의 회계

(1) '손상 간편법'을 적용하는 매출채권

본 장에서의 '**손상 간편법**'이란 POCI(취득시 신용이 손상되어 있는 금융자산)가 아님에도, **"항상**[5] **전체기간** 기대신용손실(ECL)에 해당하는 금액으로 손실충당금을 측정"

4) 20×1년 말에 유동성 대체를 수행한다. 만기가 1년 남은 시점이기 때문이다. 유동 항목으로 대체하려면, 예를 들어, (1)의 상황에서는 다음과 같은 두 개의 분개를 수행해야 한다.

(차) 유동성장기미수금(어음)	104,525	(대) 장기미수금(어음)	104,525
(차) 손실충당금-장기미수금	120	(대) 손실충당금-유동성장기미수금	120

장기미수금을 유동성 대체한 항목은 최초 인식부터 유동자산인 '미수금'과는 다르므로 구분하여 '유동성장기미수금'으로 기재하는 것이 바람직하다. 그리고 그 자산 차감 항목인 손실충당금도 동일하게 명칭을 구분하여 '손실충당금-유동성장기미수금'으로 기재하여야 한다. 편의상 압축기재하고 손실충당금의 명칭 대체도 생략한 것으로 이해하기 바란다.

5) '항상'(always)은 말 그대로 '최초 인식시점부터 손실충당금 측정이 필요할 때마다'라고 판단한다. 이러한 취지는, 일반적 접근법에서는 '매 기말에' 측정한다고 한정한 반면 '손상 간편법'에서는 '항상'이라고 규정한 데서 나타난다. 회계실무는 당연히 「기업회계기준서」 제1109호의 취지를 충분히 반영할

그림 12.1

보고기간 말에 손상요구사항의 적용

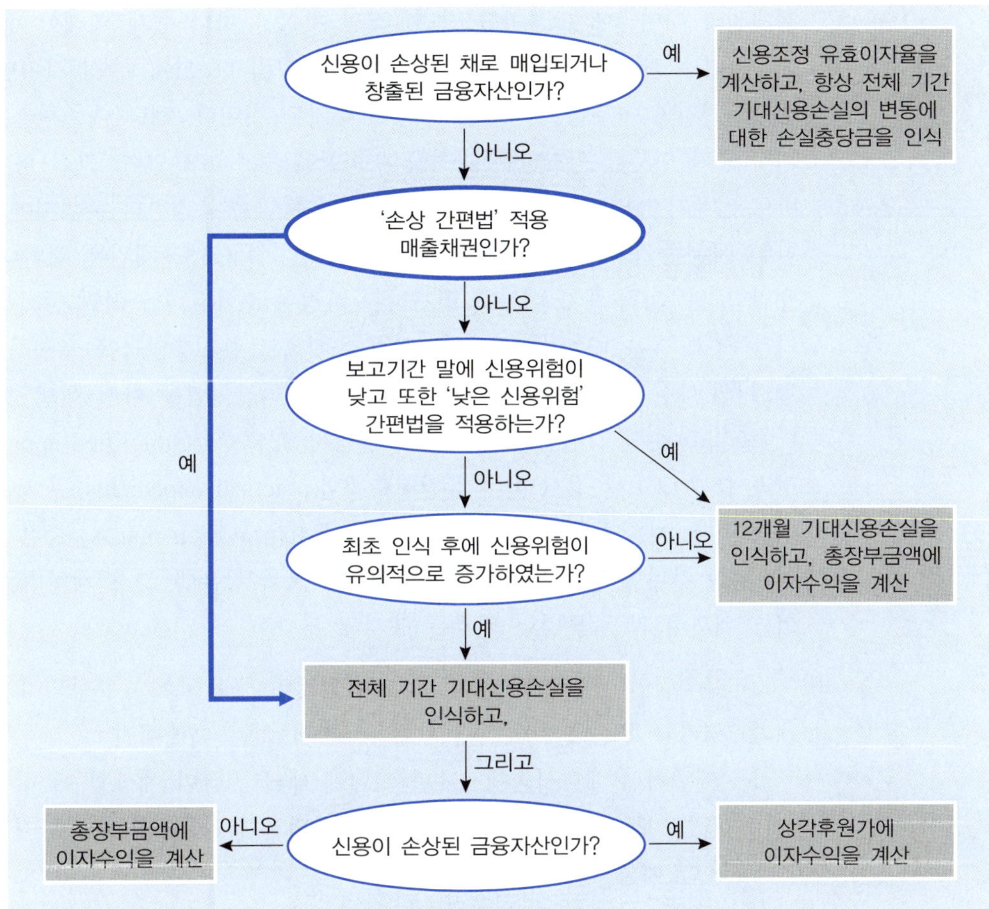

주: 「기업회계기준서」 제1109호 적용사례에 제시된 Flowchart의 일부 내용을 조정하여 인용함. 「기업회계기준서」 제1109호에서는 매출채권 외에 계약자산과 리스채권에도 실무적 간편법(그림 12.1에서는 '손상 간편법'으로 표시)의 적용을 허용하고 있기에, 동 적용사례 Flowchart는 이들 자산의 경우에도 신용위험의 유의적 증가 여부 평가과정을 우회할 수 있도록 작성되어 있음. [그림 12.1]에서는 금융자산 회계 중 손상 회계처리만 적용되는 이들 자산은 제외되어 있음.

해야 하는 금융자산에 적용하는 회계처리방법이다. [그림 12.1]의 도움을 받음으로써, 이 방법과 일반적 접근법(본 교재 제11장에서 익혔고 또한 앞서 본 장 제1절 1.에서 수

것이다. 그러함에도 본 장 이하에서는 '기말' 손상 회계에 초점을 맞추고 있다. 무엇보다 제11장의 [그림 11.1]과 본 장의 [그림 12.1]을 이용하여 독자들로 하여금 기대손실 모형의 일반적 접근법을 확실하게 이해하도록 한 후 그 틀 안에서 '손상 간편법'을 적용하면 회계처리가 어떻게 달라지는지를 익히도록 함에 있어, 최초 인식시점에서의 손실충당금 측정은 지나치게 무거운 주제라고 판단했기 때문이다. 또한 영업을 개시하고 첫 외상값부터 손실충당금을 설정한다고 하면 초보적인 독자들의 흥미를 유발하기 어렵다는 점도 한몫하였다. 아울러 최소한 교과서적인 상황에서는 '손상 간편법' 적용 매출채권의 최초 인식시점에서 손실충당금을 설정하는지의 여부는 기말 재무상태표(손실충당금)와 포괄손익계산서(당기손익)에 차별적 영향을 미치지 않을 것이라는 점도 고려한 저술 방향이다.

취채권과 대여금에서 설명한 방법) 간의 차이를 보다 쉽게 이해할 수 있다.

[그림 12. 1]은 앞서 제11장에서 제시한 [그림 11. 1]에 '손상 간편법'을 적용하는 매출채권인지의 여부를 판단하는 부분이 추가된 것이다. 해당 매출채권은 신용위험의 유의적 증가 여부를 평가하는 과정을 우회함을 강조하고 있다. 그런 평가를 거치지 않고 바로 전체기간 ECL(기대신용손실)로 손실충당금을 측정한다는 의미에서 *간편방식*이다. 한편, 채무증권, 수취채권(물론, '손상 간편법' 적용 매출채권은 제외)과 미수금에는 신용위험의 유의적 증가 여부를 평가하는 과정이 포함된 일반적인 방식이 적용되어, 전체기간 ECL 혹은 12개월 ECL 중 적절한 것으로 손실충당금을 측정하는 것이다. [그림 12. 1]의 내용은 손상 평가시 계속 활용할 길라잡이임을 다시 한번 강조한다.

그리고 '손상 간편법'에는 위에서 설명한 *간편방식*(simplified approach)이 허용되는 것과 함께 ECL 측정시 실무적 간편측정법(practical expedients)을 사용하는 것이 허용되고 있다. 예를 들어, 후술할 충당금설정률표(provision matrix) 등을 사용하는 것이다.

'손상 간편법'을 적용하는 매출채권은 다음과 같은데, 그 회계처리를 설명할 때의 편의를 위하여 각 종류별로 번호를 표시해 둔다.[6]

① 유의적인 금융요소 평가 결과, 유의적인 금융요소가 포함되지 않은 매출채권
② 평가와 무관하게 유의적인 금융요소가 없는 매출채권
③ '매출거래 개시시점에서 1년 이내에 대금 지급이 예상될 때 허용되는 실무적 간편법'(매출채권의 거래가격에서 유의적인 금융요소를 조정하지 않는 방법)을 적용한 매출채권
④ 유의적인 금융요소가 있지만 전체기간 ECL에 해당하는 금액으로 손실충당금을 측정하는 것을 **회계정책**으로 선택한 경우 그에 해당하는 모든 매출채권

이제 위 네 종류 매출채권의 특성을 알아본다. 고객에게 재화나 용역을 이전하고 인식하는 수익은 원칙적으로 받았거나 받을 대가의 **공정가치**(fair value)이다. 공정가치는 현금결제 거래에서의 **현금판매가격**이며, 결제가 연기되는 거래에서는 현금으로 결제되었다면 관찰되었을 금액으로 측정하기 때문이다. 후자는 *약속된 대가*에서 적절한 할인율로 화폐의 시간가치를 조정한 금액이다. 이렇게 공정가치로 측정하는 매출채권의 회계처리는 본 절 1.에서 이미 다 살펴보았다.

그런데 실무현장에서의 매출채권 중에는 수많은 개별 소액채권으로 구성된 집단 자

---

6) 금융자산 회계를 적용하지는 않지만 그 손상 회계처리는 적용하는 두 종류의 자산에도 기업의 회계정책으로 '손상 간편법'이 적용될 수 있다. 하나는 매출거래에서 발생하는 계약자산이다. 미수수익과 성격을 공유하는데 그에는 금융자산 회계는 적용하지 못하고 손상에만 이 규정을 적용한다. 다른 하나는 리스거래에서 발생하는 리스채권이다. 리스회계는 본 교재 제21장에서 다룬다.

산으로서, 그에 속하는 하나하나의 소액채권을 공정가치로 기록하는 것이 사실상 불가능한 것이 많다. 자연스럽게 수익의 다른 이름인 거래가격이라는 개념을 생각해 보게 된다. 원칙적으로 수익거래의 **거래가격**은 현금판매가격이다. 즉, *약속된 대가*에서 금융요소를 조정한 금액이 거래가격이다. 거래조건으로 분명하게 기재된 것이든 혹은 고객과 합의한 지급조건에서 암시된 것이든 금융요소는 조정해야 하는 것이다.

다만, 실무현장의 어려움을 반영하여, *약속된 대가*에 '**유의적인 금융요소가 포함되지 않는**' 경우에는 조정을 요구하지 않는다. 다시 말해, 이런 경우에는 ***약속된 대가***를 **거래가격**으로 삼아도 좋다는 것이다. '유의적인 금융요소가 포함되지 않는' 매출채권에 해당하는 것이 앞서 나열한 네 가지 중 ①, ②, ③이다.

물론 '유의적인 금융요소의 포함' 여부에 대한 평가는 체계적으로 이루어져야 한다.[7] 유의적인 금융요소가 포함된 것으로 판정한 매출채권의 거래가격은 *약속된 대가*에서 금융요소를 조정한 현금판매대가 해당액이다. ①의 매출채권은 유의적인 금융요소가 포함되지 않은 것으로 판정된 매출채권이다. 그 거래가격은 금융요소를 조정하지 않은 *약속된 대가* 자체이다.[8]

그런데 이러한 평가 결과에 무관하게 유의적인 금융요소가 없다고 보는 경우가 있다.[9] 결제시기가 이연되어 *약속된 대가*와 현금판매가격 간에 차이가 나타나도 이는 금융요소 때문이 아니라 다른 요소의 대가를 나타내는 상황이므로 유의적인 금융요소가 없다고 보는 것이다. 앞서의 ②로서, 그러한 매출채권의 거래가격 역시 금융요소를 조정

---

7) 기업 스스로 다음 두 가지를 포함한 모든 관련 사실과 상황을 고려해야 하는 것이다.
- 약속된 대가와 현금판매가격 간의 차이
- 다음 ㉠과 ㉡의 결합효과
  ㉠ 재화·용역 이전시점과 약속된 대가 지급시점 사이의 예상기간
  ㉡ 관련 시장에서의 일반적인 이자율

8) 만약 유의적이지 않다고 평가한 후에도 할인율을 산정하고 약속된 대가를 조정하려고 하면 기업 스스로 모순을 범하는 것이다. 금융요소가 유의적이지 않다고 평가한 후 마치 유의적인 것처럼 회계처리하려는 것이기 때문이다.

9) 「기업회계기준서」 제1115호 문단 62 규정으로서 고객과의 계약에 다음 요인 중 어느 하나라도 존재하는 경우이다.
- 고객이 재화나 용역의 대가를 선급하였고 그 재화나 용역의 이전 시점은 고객의 재량에 따른다(㉾ 선불전화카드, 고객충성포인트)
- 고객이 약속된 대가 중 상당한 금액이 변동될 수 있으며 그 대가의 금액과 시기는 고객이나 기업이 실질적으로 통제할 수 없는 미래 사건의 발생 여부에 따라 달라진다(㉾ 대가가 판매기준 로열티인 경우).
- 약속된 대가와 재화나 용역의 현금판매가격 간의 차이가 고객이나 기업에 대한 금융제공 외의 이유로 생기며, 그 금액 차이는 그 차이가 나는 이유에 따라 달라진다. 예를 들면 지급조건을 이용하여 계약상 의무의 일부나 전부를 적절히 완료하지 못하는 계약 상대방에게서 기업이나 고객을 보호할 수 있다.

하지 않은 *약속된 대가* 자체이다.

그리고 특별한 간주상황이 존재한다. 매출채권의 지급 기한, 즉 **만기가 1년 이내**일 것으로 예상하는 경우이다. 이러한 단기 매출채권의 경우에는, 유의적인 금융요소의 포함 여부를 평가하지 않고도 *약속된 대가*를 거래가격으로 간주하는 **실무적 간편법**을 선택할 수 있다. 다만, 유사한 상황에서 발생한 유사한 매출채권에 일관되게 적용해야 할 것이다. 앞서의 ③으로서 그러한 실무적 간편법을 선택한 이상, 매출채권의 금융요소가 유의적인지 여부를 묻지 않는다.

한편, ④는 어떤 면에서는 이들(①, ②, ③)과는 대척점에 있는 매출채권이다. 유의적인 금융요소가 있음을 전제로 하기 때문이다. 이에 대한 설명은 손상 회계를 다룰 때 제시한다.

(2) 최초 인식과 이자수익 인식

매출채권을 금융자산으로서 최초 인식할 때는 **공정가치**로 측정하지만,[10] '유의적인 금융요소가 포함되지 않는' 금융자산(즉, 앞의 ①, ②, ③)은 **거래가격**으로 측정한다. 다시 말해, ①, ②, ③이 아닌 일반 매출채권은 **현금거래가격**으로 그리고 ①, ②, ③은 ***약속된 대가***로 인식하는 것이다. 따라서, 일반 매출채권의 경우 유효이자율을 산정해서 유효이자율법에 의한 상각을 하지만, ①, ②, ③의 경우 유효이자율의 산정을 따로 논하지 않는다.

앞서의 ③의 경우(즉, 매출거래 개시시점에서 1년 이내에 대금 지급이 예상될 때 허용되는 실무적 간편법을 적용)는 실무현장에서의 회계처리를 제도적으로 인정한 것이기도 하다. 한 예로서, 기업이 외상매출거래에서 제공하는 매출할인에 대한 회계처리를 살펴본다. **매출할인**(sales discount)은 주로 제조기업·도매상과 소매상 간의 거래에서, 소매상이 일정기간 내에 현금으로 결제하면 외상매출대금을 할인하여 주는 거래조건이다. 소매상으로 하여금 가급적 조기에 현금을 지급할 유인으로서 할인을 제시하는 것이다. 매출할인은 ***약속된 대가***에 포함된 금융요소에 해당한다. 매출채권을 그 금융요소가 유의적이기에 현금판매가격으로 인식하는 것이 실무에서 사용하는 순액법이라면, 유의적이지 않기에 *약속된 대가*로 인식하는 것이 실무에서의 총액법이다. ③상황은 단기 매출채권의 금융요소가 유의적인지를 따지지 않고 총액법으로 인식하는 것을 제도적으로 수용한 사례에 해당한다. 다음의 <예제 3>으로 다룬다.

---

10) 물론 직접적인 거래원가도 반영하지만, 투자대상을 선별적으로 탐색·분석한 후 시장수수료를 내고 취득하는 채무증권과는 달리 수익거래의 결과로 발생하는 자산이기에 비유의적일 수준으로 생각하면 된다.

예제 3

㈜삼이가 20×1년 여름에 다음과 같은 거래들을 수행하였다.

- 7월 초 다음 신용조건으로 ₩200어치 상품을 외상매출하였다.
  1주일 내 결제시 대금의 3% 할인, 결제기한 3개월
- ㈜삼이는 외상대금의 1/2을 1주일 되는 날, 나머지 1/2을 지급기한이 끝나는 만기일에 결제받았다.

1. 위 거래들을 순액법과 총액법으로 분개하라. 단, 매출원가 인식은 무시하라.
   (즉, 재고자산 변동을 실지재고조사법으로 기록하는 것으로 가정하라)
2. 순액법에서의 최초 유효이자율을 산정해 보라.

해 답

1. 거래의 분개	순액법				총액법			
	(차)		(대)		(차)		(대)	
매출시점	매출채권	194	매 출	194	매출채권	200	매 출	200
매출할인 종료일[11)]	현 금	97	매출채권	97	현 금 매 출	97 3	매출채권	100
만기일	현 금	100	매출채권 이자수익	97 3	현 금	100	매출채권	100

2. 매출할인에 적용하는 순액법에서의 유효이자율은 *약속된 대가*의 현재가치를 현금판매가격에 일치시키는 이자율이다. '$₩97 = ₩100 \times (1+r)^{-1}$'을 성립시키는 3개월 3.09%이다. 연리로 환산하면 연 12.36%(=3.09% × 12개월/3개월)에 해당한다.

11) 기업 실무에서는 매출할인이 종료되는 날에, 아직 회수되지 않은 매출채권 ₩97에 받을 권리가 ₩3 더 추가되었음을 기록하기 위하여 다음의 분개와 같이 당기손익 항목을 인식하기도 한다.

(차) 매출채권	3	(대) 매출할인포기이익	3

그리고 만기일에는 다음 분개를 수행한다.

(차) 현 금	100	(대) 매출채권	100

매출할인을 제공하였음에도 포기하는 고객을 조기에 파악하고 관리하기 위한 목적으로 이자수익 성격을 가진 특수한 이름의 계정에 분리하여 기록하는 실무처리이다. 이러한 실무 관행의 취지에는 공감하지만 이자수익은 시간이 경과된 후 인식하는 것이 원칙이다.

(3) 손상과 제각

[그림 12. 1]에서 보았듯이 '손상 간편법'을 적용하는 매출채권은 신용위험의 유의적인 증가 여부 평가를 건너뛰는 대신, 반드시 손상요구사항이 추구하는 결과, 즉 **전체기간 ECL**을 측정하도록 하고 있다. 무조건 전체기간 ECL을 측정하라면 소액채권을 다량 보유하지만 신용관리체계가 확립되지 않는 기업들에게 가혹한 규정인 것 같이 비칠 수도 있다. 그러나 많은 경우 이들의 매출채권 만기는 1년 이내라서 전체기간 ECL이 곧 12개월 ECL이므로 유의적 신용위험 증가 여부 평가의 우회가 오히려 합리적인 규정일 수 있다.

또한 ECL 측정에 실무적 간편측정법을 적용할 수 있으므로 재무보고 노력이 합리적으로 경감될 수 있는 측면도 있다. 제11장에서 설명한 ECL 측정방식과 이를 구현하는 그 <부록 A>의 사례를 일반적 접근법이라고 할 때, 그에 비해 상대적으로 간편한 방식으로 측정하도록 허용하는 것이다. 또한 기업이 사용한 간편측정법과 그 결과는 재무보고서의 주석 공시사항인 위험 프로파일과 같은 공시를 간략하게 만드는 효과도 가질 수 있다.

그런데 '손상 간편법' 적용대상에는 또한 '④ 유의적인 금융요소가 있지만 전체기간 ECL에 해당하는 금액으로 손실충당금을 측정하는 것을 회계정책으로 선택한 경우 그에 해당하는 모든 매출채권'이 포함되어 있다. 유의적인 금융요소가 있을 정도의 매출채권이 일상적으로 발생하는 상황은 장기외상거래이고 또한 단위 거래금액이 거액일 가능성이 많다. 이러한 장기매출채권은 앞서 ③의 만기 1년 내인 경우의 간편법을 선택할 수 없는 대신 '전체기간 ECL에 해당하는 금액으로 손실충당금을 측정'을 회계정책으로 선택하여 '손상 간편법'의 적용대상이 될 수 있는 것이다. 신용위험의 유의적 증가 여부 평가를 우회하겠다는 신청을 하는 셈이다.[12)]

'손상 간편법'을 적용하는 매출채권의 경우 전체기간 ECL을 측정할 때 활용하는 실무적 간편측정법은 잠시 후 다룬다. 측정된 ECL은 손실충당금으로 인식한다. 그 인식 직전의 손실충당금보다 잔액이 증가(감소)하면 당기손익 항목인 손상차손(환입)을 기록하여 ECL측정액에 해당하는 금액으로 손실충당금 잔액을 조정한다.

한편, 재무상태표에서 이미 인식한 항목을 삭제하는 것이 **제거**(derecognition)이다. 그러려면 먼저 장부에서 관련 계정잔액을 제거해야 한다. 제거의 한 종류인 처분, 그 중

---

12) 기업마다 이러한 회계정책을 선택하는 이유는 다양하겠지만, '손상 간편법'의 유의적 신용위험 증가 여부 평가의 우회와 간편측정법 적용 그리고 공시 간략화 등을 고려하는 것일 수도 있다. 그런데 왜 '유의적인 금융요소가 있는 매출채권(④)'에 '유의적인 금융요소가 없는 매출채권(①②③)'과 동일한 손상요구사항 적용특례가 규정되는 것일까? 아마도 매출채권을 발생시키는 거래의 특성이 ③과 유사한데도 그 일상적인 외상거래가 장기거래이고 금융요소가 유의적일 수밖에 없는 업종의 특성을 반영한 것이 아닌가 생각된다. 예를 들어, 출판사와 off-line 서점 간의 거래를 생각해 볼 수 있다.

에서도 매도는 앞서 제11장 지분증권과 채무증권에서 살펴보았다. 그리고 금융자산 처분회계는 체계를 갖추어 본 장 제2절에서 다루었다. 이제 제각을 소개한다.

제각(write-off)은 금융자산 전체나 일부의 회수를 합리적으로 예상할 수 없는 경우에 해당 금융자산의 총장부금액을 직접 줄이는 회계처리이다. 즉, 이제 해당 자산의 전체 또는 일부는 더 이상 존재하지 않는다고 마음을 비워야 하는 사건이 발생한 것을 나타낸다.[13)]

제각을 할 때는 해당 자산계정의 잔액과 관련 계정의 잔액을 함께 감소시킨다. 예를 들어, 고객인 기업 중 하나로부터 받을 장기매출채권(어음) ₩2억을 제각시킬 때 그 손실충당금 ₩3백만과 함께 제각시킬 경우 다음과 같이 분개한다.

(차) 손실충당금-장기매출채권	3백만	(대) 장기매출채권(어음)	2억
제각손실(당기손익)	1억9천7백만		

그런데 수많은 고객과의 외상매출거래를 하나의 매출채권 계정에 기록하면 그 매출채권은 집합자산이다. 이때의 손실충당금은 집합자산 전체를 대상으로 그 중 신용손실이 된 부분을 추정한 금액에 해당한다. 그 중 한 고객으로부터의 외상값을 제각시켜야 할 때 그 외상값에 고유한 금액을 추려내기가 어렵다. 따라서 손실충당금 잔액이 충분하면 외상값 전액을 손실충당금으로 인식한다. 예를 들어, 1만 명의 고객으로부터의 외상값을 기록한 매출채권의 잔액이 ₩2억, 그 손실충당금이 ₩3백만인데 그 중 ₩10만의 잔액을 가진 고객의 외상값 제각은 다음과 같이 분개한다.

(차) 손실충당금-매출채권	100,000	(대) 매출채권	100,000

드물지만, 제각할 금액이 손실충당금의 잔액보다 큰 경우에는 그 차액을 손상차손으로 기록한다. 예를 들어, 바로 앞의 경우 고객이 발생시킨 제각거래의 금액이 ₩310만이라면 그 분개는 다음과 같다.

(차) 손실충당금-매출채권	3,000,000	(대) 매출채권	3,100,000
손상차손(당기손익)	100,000		

---

13) 지분증권 혹은 채무증권 회계를 설명할 때 제각을 다루지 않은 것은 제각을 야기시키는 사건(㉮ 증권 발행 기업, 국가 혹은 공공기관의 부도나 지급불능 상태)이 발생해도 그 전체 혹은 일부를 제각할 때까지 긴 기간과 많은 절차를 거쳐야 하기 때문에 일일이 설명하기 힘들었던 때문이다. 그런 후속 절차가 종료되어야 어느 정도를 제각할지가 결정된다. 빈번히 발생해서도 안 되지만 일상적인 사건도 아니다. 한편, 매출채권 특히 B2C(기업과 최종소비자 간) 거래의 개별 단위 채권의 경우에는 드물지 않게 발생하는 사건이다. 물론 개별 외상채권이 회수되지 않으면 기업으로서는 합리적인 수준에서의 모든 회수노력을 할 것이지만, 제각에 이르는 시간이 짧고 절차가 간단할 수밖에 없는 것이다. 그런 이유 때문에도 '손상 간편법' 적용대상인 매출채권을 다루는 이곳에서 설명하지만, 집합자산 손실충당금의 성격에 대한 이해를 더 깊게 할 수 있기 때문이기도 하다.

마치, 전 기말에 추정한 손실충당금이 적정하지 않았음을 수정하는 기록과 유사하다. 집합자산인 매출채권의 경우 기말에 산정한 손실충당금은 다음 기말이 되기 전에 그 기중에 발생한 제각으로 계속 잔액이 줄어든다. 그러다 더 드문 거래가 나타나면 다시 증가하는 때가 있다. 예를 들어, 앞서의 고객이 어디서 사는지도 모르는데, 어느 날 사과편지와 함께 ₩5만을 보내온 것이다. 이때 분개는 다음과 같다.

(차) 현 금	50,000	(대) 손실충당금-매출채권	50,000

대변 기록 계정으로 이익을 기록할 수 있는가? 그보다는 앞서 기록한 '손실충당금 수정'이 너무 지나쳤음을 알게 되었기에 재수정하는 형식으로 위와 같이 기록하는 것이 더 합리적이다. 이렇듯 제각과 그 회복 사건에서 손실충당금이 수정 그리고 재수정되면서 집합자산의 손상 회계에 유연성을 부여하는 것이다. 이하에서는 편의상, 손실충당금 계정 이름 뒤에 붙이는 '-매출채권' 등과 같은 부가적 설명은 생략한다.

(4) ECL 간편측정법

'손상 간편법'에서는 ㄱ) 확률로 가중하고, ㄴ) 화폐의 시간가치를 반영하고, ㄷ) 과거사건, 현재 상황과 미래 예측 정보를 반영하는 전체기간 ECL측정을 하는 간편측정법을 사용하는 것을 허용하고 있다. 「기업회계기준서」에서는 실무적 간편측정방식의 예로서 **충당금설정률표**(provision matrix)를 사용한 매출채권 기대신용손실의 계산을 들고 있다.

기업이 적절하다고 판단하는 경우, 매출채권의 과거 신용손실 경험을 금융자산의 12개월 기대신용손실이나 전체기간 기대신용손실을 추정하는 데 도움닫기로 사용하는 방식이다. 매출채권의 연체 일수에 따라 고정된 충당률을 설정할 수 있는 것이다(예 연체가 없는 경우에 1%, 연체 일수가 30일 미만인 경우에 2% 등등). 물론 연체 경력 외에도 적절하다고 판단하는 합리적인 기준으로 구분을 할 수도 있을 것이다. 그러한 기준의 예로서는 지역적 위치, 상품형태, 고객등급, 담보나 거래신용보험, 고객형태(도매상이나 소매상) 등을 들 수 있을 것이다.

다음에 제시되는 예제들을 이용하여 지금까지의 설명을 바탕으로 집합자산에 간편측정법을 적용하는 손상 회계를 익혀본다. 먼저 다음의 <예제 4>로 가장 간단한 방식의 운용을 살펴본다.

예제 4

12월 말 결산법인인 ㈜완사는 20×1년 초에 영업을 시작하였다. 외상매출에 따른 매출채권은 모두 만기가 1년 이내이며, 다음 회계처리를 적용하였다.

- 최초 인식시점에서 금융요소를 고려하지 않고 받을 금액, 즉 *약속된 대가*로 인식한다. (즉, 매출채권의 거래가격에서 유의적인 금융요소를 조정하지 않는 방법을 선택한 것이다)
- 기말의 전체기간 ECL 측정시 실무적 간편측정법을 적용한다.

손상 평가를 염두에 두고 ㈜완사는 영업 초기부터 업계 선두기업의 조언을 얻어 주요 고객집단별 신용거래 실적을 분석하였다. 그리고 업계 전망과 고객구성 변화 예측을 근거로, 기말 매출채권 잔액에 단일기대신용손실률(single expected credit loss rate)을 적용하여 전체기간 기대신용손실(ECL)을 측정하기로 하였다. 충당금설정률표에서의 고객 층 구분을 단일 층으로 구성한, 매우 단순한 실무적 간편법이지만 매 기말 경험자료와 추정정보를 반영하여 단일 ECL률을 수정하여 사용함으로써 초기에 사용하기 적절한 방식이라는 조언을 받은 것이다.

20×1년, 20×2년 및 20×3년 말 손상 평가 직전 많은 고객들로부터 회수해야 할 매출채권의 총장부금액은 각각 ₩100,000, ₩250,000 및 ₩200,000이었고, 적용한 단일 ECL률은 각각 1%, 1% 및 0.8%였다. 20×3년에는 그간의 경험과 예상되는 경기 활성화 정보에 근거하여 단일 ECL률을 하향조정한 것이다.

1. 20×1년 말의 손상 평가를 분개하라.
2. 20×2년 말의 손상 평가를 분개하라.
3. 20×3년 5월 초에 전기의 매출채권 중 ₩400을 제각하였다. 이 거래를 분개하라.
4. 20×3년 말의 손상 평가를 분개하라.

해 답

1. 20×1년 말의 손상 평가
   1) 손실충당금의 보고기간 말 잔액을 구한다. 이는 ₩1,000(=₩100,000 × 1%)이다.
   2) 기말잔액에서 손상 평가 전의 잔액을 차감하는데 영업 첫해인 20×1년의 경우, 추정 전의 잔액은 ₩0이므로 손상차손은 ₩1,000(=₩1,000 − ₩0)이다.

(차) 손상차손(당기손익)	1,000	(대) 손실충당금	1,000

2. 20×2년 말의 손상 평가
   1) 손실충당금의 보고기간 말 잔액은 ₩2,500(=₩250,000 × 1%)이다.
   2) 기말잔액에서 손상 평가 전의 잔액을 차감하는데 20×2년의 경우, 추정 전의 잔액은 ₩1,000이므로 손상차손은 ₩1,500(=₩2,500 − ₩1,000)이다.

(차) 손상차손(당기손익)	1,500	(대) 손실충당금	1,500

3. 20×3년 5월 초의 제각

(차) 손실충당금	400	(대) 매출채권	400

4. 20×3년 말의 손상 평가
   1) 손실충당금의 기말잔액은 ₩1,600(=₩200,000 × 0.8%)이 되어야 한다.
   2) 손상 평가 전의 손실충당금 잔액이 ₩2,100(=₩2,500 − ₩400)이므로 손상환입 ₩500(=₩2,100 − ₩1,600)이 발생한다.

(차) 손실충당금	500	(대) 손상환입(당기손익)	500

다음으로 <예제 5>에서는 연체 기간을 기준으로 몇 개의 고객군을 구분한 충당금설정률표를 사용한 상황을 살펴본다.

예제 5

앞의 <예제 4>에서 20×3년 기말 손상 평가 직전의 매출채권 총장부금액은 ₩200,000, 그리고 손실충당금 잔액 ₩2,100이었다. ㈜완사는 회계팀의 제안에 따라 20×3년 손상 평가부터는 전체기간 ECL 측정에 다음의 '연체 기간군별 전체기간 ECL률 추정표'를 사용하기로 하였다. 이 표는 업계의 자료를 기초로 하여, ㈜완사 외상 고객의 연체 기간과 지난 3년간의 채무불이행 금액 간의 관계를 반영하고, 또 매출채권의 잔여존속 전체기간(최대 1년)의 경기예측 정보도 참조하여 개발한 것이다. 표에는 연체 기간군별 매출채권 총장부금액도 표시하고 있다.

연체 기간군	0일	30일 이내	31~60일	61~90일	90일 초과
전체기간 ECL률	0.2%	0.5%	1.0%	3.0%	10.0%
총장부금액	₩100,000	₩50,000	₩30,000	₩15,000	₩5,000

1. 20×3년 말의 손상 평가시 작성한 '연체 기간군에 적용한 충당금설정률표'를 보이고 또 손상을 분개하라.
2. 20×3년 말 재무상태표에 매출채권과 손실충당금을 어떻게 보고하는가를 보여라.

해 답

1. 20×3년 손상 평가시 작성한 충당금설정률표는 다음과 같다.

연체 기간군(群)	총장부금액	전체기간 ECL률	전체기간 ECL
0일 (만기도래 전)	₩100,000	0.2%	₩200
30일 이내	50,000	0.5%	250
31 ~ 60일	30,000	1.0%	300
61 ~ 90일	15,000	3.0%	450
90일 초과	5,000	10.0%	500
합 계	₩200,000		₩1,700

다음 분개를 통하여 손상 평가 후 손실충당금 잔액이 ₩1,700임을 보인다.

(차) 손실충당금	400*	(대) 손상환입(당기손익)	400

* 충당금설정률표에 따른 설정액 ₩1,700 – 충당 직전 잔액 ₩2,100

2. 매출채권 ₩200,000
손실충당금 (1,700) ₩198,300

제2절 금융자산의 제거

금융자산은 현금흐름에 대한 권리를 가지고 있음을 나타내는 자산이며, 보유 기업은 그 권리의 전부 또는 일부를 현금화시킬 수 있다. 즉, 단기매매금융자산을 활성화된 금융시장에서 매도할 수도 있고, 만기보유채권이나 받을어음의 경우 채권 혹은 어음의 만기가 도래하면 원리금을 상환받을 수 있으며, 단기매출채권의 경우에도 관행적인 혹은 약속된 결제일이 되면 대금을 결제받을 수 있는 것이다. 이러한 거래의 결과, 해당 금융자산이 현금화되는 시점에서 자산이 나타내는 현금흐름에 대한 권리가 소멸되므로, 재무상태표에서 삭제된다. 즉, **제거**(derecognition)가 이루어진다.

그런데 금융시장 특히 파생상품시장의 발전과 더불어 기업이 그 금융자산을 현금화하기 위하여 활용하는 금융기법은 대단히 다양하게 구사되고 있으며 또한 빠른 속도로 진화되고 있다. 그리고 그 과정에서 금융자산 소유에 따른 **위험**(risks)과 **보상**(rewards)이 다양한 방식으로 거래자들 간에 분담되기도 하고 부가되는 계약조건에 따라 사실상 추가적인 파생상품계약이 덧붙여지기도 한다. 따라서 현금화거래 후 금융자산에 따른 권리가 소멸된 것인지, 권리가 전부 존속하며 단지 현금차입에 따라 차입부채가 발생한 것인지, 아니면 권리가 일부 소멸되고 일부 존속하면서 부채가 파생된 것인지를 판별하여 적절하게 회계처리할 필요가 나타난다.

그 결과 현금화거래의 대상이 된 금융자산은 전부 또는 일부가 제거되기도 하고 계속 존속되기도 하므로, 금융자산 제거회계의 내용을 충분히 파악하기 위해서는 금융부채 회계와 파생상품 회계의 이해를 전제로 한다. 본 장에서는 그 큰 흐름을 익히는데 역점을 두고 「기업회계기준서」의 관련 내용을 압축하여 소개하되, 설명의 편의를 추구하여 가능한 매출채권을 대상 자산으로 하여 구체적인 회계처리를 설명하고자 한다.

1. 제거순서

매출채권을 포함한 금융자산의 **제거**(derecognition)란 인식된 해당 금융자산을 재무상태표에서 삭제하는 회계행위이다. 제거순서는 다음 [그림 12. 2]로 제시되어 있다.

그림 12. 2

금융자산의 제거 흐름도

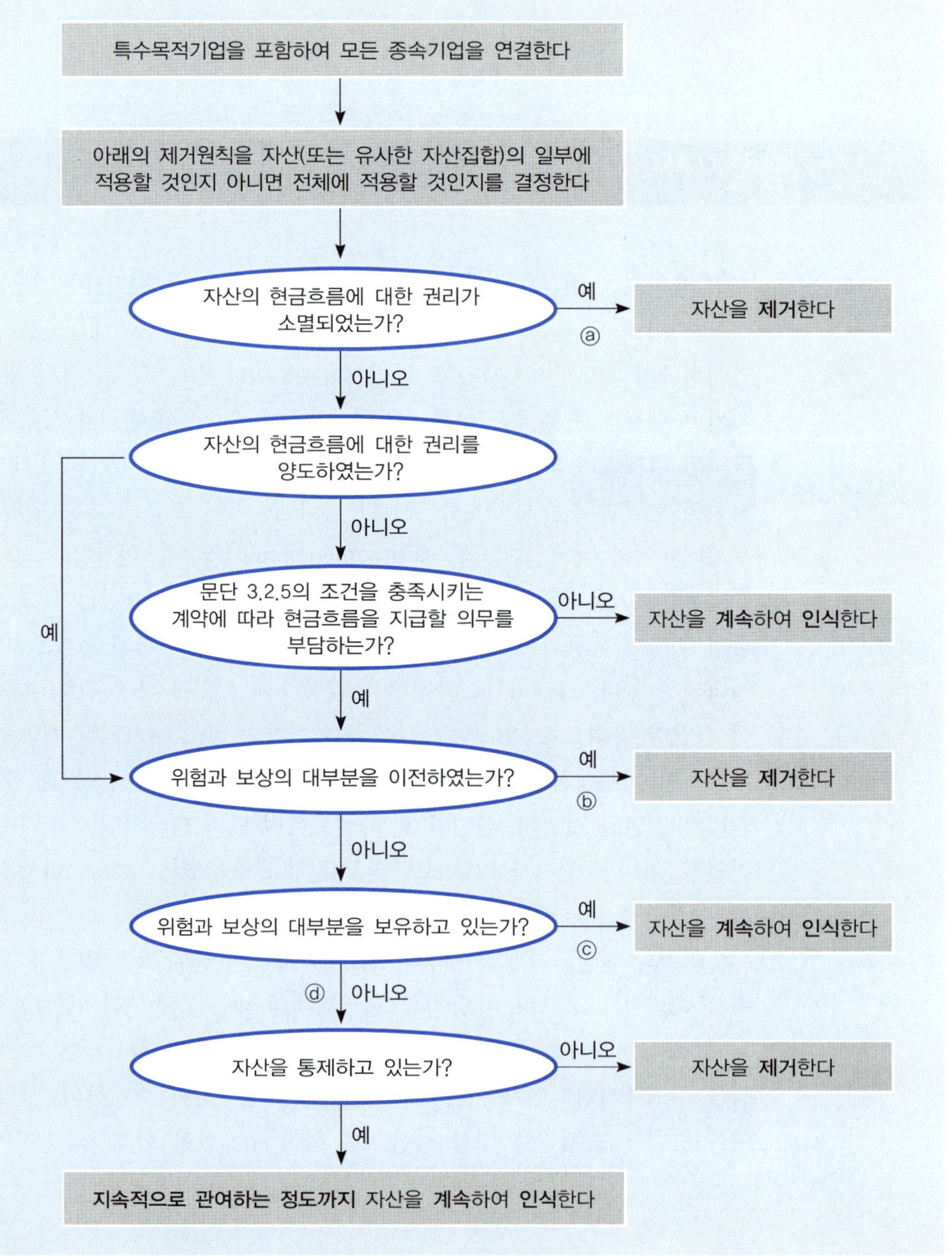

[그림 12. 2]의 내용은 크게 ① 제거에 선행하는 회계절차(즉, 연결과 전체/일부적용)와 ② 제거원칙으로 구성된다. 제거원칙을 검토하기에 앞서 적용하는 선행회계절차는 첫째, 지배회사와 종속회사로 구성된 연결실체의 경우 연결회계된 자료를 근거로 제거원칙을 적용하여야 한다는 것과 둘째, 제거원칙은 특정 금융자산(또는 유사한 금융자산의 집합) 전체(financial asset in its entirety)에 적용한다는 것이다.14)

한편 [그림 12. 2]에 제시된 제거원칙을 적용한 결과는 제거, 계속인식 혹은 일부인식 · 일부제거(후술할, 지속적관여의 결과)로 나타나는데, 선행회계절차에서 판정한 금융자산의 전체 혹은 부분을 대상으로 한 것이다. 이러한 금융자산의 제거 여부는 자산의 현금흐름에 대한 권리소멸 여부, 그 권리양도 여부, 자산 소유에 수반되는 위험과 보상의 대부분 이전 여부 및 자산에 대한 통제 여부에 따라 결정되는 것을 알 수 있다. 제거원칙을 정리하면 다음의 <표 12. 1>과 같다.

표 12. 1
제거원칙 적용 결과와 구체적 내역

<table>
<tr><th rowspan="4">제거 여부</th><th rowspan="4">권리소멸</th><th colspan="5">권리소멸되지 않음</th></tr>
<tr><th colspan="4">양도(양도 혹은 '문단 3.2.5 양도')임</th><th rowspan="3">양도 아님</th></tr>
<tr><th rowspan="2">위험 · 보상 대부분 이전</th><th colspan="2">위험 · 보상 대부분에 대해서 이전한 것도 보유한 것도 아님*</th><th rowspan="2">위험 · 보상 대부분 보유</th></tr>
<tr><th>실질적 통제 상실</th><th>실질적 통제**</th></tr>
<tr><td>전부 제거</td><td>○</td><td>○</td><td>○</td><td></td><td></td><td></td></tr>
<tr><td>전부 계속인식</td><td></td><td></td><td></td><td></td><td>○</td><td>○</td></tr>
<tr><td>일부인식 · 나머지제거
(지속적관여 부분)</td><td></td><td></td><td></td><td>○</td><td></td><td></td></tr>
</table>

주: 표에서 제거란 제거원칙을 적용한 특정 금융자산 전체/부분을 의미하며, 권리란 그 전체 혹은 부분에 귀속되는 현금흐름에 대한 권리를 의미한다.
* 이렇게 양도자가 양도자산에 대한 실질적 통제를 상실하였는지 여부에 따라 제거원칙을 규정하는 접근을 통제접근법(control approach)이라고도 부른다.
** 이렇게 지속적관여를 하는 부분을 계속 인식하도록 하는 방식을 지속적관여접근법(continuing involvement approach)이라고도 부른다.

---

14) 다만, 제거대상이 다음 세 가지 조건 중 하나를 충족하는 경우에 한하여 특정 금융자산(또는 유사한 금융자산의 집합)의 해당 부분(part)에 제거원칙을 적용할 수 있다.
(가) 금융자산의 현금흐름에서 식별된 특정 부분으로만 구성된다. 예를 들어, 채권투자의 현금흐름에 대한 권리(즉, 원리금에 대한 권리) 중 이자부분에 대한 권리
(나) 금융자산의 현금흐름에 완전히 비례하는 부분으로만 구성된다. 예를 들어, 채권투자의 원리금 현금흐름 중 90%에 대한 권리
(다) 금융자산의 현금흐름에서 식별된 특정 부분 중 완전히 비례하는 부분으로만 구성된다. 예를 들어, 채권투자의 원리금 현금흐름 중 이자부분의 90%에 대한 권리

이제 <표 12. 1> 내용에 따라 제거원칙을 적용하는 회계처리를 검토한다.

2. 권리소멸

그 현금흐름에 대한 권리가 소멸될 때 금융자산을 제거한다([그림 12. 2]의 ⓐ). **권리소멸**(expiration)의 예로는 단기매매금융자산을 활성화된 금융시장에서 매도하거나(정형화된 매도), 만기보유채권이나 받을어음의 경우 채권 혹은 어음의 만기가 도래하여 원리금을 상환받거나, 혹은 단기매출채권의 경우 관행적인 혹은 약속된 결제일이 되면 대금을 결제받는 것을 들 수 있다.[15)]

단기매출채권 중에서 단기외상매출 대금은 직접 고객으로부터 회수한다. 한편, 어음의 경우에는 추심이 종결되면 해당 권리가 소멸된다. 추심(collection of a note receivable)이란 만기에 어음상의 지급인에게 만기액의 상환을 청구하는 과정이다. 기업은 지급인에게 직접 추심하거나 혹은 당좌거래가 있는 은행에 추심을 의뢰한다. 어느 경우에나 만기가액을 회수하면 추심이 끝났음을 기록한다. 즉, 해당 금융자산을 재무상태표에서 제거한다.

그런데 만기가액을 회수하지 못하면, 즉 부도가 발생하면 제각 여부를 판단한다. 제각 여부를 판단하는 데 시간이 필요하거나 혹은 어느 정도 시간이 지난 후에 어음금액의 전부 또는 일부를 결제받을 수 있다고 판단하면 어음채권을 일단 **부도어음**(dishonored notes)으로 재분류한다. 이때 부도에 따른 지급거절증서 작성비용 등으로 추가적인 지출이 발생하면 이 금액 역시 부도어음가액에 포함시킨다. 다음의 <예제 6>을 통해서 어음추심에 대하여 살펴보자.

예제 6

㈜완칠전기는 20×7년 초에 전년에 외상매출로 수취하였던 액면금액이 각각 ₩100,000인 2장의 무이자부어음을 추심하였다. ㈜완칠전기는 보고기간 말에 수취채권에 대하여 손상 평가를 실시하고 있다. 다음의 거래들을 분개하라.

1. 어음 1장의 액면금액을 회수하였다.
2. 다른 어음 1장의 액면금액을 회수하지 못하였는데 제각하지는 않았다.
   ㈜완칠전기는 부도에 따른 지급거절증서 작성비용과 추가적인 관리비용으로 ₩100을 지출하였다.

---

15) 상환우선주에 대한 투자에서 상환이 이루어지거나(제16장 참조) 혹은 드물게 금융상품계약이 취소되는 경우에도 현금흐름에 대한 권리가 소멸된다.

3-1. 20×7년 1월 31일에 위의 어음을 제각하였다고 가정하고 분개하라(단, 손실충당금 잔액이 충분하다고 가정한다).

3-2. 20×7년 1월 31일에 위의 어음을 현금으로 회수하였다고 가정하고 분개하라.

해 답

1.	(차) 현 금	100,000	(대) 받을어음	100,000
2.	(차) 부도어음	100,100	(대) 받을어음	100,000
			현 금	100
3-1.	(차) 손실충당금	100,100	(대) 부도어음	100,100
3-2.	(차) 현 금	100,100	(대) 부도어음	100,100

3. 권리양도

한편, 특정 현금흐름에 대한 권리를 양도한 결과로 금융자산을 제거하는 원칙을 검토하려면 먼저 양도의 개념을 이해하여야 한다. 권리**양도**(transfer)란 금융자산의 현금흐름에 대한 권리와 현금을 교환하는 거래로 해석할 수 있다. 즉, 현금을 대가로 권리를 이전하는 거래이다.

그런데 형식적으로는 양도가 아니지만 실질적으로 현금흐름에 대한 권리를 양도한 거래도 나타날 수 있다. 기업이 금융자산의 현금흐름을 수취할 계약상 권리는 보유하고 있지만, 그 현금흐름을 하나 이상의 거래상대방에게 지급할 계약상 의무를 부담하는 거래인 것이다. 이러한 거래를 수행하는 기업은 현금이 경유되는 실체에 불과하므로 사실상 해당 금융자산을 양도한 것으로 보는 것이다. <표 12. 1>에서는 이러한 **경유거래**(pass-through arrangement)에 따른 양도를 '문단 3.2.5 양도'로 지칭하고 있다.[16]

이렇듯 양도('**문단 3.2.5 양도**'를 포함)된 금융자산은 다시 양도자가 금융자산의 소

---

16) 물론 조건을 충족시켜야 한다. 구체적으로 「기업회계기준서」 제1109호 "금융상품"의 문단 3.2.5는 그 경제적 실질이 양도에 해당하느냐는 다음의 세 가지 조건을 모두 충족하는 경우로 한정하고 있다.

(가) 최초 자산에서 회수하지 못한 금액의 상당액을 최종수취인에게 지급할 의무가 없다. 양도자가 그 상당액을 단기간 선급하면서 시장이자율에 따른 이자를 포함한 원리금을 상환받는 권리를 가지는 경우에도 이 조건은 충족된다.

(나) 현금흐름을 지급할 의무이행을 위해 최종수취인에게 담보물로 제공하는 경우를 제외하고는, 양도자는 양도계약의 조건으로 인하여 최초자산을 매도하거나 담보물로 제공하지 못한다.

(다) 양도자는 최종수취인을 대신해서 회수한 현금을 중요한 지체 없이 최종수취인에게 지급할 의무가 있다. 또한 양도자는 해당 현금을 재투자할 권리를 가지지 아니한다. 다만, 현금회수일로부터 최종수취인에게 지급하기까지의 단기 결제유예기간 동안 현금및현금성자산에 투자하고 이러한 투자에서 발생한 이자를 최종수취인에게 지급하는 경우는 제외한다.

유에 따른 위험(risks)과 보상(rewards)을 이전 혹은 보유한 정도에 따라 다음과 같이 세 가지 경우로 나누어 회계처리하는데, 이를 **위험보상접근법**(risks · rewards approach)이라고 부르기도 한다.

① 위험과 보상의 대부분을 이전하는 경우([그림 12. 2]의 ⓑ)
② 위험과 보상의 대부분을 보유하는 경우([그림 12. 2]의 ⓒ)
③ 위험과 보상의 대부분을 보유하지도 아니하고 이전하지도 아니하는 경우([그림 12. 2]의 ⓓ)

여기서 위험과 보상의 대부분이 이전 또는 보유 여부는, 양도를 전후하여 해당 금융자산으로부터 발생할 미래현금흐름의 현재가치 변동성(variability)에 양도자가 노출되어 있는 정도가 유의적으로(즉, 중요하게) 변화하였는지 여부에 따라 판단하면 될 것이다. 만일 양도 후에 자산의 현금흐름 변동성에 대한 양도자의 노출 정도가 더 이상 유의적이지 않다면 양도자는 위험과 보상의 대부분을 이전한 것이다(위 ①에 해당). 반면, 그 노출 정도가 양도의 결과 유의적으로 변하지 않는다면 양도자는 금융자산 소유에 따른 위험과 보상의 대부분을 보유하고 있는 것이다(위 ②에 해당). 한편, 양도 후 노출 정도는 변동하였으나, 그 정도가 여전히 유의적이라면 위 ③에 해당할 것이다.

구체적인 회계처리 절차는 우선 ①과 ②에 대해서만 기술하고, ③에 대해서는 후술하는 '권리양도 : 통제 여부와 지속적관여' 부분에서 설명한다.

(1) 위험과 보상의 대부분을 이전하는 경우

양도자가 소유에 따른 위험과 보상의 대부분을 이전하는 거래의 예로서는, 우선 금융자산을 아무런 조건 없이 매도한 경우를 들 수 있다.

그리고 양도자가 매도한 금융자산을 **재매입시점의 공정가치**로 재매입할 수 있는 권리를 보유하고 있는 경우를 들 수 있다. 이러한 재매입약정에 따라 공정가치 변동에 따른 위험과 보상의 대부분은 양수자가 부담하게 된다. 따라서 양도자의 입장에서는 아무런 조건이 없는 매도와 동등한 것이다.[17)]

이처럼 양도자가 금융자산의 소유에 따른 위험과 보상의 대부분을 이전할 때의 양도자 회계처리는 두 단계로 나누어 볼 수 있다.

첫째, 당해 금융자산을 제거하고 양도함으로써 발생하거나 보유하게 된 권리와 의무를 각각 자산과 부채로 인식한다.

---

17) 또한 풋옵션(양수자에게 주어짐) 혹은 콜옵션(양도자에게 주어짐)이 부여된 양도에서 옵션이 깊은 외가격 상태(deep out of the money)인 경우이다. 이때 옵션이 경제적으로 의미가 없어 행사되지 않을 것이므로 이 사례 역시 아무런 조건이 없는 매도와 동등하기 때문이다.

둘째, 아래 두 금액의 차액을 당기손익으로 인식한다.

- 금융자산의 장부금액
- 수취한 대가(관련부채 차감 후 금액) + 기타포괄손익으로 인식된 누적손익

(2) 위험과 보상의 대부분을 보유하는 경우

양도자가 소유에 따른 위험과 보상의 대부분을 보유하는 경우의 예로서는 우선, 금융자산을 매도한 후 양도자가 재매입하는 조건으로 이루어진 양도거래에서 재매입가격이 미리 정한 가격인 경우를 들 수 있다. 유사하게, 매도·재매입거래에서의 재매입가격이 매도가격에 양도자에게 금전을 대여하였더라면 그 대가로 받았을 이자수익을 더한 금액으로 정해지는 경우가 있다. 이러한 양도거래들에서의 재매입거래 조건은 실질적인 매도가 이루어졌다고 볼 수 없게 만드는 조건이다. 즉, 재매입시점의 공정가치가 아니라 위험·보상을 반영한 가격으로 재매입하는 것이기에 양도자가 해당 금융자산의 위험과 보상의 대부분을 보유하는 것이다.

또한, 양도자가 양수자에게 발생가능성이 높은 기대신용손실의 보상을 보증하면서 단기 수취채권을 매도한 경우를 들 수 있다. 이러한 거래는 기업들이 보유한 수취채권과 대여금을 그 만기 전에 현금화하기 위한 **팩터링**(factoring) 거래에서 금융기관(이 경우 factor라 불림)의 요구에 따라 나타날 수 있다. 이때의 요구는 제각된 채권에 대한 보상을 청구하는 것으로 나타나므로 상환청구(recourse)라고도 불려진다.[18)]

양도자가 금융자산의 소유에 따른 위험과 보상의 대부분을 보유하는 양도의 양도자 회계처리 내용은 세 부분으로 나누어 볼 수 있다.

첫째, 당해 금융자산은 계속하여 인식한다.

둘째, 수취한 대가는 금융부채로 인식한다.

셋째, 양도자는 후속기간에 양도자산에서 발생하는 모든 수익과 금융부채에서 발생하는 모든 비용을 인식한다.

위험과 보상의 대부분을 보유하지도 아니하고 이전하지도 아니하는 경우의 회계처리는 따로 소절을 나누어 살펴보기로 하고, 이제 <예제 7>을 이용하여 ① 위험과 보상의 대부분을 이전하여 수취채권을 제거하는 경우와 ② 위험과 보상의 대부분을 보유하여 수취채권을 계속 인식하는 경우의 회계처리를 연습한다.

---

18) 그리고 유가증권대차계약을 체결한 경우, 시장위험을 다시 양도자에게 이전하는 총수익스왑과 함께 금융자산을 매도한 경우, 매도자가 매도한 금융자산에 대한 콜옵션을 보유하고 있거나 양수자가 당해 금융자산에 대한 풋옵션을 보유하고 있으며 당해 콜옵션이나 풋옵션이 깊은 내가격상태(deep in the money)이기 때문에 만기 이전에 당해 옵션이 외가격상태가 될 가능성이 매우 낮은 경우 등을 들 수 있다. 마지막의 경우 행사가격이 고정된 재매입가격에 해당하기 때문이다.

예제 7

㈜완파에너지는 20×7년 초에, 회수예정일이 20×7년 3월 초인 ₩100,000의 외상매출금을 팩터링하였다.

1. 팩터링이 상환청구불가능(without recourse) 조건으로 이루어졌다고 가정하고 팩터링을 분개하라. 금융기관은 수수료로 외상매출금 가액의 9%를 공제하고 잔액 ₩91,000을 지급하였다.
2. 팩터링이 상환청구가능(with recourse) 조건으로 이루어졌다고 가정하라.
   - 조건은 만기일인 3월 초에 외상매출금이 회수되지 않으면 ㈜완파에너지가 금융기관에 변제하는 것이다.
   - 금융기관은 수수료로 외상매출금가액의 4%를 공제한 잔액 ₩96,000을 지급하였다.

해 답

1. 상환청구 불가능 조건의 팩터링

   위험 · 보상의 대부분을 이전한 거래이다. 매도(즉, 처분)에 따라 팩터링한 자산을 제거한다. 분개는 다음과 같다.

(차) 현 금	91,000	(대) 매출채권	100,000
매출채권처분손실	9,000		

   (참고) 전액을 제거하였으므로 손상 회계를 적용하지 않는다.

2. 상환청구가능 조건의 양도

   위험 · 보상의 대부분을 보유하는 거래이다. 팩터링한 자산을 제거하지 않고 그대로 둔다. 수취한 현금은 금융부채인 단기차입금으로 인식한다. 분개는 다음과 같다.

(차) 현 금	96,000	(대) 단기차입금	100,000
팩터링수수료비용	4,000		

   분개에서 팩터링수수료는 당기손익으로 인식하는 금융비용이다.

   (참고) 후술할 지속적관여금액이 팩터링한 자산의 장부가액 ₩100,000이므로 전액을 계속하여 보유하는 셈이다. 그리고 동 매출채권은 손상 회계 적용대상이다.

(3) 대부분 이전도 아니며 대부분 보유도 아닌 경우

금융자산의 현금흐름에 대한 권리를 양도(혹은 '문단 3.2.5 양도')하면서 금융자산 소유에 수반되는 위험과 보상의 대부분을 이전하는 경우도 아니며 그 대부분을 보유하지도 아니하는 경우의 예로서는 양도자가 양수자에게 지급보증을 한 경우를 들 수 있다.[19] 이때 양도자가 당해 금융자산을 실질적으로 통제하는지에 따라 다음과 같이 그

19) 또한 풋옵션 또는 콜옵션이 부여된 양도에서, 옵션이 깊은 외가격상태도 아니고 깊은 내가격상태로

회계처리를 달리한다. **통제접근법**(control approach)이라고도 불린다.

(가) 양도자의 통제 상실

양도자는 당해 금융자산을 제거하고, 양도에 따라 발생하거나 보유하게 된 권리와 의무를 각각 자산과 부채로 인식한다.

(나) 양도자가 통제가능

양도자는 당해 금융자산에 대하여 지속적으로 관여하는 정도까지 그 자산을 계속하여 인식한다. 이러한 회계처리를 **지속적관여접근법(**continuing involvement approach)이라고도 부른다.

이렇듯 먼저 통제 여부를 판단하여야 하며, 또한 지속적관여 정도를 판정하여야 한다.

① 양도자가 통제를 상실한 경우

양수자가 양도자산을 매도할 수 있는 **실질적 능력**(practical ability)을 가지고 있는 경우 양도자는 통제력을 상실한 것이다. 구체적으로, 양수자가 당해 자산을 **독립된 제3자에게 매도**할 수 있는 능력을 가지고 있고 또한 이를 **자유롭게 행사**할 수 있으면 양도자는 통제를 상실한 것이다. 예를 들어, 해당 자산을 시장에서 용이하게 매입할 수 있기에, 양도자가 재매입권을 행사하더라도 (콜옵션이 있는 경우) 양수자는 대체자산을 매입하여 그 요구에 응할 수 있다면 양수자는 양도자산을 자유롭게 사용할 수 있는 것이다.

② 양도자가 통제하는 경우의 지속적관여

양수자가 양도자산을 매도할 수 있는 실질적 능력을 가지고 있지 않은 경우 양도자가 통제력을 보유하는 것이다. 이 경우 양도자는 그 양도자산에 대하여 지속적으로 관여하는 정도까지 계속하여 인식하는 지속적관여접근법으로 회계처리하는데, 이때의 **지속적관여**(continuing involvement) 정도란 양도자산의 가치변동에 대하여 양도자가 부담하는 노출 정도를 말한다.

지속적관여접근법에 따른 회계처리 내역은 크게 두 가지로 구성된다.

첫째, 양도자산에 대하여 지속적으로 관여하는 정도까지 그 자산을 계속 인식하고, 나머지 부분을 제거한다. 양도자가 지급보증을 제공하는 형태로 지속적관여가 이루어지는 경우, 지속적관여금액은 다음과 같다.[20]

아닌 경우를 들 수 있다.

20) 지속적관여가 양도거래에 부여된 콜옵션 · 풋옵션으로 이루어지는 경우의 지속적관여금액은 양도자가 재매입할 수 있는 금액이 될 것이다.

(가)와 (나) 중 작은 금액
(가) 양도자산의 장부금액
(나) 수취한 대가 중 상환을 요구받을 수 있는 최대금액(즉, 보증금액)

계속 인식하는 부분은 지속적관여가 이루어지고 있음을 고려하여 별도의 자산으로 구분하여 (예 지속적관여자산) 보고하는 것이 적절할 수 있다. 지속적관여자산과 관련되어 발생하는 수익 또한 계속 인식하고, 해당 자산에는 손상 및 공정가치 측정 등과 같이 제11장과 본 장에서 다룬 회계처리를 일관되게 적용한다. 그리고 제거하는 부분에 대하여는 처분손익을 인식한다.

둘째, 지속적관여의 정도까지 부분적으로 자산을 계속 인식하는 경우 관련부채도 함께 인식한다. 이때 인식하는 자산과 관련부채 금액은 양도자가 보유하는 권리와 부담하는 의무를 반영하여 측정한다. 예를 들어, 보증을 제공하는 형태로 지속적관여가 이루어지는 경우의 관련부채는 다음과 같은 금액으로 최초 인식한다.

보증금액 + 보증의 공정가치(일반적으로 보증의 대가로 수취한 금액)

그리고 관련부채 중 보증의 최초 공정가치에 해당하는 금액은 후속 기간에 시간의 경과에 따라 당기손익에 반영한다.

이제 다음의 <예제 8>을 이용하여 지속적관여접근법을 익힌다.

예제 8

㈜완구팬시는 연말연시에 호황을 맞았다. 그리고 20×7년 초에, 회수예정일이 평균적으로 (며칠 상관으로) 20×7년 3월 초인 ₩100,000의 외상매출금 포트폴리오를 ㈜르팩토르파이낸스에서 팩터링하였다. 거래조건은 다음과 같았다.

- 르팩토르는 독립적으로 자유롭게 팩터링한 자산을 매도할 수 없다.
- 르팩토르는 팩터링 대상 자산에 따라서 다음과 같은 내규를 선별적으로 적용하는데, 이 거래에는 <지급보증팩터링>을 적용하였다.

<매입팩터링>
수수료로 (대상자산) 장부금액의 9%를 부과하고 무조건 매입한다.

<지급보증팩터링>
지급보증요구액은 장부금액의 20%이다. 절차는 다음과 같다.
① 먼저, 르팩토르는 수수료 9%를 받는다.

② 즉시, 르팩토르는 장부금액 전액에 지급보증공정가치 5%를 포함한 105%를 고객(여기서는 ㈜완구팬시)에게 지급한다.

㈜완구팬시의 다음 상황에서의 거래를 회계처리하라.

1. 팩터링거래
2. 외상대금이 전액 회수된 경우
3. 외상대금 중 ₩20,000이 제각된 경우

해 답

1. 팩터링거래

- 지급보증으로 인하여 위험 · 보상이 대부분 이전되지도 대부분 보유되지도 않는 거래이다. 그리고 ㈜완구팬시가 실질적 통제를 상실한 거래도 아니다. 지속적관여법으로 처리한다.
- ㈜르팩토르파이낸스의 내규를 따르자면, 다음 두 단계로 나누어 처리하는 셈이다.

① 수수료 ₩9,000을 납입하는 거래

분개는 다음과 같다.

(차) 팩터링수수료비용	9,000	(대) 현 금	9,000

② 지급보증공정가치를 포함하여 ₩105,000을 받는 거래

- 이때 지속적관여금액은 ₩20,000(=장부금액 ₩100,000과 수취한 대가 중 상환을 요구받을 수 있는 최대금액인 보증금액 ₩20,000 중 작은 금액)이다. 따라서 양도 자산의 장부금액 중 지속적관여금액 ₩20,000은 계속 인식하고, 나머지에 해당하는 ₩80,000은 제거한다.
- 또한 팩터링계약에 따라 부담하는 추가적 의무를 지급보증부채로 기록한다. 그 최초 인식액은 ₩25,000(=지급보증금액 ₩20,000+지급보증의 공정가치 ₩5,000)이다. ₩5,000은 기간경과에 따라 지급보증수익으로 인식한다.
- 르팩토르로부터 현금 ₩105,000을 받으므로, 분개는 다음과 같다.

(차) 현 금	105,000	(대) 매출채권	80,000
		지급보증부채	25,000

- 물론 ㈜완구팬시의 입장에서는 위 두 거래를 결합하여 다음과 같은 단일 분개로 표시하는 것이 편리하다.

(차) 현 금	96,000	(대) 매출채권	80,000
팩터링수수료비용	9,000	지급보증부채	25,000

- 팩터링한 수취채권 중 ₩20,000 해당액이 계속 인식되므로 이를 다음과 같이 '지속적관여자산'으로 대체하는 것이 바람직할 것이다.

(차) 지속적관여자산	20,000	(대) 매출채권	20,000

2. 외상대금이 전액 회수된 경우

- 르팩토르가 팩토링된 채권의 대금을 전액 회수한 경우, ㈜완구팬시는 더 이상 지속적관여를 할 필요 없는 채권을 제거하고 또한 지급보증부채 역시 해소되었음을 다음과 같이 기록한다.

(차) 지급보증부채	25,000	(대) 지속적관여자산	20,000
		지급보증수익*	5,000

* 지급보증의 공정가치 ₩5,000은 보증기간의 경과에 따라 지급보증부채에 차기하고 또한 각 보고기간의 지급보증수익으로 대기한다. 본 예제의 보증기간은 20×7년 초에서 3월 초까지이므로, ₩5,000 전액을 당기수익으로 인식한다.

• ㈜르팩토르파이낸스는 신용손실 위험을 회피하기 위하여 ₩5,000의 웃돈(수수료 감액의 형태)을 ㈜완구팬시에 지급하였던 것이다. 사후적으로 ㈜완구팬시로서는 횡재를 만난 셈이다.

3. 만일, 외상대금 중 ₩20,000이 제각된 경우
   • 설명의 편의를 위하여 채무불이행 사건이 발생된 금액은 도저히 현금화할 수 없어 제각된 금액으로 해석한다.

   • ㈜완구팬시로서는 그야말로 횡액을 당한 셈이다. 받을권리인 지속적관여자산도 사라지고, 또한 계약에 따라 현금 ₩20,000을 르팩토르에 정산하여야 한다. 정산시 지급보증부채는 해소된다. 분개는 다음과 같다.

(차) 지급보증부채	25,000	(대) 지속적관여자산	20,000
지급보증손실	20,000	현 금	20,000
		지급보증수익	5,000

제3절 현금및현금성자산

1. 의의와 분류

(1) 의의

현금및현금성자산(cash and cash equivalents)은 현금과 현금성자산을 포괄하는 항목이다. 현금성자산은 기업이 현금과 합쳐 유동성관리를 하는 자산이다. 즉, 보유 현금에 여유가 생기거나 혹은 부족하게 되면 금융기관이 제공하는 예입·인출이 자유로운 초단기·저위험 투자상품을 활용하여 현금보유 수준을 적절하게 조절하는 것이다. 그리고 현금및현금성자산은 일단 인식 후에는 그 장부금액을 변동시키지 않는다. 외화로 표시된 자산이 아니면, 평가증이나 평가감이 없는 것이다.

(2) 분류

이러한 현금및현금성자산의 성격을 반영하여, **현금흐름표**에서는 재무상태표의 현금및현금성자산의 유입과 유출을 그 분석대상인 '**현금흐름**'으로 정의하고 있다. 즉, 현금뿐 아니라 현금성자산을 아울러 살핌으로써 재무제표이용자에게 기업의 미래현금흐름 창출능력을 판단하는 데 유용한 자료를 제공하는 것이다. 그리고 「기업회계기준서」에서는 현금및현금성자산의 구성요소를 공시하고, 현금흐름표상의 금액과 재무상태표에 보고된 해당 항목의 조정내용을 공시하도록 하고 있다.

현금(cash)은 통화뿐 아니라, 유동성이 대단히 높아 사실상 통화로 사용할 수 있는 통화대용증권과 요구불예금을 포함한다. 통화는 원화지폐와 주화뿐 아니라 지불수단으로 사용하는 외국지폐와 주화를 망라한다. 후술할 소액현금 역시 기업 내에 보관하고 있는 현금의 일부이다. 그리고 통화대용증권은 표시액에 해당하는 통화단위로 전환하는 데 아무 어려움이 없는 증서이다. 이러한 증서로서는 타인발행수표 외에 송금환, 우편환, 만기가 된 약속어음 등을 들 수 있다. 요구불예금은 지급요청에 따라 현금을 인출할 수 있는 당좌예금과 보통예금을 말한다. 한편, 정기예금이나 정기적금은 현금이 아니며 금융기관에서 제공하는 상품이다.

기업은 투자나 다른 목적이 아닌 단기의 현금수요를 충족하기 위한 목적으로 현금성자산을 보유한다. 이러한 목적에서 보유하는 **현금성자산**(cash equivalents)은 유동성이 매우 높은 단기투자자산으로서, 확정된 금액의 현금으로 전환이 용이하고, 가치변동의 위험이 경미한 자산으로 정의된다. 따라서 일반적으로 만기일이 단기에 도래하는 투자자산만 현금성자산으로 분류하는데, 예를 들어 취득일로부터 만기일이 3개월 이내인 양도성예금증서를 취득하는 경우이다. 양도성예금증서(CD : certificates of deposit)란 무기명 할인식으로 발행되고 적용금리가 일반예금보다 높고 만기가 180일 이내인 투자상품이다. 또한 지분상품은 현금성자산에서 제외하지만, 상환일이 정해져 있는 우선주로서 취득일부터 상환일까지의 기간이 단기인 경우에는 현금성자산으로 분류한다.

2. 현금에 대한 회계적 관리

현금은 도난과 횡령의 가능성이 매우 높아서 물리적 통제가 중요하고 또한 입금 및 출금 거래가 매우 잦아서 적정하면서도 효율적인 회계처리를 요구하는 자산이다. 그리고 필요한 수준의 현금잔액을 보유하고 있지 않으면 일상적인 기업경영에 차질을 빚고 필요 이상의 잔액을 보유하면 높은 수익을 보장하는 투자기회를 활용하지 못한다. 따라서 현금의 입금, 출금 및 보관을 통제하고 또한 적절한 수준을 보유하도록 관리하는 회계제도의 역할이 중요하다. 이제 이러한 역할을 수행하는 회계적 수단인 소액현금제도

와 은행계정조정표를 살펴보도록 하자.[21]

(1) 소액현금제도

소액현금제도(petty cash fund system)란 일정액의 현금을 금융기관으로부터 인출하여 소액현금관리자가 책임지고 지출을 담당하므로 현금지출에 대한 통제를 하면서도 업무효율을 증진시킬 수 있는 현금관리제도이다. 이제 소액현금제도와 관련한 회계절차를 설명한다. 먼저 회계부서는 소액현금 설정액에 해당하는 예금액(일반적으로 당좌예금액)을 그 관리자의 통장에 입금시키고 다음과 같이 분개한다.

(차) 소액현금	×××	(대) 당좌예금	×××

관리자는 보관 중인 현금을 지출하고 영수증을 취합하는 것으로 그 지출내역을 관리한다. 이때 소액현금지출의 승인 및 관리 책임은 전적으로 관리자에게 있으므로 회계부서는 소액현금지출에 대한 분개를 수행하지 않는다.

일정한 기간이 경과한 후에 소액현금관리자는 그동안의 지출내역과 근거서류를 회계부서에 제출한다. 회계부서는 정당한 지출이었는가를 검토하고, 보유 중인 현금잔액을 확인하여 지출내역을 장부에 기록한 다음, 필요한 액수의 현금을 보충하여 준다. 지출내역이 전부 교통비였다고 할 때, 정산에 따른 지출의 기록과 현금의 보충을 두 개의 분개로 표시하면 다음과 같다.

(차) 교 통 비	×××	(대) 소액현금	×××
(차) 소액현금	×××	(대) 당좌예금	×××

현금을 보충할 때 소액현금의 최초 설정액을 한도로 보충하는 제도를 **정액소액현금제도**라고 부른다. 한편, 최초 설정액과 관계없이 보충시점에서 적절하다고 판단한 금액을 보충하는 제도를 **부정액소액현금제도**라고 부른다. 부정액소액현금제도에서는 지출액과 보충액이 다를 수 있어 위에서 제시한 두 개의 분개가 필요하지만, 정액소액현금제도에서는 지출액과 보충액이 동일하므로 위의 두 분개를 다음과 같이 결합할 수 있다.

(차) 교통비	×××	(대) 당좌예금	×××

이와 같이 정액소액현금제도를 사용하면 최초 설정시점에서만 소액현금계정에 차기하며 정산시점에서는 소액현금계정의 잔액이 변하지 않는 것이 특징이다. 반면에 부정

---

21) 현금시재 및 당좌예금의 활용이 점차 감소하고 인터넷뱅킹 의존도가 늘어나고 있는 기업실무에서는 소액현금제도 및 은행계정조정표도 점점 드물게 적용되고 있다. 그러나 이러한 회계제도에 대한 학습은 인터넷뱅킹 환경하에서의 현금의 회계적 관리에 대한 이해 또한 도울 것이다.

액소액현금제도를 사용하면 위에서 두 개의 분개로 표시한 정산거래에서 살펴보았듯이 정산시점에서도 소액현금계정의 잔액이 변할 수 있다.

그런데 영수증을 분실하거나 혹은 현금관리 소홀로 인하여 지출액을 공제한 후의 현금잔액과 관리자가 보유하고 있는 현금잔액이 일치하지 않는 수가 있다. 이러한 경우에는 보유 중인 현금잔액을 근거로 하여 필요한 액수의 현금을 보충하고, 불일치액은 **현금과부족**(cash over and short)계정에 기록한다. 보유 중인 현금잔액이 부족하면 현금과부족계정은 차변잔액을 가진다. 반대로 보유 중인 현금이 과다하면 현금과부족계정은 대변잔액을 가진다.

현금과부족액은 그 원인을 밝혀 적절한 계정으로 재분류한다. 소액현금관리자가 적절히 관리의무를 수행하면 결산시점까지 원인을 밝히지 못하여 현금과부족계정에 남아 있는 금액은 크지 않다. 결산시점에서 현금과부족계정의 잔액이 차변잔액이면 기타손실 등의 적절한 과목으로, 그리고 대변잔액이면 기타이익 등의 적절한 과목으로 하여 당기손익으로 인식한다.

다음의 <예제 9>를 이용하여 정액소액현금제도에 대한 회계처리를 익혀보자.

예제 9

㈜원원제과는 20×7년 3월 1일에 매월 말 정산하는 정액소액현금제도를 채택하였다.

1. 20×7년 3월 1일에 정액소액현금의 설정액 ₩100,000을 소액현금관리자의 통장으로 입금시킨 거래를 분개하라.
2. 20×7년 3월 중에 관리자는 소모품구입비와 통신교통비로 각각 ₩55,000과 ₩40,000을 지출하고 내역을 정리하였다. 정산 전의 지출거래를 어떻게 기록하는가를 설명하라.
3. 20×7년 3월 31일자로 회계담당자는 소액현금지출에 대한 정산을 실시하였다. 3월 중의 소액현금지출액 ₩95,000은 정당한 지출이라고 판단하였다. 그런데 월말 현재 보유 중인 현금잔액은 ₩4,500에 불과하여, 원인을 알 수 없는 현금부족액 ₩500이 나타났다. 회계담당자는 소액현금관리자 통장으로 ₩95,500을 입금시켰다. 소액현금의 정산을 분개하라.

해 답

1. 소액현금 설정:	(차) 소액현금	100,000	(대) 당좌예금	100,000
2. 소액현금 사용:	분개하지 않고 소액현금관리자가 지출내역을 관리한다.			
3. 소액현금 정산:	(차) 소모품비	55,000	(대) 당좌예금	95,500
	통신교통비	40,000		
	현금과부족	500		

(2) 은행계정조정표

기업은 **당좌예금**을 이용하여 현금의 입금과 출금을 효율적으로 통제한다. 그런데 일정기간 동안의 당좌예금 거래에 대한 은행 측 기록과 기업 측 기록 간에는 거래내역과 금액에 있어 차이가 나타날 수 있다. 이러한 차이는 간혹 은행 혹은 기업 측이 범하는 오류와 부정에 기인할 수도 있으나 대부분 거래를 기록하는 시점이 달라서 나타난다.

은행계정조정표(statement of bank reconciliation)는 은행기록과 기업기록 간의 차이와 원인을 밝힘으로써 기업의 입장에서 볼 때 정확한 당좌예금잔액을 구하기 위하여 작성하는 표로서 현금에 대한 내부통제를 강화하는 회계적 수단의 하나이다.

은행계정조정표를 작성할 때 기업은 은행의 당좌예금 입·출금 기록을 같은 기간 동안의 기업기록과 비교한다. 그리고 은행기록과 기업기록을 비교하는 과정에서 나타난 차이를 은행계정조정표 작성일 현재 기업이 보유하고 있는 당좌예금액에 어떻게 반영하는 것이 적절한가를 판단한다.

정확한 당좌예금 잔액에 포함하여야 할 금액이면 은행 혹은 기업 중 오류, 부정 및 기록시점의 차이로 인하여 이를 기록하지 않은 측의 잔액에 가산한다. 반면에 제외하여야 할 금액이면 은행 혹은 기업 중 이를 기록한 측의 잔액에서 차감한다.

은행계정조정표의 기본적인 형식을 나타내는 <표 12. 2>를 활용하여 거래기록 시점이 다름에 따른 차이를 어떻게 조정하는가를 살펴보도록 하자.

<표 12. 2>는 설명의 편의를 위하여 조정항목에 번호와 내역을 첨가하고 있다. 조정항목의 번호순서대로 조정내용을 설명한다.

표 12. 2 은행계정조정표의 형식

은행계정조정표

㈜○○	20××년 ×월 ×일
은행기록 잔액	×××
① 가산: 기업에서는 정확하게 예금기록, 은행에서는 미기록 (예)은행미기입예금	×××
② 차감: 기업에서는 정확하게 인출기록, 은행에서는 미기록 (예)은행미인출수표	(×××)
조정 후 은행잔액	×××
기업장부 잔액	×××
③ 가산: 은행에서는 정확하게 예금기록, 기업에서는 미기록 (예)미통지예금	×××
④ 차감: 은행에서는 정확하게 인출기록, 기업에서는 미기록 (예)미통지인출	(×××)
조정 후 기업잔액	×××

① 기업에서는 정확하게 예금기록, 은행에서는 미기록: 은행미기입예금

기업에서는 정확하게 예금거래를 기록하였으나 은행이 제시한 기록에는 이러한 거래가 아직 반영되지 않은 경우가 있다. 이러한 **은행미기입예금**(deposits-in-transit)은 은행이 조만간 반영할 것이므로 은행계정조정표의 은행 측 잔액에 그 금액을 가산한다.

② 기업에서는 정확하게 인출기록, 은행에서는 미기록: 은행미인출수표

기업은 당좌수표를 발행하면 예금인출을 기록한다. 그러나 은행은 당좌수표의 수취인 또는 수취인의 거래은행으로부터 지급제시가 있어야 출금한다. 기록비교로 확인한 **미인출수표**(outstanding checks)는 조만간 은행에 지급제시될 것이므로 은행 측 잔액에서 그 가액을 차감한다.

③ 은행에서는 정확하게 예금기록, 기업에서는 미기록: 미통지예금

고객이 외상매출대금을 송금하였거나 기업이 은행에 의뢰한 어음의 추심이 완료되어 은행은 입금을 기록하였으나 이러한 사실을 기업에 통보하지 않아 기업이 입금기록을 못한 경우가 있다. 기업은 은행잔액증명서를 통하여 이러한 **미통지예금**의 내역을 확인하면 장부잔액의 증가를 기록한다.

④ 은행에서는 정확하게 인출기록, 기업에서는 미기록: 미통지인출

기업이 당좌예금계좌에 입금한 제3자 발행 당좌수표가 부도처리되었거나 어음추심에 대한 수수료비용의 발생으로 은행이 예금잔액의 감소를 기록하였으나 그 사실을 기업에 통보하지 않은 경우가 있다. 기업은 이러한 **미통지인출**에 해당하는 항목들을 장부잔액의 감소로 기록한다.

부정 혹은 오류에 의한 차이와 앞의 ①~④에 해당되는 차이를 은행계정조정표에 반영함으로써 조정 후의 은행잔액과 조정 후의 기업잔액을 일치시킨다. 두 기관이 독립적으로 작성한 입·출금 기록을 비교한 조정이므로 조정 후의 두 잔액은 일치하며 이 조정 후의 잔액이 기업의 입장에서 판단한 정확한 당좌예금잔액이다.[22)]

은행계정조정표의 기업 측 조정내용은 모두 수정사항으로 분개한다. 즉, 수정분개의 대상은 기업 측의 오류, 부정 및 앞의 ③ 항목과 ④ 항목이다. 은행 측의 잔액을 조정한 사항들인 ① 항목과 ② 항목은 기업장부의 수정이 아니며 또한 은행에 통보하지 않아도 조만간 은행이 반영할 내용이다. 한편, 은행의 오류나 부정으로 인한 조정사항은 은행에 통보하여 그 시정을 요구한다.

22) 당좌차월계약(마이너스 잔고를 허용하는 당좌예금계약)에 따라 당좌예금의 잔액을 초과하여 당좌수표를 발행하는 경우 당좌예금의 잔액은 ₩0이 되며, 초과발행액은 당좌차월액으로 기록한다. 당좌차월은 유동부채인 단기차입금으로 분류한다.

이제 <예제 10>으로 은행계정조정표를 작성하는 절차를 익혀보도록 하자.

예제 10

㈜완완유지는 매월 말 당좌예금에 대한 은행계정조정표를 작성하고 필요한 수정분개를 하여 정확한 당좌예금잔액을 기록하고 있다. 20×7년 11월 30일 현재의 당좌예금 장부잔액은 ₩79,000이었는데, 거래은행에서 통보한 예금잔액증명서에 따르면 잔액이 ₩85,000이었다. 회사기록과 은행잔액증명서를 비교한 결과 다음과 같은 사실들을 알았다.

(1) 20×7년 11월 30일 현재의 은행잔액은 호주의 시드니에서 영업사원이 매출채권을 회수하고 전신송금한 ₩10,000을 반영하고 있지 않다.
(2) 회사가 20×7년 11월 30일 현재 발행하고 인출을 기록한 수표 중 아직 은행에서 지급하지 않은 수표금액이 ₩15,000이었다.
(3) 예금잔액증명서를 보고 매출거래처에서 ₩5,000을 송금하였음을 알았다.
(4) 매출거래처로부터 받아 예금한 수표 중 ₩4,000이 부도처리되었으나 회사장부에는 아직 이를 반영하지 않았다. (단, 회사의 손실충당금 잔액은 ₩4,000 이상이었음)

㈜완완유지는 20×7년 11월 30일 현재 보유하고 있는 정확한 당좌예금잔액을 구하고자 한다. 은행계정조정표를 작성하고 필요한 수정분개를 하라.

해 답

은행계정조정표

㈜남영유지	20×7. 11. 30.
은행기록 잔액	₩85,000
가산 : (1) 은행미기입예금	10,000
차감 : (2) 은행미인출수표	(15,000)
조정 후 은행잔액	₩80,000
회사장부 잔액	₩79,000
가산 : (3) 미통지예금	5,000
차감 : (4) 미통지인출(부도수표)	(4,000)
조정 후 회사잔액	₩80,000

수정분개는 다음과 같다.

(3) 미통지예금 :	(차) 당좌예금	5,000	(대) 매출채권	5,000
(4) 부도수표 :	(차) 손실충당금	4,000	(대) 당좌예금	4,000

(참고) 수표 부도를 확인하고 거래처와 접촉하려고 했지만 연락조차 불가능하고, 후속 정보를 수집하여 회수할 가능성이 전혀 없다고 판단하였음. 수표를 받았던 거래가 매출채권의 회수 거래 아니었고, 사실상 제각 사건이었던 것으로 판명된 것임.

익힘문제

[1] 수취채권과 대여금은 어떠한 자산인지를 설명하라.

[2] 수취채권과 대여금의 취득과 보유 중 회계를 개괄적으로 설명하라.

[3] '손상 간편법'을 설명하고 그 대상 매출채권을 설명하라.

[4] 매출채권의 손상과 제각을 비교하여 설명하라.

[5] 기말에 적용하는 손상요구사항(즉, [그림 12. 1])의 내용을 설명하라.

[6] 금융자산 제거에서 위험·보상접근법, 통제접근법 및 지속적관여접근법은 각각 어떠한 회계처리인지를 설명하라.

[7] 금융자산의 권리소멸과 권리양도를 비교하여 설명하라.

[8] 금융자산에 따른 위험과 보상의 대부분을 이전하는 양도의 사례를 들어보라.

[9] 금융자산에 따른 위험과 보상의 대부분을 보유하는 양도의 사례를 들어보라.

[10] 보증을 제공하는 형태로 지속적관여가 이루어지는 경우에 지속적관여금액과 관련부채 가액은 각각 어떻게 계산하는지를 설명하라.

[11] 현금흐름표의 '현금'을 정의하라. 그리고 현금및현금성자산의 현금과 현금성자산을 각각 정의하라.

[12] 현금의 회계적 관리수단으로 본 장에서 제시하는 내용 중 소액현금제도의 의의를 생각해 보라.

연습문제

[1] 수취채권 – 이자부어음

㈜삼일은 20×1년 초에 유형자산으로 보유하던 토지를 처분하고 그 공정가치가 ₩100,000인 어음으로 결제받았다. (유효이자율은 연 10%였다) 취득후 원가모형으로 회계처리한 토지의 장부금액은 ₩80,000이었다. 받은 어음의 내역은 '액면금액 ₩114,200, 표시이자율 연 5%, 만기 20×3년 말'이었다. 그리고 어음 만기일까지 원리금을 전액 정상적으로 결제받았다. 아래 회계처리 요구에 답하라.

(1) 토지처분 거래를 분개하라.
(2) 상각표를 작성하라.
(3) 20×1년 말에 손상요구사항을 적용하고 적절하게 측정한 결과, 수취채권에 적용할 기대신용손실(ECL) 금액은 ₩150이었다. 20×1년 말의 이자수익 인식과 손상 인식을 분개하라.
(4) 20×2년 말에 손상요구사항을 적용하고 적절하게 측정한 결과, 수취채권에 적용할 ECL 금액은 ₩100이었다. 20×2년 말의 이자수익 인식, 손상 인식 및 유동성 대체를 분개하라.
(5) 20×3년 말의 이자수익 인식, 손상 환입 및 만기 상환을 분개하라.

[2] 수취채권 – 무이자부어음

㈜삼이는 <u>20×1년 7월</u> 초에 유형자산으로 보유하던 토지를 처분하고 그 공정가치가 ₩100,000인 어음으로 결제받았다. 취득후 원가모형으로 회계처리한 토지의 장부금액은 ₩80,000이었다. 받은 무이자부어음의 내역은 '액면금액 ₩121,000, 만기 20×3년 6월 말'이었다. (유효이자율은 연 10%였다) 그리고 어음 만기일에 액면금액을 결제받았다. 아래 회계처리 요구에 답하되, 무이자부어음의 미수이자는 '장기미수금(어음)'에 계상하라.

(1) 상각표를 작성하라.
(2) 20×1년 말에 손상요구사항을 적용하고 적절하게 측정한 결과, 수취채권에 적용할 기대신용손실(ECL) 금액은 ₩170이었다. 20×1년 말의 이자수익 인식과 손상 인식을 분개하라.
(3) 20×2년 말에 손상요구사항을 적용하고 적절하게 측정한 결과, 수취채권에 적용할 ECL 금액은 ₩65이었다. 20×2년의 이자수익 인식, 손상 인식 및 유동성 대체를 분개하라.

(4) 20×3년 6월 말의 이자수익 인식, 손상 환입 및 만기 상환을 분개하라.

[3] 매출할인과 어음거래

도매상 ㈜삼삼은 20×1년에 영업을 시작하였다. ㈜삼삼은 상품원가 흐름을 실지재고조사법으로 기록한다. 그리고 소매상들과의 외상매출거래에는 아래와 같은 신용조건과 연체조치를 적용한다.

[신용조건] 1주일 내 결제시 대금의 1% 할인, 결제기한 1개월.
[연체조치] 외상매출 결제기한이 끝나면, 그 다음날 무이자부어음을 받는다.
어음의 만기일은 2년이며, 연 10%의 유효이자율을 적용한 어음이다.

다음의 일부 상품 매출과 관련된 거래를 기록하라. 단, 3월 거래는 순액법과 총액법 각각으로 기록하여 보라.

(1) 3월 1일, 신용조건으로 ₩100,000어치 상품을 외상매출하였다.
(2) 3월 7일, ₩60,000어치의 외상대금을 결제받았다.
(3) 3월 말, 나머지 외상대금 중 ₩30,000어치를 결제받았다.
(4) 4월 1일, ₩10,000어치 외상대금의 결제를 연체한 고객으로부터 어음을 받았다.

[4] 손상 평가 - 단일기대신용손실률을 적용한 간편측정법

㈜삼사는 20×1년 초에 영업을 시작하였다. 매출채권을 구성하는 단위 외상채권은 모두 만기가 1년 이내이며, 다음 회계처리를 적용하였다.

• 최초 인식시점에서 금융요소를 고려하지 않고 받을 금액, 즉 *약속된 대가*로 인식한다.
• 기말 손상 평가의 전체기간 ECL 측정시 실무적 간편측정법을 적용한다.

㈜삼사는 업계 선두기업의 풍부한 경험을 참조하여, 각 보고기간 말에 단일기대신용손실률(single expected credit loss rate) 1%를 적용하여 전체기간 기대신용손실(ECL)을 측정하였다. 20×1년과 20×2년 말 손상 평가 직전에 대단히 많은 고객들로부터 회수해야 할 매출채권의 총장부금액은 각각 ₩100,000과 ₩170,000이었다.

(1) 20×1년 말의 손상 평가를 분개하라.
(2) 20×2년 봄에 전기의 매출채권 중 ₩1,500을 제각하였다.
(3) 20×2년 말의 손상 평가를 분개하라.

[5] 손상 평가 – 연체 기간군에 적용한 충당금설정률표

20×1년 초에 영업을 시작한 ㈜삼오의 매출채권을 구성하는 단위 외상채권은 모두 만기가 1년 이내이며, 다음 회계처리를 적용하고 있다.

- 최초 인식시점에서 금융요소를 고려하지 않고 받을 금액, 즉 *약속된 대가*로 인식한다.
- 기말 전체기간 ECL을 '연체 기간군에 적용한 충당금설정률표'로 측정한다.

㈜삼오의 회계팀은 그간의 연체 기간과 채무불이행 발생 간의 관계를 분석하고, 또 매출채권의 잔여존속 전체기간(최대 1년)의 업계동향과 영업전망 예측도 참조하여 계속 충당금설정률을 수정하고 있다. 고객 신용 상황이 안정적이었던 20×1년 ~ 20×2년에는 다음과 같은 충당금설정률을 적용하였다.

연체 기간군	0일	30일 이내	31~60일	61~90일	90일 초과
전체기간 ECL률	0.2%	0.5%	1.0%	3.0%	10.0%

그리고 20×1년과 20×2년의 연체 기간군별 기말 매출채권 총장부금액 내역은 다음과 같았다.

연체 기간군	0일	30일 이내	31~60일	61~90일	90일 초과
20×1년 말	₩110,000	₩40,000	₩30,000	₩15,000	₩5,000
20×2년 말	₩125,000	₩55,000	₩40,000	₩25,000	₩5,000

다음 요구를 처리하라.

(1) 20×1년 말의 손상 평가시 작성한 '연체 기간군에 적용한 충당금설정률표'를 보여라. 그리고 기말 손실충당금 잔액이 얼마인지를 밝혀라.

(2) 20×2년 봄에 발생한, 전기 매출채권 ₩2,000의 제각을 분개하라.

(3) 20×2년 가을, 봄에 발생하였던 제각 금액 중 ₩100이 회수되었다. 분개하라.

(4) 20×2년 말의 손상 평가시 작성한 '연체 기간군에 적용한 충당금설정률표'를 보이고 또 손상을 분개하라.

(5) 20×2년 말 재무상태표에 매출채권과 손실충당금을 어떻게 보고하는가를 보여라.

[6] 어음의 추심

㈜완칠전기는 20×7년 초에 전년에 외상매출로 수취하였던 액면금액이 각각 ₩50,000인 2장의 무이자부어음을 추심하였다. ㈜완칠전기는 보고기간 말에 수취채권에 대하여 손상 평가를 실시하고 있다. 다음의 거래들을 분개하라.

(1) 어음 1장의 액면금액을 회수하였다.

(2) 다른 어음 1장의 액면금액을 회수하지 못하였는데 제각하지는 않았다. ㈜완칠전

기는 부도에 따른 지급거절증서 작성비용과 추가적인 관리비용으로 ₩200을 지출하였다.

(3-1) 20×7년 1월 31일에 위의 어음을 제각하였다고 가정하고 분개하라(단, 손실충당금 잔액이 충분하다고 가정한다).

(3-2) 20×7년 1월 31일에 위의 어음을 현금으로 회수하였다고 가정하고 분개하라.

[7] 팩터링 – 상환청구불가능 대 상환청구가능

㈜완파에너지는 20×7년 초에, 회수예정일이 20×7년 3월 초인 ₩100,000의 외상매출금을 팩터링하였다.

(1) 팩터링이 상환청구불가능(without recourse) 조건으로 이루어졌다고 가정하고 팩터링을 분개하라. 금융기관은 수수료로 외상매출금 가액의 3%를 공제하고 잔액 ₩97,000을 지급하였다.

(2) 팩터링이 상환청구가능(with recourse) 조건으로 이루어졌다고 가정하라.

- 조건은 만기일인 3월 초에 외상매출금이 회수되지 않으면 ㈜완파에너지가 금융기관에 변제하는 것이다.
- 금융기관은 수수료로 외상매출금가액의 2%를 공제한 잔액 ₩98,000을 지급하였다.

[8] 지속적관여

㈜완구팬시는 연말연시에 호황을 맞았다. 그리고 20×7년 초에, 회수예정일이 평균적으로 20×7년 3월 초인 ₩100,000의 외상매출금 포트폴리오를 ㈜르팩토르파이낸스에서 팩터링하였다. 거래조건은 다음과 같았다.

- 르팩토르는 독립적으로 자유롭게 팩터링한 자산을 매도할 수 없다.
- 르팩토르는 팩터링 대상 자산에 따라서 다음과 같은 내규를 선별적으로 적용하는데, 이 거래에는 <지급보증팩터링>을 적용하였다.

<매입팩터링>

수수료로 (대상자산) 장부금액의 5%를 부과하고 무조건 매입한다.

<지급보증팩터링>

지급보증요구액은 장부금액의 10%이다. 절차는 다음과 같다.

① 먼저, 르팩토르는 수수료 5%를 받는다.

② 즉시, 르팩토르는 장부금액 전액에 지급보증공정가치 2%를 포함한 102%를 고객(여기서는 ㈜완구팬시)에게 지급한다.

㈜완구팬시의 다음 상황에서의 거래를 회계처리하라.

(1) 팩터링거래
(2) 외상대금이 전액 회수된 경우
(3) 외상대금 중 ₩5,000이 제각된 경우

[9] 받을어음의 제거 (2023년 공인회계사 2차 기출문제 변형)

회계기간이 1월 1일부터 12월 31일인 ㈜원원은 20×1년 10월 1일에 상품을 판매하고 동 일자에 발행된 어음(액면 ₩600,000, 만기 6개월, 연이자율 5%)을 수령하였다. ㈜원원은 받을어음을 현재가치로 측정하지 않는다. 다음의 독립적인 상황에서 각 물음에 답하라.

(1) ㈜원원은 20×1년 12월 1일에 받을어음을 전액 연 6%로 할인하였다. 받을어음 관련 위험과 보상을 대부분 보유하였다. 동 어음의 보유 및 할인과 관련하여 20×1년 12월 1일 및 20×1년 12월 31일에 필요한 분개를 제시하라.
(2) ㈜원원은 20×2년 2월 1일에 받을어음을 전액 연 6%로 할인하였다. 받을어음 관련 위험과 보상을 대부분 이전하였다. 동 어음의 보유 및 할인과 관련하여 20×2년 2월 1일 및 20×2년 12월 31일에 필요한 분개를 제시하라.

[10] 소액현금과 은행계정조정

정액소액현금(설정액 ₩10,000)을 기말정산하고 현금과부족계정의 차변잔액 ₩500을 잡손실로 처리하였다. 그리고 보고기간 말 현재의 당좌예금에 대한 은행계정조정을 실시하였다. 관련자료는 장부상 당좌예금 잔액 ₩71,000, 미통지예금 ₩5,000, 은행미기입예금 ₩4,000, 미통지인출 ₩3,000, 은행미인출수표 ₩2,600이었다. 또한 회사는 기말 현재 만기가 18개월 남은 정기예금(잔액 ₩150,000)을 보유하고 있으며, 만기가 2개월 남은 양도성예금증서 ₩30,000을 12월 초에 취득하여 보유하고 있다. 기말 재무상태표에 보고할 현금및현금성자산의 가액은 얼마인가를 계산하라.

CHAPTER 13

특수한 지분투자와 영업권

Contents

한국채택국제회계기준	국제회계기준
제1103호 사업결합	IFRS 3 Business Combinations
제1110호 연결재무제표	IFRS 10 Consolidated Financial Statements
제1111호 공동약정	IFRS 11 Joint Arrangements
제1027호 별도재무제표	IAS 27 Separate Financial Statements
제1028호 관계기업과 공동기업에의 투자	IAS 28 Investments in Associates and Joint Ventures
제1036호 자산손상	IAS 36 Impairment of Assets

본 장에서 다루는 특수한 지분투자는 종속기업, 공동기업 및 관계기업에 대한 지분투자이다. 앞서 제11장에서 다룬 금융자산으로서의 지분투자와 본 장에서의 특수한 지분투자 간의 중요한 차이점은, 전자는 배당을 받고 시세차익을 얻고자 보유하는 자산인 반면, 후자는 이들 피투자기업의 경영에 영향을 미치거나 혹은 참여하는 과정에서 경제적 효익을 창출하고자 보유하는 자산이라는 점이다. 이러한 목적의 달성을 위하여 수행하는 특수한 지분투자는 투자지분율이 일정 규모(예 발행 주식의 20%) 이상인 경우가 일반적이다.

특수한 지분투자에 적용하는 회계처리인 연결과 지분법은 지분투자를 피투자기업의 보고된 성과와 순자산에 근거한 후 (각각에 요구되는 형식의 재무보고를 통하여) 보고한다는 특성을 공유하고 있다. 그 특성은 연결회계에 반영되고 있으며, 영업권을 측정하고 적절하게 처리하는 것이 연결의 출발점에 해당하는 회계처리이다. 그런데 영업권회계를 익히려면 사업결합회계가 무엇인지를 이해할 필요가 있다. 또한 지분법 역시 연결의 결과를 압축하여 보고하는 회계라는 점에서도 사업결합과 영업권에 대한 회계는 특수한 지분투자에 대한 회계를 이해함에 있어 함께 살펴보아야 할 중요한 내용이다.

본 장은 다음과 같이 구성된다.

제1절은 먼저 종속기업, 공동기업 및 관계기업에 대한 지분투자와 그 회계처리 특성을 정리한다. 그리고 이러한 특수한 지분투자를 수행하는 기업이 수행할 재무보고에 대해서도 알아본다. 이어서 사업결합과 영업권에 대하여 알아본다. 여기서는 영업권이 언제, 어떤 형식으로 재무제표에 나타나는가에 중점을 두고 살펴본다. 보다 구체적인 영업권 관련 회계, 특히 손상은 절을 나누어 살펴본다. 연결회계가 특수한 지분투자에 적용하는 회계의 모체이다. 그럼에도 그 방대한 내용을 충분히 다루기 어렵기에 그 기초적 내용만 본 장의 <부록 A>로 소개하고 본격적 처리는 고급회계로 미룬다.

제2절에서는 지분법의 기초적 내용을 다룬다. 지분법회계는 두 가지 측면에서 의의를 갖는다. 그 하나는 '단일 계정을 통한 연결'이라고 불릴 정도로, 그 논리적 기반과 작동절차가 연결회계를 복제하고 있기에 연결회계의 큰 줄기를 이해하는 데 도움이 된다는 것이다. 다른 하나는 지분법적용투자자산은 (일반목적) 재무제표에 보고하는 자산의 하나라는 점에서 자산회계의 고유한 한 부분을 차지한다는 점이다.

제3절에서는 영업권회계에 대하여 보다 자세히 살펴본다. 주로 자산으로서의 인식요건과 후속 측정, 즉 손상에 대하여 알아본다. 그리고 본 장의 <부록 B>로 기업 실무에서 활용하는 기업가치 혹은 영업권 평가기법의 하나인 초과이익평가모형을 살펴본다.

제1절 특수한 지분투자와 재무보고

특수한 지분투자에 적용하는 회계처리인 연결과 지분법은 모두 투자자산을 피투자기업의 보고된 성과와 순자산에 근거하여 보고한다는 특성을 공유하고 있다. 그리고 그 특성은 **연결회계**에 반영되고 있으며, 지분법은 연결회계의 핵심적 내용을 압축하여 보고하는 회계이다.

영업권을 측정하고 적절하게 회계처리하는 것은 연결회계의 고유한 부분을 이루기에 그 측정이 요구되는 사업결합으로부터 설명을 시작한다. 흔히 합병 · 인수 혹은 M&A라고 부르는 사업결합거래는 지분투자 형식, 자산매입 · 부채부담 형식 혹은 그 절충형식으로 이루어진다. 본 장은 그 중 지분투자로 이루어진 것에 국한하며, 그리고 인수에 초점을 맞춘다.

1. 지분투자와 재무보고

(1) 지분투자와 그 회계의 분류

개인투자자들은 배당수입과 시세차익을 얻고자 유가증권시장에서 거래되는 주식에 투자하며, 이들에게 있어 투자한 주식은 중요한 금융자산이다. 기업 역시 경제적 효익을 얻기 위해 다른 기업이 발행한 지분증서를 취득하며, 목표하는 수익이 배당과 시가상승이라면 그 지분투자는 일반적으로 제11장에서 다룬 금융자산에 해당한다.

그러나 많은 경우 비금융기업의 경영자는 이러한 소극적인 목적으로 지분투자를 수행하지 않고, 오히려 목적사업을 추진하기 위한 적극적인 수단의 하나로 지분투자를 활용한다. 다른 기업의 지분증서를 취득하면 그 기업 소유자집단의 일원이 되며, 취득한 지분율이 충분히 커지면 그 기업경영에 영향력을 발휘할 수 있기 때문이다. 이런 경우 지분투자를 수행한 기업의 경영자는 다른 기업의 경영에 자신의 능력과 의지를 주입할 수 있으며, 그 과정에서 투자기업은 의도한 경제적 효익을 얻게 되는 것이다.

피투자기업 경영에의 영향력이 결국 투자기업의 입장에서 추구하는 경제적 효익의 원천인 셈이다. 지분투자는 그에 따라 획득한 영향력의 심대함에 따라 크게 지배력을 획득한 투자, 공동지배력을 획득한 투자, 유의적인 영향력을 행사할 수 있게 된 투자 및 단순한 금융자산 투자의 네 가지 종류로 나누어 볼 수 있다. 각각의 성격과 그에 적용하는 회계처리는 다음과 같다.

① 종속기업투자

지배력(control)이란 기업이 경제적 효익, 즉 변동수익(variable returns)을 얻고자 다른 기업의 재무·영업 정책을 결정하는 능력을 의미하는데,[1] 지배력 획득의 결과로 그 기업은 **지배기업**(the parent)이 되고, 다른 기업은 **종속기업**(subsidiary)이 된다.

일반적으로 지배기업은 다른 기업 의결권의 과반수를 소유하는 경우 그 기업의 지배력을 획득하게 된다. 이러한 지배기업과 그의 종속기업들은 단일의 경영의지에 따라 재무정책과 영업정책이 구사되는 연결실체를 형성하며, 지배기업은 재무보고를 수행할 때 자신과 모든 종속기업들의 재무적 내용을 연결시킨다.

연결(consolidation)은 지배기업과 그 종속기업의 재무적 내용을 세부항목별로 합산한 금액으로 표시한 연결재무제표를 작성하기 위하여 적용하는 일련의 회계처리이다.[2] 이때 그 내용이 이중으로 표시되지 않도록 합산과정에 특수한 회계절차를 적용한다. 그 기초적인 내용은 본 장 <부록 A>에서 다룬다.

② 공동기업투자

공동기업(joint venture)에 대한 공동지배력을 획득하는 지분투자이다.[3] **공동지배력**(joint control)은 해당 공동기업의 이익에 유의적인(즉, 중대한) 영향을 미치는 활동을 수행할 때 지배력을 공유하는 투자자들 전원의 동의를 요구하는 경우에만 존재하는데, 이들 투자자를 공동기업참여자라고 부른다.

공동기업참여자(joint venturer)로서의 투자기업은 그의 지분투자에 **지분법**(equity method)을 적용하여 회계처리한다. 지분법은 연결절차를 밟되, 그 핵심적인 내용을 재무상태표의 자산과목인 **지분법적용투자**를 통하여 포착하기에 단일과목을 통한 연결이라고도 부른다.

---

1) 「기업회계기준서」 제1110호 '연결재무제표'의 개요에서는 지배력 원칙을 '투자자는 피투자자에 대한 관여로 변동이익에 노출되거나 변동이익에 대한 권리가 있고, 피투자자에 대한 자신의 힘으로 그러한 이익에 영향을 미치는 능력이 있을 때 피투자자를 지배한다'로 요약 제시하고 있다.

2) 지배기업이 투자기업(investment entity)인 경우 연결예외가 적용된다.

3) 둘 이상의 당사자들이 공동지배력을 보유하는 약정인 공동약정(joint arrangements)은 공동영업과 공동기업으로 구분된다. 공동영업(joint operation)은 지배력을 공유하는 공동영업자들이 약정의 자산에 대한 권리와 부채에 대한 의무를 갖는 공동약정이다. 그리고 공동영업자는 공동영업에 대한 자신의 몫에 해당하는 자산, 부채, 수익 및 비용을 그 항목에 적용하는 회계기준에 따라 처리한다. 보다 구체적인 회계처리는 「기업회계기준서」 제1111호 '공동약정'에서 규정하고 있음만 언급하고 공동영업은 본문에서 다루지 않고자 한다. 한편, 공동기업(joint venture)은 지배력을 공유하는 공동기업참여자들이 약정의 순자산에 대한 권리를 갖는 공동약정이다. 공동기업참여자는 그 투자에 지분법을 적용하므로 중요성을 고려하여 본문에서 다루고 있다.

③ 관계기업투자

관계기업(associate)은 지분투자의 결과로 투자기업이 유의적인 영향력을 행사할 수 있게 된 피투자기업이다. 여기서의 **유의적인 영향력**(significant influence)이란 투자를 수행한 기업이 피투자기업의 재무정책과 영업정책에 관한 의사결정에 참여할 수 있는 능력을 말하는데, 일반적으로 직접으로 혹은 종속기업을 통하여 간접으로 투자자가 피투자자 의결권의 20% 이상을 소유하면 유의적인 영향력이 있는 것으로 본다. 관계기업투자에는 **지분법**을 적용한다.[4)]

④ 금융자산

지배력, 공동지배력 혹은 유의적인 영향력을 획득하지 못하는 단순한 지분투자이다. 제11장의 금융자산회계를 적용한다.

그리고 재무보고를 할 때는 이상과 같은 피투자기업에 대한 지분 보유를 그 분류별로 구분하여 관련 자료와 함께 공시함으로써 재무제표이용자들에게 보다 유용한 정보를 제공하도록 하고 있다.

(2) 연결재무제표 · 별도재무제표 · 재무제표

이제 기업에 요구되는 재무보고 내역을 설명하기 위하여 기업을 지배기업과 그렇지 않은 기업으로 대별하고 각각에 해당하는 재무보고를 살펴본다.

〈지배기업의 재무보고〉

지배기업은 그가 지배하는 연결실체의 재무적 내용을 **연결재무제표**(consolidated financial statements)를 통하여 보고한다. 연결실체란 지배기업과 그 경영지배를 받는 하나 이상의 종속기업으로 구성된 경제적 실체이며, 그 자체로는 별도의 회계장부를 유지하지는 않는다.

그리고 지배기업이 자신을 포함한 연결실체에 속하는 모든 기업들의 회계장부에 기록된 재무적 내용을 연결이라는 특별한 회계절차를 통하여 병합한 다음 보고한다. 즉, 지배기업이 연결재무제표를 통하여 연결실체가 관리하는 활동과 순자산 및 관리 성과에 대한 경제적 의사결정을 함에 유용한 정보를 얻고자 하는 정보이용자들을 위한 재무보고를 실시하는 것이다.

지배기업은 다양한 지분투자활동을 통하여 ① 하나 이상의 종속기업을 거느릴 뿐 아니라, ② 공동기업에의 참여, ③ 관계기업에의 투자, ④ 금융자산투자를 수행하기도 한

4) 공동기업에의 투자자이지만 공동기업참여자가 아닌 경우 그 투자에 제11장에서 다룬 금융자산회계를 적용한다.

다. 이런 지배기업은 그 연결재무제표에 ①을 연결시키고, ②와 ③에 지분법을 적용하여 보고하고, ④를 제11장의 회계처리를 적용하는 금융자산으로 보고한다.

또한, 지배기업은 관련 법규에서 요구되는 경우와 자신의 결정에 따라 별도재무제표를 작성하기도 한다. **별도재무제표**(separate financial statements)는 ①, ② 및 ③을 피투자기업의 성과·순자산에 근거하지 않고 직접적인 지분투자에 근거한 회계처리로 표시한 재무제표이다. 구체적으로는 ①, ② 및 ③에 첫째, 원가법, 둘째, 제11장의 금융자산회계, 셋째, 지분법 중 한 가지 회계처리를 선택하여 적용한다.

〈지배기업이 아닌 기업의 재무보고〉

종속기업을 가지지 않은 기업이거나 혹은 다른 기업의 종속기업은 **재무제표**를 통하여 그의 재무적 내용을 보고한다. 이러한 기업은 지분투자를 연결재무제표와 동일한 방식으로 회계처리하여 표시한다. 즉, ②와 ③에는 지분법을 적용하고, ④는 제11장의 회계처리를 적용하는 금융자산으로 보고하는 것이다.

이러한 재무제표를 연결·별도 재무제표와 구분하고자 할 때의 용어는 확정되어 있지 않다. 일반적으로 개별재무제표라고 부르고 있다. '재무보고를 위한 개념체계'와 「기업회계기준서」 제1001호 '재무제표 표시'에서의 재무제표란 지배기업이라면 그 연결재무제표(및 별도재무제표)를, 그리고 지배기업이 아니라면 개별재무제표를 지칭하는 것이다. 이상의 내용을 정리하여 <표 13.1>로 제시한다.

표 13.1
특수한 지분투자와 재무보고

특수한 지분투자	영향력 정도	연결재무제표·개별재무제표 적용 회계	별도재무제표 적용 회계
종속기업투자	지배력	연결	원가법, 제11장의 금융자산회계, 지분법 중 한 가지
공동기업투자	공동지배력	지분법	
관계기업투자	유의적인 영향력	지분법	

2. 사업결합과 영업권

기업은 그 존속·발전을 도모하는 과정에서, 기업별로는 고유하고 기업 간에는 다양하게 다른 경영행위를 수행한다. 경영행위는 기업의 비즈니스모델이라는 청사진을 실행하는 활동으로서, 그 세부내역은 어떤 자원을 언제 취득하여 어떻게 활용하며 그 취득자금은 어떻게 조달할 것인가 등에 대한 계획 및 집행으로 이루어진다.

비즈니스모델에 따라서는 성장을 꾀하는 과정에서 내부부서를 확장·신설하기도 하고 다른 기업이나 사업을 취득하기도 한다. 후자에 따라 나타나는 거래가 **사업결합**

(business combinations)으로서, 별개의 기업이나 사업을 하나의 보고기업으로 통합하는 거래이다. 여기서 사업(business)이라 함은 투자자에게 수익을 제공하거나 참여자에게 직접적이고 비례적으로 경제적 효익을 제공하기 위하여 수행되고 관리되는 활동이나 자산집합을 의미한다.

(1) 합병 대 인수

취득기업이 수행하는 중요한 의사결정의 하나는 단일 경제실체로 활동할 자신과 피취득기업을 법적으로도 단일 기업화할 것인지 아니면 별개의 기업으로 계속 유지할 것인지에 대한 것이다. 전자를 **합병**(merger)이라고 부르며, 후자를 **인수**(acquisition)라고 지칭한다.

지분투자를 통하여 피취득기업의 지배력을 획득한 취득기업이 수행하는 사업결합회계는 사업결합이 합병 혹은 지배·종속관계 형성으로 귀결되는가에 따라 그 구체적 모습을 달리한다. 전자의 경우는 합병회계가 되며, 후자의 경우는 연결회계가 되는데, 그 공통점은 영업권을 측정하고 이를 그 회계처리에 반영한다는 점이다.

(2) 영업권

영업권(goodwill)이란 사업(혹은 기업)에 내재된 무형의 자원으로서, 그 가치는 해당 사업의 공정가치가 그에 속하는 순자산의 공정가치를 초과하는 금액에 해당한다. 제9장에서 살펴보았듯이 이러한 자원은 일반적으로 자산의 요건을 충족하지 못한다.

그런데 사업결합거래의 당사자들은 이러한 자원의 공정가치를 측정하고 나서 그 가치를 감안하여 거래를 한다. 거래가 성사되었다는 것은 영업권을 식별하고 분리하여 측정하였음을 시사한다. 그러하기에 **합병회계**에서는 취득자가 합병일에 측정한 영업권을 자산으로 인식한다.

한편, **연결회계**에서는 지배기업은 취득일에 영업권 가액을 측정하지만, 그 가액을 '종속기업투자'의 일부로 포함하여 기록할 뿐 별도의 자산으로 기록하지는 않는다. 그리고 지배기업은 연결재무제표를 작성하는 과정에서 '종속기업투자'로부터 영업권을 분리하여 보고한다. 이는 연결실체 자산의 하나로서 취득일에서의 측정액을 근거로 보고한다.

영업권을 측정할 때는 취득법을 적용한다. 그 내용은 제3절에서 살펴본다. <예제 1>을 통하여 합병과 인수과정에서의 영업권 회계처리가 어떻게 다른지를 비교한다.

예제 1

㈜투일음료는 20×7년 초에 ㈜웨딩해요의 주식 100%를 취득하였다. 사업결합 직전의 두 기업 재무상태표 장부금액 자료는 다음과 같았다.

내 역*	㈜투일음료	㈜웨딩해요	
	장부금액	장부금액	공정가치
제 자산	₩100,000	₩55,000	₩60,000
제 부채	60,000	29,000	30,000
자본(순자산)	₩40,000	₩26,000	

* 제(諸)자산(부채)은 특별히 언급하는 항목을 제외한 나머지 다양한 자산(부채)으로 구성되었음을 간명히 표현하기 위하여 사용한 표현이다.

㈜투일음료와 ㈜웨딩해요는 세밀하게 관련 자료를 검토하고 협상 끝에 ₩33,000을 주고받음으로써 사업결합을 성사시켰다.

1. ㈜투일음료는 ㈜웨딩해요를 합병하고 예식사업부서로 조직하였다. 합병일에 ㈜투일음료가 수행하는 분개를 보이고, 합병 전후의 재무상태 변화를 비교하라.
2. ㈜투일음료는 지배기업이 되었다. 인수일에 ㈜투일음료가 수행하는 분개를 보이고, 인수 전후의 재무상태변화를 비교하라.
3. 위 2의 인수와 관련하여 영업권은 언제 · 얼마로 측정되며, 언제 누가 보고하는지를 설명하라. 또한 종속기업투자항목의 자산은 언제 누가 보고하는지도 설명하라.

해 답

1. 합병회계: ㈜웨딩해요는 해산되었다.

(차) 제 자산	60,000	(대) 제 부채	30,000
영업권*	3,000	현 금	33,000

* ₩3,000(=합병대가 − 순자산공정가치 = ₩33,000 − ₩30,000)

내 역	㈜투일음료		
	합병 전	합병과정	합병 후
제 자산	₩100,000	+₩60,000 − ₩33,000	₩127,000
영업권		+3,000	3,000
제 부채	₩60,000	+₩30,000	₩90,000
자본(순자산)	40,000	0	40,000

2. 연결회계

(차) 종속기업투자	33,000	(대) 현 금	33,000

내 역	㈜투일음료		
	인수 전	인수과정	인수 후
제 자산	₩100,000	－₩33,000	₩67,000
종속기업투자		＋₩33,000	33,000
제 부채	₩60,000		₩60,000
자본(순자산)	40,000		40,000

3. • ㈜투일음료는 인수일에 '종속기업투자'에 포함된 영업권가액 ₩3,000을 비망기록한다. 즉, 영업권은 지배기업과 종속기업 회계장부 어디에도 기록되지 않는다.
   • 이 내용은 ㈜투일음료가 보고기간 말에 연결재무제표를 작성하는 과정에서 활용되고, 또한 그의 연결재무상태표에 (후술할 손상 후) 금액으로 하여 연결실체의 자산으로 보고된다.
   • 인수일에 ㈜투일음료는 그 자산의 하나로 종속기업투자를 장부에 기록한다. 그러나 이 자산은 연결과정에서 그 재무적 내용을 구성하는 항목으로 나누어 보고되므로 연결재무상태표의 한 항목으로 표시되지 않는다.
   • ㈜투일음료가 별도재무제표를 작성한다면, 종속기업투자를 해당 재무상태표에 자산의 하나로 표시한다.

제2절 지분법적용투자

지분법(equity method)은 지분투자를 최초에 원가로 인식하고, 취득시점 이후 발생한 피투자기업의 **순자산 변동액** 중 투자기업의 지분(몫)을 해당 투자자산인 지분법적용투자에 **가감**하여 보고하는 회계방법이다. 먼저 지분법 적용대상과 의의를 살핀 다음, 일괄취득 시점에서의 최초 인식에 대하여 알아본다.

다음으로 취득 이후에 투자기업의 지분법적용투자 잔액을 변화시키는 거래에 대하여 살펴본다. 주된 거래는 물론 관계기업 자신이 발생시켜 그 순자산을 변동시킨 거래이다. 그 결과 지분법적용투자가 증감한다. 또한 관계기업이 발생시키지는 않지만, 투자기업이 적정히 판단하여 그 지분법적용투자 잔액을 조정하여야 하는 거래도 있다. 추가적인 상각과 내부거래손익의 제거가 이에 해당한다.

1. 적용대상과 의의

관계기업투자는 지분법을 적용하여 그 회계처리를 한다. 그리고 공동기업참여자로서의 투자기업도 그의 지분투자에 지분법을 적용하여 회계처리한다. 편의상 이하에서는 **관계기업투자**에 초점을 맞추어 설명한다.

관계기업(associates)은 투자기업이 지분투자를 통해서 '유의적인 영향력'을 행사할 수 있는 피투자기업이다.

(1) 유의적인 영향력

유의적인 영향력(significant influence)이란 다음과 같은 경우에서 보듯이 투자기업이 관계기업의 재무정책과 영업정책에 관한 의사결정에 참여할 수 있는 능력을 말하며, 그러한 정책에 대한 지배력이나 공동지배를 의미하지는 않는다.

① 유의적인 영향력이 없다는 사실을 명백하게 제시할 수 없는 한, 투자기업이 직접 또는 간접으로(예 자신의 종속기업을 통하여) 관계기업에 대한 의결권의 20% 이상을 소유하고 있는 경우

② 투자기업이 직접 또는 간접으로 관계기업에 대한 의결권의 20% 미만을 소유하고 있더라도 유의적인 영향력이 있다는 사실을 명백하게 제시할 수 있는 경우

③ 일반적으로 유의적인 영향력이 있다고 보는 다음 중 하나 이상에 해당하는 경우

i) 관계기업의 이사회나 이에 준하는 의사결정기구에 참여

ii) 배당이나 다른 분배에 관한 의사결정에 참여하는 것을 포함하여 정책결정과정에 참여

iii) 투자기업과 관계기업 사이의 중요한 거래

iv) 경영진의 상호 교류

v) 필수적 기술정보의 제공

(2) 지분법의 의의

유의적인 영향력을 행사하면 투자기업이 자기의 경영의지와 정책에 따라 법률적으로는 다른 기업인 관계기업을 마치 자신의 사업부서처럼 운용한다고 간주할 수 있다. 이렇듯 수익창출거래가 사실상 사업부서에 의하여 이루어진다는 경제적 실질을 반영하는 회계처리가 필요하다.

지분법은 관계기업이 수행한 거래에 따른 재무적 성과를 투자기업이 직접 달성한 재무적 성과로 취급한다는 것이다. 이때의 재무적 성과는 관계기업의 순자산('자산-부채')의 변화로 나타나므로 지분법은 관계기업 **부의 창출**(wealth creation) 시점에서 가치 증가를 인식하는 데 초점을 맞추는 회계라고 할 수 있다. 반면, 제11장에서 살펴본 금융자산회계를 적용하는 지분투자는 관계기업이 현금배당을 선언할 때, 즉 관계기업의 **부**

의 배분(wealth distribution)시점에서 배분된 결과만을 투자가치의 증가로 기록하는 회계라고 할 수 있다.

지분법은 이렇듯 유의적인 영향력을 행사할 수 있는 주식투자에 따른 효익을 보다 정밀하게 나타낼 수 있는 회계방법일 뿐만 아니라, 투자기업이 자기의 이익을 조정하기 위하여 관계기업의 배당정책에 관여하고자 하는 유인을 가지는 것을 미연에 방지하는 회계방법이기도 하다. 원가모형을 적용하면 현금배당을 증가시켜 투자기업의 보고이익을 증가시킬 수 있지만, 지분법을 적용하면 현금배당의 증감은 보고이익에 영향을 미치지 않기 때문이다. 또한 지분법은 투자기업이 자기의 이익을 조정하기 위하여 관계기업과 내부거래를 수행하고자 하는 유인을 억제하기 위하여 내부거래에 따른 미실현손익 중 지분율에 해당하는 금액을 자신의 보고손익에서 조정하도록 규정하고 있다. 자세한 내용은 후술한다.

2. 최초인식

관계기업 투자는 그 취득원가로 최초인식하므로 현금으로 투자한 경우 다음과 같이 분개한다.[5]

(차) 지분법적용투자	×××	(대) 현　　금	×××

또한 최초인식시점에서 후속 회계처리를 위하여 취득원가를 다음과 같이 구분하여 파악하는데, 순자산공정가치란 **식별가능한** 자산의 공정가치 합계액에서 **식별가능한** 부채의 공정가치 합계액을 차감한 금액이다.

취득원가 − {순자산장부금액 × P}
　　=① [취득원가 − {순자산공정가치 × P}]
　　　+ ② [{순자산공정가치 × P} − {순자산장부금액 × P}]
　* P는 지분율

위의 ① 금액은 취득원가가 상대적으로 큰 경우 '영업권 해당액'이고 상대적으로 작은 경우 '부(負, 즉 minus)의 영업권 해당액'이다. 이렇듯 '해당액'이라고 표현한 것은 이 금액을 별도의 자산계정 등에 분리하여 기록하지 않고 후속처리를 위해 파악만 해두

---

5) 공동기업투자에도 지분법을 적용하므로, 계정 명칭은 관계기업투자가 아니라 지분법적용투자로 제시한다.

기 때문이다. 즉, 앞서 제시한 분개에서 영업권을 별도로 기록하지 않고 지분법적용투자에 포함시키는 것이다. 그리고 '영업권 해당액'은 상각하지 않으며, '**부의 영업권** 해당액'은 **염가매수차익**으로서 지분법적용투자를 수행한 연도에 당기손익으로 인식한다.

후술하지만, ②는 지분법손익을 인식할 때 추가 감가상각 등의 형식으로 반영한다. 이제 다음의 <예제 2>를 이용하여 관련 회계처리를 익힌다.

예제 2

㈜투위투자는 20×7년 초에, 그간 한 번도 현금배당을 실시하지 않았지만 발전가능성이 높은 ㈜피자빌딩 보통주식의 20%를 ₩100,000에 취득하였다. 두 기업 모두 결산일은 12월 31일이다. ㈜피자빌딩의 전년 재무상태표와 기타 자료가 다음과 같을 때, 지분법에 따른 후속회계를 적용하는 데 필요한 취득원가와 관계기업 순자산장부금액 간의 차이를 구분하여 파악하고 또한 취득을 분개하라.

㈜피자빌딩 20×6년 재무상태표

건 물	1,000,000	장기차입금	300,000
감가상각누계액	(400,000)	자본금(보통주)	200,000
		이익잉여금	100,000
자산총계	600,000	부채와자본총계	600,000

그리고 추가적으로 다음의 정보를 파악하였다.

- 장부금액 ₩600,000인 건물의 당일 공정가치는 ₩750,000이었다.
- 장기차입금의 공정가치는 장부금액과 동일하다.

해 답

구 분	내 역	금 액	차 액
취득원가		₩100,000	①₩10,000*
순자산공정가치	자산공정가치 ₩750,000 부채공정가치 (300,000) 순자산공정가치 450,000×20%	90,000	②₩30,000
순자산장부금액	300,000×20%	60,000	
차 액			₩40,000

* ①은 '영업권 해당액'이다.

(차) 지분법적용투자 100,000 (대) 현 금 100,000

3. 지분법적용투자 변동의 인식

취득 이후, 크게 두 가지 사유로 지분법적용투자의 잔액이 변화된다. 그 하나는 관계기업의 순자산 변동이며, 다른 하나는 투자기업이 수행하는 조정이다. 후자는 다시 추가적인 상각과 내부거래손익의 제거로 세분화된다. 이들 각각에 적용하는 회계처리 결과를 요약하면 뒤에 제시하는 <표 13. 2>와 같다.

(1) 관계기업 순자산의 변동

최초인식 시점 이후, 관계기업의 순자산, 즉 자본은 ① 당기손익 발생, ② 기타포괄손익 발생, ③ 현금배당 및 ④ 보고기간 초 이익잉여금의 조정으로 변동한다. 지분법 회계의 요체는 이러한 순자산 변동을 지분법투자에 반영하는 것인데, 위의 ①~④에 따라 그 구체적인 반영방식이 다르다. 지분법에 대응하는 회계처리는 금융자산 회계처리인데, ①~④의 인식 측면에서 큰 차이가 있다. 제11장에서 다루는 지분투자 회계에서는 ①, ② 및 ④는 회계거래로 인식하지 않고, ③은 배당금수익을 인식하는 거래로 처리하고 있기 때문이다.

① 관계기업 당기순손익 발생

투자기업은 관계기업의 당기순이익·당기순손실 중 자신의 지분에 해당하는 금액을 **지분법이익·지분법손실**(당기손익)로 인식하고 지분법적용투자를 가·감한다. 관계기업이 당기순이익을 발표한 경우와 당기순손실을 발표한 경우 투자기업은 자신의 지분액을 계산한 후 각각 다음과 같이 분개한다.

(차) 지분법적용투자	×××	(대) 지분법이익(당기손익)	×××
(차) 지분법손실(당기손익)	×××	(대) 지분법적용투자	×××

② 관계기업 기타포괄손익 발생

유사하게 투자기업은 관계기업의 기타포괄이익·기타포괄손실 중 자신의 지분에 해당하는 금액을 **지분법기타포괄이익·지분법기타포괄손실**(기타포괄손익)로 인식한다. 예를 들어, 관계기업이 채무증권(FVOCI)의 공정가치 평가에 따른 평가이익(기타포괄손익)을 보고하면 투자기업은 자신의 지분액을 다음과 같이 분개한다.

(차) 지분법적용투자	×××	(대) 지분법기타포괄이익 (기타포괄손익)	×××

그리고 기말 마감분개를 통하여 재무상태표의 기타포괄손익누계액에 속하는 **지분법자본변동**에 누적한다.

③ 관계기업 현금배당

또한 관계기업이 이익잉여금을 재원으로 하는 현금배당을 선언(결산배당의 경우) 혹은 결의(중간배당의 경우)하는 경우에도 자본변동이 나타난다. 투자기업은 자기 지분에 해당하는 금액만큼 지분법적용투자를 감소시킨다. **투자회수**(disinvestment, divestiture)에 해당하기 때문이다. 분개는 다음과 같은데, 배당금을 수취하면 미수배당금을 현금으로 대체한다.

(차) 미수배당금	×××	(대) 지분법적용투자	×××

④ 관계기업의 보고기간 초 이익잉여금 조정

관계기업이 회계정책을 변경하거나 오류를 수정하는 경우 보고기간 초의 이익잉여금이 수정된다. 그 회계처리는 제23장에서 다루므로, 여기서는 이러한 수정의 결과로 인한 투자기업 지분액에 해당하는 지분법적용투자 증가를 다음과 같이 분개하는 것을 제시하는 것으로 그친다(감소의 경우는 차/대가 바뀜).

(차) 지분법적용투자	×××	(대) 지분법이익잉여금변동 (이익잉여금)	×××

<예제 3>을 이용하여 이상으로 설명한 회계처리를 익힌다.

예제 3

앞의 <예제 2>의 20×7년 초에 20% 지분을 ₩100,000에 일괄취득한 상황을 이용하되 다음을 추가한다. 관계기업 순자산변동을 투자기업의 장부에 반영하고 또한 지분법적용투자의 보고기간 말 잔액을 계산하라.

- 20×7년 중에 관계기업인 ㈜피자빌딩은 ㈜포철의 사채를 ₩50,000에 취득하고, 이 투자를 기타포괄손익－공정가치(FVOCI) 범주로 분류하여 채무증권(FVOCI)로 인식하였다.
- ㈜피자빌딩은 20×7년 결산을 수행하고 당기순이익 ₩110,000을 보고하였다. 결산과정에서 채무증권(FVOCI)의 평가이익 ₩15,000을 기타포괄이익으로 보고하였다.
- 결산과 동시에 20×7년 마지막 경영행위로서 ㈜피자빌딩은 최초로 현금배당 ₩25,000을 지급하였다. 이 배당은 이사회에서 결의한 20×7년도 결산배당에 해당한다고 가정한다.
- 결산일 현재 파악한 ㈜피자빌딩의 20×7년 순자산 변동내역은 다음과 같다.

내 역	보고기간 초	증 가	감 소	보고기간 말
자 본 금	₩200,000			₩200,000
이익잉여금	100,000	₩110,000 [당기순이익]	(₩25,000) [현금배당]	185,000
기타포괄손익누계액	0	15,000		15,000
자본총계	₩300,000			₩400,000

해 답

<관계기업 당기순이익 발생>

(차) 지분법적용투자	22,000	(대) 지분법이익(당기손익)	22,000*

* ₩110,000 × 20%

<관계기업 기타포괄이익 발생>

(차) 지분법적용투자	3,000	(대) 지분법기타포괄이익 (기타포괄손익)	3,000*

* ₩15,000 × 20%

<관계기업 현금배당>

(차) 현 금	5,000	(대) 지분법적용투자	5,000*

* ₩25,000 × 20%

(참고)

지분법이익	₩22,000
지분법적용투자 잔액*	₩120,000 = ₩100,000 + ₩22,000 + ₩3,000 − ₩5,000

* 계산의 정확성은 다음과 같이 검증할 수 있다.
기말잔액 = 취득원가 + 취득 이후 순자산변동액 × 20%
= ₩100,000 + (₩400,000 − ₩300,000) × 20% = ₩120,000

(2) 투자기업이 수행하는 조정

① 추가적인 상각

앞서 <예제 2>에서 파악한 지분법적용투자의 취득원가와 관계기업 순자산의 장부금액 중 투자지분율에 해당하는 금액의 차이는 '영업권 해당액'(①)과 공정가치와 장부금액 간의 차액(②)으로 구분된다. 이 중 ①은 상각하지 않지만, ②는 그 내역에 따라 적절히 **추가적으로 상각**하고 해당 금액을 다음과 같이 분개한다.

(차) 지분법이익(당기손익)	×××	(대) 지분법적용투자	×××

추가적인 상각은 순자산을 구성하는 개별 자산과 개별 부채의 성격에 따라 감가상각(예 유형자산)으로 나타날 수도 있으며 상각(예 대여금, 무형자산, 차입금 등)으로 구체화될 수도 있다. 추가적인 상각을 수행하는 이유와 절차를 다음의 <예제 4>를 이용하여 살펴본다.

예제 4

앞의 <예제 2>(및 <예제 3>)의 상황에 따른 자료를 정리하면 다음을 알 수 있다. 투자차액 등을 상각하라.

(1) ㈜피자빌딩 20×7년 당기순이익 ₩110,000이었다.

(2) 관련자료

구 분	금 액	차액 ₩40,000
취 득 원 가	₩100,000	₩10,000 ①
순자산공정가치	90,000	30,000 ②
순자산장부금액	60,000	

① '영업권 해당액'이다.

② 공정가치와 장부금액 간에 차이를 나타내는 세부 자산과 부채는 건물뿐인데, 그 공정가치가 장부금액을 ₩150,000 초과한다. 그러므로 그에 따른 차액은 ₩30,000(=₩150,000 × 20%)이다. 건물은 향후 6년에 걸쳐 정액법으로 감가상각하고, 감가상각 후 잔존가치는 ₩0이라고 가정한다.

해 답

(차) 지분법이익(당기손익) 5,000* (대) 지분법적용투자 5,000

* 영업권에 해당하는 ₩10,000은 상각하지 않기 때문에 추가적인 감가상각비만 고려한다. 즉, 추가적인 감가상각비 = ₩30,000 ÷ 6년 = ₩5,000

(참고)

지분법이익	₩17,000 = ₩22,000 − ₩5,000
지분법적용투자 잔액	₩115,000 = ₩100,000 + ₩22,000 + ₩3,000 − ₩5,000 − ₩5,000

<예제 4>와 같은 상황에서 왜 투자기업인 ㈜투위투자는 앞서 <예제 3>에서 기록한 지분법이익을 조정하는가? 그 이유는 앞서 인식한 지분법이익은 관계기업인 ㈜피자빌딩의 당기순이익 ₩110,000에 투자지분율 20%를 곱한 금액인데 투자기업의 관점에서 볼 때 관계기업이 계산한 비용이 적절하지 못하여 결과적으로 그 당기순이익이 적절하지 못하다고 보기 때문이다.

관계기업은 순자산을 운용함에 따라 발생한 수익에 당기비용을 대응시켜 당기순이익 ₩110,000을 보고한 것인데, 이때의 당기비용은 순자산가액 ₩300,000을 기준으로 측정한 것이다. 그런데 투자기업인 ㈜투위투자는 동 순자산을 운용하기 위하여 ₩100,000을 지출하였지 그 장부금액의 20%인 ₩60,000을 지출한 것이 아니다.

이 경우 투자기업인 ㈜투위투자는 초과지출액, 즉 차액 ₩40,000 중 상각이 허용되지 않는 '영업권 해당액' ₩10,000을 제외한 ₩30,000에 따른 추가적인 비용을 인식하여야 적절한 투자수익을 산정할 수 있다. 예를 들어, 건물을 운용하기 위한 초과지출액 ₩30,000만큼 추가적인 감가상각비를 인식할 필요가 있는 것이다. 따라서 추가적인 비용만큼 지분법이익이 적게 발생한 것으로 보정하고자 하는 것이다.

요약하면, 취득한 순자산의 공정가치 해당액이 그 장부금액 해당액을 초과하는 ₩30,000의 경우, ㈜투위투자의 입장에서 이 금액은 건물의 잔존 내용연수 6년에 걸쳐 발생할 추가적인 감가상각비로 해석할 수 있다. 따라서 ₩5,000(=₩30,000÷6년)만큼을 지분법이익에서 차감한다. 앞서의 <예제 4>에서 ㈜피자빌딩이 보고한 당기순이익이 많지 않았더라면 추가적인 비용 중 지분법이익을 차기한 후 남는 잔액을 지분법손실로 계상한다.

② 내부거래손익의 제거

투자기업과 관계기업 간에는 상향거래나 하향거래가 발생할 수 있다. 상향(하향)거래의 예로는 관계(투자)기업이 투자(관계)기업에게 자산을 매각하는 거래를 들 수 있다. 「기업회계기준서」에서는 투자기업과 관계기업 사이의 **상향거래**나 **하향거래**에서 발생한 당기손익에 대하여 투자기업은 자신의 지분과 무관한 손익까지만 투자기업의 재무제표에 인식하도록 규정하고 있다.

구체적으로 관계기업의 보고이익을 근거로 지분법손익을 인식한 다음 그 금액에서 내부거래손익 중 자신의 지분에 해당되는 금액을 제거하는 절차를 밟는다. 내부거래이익을 제거하는 경우의 분개는 다음과 같다.

(차) 지분법이익(당기손익)	×××	(대) 지분법적용투자	×××

이러한 내부거래손익의 제거는 투자기업이 자기의 보고이익을 조정하기 위하여 관계기업으로 하여금 특정 내부거래에 응하도록 영향을 미치려는 유인(incentive)을 억제하는 역할을 수행한다고도 볼 수 있다.

<예제 5>로 내부거래이익을 제거하는 회계를 살펴보자.

예제 5

앞의 <예제 4>의 상황에 다음을 추가로 가정하고 적절한 지분법회계를 수행하라.

- 투자기업인 ㈜투위투자가 20×7년 결산 직전에 장부금액 ₩70,000인 토지(유형자산)를 보고기간 말 공정가치인 ₩75,000으로 관계기업인 ㈜피자빌딩에 매각하였다. ㈜피자빌딩은 이 토지를 당분간 보유할 것이다.

해 답

(차) 지분법이익(당기손익)	1,000*	(대) 지분법적용투자	1,000

* 미실현이익 = (₩75,000 − ₩70,000) × 20%

(참고)

지분법이익	₩16,000 = ₩22,000 − ₩5,000 − ₩1,000
지분법적용투자 잔액	₩114,000 = ₩100,000 + ₩22,000 + ₩3,000 − ₩5,000 − ₩5,000 − ₩1,000

지금까지 살펴본 지분법적용투자 변동에 적용하는 회계처리를 정리한다.6)

표 13. 2
지분법적용투자 변동의 회계처리

구 분		분개(차/대)
관계기업 순자산의 변동	당기순이익의 발생*	지분법적용투자/지분법이익(당기손익)
	(순)기타포괄이익의 발생*	지분법적용투자/지분법기타포괄이익(기타포괄손익)
	현금배당의 선언 · 결의	미수배당금/지분법적용투자
	보고기간 초의 이익잉여금 증가*	지분법적용투자/지분법이익잉여금변동(이익잉여금)
투자기업의 조정	추가적인 상각	지분법이익(당기손익)/지분법적용투자
	내부거래이익의 제거*	지분법이익(당기손익)/지분법적용투자

* 손실이거나 혹은 이익잉여금 감소시에는 분개의 차/대가 바뀌며 계정명칭을 조정(예 지분법손실)

4. 손상 회계

지분법적용투자에의 손상발생에 대한 객관적인 증거가 있는지를 매 보고기간 말에 평가하고, 그러한 증거가 있는 경우 장부금액을 그 **회수가능액**으로 감소시키고 또한 손상차손을 기록한다. 여기서 회수가능액이란 관계기업 투자의 '처분부대원가를 차감한 공정가치'와 사용가치 중 큰 금액이다. 그리고 손상차손은 투자의 장부금액을 구성하는 어떠한 항목에도 배분하지 않는다. 분개는 다음과 같다.

(차) 손상차손(당기손익) ××× (대) 지분법적용투자 ×××

그리고 손상차손을 인식한 후, 지분법적용투자의 회수가능액이 후속적으로 증가하는 만큼 환입을 인식한다. 분개는 다음과 같다.

(차) 지분법적용투자 ××× (대) 손상차손환입(당기손익) ×××

다음의 <예제 6>으로 관계기업 투자의 손상차손 인식을 연습한다.

6) 단계적 취득 · 처분, 보유 중 지분율 변동 등과 같은 사항에 대해서는 고급회계 교재를 참조하기 바란다.

예제 6

<예제 5>의 거래를 기록한 후 ㈜투위투자의 20×7년 말 지분법적용투자 잔액은 다음과 같이 계산한 ₩114,000이다.

취득원가 ₩100,000 + 관계기업 당기순이익 지분 ₩22,000
+ 관계기업 기타포괄손익의 지분 ₩3,000
− 관계기업 배당금 지분 ₩5,000
− 추가 감가상각 ₩5,000 − 내부거래 손익 제거 ₩1,000

계 ₩114,000

이어서 20×7년 말에 ㈜투위투자가 지분법적용투자의 회수가능액이 ₩80,000에 불과하게 되었다는 객관적인 증거를 입수하고, 손상차손을 인식하였다고 가정하자. 손상차손 인식을 분개하라.

해 답

(차) 손상차손(당기손익)	34,000*	(대) 지분법적용투자	34,000

* 장부금액 ₩114,000 − 회수가능액 ₩80,000

5. 적용중단과 제거

투자기업은 관계기업에 대하여 **유의적인 영향력을 상실**한 시점부터 지분법 적용을 **중단**하고 해당 지분투자는 **금융자산**으로 회계처리한다. 이때 중단시점의 공정가치와 장부금액 간의 차이는 당기손익으로 인식하며, 공정가치를 그 금융자산의 취득원가로 한다. 그리고 그 투자와 관련하여 기타포괄손익으로 인식한 모든 금액에 대하여 기업은 피투자자가 관련 자산이나 부채를 직접 처분한 경우의 회계처리와 동일한 기준으로 회계처리한다.

앞의 <예제 3>에서 ㈜투위투자가 인식한 지분법기타포괄이익 ₩3,000이 이러한 경우에 해당한다. 피투자자인 ㈜피자빌딩의 채무증권(FVOCI) 평가이익 ₩15,000에 따른 것이다. 앞서 제11장에서 살펴본 것처럼, 피투자자는 동 평가이익을 기타포괄손익으로 인식하며 처분할 때 재분류조정을 한다. 따라서 ㈜투위투자는 피투자자에 대한 유의적인 영향력을 상실할 때, 이전에 기타포괄손익으로 인식했던 지분법기타포괄이익을 당기손익으로 재분류한다.

지분법적용투자를 일괄처분할 때는 처분대가와 장부금액 간의 차이를 당기손익으로 인식한다. 그리고 그 투자와 관련하여 인식한 기타포괄손익을 유의적인 영향력을 상실한 때와 마찬가지로 처리해야 할 것이다.

예를 들어, 앞서의 <예제 6> 상황에서 20×8년 초에 관계기업 주식(장부금액 ₩80,000)을 현금 ₩80,000에 처분하였다고 하자. 지분법기타포괄이익 ₩3,000은 피투자자의 채무증권(FVOCI) 평가손익 ₩15,000의 지분율 해당액을 인식한 것이므로 재분류조정을 수행한다. 처분 및 **재분류조정** 분개는 다음과 같다.

(차)	현　　금	80,000	(대) 지분법적용투자	80,000
	재분류조정(기타포괄손익)	3,000	처분이익(당기손익)	3,000*

* 재분류조정 분개의 의의와 형식은 제11장 제2절 3.의 내용을 참조

제3절 영업권

제1절에서 영업권(goodwill, 매수영업권이라고도 부름)은 사업과 기업에 내재하지만 사업결합을 통하여 화폐액으로 측정되어 회계과정에 나타나는 무형의 자원(resources)으로서, 합병인 경우에는 취득기업의 자산으로 인식하지만, 인수인 경우에는 측정은 하되 지배기업의 장부에는 구별하여 인식하지 않고 다만 연결재무제표에만 연결실체의 자산으로 보고함을 살펴보았다. 본 절에서는 영업권을 자산으로 인식할 때의 측정방식과 인식요건을 검토한 후, 이어서 영업권의 손상(및 그 회복)에 대한 회계처리를 살펴본다.

1. 최초인식

취득기업이 인식하는 영업권의 취득원가는 **취득일**(지배권을 획득한 날) 현재 다음의 (가)가 (나)를 초과한 금액으로 한다. 즉, **취득법**(purchase method)을 적용한다.

(가) 다음의 합계금액(이하의 '**사업결합대가**(cost of business combination)')
　① 이전대가(移轉代價)로서 일반적으로 취득일의 공정가치
　② 피취득기업에 대한 비지배지분(non-controlling interest)의 금액
　③ 단계적으로 이루어지는 사업결합의 경우 취득기업이 이전에 보유하고 있던 피취득기업에 대한 지분의 취득일 공정가치
(나) 식별가능한 취득자산과 인수부채의 순액(즉, 취득한 순자산의 공정가치)

만일 (나)가 (가)를 초과하는 사업결합이 발생하면, 모든 취득자산과 인수부채를 정

확하게 식별하였는지, 그리고 위 (가)의 모든 사항에 대해 그 금액을 측정하는 데 사용한 절차를 재검토하여 재측정하며, 그래도 남는 부분이 있다면 그 차익(이하, **염가매수차익,** bargain purchase gain)은 취득일에 당기손익으로 인식한다. 이러한 절차는 취득일 현재 이용가능한 모든 정보를 고려하여 관련 측정치에 적절히 반영하였는지를 확인하기 위함이다. 이제 각각의 성격 및 측정에 대하여 살펴본다.

(1) 사업결합대가

① 이전대가

사업결합에서 이전대가의 잠재적 형태의 예로는 현금, 그 밖의 자산, 취득기업의 사업 또는 종속기업, 조건부 대가, 보통주 또는 우선주와 같은 지분상품, 옵션, 주식매입권 및 상호실체의 조합원 지분을 포함한다. 이러한 이전대가는 **공정가치**로 측정하며, 그 공정가치는 취득기업이 이전하는 자산, 취득기업이 피취득기업의 이전 소유주에 대하여 부담하는 부채 및 취득기업이 발행한 지분의 취득일의 공정가치 합계로 산정한다.

취득일에 공정가치와 장부금액이 다른 취득기업의 자산과 부채(예 취득기업의 비화폐성자산)가 이전대가에 포함될 수 있다. 이 경우, 취득기업은 이전된 자산이나 부채를 취득일 현재 공정가치로 재측정하고, 그 결과 차손익이 있다면 당기손익으로 인식한다.

② 피취득기업에 대한 비지배지분

피취득기업 지분의 100%를 취득하지 않고 지배권을 취득한 사업결합에서의 취득기업은 피취득기업에 대한 비지배지분을 공정가치 또는 피취득기업의 식별가능한 순자산 중 비지배지분의 비례적 지분으로 측정한다.

③ 단계적으로 이루어지는 사업결합

단계적으로 이루어지는 사업결합 또는 단계적 취득의 경우, 취득기업은 이전에 보유하고 있던 피취득기업에 대한 지분을 취득일의 공정가치로 재측정하고 평가손익이 발생하면, 적절하게 **당기손익 혹은 기타포괄손익**으로 인식한다.[7] 이전의 보고기간에 취득기업이 그 지분투자에 지분법을 적용함에 따라 피취득기업에 대한 지분의 가치변동을 기타포괄손익으로 인식하였을 수 있다. 이 경우에는 기타포괄손익으로 인식한 금액에 대해 취득기업이 이전에 보유하던 지분을 직접 처분한다면 적용하였을 동일한 근거로 인식하는 것이다. 그리고 지배권 획득시점에 **일괄**하여 **영업권**을 측정한다.

---

7) 「기업회계기준서」 제1109호 '금융자산'의 시행으로 「기업회계기준서」 제1103호 '사업결합'의 문단 42 규정에 '기타포괄손익'이 추가된다.

(2) 식별가능한 취득자산과 인수부채

취득기업은 취득일 현재 영업권과 분리하여 식별가능한 취득자산과 인수부채 및 피취득기업에 대한 비지배지분을 인식하며, 그 구체적인 인식요건은 다음과 같다.

취득법 적용의 일환으로 인식요건을 충족하려면 첫째, 식별가능한 취득자산과 인수부채는 취득일에 '재무제표의 작성과 표시를 위한 개념체계'의 **자산과 부채의 정의**를 충족하여야 하고 둘째, 식별가능한 취득자산과 인수부채는 별도 거래의 결과가 아니라 **사업결합거래**에서 취득기업과 피취득기업 사이에 교환된 것의 일부이어야 한다.

이때 미래에 발생할 것으로 예상되지만 의무가 아닌 원가는 취득일의 부채가 아니라는 점에서 인식하지 않는다. 예를 들어, 피취득기업의 영업활동을 종료하거나 피취득기업의 고용관계를 종료하거나 재배치하는 것과 같은 계획의 실행에 의한 원가 등이다. 그러나 인식원칙의 예외항목도 존재한다. 예를 들어, 당해 의무를 이행하기 위하여 경제적 효익을 갖는 자원의 유출될 가능성이 높지 않더라도 취득기업은 취득일에 사업결합으로 인수한 **우발부채**를 공정가치로 측정할 수 있으면 인식한다.[8)]

인식요건에 따를 때, 피취득기업의 이전 재무제표에 자산과 부채로 인식되지 않았던 자산과 부채가 일부 인식될 수 있다. 예를 들면, 취득기업은 피취득기업이 내부에서 개발하고 관련 원가를 비용으로 처리하였기 때문에 피취득기업이 자신의 재무제표에 자산으로 인식하지 않았던 브랜드명, 특허권 또는 고객관계와 같은 취득한 식별가능한 무형자산을 인식한다.

이제 다음의 <예제 7>을 이용하여 영업권 취득회계를 살펴보자.

예제 7

20×7년 초 ㈜투치자동차는 ㈜기압의 주식 100%를 현금으로 매수하였다. 이러한 사업결합 시점에서 ㈜기압의 재무상태표에 따른 식별가능한 취득자산과 인수부채의 장부금액과 공정가치 측정액은 다음과 같았다.

	장부금액	공정가치
취득자산	₩5,000	₩7,000
인수부채	4,000	4,000

---

8) 사업결합에서 우발부채를 인식한다는 것은 취득기업이 피취득기업 순자산을 단일실체로 통합시키는 과정에서 해당 부채를 재무상태표항목으로 계상한다는 것이다. 그 취지는 사업결합의 본질을 적정히 반영함으로써 회계의 목적적합성을 제고시키고자 하는 것이다. 이러한 우발부채는 제15장에서 다루는 일반적인 우발부채와는 성격을 달리하고 있다. 일반적인 우발부채는 재무상태표항목으로 인식하지 못하고 주석사항으로 기재하기 때문이다.

* 취득자산 및 인수부채란 실제로는 여러 가지 자산 및 부채항목들을 기록할 것을 압축하여 표현한 것이다.

그리고 식별가능한 취득자산 및 인수부채와 관련된 정보는 다음과 같았다.

- 추가적인 자산(인식기준 충족): ㈜기압의 진행 중인 연구·개발 프로젝트 공정가치 ₩800
- 우발부채(인식기준 충족): ㈜기압이 주석으로 보고한 우발부채 중 공정가치로 측정가능한 우발부채의 공정가치 ₩600

1. 사업결합대가가 ₩3,500이었을 때의 사업결합 분개를 수행하라.
2. 사업결합대가가 ₩3,000이었을 때의 사업결합 분개를 수행하라. 단, 2의 회계처리에서 다음 우발부채를 추가적으로 식별한 것을 제외하고는 위의 관련정보가 정확한 것으로 판명되었다.
    - 경제적 효익을 갖는 자원의 유출가능성이 낮아 ㈜기압이 주석으로 보고하지 않았지만 ㈜투치자동차가 추가로 식별한 잠재적 의무의 공정가치 ₩150

해 답

1\. (차) 취득자산 7,000 (대) 인수부채 4,000
매수연구개발비* 800 사업결합우발부채* 600
영 업 권** 300 현 금 3,500

	차변	금액		대변	금액
1. (차)	취득자산	7,000	(대)	인수부채	4,000
	매수연구개발비*	800		사업결합우발부채*	600
	영 업 권**	300		현 금	3,500

* 보다 표현충실한 계정명으로 변경할 수 있음.
** ₩3,500 − ₩3,200(= [계상된 자산 공정가치 ₩7,000 + 추가자산 ₩800 − 계상된 부채 공정가치 ₩4,000 − 우발부채 ₩600] × 100%)

	차변	금액		대변	금액
2. (차)	취득자산	7,000	(대)	인수부채	4,000
	매수연구개발비*	800		사업결합우발부채*	750
				현 금	3,000
				염가매수차익**	50

* 보다 표현충실한 계정명으로 변경할 수 있음.
** 사업결합대가와 식별가능한 취득자산과 인수부채 공정가치 지분액 간의 차액은 ₩(200) = ₩3,000 − ₩3,200이다. 먼저 모든 취득자산과 인수부채를 정확하게 식별하였는지의 여부와 사업결합대가 및 각 항목의 공정가치를 재검토한다. 우발부채 공정가치 지분액이 ₩150 증가한 것을 제외하고는 다른 측정치들은 변동되지 않았기에, 당기손익항목인 염가매수차익은 ₩(50) = ₩3,000 − [₩3,200 − ₩150]이다.

2. 손상 회계

(1) 영업권이 배분된 현금창출단위의 손상

자산으로 기록한 영업권은 상각하지 않는 대신 손상 회계를 적용한다. 영업권은 피취득기업과 분리될 수 없기에 계속기업을 가정할 때 그 내용연수를 결정할 수 없는 무형자원에 해당하므로 그 회계처리 역시 내용연수가 비한정인 무형자산에 적용하는 처리와 유사한 것이다.

그런데 영업권은 분리하여 식별하는 것이 불가능한 자산이므로 첫째, 독립된 처분가액의 공정추정치를 파악하기 어렵고 또한 둘째, 독립적으로 창출하는 고유 현금흐름을 파악할 수 없고 그 영업권이 효익을 제공하는 다른 자산 혹은 자산집단들과 함께 집합적으로 창출하는 현금흐름을 파악할 수 있을 뿐이다. 이렇게 영업권은 독립적으로 현금창출단위가 되지 못하기에 자산손상을 검사하기 위한 회수가능액을 추정하기 어렵다.

따라서 손상파악은 **영업권이 배분된 현금창출단위**(cash generating unit : CGU)에 대한 손상검사의 일부로만 수행될 수밖에 없다. 손상검사 목적상 영업권은 사업결합으로 인한 시너지효과의 혜택을 받게 될 것으로 기대되는 각 현금창출단위(또는 그 집단)로 합리적인 기준에 따라 취득일로부터 배분하는 것이다. 영업권이 배분된 현금창출단위의 회수가능액에 영업권현금흐름이 반영되므로 장부금액에도 이를 반영하기 위함이다.

이렇듯 영업권이 배분된 현금창출단위에 대한 손상검사는 매 회계연도마다, 그리고 손상을 시사하는 징후가 있을 때마다 이루어져야 한다. 영업권이 배분된 현금창출단위의 회수가능액은 그 '**처분부대원가를 차감한 공정가치**'와 **사용가치** 중 큰 금액이다. 그리고 '처분부대원가를 차감한 공정가치'는 합리적 판단력과 거래의사가 있는 독립된 당사자 사이의 거래에서 현금창출단위의 매각으로부터 수취할 수 있는 금액에서 처분부대원가를 차감한 금액이며, 사용가치는 현금창출단위에서 창출될 것으로 기대되는 미래현금흐름의 현재가치이다.

회수가능액이 장부금액에 미달하는 경우에는 손상차손을 인식한다. 손상차손은 다음과 같은 순서로 배분하여 현금창출단위(또는 그 집단)에 속하는 구성자산의 장부금액을 감소시킨다.

① 배분된 영업권의 장부금액을 감액
② 다른 구성자산들 각각의 장부금액에 비례하여 배분

이때 개별 자산은 다음 중 가장 큰 금액 이하로 감액시킬 수 없으며, 그 제약에 따라 특정 자산에 배분되지 않는 손상차손은 현금창출단위(또는 그 집단) 내의 다른 자산에 각각 장부금액에 비례하여 배분한다.

① 개별 자산 '처분부대원가를 차감한 공정가치'(결정가능한 경우)
② 개별 자산 사용가치(결정가능한 경우)
③ ₩0

(2) 회복

영업권에 대해 인식한 손상차손은 후속 보고기간에 **환입할 수 없다.** 그 이유는 영업권에 대해 손상차손을 인식하고 난 후속기간에 증가된 회수가능액은 사업결합으로 인식한 영업권의 **손상차손환입액**이 아니라 내부적으로 창출된 영업권 증가액일 것으로 판단되기 때문이다. 이러한 회계처리는 내용연수가 비한정인 무형자산에 적용하는 절차와 차이가 있다.

이제 다음의 <예제 8>로 영업권에 적용하는 자산손상 회계를 연습한다.

예제 8

20×7년 초 ㈜투파전자는 부채가 없으며 자산으로는 기계와 특허권으로 구성된 공장을 사업결합으로 취득하면서, 영업권을 계상하였다. 공장의 자산은 집합적으로 단일의 현금창출단위를 구성한다. 그리고 개별 자산으로서의 기계와 특허권은 각각 '처분부대원가를 차감한 공정가치'만 측정할 수 있으며 개별 현금흐름은 무시할 수 없는 수준이라는 것만 추정할 뿐 금액을 추정할 수 없다.

영업권은 공장 전체에 시너지효과와 혜택을 발생시키는데, 20×7년 말 현재 영업권이 배분된 현금창출단위와 관련된 장부금액, '처분부대원가를 차감한 공정가치' 및 회수가능액은 다음과 같았다. 개별 자산의 손상징후가 없다고 할 때, 영업권 손상계산과정과 분개를 보여라.

구 분		장부금액	'처분부대원가를 차감한 공정가치'	사용가치	회수가능액
공장	기 계	₩1,000	₩850	결정불능	결정불능
	특허권	500	350	결정불능	결정불능
	영업권	400	결정불능	결정불능	결정불능
현금창출단위		₩1,900	₩1,200	₩1,100	₩1,200

해 답

<손상계산과정>

현금창출단위			개별 자산			
			영업권감액	1차배분액	2차배분액	2차배분 후 장부금액
장부금액	기 계	₩1,000		₩150		₩850
	특허권	500		100	₩50	350
	영업권	400	₩400			
	계	₩1,900	₩400	₩250	₩50	₩1,200
회수가능액		1,200				
손상액		₩700				

<영업권 손상에 대한 분개>

(차) 손상차손	400	(대) 영업권*	400
(차) 손상차손	150	(대) 손상차손누계액-기 계	150
(차) 손상차손	150	(대) 손상차손누계액-특허권	150

영업권은 단일 현금창출단위에 전액 배분되었다. 현금창출단위의 장부금액 ₩1,900이 그 회수가능액 ₩1,200을 초과하는 금액인 ₩700이 그 손상차손이다.

영업권이 배분된 현금창출단위의 손상차손은 먼저 영업권 ₩400을 전액 감액시키고, 잔액 ₩300은 기계와 특허권의 장부금액에 비례하여 각각을 ₩200과 ₩100 감액시키는 데 배분된다. 그러면 기계의 경우, 배분 후 장부금액은 ₩800(=₩1,000−₩200)이 되는데 이 금액은 '처분부대원가를 차감한 공정가치' ₩850보다 작게 된다. 따라서 기계에 배분될 금액은 배분 후 장부금액이 '처분부대원가를 차감한 공정가치' 이하가 되지 않도록 ₩150이어야 한다. 그리고 기계에 배분되지 않은 손상차손 ₩50(=₩200−₩150)은 다른 자산의 각 장부금액에 비례하여 배분해야 하는데, 다른 자산으로 특허권만이 존재하기 때문에 손상차손 ₩50 전액은 특허권에 배분한다. 그 결과, 특허권에 배분된 손상차손 총액은 ₩150(=₩100+₩50)이 되는 셈이며 배분 후의 특허권 장부금액인 ₩350은 그 '처분부대원가를 차감한 공정가치'와 동일하다. 즉, '처분부대원가를 차감한 공정가치'보다 낮지 않다. 배분을 종료한다.

* 영업권에는 손상 후 회복 회계를 적용하지 않기에, 영업권을 직접 차감하는 것이 바람직함.

[부록 A] 연결회계의 기초

[부록 A]에서는 본문 <예제 1>의 기업인수 상황자료를 활용하되, 설명의 편의를 위하여 다음과 같이 종속기업인 ㈜웨딩해요의 자산·부채 장부금액과 그 공정가치가 동일한 것으로 가정한다.

〈자료〉

㈜투일음료는 20×7년 초에 ㈜웨딩해요의 주식 100%를 ₩33,000에 취득하였다. 사업결합 직전의 두 기업 재무상태표 장부금액 자료는 다음과 같았다.

내 역	㈜투일음료	㈜웨딩해요
	장부금액	장부금액(=공정가치)
제 자산	₩100,000	₩60,000
제 부채	60,000	30,000
자본(순자산)	₩40,000	₩30,000

따라서 인수 직후 지배기업인 ㈜투일음료와 종속기업인 ㈜웨딩해요의 재무상태는 다음과 같았다.

내 역	㈜투일음료	㈜웨딩해요
제 자산	₩67,000	₩60,000
종속기업투자	33,000	
제 부채	₩60,000	₩30,000
자본(순자산)	40,000	30,000

연결회계는 연결실체의 재무제표인 연결재무제표 작성과 관련된 모든 회계처리를 일컫는다. 연결재무제표는 지배기업과 그 종속기업의 재무적 내용을 세부항목별로 합산한 금액으로 표시한다. 다만, 그 내용이 이중으로 표시되지 않도록 합산과정에 특수한 회계절차를 적용한다.

예를 들어, <자료>를 이용하여 인수 직후의 연결을 연습한다고 하자. 자산을 합산할 때 지배기업의 자산가액은 종속기업투자 ₩33,000과 나머지 자산 ₩67,000으로 구성된 합계 ₩100,000이다. 그리고 종속기업의 자산은 ₩60,000이다. 인수과정에서 현금 ₩33,000을 주고받았지만, 이 금액은 종속기업의 주주가 지배기업으로부터 받은 것이지 종속기업이 받지 않았다. 따라서 종속기업의 자산은 변화하지 않는다.

단순히 합산하면 ₩160,000이지만, 이는 일부 자산이 이중으로 반영된 결과이다. 지배기업이 장부에 기록한 종속기업투자 ₩33,000은 종속기업의 자산을 반영하고 있기 때문이다. 바로 이 '종속기업투자' 때문에 부채 역시 단순합산하면 이중계산되는 것이다.

자산과 부채의 이중계산은 그 차액인 순자산의 이중계산으로 나타나기 마련이다. 순자산의 이중계산분은 종속기업의 자본 해당액이다. 따라서 연결과정에서 지배기업의 '종속기업투자'와 종속기업의 자본을 상계하는 **연결조정**을 실시한다. 분개의 형식으로 기록하면 다음과 같은데, 이때 종속기업의 순자산 자본가액을 초과하는 투자액은 영업권(및 자산·부채의 공정가치 증가분)으로 분리된다.

(차) 영 업 권	3,000	(대) 종속기업투자	33,000
종속기업자본	30,000		

연결재무제표를 작성하는 과정에서 나타나는 위와 같은 조정분개는 지배기업의 회계기록과는 별개인 **비망기록**(memorandum entries)이다. 관련 내용은 연결조서라는 문서의 형태로 지배기업이 정리·보관한다. 위 조정분개의 효과는 자산과 부채를 항목별로 단순 합산하더라도 이중계산이 나타나는 것을 방지하는 것이다. 그리고 영업권이 연결재무제표에 표시된다. 그 금액은 인수일에 측정한 금액에 근거한 것과 일치한다.

그런데 재무보고는 보고기간 말에 이루어지므로 인수 후 보고기간 중에 진행된 연결실체의 영업활동 결과 또한 반영하여 연결재무제표를 작성하여야 한다. 그러려면 원칙적으로 지배기업과 종속기업의 결산을 실시하고 그 결과를 정리하여야 한다.

종속기업은 (그 자신이 다른 기업의 지배기업인 경우는 논외로 함) **개별재무제표**를 작성한다. 한편, 지배기업은 비록 자신만의 재무적 내용을 보고하는 별도재무제표를 작성하지 않을 수 있지만, 연결을 수행하려면 결산결과를 정리하여야 한다. 이하에서는 이렇게 재무제표에 준하는 결과표를 (최종)시산표라고 부른다. 즉, 절차상으로 볼 때 연결은 지배기업과 종속기업의 장부기록을 병합하는 것이 아니라 그들의 재무제표 혹은 시산표 내용을 항목별로 합산하는 과정이라고 볼 수 있다.

이때 적용하는 세부적 절차 중 기본적인 사항은 제2절의 지분법회계에서 다루었다. 이제 <부록예제 1>을 이용하여 재무제표 내지 시산표 항목을 합산한다는 개념과 이를 기록하는 절차를 알아본다.

부록예제 1

본 장 <예제 1>의 자료를 활용한다.

다음 각각의 독립적인 상황에 적용하는 연결과정을 음미하라.

1. 20×7년의 ㈜투일음료와 ㈜웨딩해요의 총포괄이익이 각각 ₩0이었다.
2. 20×7년의 ㈜투일음료와 ㈜웨딩해요의 총포괄이익은 각각 ₩20,000과 ₩10,000이었는데

그 결과 자산과 자본이 각각의 금액만큼 증가하였다.

해 답

1. 양 기업의 결산 후 최종시산표와 연결결과는 다음과 같다.

시산표내역	㈜투일음료	㈜웨딩해요	연결조정	연결시산표
제 자산	₩67,000	₩60,000	–	₩127,000
종속기업투자	33,000	–	–₩33,000	0
영업권	–	–	3,000	3,000
제 부채	₩60,000	₩30,000	–	₩90,000
자본(순자산)	40,000	30,000	–₩30,000	40,000
총포괄이익	₩0	₩0	–	₩0

• 조정분개는 다음과 같다.

(차) 영 업 권	3,000	(대) 종속기업투자	33,000
자 본	30,000		

즉, 연결시산표를 작성하기에 앞서 실시한 위의 '연결조정' 내용을 분개의 형태로 표현한 것이다.

• 조정분개 혹은 연결조정이 반영된 후 시산표 항목별로 합산을 실시하여 연결시산표를 작성한다. 그리고 그 내용을 연결재무상태표와 연결포괄손익계산서로 보고한다.

• 연결실체의 자산총액은 ₩130,000, 부채총액은 ₩90,000, 자본총액은 ₩40,000이며 총이익은 ₩0이다.

2. 양 기업의 결산 후 최종시산표와 연결결과는 다음과 같은데, 지배기업과 종속기업의 총포괄이익을 반영하여 각자의 기말 자산과 자본이 증가하였음에 유의해야 한다.

시산표내역	㈜투일음료	㈜웨딩해요	연결조정	연결시산표
제 자산	₩87,000*	₩70,000**	–	₩157,000***
종속기업투자	33,000	–	–₩33,000	0
영업권	–	–	3,000	3,000
제 부채	₩60,000	₩30,000	–	₩90,000
자본(순자산)	60,000*	40,000**	–₩30,000	70,000***
총포괄이익	₩20,000	₩10,000	–	₩30,000

* ₩20,000 증가
** ₩10,000 증가
*** ₩30,000 증가

• 조정분개는 1과 동일하다.

(참고) ㈜투일음료는 자신의 장부기록에 지분법을 적용하지 않았다. 별도재무제표를 작성하는 경우에는 지분법을 적용하지 않기 때문이다. 그리고 별도재무제표를 작성하지 않는 경우에 연결에 미치는 효과는 지분법 적용 여부에 무관하다. 조정분개에 대한 자세한 내용은 고급회계 교재를 참조하기 바란다.

• 연결실체의 자산 총액은 ₩160,000, 부채 총액은 ₩90,000, 자본 총액은 ₩70,000이며 총이익은 ₩30,000이다. 이익 ₩30,000 발생으로 자산과 자본이 그만큼씩 증가한 것이다.

[부록 B] 영업권 측정모형

사업결합 거래의 성사에 앞서 무엇보다 거래당사자들 간에 거래대상인 기업(또는 사업)의 가치에 대한 합의가 이루어져야 한다. 여기서의 기업가치란 기업의 관리대상인 순자산의 총체적 가치를 의미한다. 이 가치에서 순자산의 공정가치를 차감하면 그 기업 전체에 귀속하는 영업권 해당액이 된다. 그러므로 실무적으로 기업가치 혹은 영업권을 측정할 필요성이 대두된다.

「기업회계기준서」 제1103호 '사업결합'은 필요에 따라 합리적인 가치평가기법을 사용할 수 있음을 시사하고 있다. [부록 B]에서는 그러한 평가기법의 하나로서 사용할 수 있는 초과이익평가모형을 소개한다.

이하에서는 설명의 편의를 위하여 취득대상인 피취득기업을 주식회사로 상정하고자 한다. 따라서 그 기업의 가치는 주식가치로 표현된다.

피취득기업의 주식가치를 산정하는 과정이 곧 이론적인 영업권 측정과정임은 **초과이익평가모형**(residual income valuation model : RIM)에 의하여 잘 포착되고 있다. 주식가치와 회계수치 간의 체계적 관계를 정립한 이론인 이 초과이익평가모형에 의할 때 그 관계는 다음의 RIM식과 같이 정리된다.[9]

$$V_0 = B_0 + \frac{E_0[X_1 - r_e \cdot B_0]}{(1+r_e)^1} + \frac{E_0[X_2 - r_e \cdot B_1]}{(1+r_e)^2} + \cdots$$

$$= B_0 + \sum_{i=1}^{\infty} \frac{E_0[X_t - r_e \cdot B_{t-1}]}{(1+r_e)^t} \quad \cdots\cdots\cdots\cdots \text{(RIM)}$$

여기서 '0'시점은 가치를 평가하는 시점(현재시점)이며, V_0는 그 시점의 피취득기업 주식가치를 나타낸다. 그리고 $E_0[\bullet]$ 기호는 미래 일정시점에 발생할 금액에 대한 현행 기대치를 나타내며, B_0와 B_t는 각각 현재시점 및 t회계기간 후의 시점에서의 순자산 공정가치를 나타내는데 이론적으로는 공정가치 대신 장부금액을 사용하여도 동일한 결과를 가져온다. X_t는 t기의 총포괄이익이다.

RIM식에서 r_e는 취득기업이 이러한 취득으로부터 얻고자 요구하는 **요구이익률**(required rate of return)이자, 피취득기업의 **자본비용**(cost of equity capital)이다. 따라

---

9) 혹은 abnormal earnings valuation model로도 지칭되는 초과이익평가모형의 이론적 배경과 실증적 근거에 대해서는 김권중 · 김문철, "기업가치평가와 회계연구"(2002 ; 한국회계학회연구보고서)에 잘 설명되어 있다.

서 '$r_e \cdot B_{t-1}$'은 취득기업이 t기 초 현재 취득하고 있는 B_{t-1}로부터 정상적으로 기대하는 수익, 즉 **정상이익**(normal earnings)에 해당하며, '$X_t - r_e \cdot B_{t-1}$'은 t기의 피취득기업 총포괄이익이 정상이익을 어느 정도나 초과하는지를 나타낸다.

이제 RIM식의 의미가 보다 명확해진다. 피취득기업 주식가치인 V_0는 ① 현재시점의 순자산 공정가치 B_0와 ② 미래시점에서의 초과이익 기대치 '$E_0[X_t - r_e \cdot B_{t-1}]$'의 현재가치 합으로 나타난다. **초과이익**을 발생시키는 원천이 영업권이므로 이 현재가치의 합이 바로 **이론적인 영업권 가치**에 해당함을 알 수 있다. RIM식은 피취득기업의 미래 총포괄이익이 그 정상이익을 초과하면 피취득기업의 주식가치는 그 순자산 공정가치보다 영업권만큼 커지는 관계를 설명하고 있다. 다시 말해, RIM식은 '주식가치=순자산 공정가치+영업권'이라는 관계를 정리하고 있다.

한편, RIM식을 적용함에 있어 총포괄이익의 예측과정을 단순화시키는 가정을 한다. 예를 들자면, 높은 수준의 총포괄이익(혹은 초과이익)은 일정기간 동안만 지속된다는 것이다. 이러한 가정은 산업별, 기업 간에 벌어지는 치열한 경쟁을 생각해 보면 상당히 현실적인 가정이라고 할 수 있다. 그리고 미래의 총포괄이익을 현재까지 발생된 이익 수치를 근거로 추정할 때는 그 중 어느 정도가 향후에도 지속적으로 발생할 것인가 등을 꼼꼼히 살펴야 한다. 예를 들어, 비경상적·비반복적으로 발생된 항목에 따른 이익은 일반적으로 미래에도 반복·재현될 가능성, 즉 지속성이 낮으므로 미래 예측과정에 고려할 때 그 비중을 낮게 하는 것이다. 이제 <부록예제 2>를 이용하여 초과이익평가모형에 따라 영업권을 측정하는 연습을 한다.

부록예제 2

20×7년 초 ㈜투부이용은 현금을 지급하고 ㈜고비미용의 주식 100%를 취득하였다. 다음 자료를 이용하여 ㈜투부이용이 매수협상에서 고려한 영업권 가치를 측정하라.

- 취득시점에서의 ㈜고비미용의 순자산가액: 공정가치 ₩1,300,000(장부금액 ₩1,000,000)
- 거래당사자들은 ㈜고비미용은 누적된 기술력을 바탕으로 ㈜투부이용의 일원으로 편입된 후에도 향후 5년간 현재의 높은 경영성과를 계속 나타낼 것이라는 데 의견을 같이 하였다.
- ㈜고비미용은 지난 5년간 매년 흑자를 나타냈으며 총포괄이익의 연평균은 ₩600,000이었다. 그리고 미래 지속성이 낮을 것으로 판단한 항목으로는 작년에 계상했던 채무면제이익이 있을 뿐인데, 앞으로 발생할 가능성은 전혀 없을 것으로 판정하였다. 채무면제이익은 세전금액으로는 ₩625,000이었지만, 세후금액으로는 ₩500,000이었다.
- ㈜투부이용은 향후 5년간 ㈜고비미용으로부터의 배당을 계획하고 있지 않았다.
- 관련된 자본비용(r)은 연 10%였다.

해 답

<사업결합 후 5년간 기대되는 총포괄이익 흐름 예측>

현재 총포괄이익의 평균액 − 미래 지속성이 의심되는 항목의 조정액

= ₩600,000 − {₩500,000 ÷ 5년}

= ₩500,000/년

<초과이익 현재가치 계산>

5년간 매년 ₩500,000의 총포괄이익이 발생하고, 또한 배당이 실시되지 않으므로 매년 순자산가액은 ₩500,000씩 증가한다. 따라서 초과이익(= 총포괄이익 − 정상이익 = 총포괄이익 − 자본비용 × 기초순자산)과 이를 자본비용으로 할인한 현재가치는 다음과 같다.

연 도	① 기초순자산	② 총포괄이익	③ 정상이익 (= ① × r^*)	④ 초과이익 (= ② − ③)	그 현재가치
20×7	₩1,300,000	₩500,000	₩130,000	₩370,000	₩336,364
20×8	1,800,000	500,000	180,000	320,000	264,463
20×9	2,300,000	500,000	230,000	270,000	202,855
20y0	2,800,000	500,000	280,000	220,000	150,263
20y1	3,300,000	500,000	330,000	170,000	105,557
합 계					₩1,059,502

* r = 자본비용

<영업권 추정>

위에서 계산한 현재가치의 합 ₩1,059,502이 영업권 추정액이다.

(참고) ㈜고비미용의 주식가치는 ₩2,359,502(= ₩1,300,000 + ₩1,059,502)으로 추정된 셈이다.

[부록 C] 관계기업과의 거래 관련 IAS 28 개정사항(예정)

2025년 2월 현재 국제회계기준위원회(IASB)는 IAS 28 '관계기업과 공동기업에 대한 투자'의 이해가능성을 증진시키고 지분법 회계처리를 명확히 하기 위한 회계기준 개정을 진행 중이다. 동 개정의 세부 내용과 시행 시기 등은 아직까지 확정되지 않았으나, 현재 논의되고 있는 여러 개정사항 중 현행 회계처리와 큰 차이를 보일 것으로 예상되는 '관계기업과의 거래'와 관련한 개정 내용을 간략히 소개하면 다음과 같다.

현행 IAS 28에 따르면 투자기업과 관계기업 사이의 '상향' 거래(예 관계기업이 투자자에게 자산을 매각)나 '하향' 거래(예 투자자가 관계기업에게 자산을 매각하거나 출자)에서 발생한 손익에 대하여 그 관계기업에 대한 지분과 무관한 손익까지만 인식하도록 되어 있다. 이는 투자기업이 관계기업에 대해 유의적인 영향을 기반으로 부당한 목적의 내부거래를 수행하고자 하는 유인을 억제하기 위함이다.

그러나 이러한 회계처리는 다음과 같은 비판을 받아왔다. 첫째, 투자기업이 관계기업에 대해 지배력을 가지고 있지 않은 상황에서 자신에게 재무적으로 유・불리한 거래를 관계기업에게 강제하는 것이 현실적으로 쉽지 않다. 예를 들어, 지배회사는 종속회사에 대해 자신이 원하는 조건의 상・하향 거래를 강제할 수 있는 지배력이 있어 (본래 단일 경제적 실체 관점에서 연결재무제표 작성 시 지배회사와 종속회사 간의 내부거래를 100% 제거하는 것으로 보는 것이 일반적이나) 지배회사가 과반수를 넘어서는 의결권을 보유한 경우 100%가 아니더라도 100%에 상응하는 지배력을 행사할 수 있기에 관련 거래 손익을 모두 제거하는 것으로 해석될 수 있다. 그런 의미에서 투자기업이 관계기업을 지배하지 않음에도 상・하향 거래에 대한 유의한 영향력을 전제로 그러한 영향력에 상응하는 거래 손익을 인식하지 않는 것은 거래의 실질에 부합하지 않는 측면이 있다. 둘째, 투자기업이 관계기업과의 상・하향 거래에서 발생한 손익 중 자신의 지분율에 상응하는 부분을 제외하는 경우 관계기업 순자산 변동과 무관한 투자기업만의 회계처리이다. 따라서 이러한 기존 회계처리방법을 적용할 경우 투자기업의 관계기업투자주식 장부금액이 관계기업의 순자산과 변동에 비례적으로 연동하여 조정되지 않게 되며, 그 결과 양자가 괴리되는 불합리한 결과가 발생할 수 있다.

이에 국제회계기준위원회는 향후 개정될 IAS 28에서 투자기업이 관계기업과의 '상향' 거래와 '하향' 거래에서 발생한 손익을 전액 인식하는 것으로 변경할 예정으로 의견수렴 과정에 있다. 따라서 동 개정사항이 확정되는 경우 앞으로는 투자기업과 관계기업 간의 거래에서 발생하는 지분율에 해당하는 손익을 차감하는 회계처리 관행은 사라질 것으로 전망된다.

익힘문제

[1] 지분투자를 피투자기업의 경영에 미치는 영향력의 크기에 따라 네 가지 종류로 구분하고 각각에 적용하는 회계처리의 특징을 설명하라.

[2] 연결재무제표, 별도재무제표 및 개별재무제표는 어떤 기업이 보고하는 재무제표인지를 설명하라.

[3] 지분투자는 그 종류에 따라 각각 연결재무제표, 별도재무제표 및 개별재무제표에 어떻게 보고하는지를 설명하라.

[4] 유의적인(중대한) 영향력을 행사할 수 있다는 개념을 어떻게 설명할 수 있겠는가?

[5] 지분법은 어떤 요건을 갖추었을 때 적용하는 회계처리인가? 수익인식 측면에서 원가모형 및 공정가치모형과 비교하여 설명하라. 이때 경영자의 이익조정행위에 어떠한 영향을 미칠 것인지도 함께 고려하라.

[6] 지분법회계에서 취득원가와 관계기업의 순자산장부금액에 대한 투자기업의 지분액 간 차이를 구성하는 두 부분의 성격에 대해서 기술하고, 각각에 대한 회계처리를 설명하라.

[7] 지분법회계에서 관계기업의 순자산 변동을 반영하는 절차, 즉 지분변동액의 인식에 대해서 요약하라.

[8] 사업결합에서 인식한 영업권과 내부적으로 창출한 영업권의 유사점 및 상이점을 설명하라.

[9] 영업권의 취득원가를 어떻게 측정하는지를 설명하라. 그리고 염가매수차익의 측정에 대해서도 함께 고려하라.

[10] 영업권의 손상차손 인식 및 측정에 대해서 정리하라.

[11] 초과이익평가모형의 의의를 설명하라.

연습문제

[1] 사업결합과 영업권

㈜투일전자는 20×7년 초에 ㈜피일의 주식 100%를 취득하였다. 사업결합 직전의 두 기업 재무상태표 장부금액 자료는 다음과 같았다.

내 역*	㈜투일전자	㈜피일	
	장부금액	장부금액	공정가치
제 자산	₩200,000	₩100,000	₩150,000
제 부채	140,000	80,000	80,000
자본(순자산)	₩60,000	₩20,000	₩70,000

* 제(諸)자산(부채)은 특별히 언급하는 항목을 제외한 나머지 다양한 자산(부채)으로 구성되었음을 간명히 표현하기 위하여 사용한 표현이다.

㈜투일전자와 ㈜피일은 세밀하게 관련 자료를 검토하고 협상 끝에 ₩75,000을 주고 받음으로써 사업결합을 성사시켰다.

(1) ㈜투일전자는 ㈜피일을 합병하고 전기사업부서로 조직하였다. 합병일에 ㈜투일전자가 수행하는 분개를 보이고, 합병 전후의 재무상태 변화를 비교하라.

(2) ㈜투일전자는 지배기업이 되었다. 인수일에 ㈜투일전자가 수행하는 분개를 보이고, 인수 전후의 재무상태 변화를 비교하라.

(3) 위 (2)의 인수와 관련하여 영업권은 언제 · 얼마로 측정되며, 언제 누가 보고하는지를 설명하라. 또한 종속기업투자 항목의 자산은 언제 누가 보고하는지도 설명하라.

[2] 지분법

㈜투어드림은 20×7년 초 장기투자목적으로 ㈜피투의 보통주식 20%를 취득하여 20×9년 초에 처분하였다. ㈜피투는 인터넷회사인데 아직 상장되지 않았으며 또한 그 공정가치 측정이 가능하지 않은 회사이다. 그간 두 회사 간에는 일체의 내부거래가 없었으며, 그 외 동 투자와 관련된 일련의 사건과 거래들은 다음과 같다.

일 자	사건과 거래
20×7년 초	₩100,000으로 주식 20%를 취득했는데, 취득원가는 ㈜피투 순자산 장부금액의 20%와 일치
20×7년 말	㈜피투가 당기순이익 ₩120,000 발표
20×8년 초	㈜피투가 현금배당 ₩80,000을 선언하고 지급
20×8년 말	㈜피투가 당기순손실 ₩50,000 발표
20×9년 초	㈜피투의 주식 20% 전부를 ₩95,000에 처분

(1) 지분법에 따라 일자별 거래를 분개하라.

(2) 원가법에 따라 일자별 거래를 분개하라.

[3] 지분법

㈜투삼인삼은 20×7년 초에 그간 한 번도 현금배당을 실시하지 않았지만 발전가능성이 높은 ㈜피삼 보통주식의 30%를 현금 ₩750,000에 취득하였다. 관련 자료는 다음과 같다.

① 20×7년 초, ㈜피삼 순자산 장부금액 ₩1,000,000

② 취득시점 ㈜피삼 순자산의 공정가치가 장부금액을 초과하는 사항 :

- 장부금액 ₩1,500,000인 건물의 공정가치 ₩2,000,000
  ㈜피삼은 건물을 앞으로 25년간 매년 ₩60,000씩 감가상각할 예정임.
- 장부금액 ₩500,000인 토지의 공정가치 ₩1,000,000

③ ㈜피삼의 20×7년 순자산 변동내역 : 당기순이익 ₩800,000뿐임.

④ ㈜투삼인삼과 ㈜피삼 간의 내부거래내역 :
㈜피삼이 20×7년 결산 직전 장부금액 ₩60,000인 토지(유형자산)를 공정가치인 ₩70,000으로 ㈜투삼인삼에 매각하고 그 대금은 1년 후에 받기로 함.

⑤ 20×7년 말, ㈜투삼인삼은 지분법적용투자에 대한 손상이 없다고 판단

(1) 투자주식 취득거래를 분개하고 지분법적용에 필요한 자료를 정리하라.

(2) 20×7년 말의 지분법 적용을 분개하라.

[4] 지분법

㈜투사벨트는 20×7년 초에 그간 한 번도 현금배당을 실시하지 않았지만 발전가능성이 높은 ㈜피사 보통주식의 20%를 ₩200,000에 취득하고 지분법을 적용하여 회계처리를 하고 있다.

- ㈜피사의 취득일 현재 재무상태표는 다음과 같았다.

건 물	2,000,000	장기차입금	600,000
감가상각누계액	(800,000)	자본금(보통주)	400,000
		이익잉여금	200,000
자산총계	1,200,000	부채와자본총계	1,200,000

취득일에 파악한 정보는 다음과 같았다.

- 장부금액 ₩1,200,000인 건물의 당일 공정가치는 ₩1,500,000이었다.
  건물은 취득일 이후 6년에 걸쳐 정액법(잔존가치 ₩0)으로 감가상각한다.
- 장기차입금의 공정가치는 장부금액과 동일하다.

20×7년 중 다음의 거래가 발생하였다.

- 20×7년 중에 관계기업인 ㈜피사는 ㈜포철의 사채를 ₩100,000에 취득하고, 이 투자를 기타포괄손익-공정가치(FVOCI) 범주로 분류하여 채무증권(FVOCI)로 인식하였다.
- 20×7년 중에 ㈜피사는 최초로 현금배당 ₩100,000을 지급하였다. 이 배당은 이사회에서 결의한 20×7년도 중간배당이었다.
- ㈜피사는 20×7년 결산을 수행하고 당기순이익 ₩220,000을 보고하였다. 결산과정에서 채무증권(FVOCI)의 평가이익 ₩30,000을 기타포괄손익으로 보고하였다.
- ㈜피사의 20×7년 재무제표에는 회계변경에 따른 전기이월이익잉여금 증가액 ₩50,000이 반영되어 있다.
- 투자기업인 ㈜투사벨트가 20×7년 결산 직전에 장부금액 ₩140,000인 토지(유형자산)를 보고기간 말 공정가치인 ₩150,000으로 ㈜피사에 매각하였다. ㈜피사는 이 토지를 당분간 보유할 것이다.

20×7년 말에 ㈜투사벨트가 지분법적용투자의 회수가능액이 ₩160,000에 불과하게 되었다는 객관적인 증거를 입수하고, 손상차손을 인식하였다

(1) ㈜피사에 대한 지분투자와 관련하여, ㈜투사벨트가 20×7년에 수행할 분개를 모두 보여라.

(2) ㈜피사에 대한 지분투자에 따라, ㈜투사벨트가 20×7년에 그의 포괄손익계산서에 보고할 손익내역을 계산하라.

(3) ㈜투사벨트가 그의 20×7년 재무상태표에 보고할 지분법적용투자의 보고기간 말 잔액을 계산하라.

(4) ㈜피사에 대한 지분투자에 따라, 20×7년 동안의 ㈜투사벨트 자본변동내역을 이익잉여금과 기타포괄손익누계액으로 나누어 설명하라.

[5] 지분법 (2022년 공인회계사 1차 시험 기출문제 수정)

㈜대한은 20×1년 초 ㈜민국의 의결권 있는 주식 20%를 ₩600,000에 취득하여 유의적인 영향력을 행사할 수 있게 되었다. ㈜민국에 대한 추가 정보는 다음과 같다.

- 20×1년 1월 1일 현재 ㈜민국의 순자산 장부금액은 ₩2,000,000이며, 자산과 부채는 장부금액과 공정가치가 모두 일치한다.
- ㈜대한은 20×1년 중 ㈜민국에게 원가 ₩200,000인 제품을 ₩250,000에 판매하였다. ㈜민국은 20×1년 말 현재 ㈜대한으로부터 취득한 제품 ₩250,000 중 ₩100,000을 기말재고로 보유하고 있다.
- ㈜민국의 20×1년 당기순이익은 ₩280,000이며, 기타포괄이익은 ₩50,000이다.

㈜민국에 대한 지분법적용투자주식과 관련하여 ㈜대한이 20×1년도 포괄손익계산서상 당기손익에 반영할 지분법이익은 얼마인가?

[6] 영업권

20×7년 초 ㈜투오유지는 ㈜피오의 주식 100%를 현금으로 매수하였다. 이러한 사업결합시점에서 ㈜피오의 재무상태표에 따른 순자산 장부금액과 식별가능한 취득자산과 인수부채의 장부금액과 공정가치 측정액은 다음과 같았다.

	장부금액	공정가치
취득자산	₩15,000	₩17,000
인수부채	14,000	14,000

* 제(諸)자산(부채)은 특별히 언급하는 항목을 제외한 나머지 다양한 자산(부채)으로 구성되었음을 간명히 표현하기 위하여 사용한 표현이다.

식별가능한 취득자산 및 인수부채와 관련된 정보는 다음과 같았다.

- 추가적인 자산(인식기준 충족) : ㈜피오의 진행 중인 연구 · 개발 프로젝트 공정가치 ₩1,800
- 우발부채(인식기준 충족) : ㈜피오가 주석으로 보고한 우발부채 중 공정가치로 측정가능한 우발부채의 공정가치 ₩1,600

(1) 사업결합대가가 ₩4,000이었을 때의 사업결합 회계처리를 수행하라.

(2) 사업결합대가가 ₩2,500이었을 때의 사업결합 회계처리를 수행하라. 단, (2)의 과정에서 인식기준을 충족하는 다음 우발부채를 추가적으로 식별한 것을 제외하고는 위의 관련 정보가 정확한 것으로 판명되었다.

- 다음 : 효익 유출가능성이 낮아 ㈜피오가 주석으로 보고하지 않았지만 ㈜투오유지가 추가로 식별한 잠재적 의무의 공정가치 ₩100

[7] 영업권손상

20×7년 초 ㈜투육부채는 부채가 없으며 자산은 기계와 특허권으로 구성된 공장을 사업결합으로 취득하고 영업권을 계상하였다. 공장의 개별 자산은 모두 단일의 현금창출단위를 구성하며, 단지 개별 '처분부대원가를 차감한 공정가치'만 측정할 수 있다. 또한 개별 현금흐름은 무시할 수 없는 수준이라는 것만 추정할 뿐 금액을 추정할 수 없다.

영업권은 공장 전체에 시너지효과와 혜택을 발생시키는데, 20×7년 말 현재 영업권이 배분된 현금창출단위와 관련된 장부금액, '처분부대원가를 차감한 공정가치' 및 회수가능액은 다음과 같았다. 개별 자산의 손상징후가 없다고 할 때, 영업권 손상에 대한 분개를 보여라.

(단위 : ₩)

	장부금액	'처분부대원가를 차감한 공정가치'	사용가치	회수가능액
기 계	2,000	1,700	결정불능	결정불능
특허권	1,000	700	결정불능	결정불능
영업권	800	결정불능	결정불능	결정불능
계	3,800	2,400	2,200	2,400

[8] 영업권

오랜만에 들른 Mr. M&A가 모두 좋은 물건인데, 특히 A기업의 수익력이 높다면서 다음의 검토자료를 놓고 갔다.

인수 · 합병 대상기업	향후 5년간 예상이익률	그 이후 예상이익률
A	연 18%	연 15%
B	연 12%	연 9%

자료를 살펴본 ㈜사자의 경영자는 실무진에게 각 대상기업 투자에 적용할 요구이익률을 추정하도록 지시하였다. 그 결과 A에는 연 20%를, 그리고 B에는 연 9%를 적용하는 것이 합당하다는 보고를 받았다.

(1) 왜 요구이익률 추정을 지시하였겠는가?

(2) 왜 대상기업별로 적용하는 요구이익률이 다른가?

(3) ㈜사자의 합리적인 경영자는 어느 대상기업이 영업권을 보유하고 있다고 평가하겠는가?

(4) 매수협상에 나선 ㈜사자의 합리적인 경영자는 둘 중 어느 기업을 매수할 것인가?

[9] 영업권의 측정 : 초과이익평가모형

20×7년 초 ㈜호랑이는 ㈜오양이 주식의 100% 매수를 고려하고 있다. 매수협상에 앞서 그 타당성을 검토하고 있다. 이 과정에서 다음 자료를 취합하였다.

- 현시점 ㈜오양이의 순자산 공정가치 : ₩1,000,000
- ㈜오양이의 미래 당기순이익 예측치 : 3년간 ₩500,000의 대단히 양호한 실적 예상 그 이후에는 요구수익률 수준(연 10%)의 실적치를 기대
- ㈜오양이로부터의 3년간 배당에 대한 가정 :
  ① 무배당
  ② 배당성향(=현금배당/당기순이익) 50%
  ③ 배당성향 100%

위의 자료를 근거로 할 때 ①, ② 및 ③ 각각의 경우에 ㈜호랑이는 ㈜오양이의 영업권 가치를 얼마로 추정하겠는가?

[10] 영업권의 측정 : 초과이익평가모형

20×7년 초 ㈜아누수는 ㈜우수 주식의 반을 현금으로 매수하려고 검토하고 있다. 이 과정에서 다음 내용의 자료를 취합하였다.

- ㈜우수 순자산의 공정가치 : 공정가치 ₩100,000
- ㈜우수 미래 초과이익의 지속행태에 대한 가정 :
  ① 영원히 매년 ₩5,000의 초과이익이 창출될 것으로 가정
  ② 앞으로 5년간만 매년 ₩10,000의 초과이익이 창출될 것으로 가정
  ③ 앞으로 5년간 매년 ₩7,000의 초과이익이 창출되고, 또 그 직후 5년간 ₩5,000의 초과이익이 창출될 것으로 가정
- ㈜아누수가 ㈜우수 주식가치 평가에 적용하는 정상이익률 : 연 10%

(1) 위의 자료를 근거로 할 때 ①, ② 및 ③ 각각의 경우에 ㈜우수가 장부에 기록하지 않은 순자산의 가치는 얼마로 추정되는가?

(2) 위 가액에 근거하여 매수대가가 결정된다면, ㈜아누수는 얼마의 영업권을 기록하겠는가?

PART 3 부채와 자본

개 요

제3부에서는 부채회계와 자본회계를 살펴보고자 한다. 제3부에서는 부채를 금융부채, 그리고 충당부채와 기타부채로 나눈다. 기타부채에는 충당부채에서 다루지 않은 비금융부채를 포함한다. 본 교재에서 부채를 이렇게 분류한 이유는 「기업회계기준서」를 충실히 따르기 위함이며, 금융부채와 충당부채는 상호배타적이 아니기 때문이다. 지급보증충당부채, 사후처리충당부채의 경우 금융부채이면서 충당부채의 정의를 동시에 충족한다는 점에서 금융부채와 충당부채가 상호배타적이 아니다. 제3부는 제14장부터 제16장까지 구성되어 있다. 제14장에서는 금융부채회계 및 사채회계를 설명하고, 제15장에서는 충당부채와 기타부채를 다룬다. 한편, 순확정급여부채는 특수주제를 다룬 제4부 제22장 종업원급여에서 학습한다.

부채는 과거사건의 결과로 기업이 경제적 자원을 이전해야 하는 현재의무이다. 부채가 존재하기 위해서는 다음의 세 가지 조건을 모두 충족하여야 한다. (1) 기업에게 의무가 있다. (2) 의무는 경제적 자원을 이전하는 것이다. (3) 의무는 과거사건의 결과로 존재하는 현재의무이다. 일반적으로 부채의 액면금액은 확정되어 있지만, 복구충당부채와 같이 그 측정에 추정을 요하는 경우도 있다. 그러나 부채의 정의는 금액의 추정 여부와는 상관없이 적용된다.

부채는 과거의 거래나 사건으로부터 발생한다. 신용으로 재화를 구입하였거나 용역을 제공받은 경우 매입채무가 발생하며, 은행대출을 받은 경우에는 상환의무가 발생한다. 미래에 발생이 예상되는 대규모 수선비의 경우와 같이 장래에 자원의 유출 또는 사용이 기대된다 하더라도 과거의 거래나 사건으로부터 기인하지 않은, 다시 말해서 미래사건과 독립적이지 않은 의무는 부채의 정의를 충족하지 못한다.

부채는 기업실체가 현재시점에서 부담하는 경제적 의무이다. 의무란 기업이 회피할 수 있는 실제 능력이 없는 책무나 책임을 말한다. 의무는 항상 다른 당사자(또는 당사자들)에게 이행해야 한다. 의무에는 계약이나 법령에 의해 법적 강제력이 있는 의무와 상관습이나 관행 또는 거래상대방과의 원활한 관계를 유지하기 위한 정책 등으로 인해 발생하는 의무가 있다. 전자의 예로는 이미 제공된 재화와 용역에 대한 지급의무를 들 수 있다. 후자의 예로는 제품보증기간 후에 발생하는 하자에 대해서도 보수해주기로 경영정책을 정한 경우 품질보증기간이 경과한 후에 지출될 것으로 예상되는 금액을 들 수 있다. 미래의 일정시점에서 자산을 취득한다는 경영정책이나 단순한 약정은 현재의 의무가 아니다. 현재의 의무는 주로 현금 또는 기타자산의 이전, 용역의 제공, 다른 의무로의 대체 또는 자본으로의 전환 등의 방법으로 이행된다.

제16장에서는 자본에 대한 기본적인 이해를 시작으로, 주식의 발행, 재취득, 소각, 배당 등 주주와의 거래, 그리고 그러한 거래의 결과로 나타나는 각종 자본항목(자본금, 자본잉여금, 자본조정, 이익잉여금, 기타포괄손익누계액)에 대해 순차적으로 학습한다.

자본은 기업의 자산에서 모든 부채를 차감한 후의 잔여지분이다. 다시 말해서 자본은 기업실체의 자산총액에서 부채총액을 차감한 잔여액 또는 순자산으로서 기업실체의 자산에 대한 소유주의 잔여청구권이다. 주식회사의 경우 소유주는 주주이므로 주주지분은 자본과 동의어로 사용된다. 또한 자본이라는 용어는 타인자본, 즉 부채를 포함하는 개념으로 쓰이기도 하나, 제3부에서는 소유주지분인 자기자본만을 의미한다.

자본에 대해서는 그 분배 또는 사용에 대한 법적 제한이나 기타 사용목적에 따라 구분표시함으로써 재무제표 이용자에게 유용한 정보를 제공할 수 있다. 또한 배당금 수령이나 청산시에 주주간의 권리가 상이한 경우 주주지분의 구분표시는 그에 관한 정보를 제공한다.

CHAPTER 14

금융부채

Contents

한국채택국제회계기준		국제회계기준	
제1001호	재무제표 표시	IAS 1	Presentation of Financial Statements
제1118호	재무제표 표시와 공시*	IFRS 18	Presentation and Disclosure in Financial Statements
제1010호	보고기간후사건	IAS 10	Events after the Reporting Period
제1032호	금융상품 : 표시	IAS 32	Financial Instruments : Presentation
제1107호	금융상품 : 공시	IFRS 7	Financial Instruments: Disclosures
제1109호	금융상품	IFRS 9	Financial Instruments
제1113호	공정가치 측정	IFRS 13	Fair Value Measurement

* 2027년 1월 1일 이후 최초 개시 회계연도부터 적용되며, 제1001호를 대체함. 조기적용이 허용됨.

부채는 과거사건의 결과로 기업이 경제적 자원을 이전해야 하는 현재의무이다. 이러한 부채의 정의를 만족하더라도 부채의 인식기준을 충족하지 못하면 재무제표에 부채로 나타나지 못한다. 부채로 재무제표에 계상하기 위해서는 원칙적으로 당해 항목이 부채의 정의를 충족시켜야 하며, 목적적합성과 충실한 표현이라는 질적 특성을 갖추어 재무제표이용자들에게 유용한 정보를 제공하여야 하고, 정보의 효익이 그 정보를 제공하고 사용하는 원가를 정당화할 수 있어야 한다. 부채의 기초와 관련된 내용은 제2장에서 이미 다루었기 때문에 참조하기 바란다.

한편, 부채는 「기업회계기준서」에 의하면 유동부채와 비유동부채로 분류하여 표시하지만, 본 교재에서는 부채를 재무제표에 표시하기 위해서 금융부채와 비금융부채로 분류하는 것이 필요하다고 판단하였다. 왜냐하면 재무제표에 표시하기 위하여 상각후원가나 공정가치 등으로 측정하는 금융부채와 측정이 불필요한 자본 간 분류가 중요해서 금융부채와 비금융부채 간 구분의 필요성이 생기기 때문이다. 부채와 자본 간 분류가 중요한 이유는 부채비율에 중요한 영향을 미칠 수 있기 때문이다. 또한 금융기법이 발달함에 따라 금융부채와 자본 간 구분이 갈수록 어려워지고 있어서, 금융부채와 자본 간 구분을 보다 명확히 할 필요성이 대두되고 있다.

제1절 금융부채회계

1. 금융부채의 특성

금융부채의 정의, 금융부채와 지분상품 간 표시를 위한 분류 및 금융부채의 측정을 위한 분류는 제10장을 참조하기 바란다. 금융부채는 다음과 같은 특성을 가지고 있는 부채이다.

- 금융부채의 경우 현금 등 금융자산이나 자기지분상품(예 자기주식)을 직접 혹은 간접적으로 인도할 회피 불가능한 의무이다. 금융부채의 경우 선수수익, 제품보증충당부채와 같은 비금융부채에서 발생하는 재화·용역의 인도의무가 아니다.
- 금융부채의 경우 의제의무나 법률상 의무가 아니고 계약에 의해 형성된 의무이다. 금융부채의 경우 의제의무로서 인식될 수 있는 구조조정충당부채, 법률상 의무로서 인식되는 미지급법인세 등의 비금융부채와는 달리 계약상 의무인 것이다.

2. 금융부채의 측정

「기업회계기준서」에 따르면 금융부채는 **최초 측정** 시 **공정가치**로 측정한다. 금융부채(FVPL; 공정가치로 측정하고, 공정가치 변동을 당기손익으로 인식하는 것을 의미한다)의 발행과 직접 관련된 거래원가(대리인, 고문, 중개인 및 판매자에게 지급하는 수수료와 중개수수료, 감독기구와 증권거래소의 부과금 및 양도세 등을 의미한다)는 당기비용으로 처리하고, 금융부채(FVPL)가 아닌 경우 당해 금융부채의 발행과 직접 관련되는 거래원가는 최초 인식하는 공정가치에서 차감(사채의 경우 차감적 평가계정인 사채할인발행차금에 가산하거나 부가적 평가계정인 사채할증발행차금에서 차감)한다. 거래원가의 회계처리는 다음과 같다.

금융부채(FVPL) :

(차) 수수료비용	×××	(대) 현　　금	×××

기타 금융부채 :

(차) 금융부채	×××	(대) 현　　금	×××

최초 인식 후 **후속 측정** 시 모든 금융부채는 아래의 ①부터 ⑤까지를 제외하고는 후속적으로 상각후원가로 측정한다. ② , ③ 및 ④의 경우는 공정가치모형도 상각후원가모형도 아닌 특수한 측정모형을 적용하는 경우에 해당한다. ①에서 FVPL선택권을 행사하였지만 자기신용위험의 변동으로 인한 공정가치 변동부분을 당기손익으로 인식하는 경우는 부록예제 4, ②의 지속적 관여접근법을 적용하는 부채는 예제 1 그리고 ③의 보증의 주체가 금융기관인 금융보증계약 경우는 예제 2를 통해 살펴볼 것이다. ④의 경우는 ③과 측정방식이 동일하므로, 그리고 ⑤는 고급회계와 관련된 내용이므로 예제에 포함하지 않았다. 그리고 ①에서 파생상품부채의 경우는 부록예제 2와 3에 제시하였다.

① **금융부채(FVPL).** FVPL선택권을 행사한 부채, 파생상품부채는 후속적으로 공정가치 변동을 당기손익으로 측정한다.

② **금융자산의 양도가 제거 조건을 충족하지 못하거나 지속적 관여 접근법이 적용되는 경우에 생기는 금융부채.** 이러한 금융부채는 지속적관여 접근법을 적용하여 측정한다. 일반적으로 비금융기관 양도자가 보증이나 옵션에서 **지속적관여**(continuing involvement)의 정도까지 자산을 계속 인식하는 경우 관련부채도 함께 인식한다.[1)] 이때 양도자산과 관련부채는 양도자가 보유하는 권리와 부담하는 의무를 반

1) 양도인이 소유에 따른 위험과 보상의 대부분을 보유하지도 이전하지도 않으며, 자산에 대한 통제를 보유하고 있는 경우 지속적관여의 정도(즉, 양도자산의 가치변동에 노출된 금액만큼)까지 계속 자산을 인식한다.

영하여 측정한다. 관련부채는 다음과 같이 측정한다.

- 양도자산을 상각후원가로 측정한다면, 양도자산과 관련부채의 순장부금액이 양도자가 보유하는 권리와 부담하는 의무의 상각후원가가 되도록 관련부채를 측정한다.
- 양도자산을 공정가치로 측정한다면, 양도자산과 관련부채의 순장부금액이 양도자가 보유하는 권리와 부담하는 의무의 독립적으로 측정된 공정가치가 되도록 관련부채를 측정한다.

③ **보증의 주체가 금융기관인 금융보증계약.**[2] 최초 인식 후에 이러한 계약의 발행자는 해당 계약을 후속적으로 다음 중 큰 금액으로 측정한다. ㉠은 공정가치, ㉡은 상각후원가(장부금액)라고 하면 큰 금액으로 측정한다는 것은 보수주의를 위한 고가주의가 채택되었기 때문이라고 할 수 있다.

㉠ 손상에 따라 산정한 손실충당금

㉡ 최초 인식금액에서 기업회계기준서 제1115호 '고객과의 계약에서 생기는 수익'에 따라 인식한 이익누계액을 차감한 금액

④ **시장이자율보다 낮은 이자율로 대출하기로 한 약정.** 최초 인식 후에 이러한 약정의 발행자는 후속적으로 해당 약정을 다음 중 큰 금액으로 측정한다.

㉠ 손상에 따라 산정한 손실충당금

㉡ 최초 인식금액에서서 기업회계기준서 제1115호에 따라 인식한 이익누계액을 차감한 금액

⑤ **기업회계기준서 제1103호 '사업결합'을 적용하는 사업결합에서 취득자가 인식하는 조건부 대가(contingent consideration).** 여기서 조건부 대가는 조건이 충족되면 사업결합 취득자가 반환해야 하는 주식 등을 의미하며, 후속적으로 공정가치 변동을 당기손익(FVPL)으로 측정한다.

금융부채의 공정가치 측정에 관련된 내용은 <표 14. 1>에 요약되어 있다. **공정가치**란 시장참여자 사이의 정상거래에서 자산을 매도할 때 받거나 부채를 이전할 때 지급하게 될 가격이다.[3] [4] 「기업회계기준서」 제1113호에서는 부채의 공정가치를 측정할 때

---

2) 금융보증계약은 채무상품의 최초 계약조건이나 변경된 계약조건에 따라 지급기일에 특정 채무자가 지급하지 못하여 보유자(채권자)가 입은 손실을 보상하기 위해 보증제공자인 금융기관이 특정 금액을 지급하여야 하는 계약이다. 이때 보증요청자(채무상품의 발행자 혹은 특정 채무자)가 보증제공자에게 보증의 대가로 보증수수료를 지급한다.

3) 요구불 특성을 가진 금융부채(예 금융기관이 보유하고 있는 요구불예금)의 공정가치는 요구하면 지급할 금액을 (지급을 요구할 수 있는 최초일로부터) 할인한 금액 이상이어야 한다.

4) 미국회계기준과 국제회계기준에서 동일하게 공정가치를 유출가격으로 정의하고, 거래주체는 시장참여자를 가정하고 있다. **시장참여자**는 서로 독립적이고, 합리적 판단력이 있으며, 자산이나 부채에

표 14.1
금융부채의 공정가치 측정

구 분	공정가치	구체적 내용
활성시장이 있는 경우	1순위 : 공시가격 (공표되는 시장가격)	자산을 매도하면서 수취하거나 부채를 이전하면서 지급하게 될 가격, 즉 유출가격
활성시장이 없는 경우	2순위 : 비활성시장의 공시가격	다른 상대방이 자산으로 보유하고 있는 동일한 항목에 대해 관측가능한 투입변수 사용
	3순위 : 가치평가기법상 가치	① 시장접근법 : 공정가치 측정을 위하여 다른 상대방이 자산으로 보유하는 유사한 부채 또는 지분상품의 공시가격 사용 ② 원가접근법 : 매도자가 수취할 가격(공정가치)은 매입자가 유사한 유용성이 있는 대체자산을 취득하기 위한 원가(현행대체원가) 사용 ③ 이익접근법 : 공정가치 측정을 위하여 시장참여자가 거래 상대방의 부채 또는 지분상품을 자산으로 보유하면서 수취할 것으로 기대하는 미래현금흐름의 현재가치 사용(현금흐름할인모형, 옵션가격결정모형, 무형자산의 공정가치 측정을 위한 다기간초과이익모형 활용)

활성시장(즉, 정상시장)에서의 **공시가격**(quoted price in active market)을 가장 우선시하고 있으며, 다음으로 다른 상대방이 자산으로 보유하고 있는 동일한 항목에 대한 **비활성시장의 공시가격**, 마지막으로 관측할 수 있는 투입변수를 최대한 사용하고 관측할 수 없는 투입변수를 최소한으로 사용하여 **가치평가기법(시장접근법, 원가접근법, 이익접근법)상 가치**를 활용하도록 규정하고 있다.[5] 가치평가기법을 사용할 경우 자산이나 부채의 가격을 결정할 때 시장참여자가 사용할 가정(예 공정가치를 측정하기 위해 사용하는 특정 가치평가기법에 내재된 위험 또는 가치평가기법의 투입변수에 내재된 위험)인 **투**

대한 거래를 체결할 수 있으며, 거래의사가 있는 매입자와 매도자를 말한다. **정상거래**는 측정일 전의 일정 기간에 해당 자산이나 부채와 관련되는 거래를 위하여 통상적이고 관습적인 마케팅활동을 할 수 있도록 시장에 노출되는 것을 가정한 거래를 말한다. 다시 말해서 강제된 거래(예: 강제 청산이나 재무적 어려움에 따른 매각)가 아니다.

5) **활성시장**은 지속적으로 가격결정 정보를 제공하기에 충분할 정도의 빈도와 규모로 자산이나 부채를 거래하는 **주된 시장**이거나, 주된 시장이 없다면 자산을 매도하면서 수취하는 금액을 최대화하거나 부채를 이전하면서 지급하는 금액을 최소화하는 **가장 유리한 시장**을 의미한다. **시장접근법**은 동일하거나 비교할 수 있는(비슷한) 자산, 부채, 사업과 같은 자산과 부채의 집합에 대해 시장 거래에서 생성된 가격이나 그 밖의 목적 적합한 정보를 사용하는 가치평가기법이며, **원가접근법**은 자산의 사용능력을 대체할 때 현재 필요한 금액을 반영하는 가치평가기법(통상 현행 대체원가라고 한다)이고, **이익접근법**은 미래 금액(예 현금흐름이나 수익과 비용)을 하나의 현재의(할인된) 금액으로 전환하는 가치평가기법이다. 이익접근법에서 공정가치 측정치는 그러한 미래 금액에 대한 현재의 시장 기대를 나타내는 가치에 근거하여 산정한다.

입변수가 필요하다. 공정가치를 측정하기 위하여 사용할 투입변수의 우선순위가 **공정가치 서열체계**(fair value hierarchy)로 다음과 같이 되어 있다.

- **수준 1 투입변수**: 측정일에 동일한 자산이나 부채에 대해 접근할 수 있는 활성시장의 (조정하지 않은) 공시가격(예 상품가격)
- **수준 2 투입변수**: 수준 1의 공시가격 외에 자산이나 부채에 대해 직접적으로나 간접적으로 관측할 수 있는 투입변수(예 우대금리, 주가수익비율)
- **수준 3 투입변수**: 자산이나 부채에 대한 관측할 수 없는 투입변수(예 주가의 역사적 변동성, 기업 자신의 재무예측)

예제 1

20×1년 1월 1일에 공정가치가 ₩10,000인 2년간의 금융보증계약을 체결한 후 보증기관(금융기관)이 보증수수료로 ₩10,000을 수령하였다.[6] 아래 2-1과 2-2는 독립적이다. 단, 금융보증계약은 당기손익인식항목으로 지정되지 않았고, 지속적관여의 대상도 아니다.

1. 20×1년 1월 1일 계약체결시점에서 보증기관의 회계처리를 하라.

2-1. 보증의 위험이 거의 없다고 판단될 경우 20×1년 12월 31일 보증기관의 회계처리를 하라.

2-2. 보증의 위험이 높아 수취한 보증수수료를 수익인식할 수 없고, 손상에 따라 산정한 손실충당금이 ₩25,000인 경우 20×1년 12월 31일 보증기관의 회계처리를 하라.

해답

1. 계약

(차) 현 금	10,000	(대) 금융보증부채	10,000

이후 후속적 회계처리는 다음과 같이 구분될 수 있다.

2-1. 이후 보증의 위험이 거의 없다고 판단되면 손상에 따라 산정한 손실충당금이 0이 될 것이다. 그리고 수령한 현금에 대한 수익을 시간의 경과에 비례하여 인식할 것이므로 금융보증부채의 최초 인식금액에서 수익인식한 금액을 차감한 금액은 ₩5,000(=₩10,000−₩10,000×1/2)이다. 따라서 20×1년 12월 31일 금융보증부채의 후속측정액은 큰 금액인 ₩5,000이며, 금융보증부채 ₩5,000을 감소시키는 분개를 한다.

(차) 금융보증부채	5,000	(대) 수수료수익	5,000*

*₩10,000 × 1/2

---

6) 보증제공자의 미수수수료가 있는 경우에는 금융보증계약이 파생상품과 유사하기 때문에 금융보증계약 공정가치에서 보증제공자가 수취할 금액을 상계한 순액으로 표시하거나, 금융보증계약은 최초 인식시 공정가치로 측정하므로 금융보증부채와 미수수수료 각각을 총액으로 표시할 수 있지만, 총액표시가 보다 적정하다는 것이 실무상 다수 의견이다.

2-2. 손상에 따라 산정한 손실충당금(₩25,000)과 금융보증부채의 최초 인식금액에서 수익인식한 누적금액을 차감한 금액(₩10,000 − ₩0) 중 **큰 금액**으로 측정한다. 금융보증부채의 후속측정액은 ₩25,000(= ₩10,000 + X)이다. 따라서 금융보증부채 ₩15,000을 증가시키는 분개를 한다.

(차) 금융보증손실	15,000	(대) 금융보증부채	15,000

양수자가 **추가적인 제약조건**(예 재매입옵션)이 없이 **일방적**(즉, 다른 기업의 행동에 독립적)으로 자산 전체를 매도할 수 있는 **실질적 능력**을 보유하고 있지 않다면, 양도자가 **양도자산**을 계속하여 통제하고 있기에 **지속적관여접근법**을 적용하여야 한다. 이때 지속적관여의 정도까지 양도한 자산을 계속 인식하는 경우, 관련부채도 함께 인식한다. **관련부채**는 양도자가 지속적관여의 정도까지 자산을 계속하여 인식하는 경우 함께 인식하는 부채로서 양도자가 보유하는 권리와 부담하는 의무를 반영하여 측정한다.

지속적관여의 사유는 크게 보증의 경우와 양도자가 양도자산에 대한 옵션을 매도하거나 매입하는 경우로 구분할 수 있다. 본문에서는 보증의 경우를 설명하기로 하고, 옵션으로 인한 지속적관여는 부록을 참조하기 바란다.

먼저 양도자산을 **공정가치**로 측정한다면, 양도자산과 관련부채의 순장부금액이 양도자가 보유하는 권리와 부담하는 의무의 독립적으로 측정된 공정가치가 되도록 관련부채를 측정한다. 이를 **개념식**으로 표현하면 다음과 같다.

양도자산과 관련부채의 순장부금액
= 양도한 지속적관여자산의 공정가치 − 관련부채(X)
= 양도자가 보유하는 권리의 독립적으로 측정된 공정가치 (혹은 − 양도자가 부담하는 의무의 독립적으로 측정된 공정가치)

따라서 관련부채(X)
= 양도한 지속적관여자산의 공정가치 − 양도자가 보유하는 권리의 독립적으로 측정된 공정가치 (혹은 + 양도자가 부담하는 의무의 독립적으로 측정된 공정가치)

공정가치로 측정하는 양도자산에 대한 **금융지급보증**의 경우 개념식을 **계산식**으로 나타내면 다음과 같다.

관련부채
= 양도한 지속적관여자산의 공정가치 + 양도자가 부담하는 의무의 독립적으로 측정된 공정가치 = 보증금액 + 최초 보증의 공정가치

지속적관여의 사유	지속적관여의 정도까지 양도자산 인식	관련부채 인식
금융 금융지급보증	Min(양도자산의 장부금액, 보증금액)	(보증금액+최초 보증의 공정가치)*

* 최초 보증의 공정가치는 보증의 대가이며, 시간의 경과에 따라 당기손익에 반영한다.

다음으로 **상각후원가**로 측정하는 양도자산의 경우, 양도자산과 관련부채의 순장부금액이 양도자가 보유하는 권리와 부담하는 의무의 상각후원가가 되도록 관련부채를 측정한다.7) 이를 **개념식**으로 표현하면 다음과 같다.

양도자산과 관련부채의 순장부금액
= 양도한 지속적관여자산의 상각후원가 − 관련부채(X)
= 양도자가 보유하는 권리의 상각후원가 (혹은 −양도자가 부담하는 의무의 상각후원가)

따라서 관련부채(X)
= 양도한 지속적관여자산의 상각후원가 − 양도자가 보유하는 권리의 상각후원가 (혹은 +양도자가 부담하는 의무의 상각후원가)

예제 2

연말결산법인이며, 비금융기관인 ㈜빌림은 20×1년 11월 1일 장부금액 ₩100,000의 매출채권을 시민은행에게 ₩105,000에 매각하였으며, 매출채권의 매각일로부터 5개월 내 매출채권이 회수되지 않아 20×2년 4월 1일 대손처리되면 ₩8,000을 한도로 지급보증을 이행하기로 하였다. 양도일 현재 지급보증의 공정가치는 ₩5,000이다. ㈜빌림은 소유에 따른 위험과 보상의 대부분을 이전한 것도 아니고 보유한 것도 아닌 것으로 보고 있다. 시민은행은 자산을 매도할 수 있는 실질적인 능력을 보유하고 있지 않아 ㈜빌림이 자산을 통제하고 있다.

상기 양도거래와 관련하여 다음 일자에 ㈜빌림이 수행해야 할 회계처리는? 2와 3은 독립적이다.

1. 양도일(20×1년 11월 1일)
2. 매출채권이 전액 회수되어 지급보증의 이행 없이 채무자의 전액 채무상환일(20×1년 12월 31일)
3. 매출채권이 전액 회수되지 않아서 지급보증이 이행되는 경우 당기말(20×1년 12월 31일)

---

7) 원래 만기보유목적인 경우 상각후원가로 금융자산을 측정한다. 따라서 동 금융자산을 양도한다는 것은 원래 보유목적을 위배하는 것이다.

과 지급보증 이행일(20×2년 4월 1일)

해 답

1. 양도일(20×1년 11월 1일) : 양도일에 ㈜빌림이 지속적으로 관여하는 양도자산은 양도자산의 장부금액(₩100,000)과 보증금액(₩8,000) 중 적은 금액인 ₩8,000이다.

(차) 현 금	105,000	(대) 매출채권	92,000*
		지급보증부채 (금융부채)	13,000**
(차) 지속적관여자산	8,000	(대) 매출채권	8,000

* 양도자산 장부금액 − 지속적관여자산금액 = 처분금액 = ₩100,000 − ₩8,000

** 보증금액 + 보증의 최초 공정가치 = ₩8,000 + ₩5,000 = ₩13,000. 여기서 ₩5,000은 후속 기간에 시간의 경과에 따라 지급보증부채에 차기하고 지급보증이익(수수료수익)에 대기하여야 한다(기업회계기준서 제1039호 AG48, 기업회계기준서 제1018호).

2. 지급보증의 이행 없이 채무자의 전액 채무상환일(20×1년 12월 31일) :

(차) 지급보증부채	13,000	(대) 지속적관여자산	8,000
		지급보증이익	5,000

3. 지급보증이 이행되는 경우 :

20×1년 12월 31일

(차) 지급보증부채	2,000	(대) 지급보증이익	2,000*

* ₩5,000 × 2/5

20×2년 4월 1일

(차) 지급보증손실	8,000	(대) 현 금	8,000
지급보증부채	11,000	지속적관여자산	8,000
		지급보증이익	3,000

혹은

(차) 지급보증손실	5,000	(대) 현 금	8,000
지급보증부채	11,000	지속적관여자산	8,000

3. 재분류, 상계 및 제거

(1) 재분류

금융부채는 원칙적으로 재분류할 수 없다.

(2) 상계

금융자산과 금융부채는 원칙적으로 상계가 금지되고 있다. 하지만 다음 두 가지 상

계조건을 모두 충족하는 경우에만 금융자산과 금융부채를 **상계**하고 재무상태표에 순액으로 표시한다.8)

① 인식한 자산과 부채에 대해 법적으로 집행가능한 상계 권리를 현재 보유하고 있음.
② 순액으로 결제하거나, 자산을 실현하는 동시에 부채를 결제할 의도를 가지고 있음.

법적으로 상계권리를 가지고 있으며, 추가적으로 단일의 순액으로 수취하거나 지급할 의도가 있는 경우에는 실질적으로 단일의 금융자산이나 금융부채를 가지고 있는 것이라 볼 수 있기에 금융자산과 금융부채를 상계할 수 있다. 이러한 경우가 아니라면 자원의 특성이나 의무의 특성에 일관되게 금융자산과 금융부채를 각각 별도로 표시하여야 한다. 금융자산과 금융부채에 대해 법적으로 집행가능한 상계권리의 존재 자체가 상계의 충분조건은 아니다. 이러한 권리를 행사하거나 동시에 결제할 의도가 없는 경우, 기업의 미래현금흐름의 금액과 시기는 영향을 받지 않기 때문이다. 금융자산과 금융부채를 순액으로 표시하는 것이 둘 이상 별도 금융상품의 결제에 따른 기업의 미래현금흐름의 금액과 시기에 대한 영향을 반영하는 경우에, 당해 금융자산과 금융부채를 순액으로 표시할 것을 요구하고 있는 것이다. 다른 한편으로, 금융자산과 금융부채를 순액기준으로 결제할 법적 권리가 없는 경우에는 거래당사자의 일방 또는 모두가 순액기준으로 결제하려는 의도를 가지고 있더라도, 개별적인 금융자산과 금융부채에 관련된 권리와 의무가 변경되지 않으므로, 그 의도만으로는 상계를 정당화하는 충분조건이 될 수 없다.

(3) 제거

금융부채(또는 금융부채의 일부)는 소멸한 경우(즉, 계약상 의무가 이행, 취소 또는 만료된 경우)에만 재무상태표에서 **제거**한다.9)

---

8) 서로 다른 복수의 금융상품을 사용하여 단일(즉, 합성금융상품)의 금융상품을 만드는 경우, 주요 위험에 동일한 노출 정도를 가지고 있는 금융상품에서 발생하는 금융자산과 금융부채(예 선도계약이나 기타파생상품의 포트폴리오에 속하는 자산과 부채)의 거래상대방이 다른 경우, 금융자산이나 비금융자산이 상환청구권 없는 금융부채에 대한 담보로 제공되는 경우, 감채기금을 설정하는 경우, 손실을 발생시키는 사건의 결과로 발생한 의무를 보험계약에 따른 청구에 의하여 제3자가 보전할 것으로 예상하는 경우 등은 상계가 적절하지 않은 일반적인 경우이다. 그리고 지속적관여로 인하여 제거의 조건을 충족하지 않는 금융자산의 양도에 관한 회계처리의 경우 양도된 자산과 이와 관련된 부채는 상계하지 아니한다. 한편, 일괄상계계약에 포함된 계약 중 하나의 채무가 불이행되거나 중단되는 경우 일괄상계계약에 포함된 모든 금융상품이 단일의 금액으로 차액결제될 수 있더라도 두 가지 상계조건을 모두 충족해야만 상계할 수 있다.

9) 소멸한 경우란 이행(discharged), 취소(cancelled) 및 만료(expired)를 의미한다. 이행(즉, 결제)은 현금이전, 재화나 용역 제공 및 기업 자신의 지분상품 이전을 통하여 가능하다.

제2절 사채회계

사채(bonds)란 주식회사가 「상법」에 의하여 확정채무임을 표시하는 증권을 발행하여 다수인으로부터 일반적으로 장기간 거액의 자금을 차입함으로써 발생하는 채무이다. 사채를 발행한 회사는 사채약정서에 나타나 있는 계약에 따라 일정한 이자를 지급하며 일정한 시기에 원금을 상환하여야 한다. 비유동부채로 계상하는 사채는 만기가 1년 후에 도래하는 사채를 말한다. 대부분의 만기가 1년 내에 도래하는 사채는 유동부채로 계정을 재분류하여야 한다.

사채를 발행하여 자금을 조달하는 경우 기업에게 다음과 같은 장단점이 발생한다. 장점으로는 첫째, 사채비용은 이자지급액에 한정되며 추가적인 이익배분은 없다. 둘째, 기업의 지배권을 침해당할 우려가 없다. 셋째, 이자지급액은 세금공제 혜택을 받는다. 단점으로는 첫째, 만기일에 원금을 상환하여야 한다. 둘째, 사채약정조항에 의해서 기업의 활동이 제약을 받는다. 셋째, 사채의 발행이 늘어나면 재무위험이 증가되고, 이에 따라 사채권자의 요구수익률이 커지므로 자본조달비용이 상승한다.

1. 사채 용어

사채에는 기본적으로 다음과 같은 용어가 있다. **사채**는 회사가 자금의 차입을 위해 투자자들에게 발행한 채권이다. **만기일**(maturity)은 발행회사가 사채의 액면금액을 상환해야 하는 날이다. **액면금액**(face value)은 사채의 권면에 인쇄된 금액으로서 만기일에 투자자들에게 지급해야 할 금액이다. **표시이자율** 혹은 **표면금리** 혹은 **액면이자율** 혹은 **액면금리**(coupon)는 액면금액에 곱하여 이자지급액을 계산하는 이자율이며, 일반적으로 시장이자율(market interest rate)과는 다르다. **시장이자율** 혹은 **시장금리**는 채권시장에서 수요와 공급에 따라 결정되는 이자율이다.

2. 사채의 종류

1) 담보부사채와 무담보사채

사채는 담보의 유무에 따라 담보부사채(secured bonds)와 무담보사채(unsecured bonds)로 나눌 수 있다. **담보부사채**는 채권자에게 토지나 건물과 같은 유형자산을 담보로 제공하는 것으로 채무불이행상태에 이르렀을 때 다른 채권자보다 담보된 자산에 대해서 우선적인 청구권을 가진다.

담보부사채에는 **폐쇄식담보부사채**(closed-end mortgage bonds)와 **개방식담보부사채**(open-end mortgage bonds)가 있다. 전자는 동일한 담보물에 의하여 추가적인 사채의 발행을 금지하는 사채이고, 후자는 동일한 담보물에 의해 추가적으로 담보부사채를 발행할 수 있는 사채이다. 동일한 담보물에 의해 발행한 추가적인 담보부사채를 제2차적 담보부사채(junior mortgage bonds)라 한다. 무담보사채는 담보없이 발행하는 사채이기 때문에 실무상 신용이 좋은 대기업만이 발행할 수 있다.

2) 보증사채와 무보증사채

담보와 관계없이 제3자에 의한 보증유무에 따라 보증사채(guaranteed bonds)와 무보증사채(debenture)로 나눌 수 있다. **보증사채**는 발행회사가 사채의 원금상환 및 이자의 지급능력을 상실하였을 때 보증기관이 대신 변제를 해주는 사채이다. 보증기관으로는 은행, 신용보증기금, 종합금융회사, 증권회사, 보증보험 등이 있다. 현재 우리나라 사채 발행의 대부분이 보증사채 형태를 취하고 있다. 보증사채는 투자의 위험이 없다는 이점 때문에 통상 무보증사채보다 발행이자율을 약간 낮게 설정한다.

무보증사채 혹은 **일반사채**는 발행회사가 사채의 원금상환 및 이자의 지급능력을 상실하였을 때 채권자가 손실을 감수해야 하는 사채이다. 실무적으로는 채권자의 보호를 위하여 신용이 좋은 대기업만 선별적으로 발행을 허용하고 있다. 무보증사채의 발행이자율은 보증사채보다 통상 약간 높게 설정한다.

3) 전환사채, 신주인수권부사채 및 교환사채

사채에는 사채의 소지자가 일정한 조건하에서 주식을 획득할 수 있는 전환사채와 신주인수권부사채가 있다. 전환사채나 신주인수권부사채의 발행은 기존 주주의 부(wealth)에 영향을 미칠 수 있으므로 그 발행근거를 정관에 규정하거나 이사회 혹은 주주총회의 특별결의로서 발행할 수 있다.[10] 전환사채와 신주인수권부사채는 제17장에서 구체적으로 설명될 것이기 때문에 여기서는 그 의미만을 간단히 살펴보기로 한다.

전환사채(convertible bonds)는 사채권자의 청구에 의하여 일정기간 내에 주식(일반적으로 보통주)으로 전환할 수 있는 사채이다.[11] 전환사채의 투자자는 보통주의 주가가

---

10) 「상법」 제513조.

11) 전환사채의 일종인 제로쿠폰채가 있다. 제로쿠폰채는 액면이자율이 0%이어서 만기 전까지 이자가 없다는 것이 특징이다. 이러한 특징을 이용하여 적정한 시점에 채권을 주식으로 전환하거나 주식전환 만료일 이전(통상 만기상환일 1개월 전)에 금융기관에 매도하면 금융소득종합과세가 시행되는 경우 이를 피할 수 있는 장점이 있는 사채이다.

매우 높다고 판단할 때 주식 대 사채의 전환비율로 전환함으로써 이득을 얻는다. 전환사채는 전환 전에는 이자를 지급하며 전환 후에는 배당금을 지급한다. 일정기간 내에 전환하지 않고 만기가 되면 사채와 마찬가지로 원금, 이자 등을 지급한다. 전환사채는 사채이면서도 잠재적 주식의 성격을 가지고 있다. 이러한 성격 때문에 전환사채의 발행회사는 투자자에게 일정한 이자지급에 따른 수익의 안전성과 주가상승에 따른 초과수익성을 제공하는 대가로 낮은 이자율로 원활하게 자금을 조달할 수 있는 이점이 있다. 전환사채가 전환이 되면 사채는 소멸하고 주식만 남는다.

신주인수권부사채(bonds with stock warrants)는 발행회사의 주식을 일정금액으로 일정기간 내에 매입할 수 있는 권리가 부여된 사채이다. 투자자는 발행회사의 주가가 상승했을 경우 일정금액으로 주식을 매입하면 초과수익을 얻는다. 이와 같은 이유로 신주인수권부사채도 발행회사의 입장에서 보면 낮은 이자율로 자금을 조달할 수 있는 수단인 것이다. 투자자의 입장에서 전환사채의 경우 현금을 지급하지 않고 전환비율에 의해 사채를 주식으로 전환받는다. 반면에, 신주인수권부사채의 경우 투자자는 권리를 행사하고 현금으로 주식을 매입하는 것이다. 그리고 투자자가 신주인수권을 행사하더라도 사채는 그대로 남아 있어서, 만기가 도래할 때까지 이자지급기간에 이자와 만기시 원금을 수령한다.

한편, 전환사채 발행자의 주식으로 사채가 전환되는 전환사채와 유사한 **교환사채**(exchangeable bonds)가 있다. 교환사채의 투자자가 교환권을 행사하면 교환사채 발행자가 보유하고 있는 다른 상장기업의 주식을 사전에 합의된 사채와의 교환조건으로 교환해주는 사채이다.

4) 일시상환사채, 연속상환사채 및 수의상환사채

사채는 상환방법에 따라 일시상환사채(term bonds), 수의상환사채(callable bonds), 연속상환사채(serial bonds) 등이 있다.

일시상환사채는 만기에 일시불로 원금을 상환하는 것으로 일반적인 사채가 여기에 해당한다. 하지만 때로는 원금을 분할상환하는 조건의 연속상환사채나 발행회사가 만기일 이전에 사채의 상환선택권을 행사할 수 있는 수의상환사채를 발행하기도 한다.

수의상환사채는 시장이자율이 하락하여 사채가격이 상승하였을 때에도 사채의 시가와 관계없이 약정한 금액으로 사채를 취득하여 소각할 수 있기 때문에 발행자의 입장에서 보면 상환선택권이 없는 사채보다 유리하나, 사채권자의 입장에서 보면 불리하다. 따라서 일반적인 사채보다 낮은 가격으로 수의상환사채를 발행한다.

연속상환사채는 액면금액을 분할하여 상환하는 사채이다. 이에 대해서는 본 장의 연습문제를 통해 구체적으로 살펴보기로 한다.

한편, 사채상환시의 시장이자율이 사채발행시의 시장이자율보다 상승할 경우 사채를 상환하면 사채상환이익이 발생한다. 이는 이자율이 상승하면 사채의 가격은 하락하기 때문이다. 물론, 반대의 경우도 성립한다.

5) 기명식사채와 무기명식사채

사채권자의 명의가 사채증서에 나타나는 여부에 따라 **기명식사채**(registered bonds)와 **무기명식사채**(bearer bonds)가 있다. 기명식사채는 사채권자의 명의가 사채증서에 나타나는 사채이며, 사채권자가 사채를 양도할 경우에는 발행회사가 사채증서를 회수하고 새로운 사채증서를 새 사채권자에게 교부한다. 무기명식사채는 사채권자의 명의가 사채증서에 나타나지 않으며, 사채권의 양도가 단순히 인도만으로 이루어지는 사채이다.

6) 기타사채

위에서 살펴본 사채 외에 할인사채(혹은 할인채), 이표사채(혹은 이표채), 복리사채(혹은 복리채), 상품연계사채, 이익사채, 이익참가사채 등이 있다. 또한 이자지급방법에 따라 사채는 할인사채, 이표사채, 복리사채 등으로 구분한다.

할인사채(discount bonds)는 발행일(매출일)로부터 만기일까지의 이자를 단리로 미리 할인한 금액으로 발행한다. 만기에는 사채의 최종소유자가 실제 보유한 기간 중 발생한 이자소득에 대한 원천징수세액만큼을 액면금액에서 차감한 금액을 지급받는다. 원천징수세액은 정부의 귀속분이기 때문에 발행자는 액면금액을 지급해야 한다. 할인채에는 통안증권 등이 있으며, 주로 1년 미만의 만기를 가진다. **이표사채**(coupon bonds)는 쿠폰부사채라고도 하며, 사채에 첨부되어 있는 쿠폰을 이자지급일마다 금융기관 등에 제시하여 이자를 지급받고, 만기에 마지막 이자와 원금을 지급받는 사채이다. 이후 본장에서는 주로 이표사채를 대상으로 회계처리방법을 살펴볼 것이다. **복리사채**(compounding interest bonds)는 매 기간의 이자를 복리계산하여 만기일에 원금과 이자를 일시에 지급하는 사채이다.

상품연계사채(asset-linked bonds)는 귀금속, 천연자원 등의 자산으로 상환이 가능한 사채이다. **이익사채**(income bonds)는 당해 연도의 이익이 있을 경우에만 그 한도 내에서 일정률까지의 이자를 지불하겠다는 약정하에 발행한 사채이다. 따라서 이익이 없을 경우에는 이자를 지불하지 않아도 된다. 외국의 경우 정부나 지방자차단체와 같은 비영리기관에서 주로 발행한다. **이익참가사채**(participating bonds)는 기업에서 높은 이익이 발생했을 경우 약정이자뿐만 아니라 이익배분에 참가하여 추가적인 배분을 받을 수 있는 사채를 말한다. 이 사채는 재무구조 및 경영상태가 불량한 기업이 투자자를 유인하기 위하여 발행하는 것이 대부분이다. **옵션부사채**(bonds with options)는 사채발행시 향후 일정한 조건이 충족되면 만기일 전이라도 사채의 원리금을 상환할 수 있다는 단서조항이 첨부된 사채이다.

3. 사채의 발행

사채는 발행주체에 따라 발행회사가 직접 발행하는 **직접발행**과 중개인을 통하여 발행하는 **간접발행**으로 구분할 수 있다. 간접발행에는 다시 위탁모집 및 인수모집이 있다. **위탁모집**은 중개자를 개입시켜 사채를 모집하는 방법으로 청약미달로 사채의 미발행잔액(미소화분)이 발생했을 때 발행회사가 책임을 지는 발행방법이다. 그리고 **인수모집**은 사채발행총액을 수탁회사가 모집 후 잔액을 인수하는 방법이다. 실무에서는 인수모집을 주로 사용한다.

다음에서는 사채의 발행가격이 어떻게 결정되는지 살펴보기로 한다. 또한 사채발행비의 회계처리에 대해서도 언급하겠다. 사채는 발행가격에 따라 액면발행, 할인발행 및 할증발행으로 구분할 수 있다.

(1) 사채발행가격의 결정

1) 이자지급일의 사채발행

액면이자율과 시장이자율이 같다면 사채는 액면금액으로 **액면발행**(bonds issued at par)하면 된다.[12] 하지만 액면이자율이 시장이자율보다 낮은 경우에 액면발행을 하면 투자자들로서는 다른 곳에 투자를 하면 더 높은 시장이자율에 해당하는 수익을 보장받기 때문에 액면발행된 사채에 투자를 하지 않을 것이다. 이와 같은 경우에는 **할인발행**(bonds issued at a discount)을 함으로써 시장이자율보다 낮은 액면이자율로부터 발생하는 이자감소의 효과를 상쇄시켜야 한다. 할인액은 매년 말 지급해야 할 이자에 추가하여 만기에 지급할 이자의 성격을 가진다. 한편, 액면이자율이 시장이자율보다 높은 경우에 액면발행을 하는 기업은 없을 것이다. 왜냐하면 액면이자율보다 낮은 시장이자율에 의한 이자를 지급하고도 사채를 액면발행할 수 있기 때문이다. 이와 같은 경우에는 **할증발행**(bonds issued at a premium)을 함으로써 시장이자율보다 높은 액면이자율로부터 발생하는 이자증가의 효과를 상쇄시켜야 한다. 현금으로 지급되는 이자에는 진짜 이

12) 액면이자율은 표시이자율 혹은 발행이자율이라고도 한다. 시장이자율은 투자자의 기대수익률로서 사채로부터의 현금흐름을 현재가치로 할인할 때 사용되는 이자율이다. 시장이자율은 관련시장에서 형성되는 동종 또는 유사한 채권·채무의 이자율 등을 기초로 하여 적정하게 산정되어야 한다. 다만, 이자율의 산정이 곤란한 경우에는 정기예금이자율로 할 수 있다.

표 14. 2
사채발행가격의 결정 : 사채발행비가 없는 경우

상　황	발행가격	발행의 유형
액면이자율 = 시장이자율	액면가	액면발행
액면이자율 < 시장이자율	할인가	할인발행
액면이자율 > 시장이자율	할증가	할증발행

자인 시장이자와 원금 일부 상환액이 포함되어 있다. 즉, 할증액은 만기 전에 상환되는 원금부분에 해당한다. 사채발행의 유형을 요약하면 <표 14. 2>와 같다.

다른 각도로 사채발행가격의 결정을 살펴보자. 사채의 발행가격은 사채가 지니고 있는 가치와 동일해야 사채권자나 발행회사가 서로 손익이 발생하지 않는 균형상태가 되는 것이다. 그렇다면 사채는 얼마의 가치를 지니고 있는가? 기업이 사채를 발행하게 되면 사채권자에게 이자와 원금을 지급해야 한다. 따라서 기업이 사채를 발행하고 수령하는 현금인 사채발행가격은 이자와 원금의 현재가치만큼의 가치를 지니고 있다고 볼 수 있다. 그런데 이자나 원금의 현재가치를 계산하기 위하여 사용되는 이자율은 시장이자율이다.

본 교재에서는 사채관련 경제적 사건의 발생순서를 위주로 집필하였다. 하지만 사채의 발행과 이자비용인식 및 상환의 기본적인 사채관련 회계처리를 학습하기 위해서 다음부터 제시할 사채 관련 예제에서 <예제 3>(발행)과 <예제 6>(이자비용 인식)이 가장 기본적인 예제이므로 학습시 참고하기 바란다.

예제 3

㈜빌림은 20×5년 1월 1일에 액면가 ₩100,000, 액면이자율 10%, 만기 2년인 사채를 발행하였다. 이자지급일은 회계연도 말인 매년 말이다. ㈜빌림의 사채와 위험수준이 동일한 사채의 연이자율이 10%인 경우, 12%인 경우 및 8%인 경우로 구분하여 사채의 발행가격을 계산하고 사채발행의 분개를 하라. 단, 사채발행비는 고려하지 않는다고 가정하자. 따라서 시장이자율과 유효이자율은 같다.

해 답

1. 시장이자율(=유효이자율)이 10%인 경우

발행가격=이자지급으로 인한 기말연금의 현가+상환일에 지급될 액면금액의 현가

$$= \left[\frac{1-(1.10)^{-2}}{0.10}\right] \times ₩10,000 + (1.10)^{-2} \times ₩100,000$$

$$= 1.7355 \times ₩10,000 + 0.82645 \times ₩100,000$$

$$= ₩17,355 + ₩82,645$$

$$= ₩100,000$$

액면발행의 분개는 다음과 같다.

(차) 현　　금	100,000	(대) 사　　채	100,000

2. 시장이자율(=유효이자율)이 12%인 경우

발행가격=이자지급으로 인한 기말연금의 현가+상환일에 지급될 액면금액의 현가

$$= \left[\frac{1-(1.12)^{-2}}{0.12} \right] \times ₩10,000 + (1.12)^{-2} \times ₩100,000$$

$$= 1.6900 \times ₩10,000 + 0.79719 \times ₩100,000$$

$$= ₩16,900 + ₩79,719$$

$$= ₩96,619$$

할인발행의 분개는 다음과 같다. 여기서 사채할인발행차금은 사채의 차감적 평가계정(contra liability account)이다. 재무상태표에 사채할인발행차금을 사채에 차감하는 형식으로 기재하는 방법과 사채할인발행차금을 차감한 순액만을 사채로 기재한 후 사채할인발행차금은 주석 혹은 주기하는 방법을 선택하여 사용할 수 있다. 아래의 분개에서 사채할인발행차금을 차기한다고 해서 그 자체가 자산은 아니다.

(차) 현　　금	96,619	(대) 사　　채	100,000
사채할인발행차금	3,381		

3. 시장이자율(=유효이자율)이 8%인 경우

발행가격=이자지급으로 인한 기말연금의 현가+상환일에 지급될 액면금액의 현가

$$= \left[\frac{1-(1.08)^{-2}}{0.8} \right] \times ₩10,000 + (1.08)^{-2} \times ₩100,000$$

$$= 1.7833 \times ₩10,000 + 0.85734 \times ₩100,000$$

$$= ₩17,833 + ₩85,734$$

$$= ₩103,567$$

할증발행의 분개는 다음과 같다. 여기서 사채할증발행차금은 사채의 부가적 평가계정(adjunct liability account)이다. 재무상태표에 사채할증발행차금을 사채에 가산하는 형식으로 기재하는 방법과 사채할증발행차금을 가산한 총액을 사채로 기재한 후 사채할증발행차금은 주석 혹은 주기하는 방법을 선택하여 사용할 수 있다.

(차) 현　　금	103,567	(대) 사　　채	100,000
		사채할증발행차금	3,567

2) 이자지급일 사이의 사채발행(중도발행)

금융시장의 여건 등의 이유로 사채권면에 표시된 발행일이 경과한 후 이자지급일 사이에 발행되는 경우가 있다. 이를 **중도발행**이라 한다.

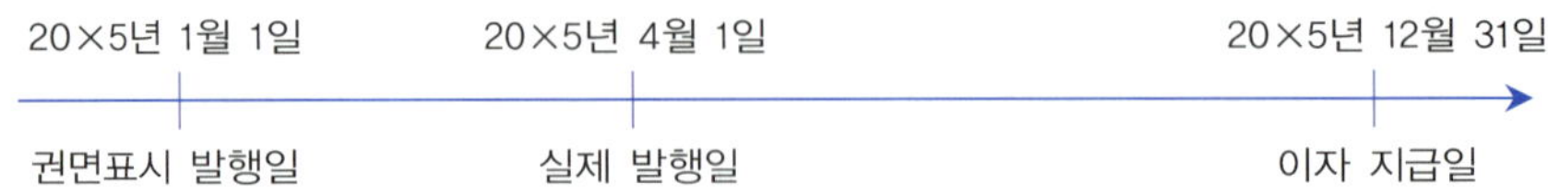

<예제 3>의 사채가 실제로는 20×5년 4월 1일에 발행되었다면, 발행가격은 어떻게 계산할까? 발행가격은 다음과 같이 계산한다.

발행가격 = 실제 발행일의 공정가치(즉, 실제 발행일부터의 미래현금흐름을 발행일 현재의 유효이자율로 할인한 금액)
= {권면표시발행일에 발행되었다고 가정하고 계산한 공정가치(즉, 권면표시발행일부터의 미래현금흐름을 실제 발행일의 유효이자율로 할인한 금액) + 경과기간(3개월) 유효이자}* − 경과기간 액면이자
= {실제 발행일의 현금수령액} − 경과기간 액면이자

*경과기간 액면이자가 포함됨.

위에서 권면표시발행일부터의 미래현금흐름과 경과기간 유효이자의 합계액에는 지급할 필요가 없는 경과이자(경과기간 액면이자)가 포함되어 있다. 사채의 발행자는 경과이자를 사채 투자자에게 지급할 필요가 없다. 하지만 거래의 편의상 이자지급일 현재의 사채 투자자에게 경과이자를 전액 지급하므로 발행시에 경과이자를 미리 수령하는 것이다. 따라서 사채의 발행가격은 실제 발행일의 현금수령액에서 경과이자를 차감하여 계산한다. 다른 각도에서 살펴보면 사채의 발행가격을 실제 발행일의 현금수령액으로 볼 수도 있으나, 실제 발행일의 사채 발행가격으로 실제 발행일의 사채 장부금액이 계상되어야 하기 때문에 실제 발행일의 현금수령액에서 경과이자를 차감한 금액이 사채의 발행가격이다.

사채의 장부금액은 다음과 같이 계산한다.

실제 발행일의 사채 장부금액 = 실제 발행일의 사채 발행가격

실제 발행일의 현금수령액에서 경과이자를 차감하면 실제 발행일의 사채 발행가격이며, 이는 곧 실제 발행일의 사채 장부금액이다. <예제 3>에서 권면표시 발행일과 실제 발행일 사이의 기간(3개월)에 발생하는 **경과이자**는 **미지급사채이자**로 별도 인식한다. 미지급사채이자가 비유동부채인 사채와 달리 유동부채이기 때문이다.

예제 4

<예제 3>에서 사채를 20×5년 4월 1일에 실제 발행하였다고 가정하자. 단, 사채의 이자계산은 20×5년 1월 1일부터 시작한다. 권면표시 시장이자율(=유효이자율)은 실제 발행일의 시장이자율(=유효이자율)과 같다. 또한 다른 사항은 <예제 3>과 동일한 경우에 사채의 발행가격을 계산하고 사채발행의 분개를 하라.

해 답

1. 실제 발행일 시장이자율(=유효이자율)이 10%인 경우

발행가격=실제 발행일의 공정가치

$$= \left[\frac{7,500}{(1.10)^{9/12}}\right] + \left[\frac{10,000}{(1.10)^{21/12}}\right] + \left[\frac{100,000}{(1.10)^{21/12}}\right] \text{ (계산의 어려움)}$$

= 권면표시발행일에 발행되었다고 가정하고 계산한 공정가치 + 경과기간(3개월) 유효이자 − 경과기간 액면이자

= 이자지급으로 인한 기말연금의 현가 + 상환일에 지급될 액면금액의 현가 + 사채가치 증가액(3개월의 유효이자) − 경과기간 액면이자

$$= \left[\frac{1-(1.10)^{-2}}{0.10}\right] \times ₩10,000 + (1.10)^{-2} \times ₩100,000 + ₩100,000 \times 0.1 \times 3/12 - ₩2,500$$

$$= 1.73554 \times ₩10,000 + 0.82645 \times ₩100,000 + ₩2,500 - ₩2,500$$

$$= ₩17,355 + ₩82,645 + ₩2,500 - ₩2,500$$

$$= ₩100,000$$

이자지급일 사이에 사채를 발행한 경우 액면발행의 분개는 다음과 같다. 여기서 미지급사채이자는 사채의 발행 직전 이자지급일로부터 사채를 실제 발행한 날까지 경과분에 대한 발생이자를 계상하기 위하여 사용하였다. 본 예제에서는 사채의 발행 직전 이자지급일이 없기 때문에 사채권면상 발행일인 20×5년 1월 1일부터 20×5년 3월 31일까지의 기간에 발생한 액면이자를 의미한다.

(차) 현 금	102,500	(대) 사 채	100,000
		미지급사채이자	2,500

2. 실제 발행일 시장이자율(=유효이자율)이 12%인 경우

발행가격=실제 발행일의 공정가치

$$= \left[\frac{7,500}{(1.12)^{9/12}}\right] + \left[\frac{10,000}{(1.12)^{21/12}}\right] + \left[\frac{100,000}{(1.12)^{21/12}}\right] \text{ (계산의 어려움)}$$

= 권면표시발행일에 발행되었다고 가정하고 계산한 공정가치+경과기간(3개월) 유효이자−경과기간 액면이자

= 이자지급으로 인한 기말연금의 현가+상환일에 지급될 액면금액의 현가+사채가치 증가액(3개월의 유효이자)−경과기간 액면이자

$$= \left[\frac{1-(1.12)^{-2}}{0.12}\right] \times ₩10,000 + (1.12)^{-2} \times ₩100,000 + ₩96,619 \times 0.12 \times 3/12 - ₩2,500$$

$= 1.6900 \times ₩10,000 + 0.79719 \times ₩100,000 + ₩96,619 \times 0.12 \times 3/12 - ₩2,500$

$= ₩16,900 + ₩79,719 + ₩2,899 - ₩2,500$

$= ₩97,018$

(차) 현　　금	99,518	(대) 사　　채	100,000
사채할인발행차금	2,982	미지급사채이자	2,500

이자지급일 사이에 사채를 발행한 경우 할인발행의 분개는 위와 같다. 사채할인발행차금은 다른 계정의 분개를 하고 난 후에 대차균형이 되도록 계상한다.

① ₩96,619 + ② ₩2,899 = ③ ₩99,518
− ④ ₩2,500
⑤ ₩97,018 = ⑥ ₩100,000 − ₩2,982

<예제 3>에서는 사채할인발행차금이 ₩3,381이나, 본 예제에서는 ₩2,982으로 ₩399[(₩96,619 × 0.12 − ₩100,000 × 0.1) × 3/12]이 감소하였다. 그 이유는 사채할인발행차금의 3개월분을 상각하였기 때문이다.

한편, 20×5년 4월 1일 시점의 사채의 장부금액(현재가치)은 20×5년 1월 1일의 사채의 현재가치 ₩96,619에서 20×5년 1월 1일부터 20×5년 3월 31일까지의 사채할인발행차금의 상각액 ₩399을 가산한 ₩97,018이다. 사채발행시 실제 수취한 금액은 ₩99,518이나 미지급사채이자를 포함한 것이므로 미지급사채이자 ₩2,500을 제외한 ₩97,018이 사채의 장부금액이라고 이해해도 된다. 사채할인발행차금의 상각에 관해서는 사채이자비용의 인식에서 상세히 다루기로 한다.

3. 실제 발행일 시장이자율(=유효이자율)이 8%인 경우

발행가격=실제 발행일의 공정가치

$= \left[\frac{7,500}{(1.08)^{9/12}}\right] + \left[\frac{10,000}{(1.08)^{21/12}}\right] + \left[\frac{100,000}{(1.08)^{21/12}}\right]$ (계산의 어려움)

= 권면표시발행일에 발행되었다고 가정하고 계산한 공정가치 + 경과기간(3개월) 유효이자 − 경과기간 액면이자

= 이자지급으로 인한 기말연금의 현가 + 상환일에 지급될 액면금액의 현가 + 사채가치 증가액(3개월의 유효이자) − 경과기간 액면이자

$= \left[\frac{1-(1.08)^{-2}}{0.8}\right] \times ₩10,000 + (1.08)^{-2} \times ₩100,000 + ₩103,567 \times 0.08 \times 3/12 - ₩2,500$

$= 1.7833 \times ₩10,000 + 0.85734 \times ₩100,000 + ₩103,567 \times 0.08 \times 3/12 - ₩2,500$

$= ₩17,833 + ₩85,734 + ₩2,071 - ₩2,500$

$= ₩103,138$

(차) 현　　금	105,638	(대) 사　　채	100,000
		사채할증발행차금	3,138
		미지급사채이자	2,500

이자지급일 사이에 사채를 발행한 경우 할증발행의 분개는 위와 같다. 사채할증발행차금은 다른 계정의 분개를 하고 난 후에 대차평균이 되도록 계상한다.

① ₩103,567 + ② ₩2,071 = ③ ₩105,638
− ④ ₩2,500

⑤ ₩103,138 = ⑥ ₩100,000 + ₩3,138

<예제 3>에서는 사채할증발행차금이 ₩3,567이나, 본 예제에서는 ₩3,138으로 ₩429[(₩100,000 × 0.1 − ₩103,567 × 0.08) × 3/12]이 감소하였다. 그 이유는 사채할증발행차금의 3개월분을 상각하였기 때문이다.

한편, 20×5년 4월 1일 시점의 사채의 장부금액(현재가치)은 20×5년 1월 1일의 사채의 현재가치 ₩103,567에서 20×5년 1월 1일에서 20×5년 3월 31일까지의 사채할증발행차금의 상각액 ₩429을 차감한 ₩103,138이다. 사채발행시 실제 수취한 금액은 ₩105,638이나 미지급사채이자를 포함한 것이므로 미지급사채이자 ₩2,500을 제외한 ₩103,138이 사채의 장부금액이라고 이해해도 된다. 사채할증발행차금의 상각에 관해서도 사채이자비용의 인식에서 상세히 다루기로 한다.

(2) 사채발행비

이론적으로 볼 때 사채발행비의 회계처리방법으로는 ① 비용으로 처리하는 방법과 ② 사채의 발행금액에서 차감하는 방법이 있다. 사채발행비는 미래의 경제적 효익을 제공하지 못하고, 회사가 자금을 차입하는 과정에서 사실상 차입액을 감소시켜 유효이자율을 높이는 결과를 초래한다. 따라서 사채를 발행한 회계연도의 비용으로 처리하거나, 사채할인발행차금(혹은 사채할증발행)의 계정을 사용하여 사채의 발행금액에서 차감하는 방식으로 계상하고 최종상환일 이내에 상각하는 것이 타당할 것이다.[13)]

사채발행비는 사채발행수수료와 사채발행을 위하여 직접 발생한 기타의 비용인 금융기관수수료, 사채모집광고비, 사채권인쇄비 등이다. 「기업회계기준서」 제1039호에 의하면 사채발행비는 사채할인발행차금 또는 사채할증발행차금에 포함하여 사채발행시부터 최종상환일 이내의 기간에 유효이자율법을 적용하여 상각하도록 규정하고 있어서 이들 두 가지 방법 중 ②의 방법으로 회계처리하여야 한다. 사채발행비를 사채할인발행차금이나 사채할증발행차금을 상각하는 것과 같은 방법으로 상각하는 것이 일관성의 측면에서 타당하다. 그 이유는 사채의 액면금액과 사채의 발행으로 인한 현금유입액과의 차액은 사채발행기간 동안에 이자비용으로 처리되기 때문이다.

13) "Elements of Financial Statements," Statement of Financial Accounting Concepts No. 6 (Stamford, Conn. : FASB, 1985) par. 237.

예제 5

앞의 <예제 3>에서 사채의 발행과 관련하여 ₩2,000의 사채발행비가 발생하였다. 사채발행비를 비용으로 처리하는 방법과 사채의 발행금액에서 차감하는 방법을 사용하여 분개를 하라.

해 답

1. 비용으로 처리하는 방법

(차) 사채발행비*	2,000	(대) 현　　금	2,000

* 기타 비용

2. 사채의 발행금액에서 차감하는 방법

(차) 사채할인발행차금*	2,000	(대) 현　　금	2,000

* 사채의 차감적 평가계정

사채발행비는 사채가 액면발행이나 할인발행되었다면 현재가치할인차금(시장이자율과 명목이자율의 차이에서 발생함)에 사채발행비(시장이자율과 유효이자율의 차이를 발생시킴)를 가산하여 **사채할인발행차금**을 계상하고, 할증발행되었다면 현재가치할증차금에서 사채발행비를 차감하여 **사채할증발행차금**을 계상한다. 사채발행비가 있는 경우에는 <표 14. 2>가 <표 14. 3>과 같이 변경된다. 액면이자율과 유효이자율을 비교하여 발행의 유형을 판단한다. 또한 사채발행비로 인하여 유효이자율은 시장이자율보다 크다.

사채발행비가 존재하지 않는 경우에는 사채발행시점에서 시장이자율과 유효이자율이 일치한다. 하지만 사채발행비가 존재하는 경우에는 이를 사채발행회사가 부담하기 때문에 유효이자율이 시장이자율보다 높아진다. 그리고 회계적으로 살펴보면 사채발행비가 사채할인발행차금에(사채할증발행차금에서) 가산(차감)되기 때문에 유효이자율은 사채발행시점의 시장이자율보다 높아진다. 그렇기 때문에 사채이자비용의 정확한 인식을 위하여 유효이자율을 재계산하는 절차가 필요하다.

이와 관련하여 액면가 ₩100,000, 매년 말 이자지급 조건, 만기 3년의 사채가 발행된 경우를 살펴보자. 동 사채의 액면이자율은 10%이며, 시장이자율은 11%이다. 그리고

표 14. 3
사채발행가격의 결정 : 사채발행비가 있는 경우

상　　황	발행가격	발행의 유형
액면이자율 = 유효이자율 〉 시장이자율	액면가	액면발행
액면이자율 = 시장이자율 〈 유효이자율	할인가	할인발행
액면이자율 〈 시장이자율 〈 유효이자율	할인가	할인발행
액면이자율 〉 유효이자율 〉 시장이자율	할증가	할증발행

사채발행비 ₩2,360이 발생하였다. 먼저 시장이자율로 계산한 사채의 현재가치를 계산하면 ₩97,560(=₩100,000 × 0.7312 + ₩10,000 × 2.4440)이다. 하지만 사채발행비가 존재하기 때문에 사채발행비를 차감한 사채의 발행가격은 ₩95,200(=₩97,560 − ₩2,360)이다. 여기서 사채이자의 정상연금 현재가치와 사채원금의 단일금액 현재가치의 합계가 ₩95,200이 되게 하는 이자율이 유효이자율이다. 이를 식으로 표시하면 다음과 같으며, 시행착오법에 의하여 유효이자율(x)이 12%가 됨을 알 수 있다.[14)]

₩95,200 = ₩10,000 × 정상연금 현재가치계수(x%, 3년) + ₩100,000 × 일회금액 할인계수(x%, 3년)

혹은 ₩95,200 = $10{,}000/(1+x)^1 + 10{,}000/(1+x)^2 + 10{,}000/(1+x)^3 + 100{,}000/(1+x)^3$

4. 사채이자비용의 인식

사채발행비가 고려된 경우 사채로부터 발생하는 이자비용의 장부상 기록은 유효이자율을 기준으로 하는 것이 타당하다. 유효이자율은 차입자금의 시장가격결정요소이기 때문이다. 또한 사채권면에 표시된 액면이자율은 발행회사의 의도에 따라 임의로 표시할 수도 있으나 유효이자율은 회사가 마음대로 조정할 수 없기 때문이다. 액면이자율은 유효이자율과 다른 것이 일반적이므로 액면이자율로 이자를 계상하면 이자비용을 과소 혹은 과대계상하는 결과를 초래한다. 이와 같은 문제를 해결하기 위하여 사채할인(할증)발행차금을 현금으로 지급하는 이자에 가산(차감)하는 것이다.

사채할인발행차금은 사채기간 동안 사채발행회사가 현금으로 지급하는 이자비용 이외에 추가적으로 부담해야 할 이자비용을 나타낸다. 시장에서 지급하는 이자보다 사채발행회사에서 지급하는 이자가 적기 때문에 사채가 할인발행이 되었으나, 만기가 도래하면 사채의 액면금액을 상환하여야 하기 때문에 액면가와 발행가의 차액인 사채할인발행차금은 사채발행회사가 액면이자 이외에 추가적으로 부담해야 하는 이자비용으로 보아야 한다. 그렇기 때문에 사채할인발행차금은 발생주의원칙에 의해 당기의 비용으로 기간배분되는 것이다. 사채기간에 걸쳐 추가적으로 인식될 이자비용으로 배분하는 과정을 **사채할인발행차금의 상각**이라 한다.

---

14) 실무에서는 컴퓨터나 방정식을 계산할 수 있는 전자계산기를 사용하여 유효이자율을 계산한다. 수험 목적상 컴퓨터나 전자계산기를 사용하지 않고 유효이자율을 구할 수 있는 방법은 시행착오법 이외에 보간법이 있다. 유효이자율이 정수인 경우에는 시행착오법을 사용할 수 있지만, 정수가 아닌 경우에는 보간법을 사용하여야 할 것이다.

사채할증발행차금은 사채기간 동안 사채발행회사가 현금으로 지급하는 이자비용에 차감해야 할 이자비용을 나타낸다. 시장에서 지급하는 이자보다 사채발행회사에서 지급하는 이자가 많기 때문에 사채가 할증발행이 되었고, 만기가 도래하면 사채의 액면금액만을 상환하면 된다. 발행가와 액면가의 차액인 사채할증발행차금은 사채발행회사가 시장보다 이자를 더 많이 지급하는 대신에 수령하는 금액이기 때문에 액면이자에서 이 금액을 차감하여야 이자비용이 과대계상되지 않는다. 사채할증발행차금도 발생주의 원칙에 의해 기간배분되어 비용에서 차감되는 것이다. 사채기간에 걸쳐 이자비용에서 차감되도록 배분하는 과정을 **사채할증발행차금의 상각**이라 한다.

사채할인(할증)발행차금의 상각방법에는 **유효이자율법**(effective interest method)과 **정액법**(straight-line method)이 있다.[15)]「기업회계기준서」 제1039호에서는 사채할인발행차금 또는 사채할증발행차금은 사채발행시부터 최종상환시까지의 기간에 유효이자율법을 적용하여 상각하고 동 상각액을 이자비용에 가감하여 처리하도록 규정하고 있다.

유효이자율법의 특징

- 사채의 장부금액(=상각후원가) : 할인발행의 경우
  = 발행금액 + 사채할인발행차금의 상각누계액
  = 액면금액 + 사채할인발행차금 미상각액
- 사채의 장부금액(=상각후원가) : 할증발행의 경우
  = 발행금액 − 사채할증발행차금의 상각누계액
  = 액면금액 + 사채할증발행차금 미상각액
- 상각완료시점(=만기일)에서의 사채 장부금액
  = 사채 액면금액

(1) 이자지급일의 사채발행

유효이자율법(effective interest method)은 유효이자액(=기초장부금액 × 유효이자율)을 당기 이자비용으로 인식하고 유효이자액과 액면이자액(=표시이자액=현금이자액=액면금액 × 액면이자율)과의 차액을 할인액상각 또는 할증액상각으로 처리하는 방법이다.

유효이자율법은 사채의 장부금액이 변동함에 따라 이자비용도 변동하게 되어, 매 기간별 이자율이 일정하다는 장점이 있다. 이자액의 크기는 채무의 크기에 따라 달라져야

15) 시장이자율은 시장에서 일반적으로 통용되는 이자율인 반면에, 유효이자율은 기업이 실제로 부담하는 이자율이다.

그림 14.1

유효이자율법에 의한 상각의 효과

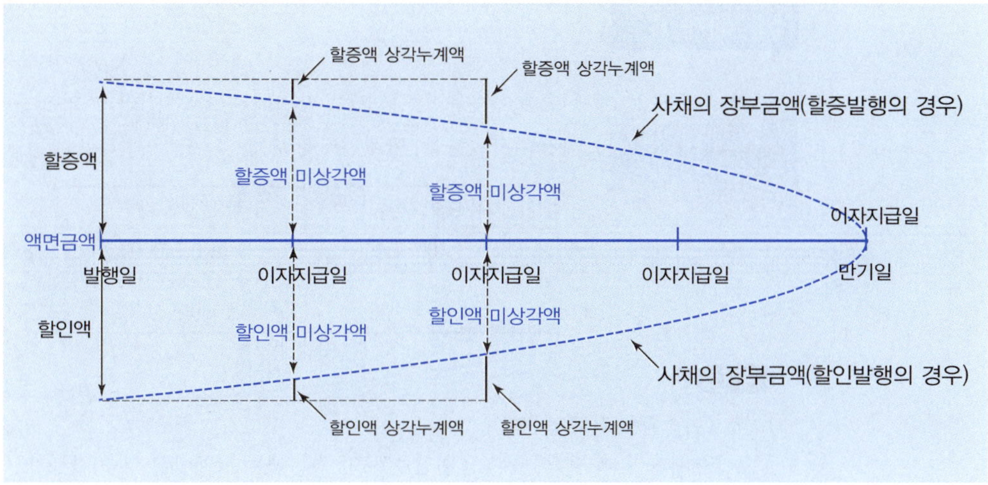

하므로 유효이자율법에 의하여 이자액을 결정하는 것이 매기 일정한 이자비용을 인식하는 정액법보다 이론적으로 볼 때 더 타당하다.

유효이자율법에 의한 사채할인(할증)발행차금의 상각은 다음과 같은 몇 가지 특징을 가지고 있다.

첫째, 사채이자비용의 합계액은 할인발행의 경우에는 액면이자와 사채할인발행차금의 합계액이 되며, 할증발행의 경우에는 액면이자에서 사채할증발행차금을 차감한 금액이다. 즉, 사채이자비용은 할인이나 할증에 관계없이 유효이자와 동일하다.

둘째, 사채의 발행일에서부터 사채의 최종상환일까지 매기 사채할인(할증)발행차금 상각액의 합계액은 사채발행시 사채할인(할증)발행차금 발생액과 동일하다.

셋째, 할인발행과 할증발행의 경우 상각액이 모두 최종상환일에 가까워질수록 증가한다. 이는 할인발행의 경우에는 유효이자율이 액면이자율보다 높아서 유효이자에서 액면이자를 차감한 금액이 상각액이 되는데, 사채의 차감적 평가계정인 사채할인발행차금의 상각에 따라 장부금액이 점차 증가하기 때문에 유효이자가 점차 증가하여 액면이자와의 차이가 점차 증가한 결과이다. 할증발행의 경우에는 액면이자율이 유효이자율보다 높아서 액면이자에서 유효이자를 차감한 금액이 상각액이 되는데, 사채의 부가적 평가계정인 사채할증발행차금의 상각에 따라 장부금액이 점차 감소하기 때문에 유효이자가 점차 감소하여 액면이자와의 차이가 역시 점차 증가한 결과이다.

넷째, 상각이 완료된 시점인 사채의 최종만기일에서의 장부금액은 액면금액과 동일하다. 그렇기 때문에 마지막 기간의 상각액은 마지막 기간의 기초 미상각 잔액과 동일하다.

예제 6

앞의 <예제 3>에서 유효이자율과 사채발행가격이 다음과 같다고 가정하자. 유효이자율법을 적용하여 매기 사채이자비용을 회계처리하라.

유효이자율	사채발행가격
10%	₩100,000
12	96,619
8	103,567

해 답

1. 유효이자율이 10%인 경우

유효이자율이 액면이자율과 동일한 10%인 경우에는 사채할인(할증)발행차금이 발생하지 않는다. 이 경우에 액면이자와 유효이자는 ₩10,000으로 동일하다. 따라서 이에 대한 상각(환입)이 필요가 없어서, 20×5년 12월 31일과 20×6년 12월 31일에 다음과 같은 분개를 한다.

(차) 사채이자비용	10,000	(대) 현　　금	10,000

2. 유효이자율이 12%인 경우

유효이자율이 12%인 경우에는 사채의 발행시 사채할인발행차금이 발생하였기 때문에 사채이자비용을 계산하기 위하여 다음과 같은 상각표를 작성하여야 한다.

기　간	기초 부채잔고[a]	이자비용[b]	이자지급액[c]	잔고증가액 (상각액)[d]	기말 부채잔고[e]
20×5년	₩96,619	₩11,594	₩10,000	₩1,594	₩98,213
20×6년	98,213	11,787	10,000	1,787	100,000

b = a × 유효이자율 (이자비용 총액은 이자지급액 총액 + 발행시 사채할인발행차금)
c = 액면가 × 액면이자율
d = b − c
e = a + d (사채계정의 장부금액, 즉 상각후원가)

위의 상각표를 보면 20×5년에 기업이 부담하는 유효이자율은 12%{(₩11,594/₩96,619) × 100}이며, 20×6년에 기업이 부담하는 유효이자율도 12%{(₩11,787/₩98,213) × 100}이므로 동일함을 알 수 있다. 앞의 상각표를 이용하여 매기 사채이자비용을 인식하기 위한 분개는 다음과 같다.

20×5년 12월 31일

(차) 사채이자비용	11,594	(대) 현　　금	10,000
		사채할인발행차금	1,594

20×6년 12월 31일

(차) 사채이자비용	11,787	(대) 현　　금	10,000
		사채할인발행차금	1,787

3. 유효이자율이 8%인 경우

유효이자율이 8%인 경우에는 사채의 발행시 사채할증발행차금이 발생하였기 때문에 사채이자비용을 계산하기 위하여 다음과 같은 상각표를 작성하여야 한다.

기 간	기초 부채잔고[a)]	이자비용[b)]	이자지급액[c)]	잔고 감소액 (상각액)[d)]	기말 부채잔고[e)]
20×5년	₩103,567	₩8,285	₩10,000	₩1,715	₩101,852
20×6년	101,852	8,148	10,000	1,852	100,000

b = a × 유효이자율
c = 액면가 × 액면이자율
d = c − b
e = a − d

위의 상각표를 보면 20×5년에 기업이 부담하는 유효이자율은 8%{(₩8,285/₩103,567) × 100}이며, 20×6년에 기업이 부담하는 유효이자율은 8%{(₩8,148/₩101,852) × 100}로 동일함을 알 수 있다. 위의 상각표를 이용하여 매기 사채이자비용을 인식하기 위한 분개는 다음과 같다.

20×5년 12월 31일

(차) 사채이자비용	8,285	(대) 현 금	10,000
사채할증발행차금	1,715		

20×6년 12월 31일

(차) 사채이자비용	8,148	(대) 현 금	10,000
사채할증발행차금	1,852		

(2) 이자지급일 사이의 사채발행(중도발행)

이자지급일 사이에 사채발행을 하였을 때 유효이자율법을 사용할 경우에는 발행 직전 이자지급일 혹은 사채권면에 표시된 발행일에 사채를 발행한 것으로 가정하고 그 시점의 부채의 현재가치를 이용하여 상각표를 작성한다. 단, 발행연도의 이자비용과 상각액은 당기중 사채가 실제 발행된 기간으로 월할계산하여 배분한다.

여기서, 실제 사채발행일의 장부금액을 기초로 상각표를 작성하지 않는 이유는 사채발행일의 장부금액에는 발행 직전 이자지급일(혹은 사채권면에 표시된 발행일)로부터 실제 사채발행일까지의 사채할인(할증)발행차금의 상각이 이미 반영되어 있기 때문이다. 결과적으로 실제 사채발행일의 장부금액을 기초로 상각표를 작성하면 기간별 상각액의 합계액이 상각대상금액보다 기상각된 금액에 유효이자율을 곱한 금액만큼 커지기 때문이다. 이러한 차액을 조정하는 것이 쉽지 않기 때문에 발행 직전 이자지급일(혹은 사채권면에 표시된 발행일)에 사채가 발행된 것으로 가정하고 그 시점의 현재가치를 기초로 상각표를 작성하는 것이다.

예제 7

<예제 4>와 같이 실제 발행일의 유효이자율과 사채발행가격이 다음과 같다고 가정하자. 유효이자율법을 적용하여 매기 사채이자비용을 회계처리하라.

유효이자율	사채발행가격
10%	₩100,000
12	97,018
8	103,138

해 답

상각표는 <예제 6>에서 이미 작성되었기 때문에 그것을 이용하기로 한다. 단, 발행연도의 이자비용과 상각액을 구하기 위해 당기중 사채가 발행된 기간으로 월할계산한다. 20×6년 12월 31일의 분개는 <예제 6>과 동일하다.

1. 유효이자율이 10%인 경우

20×5년 12월 31일

(차) 미지급사채이자	2,500	(대) 현 금	10,000
사채이자비용	7,500*		

* ₩10,000 × 9/12 = ₩7,500

20×6년 12월 31일

(차) 사채이자비용	10,000	(대) 현 금	10,000

2. 유효이자율이 12%인 경우

20×5년 12월 31일

(차) 미지급사채이자	2,500	(대) 현 금	10,000
사채이자비용	8,696*	사채할인발행차금	1,196**

* ₩11,594 × 9/12 = ₩8,696　　** ₩1,594 × 9/12 = ₩1,196

20×6년 12월 31일

(차) 사채이자비용	11,787	(대) 현 금	10,000
		사채할인발행차금	1,787

3. 유효이자율이 8%인 경우

20×5년 12월 31일

(차) 미지급사채이자	2,500	(대) 현 금	10,000
사채이자비용	6,214*		
사채할증발행차금	1,286**		

* ₩8,285 × 9/12 = ₩6,214　　** ₩1,715 × 9/12 = ₩1,286

20×6년 12월 31일

(차) 사채이자비용	8,148	(대) 현 금	10,000
사채할증발행차금	1,852		

(3) 회계기간과 이자지급기간이 다른 경우

이제까지는 사채발행회사의 회계연도 말이 이자지급일과 일치한다고 가정하였다. 하지만 실무에서 회계연도 말과 이자지급일이 일치하는 경우는 드물 것이다. 이러한 경우에는 당기에 발생한 이자비용을 회계연도 말에 인식하여야 하며, 현금으로 지급되어야 하는 당기분 액면이자 중에서 미지급된 금액은 미지급사채이자로 계상하여야 한다. 또한 사채할인(할증)발행차금의 상각액도 당기분만 **계산**하여 인식하여야 한다.

발행일 현재가치를 기준으로 상각표를 작성한 후, 결산일(보고기간 말)과 이자지급일이 다르므로 발생주의를 적용하여 이자비용, 상각 및 미지급사채이자를 발행일(또는 직전 이자지급일)로부터의 경과기간에 비례하여 인식한다.

예제 8

연말이 결산법인인 ㈜빌림은 20×5년 4월 1일에 액면가 ₩100,000, 액면이자율 10%, 만기 2년인 사채를 발행하였다. 이자계산은 20×5년 4월 1일부터 이루어지며, 이자지급일은 20×6년 3월 31일과 20×7년 3월 31일이다. ㈜빌림의 사채의 유효이자율이 12%인 경우 사채발행가격이 ₩96,619이라고 가정하자. 사채이자비용의 회계처리를 하라.

해 답

기 간	기초 부채잔고[a)]	이자비용[b)]	이자 지급액[c)]	잔고증가액 (상각액)[d)]	기말 부채잔고[e)]
20×5년 4월 1일~ 20×6년 3월 31일	₩96,619	₩11,594	₩10,000	₩1,594	₩98,213
20×6년 4월 1일~ 20×7년 3월 31일	98,213	11,787	10,000	1,787	100,000

b = a × 유효이자율
c = 액면가 × 액면이자율
d = b − c
e = a + d

20×5년 12월 31일

(차) 사채이자비용	8,696*	(대) 미지급사채이자	7,500**
		사채할인발행차금	1,196***

* ₩11,594×9/12 = ₩8,696
** ₩10,000×9/12 = ₩7,500
*** ₩1,594×9/12 = ₩1,196

20×6년 3월 31일

(차) 미지급사채이자	7,500	(대) 현 금	10,000
사채이자비용	2,898*	사채할인발행차금	398**

* ₩11,594 × 3/12 = ₩2,898

** ₩1,594 × 3/12 = ₩398

20×6년 12월 31일

(차) 사채이자비용	8,840*	(대) 미지급사채이자	7,500**
		사채할인발행차금	1,340***

* ₩11,787 × 9/12 = ₩8,840

** ₩10,000 × 9/12 = ₩7,500

*** ₩1,787 × 9/12 = ₩1,340

20×7년 3월 31일

(차) 미지급사채이자	7,500	(대) 현　　금	10,000
사채이자비용	2,947*	사채할인발행차금	447**

* ₩11,787 × 3/12 = ₩2,947

** ₩1,787 × 3/12 = ₩447

5. 사채의 상환

사채는 만기일에 가서 원금을 일시에 상환하는 **만기상환**과 만기일 전에 상환하는 **조기상환**이 있다. 또한 일시상환의 자금부담을 줄이기 위하여 감채기금에 적립하는 **감채기금상환**이 있다. 조기상환은 증권시장을 통하여 사채를 취득하거나, 수의상환사채의 상환권을 행사하거나, 만기 이전에 구사채를 새로운 사채로 대체하는 **차환**(refunding)에 의해서 이루어진다. 만기에 상환되는 사채를 일시상환사채라 하고 일반적인 사채가 여기에 해당한다. 조기상환 중에서 수의상환사채는 만기일 이전에 수시로 일부나 전액상환이 가능하고, 연속상환사채는 정기적으로 분할상환하는 것이다. 한편, 전환사채의 경우에는 사채권자의 권리행사에 의하여 사채의 만기일 전에 주식으로 전환될 수 있으나, 조기상환으로는 간주하지 않는다. 여기서는 만기상환, 조기상환, 자기사채, 감채기금상환 등을 살펴보기로 한다.

조기상환의 이유는 부채를 소멸시켜 부채비율을 감소시키기 위해서이다. 또한 시장금리의 하락에 따라 기존사채를 조기상환하고 이를 대체하는 새로운 사채를 발행함으로써 이자비용을 경감시키기 위해서이다. 전환사채와 신주인수권부사채는 제17장 복합금융상품에서 후술하기로 한다. 연속상환사채는 본 장의 연습문제에서 다루어질 것이다.

(1) 만기상환

사채가 만기가 되면 액면발행, 할인발행, 할증발행과 같은 발행의 유형에 관계없이 원금인 액면금액을 상환하여야 한다. 이와 같은 만기상환의 경우에는 사채할인(할증)발행차금이 모두 상각되어 사채의 장부금액과 액면금액은 동일하다. 즉, 사채의 장부금액이 바로 상환금액이므로 사채상환손익이 발생하지 않는다. 앞에서 제시된 모든 예제에서 사채의 만기상환은 다음과 같이 회계처리한다.

(차) 사　　채	100,000	(대) 현　　금	100,000

(2) 조기상환

사채의 조기상환은 주로 다음과 같이 세 가지 형태로 발생한다. 첫째, 수의상환사채를 발행한 회사가 직접 사채권자에게 만기 이전에 일정한 금액을 지급하고 조기상환을 할 수 있다. 둘째, 시장성 있는 사채의 경우 증권시장을 통하여 시장가격으로 매입함으로써 조기상환을 할 수 있다. 셋째, 시장상황의 변동에 따라 기존의 사채를 조기상환하고, 이를 대체하는 새로운 사채를 발행할 수 있다. 즉, **사채의 차환**으로 조기상환이 이루어질 수 있다.

수의상환사채를 상환하는 경우나 증권시장을 통해 매입상환하는 경우는 회계처리가 동일하기 때문에 구분없이 먼저 설명하고, 사채의 차환은 나중에 설명하기로 한다.[16)] 조기상환의 회계처리를 하기 위해서 우선적으로 상환시점에서의 사채장부금액을 계산하여야 한다. 여기서 사채장부금액이란 이자지급일에 사채를 상환하는 경우라면 상환일의 상각후원가를 의미한다. 이자지급일 사이에 사채를 상환하는 경우라면 사채장부금액은 직전 이자지급일 사채의 장부금액에 경과기간 유효이자를 가산하고 경과기간 미지급 액면이자를 차감하여 계산한다. 이자지급일 사이에 사채를 상환하는 경우 사채상환으로 인한 현금유출액에는 직전 이자지급일부터 상환일까지의 경과이자(발행시 경과기간 액면이자)가 포함되어 있기에 경과이자를 차감한 금액이 실질적인 사채의 상환대가가 된다. 그리고 실질적인 사채의 상환대가와 사채 장부금액을 비교하여 전자가 후자를 초과하면 사채상환손실을 인식하여야 하며, 그 반대의 경우에는 사채상환이익을 인식하여야 한다. 이상의 조기상환손익의 계산방법을 요약하면 다음과 같다.

① 실질적인 사채의 상환대가 = 상환으로 인한 현금유출액 − 경과기간 미지급 액면이자(이자지급일과 조기상환일이 같은 경우는 0)
= 상환일 사채의 공정가치 + 거래비용

② 조기상환일 상환분의 사채 장부금액

16) 조기상환에 대한 회계처리는 취득한 사채를 즉시 소각하거나 혹은 자기사채로 보유하거나에 상관없이 동일하다.

이자지급일 = 조기상환일	이자지급일 ≠ 조기상환일
사채의 상각후원가	직전 이자지급일 사채의 장부금액 + 경과기간 유효이자 − 경과기간 미지급 액면이자

③ 사채의 조기상환손실(① > ②) 혹은 사채의 조기상환이익(① < ②)

조기상환손익이 발생하는 이유는 시장이자율이 변동하고 이에 따라 유효이자율이 변동하기 때문이다. 사채발행시와 비교하여 조기상환시 시장이자율이 상승(하락)했다면 사채의 시장가격이 하락(상승)하기 때문에 조기상환이익(손실)이 발생한다.

과거에는 사채상환이익을 「영업외수익」, 그리고 사채상환손실을 「영업외비용」으로 분류하였으나, 현행 「기업회계기준서」에서는 동 계정에 대해 영업손익과 영업외손익의 명시적인 구분이 없더라도 비금융기관인 일반기업의 경우 영업외손익항목으로 보는 것이 타당할 것이다. 한 걸음 더 나아가 조기상환손익이 비경상적이고 비반복적인 성격을 갖지 않더라도, 이를 특별손익으로 분류하는 것이 바람직하다는 주장이 있다. 그 이유는 사채의 조기상환손익을 특별손익으로 분류하면 재무제표이용자들의 주의를 환기시킬 수 있어 경영자들의 이익조작의 의도를 사전에 방지할 수 있기 때문이다. 하지만 조기상환손익이 특별손익으로 분류되면 기업가치평가 시에 그 비중을 인위적으로 경감시키기 때문에 문제가 있다.

예제 9

20×5년 1월 1일 ㈜빌림은 만기일이 20×6년 12월 31일이고, 액면이자율 10%인 ₩100,000의 사채를 12%의 유효이자율로 발행하였다. 사채이자는 매년 12월 31일에 지급한다. 회사는 현금 ₩50,100을 지급하고 사채의 50%를 증권시장에서 매입하여 조기상환하였다. 유효이자율법에 따라 사채할인발행차금을 상각한다. 사채의 조기상환이 20×5년 12월 31일에 이루어진 경우와 20×6년 6월 30일에 이루어진 경우로 구분하여 회계처리를 하라.

해 답

사채의 발행가격과 상각표는 다음과 같다.

발행가격 = 이자지급으로 인한 기말연금의 현가 + 상환일에 지급될 액면금액의 현가

$$= \left[\frac{1-(1.12)^{-2}}{0.12}\right] \times ₩10{,}000 + (1.12)^{-2} \times ₩100{,}000$$

$$= 1.6900 \times ₩10{,}000 + 0.79719 \times ₩100{,}000$$

$$= ₩16{,}900 + ₩79{,}719$$

$$= ₩96{,}619$$

기 간	기초 부채잔고[a)]	이자비용[b)]	이자 지급액[c)]	잔고증가액 (상각액)[d)]	기말 부채잔고[e)]
20×5년	₩96,619	₩11,594	₩10,000	₩1,594	₩98,213
20×6년	98,213	11,787	10,000	1,787	100,000

b = a × 유효이자율
c = 액면가 × 액면이자율
d = b − c
e = a + d

1. 사채의 조기상환이 20×5년 12월 31일에 이루어진 경우

① 실질적인 사채의 상환대가	₩50,100
② 조기상환일 상환분의 사채 장부금액	
이자지급일 = 조기상환일	
사채의 상각후원가	49,107*
③ 사채의 조기상환손실(① − ②)	₩ 993

* ₩98,213 × 50%

20×5년 12월 31일의 사채이자비용의 인식을 위한 분개(조기상환분과 미상환분을 구분할 필요가 없다)

(차) 사채이자비용	11,594	(대) 현 금	10,000
		사채할인발행차금	1,594

20×5년 12월 31일의 사채상환을 위한 분개

(차) 사 채	50,000	(대) 현 금	50,100
사채상환손실	993	사채할인발행차금	893*

* 조기상환분의 미상각 할인발행차금 ₩1,787 × 50%(단수조정)

2. 사채의 조기상환이 20×6년 6월 30일에 이루어진 경우

① 실질적인 사채의 상환대가(₩50,100 − 2,500*)		₩47,600
② 조기상환일 상환분의 사채 장부금액		
이자지급일 ≠ 조기상환일		
직전 이자지급일 사채의 장부금액	₩49,107	
+ 경과기간 유효이자	+ 2,946**	
− 경과기간 미지급 액면이자	− 2,500*	49,553
③ 사채의 조기상환이익(② − ①)		₩1,953

* ₩50,000 × 10% × 6/12
** ₩49,107 × 12% × 6/12

20×6년 6월 30일의 조기상환분 사채이자비용의 인식을 위한 분개

(차) 사채이자비용	2,946*	(대) 미지급이자	2,500**
		사채할인발행차금	446***

* ₩49,107 × 12% × 6/12

** ₩50,000 × 6/12 × 10%

*** ₩1,787 × 6/12 × 50% (단수조정)

20×6년 6월 30일의 사채상환을 위한 분개

(차) 사 채	50,000	(대) 현 금	50,100
미지급이자	2,500	사채할인발행차금	447*
		사채상환이익	1,953

* (₩3,381 − ₩1,594 − ₩1,787 × 6/12) × 50% (단수조정)

(3) 지분상품에 의한 금융부채의 소멸

금융부채는 소멸한 경우(즉, 계약상 의무가 이행, 취소 또는 만료된 경우)에만 재무상태표에서 제거한다. 지급한 대가는 양도한 비현금자산이나 부담한 부채를 포함한다. 따라서 금융부채를 소멸시키기 위하여 발행된 지분상품은 **지급한 대가**이다.

그러한 금융부채를 소멸시키기 위하여 발행된 지분상품을 최초에 어떻게 측정해야 하는가? 금융부채를 소멸시키기 위하여 채권자에게 발행한 지분상품을 최초에 인식할 때, 해당 지분상품의 공정가치를 신뢰성 있게 측정할 수 없는 경우가 아니라면, 지분상품의 **공정가치**로 측정한다. 발행된 지분상품의 공정가치를 신뢰성 있게 측정할 수 없다면 소멸된 금융부채의 공정가치를 반영하여 지분상품을 측정한다.

소멸된 금융부채의 장부금액과 발행된 지분상품의 최초 측정금액의 차이를 어떻게 회계처리해야 하는가? 소멸한 금융부채의 장부금액과 지급한 대가의 차액은 당기손익으로 인식한다. 단, 주식을 발행하여 금융부채를 소멸시키는 것이 금융부채의 최초 조건에 따른 경우(예를 들면, 전환사채의 전환) 등에는 위와 같은 회계처리를 적용하지 않는다.

예제 10

㈜뉴노말은 액면총액 ₩300,000의 자사 주식을 발행하여 3년 전에 발행한 사채를 조기상환하였다. 조기상환일 현재 사채의 장부금액은 ₩600,000이다.

1. ㈜뉴노말이 발행한 주식의 공정가치가 ₩500,000인 경우 조기상환의 회계처리를 하라.
2. ㈜뉴노말이 발행한 주식의 공정가치를 신뢰성 있게 측정할 수 없고, 조기상환되는 ㈜뉴노말 사채의 공정가치가 ₩550,000인 경우 조기상환의 회계처리를 하라.

해 답

1. (차) 사 채	600,000	(대)	자본금	300,000
			주식발행초과금	200,000
			사채상환이익	100,000
2. (차) 사 채	600,000	(대)	자본금	300,000
			주식발행초과금	250,000
			사채상환이익	50,000

제3절 금융부채 조건의 차이 및 조건의 변경

1. 조건차이와 조건변경

기존 차입자와 대여자가 **실질적인 조건의 차이**(예를 들면, 자산의 양도나 신주발행을 통한 부채의 상환 등 결제수단의 변경)가 발생하는 채무교환을 수행한 경우 채무자는 최초의 금융부채를 제거하고 새로운 금융부채를 인식한다. 이와 마찬가지로, 기존 금융부채(또는 금융부채의 일부)에 **실질적인 조건의 변경**이 발생한 경우(예를 들면, 이자율 변경, 만기 변경, 원리금 감면 등)에도 채무자는 최초의 금융부채를 제거하고 새로운 금융부채를 인식한다.[17] 실질적으로 다른 조건의 새로운 금융부채에서 발생할 미래현금유출은 최초 금융부채 발생시점의 유효이자율이 아닌 채무교환시점의 유효이자율로 할인하여 평가하여야 한다. 실질적 조건의 변경으로 채무상품의 교환이 발생하는 경우 채무자의 재무적 어려움으로 인한 경우(즉, **채권 · 채무 조정**)와 그렇지 아니한 경우를 구분하지 않는다. 소멸하거나 제3자에게 양도한 금융부채(또는 금융부채의 일부)의 장부금액과 지급한 대가(양도한 비현금자산이나 부담한 부채)의 차액은 **당기손익**으로 인식한다.

17) 채무자의 재무적 어려움으로 인한 채권 · 채무조정은 기본적으로 자산의 이전 또는 지분상품의 발행을 통한 **채무의 변제**(자산의 양수를 통한 채권의 회수)와 이자율의 인하, 유사한 위험을 가진 새로운 부채보다 낮은 이자율로 만기일을 연장, 원금의 감면, 발생이자의 감면 등의 조건변경을 통한 **채무(채권)의 존속**이라는 두 가지 유형으로 나눌 수 있다.

구 분	회계처리방법
실질적인 조건의 차이 또는 **조건의 변경**이 발생하는 채무교환(현금흐름의 현재가치 차이가 10% 이상으로 실질적으로 다른 조건인 경우)	- 기존 금융부채의 제거 - 장부금액과 지급하는 대가의 차이를 손익으로 인식 - 발생한 비용과 수수료는 금융부채의 소멸에 따른 손익으로 인식(즉, 이익에서 차감하거나 손실에 가산)
실질적인 조건의 차이 또는 **조건의 변경**이 발생하지 않는 채무교환(실질적으로 다른 조건이 아닌 경우)	- 변경된 계약상 현금흐름에 대해 최초의 유효이자율을 사용하여 현재가치를 재계산하며, 재계산한 현재가치와 기존 장부금액 간 차이금액은 당기손익으로 인식함. - 발생한 비용과 수수료는 재계산한 현재가치(즉, 변경된 부채의 장부금액)에서 차감 조정하며, 변경된 부채의 남은 기간 동안에 상각(기업회계기준서 제1109호 적용지침 B3.3.6)

새로운 조건에 따른 현금흐름(지급한 수수료에서 수취한 수수료를 차감한 수수료순액을 포함)의 현재가치와 최초 금융부채의 잔여현금흐름의 현재가치(즉, 금융부채의 장부가치)의 차이가 10% 이상이라면 최초의 금융부채를 제거하고 새로운 금융부채를 인식하며, 장부금액과 지급하는 대가(변경된 계약상 현금흐름에 대해 최초의 유효이자율을 사용하여 계산한 현재가치)의 차이를 당기손익(상환손익 혹은 채무조정손익)으로 인식한다. 한편, 실질적으로 다른 조건이 아닌 경우 **변경된 계약상 현금흐름에 대해 최초의 유효이자율을 사용하여 현재가치를 재계산하며, 재계산한 현재가치와 장부금액 간 차이금액은 당기손익(상환손익 혹은 채무조정손익)으로 인식한다.**[18] 두 가지 현금흐름 간 10% 이상의 차이가 있는지 파악하기 위하여 현금흐름을 할인할 때는 최초의 유효이자율을 사용하여야 한다. 새로운 금융부채를 인식할 경우 금융부채 최초측정의 경우에 사용하는 일반원칙을 적용하여 조건변경된 금융부채의 공정가치로 계상하고 조건변경 후 금융부채에 적용되는 유효이자율을 사용하여 상각한다.

예를 들어, 액면금액 ₩100,000, 만기 3년, 액면이자율 10%의 사채를 관련 비용 ₩2,360 지급 후 ₩95,200을 발행하였다. 이때 유효이자율은 12%이다. 사채발행 1년 후 액면이자율 5%이며, 만기를 3년 연장하는 조건변경을 승인받았다. 조건변경 전 10%의 원래 이자를 모두 지급하였고, 만기를 3년 연장함으로써 발행일로부터 6년 뒤 상환하는 것이다. 조건을 변경하기 위하여 지급한 수수료는 ₩2,000이며, 수취한 수수료는 없다. 최초 금융부채의 잔여현금흐름의 현재가치는 ₩96,624{= ₩95,200 + (₩95,200 × 12% − ₩100,000 × 10%)}이며, 새로운 조건에 따른 현금흐름(지급한 수수료에서 수취한 수수료를 차감한 수수료순액을 포함)의 현재가치는 ₩76,767{= ₩2,000(지급한 수수

18) 금융부채의 제거와 관련된 10% 테스트에 포함하는 수수료는 대여자와 차입자 간에 주고받았거나 대여자와 차입자가 서로를 대신하여 지급한 수수료만을 포함한다.

료) + ₩100,000 × 0.56743(이자율 12%, 기간 5년의 일회금액 할인계수) + ₩100,000 × 5% × 3.60478(이자율 12%, 기간 5년의 기말연금 현재가치계수)}이다. 이러한 경우 차이를 보수적으로 계산하기 위하여 둘 중 큰 금액을 분모로 하고 차이를 분자로 하여 차이가 10% 이상인지를 파악한다. 이와 같이 계산하면 [{(₩96,624 − ₩76,767)/(₩96,624)} × 100]은 약 20.55%이다. 따라서 차이금액이 10% 이상이기 때문에 실질적인 조건의 변경이 있는 경우에 해당한다.

예제 11

20×1년 1월 1일 구민은행은 ₩20,000,000을 만기 3년, 액면이자율 연 10%(연도말 후급)의 조건으로 ㈜빌림에 대출하였다. 20×1년 1월 1일의 유효이자율은 10%이다. 구민은행과 ㈜빌림은 12월말 결산법인이다.

㈜빌림은 20×2년 7월 1일 부도처리된 직후 법정관리를 신청하였다. 20×2년 12월 31일 법원은 채권채무조정일로부터 만기 7년, 액면이자율 연 5%(연도말 후급)로 계약조건을 변경하는 채권채무조정을 결정하였다. 채권채무조정일인 20×2년 12월 31일의 유효이자율은 12%이다.

구민은행은 대출금에 대하여 손실충당금 5%를 이미 설정하고 있다. ㈜빌림은 채권채무조정을 위하여 구민은행을 대신하여 채무조정 수수료 1,000,000을 20×2년 12월 31일에 지급하였다.

한편, 기간 7년 연이자율 10%의 할인율은 0.5132이며, 기간 7년 연이자율 12%의 할인율은 0.4523이다. 그리고 기간 7년 연이자율 10%인 기말연금의 현재가치계수는 4.8684이며, 기간 7년 연이자율 12%인 기말연금의 현재가치계수는 4.5638이다.

1. 20×2년 12월 31일 발생한 채무조정이 실질적으로 다른 조건인지를 분석하고, 채무조정일 현재 ㈜빌림의 재무상태표에 인식되는 장기차입금을 계산하라.
2. 20×2년 12월 31일 ㈜빌림과 구민은행의 회계처리를 하라.
3. 채무조정 후 액면이자율이 5%가 아니고 7%인 경우 채무조정이 실질적으로 다른 조건인지를 분석하고, 채무조정일 현재 ㈜빌림의 재무상태표에 인식되는 장기차입금을 계산하라.
4. 위의 3에서 ㈜빌림의 20×2년 12월 31일 회계처리를 하라.

해 답

1. 채무조정

(1) 실질적으로 다른 조건인지의 분석

채무조정 후 채무의 현재가치

$$= ₩20{,}000{,}000 \times (1.10)^{-7} + ₩1{,}000{,}000 \times \left[\frac{1-(1.10)^{-7}}{0.10}\right] + ₩1{,}000{,}000$$

$$= ₩20{,}000{,}000 \times 0.5132 + ₩1{,}000{,}000 \times 4.8684 + ₩1{,}000{,}000$$

$$= ₩16{,}132{,}400$$

채무조정 전 채무의 잔여현금흐름 현재가치 = 채무조정 전 채무의 장부금액
= ₩20,000,000

현재가치 차이의 비율 = (₩20,000,000 − ₩16,132,400) ÷ ₩20,000,000 × 100 = 19.34%

위에서 채무조정 전 채무의 잔여현금흐름 현재가치와 채무조정 전 채무의 장부금액은 동일하다. 왜냐하면 금융부채(AC)의 장부금액은 잔여현금흐름을 최초 유효이자율로 할인한 현재가치이기 때문이다. 채무조정 전과 채무조정 후 현금흐름의 현재가치 차이가 19.34%이므로, 동 채무조정은 실질적으로 다른 조건이다.

(2) 채무조정일 현재 재무상태표에 인식되는 ㈜빌림의 장기차입금

$$= ₩20,000,000 \times (1.12)^{-7} + ₩1,000,000 \times \left[\frac{1-(1.12)^{-7}}{0.12} \right]$$

= ₩20,000,000 × 0.4523 + ₩1,000,000 × 4.5638 = ₩9,046,000 + ₩4,563,800
= ₩13,609,800

2. 회계처리

(1) 채무조정일(20×2. 12. 31) ㈜빌림의 회계처리

(차)		(대)	
장기차입금(구)	20,000,000	장기차입금(신)	20,000,000
현재가치할인차금	6,390,200	채무조정이익	6,390,200
채무조정이익	1,000,000	현 금	1,000,000

(2) 채무조정일(20×2. 12. 31) 구민은행의 회계처리

(차)		(대)	
장기대출금(신)	20,000,000	장기대출금(구)	20,000,000
손상차손	5,390,200	손실충당금	5,390,200*

* ₩6,390,200(채무조정 후 손실충당금) − ₩1,000,000(채무조정 전 손실충당금) = ₩5,390,200

3. 채무조정

(1) 실질적으로 다른 조건인지의 분석

채무조정 후 채무의 현재가치

$$= ₩20,000,000 \times (1.10)^{-7} + ₩1,400,000 \times \left[\frac{1-(1.10)^{-7}}{0.10} \right] + ₩1,000,000$$

= ₩20,000,000 × 0.5132 + ₩1,400,000 × 4.8684 + ₩1,000,000
= ₩18,079,760

채무조정 전 채무의 잔여현금흐름 현재가치 = 채무조정 전 채무의 장부금액
= ₩20,000,000

현재가치 차이의 비율 = (₩20,000,000 − ₩18,079,760) ÷ ₩20,000,000 × 100 = 9.60%

채무조정 전과 채무조정 후 현금흐름의 현재가치 차이가 9.60%이므로, 동 채무조정은 실질적으로 다른 조건이 아니다.

(2) 채무조정일 현재 재무상태표에 인식되는 ㈜빌림의 장기차입금

$$= ₩20,000,000 \times (1.10)^{-7} + ₩1,400,000 \times \left[\frac{1-(1.10)^{-7}}{0.10} \right] - ₩1,000,000$$

= ₩17,079,760(재계산한 현재가치) − ₩1,000,000(수수료는 재계산한 현재가치에서 차감조정)

= ₩16,079,760

4. 채무조정일(20×2. 12. 31) ㈜빌림의 회계처리

(차)		(대)	
장기차입금(구)	20,000,000	장기차입금(신)	20,000,000
현재가치할인차금	3,920,240	현 금	1,000,000
		채무조정이익	2,920,240

본 장의 연습문제에서 채무교환시 실질적인 조건의 차이 혹은 조건의 변경이 발생한 경우의 회계처리를 포함하고 있다.

한편, 금융부채의 일부를 재매입하는 경우, 금융부채의 장부금액은 계속 인식되는 부분(재매입하지 않은 부분)과 제거되는 부분(재매입한 부분)에 대해 재매입일 현재 각 부분의 상대적 공정가치를 기준으로 배분한다. 그리고 다음 ①과 ②의 차액은 당기손익으로 인식한다. 이와 관련한 구체적 회계처리는 사채의 조기상환(중도상환)에서 다루고 있다.

① 제거되는 부분에 배분된 금융부채의 장부금액

② 제거되는 부분에 대하여 지급한 대가(양도한 비현금자산이나 부담한 부채를 포함)

제4절 상환우선주

발행자의 상환의무가 있는 경우 혹은 보유자가 상환청구권을 보유한 경우인 **상환우선주**(redeemable preferred stock)는 지분상품이 아니라 금융부채이다. 금융부채로 분류되는 상환우선주는 최초 측정시 공정가치로 부채를 인식하며, 후속 측정시 상각후원가로 평가한다.

금융상품의 분류결과(금융부채 또는 지분상품)에 따라 당해 금융상품과 관련하여 발생하는 이자, 배당, 손익이 당기손익으로 반영되는지가 결정된다. 전체가 부채로 인식된 주식에 대하여 지급한 배당은 사채에 대한 이자와 동일하게 비용으로 인식한다(기업회계기준서 제1032호 문단 36).

배당의 회피가 불가능한 계약조건의 상환우선주는 배당을 회피할 무조건적 권리가 발행자에게 존재하지 않기 때문에 전체가 금융부채로 인식되는 금융상품이다. 따라서 배당을 이자비용으로 회계처리하고, 금융부채의 발행금액에는 원금부분의 공정가치뿐만 아니라 배당부분의 공정가치도 포함된다.

한편, 배당의 회피가 가능한 계약조건의 상환우선주는 배당을 회피할 수 있는 무조건적 권리를 발행자가 보유하고 있다고 볼 수 있으므로, 금융부채와 지분상품(배당부분)이 결합된 복합금융상품이다. 배당의 회피가 가능한 계약조건의 금융부채 발행금액에서 금융부채부분의 공정가치를 차감하여 지분상품부분의 공정가치를 계산한다. 만약 현금배당을 지급할 경우 미처분이익잉여금의 처분으로 회계처리한다.

우리나라에서 보통주의 배당률보다 1%(액면가 기준)를 추가로 지급한 비누적적 구형우선주와는 달리 1996년 12월 1일 상법 개정 후 발행된 신형우선주는 최저배당률이 정해진 누적적 우선주이다. 신형우선주는 구형우선주와 구분하기 위하여 끝자리에 B(Bond)라고 표시한다. 상환우선주의 회계처리에서 배당누적 여부의 구분보다 배당회피가능 여부의 계약조건이 중요하다.

예제 12

㈜아뜨리에는 20×1년 1월 1일 주당 액면금액 ₩5,000인 상환우선주 10주를 ₩50,000에 발행하였다. 약정배당률은 발행금액의 5%이나 배당은 회피가능하다. 상환우선주는 2년 후인 20×2년 12월 31일에 주당 ₩5,000으로 의무상환하여야 한다.

㈜아뜨리에가 발행한 상환우선주의 유효이자율은 10%이다. 일회금액 할인계수(기간 2년, 연이자율 10%)는 0.82645이며, 기말연금현가계수(기간 2년, 연이자율 10%)는 1.73554이다. 상환우선주 발행의 분개를 하고, 이후 회계처리를 설명하라.

해 답

(1) 발행

부채요소의 공정가치 = ₩5,000/주 × 10주 × 0.82645 = ₩41,323

자본요소의 공정가치 = ₩5,000/주 × 10주 − ₩41,323 = ₩8,677

(차)	현　　금	50,000	(대) 상환우선주(금융부채)	41,323
	상환우선주할인발행차금 (자본차감계정)	41,323	상환우선주자본금(자본)	50,000

(2) 발행 이후 회계처리

상환우선주는 이후 기초장부금액의 10%에 해당하는 이자비용을 매년 인식하며, 2년 후 장부금액이 ₩50,000이 된다. 배당금 지급시에는 미처분이익잉여금의 처분으로 회계처리한다. 상환우선주할인발행차금은 보통주할인발행차금과 같이 이익잉여금으로 상각할 수 있다. 2년 후 상환시 상환우선주 ₩50,000과 현금 ₩50,000을 상계한다.

20×1년 12월 31일 이자비용 인식

(차) 이자비용	4,132	(대) 상환우선주(금융부채)	4,132

20×2년 12월 31일 이자비용 인식

(차) 이자비용	4,545	(대) 상환우선주(금융부채)	4,545

주총일 5% 배당금 지급결의

(차) 미처분이익잉여금	2,500	(대) 미지급배당금	2,500

상환우선주할인차금 상각(2년 균등상각 가정)

(차) 미처분이익잉여금	20,662	(대) 상환우선주할인발행차금	20,662

제17장에서 다루는 전환사채의 경우 부채부분을 전환사채라는 부채계정과 전환권조정이라는 부채차감계정으로 나누어 계상하는 반면, 상환우선주는 자본부분을 상환우선주자본금이라는 자본계정과 상환우선주할인발행차금이라는 자본차감계정으로 나누어 계상한다. 전환사채는 형식(form)이 부채이고, 상환우선주는 그 형식이 자본이기 때문이어서 이런 차이가 발생하는 것으로 볼 수 있다.

[부록 A] 분기마다 이자지급이 이루어지는 경우 유효이자율법

실무에서는 일반적으로 사채이자의 지급을 1년에 4회, 즉 분기마다 한다. 이러한 경우에는 사채이자비용과 관련된 회계처리는 분기마다 해야 한다. <부록예제 1>의 경우에 3개월을 1기간으로 하여 이자지급이 연 4회 발생하기 때문에 액면이자율을 2.5%(=10%÷4)로 수정하면 된다. 유효이자율은 액면발행의 경우 2.5%(=10%÷4), 할인발행의 경우 3%(=12%÷4), 할증발행의 경우 2%(=8%÷4)로 수정하여 상각표를 작성하고 이를 기준으로 회계처리를 하여야 한다.

부록예제 1

연말이 결산일인 ㈜빌림은 20×5년 1월 1일에 액면가 ₩100,000, 액면이자율 10%, 만기 2년인 사채를 발행하였다. 이자지급일은 매 분기말이다. ㈜빌림의 사채발행으로 인한 유효이자율이 10%, 12% 및 8%인 경우 사채의 발행가격을 계산하고 사채이자비용의 회계처리를 하라.

해 답

1. 유효이자율이 10%인 경우

사채발행가격을 계산하면 다음과 같다.

발행가격=이자지급으로 인한 기말연금의 현가+상환일에 지급될 액면금액의 현가

$$= \left\{ \frac{1-(0.025)^{-8}}{0.025} \right\} \times ₩2,500 + (1.025)^{-8} \times ₩100,000$$

$$= 7.1701 \times ₩2,500 + 0.82075 \times ₩100,000$$

$$= ₩17,925 + ₩82,075 = ₩100,000$$

액면발행에 관한 회계처리는 다음과 같다.

(차) 현 금	100,000	(대) 사 채	100,000

한편, 이자비용의 인식을 위한 분개는 다음과 같다.

20×5년 3월 31일	(차) 사채이자비용	2,500	(대) 현 금	2,500
20×5년 6월 30일	(차) 사채이자비용	2,500	(대) 현 금	2,500
20×5년 9월 30일	(차) 사채이자비용	2,500	(대) 현 금	2,500
20×5년 12월 31일	(차) 사채이자비용	2,500	(대) 현 금	2,500
20×6년 3월 31일	(차) 사채이자비용	2,500	(대) 현 금	2,500
20×6년 6월 30일	(차) 사채이자비용	2,500	(대) 현 금	2,500
20×6년 9월 30일	(차) 사채이자비용	2,500	(대) 현 금	2,500
20×6년 12월 31일	(차) 사채이자비용	2,500	(대) 현 금	2,500

2. 유효이자율이 12%인 경우

사채발행가격을 계산하면 다음과 같다.

발행가격 = 이자지급으로 인한 기말연금의 현가 + 상환일에 지급될 액면금액의 현가

$$= \left\{ \frac{1-(0.03)^{-8}}{0.03} \right\} \times ₩2,500 + (1.03)^{-8} \times ₩100,000$$

$$= 7.0197 \times ₩2,500 + 0.78941 \times ₩100,000$$

$$= ₩17,549 + ₩78,941 = ₩96,490$$

기 간	기초 부채잔고[a)]	이자비용[b)]	이자 지급액[c)]	잔고증가액 (상각액)[d)]	기말 부채잔고[e)]
20×5년 1월 1일~ 20×5년 3월 31일	₩96,490	₩2,895	₩2,500	₩395	₩96,885
20×5년 4월 1일~ 20×5년 6월 30일	96,885	2,907	2,500	407	97,292
20×5년 7월 1일~ 20×5년 9월 30일	97,292	2,919	2,500	419	97,711
20×5년 10월 1일~ 20×5년 12월 31일	97,711	2,931	2,500	431	98,142
20×6년 1월 1일~ 20×6년 3월 31일	98,142	2,944	2,500	444	98,586
20×6년 4월 1일~ 20×6년 6월 30일	98,586	2,958	2,500	458	99,044
20×6월 7월 1일~ 20×6년 9월 30일	99,044	2,971	2,500	471	99,515
20×6년 10월 1일~ 20×6년 12월 31일	99,515	2,985	2,500	485	100,000

b = a × 유효이자율 c = 액면가 × 액면이자율
d = b − c e = a + d

할인발행에 관한 회계처리는 다음과 같다.

(차) 현 금	96,490	(대) 사 채		100,000
사채할인발행차금	3,510			

한편, 이자비용의 인식을 위한 분개는 다음과 같다.

20×5년 3월 31일	(차) 사채이자비용	2,895	(대) 현 금	2,500
			사채할인발행차금	395
20×5년 6월 30일	(차) 사채이자비용	2,907	(대) 현 금	2,500
			사채할인발행차금	407
20×5년 9월 30일	(차) 사채이자비용	2,919	(대) 현 금	2,500
			사채할인발행차금	419
20×5년 12월 31일	(차) 사채이자비용	2,931	(대) 현 금	2,500
			사채할인발행차금	431

20×6년 3월 31일	(차) 사채이자비용	2,944	(대)	현　　금	2,500
				사채할인발행차금	444
20×6년 6월 30일	(차) 사채이자비용	2,958	(대)	현　　금	2,500
				사채할인발행차금	458
20×6년 9월 30일	(차) 사채이자비용	2,971	(대)	현　　금	2,500
				사채할인발행차금	471
20×6년 12월 31일	(차) 사채이자비용	2,985	(대)	현　　금	2,500
				사채할인발행차금	485

3. 유효이자율이 8%인 경우

사채발행가격을 계산하면 다음과 같다.

발행가격 = 이자지급으로 인한 기말연금의 현가 + 상환일에 지급될 액면금액의 현가

$$= \left\{ \frac{1-(0.02)^{-8}}{0.02} \right\} \times ₩2,500 + (1.02)^{-8} \times ₩100,000$$

$$= 7.3255 \times ₩2,500 + 0.85349 \times ₩100,000$$

$$= ₩18,314 + ₩85,349 = ₩103,663$$

기　　간	기초 부채잔고[a)]	이자비용[b)]	이자 지급액[c)]	잔고감소액 (상각액)[d)]	기말 부채잔고[e)]
20×5년 1월 1일~ 20×5년 3월 31일	₩103,663	₩2,073	₩2,500	₩427	₩103,236
20×5년 4월 1일~ 20×5년 6월 30일	103,236	2,065	2,500	435	102,801
20×5년 7월 1일~ 20×5년 9월 30일	102,801	2,056	2,500	444	102,357
20×5년 10월 1일~ 20×5년 12월 31일	102,357	2,047	2,500	453	101,904
20×6년 1월 1일~ 20×6년 3월 31일	101,904	2,038	2,500	462	101,442
20×6년 4월 1일~ 20×6년 6월 30일	101,442	2,029	2,500	471	100,971
20×6년 7월 1일~ 20×6년 9월 30일	100,971	2,019	2,500	481	100,490
20×6년 10월 1일~ 20×6년 12월 31일	100,490	2,010	2,500	490	100,000

b = a × 유효이자율　　c = 액면가 × 액면이자율
d = b − c　　　　　　e = a + d

할증발행에 관한 회계처리는 다음과 같다.

(차) 현　　금	103,663	(대)	사　　채	100,000
			사채할증발행차금	3,663

한편, 이자비용의 인식을 위한 분개는 다음과 같다.

20×5년 3월 31일	(차)	사채이자비용	2,073	(대)	현 금	2,500
		사채할증발행차금	427			
20×5년 6월 30일	(차)	사채이자비용	2,065	(대)	현 금	2,500
		사채할증발행차금	435			
20×5년 9월 30일	(차)	사채이자비용	2,056	(대)	현 금	2,500
		사채할증발행차금	444			
20×5년 12월 31일	(차)	사채이자비용	2,047	(대)	현 금	2,500
		사채할증발행차금	453			
20×6년 3월 31일	(차)	사채이자비용	2,038	(대)	현 금	2,500
		사채할증발행차금	462			
20×6년 6월 30일	(차)	사채이자비용	2,029	(대)	현 금	2,500
		사채할증발행차금	471			
20×6년 9월 30일	(차)	사채이자비용	2,019	(대)	현 금	2,500
		사채할증발행차금	481			
20×6년 12월 31일	(차)	사채이자비용	2,010	(대)	현 금	2,500
		사채할증발행차금	490			

[부록 B] 양도자산의 지속적관여로 인한 관련부채의 측정(옵션의 경우)

먼저 공정가치로 측정하는 양도자산에 대한 **옵션**의 경우 개념식을 **계산식**으로 나타내면 다음과 같다.

- 양도자의 콜옵션 매입 경우 관련부채
  = 양도한 지속적관여자산의 공정가치 − 양도자가 보유하는 권리의 독립적으로 측정된 공정가치
  = 양도자산의 공정가치 − 콜옵션의 공정가치
- 양도자의 풋옵션 매도 경우 관련부채
  = 양도한 지속적관여자산의 공정가치 + 양도자가 부담하는 의무의 독립적으로 측정된 공정가치
  = 양도자산의 공정가치 + 풋옵션의 공정가치

콜옵션은 옵션의 대상이 되는 특정 자산, 즉 기초자산을 매수할 수 있는 권리이며, **풋옵션**은 매도할 수 있는 권리이다. 그리고 옵션의 내재가치가 0보다 크다면 **내가격**(in the money), 행사가격과 기초자산가격(여기서는 양도자산의 공정가치)이 같아 내재가치가 0이라면 **등가격**(at the money), 내재가치가 없는 상태를 **외가격**(out of the money)이라 한다.

<table>
<tr><th>지속적관여의 사유</th><th colspan="2">양도자가 공정가치로 측정하는 양도자산에 대한 옵션을 매도하거나 매입하는 경우</th></tr>
<tr><td>지속적관여의 정도까지 양도자산 인식</td><td colspan="2">공정가치
[단, 양도자가 풋옵션 매도할 경우 Min (양도자산의 공정가치, 풋옵션의 행사가격)]</td></tr>
<tr><td>관련부채 인식</td><td>양도자의 콜옵션 매입 :
(양도자산의 공정가치 − 콜옵션의 공정가치)*</td><td>양도자의 풋옵션 매도 :
Min (양도자산의 공정가치, 풋옵션의 행사가격) + 풋옵션의 공정가치**</td></tr>
</table>

* ① 내가격(혹은 등가격)인 경우 :
양도자산의 공정가치 − 콜옵션의 공정가치
= (콜옵션의 행사가격 + 콜옵션의 내재가치) − (콜옵션의 내재가치 + 콜옵션의 시간가치)
= 콜옵션의 행사가격 − 콜옵션의 시간가치

② 외가격인 경우 :
양도자산의 공정가치 − 콜옵션의 공정가치
= 양도자산의 공정가치 − (콜옵션의 내재가치 + 콜옵션의 시간가치)
= 양도자산의 공정가치 − 콜옵션의 시간가치

** ① 내가격(혹은 등가격)인 경우 :
양도자산의 공정가치 + 풋옵션의 공정가치
= (풋옵션의 행사가격 − 풋옵션의 내재가치) + (풋옵션의 내재가치 + 풋옵션의 시간가치)
= 풋옵션의 행사가격 + 풋옵션의 시간가치

② 외가격인 경우 :
양도자산의 공정가치+풋옵션의 공정가치
= 풋옵션의 행사가격+풋옵션의 공정가치
= 풋옵션의 행사가격+(풋옵션의 내재가치+풋옵션의 시간가치)
= 풋옵션의 행사가격+풋옵션의 시간가치

다음으로 양도자가 상각후원가로 측정하는 양도자산에 대한 옵션을 매입하거나 매도하는 경우 개념식을 계산식으로 나타내면 다음과 같다(기업회계기준서 제1039호 AG48 참조).

• 상각후원가로 측정하는 양도자산에 대한 옵션을 매입하거나 매도하는 경우 관련부채
= 양도한 지속적관여자산의 상각후원가 − 양도자가 보유하는 권리의 상각후원가 (혹은 + 양도자가 부담하는 의무의 상각후원가)
= 양도자산의 원가, 즉 양도에서 수취한 대가

관련부채의 원가(즉, 양도에서 수취한 대가)와 양도자산의 옵션만기일 상각후원가간 차이는 유효이자율법으로 상각하여 해당기간의 당기손익으로 인식한다. 즉, 양도자산의 옵션만기일 상각후원가가 수취한 대가보다 큰(작은) 경우 이자비용에 차기(대기)하고 관련부채에 대기(차기)한다.

부록예제 2

양도자가 지속적으로 관여하고 있는 양도자산에 대해 외가격 콜옵션을 매입하였다. 양도자산이 상각후원가로 측정되는 경우와 공정가치로 측정되는 경우로 구분하여 양도자산과 관련부채를 측정하라. 관련 정보는 다음과 같다.

구 분	양도자산		수취대가	콜옵션	
	상각후원가	공정가치		행사가격	시간가치
양도시점	₩294	₩285	₩276	₩297	₩9
옵션만기	₩300	−	−	−	−

해 답

구 분	양도자산	관련부채	비고(관련부채에 국한)
상각후원가로 측정되는 경우	₩294	₩276	₩300과 ₩276의 차이는 옵션만기까지 상각하여 당기손익으로 인식
공정가치로 측정되는 경우	₩285	₩276	= 양도자산의 공정가치 − 콜옵션의 공정가치 = 양도자산의 공정가치 − (콜옵션의 내재가치 + 콜옵션의 시간가치) = ₩285 − 0 − ₩9 = ₩276

양도자산이 공정가치로 측정되는 경우 지속적관여자산 양도(외가격상태, 즉 내재가치=0):

(차) 현　　금	276	(대) 콜옵션관련부채	276

양도자산이 단기매매금융자산이며, 공정가치가 ₩298(=₩285+₩13) 그리고 콜옵션의 시간가치는 ₩6으로 변경된 시점에 콜옵션 행사(내가격상태, 즉 내재가치=₩298-₩297 =1): 먼저 지속적관여자산은 ₩285에서 ₩298로 ₩13이 증가하고, 관련부채는 ₩276에서 ₩291(=콜옵션의 행사가격-콜옵션의 시간가치=₩297-₩6)으로 ₩15이 증가되므로

(차) 단기매매금융자산	13	(대) 지속적관여평가이익	13
(차) 지속적관여평가손실	15	(대) 콜옵션관련부채	15

후속측정시 지속적관여자산과 관련부채의 공정가치변동액은 상계하여 처리하지 않는다(기업회계기준서 제1039호 33). 따라서 아래의 압축분개는 금지되어 있다.

(차) 단기매매금융자산	13	(대) 콜옵션관련부채	15
지속적관여평가손실	2		

다음으로 ₩297에 행사된 콜옵션을 분개하면

(차) 콜옵션관련부채	291	(대) 현　　금	297
콜옵션행사손실	6		

단기매매금융자산의 가치증가액은 ₩13원(=₩298-₩285)이고, 현금순유출액은 ₩21(=₩276-₩297)원이기 때문에 ₩8의 손실이 발생한다. 이는 지속적관여평가손실 ₩15, 지속적관여평가이익 ₩13, 콜옵션행사손실의 ₩6의 합계액과 같다.

부록예제 3

A사는 20×1년 1월 1일에 만기 2년, 액면금액 ₩10,000, 액면이자율 5%, 유효이자율 6%인 B사의 사채를 ₩9,817에 취득하였다. 동 사채에 대한 투자는 상각후원가로 측정하는 금융자산(AC)이다. 20×2년 1월 1일에 A사는 C사에게 풋옵션매도조건으로 유효이자율 8%로 계산한 ₩9,722에 양도하였다. 동 풋옵션은 C사가 A사에게 ₩10,000에 사채를 20×2년 7월 1일부터 사채만기일까지 매도할 수 있는 조건이며, C사는 20×2년 7월 1일에 풋옵션을 행사하였다. A사의 20×2년도 회계처리를 하라.

해 답

[지속적관여자산의 상각표]

연도	기초 상각후원가	유효이자 (이자율 6%)	액면이자 (이자율 5%)	상각액	기말 상각후원가
20×1년	₩9,817	₩589	₩500	₩89	₩9,906
20×2년	9,906	594	500	94	10,000

[관련부채의 상각표]

연도	기초 상각후원가	유효이자 (이자율 8%)	액면이자 (이자율 5%)	상각액	기말 상각후원가
20×2년	₩9,722	₩778	₩500	₩278	₩10,000

20×2년 1월 1일:

(차) 현　　금	9,722	(대) 풋옵션관련부채	9,722

20×2년 7월 1일:

(차) 이자비용	139	(대) 풋옵션관련부채	139*

* ₩278 × 6/12

(차) 풋옵션관련부채	9,861	(대) 현　　금	10,000
금융자산회수손실	139		

20×2년 12월 31일:

(차) 현　　금	500	(대) 이자수익	594
금융자산(AC)	94		
(차) 현　　금	10,000	(대) 금융자산(AC)	10,000

[부록 C] FVPL선택권으로 지정한 금융부채(FVPL): 자기신용위험 변동에 따른 공정가치변동의 회계처리

FVPL선택권으로 지정한 금융부채(FVPL)에서 **자기신용위험**(own credit risk) 변동에 따른 공정가치 변동은 당기손익이 아닌 기타포괄손익으로 표시하여야 한다. 이는 부채가 단기매매항목이 아닌 이상 부채의 자기신용위험 변동 효과가 당기손익에 영향을 미치지 않아야 한다는 재무제표이용자와 그밖의 이해관계자들의 일관된 의견에 따라 결정된 것이다. 자기신용위험 외의 변동에 따른 공정가치 변동은 당기손익으로 인식한다. 공정가치모형에서 공정가치변동 중 적어도 일부는 당기손익으로 인식해야 하기 때문이다. FVPL선택권으로 지정한 금융부채(FVPL)의 경우 자기신용위험 변동에 따른 공정가치 변동을 기타포괄손익으로 인식하는 실무적 이유는 금융부채 발행자의 신용이 하락되었을 때 오히려 재무상 이익(즉, 당기이익)을 인식하는 모순을 방지하기 위함이다.

한편, 국제회계기준위원회는 기타포괄손익에 누적된 자기신용손익을 재분류하지 않는 이유로 계약상 금액을 상환한다면 공정가치는 계약상 금액과 같게 되어 부채의 존속기간에 걸친 신용위험의 누적 변동효과, 즉 관련 기타포괄손익은 영(0)이 된다는 점을 제시하고 있다. 따라서 많은 부채의 경우에 재분류의 문제는 발생하지 않는다. 하지만 계약상 금액과 다른 금액을 상환한다면 실현된 금액은 기타포괄손익(미실현손익)에서 재분류해야 한다는 주장이 있다.

이에 따라 국제회계기준위원회는 누적된 기타포괄손익금액 중 얼마의 금액이 당기에 실현되었는지(제거시 재분류가 회계기준에서 요구되었다면 얼마의 금액이 재분류될 것인지)에 대한 정보를 이용자에게 제공하기 위하여 그러한 금액을 공시할 것을 요구하기로 결정하였다. 또한 공정가치로 측정하되 공정가치의 변동을 기타포괄손익으로 표시하는 지분상품 투자에 대한 요구사항과 일관되도록 국제회계기준위원회는 재순환하지 않은 누적 기타포괄손익을 자본 내에서 이전(예 이익잉여금과 같은 다른 자본계정으로 대체)할 수 있다고 결정하였다.

금융부채를 제거시 기타포괄손익을 재분류하지 않으면 당기손익은 잘못 계산된다. 하지만 재분류하지 않은 기타포괄손익누적액을 이익잉여금으로 대체하면 이익잉여금누적액을 정확히 계산하는 효과를 가진다. 이렇게 이익잉여금으로 대체하는 회계처리를 하면 손익계산서보다 재무상태표를 중시하는 국제회계기준위원회의 접근법과도 일관성을 지닐 것이다.

다음의 예제를 통하여 FVPL선택권으로 지정한 금융부채(FVPL)의 자기신용위험 변동에 따른 공정가치변동과 관련된 회계처리를 살펴본다.

부록예제 4

㈜공정은 20×1년 1월 1일에 액면 금액이 ₩150,000이고, 연간 표시이자율이 8%이며, 만기가 10년인 사채를 발행하고, 동 사채에 FVPL선택권을 행사하였다. 이 표시이자율은 특성이 비슷한 사채의 시장이자율과 일치한다. 이 기업은 관측 가능한 기준 금리로 LIBOR (London Inter-Bank Offered Rate; 런던 은행간 자금대출 금리)를 사용한다. 사채의 발행 시점에 LIBOR는 5%이다. 20×1년 12월 31일의 정보는 다음과 같다. 단, 사채발행비는 무시한다.

(1) LIBOR는 7%로 상승하였다.
(2) 사채의 공정가치(시장가격)는 ₩125,083이고, 이는 LIBOR가 5%에서 7%로 상승한 것을 반영하는 시장이자율 11%로 계산한 결과이다.

LIBOR의 변동만이 시장 상황과 관련된 변동이다. 이 기업은 시장위험을 일으키는 시장 상황의 변동에 기인하지 않고, 자기신용위험의 변동에 기인한 사채의 공정가치 변동 금액을 다음의 절차를 거쳐 추정하여 기타포괄손익으로 인식한다. 20×1년 1월 1일 사채 발행과 20×1년 12월 31일 공정가치 평가를 회계처리하라.

해 답

1. 먼저 기초에 관측된 부채의 시장가격과 부채의 계약상 현금흐름을 이용하여 부채의 기초 내부수익률을 계산한다. 이 수익률에서 기초에 관측된 기준금리를 차감하여 해당 금융상품에 특유한 내부수익률 요소를 구한다.

   기초에 만기 10년, 표시이자율 8%인 사채의 내부수익률은 8%이다. 관측된 기준금리인 LIBOR는 5%이으로, 해당 상품에 특유한 내부수익률 요소는 3%이다.

2. 다음으로 기말에 다음 ㈎와 ㈏의 합계인 할인율과 부채의 계약상 현금흐름을 사용하여 부채와 관련된 현금흐름의 현재가치를 산출한다.
   ㈎ 기말에 관측된 기준금리
   ㈏ 금융상품에 특유한 내부수익률 요소

   기말에 해당 상품의 계약상 현금흐름은 다음과 같이 구성된다.
   • 이자 : 매년 ₩12,000*(2차 연도~10차 연도)
   • 원금 : ₩150,000(10차 연도)
   사채의 현재가치를 계산할 때 사용할 할인율은 10%인데, 이는 기말 시점의 LIBOR 7%에 해당 상품에 특유한 요소인 3%를 더한 것이다. 이에 따라 현재가치는 ₩132,723**이 된다.
   * ₩150,000 × 8% = ₩12,000
   ** 현재가치 = [₩12,000 × (1 − (1 + 0.10)$^{-9}$)/0.10] + ₩150,000 × (1 + 0.10)$^{-9}$
   = ₩69,108 + ₩63,615 = ₩132,723

3. 기말에 관측된 부채의 시장가격과 위의 2.에서 산정한 현재가치의 차이가 관측된 기준금리의 변동에 기인하지 않는(자기신용위험의 변동에 기인한) 공정가치 변동금액이며, 이 금액을 기타

포괄손익에 표시한다.

기말 현재 부채의 시장가격은 ₩125,083*** 이다. 따라서 시장위험을 일으키는 시장 상황의 변동에 기인하지 않는(자기신용위험의 증가에 기인한), 사채(금융부채)의 공정가치 감소액으로 ₩7,640(=₩132,723−₩125,083)을 기타포괄이익에 표시한다.

***시장가격 = [₩12,000 × (1 − (1+0.11)$^{-9}$)/0.11] + ₩150,000 × (1+0.11)$^{-9}$
= ₩66,445 + ₩58,638 = ₩125,083

발행시 :

(차) 현 금	150,000	(대) 사 채	150,000

기말 공정가치 평가시 :

(차) 사 채	24,917	(대) 시장위험변동이익(당기손익)	17,277
		자기신용위험변동이익(기타포괄손익)	7,640

자산의 공정가치변동 전체를 당기손익으로 표시할 경우, 부채의 공정가치변동은 일부만을 당기손익으로 표시하기 때문에 불일치가 발생하게 된다. 부채의 공정가치변동 중 신용위험의 변동에 따른 부분은 기타포괄손익으로 표시하기 때문이다. 따라서 부채의 신용위험 변동 효과는 기타포괄손익으로 표시하되, 그러한 회계처리가 당기손익의 회계불일치를 일으키거나 확대하는 경우는 제외한다. 다시 말해서 이러한 경우에는 전체 공정가치변동을 당기손익에 표시한다.

익힘문제

[1] 부채의 정의와 인식요건을 설명하라.

[2] 부채의 측정에 사용할 수 있는 측정속성에는 어떠한 유형이 있는가? 그리고 선수수익, 매입채무, 미지급비용 및 장기충당부채의 측정속성은 앞에서 제시한 측정속성의 유형 중 어디에 해당하는가?

[3] 1년 이내에 만기가 도래하는 모든 비유동부채를 유동부채로 재분류한다면 어떠한 문제점이 발생하겠는가?

[4] 다음의 부채를 비교하여 설명하라.

(1) 확정부채와 충당부채 및 우발부채

(2) 화폐성부채와 비화폐성부채

[5] 다음의 회계내역은 어떤 형태로든 재무제표의 작성에 반영시켜야 한다. 회계처리기준에 입각한 관련 정보의 공시방법이 다른 것과 차이가 있는 것은?

(1) 단기차입금, 미지급금 등의 채무액 중에서 어음상으로 지급을 약속하고 있는 금액

(2) 거래처나 금융기관에 배서양도 또는 할인한 어음의 금액

(3) 당기순이익에 대해서 계산된 주당순이익의 산출내역

(4) 제품의 보증과 관련된 발생가능성이 높은 예상수리비 추정액

[6] 다음의 부채 중 유동부채로 분류할 수 있는 것은?

(1) 보고기간 후 12개월 이내에 비유동자산을 사용하여 청산할 채무

(2) 상환기일이 보고기간 후 1년 내에 도래하는 채무

(3) 상환기일이 보고기간말 후 1년 내에 도래하며, 원래의 차입기간이 1년을 초과

(4) 상환기일이 보고기간 후 1년 내에 도래하며, 원래의 차입기간이 1년을 초과하며, 장기차입부채로 차환하려는 기업의 의도가 있으며, 재무제표 발행승인일 전에 체결된 차환계약이나 상환조건의 변경계약에 의해 이러한 의도를 입증할 수 있는 채무

(5) 차입약정서상 채무자의 재무상태 등에 관한 조건이 위배되면 채권자가 상환을 요구할 수 있는 조건이 있으며 실제로 그 조건이 위배된 채무

(6) 재무제표 발행승인일 전에 채권자가 약정조건 위배를 이유로 하여 채무상환을 요구하지 않겠다는 합의가 있으며, 보고기간 후 1년 내에 약정조건을 다시 위배할 가능성이 낮은 채무

[7] 비유동부채에 의해 자금을 조달할 경우와 주식발행에 의해 자금을 조달할 경우 어떠한 차이점이 있는지 설명하라.

[8] 비유동부채를 현재가치로 평가할 경우 명목가치와 현재가치 간 차액은 어떻게 처리하는지에 대하여 설명하라.

[9] 금융부채를 정의하라.

[10] 계약상 의무를 결제하기 위한 현금 등 금융자산의 인도를 회피할 수 있는 무조건적인 권리를 기업이 가지고 있지 않은 경우, 이러한 의무는 금융부채의 정의를 충족하는가?

[11] 현금 등 금융자산을 인도해야 하는 계약상 의무를 명시적으로 설정하지 않더라도 계약조건 등을 통해 간접적으로 계약상 의무를 설정할 수 있는 금융상품은 금융부채인가?

[12] 보유자나 발행자가 통제할 수 없는 불확실한 미래의 사건발생 여부나 불확실한 상황의 결과(주가지수, 소비자물가지수, 이자율 등이 사전에 설정된 조건을 충족하는지 여부)에 따라 금융자산을 인도하여 결제하도록 한 조건부 결제조항이 있는 금융상품은 금융부채인가?

[13] 다음 금융상품을 금융부채로 분류될 수 있는가?

(1) 상환우선주

(2) 풋가능 금융상품(puttable instrument)

(3) ₩1,000과 동일한 공정가치에 해당하는 주식을 미래에 인도할 계약

(4) 영구채

[14] 금융부채와 비금융부채 간 의무의 유형에 따른 구분방법을 제시하라.

[15] 금융부채를 분류하라.

[16] 금융부채에 FVPL선택권을 행사할 수 있는 경우를 제시하라.

[17] 금융보증계약을 설명하라.

[18] 금융부채의 측정방법을 설명하라.

[19] 공정가치의 정의를 제시하고, 공정가치의 측정방법을 설명하라.

[20] 다음의 개념을 설명하라.

(1) 금융부채의 재분류

(2) 금융자산과 금융부채의 상계

(3) 금융부채의 제거

[21] 다음의 경우 지속적관여의 정도는 어떻게 측정하는가?

구 분	지속적관여의 정도
보 증	
양도자가 양도자산에 대한 옵션을 매도하거나 매입하는 경우	
공정가치로 측정하는 자산에 대해 풋옵션을 발행한 경우	

[22] 전환사채와 신주인수권부사채의 차이점에 대하여 설명하라.

[23] 기업이 사채발행시 액면발행, 할인발행 및 할증발행을 할 수 있다. 이 세 가지의 경우에서 액면이자율과 시장이자율 간의 관계에 대하여 각각 설명하라.

[24] 사채발행비의 의미에 대해 기술하고 그 회계처리에 대하여 설명하라.

[25] 액면이자율, 시장이자율 및 유효이자율에 대하여 각각 설명하라.

[26] 사채할인(할증)발행차금 상각(환입)시 적용하는 방법 중 「기업회계기준서」에서 택하고 있는 방법을 밝히고 해당 방법의 장단점에 대하여 설명하라.

[27] 유효이자율법과 정액법으로 상각(환입)시 할인(할증)액 상각(환입)이 매년 증가 또는 감소하는지 각각 밝히고 그 이유를 설명하라.

[28] 사채를 상환할 때 처분손익이 발생하는 경우를 설명하라.

[29] 사채차환의 의미를 기술하고 기업이 사채차환을 하는 동기에 대하여 설명하라.

[30] 다음의 사항에 대하여 옳은지 그른지 밝히고, 그 판단근거를 제시하라.

(1) 20×5년도 초에 할인발행된 사채에 대하여 정액법을 적용하여 사채발행차금을 상각한 경우 20×5년도 말 사채의 기말장부금액은 유효이자율법을 적용했을 경우보다 과소평가된다.

(2) 사채의 차환시 발생하는 상환손익에 대하여 구사채의 잔여기간에 걸쳐 상각해야 한다.

(3) 사채의 평가시 적용하는 유효이자율을 알 수 없는 경우에는 가중평균차입이자율로 대용하여야 하며, 이것마저 곤란한 경우에는 동종시장이자율을 적용한다.

(4) 유효이자율법에 의하여 사채발행차금을 상각 또는 환입할 때, 할인발행의 경우는 상각액이 매기 증가하며 할증발행의 경우는 상각액이 매기 감소한다.

(5) 사채발행시 발생하는 사채발행수수료 및 기타 제수수료 등은 발생시점에서 '사채발행비'라는 계정과목을 사용하여 회계처리한다.

[31] 정부보조금의 유형을 밝히고 각 유형별 회계처리방법에 대하여 설명하라.

[32] 부외금융의 정의와 종류를 설명하라.

[33] 채권·채무조정의 의미를 밝히고 어떠한 유형이 있는지 설명하라.

[34] 현재의무를 이행할 수 있는 다양한 방법을 제시하라. 또한 현재의무를 이행하지 않고 소멸시킬 수 있는 방법은?

연습문제

[1] 부채의 측정

시장가격이 존재하지 않는 경우에는 시장참여자의 관점에서 당해 자산 또는 부채로부터의 미래현금흐름을 추정하고 그 현재가치를 측정함으로써 공정가치가 추정될 수 있다. 기대되는 미래현금흐름과 위험의 크기를 고려하여 현재가치를 측정하는 데에는 다음과 같이 대체적 방법이 사용될 수 있다.

① **명목현금흐름을 할인하는 방법**: 계약 등에 의해 미래의 명목현금흐름의 크기가 정해져 있는 경우 그러한 명목현금흐름을 위험조정할인율로 할인하여 현재가치를 측정할 수 있다. 이때 적용되는 위험조정할인율은 화폐의 시간가치에 관한 무위험이자율, 현금흐름 기대치가 명목현금흐름과 다를 가능성, 그리고 위험의 크기도 모두 반영하는 할인율이다.

② **현금흐름 기대치를 할인하는 방법**: 이 방법에서는 명목현금흐름이 아닌 현금흐름 기대치가 분자로 사용되고 분모에 사용될 할인율은 무위험이자율과 위험에 대한 보상요소만을 포함하게 된다.

③ **확실성등가액으로 측정된 현금흐름을 할인하는 방법**: 이 방법에서는 현금흐름 기대치에서 위험조정액을 차감하여 측정되는 확실성등가액을 분자로 사용하고 분모의 할인율은 무위험이자율을 사용한다.

개념적으로 위의 세 가지 방법은 동일한 현재가치 측정방법들이다. 그러나 부채의 성격에 따라서 어느 한 방법이 다른 방법들보다 신뢰성 높은 측정결과를 제공할 수 있다. (1) 금융부채의 경우, (2) 영업활동에 사용되는 비유동부채의 경우 각각 어떠한 방법을 사용할 수 있는가?

[2] 어음의 이자비용 계산

㈜발전은 ㈜부산으로부터 액면 ₩300,000, 만기 180일인 어음을 받았다. 이 어음의 기산일은 20×5년 8월 1일이고, 이자율은 10%이다. 단, 1년은 360일, 1개월은 30일로 가정한다.

(1) ㈜부산의 회계연도는 1년이고 12월 31일에 종료한다고 가정할 경우 12월 31일 현재 당해 지급어음의 이자비용은 얼마인가?

(2) ㈜발전은 동년 9월 15일에 상기 받을어음을 은행에 할인하였다. 이때 할인율을 12%라고 할 때 어음할인으로 인한 이자비용(채권매도손실)은 얼마인가?

[3] 유동부채와 비유동부채의 구분

20×5년 12월 31일 현재 ㈜나대우의 부채는 다음과 같다.

매입채무* ₩150,000

사　　채** ₩500,000

* 매입채무는 외상매입금 ₩70,000과 지급어음 ₩80,000으로 구성되어 있다. 지급어음은 발행일이 20×5년 11월 1일, 만기일이 20×6년 5월 31일인 무이자부어음이다.

** 사채를 연이자율 13%, 발행일 20×5년 4월 1일, 만기일 20×9년 3월 31일로 액면발행되었다. 사채의 장부금액 ₩500,000 중에는 20×6년 5월 31일 분할상환해야 할 ₩100,000이 포함되어 있다.

㈜나대우는 12월 말 결산법인으로 재무제표는 차기 3월 31일에 공시된다. 20×5년 12월 31일에 ㈜나대우는 대출은행과 지급어음과 사채의 장부금액을 모두 비유동부채로 차환하는 해지금지조건의 계약을 체결하였다. 양측은 계약을 위반할 의도가 없으며, 계약을 준수할 수 있는 재무적 능력을 갖추고 있다. 유동부채로 계상하여야 할 금액을 계산하라.

[4] 사채의 발행과 이자비용 인식

㈜성실은 다음과 같은 사채를 발행하고 ㈜발전은 이 사채를 장기투자목적으로 20×5년 4월 1일에 구입하였다.

- 발행일 : 20×5년 1월 1일
- 액면가 : ₩100,000
- 발행기간 : 2년
- 표시이자율 : 연 10%
- 이자지급일 : 12월 31일(연 1회)

양사의 결산일은 모두 12월 31일이며, 사채발행비를 차감한 후 사채의 현재가치는 ₩96,619이다. 유효이자율은 12%이며, 할인액과 할증액의 상각은 유효이자율법에 의한다. 이자율이 12%이며 기간이 2년인 경우에 연금의 현재가치계수는 1.6900이며, 일회금액 할인계수는 0.79719이다.

(1) ㈜성실이 20×5년 4월 1일에 기록해야 되는 사채의 장부금액은 얼마인가?

(2) ㈜성실이 사채취득일로부터 만기시까지 인식하게 될 이자비용의 총액은 얼마인가?

[5] 사채할인발행차금의 상각과 사채상환

㈜발전은 20×6년 1월 1일 이자율 10%, 3년만기, 액면금액 ₩100,000의 사채를 발행하였다. 이 사채의 이자지급일은 연 2회로 7월 1일과 1월 1일이다. 발행시의 유효이자율은 12%이며, 사채발행비를 차감한 후 사채의 발행금액은 ₩95,083이다. ㈜발전

은 20×6년 12월 31일에 액면금액 ₩20,000에 해당하는 사채를 미지급사채이자 ₩1,000을 포함하여 ₩19,800에 상환하였다. 한편, ㈜발전은 유효이자율법을 적용하여 사채할인발행차금을 상각한다.

(1) 20×6년의 사채할인발행차금 상각액을 계산하라.

(2) ㈜발전이 인식할 사채상환손익을 계산하라.

(3) 사채상환시의 분개를 하라.

[6] 장기미지급금

㈜금메달은 20×5년 1월 1일 기계를 매입하고 그 대가로 매년 ₩10,000씩 5년을 지급하기로 하고 무이자부어음을 발행하였다. 1회분은 20×5년 1월 1일에 지급되었고, 나머지는 매년 1월 1일에 지급될 것이다. 어음의 발행시 동종어음의 시장이자율은 10%이다.

(1) ㈜금메달의 20×5년 1월 1일 현재 장기미지급금의 장부금액을 계산하라.

(2) ㈜금메달의 20×5년 12월 31일 현재 장기미지급금의 장부금액을 계산하라.

(3) ㈜금메달의 20×5년 12월 31일 현재 약식 재무상태표를 작성하라.

[7] 장기성매입채무

㈜신라는 20×5년 1월 1일 현금판매가격이 ₩1,000,000인 상품을 구입하고, 2년 후에 ₩1,210,000을 지급하는 무이자부어음을 발행하였다. 어음의 명목가치와 현재가치의 차이는 중요하다.

(1) ㈜신라의 20×5년 1월 1일의 매입채무의 장부금액을 계산하고 분개를 하라.

(2) ㈜신라의 20×5년 12월 31일의 매입채무의 장부금액을 계산하고 분개를 하라.

(3) ㈜신라의 20×6년 12월 31일의 매입채무의 장부금액을 계산하고 분개를 하라.

[8] 사채할인발행차금의 상각

20×4년 1월 1일에 액면금액이 ₩1,000,000, 표시이자율이 10%, 만기가 20×6년 12월 31일인 사채를 공정가치로 발행하였다. 이자는 매년 12월 31일에 지급하는 조건이다. 시장이자율은 11%이다. 이때 사채발행비용으로 ₩23,598이 발생하였다.

(1) 사채발행금액을 계산하라.

(2) 우리나라 회계기준에 따른 사채발행일의 분개를 하라.

(3) 사채할인발행차금의 상각을 위한 유효이자율을 계산하라.

(4) 유효이자율법에 의한 상각표를 작성하라.

(5) 사채할인발행차금을 유효이자율법으로 상각할 경우 일자별 분개를 하라.

[9] 자기사채

㈜자기는 20×1년 4월 1일 액면가 ₩100,000, 이자율 연 10%(이자 후급 조건), 2년 만기 회사채를 ₩97,619에 발행하였다. 그리고 동 사채의 발행수수료 등 사채발행비 ₩1,000을 현금으로 지급하였다. 사채의 유효이자율은 12%이다. 동 회사는 20×2년 1월 1일에 액면가 ₩30,000 자기사채를 ₩31,000에 취득하였다. 또한 동 자기사채를 20×2년 7월 1일에 ₩29,000에 매각하였다. 필요한 분개를 하라.

[10] 이자지급일 사이 사채의 중도발행과 상환

㈜무등은 20×4년 10월 1일에 다음과 같은 사채를 실제 발행하였다. 이날에 ㈜무등과 동일한 위험등급을 가진 기업들이 시장에서 차입할 때 지불해야 하는 이자율은 연 12%이며, ㈜무등이 수취한 금액 속에는 20×4년 1월 1일부터 9월 30일까지 표시이자율에 의한 발생이자가 포함되어 있다.

액면발행일 : 20×4년 1월 1일	액면금액 : ₩300,000
이자지급일 : 매년 12월 31일	표시이자율 : 연 10%
만 기 일 : 20×7년 12월 31일	

㈜무등은 사채발행 후 유효이자율법으로 사채할인발행차금을 상각해 오던 중, 20×7년 6월 1일 증권시장에서 현금 ₩305,000을 지불하고 동 사채를 매입상환하였다. 연 이자율이 12%일 경우 현재가치계수는 다음과 같다.

기 간	단일금액 ₩1의 현재가치계수	연금 ₩1의 현재가치계수
n = 1	0.89286	0.89286
n = 2	0.79719	1.69005
n = 3	0.71178	2.40183
n = 4	0.63552	3.03735

(1) 20×4년 10월 1일의 사채발행을 분개하라.

(2) 사채할인발행차금의 상각표를 작성하고, 20×4년 12월 31일에 필요한 분개를 하라. 단, 이자는 현금으로 예정대로 지급되었다.

(3) (2)에서 계산한 20×6년 12월 31일 사채의 장부금액이 ₩294,500이고, 사채할인발행차금계정 잔액이 ₩5,500이었다는 가정하에 20×7년 6월 1일의 매입상환을 분개하라.

(4) 앞의 (3)에서 계산한 사채상환손익이 ₩4,000(이익)이었다는 가정하에 20×7년 6월 1일의 시장이자율이 사채발행시점의 시장이자율에 비해 높았는지 아니면 낮았는지를 말하고 그렇게 생각하는 이유는 무엇인지 간략히 설명하라.

[11] 사채의 발행과 조기상환

㈜닷컴은 다음과 같은 사채를 시장이자율 11%에 발행하였다. 사채의 발행에 따른 사채발행비가 ₩236이 발생하였다.

사채발행일 : 20×5년 1월 1일	액면금액 : ₩10,000
이자지급일 : 매년 12월 31일	표시이자율 : 연 10%
만 기 일 : 20×7년 12월 31일	

(1) 사채발행회사와 사채권자(만기보유 목적)의 20×3년 1월 1일과 20×5년 12월 31일에 필요한 분개를 하라.

(2) 20×6년 10월 1일 동 사채의 시장이자율이 13%로 상승하였을 때 사채를 시장에서 경과기간 동안의 액면이자를 포함하여 조기상환하였다. 필요한 분개를 하라.

[12] 연속상환사채

㈜봉은은 20×5년 1월 1일 액면가 ₩3,000,000, 이자율 10%, 매년 말 이자지급조건의 연속상환사채를 발행하였다. 발행 시의 시장이자율은 12%였으며, 20×6년도부터 3년에 걸쳐 매년 1월 1일에 ₩1,000,000씩의 사채를 상환하는 조건이다. 사채의 발행금액을 계산하고, 유효이자율법을 이용하여 20×5년 12월 31일과 20×6년 1월 1일의 분개를 하라. 단, 사채발행비는 없는 것으로 가정한다.

[13] 정부보조금

㈜물산은 20×5년 6월 30일에 기계장치를 취득할 목적으로 정부보조금 ₩500,000을 수령하고, 20×5년 7월 1일에 기계장치를 ₩1,000,000에 취득하였다. 동 기계장치의 내용연수는 4년이며, 잔존가치는 ₩100,000이고, 정액법으로 상각한다. 정부보조금은 상환의무가 없다.

(1) 20×5년 12월 31일 유형자산과 관련된 분개를 하고 부분재무상태표를 작성하라.

(2) 20×6년 6월 30일에 동 유형자산을 ₩600,000에 처분하였을 경우 유형자산처분손익을 계산하고, 회계처리를 하라.

[14] 계약상 의무와 경제적 의무

㈜하늘사랑은 다음과 같은 조건의 만기가 없는 영구채를 발행하였다. 보통주에 대해 배당이 지급되는 경우에만 상기 금융상품에 대해 배당이 지급(즉, 발행자의 재량에 따라 배당이 지급되는 조건)되며, 과거 회사는 보통주에 대하여 배당금을 계속하여 지급하였다. 발행일로부터 8년 후에 발행회사는 상기 금융상품에 대하여 중도상환권을 행사할 수 있으며, 중도상환권을 행사하지 않을 경우에는 그 이후로는 배당률이

매년 사전에 정해진 비율로 계속 증가된다(step-up dividend feature). 즉, 배당금 지급과 원금상환 모두 발행자인 ㈜하늘사랑의 재량에 따라 결정되며, 매년 step-up되는 배당으로 인하여 ㈜하늘사랑이 경제적 관점에서 상환할 수밖에 없는 조건의 금융상품(계약적 의무는 없으나, 경제적 의무가 존재하는 금융상품)은 금융부채인가 아니면 지분상품인가? 분류를 하고 그 이유를 밝혀라.

[15] 실질적인 조건의 차이가 발생하는 채무교환 : 채권 · 채무조정

대출채권의 현황은 다음과 같다.

(1) 채권자인 甲은행은 채무자인 A회사에 대한 대출채권을 보유하고 있다.
  - 대출일자 : 20×4년 1월 1일
  - 대출금액 : ₩10,000,000
  - 만기 : 3년
  - 이자율 : 연 10%(연도 말 후급)

(2) 채무자인 A회사는 재정난으로 인하여 20×4년 7월 1일에 부도처리

(3) 甲은행은 부도회사에 대한 대출채권에 대하여 대손충당금 차감전 장부금액의 20%에 해당되는 금액에 대해서 대손충당금을 설정하고 있다.

(4) 甲은행의 회계기간 : 1월 1일에서 12월 31일까지

다음과 같이 실질적으로 다른 조건으로 채무를 교환하는 것을 법원이 인가한 경우 채권자 및 채무자의 회계처리는?

(1) 대출채권 ₩10,000,000을 20×6년 1월 1일에 출자전환하고, 1,000주(액면금액 ₩5,000)의 신주를 교부

(2) 주식의 시가
  - 법원인가일(20×5년 12월 31일) : 감자 전 주당 ₩1,000(다만, 채권자가 출자하기 전에 7 : 1로 감자함)
  - 출자전환일(20×6년 1월 1일) : 주당 ₩8,500(감자 후의 가격임)
  - 출자전환일의 익일 : 주당 ₩8,000

[16] 실질적인 조건의 변경이 발생하는 채무교환 : 채권 · 채무조정

대출채권의 현황은 다음과 같다. 유효이자율은 10%로 조건변경 전후간 변함이 없다고 가정한다.

(1) 채권자인 甲은행은 채무자인 A회사에 대한 대출채권을 보유하고 있다.
  - 대출일자 : 20×4년 1월 1일
  - 대출금액 : ₩10,000,000
  - 만기 : 3년

- 이자율 : 연 10%(연도 말 후급)

(2) 채무자인 A회사는 재정난으로 인하여 20×4년 7월 1일에 부도처리

(3) 甲은행은 부도회사에 대한 대출채권에 대하여 대손충당금 차감 전 장부금액의 20%에 해당되는 금액에 대해서 대손충당금을 설정하고 있다.

(4) 甲은행의 회계기간 : 1월 1일에서 12월 31일까지

20×5년 7월 1일에 A회사는 법정관리를 신청하였고, 20×5년 12월 31일에 법원은 다음과 같이 다음과 같이 실질적으로 다른 조건으로 채무를 교환하는 채권 · 채무조정을 결정하였다. 이 경우 채권자 및 채무자 각각의 회계처리는?

(1) 채권 · 채무조정기준일 : 20×5년 12월 31일

(2) 대상채권의 명목가치 : ₩10,000,000

(3) 채권 · 채무조정내용

- 만기 : 10년
- 이자율 : 연 5%(연도 말 후급)

[17] 실질적인 조건의 변경이 발생하는 채무교환 : 복합적 채권 · 채무조정

다음의 계약조건의 변경, 자산의 이전, 출자전환 등이 결합된 채권 · 채무조정에서 채권자와 채무자의 회계처리는? 유효이자율은 10%로 조건변경 전후간 변함이 없다고 가정한다.

(1) 채권자인 ABC회사는 20×4년 12월 31일 현재 ₩100,000,000의 채권을 보유하고 있다. 동 채권의 잔존만기는 5년이고, 이자율은 10%(연말 후급)이다. 20×5년 1월 1일에 채무자인 XYZ회사의 재무상태 등을 감안하여 채무이행능력을 평가할 때 현재 상태로서는 도저히 전액 회수가 어려울 것으로 판단되어 다음과 같은 채권 · 채무조정에 합의하였다. 동 채권에 대하여 ₩10,000,000의 대손충당금이 설정되어 있다.

(2) 채권 · 채무조정내용

- 10년 동안 매년 말에 ₩500,000과 10년 말에 ₩40,000,000을 수수함.
- 채권 · 채무조정시점의 공정가치가 ₩10,000,000(장부금액 ₩20,000,000)인 토지의 이전
- 채무원금 ₩20,000,000의 감면
- 신주교부 : 3,000주, 액면 ₩5,000, 합의시점의 주당공정가치 ₩10,000(합의시점의 시가 ₩2,000에 감자비율을 적용하여 산정함)

[18] 관련부채의 측정

(1) 양도자가 지속적으로 관여하고 있는 양도자산에 대해 내가격 콜옵션을 매입하였다. 양도자산이 상각후원가로 측정되는 경우와 공정가치로 측정되는 경우로 구분하여 양도자산과 관련부채를 측정하라. 관련 정보는 다음과 같다.

구 분	양도자산		수취대가	콜옵션	
	상각후원가	공정가치		행사가격	시간가치
양도시점	₩294	₩285	₩261	₩270	₩9
옵션만기	₩300	–	–	–	–

(2) 양도자가 지속적으로 관여하고 있는 양도자산에 대해 풋옵션을 매도하였다. 양도자산이 상각후원가로 측정되는 경우와 공정가치로 측정되는 경우로 구분하여 양도자산과 관련부채를 측정하라. 관련 정보는 다음과 같다.

구 분	양도자산		수취대가	풋옵션	
	상각후원가	공정가치		행사가격	시간가치
양도시점	₩294	₩276	₩285	₩270	₩9
옵션만기	₩300	–	–	–	–

CHAPTER 15

충당부채와 기타부채

Contents

한국채택국제회계기준		국제회계기준	
제1037호	충당부채, 우발부채, 우발자산	IAS 37	Provisions, Contingent Liabilities and Contingent Assets
제2101호	사후처리 및 복구관련 충당부채의 변경	IFRIC 1	Changes in Existing Decommissioning, Restoration and Similar Liabilities

금융부채와 충당부채는 상호배타적(mutually exclusive)인 개념이 아니다. 금융부채를 정의할 때 충당부채와 대조되는 개념으로 정의하거나, 그 반대로 충당부채를 정의할 때 금융부채의 반대 개념으로 정의하지 않았다는 뜻이다. 금융부채와 충당부채는 그 특징에 따라 각기 독립적으로 정의를 내린 것으로 보이며, 그러다 보니 특정한 부채항목(예 지급보증충당부채, 사후처리충당부채 등)은 금융부채와 충당부채의 성격을 모두 가진다.

본 장에서는 충당부채와 기타부채를 다룬다. 충당부채에는 제품보증충당부채, 복구충당부채, 사후처리충당부채, 지급보증충당부채, 손실부담계약충당부채, 구조조정충당부채 등이 있다. 그리고 비금융부채인 기타부채에는 미지급법인세, 이연법인세, 선수금, 선수수익, 종업원으로부터 받은 예수금 등이 있다. 한편, 순확정급여부채는 제22장에서 다루기로 한다.

제1절 충당부채의 기초

1. 충당부채의 의의와 인식

(1) 충당부채의 의의

충당부채(provisions)는 지출의 시기 또는 금액이 불확실한 미확정부채이다. 미지급비용도 지급시기 또는 금액을 추정할 필요가 있는 경우가 있지만 일반적으로 충당부채보다는 불확실성이 훨씬 작다. 부채란 과거사건에 의하여 발생하였으며 경제적 효익이 내재된 자원이 기업으로부터 유출됨으로써 이행될 것으로 기대되는 현재의무이다.[1] 여기서 **과거사건**이란 법적의무 또는 의제의무를 발생시키며 당해 의무를 이행하는 것 외에는 실질적인 대안이 없는 **의무발생사건**을 의미한다. **현재의무**는 법적의무와 의제의무를 포함한다. **법적의무**는 ① 명시적 또는 묵시적 조항에 따른 계약, ② 법률, ③ 기타 법적 효력 중 하나에 의하여 발생하는 의무이다. 그리고 **의제의무**는 과거의 실무관행, 발표된 경영방침 또는 구체적이고 유효한 약속 등을 통하여 기업이 특정 책임을 부담하겠다는 것을 상대방에게 표명한 결과, 기업이 당해 책임을 이행할 것이라는 정당한 기대를 상대방이 가지게 됨에 따라 발생하는 의무이다.

---

1) 미래의 예상손실은 충당부채로 분류하지 않는다. 부채의 정의나 충당부채의 인식기준을 충족하지 못하기 때문이다.

한편, **우발부채**(contingent liabilities)는 다음의 ① 또는 ②에 해당하는 의무이다.

① 과거사건에 의하여 발생하였으나, 기업이 전적으로 통제할 수 없는 하나 이상의 불확실한 미래사건의 발생 여부에 의하여서만(즉, 미래사건과 독립적이지 않음) 그 존재가 확인되는 **잠재적 의무**

② 과거사건에 의하여 발생하였으나 다음 (ⅰ) 또는 (ⅱ)의 경우에 해당하여 인식하지 아니하는 **현재의무**

(ⅰ) 당해 의무를 이행하기 위하여 경제적 효익이 내재된 자원이 유출될 가능성이 높지 아니한 경우

(ⅱ) 당해 의무를 이행하여야 할 금액을 신뢰성 있게 추정할 수 없는 경우

그리고 **우발자산**(contingent assets)은 과거사건에 의하여 발생하였으나 기업이 전적으로 통제할 수 없는 하나 이상의 불확실한 미래사건의 발생 여부에 의하여서만 그 존재가 확인되는 **잠재적 자산**이다.

(2) 충당부채의 인식

충당부채는 다음의 요건을 모두 충족하는 경우에 인식한다.

① 과거사건의 결과(과거사건으로 인한 의무가 기업의 미래사업행위와 독립적으로 존재)로 현재의무(법적의무 또는 의제의무)가 존재한다.

② 당해 의무를 이행하기 위하여 경제적 효익이 내재된 자원이 유출될 가능성이 높다.

③ 당해 의무의 이행에 소요되는 금액을 신뢰성 있게 추정할 수 있다.

충당부채와 **우발부채**는 지급시기나 금액이 불확실하기 때문에 모두 우발적인 부채이지만, 그러한 우발적인 부채를 부채로 인식할 수 있는 요건을 갖춘 충당부채와 부채의 인식기준을 충족하지 못하기 때문에 재무제표 본문에 부채로 인식하지 아니하고 주석으로만 공시하는 우발부채로 구분할 수 있다.

의무발생사건의 결과로 현재의무가 존재하며, 자원유출가능성이 높으며(probable ; more likely than not, 즉 50% 초과), 금액의 합리적 추정이 가능한 부채는 충당부채로 재무제표 본문에 인식한다. 하지만 ① 의무발생사건의 결과로 현재의무가 존재하나 자원유출의 가능성이 높지 않거나(not probable) 희박하지 않을(not remote) 경우, ② 의무발생사건의 결과로 현재의무가 존재하지 않지만 잠재의무가 존재하고 자원유출가능성이 희박하지 않을 경우 재무제표 본문에 부채로 인식하지 아니하고 주석으로 공시한다. 이와 같은 충당부채의 인식과 우발부채의 구분방법이 [그림 15. 1]에 나타나 있다.

그림 15. 1

충당부채의 인식과 우발부채의 구분

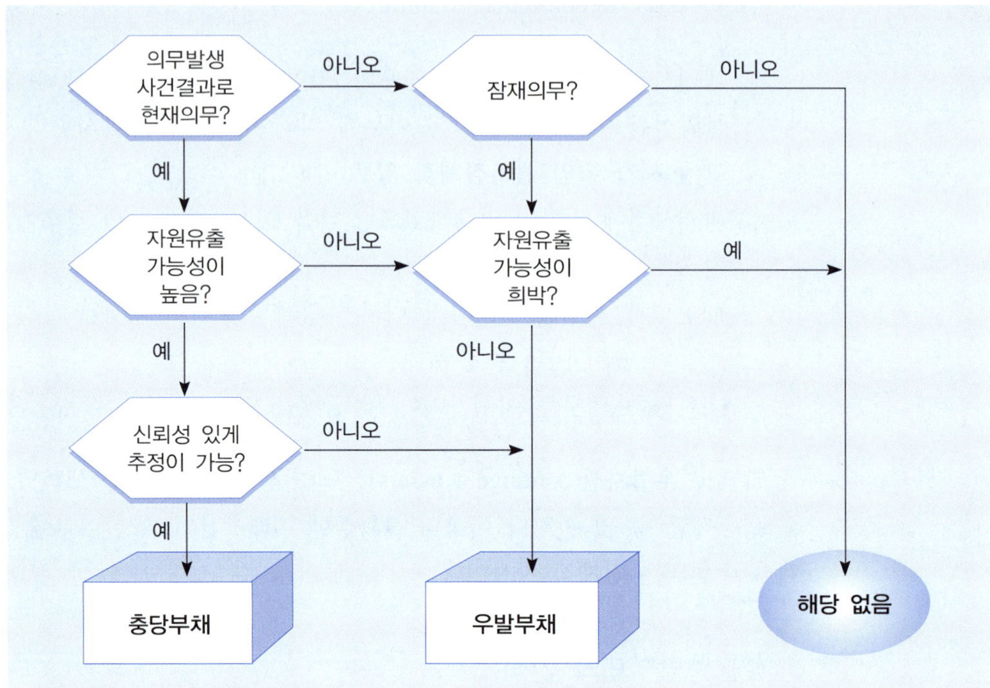

의무발생 사건의 결과로 현재의무가 있는 상황에서 [그림 15. 1]을 표로 나타내면 아래와 같다. 자원유출가능성은 예측가치 측면에서 회계정보의 목적적합성과 관련이 있으며, 금액추정가능성은 신뢰성 측면에서 회계정보의 충실한 표현과 관련이 있다.

자원유출가능성	금액추정가능성	
	신뢰성 있게 추정가능	신뢰성 있게 추정불가능
가능성이 높음	충당부채로 인식	우발부채로 주석공시
가능성이 어느 정도 있음	우발부채로 주석공시	우발부채로 주석공시
가능성이 희박함	공시 않음	공시 않음

충당부채로 인식되기 위해서는 과거사건으로 인한 의무가 기업의 **미래행위**(즉, 미래사업행위)**와 독립적**이어야 한다. 예를 들어, 환경오염을 시킨 결과로 장래에 회피할 수 없는 환경정화비용의 발생이 예상되는 경우에는 기업의 미래행위에 관계없이 당해 의무의 이행에 경제적 효익이 내재된 자원의 유출이 수반되므로 충당부채를 인식한다. 마찬가지로 유류설비 또는 원자력 발전소에 의하여 이미 발생한 피해에 대하여 기업의 복구의무가 있는 범위 내에서 유류설비 또는 원자력 발전소의 사후처리원가와 관련된 충당부채를 인식한다. 반면, 법에서 정하는 환경기준을 충족시키기 위해서 또는 상업적 압력 때문에 공장에 특정 정화장치를 설치하기 위한 비용지출을 계획하고 있거나 그런 비용

지출이 필요한 경우에는 공장운영방식을 바꾸는 등의 미래행위를 통하여 미래의 지출을 회피할 수 있으므로 당해 지출은 현재의무가 아니며 충당부채도 인식하지 아니한다.

한편, **우발부채**는 부채로 재무제표 본문에 인식하지 아니한다. 의무를 이행하기 위하여 경제적 효익이 내재된 자원의 유출가능성이 희박하지 않으면 우발부채를 주석으로 공시한다. 제3자와 연대하여 의무를 지는 경우에는 이행할 의무 중 제3자가 이행할 것으로 기대되는 부분을 우발부채로 처리한다. 단, 신뢰성 있게 추정할 수 없는 극히 드문 경우를 제외하고는 당해 의무 중에서 경제적 효익이 내재된 자원의 유출가능성이 높은 부분에 대하여 충당부채를 인식하여야 한다.

다른 한편으로, **우발자산**은 자산으로 인식하지 않고, 경제적 효익의 유입가능성이 높은 경우에만 우발자산을 주석에 기재한다. 하지만 우발자산 관련 상황변화로 인하여 경제적 효익이 유입될 것이 거의 확실한 경우에는 그러한 상황변화가 발생한 기간에 관련 자산과 이익을 인식한다.

예제 1

다음의 경우 충당부채의 인식 여부를 제시하라. 별도의 언급이 없는 경우 자원의 유출가능성은 높고, 금액은 신뢰성 있게 추정가능하다.

1. 법적의무가 없는 대수선: 용광로를 사용하는 기업이 법률적인 요구사항은 아니지만 기술적인 이유로 인하여 매 4년마다 용광로의 내벽을 교체하는 경우. 단, 당기 보고기간 말 현재 용광로 내벽은 향후 2년간 사용가능하다.
2. 법적의무가 있는 대수선: 항공사의 비행기에 대하여 매 3년마다 비행기 전체를 정밀정비하도록 법률에서 강제하고 있는 경우.
3. 법적의무가 있는 오염된 토지의 복구: 화학제품을 사용하는 기업이 토지를 수년간 오염시킨 상황에서 당기 보고기간 말 현재 토지오염에 대한 복구의무를 규정하는 법률안이 만들어졌고, 차기에 제정되어 시행될 것이 확실하다.
4. 의제의무가 있는 오염된 토지의 복구: 화학제품을 사용하는 기업이 토지를 수년간 오염시킨 상황에서 당기 보고기간 말 현재 토지오염에 대한 복구의무를 규정하는 법률이 제정되지는 않았다. 하지만 오염된 토지를 복구한다는 환경정책을 대외적으로 표명하고 있으며, 기업은 실제로 대외에 공표한 정책을 준수한 사실이 있어 토지복구에 대한 기대를 환경단체가 가지게 되었다.
5. 법적 소송: 20×8년 중에 건설사가 피해보상소송에 피소되어 재판을 받고 있으며, 원고와 배상책임의 여부에 대하여 다투고 있다. 피고의 담당변호사는 당기 재무제표의 발행승인일인 20×9년 2월 15일까지는 법적의무가 발생할 가능성이 높지 않다고 하였다. 하지만 20×9년 12월 31일 현재 담당변호사는 소송이 불리하게 진행됨에 따라 건설사가 법적의무를 부담하게 될 가능성이 높다고 조언하였다.

해 답

1. 경제적 효익이 내재된 자원의 유출 여부는 용광로내벽을 교체할 것인지 아니면 그대로 계속 사용할 것인지에 대한 기업의 의사결정에 달려 있어서 기업의 미래행위와 독립적이 아니다. 그렇기 때문에 과거사건의 결과로 현재의무가 없다. 충당부채를 인식하지 않고, 내벽교체시 내벽교체원가를 자본적 지출로 처리하고 4년에 걸쳐 감가상각할 수 있을 것이다.
2. 법률에서 정밀정비를 강제하더라도 경제적 효익이 내재된 자원의 유출 여부는 기업의 의사결정에 달려 있어서 기업의 미래행위와 독립적이 아니다. 왜냐하면 비행기를 처분함으로써 비행기에 대한 정밀정비를 하지 않아도 되기 때문이다. 그렇기 때문에 과거사건의 결과로 현재의무가 없다. 충당부채를 인식하지 않고, 비행기 정밀정비원가를 자본적 지출로 처리하고 3년에 걸쳐 감가상각할 수 있을 것이다.
3. 오염에 대한 복구의무를 규정하는 법률의 제정이 확실하므로 토지를 오염시킨 것은 의무발생사건이며, 기업에게 현재의무가 있다. 이러한 의무이행을 위한 자원의 유출가능성이 높기에 오염복구비용의 최선의 추정치로 충당부채를 인식한다.
4. 토지를 오염시킨 것은 의제의무발생사건이며, 기업에게 현재의무가 있다. 왜냐하면 기업이 환경정책을 대외적으로 표명하고 있으며, 상대방이 오염된 토지를 복구할 것이라는 정당한 기대를 가지게 되었기 때문이다. 이러한 의무이행을 위한 자원의 유출가능성이 높기에 오염복구비용의 최선의 추정치로 충당부채를 인식한다.
5. 이사회에 의해 재무제표의 발행이 승인될 때까지 이용가능한 증거를 근거로 판단할 때 20×8년도 재무제표에는 과거사건의 결과로 현재의무는 없어서 충당부채를 인식하지 않는다. 하지만 20×9년도 재무제표에는 의무발생사건의 결과로 현재의무가 있고, 의무이행을 위한 자원의 유출가능성이 높기 때문에 동 피해보상의무를 이행하기 위한 최선의 추정치로 충당부채를 인식한다.

2. 충당부채의 측정

충당부채로 인식하는 금액은 현재의무의 이행에 소요되는 지출에 대한 보고기간 말 현재 **최선의 추정치**이어야 한다. 측정하고자 하는 충당부채가 제품보증 등으로 인하여 **다수의 항목**과 관련되는 경우에 당해 의무는 모든 가능한 결과와 그와 관련된 확률을 가중평균하여 기대가치를 추정한다.

공사완공 후 하자보수 등으로 인하여 **하나의 의무**를 측정하는 경우에는 가장 가능성이 높은 단일의 결과가 당해 부채에 대한 최선의 추정치가 될 수 있으나, 그러한 경우에도 기타 가능한 결과들도 고려한다. 만약 기타 가능한 결과들이 가장 가능성이 높은 결과보다 대부분 크거나 작다면 최선의 추정치도 크거나 작은 금액일 것이다. 예를 들어, 고객을 위하여 건설한 주요 설비의 중대한 결함을 해결하여야 하는 경우에, 가장 가능성이 높은 결과는 한 차례의 시도로 1,000원의 원가를 들여 수선하는 것이다. 그러나 추가수선이 필요할 가능성이 높다면 1,000원보다 큰 금액을 충당부채로 인식하여야 한다.

예제 2

1. **다수의 항목과 관련된 의무**: 다음의 상황은 충당부채 인식요건을 충족하고 있다. 제품 보증에 따른 충당부채의 최선의 추정치를 얼마로 설정하여야 하는가?

상 황	하자 없음	경미한 결함	치명적인 결함
확 률	70%	20%	10%
수리비용발생예상액	없음	₩3,000,000	₩14,000,000

2. **하나의 의무**: 다음의 상황은 충당부채 인식요건을 충족하고 있다. 수주한 공사를 완성한 이후에 발생할 수 있는 하자보수의무이행 상황이 아래와 같을 때 충당부채의 최선의 추정치를 얼마로 설정하여야 하는가?

하자보수 횟수	1회	2회	3회	4회 이상
확 률	10%	20%	60%	10%
총 하자보수비 발생예상액	₩1,000,000	₩1,800,000	₩2,500,000	₩3,000,000

3. **하나의 의무**: 다음의 상황은 충당부채 인식요건을 충족하고 있다. 수주한 공사를 완성한 이후에 발생할 수 있는 하자보수의무이행 상황이 아래와 같을 때 충당부채의 최선의 추정치를 얼마로 설정하여야 하는가?

하자보수 횟수	1회	2회	3회	4회 이상
확 률	40%	30%	20%	10%
총 하자보수비 발생예상액	₩1,000,000	₩1,800,000	₩2,500,000	₩3,000,000

해 답

1. 0.7 × 0 + 0.2 × ₩3,000,000 + 0.1 × ₩14,000,000 = ₩2,000,000
2. 하자보수 횟수가 3회 발생할 확률이 60%로 가장 높으므로 ₩2,500,000
3. 기타 가능한 결과들이 가장 가능성이 높은 결과보다 금액이 크기 때문에 최선의 추정치는 ₩1,000,000보다 큰 금액. 단, 하나의 금액을 선택해야 한다면 발생확률이 그 다음으로 높은 ₩1,800,000이다.

충당부채에 대한 최선의 추정치를 구할 때에는 관련된 사건과 상황에 대한 **위험과 불확실성**을 고려한다. 위험은 결과의 변동성을 의미한다. 위험조정으로 인하여 측정되는 부채금액이 증가할 수 있다. 불확실한 상황에서는 수익 또는 자산을 과대 계상하거나 비용 또는 부채를 과소계상하지 아니하도록 주의하여야 한다. 그러나 불확실성을 이유로 충당부채금액을 과대계상하는 것은 정당화되지 않는다. 예를 들어, 특정한 부정적 결과(위험)에 대해 예상원가를 신중하게 이미 추정하였다면, 고의적으로 당해 결과의 발생가능성(불확실성)이 실제보다 더 높은 것처럼 회계처리해서는 아니된다. 위험과 불확실성의 **이중조정**으로 인하여 충당부채가 과대계상되지 아니하도록 주의하여야 하는 것이다.

화폐의 시간가치 효과가 중요하다면 충당부채는 의무를 이행하기 위하여 예상되는 지출액(즉, 이행가치)의 **현재가치**로 평가한다. 이때 사용하는 **할인율**은 부채의 고유한 위험과 화폐의 시간가치에 대한 현행 시장의 평가를 반영한 세전 이율이다. 이러한 할인율에는 미래 현금유출을 추정할 때 이미 고려한 위험을 반영하지 않아야 한다. 왜냐하면 동 위험을 이중으로 반영하는 결과를 초래하기 때문이다.

현재의무를 이행하기 위하여 소요되는 지출금액에 영향을 미치는 미래사건이 발생할 것이라는 충분하고 객관적인 증거가 있는 경우에는 **미래사건**을 감안하여 충당부채 금액을 추정한다. 예를 들어, 내용연수 종료 후에 부담하여야 하는 오염지역의 정화에 필요한 원가는 미래의 기술변화에 따라 감소할 수 있다. 또한 충분하고 객관적인 증거로 볼 때 새로운 법규가 제정될 것이 거의 확실하다면 당해 법규의 효과를 고려하여 충당부채를 측정한다.

예상되는 자산처분으로부터 발생하는 **예상되는 처분이익**은 충당부채를 측정하는데 고려하지 않는다. 예상되는 자산처분이 충당부채를 발생시킨 사건과 밀접하게 관련되었더라도 당해 자산처분으로부터 발생할 것으로 예상처분이익은 충당부채를 측정하는데 고려하지 않고, 당해 자산과 관련된 회계처리를 다루고 있는 규정에서 명시하고 있는 시점에 동 예상처분이익을 인식한다.

3. 충당부채의 변제, 변동 및 사용

충당부채에 대하여 제3자가 **변제**(reimbursements)할 것이 확실한 경우에 한하여 변제액을 자산으로 처리한다. 자산인식액은 관련 충당부채금액을 초과할 수 없다. 충당부채 관련하여 포괄손익계산서에 인식된 비용은 제3자의 변제와 관련하여 인식한 금액과 상계하여 표시할 수 있다. 이와 관련한 회계처리는 뒤에 나오는 지급보증충당부채에서 **대리변제자산**이라는 계정과목으로 설명하고 있으니 참조하기 바란다.

충당부채는 보고기간 말마다 잔액을 검토하고, 보고기간 말 현재 최선의 추정치를 반영하여 조정하기에 그 잔액이 **변동**한다. 이때 현재가치 평가에 사용하는 할인율은 변동되지 않은 것으로 보고 당초에 사용한 할인율이나 매 보고기간 말 현재 최선의 추정치를 반영한 할인율 중 한 가지를 선택하여 계속적용한다. 이러한 결과로 의무이행을 위하여 경제적 효익이 내재된 자원이 유출될 가능성이 더 이상 높지 아니한 경우에는 **충당부채환입액**으로 처리한다. 충당부채를 현재가치로 표시할 경우 기간경과에 따른 장부금액 증가액은 **충당부채전입액**(즉, **이자비용**)으로 인식한다.

충당부채는 최초의 인식(해당 계정에 대기)과 관련되는 지출에만 사용(해당 계정에 차기)한다. 다른 목적으로 충당부채를 사용하게 될 경우 서로 다른 두 가지 사건의 영향이 적절하게 표시되지 않기 때문이다.

다음 예제를 통하여 충당부채의 현재가치 평가, 변동, 사용 등에 관하여 학습해보자.

예제 3

㈜샹그릴라는 20×2년 1월 1일에 3년 후 지급할 제품보증충당부채 ₩50,000을 설정하였으며, 20×4년도 말에 제품보증비를 지급하였다. 동 충당부채는 현재가치로 평가하며, 현재가치 계산을 위한 할인율은 연 6%로 한다. 제품보증과 관련하여 20×2년 1월 1일, 20×2년 12월 31일, 20×3년 12월 31일, 그리고 20×4년 12월 31일의 회계처리를 하라.

해 답

1. 20×2년 1월 1일 : 제품보증충당부채를 현재가치로 평가 · 계상

(차) 제품보증비	41,980	(대) 제품보증충당부채	41,980

* ₩50,000 × 0.8396(기간 3년, 연이자율 6%의 일회금액 할인계수)

2. 20×2년 12월 31일 : 해당 이자비용을 제품보증충당부채에 가산

(차) 제품보증충당부채전입액 (혹은 이자비용; 이하 동일)	2,519	(대) 제품보증충당부채	2,519

3. 20×3년 12월 31일 : 해당 이자비용을 제품보증충당부채에 가산

(차) 제품보증충당부채전입액	2,670	(대) 제품보증충당부채	2,670

4. 20×4년 12월 31일 : 해당 이자비용을 제품보증충당부채에 가산

(차) 제품보증충당부채전입액	2,830	(대) 제품보증충당부채	2,830

5. 20×4년 12월 31일 : 제품보증비의 현금지급

(차) 제품보증충당부채	50,000	(대) 현 금	50,000

제품보증충당부채의 상각표

기 간	기초부채잔고[a)]	이자비용[b)]	현금유출[c)]	기말부채잔고[d)]
20×2년 1월 1일~ 20×2년 12월 31일	41,980	2,519	–	44,499
20×3년 1월 1일~ 20×3년 12월 31일	44,499	2,670	–	47,169
20×4년 1월 1일~ 20×4년 12월 31일	47,169	2,830	(50,000)	0*

$b = a \times 6\%$ $d = a + b - c$

* 단수조정

위의 <예제 3>에서 20×3년 12월 31일 현재 제품보증충당부채의 20×4년 12월 31일 지급예상액을 ₩40,000으로 수정하면 다음과 같이 회계처리할 수 있다.

20×3년 12월 31일: 제품보증충당부채에 대한 수정

(차) 제품보증충당부채 9,433 (대) 제품보증충당부채환입액 9,433

제품보증충당부채의 수정:
₩40,000 × 0.9434(기간 1년, 연이자율 6%의 일회금액 할인계수) = ₩37,736
따라서 제품보증충당부채의 잔고 감소액은 ₩9,433(= ₩47,169 − ₩37,736)이다.

20×4년 12월 31일: 해당 이자비용을 제품보증충당부채에 가산

(차) 제품보증충당부채전입액 2,264 (대) 제품보증충당부채 2,264

20×4년 12월 31일: 제품보증비의 현금 지급

(차) 제품보증충당부채 40,000 (대) 현 금 40,000

제품보증충당부채의 상각표

기 간	기초부채잔고[a)]	이자비용[b)]	현금유출[c)]	잔고증가액 (감소액)[d)]	기말부채잔고[e)]
20×2년 1월 1일~ 20×2년 12월 31일	41,980	2,519	−	−	44,499
20×3년 1월 1일~ 20×3년 12월 31일	44,499	2,670	−	(9,433)	37,736
20×4년 1월 1일~ 20×4년 12월 31일	37,736	2,264	(40,000)	−	0

* b = a × 6% e = a + b − c ± d

앞의 <예제 3>에서 제품보증비가 20×2년 말 ₩2,500, 20×3년 말 ₩3,000, 20×4년 말 ₩44,500이 각각 해당 일자에 지급된 것으로 수정하면 다음과 같이 회계처리할 수 있다.

20×2년 12월 31일: 제품보증비의 지급

(차) 제품보증충당부채 2,500 (대) 현 금 2,500

20×2년 12월 31일: 제품보증충당부채의 수정

(차) 제품보증충당부채전입액 276 (대) 제품보증충당부채 276

제품보증충당부채의 수정:
20×2년 말 시점에서 장래에 지급할 추정액
= ₩47,500 × 0.8900(기간 2년, 연이자율 6%의 일회금액 할인계수) = ₩42,275

따라서 제품보증충당부채의 잔고증가액은 ₩276(=₩42,275－₩41,999*)이다.
* ₩44,499－₩2,500

20×3년 12월 31일 : 제품보증비의 지급

(차) 제품보증충당부채 3,000 (대) 현 금 3,000

20×3년 12월 31일 : 제품보증충당부채의 수정

(차) 제품보증충당부채전입액 169 (대) 제품보증충당부채 169

제품보증충당부채의 수정 :
20×3년 말 시점에서 장래에 지급할 추정액
=₩44,500 × 0.9434(기간 1년, 연이자율 6%의 일회금액 할인계수)=41,981
따라서 제품보증충당부채의 잔고증가액은 ₩169(=₩41,981－₩41,812*)이다.
* ₩42,275+₩2,537(이자비용 상각액)－₩3,000(제품보증비 지급액)} =₩41,812

20×4년 12월 31일 : 제품보증비의 지급

(차) 제품보증충당부채 44,500 (대) 현 금 44,500

제품보증충당부채의 상각표

기 간	기초부채잔고[a)]	이자비용[b)]	현금유출[c)]	잔고증가액 (감소액)[d)]	기말부채잔고[e)]
20×2년 1월 1일~ 20×2년 12월 31일	41,980	2,519	(2,500)	276	42,275
20×3년 1월 1일~ 20×3년 12월 31일	42,275	2,537	(3,000)	169	41,981
20×4년 1월 1일~ 20×4년 12월 31일	41,981	2,519	(44,500)	－	0

* b=a × 6% e=a+b－c ± d

4. 충당부채, 우발부채 및 우발자산 주석공시 사항

(1) 충당부채

1) 충당부채는 유형별로 다음의 내용을 주석에 기재한다. **비교표시 정보는 생략할 수 있다.**
   ① 기초와 기말 장부금액
   ② 당기에 추가된 충당부채 금액(기존 충당부채의 증가금액 포함)
   ③ 당기에 사용된 금액(즉, 발생하여 충당부채에서 차감한 금액)

④ 당기에 환입된 금액

⑤ 현재가치로 평가한 충당부채의 기간경과에 따른 당기 증가금액 및 할인율 변동에 따른 효과

2) 충당부채는 유형별로 다음의 내용을 주석에 기재한다.

① 충당부채의 성격과 경제적 효익의 유출이 예상되는 시기

② 유출될 경제적 효익의 금액과 시기에 대한 불확실성 정도(충분한 정보제공이 필요한 경우에는 관련된 미래사건에 대한 중요한 가정의 공시 포함)

③ 제3자에 의한 변제예상금액 및 그와 관련하여 인식한 자산금액

(2) 우발부채

우발부채는 유형별로 의무를 이행하기 위한 자원의 유출가능성이 아주 낮지 아니하는 한, 우발부채 유형별로 당해 성격을 공시하고 실무적으로 가능한 경우에는 ① 재무적 영향의 추정금액, ② 자원의 유출금액 및 시기와 관련된 불확실성 정도 및 ③ 제3자에 의한 변제의 가능성을 주석에 기재한다.

(3) 우발자산

경제적 효익의 유입가능성이 높은 우발자산은 당해 성격을 주석을 설명하고, 실무적으로 가능한 경우에는 측정된 재무적 영향의 추정금액을 주석에 기재한다.

제2절 충당부채의 유형별 회계처리

충당부채는 퇴직급여부채와 기타 항목 충당부채로 구분할 수 있다. 퇴직급여부채는 제22장 종업원급여에서 다루고, 여기서는 기타 항목 충당부채의 유형을 다루기로 한다.

1. 제품보증충당부채

제품의 보증판매와 같이 다수의 유사한 의무가 있는 경우 그 의무의 이행에 필요한 자원의 유출 가능성을 판단할 때에는 그 유사한 의무의 전체에 대해 판단하여야 한다. 비록 개별 항목에 대한 의무이행에 필요한 자원의 유출가능성이 낮더라도 전체적인 의무이행에 대해 판단하면 자원의 유출가능성이 높을 수 있다.

제품보증이란 제품의 판매나 서비스의 제공 후에 판매자가 구매자에게 제품의 품질, 수량, 성능 등에 결함이 있을 때, 그것을 수리, 교환 혹은 보상하겠다는 약정이며, 두 가지 유형이 있다. [그림 15. 2]는 보증유형의 구분방법을 보여주고 있다. **확신유형 보증**(assurance-type warranty)은 판매된 제품이 합의된 규격에 맞게 제조되었다는 확신을 고객에게 주는 기본적인 품질보증유형이다. **용역유형 보증**(service-type warranty)은 기본적인 품질보증을 넘어서는 추가 용역을 제공하는 유형이다. 제품의 결함을 보상해주는 보증의무는 확신유형 보증에 해당하며, 제품의 결함이 없음에도 추가 보상을 해주는 보증의무는 용역유형 보증에 해당한다. 회사가 이러한 판매보증을 하는 이유는 판매촉진 목적과 의무이행 목적을 달성하려는 의도 때문이다. 그렇기 때문에 제품보증에 따른 비용은 판매촉진비용과 부채의 인식과 관련이 있다. 회사가 제품보증을 하게 되면 장차 구매자가 제품보증을 청구할 수 있는 상황, 즉 우발상황이 존재한다. 만약, 구매자가 보상을 청구하게 되면 비용이 발생하며, 청구하지 않으면 아무런 비용이 발생하지 않기 때문이다. 이와 같이 제품보증과 관련된 부채는 우발성격을 가진다.

제품보증을 회계처리하는 방법에는 발생주의회계에서 비용발생법과 수익이연법이 있다. **비용발생법** 혹은 **보증비용인식법**(expense warranty treatment)은 미래에 지출될 보증비용의 추정액을 매출한 회계연도에 비용으로 인식하는 방법이다. 이 방법은 제품보증활동은 판매와 분리될 수 없는 활동이므로 보증활동 자체에서는 이익이 창출되지 않는다는 입장을 취하고 있다. 따라서 이 방법에서는 단지 판매활동을 통해서만 수익이 창출된다고 보아 판매가격 전액을 매출액으로 인식한다. 반면에, **수익이연법** 혹은 **보증수익인식법**(sales warranty treatment)은 제품판매시 제품매출에 따른 수익과 보증용역매출에 따른 수익을 구분하여 회계처리하는 방법이다. 제품매출은 보증용역매출을 제외한 순액으로 계상하고, 보증용역매출은 미래에 실제로 보증비용이 발생하거나 보증유효기간이 경과할 때까지 이연시켰다가 실제로 보증비용이 발생했을 때 혹은 보증유효기간이 만료되었을 때 이연된 보증수익을 인식하는 방법이다.

제품보증용역이 완료되었을 때는 제품판매로 인한 이익이 두 방법하에서 동일하지만, 수익이연법에서는 제품보증용역으로 인한 수익을 제품보증비가 발생할 때까지 이연한다는 점에서 보다 보수적인 회계처리방법이라고 볼 수 있다. 그러나 제품보증에 관한 회계처리방법 중에 비용발생법이 보다 일반적으로 사용되는 회계처리방법이다. 그 이유는 수익인식법이 제품보증이라는 별도의 용역활동의 존재를 가정하고 있기 때문이다. 그렇기 때문에 확신유형 보증은 매출에 대응하는 비용으로 회계처리(비용발생법)하고, 용역유형 보증의 경우 매출의 차감(수익이연법)으로 회계처리한다.

제품보증충당부채의 현재가치 평가, 변동, 사용 등에 관하여 이미 앞 절에서 학습하였기 때문에 다음 예제에서는 비용발생법과 수익인식법을 위주로 다루기로 한다.

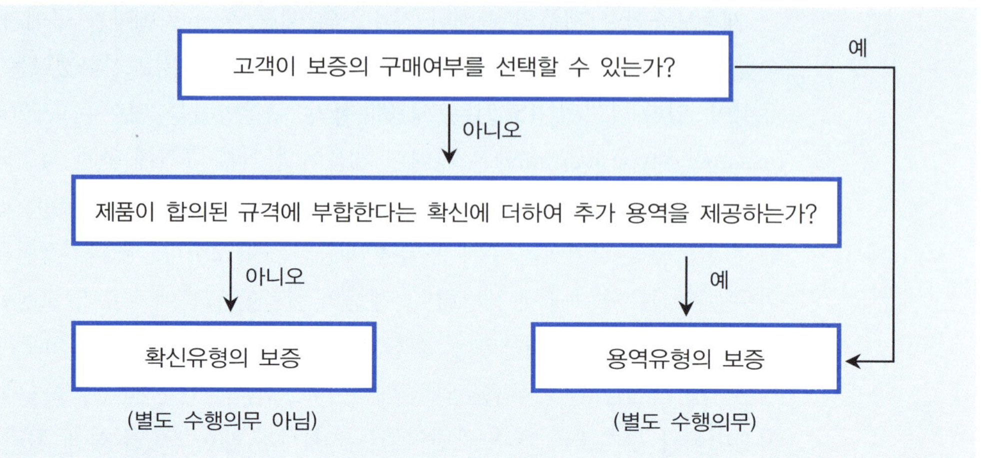

그림 15.2 보증유형의 구분

예제 4

20×7년 기중에 ㈜샹그릴라는 컴퓨터를 1대당 ₩10,000에 100대를 현금판매하였다. 컴퓨터의 보증기간은 1년이며, 과거경험으로부터 컴퓨터 1대당 ₩100의 보증비용을 지출한다고 가정하자. 위 판매와 관련하여 실제 지출한 판매보증비는 20×7년에 ₩4,000이며, 20×8년에 ₩5,000이다. 판매보증활동은 계속적으로 이루어질 것이다. 비용발생법과 수익이연법에서의 20×7년과 20×8년에 ㈜샹그릴라가 행할 분개를 하라. 상기 금액은 현재가치가 반영된 금액이라고 가정하며, 매출원가는 무시한다.

해 답

비용발생법과 수익이연법에서의 20×7년과 20×8년에 ㈜샹그릴라가 행할 분개를 비교하는 형식으로 나타내면 다음과 같다.

일 자	비용발생법(보증비용인식법)	수익이연법(보증수익인식법)
20×7년 매출시	(차) 현 금 1,000,000 (대) 매 출 액 1,000,000 (차) 제품보증비 10,000 (대) 제품보증충당부채 10,000	(차) 현 금 1,000,000 (대) 매 출 액 990,000 제품보증선수수익 10,000
20×7년 제품보증비의 발생시	(차) 제품보증충당부채 4,000 (대) 현 금 4,000	(차) 제품보증비 4,000 (대) 현 금 4,000 (차) 제품보증선수수익 4,000 (대) 제품보증수익 4,000
20×8년 제품보증비의 발생시	(차) 제품보증충당부채 5,000 (대) 현 금 5,000	(차) 제품보증비 5,000 (대) 현 금 5,000 (차) 제품보증선수수익 5,000 (대) 제품보증수익 5,000

한편, 제품보증충당부채의 설정이 연말결산시 이루어진다고 가정하면 회계처리는 다음과 같다. 20×7년 결산시 제품보증충당부채 잔액은 충당부채의 설정시점에 상관없이 동일하다.

일 자	비용발생법(보증비용인식법)	수익이연법(보증수익인식법)
20×7년 매출시	(차) 현 금 1,000,000 (대) 매 출 액 1,000,000	(차) 현 금 1,000,000 (대) 매 출 액 990,000 제품보증선수수익 10,000
20×7년 제품보증비의 발생시	(차) 제품보증비 4,000 (대) 현 금 4,000	(차) 제품보증비 4,000 (대) 현 금 4,000 (차) 제품보증선수수익 4,000 (대) 제품보증수익 4,000
20×7년 결산시	(차) 제품보증비 6,000 (대) 제품보증충당부채 6,000	분개 없음
20×8년 제품보증비의 발생시	(차) 제품보증충당부채 5,000 (대) 현 금 5,000	(차) 제품보증비 5,000 (대) 현 금 5,000 (차) 제품보증선수수익 5,000 (대) 제품보증수익 5,000

이제까지는 제품보증활동이 계속적인 경우를 살펴보았다. 이번에는 제품보증활동이 한시적인 경우의 회계처리를 살펴보기로 한다. 제품보증활동이 한시적인 경우로서 비용발생법에 따라 회계처리를 하려면 제품보증의 시효가 끝나는 시점에 설정되어 있는 제품보증충당부채가 실제 제품보증비 발생액보다 큰 경우에는 제품보증충당부채를 환입하여 「기타수익」을 인식하고, 반대의 경우에는 추가적인 제품보증비를 기록하여야 한다. 본 예제와는 달리 20×8년에 ₩8,000의 제품보증비가 발생하였다면 다음과 같이 분개를 한다.

(차) 제품보증충당부채	6,000	(대) 현 금	8,000
제품보증비	2,000		

한편, 제품보증활동이 한시적인 경우로서 제품보증비를 수익이연법에 따라 회계처리를 하는 경우에는 제품보증선수수익의 잔액을 제거시키고 동 금액만큼 제품보증수익을 계상하여야 한다. 그리고 당기에 발생한 제품보증비를 계상하면 제품보증과 관련된 손익계산이 정확히 이루어지는 것이다. 제품보증충당부채의 설정이 매출이 발생할 때 이루어진다고 가정하고 제품보증활동이 한시적인 경우로 20×8년에 그 시효가 끝났다면 회계처리는 다음과 같다.

일 자	비용발생법(보증비용인식법)	수익이연법(보증수익인식법)
20×7년 매출시	(차) 현 금 1,000,000 (대) 매 출 액 1,000,000 (차) 제품보증비 10,000 (대) 제품보증충당부채 10,000	(차) 현 금 1,000,000 (대) 매 출 액 990,000 제품보증선수수익 10,000
20×7년 제품보증비의 발생시	(차) 제품보증충당부채 4,000 (대) 현 금 4,000	(차) 제품보증비 4,000 (대) 현 금 4,000 (차) 제품보증선수수익 4,000 (대) 제품보증수익 4,000
20×8년 제품보증비의 발생시	(차) 제품보증충당부채 6,000 (대) 현 금 5,000 제품보증충당부채환입액 1,000	(차) 제품보증비 5,000 (대) 현 금 5,000 (차) 제품보증선수수익 6,000 (대) 제품보증수익 6,000

2. 복구충당부채와 사후처리충당부채

(1) 복구충당부채

복구의무, 즉 복구충당부채는 주로 해당 유형자산을 **취득**하거나 재고자산의 생산 외의 목적으로 해당 유형자산을 **사용**함으로써 발생한다.[2] 이러한 경우 복구충당부채는 자산의 취득원가에 가산되며, 추출산업에서 훼손된 환경을 복구하거나 설비를 폐쇄 혹은 제거하는 시점에 이미 계상되어 있던 복구충당부채를 차기하고 지급한 현금과의 차액은 복구공사손익으로 인식한다.

과거사건에 의하여 충당부채를 인식하기 위해서는 그 사건이 기업의 미래행위와 독립적이어야 한다. 예를 들면, 불법적인 환경오염으로 인한 범칙금이나 환경정화비용의 경우에는 기업의 미래행위에 관계없이 그 의무의 이행에 자원의 유출이 수반되므로 **복구충당부채**를 인식한다. 반면, 법에서 정하는 환경기준을 충족시키기 위해서 또는 민원에 의한 압력 때문에 공장에 특정 정화장치를 설치하기 위한 비용지출을 계획하고 있는 경우 등에는 충당부채를 인식하지 아니한다. 그러한 지출은 공장운영방식을 바꾼다면 회피할 수 있기 때문에 현재의무가 아니다.

어떠한 사건은 발생 당시에는 현재의무를 발생시키지 아니하나 추후에 의무를 발생시킬 수 있다. 법규가 개정됨으로써 의무가 발생하거나 기업이 대외적으로 공표하는 행위에 의하여 추후에 의제의무가 발생하는 경우가 있기 때문이다. 예를 들면, 발생한 환

2) 해당 유형자산을 재고자산의 생산목적으로 사용한 결과 발생하는 복구의무는 유형자산의 취득원가에 가산하지 않고 제조원가로 처리하여야 한다.

경오염에 대하여 지금 당장 복구할 의무가 없는 경우에도 추후 새로운 법규가 그러한 환경오염을 복구하도록 강제하거나 기업이 그러한 복구의무를 의제의무로서 공식적으로 수용한다면, 그 환경오염은 당해 법규의 제정시점 또는 공식적으로 수용한 시점에 의무발생사건이 된다.

제8장에서 복구원가가 유형자산의 취득원가에 가산되는 복구충당부채의 회계처리를 살펴보았다. 여기서는 유형자산의 취득과 관계없이 발생하는 복구충당부채에 대하여 <예제 5>에서 먼저 살펴본 후 유형자산의 취득원가에 가산되는 복구충당부채의 회계처리를 <예제 6>에서 다루기로 한다.

예제 5

다음의 경우 회계처리를 하라. 아래 금액은 현재가치가 반영된 금액이다.

1. ㈜밝은세상은 불법적인 상수도오염으로 인한 범칙금으로 ₩5,000,000을 부과받았다. 동 범칙금은 상수도오염의 복구를 위하여 사용될 것이다.
2. ㈜밝은세상은 민원에 의한 압력 때문에 상수도정화시설을 설치하기 위한 ₩5,000,000의 지출계획을 수립하였다.

해 답

1. (차) 복구공사손실 5,000,000 (대) 복구충당부채 5,000,000
2. 분개 없음.

이제 유형자산의 취득원가에 가산되는 복구충당부채를 다루기로 한다. 기존 복구충당부채의 측정을 변경시키는 사건(예 의무이행을 위해 필요한 현금흐름에 대한 추정치의 변경, 시간의 경과에 따른 할인액상각으로 인한 부채의 증가, 화폐의 시간가치 변동과 당해 부채의 고유위험을 반영하고 있는 현행할인율의 변경)이 발생한 경우 그 영향을 회계처리하는 방법을 살펴본다.

첫째, 복구충당부채를 발생시키는 자산을 **원가모형**에 의하여 측정한 경우 회계처리는 다음과 같다.

- 복구충당부채의 증가(감소)는 당기에 관련 자산을 우선 가산(차감)하여 회계처리한다.
- 자산의 원가에서 차감되는 금액은 그 자산의 장부금액을 초과하지 않아야 한다. 만약 복구충당부채의 감소가 자산의 장부금액을 초과한다면, 그 초과액은 복구충당부채환입액(기타수익)으로 인식한다.

둘째, 복구충당부채를 발생시키는 자산을 **재평가모형**에 의하여 측정한 경우 회계처리는 다음과 같다.

- 원가모형으로 평가되었다면 인식되었을 장부금액을 초과하여 복구충당부채가 감소되지 않았다면 복구충당부채의 감소금액 중 이전에 재평가손실(기타비용)로 인식한 금액까지는 재평가손실환입액(기타수익)으로 먼저 환입한 후 나머지 금액은 재평가이익(기타포괄손익)으로 인식하고, 동 재평가이익을 재평가잉여금(기타포괄손익누계액)으로 대체하여 재평가잉여금을 증가시킨다.
- 원가모형으로 평가되었다면 인식되었을 장부금액을 초과하여 복구충당부채가 감소되었다면, 그 초과액은 즉시 복구충당부채환입액(기타수익)으로 인식한다.
- 복구충당부채의 증가는 재평가잉여금의 잔액까지는 재평가잉여금을 먼저 감소시킨 후 재평가손실(기타비용)로 인식한다.

예제 6

㈜푸른공기는 원자력발전설비를 보유하고 있으며, 복구충당부채를 인식할 조건이 충족되었다. 원자력발전설비는 20×0년 1월 1일에 가동을 시작하였다. 원자력발전설비의 추정내용연수는 20년이며, 원자력발전설비의 최초 취득원가는 ₩120,000이다. 최초 취득원가에는 복구충당부채 ₩10,000이 포함되어 있는데 이는 20년 뒤의 현금흐름 ₩26,533을 위험조정할인율인 5%로 할인한 금액이다. 단, 원단위 미만은 반올림하여 원단위까지 계산한다.
자산을 원가모형에 의하여 측정한 경우 20×4년 12월 31일 현재 추가정보는 다음과 같다.

- 원자력발전설비 가동연수는 5년이다.
- 감가상각누계액은 ₩30,000(=₩120,000×5/20)이다.
- 5년간의 할인액 상각(연이자율 5% 적용)으로 복구충당부채는 ₩10,000에서 ₩12,763으로 증가하였다.
- 할인율은 변경되지 않았고, 기술진보로 인해 현금흐름에 대한 추정이 변경되었고, 복구충당부채 현재가치 ₩4,000이 감소하였다. 그 결과 복구충당부채가 ₩12,763에서 ₩8,763으로 조정되었다.[3)]

1. 20×4년 12월 31일 현재 복구충당부채의 변동을 반영하기 위한 분개를 하라.
2. 20×4년 12월 31일 현재 자산의 장부금액을 계산하라.
3. 20×5년도 원자력발전시설에 대한 감가상각비를 계산하라.
4. 20×5년도 복구충당부채 할인액 상각(즉, 이자비용 인식)에 관한 분개를 하라.

해 답

1. (차)	복구충당부채	4,000	(대) 원자력발전설비	4,000

3) 부채의 변동이 할인율 변경에서 기인하더라도 현금흐름추정이 변경된 경우와 마찬가지의 회계처리가 이루어진다. 단, 이자비용을 계산할 때 새로운 할인율을 적용한다.

2. 원자력발전시설 장부금액 = ₩120,000 − ₩4,000 − ₩30,000 = ₩86,000
3. 잔여 내용연수 15년* 동안 연간 감가상각비 = ₩86,000 ÷ 15 = ₩5,733
   * 조정된 감가상각대상금액은 잔여 내용연수 동안 상각한다.
4. 20×5년도 이자비용(할인액 상각) = ₩8,763 × 0.05 = ₩438
   (차) 복구충당부채전입액 438 (대) 복구충당부채 438

(2) 사후처리충당부채

복구충당부채와 유사한 상황에서 발생하지만 사후처리기금을 조성하는 점이 다른 사후처리충당부채를 여기에서 설명하기로 한다.

설비나 특정 장비의 사후처리 또는 환경정화활동에서 발생하는 원가의 일부나 전부를 충당하기 위하여 별도로 **사후처리기금**을 조성할 수 있다. 여기서 언급하는 사후처리기금의 특성은 다음과 같다.

첫째, 독립된 수탁자가 별도로 기금자산을 관리한다. 둘째, 기금의 잔여자산에 대해 출연자의 사용이 제한되거나 금지될 수 있다. 셋째, 수탁자는 기금의 운용규정과 관련 법률이나 그 밖의 법규에서 정한 규칙에 따라 출연금의 투자방법을 결정한다. 넷째, 출연자는 기금자산에 대한 **출연자지분**과 **사후처리원가** 중 작은 금액을 한도로 발생한 사후처리원가를 기금에서 보상받을 수 있다.

이렇게 사외에 출연한 사후처리기금이 있는 경우 사후처리원가의 지급의무를 복구충당부채가 아닌 **사후처리충당부채**로 인식한다. 다른 출연자가 파산하여 추가출연의무가 생기거나, 기금의 자산가치가 보상의무를 수행하기에 불충분할 정도로 감소하는 경우 출연자에게 잠재적으로 추가적인 출연의무가 발생하며, 이는 우발부채에 해당한다. 하지만 추가적인 출연가능성이 높은 경우에는 사후처리충당부채로 인식하여야 한다.

예제 7

원자력발전회사인 ㈜푸른공기의 다음 사항을 회계처리하라. 아래 금액은 충당부채의 현재가치가 반영된 금액이다.

1. 20×8년 1월 1일 위 본문에서 언급한 특성을 가지는 사후처리기금에 ₩100,000,000을 출연하였다.
2. 20×8년 12월 31일 원자력발전 폐기물 사후처리원가의 지급의무 ₩80,000,000을 부채로 인식하였다.
3. 20×9년 7월 1일 사후처리기금에서 ㈜푸른공기에게 ₩80,000,000의 최대금액이 지급되었다.

해 답

1. (차) 사후처리기금	100,000,000	(대) 현　　금	100,000,000
2. (차) 사후처리비용	80,000,000	(대) 사후처리충당부채	80,000,000
3. (차) 사후처리충당부채	80,000,000	(대) 사후처리기금	80,000,000

3. 지급보증충당부채

기업은 담보가 부족한 관계회사나 관련회사가 금융기관으로부터 대출을 받을 때 지급보증을 해주는 경우가 많다.[4] 이러한 경우에 1차적인 지급의무가 있는 관계회사나 관련회사가 부채를 상환하지 못하면 보증인이 대신 부채를 상환하여야 하는 것이다. 그렇기 때문에 타인의 채무보증을 한 경우에는 손실이 발생할 수 있는 우발상황에 해당된다. 1차적인 지급의무자가 부채를 상환하지 못해 보증인 자원의 유출가능성이 높고, 그 금액을 신뢰성 있게 추정할 수 있다면 지급보증으로 인하여 지급할 금액만큼 손실로 인식하고 동액을 지급보증충당부채로 계상하여야 한다.

예제 8

20×7년 5월 4일에 ㈜푸른공기가 특수관계자인 ㈜밝은세상의 부채 ₩10,000에 대해서 지급의무를 보증하였는데, 20×7년 12월 31일까지는 ㈜밝은세상의 재무상태는 양호하였다. 하지만 20×8년 12월 31일에는 급작스럽게 발생한 ㈜밝은세상의 중요한 재정적인 문제 때문에 ㈜푸른공기가 ₩10,000의 지급의무를 부담할 것이 높다고 판명되었을 때 회계처리를 하라. 상기 금액은 현재가치가 반영된 금액이다.

해 답

1. 20×7년 12월 31일

---

4) 지급보증은 금융보증(financial guarantee)과 이행보증(performance guarantee)으로 구분된다. 금융보증은 특정 채무자가 상환하지 못하여 보유자(holder, 즉 채권자 또는 채무자로 보증비용을 부담하는 금융보증 취득자)가 입은 손실을 변제하기 위하여 발행자(issuer, 즉 보증자이며 일반적으로 금융기관)가 특정 금액을 지급하여야 하는 계약을 의미한다. 이행보증은 계약상의 의무를 이행하지 못하는 경우 약정된 금액을 보상하는 계약을 의미하며, 건설공사에서 보증보험사가 건설공사의 이행보증을 제공하는 것이 하나의 예이다.

지급보증의 회계처리는 보증의 확정 여부에 따라 다르다. 미확정지급보증의 경우에만 충당부채나 우발부채를 계상할 수 있다. 확증지급보증 중 확정금융보증은 「기업회계기준서」 제1039호 '금융상품: 인식과 측정'에 따라 금융상품으로 처리한다. 단, 확정금융보증이라도 특정 조건충족시 「기업회계기준서」 제1104호 '보험계약'의 적용을 받는 보험계약으로 처리가능하다. 확정지급보증 중 확정이행보증은 「기업회계기준서」 제1104호 '보험계약'에 따라 보험계약으로 처리한다.

분개 없음
2. 20×8년 12월 31일

(차) 지급보증손실	10,000	(대) 지급보증충당부채	10,000

만약, 이러한 경우에 ㈜푸른공기가 연대의무책임이 있는 ㈜밝은세상으로부터 ₩3,000을 청구하여 받을 수 있다면 ₩7,000을 지급보증손실과 지급보증충당부채로 인식하고, ₩3,000을 우발부채로 공시하여야 한다. 한편, <표 15. 1>에 나타난 것과 같이 제3자가 대리변제할 것이 거의 확실한 경우에 한하여 그 금액을 자산으로 인식한다. 다만, 자산으로 인식하는 금액은 관련 충당부채금액을 초과할 수 없다. 이 경우 대리변제에 따른 수익에 해당하는 금액은 충당부채의 인식에 따라 포괄손익계산서에 계상한 관련비용인 지급보증손실과 상계할 수 있다. 따라서 대리변제로 인한 수익을 수익으로만 인식하지 않고 비용과 상계한다면 분개는 다음과 같다.

(차) 대리변제자산	3,000	(대) 대리변제이익	3,000
(차) 대리변제이익	3,000	(대) 지급보증손실	3,000

표 15. 1
제3자에 의한 대리변제

구 분	신뢰성 있게 추정가능	신뢰성 있게 추정 불가능
발생가능성 거의 확실	재무상태표 : 별도의 자산 포괄손익계산서 : 비용과 상계 * 변제금액 주석공시	해당 없음
발생가능성 불확실	변제가능성 주석공시	

4. 손실부담계약충당부채

손실부담계약(Onerous contracts)은 당해 계약상의 의무에 따라 발생하는 회피불가능한 원가가 그 계약에 의하여 받을 것으로 기대되는 효익(예 리스이용자가 전대리스, 즉 서브리스를 하는 경우 발생)을 초과하는 계약을 말한다. 회피불가능한 원가는 계약을 해지하기 위한 순원가로서 다음의 ①과 ② 중 작은 금액을 말한다.

① 계약을 이행하기 위하여 소요되는 원가(계약에 직접 관련되는 원가로 증분원가와 직접 관련 그 밖의 원가 배분액을 포함함)
② 계약을 이행하지 못하였을 때 지급하여야 할 보상금 또는 위약금

예를 들면, 매출원가 ₩25,000인 자산을 ₩20,000에 매출하기로 계약하였다. 동 계

약을 취소할 경우 ₩6,000을 배상하여야 한다. 이러한 경우 ₩5,000을 손실부담계약손실에 차기하고, 손실부담계약충당부채에 대기하여야 한다.

다른 예를 들면, 리스이용자의 총이행원가가 ₩1,000, 계약을 이행하지 못할 경우 위약금이 ₩900인 경우를 가정하자. 리스이용자가 전대리스를 하면 ₩300을 수취할 수 있다. 충당부채로 인식하여야 할 회피불가능원가는?

회피불가능원가(손실부담계약손실) = min{이행원가, 위약금(혹은 보상금)}
= min{(총이행원가 - 기대되는 효익), 위약금(혹은 보상금)}
= min{(₩1,000 - ₩300), ₩900} = ₩700

손실부담계약의 예

- 수량과 가격이 확정되어 있고 회피할 수 없는 확정매입계약에서 매입가격이 순실현가능가치를 초과하는 경우
- 수량과 가격이 확정되어 있고 회피할 수 없는 확정판매계약에서 판매계약수량이 재고수량을 초과하고 관련상품의 시가가 상승하여 판매계약가격을 초과하는 경우
- 해지불능 운용리스계약에서 리스이용자가 리스물건을 사용할 수 없거나 리스물건의 사용으로 인한 효익이 원래의 기대를 충족시키지 못할 경우

예제 9

㈜샹그릴라는 ㈜밝은세상에게 휴대폰 부품을 ₩2,000,000에 공급하는 계약을 체결하였다. 인도지연이나 취소가 발생하는 경우 ㈜샹그릴라가 ㈜밝은세상에게 지급해야 할 위약금은 ₩2,300,000이다. 당기 결산일 현재 동 휴대폰 부품의 제조원가가 상승하여 총제조원가가 ₩3,000,000으로 상승할 것으로 예상된다.

한편, 동 휴대폰 부품의 제조에 사용할 기계장치의 장부금액은 ₩6,000,000이나 회수가능액은 ₩5,600,000이다. ㈜샹그릴라는 아직 휴대폰 부품의 원재료를 구매하지 않았기에 휴대폰 부품의 제조도 착수하지 않았다. 당기말 시점에서 회계처리를 하라.

해 답

손실부담계약에서 손상차손이 발생하면 이를 먼저 인식한 후 손실부담충당부채를 계상하여야 한다.

따라서 (차) 손상차손 400,000 (대) 손상차손누계액 400,000

다음으로 회피불가능원가는 (₩3,000,000 - ₩2,000,000)과 ₩2,300,000 중 작은 금액인 ₩1,000,000이지만 손상차손(= ₩6,000,000 - ₩5,600,000)을 제외한 ₩600,000을 충당부채로 인식하여야 한다.

따라서 (차) 손실부담계약손실 600,000 (대) 손실부담계약충당부채 600,000

손실부담계약을 체결한 경우에는 관련된 현재의무를 충당부채로 인식한다. 통상적인 구매주문과 같이 상대방에게 보상 없이 해약할 수 있는 계약은 아무런 의무가 발생하지 아니하므로 충당부채를 인식할 필요가 없다. 또한 주문 후 아직 인도되지 않은 재고자산에 대한 부채와 같이 동일한 비율로 미이행계약(executory contracts)상 의무는 일반적으로 재무제표에 부채로 인식하지 않는다.

미이행계약은 계약당사자 모두가 계약상의 의무를 전혀 이행하지 않았거나 일부만을 이행한 계약을 의미한다. 하지만 미이행계약이더라도 손실부담계약은 상대방에게 보상 없이 해약할 수 없기 때문에 당사자 간에 권리와 의무가 발생되므로 부채의 인식기준을 충족하여 충당부채를 인식하는 것이다. 손실부담계약을 이행하기 위하여 사용하는 자산에 손상차손이 발생한 경우에는 먼저 그 손상차손을 인식한 후에 **손실부담계약충당부채**를 인식한다.

5. 구조조정충당부채

구조조정(restructuring)은 경영자의 계획과 통제하에 사업의 범위 또는 사업수행방식을 중대하게 변화시키는 일련의 절차를 말한다. 구조조정의 예는 다음과 같다.

① 일부 사업의 매각 또는 폐쇄

② 특정 국가 또는 특정 지역에 소재하는 사업체를 폐쇄하거나 다른 나라 또는 다른 지역으로 이전하는 경우

③ 특정 경영진 계층을 조직에서 없애는(예를 들어, 과장 또는 부장 등의 직위를 없애고 팀제를 도입하는 경우) 등과 같은 조직구조의 변경

④ 영업의 성격과 목적에 중대한 변화를 초래하는 근본적인 사업구조조정(예를 들면, 근본적인 회사정리절차 및 조직구조 개편 등과 같은 전반적인 조직변경을 통하여 영업의 성격과 목적에 중대한 변화를 초래하는 경우)

다음의 ①과 ②의 요건을 모두 충족하는 경우 구조조정에 대한 의제의무가 발생한다.

① 구조조정에 대한 공식적이며 구체적인 계획의 존재에 의하여 적어도 아래에 열거하는 내용을 모두 확인할 수 있어야 한다.

- 구조조정 대상이 되는 사업 또는 사업의 일부
- 구조조정의 영향을 받는 주사업장 소재지
- 해고에 따른 보상을 받게 될 것으로 예상되는 종업원의 근무지, 역할 및 대략적인 인원
- 구조조정에 소요되는 지출

- 구조조정계획의 이행시기

② 기업의 구조조정계획의 이행에 착수하였거나 구조조정의 주요 내용을 공표함으로써 구조조정의 영향을 받을 당사자가 기업이 구조조정을 이행할 것이라는 정당한 기대를 가져야 한다.

구조조정계획의 **이행에 착수**한 증거로 볼 수 있는 사례는 공장의 철거, 자산매각, 구조조정계획에 관한 주요 내용의 공표 등을 들 수 있다. 구조조정과 관련된 소비자, 공급자 및 종업원(또는 노동조합 대표)과 같은 당사자들이 기업이 구조조정을 이행할 것이라는 정당한 기대를 가지게 할 정도로 충분히 구체적인 구조조정계획(구조조정계획의 주요 내용을 포함)의 공표가 있는 경우에만 당해 구조조정과 관련된 의제의무가 발생한다.

영향을 받을 당사자에게 알려졌을 때 의제의무가 발생할 수 있는 충분한 구조조정계획이 되기 위해서는 당해 구조조정이 가능한 신속하게 착수될 수 있도록 계획되어야 하며 구조조정계획의 내용이 중요하게 변경될 여지가 없을 정도로 빠른 시기에 구조조정이 완결되어야 한다. 구조조정의 착수가 상당히 지연되거나 비합리적으로 장기간이 소요될 것으로 예상되는 경우에는 구조조정계획이 변경될 가능성이 있으므로 현재 기업이 구조조정을 이행할 것이라는 **정당한 기대**가 형성되었다고 볼 수 없다.

보고기간 중에 구조조정계획을 수립하였더라도 보고기간 중에 다음 중 적어도 하나에 해당하는 사건이 발생하지 아니하였다면 보고기간 말에 의제의무가 발생하지 않은 것으로 본다.

① 구조조정계획의 착수(예를 들면, 공장의 철거, 구속력 있는 자산매각계약 체결)
② 구조조정의 영향을 받을 당사자가 구조조정을 이행할 것이라는 정당한 기대를 가질 정도로 구조조정계획의 주요 내용을 충분하고 구체적으로 공표

구조조정충당부채로 인식할 수 있는 지출은 구조조정과 관련하여 직접 발생하여야 하고 다음의 요건을 모두 충족하여야 한다.

① 구조조정과 관련하여 필수적으로 발생하는 지출
② 기업의 계속적인 활동과 관련없는 지출

다음과 관련하여 발생하는 지출은 미래의 영업활동과 관련된 것이므로 구조조정충당부채로 인식하지 않고, 독립적으로 발생한 경우와 같은 방식으로 인식한다.[5)]

① 계속 근무하는 직원에 대한 교육훈련과 재배치 ② 마케팅

---

5) 구조조정을 완료하는 날까지 발생할 것으로 예상되는 영업손실은 충당부채로 인식하지 아니한다. 단, 손실부담계약과 관련된 예상영업손실(future operating losses)은 충당부채로 인식한다.

③ 새로운 제도와 물류체제의 구축에 대한 투자

예제 10

㈜밝은세상은 다음과 같은 2개의 구조조정계획을 공표하였다.

① 계획 A : 현재부터 3년 후 면화(cotton) 사업부의 50%를 매각할 예정에 있으며, 이와 관련하여 각 공장에서 15%의 종업원, 10%의 중간관리자가 해고될 예정이다. 매수자가 정해진 상태이며, 양자 간 구속력 있는 매각계약이 체결된 상황이다.

② 계획 B : 1년에 걸쳐 본사의 재조직(reorganization)이 진행될 예정(2년 내에 착수 예정)이며, 이와 관련하여 20%의 본사 인력을 해고할 예정이다.

㈜밝은세상의 경영진은 계획 A와 B 각각에 대해 충당부채를 인식할 수 있는가?

해 답

구조조정계획은 각각의 사건을 개별적으로 판단하여야 한다. 계획 A에 대하여 충당부채를 설정하고, 계획 B에 대하여 충당부채를 설정하지 않아야 한다. 그 근거는 다음과 같다.

계획 A : 양자가 철회할 수 없는 구속력 있는 계약이 체결되었고 구조조정충당부채 인식요건을 충족하므로, 동 구조조정계획에 대해 충당부채를 인식하는 것이 적절하다. 만약 구속력 있는 매각이 발생하지 않더라도, 당사자들 간에 정당한 기대를 형성한 구조조정계획에 영향을 미칠 다른 요소가 발생할 여지가 없다.

계획 B : ㈜밝은세상의 구조조정이 시작되기까지 상당기간 지연(잠재적으로 약 2년)될 예정이고, 이러한 지연은 당해 계획 자체가 변경될 가능성이 있어 당사자 간에 정당한 기대를 형성되었다고 판단할 수 없다. 따라서 동 구조조정계획에 대해 충당부채를 인식하지 않는 것이 적절하다.

제3절 기타부채

1. 미지급법인세와 이연법인세부채

미지급법인세, 이연법인세, 세무조정 등과 관련된 내용은 제20장의 법인세에서 상세히 다루고 있는 관계로 여기서는 기타유동부채로 분류되는 미지급법인세와 기타비유동부채로 분류되는 이연법인세부채와 관련하여 법인세회계의 핵심만 간략히 소개하기로 한다. 따라서 자세한 내용은 제20장을 참조하기 바란다.

일반적으로 인정된 회계원칙에 의한 기업회계와 세법에 의한 세무회계의 손익인식기준이 다르기 때문에 회계이익과 과세소득은 차이가 나기 마련이다. 자산·부채의 장부금액과 세무기준액의 차이를 **일시적 차이**라고 하는데, 일시적 차이에는 미래기간의 과세소득을 증가시키는 **가산할 일시적 차이**와 미래기간의 과세소득을 감소시키는 **차감할 일시적 차이**가 있다.

납부할 법인세등(산출세액)과 발생한 법인세비용과의 차이를 **법인세효과**라 한다.[6] 법인세등이 법인세비용보다 큰 경우에는 미래에 법인세를 그만큼 적게 납부하게 되므로 이를 재무상태표에 **이연법인세자산**계정을 사용하여 기타비유동자산으로 계상하고, 그 반대의 경우에는 **이연법인세부채**계정을 사용하여 기타비유동부채로 계상한다. 이러한 법인세효과를 회계기간별로 배분처리하는 절차를 **법인세기간배분회계**라 한다. 과세소득과 회계이익의 차이 중 일시적 차이만을 법인세기간배분에서 고려한다. 일시적 차이 외에는 발생연도의 과세소득에만 영향을 미칠 뿐 미래의 과세소득에 영향을 미치는 것이 아니기 때문이다. **일시적 차이**와 **일시적 차이 외**의 유형은 제20장을 참조하기 바란다.

2. 선수금, 선수수익 및 예수금

선수금, 선수수익, 그리고 예수금도 서로 혼동하기 쉬운 항목들이다. 이들에 대한 의미를 차례로 살펴보면 아래와 같다.

선수금(advances received from customers)은 제품·상품·용역 등을 주문받는 시점이나 수주공사 및 기타 일반적 상거래에서 용역 등을 제공하기 전에 대가의 전부 혹은 일부를 먼저 받은 금액을 말한다. 즉, 일반적 상거래에서 미래에 재화나 용역을 제공하기로 하고 대금의 전부 혹은 일부를 미리 수령한 것이다. 선수금은 계약의 이행을 보증하는 역할을 하며, 재화나 용역의 수요에 비하여 공급이 부족한 경우에 주로 나타난다. 그리고 정상적으로 상거래가 진행된다면 화폐로 지급하지 않고 상품이나 용역을 제공함으로써 거래가 완료되는 것이다.

요즈음 백화점 등에서 상품권을 발행하여 판매촉진을 하는 경우가 많다. 상품권 판매시점에는 고객에 대한 수행의무를 이행한 사건이 발생하지 않았으므로 수익을 인식하지 못한다. 기업이 고객(최종 고객이나 제3자)에게 수행의무(기업이 직접 고객에게 재화나 용역을 제공하거나, 제3자가 재화나 용역을 제공하도록 주선)를 이행하고, 해당 대가를 받을 권리가 생길 때 수익을 인식한다.

---

6) 법인세에는 주민세와 농어촌특별세 등이 부가되기 때문에 법인세등으로 나타낸다. 한편, 회계상의 법인세비용차감전순손익(회계이익)에 익금산입, 익금불산입, 손금산입 및 손금불산입의 세무조정을 통해 구한 과세소득과 세율을 이용하여 납부하여야 할 세액을 계산한 다음 아직 납부하지 않은 부분은 **미지급법인세**의 과목으로 기록한다.

상품권 판매 후 이행하는 기업의 의무가 백화점의 재화나 용역을 제공할 수행의무(**비금융부채**)와 제3자에게 현금을 지급할 의무(**금융부채**)로 나누어질 수 있기 때문에 상품권의 판매금액을 금융부채와 비금융부채로 각각 분류하여 표시한다. 해당 상품권을 발행한 결과 현금성자산을 반환할 의무가 생기지 않을 경우에는 상품권관련 선수금을 전부 비금융부채로 표시한다. 상품권 발행과 관련된 시점별 회계처리는 다음과 같다.

① **매출수익의 인식시기** : 매출수익은 상품권을 회수한 때, 즉 물품 등을 제공하거나 판매한 때에 인식하며, 상품권판매시는 선수금(상품권선수금 계정)으로 처리한다.

② **상품권의 할인판매시 회계처리** : 상품권을 할인판매한 경우에는 액면금액 전액을 선수금으로 계상하고, 할인액은 상품권할인액계정으로 하여 동 선수금계정에서 차감하며, 상품권할인액은 추후 물품 등을 제공하거나 판매한 때 매출에누리로 대체한다.

③ **상품권의 잔액 환급시 회계처리** : 물품상품권 또는 용역상품권의 물품 또는 용역의 제공이 불가능하거나 지체됨으로 인하여 현금으로 상환하여 주는 경우 또는 금액상품권의 물품 등을 판매한 후 잔액을 환급하여 주는 때에 선수금과 상계한다. 이때의 분개는 다음과 같다.

(차) 상품권선수금	×××	(대) 현 금	×××
		상품권할인액	×××

④ **장기 미회수 상품권의 회계처리** : 상품권의 유효기간이 경과하였으나 「상법」상의 소멸시효가 완성되지 않은 경우에는 유효기간이 경과된 시점에서 상품권에 명시된 미환급비율(즉, 현금, 물품 또는 용역을 상환하거나 제공하겠다는 비율을 제외하고)에 따라 상품권기간경과이익으로 인식함을 원칙(상품권할인액이 계상된 경우는 이를 먼저 제거)으로 하고, 「상법」상의 소멸시효가 완성된 경우에는 소멸시효가 완성된 시점에서 잔액을 전부 상품권기간경과이익으로 인식하여야 한다.

이상의 내용을 다음의 <예제 11>을 통해 구체적으로 적용해 보자. 상품권과 관련하여 발생할 수 있는 일련의 거래사항을 회계처리해 보기로 한다.

예제 11

㈜롯세계백화점은 다음과 같은 조건으로 상품권을 발행하였다.

조건 1 : 20×7년 1월 5일 액면금액 ₩50,000의 상품권 100장을 1장당 ₩45,000에 할인발행하였다.

조건 2: 상품권의 유효기간은 3개월이며 유효기간이 경과하였지만 상사채권소멸시효가 완성(5년)되기 전까지는 상품권에 명시된 액면금액의 90%를 환급해 준다.

다음의 경우에 회계처리를 하라.

1. 20×7년 1월 5일 상품권 발행시점
2. 유효기간 만료 전 상품권 80장이 회수되고 상품이 인도된 시점: 고객이 80장의 상품권과 교환한 상품의 원가는 ₩3,200,000이다.
3. 유효기간 경과시점
4. 상사채권소멸시효는 지나지 않았지만, 유효기간이 지난 상품권 5장 회수시점
5. 「상법」상 소멸시효 완성시점

해 답

1. 20×7년 1월 5일 상품권 발행시점

(차) 현 금	4,500,000	(대) 상품권선수금	5,000,000
상품권할인액	500,000*		

* ₩50,000/장 × 100장 × 10%, 상품권선수권 차감계정

2. 유효기간 만료 전 상품권 80장이 회수되고 상품이 인도된 시점

(차) 상품권선수금	4,000,000	(대) 매 출	4,000,000
매출에누리	400,000*	상품권할인액	400,000
매출원가	3,200,000	재고자산	3,200,000

* 매출 차감계정 ₩50,000/장 × 80장 × 10%

3. 유효기간 경과시점

(차) 상품권선수금	100,000*	(대) 상품권할인액	100,000**

* ₩50,000/장 × 20장 × (100% − 90%)

** ₩50,000/장 × 20장 × 10%(상품권할인액 차변잔액이 없으면 상품권기간경과이익으로 회계처리)

4. 상사채권소멸시효는 지나지 않았지만, 유효기간이 지난 상품권 5장 회수시점

(차) 상품권선수금	225,000*	(대) 현 금	225,000

* ₩50,000/장 × 5장 × 90%

5. 「상법」상 소멸시효 완성시점

(차) 상품권선수금	675,000*	(대) 상품권기간경과이익	675,000

* ₩50,000/장 × 15장 × 90%

선수수익(unearned revenue)은 받은 수익 중 차기 이후에 속하는 금액으로 한다. 이는 선급비용에 대응되는 개념으로서 기업이 일정기간 계속하여 용역을 제공하기로 하고 수취한 수익 중 용역의 제공이 아직 이루어지지 않아 차기 이후의 수익으로 인식하여야 할 금액을 말한다. 발생주의에 의하여 기간손익을 정확히 계산하기 위해 수익계정을 차감(차기)하고 일시적인 부채를 표시하는 계정인 선수수익으로 대체(대기)하여 차기로

이월한다. 선수수익은 결산수정사항 중에서 **이연항목**(deferred items)에 해당하는 것이다. 이자, 수수료, 건물임대료 등을 받은 것 중 차기 이후에 속하는 것이 선수수익의 예가 된다. 선수금은 주된 영업활동에 관련된 것인 반면, 선수수익은 부수적 영업활동에 관련된 것으로서 시간의 경과에 따라 수익으로 전환되는 것이 일반적이다.

예수금(returnable deposits)은 일반적 상거래 이외에서 발생한 일시적 제예수액을 말한다. 예수금은 크게 두 가지 유형으로 나눌 수 있다.

첫째, 종업원으로부터 받은 예수금이 있다. 구체적으로 보험료예수금, 소득세예수금, 주민세예수금, 연금예수금 등이 그것이며, 이와 같은 예수금은 종업원신원보증금을 제외하고는 종업원으로부터 원천징수한 것으로 법령에 의하여 관계기관에 납부하면 소멸하는 **비금융부채**이다.[7)]

둘째, 거래처로부터 받은 예수금이 있다. 보다 구체적으로 대리점보증금, 세입자로부터 받은 전세금, 재활용가능 공병에 대한 예수보증금, 공사입찰담보금, 하자보수보증금, 부가세예수금 등을 여기에 포함할 수 있다.[8)] 이와 같은 예수금은 부가세예수금을 제외하고는 계약이행의 보증금으로 받은 것이며, 거래가 완료되거나 상대방이 의무를 수행하면 반환하여야 하는 계약상 발생한 의무이므로 **금융부채**이다.

예제 12

㈜샹그릴라 급여일인 20×7년 8월 25일에 총급여액 ₩3,000,000 중에서 종업원으로부터 근로소득세 ₩130,000, 주민세 ₩13,000, 건강보험료 ₩17,000, 국민연금 ₩40,000을 원천공제한 후 ₩2,800,000을 현금으로 지급하였다. 20×7년 9월 10일에 급여의 원천징수금을 관할세무서와 해당 기관에 지급하였다. 또한 20×7년 9월 20일에 ㈜샹그릴라는 콜라 ₩5,000,000을 매출하고 거래선으로부터 부가세 10%를 원천징수하였다. 콜라의 매출시 거래선으로부터 공병값을 보증금으로 받고 1년 이내의 기한 내에 공병이 회수되면 보증금을 반환하여 준다. 콜라의 매출시 보증금으로 받은 공병값은 ₩100,000이다. 20×7년 10월 25일에 원천징수한 부과세를 관할세무서에 납부하였다. 20×7년 11월 10일에 공병 ₩80,000이 회수되었

---

7) 과거 회계처리기준에 의하면 보험회사가 판매하고 있는 보험상품의 보험료에 대해 재무제표에 보험료수익으로 인식하고, 부채인 책임준비금을 적립하였다. 하지만 현행 회계처리기준에서는 유의적인 보험위험을 지닌 계약만 '보험계약'으로 분류하여 보험료수익으로 인식하고 책임준비금을 적립하여야 하고, 저축성이 강한 계약은 '투자계약'으로 분류하여 기타부채(예수금)로 처리한다. 한편, 과거 회계처리기준에 의하면 보험료 산출시점(lock-in 방식)에서 적용한 기초율(예정이율, 예정위험률)에 의해 책임준비금을 계상하였으나, 현행 회계처리기준에 의하면 평가시점(lock-out 방식)의 기초율(예정이율, 예정위험률)을 적용하여 책임준비금의 적정성을 평가하여야 한다.

8) 「기업회계기준 등에 관한 해석」 19-13에 의하면 전자제품을 수출하는 회사가 외국수입상으로 제품수출계약을 체결하고 제품제조를 위하여 계속 사용할 권한만 있는 금형제작을 위한 금형비를 수령(금형에 대한 소유권은 외국수입상에게 있음)한 경우에 금형비는 예수금으로 한다.

다. 과거의 경험으로 볼 때 매출 후 1년이 지나면 공병은 거의 회수되지 않는다. 따라서 ㈜샹그릴라는 매출 후 1년 내에 회수되지 않는 보증금을 회계연도 말에 공병매출로 인식한다. 매출 후 1년 내에 회수되지 않아서 20×7년 기말에 공병매출로 인식하여야 할 금액은 ₩240,000이다. 일자별로 회계처리를 하라. 단, 공병의 유형자산 인식과 감가상각은 이미 회계처리되었다고 가정한다.

해 답

20×7년 8월 25일

(차) 급 여*	3,000,000	(대) 현 금	2,800,000
		소득세예수금	130,000
		주민세예수금	13,000
		보험료예수금	17,000
		연금예수금	40,000

* 「판매비와관리비」계정

20×7년 9월 10일

(차) 소득세예수금	130,000	(대) 현 금	200,000
주민세예수금	13,000		
보험료예수금	17,000		
연금예수금	40,000		

20×7년 9월 20일

(차) 현 금	5,600,000	(대) 매 출	5,000,000
		부가세예수금	500,000
		예수보증금*	100,000

* 금융부채(이하 동일)

20×7년 10월 25일

(차) 부가세예수금	500,000	(대) 현 금	500,000

20×7년 11월 10일

(차) 예수보증금	80,000	(대) 현 금	80,000

20×7년 12월 31일

(차) 예수보증금	240,000	(대) 공병매출	240,000

주류 및 음료수를 제조 및 판매함에 있어서 운반, 보관 용기인 공병 등과 내용물을 분리하여 공병 등은 회수하고 내용물만 판매하는 경우가 있다. 이때에는 거래처로부터 공병의 대가로 보증금을 받은 다음에 공병을 회수한 후 보증금을 반환한다. 그러나 공병이 모두 회수되지 않는 것이 일반적이므로 예수보증금은 과거의 회수경험률 등을 적용하여 회수되지 않을 것으로 예상되는 부분은 수익으로 인식해야 하는 것이다.

[부록] 재평가모형에서 복구충당부채

자산을 재평가모형에 의하여 측정한 경우 본 장의 <예제 6>의 추가정보는 다음과 같다. 20×1년 12월 31일 현재 재무상태표 관련 항목의 금액을 계산하라. 단, 이익잉여금은 본 예제에서 주어진 자료가 이익잉여금에 미치는 영향만 고려하여 누적계산한다.

- 기업은 재평가모형을 채택하여 원자력발전설비 장부금액이 공정가치와 유의하게 차이가 나지 않을 정도의 기간 내에 재평가를 실시하고 있다.
- 20×1년 12월 31일 현재 원자력발전설비의 시장할인율에 의한 현금흐름평가액(market-based discounted cash flow valuation)은 ₩115,575이며, 복구충당부채 ₩11,025을 포함하지 않은 금액이다.
- 기업의 회계정책에 따라 재평가를 할 때 감가상각누계액은 자산의 총장부금액에서 이미 차감하였기 때문에 20×1년 12월 31일 현재 감가상각누계액은 없다. 단, 재평가된 금액에 근거한 감가상각액과 최초원가에 근거한 감가상각액의 차이로 발생한 재평가잉여금을 이익잉여금으로 대체하지 않는다고 가정한다.[9)]
- 최초 취득 후 2년간 복구충당부채에 대한 할인액 상각을 제외하고는 최초 추정치에 대한 변경사항이 없다.

20×1년 12월 31일 현재 재무상태표 관련 항목의 금액은 다음과 같다.

재무상태표 관련 항목	금 액
원자력발전시설(재평가자산)	₩126,600*
감가상각누계액	–
복구충당부채	11,025**
이익잉여금	(13,025)***
재평가잉여금	18,600****

* ₩115,575(순재평가금액) + ₩11,025(복구충당부채) = ₩126,600

** ₩10,000 × $(1.05)^2$ = ₩11,025(할인액 상각후 복구충당부채 잔액)

*** ₩12,000(= 취득원가에 근거한 2년간 감가상각비 = ₩120,000 × 2/20) + ₩1,025(= 최초 복구충당부채 ₩10,000을 연이자율 5%로 2년간 할인한 상각누계액 = ₩11,025 − ₩10,000) = ₩13,025

**** ₩126,600(총재평가금액) − ₩108,000(재평가 직전 장부금액 = ₩120,000 − ₩12,000) = ₩18,600

---

9) 「기업회계기준서」에서 재평가잉여금에서 이익잉여금으로의 대체를 의무적으로 요구하고 있지 않다. 하지만 이와 같은 상황에서 재평가잉여금을 이익잉여금으로 대체하면 기업의 회계정책에 상관없이 감가상각비와 관련해서 이익잉여금의 연속성이 유지된다는 장점이 있다.

한편, ㈜푸른공기의 20×2년도 재무상태표 관련 항목의 금액을 계산해 보기로 한다. 이를 위하여 이익잉여금에 영향을 미치는 감가상각비와 이자비용(할인액 상각)을 먼저 분개하면 다음과 같다.

(차) 감가상각비 7,033* (대) 감가상각누계액 7,033

* 조정된 감가상각대상금액은 잔여 내용연수 동안 상각한다.
20×2년도 감가상각비 = ₩126,600 × (1/18) = ₩7,033

(차) 복구충당부채전입액 551* (대) 복구충당부채 551

* 20×2년도 이자비용(할인액 상각) = ₩11,025 × 0.05 = ₩551

20×2년 12월 31일 현재 할인액 상각 후 변동사항 반영 전 복구충당부채는 ₩11,576 (= ₩11,025 + ₩551)이고, 할인율은 변경되지 않았다. 그러나 기술진보로 인해 **현금흐름 추정이 변경**되어 복구충당부채 현재가치가 ₩5,000만큼 감소하였다고 가정하자. 그 결과 복구충당부채가 ₩11,576에서 ₩6,576으로 조정되었다. 복구충당부채 감소액(₩5,000)이 원가모형에 의한 장부금액{= ₩120,000 − ₩120,000×(3/20) = ₩102,000}을 초과하지 않으므로 부채감소효과는 재평가잉여금에서 전부 반영한다. 재평가이익은 포괄손익계산서의 기타포괄손익 항목이며, 이는 재무상태표의 재평가잉여금(기타포괄손익누계액)으로 대체된다.

(차) 복구충당부채 5,000 (대) 재평가이익 5,000
(차) 재평가이익 5,000 (대) 재평가잉여금 5,000

㈜푸른공기는 원자력발전설비의 장부금액이 공정가치와 유의하게 차이가 나지 않도록 하기 위해 20×2년 12월 31일에 자산재평가를 실시하였다. 20×2년 12월 31일 현재 재평가금액은 ₩107,000이며, 복구충당부채 ₩6,576을 포함하지 않은 금액이다. 따라서 재무보고목적상 원자력발전설비의 자산평가액은 ₩113,576(= ₩107,000 + ₩6,576)이다.

(차) 감가상각누계액 7,033* (대) 원자력발전설비 7,033

* 기업의 회계정책에 따라 재평가를 할 때 감가상각누계액 ₩7,033을 자산의 총장부금액에서 이미 차감하였기 때문에 20×2년 12월 31일 현재 감가상각누계액은 없다.

(차) 재평가손실 5,991* (대) 원자력발전설비 5,991**
(차) 재평가잉여금 5,991*** (대) 재평가손실 5,991

* 당기손익 항목
** ₩126,600(20×2년 재평가금액 : 복구충당부채 가산) − ₩7,033(감가상각누계액) − ₩113,576(새로운 재평가금액 : 복구충당부채 가산) = ₩5,991
*** 재평가 감소액(₩5,991)이 재평가잉여금의 잔액(₩23,600 = ₩18,600 + ₩5,000)을 초과하지 않기 때문에 전액 재평가잉여금에서 차감한다.

㈜푸른공기의 20×2년 12월 31일 현재 재무상태표 관련 항목의 금액은 다음과 같다.

재무상태표 관련 항목	금 액
재평가자산	₩113,576
감가상각누계액	−
복구충당부채	6,576
이익잉여금	(20,609)*
재평가잉여금	17,609**

* ₩13,025(20×1년 12월 31일 잔액) + ₩7,033(20×2년 감가상각비) + ₩551(20×2년 할인액 상각비) = ₩20,609

** ₩18,600(20×1년 12월 31일 잔액) + ₩5,000(20×2년 복구충당부채 감소액) − ₩5,991(20×2년 재평가잉여금 감소액) = ₩17,609

익힘문제

[1] 충당부채의 인식조건을 설명하라.

[2] 충당부채의 측정방법을 설명하라.

[3] 충당부채의 변제에 대하여 설명하라.

[4] 충당부채의 변동과 사용에 대하여 설명하라.

[5] 구조조정에서 의제의무의 발생요건을 설명하라.

[6] 제품보증충당부채의 2가지 회계처리방법을 비교하여 설명하라.

[7] 다음 중 충당부채로 인식할 수 있는 지출인 것은?

① 공장의 폐쇄와 관련하여 근무하는 직원에 대한 교육훈련과 재배치관련 지출
② 회사의 이미지 개발을 위한 마케팅관련 지출
③ 새로운 제도와 물류체제의 구축에 대한 투자
④ 구조조정을 완료하는 날까지 발생할 것으로 예상되는 영업손실
⑤ 구조조정과 관련하여 직접 발생하고, 구조조정과 관련하여 필수적으로 발생하며, 기업의 계속적인 활동과 관련없는 지출
⑥ 강제해고와 관련된 비용
⑦ 공장의 폐쇄와 관련하여 지불해야 하는 최소 리스료비용

[8] 손실부담계약에 대하여 설명하라.

[9] 우발자산과 우발부채의 회계처리를 설명하라.

[10] 만일 어떤 기업이 보증기간이 명백히 경과한 후에 발생하는 제품하자에 대해서도 수리해주기로 방침을 정한 경우 이미 판매된 제품과 관련하여 지출될 것으로 예상되는 금액은 부채인가?

[11] 다음의 계정에 대하여 설명하라.

(1) 미지급금　(2) 미지급비용　(3) 미지급법인세
(4) 선수금　(5) 선수수익　(6) 예수금

[12] 법인세효과와 법인세기간배분회계에 대하여 설명하라.

[13] 선급금이 발생하는 상황 3가지를 제시하라.

연습문제

[1] 충당부채와 우발부채의 구분과 주석공시

다음의 물음표가 제시된 칸에 충당부채 인식 여부와 주석공시 여부를 기재하라.

-자원이 유출될 가능성이 높고(50% 초과), 금액을 신뢰성 있게 추정할 수 있는 현재의무가 있는 경우	-자원이 유출될 가능성이 높지도 않고, 아주 낮지도 않은 잠재의무가 있는 경우 -자원이 유출될 가능성이 높지도 않고, 아주 낮지도 않은 현재의무가 있는 경우 -자원이 유출될 가능성이 높지만, 금액을 신뢰성 있게 추정할 수 없는 현재 의무가 있는 경우	-자원이 유출될 가능성이 희박한 잠재의무가 있는 경우 -자원이 유출될 가능성이 희박한 현재 의무가 있는 경우 -잠재의무조차 없는 경우
충당부채 인식?	충당부채 인식?	충당부채 인식?
주석공시?	주석공시?	주석공시?

[2] 우발자산의 인식과 주석공시 여부

우발자산과 관련하여 다음의 물음표가 제시된 칸에 자산인식 여부와 주석공시 여부를 기재하라.

경제적 효익의 유입이 거의 확실한(virtually certain) 경우	경제적 효익의 유입가능성이 높지만, 거의 확실하지 않은 경우	경제적 효익의 유입가능성이 높지 않은 경우
자산 인식?	자산 인식?	자산 인식?
해당 없음	주석공시?	주석공시?

[3] 충당부채의 인식

다음에 제시된 사례에서 기업의 회계연도말은 12월 31일이고, 자원의 유출금액에 대하여 신뢰성 있는 추정이 가능하며 자원의 유출가능성이 높다고 가정한다. (가) 과거사건의 결과로 현재의무 발생가능성과 (나) 충당부채 인식 여부를 설명하라.

(1) ㈜한국은 판매시점부터 3년간 품질을 보증하는 조건으로 제품을 판매하였다. 판매일로부터 3년 이내에 제품의 결함이 발생하는 경우 수리 또는 교체해 주고 있

다. 과거경험에 의하면, 보증청구가 없을 가능성보다 청구가 있을 가능성이 더 높다.

(2) ㈜남북은 가방 도소매점이다. ㈜남북은 법적의무가 없음에도 불구하고 제품에 대해 만족하지 못하는 고객에게 환불해 주는 정책을 펴고 있으며, 이러한 사실은 고객에게 널리 알려져 있다.

(3) ㈜동서는 화재, 폭발 또는 기타 재해에 의한 재산상의 손실이나 손상에 대비한 보험에 가입하고 있지 않다.

(4) 20×5년 12월 2일에 이사회는 한 부서를 폐쇄하기로 결정했다. 보고기간 말 이전에 이러한 결정의 영향을 받는 어떤 누구에게도 결정내용이 전달되지 않았고 그 결정을 이행하기 위한 절차를 아직 착수하지 않았다.

(5) 20×5년 12월 2일에 이사회는 특정 제품을 제조하는 부서를 폐쇄하기로 결정했다. 20×5년 12월 20일에 이사회는 이 부서의 폐쇄에 관한 세부계획을 승인하였다. 지금까지 당해 부서에서 생산한 제품을 구매하던 고객에게는 부서폐쇄계획과 다른 공급업체를 물색하도록 통지하였으며 해당 부서의 종업원에게도 부서폐쇄계획을 알려 주었다.

(6) 20×4년 10월, ㈜남해는 ㈜동해의 금전차입에 대해 보증을 제공하였지만 그 당시 ㈜동해의 재무상태는 건전하였다. 그러나 다음 연도인 20×5년 중에 ㈜동해의 재무상태가 악화되어 20×5년 6월 30일 법원에 화의를 신청하였다.

(7) ㈜서해는 예식장 부근에서 대형 음식점을 경영하고 있다. 20×4년의 어느 날에 있은 결혼식 직후 음식물에 포함된 독극물 영향인지는 확실하지 않으나 10명이 사망했다. ㈜서해는 20×4년 말 현재, 고객이 제소한 손해배상청구소송의 피고로 재판을 받고 있으며 책임이 있는지의 여부에 대해 원고와 다투고 있다. 20×4년 12월 31일로 종료되는 회계연도의 재무제표가 승인되는 시점까지 법률고문은 회사가 법적의무를 지지 않을 가능성이 높다고 조언하였다. 그러나 회사가 20×5년 12월 31일의 재무제표를 작성할 때 법률고문은 소송이 불리하게 진행됨에 따라 회사가 법적의무를 부담할 가능성이 높다고 조언하였다.

(8) 어떤 자산은 일상적 유지 외에도 수년에 한 번씩 대대적인 수리나 주요 부품을 교체하는 데 상당히 큰 금액의 지출을 필요로 한다. 예를 들면, 용광로를 사용하는 기업이 법률상 요구사항은 아니지만 기술적인 이유 때문에 매 5년마다 용광로의 내벽을 교체해야 하는 경우를 가정해 보자. 보고기간 말 현재 그 내벽은 향후 3년 동안 사용가능한 것으로 판단된다.

(9) 어떤 자산은 일상적 유지 외에도 수년에 한 번씩 대대적인 수리나 주요 부품을 교체하는 데 상당히 큰 금액의 지출을 필요로 한다. 예를 들면, 항공회사가 운행 중인 항공기에 대하여 매 3년마다 기체를 정비하도록 법적으로 강제되어 있다고

가정하자.

(10) ㈜북두는 석유화학제품제조업을 영위하면서 수년간 토지를 오염시켜 왔다. 토지오염에 대한 법적 규제가 없었다가 20×4년 12월 31일 현재 그러한 오염토지에 대한 복구의무를 규정하는 새로운 법안이 제안되어 보고기간 후 제정될 것이 확실하다.

(11) ㈜칠성은 석유화학제품제조업을 영위하면서 토지를 오염시키게 되었다. 토지오염에 대한 법적 규제는 없으나 회사는 그러한 오염토지를 복구한다는 환경정책을 대외적으로 표방하고 있다. 회사는 대외에 공표한 그 정책을 실제로 준수한 사실이 있다.

(12) ㈜대한은 일정기간 해상에서 석유를 채굴할 수 있는 권리를 취득하는 계약을 체결하였다. 이 계약에 따라 계약만료 시에는 설치한 석유채굴선을 제거하고 해저지반을 원상복구하여야 한다. 이러한 원상복구비의 90%는 석유채굴선의 제거에 지출되고 나머지 10%는 석유추출로 인하여 손상된 해저지반을 원상복구하는 데 지출될 것이다. 보고기간 말 현재 석유채굴선은 완공되었고 석유는 추출되지 않았다.

(13) 새로이 제정된 법률에서는 20×5년 6월 30일까지 공장에 공해여과장치를 설치하도록 규정하고 있다. 그러나 20×5년 12월 31일까지 공장에 공해여과장치를 설치하지 않았다.

[4] 충당부채와 우발부채의 구분과 공시방법

연말이 결산일인 ㈜엔젤의 20×5년 12월 31일 현재 자산총액은 60억원, 당기의 매출액은 100억원, 당기순이익은 10억원이다. 20×5년 12월 31일 현재 ㈜엔젤은 20×6년도 임금협상과 관련하여 노사 간에 갈등을 겪고 있다. 20×5년 12월 31일 노동조합의 위원장은 보수총액 기준 15% 인상을 임금인상(안)으로 사용자 측에 제시하였으며, 노동조합의 안이 관철되지 않을 경우에는 파업을 하겠다는 뜻을 사용자 측에 통보하였다. 파업의 가능성은 낮지만 파업이 현실로 나타난다면 ㈜엔젤은 5억원 정도의 매출손실이 예상된다.

위의 상황에서 회계감사인은 ㈜엔젤의 회계담당자에게 어떠한 회계처리를 권고할 수 있는지 설명하라.

[5] 추가납세충당부채

20×6년에 ㈜제세는 국세청과 법인세에 관한 분쟁이 진행 중에 있다. 20×6년 12월 31일에 ㈜제세의 고문변호사도 불리한 판결이 날 가능성이 높은 것으로 예측하였다. 신뢰성 있게 추정되는 추가납세액은 ₩5,500,000에서 ₩7,500,000의 범위 내에 속할 것

이라고 한다. 20×6년의 재무제표가 공시된 20×7년 3월 15일 이후에 ㈜제세는 추가납세액이 ₩6,000,000이라는 국세청의 통보를 받고 이를 수락했다.
㈜제세가 20×6년에 재무상태표에 계상해야 할 부채액은 얼마인가?

[6] 제품보증충당부채

㈜독도는 제품구입 후 12개월 이내에 발생하는 제조상의 결함이나 다른 명백한 결함에 따른 하자에 대하여 제품보증을 실시하고 있다. 만약 20×5년도에 판매된 모든 제품에서 경미한 결함이 발견된다면 12억원의 수리비용이 발생하고, 치명적인 결함이 발생하면 48억원의 수리비용이 발생할 것으로 예상된다. 기업의 과거경험과 미래예측의 결과로 판매된 제품의 75%에는 하자가 없을 것으로 예상되며, 제품의 20%는 경미한 결함이 발생될 것으로 예상되며, 5%는 치명적인 결함이 있을 것으로 예상된다. 이와 같은 사례에서 제품보증충당부채를 계상하기 위한 최선의 추정치는 얼마인가? 상기 금액은 현재가치가 반영된 금액이다.

[7] 복구충당부채

일정기간 해상에서 석유를 채굴할 수 있는 권리를 취득하였다. 이 계약에 따라 생산종료시 유정굴착장치를 제거하고 해저를 원상복구하여야 한다. 원상복구비의 90%인 9억원은 유정굴착장치를 제거하고 해저 손상부분을 복구하는 데 사용되고, 원상복구비의 나머지 10%인 1억원은 석유의 채굴로 인해 발생하는 비용이다. 상기 금액은 현재가치가 반영된 금액이다.

- 의무발생사건은 무엇인가?
- 발생한 현재의무는 무엇인가?
- 부채의 인식 여부는?

[8] 보고기간후사건과 충당부채

㈜일산의 20×8년 12월 31일로 종료되는 회계연도의 재무제표를 감사하는 과정에서 다음과 같은 사실을 발견하였다. ㈜일산은 20×9년 3월 1일에 재무제표를 공표하였다고 가정하자. 단, 현재가치에 의한 충당부채의 평가는 무시한다.

(1) 20×9년 1월 15일에 ㈜일산의 주거래처인 ㈜축산이 자금난으로 도산하였다. ㈜일산은 채권단에 합류하였으나 ㈜축산으로부터 채권을 회수할 가능성은 거의 없다. 20×8년 12월 31일 현재 ㈜축산에 대한 매출채권 ₩10,000,000에 대한 대손충당금 설정액은 ₩100,000이다.

(2) 20×8년 12월 31일 현재 ㈜일산은 ㈜강남으로부터 상표권을 침해하였다는 이유로 제소되어 소송 중에 있다. ㈜일산의 고문변호사는 ㈜일산이 패소할 가능성이

50% 이상이며, 패소할 경우에는 ₩30,000,000 정도의 손해배상액이 추정된다는 의견을 제시하였다.

(3) 20×8년 12월 31일 현재 ㈜일산은 ㈜고양을 상대로 ㈜일산이 개발한 소프트웨어의 불법복제 혐의로 손해배상청구소송을 진행 중이다. ㈜일산은 소송에서 승소할 가능성이 50% 이상으로 높으며, 승소할 경우에는 ₩200,000,000 정도의 손해배상금을 받을 수 있을 것으로 예상하고 있다.

(4) 20×8년 12월 31일 현재 ㈜일산은 일산시로부터 폐수방류를 이유로 고발되어 소송을 진행 중이다. ㈜일산이 소송에서 패소하면 손해배상금으로 ₩40,000,000~₩250,000,000의 범위 내에서 지급하여야 할 것으로 예측되나 신뢰성 있는 금액을 예측하기는 어렵다. ㈜일산의 고문변호사는 동 소송에서 패소할 가능성이 50% 이상이라고 한다.

(5) ㈜일산은 ㈜장미와 20×9년 2월 5일에 의무로 인한 자원의 유출가능성이 50% 이상으로 높은 계약을 체결하였다. 손실의 금액은 ₩100,000,000으로 추정되며 재무제표상 중요성이 있다.

(6) ㈜일산은 20×8년 3월 15일에 회사의 주요 거래처인 ㈜불신의 차입금 ₩200,000,000에 대하여 지급보증을 하였다. ㈜불신은 20×8년 12월 20일에 부도가 발생하였다. ㈜일산이 지급보증한 금액을 변제할 가능성이 50% 이상으로 높다. 단, ㈜일산은 보증보험사에 대한 ₩50,000,000의 보험금 청구권을 가지고 있다.

위의 각각의 상황에 대하여 재무제표에 공시하는 방법 및 그 이유를 설명하라. 또한 재무제표의 본문에 반영할 필요가 있을 경우에는 수정분개를 하라.

[9] 충당부채의 현재가치 계산과정

해저유정굴착장치를 제거하고 원상복구하는데 인플레이션과 시장위험프리미엄을 고려하기 전 예상현금유출액은 ₩10,000이 예상된다. 원상복구는 지금부터 10년 후에 이루어져야 한다. 현재가치를 반영하여 충당부채로 인식해야 할 금액은? 단, 향후 1년간 물가상승률은 4%로 추정되며, 복구비의 구성요소인 노무비, 장비사용료 및 제조경비에 대한 수급변동으로 인한 시장위험프리미엄은 5%이고, 무위험이자율에 신용위험을 감안한 할인율은 연 10%이다. 단, 원단위 미만은 반올림하여 계산한다.

CHAPTER 16 자 본

Contents

한국채택국제회계기준		국제회계기준	
제1001호	재무제표 표시	IAS 1	Presentation of Financial Statements
제1118호	재무제표 표시와 공시*	IFRS 18	Presentation and Disclosure in Financial Statements
제1032호	금융상품 : 표시	IAS 32	Financial Instruments : Presentation
제1102호	주식기준보상	IFRS 2	Share-based Payment
제1109호	금융상품	IFRS 9	Financial Instruments

* 2027년 1월 1일 이후 최초 개시 회계연도부터 적용되며, 제1001호를 대체함. 조기적용이 허용됨.

자본은 기업 실체의 자산총액에서 부채총액을 차감한 잔여액으로 정의된다(즉, 자본=자산-부채). 회계에서 자본을 이렇게 수동적으로 정의하는 것은 자산과 부채를 각각 "과거 사건의 결과로서 미래 유입(유출)될 것으로 기대되는 경제적 효익에 대한 현재의 권리(의무)"로 정의함으로써 능동적으로 정의하는 것과 대조된다. 이는 자산과 부채의 금액이 각각 독립적으로 측정되지만, 자본의 금액은 이 둘의 차액으로서 수동적으로 측정됨을 의미하는 것이기도 하다. 따라서 자산이나 부채와는 달리 자본에 대해서는 측정과 관련된 이슈가 존재하지 않는다. 예를 들면, 자산은 측정상 불확실성이 존재하는 경우 과대계상을 막기 위해 보수주의(예 손상차손)를 채택하거나, 부채의 경우는 과소계상을 방지하기 위한 측정상의 이슈(예 부외부채)들이 발생하지만, 자본의 경우는 그렇지 않다.

그 대신 자본과 관련하여서는 "투자자 보호"라는 법적 관점이 중요하게 고려된다. 주주의 유한책임과 대규모 자금조달의 가능성이라는 이점으로 인해 현대 자본주의의 대표적 기업형태로 자리 잡은 주식회사(stock companies 또는 corporations)는 소유와 경영의 분리로 인해 기업의 주인(principal)인 주주와 대리인(agency)인 경영자 간 정보비대칭(information asymmetry)이 필연적으로 존재하고, 이로 인해 대리인 문제(agency problem)가 발생할 위험이 잠재되어 있다. 이러한 대리인 문제는 비단 주주뿐 아니라 채권자와 경영자 간에도 발생한다.[1] 따라서 각 나라는 기업의 소유권을 나타내는 자본에 대한 직접적인 법적 규제를 통해 일차적으로 주주가치를 보호하고, 나아가 채권자의 이해(interests)도 보호하려고 한다. 그런데 나라마다 법률제도가 다르므로 자본에 대한 법적 규제의 형태도 나라마다 상이할 수밖에 없다. 이에 따라 국제회계기준(IFRS)은 자본 규제의 국가 간 이질성을 고려하여 자본 회계에 대해서는 폭넓은 재량을 부여하고 가능한 구체적인 회계처리방법은 제시하지 않고 있다.

우리나라의 경우 주식회사에 대한 자본 규제는 「상법」의 주식회사 편에서 규정하고 있다. 따라서 우리나라 주식회사의 자본에 대한 회계처리를 이해하기 위해서는 기본적으로 「상법」의 주식회사 편을 참고할 필요가 있다.[2] 그리고 상법 이외에도, 개별 기업

---

1) 정보비대칭과 대리인 문제는 제1장에서 상세히 설명하였으니 참조하기 바람.

2) 「상법」을 접하지 않은 독자는 본 장을 학습하기에 앞서 「상법」 제288조부터 제468조까지의 내용을 먼저 숙지하는 것이 도움이 될 수 있다. 예를 들어, 최근 상법 개정에 따르면 다음과 같은 사항이 자본회계에 영향을 줄 수 있다. 첫째, 액면주식은 액면 미달 발행이나 주식분할이 어려울 수 있으므로 무액면주식을 도입하여 회사가 액면주식과 무액면주식 중 한 종류를 선택해서 발행할 수 있도록 하였다. 둘째, 아이디어나 기술은 있으나 자본이 부족한 창업가가 회사를 설립하는 경우 진입장벽이 될 수 있는 최저 자본금 제도를 폐지하였다. 셋째, 무의결권주식 또는 의결권 제한주식의 총수는 발행주식 총수의 1/4을 초과하지 못한다. 넷째, 구체적인 회계처리에 관한 규정들을 삭제하고 재무상태표와 포괄손익계산서를 제외한 회계서류는 대통령령에서 정하도록 규정함으로써 「상법」의 회계 관련 규정과 「기업회계기준서」와의 조화를 도모하고 회계 규범의 변화에 신속히 대응할 수 있게 하였다. 다섯째,

이 속한 산업별로 관련 법규(예 보험업법에 의한 재무건전성준비금)에 따라 추가적인 자본 규제가 이루어지기도 하므로, 자본 회계는 상법 및 산업 관련 법규에서 요구하는 각종 규제사항을 준수할 수 있도록 자본을 적절히 분류(classification)하여 표시(representation)하는 데에 초점이 맞추어져 있다.

제1절 자본에 대한 이해

주식회사는 합명회사나 합자회사 등과 같은 다른 형태의 회사에 비해 다음과 같은 장점이 있기에 오늘날 가장 대표적인 회사의 형태로 자리 잡았다.

첫째, 주식회사의 소유주인 주주는 유한책임을 지므로 투자한 회사가 파산하여도 본인이 투자한 금액 이상의 손실은 입지 않는다. 이에 반해, 개인회사의 소유주나 합명회사의 사원, 그리고 합자회사의 무한책임사원은 무한책임을 진다. 여기서 무한책임을 진다는 것은 회사가 청산한 후에도 채무를 완전히 정산하지 못한다면, 소유주나 사원이 본인의 사유재산으로 이를 상환해야 할 의무가 있음을 의미한다. 다만, 합자회사의 유한책임사원과 유한회사의 사원은 주식회사의 주주처럼 유한책임을 진다. 따라서 투자자 책임 측면에서 투자자가 유한책임만 부담하는 주식회사나 유한회사가 개인회사나 합명 · 합자회사보다 유리하다.

둘째, 주식회사는 불특정 다수를 대상으로 자금을 조달할 수 있으므로 대규모 자금의 조달이 가능하다. 회사들은 자금조달을 위해 은행 등 제삼자로부터 경영에 필요한 자금을 차입할 수는 있다. 그러나 이 경우 자금을 대여한 소수의 투자자들이 모든 신용위험을 부담하기에 회사가 대규모 자금을 조달하는 것은 현실적으로 어렵다. 반면 불특정 다수를 대상으로 주식이나 회사채를 발행하면(이러한 방식의 자금조달을 '공모'라고 함) 수많은 투자자로부터 자금을 분산하여 조달할 수 있으므로, 일반 차입보다 훨씬 더 큰 규모의 자금을 조달하는 것이 가능하다. 우리나라는 법규상 주식회사만 공모를 통해 자금을 조달할 수 있도록 허용하고 있다. 따라서 전술한 유한회사가 유한책임 측면에서는 주식회사와 다르지 않지만, 공모를 통한 자금조달을 할 수 없다는 점에서 주식회사와 결정적인 차이가 있다.

정관으로 배당에 관한 결정권을 주주총회 대신 이사회에 부여할 수 있도록 하고, 금전배당 외에 현물배당도 허용하였다. 여섯째, 법정준비금 제도를 개선하여 자본전입과 감자절차를 밟을 필요 없이 자본금의 1.5배를 초과하는 과다한 준비금(즉, 자본잉여금과 이익잉여금)에 대하여는 신축적인 사용이 가능하도록 주주총회의 결의에 따라 배당 등의 용도로 사용할 수 있도록 하였다.

셋째, 주식회사의 주주들은 소유권, 즉 주식의 자유로운 이전이 가능하며, 이로 인한 주주의 변경이 발생하여도 주식회사는 계속기업으로 존속한다. 즉, 주주들은 다른 주주의 승인 없이 본인의 의사에 따라 주식시장에서 자유롭게 주식을 매매하며 자본이득을 추구할 수 있다.[3)] 그러나 비록 주식거래로 인해 주주가 변경되어도 이와 무관하게 주식회사는 계속해서 사업을 안정적으로 영위할 수 있다. 이에 반해, 유한회사의 사원들은 자신의 사원권을 타인에게 이전할 때 다른 사원의 동의가 필요하므로 주식회사의 주주에 비해 자유로운 소유권 이전이 어렵다. 또 합명회사나 합자회사는 사원의 소유권변경이 발생하면 회사가 계속기업으로 존속하지 못할 수도 있다. 본 장에서는 다른 형태의 회사들보다 유리한 점이 많아 오늘날 대표적인 회사의 형태로 자리 잡은 주식회사의 자본에 관한 회계처리에 초점을 맞춘다.

1. 자본의 의의

광의의 자본은 채권자지분인 타인자본(회계상 '부채')과 소유주지분인 자기자본(회계상 '자본')의 합을 의미한다. 반면 **협의**의 자본은 타인자본을 배제하고 소유주지분인 자기자본만을 의미한다. 회계에서 자본이라 하면, 일반적으로 협의의 자본을 의미한다. 주식회사에서는 협의의 자본인 소유주지분(owner's equity)을 주주지분(stockholder's equity)이라 부른다.[4)] 제2장에서 배운 「재무제표의 작성과 표시를 위한 개념체계」에서는, 전술하였듯이 주주지분에 해당하는 자본을 자산에서 채권자지분인 부채를 차감한 금액, 즉 "순자산(net assets)"으로 정의하고 있다. 그렇기에 자본을 잔여지분(residual interest)이라고도 부른다.[5)]

이러한 자본은 회사의 개별 자산에 대한 주주의 청구권을 나타내지 않고, 순자산 전체에 대한 청구권을 나타낸다. 그리고 자본은 "자본거래"와 "손익거래"가 발생함에 따라 지속적으로 변화한다. 자본거래란 회사와 주주 사이에 일어나는 모든 거래를 통칭하며(예 주식의 발행, 자기주식의 취득과 재발행 등), 추후 설명할 자본금, 자본잉여금 및 자본조정 항목에 영향을 미친다. 손익거래란 회사에 손익을 발생시키는 거래를 통칭하

---

3) 우리나라의 경우 대부분의 주식은 주당 액면금액이 ₩5,000 혹은 ₩500이며, 유가증권시장(코스닥시장)에 상장된 주식의 경우 최소한 10주(혹은 1주) 이상의 단위로 거래할 수 있다. 단, 전일종가가 ₩50,000 이상인 고가주인 경우는 1주 단위로 거래가 가능하다. 주당 액면금액은 ₩100, ₩200, ₩500, ₩1,000, ₩2,500, ₩5,000 등이다. 유가증권시장에 상장된 종목의 액면금액은 ₩5,000이 많고, 코스닥시장에 상장된 종목의 액면금액은 대부분 ₩500이다.

4) 조합기업이나 인적회사에서는 사원지분, 그리고 개인기업에서는 자본주지분이라 한다.

5) 일반적으로 주식회사의 경우 자본, 소유주지분, 순자산, 잔여지분 및 주주지분은 혼용해서 사용하고 있다.

표 16. 1
재무상태표의 자본 부분

재무상태표 자본부분	20×9년 12월 31일	20×8년 12월 31일
자본		
납입자본	×××	×××
이익잉여금	×××	×××
기타자본요소	×××	×××
	×××	×××
자 본 총 계	×××	×××

며(예 제품의 생산과 판매 등), 추후 설명할 이익잉여금과 기타포괄손익누계액에 영향을 미친다.

2. 자본의 구성요소

「기업회계기준서」 제1001호에서는 <표 16. 1>과 같이 자본을 크게 **납입자본**, **이익잉여금** 및 **기타자본요소** 등 세 가지 항목으로 분류하고 있다. 납입자본은 회사가 주식을 발행하고 주주들로부터 조달한 자본항목이다. 이익잉여금은 회사가 영업을 통해 획득한 순이익으로 인해 지금까지 증가한 자본의 누계액이며, 배당으로 지급된 누계액을 차감한 자본항목이다. 기타자본요소는 납입자본과 이익잉여금을 제외한 모든 자본요소를 망라하는 자본항목(예 기타포괄손익누계액, 자기주식 등)이다. 이렇게 「기업회계기준서」 제1001호에서는 자본을 크게 세 가지 항목으로 분류하고 있지만, 앞서 설명한 것처럼 자본의 분류는 각국의 자본 규제에 따른 요구사항을 반영하므로 통상적으로 더 상세하다. 우리나라의 경우 자본은 그 변동 원천과 법률적 요구에 따라 <표 16. 2>와 같이 세부적으로 분류한다.

첫째, 납입자본은 자본금과 자본잉여금으로 더 세분하며, 둘째, 기타자본요소도 기타포괄손익누계액과 자본조정으로 더 세분한다. 결과적으로, 우리나라에서 자본은 자본금, 자본잉여금, 자본조정, 기타포괄손익누계액, 이익잉여금 등 다섯 가지 항목으로 구분하여 표시된다. 먼저, 자본금은 회사가 발행한 주식을 인수한 주주들이 그 대가로 납입한 총액의 일부로서 주당 액면금액에 발행주식수를 곱한 금액이다. **자본잉여금**은 회사가 발행한 주식을 인수한 주주들이 액면금액을 초과하여 납입한 금액 및 감자나 자기주식 거래 등에서 발생한 자본 금액을 말한다. **자본조정**은 성격상 i) 주주와의 거래로 발생했지만, 최종 납입된 자본으로 볼 수 없는 항목, 그리고 ii) 자본에 가산되거나 자본에서 차감되는 성격의 항목으로서 자본금이나 자본잉여금으로 분류할 수 없는 항목들을 망라한다. 자본금과 자본잉여금이 주주와의 거래에서 현금 등의 납입이 완료된 **종결거래**에서 발생하는 항목이라면, 자본조정은 **일시적으로만** 자본에 가감되는 성격을 가지고 있어 일종의 **미종결적 성격의 자본거래**에서 발생하는 항목이라 할 수 있다. **기타포괄손익누계액**은 영업활동으로 인한 **손익거래**에서 매기 발생하는 **기타포괄손익(OCI)**이 누적된 금액을 말하며, 제10장과 11장에서 배운 금융자산(FVOCI)평가손익이 한 예가 된다. 마지막으로, **이익잉여금**은 영업활동으로 인한 **손익거래**에서 매기 발생하는 **순이익**이 배당으로 지급되지 않고 사내에 누적된 금액이다. 배당으로 사외유출되지 않고 사내에 남아 있는 이익이라는 의미에서 유보이익이라 부르기도 하지만 유보이익이라는 이름이 종종 오해를 불러일으키므로 사용하지 않는 편이 낫다. 이익잉여금은 다시 ① 적립으로 그 처분이 제한된 기처분이익잉여금과 ② 차기 배당이나 적립의 재원으로 사용가능한 미처분이익잉여금으로 나눈다. 이익잉여금의 적립이란 법률적 요구사항이나 회사의 자발적 의도에 의해 처분을 제한한 이익잉여금을 말한다. 그리고 미처분이익잉여금은 이익잉여금 중에서 기처분이익잉여금을 제외한 이익잉여금이며, 재투자나 배당 등의 재원으로 자유롭게 사용할 수 있다.

한편, <표 16. 2>와 같은 표시방식이 자본의 분류를 복잡하게 하는 측면이 있지만, 기준서가 제시하는 <표 16. 1>의 표시방식보다는 주주와의 자본거래를 영업으로 발생하는 손익거래와 구분하고 있어 개념적으로 타당할 뿐 아니라 실무와 더 부합하는 측면이 있다.[6] 아울러, <표 16. 2>는 다섯 개의 각 자본항목이 아래와 같이 더 세부적으로 분류될 수 있음도 보여준다.

① 보통주 이외에 우선주도 발행하여 자본을 조달한 경우 자본금은 보통주자본금과 우선주자본금으로 구분표시함.

② 자본잉여금은 주식발행초과금과 기타자본잉여금으로 구분표시함.

③ 자본조정 중 자기주식만 별도항목으로 표시하고, 나머지 자본조정항목들인 주식할인발행차금, 주식선택권, 출자전환채무, 감자차손, 자기주식처분손실 등은 기타자본조정으로 통합하여 표시함.

---

6) 자본은 회계적 관점 이외에도 법률적 관점에 의해 구분되기도 한다. 법률적 관점에서 자본은 법정자본과 잉여금으로 구분한다. **법정 자본**(legal capital)은 우리나라 「상법」에 따라 발행주식 수에 액면금액을 곱한 것으로서 회계상 자본금에 해당하며, 법정절차를 거치지 않고는 임의로 변경할 수 없다. 즉, 법정 자본은 채권자 보호를 위해 자본의 3원칙에 따라 회사가 유지해야 할 최소한의 자산을 의미한다. 참고로, 자본의 3원칙은 자본확정의 원칙, 자본충실의 원칙 및 자본 불변의 원칙을 의미한다. 자본확정의 원칙은 회사설립 시에 발행하는 주식의 총수를 정관에서 확정해야 하며, 동 주식은 발기설립이든 모집설립이든 모두 인수되고, 그에 대한 자본금의 출자자를 확정해야 한다는 원칙이다. 자본충실의 원칙은 자본금에 상당하는 자산을 회사가 실제로 보유하고 있어야 한다는 원칙이며, 자본 불변의 원칙은 확정된 자본을 임의로 변경시키지 못한다는 원칙이다. 「상법」상 자본증가는 이사회 결의로 가능하므로 자본 불변의 원칙은 자본감소제한의 원칙으로 해석할 수 있다. 잉여금은 자본 중 법정자본을 초과하는 부분을 의미한다.

표 16.2 자본의 분류

자 본	참고사항
Ⅰ. 납입자본	
Ⅰ-1. 자 본 금	
1. 보통주자본금	발행주식수 × 액면금액
2. 우선주자본금	발행주식수 × 액면금액
Ⅰ-2. 자본잉여금	
1. 주식발행초과금	발행금액 > 액면금액
2. 기타자본잉여금	감자차익(자본금 감소액 > 감자 대가), 자기주식처분이익
Ⅱ. 기타자본요소	
Ⅱ-1. 자본조정	
1. 자기주식	자본차감계정
2. 기타자본조정	주식할인발행차금(자본차감계정), 미교부주식배당금(자본가산계정), 주식선택권(자본가산계정), 출자전환채무(자본가산계정), 신주청약증거금(자본가산계정, 청약기일이 경과된 신주청약증거금 중 신주납입금으로 충당될 금액), 감자차손(자본차감계정), 자기주식처분손실(자본차감계정) 전환권대가(자본가산계정), 신주인수권대가(자본가산계정)
Ⅱ-2. 기타포괄손익누계액	
1. 금융자산평가손익(OCI)	자본차감(가산)계정
2. 현금흐름위험회피 파생상품평가손익	자본차감(가산)계정
3. 해외사업장환산손익	자본차감(가산)계정
4. 재평가잉여금	자본가산계정
5. 지분법자본변동	자본차감(가산)계정
Ⅲ. 이익잉여금(또는 결손금)	
1. 법정적립금	이익준비금(상법),
2. 임의적립금	정관 또는 주주총회의 결의에 의거 임의적립
3. 미처분이익잉여금 (또는 미처리결손금)	

주: 중요성의 원칙에 따라 중요하다고 판단되는 항목은 별도로 구분하여 표시할 수 있다.

④ 기타포괄손익누계액은 금융자산(OCI)평가손익, 현금흐름위험회피파생상품평가손익, 해외사업장환산손익, 재평가잉여금, 지분법자본변동 등으로 구분표시함.

⑤ 이익잉여금은 법정적립금, 임의적립금 및 미처분이익잉여금으로 구분표시함.

위 ①~⑤에 제시된 세부 항목들과 <표 16. 2>의 참고사항란의 내용은 본 교과서의 내용을 다 학습한 이후 자본을 종합적으로 이해하는 데에 도움을 주기 위해 제시된 것이며, 본 장에서 일일이 설명하지는 않는다. 이하 본 장의 제2~5절에서는 주주와의 거래(즉, 자본거래)로 인해 발생하는 자본항목(자본금, 자본잉여금, 자본조정)의 회계를, 제6~8절에서는 영업활동으로 인한 손익거래로 발생하는 자본항목(기타포괄손익누계액, 이익잉여금)의 회계를 각각 학습한다.

제2절 주식의 발행

1. 주식의 종류

오늘날 주식회사는 다양한 종류의 주식을 발행하고 있다. 그 이유는 투자자마다 투자의 위험과 수익관계(risk-return profile)에 대한 선호도가 다르기 때문에 이들의 다양한 기호를 충족시켜 자본을 쉽게 조달하려는 목적 때문이다. 주식회사에서 가장 보편적으로 발행되는 주식은 크게 보통주와 우선주로 구분될 수 있다.

(1) 보통주

보통주(common stock)는 주식회사가 발행하는 주식의 대다수를 차지하고 있는 가장 일반적인 주식이다. 보통주에는 손익배분에 비례적으로 참가할 권리인 **배당권**, 청산시에 잔여재산배분에 비례적으로 참가할 권리인 **청산분배권**, 경영에 비례적으로 참가할 권리인 **의결권** 및 증자시 비례적으로 참가할 권리인 **주식선매권**(신주인수권)이 부여되어 있다. 하지만 보통주는 이익배당과 청산분배가 우선주보다 후순위에 있어 회사가 배당을 지급하거나 파산할 경우 잔여재산에 대한 권리를 요구함에 있어 불리한 측면이 있다. 반면 보통주의 경우 의결권과 주식선매권은 우선적으로 행사할 수 있다.

(2) 우선주

우선주(preferred stock)란 이익배당과 청산분배에 관해서는 보통주에 대하여 우선적인 권리를 부여한 주식이다. 즉, 우선주에는 **배당우선권**과 **청산분배우선권**이 부여되어 있다. 그리고 우선주에는 보통주와 마찬가지로 **주식선매권**을 부여하고 있다. 하지만 우선주에는 의결권이 부여되지 않는 것이 일반적이다.

그림 16. 1
우선주의 분류

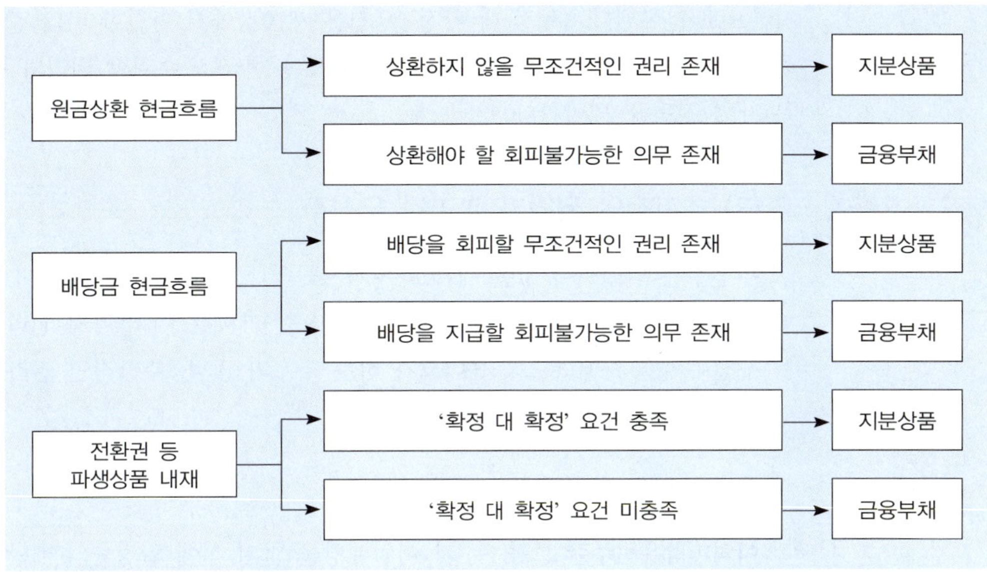

이처럼 우선주는 경제적 관점에서 사전적으로 정해진 일정률(즉, 배당률)의 배당을 우선적으로 지급받을 수 있는 대신 보통주와 같이 의결권을 행사할 수 없다는 점에서 일정 부분 부채의 성격을 지닌다. 그러나 우선주는 일반적인 부채와 달리 법률적으로 볼 때 특정된 만기일이 없으며, 주주에게 지급되는 배당 역시 이익의 사후적 배분으로서 이자와 같이 강제적 지급의무가 존재하는 확정부채가 아니라는 점에서 부채보다는 자본에 가까운 별도의 조건이 부가되지 않는 한 통상적으로는 자본으로 분류된다.

우선주는 보통주보다 다양한 형태로 발행되는 경우가 많은데, 따라서 우선주에 대한 회계처리를 위해서는 각 조건의 계약상 실질을 살펴볼 필요가 있다. 예를 들어, 동일한 우선주라 하더라도 의무상환 조건이 있는 경우에는 부채의 성격이 강해지며, 보통주로 전환가능한 전환권이 부여된 경우에는 보통주로서 자본의 성격이 강해진다고 볼 수 있다. 따라서 현행 회계제도에서는 우선주의 계약상 실질을 고려하여 부채와 자본으로 적절히 분류하도록 하고 있다. [그림 16. 1]과 같이 우선주에 원금상환을 회피할 수 있는 무조건적 권리가 존재(조건부 결제규정이 있는 경우 우선주의 발행자나 보유자가 통제할 수 없는 불확실한 미래사건이 존재하지 않아야 함)하거나, 배당을 회피할 수 있는 무조건적 권리가 존재한다면 부채가 아니라 자본(즉, 지분상품)으로 분류된다.[7] 그리고 우선주의 경우 파생상품을 포함하고 있으면 '확정 대 확정' 요건이 충족되는 경우에 한해

7) 조건부 결제규정에 통제할 수 없는 불확실한 미래사건이 존재하지 않는 경우: 우선주의 발행조건상 회사가 유가증권시장에 상장을 하는 경우 우선주를 상환해야 한다. 조건부 결제규정에 통제할 수 없는 불확실한 미래사건이 존재하는 경우: 우선주의 발행조건상 회사의 경상이익이 전기 대비 25% 이상 증가하는 경우 우선주를 상환해야 한다.

자본으로 분류된다. '확정 대 확정' 요건은 제10장에서 학습한 바와 같이 발행시점에 현금을 제공할 의무와 주식을 수령할 권리(혹은 현금을 수취할 권리와 주식을 제공할 의무)가 확정됨을 의미한다.[8)]

(3) 추가적인 권리가 부가된 우선주

우선주는 의결권이 없는 관계로 투자자들의 선호도가 보통주에 비하여 떨어진다. 그렇기에 우선주를 통하여 자본을 조달하고자 할 때에는 여러 가지 권리를 추가로 부여해서 우선주의 투자매력도를 높이고자 하는 경우가 많다. 추가적인 권리가 부가된 대표적 형태의 우선주는 살펴보면 다음과 같다.

1) 이익배당우선주

이익배당우선주란 보통주주가 이익배당을 받기 전에 일정률의 배당을 우선적으로 받을 수 있는 권리가 부여된 주식을 말하며, 배당지급조건에 따라 다시 '누적적 vs. 비누적적' 우선주와 '참가적 vs. 비참가적' 우선주로 구분된다.

먼저, **누적적 우선주**(cumulative preferred stock)란 특정 연도에 이익배당을 지급받지 못한 경우에는 차후연도에 보통주에 대한 이익배당에 앞서 과거년도에 지급받지 못한 이익배당을 우선적으로 지급받을 수 있는 권리를 부여한 주식을 의미한다.[9)] 예를 들어, 배당률이 5%이면서 누적적인 경우 배당재원 부족으로 전년도와 당해연도에 배당이 이루어지지 않은 경우 차년도에 배당이 이루어지면 3개 년도에 대한 15% 수준의 배당이 일시에 이루어지게 된다. 반면에, 그렇지 못한 우선주를 **비누적적 우선주**(non-cumulative preferred stock)라고 한다.[10)]

다음으로 참가적 우선주란 보통주에 동률의 배당을 지불받은 후에도 잔여이익이 있을 때, 그 잔여분에 대해서 보통주와 함께 일정한 한도까지 이익배당에 참여할 수 있는 우선주를 말한다. 참가적 우선주는 추가적으로 이익배당에 참가할 수 있는 정도에 따라

---

8) 과거 많은 회사들은 소유권을 침해받지 않고도 부채비율을 개선시킬 수 있다는 점에는 우선주 발행을 통한 자본조달을 선호하였다. 하지만 이제는 발행하는 우선주의 유형에 따라 부채비율이 악화될 수도 있으니 우선주를 발행할 때 고려해야 할 사항이다. 제14장에서 학습한 「기업회계기준서」의 분류방식에 따르면 상환우선주는 부채로 분류하며, 일반 우선주, 상환가능우선주 및 전환우선주(전환우선주의 경우 다른 계약상 의무가 없는 경우)는 자본으로 분류한다.

9) 누적적 우선주에 대해 과거에 지급하지 않고 누적되어 있는 배당금을 **연체배당금**(dividends in arrears)이라고 한다. 배당을 선언하여야만 미지급배당금이라는 부채가 발생한 것으로 볼 수 있다. 배당을 선언하지 않은 연체배당금은 부채로 기록하지 않는다. 다만, 이를 주석 등으로 연체배당금이 존재한다는 사실을 공시한다.

10) 배당의 누적이나 참가 여부에 관계없이 배당이 발행자의 재량으로 결정되면 의무적 성격이 없으므로 그 우선주는 부채가 아니라 지분상품, 즉 자본이다.

완전참가적 우선주(fully participating preferred stock)와 **부분참가적 우선주**(partially participating preferred stock)로 구분한다. 완전참가적 우선주는 우선주배당률에 해당하는 배당금을 우선주와 보통주에 지급하고도 배당액이 남는 경우, 보통주와 우선주를 대상으로 동일한 수익률이 발생하도록 배당을 하는 우선주이다. 부분참가적 우선주는 우선주배당률에 해당하는 배당금을 우선주와 보통주에 지급하고도 배당액이 남는 경우, 보통주보다는 우선주에게 낮은 수익률이 발생하도록 배당을 하는 우선주이다.[11] 이에 반해, 우선주배당률에 의한 배당을 받고 난 후에 잔여이익에 대해서는 참가할 수 없는 우선주를 **비참가적 우선주**(non-participating preferred stock)라고 한다. 비참가적 우선주의 경우 잔여이익은 전부 보통주에 귀속시킨다.

이러한 이익배당우선주의 누적적 성격과 참가적 성격은 상호배타적이지 않다. 따라서 이익배당우선주는 비누적적이면서 비참가적인 우선주, 비누적적이면서 참가적인 우선주, 누적적이면서 비참가적인 우선주, 누적적이면서 참가적인 우선주 등의 4가지 유형으로 구분될 수 있다.

20×6년 12월 31일 ㈜아뜨리에의 자본금은 다음과 같다.

자 본 금	
보통주(액면금액 ₩5,000, 1,000주)	₩5,000,000
우선주(6% 배당률, 액면금액 ₩5,000, 500주)	2,500,000
계	₩7,500,000

정관에 의해 이사회에서 총액 ₩900,000의 현금배당의 지급을 결의하였다. 다음의 각 상황에서 각 주식에 대한 배당금지급액을 계산하라. 단, 우선주에 대해서 1년분의 배당금이 연체되어 있다.

1. 비누적적 · 비참가적 우선주
2. 비누적적 · 완전참가적 우선주
3. 누적적 · 비참가적 우선주
4. 누적적 · 완전참가적 우선주
5. 비누적적 · 9% 부분참가적 우선주

---

11) 참고적으로 금융감독원이 제정한 「재무보고에 관한 실무의견서」 2000-11에서는 우선적 권리의 내용이 '보통주배당률+1%'인 우선주의 경우 그 경제적 실질에 따라 참가적 우선주로 보아야 한다고 규정하고 있다. 왜냐하면 우선배당(1%) 이외의 나머지 배당에 있어서 보통주와 동등하게 참여함과 아울러 배당결의를 하지 아니한 이익에 대하여도 향후 추가적인 배당을 하는 경우 우선주는 보통주와 동등하게 이익분배에 참여할 수 있기 때문이다.

해 답

1. 비누적적 · 비참가적 우선주

	우선주	보통주	합 계
당기분 배당액	₩2,500,000 × 6% =₩150,000	₩900,000 − ₩150,000 =₩750,000	₩900,000
계	₩150,000	₩750,000	₩900,000

2. 비누적적 · 완전참가적 우선주

	우선주	보통주	합 계
당기분 배당액	₩2,500,000 × 6% =₩150,000	₩5,000,000 × 6% =₩300,000	₩450,000
잔여분 배당액	₩450,000 × 1/3 =₩150,000	₩450,000 × 2/3 =₩300,000	450,000
계	₩300,000	₩600,000	₩900,000

3. 누적적 · 비참가적 우선주

	우선주	보통주	합 계
1년분 누적액	₩2,500,000 × 6% =₩150,000		₩150,000
당기분 배당액	₩2,500,000 × 6% =₩150,000	₩900,000 − ₩300,000 =₩600,000	750,000
계	₩300,000	₩600,000	₩900,000

4. 누적적 · 완전참가적 우선주

	우선주	보통주	합 계
1년분 누적액	₩2,500,000 × 6% =₩150,000		₩150,000
당기분 배당액	₩2,500,000 × 6% =₩150,000	₩5,000,000 × 6% =₩300,000	450,000
잔여분 배당액	₩300,000 × 1/3 =₩100,000	₩300,000 × 2/3 =₩200,000	300,000
계	₩400,000	₩500,000	₩900,000

5. 비누적적 · 9% 부분참가적 우선주

	우선주	보통주	합 계
당기분 배당액	₩2,500,000 × 6% =₩150,000	₩5,000,000 × 6% =₩300,000	₩450,000
잔여분 배당액	₩2,500,000 × 3% =₩75,000	₩900,000 − ₩525,000 =₩375,000	450,000
계	₩225,000	₩675,000	₩900,000

2) 전환우선주

전환우선주(convertible preferred stock)란 우선주주의 의사에 따라 미리 약정한 비율로 보통주로 전환할 수 있는 권리를 주주에게 부여한 우선주를 말한다. 우리나라 「상법」에서는 전환우선주에 대하여는 전환의 조건, 청구기간, 전환으로 인하여 발행할 주식의 수와 내용을 정관으로 규정하도록 하고 있다.[12)] 전환우선주는 보통주로 전환되기 전까지는 우선주이지만, 회사의 영업실적 개선 등으로 보통주 가치가 상승할 것으로 기대되는 경우 보통주로 전환함으로써 기업가치 상승분을 향유할 수 있다는 이점이 있다. 전환우선주는 보통주로 전환될 수 있는 만큼 주당이익계산에서 희석효과를 가질 수 있는 잠재적 보통주이다. 전환우선주의 회계처리는 제17장 복합금융상품을 참조하기 바란다.

3) 상환가능우선주

발행자의 상환권이 부가된 우선주를 **상환가능우선주**(callable preferred stock)라 부르는데, 발행자가 상환권(option)을 보유하고 있는 상태로서 명시적 상환의무와 보유자의 상환청구권이 모두 없는 경우에는 통상 자본으로 분류된다. 그럼에도 실무에서는 자본으로 분류되는 상환가능우선주를 일정 기간 경과 후 상환하는 경우가 많은데, 실제 상환이 이루어지면 이를 유상감자와 동일하게 간주하여 우선주의 상환금액과 우선주의 액면금액 간 차이를 감자차손(익)으로 처리하면 된다.[13)]

---

12) 「상법」 제346조 제1항.

13) 참고로 동일한 상환가능우선주라 하더라도 「상법」 제345조의 제1항에 따라 이익의 처분으로 상환할 수 있는 경우에는 일반적인 유상감자 회계처리를 적용하지 않는다. 대신, 우선주를 취득한 시점에 자기주식을 인식(차기)하고, 상환절차를 완료한 시점에 이를 다시 미처분이익잉여금으로 대체(대기)한다. 또한 상환가능우선주를 이익잉여금 중에서도 별도의 임의적립금으로 상환하는 것도 가능한데, 이 경우에는 자기주식을 상환주식상환적립금(임의적립금계정)으로 대체한다. 이를 분개를 통해 예시하면 다음과 같다.

- 자본으로 분류되는 상환가능우선주 발행시 :

(차) 현　　금	×××	(대) 우선주자본금	×××

- 자본으로 분류되는 상환가능우선주 취득하여 상환시 :

(차) 자기주식	×××	(대) 현　　금	×××

- 이익잉여금의 처분으로 상환절차 완료시 :

(차) 미처분이익잉여금	×××	(대) 자기주식	×××

- 혹은 임의적립금으로 상환절차 완료시 :

(차) 상환주식상환적립금	×××	(대) 자기주식	×××

예제 2

㈜아뜨리에는 20×1년 6월 15일 상환의무가 없으나, ㈜아뜨리에의 재량으로 상환가능한 우선주 10주를 주당 액면금액 ₩5,000에 발행하였다. ㈜아뜨리에는 20×2년 12월 15일 기발행한 상환가능우선주를 전부 주당 ₩5,500에 취득하여 상환하였다. 20×3년 3월 20일 정기주주총회에서 동 상환가능우선주를 상법에 따라 이익잉여금의 처분으로 상환하기로 결의한 즉시 상환절차를 완료하였다.

해 답

20×1년 6월 15일 상환가능우선주의 발행:

(차) 현　　금	50,000	(대) 우선주자본금	50,000

20×2년 12월 15일 상환가능우선주를 취득하여 상환:

(차) 자기주식	55,000	(대) 현　　금	55,000

20×3년 3월 20일 상환가능우선주의 상환절차 완료:

(차) 미처분이익잉여금	55,000	(대) 자기주식	55,000

2. 주식의 발행

주주를 대상으로 주식을 발행하게 되면 결과적으로 기업의 납입자본이 증가하게 된다. 이러한 주식의 발행은 실제 경제적 자원이 유입되는 유상증자와 경제적 자원의 유입 없이 서류상으로만 이루어지는 무상증자로 구분된다. 그리고 유상증자는 다시 유입되는 경제적 자원의 유형에 따라 현금발행과 비현금발행으로 구분된다.

(1) 현금발행

현금발행은 기업이 주주로부터 현금을 납입(혹은 투자)받고 그 대가로 주식을 발행하는 절차를 의미한다. 현금발행은 가장 일반적인 유상증자 형태이기에 유상증자가 기업의 외부자금 조달 수단이 될 수 있는 근거가 된다.

현금발행에 의한 유상증자 시 우리나라는 주식에 액면금액을 표시하는 액면주식과 액면금액을 표시하지 않는 무액면주식의 발행을 허용하고 있다.[14] 먼저, 액면주식을 발행하는 경우 액면금액은 어디까지나 발행된 주식에 기재된 명목상의 권리금액으로서 실제 유상증자는 납입되는 금액은 기업의 가치에 연동되어 변화하게 된다. 따라서 액면주

14)「상법」제329조 제1항.

식이라고 해서 액면금액으로 주식을 발행하는 **액면발행**만 하는 것은 아니며, (주주가 주식의 가치를 액면금액보다 높게 평가할 경우) 액면금액을 초과해서 **할증발행**하거나 (주주가 주식의 가치를 액면금액보다 낮게 평가할 경우) 액면금액보다 낮은 금액으로 **할인발행**할 수도 있다.

다음으로, 무액면주식을 발행하는 경우에는 액면금액이 존재하지 않으므로 자본금을 별도로 산정해야 한다. 우리나라 상법은 무액면주식의 자본금을 이사회로 하여금 주식발행가액의 1/2 이상 금액으로 재량적으로 정하여 인식하도록 하고 있다.[15)]

현금발행을 통한 유상증자 시 액면발행, 할인발행, 할증발행 여부와 무관하게 **자본금**은 항상 액면금액에 발행주식수를 곱한 금액으로 결정된다. 따라서 주식을 액면금액으로 액면발행한 경우에는 발행금액 전부를 자본금계정으로 기록한다. 이에 반해, 주식을 액면금액 이상으로 할증발행한 경우(즉, 발행금액 > 자본금)에는 발행금액과 자본금의 차액을 자본잉여금에 해당하는 **주식발행초과금**(paid-in capital in excess of par)계정으로 처리하고, 주식을 액면금액 이하로 할인발행한 경우(즉, 발행금액 < 자본금)에는 발행금액과 자본금의 차액을 자본조정에 해당하는 **주식할인발행차금**(discounts on stock issuance)으로 처리한다. 다만, 할인발행이라 하더라도 기존의 할증발행으로 인해 누적된 주식발행초과금이 있는 경우 이를 우선적으로 상계처리하고, 그럼에도 불구하고 추가적인 할인발행액이 남아 있는 경우 주식할인발행차금으로 인식한다.[16)]

여기서 할증발행 시 나타나는 주식발행초과금과 할인발행 시 나타나는 주식할인발행차금의 자본항목 분류가 상이한 것을 알 수 있는데, 이는 할증발행은 자본금 이상으로 자본이 유입되어 기업의 재무건전성을 강화시키는 반면, 할인발행은 자본금에 미달하는 자본이 유입되어 결과적으로 기존 주주의 재산권을 침해하고 기업의 재무건전성을 해칠 우려가 있기 때문이다. 다시 말해, 할인발행의 재무적 위험성을 외부정보이용자에게 효과적으로 인지시키고, 이를 통해 경영자로 하여금 그러한 부정적 자본항목을 적절히 관리토록 유도하기 위해 회계적으로 주식할인발행차금을 자본잉여금이 아닌 자본조정 항목으로 별도 구분 표시하는 것이다.

구체적으로 우리나라 「상법」은 할인발행을 회사설립일 이후 2년이 경과하고, 주주총

---

15) 「상법」 제451조 제2항.

16) 주식할인발행차금은 주주의 납입자본에 대한 차감적 성격인 부의 자본잉여금임에도 「기업회계기준서」 공개초안 제04-23호의 문단 6에서 규정한 바와 같이 이익잉여금의 처분으로 상각하도록 한 것은 정상적으로 발전하는 기업이라면 주식할인발행차금은 임시적일 수밖에 없는 자본조정항목이므로 이의 조기정리를 통하여 회계정보의 이해가능성을 도모하기 위한 것이다. 그러나 이러한 회계처리는 주식발행초과금이 존재하지 아니하는 상황에서는 정당화될 수 있으나, 주식발행초과금이 존재한다면 과거 「기업회계기준」 제11조 제1항 제5호의 규정에 의한 '**잉여금구분의 원칙**'을 우선적으로 적용하여 주식할인발행차금을 주식발행초과금과 상계하는 것이 타당하다고 판단된다.

회의 특별결의와 법원의 인가를 얻는 경우에 한해 수행할 수 있도록 엄격히 제한하고 있다(「상법」 제330조 및 제417조). 또한 주식할인발행차금 잔액이 존재하는 경우 3년 이내의 기간에 매기 균등액을 상각하고 동 상각은 이익잉여금의 처분으로 하도록 강제하고 있다.[17] 다만, 처분할 이익잉여금이 부족하거나 결손이 있는 경우에는 예외적으로 차기 이후 연도에 이월하여 상각할 수 있다.[18] 이처럼 주식할인발행차금에 대한 차별적 회계처리와 후속적 조치를 통해 주주와 채권자 등 투자자를 보호하고자 하는 관련 법규의 자본규제 취지를 엿볼 수 있다.

한편, 주식을 새롭게 발행하는 경우 법률비용, 회계사수수료, 주주모집을 위한 광고비, 주권인쇄비, 증권회사수수료, 우송료 및 등록비, 사무처리비 등 다양한 형태의 거래비용이 발생할 수 있는데, 이를 **신주발행비**라 부른다. 이러한 신주발행비는 일반적으로 자본을 조달하는 과정에서 발생하는 회피불능한 원가에 해당하므로 당기 비용으로 처리되지 않고 주식발행금액에서 직접 차감된다.[19] 따라서 앞서 소개한 발행금액은 모두 신주발행비를 차감하고 난 후 기업에 유입되는 순(net) 현금액을 의미함에 유의할 필요가 있다. 즉, 신주발행비를 차감하고 난 후 기업에 유입되는 순현금액을 기준으로 액면발행, 할증발행, 할인발행을 판단해야 한다는 것이다. 이러한 신주발행비를 고려하더라도 자본금 금액(=액면금액 × 발행주식수)은 일정하게 유지되므로, 할증발행의 경우에는 신주발행비가 주식발행초과금을 감소시키며, 할인발행의 경우에는 주식할인발행차금을 증가시킨다.

---

17) 현행 「기업회계기준서」와 「상법」에는 주식할인발행차금의 상각에 관한 언급이 없어서 회계처리방식에 제한이 없으므로 과거 「기업회계기준」처럼 이익잉여금의 처분으로 주식할인발행차금을 상각할 수 있다. 구체적으로 과거 「기업회계기준」은 주식할인발행차금의 상각도 포괄손익계산서상의 비용항목이 아니라 이익잉여금의 처분으로 주식발행연도부터 3년 이내의 기간에 매기 균등액을 상각하도록 하였다. 여기서 3년 이내의 의미는 상각기간을 1년, 2년 혹은 3년 중 기업이 임의로 선택할 수 있다는 것이다. 또한 매기 균등액을 상각하여야 하기 때문에 회계기간 중에 주식할인발행차금이 발생하였어도 연단위(1년분) 상각을 하여야 한다. 그리고 처분할 이익잉여금이 부족하거나 결손이 있을 경우에는 차기 이후연도에 이월하여 주식할인발행차금을 상각할 수 있다. 참고로 이익잉여금의 처분은 원칙적으로 주주총회에서 결정되므로 주식할인발행차금의 상각은 현실적으로 주식발행 차년도부터 시행할 수 있다.

18) 「기업회계기준서」 공개초안 제04-23호의 문단 6. 액면금액 이하로 주식을 구입한 주주(그 이후의 양수자는 아님)는 회사의 채권자가 주식의 할인발행에 대한 법정권리를 행사하는 경우에 할인액에 대하여 「상법」상 채무를 부담한다. 이런 이유로 투자자의 입장에서 발행회사의 주식할인발행차금은 우발채무의 성격을 지닌다.

19) 「기업회계기준서」 제1032호 문단 35는 자본거래(지분상품을 발행 혹은 취득)의 거래원가(등록 및 기타 감독과 관련된 수수료, 법률, 회계 및 기타 자문수수료, 주권인쇄비 및 인지세 등을 포함)는 관련 법인세혜택을 차감한 순액을 자본에서 직접 차감하도록 하고 있다. 하지만 투자설명회 관련비용 등 신주발행을 위해 직접적으로 발생한 비용으로 볼 수 없는 금액은 당기 비용처리가 타당할 것이다.

지금까지 설명한 현금발행을 통한 유상증자의 회계처리를 정리하면 다음과 같다.

• 액면발행

(차) 현 금*	×××	(대) 자 본 금	×××

• 할증발행

(차) 현 금*	×××	(대) 자 본 금	×××
		주식발행초과금	×××

• 할인발행

(차) 현 금*	×××	(대) 자 본 금	×××
주식할인발행차금	×××		

• 무액면주식의 발행

(차) 현 금*	×××	(대) 자 본 금	×××
		주식발행초과금	×××

* 신주발행비를 차감한 순현금 유입액

예제 3

회사설립 후 2년이 경과한 ㈜아뜨리에는 20×5년 2월 1일에 액면금액 ₩5,000인 보통주 100주를 주당 ₩5,000에 발행하였고, 20×5년 7월 1일에 액면금액 ₩5,000인 보통주 100주를 주당 ₩4,400에 발행하였다. 20×5년 9월 1일에는 액면금액 ₩5,000인 보통주 100주를 주당 ₩5,800에 발행하였다. 한편, ㈜에리뜨아는 20×6년 2월 1일에 무액면주식을 ₩500,000에 발행하였으며, 이사회에서 무액면주식의 발행금액 중 80%를 자본금으로 계상하기로 결정하였다. 단, 각각의 발행금액은 모두 신주발행비를 차감한 후의 순현금 유입액을 의미한다. 필요한 분개를 하라.

해 답

• 액면발행 (20×5년 2월 1일)

(차) 현 금	500,000	(대) 보통주자본금	500,000

• 할인발행 (20×5년 7월 1일)

(차) 현 금	440,000	(대) 보통주자본금	500,000
보통주주식할인발행차금	60,000		

• 할증발행 (20×5년 9월 1일)

(차) 현 금	580,000	(대) 보통주자본금	500,000
		보통주주식할인발행차금	60,000
		보통주주식발행초과금	20,000

• 무액면주식(20×6년 2월 1일)

(차) 현　　금	500,000	(대) 보통주자본금	400,000
		보통주주식발행초과금	100,000

예제 4

설립일로부터 2년이 경과한 ㈜아뜨리에는 20×5년 11월 20일에 액면금액 ₩50,000,000의 보통주식을 ₩47,000,000에 할인발행하여 신주발행비 ₩100,000을 차감한 ₩46,900,000을 수취하였다. 20×5년 11월 20일 현재 주식발행초과금 잔액은 ₩1,000,000이다. ㈜아뜨리에는 20×6년 3월 15일 주주총회의 결의에 의해 20×6년부터 주식할인발행차금을 2년의 기간에 걸쳐 균등상각하기로 하였다.

20×7년 결산일까지 추가적인 신주발행은 없다. 주식할인발행차금의 상각에 관한 분개를 하라.

해 답

• 20×5년 주식할인발행시

(차) 현　　금	47,000,000	(대) 보통주자본금	50,000,000
보통주주식발행초과금	1,000,000		
보통주주식할인발행차금	2,000,000		
(차) 보통주주식할인발행차금	100,000	(대) 현　　금	100,000

• 20×6년 주주총회에서 이익잉여금 처분결의시

(차) 미처분이익잉여금	1,050,000	(대) 보통주주식할인발행차금	1,050,000*

* ₩2,100,000 ÷ 2 = ₩1,050,000

• 20×7년 주주총회에서 이익잉여금 처분결의시

(차) 미처분이익잉여금	1,050,000	(대) 보통주주식할인발행차금	1,050,000

(2) 비현금발행

주식의 대금은 현금으로 납입하는 것이 원칙이지만 때로는 현실에서는 현금 이외의 자산으로 납입하는 경우가 있을 수 있는데, 이러한 비현금발행 방식의 유상증자를 흔히 **현물출자**라고 부른다. 납입된 자산(현금)의 가치가 명확한 현금발행과 달리 비현금방식의 현물출자는 납입되는 자산과 그에 따라 교부되는 주식에 대한 평가문제가 발생하게 된다.[20]

기준서상 현물출자에 대한 회계처리가 다소 불명확한 부분이 있기는 하나 「기업회계기준서」 제1102호(주식기준보상)에 따르면 "재고자산, 소모품, 유・무형자산 및 그 밖의 비금융자산 등"을 출자받는 경우 기업의 그 자산의 공정가치로 측정하는 것이 원칙이다.[21] 그러나 해당 자산의 공정가치를 신뢰성 있게 측정할 수 없다면, 발행한 주식의 공정가치에 기초하여 측정한다.

다만, 취득한 자산의 공정가치와 발행한 주식의 공정가치가 모두 불명확한 경우에는 「기업회계기준서」 제1102호의 규정을 적용할 수 없다. 따라서 현물출자와 관련한 「상법」의 요구사항에 따라 기업과는 독립적인 전문감정인의 가치평가기법에 따른 감정결과에 따라 이사회가 결정한 금액으로 평가할 수 있을 것이다.[22] 이때 가치평가기법은 합리적 판단력과 거래의사가 있는 독립된 당사자 사이의 거래에서 측정기준일 현재 지분상품 가격이 얼마인지를 추정하는 가치평가기법이어야 한다.

출자된 자산에 대한 평가 외에 비현금발행과 관련한 기타 회계처리는 현금발행과 동일하다. 예를 들어, 발행금액과 액면금액의 차액은 현금을 수령하고 주식을 발행하는 경우처럼 주식발행초과금 또는 주식할인발행차금으로 회계처리한다. 또한 신주발행비에 대한 회계처리도 동일하다.

예제 5

㈜아뜨리에는 주당 액면금액 ₩5,000인 보통주 1,000주를 발행하고 토지를 출자받았다. 다음의 경우에 대해서 회계처리를 하라. 단, 다음의 1과 2의 경우는 「기업회계기준서」 제1102호를 적용할 수 있는 상황이다.

1. 보통주의 시장가격은 ₩7,950,000, 토지의 공정가치가 ₩8,000,000으로 추정된다.
2. 토지의 공정가치는 알 수 없고, 보통주의 발행시 시가가 주당 ₩8,500이다.

---

20) 현물출자의 경우 납입된 자산의 평가가 적절하게 이루어지지 않을 경우 혼수주식과 비밀적립금 현상이 나타날 수 있다. **혼수주식**(watered stock)이란 현물출자로 취득한 자산의 과대평가로 인하여 주주지분이 과대표시되는 경우를, 그리고 **비밀적립금**(secret reserves)이란 현물출자로 취득한 자산의 과소평가로 인하여 주주지분이 과소표시되는 경우를 각각 의미한다.

21) 「기업회계기준서」 제1016호(유형자산)에서 현물출자거래를 통해 취득한 유형자산의 최초인식에 유형자산의 공정가치로 측정하라는 명시적 규정은 없다. 대신 「기업회계기준서」 제1102호에서 현물출자거래에 적용되는 규정을 제시하고 있다. 그러나 「기업회계기준서」 제1102호도 종업원 등이 기존 주주의 자격으로 현물출자에 참여하는 경우에는 적용이 배제되며, 회계기준서상 구체적 회계처리가 명시되어 있지 않다.

22) 「상법」에서는 현물출자를 하는 자가 있는 경우에는 현물출자금액과 이에 대하여 부여할 주식의 종류와 수를 조사하기 위하여 검사인의 선임을 법원에 청구할 수 있도록 하고 있다. 법원은 검사인의 보고서를 심사하여 부당하다고 인정한 때에는 이를 변경하여 이사와 현물출자를 한 자에게 통고할 수 있다.

3. 보통주나 토지의 공정가치를 모두 알 수 없어서 이사회가 전문감정인의 가치평가기법에 따른 감정결과에 따라 토지의 감정가격을 ₩7,500,000으로 결정하였다.

해 답

1. (차) 토 지	8,000,000	(대)	자 본 금	5,000,000
			주식발행초과금	3,000,000
2. (차) 토 지	8,500,000	(대)	자 본 금	5,000,000
			주식발행초과금	3,500,000
3. (차) 토 지	7,500,000	(대)	자 본 금	5,000,000
			주식발행초과금	2,500,000

3. 일괄발행

기업에서 두 종류 이상의 주식을 혼합하여 발행하는 경우가 발생할 수 있는데, 이를 **일괄발행**이라 한다. 일괄발행을 한 경우 주식대금을 주식의 종류별로 배분하여 회계처리를 하여야 한다. 이를 위하여 일괄발행된 주식의 공정가치를 종류별로 모두 알 수 있는 경우 **비례법**을 사용하여 상대적 공정가치에 따라 주식대금을 배분하면 된다. 그러나 발행된 주식의 일부에 대해서만 공정가치를 알 수 있는 경우에는 시가가 형성된 주식에 그 주식의 공정가치를 우선적으로 할당하고 시가가 형성되지 않은 주식에 전체 발행가액에서 해당 공정가치를 차감한 잔액을 배분하는 **증분법**에 따라 회계처리한다. 주식발행초과금, 주식할인발행차금, 신주발행비 등 기타 회계처리는 역시나 동일하다.

예제 6

㈜아뜨리에는 주당 액면금액 ₩5,000인 보통주 400주와 주당 액면금액 ₩5,000인 우선주 100주를 ₩3,000,000에 현금발행하였는데, 발행 당시 보통주와 우선주의 공정가치는 각각 ₩10,000과 ₩6,000이었다. 비례법을 이용하여 회계처리를 하라. 단, 보통주와 우선주 중 어느 한 종류에 대해 보다 신뢰성 있게 공정가치를 측정할 수 있는 상황은 아니다.

해 답

(차) 현 금	3,000,000	(대)	보통주-자본금	2,000,000
우선주-주식할인발행차금	108,696		보통주-주식발행초과금	608,696
			우선주-자본금	500,000

$$* \text{보통주}: ₩3,000,000 \times \frac{400\text{주} \times ₩10,000}{400\text{주} \times ₩10,000 + 100\text{주} \times ₩6,000} = ₩2,608,696$$

$$\text{우선주}: ₩3,000,000 \times \frac{100\text{주} \times ₩6,000}{400\text{주} \times ₩10,000 + 100\text{주} \times ₩6,000} = ₩391,304$$

만약, 위의 예에서 보통주의 시장가격이 ₩6,000이고 우선주의 시장가격이 형성되지 않아서 증분법을 이용한 주식현금발행의 회계처리는 다음과 같다.

(차) 현 금	3,000,000	(대)	보통주-자본금	2,000,000
			보통주-주식발행초과금	400,000
			우선주-자본금	500,000
			우선주-주식발행초과금	100,000

* 보통주 : 400주 × ₩6,000/주 = ₩2,400,000
우선주 : ₩3,000,000 − ₩2,400,000 = ₩600,000

4. 무상증자

앞서 살펴본 현금발행과 비현금발행과 같은 유상증자의 경우 주식발행의 결과로 납입자본(자본금 및 자본잉여금)과 자산(현금발행의 경우 현금, 비현금발행의 경우 출자된 자산)이 동시에 증가한다. 즉, **실질적 증자**가 이루어진다. 이에 반해, 주주로부터 아무런 자산이 납입되지 않더라도 납입자본이 증가하는 **형식적 증자**가 이루어질 수도 있는데, 이를 유상증자의 반대 개념으로 **무상증자**라 부른다. 즉, 무상증자는 자본총계(혹은 순자산)에 변화 없이 자본항목 간의 분류로 인해 납입자본이 증가하는 경우에 해당한다.

구체적으로 「상법」은 이사회 또는 주주총회의 결의에 의하여 준비금(자본잉여금과 이익준비금)의 일부 또는 전부를 자본금에 전입할 수 있도록 하고, 그 전입액에 대하여는 신주를 발행하여 주주가 가진 주식수에 따라 무상으로 교부할 수 있도록 하고 있다.[23] 이와 같이 배당이 불가능한 자본잉여금이나 이익준비금을 자본전입하는 것이 무상증자이다.

다만, 국제회계기준에서는 무상증자에 대한 구체적인 회계처리방법을 제시하고 있지 않다. 따라서 「상법」과 과거 「기업회계기준(혹은 현행 일반기업회계기준)」에 따라 자본

---

23) 「상법」 제461조 제1항과 제2항. 준비금의 자본금전입 효력 발생일은 이사회가 결의한 때에는 신주배정일이며, 주주총회가 결의한 때에는 그 결의가 있은 주주총회가 종결한 때이다. 또한 무상증자의 경우 액면미달발행이나 액면초과발행은 있을 수 없다. 따라서 자본금전입액과 신주의 총액면액은 같다. 한편, 이익잉여금의 처분이 회사의 정관에 따라 주주총회의 고유권한이라면 이사회의 결의로 자본에 전입할 수 있는 준비금은 법정적립금만 해당하고, 임의적립금은 해당하지 않는다.

잉여금 또는 이익준비금을 자본금에 전입하여 기존의 주주에게 무상으로 신주를 발행하는 경우 주식의 발행금액을 액면금액으로 정하는 액면발행에 준하는 회계처리를 수행하면 될 것으로 판단된다. 무상증자의 기본적 회계처리를 분개로 표시하면 다음과 같다.

(차) 주식발행초과금(또는 이익준비금)	×××	(대) 자 본 금	×××

다음의 사항을 회계처리하라.

㈜아뜨리에는 20×6년 9월 15일에 보통주-주식발행초과금 ₩300,000, 이익준비금 ₩700,000을 재원으로 하여 무상증자를 결의하고 보통주를 발행하여 주주에게 무상교부하였다.

해 답

20×6년 9월 15일

(차) 주식발행초과금	300,000	(대) 자 본 금	1,000,000
이익준비금	700,000		

제3절 주식의 재취득

기업은 자금조달 등을 위해 주식을 발행한 후 자신의 필요에 따라 발행한 주식을 재취득할 수 있다. 이처럼 기업이 이미 발행된 자기회사의 주식을 발행 후 다시 취득하여 소각하지 않고 보유하고 있는 경우 해당 주식을 **자기주식**(treasury stock)이라고 부른다.

기업은 통상적으로 다음과 같은 이유로 자기주식을 취득한다.

① 주식보상제도를 시행하기 위해
② 주가부양을 위해
③ 적대적 합병과 인수(M&A)에서 경영권 방어를 위해
④ 합병 등의 필요에 의해 주식을 소각하기 위해
⑤ 주당이익을 증가시키기 위해

그러나 기업이 자기주식을 취득하게 되면 현금 등 순자산이 유출되어 재무건전성에 부정적 영향을 미칠 수 있기 때문에, 주식의 소각, 합병 또는 영업양수 시, 단주처리 등

상법상 열거된 특별한 경우를 제외하고는 자기주식을 취득하는 것이 금지되어 있다.[24] 또한, 기업이 자기주식을 취득하는 경우 주가에 미치는 영향이 중대할 수 있고, 자기주식 취득에 따른 시장 혼선도 발생할 수 있어 상장회사의 경우 자기주식 취득 목적과 계획은 물론, 그 결과도 모두 공시토록 하고 있다.

이처럼 자기주식 취득 시 여러 효과가 파생적으로 발생할 수 있기에 자기주식의 취득에 관한 사항은 주주총회의 결의로 결정한다. 다만, 이사회의 결의로 이익배당을 할 수 있다고 정관으로 정하고 있는 경우에는 이사회의 결의를 통해 자기주식의 취득 여부를 결정할 수 있다.

한편, 취득한 자기주식은 이사회의 결정에 따라 계속 보유하거나 처분할 수 있다. 예를 들어, 취득한 자기주식을 소각함으로써 회사의 자본을 감소시킬 수도 있고, 재취득한 주식을 일시적으로 보유하고 있다가 추후에 매각을 통해 다시 시장에 유통시키는 것도 가능하다.

1. 자기주식

(1) 자기주식의 의의

자기주식(즉, **자기지분상품**)이란 자기회사의 주식을 매입 혹은 증여에 의해 취득하여 소각하지 않은 것을 의미한다. 이를 **금고주** 또는 **재취득주식**이라고도 한다. 자기주식은 발행주식의 일부이므로 엄격히 말해서 미발행주식은 아니다.

자기주식의 본질(재무상태표 표시 포함)에 대해서는 자기주식을 자산으로 보는 견해와 미발행주식[즉, 음(−)의 자본]으로 보는 두 가지 상반된 견해가 존재한다. 먼저, 자기주식을 자산으로 보는 견해는 자기주식을 재발행(혹은 매도)하면 현금이 유입되기 때문에 자기주식이 자산처럼 미래의 경제적 효익을 제공할 수 있다고 주장한다. 반면, 자기주식을 미발행주식으로 보는 견해는 자기주식을 자산으로 본다면 회사가 자신의 일부를 스스로 소유할 수 있다는 모순이 발생하고, 자기주식에 대해서는 의결권, 주식선매

---

24) 「상법」 제341조의 2는 기업이 자기주식을 취득할 수 있는 경우를 다음과 같이 열거하고 있다.

- 배당가능이익의 범위 내 제한 없이 자기주식을 취득하는 경우
- 특정 목적에 의해 자기주식을 취득하는 경우
  ① 회사의 합병 또는 다른 회사의 영업 전부를 양수하는 경우
  ② 회사의 권리를 실행함에 있어 그 목적을 달성하기 위하여 필요한 경우(즉, 채무자에게 채권자가 발행한 주식 이외에 다른 재산이 없어서 이를 경매낙찰 또는 대물변제의 방식으로 취득하는 경우)
  ③ 단주(端株)의 처리를 위하여 필요한 경우
  ④ 주주가 주식매수청구권을 행사한 때

권, 배당권, 청산분배권 등의 권리가 없기 때문에 자기주식은 미발행주식에 불과하다고 주장한다. 실무적으로는 의결권 등 주식의 기타 법적 권리의 중요성을 고려하여 후자의 **미발행주식설**이 전자의 **자산설**보다 더 많은 지지를 받고 있다. 따라서 재무상태표상으로도 자기주식을 별도의 자산으로 인식하지 않고, 자본의 차감항목[구체적으로 음(−)의 자본조정]으로 표시하는 것이 일반적이다.[25)]

참고로 기업이 자기주식을 보유하더라도 금융회사가 고객을 대신하여 자기주식을 보유하는 경우와 같이 타인을 대리하여 자기주식을 보유하는 상황이라면 실질적인 취득이 아니라 대리인으로서의 역할을 수행한 것에 불과하므로 취득한 자기주식을 재무상태표에 인식하지 않는다.

(2) 자기주식의 회계처리

자기주식의 회계처리를 위해서는 일차적으로 자기주식의 취득가액과 처분가액을 결정(즉, 측정)할 필요가 있다. 「기업회계기준서」는 자기주식에 대한 회계처리방법을 구체적으로 규정하지 않고 있다. 따라서 우리나라 실무에서 주로 통용되는 「상법」을 중심으로 자기주식에 대한 회계처리방법을 소개하면 다음과 같다.

먼저, 취득 시점의 자기주식은 취득원가로 인식한다. 이후 자기주식을 매각을 통해 재발행하는 경우 처분시점의 장부금액은 개별법, 선입선출법, 평균법 등 합리적인 방법을 통해 측정한다. 이는 자기주식도 재고자산과 유사하게 취득 시점의 주식 가치가 계속해서 변화하기에 (장외매수를 통한) 일괄취득이 아닌 이상 동일한 자기주식이라 하더라도 취득원가가 달라질 수 있기 때문이다. 그리고 재발행을 통한 처분가액이 취득원가보다 큰 경우에는 경제적 실질이 주주로부터 추가 납입을 받은 것과 유사하기에 그 차액을 자기주식처분이익으로 하여 자본잉여금 계정으로 표시한다. 반면 재발행을 통한 처분가액이 취득원가보다 작은 경우에는 경제적 실질이 주주에게 투자금을 일부 환원한 것과 유사하므로 그 차액을 자기주식처분손실로 하여 자본조정 계정으로 구분 표시한다. 자기주식처분손실을 인식하기 전에 이미 자기주식처분이익이 존재하는 경우 이를 먼저 상계하는 것은 유상증자의 경우와 동일하다.

한편, 기업은 취득한 자기주식을 재발행하지 않고 소각할 수도 있다. 이는 주주에게

---

25) 미발행주식설은 다시 자본금평가계정설(자본금차감설)과 자본평가계정설(자본차감설)로 구분되는데, **자본금평가계정설**은 자기주식의 취득을 주식소각과 같다고 보는 것이다. 다만, 법률적으로 자본감소의 절차를 밟지 않았기 때문에 자기주식 전액을 자본금으로부터 차감하는 형식으로 재무상태표에 표시해야 한다는 견해이다. **자본평가계정설**은 자기주식의 매입을 자본의 감소라고 생각한다. 그렇기 때문에 자본총액에서 자기주식의 취득원가를 차감하는 형식으로 표시하여야 한다는 견해이다. 실무적으로는 미발행주식설 중 자본평가계정설을 따라 자기주식을 자본조정계정으로 자본에서 차감하는 형식으로 기재하도록 하고 있다.

대가를 지급하고 소유권을 소멸시키는 유상감자와 경제적 실질이 동일하므로 그에 준하는 회계처리를 수행한다. 구체적으로 소각하는 자기주식의 취득원가 결정은 재발행의 경우와 동일하다. 즉, 개별법, 선입선출법, 평균법 등 합리적인 방법을 통해 측정한다. 그리고 소각된 자기주식의 취득원가가 액면금액보다 큰 경우에는 그 차액을 감자차익으로 자본잉여금 계정으로 표시한다. 반면 소각된 자기주식의 액면가액이 취득원가보다 작은 경우에는 역시나 그 차액을 감자차손으로 자본조정 계정으로 구분 표시한다. 감자차손을 인식하기 전에 이미 감자차익이 존재하는 경우 이를 먼저 상계하는 것도 동일하다.

다만, 기업이 시장으로부터 자기주식을 취득하지 않고 주주로부터 무상으로 증여받을 수도 있는데, 이런 경우에는 자기주식에 대해 별도의 회계처리를 하지 않는다. 대신 관리목적의 비망기록을 수행하고, 주식수, 취득경위 및 향후 처리계획 등을 주석으로만 공시하면 된다. 이는 주주로부터 무상으로 받은 자기주식의 경우 자본거래이기에 손익을 인식할 수 없고, 회사 자산의 유출이나 부채의 부담이 발생하지 아니하므로 취득가액으로 인식할 금액이 없기 때문이다. 그러나 무상으로 수증한 자기주식이라 하더라도 처분하는 경우에는 처분에 따른 추후 현금 등의 유입액에서 처분직접비용을 차감한 잔액을 자기주식처분손익으로 인식한다.

참고로 자기주식처분손익이나 감자차손익은 주주와의 거래에서 발행한 처분손익이므로 당기손익이 아닌 자본항목에 직접 반영한다. 또한 자기주식처분손실이나 감자차손을 자본조정으로 별도로 회계처리하는 것은 주식할인발행차금에서와 동일하게 후속적 조치[현금배당에 앞서 미처분이익잉여금을 전입하여 음(−)의 자본조정 항목을 제거하는 것을 의무화하고 있음]를 통해 주주와 채권자 등 투자자를 보호하고자 하는 관련 법규의 취지가 반영된 것으로 이해하면 된다.[26)]

이상의 자기주식과 관련한 회계처리를 분개 형식으로 정리하면 다음과 같다.

(a) 취득시 : 취득원가로 기록

(차) 자기주식(취득원가)	××	(대) 현 금	××

(b) 재발행(혹은 매각)시 :

• 재발행금액 > 취득원가

(차) 현 금	××	(대) 자기주식	××
		자기주식처분이익	××

---

26) 구체적으로 주주총회의 이익잉여금 처분결정 후 주식할인발행차금, 자기주식처분손실, 감자차손을 이익잉여금 처분 등 결손금처리순서에 따라 보전토록 하고 있다(한국회계기준원 제정 「기업회계기준 등에 관한 해석」 34-31).

- 재발행금액 < 취득원가

(차) 현 금	××	(대) 자기주식	××
자기주식처분이익	××*		
자기주식처분손실	××		

* 이미 계상된 잔액이 있는 경우

(c) 소각시 :

- 액면금액 > 취득원가

(차) 자 본 금	××	(대) 자기주식	××
		감자차익	××

- 액면금액 < 취득원가

(차) 자 본 금	××	(대) 자기주식	××
감자차익	××*		
감자차손(자본조정)	××		

* 이미 계상된 잔액이 있는 경우

(d) 증여받은 경우 :

분개 없음(비망기록)

(e) 재무상태표 표시 : 자본에서 차감하는 형식으로 표시

예제 8

㈜아뜨리에는 20×5년에 다음과 같은 자기주식거래를 하였다.

20×5년 1월 5일 : 자기주식 30주를 주당 ₩7,000에 취득하였다.
3월 10일 : 자기주식 중 10주를 ₩8,000에 처분하였다.
5월 15일 : 자기주식 중 10주를 ₩5,500에 처분하였다.
7월 20일 : 자기주식 중 10주를 소각하였다.
9월 25일 : 대주주로부터 자본보전을 목적으로 보통주 10주를 증여받았다. 증여시 주식의 시가는 주당 ₩7,500이었다.

20×5년 1월 1일 주주지분 관련 자료는 다음과 같다.

보통주-자본금	₩1,000,000	(주당 액면금액 ₩5,000)
보통주-주식발행초과금	500,000	
이익잉여금	300,000	
계	₩1,800,000	

한편, 자기주식거래를 제외한 20×5년의 당기순이익은 ₩100,000이었으며, 이익의 처분사항은 없다. 앞의 자기주식 거래를 우리나라 상법에 의한 방법에 따라 회계처리하고, 20×5년 12월 31일의 재무상태표 자본부를 작성하기 위한 계산표를 제시하라. 동 계산표에서 자본항목을 납입자본, 이익잉여금 및 기타자본요소로 통합하여 표시하지 않고, 최대한 구분표시한다.

해 답

우리나라 「상법」에 의한 방법에 따른 일자별 회계처리는 다음과 같다.

1월 5일	(차)	자기주식	210,000	(대)	현 금	210,000
3월 10일	(차)	현 금	80,000	(대)	자기주식	70,000
					자기주식처분이익	10,000
5월 15일	(차)	현 금	55,000	(대)	자기주식	70,000
		자기주식처분이익	10,000			
		자기주식처분손실	5,000			
7월 20일	(차)	보통주-자본금	50,000	(대)	자기주식	70,000
		감자차손	20,000			
9월 25일	분개 없음					
12월 31일	(차)	집합손익	100,000	(대)	이익잉여금	100,000

우리나라 「상법」에 의한 방법의 경우 20×5년 12월 31일 재무상태표 자본부 작성을 위한 계산표는 다음과 같다. 단, 기타자본요소계정은 개별적으로 중요성이 있다고 가정한다.

자 본 금		
보통주-자본금		₩950,000
자본잉여금		
보통주-주식발행초과금		₩500,000
기타자본요소		
자기주식처분손실	(5,000)	
감자차손	(20,000)	(25,000)
이익잉여금		400,000
자본총계		₩1,825,000

<참고> 이익잉여금처분은 주주총회 결의사항이므로 자기주식처분손실, 감자차손 등의 이익잉여금상각은 익년 주주총회일에 이루어지므로, 20×5년도가 아닌 20×6년도 재무제표에 동 처분 내용이 반영된다.

2. 주식의 소각

(1) 유상소각과 무상소각

보통주의 소각을 소각시 대가지급 여부에 따라 **유상소각**(혹은 **유상감자**)과 **무상소각**(혹은 **무상감자**)으로 구분할 수 있다. 유상소각은 **실질적 감자**, 무상소각은 **형식적 감자**라고도 한다.[27] 앞서 소개한 자기주식의 소각은 자기주식을 유상으로 취득한 경우 이미 주주에게 취득대가가 지급되었으므로 유상소각에 해당한다. 따라서 본 절에서는 무상소각에 대해서만 설명하기로 한다.

무상소각은 주주에게 별도의 대가를 지급하지 않고 주식을 소각(즉, 자본금을 감소)시키는 경우를 의미한다. 무상소각은 일반적으로 이월결손금이 누적되어 있는 회사가 주식을 소각하여 자본금을 감소시키고, 감소한 자본금만큼 이월결손금을 보전(즉, 자본잠식 등 재무구조를 개선)할 목적으로 이루어진다. 이 밖에 사업규모를 축소하기 위해 무상소각을 실시할 수도 있다. 무상소각의 방법으로는 주식의 병합과 주금의 감소가 있다. 주식의 병합은 주식의 수를 일정비율로 감소시켜 자본금을 줄이는 방식을, 주금의 감소는 주식의 액면금액을 낮추어 자본금을 줄이는 방식을 각각 의미한다.

예제 9

㈜아뜨리에의 주주지분 관련 자료는 다음과 같다. 보통주의 액면금액은 ₩5,000이다.

보통주-자본금	₩1,000,000
보통주-주식발행초과금	600,000
이월결손금	(150,000)
자본총계	₩1,450,000

1. ㈜아뜨리에는 이월결손금 ₩150,000을 보전하기 위하여 구주 10주당 8주를 교부하는 주식병합을 실시한 경우에 필요한 분개를 하라.
2. ㈜아뜨리에는 이월결손금 ₩150,000을 보전하기 위하여 주당 액면금액 ₩5,000인 발행주식 전부에 대해서 액면금액을 주당 ₩2,500으로 감소하는 경우에 필요한 분개를 하라.

---

27) 회사가 주주에게 지급하는 금액이 주식의 액면금액보다 클 경우 감자차익에서 우선적으로 차감하고 나머지는 감자차손으로 계상한다. 따라서 감자차손은 실질적 감자에서만 발생한다는 점에 유의해야 할 것이다. 다른 한편으로 주식의 소각에는 소각형태에 따라 회사의 일방적 결정에 의하여 특정 주식을 소멸시키는 강제소각과 회사와 주주 간의 합의(임의적 법률행위)에 의하여 회사가 주식을 취득하여 소멸시키는 임의소각이 있다.

3. 위 1과 2의 주식병합과 주금감소가 동시에 발생하였다고 가정하고 필요한 분개를 하라.

해 답

1. 주식병합의 경우

(차) 보통주-자본금	200,000*	(대) 이월결손금	150,000
		감자차익	50,000

* 주식병합으로 200주에서 160주가 되었다.
따라서 자본금이 ₩200,000(=40주 × ₩5,000/주) 감소한 것이다.

2. 주금감소의 경우

(차) 보통주-자본금	500,000*	(대) 이월결손금	150,000
		감자차익	350,000

* 200주 × (₩5,000 − ₩2,500)/주 = ₩500,000

3. 주식병합과 주금감소가 동시에 발생한 경우

(차) 보통주-자본금	600,000	(대) 이월결손금	150,000
		감자차익	450,000

* ₩1,000,000 − 160주 × (₩5,000 − ₩2,500)/주 = ₩600,000

참고로 「상법」 제461조(준비금의 자본금 전입)에 의하면 "회사는 이사회의 결의에 의하여 준비금의 전부 또는 일부를 자본금에 전입할 수 있다. 그러나 정관으로 주주총회에서 결정하기로 정한 경우에는 그러하지 아니하다."라고 되어 있다. 또한 「상법」 제460조에 의하면 "자본준비금은 결손보전에 충당하는 경우 외에는 처분하지 못한다."라고 되어 있다. 이 조문을 해석하면 자본준비금(회계상 자본잉여금)을 먼저 결손보전에 충당할 수 있다. 그러나 주주의 잔여지분청구권이라는 측면을 고려하면 주식발행초과금을 결손보전하는 방법과 감자에 의해 결손보전하는 방법 간에는 차이가 없다. 왜냐하면 자본잉여금의 결손보전은 자본 계정의 대체에 불과하기 때문에 주주평등의 원칙을 준수하여 모든 주주에게 동일한 비율로 감자하는 것은 주식발행초과금을 결손보전하는 것과 효과가 동일하다.

그러나 감자를 하는 방법이 회사에 보다 유리할 수 있다. 왜냐하면 주식수를 줄이게 되면 배당에 대한 압력이 줄어들 수 있기 때문이다. 우리나라는 대부분 액면배당을 실시하고 배당률도 거의 일정한 비율을 유지하고 있다. 이러한 실정에서 감자는 전체 배당액을 줄이는 효과를 가져와 결국은 재무구조를 개선할 수 있다. 따라서 주식발행초과금을 결손보전하는 것보다 무상감자를 선택하는 것이 보다 합리적인 방법이라 판단된다.

제4절 자본잉여금

자본잉여금은 자본거래에서 발생한 잉여금으로서 앞서 살펴본 주식발행초과금, 자기주식처분이익, 감자차익 등 주주와의 거래로 인해 주로 재무건전성에 긍정적으로 작용하는 자본항목 중 자본금을 제외한 부분을 의미한다.

한편, 자본잉여금은 「상법」에서는 자본준비금이라도 불리는데, 법에서 규정되어 있는 자본 개념으로서 법정준비금에 해당한다. 우리나라 「상법」상 법정준비금인 자본잉여금은 다음의 두 가지 경우로 사용이 제한된다.[28] 첫째, 이익준비금으로 자본의 결손보전이 충분하지 않을 때 결손보전에 자본잉여금을 사용하는 경우이다. 둘째, 이사회나 주주총회의 결의에 의하여 형식적 증자를 하기 위해 자본금으로 전입(무상증자)시키는 경우이다. 이와 같이 자본잉여금은 이익잉여금과 달리 배당의 재원이 될 수 없음을 유의하여야 한다.

이러한 자본잉여금은 개념적으로 주주의 자본 납입(즉, 유상증자)으로부터 발생하는 주식발행초과금과 자본 납입 후 거래(자기주식 취득 및 재발행, 소각을 통한 감자)로부터 발생하는 기타자본잉여금(자기주식처분이익, 감자차익)으로 구분된다.

자본잉여금의 분류

자본잉여금
- 주식발행초과금
- 기타자본잉여금 : 자기주식처분이익, 감자차익

주식발행초과금과 기타자본잉여금(자기주식처분이익, 감자차익)에 대한 회계처리는 본 장의 제3절을 참고하기 바란다.

---

28) 「상법」 제459조, 제460조 및 제461조.

제5절 자본조정

1. 자본조정의 개념과 유형

자본조정(capital adjustment accounts)은 i) 당해 항목의 성격상 주주와의 자본거래에 해당하나 최종불입된 자본으로 볼 수 없거나, ii) 자본의 차감 성격으로 자본금이나 자본잉여금으로 분류할 수 없는 항목으로 정의된다. 첫 번째 정의에 부합하는 임시적인 성격의 자본항목(즉, 당해 항목의 성격상 주주와의 자본거래에 해당하나 최종불입된 자본으로 볼 수 없는 자본항목)으로는 자기주식, 신주청약증거금, 주식선택권, 출자전환채무, 전환권대가, 신주인수권대가, 미교부주식배당금 등이 있다. 두 번째 정의에 부합하는 자본항목으로는 그 특성상 자본잉여금으로 분류된 항목(주식발행초과금, 감자차익, 자기주식처분이익)의 대칭적인 계정으로 자본에서 차감되어야 하는 자본항목(주식할인발행차금, 감자차손, 자기주식처분손실)이 있다.

소개된 자본조정 항목 중 자기주식, 주식할인발행차금, 감자차손, 자기주식처분손실은 이미 학습한 개념이므로 추가적인 설명을 생략한다. 나머지 자본조정 항목 중 신주청약증거금은 신주발행 과정에서 청약기일이 경과된 신주청약증거금 중 신주납입금으로 충당될 금액을 의미한다. 신주청약증거금의 경우 재무보고일 현재 신주발행이 거의 확실시되는 상황이라면 아직 신주발행 절차가 완료되지 않았으나 실질적인 납입자본에 해당하기에 자본조정이라는 임시 자본항목으로 인식된다.

주식선택권은 임·직원에게 주식교부형 주식(매수)선택권(stock option)을 부여하는 경우 발생하는 임시 자본항목으로 구체적인 회계처리는 제18장(주식기준보상)을 참조하기 바란다.

출자전환채무는 채권·채무조정 과정에서 채무자가 자신의 채무를 현금이 아닌 지분증권(주식)을 발행하는 과정에서 발생하는 임시 자본항목으로 구체적으로 회계처리는 제14장(금융부채)을 참조하기 바란다.

전환권대가와 신주인수권대가는 일반사채나 우선주에 부가된 보통주 전환 혹은 신규취득 권리로서 잠재적으로 납입자본으로 전환될 수 있어 임시 자본항목으로 분류된다. 전환권대가와 신주인수권대가에 대한 구체적인 회계처리는 제17장(복합금융상품)을 참조하기 바란다.

끝으로 미교부주식배당금은 주식배당과 관련하여 발생하는 임시 자본항목으로 이어지는 제6절의 배당 부분에서 구체적으로 다루도록 한다.

2. 자본조정의 표시

자본조정 중 자기주식은 별도의 항목으로 구분하여 표시한다. 주식할인발행차금, 주식선택권, 출자전환채무, 미교부주식배당금, 감자차손, 자기주식처분손실, 신주청약증거금 등은 기타자본조정으로 통합하여 표시하고 세부내용은 주석으로 기재할 수 있다. 다만, 이들 항목이 중요한 경우에는 구분하여 표시할 수 있다.

자본조정의 분류

자본조정 ┬ 자기주식
└ 기타자본조정 : 주식할인발행차금, 주식선택권, 출자전환채무, 전환권대가, 신주인수권대가, 미교부주식배당금, 감자차손, 자기주식처분손실, 신주청약증거금 등

지금까지 주식의 발행부터 자기주식의 취득 및 소각, 자본잉여금, 자본조정에 대한 내용을 학습하며 자본조정 계정에 대한 회계처리를 살펴보았다. 이를 자본조정 계정을 중심으로 정리하면 <표 16.3>과 같다.

표 16.3 자본조정 계정의 회계처리 예시

자본조정	회계처리
주식할인발행차금 (자본차감항목)	주식할인발행차금이 발생할 당시에 장부상 주식발행초과금이 존재하는 경우, 주식발행초과금의 범위 내에서 주식할인발행차금을 상계처리한다. 미상계된 주식할인발행차금잔액이 있을 경우에는 이익잉여금의 처분으로 주식발행연도부터 3년 이내의 기간에 매기 균등액을 상각할 수 있다. 단, 처분할 이익잉여금이 부족하거나 결손이 있는 경우에는 차기 이후연도에 이월하여 상각할 수 있다.
자기주식 (자본차감항목)	자기주식의 소각시 취득원가와 액면금액을 비교하여 취득원가가 더 큰 경우에는 그 차액을 감자차익에서 우선적으로 차감하고 나머지는 감자차손으로 처리하며, 액면금액이 더 큰 경우에는 전액 감자차익으로 처리한다.
미교부주식배당금 (자본가산항목)	실제로 주식배당시에 관련 자본계정에 대체한다.
감자차손 (자본차감항목)	감자차손은 감자차익과 우선적으로 상계하고 그 잔액은 자본조정으로 계상한 후, 결손금의 처리순서에 준하여 처리한다. 단, 이익잉여금과 자본잉여금의 처분으로도 잔액이 남을 경우 자본에서 차감하는 자본조정항목으로 계상한다.
자기주식처분손실 (자본차감항목)	자기주식처분손실은 자기주식처분이익으로 계상된 기타자본잉여금과 우선적으로 상계하고 그 잔액은 자본조정으로 계상한 후, 결손금의 처리순서에 준하여 처리한다. 단, 이익잉여금과 자본잉여금의 처분으로도 잔액이 남을 경우 자본에서 차감하는 자본조정항목으로 계상한다.

주식선택권 (자본가산항목)	권리행사시 주식선택권계정이 소멸한다. 이때 신주발행의 경우는 주식발행초과금계정, 자기주식 교부의 경우는 자기주식처분손익계정이 대차평균을 위해 사용된다.
출자전환채무 (자본가산항목)	출자전환일에 자본금과 주식발행초과금으로 대체된다.
신주청약증거금 (자본가산항목)	주금납입일 익일에 자본금과 주식발행초과금으로 대체된다.
전환권대가 · 신주인수권대가 (자본가산항목)	전환권 또는 신주인수권이 행사되어 추가로 주식을 발행하는 시점에서 주식발행초과금으로 대체한다.

제6절 이익잉여금

1. 이익잉여금의 개념

이익잉여금(retained earnings)이란 영업활동, 재무활동 및 투자활동과 같은 기업의 이익창출활동에 의해 축적된 이익을 사외에 유출하거나 납입자본에 대체하지 않고 사내에 유보한 것을 의미한다. 기업활동의 다양성처럼 이익잉여금은 여러 요인에 의해 증가 · 감소하는데, 이를 정리하면 다음과 같다.

이익잉여금의 증감원인

이익잉여금의 증가

- 당기순이익
- 자산의 사용 또는 제거로 재평가잉여금을 이익잉여금으로 대체 : 8장
- 지분증권 처분시 지분증권평가이익을 이익잉여금으로 대체 : 11장
- 재측정요소(사외적립자산의 재측정요소, 확정급여채무의 재측정요소 및 자산인식상한효과의 변동)를 인식하면 기타포괄이익에 반영한 후 즉시 이익잉여금에 대체 : 22장
- 전기손익수정 또는 회계정책변경누적효과로 이익잉여금 증가 : 23장

이익잉여금의 감소

- 당기순손실
- 지분증권 처분시 지분증권평가손실을 이익잉여금 감소로 대체 : 11장
- 배당 : 16장
- 무상증자(이익준비금 혹은 자본잉여금의 자본전입) : 16장

- 자본조정계정의 처리(주식할인발행차금, 자기주식처분손실, 감자차손의 상각) : 16장
- 재측정요소를 인식하면 기타포괄손실에 반영한 후 즉시 이익잉여금 감소로 대체 : 22장
- 전기손익수정 또는 회계정책변경누적효과로 이익잉여금 감소 : 23장

이익잉여금은 개념적으로 크게 기처분이익잉여금과 미처분이익잉여금으로 구분된다. 기처분이익잉여금은 이익잉여금 중에서도 이미 주주총회 의결 등을 통해 처분(즉, 사용)이 완료되어 기업이 더 이상 현금배당 등의 재원으로 자유롭게 사용할 수 없는 이익잉여금을 의미하며, 각종 법정적립금과 임의적립금이 그러한 예에 해당한다. 기처분이익잉여금 중 법정적립금은 관련 법규에 의해 강제로 사용이 제한된 이익잉여금으로 후술할 「상법」에 의한 이익준비금이 대표적인 예다.[29] 임의적립금은 적립이 의무화되어 있는 법정적립금과 달리 기업이 정관 변경 등을 통해 자발적으로 사용을 제한한 이익잉여금을 의미한다. 법정적립금과 임의적립금의 세부 유형과 회계처리는 이어지는 '이익잉여금의 처분' 파트에서 학습하도록 한다.

한편, 미처분이익잉여금은 이익잉여금 중 당기말 현재 배당, 법정적립금 혹은 임의적립금 등으로 처분되지 않고 남아 있는 이익잉여금을 의미한다.

끝으로 당기말 현재 누적된 결손금[즉, 누적 손익에서 배당 지급액 등을 차감하고 난 금액이 음(−)인 경우] 중 보전되지 않고 남아 있는 경우에는 음(−)의 이익잉여금이 아닌, 미처리결손금이란 계정과목으로 별도 표시한다. 이를 도식화하면 다음과 같다.

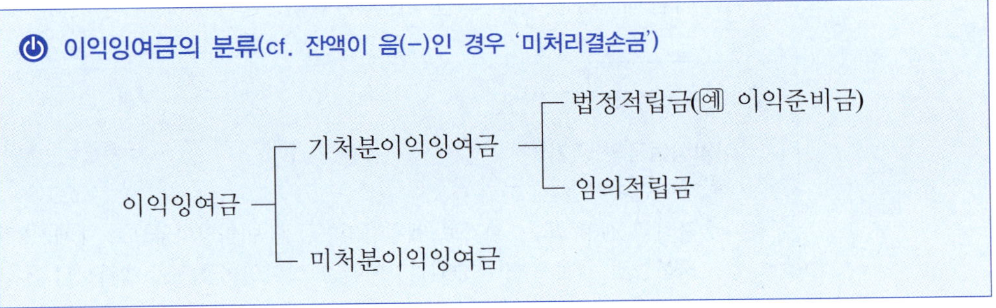

29) 적립금은 이익잉여금을 재분류한 것이지 적립금으로 인하여 동액의 현금이 별도로 적립된 것이 아님에 유의할 필요가 있다. 적립금의 정확한 의미는 법률 등의 요구에 따라 특정한 목적으로 배정하여 처분을 제한한 금액(일종의 꼬리표 달기)이다.

2. 이익잉여금의 처분

이익잉여금의 처분은 당기말 현재 처분되지 않고 남아 있는 미처분이익잉여금을 처분하는 행위를 의미하며, 다음과 같은 3가지 유형으로 구분된다.

① 주식할인발행차금, 자기주식처분손실, 감자차손 등의 상각
② 법정적립금과 임의적립금으로 대체
③ 배당

즉, 이익잉여금은 음(－)의 자본요소(①)를 제거하거나, 각종 적립금(②)으로 대체되어 사용을 제한당하거나, 배당(③)의 재원으로 사용되며 처분될 수 있다. 그런데 우리나라 「상법」은 이러한 3가지 유형의 이익잉여금 처분을 '① → ② → ③'순으로만 가능하도록 허용하고 있다. 이는 기업이 영업활동 등으로부터 이익이 발생하더라도 일차적으로 부실한 자본항목을 제거하고, 여기에 적립금 형태로 이익을 추가적으로 내부에 유보하고 난 후에도 잔여이익(즉, 미처분이익잉여금에 해당)이 존재하는 경우에 한해 기업이 자원의 유출을 초래하는 현금배당 등을 실시할 수 있다는 것을 의미한다. 이처럼 「상법」을 비롯한 우리나라의 각종 자본 규제는 과도한 현금배당 등을 예방하여 기업의 재무건전성을 도모하고자 하며, 자본회계는 자본항목의 적절한 분류와 표시를 통해 이를 뒷받침하고 있다.

한편, 이익잉여금을 ①번 방식으로 처분할 경우 이익잉여금이 감소하는 만큼 음(－)의 자본항목이 사라지므로 자본총계에는 변화가 없다. ②번 방식에 의한 처분을 하게 되면 미처분이익잉여금이 기처분이익잉여금으로 재분류되는 것에 불과하므로 이익잉여금과 자본총계 잔액 모두 변화가 없다. 반면, ③번 방식에 의한 배당을 하게 되면 형식적 배당(주식배당)이 아닌 실질적 배당(현금배당, 현물배당)의 경우 기업의 자원이 유출됨에 따라 이익잉여금과 자본총계가 모두 감소하게 된다.

이익잉여금의 처분이란?

미처분이익잉여금을 처분하는 것으로 이익잉여금의 감소를 항상 초래하지는 않음.

이익잉여금의 처분순서는?
첫째, 주식할인발행차금, 자기주식처분손실, 감자차손 등의 상각
둘째, 법정적립금과 임의적립금으로 대체(이 경우 이익잉여금의 감소가 없음)
셋째, 배당

이상의 3가지 이익잉여금 처분 중 ①번 유형은 이미 제1~3절에서 학습하였으므로, 본 절에서는 ②번과 ③번 유형에 대해 순차적으로 학습하도록 한다. 먼저, 이익잉여금 처분 결과 미처분이익잉여금이 기처분이익잉여금으로 대체되는 ②번 유형에 대해 살펴보면 다음과 같다.

(1) 법정적립금

앞서 언급한 바와 같이 법정적립금의 대표적인 예는 「상법」에 의한 **이익준비금**이다. 일반적으로 우리나라의 모든 기업이 「상법」의 적용을 받는다는 점에서 이익준비금은 그만큼 보편적인 법정적립금이라 할 수 있다. 구체적으로 「상법」은 회사로 하여금 자본금의 1/2에 달할 때까지 이익배당액(즉, 현금배당 또는 현물배당)의 1/10 이상의 금액을 이익준비금으로 적립하도록 규정하고 있다. 다만, 주식배당의 경우에는 실질적인 자원의 유출을 발생시키지 않으므로 이러한 적립의무가 존재하지 않는다.[30) 적립된 이익준비금은 추후 결손보전이나 자본전입의 용도로만 사용할 수 있다.

한편, 회사가 적립한 자본잉여금과 이익준비금의 총액이 자본금의 1.5배를 초과하는 경우, 주주총회 결의를 통해 그 초과 범위 내에서 준비금을 감액할 수 있다.[31) 그리고 감액된 준비금은 이익잉여금으로 전입되어 배당 재원으로 활용하거나 결손보전에 충당할 수 있다.

이익준비금 외에도 기업이 적용받는 법규에서 요구하는 바에 따라 다양한 법정적립금이 추가적으로 발생할 수 있다. 예를 들어, 금융소비자 및 투자자 보호를 위해 재무건전성이 중시되는 금융회사의 경우 해당 권역의 금융 법규에서 요구하는 바에 따라 각종 재무건전성적립금을 의무적으로 적립해야 하는데, 이러한 적립금 역시 모두 법에 의해 강제된 것이므로 법정적립금에 해당한다.

(2) 임의적립금

임의적립금은 회사가 일정한 목적을 위하여 정관이나 주주총회 결의에 따라 임의로

---

30) 「상법」 제458조. 주주총회에서 자본금의 1/2을 초과하는 이익준비금의 적립을 결정하였을 경우 그 초과액은 법정적립금으로 인정할 수 있는가? 법률적으로 인정할 수 없음이 다수설이기 때문에 그 초과분은 임의적립금으로 처리하여야 한다. 한편, 금전배당이 없는 경우에도 이익준비금의 적립은 가능한가? 법무부 유권해석(법심 2301-9054)에 의하면 「상법」 제458조는 금전에 의한 이익배당이 있을 때에만 이익준비금을 적립할 수 있다는 취지에서 규정한 것이 아니고 이익준비금을 적립할 최저한도를 정한 것이므로 이익이 있는 한 이익준비금의 적립은 가능하다고 하였다.

31) 「상법」 제461조의 2(준비금의 감소) 회사는 적립된 자본준비금 및 이익준비금의 총액이 자본금의 1.5배를 초과하는 경우에 주주총회의 결의에 따라 그 초과한 금액 범위에서 자본준비금과 이익준비금을 감액할 수 있다.

적립한 적립금으로서 사업확장적립금, 배당평균적립금, 결손보전적립금, 자가보험적립금, 재해손실적립금 등을 예로 들 수 있다.

사업확장적립금은 추후 신사업 투자 등을 위한 재원을 마련할 목적으로 사내 유보(즉, 이익배당을 제한)한 적립금을 의미한다. 배당평균적립금은 배당준비적립금으로도 불리며, 회사가 매기 일정률의 배당지급을 위하여 이익의 일부를 사내에 유보시키는 경우에 설정하는 적립금이다.[32] 결손보전적립금은 장래에 발생가능한 결손에 대비하여 이익의 일부를 사내에 유보한 것으로, 향후 실제 결손이 발생하면 결손보전적립금을 우선적으로 결손보전에 충당하게 된다.[33] 재해손실적립금은 장래의 예측불가능한 재해손실에 대비하기 위한 목적으로 이익의 일부를 사내에 유보한 것이다.

임의적립금은 법정적립금과 달리 적립목적이 달성되면 미처분이익잉여금으로 이입(移入)하여 배당을 할 수도 있고, 다른 임의적립금으로 적립할 수도 있다. 임의적립금은 사용용도 변경을 위한 이입에 제한이 없다. 예를 들면, 사업확장적립금을 결손보전의 목적으로 이입할 수 있다.

예제 10

20×5년 3월 15일에 주주총회의 결의에 의하여 ㈜현테크는 공장증축을 위하여 사업확장적립금으로 ₩3,000,000을 적립하였다. 그 후 공장증축 공사가 진행되어 20×6년 2월 1일까지 총공사비 ₩2,500,000이 발생하여 증축을 완공하였는데, 당기발생 공사원가 ₩500,000을 완공일에 현금지급하였다. 다음의 사항을 분개하라.

1. 사업확장적립금의 적립
2. 공장증축 공사 및 완공
3. 공장증축의 완공 후에 배당평균을 위한 목적으로 재적립

해 답

1. 사업확장적립금의 적립

(차) 미처분이익잉여금	3,000,000	(대) 사업확장적립금	3,000,000

2. 공장증축 공사 및 완공

(차) 건설중인 자산	2,000,000	(대) 현 금	2,000,000
(차) 건 물	2,500,000	(대) 현 금	500,000
		건설중인자산	2,000,000

32) 배당평균의 목적은 주가의 안정에 있다. 자본시장에서는 배당률이 하락하면 주가가 하락하는 것이 일반적이기 때문이다.

33) 결손보전적립금의 설정 여부에 관계없이 여타의 임의적립금 등이 존재하면 결손보전에 충당하여야 한다.

3. 공장증축의 완공 후에 배당평균을 위한 목적으로 재적립

(차) 사업확장적립금	3,000,000	(대) 미처분이익잉여금	3,000,000
(차) 미처분이익잉여금	3,000,000	(대) 배당평균적립금	3,000,000

예제 11

20×5년 3월 15일에 ㈜현테크는 주주총회의 결의에 의하여 배당평균적립금 ₩3,000,000을 적립하였다. 20×6년 3월 16일에 ㈜현테크는 주주총회의 결의에 의하여 ₩5,000,000의 배당금을 지급하기로 결정하였고, 배당을 위하여 배당평균적립금 ₩1,500,000을 이입하기로 하였다. 20×6년 4월 15일 ㈜현테크는 배당금을 지급하였다. 한편, 20×7년 3월 16일에 ㈜현테크는 주주총회의 결의에 의하여 배당평균적립금 ₩1,500,000을 결손보전에 사용하기로 하였다. 다음의 사항을 분개하라.

1. 배당평균적립금의 적립
2. 배당평균적립금의 이입
3. 배당선언의 기록
4. 배당금의 지급
5. 배당평균적립금의 결손보전에 사용

해 답

1. (20×5년 3월 15일) 배당평균적립금의 적립

(차) 미처분이익잉여금	3,000,000	(대) 배당평균적립금	3,000,000

2. (20×6년 3월 16일) 배당평균적립금의 이입

(차) 배당평균적립금	1,500,000	(대) 미처분이익잉여금	1,500,000

3. (20×6년 3월 16일) 배당선언의 기록

(차) 미처분이익잉여금	5,000,000	(대) 미지급배당금	5,000,000

4. (20×6년 4월 15일) 배당금의 지급

(차) 미지급배당금	5,000,000	(대) 현　　금	5,000,000

5. (20×7년 3월 16일) 배당평균적립금의 결손보전에 사용

(차) 배당평균적립금	1,500,000	(대) 미처분이익잉여금	1,500,000
(차) 미처분이익잉여금	1,500,000	(대) 미처리결손금	1,500,000

3. 배당

(1) 배당의 개념

이익잉여금 처분 ③번 유형에 해당하는 **배당**이란 주주들의 납입자본을 토대로 기업이 영업활동을 수행하여 획득한 이익을 주주들에게 분배하는 것을 말한다. 이러한 배당은 주주 입장에서 주식처분을 통해 획득하는 자본이득과 함께 중요한 투자수익의 원천을 구성하게 된다. 여기서 유의할 부분은 기업이 주주에게 배당을 실시함으로써 경제적 자원의 유출이 발생하더라도, 배당은 어디까지나 비용(expenses)이 아닌 이익의 사후 배분(distribution of wealth)이라는 점이다. 즉, 배당은 이미 수익에서 비용을 차감하여 산정된 이익(영업활동 성과)을 재원으로 기업의 소유주인 주주에게 그 과실을 사후적으로 배분하는 절차로서 수익에서 차감되는 비용이 아니라는 것이다.

이처럼 배당이 기업이 벌어들인 이익을 사후적으로 배분하는 절차이기에 합법적인 배당은 항상 이익잉여금에서 지급하여야 하며 납입자본에서 지급하여서는 안 된다. 뿐만 아니라 법적으로 배당가능한 이익이 있다고 해서 전액을 배당금으로 사용하는 것도 현실적으로 쉽지 않다. 차입약정에 의한 배당 제한 등 앞서 소개한 ①번과 ②번의 이익잉여금 처분 외에도 다양한 제약이 추가적으로 뒤따를 수 있기 때문이다.

지금까지 배운 내용을 토대로 계산된 **최대 배당가능금액**은 다음과 같다.[34)]

최대 배당가능금액 = 미처분이익잉여금 − 기타이익잉여금 당기처분액(주식할인발행차금, 감자차손, 자기주식처분손실 등 상각) − 법정적립금 처분액 − 임의적립금 처분액 + 임의적립금 이입액 − 차입약정 등에 의한 계약상 배당 제한액

34) IFRS 도입으로 유가증권, 유형 · 무형자산 등에 대한 공정가치 평가가 확대되고 있는데, 「상법」 제462조 제1항과 「상법 시행령」 제19조에서는 이에 따라 발생할 수 있는 미실현이익을 배당가능이익 한도 계산 시 제외하도록 하고 있다.

배당 한도 = 순자산액 − 자본금 − 자본준비금 − 이익준비금 − 미실현이익

미실현이익은 기업회계기준서에 따른 자산 및 부채의 평가로 인하여 증가한 재무상태표상의 순자산액으로 규정되고 있으며, 미실현손실과 상계할 수 없다. 미실현이익은 자산 및 부채가 처분되거나 실제로 거래가 이루어지지 않은 상태에서 평가이익으로만 계상한 것으로 대표적으로 지분법평가이익, 유형자산재평가이익, 유가증권평가이익 등이 이에 해당한다. 미실현이익을 배당가능이익 한도계산시 제외하는 이유는 두 가지로 생각할 수 있다. 첫째, 선택적으로 자산 및 부채를 공정가치로 회계처리한 회사와 그렇지 않은 회사 간 배당가능이익 계산시 형평성을 유지하기 위함이다. 둘째, 미실현이익이 사외유출되지 않음으로써 회사의 자본충실성이 유지되도록 하기 위함이다.

그림 16. 2

배당 관련 사건의 발생순서

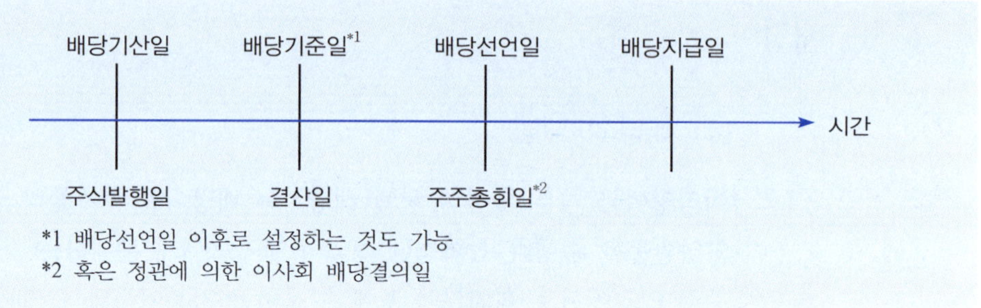

한편, 배당은 그 절차가 법으로 정해져 있으므로 배당과 관련한 각각의 사건을 구분하는 것이 중요한데, 이를 시간의 흐름에 따라 나타내면 [그림 16. 2]와 같다. **배당기산일**은 회계연도 초 혹은 주식의 발행일이며, 배당권을 부여하기 시작한 날이다. **배당기준일**은 통상 회계연도 말일이며, 배당을 받을 수 있는 권리를 구분하는 날이다.[35] 주식회사의 경우 주주 간 거래를 통해 주식 소유권이 끊임없이 변화하기 때문에 특정일을 기준으로 배당 지급대상을 확정할 필요가 있는데, 그러한 주주명부 확정일을 배당기산일이라고 한다. 즉, 배당기준일에 주주명부에 등재된 주주에 한에 배당을 받을 수 있는 권리를 얻게 된다.

한편, 우리나라는 t일에 매매가 이루어지면 2거래일 후인 t+2일에 결제가 이루어지는 't+2일' 결제제도를 가지고 있어 주식을 취득하더라도 배당을 받을 권리가 없는 배당락일(ex-dividend date)은 배당기준일 전일이 된다.[36] 예를 들어, 12월 28일이 배당기준일이라면, 배당락일은 12월 27일이다. 즉, 12월 27일에 주식을 매수하더라도 해당 거래가 12월 29일에 결제되어 배당을 받을 권리를 얻지 못하게 된다는 것이다.

배당선언일(배당결의일)은 주주총회에서 배당을 공식적으로 결의하는 날이다. 이익잉여금의 처분은 원칙적으로 주주총회의 결의로 정한다. 다만, 정관에 정함이 있고, 외부감사인의 적정의견 및 감사(또는 감사위원) 전원의 동의가 있는 경우에는 배당결의일이 주주총회일이 아닌 이사회결의일로 될 수 있다.[37] 끝으로 **배당지급일**은 배당기준일

35) 그간 우리나라의 12월 결산 기업들은 연말에 배당받을 주주를 확정하고, 다음 해 3월에 개최되는 주주총회에서 배당액을 확정하는 '**선**(先) **배당기준일, 후**(後) **배당액 확정**' 관행을 지속하여 왔다. 그 결과 주식투자자들은 수취할 배당액을 모르는 채 투자를 하고, 추후 주주총회에서 결정되는 배당액을 그대로 수용해야 하는 문제점이 있었다. 이에 금융위원회는 상법의 유권해석, 자본시장과 금융투자업에 관한 법률 개정 등을 통해 주주총회에서 배당액을 확정한 이후에 배당을 수취할 주주를 결정하는 '**선**(先) **배당액 확정, 후**(後) **배당기준일 결정**'을 할 수 있도록 허용하였다.

36) 즉, t일에 주식을 매수하더라도 t일의 매수조건으로 t+2일에 실제 대금 지급과 소유권 이전이 이루어지는 결제가 체결된다.

37) 상법 제449조의 2 및 제462조 제2항에서 재무제표 승인 및 이익배당 결정은 이사회 결의 및 주주총회 승인이 모두 필요한 사항이나, 일정 요건 충족시 이사회 결의만으로 가능하도록 허용하였으며,

현재 주주명부에 기재된 주주들에게 배당금을 지급하는 날이다.

예제 12

20×5년 12월 31일 현재 ㈜현테크의 재무상태는 아래와 같다.

자산총액	₩250,000
부채총액	100,000
자본금	100,000
자본잉여금	10,000
이익준비금	30,000
전기이월미처리결손금	10,000
당기순이익	20,000

1. 당사는 배당가능이익 중에서 주주총회의 결의에 의해서 ₩5,000의 현금배당과 ₩4,000의 주식배당을 한다고 가정할 경우, 당기에 적립하여야 할 최소 이익준비금은 얼마인가?
2. 또한 ₩5,000의 현금배당을 가정할 경우 최대 배당가능금액은 얼마인가?

해 답

1. 「상법」에서는 회사로 하여금 자본금의 1/2에 달할 때까지 매기 이익배당액의 1/10 이상의 금액을 이익준비금으로 적립하도록 규정하고 있다. 그렇기 때문에 적립하여야 할 최소 이익준비금은 ₩500(=₩5,000 × 10%)이다.

2. 한편, 최대 배당가능이익의 계산은 다음과 같다.
   최대 정기배당가능금액 = (−₩10,000 + ₩20,000) + ₩0 − ₩500 − ₩0
   = ₩9,500
   * 미처분이익잉여금 = 전기이월미처리결손금 + 당기순이익

앞서 설명한 것처럼 통상 배당을 포함한 이익잉여금의 처분은 원칙적으로 주주총회의 의결을 필요로 하기 때문에 재무보고일을 기준으로 작성되는 재무상태표에는 이러한 이익잉여금의 처분 내역이 반영되지 않는다. 이는 보고기간 후 사건인 주주총회에 의한 배당과 관련하여 보고기간 말 현재 시점에서는 기업이 부담하는 어떠한 지급의무도 존재하지 않기 때문이다. 그 결과 재무상태표의 미처분이익잉여금 잔액과 후술할 미처분이익잉여금의 변동내역 계산에서 표시된 차기이월미처분이익잉여금 잔액이 일치하지

주주총회에는 보고사항으로 대체한다. 일정 요건은 정관에 정함이 있고, 외부감사인의 적정의견 및 감사(또는 감사위원) 전원의 동의가 있는 경우이다. 이사회 결의를 통해 재무제표 승인 및 이익배당을 할 수 있도록 함으로써 재무제표 확정시기를 단축할 수 있으며, 배당에 대한 사항을 보다 신속하게 의사결정할 수 있다. 미국, 영국, 프랑스, 일본 등의 경우 이미 재무제표 승인은 이사회 결의만으로 가능하며 주주총회에는 보고사항으로 하고 있다.

않는다는 점에 유의할 필요가 있다.[38)]

따라서 <예제 12>에서 ₩5,000의 현금배당과 ₩4,000의 주식배당이 이루어질 경우 결산일과 주주총회일 현재 재무상태표 구성내역을 살펴보면 다음과 같다.

- 결산일 :

자산총액		₩250,000
부채총액		100,000
자 본 금		100,000
자본잉여금		10,000
이익잉여금		40,000
이익준비금	30,000	
미처분이익잉여금	10,000	

- 주주총회일 :

자산총액		₩250,000
부채총액		105,000
자 본 금		100,000
자본잉여금		10,000
자본조정		4,000
미교부주식배당금	4,000	
이익잉여금		31,000
이익준비금	30,500	
미처분이익잉여금	500	

참고로 배당은 주주의 투자수익률에 영향을 미치는 중요한 요소인 만큼 배당과 관련한 다양한 용어가 사용되고 있다. 몇 가지 간략히 소개하면, 먼저 **배당률**(액면배당률)은 주당 액면금액에 대해 지급되는 배당금의 비율을 말한다. 예를 들어, 주당 액면금액 ₩5,000인 주식에 주당 ₩500을 배당한다면 주가에 상관없이 배당률은 10%로 계산된다. **배당성향**은 당기순이익 중 현금으로 지급된 배당액의 비율을 의미한다. 당기순이익 ₩10,000,000 중 배당금으로 ₩1,000,000이 지급됐다면 배당성향은 10%가 된다. **배당수익률**은 주가에 대한 주당배당금의 비율을 의미한다. 예를 들어, 주당 액면금액 ₩5,000인 회사 주가가 ₩10,000이고 주당배당금이 ₩1,000이면 액면배당률은 20%이

38) 「상법」상 주식회사의 재무제표를 정기주주총회의 승인을 받아 확정하도록 되어 있으나 이사회의 결의로 재무제표를 확정하여 공시하도록 「자본시장과 금융투자업에 관한 법률」에 특례조항을 신설하는 것도 생각해 볼 수 있다. 이는 전년도 재무제표가 차년도 1분기 말에 공시되어 기업실적이 주가에 반영되는 시기가 늦어지고, 사실상 확정된 이사회 승인 재무제표가 주주총회까지 공시되지 않음으로써 미공개정보의 악용소지도 있기 때문이다.

고, 배당수익률은 10%가 된다.

(2) 배당의 유형

1) 지급 시기에 따른 구분 : 정기배당, 중간배당

앞서 소개한 것처럼 회계기간이 종료된 후 주주총회 결의를 거쳐 지급되는 통상적인 배당을 **정기배당**이라고 부른다. 이에 대비되는 개념으로 회계기간 중에 이사회 결의로 지급되는 배당을 **중간배당**이라고 부른다.

구체적으로「상법」 제462조의 3에 따르면 연 1회의 결산기를 정한 회사는 정관의 규정과 이사회의 결의로 일정한 날을 정하여 중간배당을 실시할 수 있도록 하고 있다. 「상법」상 **최대 중간배당가능금액**은 다음과 같이 계산된다. 결산 후 이루어지는 정기배당과 달리 중간배당은 결산 전에 이루어지므로 당해 연도 재무성과가 아닌 직전 회계연도말 재무성과를 재원으로 한다는 점에서 차이가 있다.

> 최대 중간배당가능금액 = 직전 결산기 순자산액(혹은 자본) − 직전 결산기 자본금 − 직전 결산기의 법정준비금(혹은 자본잉여금과 이익준비금 등 법정적립금) − 직전 결산기의 이익배당금 − 직전 결산기의 이익준비금 추가금액 − 중간배당으로 적립할 이익준비금

다만 중간배당의 경우 당기 재무성과가 확정되기 전에 지급되는 배당인 만큼 당해 결산기의 순자산액이 중간배당가능금액에 미치지 못할 것으로 우려되는 상황에서는 배당이 이루어지기 어려운 측면이 있다. 사후적으로 당해 결산기의 순자산액이 중간배당가능금액에 미치지 못한 경우임에도 배당을 하게 되면 이사가 이익잉여금 부족분과 실제 배당액 중 적은 금액을 회사에 보상할 연대책임을 부담해야 한다.[39)]

한편, 중간배당은 주주총회 결의사항이 아닌 이사회 결의사항이기 때문에 이사회 결의 시점에 배당이 확정된다. 따라서 회사가 당기에 중간배당을 한 경우 정기배당과 달리 중간배당지급(예정)액은 미처분이익잉여금에서 차감되어 표시된다. 그러나 중간배당도 주식배당이 아닐 경우에는「상법」상의 이익준비금을 적립하여야 하는데, 이익준비금 적립은 주주총회의 결의사항이므로 이를 주주총회 결의 후 재무상태표에 반영해야 할 것이다.

중간배당과 관련된 이상의 회계처리를 시점별로 정리하면 다음과 같다.

---

39) 모든 배당은 이사회의 결의가 있은 후 1월 이내에 지급해야 한다. 단, 주주총회 혹은 이사회의 결의로 연장 또는 단축 가능하다(「상법」 제464조의 2 제1항).

• 이사회 중간배당 결의시 :

(차) 미처분이익잉여금	×××	(대) 미지급배당금	×××

• 중간배당금 지급시 :

(차) 미지급배당금	×××	(대) 현 금	×××

• 주주총회의 중간배당에 대한 이익준비금 적립 결의시 :

(차) 미처분이익잉여금	×××	(대) 이익준비금	×××

2) 지급 형태에 따른 구분 : 현금배당, 주식배당, 현물배당

먼저, **현금배당**은 현금으로 배당을 지급하는 가장 일반적인 형태의 배당 유형이다. 앞서 정기배당과 중간배당에서 소개한 내용의 상당 부분이 현금배당에 그대로 적용된다고 이해하면 된다. 현금배당의 회계처리는 다음과 같다.

배당기산일 : 분개 없음

배당기준일 : 분개 없음

배당선언일 :	(차) 미처분이익잉여금	×××	(대) 미지급배당금	×××
			이익준비금	×××
배당지급일 :	(차) 미지급배당금	×××	(대) 현 금	×××

예제 13

㈜현테크는 20×6년 2월 10일에 주주총회를 개최하여 20×5년 12월 31일자 주주명부에 등재된 주주에게 주당 액면금액의 8%에 해당하는 금액을 현금배당으로 지급하기로 결의하였다. 20×5년 12월 31일 현재 주당 액면금액 ₩5,000인 보통주 10,000주가 기발행되어 있는 상태이다. 배당지급일은 20×6년 3월 9일이다. ㈜현테크의 현금배당과 관련된 분개를 하라. 단, 이익준비금의 적립은 무시한다.

해 답

20×6년 2월 10일(배당선언일)

(차) 미처분이익잉여금	4,000,000	(대) 미지급배당금	4,000,000

20×6년 3월 9일(배당지급일)

(차) 미지급배당금	4,000,000	(대) 현 금	4,000,000

다음으로 **주식배당**(stock dividends)은 이익잉여금을 자본으로 전입하여 주주에게 주식을 교부하는 형태의 배당을 의미한다. 즉, 기업의 이익잉여금을 자본화시킬 목적으로 주식을 주주에게 무상으로 주식을 분배하는 것이 주식배당이다. 이러한 주식배당은 기업이 실질적인 자산의 유출 없이 배당을 할 수 있고, 주식수를 증가시켜 주식의 시장성을 높일 수 있다는 장점이 있다. 또한 많은 경우 발행된 주식의 시가가 액면금액보다 높기 때문에 주식배당은 현금배당과 비교하여 주주의 배당욕구를 효과적으로 충족시켜 주는 측면이 있다. 그러나 주식수 증가는 미래의 배당압력을 증가시키는 요인으로 작용할 수 있다는 단점도 있다.

한편, 우리나라 「상법」은 주식배당을 이익배당(현금배당 혹은 현물배당) 총액의 1/2을 초과하지 못하도록 제한하고 있다.[40] 또한 회사가 신주로 주식배당을 하고 나서 당기 말에 배당금을 계산할 때 주식배당으로 증가한 주식의 배당기산일은 당기 초로 할 수 있도록 하고 있다.[41]

주식배당의 회계처리는 「기업회계기준서」에 별도의 언급이 없다. 따라서 우리나라 실무에서는 「상법」에 따른 회계처리가 이루어지고 있으며, 구체적으로 주식배당의 발행가액을 주식의 권면액(액면금액)으로 산정한다. 즉, 주식배당 시 주주에게 분배하는 주식의 액면금액에 해당하는 금액을 이익잉여금에서 자본금으로 대체시키면 된다.[42]

이를 주요 일자별로 구체적으로 살펴보면, 먼저, 배당선언일에 발생하는 **미교부주식배당금**을 자본조정 항목으로 인식한다. 이후 실제 주식이 발행되는 배당지급일에 자본금으로 대체한다.

- 배당기산일 : 분개 없음
- 배당기준일 : 분개 없음
- 배당선언일 :

(차) 미처분이익잉여금	×××	(대) 미교부주식배당금	×××*

* 액면가로 기록

- 배당지급일 :

(차) 미교부주식배당금	×××	(대) 자 본 금	×××

---

40) 다만, 상장법인의 경우에는 「자본시장과 금융투자업에 관한 법률」에 의해서 이익배당의 전부를 주식배당으로 할 수 있도록 하고 있다. 다만, 상법 제466조의 2 제1항에 의해 당해 주식의 시가가 액면가에 미달하는 경우 주식에 의한 배당은 이익배당총액의 1/2에 상당하는 금액을 초과하지 못한다.

41) 「상법」 제462조의 2 제4항.

42) 이러한 주식배당 회계처리를 이론적으로 **액면금액법**(par value method)이라고 부른다. 액면금액법은 주식배당을 투자자의 수익으로 볼 수 없다는 입장을 전제로 한다. 이에 반해 주식배당을 회사이익의 분배로 보고, 분배하는 주식의 시가에 해당하는 금액만큼의 이익잉여금을 자본금과 주식발행초과금으로 대체시키는 방법을 **시가법**(market value method)이라고 부른다. 우리나라에서는 「상법」 제462조의 2 제2항에 따라 액면가액법에 따른 회계처리만이 허용된다.

한편, 주주 입장에서 주식배당은 피투자회사의 이익잉여금이 자본금으로 재분류되는 자본항목 간 대체에 불과하므로 앞서 살펴본 무상증자(즉, 형식적 증자)와 경제적 실질이 동일하다. 이처럼 주식배당의 결과로 경제적 실질에 아무런 변화가 없으므로(즉, 상업적 실질이 결여된 거래에 해당) 주주는 무상증자에서와 같이 별도의 회계처리를 수행하지 않는다.

예제 14

㈜현테크는 20×6년 3월 10일에 주주총회를 개최하여 20×5년 12월 31일자 주주명부에 등재된 주주에게 주당 0.1주의 주식배당을 하기로 결의하였다. 20×5년 12월 31일 현재 주당 액면금액 ₩5,000, 주당 시가 ₩11,000인 보통주 10,000주가 기발행되어 있는 상태이다. 배당지급일은 20×6년 4월 9일이다. ㈜현테크의 주식배당을 액면금액법과 시가법에 따라 각각 분개하라.

해 답

• 액면금액법에 따른 주식배당의 분개

20×6년 3월 10일

(차) 미처분이익잉여금	5,000,000	(대) 미교부주식배당금	5,000,000

20×6년 4월 9일

(차) 미교부주식배당금	5,000,000	(대) 자 본 금	5,000,000

• 시가법에 따른 주식배당의 분개

20×6년 3월 10일

(차) 미처분이익잉여금	11,000,000	(대) 미교부주식배당금	11,000,000

20×6년 4월 9일

(차) 미교부주식배당금	11,000,000	(대) 자 본 금	5,000,000
		주식발행초과금	6,000,000

끝으로 **현물배당**은 앞서 살펴본 배당지급 수단이 현금이 아닌 현물일 뿐, 개념적으로는 현금배당과 동일하다. 그러나 회사가 보유하고 있는 현금 이외의 자산으로 배당을 지급함에 따라 현물에 대한 공정가치 평가 및 그에 따른 자산처분손익을 인식하는 절차가 추가적으로 요구된다.

구체적으로 「기업회계기준서」는 현물배당과 같이 자산의 일방적 이전시 자산의 공정가치로 기록하고, 그에 따른 자산처분손익을 인식해야 한다고 규정하고 있다. 따라서 현물배당시에도 배당금 인식에 앞서 배당대상이 되는 비화폐성 자산을 장부금액이 아닌 시장가치로 회계처리하며 관련 자산처분손익을 인식하여야 한다. 예를 들어, 다음과 같은 상황을 가정해 보자. 장부금액과 취득원가가 ₩1,000인 금융자산(FVOCI)을 20×8년 12월 31일 현재 주주명부에 등재된 주주에게 현물배당으로 지급하기로 20×9년 3월 20일 개최된 주주총회에서 결의하였고, 배당은 20×9년 4월 20일에 이루어졌다. 20×9년 3월 20일 현재 금융자산(FVOCI)의 공정가치는 ₩1,100이다.

• 배당선언일(20×9년 3월 20일)

(차) 금융자산(FVOCI)	100	(대) 금융자산처분이익	100*

* 공정가치 − 취득원가 = ₩1,100 − ₩1,000 = ₩100

(차) 미처분이익잉여금	1,100	(대) 미지급(현물)배당금	1,100

• 배당지급일(20×9년 4월 20일)

(차) 미지급(현물)배당금	1,100	(대) 금융자산(FVOCI)	1,100

예제 15

㈜현테크는 20×6년 3월 10일에 주주총회를 개최하여 20×5년 12월 31일자 주주명부에 등재된 주주에게 주당 장부금액이 ₩400이고, 공정가치가 ₩500인 제품으로 현물배당을 하기로 결의하였다. 20×5년 12월 31일 현재 액면금액 ₩5,000인 보통주 10,000주가 기발행되어 있는 상태이다. 배당지급일은 20×6년 4월 9일이다. ㈜현테크의 현물배당과 관련된 분개를 하라. 단, 이익준비금의 적립은 무시한다.

해 답

20×6년 3월 10일 (배당선언일)

(차) 재고자산처분이익	1,000,000	(대) 제 품	1,000,000
(차) 미처분이익잉여금	5,000,000	(대) 미지급배당금	5,000,000

20×6년 4월 9일 (배당지급일)

(차) 미지급배당금	5,000,000	(대) 제 품	5,000,000

3) 지급 원천에 따른 구분 : 정상배당, 청산배당

지금까지 살펴본 것처럼 기업이 영업활동으로부터 발생한 이익잉여금을 재원으로 배당을 지급하는 경우, 배당의 지급원천 관점에서 정상배당이라 부른다. 이에 반해 기업 청산시 자본잉여금 등 납입자본을 재원으로 지급되는 배당을 청산배당이라 구분하여 부른다.

4) 주식배당, 무상증자, 주식분할, 주식병합 비교

주식배당과 무상증자는 자본항목 간의 재분류를 통해 납입자본이 증가하는 형식적 증자라는 점에서 경제적 실질이 사실상 동일하다. 그러나 양자는 납입자본의 재원이 상이하다. 주식배당은 미처분이익잉여금을 재원으로 하는 반면, 무상증자는 이익준비금 혹은 자본잉여금을 재원으로 한다는 점에서 차이가 있다.[43)]

이와 유사한 형식적 자본거래로 **주식분할**(stock split)과 **주식병합**(reverse stock splits)이 있다. 주식분할은 하나의 주식을 여러 개의 동일 주식으로 분할하는 거래를, 주식병합은 여러 개의 주식을 하나의 주식으로 통합하는 거래를 각각 의미한다. 이러한 주식분할과 주식병합의 경우 발행주식수와 주당액면금액이 변화하기는 하나, 자본계정에는 아무런 변화를 발생시키지 않기 때문에 기업 입장에서 별도의 회계처리를 필요로 하지 않는다. 반면, 주식배당과 무상증자는 자본총계에는 변화가 없더라도 자본계정 간의 재분류가 발생하므로 앞서 배운 바와 같은 회계처리가 이루어져야 한다.

이러한 차이를 정리하면 <표 16. 4>와 같다.

표 16. 4

주식배당, 무상증자, 주식분할 및 주식병합 간의 비교

항목	주식배당		무상증자	주식분할	주식병합	
	시가법	액면금액법			감자목적이 아닌 주식병합	감자목적의 주식병합
발행주식수	증가	증가	증가	증가	감소	감소
주당액면금액	불변	불변	불변	감소	증가	불변
총 자 본	불변	불변	불변	불변	불변	불변(감소***)
자 본 금	증가	증가	증가	불변	불변	감소
자본잉여금	증가 (시가>액면가)	불변	감소가능	불변	불변	증가가능*
이익잉여금	감소	감소	감소가능**	불변	불변	증가(불변***)

* 감자차익 발생가능
** 이익잉여금 중 법정적립금만 감소가능
*** 사업규모 축소의 경우이며, 상대계정인 자산계정이 감소

43) 「상법」 제461조에 의해 준비금을 자본전입할 수 있다. 무상증자의 재원은 일반적으로 법정적립금(이익준비금 및 기타법정적립금)이지만, 주주총회의 결의에 의하여 법정적립금으로 항목이 변경된 임의적립금도 무상증자의 재원이 될 수 있다.

제7절 기타포괄손익누계액

기타포괄손익은 보유중인 자산·부채의 가치변동으로 발생하는 미실현평가손익으로서 포괄손익계산서에 당기순이익과 함께 총포괄이익을 구성한다. 그리고 이러한 기타포괄손익을 재무상태표에 누적금액으로 표시한 것이 **기타포괄손익누계액**이다.

제3장에서 학습한 바와 같이 총포괄손익은 거래나 그 밖의 모든 사건으로 인한 자본(즉, 순자산)의 변동에서 소유주와의 거래로 인한 자본변동의 효과를 제외한 것을 말한다. 이처럼 총포괄이익에서 재화나 용역의 제조·판매와 같은 영업활동에서 발생하는 영업손익과 재무활동 또는 투자활동으로 인해 부수적으로 발생하는 기타손익을 요약한 순손익을 차감한 잔액이 기타포괄손익에 해당한다.

기타포괄손익은 ① 금융자산평가손익(OCI), ② 현금흐름위험회피 파생상품평가손익, ③ 해외사업장환산손익, ④ 재평가이익, ⑤ 확정급여제도의 재측정요소, ⑥ 지분법기타포괄손익 등 6가지 미실현(unrealized) 손익으로 구성되는데, 각 항목에 대한 설명은 제3장에 자세히 설명되어 있다.

포괄손익계산서:

총포괄손익 = 순자산 변동액 − 기업과 소유주간 거래나 사건에서 발생한 자본의 변동액
= 순자산 변동액 − (자본금 + 자본잉여금 + 자본조정) 변동액
= 당기순손익 + 기타포괄손익

기타포괄손익 = 총포괄손익 − 당기순손익
= 다음 6가지 미실현손익의 합계액
① 금융자산평가손익(OCI)
② 현금흐름위험회피 파생상품평가손익
③ 해외사업장환산손익
④ 재평가이익
⑤ 확정급여제도의 재측정요소
⑥ 지분법기타포괄손익

재무상태표:

기타포괄손익누계액 = 당기말까지 누적된 기타포괄손익

표 16. 5
기타포괄손익과 기타포괄손익누계액

기타포괄손익 (포괄손익계산서)	기타포괄손익누계액 (재무상태표)
금융자산(FVOCI)의 재측정 손익(즉, 채무증권평가손익, 지분증권 평가손익 등으로 구성된 **금융자산평가손익**)	금융자산평가손익
현금흐름위험회피를 할 경우 위험회피수단의 평가손익 중 효과적인 부분(**현금흐름위험회피 파생상품평가손익**)	현금흐름위험회피 파생상품평가손익
해외사업장의 재무제표 환산으로 인한 손익(**해외사업장환산손익**)	해외사업장환산손익
재평가이익	재평가잉여금
확정급여제도의 **재측정요소**	해당사항 없음[주)]
지분법기타포괄손익	지분법자본변동

주) 기타포괄누계액이 아닌 순확정급여부채(확정급여부채 > 사외적립자산인 경우) 또는 순확정급여자산(확정급여부채 < 사외적립자산인 경우)에 반영

한편, 포괄손익계산서상 **기타포괄손익**의 유형과 이에 대응되는 재무상태표상 **기타포괄손익누계액**을 정리하면 위의 <표 16. 5>와 같다.

제8절 자본변동표

지금까지 자본의 구성요소, 각 요소의 개념과 변동요인 등을 순차적으로 살펴보았다. 이처럼 자본은 기업의 영업활동 외에도 다양한 유형의 주주거래를 통해서도 변화하게 되는데, 이를 회계기간별로 일목요연하게 정리한 것이 바로 **자본변동표**다. 즉, 자본변동표는 한 회계기간 동안 발생한 소유주지분의 변동을 표시하는 재무제표라 할 수 있다. 자본변동표의 구성과 작성 예시 등 세부사항은 제3장을 참조하기 바란다.

참고로 과거에는 자본변동표 대신 이익잉여금처분계산서(또는 결손금처리계산서)가 작성되었다. 그러나 이익잉여금처분계산서의 경우 주주지분의 구성항목 중 이익잉여금을 제외한 다른 자본항목의 변동내용을 파악할 수가 없어, 이를 파악하기 위해서는 다른 재무제표, 주석 또는 부속명세서 등을 참고해야만 했다. 이에 현행 「기업회계기준서」는 기본재무제표에서 이익잉여금처분계산서(혹은 결손금처리계산서)를 제외시키고, 대신에 자본변동표를 통해 재무상태표에 표시되어 있는 자본의 모든 변동내용에 대한 정보를 제공하도록 하였다. 다만, 현재도 「상법」 등이 요구하는 경우 주석을 통해 이익잉여금처분계산서(또는 결손금처리계산서)를 작성·공시해야 하는데 자세한 내용은 본 장의 <부록>을 참조하기 바란다.

[부록 A] 우리나라의 자본금제도

우리나라의 주식회사는 발행할 수 있는 총주식수(**수권주식수**)를 한도로 주식을 발행(**발행주식수**)할 수 있다.[44] 이때 발행주식수의 계산에는 발행 후 소각되거나 미납으로 실권하여 발행 전 발행취소된 주식수가 포함되지 않는 반면, 발행되어 **납입 완료된 주식수**와 발행되었으나 **부분 납입된 주식수**는 포함된다. 따라서 **미발행주식수**는 수권주식수에서 발행주식수와 소각주식수를 차감한 주식수이다. **자기주식수**는 발행주식수 중 재취득하여 보유하고 있는 주식수이다. 그리고 **유통주식수**는 발행주식수에서 자기주식수를 차감한 주식이다. 이러한 유통주식수가 배당의 대상이다.

한편, 우리나라 「상법」에 의하면 주식회사의 설립시에는 발기인이 정관을 작성하여야 한다.[45] 이들 발기인은 정관에 회사가 발행할 주식의 총수, 1주의 금액, 회사의 설립시에 발행하는 주식의 총수를 기재하여야 한다.[46] 또한 「기업회계기준서」는 재무상태표, 자본변동표 또는 주석에 주식 종류별로 다음 사항의 공시와 더불어 자본을 구성하는 각 적립금의 성격과 목적에 대한 설명도 공시하도록 요구하고 있다.

① **수권주식수**
② 발행되어 **납입 완료된 주식수**와 발행되었으나 **부분 납입된 주식수**[47]
③ 주당 액면금액 또는 무액면주식이라는 사실
④ 유통주식수의 기초 수량으로부터 기말 수량으로의 조정내역
⑤ 배당의 지급 및 자본의 환급에 대한 제한을 포함하여 각 종류별 주식에 부여된 권리, 우선권 및 제한사항
⑥ 발행주식 중 당해 기업, 종속기업 또는 관계기업이 소유하고 있는 주식(**자기주식**)
⑦ 옵션과 주식 매도계약에 따라 **발행 예정된 주식**(조건과 금액 포함)

---

44) 주식회사의 **자본금제도**에는 수권자본금제도와 공칭(확정)자본금제도가 있다. **수권자본금제도**는 회사설립 시 앞으로 회사가 발행하고자 하는 수권주식수의 일부만을 발행하고 추후 추가자금이 필요할 경우에는 이사회의 결의만으로 증자를 실시할 수 있는 자본금제도를 의미한다. 여기서 회사가 발행할 주식의 총수를 수권주식수라 하고, 실제 회사가 발행한 주식수를 발행주식수라 한다. **공칭자본금제도**란 회사설립 시에 발행하고자 하는 주식을 전액 발행해야 하는 제도로서 증자 시 정관변경 등 절차가 복잡하다. 우리나라에서는 수권자본금제도를 도입하고 있다.

45) 「상법」 제288조.

46) 「상법」 제289조 제1항.

47) 납입되지 않은 실권주의 경우 기업이 다시 일반공모하거나 주간사가 인수하면 발행될 수 있다. 하지만 최종적으로 실권이 되는 경우 발행주식수에 실권주식수(number of forfeited stocks)를 포함하지 않아야 한다. 주식이 청약금 완납 후 발행되는 경우에는 이러한 문제가 발생하지 않는다.

[부록 B] 청약발행

현금발행의 회계처리는 주식을 발행할 때 주식의 대금 전액이 일시에 납입되고 이와 동시에 주식을 발행하여 교부하는 경우에 해당한다. 그러나 현실적으로 이와 같은 경우는 드물 것이다. 특히, 회사가 유상증자를 위하여 신주를 발행하는 경우에는 다음과 같은 절차를 거친다.

① 이사회 또는 주주총회의 결의
② 신주배정일의 지정 및 공고
③ 신주인수권자에 대한 최고(기명식 주권발행) 및 공고(무기명식 주권발행)
④ 주식인수의 청약
⑤ 신주의 배정 및 인수
⑥ 출자의 이행
⑦ 증자의 등기

신주인수권자가 신주인수의 청약을 하면, 그 주식의 수에 따라 주금납입일에 인수금액의 전부를 납입할 의무가 발생한다. 그리고 납입기일의 익일부터 신주발행의 효력이 발생하고 신주인수인은 이날부터 주주의 자격을 취득하는 것이다.[48)]

실무적으로는 대부분의 신주발행회사는 주식청약인으로부터 주금납입을 확보하기 위하여 신주청약을 받을 때 신주발행금액의 전액을 납입받고 있다. 이러한 경우에는 주금납입절차는 청약자의 별도 납입절차 없이 주금납입일에 주간사회사인 증권회사가 대행한다.

신주청약증거금이란 청약자가 신주청약금액을 납입하여 자본금으로 대체되거나 초과청약으로 인하여 환급되기 전까지의 총금액을 나타낸다. 이러한 신주청약증거금 중 장차 회사의 자본금으로 대체될 것이 확실시되는 시점 이후에는 자본금의 성격을 가지게 되며, 유동부채인 신주납입금으로 충당되지 않고 반환될 신주청약증거금과 구분할 필요가 있다. 따라서 청약기일이 경과된 신주청약증거금은 신주납입액으로 충당될 금액을 자본조정으로 회계처리하며, 주식을 발행하는 시점에서 자본금과 자본잉여금으로 회계처리한다.

---

48) 「상법」 제423조 제1항.

[부록 C] 이익잉여금처분계산서

「기업회계기준서」 제1001호는 재무제표에 재무상태표, 포괄손익계산서, 현금흐름표, 자본변동표 및 주석을 포함하고 있다. 그러나 「기업회계기준서」 제1001호는 「상법」 등에서 이익잉여금처분계산서(또는 결손금처리계산서)의 작성을 요구하는 경우에는 재무상태표의 이익잉여금(또는 결손금)에 대한 보충정보로서 이익잉여금처분계산서(또는 결손금처리계산서)를 주석으로 공시하도록 하고 있다.

이익잉여금처분계산서는 기본적으로 전기말(혹은 기초) 미처분이익잉여금에서 출발하여 당기 이익잉여금 처분 내역을 반영하여 당기말 미처분이익잉여금(이를 '차기이월미처분이익잉여금'이라고 부른다)을 산출하는 방식으로 작성된다. 즉, 전기이월(기초) 미처분이익잉여금에 임의적립금이입액을 가산하고 이익잉여금처분액을 차감하여 차기이월미처분이익잉여금이 산출된다. 이처럼 이익잉여금처분계산서에는 미처분이익잉여금의 변동사항만이 반영되어 있으므로 이익잉여금 중에서도 기처분이익잉여금에 대한 정보는 반영되어 있지 않음에 유의할 필요가 있다.

이익잉여금처분계산서의 구조를 예시하면 다음과 같다.

이익잉여금처분계산서

구 분	금 액
Ⅰ. 미처분이익잉여금	×××*
1. 전기이월미처분이익잉여금**	
(또는 전기이월미처리결손금)	
2. 회계정책변경의 누적효과***	
3. 오류수정의 누적효과***	
4. 중간배당액****	
5. 당기순이익	
(또는 당기순손실)	
6. 기타포괄손익(누계액)의 이익잉여금 대체	
Ⅱ. 임의적립금이입액	×××
1. ××적립금	
2. ××적립금	
Ⅲ. 이익잉여금처분액	(×××)
1. 이익준비금	
2. 기타법정적립금	
3. 자본조정상각액	
4. 배 당 금	
가. 현금배당	

나. 주식배당	
5. 사업확장적립금	
6. 감채적립금	
7. …………………	
Ⅳ. 차기이월미처분이익잉여금	×××

* 당기말 재무상태표의 이익잉여금 중 미처분이익잉여금과 동일 금액

** 전기의 차기이월미처분이익잉여금과 당기의 전기이월미처분이익잉여금은 동일 금액

*** 비교표시되는 최초 회계기간인 전기초(혹은 전기초에 소급적용하기 불가능하다면 당기초)에 소급 반영하는 부분

**** 중간배당은 이사회의 의결사항이므로 이익잉여금처분액에 포함하지 않고, 미처분이익잉여금의 변동사항의 하나에 포함된다. 하지만 중간배당에 대한 이익준비금은 이익잉여금처분액에 포함하여 해당 결산기에 적립한다(「상법」 제458조).

한편, 미처분이익잉여금이 아닌 미처리결손금이 있는 경우에는 이익잉여금처분계산서 대신 결손금처리계산서를 작성하게 된다. 결손금처리계산서는 처분할 이익잉여금이 존재하지 않으므로 전기이월(기초) 미처리결손금에서 적립금이나 자본잉여금이입액으로 구성된 결손금처리액을 가산하여 차기이월 미처리결손금을 산출하는 구조로 작성·보고된다. 앞서 소개한 이익잉여금처분계산서에서 'Ⅲ. 이익잉여금처분액' 부분을 삭제하고 이익잉여금을 결손금으로 용어를 변경한 형태로 이해하면 된다.

익힘문제

[1] 자본의 구성요소를 기술하라.

[2] 우선주의 의미를 보통주와 비교하여 설명하고, 우선주의 유형에 대하여 기술하라.

[3] 이익배당우선주의 유형을 설명하라.

[4] 「기업회계기준서」 상의 신주발행비의 회계처리방법을 기술하라.

[5] 자기주식의 거래에서 발생하는 자기주식처분손익을 포괄손익계산서항목으로 처리하지 않는 이유를 설명하라.

[6] 주식배당과 무상증자를 실시할 경우 발행회사와 투자자의 입장에서 각각 어떠한 영향이 있는지 기술하라. 또한 회계처리방법에 대하여 설명하라.

[7] 다음에 기술하는 사항에 대하여 옳은지 그른지 판단하고, 그 근거를 제시하라.

(1) 현물출자의 경우 취득자산의 금액은 교부주식의 공정가치로 평가한다.

(2) 자기주식자본잉여금(또는 자기주식처분이익)을 당기손익 항목으로 처리하면 이익조절행위가 가능해진다. 이러한 이유로 회계처리기준에서는 자기주식자본잉여금(또는 자기주식처분이익)을 재무상태표 항목으로 처리하도록 하였다.

[8] 자본금과 주식발행초과금(또는 주식할인발행차금)을 구분하는 이유를 설명하라.

[9] 자기주식의 회계처리방법을 설명하라. 또한 자기주식을 매입하는 이유를 설명하라.

[10] 자본조정계정의 의미를 설명하라. 또한 자본조정계정 중 이익잉여금과 상계처리하는 항목에는 어떠한 것들이 있는지 설명하라.

[11] 주식배당, 무상증자, 주식분할, 주식병합에 대하여 의미를 설명하고 기업과 투자자에게 각각 어떠한 영향을 미치는지 비교설명하라.

[12] 감자차손과 자기주식처분손실의 회계처리방법에 대하여 설명하라.

[13] 기업과 소유주 간 자본거래에서 발생한 자본항목과 손익거래에서 발생한 자본항목을 설명하라.

[14] 납입자본을 공정가치로 후속측정하지 않는 이유를 설명하라.

[15] 이익잉여금의 의미를 자본잉여금과 비교하여 설명하라.

[16] 주식배당의 장단점에 관하여 기술하라. 또한 무상증자와의 차이를 설명하라.

[17] 주식배당과 주식분할을 비교설명하라.

[18] 다음 중 잘못된 내용이 있으면 지적하고 이를 수정하라.

(1) 이익준비금은 매 결산기에 이익배당액의 10분의 1을 자본금의 2분의 1에 달할 때까지 적립하여야 한다.

(2) 자기주식을 무상으로 증여받았을 경우 자기주식에 차기하고, 자산수증이익에 대기한다.

(3) 현금배당으로 인한 이익잉여금의 처분은 주주총회(혹은 정관에 따른 이사회)의 고유권한으로 보고기간 말 현재는 배당과 관련하여 기업이 부채로 인식해야 할 어떠한 사건도 발생하지 않았다.

(4) 감자차손익을 계산하기 위하여 주식의 액면금액과 취득원가를 비교하여야 한다.

(5) 자기주식은 배당권과 의결권 등 주주로서의 모든 권한이 정지되므로 배당의 대상이 아니다.

(6) 무상증자로 증가한 주식에 대해서도 중간배당을 지급하여야 한다.

[19] 기타포괄손익 항목의 여섯 가지 유형을 제시하라.

[20] 자본변동표의 유용성을 설명하라.

[21] 재무상태표, 포괄손익계산서, 자본변동표 및 현금흐름표 간의 관계를 설명하라.

연습문제

[1] 증자와 감자의 영향

다음을 각각 설명하라. 또한 유·무상 증자 및 감자가 자본금, 자본잉여금, 이익잉여금, 자본조정 및 자본총계에 미치는 영향을 분석하라.

(1) 실질적 증자(유상증자)

(2) 형식적 증자(무상증자)

(3) 실질적 감자(유상감자)

(4) 형식적 감자(무상감자)

[2] 자기주식

㈜이넷의 20×5년 중 주식과 관련된 거래내역은 다음과 같다.

(1) 우리나라 회계처리기준에 따라 일자별로 분개를 하라. 자기주식의 단가산정은 이동평균법을 사용한다.

① 20×5년 1월 23일 액면금액 ₩5,000인 보통주 100주를 주당 ₩6,000에 발행하여 회사를 설립하였다.

② 20×5년 3월 10일 보통주 40주를 주당 ₩4,500에 재취득하였다.

③ 20×5년 4월 17일 자기주식 20주를 주당 ₩4,000에 재발행하였다.

④ 20×5년 7월 24일 보통주 30주를 주당 ₩3,800에 재취득하였다.

⑤ 20×5년 9월 30일 자기주식 20주를 주당 ₩5,000에 재발행하였다.

⑥ 20×5년 11월 5일 자기주식 20주를 소각하였다.

(2) ㈜이넷의 20×5년 말 재무상태표 자본부를 작성하라. 단, 감자차익과 자기주식처분이익의 금액은 중요성이 있다.

[3] 주식종류별 배당금의 배분

㈜아뜨리에는 20×5년 1월에 개업을 하였으며, 20×6년 12월 31일 현재 자본은 다음과 같다. 모든 주식은 개업시 발행하였으며, 발행한 모든 주식의 주당 액면금액은 ₩5,000이다.

보통주자본금(배당률 10%)	₩1,000,000
우선주자본금(배당률 5%, 비누적적·비참가적)	₩500,000
우선주자본금(배당률 10%, 누적적·12%까지 부분참가적)	₩500,000

㈜아뜨리에는 개업한 이후에 배당을 실시한 적이 없다. ㈜아뜨리에가 20×7년 초에

₩300,000의 배당을 선언하였다.

(1) ₩300,000의 배당금을 어떻게 배분하여야 하는가?

(2) 누적적 우선주가 완전참가적이라면 배당금을 어떻게 배분하여야 하는가?

[4] 주식종류별 배당금의 배분

연말 결산법인인 ㈜텔레토비의 20×4년 12월 31일 자본금계정의 내역은 다음과 같다.

보통주	₩1,000,000
우선주(누적적, 비참가적)	100,000
우선주(누적적, 완전참가적)	200,000
우선주(누적적, 10% 부분참가적)	300,000
우선주(비누적적, 비참가적)	400,000
우선주(비누적적, 완전참가적)	500,000
우선주(비누적적, 10% 부분참가적)	600,000
합 계	₩3,100,000

위의 주식들은 모두 ㈜텔레토비가 20×2년 1월 5일에 설립할 때 발행한 것이다. 설립 초기에 운영자금이 많이 필요하여 20×4년 말까지 배당금을 지급한 적이 없다. ㈜텔레토비의 정관에는 우선주배당률이 8%로 나타나 있으며, 잔여이익은 우선주배당률과 동일하게 보통주에게 배당을 한 후의 금액으로 규정하고 있다. 20×5년 1월 15일 정관에 따라 이사회에서 현금배당을 다음과 같이 결정하였을 경우 주식종류별 배당금지급액을 계산하라.

(1) ₩340,000

(2) ₩532,000

(3) ₩370,000

[5] 감자와 주식병합

㈜샹드리에의 20×5년 1월 1일의 자본관련 내역은 다음과 같다. 일자별로 분개를 하라.

보통주자본금(500주)	₩2,500,000
주식발행초과금	500,000
이월결손금	(400,000)
합 계	₩2,600,000

20×5년 9월 1일 : 보통주 100주를 소각하면서 주당 ₩5,300을 현금으로 지급하였다.

20×5년 11월 1일 : 이월결손금 ₩400,000을 보전하기 위해서 보통주 4주당 3주의 비율로 주식병합을 실시하였다.

[6] 자기주식

다음 자료를 읽고 물음에 답하라.

<자료 1>

㈜샹드리에는 자본금이 30억원(보통주 600,000주, 액면금액 ₩5,000, 발행가 ₩8,000)인 회사로 20×4년 7월 15일에 한국증권선물거래소에 상장하였다. 20×4년에는 당기순이익이 ₩0이었다. 그 후 20×5년도 중에 다음과 같은 거래가 발생하였으며, 20×5년도의 당기순이익은 ₩200,000,000이었으며, 배당금지급 등의 이익잉여금처분은 아직 하지 않았다.

<자료 2>

① 20×5년 5월 6일에 자기주식 5,000주를 주당 ₩10,000에 취득하였다.
② 20×5년 6월 7일에 자기주식 8,000주를 주당 ₩9,000에 취득하였다.
③ 20×5년 7월 8일에 자기주식 7,000주를 주당 ₩11,000에 재발행하였다.
④ 20×5년 8월 9일에 자기주식 4,000주를 주당 ₩7,000에 재발행하였다.
⑤ 20×5년 9월 10일에 자기주식 1,000주를 소각하였다.

(1) 상기 자기주식 거래를 발생순서대로 분개를 하라. 단, 선입선출법을 사용한다고 가정할 것

(2) 20×5년 12월 31일 현재 자본계정과 관련된 부분재무상태표를 작성하라. 자본항목은 자본금, 자본잉여금, 기타자본요소, 이익잉여금 등으로 분리하고, 모든 계정은 중요성이 있다고 가정한다.

[7] 자본거래가 자본항목에 미치는 영향

다음은 자본거래가 각 자본항목에 미치는 영향을 나타낸 것이다. 틀린 것은?

구 분	주식배당	무상증자	주식분할	주식병합
① 자본금	증가	증가	불변	불변
② 자본잉여금	증가	감소가능	불변	불변
③ 이익잉여금	감소	감소가능	불변	불변
④ 총자본	불변	불변	불변	불변
⑤ 발행주식수	증가	증가	증가	감소

[8] 자기주식과 자본변동표 작성을 위한 계산

㈜자기는 20×7년도 5월 초 자본금 ₩3,000,000(보통주 600주, 액면금액 @₩5,000, 발행금액 @₩8,000)으로 설립된 회사이다. 20×7년 12월 31일 현재 이익잉여금은 ₩120,000이다. 20×8년 중 발생한 자기주식거래는 다음과 같고, 20×8년도 당기순이익은 ₩300,000이다. 20×8 회계연도 중 이익잉여금 처분사항은 없다.

① 20×8년 1월 1일 ㈜자기는 주주로부터 자기주식 10주를 주당 ₩8,000에 취득하였다.
② 20×8년 3월 10일 자기주식 5주를 주당 ₩10,000에 취득하였다.
③ 20×8년 5월 15일 자기주식 8주를 주당 ₩9,500에 취득하였다.
④ 20×8년 7월 20일 자기주식 7주를 주당 ₩11,000에 재발행하였다.
⑤ 20×8년 9월 25일 자기주식 4주를 주당 ₩7,000에 재발행하였다.
⑥ 20×8년 11월 30일 자기주식 5주를 소각하였다.

(1) 위의 거래를 순서대로 분개하라. 단, 선입선출법에 의할 것.
(2) 우리나라 회계기준에 따라 20×8년 12월 31일 현재 자본계정을 나타내는 부분재무상태표를 작성하라. 단, 자본항목은 자본금, 자본잉여금, 기타자본요소, 이익잉여금 등으로 분리하고, 모든 계정은 중요성이 있다고 가정한다.
(3) 자본변동표 작성을 위한 계산표를 작성하라.

[9] 배당의 주식별 배분

20×3년 1월 1일에 설립된 ㈜베라지오의 5년간 재무성과는 다음과 같다. 그리고 회사는 설립일 이후 배당을 결의한 적이 없으며, 자본금의 변동도 없다.

20×3	당기순손실	₩120,000
20×4	당기순손실	250,000
20×5	당기순손실	180,000
20×6	당기순이익	350,000
20×7	당기순이익	1,300,000

20×7년 12월 31일 현재 자본금의 구성내용은 다음과 같다.

자본금 :

- 보통주(주당액면 ₩5,000)
  - 수권주식 500주
  - 발행주식 및 사외유통주식 300주 ₩1,500,000
- 6% : 우선주(주당액면 ₩5,000), 비참가적 · 비누적적
  - 수권주식 50주
  - 발행주식 및 사외유통주식 50주 ₩250,000

- 5%: 우선주(주당액면 ₩5,000), 완전참가적 · 누적적
  - 수권주식 300주
  - 발행주식 및 사외유통주식 200주 ₩1,000,000

(1) 20×7년 12월 31일 현재 주식의 종류별 최대배당가능액을 계산근거와 함께 제시하라. 단, 이익준비금은 법정 최소한을 적립한다.

(2) 위의 6% 우선주가 완전참가적 · 비누적적 우선주라고 가정하고 물음 (1)에 다시 답하라. 단, 보통주의 배당률은 우선주의 가중평균배당률을 사용한다고 가정한다.

[10] 자본거래

20×5년 12월 31일 현재 ㈜광바이오텍의 자본 관련 자료는 다음과 같으며, 세효과는 무시한다.

자 본

I. 자본금		₩1,000,000
(발행주식수 200주, 액면금액 ₩5,000)		
II. 자본잉여금		
1. 주식발행초과금	500,000	500,000
III. 이익잉여금		
1. 법정적립금(이익준비금)	150,000	
2. 임의적립금(배당평균적립금)	150,000	
3. 미처분이익잉여금	400,000	700,000
(당기순이익 ₩200,000)		
자본총계		₩2,200,000

20×6년 중의 거래는 다음과 같다.

① 2월 25일에 주주총회에서 10%의 금전배당을 결의하였다. 이익준비금의 적립은 현금배당의 10%만 하기로 하였다.

② 3월 25일에 주주총회에서 결의된 배당금을 지급하였다.

③ 5월 5일 이사회에서 배당평균적립금을 자본에 전입하고 30주의 주식을 발행하기로 결의하였다.

④ 7월 10일에 채권자의 파산으로 인하여 외상매입금 ₩20,000의 지급의무가 면제되었다. 동 채무면제는 비반복적 · 비경상적인 성격을 가진다.

⑤ 9월 15일에 보험에 가입되어 있는 창고에 화재가 발생하여 창고건물(취득원가 ₩100,000, 감가상각누계액 ₩30,000, 보험가입금액 ₩80,000)과 재고자산(원가 ₩50,000, 보험가입금액 ₩70,000)이 소실되었다.

⑥ 12월 25일에 보험회사로부터 ₩150,000의 보험금을 지급받았다. 동 보험금으로부터 발생할 수 있는 보험차익은 비반복적 · 비경상적인 성격을 가진다.

⑦ 20×6년의 채무면제이익과 보험차익을 제외한 계속영업이익은 ₩250,000이다.

⑧ 2007년 3월 28일에 주주총회를 개최하여 12%의 금전배당과 주당 0.1주의 주식배당을 결의하였다. 또한 이익준비금의 적립은 현금배당의 10%만 하기로 하였다.

(1) 각 일자별 회계처리를 예시하라. 단, 신주도 구주와 동일한 배당권이 부여되어 있다고 가정한다.

(2) 20×6년 12월 31일의 재무상태표상 자본을 표시하라.

[11] 이익잉여금과 배당

㈜미소사는 20×5년 초 전기이월 미처리결손금 ₩5,000이 있다. 다음 표는 결손금을 처리하기 직전 20×5년 12월 31일 현재 회사의 재무상태 및 재무성과에 관한 정보를 나타낸다.

자산총액	₩220,000
부채총액	120,000
자본금	60,000
주식발행초과금	10,000
자기주식처분손실	(4,000)
이익준비금	14,000
배당평균적립금	3,000
전기이월미처리결손금	(5,000)
당기순이익	22,000

(1) 회사가 자기주식처분손실을 상각하고 임의적립금을 이입한 후 현금배당만 한다고 가정할 경우 배당가능한 최대금액은 얼마인가?

(2) 회사가 배당가능이익 중에서 주주총회 결의에 의해 ₩5,000의 현금배당과 10%의 주식배당을 결의하였다. 이 주식배당으로 주당 액면금액 ₩200의 보통주 30주가 주주들에게 지급될 것이며, 단주는 발생하지 않았다. 주식배당 회계처리는 상법을 따르며, 이익준비금도 상법에서 요구하는 최소한의 금액으로 적립한다고 가정하고, 배당결의일에 필요한 분개를 제시하라.

(3) 배당지급일의 분개를 제시하라.

[12] 자본변동표의 작성

다음의 자료를 이용하여 자본변동표를 작성하라. 단, 모든 자본관련 항목은 중요성이 있다고 가정한다. 또한 지배기업의 총포괄손익에 대한 비지배지분은 10%(총포괄손익에 대한 소수주주 지분율은 약 9.091%)이며, 20×4년 1월 1일 현재 비지배지분 잔액은 ₩60,000이라고 가정하며, 법인세효과는 이미 반영되어 고려할 필요가 없다.

(1) 다음 (3)과 (4)를 반영하지 않은 각 회계연도 말의 자본은 다음과 같다. 학습목적상 자본을 세분하였다.

	20×3	20×4	20×5
자 본 금			
보통주자본금	₩1,000,000	₩1,500,000 ①	₩2,000,000 ③
자본잉여금			
주식발행초과금		250,000 ①	600,000 ③
자본조정			
자기주식		(12,000) ②	(30,000) ④
기타포괄손익누계액			
금융자산평가손익	30,000	15,000	30,000
해외사업장환산손익	20,000	(10,000)	(20,000)
이익잉여금			
법정적립금	100,000	120,000	200,000
임의적립금	20,000	80,000	100,000
미처분이익잉여금	130,000	430,000	968,400
합 계	₩1,300,000	₩2,373,000	₩3,838,400

① 20×4년 1월에 주식 1,000주(주식액면금액 : @₩500, 주식발행금액 : @₩750)를 발행

② 20×4년 4월에 자기주식 20주(취득원가 : @₩600)를 취득

③ 20×5년 5월에 주식 1,000주(주식액면금액 : @₩500, 주식발행금액 : @₩850)를 발행

④ 20×5년 6월에 자기주식 20주(취득원가 : @₩900)를 취득

(2) 20×5년에 발견된 오류와 20×5년에 이루어진 회계정책변경의 누적효과를 각 연도(20×4년 초, 20×4년 말, 20×5년 말)에 적절히 배분하여 소급적용(혹은 적용)하기 전 지배기업의 연도별 이익잉여금 변동내역은 다음과 같다.

	20×3	20×4	20×5
전기이월이익잉여금	₩200,000	₩250,000	₩630,000
배 당	(40,000)	(10,000)	(50,000)
20×5년 초까지 오류수정 누적효과			200,000
20×5년 초까지 회계정책변경 누적효과			18,400
중간배당	(10,000)	(10,000)	(30,000)
당기순이익	100,000	400,000	500,000
차기이월이익잉여금	₩250,000	₩630,000	₩1,268,400

(3) 지배기업은 20×2년 1월에 취득한 무형자산 A(취득원가 : ₩500,000, 내용연수 : 5년, 잔존가치 : ₩0)를 자산으로 회계처리하지 않고 비용으로 처리한 중요한 오류를 20×5년에 발견하였다.

	20×2	20×3	20×4	20×5	20×6
비용처리 당기효과	₩500,000	₩0	₩0	₩0	₩0
자산처리 당기효과	100,000	100,000	100,000	100,000	100,000
오류수정 당기효과	₩400,000	(₩100,000)	(₩100,000)	(₩100,000)	(₩100,000)
비용처리 누적효과	₩500,000	₩500,000	₩500,000	₩500,000	₩500,000
자산처리 누적효과	100,000	200,000	300,000	400,000	500,000
오류수정 누적효과	₩400,000	₩300,000	₩200,000	₩100,000	₩0

회계연도	이익잉여금에 대한 영향		
	자산처리	비용처리	차 이
20×3년 이전까지의 오류수정 누적효과	₩(200,000)	₩(500,000)	₩300,000
20×4년 오류수정 당기효과	(100,000)	0	(100,000)
20×5년 기초까지의 오류수정 누적효과	₩(300,000)	₩(500,000)	₩200,000
20×5년 오류수정 당기효과	(₩100,000)	0	(₩100,000)

(4) 지배기업은 20×5년 초에 20×2년 1월에 취득한 기계장치 B(취득원가 : ₩100,000, 내용연수 : 5년, 잔존가치 : ₩0)의 감가상각방법을 정률법(40%)에서 정액법으로 변경하였다.

	20×2	20×3	20×4	20×5	20×6
정률법 당기효과	₩40,000	₩24,000	₩14,400	₩8,640	₩12,960
정액법 당기효과	20,000	20,000	20,000	20,000	20,000
회계정책변경 당기효과	₩20,000	₩4,000	₩(5,600)	₩(11,360)	₩(7,040)
정률법 누적효과	₩40,000	₩64,000	₩78,400	₩87,040	₩100,000
정액법 누적효과	20,000	40,000	60,000	80,000	100,000
회계정책변경 누적효과	₩20,000	₩24,000	₩18,400	₩7,040	₩0

회계연도	이익잉여금에 대한 영향		
	정액법	정률법	차 이
20×3년 이전까지의 회계정책변경 누적효과	₩(40,000)	₩(64,000)	₩24,000
20×4년 회계정책변경 당기효과	(20,000)	(14,400)	(5,600)
20×5년 기초까지의 회계정책변경 누적효과	₩(60,000)	₩(78,400)	₩18,400
20×5년 회계정책변경 당기효과	₩(20,000)	₩(8,640)	₩(11,360)

PART 4

특수주제

개 요

제4부에서는 앞의 자산, 부채, 자본회계에서 다 살펴보지 못한 다양한 주제들을 다루게 된다. 제17장 복합금융상품에서는 여러 금융상품들의 다양한 특성들이 결합되어 만들어진 복합적인 파생상품 등의 회계처리를 다루게 된다.

제18장 주식기준보상에서는 종업원에 대한 보상 중 현금이 아닌 주식으로 보상하는 스톡옵션 등 다양한 보상방법에 대한 회계처리를 학습하게 된다.

제19장 주당이익은 손익계산서의 마지막 줄인 보통주 한 주에 귀속되는 순이익에 대하여 기술하고 있는데, 단순한 자본구조 하에서 기본주당이익과 복잡한 자본구조 하에서의 희석주당이익에 대하여 나누어 공부한다.

제20장 법인세에서는 자산과 부채의 재무회계상 장부가액과 세무기준액의 차이에 따라 발생하는 이연법인세부채 또는 자산을 계산하고, 법인세비용과 세무회계상 당기법인세 부담액과의 차이를 처리하는 회계에 관하여 학습한다.

제21장은 리스에 대한 회계로서 법적인 소유권은 아직 이전되지 않았다 할지라도 그 자산으로부터 나오는 모든 경제적 효익과 위험이 실질적으로 이전되었다면 마치 할부로 구입한 것과 같은 형식의 리스회계에 대하여 학습한다. 여기서 법적 형식보다는 경제적 실질을 중시하는 회계의 특성을 실감하게 된다.

제22장 종업원급여에서는 기업이 근무용역을 제공한 종업원들에게 지급하는 단기종업원급여, 퇴직급여, 기타장기종업원급여, 해고급여에 대하여 급여별 회계처리를 다루게 된다. 이 장에서는 특별히 확정급여형 퇴직연금제도가 자세히 소개된다.

제23장에서는 회계변경과 오류수정에서는 경영자의 회계정책 및 추정의 선택과 이의 변경에 대하여 학습하게 된다. 특별히 경영자가 회계정책을 변경하였을 때 소급법의 적용, 추정을 변경하는 경우의 전진법, 그리고 오류수정을 위한 소급법 회계처리에 대하여 기술한다.

마지막으로 제24장은 현금흐름표의 작성으로서 기업회계에서 발생주의에 의한 당기순이익과 현금주의에 의한 현금흐름 회계를 비교하며, 재무상태표, 손익계산서, 자본변동표에 이은 현금흐름표가 제공하는 정보에 대하여 학습한다.

제4부에서 다루는 회계주제들은 회계원리 등에서 다루지 않은 비교적 생소하고 회계처리가 복잡한 것들도 있다. 그렇기 때문에 일부 주제들은 고급회계에서 다루기도 한다. 그러나 이 모든 회계처리는 제2장의 재무회계 개념체계의 논리에 근거하고 있으며, 앞에서 본 자산, 부채 및 자본의 회계처리와 일관성이 있기 때문에 각 회계주제의 특성을 파악하고 기본개념을 체계적으로 적용하면 의외로 쉽게 이해될 수 있다.

또한 제4부는 다양한 회계주제들을 모아 놓았기 때문에 주제별로 분류하기가 쉽지 않다. 그러나 제17장 복합금융상품과 제18장 주식기준보상은 자본 및 금융상품과 연관성이 있으며, 제19장 주당이익, 제20장 법인세는 주로 손익계산서와 관련된 회계이다. 한편 제21장 리스와 제22장 종업원급여는 부채의 회계처리와 관련이 있으며, 제23장 회계변경과 오류수정 및 제24장 현금흐름표는 재무정보를 공시하는 재무제표의 작성과 관련된 주제라고 할 수 있다.

CHAPTER 17

복합금융상품

Contents

한국채택국제회계기준	국제회계기준
제1032호 금융상품 : 표시	IAS 32 Financial Instruments: Presentation
제1109호 금융상품 (2018.1.1. 시행)	IFRS 9 Financial Instruments

복합금융상품(compound financial instrument)이란, 제10장에서 이미 설명하였듯이, 발행자의 관점에서 볼 때, 부채요소와 자본요소를 동시에 가지고 있는 비파생(non-derivative) 금융상품을 말한다. 복합금융상품의 대표적인 예는 전환사채(convertible bonds)인데, 이는 일반사채에 전환권이 첨가된 채권이다. 발행자의 관점에서 볼 때, 전환사채에 대한 이자지급과 액면금액의 상환의무는 금융부채에 해당하며, 전환권은 지분상품(equity instrument), 즉 자본에 해당한다. 전환권이 발행자의 자본이 되는 이유는 확정대가(즉, 채권의 장부금액)와의 교환으로 확정수량의 자기지분상품(즉, 주식)을 발행함으로써 결제되는 파생상품이기 때문이다.[1] 전환사채 자체는 비파생금융상품이지만, 그 안에 파생상품 요소인 전환권을 포함하고 있다. 이처럼 주계약(host instrument)인 금융상품(예 사채, 우선주 등)에 첨가되어 있는 파생상품을 내재파생상품(embedded derivatives)이라 부른다.[2]

복합금융상품의 또 다른 예로서 발행자가 의무적으로 상환해야 하는 우선주(mandatorily redeemable preferred stock)를 들 수 있다. 이러한 상환우선주는 미래시점에 발행자가 현금(또는 그 밖의 금융자산)으로 상환해야 할 의무가 있으므로 이는 발행자에게 금융부채가 되고, 배당은 발행자의 재량(discretion)에 따라 지급되므로 보유자에게 지급할 배당약정은 발행자에게 자본(부채가 아닌)이 된다.[3] 따라서 이러한 상환우선주도 발행자의 관점에서 볼 때 금융부채와 자본의 요소를 동시에 가지고 있는 복합금융상품이다.

「기업회계기준서」 제1032호 "금융상품 : 표시"에 따르면, 이러한 복합금융상품의 발행자는 해당 상품이 부채요소와 자본요소를 모두 포함하는지 먼저 파악한 후, 그러한 사실이 확인되면 이들을 각각 금융부채, 금융자산 및 자본으로 구분하여 회계처리해야 한다.[4] 발행자가 이러한 세 가지 요소들을 분류할 때에는 「기업회계기준서」 제1032호에서 제시하고 있는 금융자산, 금융부채 및 자본에 대한 정의에 근거하여 판단하는데, 이에 관하여는 제10장에서 상술하였다.

---

1) 금융상품의 재무제표상 표시를 위한 분류는 본서의 제10장에서 상술하고 있으니 참조하기 바란다.

2) 내재파생상품은 주계약과 '밀접하게 관련되어 있지 않은 (not closely related)' 경우에는 주계약과 분리하여 별도의 금융상품으로 회계처리 해야 한다(기업회계기준서 제1039호). 한편, 파생상품의 정의, 성격 및 종류는 본서의 제10장에서 상술하고 있다.

3) 배당은 현금 등 금융자산의 지급을 수반하지만, 발행자가 배당을 결의하지 않는 한 법적 의무가 되지 않으므로 배당약정은 금융부채가 아니다. 즉, 배당이 금융상품 발행자의 재량에 의해 이루어지는 한 배당약정은 금융부채가 아니라 자본요소에 해당한다.

4) 그러나 금융자산 요소가 복합되어 있는 경우에는 이를 금융부채에 포함시켜 (즉, 금융부채를 차감하는 것으로) 회계처리하므로, 결국 복합금융상품은 금융부채 요소와 자본요소로만 구분하여 회계처리하게 된다. 상세한 설명은 제1절의 7을 참조하라.

복합금융상품에 대해 금융부채, 금융자산 및 자본으로 분류하여 회계처리하는 것을 일명 '**분할회계**(split accounting)'라 부르며, 본 장에서는 「기업회계기준서」 제1032호에 따라 발행자의 분할회계를 살펴본다.[5] 설명의 편의를 위해, 먼저 복합금융상품의 대표격인 전환사채를 중심으로 분할회계를 소개하고, 이어서 전환사채와 성격이 유사한 신주인수권부사채(bonds with warrants)에 대한 회계처리도 설명한다. 그리고 발행자가 의무적으로 상환해야 하는 상환우선주(mandatorily redeemable preferred stock)의 회계처리는 비교적 단순하므로 [연습문제 10]에서 다룬다.

한편, 전환권(convertibility)이 첨부된 증권을 전환증권(convertible securities)이라 하는데, 전환사채나 신주인수권부사채는 이러한 전환증권[6]에 속한다. 또한 전환우선주(convertible preferred stock)도 전환증권에 속하는데, 전환우선주는 부채요소는 없이 자본요소만 가지고 있으므로 복합금융상품에 해당하지는 않는다. 그럼에도 전환우선주는 전환증권이라는 유사성을 가지므로, 본 장의 부록에서 그 회계처리를 소개하도록 한다.

제1절 전환사채의 회계

전술하였듯이, **전환사채**란 보유자의 선택에 의해 발행자의 보통주로 전환할 수 있는 권리(전환권)가 첨부된 사채이며, 전환이 이루어지면 전환사채는 소멸된다. 일반사채는 보통주로의 전환권이 없으므로 전환사채는 일반사채에 주식전환권을 첨가한 회사채인 셈이다.

전환사채는 일반사채처럼 표시이자율에 의한 이자를 지급하고, 이에 더하여 발행회사의 주가가 상승하면 주식으로 전환하여 주가상승차익을 취할 수 있는 권리를 부여하므로, 발행회사의 주가상승가능성이 높은 경우 매력적인 투자수단이 된다. 전환사채의 이러한 투자 이점으로 인하여 발행회사는 저렴한 자본비용으로 자본을 조달할 수 있다. 실제로 우리나라에서 발행되는 대부분의 전환사채는 표시이자율이 매우 낮아서 시장이자율과 현격한 차이를 보이며, 그럼에도 불구하고 액면금액으로 발행되는 것이 보통이다.

---

5) 참고로, 복합금융상품에 대한 **보유자**의 회계처리는 「기업회계기준서」 제1039호 '금융상품 : 인식과 측정'에서 다루고 있다.

6) 전환권이 행사되면 보통주가 발행되고 유통주식수가 증가하므로 주당이익이 낮아질 가능성이 높다. 즉, 전환으로 인해 기존 주주들에게 귀속되는 주당이익이 희석될(diluted) 수도 있는데, 관련 내용은 본서의 제19장에서 설명하고 있다.

전환사채와 관련한 주요 발행조건으로서 전환가격, 전환청구기간, 전환주식의 종류, 전환가격의 조정 및 만기보장수익률 등이 있다. **전환가격**은 **전환비율**(conversion ratio)이라고도 하며, 전환권의 행사로 발행될 주식 1주와 교환되는 사채의 액면금액을 말한다. 일례로, 전환가격이 ₩20,000이고 액면금액 총액이 ₩20,000,000인 전환사채가 전환되었다면, 이로 인해 발행된 주식수는 1,000주가 된다. **전환청구기간**이란 전환권을 행사할 수 있는 기간을 의미하며, 사채발행일로부터 일정기간(예 1개월)이 경과한 시점부터 만기가 도래하기 일정기간 전까지만 전환권의 행사가 가능한 것이 보통이다. 전환주식의 종류는 대부분의 경우 보통주이지만, 간혹 우선주로도 전환될 수 있다.

또 **전환가격의 조정**이란 전환사채 발행 이후 발행회사가 주식배당, 무상증자 혹은 주식분할 등을 실시하였을 때 전환가격을 변경하는 것을 말한다. 주식배당, 무상증자 등과 같이 유통주식수를 증가시키는 사건이 발생하였을 때, 전환가격을 이에 맞추어 하향조정해 주지 않으면 전환권의 가치는 감소할 것이다. 이러한 전환권의 가치감소를 방지하기 위해 전환사채를 발행할 때에 전환가격을 조정할 수 있도록 조건을 명시한다.

마지막으로 **만기보장수익률**이란 채권보유자가 만기까지 전환권을 행사하지 않고 전환사채를 보유하였다가 상환받는 경우 발행회사가 채권보유자에게 보장해 주는 투자수익률을 말한다. 전술하였듯이 전환사채는 첨부된 주식전환권으로 인하여 시장이자율보다 상당히 낮은 표시이자율로 발행된다. 주식시장이 활황이고 발행자의 성장잠재력으로 주가가 상승세에 있으면, 전환사채에 대한 투자자들의 선호도가 높으므로 표시이자율이 현저히 낮아도 발행에 큰 어려움이 없다. 그러나 주식시장이 침체되어 있거나 발행자의 주가상승 가능성이 낮은 경우라면, 표시이자율이 시장이자율보다 낮은 전환사채의 발행은 매우 어려울 수 있다. 이때 투자자를 유인하여 전환사채의 발행을 가능하도록 하기 위해 흔히 발행자는 표시이자율보다는 높은 만기수익률을 보장해 준다. 일정수준의 만기수익률을 보장해 주기 위해 발행회사는 만기 때에 액면금액보다 더 많은 금액을 상환한다. 다시 말해, 액면금액에 할증금(premium)을 더하여 채권보유자에게 지급함으로써, 만기까지 보유하는 동안 낮은 표시이자율로 이자를 받은 것에 대해 보상해 주는 것이다. 이러한 할증금을 **상환할증금**이라고 부른다.

개념적으로 만기보장수익률은 전환사채를 만기까지 보유하는 동안 투자자에게 지급되는 모든 현금흐름(즉, 이자, 액면금액 및 상환할증금)의 현재가치를 채권발행금액(즉, 투자자의 투자원금)과 일치시켜 주는 할인율이다. 따라서 투자자 입장에서 볼 때 만기보장수익률은 **내부수익률**(internal rate of return)이 되는 셈이다. <예제 1>을 통해 이를 확인해 보자.

예제 1

㈜영원은 20×7년 1월 1일에 액면금액이 ₩10,000이고, 만기 3년인 전환사채를 다음과 같은 조건으로 액면발행하였다.

- 표시이자율 : 연 7%
- 이자지급방법 : 매년도 말 지급
- 만기보장수익률 : 연 12%(상환할증금은 액면금액의 16.87%)
- 전환가격 : ₩200
- 전환주식의 종류 : 주당 액면금액이 ₩100인 보통주
- 전환청구기간 : 발행일 이후 1개월 경과시점부터 만기 1개월 전까지

1. ㈜영원의 전환사채를 중도에 전환하지 않고 만기까지 보유한 투자자의 투자수익률(만기보장수익률)이 12%인 것을 확인하라.
2. 만일 ㈜영원이 상환할증금을 지급하지 않는 조건으로 전환사채를 발행하였다면 만기까지 전환사채를 보유하였다가 상환받는 투자자들의 만기수익률은 몇 %인가?

해 답

1. ㈜영원의 상환할증금은 ₩1,687(=₩10,000 × 16.87%)이다. 이자, 액면금액 및 상환할증금을 포함한 채권의 모든 현금흐름을 12%로 할인한 현가, 즉

$$₩700 \times \left[\frac{1-(1.12)^{-3}}{0.12} \right] + (₩10,000 + ₩1,687) \times (1.12)^{-3}$$

이 ₩10,000(전환사채의 발행금액 ; 투자자의 투자원금)이므로 만기보장수익률이 12%임을 확인할 수 있다.

2. 회사가 상환할증금의 지급조건 없이 전환사채를 발행한 경우 만기까지 채권을 보유한 투자자들은 표시이자율과 같은 7%의 수익률밖에 획득하지 못한다. 이는 다음 계산으로부터도 확인할 수 있다.

₩10,000(전환사채의 발행금액 : 투자자의 투자원금)

$$= ₩700 \times \left[\frac{1-(1.07)^{-3}}{0.07} \right] + ₩10,000 \times (1.07)^{-3}$$

즉, 상환할증금의 지급조건이 없는 경우에는 표시이자율이 만기보장수익률이 되는 것이다.

일반적으로 우리나라의 전환사채는 액면금액으로 발행되며, **만기보장수익률은 전환사채의 표시이자율보다는 높지만 발행시점의 시장이자율보다는 낮다.** 만기보장수익률이 표시이자율보다 높은 이유는 상환할증금 때문이며, 시장이자율보다 낮은 이유는 전환권의 가치 때문이다. 일반사채의 경우는 시장이자율이 곧 만기수익률인데, 전환사채는 일반사채에 전환권이 첨부된 것이므로 일반사채의 만기수익률(즉, 시장이자율)보다 낮은 만기수익률을 제시하여도 투자자들을 유인할 수 있는 것이다.

전환사채의 만기보장수익률 < 일반사채의 만기수익률 = 시장이자율

전환사채는 일반사채와는 달리 자본요소도 포함하고 있는 복합금융상품이고 만기 전 주식으로의 전환이 이루지기도 하므로 그 회계절차는 일반사채의 경우보다 더 복잡하다. 이하 전환사채의 분할회계를 발행에 따른 최초인식, 이자지급, 전환, 만기상환, 그리고 만기 이전 재매입(early repurchase)으로 나누어 살펴본다.

1. 전환사채의 발행에 따른 최초인식

「기업회계기준서」 제1032호에 따르면, 전환사채 발행자는 채권발행금액(즉, 전환사채의 공정가치)을 부채요소(즉, 이자지급과 상환의무)와 자본요소(즉, 전환권)로 배분한 후, 각 배분금액을 부채와 자본으로 인식한다. 이러한 분할회계를 위해 발행자는 ① 부채요소의 공정가치를 먼저 결정하여 이를 부채에 배분한 후, ② 채권발행금액에서 부채요소의 공정가치를 차감한 잔액(residual amount)을 자본요소에 배분한다.[7] 즉, 전환권의 공정가치는 채권발행금액에서 부채의 공정가치를 차감한 잔액으로 결정되는 셈이다.

부채요소의 공정가치는 발행자에게 요구되는 최대한의 현금지급액[8]을 현재가치로 할인한 금액으로 측정하며, 이때 사용할 할인율은 해당 전환사채 부채요소와 실질적으로 동일한 현금흐름을 제공하고, 유사한 신용위험을 갖지만 전환권은 없는 일반사채에 적용되는 시장이자율이다.

이렇게 계산한 부채요소의 공정가치는 전환사채에 내재된 일반사채의 공정가치이므로, 채권발행금액(일반적으로 전환사채의 액면금액과 동일)보다는 당연히 낮을 것이고, 해당 차액은 자본요소, 즉 전환권의 공정가치를 나타내게 되는 것이다.

자본요소(전환권)의 공정가치
= 채권발행금액 − 부채요소의 공정가치
(발행자에게 요구되는 최대현금지급액의 현재가치)

7) 일반적으로 전환권은 발행자의 자본으로 인식하지만, 일례로 전환권 행사시 발행자가 **확정수량**이 아니라 주가에 따라 **가변수량**의 주식을 발행해야 한다든지, 또는 발행자의 선택에 의해 현금으로도 결제할 수 있는 경우라면 해당 전환권은 자본이 아니라 금융부채로 인식해야 한다. 상세한 설명은 제1절의 7을 참조한다.

8) 여기서 '최대한의' 현금지급액이란 사채의 전환가능성을 무시하라는 의미로 해석하면 될 것이다. 따라서 상환할증금이 있는 경우라면 그것도 최대한의 현금지급액에 당연히 포함된다.

채권발행금액을 부채요소와 자본요소로 배분한 후에는 이를 각각 부채와 자본으로 인식하는데, 먼저 부채는 현재가치로 인식하되, 할인발행된 일반사채의 경우처럼 채권액면금액을 차감하는 형태로 기록하며, 해당 차감액은 '전환권조정'이라는 **부채차감계정**(contra-liability account)에 계상한다. 만일 전환사채가 상환할증금을 지급하는 조건으로 발행된 경우라면, 해당 상환할증금은 채권액면금액에 부가하는 형태로 기록하며, 이때 부가액은 '사채상환할증금'이라는 **부채부가계정**(adjunct-liability account)에 계상한다.

또 전환사채의 자본요소인 전환권의 공정가치를 자본으로 인식할 때는 '전환권대가'라는 계정과목에 해당 금액을 계상한다. 제15장에서는 전환권대가를 기타자본조정에 속하는 항목으로 분류하였으나, 재무상태표 상에는 여타의 유사항목들과 통합하여 기타자본항목으로 표시하면 무난할 것이다. 이제 전환사채 발행으로 인한 최초인식과 관련한 분개를 <예제 2>를 통해 익혀보자.

예제 2

㈜쌈지는 회사의 현재 신용등급으로 만기 3년, 표시이자율 12%, 액면금액 ₩1,000,000의 일반사채를 액면금액으로 발행할 수 있다. 회사는 20×7년 1월 1일에 만기 3년, 표시이자율 7%, 액면금액 ₩1,000,000의 전환사채를 액면발행하였다. ㈜쌈지의 전환사채는 상환할증금 없이 발행되었으며, 이자는 매년 말에 지급하고, 전환가격은 ₩20,000이다. ㈜쌈지의 보통주 액면금액은 주당 ₩5,000이다. 이 전환사채의 최초 인식을 위한 분개를 제시하라.

해 답

㈜쌈지는 표시이자율 12%의 일반사채를 **액면금액**으로 발행할 수 있으므로, 전환사채의 부채요소에 적용할 수 있는 할인율은 12%다. 따라서 위 전환사채에 대한 부채요소의 현재가치와 자본요소의 공정가치는 다음과 같이 계산할 수 있다.

부채의 현재가치 = 이자지급으로 인한 기말연금의 현가 + 액면금액의 현가

$$= ₩70,000 \times \left[\frac{1-(1.12)^{-3}}{0.12}\right] + ₩1,000,000 \times (1.12)^{-3} = ₩879,908$$

전환권의 공정가치 = ₩1,000,000 − ₩879,908 = ₩120,092

• 전환사채의 최초인식을 위한 분개

(차) 현　　금	1,000,000	(대) 전환사채	1,000,000
전환권조정*	120,092	전환권대가**	120,092

* 부채차감계정　　** 자본계정 (기타자본항목)

2. 전환사채의 이자지급

전환사채 발행 이후 인식해야 할 회계적 거래는 채권에 대한 이자지급과 이자비용의 발생이다. 이를 위해 전환사채 최초인식 분개에서 기록한 '전환권조정'의 경제적 성격을 좀 더 깊이 살펴보자. 이 계정은 일반사채의 '사채할인발행차금'처럼 채권을 현재가치로 기록하기 위해 사용한 것이다. 그러나 전환권조정과 사채할인발행차금은 개념적으로 다소 차이가 난다.

먼저, 사채할인발행차금은 본질상 이자다. 즉, 채권을 할인발행하였으므로 발행자는 액면금액보다는 더 적은 자금(즉, 발행금액)을 차입한 것이 되고, 이후 만기에는 차입금보다 더 많은 액면금액을 상환하므로, 차입금과 상환액의 차이에 해당하는 할인발행차금은 성격상 이자인 것이다. 그런데 이 할인발행차금은 표시이자율에 따라 정기적으로 지급하는 현금이자에 **추가하여 만기에 일시불로** 지급되는 이자다. 발행회사는 이 추가이자를 채권발행시점에 사채할인발행차금으로 기록해 두었다가, 추후 현금이자를 지급할 때에 유효이자율법에 따라 이를 상각하여 추가적인 이자비용으로 인식하는 것이다.

전환사채의 전환권조정도 일반사채의 할인액처럼 만기에 지급하는 추가적인 이자다. 이와 같이 **만기시점**에서 볼 때 일반사채의 할인발행차금과 전환사채의 전환권조정은 모두 추가적 이자라는 동일한 속성을 갖지만, 발행시점에서도 이 둘이 동일한 것은 아니다. 그 이유는 일반사채의 할인발행차금이 만기에 **반드시** 지급될 **확정된 이자**인 반면, 전환권조정은 아직 그 지급이 **확정되지 않은 우발적 성격의 이자**이기 때문이다. 즉, 전환권조정은 전환사채가 중도에 전환되지 않고 만기까지 이르러야 이자로서 그 지급이 확정되는 우발성을 갖는다. 전환권조정의 이자로서의 이러한 우발성에도 불구하고 「기업회계기준서」 제1032호는 이를 일반사채의 할인발행차금처럼 지급이 확정된 이자로 간주하여 회계처리하도록 규정하였다. 따라서 표시이자(즉, 현금이자)를 지급할 때마다 전환권조정을 유효이자율법에 따라 상각하고 이 상각액을 표시이자에 더하여 이자비용으로 인식한다. 이렇게 하면 전환권조정의 상각액만큼 전환사채 계정(즉, 부채요소)의 장부금액은 증가하게 된다.

다음 표는 전환권조정을 유효이자율법에 따라 상각하는 방법을 보여준다. 이 방법은 제14장에서 이미 설명한 사채할인발행차금 상각의 경우와 동일하므로 자세한 설명은 생략한다.

표 17.1 전환권조정의 상각표

기 간	기초 부채잔고	이자비용	이자지급액	잔고증가액 (상각액)	기말 부채잔고
20×7	₩879,908	₩105,589[a]	₩70,000	₩35,589[b]	₩915,497[c]
20×8	915,497	109,860	70,000	39,860	955,357
20×9	955,357	114,643	70,000	44,643	1,000,000
				₩120,092	

a) ₩879,908 × 12%
b) ₩105,589 − ₩70,000
c) ₩879,908 + ₩35,589

이자지급 분개를 위한 모든 정보는 위 전환권조정의 상각표에 다 들어 있다. 상각표를 참조하여 첫 번째와 두 번째 이자지급을 분개하면 다음과 같다.

20×7년 12월 31일(첫 번째 이자지급일)

(차) 이자비용	105,589	(대) 현 금	70,000
		전환권조정	35,589

20×8년 12월 31일(두 번째 이자지급일)

(차) 이자비용	109,860	(대) 현 금	70,000
		전환권조정	39,860

3. 전환사채의 전환

전환사채가 만기 이전 전환되는 경우의 회계처리는 **세 단계**로 나누어 생각하는 것이 편리하다. 첫 단계는 전환사채 발행시점에 기타자본항목으로 인식하였던 전환권대가를 다른 자본항목으로 대체할지 여부에 관한 것이다. 논리적으로 볼 때, 사채의 전환으로 주식이 발행되므로 전환권대가를 주식발행초과금으로 대체하는 것이 바람직할 것이다. 그러나 국제회계기준은 '자본 내에서의 분류'에 대해서는 구체적인 지침의 제공을 의도적으로 회피하고 각국의 관련법에 맡기는 경향이 있으므로, 전환권대가를 자본항목으로 계속 유지하도록 요구하고는 있으나, "다른 자본항목으로의 대체" 여부에 대해서는 특별히 규정한 것은 없다. 본서에서는 전환권대가를 주식발행초과금으로 대체하는 것으로 한다.

두 번째 단계는 전환으로 인해 소멸하는 부채를 제거하는 것이다. 이때 제거해야 할 부채의 장부금액은 '전환사채' 계정에 기록된 액면금액과 '전환권조정' 계정에 남아 있는 미상각 금액이다.

세 번째 단계는 전환의 대가로 발행하는 주식의 회계처리에 관한 것인데, 이는 일상적인 주식발행의 경우와는 달리 현금이 수수되지 않으므로 회계처리의 핵심은 '발행주식을 얼마의 금액으로 계상하느냐'가 된다. 여기에 관해서는 몇 가지 대안이 있을 수 있는데, 사채의 전환을 발행된 주식과 전환사채 부채요소와의 교환으로 보아서, 교환된 부채요소의 **장부금액**(book value)이나 공정가치, 또는 교환된 주식의 공정가치를 발행주식의 금액으로 삼을 수 있다. 먼저, 부채요소의 장부금액을 발행주식금액으로 삼으면, 계상되는 자본금액이 장부상 제거되는 부채금액과 **동일**하므로 전환에 따른 손익이 발생하지 않는다. 반면, 부채요소의 공정가치나 주식의 공정가치를 발행주식금액으로 삼으면, 계상되는 자본금액과 제거되는 부채금액이 달라지므로 그 차액만큼 전환손실 또는 전환이익이 발생한다.

그러면 전환손익을 인식하는 것이 논리적으로 타당한가? 이에 대한 대답은 사채의 전환을 채권의 **조기상환**으로 보느냐 아니면 주식발행에 초점을 맞추어 **자본거래**로 보느냐에 달려 있다. 사채의 조기상환으로 보면 전환손익을 인식하는 것이 타당하고, 자본거래로 보면 전환손익을 인식하지 않는 것이 맞다. 「기업회계기준서」 제1032호는 전환손익을 인식하지 않도록 규정함으로써 전환사채의 전환을 자본거래로 간주하는 입장을 취한다. 즉, 기준서는 제거되는 부채요소의 장부금액을 발행주식금액으로 계상하도록 규정하였다.

앞의 <예제 2>에서 ㈜쌈지의 전환사채가 발행 후 2년 뒤인 20×9년 1월 1일에 전체 발행량의 절반(액면금액 ₩500,000)이 보통주로 전환되었다고 하자. 전환가격이 ₩20,000이므로 전환시에 발행된 총주식수는 25주(=₩500,000÷₩20,000)이다. 먼저 전환권대가를 주식발행초과금으로 대체하는 분개를 하면 다음과 같다.

(차) 전환권대가	60,046	(대) 주식발행초과금	60,046

위 분개에 나타난 금액은 전체 전환권대가인 ₩120,092의 절반이며, 분개의 내용은 단순히 기타자본항목이었던 전환권대가를 납입자본 항목인 주식발행초과금으로 재분류해주는 것이다. 그 다음으로 소멸된 부채요소의 장부금액을 제거하는 분개를 생각해 보자. 앞의 <표 17. 1>을 보면 전환시점인 20×9년 1월 1일 전환사채 전체의 장부금액은 ₩955,357임을 알 수 있다. 이는 '전환사채' 계정금액인 ₩1,000,000에서 미상각된 '전환권조정' 계정금액인 ₩44,643을 차감한 금액이다. 이 가운데 절반이 전환되었으므로, ₩500,000을 '전환사채' 계정에 차기하고, ₩22,322을 '전환권조정' 계정에 대기함으로써 전환된 부채요소의 장부금액 ₩477,678을 제거한다. 마지막으로, 발행된 주식에 대해서는 제거된 부채의 장부금액인 ₩477,678을 자본금 ₩125,000(=25주×₩5,000)과 주식발행초과금 ₩352,678(=₩477,678−₩125,000)으로 나누어 계상한다. 부채의 제

거와 주식의 발행을 분개로 나타내면 다음과 같다.

(차) 전환사채	500,000	(대) 전환권조정	22,322
		자 본 금	125,000
		주식발행초과금	352,678

위 분개는 발행주식금액, 즉 자본금과 주식발행초과금의 합이 전환시점에서 제거된 부채의 장부금액과 같음을 보여주며, 이로 인해 전환에 따른 이익이나 손실이 위 분개에는 나타나지 않는다.[9)]

한편, 위 분개를 전환권대가(₩60,046)가 주식발행초과금으로 대체되는 분개와 합하여 생각해 보면, 발행주식금액 총액은 제거된 부채의 장부금액과 전환권대가의 합계액과 같음을 알 수 있다.

발행주식금액(총액) = 제거된 부채의 장부금액 + 대체된 전환권대가
= ₩477,678 + ₩60,046 = ₩537,724

4. 전환사채의 만기상환

<예제 2>에서 투자자들이 전환사채의 절반을 만기에 가서 상환받았다면 이를 어떻게 처리해야 할까? 먼저 마지막 이자지급(₩35,000)에 대한 분개를 위해 20×9년 상각표를 작성하면 다음과 같다.

표 17. 2
전환권 행사 이후의 전환권조정 상각표

기간	기초 부채잔고	이자비용	이자지급액	잔고증가액 (상각액)	기말 부채잔고
20×9	₩477,678	₩57,322	₩35,000	₩22,322	₩500,000

<표 17. 2>에 나타난 모든 금액은 <표 17. 1>에 있는 20×9년도 금액의 절반이다. 그 이유는 물론 전환사채의 총발행량 중 절반이 이미 주식으로 전환되었기 때문이다. 이에 따라 이자비용 인식을 위한 분개를 하면 아래와 같다.

(차) 이자비용	57,322	(대) 현　　금	35,000
		전환권조정	22,322

앞의 분개 후 전환권조정은 완전히 상각되어 없어지고, 만기에 상환되는 전환사채의

---

9) 이와는 대조적으로, 전환사채를 발행회사가 재매입 등을 통해 조기상환하게 되면 이에 따른 손익을 인식한다. 이에 관해서는 추후 상세히 설명한다.

장부금액은 액면금액과 같은 ₩500,000이 된다. ㈜쌈지는 이 액면금액을 채권보유자에게 지급할 것이므로 이를 다음과 같이 분개한다.

(차) 전환사채	500,000	(대) 현 금	500,000

한편, 만기상환된 전환사채에 해당하는 '전환권대가'는 발행시점에 분류해 두었던 그대로 기타자본항목으로 남게 된다. 따라서 전체 전환권대가 ₩120,092 중 절반인 ₩60,046은 전환이 이루어졌을 때 주식발행초과금으로 대체되었고, 나머지 절반은 기타자본항목으로 잔류하게 된다.[10)]

5. 만기 이전 전환사채의 재매입

전환사채 발행자는 채권발행 이후 채권보유자들과의 협상을 통해 채권을 재매입(early repurchase)하거나, 사채발행조건으로서 원래 부여되어 있던 중도상환권(callability)[11)]을 행사하여 만기 이전에 채권을 조기상환하기도 한다. 이 경우 발행자는 재매입이나 중도상환을 위해 지급한 대가(거래비용까지 포함한)를 **거래발생시점**에서 전환사채의 부채요소와 자본요소에 배분한다. 이때 배분하는 방법은 전환사채 **발행시점**에서 채권발행금액을 부채요소와 자본요소로 배분한 방법과 **일치**해야 한다.

이렇게 배분된 지급대가는 전환사채의 부채요소와 자본요소를 상환하는 데 사용하는 **상환대가**이므로, 각각 관련 부채와 자본의 장부금액을 제거하는 금액이 된다. 그런데 배분된 상환대가는 일반적으로 제거될 부채와 자본의 장부금액과는 다를 것이다. 이때 부채의 장부금액과 배분된 상환대가의 차액은 사채의 조기상환에 따른 **당기손익**으로 인식하지만, 자본의 장부금액과 배분된 상환대가의 차이는 자본거래로 인한 것이므로 손익으로 인식하면 안 된다.

---

10) 전환권대가를 제15장에서처럼 기타자본조정으로 분류한다면, 잔류하게 되는 전환권대가는 기타자본잉여금으로 대체하는 것이 바람직하다. 왜냐하면 자본조정은 성격상 일시적 항목이므로 관련 전환사채가 소멸할 때 전환권대가를 항구적인 자본항목으로 대체할 필요가 있기 때문이다. 이때 필요한 분개는 다음과 같다.

(차) 전환권대가	60,046	(대) 기타자본잉여금	60,046

11) 일반적으로 중도상환권은 발행자에게 부여되는 선택권이므로 발행자에게 유리한 조건이다. 따라서 중도상환권은 금융자산의 정의에 부합되는데, 복합금융상품과 관련한 이러한 금융자산은 별도로 구분하여 회계처리하지 않고, 금융부채요소에 포함시켜(즉, 금융부채를 차감하는 방식으로) 처리한다. 한편, 중도상환권은 성격상 파생상품이므로 내재파생상품(embedded derivative)의 예가 되지만, 전환권과는 달리 발행자에게 자본(equity)으로 인식되지 않는다.

<예제 2>로 돌아가서, ㈜쌈지가 20×8년 1월 1일 채권보유자들과의 협상을 통해 만기까지 2년 남은 전환사채를 ₩1,200,000에 재매입하였고, 재매입 대가인 ₩1,200,000은 전환사채의 재매입일 시점 공정가치와 같다고 하자. 또한, 만일 이날 ㈜쌈지가 매년 말 이자를 지급하는 2년 만기 일반사채를 발행한다면 이 사채에 적용될 시장이자율은 10%라고 가정하자.

먼저 재매입 대가를 부채요소와 자본요소로 나누기 위해서는 **재매입일 시점** 부채요소의 공정가치를 계산한 후, 그 공정가치를 부채요소에 배분하고, 이어서 재매입 대가로부터 동 금액을 뺀 차액을 자본요소에 배분한다.[12] 부채요소의 공정가치는 이자와 액면금액을 10%로 할인한 현재가치이므로,

재매입 대가의 부채요소 배분금액 (부채요소의 재매입일 시점 공정가치)

$$= ₩70,000 \times \left[\frac{1-(1.1)^{-2}}{0.1}\right] + ₩1,000,000 \times (1.1)^{-2} = ₩947,934$$

재매입 대가의 자본요소 배분금액 = ₩1,200,000 − ₩947,934 = ₩252,066

이렇게 계산한 ₩947,934와 ₩252,066은 관련 부채와 자본의 상환에 사용될 것이므로, 각각의 장부금액과 비교해 보면 <표 17. 3>과 같다.

표 17. 3
부채요소와 자본요소의 배분금액과 관련 부채 및 자본의 장부금액

	재매입대가의 배분금액 (상환대가)	관련 장부금액	차 액	비 고
부채요소	₩947,934	₩915,497	₩32,437	차액은 손실로 인식
자본요소	252,066	120,092	131,974	차액은 손실이 아니므로 자본에서 차감
합 계	₩1,200,000	–		–

부채요소의 재매입일 시점 장부금액인 ₩915,497은 <표 17. 1>에 제시된 20×8년 1월 1일 현재 부채금액으로서 '전환사채' 계정잔고인 ₩1,000,000과 '전환권조정' 계정잔고인 ₩84,503의 차액이다. 그런데 부채상환대가인 ₩947,934이 제거될 부채의 장부금액보다 크므로, 그 차액인 ₩32,437은 사채조기상환에 따른 손실로 인식한다.[13] 또

12) 이러한 배분방법은 발행시점에서 채권발행금액을 부채요소와 자본요소로 배분한 방법과 일치한다.

13) 사채상환손실을 인식하게 된 이유는 재매입일 시장이자율이 발행시점에 비해 하락함으로써(즉, 12%→10%) 부채의 공정가치가 장부금액보다 더 커졌기 때문이다. 비록 회계상으로는 손실을 인식했지만, 이자율이 하락할 때 회사가 1,200,000원을 저금리(10%)로 차입하여 고금리(12%) 부채를 상환하였으므로 경제적으로는 회사에게 이익이다. 이 경제적 이익이 회계이익에 반영되는 시기는 차기 이후부터인데, 차기부터는 낮은 이자비용이 적용되므로(12%→10%) 순이익이 증가하기 때문이다. 이

자본요소 상환대가인 ₩252,066은 먼저 '전환권대가' 계정잔고인 ₩120,092을 상계하는 데 사용하고, 이 금액을 초과하는 상환대가(₩131,974)는 기타자본항목을 차감하는 데 사용한다.[14] 따라서 재매입 거래를 위한 분개를 부채요소와 자본요소로 나누어 보면 다음과 같다.

부채요소의 조기상환 :

(차)	전환사채	1,000,000	(대) 현 금	947,934
	사채조기상환손실	32,437	전환권조정	84,503

자본요소의 조기상환 :

(차)	전환권대가	120,092	(대) 현 금	252,066
	기타자본항목	131,974		

위 두 분개는 합하여 하나의 분개로 표시할 수 있음은 물론이다.

6. 상환할증금이 있는 전환사채

지금까지 다룬 <예제 2>의 전환사채는 상환할증금이 없는 것이었다. 상환할증금이 있는 경우의 회계처리도 없는 경우와 크게 다르지 않다. 먼저 만기에 지급하는 상환할증금이 추가적인 이자의 지급임을 이해하는 것이 중요하다. 만기에 추가이자를 할증금 형식으로 주는 이유는 만기까지 전환사채를 보유한 투자자에게 **표시이자율보다는 높은 수익률을 얻을 수 있도록 보장**해 주기 위함이다. 이와 같이 상환할증금은 추가이자이므로 유효이자율법에 따라 상각하고 이 상각액을 이자비용에 가산한다.

<예제 2>에서 ㈜쌈지가 액면금액의 9.93%에 해당하는 상환할증금(즉, ₩99,300 = ₩1,000,000 × 9.93%)을 지급함으로써 만기까지 보유하는 채권투자자들에게 10%의 수익률을 보장해 주었다고 하자. 다음 계산에서 9.93%의 할증금 지급이 10%의 만기수익률을 보장해 줌을 확인할 수 있다.

렇게 고금리 부채를 이자율이 하락할 때 저금리 부채로 대체하는 거래를 흔히 차환(refinancing)이라 한다.

14) 「기업회계기준서」 제1032호는 자본을 차감할 때 사용할 계정과목에 대해 구체적으로 언급하지는 않았다. 다만, ₩131,974을 감자과정에서 원래의 납입자본을 초과하여 주주에게 지급한 대가로 해석한다면 감자차손 계정을 사용해도 무방할 것이다. 사실, 국제회계기준은 이러한 상황을 포함하여 자본회계가 연관된 다른 많은 상황에서도 사용할 구체적 계정명칭을 규정하지 않고, 개별 국가의 회계기준 제정기구에게 명칭에 관한 재량권을 맡겨 놓았다. 이는 자본회계가 개별 국가의 상법규정에 따르는 경우가 많기 때문인 것으로 보인다.

이자를 10%로 할인한 현가 = $\left[\frac{1-(1.1)^{-3}}{0.1}\right]\times$ ₩70,000 = ₩174,080

만기상환액을 10%로 할인한 현가 = $(1.1)^{-3}\times$ ₩1,099,300 = 825,920

₩1,000,000
(발행금액)

먼저, 유사한 일반사채에 적용할 수 있는 발행시점 시장이자율인 12%를 사용하여 전환사채 부채요소의 현재가치를 계산해 보면,

부채요소의 현재가치

= ₩70,000 × $\left[\frac{1-(1.12)^{-3}}{0.12}\right]$ + ₩1,099,300 × $(1.12)^{-3}$ = ₩950,588

이므로, 자본요소(전환권)의 공정가치는 ₩49,412(= ₩1,000,000 − ₩950,588)임을 알 수 있다.

한편, 상환할증금이 있는 경우 전환권의 공정가치(₩49,412)는 상환할증금이 없는 경우의 전환권공정가치(₩120,092)보다 낮다. 이는 상환할증금이 있는 전환사채의 부채요소 현재가치가 상환할증금으로 인해 상승하여 채권발행금액과의 차이가 줄어들기 때문이다. 즉,

₩49,412	=	₩120,092	−	₩99,300 × $(1.12)^{-3}$
↑		↑		↑
"상환할증금 있는 전환권대가"		"상환할증금 없는 전환권대가"		"상환할증금의 현재가치"

일반적으로 **상환할증금과 전환권가치는 반비례**한다. 즉, 상환할증금이 클수록 전환권가치는 낮아지는데, 그 이유는 발행회사의 주가상승 가능성이 낮아 전환권의 가치도 낮으면 더 많은 상환할증금을 지급해야 투자자들이 유인되기 때문이다. 상환할증금이 있는 전환사채의 최초인식을 위한 분개는 다음과 같다.

20×7년 1월 1일(전환사채 최초인식을 위한 분개) :

(차) 현 금	1,000,000	(대) 전환사채	1,000,000
전환권조정	148,712	전환권대가	49,412
		사채상환할증금	99,300

전술한 대로, 위 분개에서 '사채상환할증금'은 부채부가계정이며, 전환권조정은 부채차감계정으로서 전환사채의 만기상환액(₩1,099,300)을 현재가치(₩950,588)로 표시하기 위해 사용한 계정이다. 또 전환권조정 계정의 금액은 표시이자에 추가하여 만기에

지급될 이자를 나타내며, 매 이자지급시마다 상각되어 이자비용에 가산된다. 한편, 상환할증금이 있는 경우의 전환권조정(₩148,712)은 상환할증금이 없는 경우의 전환권조정(₩120,092)보다 더 크며, 이 둘의 관계는 다음 식으로 나타낼 수 있다.

₩148,712	=	₩120,092	+	₩99,300 × [1 − (1.12)$^{-3}$]
↑		↑		↑
"상환할증금 있는 전환권조정"		"상환할증금 없는 전환권조정"		"상환할증금 할인액"

이제 ㈜쌈지가 만기상환할증조건으로 발행한 전환사채에 대하여 이자비용을 인식해 보자. 이를 위해서는 <표 17. 4>와 같은 전환권조정 상각표를 작성하여야 한다.

표 17. 4
전환권조정의 상각표(상환할증금이 있는 경우)

기 간	기초 부채잔고	이자비용	이자지급액	잔고증가액(상각액)	기말 부채잔고
20×7	₩950,588	₩114,071[a)]	₩70,000	₩44,071[b)]	₩994,659[c)]
20×8	994,659	119,359	70,000	49,359	1,044,018
20×9	1,044,018	125,282	70,000	55,282	1,099,300
				₩148,712	

a) ₩950,588 × 12%
b) ₩114,071 − ₩70,000
c) ₩950,588 + ₩44,071

상각표의 정보에 따라 첫 번째 및 두 번째 이자지급일에 필요한 분개를 하면 다음과 같으며, 상환할증금이 없는 경우와 그 내용은 동일하다.

20×7년 12월 31일(첫 번째 이자지급을 위한 분개):

(차) 이자비용	114,071	(대) 현 금	70,000
		전환권조정	44,071

20×8년 12월 31일(두 번째 이자지급을 위한 분개):

(차) 이자비용	119,359	(대) 현 금	70,000
		전환권조정	49,359

이자지급에 관한 위 두 분개뿐 아니라, 전환 및 만기상환에 관한 분개도 상환할증금이 없는 경우와 유사하다. 만일 20×9년 1월 1일에 ㈜쌈지가 발행한 전환사채의 절반이 전환되었다면 다음과 같이 분개한다.

20×9년 1월 1일(절반의 전환사채 전환을 위한 분개):

(차) 전환권대가	24,706	(대) 주식발행초과금	24,706
(차) 전환사채	500,000	(대) 전환권조정	27,641
사채상환할증금	49,650	자 본 금	125,000
		주식발행초과금	397,009

상환할증금이 있는 경우에도, 상환할증금이 없는 경우처럼, 전환권 행사시 발행주식 금액은 제거된 부채의 장부금액과 전환권대가의 합계액이다. 다만 제거된 부채의 장부금액에는 전환된 부분에 해당하는 상환할증금이 포함된다는 점에서 상환할증금이 없는 경우와 차이가 날 뿐이다. 앞의 분개에서 발행주식금액은 ₩546,715(=₩500,000+₩49,650−₩27,641+₩24,706)이다.

이제 마지막 이자지급(₩35,000)을 분개하기 위해 20×9년 상각표를 다시 작성해 보면, <표 17. 5>와 같으며, 이 표의 금액은 <표 17. 4>에 있는 20×9년도 금액의 절반에 해당한다.

표 17. 5 전환권 행사 이후의 전환권조정상각표 (상환할증금이 있는 경우)

기 간	기초 부채잔고	이자비용	이자지급액	잔고증가액 (상각액)	기말 부채잔고
20×9	₩522,009	₩62,641	₩35,000	₩27,641	₩549,650

20×9년 12월 31일(마지막 이자지급을 위한 분개):

(차) 이자비용	62,641	(대) 현 금	35,000
		전환권조정	27,641

20×9년 12월 31일(만기상환을 위한 분개):

(차) 전환사채	500,000	(대) 현 금	549,650
사채상환할증금	49,650		

7. 전환사채와 관련된 그 밖의 회계이슈

(1) 전환사채의 조건변경

일반적으로 전환사채의 전환 여부는 채권보유자들의 재량으로 이루어진다. 그러나 발행회사가 재무구조를 개선하거나 이자비용을 절약할 목적으로 전환을 유도하는 경우도 있다. 채권보유자들의 전환을 유도하기 위해서 발행회사는 좀 더 유리한 전환조건을 제시하거나(예 전환가격의 인하 또는 발행주식수량의 증가) 추가적인 대가를 지급하는

(예 특정 시점 이전의 전환에 대해 추가적인 현금지급) 방법 등으로 전환사채의 조건을 변경하기도 한다. 이와 같이 조건변경이 있는 경우에는 그 시점에서 다음 두 공정가치의 차액을 당기 **손실**로 인식한다.

- **변경된** 조건하에서 전환으로 보유자가 수취하게 되는 대가의 공정가치
- **변경전** 조건하에서 전환으로 보유자가 수취하였을 대가의 공정가치

<예제 2>에서 20×7년 1월 1일 ㈜쌈지가 상환할증금 지급조건 없이 전환사채를 발행하였고, 20×8년 1월 1일에는 채권보유자의 전환을 유도하기 위해 동년 1월 1일부터 2월 28일까지 전환하는 조건으로 전환가격을 ₩20,000에서 ₩12,500으로 인하하였다고 하자. 또 이러한 조건변경을 제안한 시점의 회사 주가는 주당 ₩25,000이라고 가정하자.

변경된 조건하에서 전환가격이 ₩12,500이므로, 채권보유자가 전환으로 수취할 주식수는 80주(=₩1,000,000/₩12,500)가 되고, 이 80주의 공정가치는 ₩2,000,000(=80주×₩25,000/주)이다. 반면, **변경전** 조건하에서 전환으로 수취하였을 주식수는 50주이므로, 그 공정가치는 ₩1,250,000(=50주×₩25,000/주)이다. 따라서 ㈜쌈지는 이 두 공정가치의 차이인 ₩750,000(=₩2,000,000−₩1,250,000)을 손실로 인식한다. 이때 상대계정이 무엇인지 기준서는 언급이 없으나, 전환권가치가 상승하였으므로 '전환권대가' 계정을 사용하면 무난할 것이다.

20×8년 1월 1일 (조건변경일) 분개 :

(차) 전환사채조건변경손실	750,000	(대) 전환권대가	750,000

만일 채권보유자가 조건변경을 제시받은 즉시 전환사채 전부를 전환하였다고 가정하고 이를 분개해 보자.

먼저 20×8년 1월 1일 전환권대가 계정의 잔고는 ₩870,092(=₩120,092+₩750,000)이므로 이를 주식발행초과금으로 대체하는 분개를 하면,

(차) 전환권대가	870,092	(대) 주식발행초과금	870,092

또 부채의 장부금액은 ₩915,497이므로(표 17.1 참조), 이를 자본금과 주식발행초과금으로 나누어 계상한다. 전환으로 발행된 주식수는 80주이므로 자본금은 ₩400,000(=80주×₩5,000)이 되고, 주식발행초과금은 ₩515,497이 된다. 이를 분개로 나타내면 다음과 같다.

(차) 전환사채	1,000,000	(대) 전환권조정	84,503
		자 본 금	400,000
		주식발행초과금	515,497

(2) 전환사채 발행과 관련한 거래비용

<예제 2>에서는 편의상 전환사채의 발행과 관련하여 거래비용이 발생하지 않은 것으로 가정하였으나, 실무적으로는 상당한 금액의 거래비용이 수수료나 제세공과금의 형태로 발생한다. 이러한 거래비용은 전환사채의 최초인식 때에 부채요소와 자본요소에 배분하되, 각 요소의 공정가치에 따라 비례배분하고, 배분금액만큼을 관련 부채와 자본에서 차감한다.

<예제 2>에서 ㈜쌈지가 전환사채를 발행하면서 ₩50,000의 거래비용이 발생하였다고 하자. 전환사채의 발행금액이 ₩1,000,000이고 부채요소와 자본요소의 공정가치가 각각 ₩879,908과 ₩120,092이므로, ₩50,000의 거래비용은 다음과 같이 배분된다.

	부채요소 배분액	자본요소 배분액	합 계
거래비용	₩50,000 × 879,908/1,000,000 =₩43,995	₩50,000 × 120,092/1,000,000 =₩6,005	₩50,000

이렇게 배분된 거래비용은 부채요소와 자본요소의 공정가치에서 차감되므로 ㈜쌈지의 전환사채 최초인식을 위한 금액은 다음과 같다.

	부채요소 배분액	자본요소 배분액	합 계
채권발행총액	₩879,908	₩120,092	₩1,000,000
거래비용	(43,995)	(6,005)	(50,000)
채권발행순액	₩835,913	₩114,087	₩ 950,000

따라서 전환사채의 최초인식을 위한 분개는 다음과 같다.

(차) 현 금	950,000	(대) 전환사채	1,000,000
전환권조정	164,087	전환권대가	114,087

이후 회계처리는 <예제 2>와 유사하다. 다만, 이자비용을 인식할 때 <예제 2>의 유효이자율인 12%를 사용해서는 안 된다는 점에 유의해야 하는데, 이는 부채의 공정가치가 배분된 거래비용만큼 감소했기 때문이다. 다시 말해, 부채의 공정가치(즉, 차입금)가 줄어들었으므로 회사가 이자비용 인식을 위해 사용할 적절한 유효이자율은 12%보다는 높을 것이다. 이 유효이자율은 이자지급과 만기상환액의 현재가치를 부채요소에 배분된 순액인 ₩835,913과 일치시켜주는 할인율이며 시행착오를 통해 쉽게 구할 수 있다.

(3) 전환사채 발행자의 현금결제 옵션

일부 전환사채에 있어서는, 전환권이 행사될 때 발행회사의 재량에 의해 주식 대신 현금으로도 결제할 수 있는 선택권이 주어지기도 한다. 이러한 선택권은 예상치 못하게 주식발행이 제한될 수 있는 상황에 대비한 것이다. 만일 전환사채 발행회사에게 현금결제 옵션이 있다면, 전환권은 현금으로도 결제될 가능성이 있으므로 더 이상 자본(equity)에 해당하지 않고 금융부채에 해당하게 된다.[15)] 전환권은 성격상 파생상품이므로, 금융부채로 인식된 전환권은 공정가치에 따라 회계처리해야 하며, 결과적으로 전환권 공정가치의 변동이 당기손익에 반영된다. 전환권의 공정가치는 발행회사의 주가와 연동할 것이므로 자신의 주가 변동성이 순이익에 반영되는 꼴이 된다. 이와 같이 발행회사가 현금결제 옵션을 갖는 경우 이익의 변동성이 증폭되므로, 일반적으로 바람직하지 못하다. 따라서 현금결제 옵션을 가지려 할 때에는 이러한 사실에 유의해야 한다.

(4) 전환사채에 금융자산의 요소가 내재된 경우

일반적으로 전환사채는 부채와 자본 등 두 요소로 복합된 경우가 대부분이다. 그러나 일부 전환사채는 금융자산의 요소를 복합하고 있는 경우도 있는데, 대표적인 예가 **중도상환가능전환사채**(callable convertible bonds)이다. 이 전환사채의 발행자는 만기 전 자신의 선택에 의해 사채를 중도상환할 수 있는 권리를 갖는다. 발행자가 재량에 의해 중도상환권(callability)을 행사할 때에는 그러한 상환이 자신에게 경제적으로 유리하기 때문일 것이다. 따라서 조기상환권은 '잠재적으로 유리한 조건으로 거래상대방(즉, 채권보유자)과 금융부채를 교환하기로 하는 계약상의 권리'에 해당하므로 발행자에게는 금융자산이 된다. 또한 이 권리는 파생상품으로서 주계약인 사채에 내재되어(embedded) 있고, 발행자에게 자본은 아니므로 내재비지분파생상품(embedded non-equity derivative)이다.

중도상환가능전환사채 = 금융부채요소 + 자본요소(전환권 : 내재지분 파생상품)
+ 금융자산요소(중도상환권 : 내재비지분파생상품)

발행자의 중도상환권처럼 전환사채에 내재된 비지분파생상품의 회계처리는 일차적으로 「기업회계기준서」 제1039호에 따라 주계약(host instrument)인 사채와 '밀접하게 관련이 있는지(closely related)' 판단하고, '밀접한 관련이 없다면' 분리하여 회계처리한

15) 「기업회계기준서」 제1032호에 의하면, 둘 이상의 결제방법 중 어느 하나의 방법으로 결제될 수 있는 파생상품은, 결제방법(settlement options)에 상관없이 항상 지분상품으로 인식될 수 없다면, 금융자산 또는 금융부채로 인식해야 한다.

다. 즉, 발행자의 중도상환권이 사채와 '밀접하게 관련되어 있지 않다면' 발행자의 금융자산으로 분리하여 인식해야 한다. 이는 복합금융상품의 발행자가 동 상품이 부채요소와 자본요소를 모두 포함하는지 파악한 후, 그러한 사실이 확인되면 이를 요소별로 각각 금융부채, 금융자산 및 자본으로 구분하여 회계처리해야 한다는 제1032호의 규정(문단 28)과 일관성이 있다.

그러나 이와 동시에 제1032호는 "복합금융상품의 자본요소가 아닌 파생상품(non-equity derivative)의 특성에 해당하는 가치는 **부채요소의 장부금액에 포함한다**(문단 31)"라고 규정함으로써 발행자의 중도상환권은 제1039호에 의거 금융자산으로 분리해서 인식해야 하는 경우에도 그렇게 하지 않고 확인된 부채요소, 즉 금융부채에 포함시켜(즉, 금융부채를 차감하는 것으로) 회계처리하도록 규정하였다.[16]

제2절 신주인수권부사채의 회계

신주인수권(stock warrants)이란 미리 결정된 가격(이를 행사가격이라 함)으로 일정기간(이를 행사기간이라 함)에 걸쳐 주식을 매수할 수 있는 권리를 부여한 증권을 가리킨다. 이러한 권리를 콜옵션(call option)이라 하므로 신주인수권은 보유자에게 콜옵션을 부여한 증권이라 할 수 있다. 일반적으로 회사가 신주인수권만을 발행하는 경우는 흔치 않고, 대부분의 경우 사채에 첨가하여 발행하며, 신주인수권이 첨부된 사채를 **신주인수권부사채**(bonds with stock warrants)라고 부른다. 따라서 신주인수권부사채는 복합금융상품이다.

신주인수권이 사채에 첨가되어 발행될 때에 **행사비율**은 해당 사채 액면금액의 100%인 경우가 보통이다. 일례로, 행사가격이 ₩10,000이고 행사비율이 액면금액의 100%라면 액면금액 ₩20,000,000에 해당하는 신주인수권이 행사될 때 2,000주(=₩20,000,000 × 100% ÷ ₩10,000)의 보통주가 발행된다. 흔치 않으나, 행사비율이 100%를 초과하는 경우도 있다. 예컨대, 위의 예에서 행사비율이 120%라면 2,400주(=₩20,000,000 × 120% ÷ ₩10,000)가 발행될 것이다. 행사비율이 높을수록 더 많은 수의 주식이 발행되므로 투자자들에게 더 유리하다.

신주인수권이 첨가된 채권은 그렇지 않은 채권에 비하여 같은 조건이라면 투자자들에게 더 매력적이므로 발행회사는 유리한 조건으로 해당 채권을 발행할 수 있다. 즉, 신

---

16) 이 점에서 제1032호의 문단 28과 31은 서로 일관성이 없다.

주인수권을 첨가함으로써 회사는 채권을 더 낮은 이자율로 발행할 수 있고, 결과적으로 더 낮은 자본비용으로 자금을 조달하게 된다. 이는 전환사채가 전환권을 첨가함으로써 자본조달비용을 낮추는 것과 유사하다.

사채에 첨가되어 발행된 신주인수권은 **분리형**(detachable)과 **비분리형**(non-detachable)의 두 가지 형태가 있다. 분리형은 사채와 분리되어 독립적인 유가증권으로서 자본시장에서 거래될 수 있는 반면, 비분리형은 사채와 독립적으로는 거래될 수 없다. 미국과 같은 나라에서는 신주인수권이 분리형인 경우가 있으나, 우리나라의 신주인수권은 대부분 비분리형이므로 본 절에서는 비분리형 신주인수권의 회계처리에 대해서 살펴본다.

신주인수권부사채의 회계처리는 전환사채의 회계처리와 상세한 부분에서는 다소의 차이가 있으나, 개념적으로는 분할회계를 적용하므로 두 사채의 회계처리는 매우 유사하다. 먼저, 발행시점에서 발행회사는 사채의 공정가치(즉, 이자와 채권상환액의 현재가치)를 계산하여 이를 부채로 인식한 후, 채권발행금액에서 사채의 공정가치를 차감한 잔액은 자본요소(즉, 신주인수권)로 배분하여 자본으로 인식한다.

자본으로 인식하는 신주인수권의 공정가치는 '신주인수권대가'라는 계정에 기록하고, 재무상태표에는 이를 기타자본항목으로 표시한다.[17] 신주인수권대가는 추후 신주인수권의 행사로 주식이 발행될 때 주식발행초과금으로 재분류되지만, 신주인수권이 만기까지 미행사되어 소멸하면 기타자본항목으로 남게 된다. 이러한 신주인수권대가의 회계처리는 전환권대가의 회계처리와 동일하다.

또 신주인수권부사채의 부채요소에 대한 회계처리도 전환사채의 경우와 동일하다. 먼저 부채요소를 인식할 때에는 채권의 액면금액을 차감하는 형식으로 기록하며, 이때 '신주인수권조정'이라는 부채차감계정을 사용한다. 신주인수권조정은 전환권조정처럼 이자를 지급할 때마다 상각되어 이자비용에 더해진다. 만일 신주인수권부사채가 상환할증금을 지급하는 조건으로 발행되었다면, 해당 상환할증금은 신주인수권부사채의 부가계정으로 처리한다. 다음 <예제 3>을 통해 신주인수권부사채의 회계처리를 살펴보자.

예제 3

㈜창세는 회사의 현재 신용등급으로 만기 3년, 표시이자율 12%, 액면금액 ₩1,000,000의 일반사채를 액면금액으로 발행할 수 있다. 회사는 20×7년 1월 1일에 만기 3년, 표시이자율 7%, 액면금액 ₩1,000,000의 비분리형 신주인수권부사채를 액면발행하였다. 이 신주인수권부사채는 상환할증금 없이 발행되었으며, 이자는 매년 말에 지급된다. 신주인수권의 행사가격은 ₩20,000이며, 행사비율은 100%이다. 각 신주인수권은 액면금액이 ₩5,000인 보통주 1주를

17) 제16장에서는 신주인수권대가를 전환권대가와 마찬가지로 기타자본조정으로 분류하였다.

매입할 수 있는 권리를 부여한다. 이 신주인수권부사채를 <예제 2>의 전환사채와 비교해 보고, 부채요소와 자본요소(신주인수권)의 공정가치를 각각 계산하라.

해 답

㈜창세의 신주인수권부사채는 <예제 2>에 있는 ㈜쌈지의 전환사채와 비교해 볼 때, 부채요소는 발행조건이 동일하다. 그러므로 두 회사가 발행한 부채요소의 가치(즉, 현재가치)는 ₩879,908으로 동일하다. 또 채권발행금액이 ₩1,000,000이므로 신주인수권의 공정가치는 아래 계산에서처럼 ₩120,092이다.

신주인수권의 공정가치(₩120,092) = 채권발행금액(₩1,000,000)
− 부채요소의 공정가치(₩879,908)

1. 신주인수권부사채의 최초인식과 이자지급

이미 앞에서 설명한 회계처리에 따라 ㈜창세의 신주인수권부사채 발행을 분개하면 다음과 같다.

(차)	현 금	1,000,000	(대) 신주인수권부사채	1,000,000
	신주인수권조정	120,092	신주인수권대가	120,092

또 이자지급과 관련한 분개를 하기 위해서는 신주인수권조정 상각표가 필요한데, 이미 설명하였듯이 ㈜창세와 ㈜쌈지의 부채요소가 동일한 조건으로 발행되어 현재가치가 같으므로, 신주인수권조정 상각표는 별도로 작성하지 않고 <표 17. 1>에 제시된 전환권조정 상각표를 활용한다. 이에 따라 첫 번째와 두 번째 이자지급에 대한 분개를 하면 다음과 같다.

20×7년 12월 31일(첫 번째 이자지급) :

(차)	이자비용	105,589	(대) 현 금	70,000
			신주인수권조정	35,589

20×8년 12월 31일(두 번째 이자지급) :

(차)	이자비용	109,860	(대) 현 금	70,000
			신주인수권조정	39,860

여기서 신주인수권조정을 전환권조정과 비교해 보면 한 가지 차이점이 발견된다. 전술한 대로 전환권조정은 아직 그 지급이 확정되지 않은 이자이지만, 이와는 달리 신주인수권조정은 그 지급이 발행시점에서 **이미 확정된** 이자다. 그 이유는 신주인수권이 중

도에 행사되어도 채권은 만기까지 소멸하지 않으므로 이자는 계속적으로 지급되기 때문이다. 이는 전환사채가 전환권 행사시 중도 소멸하고 이자지급도 중단되는 것과는 대조적이다. 이처럼 신주인수권조정은 그 지급이 발행시점에서 확정된 이자이므로, 이를 상각하여 이자비용에 더하는 것은 논리적으로도 일관성이 있다.

2. 신주인수권의 행사

신주인수권이 행사되면 발행회사는 주식을 채권보유자에게 교부한다. 이때 투자자들은 행사가격에 해당하는 현금을 회사에 납입하므로 이 금액을 발행주식의 금액으로 계상한다. 이러한 사실은 전환권이 행사되어 주식이 교부되어도 납입되는 현금은 없으며, 그 대신 채권 자체가 소멸하는 전환사채와는 대조적이다.[18]

<예제 3>에서 ㈜창세가 발행한 신주인수권의 절반(액면금액 ₩500,000)이 20×9년 1월 1일에 행사되었다고 가정하자. 행사가격이 ₩20,000이고 행사비율이 100%이므로 회사가 발행한 주식의 수는 모두 25주(=₩500,000 × 100% ÷ ₩20,000)이다. 따라서 납입된 현금은 ₩500,000(=₩20,000 × 25주)으로서 사채의 액면금액과 같다.[19] 한편, 신주인수권대가의 절반은 주식발행초과금으로 재분류하여야 하므로 신주인수권의 행사를 분개하면 아래와 같다.

20×9년 1월 1일(신주인수권 행사시점의 분개) :

(차)	신주인수권대가	60,046	(대) 주식발행초과금	60,046
(차)	현 금	500,000	(대) 자 본 금	125,000
			주식발행초과금	375,000

3. 신주인수권행사 이후의 이자비용

신주인수권이 행사되어도 채권은 소멸되지 않으므로, '신주인수권조정' 계정의 잔고도 계속 남아서 만기까지의 기간에 걸쳐 상각된다. 이는 전환사채가 전환되면 전환권조정의 상각이 그 시점에서 멈추어지고, 계정 자체가 소멸되는 것과 대조된다. <예제 3>에서 신주인수권행사 이후의 이자지급, 즉 세 번째 이자지급에 관한 분개를 <표 17. 1>을 참조하여 다음과 같이 할 수 있다.

---

18) 전환사채의 전환시에는 발행주식금액을 결정함에 있어 개념적으로 여러 가지 대안이 있지만, 신주인수권이 행사될 때에는 행사가격만큼의 현금이 납입되므로 이를 발행주식금액으로 삼는다.

19) 참고로 행사비율이 100%이면 납입되는 현금은 항상 사채의 액면금액과 일치하며, 행사비율이 100%를 초과하면 납입되는 현금이 사채의 액면금액보다 커진다.

20×9년 12월 31일(세 번째 이자지급):

(차) 이자비용	114,643	(대) 현 금	70,000
		신주인수권조정	44,643

4. 신주인수권부사채의 만기상환

만기가 이르면, 신주인수권조정은 전액이 상각되어 없어진다. 그러므로 만기에는 채권의 만기상환을 위한 분개만을 아래와 같이 하면 된다.

(차) 신주인수권부사채	1,000,000	(대) 현 금	1,000,000

한편, <예제 3>에서 절반의 신주인수권은 만기까지 행사되지 않고 소멸됨에 따라 신주인수권대가의 절반인 ₩60,046은 기타자본항목으로 남게 된다. 결과적으로, 행사된 신주인수권의 대가는 주식발행초과금으로 재분류되나, 미행사된 신주인수권대가는 기타자본항목으로 잔류한다. 이는 전환권대가의 경우와 동일하다.

5. 상환할증금이 있는 신주인수권부사채

전환사채처럼 신주인수권부사채의 경우에서도 채권자들이 만기까지 신주인수권을 행사하지 않을 경우 액면금액을 할증하여 상환해 줌으로써 일정수준의 투자수익률을 보장해 줄 수 있다. 이와 같이 상환할증금이 있는 신주인수권부사채의 회계처리를 살펴보기 위해 <예제 3>에서 ㈜창세가 액면금액의 9.93%에 상당하는 상환할증금의 지급을 약속함으로써 10%의 만기수익률을 보장해 주었다고 하자.

이 신주인수권부사채는 <예제 2>의 상환할증금이 있는 전환사채의 경우와 발행조건이 동일하다. 따라서 사채발행을 위한 분개 및 이자비용의 인식을 위한 분개도 전환사채의 경우와 유사하다. 특히, 이자비용의 인식을 위해서는 <표 17.4>의 상각표를 그대로 사용할 수 있다.

20×7년 1월 1일(사채발행을 위한 분개):

(차) 현 금	1,000,000	(대) 신주인수권부사채	1,000,000
신주인수권조정	148,712	신주인수권대가	49,412
		사채상환할증금	99,300

20×7년 12월 31일(첫 번째 이자지급을 위한 분개) :

(차)	이자비용	114,071	(대) 현　　금	70,000
			신주인수권조정	44,071

한편, 상환할증금이 있는 신주인수권이 행사되어 주식이 발행되는 경우 발행주식금액은 상환할증금이 없는 경우와는 다르다. 상환할증금이 없는 경우의 발행주식금액은 납입된 현금액과 같았으나, 상환할증금이 있는 경우에는 납입현금액뿐만 아니라 상환할증금도 포함한다. 이렇게 상환할증금을 발행주식금액에 포함시키는 이유는 신주인수권이 행사됨에 따라 만기에 상환할증금을 지급할 필요가 없어졌고, 이는 발행회사가 현금을 수령한 것과 동등한 효과가 있기 때문이다.

여기서 유의할 점은 발행주식금액에 상환할증금을 포함시킬 때에 시간가치를 반영해야 한다는 점이다. 즉, 상환할증금은 행사시점에서의 현가로 환산하는데, 이때 사용하는 할인율은 **발행시점**의 유효이자율이다. 이렇게 현가를 사용하는 이유는 신주인수권의 행사로 상환할증금에 해당하는 현금절약이 발생하는 시점이 현재가 아닌 만기시점이기 때문이다. 한편, 행사된 신주인수권에 상응하는 상환할증금이 발행주식금액에 포함되므로, 해당 금액(할인하기 전 금액)만큼 사채상환할증금계정의 금액이 감소한다.[20] 그리고 상환할증금의 할인 전 금액과 현가와의 차이는 신주인수권조정을 상각하여 처리한다.

이제 ㈜창세가 발행한 신주인수권의 절반(액면금액 ₩500,000)이 20×9년 1월 1일에 행사되었다고 하자. 상환할증금 총액이 ₩99,300이므로 그 절반은 ₩49,650이고, 이를 발행시점의 시장이자율로 할인한 현가는 ₩44,330(=₩49,650÷(1.12))이다. 따라서 납입금액 ₩500,000과 ₩44,330을 합한 ₩544,330이 발행주식금액이 된다. 그리고 현가할인 전 상환할증금과 현가의 차이인 ₩5,320(=₩49,650−₩44,330)은 신주인수권조정을 상각하여 처리한다. 아울러 신주인수권대가의 절반인 ₩24,706은 주식발행초과금으로 재분류한다. 신주인수권 행사를 분개하면 다음과 같다.

20×9년 1월 1일(신주인수권 행사를 위한 분개) :

(차)	신주인수권대가	24,706	(대) 주식발행초과금	24,706
(차)	현　　금	500,000	(대) 자 본 금	125,000
	사채상환할증금	49,650	주식발행초과금	419,330
			신주인수권조정	5,320

20) 만일 행사된 신주인수권에 해당하는 상환할증금을 발행주식금액에 포함시키지 않는다면, '사채상환할증금' 계정의 잔고는 감소하지 않을 것이고, 만기에 실제 상환금액이 부채잔고보다 적게 되어 사채상환이익을 인식해야 하는 상황이 발생한다.

신주인수권 행사시 발행주식금액(상환할증금이 있는 경우) :

= 권리행사로 납입된 현금 + 상환할증금의 현가 (자본금과 주식발행초과금으로 나뉘어 기록됨) + 신주인수권대가 (주식발행초과금으로 재분류되어 기록됨)

한편, 신주인수권이 행사된 직후(20×9년 1월 1일) 신주인수권부사채 관련 재무상태표 정보는 다음과 같다.

부　채 :	
신주인수권부사채	₩1,000,000
사채상환할증금	49,650
신주인수권조정	(49,962)
	₩999,688
자　본 :	
신주인수권대가	₩24,706

위 재무상태표에서 사채상환할증금과 신주인수권대가는 원래 금액의 절반이다. 또, 신주인수권 행사가 없었다면 신주인수권조정 계정의 잔고는 ₩55,282이었을 것이나(표 17. 4 참조), 신주인수권의 행사로 인해 ₩5,320이 감소하였으므로, 행사 직후 잔고는 ₩49,962(= ₩55,282 - ₩5,320)이다.

이제 ㈜창세가 발행한 채권의 나머지 절반에 해당하는 신주인수권은 행사되지 않고 만기에 상환되었다고 하자. 20×9년도 이자비용 인식을 위해 상각표를 작성하면 다음과 같다.

표 17. 6
신주인수권 행사 이후의 상각표

기간	기초 부채잔고	이자비용	이자지급액	잔고증가액 (상각액)	기말 부채잔고
20×9	₩999,688	₩119,962	₩70,000	₩49,962	₩1,049,650

<표 17. 6>의 이자비용은 기초잔고에 발행시점의 유효이자율인 12%를 곱한 금액이다. 이에 따라 마지막 이자지급을 위한 분개를 하면 다음과 같다.

20×9년 12월 31일(신주인수권 행사 후 이자지급을 위한 분개) :

(차) 이자비용	119,962	(대) 현　　금	70,000
		신주인수권조정	49,962

마지막으로, 채권의 만기상환에 관한 분개를 살펴보자. 만기가 되면 신주인수권조정은 모두 상각되어 없어진다. 반면, 신주인수권부사채 및 사채상환할증금 계정의 잔고는

각각 ₩1,000,000과 ₩49,650이며, 그 합계액은 현금으로 상환해야 할 금액이다. 따라서 만기상환에 관한 분개는 다음과 같다.

(차)	신주인수권부사채	1,000,000	(대) 현　　금	1,049,650
	사채상환할증금	49,650		

이상으로 지금까지 살펴본 전환사채와 신주인수권부사채의 회계처리를 일목요연하게 요약한 내용이 다음 <표 17. 7>에 제시되어 있다.

표 17. 7 전환사채와 신주인수권부사채 회계처리의 요약

거래유형	전환사채		신주인수권부사채	
	상환할증금 없는 경우	상환할증금 있는 경우	상환할증금 없는 경우	상환할증금 있는 경우
채권발행	현　　금 ×× 전환권조정 ×× 　전환사채 ×× 　전환권대가 ××	현　　금 ×× 전환권조정 ×× 　전환사채 ×× 　사채상환할증금 ×× 　전환권대가 ××	현　　금 ×× 신주인수권조정 ×× 　신주인수권부사채 ×× 　신주인수권대가 ××	현　　금 ×× 신주인수권조정 ×× 　신주인수권부사채 ×× 　사채상환할증금 ×× 　신주인수권대가 ××
이자비용인식	이자비용 ×× 　현　　금 ×× 　전환권조정 ××		이자비용 ×× 　현　　금 ×× 　신주인수권조정 ××	
권리행사	전환권대가 ×× 　주식발행초과금 ××		신주인수권대가 ×× 　주식발행초과금 ××	
	전환사채 ×× 　전환권조정 ×× 　자 본 금 ×× 　주식발행초과금 ××	전환사채 ×× 사채상환할증금 ×× 　전환권조정 ×× 　자본금 ×× 　주식발행초과금 ××	현　　금 ×× 　자 본 금 ×× 　주식발행초과금 ××	현　　금 ×× 사채상환할증금 ×× 　자 본 금 ×× 　주식발행초과금 ×× 　신주인수권조정 ××
만기상환	전환사채 ×× 　현　　금 ××	전환사채 ×× 사채상환할증금 ×× 　현　　금 ××	신주인수권부사채×× 　현　　금 ××	신주인수권부사채 ×× 사채상환할증금 ×× 　현　　금 ××

[부록 A] 전환우선주의 회계처리

전환우선주(convertible preferred stock)란 보통주로의 전환권이 첨부된 우선주를 가리킨다. 전환우선주의 회계절차가 전환사채와 다른 점은 전환우선주는 **발행시점부터 자본**으로 기록되고, 전환권의 가치도 별도로 인식하지 않는다는 점이다. 또, 전환사채는 만기가 있는 반면, 전환우선주는 상환우선주가 아닌 한 만기가 없다는 차이도 있다. 이와 같은 차이점으로 인해 전환우선주의 회계절차는 전환사채보다 훨씬 단순하다.

1. 전환우선주의 발행

전환우선주는 발행시점부터 자본으로 인식하고, 일반우선주에서와 같이 전환권의 가치를 별도로 기록하지 않으므로, 전환우선주의 발행에 관한 분개는 통상적인 주식발행의 분개와 유사하다. 즉, 액면금액을 전환우선주자본금에 기록하고, 발행금액이 액면금액을 초과하는 부분은 전환우선주주식발행초과금으로 기록한다. 전환우선주의 회계절차를 다음의 예제를 통해 살펴보자.

부록예제 1

㈜사랑은 주당 액면금액 ₩10,000의 전환우선주 10주를 ₩250,000에 발행하였다. 전환우선주 1주는 ㈜사랑의 보통주 4주로 전환이 가능하며, 보통주의 액면금액은 ₩5,000이다. 이 전환우선주의 발행에 대해 분개하라.

해 답

(차) 현 금	250,000	(대) 전환우선주자본금	100,000
		전환우선주주식발행초과금	150,000

2. 전환우선주의 전환

㈜사랑이 발행한 전환우선주가 모두 전환된다면, 회사는 40주(=10주×4)의 보통주를 발행해야 한다. 이 경우 전환우선주의 장부금액 ₩250,000을 제거하고 그 대신 보통주의 발행을 기록하면 된다. 이때 발행주식금액은 전환우선주의 장부금액으로 한다. 전

환사채와는 달리, 전환우선주의 장부금액은 발행금액과 동일하다. 그 이유는 전환우선주와 관련된 어느 계정도 상각을 필요로 하지 않기 때문이다. ㈜사랑의 우선주 전환은 다음과 같이 분개한다.

(차)	전환우선주자본금	100,000	(대) 보통주자본금	200,000
	전환우선주주식발행초과금	150,000	보통주주식발행초과금	50,000

위 부록예제에서는 전환우선주의 장부금액 ₩250,000이 전환으로 발행된 보통주의 액면금액 ₩200,000(=₩5,000×40주)보다 크고, 그 차이(₩50,000)는 보통주주식발행초과금으로 기록되었다. 그러나 다음 <부록예제 2>에서는 그 반대의 경우를 보여준다.

부록예제 2

<부록예제 1>에서 ㈜사랑의 전환우선주 1주가 보통주 9주로 전환이 가능하다. 이 전환우선주의 전환에 대해 분개하라.

해 답

이 경우 전환이 이루어지면, ㈜사랑이 발행해야 할 보통주식의 수는 90주(=10주×9)가 된다. 따라서 보통주자본금 계정에 기록할 금액이 ₩450,000(=₩5,000×90주)이 되어 전환우선주의 장부금액인 ₩250,000을 초과한다. 이렇게 초과되는 금액 ₩200,000(=₩450,000－₩250,000)은 이익잉여금과 상계하여 처리한다.

(차)	전환우선주자본금	100,000	(대) 보통주자본금	450,000
	전환우선주주식발행초과금	150,000		
	이익잉여금	200,000		

이와 같이 초과된 ₩200,000만큼 이익잉여금을 줄여주는 이유는 우선주 전환을 유도하기 위해 우선주주들에게 회사가 추가적인 배당을 지급하였다고 간주할 수 있기 때문이다.

[부록 B] 복합금융상품과 복합계약

1. 복합금융상품과 복합계약의 개념

지금까지 본문에서는 전환사채와 신주인수권부사채를 중심으로 복합금융상품 회계처리를 학습하였다. 그러나 금융상품 회계처리를 온전히 이해하기 위해서는 복합금융상품과 더불어 복합계약의 개념과 회계처리를 추가적으로 이해할 필요가 있다. 얼핏 보기에 두 용어의 의미가 유사해 보일 수 있으나 복합금융상품의 영어 이름인 "compound financial instruments"에서의 'compound'와 복합계약의 영어 이름인 "hybrid contracts"에서의 'hybrid'를 우리말로 번역하는 과정에서 기준서가 둘 다 '복합'이라는 말로 번역하여 초래된 혼란일 뿐 그 의미는 완전히 다르다.

복합금융상품은 이미 배운 것처럼 하나의 금융상품에 '부채'와 '자본' 요소를 동시에 포함하고 있는 금융상품을 의미하지만, **복합계약**(hybrid contracts)은 비파생상품을 '주계약'으로 하면서 주계약의 현금흐름을 바꿀 수 있는 '내재파생상품'이 주계약에 부가된 금융상품을 의미한다.

본문에서 학습한 전환사채를 예로 하여 복합계약과 복합금융상품의 차이를 설명하면 다음과 같다. 전환사채는 일반사채의 요소와 해당 일반사채의 현금흐름(즉, 원리금)을 중도에 보통주로 바꿀 수 있는 전환권 요소로 구성된다. 이 중 일반사채 부분은 원리금에 대한 지급의무이므로 항상 부채로 분류되지만, 전환권은 전환조건의 성격에 따라 자본으로 분류될 수도 있고 부채로도 분류될 수 있다. 전환가격을 포함한 전환조건이 확정되어 있어서 "확정금액 대 확정수량"의 주식을 수취하는 조건의 전환권은 자본으로 분류되지만, 전환가격 등 전환조건이 확정되어 있지 않은 전환권은 "확정금액 대 확정수량"의 조건이 충족되지 않으므로 (파생상품)부채로 분류된다. 따라서 전환권이 자본으로 분류되는 전자의 경우 전환사채는 부채 요소(일반사채)와 함께 자본 요소(전환권)를 갖는 복합금융상품이 되지만, 전환권이 (파생상품)부채로 분류되는 후자의 전환사채는 주계약(일반사채)에 부채 성격의 내재파생상품(전환권)이 포함된 복합계약이 된다.[21] 이미 눈치 챘겠지만, 본문에서 다룬 전환사채는 전자에 해당한다. 전자의 회계처리는 본문에서 익혔으므로, 이하에서는 후자에 대해 상세히 살펴본다.

---

21) 이러한 논리는 신주인수권부사채, 전환우선주 등 보통주로 전환가능한 콜옵션 성격의 내재파생상품이 포함된 모든 복합계약(혹은 복합금융상품)에 동일하게 적용된다.

2. 리픽싱 조항과 전환권의 분류

실무에서는 발행자가 발행하고자 하는 전환사채의 투자 매력도를 높이기 위해 발행 시점 이후 전환가격을 재조정하는 '**리픽싱 조항**(refixing clause)'을 전환사채에 포함하는 경우가 종종 있다. 구체적으로 전환사채 발행 이후 사전에 명시된 일자(이를 '전환가액 조정일'이라 함)에 주가가 일정 수준 이하로 하락하는 경우 전환가격을 하향조정하여 전환 유인(인센티브)이 약화되지 않도록 유지하는 것이다.[22)]

이처럼 리픽싱 조항이 포함되면, 전환권 행사 시점에서 발행자가 투자자에게 결제해야 할 자기지분상품(보통주)의 수량이 사채발행 시 사전적으로 확정되지 않아 '제10장 금융상품: 표시 및 측정을 위한 분류'에서 학습한 '확정-대-확정(fixed-for-fixed) 요건'이 충족되지 못한다. 따라서 이러한 전환권은 파생상품부채로 분류된다. 이 경우 전환사채는 주계약(일반사채)과 내재파생상품(전환권)이 모두 부채 요소에 해당하므로 복합계약으로 분류된다.

3. 복합계약에 해당하는 전환사채 발행자의 회계처리

전환사채의 '복합계약 vs. 복합금융상품'으로의 분류가 중요한 이유는 복합계약의 회계처리가 최초 인식부터 후속 측정에 이르기까지 본문에서 학습한 복합금융상품 회계처리와 완전히 다르기 때문이다.[23)]

(1) 최초 인식

본문에서 학습한 것처럼 전환사채가 복합금융상품에 해당하면, 기준서 제1032호에 따라 부채 요소의 공정가치를 먼저 계산한 후 이를 전환사채 발행금액에서 차감한 잔여금액을 전환권(자본 요소)의 장부금액으로 한다. 이를 산식으로 나타내면 다음과 같다. 괄호 안의 숫자는 측정 순서를 의미한다.

---

22) 다만, 증자나 감자 등의 이유로 기업의 총발행주식 수가 변하는 경우 개별 주식의 가치가 변동할 수 있다. 이러한 이유로 전환사채의 전환권의 가치 및 행사 가능성이 변하는 것을 막기 위해서도 전환가격이 조정될 수 있는데, 이러한 사유에서의 전환가격 조정은 **희석화 방지 조항**(anti-dilution provision)이라고 부르며, 리픽싱 조항과 구분된다. 따라서 희석화 방지 조항은 전환사채에 포함되더라도 '확정-대-확정 조건'의 충족 여부에 영향을 주지 않으며, 결과적으로 전환권의 '자본 vs. 부채' 분류 시에도 고려되지 않는다.

23) 이처럼 전환권 분류(부채 vs. 자본)에 따라 전환사채 회계처리가 달라지는 이유는 복합금융상품(제1032호 적용)과 복합계약(제1109호 적용)에 적용되는 기준서가 다르기 때문이다.

전환권(자본 요소)의 장부금액(③) = 전환사채의 발행금액(①) - 주계약(부채 요소)의 공정가치(②)

반면, 전환사채가 복합계약에 해당하면, 기준서 제1109호에 따라 전환권(내재파생상품)의 공정가치를 명시적인 계약조건에 기초하여 먼저 측정한 후 이를 전체 발행금액에서 차감한 잔여 금액을 일반사채(주계약)의 최초 장부금액으로 한다. 이를 산식으로 나타내면 다음과 같다.

일반사채(주계약)의 장부금액(③) = 전환사채의 발행금액(①) - 전환권(내재파생상품)의 공정가치(②)

위 두 식을 비교해 보면 복합금융상품은 일반사채(부채 요소)의 공정가치를 먼저 산정하고 이를 기초로 전환권(자본 요소)의 장부금액을 결정하는 반면, 복합계약은 전환권(내재파생상품)의 공정가치를 먼저 산정하고 이를 기초로 일반사채(주계약)의 장부금액을 결정한다. 이처럼 전환권의 '자본 vs. 부채'로의 분류에 따라 전환사채에 포함된 일반사채와 전환권의 측정 순서 및 방식이 달라진다.

(2) 후속 회계처리

최초 인식 외에 후속 회계처리도 달라진다. 기준서상 자본 항목에 대해서는 후속 측정이 요구되지 않으므로 전환권이 자본으로 분류된 경우에는 후속 회계처리가 없다. 그러나 전환권이 파생상품부채로 분류되면 '당기손익-공정가치 측정 금융부채(FVPL)'에 해당하므로 결산 시점마다 공정가치 변동에 따른 장부금액 변동액을 당기손익으로 인식해야 한다. 만일 당기 중 주가가 상승한다면 전환사채의 전환 가능성이 높아지고, 이에 따라 전환 시 투자자에게 제공할 주식의 가치가 증가하므로 전환권의 공정가치도 증가한다. 전환사채 발행자의 입장에서는 파생상품부채가 증가하므로 이에 상응하는 파생상품평가손실을 인식한다. 반면, 당기 중 주가가 하락하면 파생상품부채도 감소하므로 파생상품평가이익을 인식한다.

이처럼 전환권의 '부채 vs. 자본' 분류 결과에 따라 전환권의 후속 측정 여부와 그로 인한 장부금액도 모두 달라지므로 실제 전환권이 행사되어 주식이 발행되는 경우에 인식되는 자본잉여금(예 주식발행초과금)의 장부금액도 달라지게 된다. 예를 들어, 전환권이 부채로 분류된 경우 전환사채 발행 후 주가가 상승하여 전환권(파생상품부채) 장부금액이 증가하면 그 증가액만큼 주식발행초과금이 증가하게 된다.

한편, 부채로 분류된 전환권이 만기까지 행사되지 않고 전환사채가 현금으로 상환되면, 전환권의 제거와 관련한 회계처리를 해야 한다. 전환사채의 전환청구기간은 만기일 이전에 종료되는 것이 일반적인데, 전환청구기간이 만료될 때까지 전환권이 행사되지 않았다면 이는 발행자의 주가가 전환가격 이상으로 상승하지 않아 전환권의 공정가치가 0이 되었을 가능성을 의미한다. 따라서 전환청구기간 종료일에 발행자는 직전 결산기의 전환권(파생상품부채) 장부금액을 제거하면서 그에 상응하는 파생상품평가이익을 인식한다.

지금까지 설명한 리픽싱 조항이 부가된 전환사채와 부가되지 않은 전환사채의 회계처리를 정리하면 <표 17. 8>과 같다.

표 17.8 전환사채의 전환권 분류에 따른 회계처리

전환권 분류		자본	부채
전환사채 성격		복합금융상품	복합계약
관련 기준서		제1032호(금융상품: 표시)	제1109호(금융상품)
최초 인식주)		(차)현금(①) ×× (대)전환사채(②) ×× 전환권(자본)(③) ××	(차)현금(①) ×× (대)전환사채(③) ×× 전환권(파생상품부채)(②) ××
후속 측정		전환사채(주계약): 상각후원가 측정 전환권(자본): 후속 측정 없음	전환사채(주계약): 상각후원가 측정 전환권(파생상품부채): 당기손익-공정가치 측정
	주가 상승	영향 없음	(차)파생상품평가손실 ×× (대)전환권(파생상품부채) ××
	주가 하락	영향 없음	(차)전환권(파생상품부채) ×× (대)파생상품평가이익 ××
전환권 행사		(차)전환사채 ×× 전환권(자본) ×× (대)자본금 ×× 주식발행초과금 ××	(차)전환사채 ×× 전환권(파생상품부채) ×× (대)자본금 ×× 주식발행초과금 ××
만기 상환		(차)전환사채 ×× (대)현금 ××	(차)전환사채 ×× (대)현금 ××

주) 괄호 안 숫자는 장부금액이 결정되는 순서를 의미

출처: 김영준 · 이유진 · 한승엽, "전환사채 발행자의 회계처리와 주가 변화에 따른 재무적 영향: 전환권 분류를 중심으로", 회계저널, 28(5), 2019, pp.117-156 중 '<Table 1> 전환사채의 전환권 분류에 따른 회계처리' 수정

익힘문제

[1] 복합금융상품(compound financial instrument)에 대해 설명하라.

[2] 분할회계(split accounting)란 무엇인가?

[3] 내재파생상품(embedded derivative)에 대해 설명하라.

[4] 발행자가 의무적으로 상환해야 하는 상환우선주가 복합금융상품인 이유를 설명하라.

[5] 희석증권과 전환증권에 대해 설명하라.

[6] 전환사채의 표시이자율이 시장이자율보다 현저하게 낮은 경우에도 액면발행되는 이유는 무엇인가?

[7] 전환사채의 전환비율과 신주인수권부사채의 행사비율을 비교 · 설명하라.

[8] 전환사채나 신주인수권부사채의 만기보장수익률은 무엇인가?

[9] 전환권이나 신주인수권을 만기까지 행사하지 않은 채권자들에게 사채발행회사는 어떠한 방법으로 표시이자율보다 높은 수익률을 보장해 주는지 설명하라.

[10] 전환사채나 신주인수권부사채에 대한 만기보장수익률은 채권발행시점의 시장이자율에 비해 어떠한지 밝히고, 그 이유를 설명하라.

[11] 전환권의 공정가치를 계산하는 방법을 제시하고, 이때 사용하는 할인율은 무엇인지 설명하라.

[12] 전환권대가에 대해 설명하라.

[13] 전환권조정과 사채할인발행차금의 유사점과 차이점을 설명하라.

[14] 전환사채에 첨부된 전환권의 행사와 신주인수권부사채에 첨부된 신주인수권의 행사 간의 유사점과 차이점을 설명하라.

[15] 전환사채의 전환시점에서 발행회사가 전환손익을 인식하지 않는 이유를 설명하라.

[16] 전환사채의 만기 이전 재매입에 대한 회계처리를 요약하라.

[17] 전환사채 상환할증금의 성격을 규명하고, 이것이 어떻게 회계처리되는지 설명하라.

[18] 상환할증금이 있는 전환사채와 상환할증금이 없는 전환사채의 전환권공정가치는 어떻게 다른지 설명하라. 두 전환사채는 상환할증금 유무(有無) 이외의 다른 발행조건은 동일하다고 가정하라.

[19] 상환할증금이 있는 전환사채와 상환할증금이 없는 전환사채에 대한 이자비용은 어떻게 그리고 왜 다른지 설명하라. 두 전환사채는 상환할증금 유무 이외의 다른 발행조건은 동일하다고 가정하라.

[20] 전환사채가 전환될 때 발행되는 주식의 금액은 어떻게 결정되는지 상환할증금이 없는 경우와 있는 경우로 나누어 설명하라.

[21] 전환사채의 유도전환을 위해 조건변경을 한 경우 발행회사가 인식해야 하는 손실은 어떻게 계산하는지 설명하라.

[22] 복합금융상품 발행에 따른 거래비용은 어떻게 회계처리하는지 설명하라.

[23] 분리형 신주인수권과 비분리형 신주인수권의 차이는 무엇인가?

[24] 신주인수권조정과 전환권조정의 경제적 성격의 차이를 설명하라.

[25] 신주인수권이 행사될 때 발행되는 주식의 금액은 어떻게 결정되는지 상환할증금이 없는 경우와 있는 경우로 나누어 설명하라.

[26] 전환우선주에 첨부된 전환권의 가치를 별도로 분리하여 기록하지 않는 이유는 무엇인가?

[27] 전환우선주의 장부금액이 전환으로 발행되는 보통주의 액면금액보다 적을 경우 그 차이만큼 이익잉여금을 줄여주는 이유는 무엇인가?

연습문제

[1] 전환사채(개념적 문제)

전환사채에 관한 다음 각 호의 진술에 대해 true/false로 답하라.

(1) 다른 조건이 동일하다면 전환권의 공정가치가 낮을수록 만기상환할증금은 작아진다.

(2) 만기보장수익률은 투자자들 입장에서 볼 때 내부수익률(internal rate of return)이다.

(3) 전환권의 공정가치가 높을수록 만기보장수익률은 시장이자율에 근접한다.

(4) 만기수익률에 대한 보장이 달리 없이 액면발행된 전환사채를 만기까지 보유하면 표시이자율에 해당하는 만기수익률을 획득하게 된다.

(5) 표시이자율이 2%이고 만기보장수익률이 8%인 전환사채가 시장이자율이 8%일 때 액면발행되었다면 발행시점에서 투자자들은 전환권의 공정가치를 0으로 인정한 것이다.

(6) 표시이자율이 5%인 전환사채와 표시이자율이 7%인 전환사채가 10%의 만기수익률을 보장하는 조건으로 액면발행되었다. 다른 조건이 동일하다면, 전자의 만기상환할증금은 후자의 만기상환할증금보다 더 작다.

(7) 만기상환할증금을 지급하는 조건으로 액면발행된 전환사채의 만기보장수익률과 할증금 지급조건 없이 액면발행된 전환사채의 만기수익률이 동일하다. 다른 조건이 동일하다면, 전자의 표시이자율이 후자의 표시이자율보다 낮다.

[2] 전환권 공정가치의 계산

㈜현재는 회사의 현 신용등급으로 만기 5년, 표시이자율 15%, 액면금액 ₩1,000,000의 일반사채를 액면발행할 수 있다. 회사는 20×7년 1월 1일에 만기 5년, 표시이자율 8%, 액면 ₩1,000,000의 전환사채를 액면발행하였다. 이자는 매년 말 지급하는 조건이다. 이 전환사채의 전환권의 공정가치를 계산하라.

[3] 전환사채의 만기보장수익률 계산

㈜미래는 액면금액이 ₩1,000,000이고, 만기가 3년이며, 표시이자율이 5%인 전환사채를 액면발행하였다. 이자는 매년 말 지급하는 조건이다. 전환사채 발행시 주식시장이 침체되어 있어서 회사는 만기에 액면금액의 29.098%에 해당하는 상환할증금을 지급하기로 하였다. 이 전환사채의 만기보장수익률은 얼마인가?

[4] 전환사채의 상환할증금의 계산

㈜보장은 시장이자율이 8%일 때 액면 ₩1,000,000, 표시이자율 1%, 만기 7년인 전환사채를 액면발행하였다. 이자는 매년 말 지급한다. 만일 회사가 전환사채발행과 관련하여 ₩115,765의 전환권대가를 기록하였다면 만기상환할증금은 얼마인가?

[5] 전환사채의 표시이자율 계산

㈜화승은 액면이 ₩1,000,000이고, 만기 5년인 전환사채를 액면발행하였다. 이자는 매년 말 지급한다. 회사는 8%의 수익률을 보장하기 위해 만기상환할 경우 29.333%를 할증해 주기로 정하였다. 이 전환사채의 표시이자율은 몇 %인가?

[6] 전환사채(상환할증금이 있는 경우)

㈜보석은 20×7년 1월 1일에 만기 3년, 표시이자율 2%, 액면 ₩1,000,000의 전환사채를 액면발행하였다. 전환가격은 ₩25,000이고, 보통주의 액면금액은 주당 ₩10,000이며, 이자는 매년 말에 지급한다. 전환사채 발행시의 시장이자율은 12.5%이었으며, 회사는 11.7%의 만기수익률을 보장하였다.

(1) ㈜보석의 만기상환할증금을 계산하라.
(2) ㈜보석의 전환권의 공정가치를 계산하라.
(3) 전환사채의 발행에 따른 최초인식을 분개하라.
(4) 전환권조정의 상각표를 작성하라.
(5) 20×7년 12월 31일에 필요한 분개를 제시하라.
(6) 20×8년 1월 1일에 액면 ₩500,000에 해당하는 ㈜보석의 전환사채가 주식으로 전환되었다. 필요한 분개를 제시하라.
(7) 20×8년 12월 31일에 필요한 분개를 제시하라.
(8) ㈜보석은 20×9년 12월 31일 잔존 전환사채를 만기상환하였다. 필요한 분개를 하라. 마지막 이자비용인식을 위한 분개는 하지 말 것.
(9) 위 (6)번과는 상관없이, 20×8년 1월 1일 ㈜보석은 채권보유자들과 협상을 통해 전환사채 전부를 공정가치인 ₩1,600,000에 재매입하였다. 재매입일에 ㈜보석이 매년 말 이자를 지급하는 만기 2년의 일반사채를 발행한다면 10.5%의 유효이자율로 발행할 수 있다. 전환사채 재매입에 필요한 분개를 제시하라.

[7] 전환사채(상환할증금이 없는 경우; 거래비용 있음)

㈜금광은 20×7년 1월 1일에 만기 3년, 표시이자율 3%, 액면 ₩1,000,000의 전환사채를 상환할증금 지급조건이 없이 액면발행하였다. 발행과 관련하여 ㈜금광은 ₩70,000의 거래비용을 지불하였다. 이자는 매년 말에 지급하며, 전환가격은 ₩10,000이다. 보통

주의 액면금액은 주당 ₩1,000이고, 전환사채 발행시점의 시장이자율은 7%이었다. 20×9년 1월 1일에는 ㈜금광이 발행한 전환사채의 75%가 전환되었으며, 나머지는 만기에 상환되었다. ㈜금광의 전환사채와 관련하여 필요한 모든 분개를 제시하라.

[8] 전환사채(상환할증금이 있는 경우)

㈜영광은 20×7년 1월 1일에 액면금액이 ₩100,000이고, 만기 3년인 전환사채를 다음과 같은 조건으로 액면발행하였다. 시장이자율은 13%이었다.

- 표시이자율 : 연 7%
- 만기보장수익률 : 연 12% ; 이자지급방법 : 매년도 말 지급
- 전환가격 : ₩200 ; 전환주식의 종류 : 주당 액면금액이 ₩100인 보통주
- 전환청구기간 : 발행일 이후 1개월 경과시점부터 만기 1개월 전까지

(1) 연 12%의 수익률을 보장해 주기 위해 회사는 만기상환할증금으로 얼마를 지급해야 하는가?

(2) ㈜영광이 발행한 전환사채에 포함된 전환권의 공정가치는 얼마인가?

(3) 전환사채의 발행으로 인한 최초인식 및 20×7년과 20×8년도 이자비용의 인식을 위한 분개를 제시하라.

(4) ㈜영광의 전환사채가 20×9년 1월 1일 모두 전환되었다. 필요한 분개를 제시하라.

(5) 위 (4)번과 상관없이, ㈜영광의 전환사채가 중도전환되지 않고 모두 만기에 상환되었다고 가정하고 필요한 분개를 제시하라. 마지막 이자지급에 대한 분개는 하지 말 것.

(6) 위 (4)번과 상관없이, ㈜영광은 20×9년 1월 1일, 채권보유자들과의 협상을 통해 전환사채 전부를 공정가치인 ₩140,000에 재매입하였다. 재매입일에 ㈜영광이 연말에 이자를 지급하는 만기 1년의 일반사채를 발행한다면 10%의 유효이자율로 발행할 수 있다. 전환사채 재매입에 필요한 분개를 제시하라.

[9] 신주인수권부사채

㈜만세는 20×7년 1월 1일에 만기 3년, 액면금액 ₩1,000,000의 비분리형 신주인수권부사채를 액면발행하였다. 신주인수권의 행사비율은 100%이고, 행사가격은 ₩2,000이며, 보통주식의 액면금액은 주당 ₩500이다. ㈜만세의 채권은 표시이자율이 5%로서 시장이자율 14.5%보다 현저하게 낮으며, 이자는 매년 말에 지급한다. 또 회사는 만기수익률을 13.5%로 보장해 주기 위해 만기에 29.0974%의 할증금을 지급하기로 하였다.

(1) ㈜만세가 발행한 신주인수권의 공정가치를 계산하라.

(2) 사채발행에 따른 최초인식과 관련하여 필요한 분개를 제시하라.

(3) 신주인수권조정에 대한 상각표를 작성하라.

(4) 20×7년 12월 31일에 필요한 분개를 제시하라.

(5) 20×8년 12월 31일에 필요한 분개를 제시하라.

(6) 20×9년 1월 1일에 액면 ₩800,000에 해당하는 신주인수권이 행사되었다. 필요한 분개를 제시하라.

(7) ㈜만세는 20×9년 12월 31일 신주인수권부사채를 만기에 상환하였으며, 사채액면 ₩200,000에 해당하는 신주인수권은 미행사된 채 소멸하였다. 만기상환에 필요한 분개를 제시하라.

[10] 발행자가 의무적으로 상환해야 하는 상환우선주

㈜희락은 20×1년 1월 1일에 배당률 4%, 액면금액 ₩1,000의 상환우선주 1,000주를 액면발행하였다. 이 상환우선주에 대한 배당은 ㈜희락의 재량에 따라 지급하지만, 주식은 회사가 5년 후인 20×6년 1월 1일에 액면금액으로 상환해야 할 의무가 있다. 만일 회사가 이자를 매년 지급하는 5년 만기의 사채를 20×1년 1월 1일에 발행한다면 8%의 유효이자율이 적용될 것이다. 이 상환우선주의 발행에 따른 최초인식을 분개로 제시하라.

CHAPTER 18

주식기준보상

Contents

한국채택국제회계기준	국제회계기준
제1102호 주식기준보상	IFRS 2 Share-based Payment
제1032호 금융상품 : 표시	IAS 32 Financial Instruments : Presentation

「기업회계기준서」 제1102호에 의하면, **주식기준보상거래**(share-based payment transaction)란 기업이 재화나 용역을 제공받는 대가로, ① 당해 기업의 지분상품(equity instrument)을 부여하거나, 또는 ② 그 지분상품의 가격(price)에 기초한 금액만큼의 부채를 부담하는 거래를 말한다. 여기서 **지분상품**이란 '기업의 자산에서 모든 부채를 차감한 후의 잔여지분(residual interest)을 나타내는 계약'으로 정의되며, 그 예로는 기업의 주식 또는 특정 기간(이를 행사기간이라 함) 동안 고정된 가격이나 결정가능한 가격(이를 행사가격이라 함)으로 기업의 주식을 매수할 수 있는 권리, 즉 주식선택권(share options) 등을 들 수 있다.

주식기준보상거래의 위 정의에서 ①에 해당하는 것을 특별히 **주식결제형 주식기준보상거래**(equity-settled share-based payment transaction)라 하고, ②에 해당하는 것을 **현금결제형 주식기준보상거래**(cash-settled share-based payment transaction)라 부르는데, ①의 경우 제공받는 재화/용역의 대가를 기업의 주식 등 지분상품을 부여함으로써 결제하는 반면, ②의 경우는 주로 현금을 지급함으로써 결제하기 때문이다.

예를 들어, 어떤 임원이 향후 3년간 계속 근무하는(즉, 근무용역을 제공하는) 조건으로 3년 후부터 일정기간(예 5년간)에 걸쳐 10,000주의 주식을 주당 ₩5,000에 매수할 수 있는 권리를 회사로부터 부여받았다고 하자. 임원과의 이러한 거래에서 회사는 향후 10,000주의 주식을 교부함으로써 그 임원으로부터 제공받을 3년간의 용역에 대한 대가를 결제하게 되는 것이다. 따라서 이러한 거래는 주식결제형 주식기준보상거래의 전형적인 예가 된다.

반면, 임원이 3년간 계속 근무하는 조건으로 3년 후부터 일정기간 동안 권리행사시점의 주가와 행사가격(예 주당 ₩5,000) 간의 차이에 해당하는 현금을 회사로부터 받을 수 있는 권리를 부여받았다면, 이 거래에서 회사는 3년간 임원으로부터 제공받을 용역의 대가를 향후 현금으로 결제하게 되므로, 이는 현금결제형 주식기준보상거래의 예가 된다.

한편, 결제방식에 관해 기업이나 재화/용역의 공급자가 주식으로 결제할지 아니면 현금으로 결제할지를 선택할 수 있는 경우도 있을 수 있다. 「기업회계기준서」 제1102호는 이러한 유형의 주식기준보상거래에 대해 공식적인 명칭을 부여하지는 않았지만, 본 장에서는 설명의 편의상 이를 '**선택형 주식기준보상거래**'라고 부르도록 한다.

주식기준보상거래에서 기업의 거래상대방(counter-party), 즉 재화나 용역의 제공자는 그 기업의 **종업원**(employees)일 수도 있고, 종업원이 아닐 수도 있다. 주식기준보상거래의 회계처리는 거래상대방이 종업원인지 또는 아닌지에 따라 달라진다. 여기서 종업원이란, ① 법률상 또는 세무상[1]) 종업원으로 분류되는 개인뿐만 아니라, ② 그러한 종업원들과 동일한 방식으로 기업의 지휘를 받으며 용역을 제공하는 개인과 ③ 종업원이 제공하는 근무용역과 유사한 용역을 제공하는 개인(예 사외이사 등)을 모두 포함하는 광의의 종업원이다. 따라서 「기업회계기준서」 제1102호는 이들을 종업원 및 **유사용역제공자**라고 표현하고 있다. 그러나 본 장에서는 설명의 편의를 위해 이들을 통칭하여 종업원이라고 부를 것이다.

주식기준보상거래의 회계처리를 설명하기에 앞서 몇 가지 관련 용어를 숙지하는 것이 필요하므로, 이하 제1절에서는 「기업회계기준서」 제1102호에서 정의하고 있는 주요 용어를 먼저 살펴본다.

제1절 주식기준보상거래의 회계처리에 사용되는 주요 용어

첫 번째 사용되는 주요 용어는 **가득**(可得 : vesting)인데, 이는 부여된 지분상품에 대한 거래상대방의 권리가 무조건적으로 확정되는 것을 말한다. 일례로, 회사가 주식선택권을 종업원에게 부여하면서 3년간 연속근무할 것을 조건으로 제시한 경우 이 종업원이 3년간 연속근무를 마치게 되면 주식선택권과 관련한 권리를 확정하게 되므로, 이때 해당 권리가 가득되었다고 말한다. 이와 같이 권리가 가득되기 위해서는 일정조건이 만족되어야 하며, 이런 조건을 **가득조건**(vesting conditions)이라고 부른다. 가득조건이 만족되면, 주식기준보상약정(이하, 약정)에 따라 거래상대방이 현금, 기타자산이나 회사의 지분상품을 받을 권리를 무조건부로 얻게 된다.

일반적으로 가득조건에는 **용역제공조건**(service condition)과 **성과조건**(performance condition)이 있다. 전자는 약정에 따라 거래상대방이 일정기간의 용역을 제공해야 하는 조건을 말하는데, 일례로 주식선택권을 부여받은 종업원이 이에 대한 무조건부 권리를 얻기 위해서는 3년을 연속근무해야 한다면, 이러한 '3년 연속근무'가 용역제공조건에 해당한다. 성과조건이란 약정에 따라 거래상대방이 일정한 성과목표를 달성해야 권리를 확정할 수 있는 조건을 말하며, 특정한 목표이익, 목표주가, 또는 목표매출액의 달성 여부가 권리를 확정한다면, 이는 성과조건의 예가 된다.

한편, 성과조건이 **지분상품의 시장가격**과 직접 관련되어 있는 경우 이를 다른 성과조건과 구분하여 특별히 **시장조건**(market conditions)이라고 부른다.[2] 시장조건의 가장 단순한 예로는 목표주가의 달성이라 할 수 있다. 일례로, 3년 내에 주가가 주당 ₩10,000

1) 여기서 '세무상' 종업원이란 용역제공의 대가(예 급여)가 법인소득세 계산시 소득공제되는 개인을 의미하는 것으로 해석할 수 있다.

2) 그 밖의 성과조건은 비시장조건(non-market conditions)이라고 부를 수 있을 것이다.

이상 상승하면 100명의 종업원들에게 각각 10주의 주식을 주기로 약정하였다면, '주가 ₩10,000 이상의 성취'는 시장조건의 예가 된다.3) 반면, 약정에 따라 목표이익, 목표판매량, 목표매출액 등과 같이 지분상품의 시장가격과 관련되지 않은 특정 성과를 거래상대방이 달성해야 권리를 확정할 수 있다면, 이는 비시장조건의 예가 된다.

또한 약정에서 지정하는 가득조건이 충족되는 데 걸리는 시간을 **가득기간**(vesting period)이라 부른다. 예컨대, 회사가 종업원에게 주식선택권을 부여하면서, 성과조건은 없이 3년의 용역제공조건만을 가득조건으로 요구하였다면, 가득기간은 3년이 되는 것이다.

마지막으로, 주식기준보상거래에서 제공받는 재화나 용역의 가치를 회계적으로 측정하여 인식하는 금액을 '보상원가(compensation cost)'라고 부른다. 사실 '보상원가'는 「기업회계기준서」 제1102호에서 공식적으로 정의하고 있는 용어는 아니다. 그러나 관련 미국 회계기준(즉, SFAS 123)에서는 이 용어를 보편적으로 사용하고 있고, 무엇보다도 주식기준보상거래의 회계처리를 더 쉽게 설명하는 데 요긴하므로, 본 장에서는 제공받는 재화나 용역에 대해 인식하는 금액을 '보상원가'라고 부르도록 한다.

이하 주식기준보상거래의 회계처리를 주식결제형, 현금결제형, 선택형 등 거래의 유형으로 나누어 살펴볼 것인데, 그렇게 하기 전에 주식기준보상거래에서 제공받는 재화나 용역의 인식과 측정에 관한 일반원칙을 먼저 살펴보는 것이 바람직하다.

제2절 주식기준보상거래의 인식과 측정에 관한 일반원칙

1. 제공받는 재화나 용역의 인식에 관한 일반원칙

주식기준보상거래에서 제공받는 재화나 용역은 일반적으로 **제공받는 날에 인식**한다. 해당 거래가 주식결제형인 경우에는 제공받는 재화나 용역에 상응하는 '자본의 증가'를 인식하고, 현금결제형인 경우에는 그에 상응하는 '부채의 증가'를 인식한다. 이때 주식

3) 주식선택권의 '목표내재가치의 달성'도 시장조건에 속하는데, 그 이유는 내재가치(intrinsic value)가 행사가격과 주가의 차이이고 행사가격은 고정된 가격이라서 목표내재가치가 주가에 직접 영향을 받기 때문이다. 한편, 어떤 성과조건이 시장조건으로 간주되기 위해서는 그 조건이 회사 지분상품의 시장가격과 직접적으로 관련되어야 한다. 일례로, 목표이익(target earnings)의 달성은 시장조건으로 간주되지 않는데, 이는 이익이 회사의 주가에 중대한 영향을 미치기는 하지만 주가와 직접적으로 관련되지는 않기 때문이다. 이와 유사하게, KOSPI 200과 같은 주가지수는 시장변수이기는 하지만, 만일 회사의 주가가 이 주가지수 산정에서 빠져 있다면 이러한 주가지수에 기초하여 설정한 어떠한 조건도 시장조건으로 간주되지 않는다.

기준보상거래에서 제공받는 재화나 용역의 가치, 즉 보상원가는 자산의 인식요건을 충족하면 '자산'으로 계상하지만, 그렇지 못한 경우에는 즉시 '비용'으로 계상한다.

일반적으로 비용은 재화나 용역을 소비함으로써 발생한다. 그런데 용역은 통상적으로 제공받는 즉시 소비되므로, 주식기준보상거래에서 제공받는 용역은 공급자가 제공하는 날에 비용으로 인식한다. 이때 비용은 기능에 따라 제조원가나 판매비와관리비 또는 개발비 등으로 처리될 것인데, 제조원가로 처리되는 경우는 일단 재고자산의 일부로 계상되겠지만, 그 밖의 경우라면 즉시 당기 비용으로 계상될 것이다. 반면, 재화는 일정기간에 걸쳐 소비되거나, 재고자산처럼 나중에 판매될 수도 있다. 따라서 주식기준보상거래에서 제공받는 재화는 공급자가 제공한 날에 '자산'으로 계상하고 이후 소비되거나 판매될 때 비용으로 인식한다.[4)]

제공받는 재화나 용역에 대한 보상원가의 인식과 관련하여 회사가 제공일(service date)에 통상적으로 해야 할 분개는 다음과 같다.[5)]

재화의 경우:

(차) 자산계정	×××	(대) 자본(또는 부채계정)	×××

용역의 경우:

(차) 비용계정	×××	(대) 자본(또는 부채계정)	×××

2. 제공받는 재화나 용역의 측정에 관한 일반원칙

주식기준보상거래에서 제공받는 재화나 용역을 인식할 때는 해당 **재화나 용역의 공정가치**를 직접 측정하여 보상원가로 계상한다. 그러나 그러한 공정가치를 신뢰성 있게 측정할 수 없는 경우에는 **부여한 지분상품의 공정가치**에 기초하여 보상원가를 간접 측정한다. 이를 좀 더 부연 설명해 보자.

먼저 거래상대방이 종업원이라면 회사는 용역을 제공받게 되는데, 일반적으로 종업원이 제공하는 용역의 공정가치는 **신뢰성 있게 측정할 수 없다**고 본다. 그 이유는 종업원에게 부여하는 지분상품은 현금급여 및 기타 종업원후생관련 지급액을 포함하는 총보상의 일부에 불과한데, 이러한 총보상의 일부에 대응하는 종업원의 근무용역이 무엇인지 파악하여 그 공정가치를 신뢰성 있게 측정하는 것은 가능하지 않기 때문이다. 또 경우에 따라서는 주식이나 주식선택권 같은 지분상품을 장려금(incentive pay)으로서 부여

---

4) 그러나 제공받는 재화가 자산의 인식기준을 충족하지 못하여 소비되기 이전에라도 비용으로 인식해야 하는 경우도 있을 수 있다. 일례로, 신제품 개발을 위한 연구단계에서 취득하는 재화는 즉시 소비되지 않더라도 무형자산에 관한 「기업회계기준서」 제1038호에 따라 즉시 비용으로 처리해야 한다.

5) 이렇게 재화나 용역을 '제공받는 날'에 인식하도록 하는 원칙을 'service date model'이라고 부른다.

할 수도 있는데, 이러한 장려금은 종업원의 고용을 유지시키거나 회사의 성과향상에 필요한 종업원의 노력을 유도하기 위해 추가로 지급하는 보수이며 그 대가로 회사는 종업원에게서 추가적인 근무용역을 제공받는 것이다. 그러나 이러한 추가적인 근무용역을 일상적인 근무용역과 구분하여 그 공정가치를 별도로 신뢰성 있게 측정하기는 어렵다. 이와 같이 종업원이 제공하는 용역의 공정가치는 직접 측정하는 것이 가능하지 않으므로, **부여한 지분상품의 공정가치**에 기초하여 간접 측정하는 것이다. 이때 부여한 지분상품의 공정가치는 **부여일**(grant date)을 기준으로 측정한다. 즉, **측정기준일**(measurement date)이 부여일이 되는 것이다.

그 다음으로, 주식기준보상거래의 상대방이 비종업원인 경우를 살펴보면, 반증이 없는 한 제공받는 재화나 용역의 공정가치는 **신뢰성 있게 측정할 수 있다**고 본다. 이때 공정가치는 재화나 용역을 제공받는 날을 기준으로 측정한다. 즉, 측정기준일(measurement date)이 재화나 용역을 제공받는 날, 즉 **제공일**(service date)이 되는 것이다. 단, 극히 드문 경우지만 제공받는 재화나 용역의 공정가치를 신뢰성 있게 측정할 수 없다면, 지분상품의 공정가치에 기초하여 측정할 수도 있는데, 이때에도 측정기준일은 재화나 용역의 제공일이다.

한편, 추후 설명하겠지만, 가득조건이 매우 복잡하여 주식기준보상거래에서 부여한 지분상품의 공정가치를 신뢰성 있게 측정하는 것이 가능하지 않은 경우도 드물지만 있을 수 있다. 이러한 경우라면 부여한 지분상품을 **내재가치**(intrinsic value)로 측정할 수 있다. 내재가치란 '지분상품의 공정가치(㉮ 주가)와 거래상대방이 그 지분상품에 대해 지불해야 하는 가격(㉮ 주식선택권의 행사가격) 간의 차이'를 말한다. 일례로, 주가가 ₩170인 주식에 대한 주식선택권의 행사가격이 ₩100이라면, 이 주식선택권의 내재가치는 ₩70이 된다. 여기서 유의할 점은 지분상품의 내재가치를 측정기준으로 삼는 것은 매우 드문 경우로서 '공정가치의 신뢰성 있는 측정이 불가능한 경우'로 한정된다는 사실이다. 따라서 별다른 언급이 없는 한 이하 모든 회계처리의 설명은 공정가치에 근거할 것이며, 내재가치에 기초한 회계처리는 <예제 9>를 통해 별도로 다룬다. 이상에서 설명한 측정에 관한 원칙을 표로 정리하면 <표 18. 1>과 같다.

전술한 인식 및 측정에 관한 일반원칙을 실무적으로 적용하는 데에 있어 거래 상대방이 비종업원인 경우에는 회계적인 쟁점이 거의 없으므로 실무적용에 별다른 어려움은 없다. 그러나 거래상대방이 종업원인 경우에는 그러한 거래의 종류와 성격이 매우 다양해서 상기 원칙의 실무적용은 경우에 따라 대단히 복잡해진다. 따라서 본 장에서는 거래상대방이 비종업원인 경우를 <예제 1>을 통해 먼저 간략히 살펴본 후, 이하에서는 거래상대방이 종업원인 경우를 중점적으로 다룬다.

표 18. 1 거래상대방에 따른 보상원가의 측정기준과 측정기준일

거래상대방 (counterparty)	보상원가 측정기준 (measurement basis)	보상원가 측정기준일 (measurement date)	비 고
종업원	부여된 지분상품의 공정가치*	지분상품 부여일 (grant date)	인식일(recognition date)은 재화나 용역의 제공일 (service date)임.
비종업원	제공받는 재화나 용역의 공정가치**	재화나 용역의 제공일(service date)	

* 드물지만, 공정가치의 신뢰성 있는 측정이 어려운 경우에는 지분상품의 내재가치가 측정기준이 됨.

** 예외적으로 제공받는 재화나 용역의 공정가치 측정이 어렵다면 부여된 지분상품의 공정가치가 측정기준이 됨. 이때에도 만일 지분상품의 공정가치를 신뢰성 있게 측정하기 어렵다면 내재가치로 측정함.

예제 1

〈거래상대방이 비종업원인 주식기준보상거래〉

20×7년 1월 1일 ㈜한국정유는 원유(crude oil)를 향후 3년에 걸쳐 1억 배럴을 공급받기로 약정하고, 공급자에게는 회사 주식 300,000주를 약정기간 3년이 경과한 직후부터 2년 내에 주당 ₩1,000에 매입할 수 있는 권리를 부여하였다. 20×7년 동안에는 총 2천만 배럴의 원유를 두 번에 나누어 7월 1일과 12월 31일에 각각 1천만 배럴씩 공급받았다. 7월 1일 공급받은 원유의 시장가격은 ₩45억이었으나, 이후 원유가격의 상승으로 12월 31일에 공급받은 원유의 시장가격은 ₩55억이었다. 회사가 20×7년에 기록한 분개를 제시하라.

해 답

위 거래에서 제공받는 재화(즉, 원유)의 보상원가는 제공일(service date)의 공정가치(즉, 시장가격)에 기초하여 자산으로 인식하고, 상대계정은 자본이므로 7월 1일과 12월 31일에 각각 다음의 분개를 한다.

20×7년 7월 1일:

(차) 원유재고자산	45억	(대) 자본(예 주식선택권)	45억

20×7년 12월 31일

(차) 원유재고자산	55억	(대) 자본(예 주식선택권)	55억

만일 20×9년 12월 31일까지 3년간 공급받은 원유의 공정가치 합계가 ₩400억이었고, 이날 원유 공급자가 주식선택권 모두를 행사하여 회사가 신주를 발행하였다면 다음과 같이 분개한다(주식의 액면금액을 ₩5,000이라 가정함).

20×9년 12월 31일:

(차) 현 금	3억*	(대) 자 본 금	15억**
자 본(예 주식선택권)	400억	주식발행초과금	388억

* ₩1,000(행사가격) × 300,000

** ₩5,000(액면금액) × 300,000

위 분개에서 주식기준보상거래로 인한 '자본의 증가'를 인식하기 위해 어떤 계정과목을 사용해야 할지 「기업회계기준서」 제1102호에는 구체적 언급이 없다. 따라서 주식을 발행하기 전까지는 '주식선택권'이라는 임시적인 자본계정과목을 사용하면 무난할 것이며, 재무상태표상에서는 이를 '기타자본항목'으로 표시하면 될 것이다. 따라서 앞으로는 주식기준보상거래로 인한 자본의 증가를 인식하기 위해 '주식선택권' 계정을 사용한다.

이제 거래상대방이 종업원인 주식기준보상거래에 대한 회계처리를 주식결제형과 현금결제형으로 나누어 각각 살펴보도록 하자. 회사 혹은 종업원이 주식결제와 현금결제 중 선택할 수 있는 선택형의 회계처리는 편의상 부록으로 제시한다.

제3절 주식결제형 주식기준보상거래의 회계처리

주식결제형 주식기준보상거래에 대한 회계처리를 중요한 주제별로, ① 부여일과 연관된 회계논점, ② 가득기간 동안의 회계처리, ③ 가득기간 이후의 회계처리로 나누어 설명하면 다음과 같다.

1. 부여일과 연관된 회계논점

(1) 측정기준과 측정기준일

<표 18. 1>에서 이미 요약하였듯이, 거래상대방이 종업원이라면 제공받는 용역에 대해 인식하는 금액(즉, 보상원가)은 종업원에게 부여된 지분상품의 공정가치이며, 측정기준일(measurement date)은 해당 지분상품이 종업원에게 부여된 날이다. 지분상품의 공정가치, 즉 제공받는 용역의 보상원가는 일반적으로 종업원에게 부여된 '권리 한 단위(예 주식 1주 또는 주식선택권 1개)당 얼마'라는 식으로 측정된다.

한편, 보상원가의 측정기준일은 지분상품의 부여일이지만, 인식시점(recognition date)은 용역제공일(service date)임에 유의해야 한다. 일례로, 20×9년 1월 1일에 회사가 종업원들에게 주식선택권을 부여하였다면, 보상원가는 20×9년 1월 1일 시점에 측정한 지분상품의 공정가치이지만, 실제 보상원가를 인식하는 시점은 종업원들이 용역을 제공한 시점, 즉 통상적으로 기말시점(예 20×9년 12월 31일)이 된다.

(2) 부여한 지분상품 공정가치의 측정

부여한 지분상품의 공정가치를 측정함에 있어 유념해야 할 가장 중요한 규정은 가득조건이 공정가치에 미칠 효과는 고려하지 말라는 것이다. 예를 들어, 회사의 이익이 부여일로부터 3년 동안 연평균 10% 이상 15% 미만으로 성장하면 종업원들에게 100주의 주식을 부여하지만, 15% 이상 성장하면 200주의 주식을 부여하는 주식기준보상거래를 고려해 보자. 이 거래에서 해당 지분상품의 실제 공정가치는 이익성장률에 대한 두 가지 가능성과 확률에 의해 당연히 영향을 받을 것이다. 그럼에도 불구하고 회사가 이 지분상품의 공정가치를 측정할 때에는 그러한 가득조건의 효과를 고려하지 않는다.

다만, **예외적으로** 가득조건 중 **시장조건의 효과만큼은 공정가치의 측정에 반영**해야 한다. 일례로, 부여일로부터 3년 내에 회사의 주가가 특정 목표수준 이상 상승하여야 권리행사가 가능한 지분상품을 종업원에게 부여하였다면, 이 지분상품의 공정가치를 측정할 때 주가가 해당 목표수준 이상이 될 가능성과 그렇지 못할 가능성을 모두 고려해야 하는 것이다. 그리고 부여일에 일단 반영된 시장조건의 효과는 **추후 시장상황이 변하더라도 더 이상 공정가치의 측정에 반영하지 않는다**. 이러한 규정은 다음과 같은 매우 중요한 두 가지 시사점을 갖는다.

첫째, 부여일에 공정가치를 측정하고 나면 추후 해당 시장조건에 영향을 미칠 수 있는 상황이 변하더라도 공정가치를 다시 계산하지 않는다. 이는 한 단위의 권리에 대한 보상원가가 **부여일에 확정되는** 결과를 낳는다.[6)]

둘째, 시장조건의 효과는 부여일의 공정가치에 이미 반영되었고 이후 더 이상 고려되지 않으므로, 사후적으로는 시장조건이 실제로 충족되지 않더라도 시장조건을 제외한 모든 가득조건이 충족되기만 하면, 권리가 가득된 것으로 간주하여 회계처리해야 한다. 따라서 실제로는 시장조건이 미충족되어 가득되지 않은 권리에 대해서도 보상원가를 인식하게 되는 결과를 낳을 수도 있다.[7)]

이제 지분상품 공정가치를 측정하는 방법에 대해 살펴보자. 먼저 해당 지분상품이 시장에서 거래되고 있다면 시장가격이 곧 공정가치가 될 것이다. 그러나 주식기준보상거래에서 다루는 지분상품은 일반적으로 정형화되어 있지 않으므로 시장에서 거래되는 경우는 극히 드물다. 이로 인해 지분상품의 공정가치는 기업이 추정해야 하는 경우가

---

6) 단, 가득 이전 퇴사(退社)할 종업원 수의 추정치가 변하거나, 시장상황에 따라 시장조건의 달성 여부에 관한 예상이 변동되면 가득될 것으로 기대되는 권리의 수도 변동하므로, 한 단위의 권리당 보상원가가 부여일에 확정되어도 보상원가 **총액**의 추정치는 매년 바뀔 수 있다(이하 예제 참조 바람).

7) 비시장조건만 있는 주식기준보상거래에서는, 해당 비시장조건이 충족되지 않아 권리가 가득되지 않으면 보상원가를 인식하지 않는다. 이러한 점에서 시장조건이 있는 경우의 회계처리는 비시장조건만 있는 경우의 회계처리와 차이가 난다.

더 일반적이다. 공정가치의 추정방법으로는 크게 다음 세 가지가 있다. 블랙-숄즈-머튼 옵션모형(Black-Scholes-Merton formula), 이항모형(binomial model) 및 몬테칼로 시뮬레이션(Monte Carlo Simulation)이 그것인데, 이 가운데 두 가치평가모형은 이론적으로는 정치하게 개발된 모형이지만 모형의 성립에 필요한 제반 가정(assumptions)이 실무에서 활용되는 지분상품의 성격과 맞지 않는 경우가 종종 발생하는 문제가 있다.[8] 이로 인해 두 모형을 실제 지분상품에 적용함에 있어서는 많은 제약이 따르며, 이런 경우 몬테칼로 시뮬레이션을 보완적으로 활용한다. 특히, TSR과 같은 시장조건이 있는 경우 두 가치평가모형은 몬테칼로 시뮬레이션에 의해 보완될 필요가 있다. 한편, 이러한 공정가치 평가모형들에 대한 설명은 재무관리 교과서에 잘 제시되어 있으므로 본 장에서는 다루지 않는다.

2. 부여일 후 가득되기까지의 회계처리

(1) 총보상원가의 계산

종업원에게 부여된 지분상품의 공정가치, 즉 한 단위의 권리당 보상원가가 측정되면 회사는 인식해야 할 보상원가의 총액, 즉 총보상원가를 먼저 계산한다. 이 총액은 한 단위의 권리당 보상원가에 가득될 권리의 수를 곱하여 구한다. 즉,

총보상원가 = 한 단위의 권리당 보상원가 × 가득될 권리의 수(추정치)

일반적으로, 권리를 부여받은 종업원 중 일부는 권리가 가득되기 이전에 퇴사하기도 하고, 또 경우에 따라서는 부과된 성과조건의 달성 여부가 가득될 지분상품의 수량(즉, 가득될 권리의 수)에 영향을 미치기도 하므로, 회사는 총보상원가를 계산함에 있어 궁극적으로 가득될 권리의 수를 추정해야 한다. 가득될 권리의 수에 대한 추정은 상황변화에 따라 매년 바뀔 것이므로, 총보상원가도 매년 변동하는 것이 일반적이다.

(2) 당기 보상원가의 인식

전술하였듯이, 보상원가는 종업원이 **용역을 제공하는 시점**에서 인식한다. 현실적으로 종업원의 용역은 회계기간 동안 지속적으로 제공되지만 회계처리의 편의를 위해 당기에 해당하는 보상원가는 **기말**에 비용으로 인식한다. 이에 따라 총보상원가도 기말에

---

8) 일례로, 블랙-숄즈-머튼 모형은 European 옵션의 가격을 결정하는 데에는 유효하나 American 옵션의 가격결정에는 유효하지 않다. 그러나 대부분의 지분상품은 American 옵션의 성격을 갖는다.

계산하게 된다.

그렇다면 총보상원가는 어떤 회계기간에 걸쳐 배분하여 비용으로 인식해야 할까? 일반적으로 지분상품에 대한 권리를 가득하기 위해서는 일정조건, 즉 가득조건이 미래에 충족되어야 한다. 따라서 총보상원가는 가득조건이 충족되어야 하는 미래의 기간, 즉 **가득기간에 걸쳐 안분하여** 비용으로 인식한다. 만일 가득조건이 별도로 없어서 부여일 즉시 가득되는 지분상품이 부여된다면, 이에 대한 보상원가는 즉시 전액 인식해야 한다. 이는 해당 지분상품이 이미 과거에 제공받은 종업원의 용역에 대한 대가라고 간주되기 때문이다.

한편, 당기 배분된 보상원가는 '주식보상비용' 계정에 기록하는데, 이는 성격에 따라 제조원가나 판매비와관리비 또는 개발비 등으로 처리한다. 제조원가로 처리되는 경우는 일단 자산으로 계상되겠지만, 그 밖의 경우라면 즉시 당기비용으로 계상된다. 당기 보상원가의 인식을 위한 분개를 제시하면 다음과 같다.

(차) 주식보상비용	×××	(대) 주식선택권	×××

또 총보상원가의 추정치는 매기 변동하므로 가득기간이 종료되기 전까지 매기 말 인식하는 당기 보상원가는 **잠정적으로** 추정한 총보상원가에 기초하여 계상되는 금액이 된다. 다시 말해, 추후 가득될 것으로 예상되는 권리의 수가 기대한 것과 달라짐에 따라 회사는 매기 말 총보상원가를 지속적으로 조정해 주어야 한다. 따라서 매기 말에 인식하는 당기 보상원가는 지속적으로 조정되는 총보상원가에 기초하여 계상되는 금액이다. 이러한 회계처리는 마치 회계추정의 변경과 같아서 총보상원가의 조정효과는 과거로 소급하여 반영되지 않고 당기와 미래의 기간에만 반영된다.

한편, 주가가 주식선택권의 만기일까지 행사가격보다 낮은 상황에서처럼 지분상품의 경제적 가치가 없어서 종업원이 권리를 미행사하더라도 이에 대해 사후적으로 총보상원가를 0으로 조정하지 않는다. 이는 과거 인식한 주식보상비용을 당기에 환입하지 않음을 의미하는 것이다. 따라서 미행사된 채 소멸된 주식선택권에 대해서도 보상원가를 인식하는 결과가 발생할 수도 있다.[9)]

(3) 가득 이전 지분상품의 조건변경(취소 또는 중도청산 포함)

과거 부여된 지분상품이 가득되기 전에 회사가 조건을 변경하거나 권리를 취소 또는 중도청산하는 수도 있다. 특히, 부여일 이후 기업환경이나 시장상황의 악화로 인해 가득

---

9) 이러한 회계처리를 IFRS 2는 회피방지조치(anti-avoidance measure)로 보고 있다. 즉, 경영자가 주식기준보상거래에 대한 비용인식을 회피하지 못하도록 한다는 것이다.

조건을 성취하는 것이 거의 불가능해졌거나, 혹은 주식선택권의 경우 주가가 행사가격 이하로 지나치게 하락하여 내(內)가격(in the money)이 될 가능성이 거의 없다면 회사는 부여한 지분상품이 종업원에게 경제적 유인을 제공하지 못한다고 판단하여 조건을 완화할 수 있다. 또 드물기는 하지만, 부여일 이후 주주들이 판단하기에 가득조건이 너무 느슨하여 경영자를 압박하고자 가득조건을 강화하는 수도 있다. 뿐만 아니라, 가득되기 이전에 회사가 권리를 취소하거나 또는 현금이나 기타 자산을 종업원에게 대가로 주고 부여한 권리를 중도청산하는 수도 있다.

① 가득 이전 권리의 취소 또는 중도청산

먼저 가득되기 전 권리가 **취소** 또는 **중도청산**된 경우에는 **가득기간이 앞당겨진 것**으로 간주하여 회계처리한다. 이는 권리가 취소 또는 중도청산되지 않았다면 원래의 가득기간에 걸쳐 인식했을 보상원가를 즉시 비용으로 인식해야 함을 의미한다. 이를 분개로 나타내면,

(차) 주식보상비용	×××	(대) 주식선택권	×××

위 분개 직후 관련 자본계정의 잔고는 지분상품의 총보상원가와 같게 될 것이다. 이때 회사는 권리를 취소 또는 중도청산한 대가로 현금 등을 종업원에게 지급하게 되는데, 지급하는 금액은 통상적으로 지분상품의 취소일 또는 중도청산일 공정가치와 동일하며, 회계적으로는 이를 지분상품의 **재매입으로 보아 자본에서 차감**한다. 그러나 만일 현금 등의 지급액이 **재매입일**(즉, **취소일** 또는 **중도청산일**)에 측정한 지분상품의 공정가치를 초과한다면 해당 초과액은 당기의 **비용**으로 처리한다.

일례로, 20×6년 1월 1일 부여된 지분상품을 회사가 20×7년 12월 31일에 취소하면서 취소일 현재 공정가치와 동등한 ₩100,000을 종업원들에게 지급하였고, 원(原)가득기간의 잔존기간 동안 인식해야 할 보상원가로서 ₩20,000이 남아 있다고 하자. 그러면 취소일에 해야 할 분개는 ① 미인식된 보상원가를 비용으로 인식하고, ② 현금지급액에 해당하는 금액만큼 자본에서 차감하는 것이다. 먼저 첫 번째 분개를 제시하면 다음과 같다.

20×7년 12월 31일(미인식된 보상비용을 일시에 인식하는 분개) :

(차) 주식보상비용	20,000	(대) 주식선택권	20,000

위 분개 후 지분상품과 관련한 자본계정(즉, 주식선택권)의 잔고가 ₩85,000이 되었다고 가정하자. 이는 곧 지분상품의 총보상원가가 ₩85,000이었음을 의미한다. 이때 종업원에게 지급한 현금액(=₩100,000)만큼의 자본을 차감할 때에는 관련 자본계정(즉, 주식선택권)의 잔고(즉, ₩85,000)부터 차감하고, 나머지는 기타자본항목에서 차감하면

될 것이다. 이를 분개로 나타내면,

20×7년 12월 31일(지급된 현금액만큼 자본에서 차감하는 분개):

(차)	주식선택권	85,000	(대) 현 금	100,000
	기타자본항목	15,000		

위 거래에서는 현금지급액이 취소일 현재 지분상품의 공정가치와 일치한다고 가정하였다. 그러나 만일 위 거래에서 취소일 현재 지분상품의 공정가치가 ₩90,000이라면(즉, 현금지급액인 ₩100,000보다 적다면), 초과지급된 현금 ₩10,000은 비용(예 주식보상비용)으로 인식한다. 이를 분개로 나타내면,

20×7년 12월 31일 분개(현금지급액이 취소일 공정가치를 초과하는 경우):

(차)	주식보상비용	10,000	(대) 현 금	100,000
	주식선택권	85,000		
	기타자본항목	5,000		

② 가득 이전 지분상품의 조건변경

그 다음으로, 지분상품의 조건이 **변경**되는 경우를 고려해 보자. 가득 이전에 조건이 변경되었다면 최소한 해당 조건이 변경되지 않은 것으로 간주하고 회계처리한다. 이는 변경 전 지분상품의 공정가치(즉, 부여일에 측정한 공정가치) 및 변경 전 가득조건에 기초하여 **원(原)가득기간 중 미경과기간**에 대해 잔존 총보상원가를 계속해서 안분하여 비용으로 인식함을 의미한다.[10)]

뿐만 아니라, 조건변경 후 지분상품의 공정가치와 원(原)지분상품의 공정가치를 **조건변경일**에 각각 계산한 후, 전자가 후자를 초과한다면, 초과하는 공정가치(이하 **증분공정가치**)만큼의 보상원가를 **조건변경일로부터 변경된 지분상품의 가득일**까지의 기간에 배분하여 추가로 인식해야 한다. 즉, 조건변경으로 인해 종업원에게 귀속하는 지분상품의 공정가치가 **증가**하는 경우에는 추가적인 비용을 인식해야 하는 것이다.

조건변경을 통해 권리의 수를 증가시키거나 주식선택권 등의 행사가격을 하향조정하면 부여한 지분상품의 공정가치는 증가한다. 반면, 조건변경을 통해 권리의 수를 줄이거나 행사가격을 상향조정하면 부여한 지분상품의 공정가치는 하락하는데, 이러한 경우는 어떻게 대처해야 하나? 「기업회계기준서」 제1102호는 이러한 공정가치의 하락에 대해서는 추가적인 회계처리를 하지 않도록 규정하고 있다. 즉, 기업은 총보상원가를 하향조정할 수 없는데, 이렇게 총보상원가의 하향조정을 금지한 이유는 경영자가 비용의 인

10) 조건변경으로 인해 가득기간 자체가 변하여도 원래의 가득기간 중 남은 기간에 걸쳐 보상원가를 인식한다.

식을 줄이려고 자의적으로 조건을 변경하는 것을 방지하기 위함이다.[11] 조건변경의 사례는 <예제 8>에서 상세히 다룬다.

3. 가득 이후의 회계처리

전술한 대로, 총보상원가는 가득기간에 걸쳐 배분하여 인식한다. 그러면 가득기간 이후의 회계처리는 어떠해야 하나? 만일 가득기간 이후 권리가 행사되어 주식이 발행된다면 회계처리는 매우 간단하다. 단순히 관련 자본계정에 계상된 금액(즉, 총보상원가)을 납입자본(예 자본금과 주식발행초과금 등)으로 대체하면 될 것이다.

따라서 가득 이후 회계처리의 핵심은 가득기간 이후 취소되거나, 혹은 주가가 행사가격보다 낮아서 권리가 미행사된 채 소멸되는 경우, 가득기간에 이미 인식한 주식보상비용을 환입해야 하는지에 관한 것이다. 「기업회계기준서」 제1102호는 어떤 경우에도 이미 인식한 주식보상비용을 환입하지 못하도록 규정하였다. 따라서 이 경우도 관련 자본계정에 계상된 총보상원가를 납입자본으로 대체하는 분개만 필요하다.

한편, 가득기간 이후에 취소된 지분상품에 대하여 회사가 현금 등을 종업원에게 지급하였다면, 가득기간 이전에 지분상품을 취소하면서 현금 등을 지급하는 경우의 회계처리와 동일하게 처리한다. 즉, 지분상품의 공정가치에 해당하는 금액까지는 자본의 감소로 처리하고, 현금 등의 지급액이 지분상품의 공정가치를 초과하는 때에는 초과액을 당기의 비용으로 처리한다.

또 가득기간 이후에 조건변경이 발생하였고 이로 인해 지분상품의 공정가치가 증가하였다면, 이 증분공정가치는, 조건변경으로 추가적인 가득조건(예 추가적인 용역제공조건)이 부과되지 않는 한, 즉시 주식보상비용으로 인식한다. 그 이유는 이미 가득기간이 종료했으므로 증분공정가치를 배분할 기간이 더 이상 없기 때문이다.[12] 이제 이상에서 익힌 회계처리를 다양한 예제를 통해 복습해 보자.

4. 주식결제형 주식기준보상거래의 회계처리 사례

먼저 <예제 2>에서 <예제 6>까지는 조건변경이 없는 주식기준보상거래에 관한 회계처리를 익히고, <예제 7>은 조건변경이 있는 경우의 회계처리를 학습한다. 그리고 <예제 8>은 지분상품의 공정가치를 신뢰성 있게 측정할 수 없어서 내재가치로 회계처

11) 이러한 회계처리도 IFRS 2의 회피방지조치(anti-avoidance measure)로 볼 수 있다.

12) 조건변경으로 인해 추가적인 가득조건이 부과된다면, 조건변경일의 증분공정가치는 새로운 가득일까지의 기간에 걸쳐 배분해야 할 것이다.

리해야 하는 예외적인 경우의 회계처리를 살펴본다.

예제 2

〈가득조건으로서 용역제공조건만 있는 사례〉

㈜평화는 20×6년 1월 1일에 종업원 500명에게 1인당 주식선택권 100개씩을 부여하고 가득조건으로서 3년의 용역제공조건만을 부과하였다. 이 주식선택권의 행사가격은 ₩600이며, 부여일 현재 측정한 공정가치는 ₩150이다.

- 20×6년 중에는 20명이 퇴사하였고, 이에 근거하여 회사는 전체 가득기간(3년)에 걸쳐 퇴사할 것으로 기대되는 종업원의 총수를 20×6년 말 현재 전체의 15%로 추정하였다. 20×7년에는 22명이 추가로 퇴사하였고, 이에 따라 회사는 가득기간 전체에 걸쳐 퇴사할 것으로 기대되는 종업원 총수의 추정치를 20×7년 말 12%로 하향조정하였다. 20×8년에는 추가로 15명이 퇴사하여 20×8년 말 현재 총 57명이 권리를 실제로 상실함으로써 최종적으로 44,300개(=443명×100개)의 주식선택권이 가득되었다.
- 이후 종업원은 20×9년 1월 1일에 주식선택권을 행사하였다. 회사 주식의 액면금액은 ₩500이다.

부여일 이후 행사일까지 필요한 분개를 제시하라.

해 답

먼저 회사가 가득기간 3년에 걸쳐 인식할 당기 보상원가는 다음과 같다.

회계연도	누적보상원가	당기보상원가(₩)
20×6	50,000개 × 85% × ₩150 × 1/3 = ₩2,125,000	2,125,000
20×7	50,000개 × 88% × ₩150 × 2/3 = ₩4,400,000	4,400,000 − 2,125,000 = 2,275,000
20×8	44,300개 × ₩150 × 3/3 = ₩6,645,000	6,645,000 − 4,400,000 = 2,245,000

20×6년 말(당기 보상원가의 인식):

(차) 주식보상비용 2,125,000 (대) 주식선택권 2,125,000

20×6년 말에 인식할 당기 보상원가는 총보상원가의 추정치인 50,000개×85%×₩150=₩6,375,000의 1/3에 해당하는 금액이다. 여기서 1/3을 취한 이유는 물론 가득기간이 3년이기 때문이다.

20×7년 말(당기 보상원가의 인식):

(차) 주식보상비용 2,275,000 (대) 주식선택권 2,275,000

20×7년 말에 인식할 당기 보상원가는 총보상원가의 추정치인 50,000개×88%×₩150=₩6,600,000의 2/3에 해당하는 금액, 즉 2년간 누적보상원가에서 20×6년에 이미 인식한 보상원가인 ₩2,125,000을 차감한 금액이다. 20×7년 말 총보상원가의 추정치는 20×6년 말의 그것과는 다른데, 이는 물론 가득될 것으로 기대되는 권리의 수에 대한 추정치가 바뀌었기 때문이다.

20×8년 말(당기 보상원가의 인식):

(차) 주식보상비용	2,245,000	(대) 주식선택권	2,245,000

20×8년 말의 총보상원가는 44,300개 × ₩150 = ₩6,645,000으로서, 이는 실제 총보상원가이며, 20×6년 말이나 20×7년 말에 추정한 것과는 다르다. 그리고 20×8년 당기 보상원가는 실제 총보상원가에서 직전 2개년 동안 인식한 누적보상원가를 차감한 금액이다.

20×9년 1월 1일(권리행사일):

(차) 현 금	26,580,000*	(대) 자 본 금	22,150,000*
주식선택권	6,645,000	주식발행초과금	11,075,000

* 주식선택권 행사대금 = 44,300개 × ₩600 = ₩26,580,000
** 44,300주 × ₩500(액면금액) = ₩22,150,000

<예제 2>에서는 가득조건으로서 요구된 것이 용역제공조건뿐이어서 가득기간(3년)이 고정되어 있다. 그러나 가득기간을 좌우하는 성과조건이 부여된 경우에는 성과조건 달성 가능성에 대한 예상이 바뀜에 따라 가득기간도 변할 수 있다. 이런 경우 회사는 매기 말 가득기간을 새로 추정해야 하는데, 이때 가득기간의 추정치는 모든 가능한 결과(outcome)에 대한 확률을 반영한 **통계적 기대치가 아니라**, 단순히 **실현가능성이 가장 높은 추정치**를 사용한다. 물론 추후 후속 정보가 생김에 따라 이 추정치는 지속적으로 변할 것이다. 결과적으로, <예제 2>에서처럼 가득될 권리의 수에 대한 추정치가 변할 뿐 아니라 가득기간 추정치도 동시에 변하게 된다. 다음 사례는 가득기간이 비시장조건의 달성 여부(또는 정도)에 달려 있어서 가득기간의 추정치가 매년 변하는 사례이다.

예제 3

〈비시장조건이 가득기간에 영향을 주는 경우〉

㈜안심은 20×7년 1월 1일에 종업원 500명에게 각각 주식 100주를 부여하고, 가득기간에 계속 근무해야 하는 조건을 부과하였다. 이러한 용역제공조건 이외에도 회사는 다음과 같은 비시장조건을 요구하였다.

- 회사의 이익이 18% 이상 성장하면, 20×7년 말에 가득됨.
- 2년간 회사의 연평균 이익성장률이 13% 이상이면 20×8년 말에 가득됨.
- 3년간 회사의 연평균 이익성장률이 10% 이상이면 20×9년 말에 가득됨.

20×7년 1월 1일 현재 측정한 위 권리의 공정가치는 단위당 ₩300이며, 부여일로부터 3년간은 배당이 지급되지 않을 것으로 예상된다.

■ 20×7년에 회사의 이익은 14% 밖에 증가하지 못하여 20×7년 말 현재 아직 권리가 가득

되지는 못하였으나, 20×8년에도 이와 비슷한 비율로 이익이 성장하여 동년 말에는 권리가 가득될 것으로 예상하였다. 또 20×7년 동안 30명이 퇴사하였으며, 20×8년에는 30명이 추가로 퇴사할 것이 예상되어 20×8년 말이 되면 총 440명(=500명-30명-30명)이 권리를 가득할 것으로 추정하였다.

- 20×8년에 실제 회사이익은 10% 증가하는데 그쳐 2년간 연평균 이익성장률이 13%에 못 미치므로 동년 말 현재도 권리가 가득되지 못하였다. 그러나 20×9년에는 이익이 최소한 6% 이상 성장할 것으로 예상되어 3년간 연평균 이익성장률이 10%에 달함으로써 20×9년 말에는 권리가 가득될 것으로 예상하였다. 또 20×8년에 추가로 퇴사한 종업원의 수는 28명이었으며, 20×9년에는 25명이 더 퇴사할 것으로 예상됨으로써 동년 말이 되면 417명(=500명-30명-28명-25명)이 권리를 가득할 것으로 추정하였다.
- 20×9년에 회사의 이익은 8% 증가하여 3년간 연평균 이익성장률이 10.67%에 달함으로써 권리가 가득되었다. 또 20×9년에는 23명이 추가로 퇴사하여 최종적으로 419명(=500명-30명-28명-23명)이 권리를 가득하였다.

매년 회사가 인식할 당기보상원가를 계산하라.

해 답

회계연도	누적보상원가	당기보상원가(₩)
20×7	440명 × 100주 × ₩300 × 1/2 = ₩ 6,600,000	6,600,000
20×8	417명 × 100주 × ₩300 × 2/3 = ₩ 8,340,000	8,340,000 - 6,600,000 = 1,740,000
20×9	419명 × 100주 × ₩300 × 3/3 = ₩12,570,000	12,570,000 - 8,340,000 = 4,230,000

<예제 3>에서 20×7년 말 누적보상원가를 계산하면서 총보상원가의 1/2을 취한 이유는 20×8년이면 권리가 가득될 것이므로 가득기간이 2년이기 때문이다. 그러나 정작 20×8년 말에는 권리가 가득되지 않았으며, 20×9년 말에야 가득될 것이 예상됨으로써 가득기간 추정치도 2년에서 3년으로 변경되었고, 이에 따라 20×8년 말 누적보상원가를 계산할 때에는 총보상원가의 2/3를 취하였다.

여기서 한 가지 기억할 점은 부여된 지분상품의 공정가치를 측정할 때에 시장조건을 제외한 가득조건의 효과는 반영하지 않는다는 점이다. <예제 3>에서도 지분상품 부여일 시점의 공정가치인 ₩300은 목표이익률의 달성 여부를 반영하지 않고 측정한 값이며, 따라서 이후 목표이익률 달성에 대한 기대가 변하여도 공정가치는 여전히 ₩300으로 간주하고 회계처리하였다.

또 <예제 3>에서는 주식선택권이 부여된 것이 아니라 주식을 받을 권리가 부여되었으므로, 가득기간 동안 인식하는 비용(예 주식보상비용)의 상대계정, 즉 예제의 주식기준보상거래로 인한 자본의 증가를 인식하기 위한 계정으로는 '주식선택권' 대신 '미가득주식'이 더 좋을 것이다. '미가득주식' 계정 역시 재무상태표에는 '기타자본항목'으로 표시하면 될 것이다(제16장에서는 기타자본조정으로 분류함).

<예제 3>에서 회사가 20×9년 12월 31일에 가득된 주식을 종업원에게 지급하였고, 회사가 지급한 주식은 보유 중이던 자기주식으로서 취득원가가 주당 ₩250이라고 한다면 다음의 분개가 필요하다.

(차) 미가득주식	12,570,000*	(대) 자기주식	10,475,000**
		기타자본항목	2,095,000

* 총보상원가(=20×9년 말 누적보상원가)

** 자기주식 취득원가 : 419명 × 100주 × ₩250 = ₩10,475,000

위 분개에서 미가득주식의 금액과 자기주식 취득원가와의 차액은 기타자본항목으로 처리하였다. 즉, 미가득주식 계정금액의 일부는 기타자본항목으로 대체된 것이다.[13)]

<예제 3>에서는 비시장조건이 가득기간에 영향을 미쳤다. 그러나 일반적으로 성과조건은 매우 다양하여서 가득기간뿐 아니라 가득될 지분상품의 수나 행사가격에도 영향을 미칠 수 있다. 다음 <예제 4>는 비시장조건이 가득될 지분상품의 수에 영향을 미치는 경우를 다룬다.[14)]

예제 4

〈비시장조건이 가득되는 지분상품의 수에 영향을 주는 경우〉

㈜갑을은 20×7년 1월 1일에 판매부서 종업원 100명에게 주식선택권을 부여하고, 3년의 용역제공조건과 함께 제품판매수량과 관련된 비시장조건을 다음과 같이 부과하였다.

3년간 연평균 판매증가율		가득되는 주식선택권 수량
이상	미만	
0%	5%	–
5%	10%	100개
10%	15%	200개
15%	–	300개

회사는 부여일 시점에서 주식선택권의 단위당 공정가치를 ₩200으로 추정하였다.

13) 만일 교부된 자기주식의 취득원가가 미가득주식 계정금액보다 크다면, 그 초과된 부분은 비용(예 주식보상비용)으로 처리하면 될 것이다.

14) 비시장조건이 행사가격에 영향을 미치는 경우는 본 장의 뒤에 나오는 [연습문제 3]에서 다루고 있다.

- 20×7년에는 7명이 퇴사하였는데, 20×9년 말까지 총 20명이 퇴사할 것이 예상되어 가득기간 동안 계속 근무할 종업원 수는 80명으로 추정된다. 또 20×7년의 제품판매는 12%가 증가하였는데, 이 증가율이 잔존 가득기간에 걸쳐서도 지속될 것으로 예상되어 80명의 종업원이 1인당 200개의 권리를 가득할 것으로 추정하였다.
- 20×8년에는 5명이 추가로 퇴사하여 20×8년 말 누적퇴사자는 12명이 되었다. 20×9년에는 3명이 더 퇴사할 것이 예상되어, 가득기간 동안 총 15명이 퇴사하고, 20×9년 말 계속근무자수는 85명이 될 것으로 추정하였다. 또 20×8년의 제품판매는 18%가 증가하여 직전 2년간 연평균 증가율이 15%에 달하였다. 회사는 가득기간 동안 제품판매의 연평균 증가율이 15%를 초과하여 20×9년 말에는 1인당 300개의 권리를 종업원 85명이 가득할 것으로 추정하였다.
- 20×9년에는 추가로 7명이 퇴사하여 가득기간 동안 실제 총퇴사자 수는 19명, 계속근무자는 81명으로 판명되었다. 그러나 20×9년 회사의 제품판매는 예상보다 부진하여 가득기간 3년 연평균 판매증가율은 12%에 그쳤다. 결과적으로 20×9년 말 81명의 종업원이 1인당 200개의 주식선택권을 가득하였다.

위 내용에 따라 매년 인식할 당기보상원가를 계산하라.

해 답

회계연도	누적보상원가	당기보상원가(₩)
20×7	80명 × 200개 × ₩200 × 1/3 = ₩1,066,667	1,066,667
20×8	85명 × 300개 × ₩200 × 2/3 = ₩3,400,000	3,400,000 − 1,066,667 = 2,333,333
20×9	81명 × 200개 × ₩200 × 3/3 = ₩3,240,000	3,240,000 − 3,400,000 = (160,000)

<예제 4>의 계산에서 한 가지 주목할 점은 20×9년의 당기보상원가는 20×7년이나 20×8년과는 달리 음(−)의 값을 갖는다는 사실이다. 이는 20×9년 당기순이익의 증가를 가져오는데, 이러한 결과는 매년 총보상원가의 추정치가 변경되어야 하는 상황에서는 얼마든지 발생할 수 있다. 이 경우의 분개는 다음과 같다.

20×9년 12월 31일 :

(차) 주식선택권	160,000	(대) 주식보상비용환입	160,000

여기서 주식보상비용환입은 손익계산서상 수익(예 기타수익)으로 분류한다.

한편 <예제 4>에서는 비시장조건의 결과에 따라 회사가 결제(즉, 발행)해야 할 주식수가 변동한다. 즉, <예제 4>의 주식선택권은 회사가 **확정되지 않은** 수량의 자기지분상품(즉, 주식)으로 결제하는 계약에 해당하는 것이다. 「기업회계기준서」 제1032호 "금융상품 : 표시"에 따르면 회사가 **확정되지 않은** 수량의 자기지분상품으로 결제하는 계약은 자본(equity)의 정의에 부합하지 않는다.[15] 그럼에도 불구하고 「기업회계기준서」 제1102호는 <예제 4>에서처럼 자기지분상품으로 결제하는 계약은, 결제수량이 확정되지 않았다 하더라도 자본으로 인식하도록 규정하였다. 즉, <예제 4>의 주식선택권도 **자본**으로 인식할 수 있는 것이다. 이처럼 두 기준서는 서로 상충되는 규정을 가지고 있는데, 이 문제는 추후 국제회계기준위원회가 지속적으로 검토해야 할 대상이다.

이제까지는 성과조건 중 비시장조건이 있는 거래만을 살펴보았으므로, 다음으로는 시장조건이 있는 거래를 살펴보자. 이미 설명하였듯이, 「기업회계기준서」 제1102호에 따르면 목표주가의 달성과 같은 시장조건은 비시장조건의 경우와는 달리 지분상품의 공정가치를 측정할 때 그 효과를 반영해야 한다. 그리고 그러한 지분상품에 대해서는 부과된 시장조건의 달성 여부와 상관없이 다른 모든 가득조건(예 용역제공조건)이 충족되면 보상원가를 인식한다.

예제 5

〈시장조건이 부과된 주식선택권 — 가득기간이 사전적으로 고정됨〉

㈜천사는 20×7년 1월 1일에 최고경영자에게 주식선택권 10,000개를 부여하고, 3년의 용역제공조건을 부과하였으며, 행사가격은 현재주가와 같게 정하였다. 그러나 20×9년 말 회사의 주가가 부여일 현재 주가인 ₩500에서 ₩650 이상으로 상승하지 않으면, 최고경영자는 부여받은 주식선택권을 행사할 수 없다. 반면 20×9년 말 회사의 주가가 ₩650 이상이 되면 최고경영자는 주식선택권을 향후 7년 동안 언제든지 행사할 수 있다. 회사는 주식선택권의 부여일 시점 공정가치를 측정하기 위해 이항옵션모형을 적용하였으며, 20×9년 말 주가가 ₩650 이상이 될 가능성(즉, 주식선택권이 행사될 가능성)과 ₩650이 되지 못할 가능성(즉, 주식선택권이 상실될 가능성)을 모두 고려하였다. 이에 따라 회사는 부여일 현재 주식선택권의 공정가치를 단위당 ₩240으로 측정하였다. 최고경영자가 용역제공조건을 충족하였다고 가정하고 주식선택권과 관련하여 매년 인식할 당기 보상원가를 계산하라.

해 답

전술하였듯이, 시장조건이 부과된 주식선택권에 대해서는 그러한 시장조건(예제에서는 목표주가)의 달성 여부와 관계없이 다른 모든 가득조건(예제에서 용역제공조건)이 충족되면 보상원가를 인식한다. 그 이유는 목표주가가 달성되지 못할 가능성은 부여일 현재 주식선택권의 공정가치를 측정할 때 이미 반영했기 때문이다. 즉, 만일 부여일에 주식선택권의 공정가치를 측정하면서 시장조건을 고려하지 않았다면 공정가치는 단위당 ₩240보다 더 높았을 것이고, 더 많은 보상비용을 인식해야 했을 것이다. 예제에서 최고경영자는 용역제공조건을 충족하였으므로, 시장조건의 달성 여부와는 상관없이 매 회계연도에 인식할 보상원가는 다음과 같다.

---

15) 금융상품의 재무제표상 표시를 위한 분류는 본서의 제10장에 상술하였다.

회계연도	누적보상원가	당기보상원가(₩)
20×7	10,000개 × ₩240 × 1/3 = ₩ 800,000	800,000
20×8	10,000개 × ₩240 × 2/3 = ₩1,600,000	1,600,000 − 800,000 = 800,000
20×9	10,000개 × ₩240 × 3/3 = ₩2,400,000	2,400,000 − 1,600,000 = 800,000

<예제 5>에서 보았듯이, 시장조건을 제외한 가득조건이 충족되는 경우에는 시장조건의 달성 여부와 무관하게 총보상원가를 인식한다. 즉, <예제 5>에서 20×9년 말 주가가 ₩650에 미달하여(즉, 시장조건이 미충족되어) 실제로는 최고경영자가 주식선택권을 가득하지 못했더라도 회사는 주식보상비용을 인식해야 하는 것이다. 그러나 만일 종업원이 가득기간 중에 퇴사함으로써 용역제공조건이 미충족되었다면, 상황은 달라진다. 즉, 용역제공조건의 미충족으로 실제 가득된 지분상품의 수가 0이 되므로, 이에 맞추어 총보상원가도 0이 되도록 해야 한다. 이는 과거에 이미 인식한 주식보상비용을 환입해야 함을 의미한다. <예제 5>에서 만일 최고경영자가 20×8년 중에 퇴사하였다면 회사는 20×7년에 인식한 당기 보상원가를 다음과 같이 환입해야 한다.

20×8년 12월 31일 :

(차) 주식선택권	800,000	(대) 주식보상비용환입	800,000

이러한 회계처리에서 알 수 있듯이, 시장조건을 제외한 가득조건(예 용역제공조건, 목표판매수량 달성조건 등)은 부여일 시점 지분상품의 공정가치를 측정할 때는 그 효과를 반영하지 않지만, 이후 가득기간 중 가득수량의 추정에 영향을 미치고(예 <예제 5>에서는 20×8년에 최고경영자가 퇴사함으로써 이 추정치가 0으로 변했음), 이에 따라 총보상원가가 조정되므로(예 <예제 5>에서는 20×8년에 총보상원가를 0으로 조정함), 결국에는 회계처리에 반영되는 것이다. 이러한 결과는 시장조건이 권리부여일의 공정가치 측정시에만 그 효과가 반영되고 이후로는 무시되는 것과 대조적이다.

한편, <예제 5>에서는 성과조건의 달성 여부가 가득기간에 영향을 주지는 않았으나, 성과조건의 달성 여부에 따라 가득기간이 변하게 되어 있는 주식기준보상거래도 있을 수 있다. 이러한 거래에서는 회계처리를 위해 가득기간을 추정할 필요가 생기는데, 이미 설명하였듯이, 가득기간 추정시에는 **실현가능성이 가장 높은 성과조건에 기초하여** 추정한다. 이때 만일 성과조건이 시장조건이라면, 가득기간 추정치는 지분상품 공정가치 측정의 기초가 된 시장조건의 가정과 일관성이 있어야 하며, **추후 시장상황이 변하여 시장조건의 효과가 변하여도 이에 따라 가득기간 추정치를 수정하지 않는다.** 시장조건에 기초한 가득기간 추정치를 추후 수정하지 않는 것은 시장조건이 반영된 부여일 시점 지분상품의 공정가치를 추후 수정하지 않는 것과 일관성을 갖는다. 반면, 가득기간 추정치가 비시장조건에 기초하였다면, 추후 이에 관한 후속정보에 따라 가득기간 추정치를 수정한다. 다음 <예제 6>은 가득기간이 시장조건에 영향을 받는 경우를 다룬다.

예제 6

〈시장조건이 가득기간에 영향을 미쳐서 가득기간을 추정해야 하는 경우〉

㈜지혜는 20×7년 1월 1일에 임원 10명에게 각각 10년 동안 존속하는 주식선택권 10,000개를 다음과 같은 조건으로 부여하였다. 이 주식선택권은 해당 임원이 근무하는 동안 회사의 주가가 현재의 ₩500에서 ₩700으로 상승할 때 가득되며 가득 즉시 행사가능하다.

- 회사는 부여한 주식선택권의 공정가치를 이항옵션모형에 따라 측정하며, 모형을 적용할 때 부여일 이후 10년 동안 목표주가(₩700)가 달성될 가능성과 그렇지 못할 가능성을 모두 고려하였다(즉, 시장조건을 공정가치 측정에 반영함). 이에 따라 회사는 부여일 현재 주식선택권의 공정가치를 단위당 ₩250으로 추정하였으며, 목표주가는 부여일로부터 5년 후(즉, 20y1년 12월 31일)에 달성될 것으로 추정하였다(즉, 가득기간 추정치가 5년임). 회사는 주식선택권을 부여받은 10명의 임원 중 2명이 부여일로부터 추정가득기간인 5년 이내에 퇴사할 것으로 예상하였다. 따라서 부여일로부터 5년 후 시점(20y1년 12월 31일)에는 총 80,000개(8명×10,000개)의 주식선택권이 가득될 것으로 추정하였다.
- 목표주가는 실제로 20y2년에 달성됨으로써 목표주가가 실제 달성되기까지는 부여일로부터 6년이 걸렸다.
- 기대가득기간인 5년 이내에 퇴사할 임원의 수에 관한 추정은 20×7년부터 20y0년까지는 2명으로 변함이 없었으나, 실제로는 20y1년 12월 31일까지 총 3명(20×9년, 20y0년 및 20y1년에 각 1명씩)이 퇴사하였다. 그리고 20y2년 목표주가가 달성되기 전에 1명이 추가로 퇴사하였다.

가득기간 동안 회사가 매년 인식해야 할 당기 보상원가를 계산하라.

해 답

회사는 20×7년 말 추정한 가득기간(5년)에 걸쳐 총보상원가를 배분하여 인식해야 하는데, 이는 부과된 조건이 시장조건이므로 후속적으로 가득기간의 추정치를 수정할 수 없기 때문이다. 따라서 회사는 보상원가를 20×7년부터 20y1년까지 인식한다. 그리고 실제 총보상원가는 20y1년에 실제 가득된 70,000개(20y1년 12월 31일 현재 근무하고 있는 임원 7명 × 10,000개)의 주식선택권에 근거하여 결정된다. 한편, 20y2년에는 추가로 1명이 퇴사하였으나 추정 가득기간이 20y1년에 이미 종료되었으므로, 이에 관한 어떠한 회계처리도 필요하지 않다. 회사가 20×7년부터 20y1년까지 매년 인식할 당기 보상원가는 다음과 같다.

회계연도	누적보상원가	당기보상원가(₩)
20×7	80,000개 × ₩250 × 1/5 = ₩ 4,000,000	4,000,000
20×8	80,000개 × ₩250 × 2/5 = ₩ 8,000,000	8,000,000 − 4,000,000 = 4,000,000
20×9	80,000개 × ₩250 × 3/5 = ₩12,000,000	12,000,000 − 8,000,000 = 4,000,000
20y0	80,000개 × ₩250 × 4/5 = ₩16,000,000	16,000,000 − 12,000,000 = 4,000,000
20y1	70,000개 × ₩250 × 5/5 = ₩17,500,000	17,500,000 − 16,000,000 = 1,500,000

지금까지 살펴본 예제에서는 부여된 지분상품에 대한 조건변경은 다루지 않았다. 아래 <예제 7>은 부여된 주식선택권의 행사가격을 변경하는 경우의 회계처리를 다루고 있다. 행사가격 이외에도 용역제공조건이나 성과조건 등의 가득조건을 변경하는 수도 있다.

예제 7

〈주식선택권의 조건변경 – 행사가격의 조정〉

㈜변경은 20×7년 1월 1일에 종업원 500명에게 각각 주식선택권 100개를 부여하고, 3년의 용역제공조건을 부과하였다. 회사는 주식선택권의 단위당 공정가치를 부여일 현재 ₩150으로 추정하였다.

- 부여일 이후 주가가 지속적으로 하락함에 따라 20×7년 12월 31일 회사는 주식선택권의 행사가격을 하향조정하였다. 20×7년 중에는 40명이 퇴사하였고, 추가로 70명이 20×8년과 20×9년에 퇴사할 것으로 추정하였다. 따라서 20×7년 12월 31일 현재, 가득기간 중 퇴사할 것으로 추정되는 종업원 총수는 110명이다. 20×8년에는 실제로 35명이 퇴사하였으며, 20×9년에 추가로 30명이 퇴사할 것으로 추정하였다. 따라서 가득기간에 걸쳐 퇴사하는 종업원 수는 20×8년 말 현재 총 105명으로 추정되었다. 20×9년에는 실제로 28명이 퇴사하여 총 퇴사자수는 103명이 되었다. 근무를 계속한 397명은 20×9년 12월 31일에 주식선택권을 가득하였다.
- 행사가격 조정일(20×7년 12월 31일)에 회사는 원(原)주식선택권의 공정가치를 ₩50으로 추정하였고, 조건변경 직후 주식선택권의 공정가치는 ₩80으로 추정하였다.

해 답

회사는 조건변경과 상관없이 원래의 공정가치와 가득조건에 따라 총보상원가를 원(原)가득기간(3년)에 걸쳐 배분하여 인식해야 하며, 이에 더하여 행사가격을 하향조정함으로써 발생한 조건변경일 현재 증분공정가치에 대해 잔존 가득기간(예제의 경우는 2년)에 배분하여 추가로 비용을 인식해야 한다. 예제에서 증분공정가치는 ₩30(=₩80 − ₩50)임을 쉽게 알 수 있다. 회사가 20×7년부터 20×9년까지 매년 인식할 당기 보상원가는 다음과 같다.

회계연도	누적보상원가 계산의 근거		누적보상원가(₩) (a)+(b)	당기보상원가(₩)
	변경 전 지분상품 (a)	변경 후 지분상품 (b)		
20×7	390명 × 100개 × ₩150 × 1/3 = ₩1,950,000	–	1,950,000	1,950,000
20×8	395명 × 100개 × ₩150 × 2/3 = ₩3,950,000	395명 × 100개 × ₩30 × 1/2 = ₩592,500	4,542,500	4,542,500 − 1,950,000 = 2,592,500
20×9	397명 × 100개 × ₩150 × 3/3 = ₩5,955,000	397명 × 100개 × ₩30 × 2/2 = ₩1,191,000	7,146,000	7,146,000 − 4,542,500 = 2,603,500

주식결제형 주식기준보상거래의 회계처리와 관련하여 마지막으로 살펴볼 예제는 부여된 지분상품의 공정가치를 측정하기 어려워 내재가치에 기초하여 회계처리하는 경우이다. 내재가치란 '지분상품의 공정가치(예 주가)와 거래상대방이 그 지분상품에 대해 지불해야 하는 가격(예 주식선택권의 행사가격) 간의 차이'를 가리키는데, 이 내재가치의 총액(=한 단위의 권리당 내재가치×가득될 권리의 수)을 총보상원가로 삼는다. 한편, 지분상품의 공정가치는 계속 변동하므로 회사는 당기 보상원가의 인식을 위해 부여일로부터 권리행사일(또는 취소일)까지에 걸친 기간 동안 매기 말에 한 단위의 권리당 내재가치를 수정해야 한다. 이는 공정가치에 기초하는 회계처리의 경우 한 단위의 권리당 공정가치가 부여일에 계산된 이후 수정되지 않는 것과 대조된다.

구체적인 회계처리를 살펴보면 첫째, 가득기간 중에는 매기 말에 계산한 내재가치 총액에 그때까지 경과된 가득기간의 비율을 곱하여 누적보상원가를 계산하고, 직전 누적보상원가와 비교하여 변동한 금액을 당기의 보상원가로 인식한다. 둘째, 가득기간이 종료된 이후라도 권리가 모두 행사(또는 취소)될 때까지 매기 말 현재 **미행사된** 권리에 대한 내재가치 총액을 계산하고, 직전 내재가치 총액과 비교하여 변동한 금액을 당기의 보상원가로 인식한다.

내재가치방법(intrinsic value method)에 의한 회계처리에서는 매기 말 한 단위의 권리당 내재가치를 수정하므로 조건변경이나 취소가 있는 경우 그 효과가 자동적으로 반영된다. 따라서 공정가치로 측정해야 하는 조건변경이나 취소에 적용되는 회계처리는 내재가치방법에는 적용되지 않는다. 뿐만 아니라, 가득기간이 종료된 이후에도 내재가치 총액의 변동을 당기보상원가로 인식하므로, 내재가치로 측정하는 지분상품의 총보상원가는 궁극적으로 실제 행사된 권리의 수를 반영하게 된다. 따라서 **시장조건을 포함하**

는 가득조건의 미충족으로 가득되지 못한 지분상품에 대해서는 자동적으로 주식보상비용을 인식하지 않게 된다. 이는 공정가치로 측정하는 지분상품의 경우 시장조건이 미충족되더라도 다른 가득조건이 충족되기만 하면 주식보상비용을 인식해야 하는 회계처리와 대조된다. 이제 <예제 8>을 통해 내재가치방법을 연습해 보자.

예제 8

〈주식선택권의 공정가치를 신뢰성 있게 측정할 수 없어 내재가치로 회계처리하는 경우[16]〉

㈜내주는 20×7년 1월 1일에 종업원 50명에게 각각 주식선택권 1,000개를 부여하고 3년의 용역제공조건을 부과하였다. 이 주식선택권은 가득 이후 7년까지 행사할 수 있다. 주식선택권의 행사가격은 ₩600이고 부여일 현재 회사의 주가도 ₩600이다. 부여일 현재 회사는 주식선택권의 공정가치를 신뢰성 있게 측정할 수 없다고 판단하였다.

- 20×7년 12월 31일 현재 이미 3명이 퇴사하였고, 회사는 20×8년과 20×9년에도 추가로 7명이 퇴사할 것으로 추정하였다. 따라서 부여한 주식선택권의 80%(40명분)가 가득될 것으로 추정하였다.
- 20×8년에 실제로 2명이 퇴사하였고, 회사는 미래에 가득될 것으로 기대되는 주식선택권의 비율을 86%로 재추정하였다.
- 20×9년에 실제로 2명이 퇴사하였고, 20×9년 12월 31일에 총 43,000개의 주식선택권이 가득되었다.
- 20×7년부터 20y6년까지 회사의 주가와, 20y0년부터 20y6년까지 행사된 주식선택권의 수량은 다음과 같다. 행사된 주식선택권은 모두 회계연도 말에 행사되었다.

회계연도	회계연도 말 주가(₩)	행사된 주식선택권 수량
20×7	630	−
20×8	650	−
20×9	750	−
20y0	880	6,000
20y1	1,000	8,000
20y2	900	5,000
20y3	960	9,000
20y4	1,050	8,000
20y5	1,080	5,000
20y6	1,150	2,000

16) 본 예제는 내재가치로 측정하는 경우의 회계처리를 예시할 목적으로 편의상 부여조건이 단순한 주식선택권을 가정하고 있다. 그러나 실제로 내재가치에 기초하여 회계처리해야 하는 경우는 부여조건이 지나치게 복잡하여 어떠한 방법으로도 지분상품의 공정가치를 신뢰성 있게 측정할 수 없는 극히 예외적인 경우라는 점을 유의해야 한다.

해 답

회사가 가득기간 동안 매기 말에 인식하여야 할 당기 보상원가는 다음과 같다.

회계연도	누적보상원가	당기보상원가(₩)
20×7	50,000개 × 80% × (₩630 − ₩600) × 1/3 = ₩400,000	400,000
20×8	50,000개 × 86% ×(₩650 − ₩600) × 2/3 = ₩1,433,333	1,433,333 − 400,000 = 1,033,333
20×9	43,000개 × (₩750 − ₩600) × 3/3 = ₩6,450,000	6,450,000 − 1,433,333 = 5,016,667

가득기간 이후에는 미행사된 주식선택권에 대한 내재가치의 변동을 당기의 보상원가로 인식한다. 따라서

회계연도	당기 보상원가계산의 근거	당기보상원가(₩)
20y0	43,000개* × (₩880 − ₩750) * 당기 중 행사된 6,000개는 기말에 행사되었으므로 당기보상원가 계산상 미행사된 것으로 간주하였음.	5,590,000
20y1	37,000개**(=43,000개 − 6,000개*) × (₩1,000 − ₩880) * 20y0년에 행사된 주식선택권 ** 당기 중 행사된 8,000개는 기말에 행사되었으므로 당기보상원가 계산상 미행사된 것으로 간주하였음.	4,440,000
20y2	29,000개**(=37,000개 − 8,000개*) × (₩900 − ₩1,000) * 20y1년에 행사된 주식선택권 ** 당기 중 행사된 5,000개는 기말에 행사되었으므로 당기보상원가계산상 미행사된 것으로 간주하였음. 20y3 − 20y6년에 대한 설명도 유사하므로 이하 생략함.	(2,900,000)
20y3	24,000개(=29,000개 − 5,000개) × (₩960 − ₩900)	1,440,000
20y4	15,000개(=24,000개 − 9,000개) × (₩1,050 − ₩960)	1,350,000
20y5	7,000개(=15,000개 − 8,000개) × (₩1,080 − ₩1,050)	210,000
20y6	2,000개(=7,000개 − 5,000개) × (₩1,150 − ₩1,080)	140,000

<예제 8>에서는 계산의 편의상 주식선택권이 가득 이후 **매기 말**에 행사되었다고 가정하였다. 그러나 만일 주식선택권이 **기중**에 행사되었다면, 보상원가는 ① 기중 행사된 주식선택권에 대한 **기초부터 행사일**까지의 내재가치 변동금액과 ② 기말 현재 미행사된 주식선택권에 대한 기초부터 기말까지의 내재가치 변동금액을 합한 금액이 되어야 한다. 일례로, 20y0년 말에 행사된 6,000개의 선택권이 기중에 주가가 ₩850일 때 행사되

었다면, 20y0년 보상원가는 6,000개 × (₩850 − ₩750) + 37,000개 × (₩880 − ₩750) = ₩5,410,000이 된다.

한편, 앞에서 살펴본 대로 내재가치방법에 의한 보상원가는 주가의 변동에 영향을 받으므로, 이 방법을 사용하게 되면 주가가 상승하거나 감소함에 따라 당기보상원가도 증가하거나 감소하게 된다. 이는 주가의 변동이 당기보상원가에 영향을 미치고 더 나아가 당기순이익에까지 영향을 미치게 됨을 의미한다. 그러나 실제 자본시장에서는 순이익이 주가(즉, 기업가치)를 결정하는 중요한 요소가 되므로, 주가의 변동이 순이익에 영향을 미치게 만드는 내재가치방법은 '꼬리가 몸통을 흔드는' 것 같은 개념적 문제가 있다. 따라서 내재가치방법은 극히 예외적인 경우에만 사용해야 한다.

제4절 현금결제형 주식기준보상거래의 회계처리

현금결제형 주식기준보상거래란 회사의 지분상품 가격(price)에 기초하여 확정되는 금액을 부채로 부담하면서 재화나 용역을 획득하는 거래를 말하며, 해당 부채는 추후 현금이나 기타의 자산으로 결제된다. 이러한 주식기준보상거래의 대표적인 예로서 주가차액보상권(stock appreciation rights : 이하 SAR)이 있는데, 이를 부여받은 종업원은 부여일에 주식을 취득하여 행사일에 주식을 처분하는 투자자가 동 기간 동안에 획득하는 주가상승차익과 동등한 현금을 회사로부터 받을 수 있다.[17] SAR과 유사한 것으로 가상주식선택권(phantom options)이 있는데, 이를 부여받은 종업원은 주식선택권을 가진 자가 이를 행사하여 받은 주식을 매도하는 경우 얻을 수 있는 차익만큼의 현금을 회사로부터 받을 수 있다. 또 다른 현금결제형의 예로서 가상주식(phantom stock)이 있는데, 이는 일정수의 회사 주식에 상당하는 현금을 종업원이 지급받을 수 있는 권리를 가리킨다.

현금결제형에 대한 회계처리는 주식결제형의 회계처리와 비교하여 다음 세 가지 측면에서 차이가 난다.

첫째, 현금결제형 거래에 대해 결제일에 지급될 현금(즉, 총보상원가)은 결제일까지 **부채**(liability)로 인식된다. 이는 주식결제형의 총보상원가가 자본으로 인식되는 것과 대조적이다.

둘째, 현금결제형 거래에서 인식되는 부채는 공정가치로 인식해야 되며, 이 부채의

17) 일반적으로 SAR은 현금으로 결제되지만, 경우에 따라 회사의 주식(자기주식 포함)으로 결제되는 수도 있다. 이러한 경우의 SAR은 주식결제형 거래로 간주하여 회계처리한다.

공정가치는 지분증권의 공정가치로 측정한다. 그런데 이 부채의 공정가치는 매기 말과 결제일에 **재측정**해야 한다. 즉, 매기 말과 결제일에 지분증권의 공정가치를 재측정하는 셈인데, 이러한 회계처리는 주식결제형에서 지분증권의 공정가치가 부여일에 **확정**되는 것과 대조된다. 따라서 현금결제형 거래의 회계처리는 주식결제형 거래를 내재가치에 기초하여 회계처리하는 것과 매우 유사하다.

셋째, 현금결제형 거래에 대한 총보상원가는 궁극적으로 거래상대방에게 지급될 실제 현금총액, 즉 회사가 실제로 부담한 원가(cost)와 **반드시 같아야** 한다. 이는 주식결제형에 대해 인식한 총보상원가가 회사가 실제로 부담한 원가와 다를 수도 있다는 사실과 대조된다. 현금결제형 거래의 회계처리를 가득기간과 가득 이후로 나누어 살펴보면 다음과 같다.

1. 가득기간의 회계처리

가득기간 중 매기 말의 부채총액은 해당 **기말**에 측정한 지분상품의 공정가치에 그 시점까지 경과된 가득기간의 비율을 곱한 금액이 된다. 따라서 매기 말 부채총액은 주식결제형에서의 누적보상원가와 개념적으로 유사하다. 이때 부채를 기록할 계정과목으로는 '장기미지급비용'이 무난할 것이다. 그리고 매기 말 부채의 공정가치를 측정할 때는 옵션가격결정모형을 적용하되, 부여된 지분상품의 조건을 감안하여 적용한다.18)

또한, 매기 말 부채의 공정가치 변동액은 당기 손익(예 주식보상비용 또는 주식보상비용환입)으로 인식하며, 이때 상대계정으로는 '장기미지급비용'을 사용하면 될 것이다. 예를 들어, 당기에 부채의 공정가치가 ₩17,000이 증가하였다면 기말에 다음과 같이 분개한다.

(차) 주식보상비용	17,000	(대) 장기미지급비용	17,000

반면, 당기에 부채의 공정가치가 ₩17,000이 감소하였다면 기말에 다음과 같이 분개한다.

(차) 장기미지급비용	17,000	(대) 주식보상비용환입	17,000

18) 이때 시장조건뿐 아니라 **비시장조건**의 영향도 부채의 공정가치 측정에 반영한다.

2. 가득 이후의 회계처리

(1) 권리행사 이전

가득기간이 종료된 이후라도, 매기 말 부채총액은 미행사된 지분상품에 대한 그 시점의 공정가치 금액으로 인식한다. 이때의 공정가치도 옵션가격모형을 적용하여 측정함은 물론이다. 따라서 지분상품이 결제될 때까지, 즉 권리가 모두 행사될 때까지 회사는 부채의 공정가치를 매기 말 재측정해야 하며, 이때 발생하는 부채의 공정가치 변동액은 가득기간 중에서처럼, 매기 말 당기손익으로 인식한다.

(2) 권리행사 시점

가득 이후 종업원이 권리를 행사하면 회사는 현금을 지급하므로 부채가 감소한다. 이때 부채계정의 장부금액은 **직전 연도 말** 지분상품의 공정가치를 나타내므로 일반적으로 현금지급액, 즉 행사시점 지분상품의 내재가치와는 다를 것이다. 따라서 부채의 장부금액을 먼저 지분상품의 내재가치와 일치시켜 주는 분개가 필요하다.

일례로, 부채의 장부금액이 ₩23,000인 지분상품에 대한 권리가 모두 행사되어 회사가 ₩21,000의 현금을 지급하였다면(즉, 지분상품의 **권리행사 시점** 내재가치가 ₩21,000임), 다음과 같은 분개가 필요하다.

(차) 장기미지급비용	2,000	(대) 주식보상비용환입	2,000
(차) 장기미지급비용	21,000	(대) 현　　금	21,000

첫 번째 분개는 부채의 장부금액을 내재가치와 일치시켜 주기 위한 것이고, 두 번째 분개는 현금지급으로 인한 부채의 감소를 인식한 것이다. 물론 이 두 분개는 하나의 분개로 합할 수 있다.

그런데 만일 지분상품 전부가 아니라, **일부**에 대해서만 권리행사가 이루어져서 미행사된 지분상품에 대한 부채가 여전히 남는다면, 미행사된 지분상품에 대한 부채의 공정가치 변동을 기말에 별도로 파악하여 당기 손익으로 인식해야 한다. 앞의 예에서 지분상품의 일부만 기중 권리행사가 되어 회사가 현금 ₩9,000을 지급하였고, 관련 부채의 장부금액이 ₩10,000이었다고 하자. 그러면 권리행사시점에 필요한 분개는 다음과 같을 것이다.

(차) 장기미지급비용	1,000	(대) 주식보상비용환입	1,000
(차) 장기미지급비용	9,000	(대) 현　　금	9,000

위 분개 직후 부채의 장부금액은 ₩13,000(= ₩23,000 - ₩10,000)이 되는데, 이는

물론 미행사된 지분상품에 대한 것이다. 이때 미행사된 지분상품의 기말 재측정한 공정가치가 ₩15,000이라면, 기말에는 다음 분개가 필요하다.

(차) 주식보상비용	2,000	(대) 장기미지급비용	2,000

한편, 위 분개들을 하나로 합하여 생각해 보면, 당기에 인식한 주식보상비용은 순액으로 ₩2,000－₩1,000(환입액)＝₩1,000이 됨을 알 수 있다. 따라서 이러한 질문이 생긴다. 지분상품의 일부에 대한 권리가 기중에 행사될 때 관련 부채의 장부금액과 지분상품의 내재가치를 일치시켜 주는 분개가 반드시 필요할까? 만일 부채의 장부금액과 지분상품의 내재가치를 일치시켜 주지 않는다고 하면 앞의 예에서 부채의 장부금액은 ₩1,000만큼 과대계상될 것이다. 그러나 기말에 재측정한 부채의 공정가치로 조정해 주는 분개에서 ₩1,000의 부채를 덜 인식하게 되고, 자동적으로 상대계정인 주식보상비용도 ₩1,000만큼 덜 인식하게 된다. 다시 말해, 기말에 다음과 같은 분개를 하게 될 것이다.

(차) 주식보상비용	1,000	(대) 장기미지급비용	1,000

결론적으로, 재무제표 효과는 동일하게 됨을 알 수 있다. 따라서 지분상품의 **일부**만 기중 권리행사되는 경우라면, **권리행사시점에서는 단순히 현금지급액에 해당하는 금액만큼만 부채의 장부금액을 감소**시켜 주면 되고, 지분상품의 내재가치에 일치시키는 분개는 하지 않는 것이 더 간편한 회계처리가 된다.

이상으로 살펴본 바와 같이, 권리행사일에는 주가와 행사가격의 차이, 즉 내재가치에 해당하는 현금을 지급하므로, 부채가 결제될 때는 내재가치로 결제된다. 결과적으로, 부채가 결제되기 전까지는 공정가치에 기초하여 회계처리하는 반면, 부채가 실제로 결제될 때는 내재가치로 회계처리하게 된다. 이처럼 회계처리에 일관성이 없으므로, 혹자는 현금결제형을 부여일로부터 결제일까지 부채의 내재가치에 기초해서 회계처리하자는 주장을 제기하기도 한다. 부채를 내재가치로 인식하는 회계처리는 복잡한 평가모형(예 옵션가격결정모형 등)을 이용한 공정가치 측정이 필요 없으므로 실무적으로 간편하다는 장점은 있다. 그러나 내재가치는 부채의 시간가치(time value)를 고려하지 못한다는 개념적 문제가 있으므로 「기업회계기준서」 제1102호는 이를 채택하지 않았다.[19)]

다음 <예제 9>는 현금결제형 주식기준보상거래에서 부채의 공정가치에 따라 당기보상원가를 인식하는 회계처리를 보여준다.

---

19) 사실 미국회계기준은 현금결제형 거래에 대해 부채의 내재가치에 기초하여 회계처리하도록 규정하고 있다.

예제 9

〈현금결제형 주가차액보상권〉

㈜환상은 20×7년 1월 1일에 종업원 500명에게 각각 현금결제형 주가차액보상권(SAR) 100개를 부여하고, 3년의 용역제공조건을 부과하였다.

- 20×7년 중에 35명이 퇴사하였으며, 회사는 20×8년과 20×9년에 걸쳐 추가로 60명이 퇴사할 것으로 추정하였다. 20×8년에는 실제로 40명이 퇴사하였고, 회사는 20×9년에 추가로 25명이 퇴사할 것으로 추정하였다. 20×9년이 되어서는 실제로 22명이 퇴사하였다. 20×9년 12월 31일에 150명이 SAR을 행사하였고, 20y0년 12월 31일에 140명이 행사하였으며, 나머지 113명은 20y1년 12월 31일에 SAR을 행사하였다.
- 회사가 매 회계연도 말에 옵션모형으로 측정한 SAR의 공정가치와 20×9년, 20y0년 및 20y1년 말에 행사된 SAR의 내재가치(즉, 현금지급액)는 다음 표와 같다.

회계연도	공정가치(₩)	내재가치(₩)
20×7	144	−
20×8	155	−
20×9	182	150
20y0	214	200
20y1	−	250

해 답

회사가 가득기간 동안 매기 말 인식해야 할 보상원가와 분개는 다음과 같다.

회계연도	부채장부금액 (미가득/미행사 SAR)	현금지급액 (행사된 SAR)	당기 보상원가(₩)
20×7	(500명 − 95명) × 100개 × ₩144 × 1/3 = 1,944,000	−	1,944,000
20×8	(500명 − 100명) × 100개 × ₩155 × 2/3 = 4,133,333	−	4,133,333 − 1,944,000 = 2,189,333
20×9	(500명 − 97명 − 150명) × 100개 × ₩182 = 4,604,600	150명 × 100개 × ₩150 = ₩2,250,000	4,604,600 − 4,133,333 + 2,250,000 = 471,267 + 2,250,000 = 2,721,267

20×7년 말 분개

(차) 주식보상비용	1,944,000	(대) 장기미지급비용	1,944,000

20×8년 말 분개

(차) 주식보상비용	2,189,333	(대) 장기미지급비용	2,189,333

20×9년 말 분개

(차) 주식보상비용	471,267	(대) 장기미지급비용	471,267
(차) 주식보상비용	2,250,000	현 금	2,250,000

회사가 가득기간 이후 매기 말 인식해야 할 보상원가와 분개는 다음과 같다.

회계 연도	부채장부금액 (미가득/미행사 SAR)	현금지급액 (행사된 SAR)	당기 보상원가(₩)
20y0	(253명 − 140명) × 100개 × ₩214 = ₩2,418,200	140명 × 100개 × ₩200 = ₩2,800,000	2,418,200 − 4,604,600 + 2,800,000 = (2,186,400) + 2,800,000 = ₩613,600
20y1	₩0	113명 × 100개 × ₩250 = ₩2,825,000	0 − 2,418,200 + 2,825,000 = (2,418,200) + 2,825,000 = ₩406,800
합 계		₩7,875,000	₩7,875,000

20y0년 말 분개

(차) 장기미지급비용	2,186,400	(대) 현 금	2,800,000
(차) 주식보상비용	613,600		

20y1년 말 분개

(차) 장기미지급비용	2,418,200	(대) 현 금	2,825,000
(차) 주식보상비용	406,800		

<예제 9>에서 보듯이, 현금결제형에 대해 인식한 총보상원가인 ₩7,875,000은 거래상대방에게 실제로 지급한 현금총액, 즉 회사가 실제로 부담한 원가(cost)인 ₩7,875,000과 일치함을 알 수 있다.

[부록] 선택형 주식기준보상거래의 회계처리

선택형 주식기준보상거래(transactions with alternatives)는 누가 결제방식에 관한 선택권을 보유하느냐에 따라 회계처리가 달라진다. 본 부록에서는 종업원이 결제방식을 선택할 수 있는 경우를 먼저 살펴보고, 이어서 회사가 선택권을 갖는 경우를 살펴본다.

1. 종업원이 결제방식을 선택할 수 있는 경우의 회계처리

종업원이 결제방식을 선택할 수 있는 경우에는 부채요소(종업원의 현금결제요구권)와 자본요소(종업원의 주식결제요구권)가 포함된 복합금융상품을 회사가 부여한 것으로 본다. 복합금융상품의 공정가치를 측정할 때에는 부채요소의 공정가치를 **우선적으로** 측정하고, 이어서 자본요소의 공정가치를 측정한다(제17장 참조). 따라서 자본요소의 공정가치를 측정할 때는, 종업원이 주식결제방식을 선택하려면 현금결제방식을 포기해야 한다는 점을 고려하여, 자본요소의 공정가치를 그만큼 감액해야 한다.

그런데 종업원과 같은 거래상대방이 결제방식을 선택할 수 있는 거래는 행사시점에 각 결제방식의 공정가치가 **동일하도록** 설계하는 것이 일반적이다. 예를 들어, 종업원이 1,000주의 주식을 받든지 아니면 1,000주의 가치에 해당하는 현금을 수령할 수 있는 약정에서처럼, 주식결제요구권의 공정가치나 현금결제요구권의 공정가치가 동일한 것이 보통이다. 이처럼 부채요소의 공정가치나 자본요소의 공정가치가 같으므로 부채요소의 공정가치를 측정하고 나면 자동적으로 자본요소의 공정가치는 영(0)이 된다. 이는 마치 해당 거래를 현금결제형인 것처럼 회계처리하게 됨을 의미한다.

이와는 달리, 행사시점에 자본요소의 공정가치가 부채요소의 공정가치보다 더 높게 되도록 설계할 수도 있는데, 특히 거래상대방이 종업원이라면 그럴 가능성이 높다. 일례로, 종업원이 1,000주 가치에 해당하는 현금을 당장 수령하거나, 아니면 2,000주를 받되 일정기간 보유해야 하는 조건으로 받는 식이다. 이러한 경우라면 자본요소의 공정가치는 물론 영(0)보다 크다.

부여한 복합금융상품의 대가로 제공받는 재화나 용역은 각각의 구성요소별로 구분하여 회계처리한다. 즉, 부채요소에 대해서는 현금결제형 거래와 같이 종업원에게서 용역을 제공받을 때 비용과 부채를 인식하고, 자본요소에 대해서는 주식결제형 거래와 같이 종업원에게서 용역을 제공받을 때 비용과 자본을 인식한다.

종업원이 현금결제방식 대신 주식결제방식을 최종적으로 선택하는 경우에는 부채의 장부금액을 종업원에게 발행하는 지분상품의 대가로 보아 자본으로 직접 대체한다. 반면, 종업원이 현금결제방식을 최종적으로 선택하는 경우라면, 현금지급액은 모두 부채의 상환액으로 보며, 이미 인식한 자본요소는 계속 자본으로 분류한다.[20]

2. 회사가 결제방식을 선택할 수 있는 경우의 회계처리

회사가 현금결제방식이나 주식결제방식을 선택할 수 있는 경우에는, 우선 현금을 지급해야 하는 현재의무가 있는지 여부를 결정하고, 이러한 현재의무가 있는 경우에는 **현금결제형 거래로 간주**하여 회계처리한다. 다음과 같은 경우에는 현금을 지급해야 하는 현재의무가 있는 것으로 본다.

(1) 주식결제방식에 상업적 실질이 결여된 경우 : 이 경우는, 일례로 법률에 의해 주식발행이 금지된 경우에서처럼, 주식결제방식에 대한 선택이 실질적으로 무의미한 경우에 해당한다.
(2) 현금으로 결제한 과거의 실무관행이 있거나, 현금결제정책이 명백히 규정되어 있는 경우
(3) 거래상대방이 현금결제를 요구할 때마다 일반적으로 회사가 이를 수용하는 경우

한편, 현금을 지급해야 하는 현재의무가 없는 경우에는 **주식결제형 거래로 간주**하여 회계처리하며, 최종적으로 결제를 할 때에는 다음과 같이 처리한다. 회사가 현금결제방식을 최종적으로 선택한 경우에는 자기지분상품의 재매입으로 보아 현금지급액을 자본에서 차감한다. 반면, 회사가 주식결제방식을 최종적으로 선택하는 경우에는 별도의 회계처리가 필요없다. 단, 경우에 따라 자본계정 간 대체(예 '주식선택권'을 납입자본으로 대체)를 위해 분개가 필요할 수는 있다. 한편, 결제시점에서 두 결제방식의 공정가치가 동등하지 않고, 이 두 방식 가운데 회사가 오히려 더 높은 공정가치를 갖는 결제방식을 선택한다면, 해당 **초과된 결제가치는 추가적인 비용**으로 인식해야 한다. 여기서 추가비용으로 인식할 **초과결제가치**는, ① 실제로 지급한 현금액이 주식결제방식을 선택했다면 발행했었을 지분상품의 공정가치를 초과하는 금액이거나, ② 실제로 발행한 지분상품의 공정가치가 현금결제방식을 선택했다면 지급했을 현금액을 초과하는 금액이다.

다음 예제는 종업원이 결제방식을 선택할 수 있는 사례를 다루고 있다.

---

20) 이 경우 이미 인식한 자본요소(예 주식선택권)를 납입자본으로 대체할 필요가 있을 것이다.

부록예제 1

〈선택형 주식기준보상거래 – 종업원이 선택권을 보유〉

㈜용맹은 20×7년 1월 1일에 최고경영자에게 가상주식 1,000주(즉, 회사 주식 1,000주에 상당하는 현금을 받을 권리)와 주식선택권 3,000개 중 하나를 선택하여 행사할 수 있는 권리를 부여하였다. 동 권리에는 3년의 용역제공조건이 부과되어 있으며 주식선택권의 행사가격은 ₩300이다. 부여일 현재 회사의 주가는 ₩300이고, 20×7년과 20×8년 말의 주가는 각각 ₩350과 ₩400이다. 회사 주식의 액면금액은 ₩100이다. 20y0년 1월 1일에 최고경영자가 권리를 행사할 경우 다음 각 상황별로 필요한 분개를 제시하라.

(상황 1) 주가가 ₩420이므로 최고경영자가 가상주식 1,000주(현금결제)를 선택

(상황 2) 주가가 ₩480이므로 최고경영자가 주식선택권 3,000개(주식결제)를 선택

해 답

각 결제방식은 부여일 이후 주가가 변동함에 따라 서로 다른 가치를 갖게 된다. 따라서 최고경영자는 행사시점의 주가에 기초하여 각 결제방식의 상대적인 가치를 평가함으로써 보다 유리한 결제방식을 선택할 것이다. 주가에 따라 행사시점에 경영자가 선택할 결제방식과 그 공정가치는 다음과 같다.

주가(S)	If S ≤ ₩450	If S > ₩450
경영자가 선택할 결제방식	가상주식 1,000주(현금결제)	주식선택권 3,000개(주식결제)
행사시점의 공정가치	1,000 × S	3,000 × (S − 300) = 1,000 × S + 2,000 × (S − 450)

예를 들어, 행사시점의 주가가 ₩400이라면, 가상주식 1,000주의 공정가치 ₩400,000(= 1,000주 × ₩400)이 주식선택권 3,000개의 공정가치 ₩300,000(= 3,000개 × (₩400 − ₩300))보다 크므로, 최고경영자는 현금결제방식을 선택할 것이다. 반면 행사시점의 주가가 ₩500이라면 가상주식 1,000주의 공정가치 ₩500,000(= 1,000주 × ₩500)이 주식선택권 3,000개의 공정가치 ₩600,000(= 3,000개 × (₩500 − ₩300))보다 적으므로 최고경영자는 주식결제방식을 선택할 것이다.

결과적으로, '가상주식 1,000주와 행사가격이 ₩300인 주식선택권 3,000개 중 하나를 선택할 수 있는 권리'는 '가상주식 1,000주와 행사가격이 ₩450인 주식선택권 2,000개를 모두 행사할 수 있는 권리'와 사실상 동일함을 알 수 있다. 따라서 동 권리는 부채요소(가상주식 1,000주)와 자본요소(행사가격이 ₩450인 주식선택권 2,000개)로 구성된 복합금융상품이라고 볼 수 있다. 행사가격이 ₩450인 주식선택권의 부여일 현재 공정가치를 ₩10으로 측정하였다면, 부여일 현재 복합금융상품의 공정가치는 다음과 같다.

① 부채요소의 공정가치(1,000주 × ₩300)	₩300,000
② 자본요소의 공정가치(2,000개 × ₩10)	20,000
복합금융상품의 공정가치(① + ②)	₩320,000

이에 따라 회사는 부채와 자본요소에 대해 독립적으로 회계처리해야 한다. 즉, 부채요소에 대해서

는 현금결제형 거래의 회계처리를 준용하고, 자본요소는 주식결제형 거래의 회계처리를 준용한다. 회사가 매 회계연도에 인식할 보상원가, 자본 및 부채는 다음과 같다.

회계연도	계 산 근 거			
	자본요소(equity component)		부채요소(liability component)	
	누적보상원가	당기보상원가(₩)	부 채	당기보상원가(₩)
20×7	₩20,000 × 1/3 = ₩6,667	6,667	1,000주 × ₩350 × 1/3 = ₩116,667	116,667
20×8	₩20,000 × 2/3 = ₩13,333	13,333 − 6,667 = 6,666	1,000주 × ₩400 × 2/3 = ₩266,667	266,667 − 116,667 = 150,000
20×9 (상황 1)	₩20,000 × 3/3 = ₩20,000	20,000 − 13,333 = 6,667	1,000주 × ₩420 = ₩420,000	420,000 − 266,667 = 153,333
20×9 (상황 2)			1,000주 × ₩480 = ₩480,000	480,000 − 266,667 = 213,333

20×7년부터 20×9년까지 필요한 분개는 다음과 같다.

▸ 20×7년 12월 31일

(차) 주식보상비용	123,334	(대) 장기미지급비용	116,667
		주식선택권	6,667

▸ 20×8년 12월 31일

(차) 주식보상비용	156,666	(대) 장기미지급비용	150,000
		주식선택권	6,666

▸ 20×9년 12월 31일

(상황 1)

(차) 주식보상비용	160,000	(대) 장기미지급비용	153,333
		주식선택권	6,667

(상황 2)

(차) 주식보상비용	220,000	(대) 장기미지급비용	213,333
		주식선택권	6,667

20y0년 1월 1일에 최고경영자가 권리를 행사할 때 회계처리는 다음과 같다.

(상황 1 : 현금결제방식을 선택)

(차) 장기미지급비용	420,000	(대) 현 금	420,000
주식선택권	20,000	납입자본	20,000

(상황 2 : 주식결제방식을 선택)

(차) 장기미지급비용	480,000	(대) 자 본 금	300,000*
현 금	900,000*	주식발행초과금	1,100,000
주식선택권	20,000		

* 주식선택권 행사대금 : 3,000개 × ₩300 = ₩900,000

** 3,000주 × ₩100(주당 액면) = ₩300,000

익힘문제

[1] 주식기준보상거래를 설명하고, 그 유형에 대해 말하라.

[2] 주식기준보상거래에 있어서 회사가 제공받는 재화나 용역을 인식하는 데 적용하는 일반적인 원칙을 설명하라.

[3] 주식기준보상거래에 있어서 회사가 제공받는 재화나 용역의 보상원가를 측정하는 데 적용하는 일반적인 원칙을 설명하라.

[4] 가득이란 무엇을 의미하는가?

[5] 가득조건의 두 가지 종류를 설명하라.

[6] 성과조건의 종류를 설명하라.

[7] 시장조건의 예를 들어보라.

[8] 비시장조건의 예를 한 가지 들어보라.

[9] 가득되기 전 지분상품이 취소되는 경우 회계처리를 간략히 요약하라.

[10] 가득되기 전 지분상품에 대해 조건변경이 발생하는 경우의 회계처리를 간략히 요약하라.

[11] 가득기간이 무엇인지 설명하고, 가득기간이 부여일에 고정되는 경우와 그렇지 않은 경우를 나누어 예시해 보라.

[12] 시장조건이 있는 주식기준보상거래에서 시장조건이 미충족되어 가득되지 못한 권리에 대해서도 보상원가를 인식하는 경우가 발생할 수 있는지 설명하라.

[13] 종업원이 거래상대방인 주식기준보상거래에서 지분상품의 공정가치를 측정할 때 그 효과를 반영해야 하는 가득조건은 무엇이고, 그 효과를 반영하지 않는 가득조건은 무엇인가?

[14] 내재가치방법은 무엇이며, 어떠한 경우에 사용하는지 설명하라.

[15] 현금결제형 거래에 대한 회계처리와 주식결제형 거래의 회계처리를 비교하여 설명하라.

[16] 결제방식을 종업원이 선택할 수 있는 주식기준보상거래의 회계처리를 요약하여 설명하라.

[17] 결제방식을 회사가 선택할 수 있는 주식기준보상거래의 회계처리를 요약하여 설명하라.

[18] 주식선택권, 가상주식, 가상주식선택권이 무엇인지 설명하라.

연습문제

[1] 거래상대방이 비종업원인 주식기준보상거래

20×8년 1월 1일 ㈜구로금속은 향후 3년에 걸쳐 금(金) 3,000톤을 공급받기로 약정하고, 공급자인 ㈜황금에게 회사 주식 100,000주를 약정기간 3년이 경과한 직후부터 3년 내에 주당 ₩500에 매입할 수 있는 권리를 부여하였다. 20×8년 1월 1일 현재 금의 시장가격은 톤당 ₩2,300만이다. 20×8년 동안에는 총 1,000톤의 금을 두 번에 걸쳐 2월 1일과 10월 1일에 각각 500톤씩 공급받았다. 2월 1일 공급받은 금의 시장가격은 ₩100억이었으나, 이후 가격의 하락으로 10월 1일에 공급받은 금의 시장가격은 ₩90억이었다. 20y0년 12월 31일까지 3년간 공급받은 금의 공정가치 합계는 ₩550억이며, ㈜황금은 20y1년 3월 1일 50,000주에 해당하는 주식선택권을 행사하였고, 회사는 보유 중이던 취득원가 ₩400억의 자기주식을 ㈜황금에게 발행하였다. 회사가 20×8년에 기록할 분개 및 주식선택권 행사시 기록할 분개를 제시하라.

[2] 거래상대방이 종업원인 주식기준보상거래

㈜국제는 20×7년 1월 1일에 종업원 300명에게 1인당 주식선택권 100개씩을 부여하고 가득조건으로서 2년의 용역제공조건을 부과하였다. 이 주식선택권의 행사가격은 ₩100이며, 부여일 현재 공정가치는 ₩50으로 추정하였다.

- 20×7년 말 회사는 전체 가득기간(2년)에 걸쳐 퇴사할 것으로 기대되는 종업원의 총수를 전체의 10%로 추정하였다. 그러나 20×8년 말 현재 실제로는 총 40명이 퇴사하여 권리를 상실함으로써 최종적으로는 260명이 권리를 가득하였다.
- 이후 종업원은 20×9년 1월 1일에 주식선택권을 행사하였다. 회사 주식의 액면금액은 ₩100이다.

부여일 이후 행사일까지 필요한 분개를 모두 제시하라.

[3] 행사가격을 좌우하는 비시장조건이 부과된 경우

㈜회연은 20×7년 1월 1일에 최고경영자에게 주식선택권 10,000개를 부여하고, 3년의 용역제공조건을 부과하였다. 주식선택권의 행사가격은 ₩400이나, 3년 동안 회사의 연평균 이익성장률이 10% 이상이 되면 행사가격은 ₩300으로 인하된다.

- 부여일 현재 주식선택권의 공정가치는 행사가격이 ₩300이면 ₩120, 행사가격이 ₩400이면 ₩20으로 추정되었다.

- 20×7년에 회사의 이익은 12% 성장하였고, 이러한 성장률이 다음 2개년에도 계속 될 것으로 추정하였다. 따라서 지정된 목표이익성장률이 달성되어 기대행사가격이 ₩300이 될 것으로 추정하였다. 20×8년에 회사의 이익은 13% 증가하였으며, 회사는 여전히 목표이익성장률이 달성될 것으로 추정하였다.
- 그러나 20×9년에는 회사의 이익성장률이 3%에 그쳐 목표이익성장률이 달성되지 못하였다. 다만, 최고경영자가 부여일 이후 3년간 근무함에 따라 용역제공조건은 충족되었다. 20×9년 말에 목표이익성장률이 달성되지 못함에 따라 가득된 주식선택권 10,000개의 행사가격은 ₩400으로 확정되었다.

20×7년부터 20×9년까지 매년 인식할 당기 보상원가를 계산하고, 필요한 분개를 제시하라.

[4] 부여한 주식선택권이 분할하여 가득되는 경우

㈜예원은 20×7년 1월 1일에 종업원 3,000명에게 1인당 300개씩 총 900,000개의 주식선택권을 부여하려 한다. 이를 위해 다음 두 대안을 고려 중이다.

(대안 1) 종업원이 3년간 연속 근무하는 경우 20×9년 12월 31일에 가득됨.

(대안 2) 종업원이 연속 근무한다는 조건하에, 1년 후(20×7년 12월 31일) 1인당 50개씩 가득되고, 2년 후(20×8년 12월 31일)에는 100개가 가득되며, 3년 후(20×9년 12월 31일)에는 150개가 가득됨.

모든 가득기간에 걸쳐 퇴사할 종업원은 한 명도 없을 것으로 추정하였으며, 실제로도 퇴사한 종업원은 한 명도 없었다. 1년 뒤 가득되는 주식선택권의 공정가치는 ₩180이고, 2년 뒤 가득되는 주식선택권의 공정가치는 ₩160, 그리고 3년 후 가득되는 주식선택권의 공정가치는 ₩140으로 측정하였다. 이 공정가치는 모두 부여일에 측정한 것이다. 두 대안에 대해 각각 매년 인식할 당기 보상원가와 총보상원가를 계산하고, 두 대안의 재무제표 효과를 비교하여 설명하라.

[힌트] 대안 2는 주식선택권이 세 차례로 분할되어 가득되는(vesting in instalments) 경우인데, 회계처리를 위해 이를 세 개의 분리된 지분상품으로 간주한다.

[5] 시장조건과 비시장조건이 모두 있는 경우

20×7년 1월 1일 ㈜모두는 100개의 주식선택권을 경영자에게 부여하면서 3년의 용역제공조건을 부과하였다. 이 용역제공조건 이외에도 다음과 같은 성과조건을 부과하였다.

- 3년간 회사의 주가상승률이 15% 이상이 되거나, 또는
- 3년간 이익이 누적적으로 ₩1조 이상이 되어야 함.

시장조건을 무시하고 측정한 주식선택권의 공정가치는 총 ₩300억이었고, 시장조건만 반영하여 측정한 주식선택권의 공정가치는 ₩210억이었다. 용역제공기간 동안 해당 경영자는 퇴사하지 않을 것으로 예상하였고, 또 실제로도 그러하였다. 성과조건의 성취 여부에 대한 회사의 매년 말 예상과 실제 결과는 다음 표에 요약되어 있다.

	주가상승률 조건(시장조건) 성취 여부에 관한 예상	목표누적이익 조건(비시장조건) 성취 여부에 관한 예상
20×7년 말	예	아니오
20×8년 말	아니오	예
20×9년 말	성취되지 않음	성취되지 않음

20×7년부터 20×9년까지 매기 인식해야 할 당기 보상원가를 계산하라.

[6] 주식선택권의 조건변경 – 비시장조건의 변경

㈜가변은 20×7년 1월 1일에 판매부 종업원 12명에게 각각 주식선택권 1,000개를 부여하고, 3년의 용역제공조건과 함께 3년 동안 특정 제품에 대한 매출수량이 50,000개 이상이 될 것을 요구하는 비시장조건을 부과하였다. 부여일 현재 주식선택권의 단위당 공정가치는 ₩150으로 측정하였다.

- 회사는 20×8년 12월 31일에 목표매출수량을 100,000개로 조정하였다. 그러나 20×9년 12월 31일까지 판매부의 실제 매출실적은 55,000개에 불과하여 부여한 주식선택권은 상실되었다.
- 퇴사할 것으로 예상한 종업원은 부여일로부터 20×9년 12월 31일까지 한 명도 없다.

20×7년부터 20×9년까지 매년 인식할 당기 보상원가를 계산하고, 필요한 분개를 제시하라.

[7] 주식선택권의 조건변경 – 현금결제선택권이 후속적으로 추가된 경우

㈜지혜는 20×7년 1월 1일 종업원에게 행사가격이 ₩300인 주식선택권 900,000개를 부여하였다. 동 권리에는 3년의 용역제공조건이 부과되어 있다. 가득일(20×9년 12월 31일)에 궁극적으로 가득될 권리의 수는 821,406개로 추정되었고, 실제 결과도 추정과 동일하였다. 20×7년 1월 1일 현재 주식선택권의 공정가치는 ₩14.69이므로 가득기간에 걸쳐 인식할 총보상원가는 ₩12,066,454(=821,406개 × ₩14.69)이고, 매 기말 인식할 당기 보상원가는 ₩4,022,151(=₩12,066,454 ÷ 3년)이 된다.

- 20×8년 1월 1일에 회사는 주식선택권의 조건을 변경하여 종업원에게 현금결제선택권을 추가로 부여하였다. 조건변경일 현재 주식선택권의 공정가치는 ₩7이고, 이후 매 기말시점 주식선택권의 공정가치는 다음과 같다.

회계연도 말	주식선택권의 공정가치(₩)
20×8	25
20×9	10

이 연습문제에서 회사는 20×8년 1월 1일의 조건변경으로 인해 종업원의 선택에 따라서 현금으로 결제할 의무를 추가로 부담하게 되었다. 이에 따라 회사는 조건변경일에 현금결제의무를 인식해야 한다. 이때 부채로 인식할 금액은 조건변경일 현재 주식선택권의 공정가치와 당초 지정된 용역제공조건에 따라 조건변경일까지 근무용역을 제공받은 정도에 기초하여 측정한다. 또한 조건변경일 이후에 매 기말과 최종결제일에 부채의 공정가치를 재측정하고 공정가치 변동액을 당기손익으로 인식해야 한다. 회사의 20×7년부터 20×9년까지 필요한 분개를 제시하고, 20×9년 이후 권리행사일의 분개를 현금결제의 경우와 주식결제의 경우로 나누어 각각 제시하라(단, 주식의 액면금액은 ₩200).

[8] 부여한 주식선택권을 가득기간에 중도 청산하는 경우

㈜명철은 20×7년 1월 1일 종업원 500명에게 각각 주식선택권 100개를 부여하고, 3년의 용역제공조건을 부과하였다. 부여일 현재 주식선택권의 단위당 공정가치는 ₩150으로 추정되었다. 회사는 20×9년 12월 31일까지 퇴사자가 없을 것으로 추정하였고 실제 결과도 당초 추정과 동일하였다. 20×8년 12월 31일 회사는 종업원과의 합의하에 현금을 지급하여 주식선택권을 모두 중도 청산하였다.

(1) 중도청산이 없다고 가정할 경우 매 기말에 인식할 당기 보상원가를 구하라.

(2) 다음 각 상황에 대해 중도청산에 필요한 분개를 제시하라.

(상황 1) 20×8년 12월 31일 현재 주식선택권의 공정가치는 ₩120이고 주식선택권 1개당 현금지급액도 공정가치와 동일하다.

(상황 2) 20×8년 12월 31일 현재 주식선택권의 공정가치는 ₩170이고 주식선택권 1개당 현금지급액도 공정가치와 동일하다.

(상황 3) 20×8년 12월 31일 현재 주식선택권의 공정가치는 ₩170이고 주식선택권 1개당 현금지급액은 ₩200이다.

[9] 내재가치에 의해 회계처리 하는 경우

㈜초원은 20×7년 1월 1일에 종업원 10명에게 각각 주식선택권 500개를 부여하고 3년의 용역제공조건을 부과하였다. 이 주식선택권은 가득 이후 4년까지 행사할 수 있다. 주식선택권의 행사가격은 ₩200이고 부여일 현재 회사의 주가도 ₩200이다. 부여일 현재 회사는 주식선택권의 공정가치를 신뢰성 있게 측정할 수 없다고 판단하였다.

- 20×7년 12월 31일 현재 이미 1명이 퇴사하였고, 회사는 20×8년과 20×9년에도 추가로 2명이 퇴사할 것으로 추정하였다. 따라서 부여한 주식선택권의 70%(7명분)가 가득될 것으로 추정하였다.
- 20×8년에 퇴사한 종업원은 없었고, 회사는 미래에 가득될 것으로 기대되는 주식선택권의 비율을 80%로 재추정하였다.
- 20×9년에 실제로 1명이 퇴사하여, 20×9년 12월 31일에 총 4,000개의 주식선택권이 가득되었다.
- 20×7년부터 20y3년까지 회사의 주가와, 20y0년부터 20y3년까지 행사된 주식선택권의 수량은 다음 표와 같고, 행사된 주식선택권은 모두 기중에 행사되었으며, 행사시점 주가는 다음 표에 나타난 바와 같다.

회계연도	회계연도 말 주가(₩)	행사된 주식선택권 수량	행사시점 주가(₩)
20×7	430	–	–
20×8	450	–	–
20×9	550	–	–
20y0	680	1,000	700
20y1	800	1,000	750
20y2	700	1,000	680
20y3	–	1,000	720

부여일로부터 20y3년 주식선택권이 모두 행사된 시점까지 필요한 분개를 제시하라.

[10] 현금결제형 주식기준보상거래

㈜꿈은 20×7년 1월 1일에 종업원 70명에게 각각 현금결제형 주가차액보상권(SAR) 100개를 부여하고, 3년의 용역제공조건을 부과하였다. 다음 조건에 따라 이 SAR에 관해 필요한 분개를 모두 제시하라.

- 20×7년 중에 3명이 퇴사하였으며, 회사는 20×8년과 20×9년에 걸쳐 추가로 7명이 퇴사할 것으로 추정하였다. 20×8년에는 실제로 1명이 퇴사하였고, 회사는 20×9년에 추가로 1명이 퇴사할 것으로 추정하였다. 20×9년이 되어서는 실제로 3명이 퇴사하였다. 20×9년 12월 31일에 23명이 SAR을 행사하였고, 20y0년 12월 31일에 20명이 행사하였으며, 나머지 20명은 20y1년 12월 31일에 SAR을 행사하였다.
- 회사가 매 회계연도 말에 옵션모형으로 측정한 SAR의 공정가치와 20×9년, 20y0년 및 20y1년 말에 행사된 SAR의 내재가치(즉, 현금지급액)는 다음 표와 같다.

회계연도	공정가치(₩)	내재가치(₩)
20×7	14	–
20×8	15	–
20×9	18	15
20y0	21	20
20y1	–	25

CHAPTER 19

주당이익

Contents

한국채택국제회계기준	국제회계기준
제1033호 주당이익	IAS 33 Earnings per Share

주당이익이란 보통주 1주당 이익의 크기를 나타내는 숫자이다. 따라서 보통주를 가진 주주들에게 돌아가는 당기의 이익을 유통 중인 보통주의 총수로 나누어 계산한다. 주당이익은 이익을 한 주 단위로 나누어 표시함으로써 기업의 규모를 통제하기 때문에 투자자들이 특정 기업의 경영성과를 다른 기업과 비교하거나 기간별로 비교하는 데 유용하여 투자결정에 중요한 지표로 사용된다.

주당이익은 우선 당기순이익에 대하여 계산하는데, 중단영업이 있는 경우 주당이익은 계속영업이익과 당기순이익에 대해서 각각 계산한다. 이 경우 **주당계속영업이익**과 **주당순이익**으로 나뉘어 보고된다. 물론, 중단영업이 없는 경우에는 주당순이익만 보고된다.

주당이익은 기본적으로 발행된 보통주를 기준으로 계산하지만, 미래에 발행될 수 있는 잠재적 보통주를 감안하여서도 계산하기도 한다. 즉, 전환금융상품 등이 미래에 보통주로 전환되면 보통주 유통주식수가 증가하게 됨으로, 대개의 경우, 주당이익은 감소하는데, 이렇게 주당이익이 감소하는 효과를 **희석효과**라고 한다. 잠재적 보통주인 전환증권을 유통 중인 회사들은 주당이익을 계산할 때 관련 희석효과를 반영함으로써 부풀려진 주당이익 정보를 자본시장에 제공하지 않도록 하는 것이다.

이러한 문제에 대처하기 위해 희석효과를 갖는 전환증권을 발행한 회사는 두 종류의 주당이익을 계산해야 한다. 하나는 **기본주당이익**(basic earnings per share)으로서 현재 발행하여 유통 중인 보통주만을 대상으로 계산한 주당이익이며, 다른 하나는 유통 중인 잠재적 보통주의 희석효과를 고려하여 계산한 **희석주당이익**(diluted earnings per share)이다. 이와 같이 두 종류의 주당이익을 보고하는 회계실무를 **이중제시**(dual presentation)라고 부른다. 그 밖에도 중단영업실적에 대한 기본주당이익과 희석주당이익을 계산하여 주석으로 공시해야 한다.

희석효과를 갖는 증권을 유통 중인 회사가 중단영업이 있는 경우에는 네 개의 주당이익 정보를 보고하게 되는데, **기본주당계속영업이익**, **기본주당순이익**, **희석주당계속영업이익** 및 **희석주당순이익**이 그것이다. 본 장에서는 「기업회계기준서」 제1033호 '주당이익'에 근거하여 주당이익의 계산방법과 관련 이슈들을 살펴본다.

제1절 주당이익의 의의

주당이익(earnings per share : EPS)은 재무제표뿐만 아니라 경제신문에도 자주 보고되는 회계수치로서, 투자자나 재무분석가(financial analysts)들이 해당 회사의 투자전망을 평가하는 데에 사용하는 매우 중요한 재무정보(financial information)이다. 주당이익은 보통주 1주가 한 회계연도에 획득한 이익을 나타내므로, 그 자체로서 회사의 이익창출능력을 나타내는 지표가 된다.

주당이익은 투자분석에서 주가와 연계되어 사용되는 경우가 더 많다. 주가를 주당이익으로 나눈 수치를 PER(price-earnings ratio)라 하며, 이는 해당 회사의 이익창출능력이 주가, 곧 기업가치(firm value)에 어느 정도 반영되고 있는지를 알려준다. 일례로, PER가 12라면, 이 기업의 주가가 주당이익의 12배이며, 이는 주당이익 1원이 주식시장에서 12원으로 평가된다는 것을 의미하는 것이다.

만일 어떤 기업의 PER가 동종산업 내 주요 경쟁기업들과 비교하여 상대적으로 낮다면(이를 저(低)PER주라고 한다), 그 기업의 가치가 현재 저평가되어 있을 가능성이 있음을 시사하므로 그 주식은 매수대상으로 고려될 수 있다. 반면, PER가 상대적으로 높으면, 해당 기업의 가치가 과대평가되어 있을 수 있음으로 매도 대상으로 고려될 수 있다.

이와 같이 주당이익은 투자분석 등에서 그 유용성이 매우 크므로 「기업회계기준서」 제1033호는 이를 포괄손익계산서의 한 항목으로 표시하고 그 산출근거를 주석사항으로 공시하도록 규정하고 있다.

1. 주당이익과 자본구조

기업이 자본조달을 위하여 보통주, 우선주 또는 일반사채 이외에 잠재적 희석효과를 갖는 어떠한 증권도 발행하지 않았다면, 그 기업은 **단순한 자본구조**(simple capital structure)를 가진 기업이라고 말한다.

그런데 일부 기업은 전환사채, 전환우선주, 주식매입권, 옵션과 같은 보통주로 전환이 가능한 증권을 발행하기도 한다. 「기업회계기준서」 제1033호에서는 이와 같이 보통주를 받을 수 있는 권리가 보유자에게 부여된 금융상품이나 계약 등을 **잠재적 보통주**라고 부른다. 기업이 이와 같은 잠재적 보통주를 발행한 경우에는 **복잡한 자본구조**(complex capital structure)를 가지고 있다고 말한다.

기업이 복잡한 자본구조를 가지고 있는 경우, 잠재적 보통주에 부여된 권리가 행사되면 유통주식수가 증가함으로써 기존 주주들의 지분율이 하락하여 한 주당 귀속되는 순이익(또는 배당)이 감소할 수 있다. 따라서 기존주주들에게 이러한 희석효과를 적절히 공시해 줌으로써 그들이 미래에 수령할 배당이 감소할 가능성이 있다는 것을 알려줄 필요가 있다. 따라서 복잡한 자본구조를 가진 회사는 다음 두 종류의 주당이익을 계산하여 보고해야 한다.

첫 번째는 **기본주당이익**(basic EPS)으로서 권리행사가 되지 않은 잠재적 보통주의 희석효과는 반영하지 않고 계산한 주당이익이고, 두 번째는 권리가 미행사된 잠재적 보통주까지도 보통주로 전환되었다는 가정 하에 계산한 **희석주당이익**(diluted EPS)이다. 희석주당이익은 그러한 전환권리가 행사되지 않았더라도 주당이익이 감소하는 희석효과가 있다고 판단되는 경우에 반영된다. 따라서 희석주당이익은 가상적인 주당이익이라고 할 수 있으며, 이를 통하여 주주들은 유통 중인 잠재적 보통주가 자신의 지분에 미칠 희석효과에 관하여 유용한 정보를 얻을 수 있게 된다.[1])

이 두 종류의 주당이익 가운데 그 계산이 상대적으로 쉬운 기본주당이익에 대해 먼저 알아보고, 그 다음으로 희석주당이익에 관하여 살펴보도록 한다. 한편, 주당이익 계산방법에 관한 아래의 설명에서는 중복설명을 피하기 위해 주당계속영업이익과 주당순이익 중 후자에 설명의 초점을 맞출 것이다. 즉, 주당계속영업이익은 주당순이익 계산방법에서 당기순이익 대신 계속영업이익을 대체하면 쉽게 구할 수 있으므로, 주당순이익 계산방법만을 설명하도록 한다.

제2절 기본주당순이익의 계산

기본주당순이익은 보통주 한 주에 대한 당기순이익이므로, **보통주에 귀속되는 당기순이익을 유통 중인 보통주식의 수로 나눈 값**으로 다음과 같은 수식으로 표시된다.

$$\text{기본주당순이익} = \frac{\text{보통주에 귀속되는 당기순이익}}{\text{유통 중인 보통주식의 수}}$$

회사가 보통주와 우선주 두 종류의 주식을 발행하고 있는 경우, 회사의 당기순이익은 보통주주와 우선주주의 공동이익이 된다. 기본주당순이익의 분자인 보통주에 귀속되는 당기순이익이란 보통주주들의 몫으로 귀속되는 이익으로서 당기순이익에서 우선주주들에게 돌아가는 배당을 차감하여야 한다.

분모인 **유통 중인**(outstanding) **보통주식의 수**란 회사가 발행한 보통주식의 총수에서 재취득하여 자기주식으로 보유하고 있는 보통주의 수를 차감한 것이다. 일반적으로 유통주식의 수는 동일한 회계기간 내에서도 일정하지 않다. 그 이유는 기업이 신주를 발행하여 주식수를 늘리기도 하고, 자기주식을 취득하여 주식수를 줄이기도 하기 때문이

---

1) 포괄손익계산서에 보고되는 기타포괄손익에 대하여는 주당이익을 계산하지 않는다.

다. 뿐만 아니라, 잠재적 보통주를 발행한 기업은 투자자들이 기중에 권리를 행사하면 유통주식의 수가 증가한다. 따라서 주당순이익을 계산할 때 어느 특정 시점에서의 유통주식수를 사용하지 않고 유통기간을 가중치로 한 1년 동안의 **가중평균유통보통주식수**를 사용한다. 기본주당순이익을 다시 표현하면 아래와 같다.

$$\text{기본주당순이익} = \frac{\text{당기순이익} - \text{우선주배당금}}{\text{가중평균 유통보통주식수}}$$

본 장에서는 먼저, 기본주당순이익의 분모가 되는 가중평균유통보통주식수를 어떻게 계산하는가를 살펴본 후, 분자인 보통주에 귀속되는 당기순이익의 계산에 대해 알아보도록 한다.

1. 가중평균유통보통주식수 : 기본주당순이익의 분모

특정 회계기간의 가중평균유통보통주식수는 **그 기간 중 각 시점의 유통주식수의 변동에 따라 자본금액이 변동할 가능성을 반영하여 계산**한다. 가중평균유통보통주식수는 기초의 유통보통주식수에 회계기간 중 취득된 자기주식수 또는 신규 발행된 보통주식수를 각각의 유통기간에 따른 가중치를 고려하여 조정한 보통주식수이다.

이 경우 유통기간에 따른 가중치는 그 회계기간의 총일 수에 대한 특정 보통주의 유통일수의 비율로 산정하며, 경우에 따라서는 가중평균에 대한 합리적 근사치도 사용될 수 있다. 가중평균유통보통주식수를 산정하기 위한 보통주 유통일수 계산을 시작하는 날은 통상 주식발행의 대가를 받을 권리가 발생하는 시점, 일반적으로 주식발행일을 기준으로 한다.

그런데 자원의 실질적인 변동을 유발하지 않으면서 보통주가 새로 발행될 수도 있고 유통보통주식수가 감소할 수도 있다. 예를 들면, 자본금전입이나 무상증자('주식배당'을 포함한다), 주식분할, 주식병합 등이 있다. 이러한 사건들은 추가로 대가를 받지 않고 기존 주주에게 보통주를 발행하므로 자원은 증가하지 않고 유통보통주식수만 증가한다. 이 경우 유통보통주식수가 연초에 증가된 것으로 처리한다. 또한 재무제표가 비교표시되는 경우, 비교표시되는 최초기간의 개시일에 그 사건이 일어난 것처럼 비례적으로 조정한다.

그러면 각각의 사례별로 가중평균유통주식수를 계산하여 보자.

(1) 유상증자, 감자, 자기주식 매입이 있는 경우

기업이 기중에 유상증자, 감자, 자기주식 매입 및 매각을 하는 경우, 그 기간마다 유통보통주식수가 변동한다. 이 경우, 자원의 변동을 유발하므로 **증자 또는 감자일 또는 자기주식 매입 및 매각일을 기준으로 유통주식수를 조정**하여야 한다.

예제 1

㈜종금은 회계연도 중 보통주식의 수에 다음과 같은 변동이 있었다. 가중평균유통보통주식수를 계산하라.

일 자	주식수의 변동	주식수 변동	유통주식수
1월 1일	기초 유통주식수	36,000주	36,000주
4월 1일	유상증자를 통해 12,000주 발행	12,000	48,000
6월 1일	자기주식 9,000주 취득	(9,000)	39,000
11월 1일	자기주식 6,000주 재발행	6,000	45,000
	기말 유통주식수	45,000주	45,000주

해 답

기간별 유통주식수를 요약하면 다음과 같다.

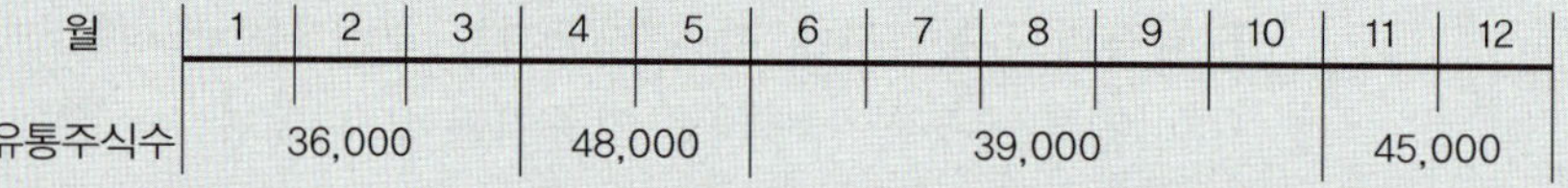

가중평균유통보통주식수의 가중치는 해당 주식수의 연중 유통기간이다. 일례로, 기초의 36,000주는 1월 1일부터 3월 31일에 48,000주로 증가할 때까지 3달간 유통되었으므로 가중치는 (3/12)이며, 48,000주는 4월 1일부터 5월 31일에 39,000주로 감소할 때까지 2개월간 유통되었으므로 가중치는 (2/12)가 된다. 가중평균유통보통주식수를 구하기 위해 다음과 같은 표를 작성하면 편리하다.

가중평균유통보통주식수의 계산

사 건	유통주식수 (A)	가중치[유통기간 월(일)수* ÷ 12달(365일)](B)	가중유통주식수 (A) × (B)
1/1 기초	36,000주	3/12(1월~3월)	9,000주
4/1 유상증자	48,000	2/12(4월~5월)	8,000
6/1 자기주식 취득	39,000	5/12(6월~10월)	16,250
11/1 자기주식 매각	45,000	2/12(11월~12월)	7,500
		가중평균유통보통주식수 :	40,750주

* 본 예제에서는 편의상 주식수의 변동이 월말에만 발생한 것으로 가정하였지만, 실제에서는 월중에 주식수의 변동이 일어나는 경우가 많다. 이 경우 가중치는 유통기간을 일수(日數)로 계산하여 구하여야 한다.

<예제 1>에서와 같이 잠재적 보통주가 없어서 자본구조가 단순하고, 또 주식배당, 주식분할 등과 같은 사건이 없는 경우라면 가중평균유통보통주식수의 계산은 매우 단순하다. 그러나 자본구조가 복잡하고 주식배당, 주식분할 등과 같이 유통주식수에 큰 영향을 주는 사건이 발생하는 경우에는 그 계산이 다소 번거로워진다. 이러한 상황을 자세히 살펴보도록 하자.

(2) 무상증자, 주식배당, 주식분할, 또는 주식병합이 있는 경우

무상증자, 주식배당, 주식분할 또는 주식병합(이하, 무상증자 등)은 추가로 대가를 받지 않고 기존 주주에게 보통주를 발행하므로 자원은 증가하지 않고 유통보통주식수만 증가한다. 이러한 사건이 회계기간 중에 발생한 경우에는 사건이 **실제로 발생한 날과 상관없이 기초에 발생한 것으로 가정**한다. 따라서 사건발생일 전부터 유통되던 주식의 수는 해당 사건의 내용에 맞추어 재조정해야 한다.

일례로, 3월 1일에 50%의 무상증자가 있었다면 3월 1일 이전인 1월 1일부터 유통주식에 대해서는 150%(=100%+50%)의 조정치를 곱해주어야 한다. 만일 1 대 3의 주식분할이 있었으면 300%의 조정치를 곱해준다. 이렇게 조정한 후의 유통주식수는 50%의 무상증자, 혹은 1 대 3의 주식분할이 1월 1일에 발생하였을 경우의 유통주식수와 동일해진다.

이와 같이 유통주식수를 기초로 소급하여 조정해 주는 이유는 무상증자 등은 회사의 경제적 실질(구체적으로, 자산과 자본)에는 전혀 영향을 주지 않고 단순히 주식수의 변동만 초래하는 사건이므로, 이러한 사건을 전후하여 유통주식의 수가 구별되어야 할 이유가 없기 때문이다. 즉, 무상증자 등이 발생하기 전의 유통주식을 발생 후의 유통주식과 **동등하게** 간주해야 한다는 것이 조정치를 이용한 조정의 논리적 근거이다.[2)]

---

2) 무상증자 등이 발생한 회계연도의 포괄손익계산서와 함께 비교표시되는 최초 기간 포괄손익계산서상의 주당순이익은 이러한 사건의 효과를 반영함으로써 주당순이익의 연도별 비교가 용이할 수 있도록 해야 한다. 일례로, 20×6년도 중에 50%의 무상증자가 있었다면, 20×6년도와 비교표시되는 20×5년도 포괄손익계산서의 주당순이익 계산을 위한 가중평균유통보통주식수는 실제의 1.5배가 되도록 조정해 주어야 한다. 만일 3년치 포괄손익계산서를 비교표시하는 경우, 또, 무상증자 등이 회계연도 종료 후, 그러나 재무제표가 공표되기 전에 발생하는 경우, 20×4년 주당순이익 계산을 위한 가중평균유통보통주식수도 실제의 1.5배가 되도록 조정해 주어야 한다. 또한 이러한 사건이 보고기간후사건(subsequent event)으로서 발생하는 경우에도, 당기 및 전기의 가중평균유통보통주식수를 조정해 주어야 한다. 일례로, 20×7년 2월 5일에 1 대 2로 주식분할이 이루어졌고, 20×6년도 재무제표가 20×7년 3월 1일에 공시예정이라고 하자. 만일 주식분할을 고려하기 전의 20×5년 및 20×6년도 가중평균유통보통주식수가 각각 20,000주와 25,000주라면, 실제 포괄손익계산서에서 사용하는 가중평균유통보통주식수는 20×5년 40,000주(=20,000주 × 200%)이고, 20×6년은 50,000주(=25,000주 × 200%)가 된다.

예제 2

<예제 1>에서 ㈜종금이 7월 1일에 20%의 무상증자를 실시하였다고 하자. 나머지 주식변동사항은 동일하다고 가정하고, 가중평균유통보통주식수를 계산하라.

일 자	주식수의 변동	주식수 변동	유통주식수
1월 1일	기초 유통주식수	36,000주	36,000주
4월 1일	유상증자를 통해 12,000주 발행	12,000	48,000
6월 1일	자기주식 9,000주 취득	(9,000)	39,000
7월 1일	무상증자로 7,800주(=39,000주×20%) 발행	7,800	46,800
11월 1일	자기주식 6,000주 재발행	6,000	52,800
	기말 유통주식수	52,800주	52,800주

해 답

가중평균유통보통주식수는 다음 표와 같이 구할 수 있다. 이 표가 <예제 1>의 표와 다른 점은 무상증자 전의 유통주식수를 조정하기 위해 120%의 조정치를 추가로 곱한다는 사실이다.

가중평균유통보통주식수의 계산

사 건	유통주식수 (A)	가중치 (B)	조정치* (C)	가중유통주식수 (A) × (B) × (C)
1/1 기초	36,000주	3/12	1.2	10,800주
4/1 유상증자	48,000	2/12	1.2	9,600
6/1 자기주식 취득	39,000	1/12	1.2	3,900
7/1 무상증자	46,800	4/12	1.0	15,600
11/1 자기주식 매각	52,800	2/12	1.0	8,800주
		가중평균유통보통주식수 :		48,700주

* 무상증자(7월 1일) 효과를 연초로 조정하기 위한 조정치

(3) 기존주주에게 공정가치 미만의 발행가격으로 유상증자를 한 경우

많은 회사들이 유상증자를 하면서 신주(新株)의 발행가격을 공정가치보다 낮은 가격으로 책정한다. 이러한 이유는 주주들이 유상증자에 참여하고자 하는 유인을 제공함으로써 실권주(失權株)의 발생을 최소화하고 자본조달을 원활히 하기 위함이다. 공정가치보다 낮은 가격으로 유상증자를 한 경우에는, 이를 **공정가치에 의한 유상증자와 무상증자가 동시에 발생한 거래로 간주**한다. 따라서 무상증자에 해당하는 비율을 구한 후, 이 무상증자비율에 따라 유상증자 전의 유통보통주식수를 조정해 주어야 한다. 이때 무상증자비율은 다음과 같이 구한다.

먼저, 유상증자로 인하여 유입된 전체 금액을 권리락 직전일(前日)[3]의 공정가치로

나눈다. 이렇게 구한 값은 공정가치로 유상증자하였다면 발행가능하였을 주식의 수가 된다. 이 가상적인 주식수는 실제 발행된 주식수보다는 더 작을 것인데, 그 이유는 실제 발행가격은 할인된 가격이므로 공정가치가 이보다 더 크기 때문이다.

다음으로 실제 발행된 주식수와 가상의 주식수의 차이에 해당하는 주식수를 계산한다. 개념적으로 볼 때, 이 차이에 해당하는 주식수는 무상으로 주주들에게 교부된 주식수, 즉 무상증자로 인한 주식수라 할 수 있다.

마지막으로 무상증자비율을 구하는데, 이는 무상증자에 해당하는 주식수를 권리락 직전일의 유통보통주식수와 가상의 주식수(즉, 공정가치로 유상증자하였다면 발행가능한 주식수)를 합한 값으로 나눈 것이다. 이렇게 구한 무상증자비율을 이용하여 유상증자 전의 유통보통주식수를 조정해 준다.

이 과정을 요약하면 다음과 같다.

① 공정가치 유상증자시 주식수 $= \dfrac{\text{유상증자로 유입된 전체 금액}}{\text{권리락 직전일의 공정가치(1주당)}}$

② 무상증자 추정주식수 = 유상증자 발행주식수 − 공정가치 유상증자시 주식수(①)

③ 무상증자 비율 $= \dfrac{\text{무상증자 추정주식수(②)}}{\text{권리락 직전 유통주식수} + \text{공정가치 유상증자시 주식수(①)}}$

예제 3

<예제 1>에서 4월 1일 12,000주의 유상증자를 통해 ㈜종금이 발행한 12,000주의 발행가격이 ₩1,000으로서 권리락 직전일의 종가인 ₩1,500보다 현저히 낮았다. ㈜종금의 가중평균유통보통주식수를 다시 계산하라.

해답

이 예제의 유상증자는 발행가격이 공정가치보다 현저하게 낮으므로 무상증자비율을 구하여 유통보통주식수를 조정해 주어야 한다. 먼저, 유상증자를 통해 12,000주를 발행하였으므로 여기에 발행가격을 곱하면 납입된 전체금액은 ₩12,000,000이 된다. 이를 토대로 위 단계에 따라 가중평균유통보통주식수를 계산하면 다음과 같다.

(1) 공정가치로 유상증자한 경우의 주식수 : 8,000주 = ₩12,000,000 ÷ ₩1,500
(2) 무상증자 추정주식수 : 4,000주 = 12,000주 − 8,000주
(3) 무상증자비율 : 9.1% = 4,000주 ÷ (36,000주 + 8,000주)
    여기서 권리락 직전의 유통보통주식수 36,000주

3) 유상증자에 참여하는 권리를 행사할 수 있는 마지막 날이 권리락 전일이 된다.

이에 따라 가중평균유통보통주식수를 다시 계산하면 다음 표와 같다.

가중평균유통보통주식수의 계산

사 건	유통주식수 (A)	가중치 (B)	조정치 (C)	가중유통주식수 (A) × (B) × (C)
1/1 기초	36,000주	3/12	1.091	9,819주
4/1 유상증자	48,000	2/12	1.0	8,000
6/1 자기주식 취득	39,000	5/12	1.0	16,250
11/1 자기주식 매각	45,000	2/12	1.0	7,500
		가중평균유통보통주식수 :		41,569주

(4) 전환사채 또는 전환우선주가 회계연도 중에 전환된 경우

당기 이전에 발행되어 유통 중이던 전환사채나 전환우선주가 당기 중에 전환되어 발행된 주식은 통상 주식발행의 대가를 받을 권리가 발생하는 시점(일반적으로 주식발행일)부터 시작하여 가중평균유통보통주식수를 계산한다. 이자를 지급하는 전환사채의 전환으로 인하여 보통주를 발행하는 경우, 최종이자발생일의 다음 날부터 계산한다.

(5) 주식매입권 또는 옵션이 회계연도 중에 행사된 경우

주식매입권 또는 옵션의 행사가 기중에 이루어져 보통주가 발행된 경우는 유상증자 실시의 경우에서처럼 **실제로 주식이 발행된 날**을 기준으로 하여 가중평균유통보통주식수를 계산한다.

이상에서 기술한 기본주당순이익의 분모인 유통 중인 보통주식의 수의 산정방법을 요약하면 다음 <표 19. 1>과 같다.

이를 보면 대가의 수수가 발생하는 사건은 사건일부터 주식수를 산정하며, 대가의 수수가 발생하지 않는 사건은 연초부터 1년 전체를 계산하는 것을 알 수 있다. 이를 요약하면 [그림 19. 1]과 같다.

표 19.1 기본주당순이익에서 유통중인 보통주식의 수 산정방법

사 건	사건의 특성	주식수 포함 기간
유상증자 및 감자	대가의 수수	유상증자일 – 결산일 연초 – 감자일
자기주식 취득 및 처분	대가의 수수	보유기간(취득일 – 처분일)은 제외
무상증자 주식배당 주식분할 · 병합	대가 없음	기초로 간주 (365일 모두 포함)
공정가치 미만 유상증자	대가의 부분 수수	유상 및 무상증자 복합거래
전환사채 전환 우선주 전환	전환증권 소멸	전환일 – 결산일 (전환사채는 최종이자발생일 다음 날)
주식매입권 행사 옵션행사	대가의 수수	실제 주식 발행한 날 – 결산일

그림 19.1 기본주당순이익에서 유통중인 보통주식의 수 산정기간

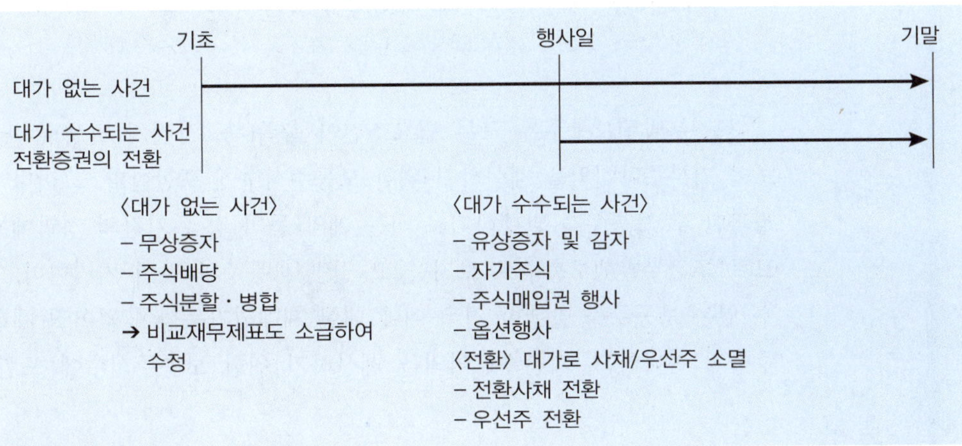

예제 4

㈜은종의 20×7년의 주식변동상황은 아래와 같다. 전환된 사채와 우선주는 20×6년도 중에 발행되었으며, 전환사채에 대한 이자는 5월 30일 지급되었다. 가중평균유통보통주식수를 계산하라.

일 자	주식수의 변동	주식수 변동	유통주식수
1월 1일	기초 유통주식수	36,000주	36,000주
4월 1일	주식매입권의 행사로 12,000주 발행	12,000	48,000
6월 1일	전환사채의 전환으로 6,000주 발행	6,000	54,000
11월 1일	20%의 주식배당으로 10,800주 발행	10,800	64,800
12월 1일	전환우선주의 전환으로 5,200주 발행	5,200	70,000
	기말 유통주식수	70,000주	70,000주

해 답

여기서도 11월 1일 주식배당의 경우, 연초로 조정하여야 하며, 전환사채 및 전환우선주의 전환은 전환일부터 기산하면 된다. 이에 따라 가중평균유통보통주식수를 계산하면 다음과 같다.

가중평균유통보통주식수의 계산

사 건	유통주식수 (A)	가중치 (B)	조정치* (C)	가중유통주식수 (A)×(B)×(C)
1/1 기초	36,000주	3/12	1.2	10,800주
4/1 주식매입권 행사	48,000	2/12	1.2	9,600
6/1 전환사채 전환	54,000	5/12	1.2	27,000
11/1 주식 배당	64,800	1/12	1.0	5,400
12/1 전환주 전환	70,000	1/12	1.0	5,833
		가중평균유통보통주식수 :		58,633주

* 주식배당비율 : 20%

조건부발행보통주는 모든 필요조건이 충족(즉, 사건의 발생)된 날에 발행된 것으로 보아 기본주당이익을 계산하기 위한 보통주식수에 포함한다. 그러나 단순히 일정기간이 경과한 후 보통주를 발행하기로 하는 계약 등의 경우 기간의 경과에는 불확실성이 없으므로 조건부발행보통주로 보지 않고 일반 보통주와 같이 처리한다. 조건부로 재매입할 수 있는 보통주를 발행한 경우 이에 대한 재매입가능성이 없어질 때까지는 보통주로 간주하지 아니하고, 기본주당이익을 계산하기 위한 보통주식수에 포함하지 아니한다.

2. 보통주에 귀속되는 당기순이익 : 기본주당순이익의 분자

보통주에 귀속되는 당기순이익이란 우선주주들에게 돌아갈 배당금을 차감하고 남은 당기순이익을 가리킨다. 이때 우선주배당금은 우선주에 대한 **배당이 결의된 경우에만 차감**하며, 배당이 결의되지 않은 경우에는 차감하지 않는다. 그러나 예외적으로 우선주가 누적적인 경우에는 반드시 배당금이 배당이 지급되어야 하기 때문에, 배당결의 여부와 관계없이 정해진 배당률을 기준으로 계산한 우선주배당금을 차감한다. 그런데, 누적적 우선주에 대한 배당금은 **당기에 귀속하는 배당금**만 차감한다. 즉, 누적적 우선주에 대해 과거기간에 미지급된 연체배당금(dividend in arrears)을 당기에 지급하는 경우라도, 이는 전기분에 해당하기 때문에 이 누적배당금을 당기순이익에서 차감하지 않는다.

한편, **우선주가 참가적인 경우**에는 배당이 결의된 시점에서 차감하여야 하는데, 이때 정해진 배당률에 의해 지급하는 배당금만이 아니라, 배당으로 분배되지 않고 사내(社內)

유보되는 당기순이익 가운데 우선주주들에게 돌아갈 부분도 차감하여야 한다. 이는 참가적 우선주가 보통주와 동일하게 이익의 분배에 참여하므로, 당기에 사내 유보되는 순이익이라도 궁극적으로는 보통주와 우선주가 나누어 가질 것이기 때문이다.

일례로, 20×7년 당기순이익이 ₩30,000이고, 보통주자본금과 우선주자본금이 각각 ₩200,000과 ₩100,000이라고 하자. 이때 보통주배당률이 5%이고, 우선주는 8%를 배당하였다면, 보통주와 우선주배당금은 각각 ₩10,000(=₩200,000 × 5%)과 ₩8,000(=₩100,000 × 8%)이 되고, 사내 유보되는 순이익은 ₩12,000(=₩30,000 - ₩10,000 - ₩8,000)이 된다. 이 가운데 우선주 귀속분은 1/3(=₩100,000 ÷ (₩100,000 + ₩200,000))인 ₩4,000이므로, 보통주에 귀속되는 당기순이익은 ₩18,000(=₩30,000 - ₩8,000 - ₩4,000)이 된다. 비록 우리나라 우선주는 대부분이 참가적이지만, 계산의 단순성을 위하여 앞으로의 모든 예제에서는 달리 언급이 없는 한 우선주는 비참가적이라고 가정한다.[4)]

다음으로 전환우선주에 대한 배당과 전환사채에 대한 이자에 대한 처리를 살펴보자. 전환우선주와 일반우선주 모두 배당이 결의되었다면 해당 우선주배당을 당기순이익에서 차감하여 보통주에 귀속되는 당기순이익을 계산한다. 다만 **기중에** 전환된 우선주와 전환사채에 대한 전환이전의 배당금과 이자는 조정하지 않는다.[5)]

이상에서 기술한 기본주당순이익의 분자인 보통주귀속 순이익의 산정방법을 요약하면 다음과 같다.

표 19. 2 기본주당순이익에서 보통주귀속 순이익의 산정방법

사　　건	순이익에 대한 조정
비누적적 우선주	(−) 배당 결의 시에만 우선주배당금 차감
누적적 우선주	(−) 당해 연도 배당금 차감
참가적 우선주	(−) 당해 연도 배당금 및 유보액 전액 차감 (당해 연도 유보이익 중 참가적 우선주에 귀속된 금액 차감)

4) 참고로 할증배당우선주에 대한 할인발행차금이나 할증발행차금의 상각금액, 우선주 매입 또는 전환우선주 전환에서 발생하는 차액은 보통주에 귀속되는 당기순이익을 계산할 때에 당기순이익에서 차감할 우선주배당금 항목으로 규정하고 있다. 자세한 사항은 기준서 1033호 문단 15에서 18을 참조하라. 현행의 기업회계기준서 제23호의 문단 9에서는 일반적인 우선주에 대한 할인발행차금도 이익잉여금의 처분에 의하여 상각하는 경우 상각금액을 당기순이익에서 차감할 우선주배당금 항목의 하나로 규정하고 있다. 기준서 1033호에서는 할증배당우선주가 아닌 일반적인 우선주에 대한 할인발행차금 상각금액 차감에 관한 내용을 반영하지 않고 있으나, 이를 차감하는 것이 타당할 것이다.

5) 기중에 전환이 된 우선주의 경우는 전환일을 기준으로 가중평균유통보통주식수에 가산하므로 전환전에 실시한 배당금은 조정하지 않는다. 기중에 전환된 전환사채도 최종이자발생일 다음 날부터 가중평균유통보통주식수에 가산하므로 전환전에 지급한 이자는 조정하지 않는다.

예제 5

20×7년 1월 1일 현재 ㈜사무엘은 다음과 같은 주식을 발행하여 유통 중에 있다.

액면 ₩5,000	보통주	900,000주
액면 ₩5,000,	배당률 7%의 우선주	80,000주

회사의 20×7년 당기순이익은 ₩46,000,000이다. 다음 독립적인 네 가지 질문에 각각 답하라.

1. 앞의 우선주는 비누적적이며, 회사는 20×7년도에 배당을 결의하였다. 기본주당순이익의 계산을 위한 보통주에 귀속되는 당기순이익을 구하라. 만일, 회사가 배당을 결의하지 않았다면 보통주에 귀속되는 당기순이익은 얼마인가?
2. 앞의 우선주는 누적적이며, 연체배당금이 ₩11,000,000이다. 회사가 20×7년에 배당을 결의하였다고 가정하고 보통주에 귀속되는 당기순이익을 계산하라. 또, 이 경우 만일 회사가 20×7년에 배당을 결의하지 않았다면, 보통주에 귀속되는 당기순이익은 얼마인가?
3. 앞의 우선주는 비누적적 전환우선주로서 우선주 1주당 보통주 1주로 전환이 가능하며, 20×7년 5월 30일에 30,000주가 보통주로 전환청구되었다. 회사는 20×7년 미전환된 우선주에 대하여만 배당을 결의하였다. 보통주에 귀속되는 당기순이익은 얼마인가?
4. ㈜사무엘은 20×6년 중에 발행한 전환사채가 있다. 이 전환사채의 일부가 20×7년 중에 전환되었으며, 전환일까지의 기간에 대해 인식한 이자비용은 ₩5,300,000이다. 법인세율이 20%라면 보통주에 귀속되는 당기순이익은 얼마인가? 상기 우선주는 비누적적이며 20×7년도에는 배당이 결의되지 않았다고 가정하라.

해 답

1. (1) 배당을 결의한 경우:

   보통주에 귀속되는 당기순이익 = 당기순이익 − 우선주배당금
   = ₩46,000,000 − (₩5,000 × 80,000주 × 7%)
   = ₩18,000,000

   (2) 배당을 결의하지 않은 경우: 우선주 배당금 미차감

   보통주에 귀속되는 당기순이익 = 당기순이익 = ₩46,000,000

2. 누적적 우선주의 연체배당금은 그 배당금이 지급되었어야 할 과거 해당 연도의 순이익에서 이미 차감되었으므로, 비록 현재 회계연도인 20×7년에 연체배당금이 지급되었다 하더라도 당기순이익에서는 차감하지 않는다. 따라서 20×7년도의 보통주에 귀속되는 당기순이익은 1.에서와 동일하게 ₩18,000,000이다. 또한 20×7년에 배당결의가 없었더라도, 누적적 우선주의 당기배당금은 당기순이익에서 차감해야 한다. 즉, 배당결의가 없더라도, 20×7년도의 보통주에 귀속되는 당기순이익은 여전히 ₩18,000,000이다.

3. 배당이 결의된 50,000주의 미전환우선주에 대한 배당만 차감한다. 즉, 보통주에 귀속되는 당기순이익은 ₩28,500,000(= ₩46,000,000 − (₩5,000 × 50,000주 × 7%))이다.

4. 기중 전환된 전환사채는 최종이자발생일 다음날에 보통주로 가산되기 때문에 그 이전에 지급한 이자에 대하여는 조정하지 않는다. 따라서 보통주에 귀속되는 당기순이익은 ₩46,000,000이다.

3. 기본주당순이익 계산 예제

이제 다음 <예제 6>을 통하여 기본주당순이익의 계산방법을 복습해 보자.

예제 6

20×7년 1월 1일 현재 ㈜신원은 다음과 같은 주식을 발행하여 유통 중에 있다.

액면 ₩5,000	보통주	700,000주
액면 ₩10,000,	배당률 10%의 비누적적 전환우선주	80,000주

전환우선주는 20×5년 3월 1일에 발행되었으며, 1주당 보통주 1주로 전환이 가능하다. 20×7년도에 발생한 보통주식의 변동상황을 요약하면 다음과 같다.

일 자	주식수의 변동	주식수 변동	유통주식수
1월 1일	기초 유통주식수	700,000주	700,000주
4월 1일	전환우선주의 전환으로 40,000주 발행	40,000	740,000
6월 1일	옵션의 행사로 60,000주 발행	60,000	800,000
9월 1일	1대 2의 주식분할로 800,000주 발행	800,000	1,600,000
11월 1일	전환사채의 전환으로 200,000주 발행	200,000	1,800,000
12월 1일	600,000주의 자기주식 취득	(600,000)	1,200,000
	기말 유통주식수	1,200,000주	1,200,000주

㈜신원은 전환사채를 20×6년 1월 1일에 발행하였으며, 20×7년 11월 1일에 이 전환사채가 보통주로 전환되었다. 이 전환사채에 대해 인식한 20×7년도 이자비용은 ₩12,000,000이다. 한편, 20×7년도 당기순이익은 ₩775,000,000이며, 회사는 현금배당을 결의하였다. ㈜신원의 법인세율이 20%라면 20×7년도 기본주당순이익은 얼마인가?

해 답

1. 가중평균유통보통주식수의 계산

   전환우선주와 전환사채가 전환되어 각각 40,000주와 200,000주의 보통주가 발행되었는데, 두 증권 모두 전환일을 기준으로 주식수에 포함시킨다. 이에 따라 가중평균유통보통주식수를 계산하면 다음과 같다.

가중평균유통보통주식수의 계산

사 건	유통주식수 (A)	가중치 (B)	조정치 (C)	가중유통주식수 (A)×(B)×(C)
1/1 기초	700,000주	3/12(1~3월)	2.0	350,000주
4/1 우선주 전환	740,000	2/12(4~5월)	2.0	246,667
6/1 옵션 행사	800,000	3/12(6~8월)	2.0	400,000
9/1 주식 분할	1,600,000	2/12(9~10월)	1.0	266,667
11/1 전환사채 전환	1,800,000	1/12(11월)	1.0	150,000
12/1 자기주식 취득	1,200,000	1/12(12월)	1.0	100,000
			가중평균유통보통주식수:	1,513,333주

2. 보통주에 귀속되는 당기순이익

보통주에 귀속되는 당기순이익은 당기순이익에서 우선주배당금을 차감한 금액이다. ㈜신원의 20×7년 말 현재 미전환우선주는 40,000주이므로 이에 대한 배당금은 차감하나, 기중 전환된 우선주에 대한 배당은 차감하지 않는다. 즉, 차감할 우선주배당금은 ₩40,000,000(=₩10,000×10%×40,000주)이다. 또한 기중 전환된 전환사채의 세후이자비용은 최종이자지급일 다음날을 기준으로 주식수를 기산하기 때문에 조정하지 않는다.

$$\text{보통주에 귀속되는 당기순이익} = ₩775{,}000{,}000 - ₩40{,}000{,}000 = ₩735{,}000{,}000$$

$$\text{기본주당순이익} = \frac{₩735{,}000{,}000}{1{,}513{,}333\text{주}} = ₩485.68/\text{주}$$

제3절 희석주당순이익의 계산

지금까지는 기본주당순이익에 관해 살펴보았으므로, 본 절에서는 미행사된 잠재적 보통주의 희석효과까지 반영하는 **희석주당순이익**의 계산에 대해 알아보자. 여기서 한 가지 유의할 점은 모든 잠재적 보통주가 희석주당순이익 계산에 고려되는 것이 아니라, 희석효과가 있는 잠재적 보통주만 고려된다는 것이다. 여기서 **희석효과**란 잠재적 보통주에 부여된 권리가 행사된다고 가정하는 경우 주당이익이 감소(또는 주당손실이 증가)하는 효과를 말하며, 이러한 증권을 **희석성 잠재적 보통주**라고 한다. 희석주당순이익의 계산을 공식으로 나타내면 다음과 같다.

$$\text{희석주당순이익} = \frac{\begin{array}{c}\text{기본주당순이익 계산을}\\\text{위한 보통주귀속}\\\text{당기순이익}\end{array} + \begin{array}{c}\text{희석성 잠재적 보통주의 권리가}\\\text{행사될 경우 추가될 보통주귀속}\\\text{당기순이익}\end{array}}{\begin{array}{c}\text{기본주당순이익 계산을}\\\text{위한 가중평균유통}\\\text{보통주식수}\end{array} + \begin{array}{c}\text{희석성 잠재적 보통주의 권리가}\\\text{행사될 경우 추가될}\\\text{가중평균유통 보통주식수}\end{array}}$$

위 공식에서 주목할 사항은 희석효과가 있는 잠재적 보통주로 판정되어 위 공식의 분모에 포함되는 경우, 이에 귀속되는 당기순이익이 분자에서도 포함되는 1 대 1 대응관계가 있다는 것이다. 이제 희석주당순이익의 계산을 위한 분자와 분모에 관하여 좀 더 자세히 알아보도록 하자.

1. 희석성 잠재적 보통주의 가중평균유통보통주식수: 희석주당순이익의 분모

희석성 잠재적 보통주와 관련한 가중평균유통보통주식수를 계산할 때에는 기말 현재 권리가 미행사된 잠재적 보통주와 기중에 권리가 행사된 잠재적 보통주를 따로 구분하는 것이 편리하다. 그 이유는 잠재적 보통주로 존재한 기간이 서로 상이하기 때문이다. 전자의 경우 잠재적 보통주로 존재한 기간은 한 회계기간 전체이지만, 후자의 경우는 잠재적 보통주로 존재한 기간이 기초에서 권리행사일 또는 전환간주일까지로 국한된다. 그 이유는 보통주로 전환되어 이미 기본주당순이익 계산시 반영되었기 때문이다.

(1) 기말 현재 권리가 미행사된 잠재적 보통주의 가중평균유통보통주식수

기말 현재 권리가 미행사된 잠재적 보통주는 희석주당순이익 계산을 위해 **기초에 권리가 행사된 것으로 가정**하고 가중평균유통보통주식수를 계산한다. 즉, 미행사된 잠재적 보통주의 경우 권리행사로 발행될 보통주는 한 회계기간 동안 유통된 것으로 가정한다. 다만 그러한 잠재적 보통주가 당기 중에 발행되었다면 그 발행일로부터 기말까지의 기간 동안만 유통된 것으로 가정하고 그 유통기간을 가중치로 하여 가중평균유통보통주식수를 계산한다.

기말 현재 권리 미행사인 잠재적 보통주에 대한 권리행사시점은 동일하게 기초라고 가정하지만, 가중평균유통보통주식수의 계산방법은 잠재적 보통주의 성격에 따라 다르다. 이러한 계산방법의 차이는 전환우선주나 전환사채와 같은 잠재적 보통주의 경우는 전환권 행사시 현금이 유입되지 않지만, 옵션이나 주식매입권과 같은 잠재적 보통주의 경우는 권리행사시 현금이 회사로 유입되기 때문이다.

현금의 유입이 이루어지지 않는 전자의 경우 가중평균유통보통주식수는 전환권행사로 발행될 보통주식의 수로 한다. 이를 **전환가정법**이라고 한다. 반면, 후자의 경우는 권리행사로 유입될 현금을 사용하여 유통 중인 회사의 주식을 재취득한다고 가정하고, 이렇게 취득한 자기주식의 수를 권리행사로 발행될 주식수에서 차감한 것을 가중평균유통보통주식수로 한다.

현금유입이 있는 경우, 발행될 주식수에서 자기주식수를 차감하므로 가중평균유통보통주식수는 실제 발행될 주식수보다 적게 된다. 따라서 주식매입권과 옵션에 대한 가중평균유통보통주식수는 **순증가주식수**만 계산한다. 이와 같이 권리행사로 유입될 현금으로 자기주식을 취득한다고 가정하므로 주식매입권과 옵션의 가중평균유통보통주식수를 구하는 방법을 **자기주식법**(treasury stock method)이라고 부른다.

자기주식법에서 취득가능한 자기주식수를 계산하기 위해 사용하는 주가는 해당 기간 동안의 평균시장가격이다. 일례로, 행사가격이 ₩300인 옵션이 1,000개가 있는 경우 권리행사시 유입될 현금은 ₩300,000이 되고, 이때 평균시장가격이 ₩400이라면 취득가능한 자기주식수는 750주(=₩300,000÷₩400)가 된다. 따라서 이 옵션에 대한 순증가주식수는 250주(=1,000주-750주)가 된다. 이러한 계산을 좀 더 간편하게 할 수 있는 방법은 다음의 공식을 이용하는 것이다.

주식매입권 또는 옵션의 가중평균유통보통주식수(자기주식법 : 순증가주식수)

$$= \frac{\text{평균시장가격} - \text{행사가격}}{\text{평균시장가격}} \times \text{권리행사로 발행될 보통주식수}$$

한편, 위의 공식을 자세히 살펴보면 행사가격이 평균시장가격보다 높은 경우, 순증가주식수가 음(-)이 됨을 알 수 있는데, 이를 **반희석효과**(anti-dilution effect)라고 한다. 이러한 반희석효과를 갖는 주식매입권이나 옵션은 희석주당순이익의 계산에서 제외한다. 그 이유는 행사가격이 주가보다 높으면 그러한 권리는 행사되지 않을 것이기 때문이다.

(2) 기중에 권리가 행사된 잠재적 보통주의 가중평균유통보통주식수

이미 기본주당순이익 계산에서 설명하였듯이, 기중에 행사된 주식매입권이나 옵션은 **권리행사일로부터 기말까지는 기본주당순이익 계산**을 위한 가중평균유통보통주식수에 포함된다. 따라서 기중에 권리가 행사된 주식매입권과 옵션은 **기초로부터 권리행사일까지만 잠재적 보통주로 계산**하여 분자에 추가하여야 한다. 따라서 기초로부터 권리행사일까지는 희석주당순이익의 계산에, 권리행사일부터 기말까지는 기본주당순이익 계산을 위한 가중평균유통보통주식수를 계산에 사용되어야 한다. 기중에 행사된 전환사채나 전환우선주도 **기초로부터 권리행사일까지만 잠재적 보통주로 계산**하여 분자에 추가한다.

$$\text{기중에 권리가 행사된 잠재적 보통주의 가중평균유통보통주식수} = \frac{\text{기초부터 권리행사일까지의 일수}}{365\text{일}} \times \text{증가주식수}$$

이상에서 기술한 희석주당순이익의 분모에서 기본주당순이익 계산을 위한 가중평균유통 보통주식수에 추가되는 희석성 잠재적 보통주의 권리가 행사될 경우 추가로 유통될 가중평균유통보통주식수의 산정방법을 요약하면 다음과 같다.

표 19. 3 희석주당순이익에서 희석성 잠재적 보통주식의 수 산정방법

구 분	증 권	기말 상태	증가 주식수 계산
미행사된 증권	전환우선주 전환사채	미전환된 상태	기초에 전환된 것으로 가정 (전환가정법)
	옵션 주식매입권	미행사된 상태	순증가주식만 가산 (자기주식법: 대가 유입)
당기중 행사된 증권	전환우선주 전환사채	전환일 보통주 증가 (전환가정법)	기초-행사일 사이에만 증가시킴 (행사일 이후는 이미 기본EPS에 포함되었음)
	옵션 주식매입권	행사일 보통주 증가 (자기주식법)	

당기중 행사된 증권의 경우, [그림 19. 1]과 반대로 기본주당순이익 계산에 포함된 기간은 이미 포함되었기 때문에 추가하는 기간은 여기에 미포함된 기간임을 알 수 있다. 따라서 전환권 행사일에 전환된 옵션과 주식매입권의 전환일 이전 기간에 해당되는 것만을 추가하면 된다. 이를 구분하면 다음 [그림 19. 2]와 같다.

그림 19. 2 희석주당순이익에서 희석성 잠재적 보통주식의 수 산정기간

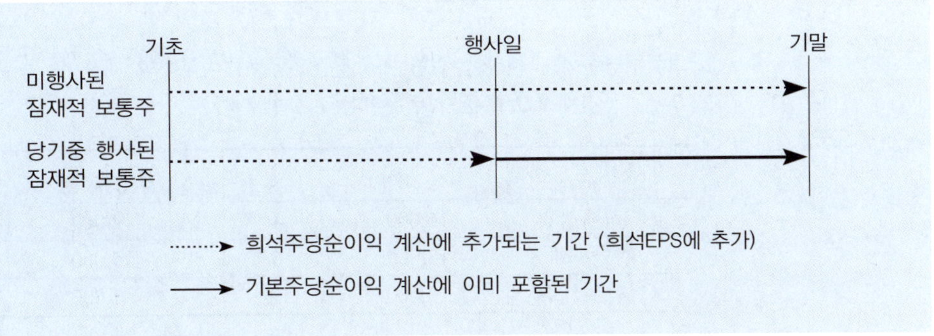

예제 7

㈜창조의 20×7년 주식변동상황은 아래와 같다. 당기에 전환사채와 전환우선주(20×6년 1월 1일 발행)의 일부가 전환되었으며, 주식매입권(20×5년도 발행)도 일부 행사되었다.

기말시점에서 미전환된 사채와 우선주가 전환청구된다면 각각 8,000주 및 6,000주의 보통주가 발행될 수 있으며, 기말 미행사된 주식매입권이 모두 행사된다면 4,000주의 보통주가 발행될 수 있다. 주식매입권의 행사가격은 1주당 ₩5,000이며, 회사주식의 연평균 시장가격은 ₩6,400이다.

이상의 자료를 토대로 기본주당순이익의 계산과 희석주당순이익 계산을 위한 가중평균유통보통주식수(분모)를 각각 구하라.

일 자	주식수의 변동	주식수 변동	유통주식수
1월 1일	기초 유통주식수	30,000주	30,000주
4월 1일	주식매입권의 행사로 12,000주 발행	12,000	42,000
6월 1일	전환사채의 전환으로 5,000주 발행	5,000	47,000
12월 1일	전환우선주의 전환으로 7,000주 발행	7,000	54,000
	기말 유통주식수	54,000주	54,000주

해 답

1. 기본주당순이익 계산을 위한 가중평균유통보통주식수의 계산

가중평균유통보통주식수의 계산

사 건	유통주식수 (A)	가중치 (B)	조정치 (C)	가중유통주식수 (A) × (B) × (C)
1/1 기초	30,000주	3/12(1~3월)	1.0	7,500주
4/1 매입권 행사	42,000	2/12(4~5월)	1.0	7,000
6/1 전환사채 전환	47,000	6/12(6~11월)	1.0	23,500
12/1 우선주 전환	54,000	1/12(12월)	1.0	4,500
		가중평균유통보통주식수 :		42,500주

2. 희석주당순이익 계산을 위한 가중평균유통보통주식수의 계산

우선 각 잠재적 보통주의 변동현황을 살펴보자.

잠재적 보통주	기초권리수	전환일	전환숫자	기말권리수
주식매입권	16,000	4/1	12,000	4,000
전환사채	13,000	6/1	5,000	8,000
전환우선주	13,000	12/1	7,000	6,000

① 미행사된 잠재적 보통주 : 이러한 잠재적 보통주는 기초에 전환된 것으로 가정하므로, 기말 현재 미전환된 전환사채 및 전환우선주에 대한 가중평균유통보통주식수는 각각 8,000주와 6,000주가 된다. 반면, 기말 현재 미행사된 주식매입권의 가중평균유통보통주식수(즉, 순증가주식수)는 875주[= {(₩6,400 − ₩5,000) ÷ ₩6,400} × 4,000주]이다.

② 기중에 행사된 잠재적 보통주 : 기중에 행사된 주식매입권은 3월 31일에 행사되었으므로 기초부터 행사시점까지 3개월간 잠재적 보통주로서 존재하였다. 권리행사로 12,000주의 보통주가 발행되었으므로 이에 대한 순증가주식수는 2,625주[= {(₩6,400 − ₩5,000) ÷ ₩6,400} × 12,000주]가 되고, 여기에 3/12의 가중치를 곱해서 얻은 656주가 희석주당순이익 계산을 위한 가중평균유통보통주식수가 된다.

한편, 전환사채와 전환우선주는 전환일 이전에는 잠재적 보통주로 존재하였기 때문에 기중 전환된 사채와 우선주에 대한 발행주식수에 각각 5/12와 11/12을 곱하여 가중평균유통보통주식수를 구한다. 지금까지 계산한 내용을 표로 정리해 보자.

희석주당순이익 계산을 위한 가중평균유통보통주식수의 계산

		가중평균유통보통주식수	
미행사된 잠재적 보통주	주식매입권(차액)	$\frac{₩6,400 - ₩5,000}{₩6,400}$ × 4,000주 =	875주
	전환사채(전액)		8,000
	전환우선주(전액)		6,000
당기중 행사된 잠재적 보통주	주식매입권 (4/1)	$\frac{₩6,400 - ₩5,000}{₩6,400}$ × 12,000주 × 3/12 =	656주
	전환사채 (6/1)	5,000주 × 5/12 =	2,083주
	전환우선주 (12/1)	7,000주 × 11/12 =	6,417주
합 계			24,031주

따라서 희석주당순이익 계산을 위한 가중평균유통보통주식수(즉, 분모)는 기본주당순이익 계산을 위한 가중평균유통보통주식수 42,500주에 24,031주를 더한 66,531주가 된다.

2. 희석성 잠재적 보통주귀속당기순이익 : 희석주당순이익의 분자

이제 희석주당순이익 계산상의 분자를 살펴보자. 이는 기본주당순이익 계산을 위한 보통주귀속당기순이익을 조정한 금액으로서, 구체적으로는 전환우선주에 대한 배당금 및 그 이외의 잠재적 보통주에 대해 인식한 비용에 (1 − 법인세율)을 곱한 금액을 가산한 것이다.

희석주당순이익 계산을 위한 보통주귀속당기순이익
= 기본주당순이익 계산을 위한 보통주귀속당기순이익
+ 전환우선주 배당금(전환분 전환 이전 중간배당)
+ 전환사채 이자 × (1 − 법인세율) (전환분은 전환 이전 기간 발생이자)
+ 잠재적 보통주에 인식한 비용 × (1 − 법인세율)

이러한 조정에 대해 잠재적 보통주별로 좀 더 구체적으로 살펴보자.

(1) 전환우선주의 배당금

앞에서 기말 현재 미행사된 전환우선주는 희석주당순이익 계산을 위한 가중평균유통보통주식수를 계산할 때 **기초에 전환된 것으로 가정**하였다. 따라서 기말 현재 미행사된 전환우선주에 대한 배당은 희석주당순이익의 관점에서 본다면 우선주배당금이 아니라 보통주배당금이 된다. 그런데 기본주당순이익 계산을 위한 보통주귀속당기순이익을 구할 때에 해당 전환우선주배당금을 당기순이익에서 차감하였으므로, 희석주당순이익 계산을 위한 보통주귀속당기순이익에는 **이를 다시 가산**하여 환원시켜 주어야 한다.

기중에 전환된 전환우선주에 대하여 전환이전에 중간 배당을 하였다면, 이 또한 희석주당순이익 계산을 위한 보통주귀속당기순이익에는 **이를 다시 가산**하여 환원시켜 주어야 한다. 그 이유는 전환일 이전에는 잠재적 보통주로 존재하고 있었기에 희석주당순이익 계산에서 분모인 가중평균유통 보통주식수에 추가되었기 때문이다.

(2) 전환사채의 이자비용

기말 현재 미행사된 전환사채는 희석주당순이익 계산을 위한 가중평균유통보통주식수를 계산할 때 전환이 기초에 이루어진 것으로 가정하였다. 따라서 희석주당순이익의 관점에서 본다면, 기말 현재 미행사된 전환사채에 대한 이자비용은 발생된 것이 아니다. 이는 기말 현재 미행사된 전환사채의 이자비용은 희석주당순이익 계산을 위한 보통주귀속당기순이익에 포함시켜야 함을 의미한다.

이때 주의할 점은 이자비용은 법인세가 공제됨으로 당기순이익에 미치는 영향은 법인세비용을 차감한 세금 공제후(after-tax) 금액이 된다. 따라서 당기순이익에 가산할 전환사채 이자비용도 법인세효과를 제거한 금액이어야 한다는 점이다. 즉, 전환사채 이자비용을 인식하지 않음으로써 늘어나는 당기순이익의 증가분은 해당 이자비용 전체가 아니라, **이자비용에 (1 − 법인세율)을 곱한 금액**이다. 또 하나 유의할 점은 여기서 말하는 이자비용이 현금지급이자뿐 아니라 전환권조정을 상각한 금액을 포함하는 이자비용, 곧 회계상 인식한 이자비용이라는 점이다.

이와 마찬가지로 기중에 행사된 전환사채의 이자비용에 대해서도 세후 금액을 가산하여야 하는데, 이는 기중 전환된 전환우선주배당금을 가산하는 것과 동일한 이유에서이다. 즉, 그 이유는 전환일 이전에는 잠재적 보통주로 존재하고 있었기에 희석주당순이익 계산에서 분모인 가중평균유통 보통주식수에 추가되었기 때문이다.

(3) 주식매입권부사채의 이자비용

전환사채의 전환권과는 달리 주식매입권은 행사가 되어도 관련 사채는 소멸하지 않아서 이자비용도 만기까지 계속해서 인식된다. 따라서 주식매입권부사채 관련 이자비용은 희석주당순이익 계산을 위한 보통주귀속당기순이익에 가산해서는 안 된다. 그러나 주식매입권부사채가 만기상환할증 조건으로 발행된 경우라면 상황이 다르다. 왜냐하면 주식매입권이 행사되면 **상환할증금과 관련한 이자비용은 더 이상 인식하지 않기** 때문이다.

따라서 만기상환할증 조건의 주식매입권에 대해서는 포괄손익계산서상에 인식한 이자비용 중 상환할증금과 관련한 이자비용만 분리해낸 후, 이를 세후로 환산하여 가산해 주어야 한다.

(4) 옵션의 주식보상비용

옵션과 주식매입권이 행사될 때, 그 회계기간의 평균시장가격보다 낮은 금액으로 보통주를 발행하는 경우에 희석효과가 있다. 이때 그 회계기간의 보통주 평균시장가격에 의한 금액에서 발행금액을 차감한 금액이 무상으로 발행한 주식이 되어 희석효과를 가져온다. 예를 들어 옵션이 행사되어 평균시장가격이 20원인 보통주를 주당 15원에 100주를 발행하였다면 1,500원이 납입되어 100주에서 75주는 유상으로 발행하고, 25주는 무상으로 발행한 것으로 간주하여 25주만을 분모에 가산한다(기준서 1033호 사례 5 참조). 이러한 절차는 자기주식법과 동일하다. 그러나 옵션에 대해서는 포괄손익계산서상에 인식한 **주식보상비용**은 분자에 조정하지 않는다. 그 이유는 위 계산에서 본 바와 같이 종업원들이 주식보상비용에 해당하는 현금을 받아 회사가 신규로 발행한 주식을 평균시장가격으로 매입한 것과 같은 효과를 가지고 있기 때문이다.

이상에서 기술한 희석주당순이익의 분자에서 희석성 잠재적 보통주의 영향을 고려하여 조정한 보통주귀속당기순이익의 산정방법을 요약하면 다음 <표 19. 4>와 같은데, 이를 보면 앞에서 분모인 증가주식수의 계산과 동일한 논리를 분자인 보통주귀속당기순이익에도 적용되고 있음을 알 수 있다.

표 19.4 희석성 잠재적 보통주의 보통주귀속 당기순이익 산정방법

구 분	증 권	증가 주식수 계산	이익에 대한 영향
미행사된 증권	전환우선주 전환사채	기초 전환 가정 (전환가정법)	우선주 배당금 다시 가산 세후이자비용 가산
	옵션 주식매입권	순증가주식만 가산 (자기주식법)	조정 없음(사채는 계속 존재) 상환할증금 세후이자분은 가산
당기중 행사된 증권	전환우선주 전환사채	기초-전환일만 증가 (전환가정법)	(기초-전환일)의 배당금과 세후이자 가산
	옵션 주식매입권	기초-행사일만 증가 (자기주식법)	조정 없음(사채는 계속 존재) 상환할증금 세후이자분은 가산

예제 8

20×7년 12월 31일 현재 ㈜천성은 기업의 보통주에 귀속되는 이익은 ₩2,000,000이며, 유통보통주식수 1,000주이다. 한편 전환사채 100좌를 20×6년 발행한 바 있는데 전환사채에 대한 이자비용이 ₩10,000(차금할인액 ₩3,000 포함) 당기에 발생하였으며, 전환사채 10좌당 보통주 3주로 전환 가능하다. 법인세율은 30%인 경우, ㈜천성의 20×7년도 1) 기본주당순이익과 2) 희석주당순이익을 각각 계산하라.

해 답

1) 기본주당순이익=₩2,000,000/1,000주=₩2,000

2) 희석주당순이익

- 희석주당이익계산에 사용될 보통주식수 : 1,000+30 = 1,030주
- 희석시 가산되는 세후 이자비용 : ₩10,000 × (1 − 0.30) = ₩7,000
  희석시 보통주에 귀속되는 조정된 이익 : ₩2,000,000+₩7,000 = ₩2,007,000
- 희석주당순이익 : ₩2,007,000/1,030주 = ₩1,950

3. 희석주당순이익 계산 예제

이제 다음 <예제 9>를 통하여 희석주당순이익의 계산방법을 복습하여 보자.

예제 9

20×7년 1월 1일 현재 ㈜천성은 다음과 같은 주식을 발행하여 유통 중에 있다.

액면 ₩5,000	보통주	270,000주
액면 ₩5,000,	배당률 5%의 비누적적 전환우선주	40,000주

전환우선주는 20×6년 8월 1일에 발행되었으며, 1주당 보통주 1주로 전환이 가능하다. 20×7년 4월 1일 이 전환우선주의 절반인 20,000주가 전환되었다. 다음은 20×7년도에 발생한 보통주식의 변동상황을 요약한 것이다.

일 자	주식수의 변동	주식수 변동	유통주식수
1월 1일	기초 유통주식수	270,000주	270,000주
4월 1일	전환우선주의 전환으로 20,000주 발행	20,000	290,000
5월 1일	전환사채의 전환으로 30,000주 발행	30,000	320,000
7월 1일	주식매입권의 행사로 10,000주 발행	10,000	330,000
	기말 유통주식수	330,000주	330,000주

㈜천성은 행사가격이 ₩1,500인 신주매입권부사채를 20×6년 5월 1일에 상환할증금을 지급하는 조건으로 발행하였으며, 20×7년 7월 1일에는 전체 주식매입권의 절반이 행사되어 보통주 10,000주가 발행되었다. 20×7년도 회사주식의 평균시장가격은 ₩2,250이다. 신주매입권부사채에 대해 20×7년도에 ㈜천성이 인식한 이자비용은 모두 ₩2,768,000이며, 이 가운데 상환할증금과 관련한 이자비용은 ₩159,000이다.

또한 ㈜천성은 20×5년 중에 전환사채를 발행하였으며, 이 전환사채 전부가 20×7년 5월 1일에 전환되었다. 20×7년도 전환사채 이자비용은 ₩2,000,000이다. 회사의 법인세율은 30%이다. 당기순이익은 ₩90,000,000이며, 회사는 당기에 배당을 결의하였다.

㈜천성의 20×7년도 기본주당순이익과 희석주당순이익을 각각 계산하라.

해 답

1. 기본주당순이익

기본주당순이익 계산을 위한 가중평균유통보통주식수:

가중평균유통보통주식수의 계산

사 건	유통주식수 (A)	가중치 (B)	조정치 (C)	가중유통주식수 (A)×(B)×(C)
1/1 기초	270,000주	3/12	1.0	67,500주
4/1 우선주 전환	290,000	1/12	1.0	24,167
5/1 사채 전환	320,000	2/12	1.0	53,333
7/1 매입권 행사	330,000	6/12	1.0	165,000
		가중평균유통보통주식수:		310,000주

기본주당순이익 계산을 위한 보통주귀속당기순이익:

= ₩90,000,000 − (₩5,000 × 5% × 20,000주) = ₩85,000,000

기본주당순이익 = ₩85,000,000/310,000주 = ₩274.2/주

2. 희석주당순이익

희석주당순이익 계산을 위한 잠재적 보통주의 가중평균유통보통주식수:

기본주당순이익 가중평균유통보통주식수		310,000주
(가산) 전환가정시 증분주식수		
미행사 전환우선주	20,000주	
전환된 전환우선주(4/1)[1]	5,000	
전환된 전환사채(5/1)[2]	10,000	
미행사 주식매입권[3]	3,333	
행사된 주식매입권(7/1)[4]	1,667	40,000
희석주당순이익 가중평균유통보통주식수:		350,000주

1) 20,000 × 3/12 = 5,000주

2) 30,000 × 4/12 = 10,000주

3) [(₩2,250 − ₩1,500)/₩2,250] × 10,000주 × (12/12) = 3,333주

4) [(₩2,250 − ₩1,500)/₩2,250] × 10,000주 × (6/12) = 1,667주

희석주당순이익 계산을 위한 보통주귀속당기순이익:

기본주당순이익 보통주귀속 당기순이익		₩85,000,000
(가산) 전환가정이 이익에 미치는 영향		
미행사 전환우선주 배당금[1]	₩5,000,000	
전환된 전환우선주 배당금(4/1)	0	
전환된 전환사채 세후이자(5/1)[2]	1,400,000	
미행사 주식매입권	0	
행사된 주식매입권 상환할증금(7/1)[3]	111,300	6,511,300
희석주당순이익 계산을 위한 보통주 귀속 당기순이익:		₩91,511,300

1) ₩5,000 × 20,000주 × 5% = ₩5,000,000

2) ₩2,000,000 × (1 − 30%) = ₩1,400,000

3) ₩159,000 × (1 − 30%) = ₩111,300

희석주당순이익 = ₩91,511,300/350,000주 = ₩261.46주

여기서, 기본주당순이익은 ₩274.22/주이므로 잠재적 보통주로 인한 희석효과는 주당 ₩12.7 정도임을 알 수 있다.

지금까지 살펴본 대로, 기본주당이익과 희석주당이익의 계산방법은 매우 복잡하다. 참고로 이러한 복잡한 계산방법을 <부록 A>에서 일목요연하게 하나의 표로 요약하였다. 또한 여러 종류의 잠재적 보통주를 동시에 발행한 회사의 희석주당이익 계산은 매우 복잡하여서 체계적인 절차를 따라야 계산을 올바로 할 수 있다. 다음 <부록 B>는 이에 관한 절차를 상세히 소개하고 있다.

[부록 A] 주당이익 계산의 요약[6)]

$$\text{기본주당순이익} = \frac{\text{보통주귀속당기순이익}}{\text{가중평균유통보통주식수}}$$

분자(보통주귀속당기순이익)	분모(가중평균유통보통주식수)
당기순이익 − 우선주배당금	유통기간을 가중치로 하여 계산한 평균유통보통주식수
<참고> ① 비누적적 우선주의 경우 배당결의가 없다면 배당금을 차감하지 않음(단, 누적적 우선주는 배당결의 여부와 관계없이 당기배당금을 차감함). ② 기중 전환된 전환우선주와 전환사채에 대한 조정은 없음.	<참고> 기중 행사된 잠재적 보통주에 대해 발행된 보통주식수의 처리 ① 무상증자/주식배당 : 기초부터 기말까지의 기간을 가중평균유통보통주식수에 포함시킴. ② 주식매입권/옵션 : 실제 발행된 주식수를 **권리행사일**로부터 기말까지의 기간을 가중치로 하여 가중평균유통보통주식수에 포함시킴. ③ 전환사채/전환우선주 : 전환일부터 기말까지 기간을 가중치로 하여 가중평균유통보통주식수에 포함시킴.

$$\text{희석주당순이익} = \frac{\text{희석성 잠재적 보통주의 영향을 고려하여 조정한 보통주귀속당기순이익}}{\text{기본주당순이익 계산을 위한 가중평균유통 보통주식수} + \text{희석성 잠재적 보통주의 권리가 행사될 경우 추가될 가중평균유통보통주식수}}$$

분 자	분 모
보통주귀속당기순이익 + 전환우선주배당금 + (1 − 법인세율) × 잠재적 보통주에 대해 인식한 비용	가중평균유통보통주식수 + 희석성 잠재적 보통주에 대한 가중평균유통보통주식수
<참고> ① 기중 전환된 전환우선주의 배당금은 가산함. ② 잠재적 보통주에 대해 인식한 비용의 예 • 전환사채 : 이자비용 • 주식매입권 : 만기상환할증금과 관련한 이자비용 (기중행사된 것에 대한 만기상환할증금 관련 이자비용도 포함) ③ 기중 전환된 전환사채의 세후이자비용은 (기초일-전환일)의 이자비용 가산함.	<참고> 희석성 잠재적 보통주에 대한 가중평균유통보통주식수의 계산 ① 기말 현재 미행사된 잠재적 보통주 (기초 행사된 것으로 가정함) • 전환사채/전환우선주 : 전환으로 발행될 주식수 • 주식매입권/옵션 : 순증가주식수 ② 기중 행사된 잠재적 보통주 전환발행 주식수 또는 순증가주식수를 기초부터 권리행사일까지의 일수로 가중 평균 $\text{순증가주식수} \times \frac{\text{기초부터 권리행사일까지의 일수}}{365}$

6) 본 부록에서는 주당순이익에 초점을 맞추어 주당이익 계산방법을 요약하였다. 그러나 당기순이익 대신 계속영업이익을 사용하면 주당계속영업이익도 유사한 방법으로 계산할 수 있다.

[부록 B] 여러 종류의 잠재적 보통주가 유통되는 경우의 희석주당이익 계산

수종의 잠재적 보통주를 발행한 회사의 희석주당이익 계산은 매우 복잡하여서 체계적인 절차를 따라야 바른 계산을 할 수 있다. 다양한 종류의 잠재적 보통주가 존재하는 경우에는 기본주당이익을 출발점으로 삼아 희석효과가 가장 큰 증권부터 차례로 **하나씩** 포함시켜 가면서 희석주당이익을 계산하여야 한다. 이러한 과정에서 어느 특정한 잠재적 보통주를 포함하여 계산한 희석주당이익이 이를 포함하기 전의 희석주당이익보다 커지면, 즉 해당 잠재적 보통주가 **반희석효과**(anti-dilution effect)를 가지면, 이러한 잠재적 보통주는 희석주당이익 계산에서 제외한다.

사실, 희석효과가 가장 큰 것부터 시작하였으므로 반희석효과를 갖는 첫 번째 잠재적 보통주를 발견하면 나머지 잠재적 보통주들도 모두 반희석효과를 갖는다. 따라서 반희석효과를 갖는 첫 번째 잠재적 보통주가 발견되면, 더 이상의 계산이 필요 없고, 그 잠재적 보통주를 포함하기 직전의 주당이익이 바로 희석주당이익이 된다. 여기서 잠재적 보통주 모두를 한꺼번에 고려하여 계산하면 편리하겠지만, 그렇게 하면 개별적으로 반희석효과를 갖는 잠재적 보통주를 찾아내어 제외시킬 수가 없으므로 모든 잠재적 보통주가 희석효과를 갖는다는 확신이 없는 한 한꺼번에 계산하여서는 안 된다.[7] 이렇게 함으로써 희석성 잠재적 보통주만 희석주당이익 계산에 포함되게 된다. 전술한 계산절차를 요약하면 다음과 같다.

제1단계 : 각 잠재적 보통주에 대하여 권리가 행사될 때 발생할 주당(株當)효과(per-share effect)를 개별적으로 분석한다.

제2단계 : 모든 잠재적 보통주를 개별 주당효과가 가장 작은 것부터 큰 것 순으로 정렬한다. 이는 희석효과가 가장 큰 순서로 잠재적 보통주들을 정렬하는 것이다.

제3단계 : 기본주당이익을 출발점으로 하여 제2단계에서 정렬한 순서대로 희석효과가 가장 큰(즉, 주당효과의 값이 가장 작은) 잠재적 보통주부터 하나씩 포함시켜 가면서 희석주당이익을 차례로 계산한다. 이러한 계산과정은 더 이상 고려할 잠재적 보통주가 없거나, 혹은 중도에 반희석적 잠재적 보통주가 발견되면 멈추며, 그 시점에서의 주당이익이 희석주당이익이 된다.

제1단계에서 주당효과란 권리행사가 이루어졌을 때 주당이익에 미치는 영향을 의미하는데, 이를 분모와 분자에 미치는 효과로 각각 나누어 생각할 수 있다. 전환사채의 경

7) 이렇게 개별적으로 하나씩 잠재적 보통주를 포함하여 희석주당이익을 계산하는 방법은 모든 잠재적 보통주를 한꺼번에 포함하는 계산방법에 비해 더 낮은 희석주당이익을 보고하도록 유도한다. 따라서 전자의 계산방법이 더 보수적인 방법이다.

우, 전환시 발행될 보통주식수를 가중평균유통보통주식수에 가산하므로 희석주당이익 계산상 분모의 크기가 증가하나, 동시에 해당 전환사채 이자비용에 (1 − 법인세율)을 곱한 금액을 보통주귀속당기순이익(또는 계속영업이익)에 가산하므로 분자의 크기도 증가한다. 이와 마찬가지로, 옵션의 경우도 순증가주식수를 가중평균유통보통주식수에 더하므로 분모가 커지나, 분자는 조정하지 않기 때문에 변동이 없다. 또, 주식매입권도 순증가주식수를 가중평균유통보통주식수에 가산하므로 희석주당이익 계산상 분모를 증가시키나, 동시에 만기상환할증금의 상각으로 인한 이자비용에 (1 − 법인세율)을 곱한 금액만큼 분자도 증가시킨다. 그리고 전환우선주의 경우는 전환시 발행될 보통주의 수만큼 분모를 증가시키고, 동시에 우선주배당금을 당기순이익(또는 계속영업이익)에서 차감하지 않으므로 분자의 크기도 증가시킨다. 요약하면 주당효과란 이익의 증분을 보통주식수의 증분으로 나눈 비율이라고 할 수 있다. 주당효과를 계산하는 이상의 설명을 정리하면 다음과 같다.

$$\textbf{전환사채의 주당효과} = \frac{\text{이자비용} \times (1 - \text{법인세율})}{\text{전환으로 발행될 보통주식수}}$$

$$\textbf{주식매입권의 주당효과} = \frac{\text{상환할증금상각과 관련한 이자비용} \times (1 - \text{법인세율})}{\text{순증가주식수}}$$

$$\textbf{전환우선주의 주당효과} = \frac{\text{전환우선주배당금}}{\text{전환으로 발행될 보통주식수}}$$

여기서 한 가지 유의할 사항은 이들 잠재적 보통주가 항상 희석효과를 갖지는 않는다는 사실이다. 앞의 주당효과에서 보듯이, 권리행사로 희석주당이익 계산상의 분모를 증가시킴으로써 주당이익을 감소시키는 희석효과를 갖지만, 이와 동시에 분자도 증가시킴으로써 주당이익을 오히려 증가시키는 반희석효과도 갖는다. 따라서 분자를 증가시키는 효과가 분모를 증가시키는 효과보다 더 크다면, 해당 잠재적 보통주는 반희석적이 될 수도 있다. 이러한 **반희석효과**(anti-dilutive effect)를 갖는 잠재적 보통주는 주당이익 계산에서 제외시킴은 물론이다. 또, 전술하였듯이, 옵션이나 주식매입권의 행사가격이 평균시장가격보다 높은 경우 이들 잠재적 보통주는 애초부터 주당이익 계산에서 제외시킨다.

한편, 제2단계에서 주당효과가 작은 것부터 순서를 정하면 희석효과가 큰 순으로 정리하는 셈이 되는데, 그 이유는 주당효과의 분자가 작고 분모가 클수록 희석효과가 커지기 때문이다. 마지막 세 번째 단계에서는 기본주당이익을 출발점으로 삼아, 희석효과가 가장 큰 잠재적 보통주부터 하나씩 포함시켜 가면서 주당이익을 계산하며, 반희석적 잠재적 보통주가 발견될 때까지 계속한다. 이제 <부록예제 1>을 통해 여러 종의 잠재적 보통주를 발행한 회사의 기본주당이익과 희석주당이익을 계산해 보자.

부록예제 1

㈜화평의 20×7년도 손익사항과 자본금 변동사항은 다음과 같다. 기본주당순이익과 희석주당순이익을 구하라.

■ 당기순이익 : ₩600,000,000

■ 자본금 변동사항(주당액면금액 : ₩5,000)

구 분	보통주자본금		전환우선주자본금	
기 초	100,000주	₩500,000,000	20,000주	₩100,000,000
기 중				
4월 1일 전환우선주의 전환	10,000	50,000,000	(10,000)	(50,000,000)
10월 1일 주식매입권의 행사	7,500	37,500,000	–	–
기중 증감	17,500	87,500,000	10,000	(50,000,000)
기 말	117,500주	₩587,500,000	10,000주	₩50,000,000

■ 20×7년 동안 회사 보통주식의 시장가격평균은 ₩30,000이며, 회사의 법인세율은 30%이다. ㈜화평은 다음과 같은 잠재적 보통주를 발행하여 유통하고 있다.

① 전환우선주
- 발행일 : 20×5년 10월 1일
- 우선권의 내용 : 누적적, 액면기준 연 10% 배당
- 전환권의 내용 : 20×7 회계연도부터 1 : 1의 비율로 보통주 전환을 청구할 수 있음.

② 전환사채
- 금액 : 액면 ₩500,000,000(액면발행)
- 발행일 : 20×6년 10월 1일; 만기일 : 20×9년 9월 30일(만기 3년)
- 전환가격 : 사채 액면 ₩40,000/1주
- 20×7 회계연도 전환사채이자비용 : ₩100,000,000

③ 주식매입권부사채
- 금액 : 액면 ₩300,000,000(액면발행)
- 발행일 : 20×6년 12월 1일; 만기일 : 20×9년 11월 30일(만기 3년)
- 행사가격 : 사채액면 ₩20,000당 1주
- 20×7년 10월 1일 사채액면 ₩150,000,000의 주식매입권이 최초로 행사되었으며, 발행주식수는 7,500주(=₩150,000,000 ÷ ₩20,000)임.

④ 옵션
- 20×5년 6월 1일 임원에게 옵션 5,000주를 부여함.
- 행사가격 : ₩15,000
- 당기주식보상비용 : ₩20,000,000

해 답

1. 기본주당순이익의 계산

① 가중평균유통보통주식수의 계산:

가중평균유통보통주식수의 계산(Ⅵ)

사건	유통주식수(A)	가중치(B)	(A) × (B)
1/1 기초	100,000주	3/12	25,000주
4/1 우선주 전환	110,000	6/12	55,000
10/1 매입권 행사	117,500	3/12	29,375
		가중평균유통보통주식수:	109,375주

② 보통주귀속당기순이익의 계산: ㈜화평의 전환우선주가 누적적이므로 배당결의 여부와 상관없이 당기배당을 당기순이익에서 차감한다. 그러나 전환우선주의 절반이 기중에 전환되었고, 전환간주일이 기초이므로 이 중도전환 우선주의 배당금은 당기순이익에서 차감하지 않는다. 미전환우선주의 배당금이 ₩5,000,000(=₩50,000,000 × 10%)이므로

보통주귀속당기순이익 = ₩600,000,000(당기순이익) − ₩5,000,000(우선주배당금)
= ₩595,000,000

③ 기본주당순이익 = ₩595,000,000 ÷ 109,375주 = ₩5,440

2. 희석주당순이익의 계산

① 각 잠재적 보통주에 대한 주당효과의 계산

구분	이익의 증분(분자)	발행될 보통주식수(분모)	주당효과	희석효과
주식매입권	₩0 (상환할증금 지급조건 없이 발행되었으므로)	미행사된 주식매입권: 순증가주식수 =[(₩30,000 − ₩20,000) ÷ ₩30,000)] × 7,500주 = 2,500주 기중행사된 주식매입권: 순증가주식수 × 가중치 =2,500주 × 9/12 = 1,875주 4,375주	₩0 ÷ 4,375주 = ₩0	1순위
전환우선주	₩5,000,000 (배당금)	미전환된 전환우선주: 발행될 보통주식수 = 10,000주 기중 전환된 전환우선주: 2,500주 (1/1~3/31: 10,000 × 3/12)	₩5,000,000 ÷ 12,500주 = ₩400	2순위
전환사채	이자비용 × (1 − 법인세율) = ₩100,000,000 × (1 − 0.3) = ₩70,000,000	미전환된 전환사채: 발행될 보통주식수 = 12,500주	₩70,000,000 ÷ 12,500주 = ₩5,600	3순위
옵션	₩0(조정 없음)	순증가주식수: =[(₩30,000 − ₩15,000) ÷ ₩30,000)] × 5,000주 =2,500주	₩0 ÷ 2,500주 = ₩0	1순위

② 희석주당순이익의 계산

증권	순이익(분자)	보통주식수(분모)	주당순이익	희석화 여부
보통주	₩595,000,000 (보통주귀속당기순이익)	109,375주 (가중평균유통보통주식수)	₩5,440/주 (기본주당순이익)	–
(1순위) 주식매입권 옵션	595,000,000 + 0 + 0 = 595,000,000	109,375주 + 4,375주 + 2,500주 = 116,250주	5,118.3/주	희석적
(2순위) 전환우선주	595,000,000 + 5,000,000 = 600,000,000	116,250주 + 12,500주 = 128,750주	4,660.2/주	희석적
(3순위) 전환사채	600,000,000 + 70,000,000 = 670,000,000	128,750주 + 12,500주 = 141,250주	4,743.4/주	반희석적

이상의 절차에 따라 희석주당순이익은 ₩4,660.2가 된다.

익힘문제

[1] 주당이익이 무엇인지 설명하라.

[2] 기본주당이익과 희석주당이익의 차이를 간략히 설명하고, 희석주당이익을 보고하는 목적이 무엇인지 말하라.

[3] PER가 무엇인지 설명하고 투자전략에 어떻게 사용되는지 말하라.

[4] 단순한 자본구조와 복잡한 자본구조의 차이는 무엇인가?

[5] 보통주에 귀속되는 당기순이익을 구하는 방법을 개념적으로 간단히 설명하라.

[6] 가중평균유통보통주식수란 무엇인가?

[7] 주식배당, 무상증자, 주식분할 등이 발생하면 가중평균유통보통주식수를 어떻게 조정하는지 설명하고, 그렇게 조정하는 이유에 대해 말하라.

[8] 공정가치보다 현저히 낮은 발행가격으로 유상증자를 하는 경우 가중평균유통보통주식수를 어떻게 조정해 주는지 설명하고 그렇게 조정하는 이유를 말하라.

[9] 회계연도 중에 전환된 전환사채 또는 전환우선주에 대해서는 가중평균유통보통주식수를 어떻게 조정해 주는가?

[10] 전환증권의 전환과 무상증자가 동일한 회계기간 내에 발생한 경우 가중평균유통보통주식수를 어떻게 조정하는지 설명하라.

[11] 회계연도 중에 행사된 주식매입권이나 옵션에 대해서는 가중평균유통보통주식수를 어떻게 조정해 주는가?

[12] 보통주에 귀속되는 당기순이익을 계산할 때에 당기에 결의된 전환우선주배당금은 어떻게 처리하는지 설명하라.

[13] 보통주에 귀속되는 당기순이익을 계산할 때에 누적적 우선주에 대한 배당은 어떻게 처리하는지 설명하라.

[14] 희석주당순이익 계산을 위한 분모를 개념적으로 설명하라.

[15] 희석주당순이익 계산상 미행사된 희석성 잠재적 보통주의 권리는 언제 행사된 것으로 가정하는가?

[16] 희석주당순이익 계산상 자기주식법을 설명하라.

[17] 희석주당순이익 계산상 미행사된 전환우선주의 배당금과 기중 행사된 전환우선주의 배당금은 어떻게 처리하는지 설명하라.

[18] 희석주당순이익 계산상 미행사된 주식매입권부사채의 이자비용은 어떻게 처리하는지 설명하라.

[19] 희석주당순이익 계산상 미행사된 옵션 관련비용은 어떻게 처리하는지 설명하라.

[20] 여러 종류의 잠재적 보통주를 발행한 회사가 희석주당순이익을 계산할 때에 밟아야 할 체계적인 절차를 설명하라.

연습문제

[1] 가중평균유통보통주식수의 계산

㈜사명의 20×7년도 보통주식수에 다음과 같은 변동이 있었다. 가중평균유통보통주식수를 계산하라.

일 자	주식수의 변동
1월 1일	기초 유통주식수 : 33,000주
5월 1일	자기주식 2,000주 취득
9월 1일	유상증자로 9,000주 발행
11월 1일	자기주식 1,000주 재발행

[2] 가중평균유통보통주식수의 계산

다음은 ㈜명령의 20×7년도 보통주식수의 변동상황이다. 전환우선주와 전환사채는 모두 20×6년도에 발행된 것이다. 가중평균유통보통주식수를 계산하라.

일 자	주식수의 변동
1월 1일	기초 유통주식수 530,000주
3월 1일	전환우선주의 전환으로 35,000주 발행
4월 1일	150% 무상증자 실시
7월 1일	전환사채의 전환으로 25,000주 발행
11월 1일	자기주식 15,000주 취득

[3] 가중평균유통보통주식수의 계산

다음은 ㈜가자의 20×7년도 보통주식수의 변동상황이다. 전환사채는 20×7년 2월 1일에 발행된 것이다. 가중평균유통보통주식수를 계산하라.

일 자	주식수의 변동
1월 1일	기초 유통주식수 750,000주
2월 1일	전환사채의 전환으로 30,000주 발행
4월 1일	옵션의 행사로 50,000주 발행
6월 1일	유상증자로 200,000주 발행
11월 1일	주식매입권의 행사로 45,000주 발행

[4] 가중평균유통보통주식수의 계산

다음은 ㈜중화의 20×7년도 보통주식수의 변동상황이다. 전환사채와 전환우선주는 20×6년 중에 발생된 것이다. 가중평균유통보통주식수를 계산하라.

일 자	주식수의 변동
1월 1일	기초 유통주식수 1,200,000주
5월 1일	주식매입권의 행사로 80,000주 발행
7월 1일	전환사채의 전환으로 50,000주 발행
11월 1일	1대 4의 주식분할 실시
12월 1일	전환우선주의 전환으로 95,000주 발행

[5] 가중평균유통보통주식수의 계산

다음은 ㈜서울의 20×7년도 보통주식수의 변동상황이다. 전환사채는 20×6년 중에 발행된 것이다. 가중평균유통보통주식수를 계산하라.

일 자	주식수의 변동
1월 1일	기초 유통주식수 950,000주
4월 1일	옵션의 행사로 20,000주 발행
5월 1일	유상증자로 300,000주 발행*
8월 1일	전환사채의 전환으로 65,000주 발행

* 유상증자시 신주 발행가격이 ₩12,000으로서 유상증자 전일 종가인 ₩18,000보다 현저히 낮았다.

[6] 보통주에 귀속되는 당기순이익의 계산

㈜약속은 20×7년 말 액면금액 ₩200,000,000의 보통주를 보유 중이며, 당기순이익은 ₩55,000,000이다. 다음 각호의 독립적인 상황에 대해 보통주귀속당기순이익을 계산하라.

(1) 20×7년 말 ㈜약속은 액면금액 ₩50,000,000, 배당률 9%인 비누적적, 비참가적 우선주를 보유 중이다. 회사는 20×7년도에 대해 배당을 결의하지 않았다.

(2) 위 (1)에서 ㈜약속은 20×7년도에 대해 배당을 결의하였다.

(3) 20×7년 말 ㈜약속은 액면금액 ₩50,000,000, 배당률 7%인 누적적, 비참가적 우선주를 보유 중이다. 회사는 20×7년도에 대해 배당을 결의하지 않았다.

(4) 20×7년 말 ㈜약속은 액면금액 ₩50,000,000, 배당률 5%인 비누적적, 참가적 우선주를 보유 중이다. 20×7년도 보통주 배당률은 3%이었다.

(5) 20×7년 말 ㈜약속은 액면금액 ₩50,000,000, 배당률 5%인 비누적적, 비참가적 전환우선주를 보유 중이다. 회사는 20×7년도에 배당을 결의하였다.

(6) 20×6년 중에 ㈜약속은 액면금액 ₩50,000,000, 배당률 5%인 비누적적, 비참가적 전환우선주를 발행하였다. 이 중 절반에 해당하는 전환우선주가 20×7년도 중에 전환청구되어서, ㈜약속은 20×7년 말 액면 ₩ 25,000,000의 전환우선주만 보유 중이다. 20×7년에 배당이 결의되었다.

[7] 기본주당이익의 계산

20×7년 1월 1일 ㈜만왕은 다음과 같은 주식을 발행하여 유통 중에 있다.

- 액면 ₩5,000 보통주 30,000주
- 액면 ₩10,000, 배당률 7%의 비누적적 전환우선주 5,000주

전환우선주는 20×6년 9월 1일에 발행되었으며, 1주당 보통주 1주로 전환이 가능하다. 20×7년도에 발생한 보통주식의 변동상황을 요약하면 다음과 같다.

일 자	주식수의 변동	주식수 변동	유통주식수
1월 1일	기초 유통주식수	30,000주	30,000주
3월 1일	전환우선주의 전환으로 5,000주 발행	5,000	35,000
5월 1일	주식매입권의 행사로 3,000주 발행	3,000	38,000
8월 1일	1대 3의 주식분할로 76,000주 발행	76,000	114,000
10월 1일	전환사채의 전환으로 6,000주 발행	6,000	120,000
12월 1일	20,000주의 자기주식 취득	(20,000)	100,000
	기말 유통주식수	100,000주	100,000주

㈜만왕은 전환사채를 20×6년 1월 1일에 발행하였으며, 20×7년 10월 1일에 이 전환사채의 일부가 보통주로 전환되었다. 한편, 주식매입권의 행사로 현금 ₩7,000,000이 회사로 납입되었다. 20×7년도에 현금배당이 결의되었다고 가정하고, ㈜만왕의 20×7년도 기본주당순이익과 기본주당계속영업이익을 각각 계산하라. 회사의 20×7년도 손익사항은 다음과 같으며, 법인세율은 20%이다.

- 계속영업이익 ₩34,000,000
- 중단영업손실 ₩10,000,000
- 당기순이익 ₩24,000,000
- 주식매입권부사채이자비용 ₩2,800,000
  (상환할증금 상각으로 인한 이자비용은 ₩257,000)
- 전환사채이자비용 ₩4,000,000
  (기중 전환된 전환사채의 이자비용은 ₩900,000)

[8] 희석주당이익 계산을 위한 가중평균유통보통주식수의 계산

㈜성실의 20×7년도 주식변동상황은 다음과 같다. 전환된 사채는 회사가 20×6년도에 발행한 것이고, 전환된 우선주는 20×7년 5월 31일에 발행한 것이다. 주식매입권은 회사가 20×5년도에 사채를 발행하면서 함께 발행한 것이며 행사가격은 ₩1,000이다. 20×7년 말 현재 미행사된 잠재적 보통주는 없으며, 회사의 평균주가는 ₩500이었다. 희석주당이익 계산을 위한 가중평균유통보통주식수를 계산하라.

일 자	주식수의 변동	주식수 변동	유통주식수
1월 1일	기초 유통주식수	46,000주	46,000주
2월 1일	주식매입권의 행사로 15,000주 발행	15,000	61,000
5월 1일	전환사채의 전환으로 6,000주 발행	6,000	67,000
12월 1일	전환우선주의 전환으로 3,000주 발행	3,000	70,000
12월 31일	기말 유통주식수	70,000주	70,000주

[9] 기본주당순이익과 희석주당순이익의 계산

20×7년 1월 1일 ㈜천만은 다음과 같은 주식을 발행하여 유통 중에 있다.

- 액면 ₩5,000 보통주 150,000주
- 액면 ₩10,000, 배당률 3%의 비누적적 전환우선주 20,000주

전환우선주는 20×5년 7월 1일에 발행되었으며, 1주당 보통주 1주로 전환이 가능하다. 20×7년 6월 1일 절반인 10,000주의 우선주가 전환되었다. 또한 ㈜천만은 행사가격이 ₩5,000인 주식매입권부사채를 20×6년 9월 1일에 상환할증금을 지급하는 조건으로 발행하였으며, 20×7년 10월 1일에는 전체 주식매입권의 절반이 행사되어 보통주 10,000주가 발행되었다. 다음은 20×7년도에 발생한 보통주식의 변동상황이다.

일 자	주식수의 변동	유통주식수	유통주식수
1월 1일	기초 유통주식수	150,000주	150,000주
6월 1일	전환우선주의 전환으로 10,000주 발행	10,000	160,000
10월 1일	주식매입권의 행사로 10,000주 발행	10,000	170,000
	기말 유통주식수	170,000주	170,000주

또한 ㈜천만은 행사가격이 ₩5,000인 주식매입권부사채를 20×6년 9월 1일에 상환할증금을 지급하는 조건으로 발행하였으며, 20×7년 10월 1일에는 전체 주식매입권의 절반이 행사되어 보통주 10,000주가 발행되었다. 주식매입권부사채에 대해 20×7년도에 ㈜천만이 인식한 이자비용은 모두 ₩ 3,925,000이며, 이 가운데 상환할증금의 상각으로 인한 이자비용은 ₩163,000이다. 한편, 20×7년도 회사의 평균주가는 ₩9,000이고, 당기순이익은 ₩75,000,000이며, 회사는 당기에 배당을 결의하였다. 또 회사의 법인세율은 20%이다. ㈜천만의 20×7년도 기본주당순이익과 희석주당순이익을 각각 계산하라.

[10] 기본주당순이익과 희석주당순이익의 계산: 반희석효과

㈜보배는 ₩420,000의 당기순이익을 올렸고, 동 기간의 가중평균유통보통주식수는 100,000주이다. 회사는 연말 현재 다음과 같은 미행사된 잠재적 보통주를 가지고 있으며 기중에 권리가 행사된 것은 없다.

• 표시이자율 10%의 전환사채	₩2,000,000
• 액면가 ₩100, 배당률 8% 비누적적 전환우선주	10,000주
• 주당행사가격 ₩20의 옵션(주식선택권)	6,000주

전환사채는 60,000주의 보통주로 전환이 가능하고, 당기 7월 1일에 액면금액으로 발행되었다. 발행일에 유효이자율은 12%였으며, ㈜보배는 ₩270,000의 전환권조정을 인식하였다. 전환우선주는 3년 전에 발행되었고, 1주당 보통주 2주로의 전환이 가능하며, 당기에 배당결의는 없었다. 옵션은 2년 전에 발행되어 5년간 유효하며, 당기에 인식한 관련 주식보상비용은 ₩5,000이다. 한편, 당기 중 회사의 평균주가는 ₩30이며, 법인세율은 40%이다.

(1) 각 잠재적 보통주에 대하여 주당효과(per-share effect)를 분석하라.
(2) 기본주당순이익을 계산하라.
(3) 희석주당순이익을 계산하라.

CHAPTER 20

법인세

Contents

한국채택국제회계기준		국제회계기준	
제1012호	법인세	IAS 12	Income Taxes
제2025호	법인세 : 기업이나 주주의 납세지위 변동	SIC-25	Income Taxes-Changes in the Tax Status of an Entity or its Shareholders

"이 세상에는 확실한 것이 아무것도 없다. 다만 죽음과 세금, 둘만은 확실하다." 미국 건국 초기의 사상가인 벤자민 프랭클린의 말이다. 이 뜻은 세금과 죽음은 누구든지 피할 수 없다는 의미이다. 이와 같이 세금은 개인과 기업이 존재하는 한 납부하여야 하는 필수비용항목이다.

세금은 정부에서 제정한 세법에 의하여 계산한다. 세법은 과세목적의 체계로서 재무회계에서의 기업회계기준서에 비견된다. 세법은 상당부분 기업회계기준서와 유사하지만, 서로 목적이 다르기 때문에 상이한 규정이 존재하게 된다. 이러한 상이한 규정으로 인하여 회계기준에 따라 계산된 **법인세비용차감전순이익**과 세금 계산의 기초가 되는 과세소득 간에 차이가 발생하게 된다. 이에 따라 회계상 계상된 순이익에 대해서 계상된 시점보다 더 일찍 세금을 납부하기도 하고, 더 늦게 납부하게 되기도 한다. 이와 같은 시점 차이는 자산·부채의 회계상 장부금액과 세법에서 인정하는 세무기준액 간의 차이를 야기하는데, 이로 인한 법인세비용의 기간 불일치를 조정하기 위한 회계를 **법인세회계**라고 한다.

구체적으로, 기말 장부금액과 세무기준액의 차이로 인하여 미래에 납부해야 할 법인세 의무가 증가할 때에는 **이연법인세부채**를 인식한다. 반대로 기말 장부금액과 세무기준액의 차이로 인하여 미래에 납부해야 할 법인세가 감소하는 경우에는 미래에 납부할 법인세를 미리 선급한 것과 같기 때문에 **이연법인세자산**을 인식한다. 이와 같은 법인세회계는 이연법인세자산과 부채 계정을 이용하여 회계상 법인세비용이 적절하게 산출되게 함으로써 기간별 비교가능성을 제고한다.

이처럼 법인세비용은 기간 간에 배분될 뿐만 아니라, 동일 기간 내에서도 배분될 수 있다. 법인세 기간 내 배분회계는 법인세비용을 같은 기간에 속하는 주요 항목별로 배분하는 것을 말한다. 포괄손익계산서에서는 계속영업손익과 중단산업손익, 기타포괄손익을 구분하여 각각에 대한 법인세를 구분하여 중단영업손익과 기타포괄손익에서 각각 직접 차감하여 순액으로 보고하도록 하고 있다. 또한 법인세의 차이는 자산재평가 등 자본항목에서도 발생하는데, 자본에 직접 조정되는 회계사건에서 발생하는 법인세부담액은 자본에 직접 가감하여 재무제표 본문에 법인세 기간 내 배분의 효과가 나타나도록 하고 있다.

제1절 회계이익과 과세소득의 차이

회계기준에 근거한 재무보고는 현재 및 잠재적 투자자, 대여자 및 기타 채권자가 보고기업에 자원을 제공하는 것과 관련한 의사결정을 내릴 때 유용한 재무정보를 제공하는 것에 그 목적을 둔다. 반면 세법은 국가재정수입의 확보를 위하여 부담능력에 따른 공평과세를 실현하면서, 정확한 과세대상이 되는 소득을 파악하는 데 목적이 있다. 이와 같이 회계기준과 세법은 그 근본목적이 다르기 때문에 회계기준에 기반한 **법인세비용차감전순이익**(pretax income, 이하 회계이익)과 세법에 기초한 기업의 **과세소득**(taxable income) 간에 차이가 발생할 수 있다. 회계이익과 과세소득의 차이는 회계상 자산·부채의 **장부금액**(book value)과 세무상 자산·부채의 **세무기준액**(tax base) 간의 차이도 가져온다.

1. 회계이익과 과세소득의 차이 및 세무조정

회계이익과 과세소득 간에 차이가 발생하는 사례는 다양하다. 이러한 차이는 회계기준과 세법의 차이에 기인하는데, 이는 재무회계와 더불어 세무회계 과목을 학습하면 자연스럽게 습득할 수 있다. 여기에서는 법인세회계를 기본적으로 이해하는 데 도움이 되는 사례를 간략히 소개한다.

회계이익과 과세소득 간의 차이를 야기하는 사례는 크게 두 가지로 구분된다. 첫째, 회계이익과 과세소득 간의 차이가 시간이 지나면 해소되는 차이이다. 아래 <사례 1>부터 <사례 3>까지가 이와 같은 경우에 해당된다.

사례 1
월세의 수취

대한기업㈜는 20×7년 5월 1일 민국기업㈜에게 1년간 월세 계약을 하고 12개월분 월세 ₩240,000을 일시불로 미리 받았다. 이 경우 대한기업㈜의 회계이익으로는 20×7년도에 ₩160,000(5월 1일~12월 31일), 20×8년도에 ₩80,000을 인식한다. 그러나 과세소득은 20×7년도에 ₩240,000 전액 계상되어 세금이 징수된다. 반대로 임차인인 민국기업㈜는 회계상 비용으로 20×7년도 ₩160,000, 20×8년도 ₩80,000 인식하지만, 과세소득 계산시 20×7년도에 ₩240,000 전액 손금으로 인정된다.

사례 2
이자의 수수

신용상사㈜는 20×7년 9월 1일 ₩100,000을 황금은행으로부터 차입하고 1년 후 20×8년 8월 31일 연리 12%의 이자와 원금을 상환하기로 하였다. 이 경우 황금은행은 20×7년 12월 31일 결산시에 기간이 경과된 4개월(9월 1일~12월 31일) 간의 이자 ₩4,000을 이자수익으로 인식하고, 잔액 ₩8,000은 20×8년도 이자수익으로 나누어 인식한다. 그러나 과세소득 계산에서는 이자를 실제 수취하는 20×8년도에 ₩12,000 전액 과세소득으로 계상하여 세금을 부과한다. 반대로 신용상사㈜는 20×7년도에 ₩4,000, 20×8년도에 ₩8,000의 비용을 각각 인식하지만, 과세소득 계산에서는 이자를 실제 지급하는 20×8년도에 ₩12,000 전액 손금으로 인정한다.

사례 3
특별감가상각비

대구상사는 기계를 20×7년 1월 1일 ₩30,000에 구입하고 3년 동안 정액법으로 감가상각한다. 이 경우 재무회계상으로는 매년 ₩10,000의 감가상각비를 인식한다. 그런데 정부에서 투자를 장려하기 위하여 설비에 대하여 투자 첫 년도에 50%의 세법상 특별상각을 허용한다면, 세법상 과세소득 계상시 3년 동안 손금으로 인정되는 감가상각비는 각각 ₩15,000, ₩7,500, ₩7,500이 된다.

위 사례에서 볼 수 있듯이 월세 및 이자의 수취, 감가상각비는 일정 기간 동안에는 회계이익과 과세소득 간에 차이가 나지만, 기간이 지나면서 그 차이가 줄어들어 결국엔 차이가 소멸된다. 결과적으로는 누적적으로 인식된 회계이익과 과세소득의 총액이 동일해진다는 특징이 있다. 회계이익과 과세소득 간의 차이 중 일정 기간이 지나면 해소되는 이러한 차이를 **일시적 차이**(temporary difference)라고 부른다.

회계이익과 과세소득 간의 차이의 두 번째 유형은 시간이 흘러도 줄어들지 않는 차이다. 특정 회계사건이 회계상으로는 수익 또는 비용으로 인정되지만 세법에서 익금(회계상 수익에 해당되는 개념임) 또는 손금(회계상 비용에 해당되는 개념임)으로 인정되지 않거나, 세법에서는 익금 또는 손금으로 인정되지만 회계기준에서 수익 또는 비용으로 인정되지 않기 때문에 이러한 차이가 발생한다. 이를 **영구적 차이**(permanent difference)라고 부른다. 이러한 차이는 세법에서 조세정책 및 경제정책적 측면과 조세회피방지 등을 고려하여 특정 회계사건에 대한 수익 또는 비용을 추가적으로 산입하거나 불인정함에 따라 발생한다. 따라서 회계기준 또는 세법이 개정되지 않는 한 이러한 차이는 영원히 유지된다. <사례 4>는 대표적인 영구적 차이에 해당되는 접대비 한도초과액의 경우를 설명한다.

사례 4
접대비 손금인정

부산상사는 20×7년도 접대비를 ₩13,000 지출하였다. 그런데 세법에서는 매출액의 0.2%만 손금으로 인정하는데, 부산상사의 20×7년도 매출액이 ₩5,000,000이었다. 이 경우 부산상사는 회계이익 계산시 비용으로 ₩13,000 인식할 수 있지만, 과세소득 계산시 인정되는 손금은 ₩10,000으로서 ₩3,000은 인정되지 못하고 부인된다.

<사례 4>에서 20×7년에 인정받지 못한 접대비 ₩3,000은 이후 기간에도 인정받지 못하고 영원히 회계이익과 과세소득 간의 차이로 남는 특징이 있다. 다음 표는 각 사례의 기간별 회계이익과 과세소득 간의 차이를 요약하고 있다.

		20×7	20×8	20×9	합계	구분
월세 (대한기업)	회계이익	160,000	80,000		240,000	일시적 차이
	과세소득	240,000	0		240,000	
이자 (황금은행)	회계이익	4,000	8,000		12,000	일시적 차이
	과세소득		12,000		12,000	
감가상각 (대구상사)	회계이익	−10,000	−10,000	−10,000	−30,000	일시적 차이
	과세소득	−15,000	−7,500	−7,500	−30,000	
접대비 (부산상사)	회계이익	−13,000			−13,000	영구적 차이
	과세소득	−10,000			−10,000	

회계이익과 과세소득은 서로 다른 기준에 의해 산출되지만, 회계상 수익·비용에 대응되는 세법상 익금·손금은 상당 부분 유사하게 정의되어 있다. 따라서 일반적으로 기업은 과세소득을 산출하기 위해 독립적으로 익금·손금을 산출하는 대신, 회계기준에 따른 회계이익에서 세법과 다른 부분을 조정하여 과세소득을 산출하는 방식을 따른다. 다음 <표 20. 1>은 회계상 회계이익이 세무상 과세소득으로 조정되는 과정을 나타내고 있다. 이를 보면 과세소득은 회계이익에서 세법상 익금산입항목과 손금불산입항목을 가산하고, 손금산입항목과 익금불산입항목을 차감하여 계산한다는 것을 알 수 있다. 이와 같이 회계이익에서 출발하여 과세소득을 산출하는 과정을 **세무조정**이라고 한다.[1)] 기업은 세무조정을 거쳐 산출된 과세소득에 세법상의 세율을 적용하여 당기법인세를 산출한 뒤 이를 관할당국에 납부한다. 본 장에서 설명하는 법인세회계는 세무상 산출된 당기법인세와 회계상 회계이익에 대응되는 법인세비용을 이연법인세를 통하여 조정하는 과정을 말한다.

1) 이와 같이 과세소득을 산출하는 과정은 세무회계에서 다루어진다.

표 20.1
회계이익과 과세소득의 차이와 법인세 회계

회계이익	차이조정*	과세소득
수 익	(+) 익금산입 (−) 익금불산입	익 금
(−) 비 용	(−) 손금산입 (+) 손금불산입	(−) 손 금
회계이익(회계손실)	(+) 익금산입 · 손금불산입 (−) 손금산입 · 익금불산입	과세소득(결손금) (×) 세 율
(−) 법인세비용	(±) 이연법인세**	당기법인세
당기순이익		

* 차이조정과정을 세무조정이라고 하며, 다음 네 가지로 구분된다.

- 익금산입: 회계상 수익에 포함되지 않았으나, 세무상 소득을 증가시키는 항목
- 익금불산입: 회계상 수익에 포함되었으나, 세무상 소득을 증가시키지 않는 항목
- 손금산입: 회계상 비용에 포함되지 않았으나, 세무상 소득을 감소시키는 항목
- 손금불산입: 회계상 비용에 포함되었으나, 세무상 소득을 감소시키지 않는 항목

** 당기에 납부하여야 할 세무상 당기법인세를 이연법인세자산/부채로 조정하여 당기순이익에 대응하는 법인세비용을 산출하는 것이 이 장에서 설명하는 법인세회계이다.

법인세비용 = 당기법인세 − 이연법인세자산 − 이연법인세부채

2. 이연법인세의 필요성과 역할

앞서 설명했듯이 회계기준과 세법은 그 근본목적이 다르기 때문에 회계이익과 과세소득 간에는 대개 차이가 발생한다. 따라서 과세소득에 세율을 적용하여 산출한 당기법인세를 그대로 재무제표상 법인세비용으로 인식하게 되면, 회계이익과 법인세비용이 대응(matching)되지 못하는 문제가 발생한다. 세법상 산출된 당기법인세는 회계이익에 기반하지 않은 까닭이다. 이연법인세는 이와 같은 문제를 해결해주는 역할을 한다. 이를 앞서 제시된 <사례 2>를 통해 이해해보도록 하자.

<사례 2>에서 황금은행은 20×7년 12월 31일 결산시에 기간이 경과된 4개월(9월 1일~12월 31일) 간의 이자 ₩4,000을 **이자수익**으로 인식하고 이와 함께 **미수이자**(자산)를 계상하게 된다. 그러나 세법에서는 아직 현금을 수취하지 않았기 때문에 이 금액을 익금으로 인정하지 않고 이에 따라 미수이자 또한 자산으로 인정하지 않는다. 황금은행은 이러한 회계와 세무의 차이를 조정하기 위하여 다음과 같은 세무조정을 통하여 각 연도 과세소득과 납부할 당기법인세를 계산한다. 이때 황금은행에 신용상사㈜로부터의 이자수익 이외의 수익 및 비용은 없다고 가정한다.

세무조정계산서

	20×7년도	20×8년도
이자수익	₩4,000	₩8,000
익금불산입	(－) 4,000	0
익금산입	0	(＋) 4,000
과세소득	₩0	₩12,000
법인세율	20%	20%
당기법인세	₩0	₩2,400

이러한 세무조정 결과, 20×7년도 재무상태표와 20×7년, 20×8년도 포괄손익계산서는 다음과 같이 보고된다.

재무상태표 (법인세회계 적용 전)

황금은행		20×7년 12월 31일	
<자산>		<부채 및 자본>	
미수이자	₩4,000		
대여금	100,000	이익잉여금	₩4,000
:		:	

포괄손익계산서 (법인세회계 적용 전)

20×7년도		20×8년도	
이자수익	₩4,000	이자수익	₩8,000
법인세비용	0	법인세비용	2,400
당기순이익	₩4,000	당기순이익	₩5,600
유효법인세율	0%	유효법인세율	30%

상기 재무제표는 다음과 같은 문제점이 있다. 우선 포괄손익계산서를 보면 이자수익은 20×7년도와 20×8년도에 각각 ₩4,000과 ₩8,000을 인식하고 있음에도 불구하고 이에 대한 법인세는 20×8년도에만 ₩2,400을 전액 인식하고 있어, 수익 · 비용대응의 원칙에 어긋나고 있다. 이에 따라 유효법인세율[2)]이 20×7년도와 20×8년도에 각각 0%와 30%로 불균형을 보이고 있어 기간별 성과가 왜곡된다. 포괄손익계산서의 왜곡은 재무상태표에도 영향을 준다. 수익 · 비용대응의 원칙에 따르면 20×7년도 이자수익(₩4,000)에 대한 법인세비용(₩800)을 차감하여 이익잉여금이 ₩3,200으로 보고되어야 함에도 불구하고 포괄손익계산서상 법인세비용이 ₩0으로 인식되는 바람에 이익잉여금이 ₩4,000으로 과대계상되고 있다. 이와 같은 왜곡은 20×7년도 이자수익 ₩4,000에 대해 20×8년도에 납부하여야 하는 법인세액 ₩800에 대한 부채 인식 누락을 수반한다.

이와 같은 법인세비용의 기간귀속 왜곡 현상은 법인세회계를 통해 해소될 수 있다. 황금은행은 20×7년도 이자수익 ₩4,000에 대해 다음 기간인 20×8년도의 과세소득으로 세금을 납부하여야 한다. 즉, 회계이익과 과세소득 간 ₩4,000원의 차이는 익년도에 해소되는 차이로서, 앞서 설명한 "일시적 차이"에 해당된다. 이 차이는 미래의 과세소득에

2) 유효법인세율＝법인세/법인세공제전이익

가산되는 차이라는 특성을 반영하여 "가산할 일시적 차이"라고 한다. 이러한 "가산할 일시적 차이"에 대한 세금은 비록 20×7년도에는 납부되지 않지만 20×7년도에 계상된 회계이익에 대한 법인세로서 미래(즉, 20×8년도)에 납부할 의무를 발생시키므로 20×7년도 말의 부채로 인식해야 한다. 이에 이를 20×7년의 "이연법인세부채"로 계상하고 동 금액을 "법인세비용"으로 인식한다. 이를 분개로 나타내면 아래와 같다.

이연법인세부채 = 가산할 일시적 차이 × 세율
= ₩4,000 × 20% = ₩800 → 이연법인세부채로 인식

(차) 법인세비용 800 (대) 이연법인세부채 800

이렇게 이연법인세회계를 적용한 재무상태표와 포괄손익계산서는 다음과 같다. 이를 보면 포괄손익계산서에서 수익과 비용이 대응됨으로써, 유효법인세율이 두 연도 모두 20%로 균등하게 부담되어 기간 성과가 적절하게 표시됨을 알 수 있다. 이에 따라 자연스럽게 재무상태표에 부채와 자본도 적절하게 계상된다.

재무상태표 (법인세회계 적용 후)

황금은행		20×7년 12월 31일	
<자산>		<부채 및 자본>	
미수이자	₩4,000	이연법인세부채	₩800
대여금	100,000	이익잉여금	3,200
:		:	

포괄손익계산서 (법인세회계 적용 후)

20×7년도		20×8년도	
이자수익	₩4,000	이자수익	₩8,000
법인세비용	800	법인세비용	1,600
당기순이익	₩3,200	당기순이익	₩6,400
유효법인세율	20%	유효법인세율	20%

한편, 이연법인세자산에 대해서는 <사례 2>의 채무자인 신용상사㈜의 경우를 통해 살펴보도록 하자. 신용상사㈜는 채권자인 황금은행과 반대로 20×7년도에 **이자비용**을 인식하고 **미지급이자** ₩4,000을 부채로 계상하게 된다. 그런데 세법에서는 발생연도에는 이자비용을 손금으로 인정하지 않고 현금 지출 시점에 손금이 인정된다.[3] 따라서 이 이자비용은 다음 연도인 20×8년도의 소득에서 공제된다. 이와 같이 미래의 과세소득에서 차감되어 소멸될 차이를 "차감할 일시적 차이"라고 한다. 이러한 "차감할 일시적 차이"는 20×7년의 회계상 비용에 대한 법인세 절감액을 발생시키지만, 미래(즉, 20×8년)의 법인세를 감소시키는 방식으로 경제적 효익을 가져온다. 따라서 이를 20×7년 말의 자산으로 인식해야 한다. 이에 다음과 같이 해당되는 법인세를 20×7년의 "이연법인세자산"으로 인식하며 법인세비용을 대기한다.

3) 법인세법에서 미지급이자비용을 인식하면 손금으로 인정되기도 한다. 그러나 대칭적 사례를 위하여 손금인정이 되지 않는 경우로 가정한다. 이하 본문은 동일한 가정을 사용한다.

이연법인세자산 = 차감할 일시적 차이 × 세율
= ₩4,000 × 20% = ₩800 → 이연법인세자산으로 인식

(차) 이연법인세자산 800 (대) 법인세비용 800

상기의 과정을 거친 당기의 법인세비용 계산식은 아래와 같이 요약된다.

법인세비용 = 당기법인세 − 이연법인세자산 증가액 + 이연법인세부채 증가액

이와 같이 세법에서 부과하는 당기법인세 부담액에서 일시적 차이로 인한 세부담과 관련된 이연법인세자산 및 부채를 조정하여 법인세비용을 산출하는 회계처리방법을 **법인세회계**라고 한다. 이와 같은 법인세회계는 재무상태표에서 자산 및 부채를 적절하게 평가하고, 포괄손익계산서에서 수익과 비용이 대응되게 함으로써 기업의 재무상태와 기간별 성과를 적절하게 보고할 수 있게 해주는 역할을 한다. 즉, 법인세회계는 법인세비용을 기간별로 배분하는 기능을 수행한다.

제2절 일시적 차이와 이연법인세자산 · 부채의 인식

1. 가산할 일시적 차이와 차감할 일시적 차이

일시적 차이는 두 가지로 구분된다. 당기(또는 그 이전)의 과세소득 산출과정에서 차감조정하였으나, 미래의 과세소득에 가산조정하는 **가산할 일시적 차이**와, 반대로 당기(또는 그 이전)의 과세소득 산출과정에서 가산조정하였으나, 미래의 과세소득에 차감조정하는 **차감할 일시적 차이**다.4)

(1) 가산할 일시적 차이

가산할 일시적 차이의 대표적인 예로는 <사례 2>의 황금은행의 미수이자를 들 수 있다. 금융기관에서 이자수익을 회계상으로는 발생기준으로 인식하여 회계이익에 포함

---

4) 당기(또는 그 이전)에 차감조정하는 일시적 차이는 법인세법상 △유보라고 하며, 당기(또는 그 이전)에 가산조정하는 일시적 차이는 법인세법상 유보에 해당한다. 이러한 유보사항은 차후 연도에 소멸원인이 발생한 경우 반대의 세무조정을 통하여 상쇄된다. 구체적인 내용은 세무회계 과목에서 학습할 수 있다.

시키지만, 세법에서는 현금 수취 시까지 익금으로 인정하지 않기 때문에 과세소득 산출 과정에서 차감조정한다. 그러나 이 조정분은 다음 해 이자를 현금으로 수취할 때 과세소득에 가산조정되기 때문에 가산할 일시적 차이가 된다.

이처럼 일부 일시적 차이는 수익이나 비용이 회계이익에 포함되는 기간과 과세소득에 포함되는 기간이 다를 때 발생한다. 이러한 일시적 차이를 **기간적 차이**라고 설명하기도 한다. 기간적 차이인 가산할 일시적 차이의 예는 다음과 같다.

① 이자수익은 발생기준으로 기간경과시 회계이익에 포함하지만, 현금이 수취될 때 과세소득에 포함하는 경우

② 회계상 사용된 감가상각금액이 세무상 계산된 감가상각금액과 다른 경우

③ 회계상 개발원가를 자본화하여 미래 회계기간에 걸쳐 상각하지만, 세무상으로는 해당 개발원가가 발생한 기간에 공제된 경우

일시적 차이는 다음과 같은 경우에도 발생한다.

① 사업결합원가에서 식별가능한 취득자산을 공정가치로 인식함으로써 배분하지만 세무상으로는 동일하게 조정되지 않는 경우

② 회계상 자산은 재평가되었으나 세무상으로는 재평가가 인정되지 않는 경우

③ 사업결합에서 발생한 영업권의 경우

④ 자산 또는 부채의 최초 인식시점에 장부금액과 세무기준액이 다른 경우(자산과 관련하여 비과세 정부보조금을 받는 경우 등)

⑤ 종속기업, 지점 및 관계기업에 대한 투자자산 또는 조인트벤처 투자지분의 장부금액이 세무기준액과 다른 경우

(2) 차감할 일시적 차이

차감할 일시적 차이의 대표적인 예로는 <사례 2> 신용상사㈜의 미지급이자(발생 시점에 손금인정이 되지 않는 경우)를 들 수 있다. 또 다른 사례는 제품보증충당부채가 있다. 제품을 판매한 기업은 제품보증과 관련하여 미래 지출될 금액(예 무상수리 등)을 추정하여 부채로 계상하고 관련 비용을 인식한다. 이러한 일시적 차이는 차기 이후에 관련 제품보증비용이 실제로 지출될 때 과세소득에서 차감되므로 납부할 법인세액을 감소시킨다. 따라서 이는 차감할 일시적 차이가 된다.

다음은 차감할 일시적 차이가 발생하는 예이다.

① 회계상 이자비용을 발생기준으로 기간 경과 시 회계이익에서 차감하지만, 세무상 현금이 수취될 때 과세소득에 공제하는 경우

② 회계상 종업원이 근무용역을 제공하는 시점에 퇴직급여원가를 인식하지만, 세무

상으로는 퇴직연금기금에 출연하는 시점이나 퇴직급여를 지급하는 시점에 공제되는 경우

③ 회계상 연구원가가 발생한 회계기간에 비용으로 인식하지만, 세무상으로는 이후 기간에 공제되는 경우

④ 회계상 사업결합원가에서 식별가능한 인수 부채를 공정가치로 인식함으로써 배분하지만, 세무상으로는 동일하게 조정되지 않는 경우

⑤ 일부 자산은 세무상으로 인정되지 않지만 공정가치로 장부에 기록되거나 재평가되어 감액될 수 있는데, 당해 자산의 세무기준액이 장부금액을 초과하는 경우

2. 자산 및 부채의 장부금액과 세무기준액

이제까지는 직관적인 이해를 돕기 위하여 일시적 차이를 회계이익과 과세소득 간의 차이로 설명하였다. 회계이익과 과세소득 간의 일시적 차이는 재무상태표상 자산 및 부채의 장부금액과 세무기준액 간의 차이를 가져온다. 따라서 공식적으로 「기업회계기준서」 제1012호에서는 일시적 차이를 장부금액과 세무기준액 간의 차이로 정의하고 있다.[5)] **장부금액**(book value)은 재무제표에 인식된 자산 및 부채의 금액이며, **세무기준액**은 세무 목적으로 자산 및 부채에 귀속되는 금액을 말한다. 자산 및 부채의 장부금액과 세무기준액에 대해 이해하고 이를 회계이익과 과세소득 간의 차이로 연결하는 과정에 대한 설명은 부록에서 다루기로 한다.

3. 이연법인세자산 · 부채의 인식

앞서 설명하였듯이 회계이익과 과세소득 간의 차이는 미래 기간에 상쇄되어 소멸되는 일시적 차이와 상쇄되지 않는 영구적 차이로 구분된다. 법인세회계에서 **이연법인세부채 또는 자산은 일시적 차이에 대해서만 인식**된다. 이연법인세부채 및 자산은 법인세비용을 수익 · 비용 대응원칙에 맞게 기간별로 배분하는 기능이 있는데, 일시적 차이는 미래 과세소득에 영향을 주는 반면, 영구적 차이는 미래 과세소득에서 조정되지 않는 차

---

5) 이와 같은 접근방식을 **자산 · 부채법**이라고 한다. 자산 · 부채법과 대비되는 방법을 **이연법**이라고 하는데, 이연법에서는 회계상 수익, 비용의 개념과 세무상 익금, 손금 개념에 기반한 차이에 따른 법인세효과를 이연법인세자산 또는 부채를 인식한다. 이러한 특성에 따라 자산 · 부채법은 재무상태표접근법, 이연법을 손익계산서접근법이라고 부르기도 한다. 국제회계기준에서는 자산 · 부채법을 채택하였는데, 자산 · 부채법이 법인세와 관련된 자산, 부채 및 수익, 비용들이 재무회계의 개념체계와 더 일관성이 있는 것으로 생각되기 때문이다. 이에 대한 자세한 설명은 부록을 참조하라.

이이므로 미래 법인세부담액에 영향을 주지 않기 때문이다.

가산할 일시적 차이는 미래 과세소득 및 납부할 세액을 증가시키므로, 이에 적절한 세율을 적용한 금액을 이연법인세부채로 인식한다. 반대로 차감할 일시적 차이는 미래 과세소득 및 납부할 세액을 감소시키므로, 이에 적절한 세율(제3절에서 후술한다)을 적용한 금액을 이연법인세자산으로 인식한다.

① **가산할 일시적 차이** : 미래기간의 과세소득을 증가시키는 효과를 가지는 일시적 차이
→ 이연법인세부채 인식

② **차감할 일시적 차이** : 미래기간의 과세소득을 감소시키는 효과를 가지는 일시적 차이
→ 이연법인세자산 인식

다음 <예제 1>을 통하여 차이를 구분하고, 장부금액과 세무기준액의 차이, 그리고 법인세 산출과정을 살펴보도록 하자.

예제 1

한솔㈜의 20×5년 법인세비용차감전순이익은 ₩1,000,000이며, 다음과 같은 차이가 발생하였다. 과거년도에서 발생된 일시적 차이는 없으며, 20×5년의 법인세율은 20%이다.

(1) 당사 보유 금융자산(FVPL) ₩200,000에 대하여 평가손실이 ₩20,000 발생하였다.
(2) 당기 판매분에 대한 제품보증비용을 ₩60,000 인식하였다.
(3) 당기에 발생한 이자 미수분 ₩20,000을 인식하였다.
(4) 전세보증금을 받았는데 이에 대하여 세무서에서 ₩50,000 익금으로 간주할 것으로 예상된다.
(5) 당연도에 접대비가 세법에 의한 한도를 ₩30,000 초과하였다.
(6) 세무서에 과오 납입한 금액에 대하여 환급이자 ₩20,000을 수령하여 수익으로 인식하였다.

1. 위 항목들을 가산할 일시적 차이, 차감할 일시적 차이, 그리고 일시적 차이가 아닌 영구적 차이로 구분하고, 세무조정과정에서 어떻게 처리되는지 익금(혹은 손금) 산입(혹은 불산입)으로 표시하라.
2. 당연도에 부담할 당기법인세를 계산하라.
3. 위에서 계산한 일시적 차이를 이용하여 이연법인세자산과 이연법인세부채를 계산하라. 여기서 미래에도 세율은 20%로 변동이 없다고 가정한다.
4. 손익계산서에 보고할 법인세비용을 계산하라.
5. 20×5년 법인세 관련 분개를 제시하라.

해 답

1. 차이 항목을 구분하면 다음과 같다.

(1) 금융자산(FVPL)평가손실	₩20,000	→ 차감할 일시적 차이 (손금불산입)
(2) 제품보증비용	₩60,000	→ 차감할 일시적 차이 (손금불산입)
(3) 미수이자수익	₩20,000	→ 가산할 일시적 차이 (익금불산입)
(4) 전세금에 대한 간주익금	₩50,000	→ 영구적 차이 (익금산입)
(5) 접대비 한도초과액	₩30,000	→ 영구적 차이 (손금불산입)
(6) 과오납금의 환급이자	₩20,000	→ 영구적 차이 (익금불산입)

2. 당연도에 부담할 당기법인세를 계산하면 다음과 같다.

법인세비용차감전순이익		₩1,000,000
일시적 차이 :	금융자산(FVPL)평가손실(손금불산입)	20,000
	제품보증비용(손금불산입)	60,000
	미수이자수익(익금불산입)	(20,000)
기타 차이 :	전세금에 대한 간주익금(익금산입)	50,000
	접대비 한도초과액(손금불산입)	30,000
	과오납금의 환급이자(익금불산입)	(20,000)
과세 소득		₩1,120,000
법인세율		20%
결정세액(당기법인세 부담액)		₩224,000

3. 이연법인세자산과 이연법인세부채를 계산하면 다음과 같다.

이연법인세자산 = 차감할 일시적 차이 × 법인세율
= (20,000 + 60,000) × 20% = 16,000

이연법인세부채 = 가산할 일시적 차이 × 법인세율
= 20,000 × 20% = 4,000

4. 손익계산서에 보고할 법인세비용

법인세 비용 = 당기법인세 − 이연법인세자산 + 이연법인세부채
= 224,000 − 16,000 + 4,000 = 212,000

5. 20×5년 법인세 관련 분개

(차) 이연법인세자산	16,000	(대) 미지급법인세	224,000
법인세비용	212,000	이연법인세부채	4,000

당연도 법인세비용차감전순이익에 대하여는 당기법인세 부과액 ₩224,000보다는 법인세비용 ₩212,000이 더 잘 대응되는 비용으로 인식된다.

제3절 법인세회계

이제부터는 본격적으로 법인세회계와 관련된 주요 용어 및 계정과목을 정리하고, 법인세회계를 적용하는 기본 틀을 익힌다.

1. 법인세비용의 산정과정

「기업회계기준서」 제1012호에서는 법인세 측정과 관련된 용어를 다음과 같이 정의하고 있다.

- **회계이익** : 법인세비용 차감 전 회계기간의 손익
- **과세소득(세무상결손금)** : 과세당국이 제정한 법규에 따라 납부할(환급받을) 법인세를 산출하는 대상이 되는 회계기간의 이익(손실)
- **당기법인세** : 회계기간의 과세소득(세무상결손금)에 대하여 납부할(환급받을) 법인세액(주로 미지급법인세 계정으로 나타남)
- **법인세비용(수익)** : 당기법인세 및 이연법인세와 관련하여 당해 회계기간의 손익을 결정하는 데 포함되는 총액(손익계산서 법인세비용)

기업은 결산시 다음과 같은 과정을 통하여 당기법인세, 이연법인세부채와 이연법인세자산을 인식하고 법인세비용을 확정한다.

① 회계처리기준서에 따라 재무회계상 회계이익 산출
② 결산일에 자산부채의 장부금액과 세무기준액을 비교하여 일시적 차이와 영구적 차이의 존재 여부 확인
③ 과세소득 = 회계이익 ± 일시적 차이 ± 기타 비일시적 차이
④ 당기법인세(부담액 : 미지급법인세) = 과세소득 × 당기 법인세율
⑤ 가산할 일시적 차이 × 미래 세율 = 이연법인세부채 (예외사항 유의)
차감할 일시적 차이 × 미래 세율 = 이연법인세자산 (실현가능성 평가)
⑥ 법인세비용 = 당기법인세 − 이연법인세자산 증가액 + 이연법인세부채 증가액,
단, 법인세효과가 자본에 직접 반영된 항목과 관련된 경우 당해 자본항목에 반영

여기서 주목할 것은 **법인세비용**은 당기법인세와 이연법인세자산과 부채가 확정된 후 이 둘에 의하여 결정되는 파생(plug-in)항목이라는 점이다.

2. 당기법인세부채와 당기법인세자산

당기법인세부채와 당기법인세자산은 당기에 발생한 법인세 관련 부채 및 자산이다. 일반적으로 **당기법인세부채**(current tax liabilities)는 미지급법인세가 대부분이며, **당기법인세자산**(current tax assets)은 대개 환급을 받을 수 있는 미수법인세 등을 의미한다. 예를 들면, 전기 이전의 기간과 관련된 법인세부담액 또는 환급액, 세무상 결손금과 관련된 혜택 등이 있다. 당기법인세자산은 당해 혜택이 기업으로 유입될 가능성이 높고 이를 신뢰성 있게 측정할 수 있는 경우에 자산으로 인식한다.

3. 이연법인세부채

회계상 자산은 그 장부금액이 미래에 경제적 효익의 형태로 기업에 유입된다고 판단되었을 때 인식된다. 만일 자산의 장부금액이 세무기준액보다 크다면 미래에 과세될 경제적 효익이 세무상 손금으로 차감될 금액을 초과하게 된다. 이때의 차이가 가산할 일시적 차이이며 그로 인하여 미래에 납부하게 될 법인세 의무가 **이연법인세부채**이다. 회사가 당해 자산을 경제적 효익의 형태로 회수하면, 가산할 일시적 차이가 소멸되고 과세소득이 발생하며, 결과적으로 법인세 납부의 형태로 회사로부터 경제적 효익이 유출된다. 그러므로 일부 예외 상황을 제외하고는 모든 가산할 일시적 차이에 대하여 이연법인세부채를 인식하여야 한다.[6)]

4. 이연법인세자산

회계상 부채는 미래에 경제적 자원의 유출에 의해 장부금액이 상환된다고 판단될 때 인식된다. 이때 유출되는 자원의 일부 또는 전체 금액이 부채가 인식되는 기간 이후의 기간에 과세소득 계산에서 차감될 수도 있다. 이러한 경우에 부채의 장부금액과 세무기준액 간에 일시적 차이가 발생하게 되며, 그 일시적 차이에 대하여 **이연법인세자산**을 인

---

6) 원칙적으로 모든 가산할 일시적 차이에 대하여 이연법인세부채를 인식한다. 다만 다음의 경우에는 이연법인세부채를 인식하지 아니한다.
① 영업권을 최초로 인식할 때
② 자산 또는 부채가 최초로 인식되는 거래가
(가) 사업결합거래가 아니고,
(나) 거래 당시 회계이익이나 과세소득(세무상결손금)에 영향을 미치지 아니한다.
그러나 종속기업, 지점 및 관계기업에 대한 투자자산 그리고 조인트벤처 투자지분과 관련된 가산할 일시적 차이에 대하여는 이연법인세부채를 인식한다.

식하여야 한다. 또한 자산의 장부금액이 세무기준액보다 작은 경우에는 미래기간에 절감될 당기법인세와 관련하여 이연법인세자산을 인식하여야 한다.7)

5. 적용 세율

이연법인세부채 · 자산은 일시적 차이에 세율을 곱하여 계산한다. 이때 이연법인세부채와 자산은 미래에 실현될 것이기 때문에 현재의 세율이 아니라 **미래에 예상되는 세율로 측정**하여야 한다. 따라서 이연법인세부채 및 자산은 보고기간말까지 제정되었거나 실질적으로 제정된 세율(및 세법)에 근거하여 관련 자산이 실현되거나 부채가 결제될 회계기간에 적용될 것으로 기대되는 세율을 사용하여 측정한다.8)

① 가산할 일시적 차이 × 미래 세율 = 이연법인세부채
② 차감할 일시적 차이 × 미래 세율 = 이연법인세자산

이연법인세부채 및 자산을 측정할 때에는 보고기간말에 기업이 관련 자산과 부채의 장부금액을 회수하거나 결제할 것으로 예상되는 방식에 따른 세효과를 반영하여야 한다. 회사가 자산(부채)의 장부금액을 회수(상환)하는 방식에 따라 다음 중 하나 또는 모두에 영향을 줄 수도 있다.

① 기업이 자산(부채)의 장부금액을 회수(결제)하는 시점에 적용되는 세율
② 자산(부채)의 세무기준액

이러한 경우에는 기대되는 회수 또는 결제 방식과 일관성 있는 세율과 세무기준액을 사용하여 이연법인세부채 및 이연법인세자산을 측정한다.9)

---

7) 원칙적으로 차감할 일시적 차이가 사용될 수 있는 가능성이 높은 경우에(제4절 1.에서 설명한다), 모든 차감할 일시적 차이에 대하여 이연법인세자산을 인식한다. 다만, 다음에 모두 해당하는 거래에서 자산이나 부채를 최초로 인식할 때 생기는 이연법인세자산은 인식하지 아니한다.
① 사업결합이 아니다.
② 거래 당시 회계이익과 과세소득(세무상결손금)에 영향을 미치지 않는다.
③ 거래 당시 동일한 금액으로 가산할 일시적 차이와 차감할 일시적 차이가 생기지는 않는다.
그러나 종속기업, 지점 및 관계기업에 대한 투자자산 그리고 공동약정 투자지분과 관련된 차감할 일시적 차이에 대하여는 이연법인세자산을 인식한다.

8) 과세소득의 수준에 따라 적용되는 세율이 다른 경우에는(예 누진세율구조) 일시적 차이가 소멸될 것으로 예상되는 기간의 과세소득(또는 세무상결손금)에 적용될 것으로 기대되는 평균세율을 사용하여 이연법인세자산과 부채를 측정한다.

9) 예를 들어, 어느 자산의 장부금액은 100원이고 세무기준액은 60원인데 이 자산의 처분이익에 대하여는 20%, 계속사용에 따른 이익에 대하여는 30%의 세율이 적용된다고 하자. 기업이 당해 자산을 더

다음 <예제 2>를 통하여 이연법인세부채와 이연법인세자산의 인식과 측정에 대하여 살펴보자.

예제 2

<예제 1> 한솔㈜에서 20×5년의 일시적 차이는 20×6년에 모두 소멸된다. 20×6년도 법인세비용차감전이익이 ₩900,000이며 20×5년도의 일시적 차이 이외에는 다른 조정사항은 없다. 여기서 이연법인세부채 및 자산의 상계요건을 충족하지 않는 것으로 가정한다.

1. 20×5년의 법인세율은 20%이지만 20×6년 법인세율은 25%로 가정하는 경우, 20×5년 말 이연법인세부채 및 이연법인세자산을 구하라.
2. 20×5년과 20×6년의 이연법인세 관련 분개를 하라.
3. 손익계산서에서 법인세 관련 부분을 공시하라.

해 답

1. 다음과 같은 단계로 20×5년 이연법인세부채 또는 자산을 구한다.
   1) 20×5년 당기법인세 ₩224,000(<예제 1> 참조)
   2) 차감할 일시적 차이 : ₩80,000(금융자산(FVPL)평가손실, 제품보증비용)
      가산할 일시적 차이 : ₩20,000(미수이자수익)
   3) 이연법인세자산 = 차감할 일시적 차이 × 세율 = ₩80,000 × 25% = ₩20,000
      이연법인세부채 = 가산할 일시적 차이 × 세율 = ₩20,000 × 25% = ₩5,000
   4) 법인세비용 = 당기법인세 − 이연법인세자산 증가액 + 이연법인세부채 증가액
      = ₩224,000 − 20,000 + 5,000 = ₩209,000

   20×6년 말에는 20×5년의 일시적 차이가 모두 소멸되고, 20×6년 중 다른 조정사항은 없으므로 남아있는 일시적 차이는 없다. 따라서 이연법인세자산 및 부채의 가액은 ₩0이다.

2. 다음과 같은 분개가 이루어진다.

• 20×5년도 말

(차)	법인세비용(당기법인세)	224,000	(대)	미지급법인세	224,000
	이연법인세자산	20,000		법인세비용	20,000
	법인세비용	5,000		이연법인세부채	5,000

• 20×6년도 말

(차)	법인세비용(당기법인세)*	210,000	(대)	미지급법인세	210,000
	법인세비용	20,000		이연법인세자산**	20,000
	이연법인세부채**	5,000		법인세비용	5,000

* 20×6년 당기법인세 = (₩900,000 − 80,000+20,000) × 25% = ₩210,000(미지급법인세)

이상 사용하지 않고 매각할 계획이면 8원(40원의 20%)의 이연법인세부채를 계상하고, 계속 보유하면서 사용을 통하여 자산을 회수할 계획이면 12원(40원의 30%)을 이연법인세부채로 계상한다.

** 20×6년 말 이연법인세자산 및 부채의 가액은 0이므로 20×5년 말 이연법인세자산 및 부채 금액을 전액 제거한다.

3. 손익계산서 공시

	20×5	20×6
법인세비용차감전이익	₩1,000,000	₩900,000
당기법인세 부담액	₩224,000	₩210,000
(−) 일시적 차이로 인한 이연법인세자산의 증가	(20,000)	20,000
(+) 일시적 차이로 인한 이연법인세부채의 증가	5,000	(5,000)
당기법인세비용	₩209,000	₩225,000
당기순이익	₩791,000	₩675,000

일시적 차이는 미래 여러 기간에 걸쳐서 해소될 수 있다. 만일 미래의 법인세율이 변하지 않는 경우 일시적 차이의 법인세효과를 계산하기 위하여 일시적 차이의 총액에 평균세율을 곱하여 이연법인세자산 및 부채를 계산할 수 있다. 그러나 미래 법인세율이 기간마다 다를 경우에는 항목별로 일시적 차이에 일시적 차이가 소멸될 것으로 예상되는 기간의 평균세율을 곱한 후 항목별 법인세효과를 합계한 금액으로 구해야 정확한 금액을 산정할 수 있다. 다음 <예제 3>을 통해 학습해보자.

예제 3

한솔㈜의 20×5년 법인세비용차감전순이익은 ₩1,000,000이며, 세무조정사항은 다음과 같다. 차감할 일시적 차이의 실현가능성은 거의 확실하다고 가정한다. 이연법인세부채 및 자산은 상계하지 아니한다.

(1) 금융자산(FVPL)평가손실 ₩20,000
(2) 제품보증비용 ₩60,000
(3) 미수이자수익 ₩20,000
(4) 전세금에 대한 간주익금 ₩50,000
(5) 접대비 한도초과액 ₩30,000
(6) 과오납금의 환급이자 ₩20,000

과거연도에서 발생된 일시적 차이는 없으며, 20×5년의 세무조정항목 중 일시적 차이들을 해소시기별로 분석한 결과는 다음과 같다. 20×5~20×8년도의 법인세율은 20%이다.

	20×6	20×7	20×8	계
금융자산(FVPL)평가손실	₩(20,000)			₩(20,000)
제품보증비용	(20,000)	₩(20,000)	₩(20,000)	(60,000)
미수이자수익	20,000			20,000
계	₩(20,000)	₩(20,000)	₩(20,000)	₩(60,000)

1. 20×5년의 당기법인세 부담액을 계산하라.
2. 일시적 차이를 20×5년 이후의 과세소득에 차감하는 항목과 가산하는 항목으로 구분하여 이연법인세자산과 이연법인세부채를 계산하고, 20×5년 말의 필요한 분개를 하라.
3. 만일 20×8년도 이후 법인세율이 18%로 하락할 경우, 20×5년 말의 이연법인세부채와 이연법인세자산을 계산하고 필요한 분개를 하라.

해 답

1. 20×5년의 당기법인세 부담액을 계산하면 다음과 같다.

구 분	세 무 조 정	
	차이	차이의 구분
Ⅰ. 법인세비용차감전순이익*	₩1,000,000	
Ⅱ. 익금산입 및 손금불산입		
1. 금융자산(FVPL)평가손실	₩20,000	차감할 일시적 차이
2. 제품보증비용	60,000	차감할 일시적 차이
3. 전세금에 대한 간주익금	50,000	영구적 차이
4. 접대비 한도초과액	30,000	영구적 차이
Ⅲ. 손금산입 및 익금불산입		
1. 미수이자수익	(20,000)	가산할 일시적 차이
2. 과오납금의 환급이자	(20,000)	영구적 차이
Ⅳ. 세무조정 소계	₩120,000	
Ⅴ. 과세소득	₩1,120,000	
법인세율	20%	
Ⅵ. 당기법인세(부담액)	₩224,000	

* 포괄손익계산서상 법인세차감전순이익

2. 일시적 차이 중에서 20×5년 이후의 과세소득에 차감하는 항목과 가산하는 항목으로 구분하여 이연법인세부채와 이연법인세자산을 계산하면 다음과 같다.

20×5년 이후의 과세소득에 차감하는 항목		20×5년 이후의 과세소득에 가산하는 항목	
1. 금융자산(FVPL)평가손실	₩20,000	1. 미수이자수익	₩20,000
2. 제품보증비용	60,000		
계	₩80,000	계	₩20,000
법인세율	20%	법인세율	20%
이연법인세자산	₩16,000	이연법인세부채	₩4,000

이와 같이 이연법인세부채 · 자산을 계산한 경우에 20×5년 말의 분개는 다음과 같이 할 수 있다. 여기서 한편, 법인세비용은 당기법인세와 이연법인세부채/자산의 차이에 의하여 계산한다: (₩212,000 = ₩224,000 − 16,000 + 4,000).

(차) 이연법인세자산	16,000*	(대) 미지급법인세	224,000
법인세비용	212,000	이연법인세부채	4,000

* 이연법인세부채 · 자산을 상계한다면, 이연법인세자산에만 12,000 기록된다.

3. 20×8년도 이후 법인세율이 18%로 하락한다면, 연도별로 일시적 차이를 20×5년 이후의 과세소득에 차감하는 항목과 가산하는 항목으로 구분하여 이연법인세부채와 이연법인세자산을 다음과 같이 계산하여야 한다.

연도		20×5	20×6	20×7	20×8
법인세율		설정	20%	20%	18%
차감할 차이	금융자산평가손실	₩(20,000)	₩(20,000)		
	제품보증비용	(60,000)	(20,000)	₩(20,000)	₩(20,000)
	이연법인세자산	₩15,600	₩8,000	₩4,000	₩3,600
가산할 차이	미수이자수익	₩20,000	₩20,000		
	이연법인세부채	₩4,000	₩4,000		

이와 같이 이연법인세부채 · 자산을 계산한 경우에 20×5년 말의 분개는 다음과 같이 할 수 있다.

(차) 이연법인세자산	15,600	(대) 미지급법인세	224,000
법인세비용	212,400	이연법인세부채	4,000

제4절 추가고려사항

이번 절에서는 이연법인세자산 및 이연법인세부채를 측정할 때 세부적으로 고려해야 하는 사항에 대해서 살펴본다.

1. 이연법인세자산의 인식에 대한 검토

차감할 일시적 차이는 미래 회계기간에 과세소득에서 차감되는 형태로 소멸된다. 그러나 법인세납부액이 감소되는 형태의 경제적 효익은 차감할 일시적 차이가 상쇄될 수 있는 충분한 과세소득을 획득할 수 있는 경우에만 기업에 유입될 것이다. 따라서 이연법인세자산은 **차감할 일시적 차이가 사용될 수 있는 가능성이 높은 경우에만** 인식한다.

차감할 일시적 차이가 사용될 수 있는 가능성이 높은 경우는 두 가지로 나눌 수 있다. 첫째, 동일 과세당국과 동일 과세대상기업과 관련하여 차감할 일시적 차이의 소멸이 예상되는 기간과 동일한 회계기간에 소멸이 될 가능성이 충분한 가산할 일시적 차이가 있을 때다.

둘째, 동일 과세당국과 동일 과세대상기업에 관련된 가산할 일시적 차이가 충분하지 않다면, 이연법인세자산은 차감할 일시적 차이가 소멸될 회계기간에 동일 과세당국과 동일 과세대상기업에 충분한 과세소득이 발생할 가능성이 높은 경우에 인식한다.[10)]

다음 <예제 4>는 이연법인세자산의 인식한도에 대하여 설명하고 있다.

예제 4

두송㈜는 20×5년에 미래과세소득에서 차감할 일시적 차이 ₩90,000이 발생하였으며, 이 차이는 다음과 같이 해소될 예정이다.

20×6	20×7	20×8
₩20,000	₩30,000	₩40,000

두송㈜의 20×6년부터 20×8년까지 기간별 예상과세소득의 금액은 다음과 같으며, 이후 연도의 일시적 차이는 없는 것으로 가정한다. 20×5년도 법인세율은 20%이다.

구 분	20×6	20×7	20×8
예상 과세소득	₩20,000	₩40,000	₩30,000

1. 두송㈜의 실현가능한 차감할 일시적 차이를 계산하라.
2. 향후 법인세율은 20%로 변화가 없다고 가정할 경우, 두송㈜가 20×5년 재무상태표에 계상할 이연법인세자산 · 부채를 계산하라.
3. 향후 법인세율이 다음과 같이 하락이 예고되었다고 가정할 경우, 두송㈜가 20×5년 재무상태표에 계상할 이연법인세자산 · 부채를 계산하라.

구 분	20×6	20×7	20×8
예상 법인세율	19%	18%	17%

10) 발생된 차감할 일시적 차이 및 미래 발생할 것으로 예상되는 차감할 일시적 차이를 차감하기 전 과세소득을 고려한다. 또한 세무정책으로 적절한 기간에 과세소득을 창출할 경우에도 충분한 과세소득이 발생한 경우라고 볼 수 있다.

해 답

1. 실현가능한 차감할 일시적 차이의 계산

구 분	20×6	20×7	20×8
차감할 일시적 차이	₩20,000	₩30,000	₩40,000
예상과세소득 (상한)	20,000	40,000	30,000
실현가능한 차감할 일시적 차이	₩20,000	₩30,000	₩30,000

2. 이연법인세의 계산 (법인세율이 20%로 고정된 경우)

구 분	20×6	20×7	20×8
실현가능한 차감할 일시적 차이	₩20,000	₩30,000	₩30,000
미래 법인세율	20%	20%	20%
실현가능한 이연법인세자산	₩4,000	₩6,000	₩6,000

따라서 20×5년 재무상태표에 계상할 이연법인세자산은 ₩16,000이다.

3. 이연법인세의 계산 (법인세율이 하락하는 경우)

구 분	20×6	20×7	20×8
실현가능한 차감할 일시적 차이	₩20,000	₩30,000	₩30,000
미래 법인세율	19%	18%	17%
실현가능한 이연법인세자산	₩3,800	₩5,400	₩5,100

따라서 20×5년 재무상태표에 계상할 이연법인세자산은 ₩14,300이다.

이연법인세자산의 장부금액은 매 보고기간말에 검토한다. 이연법인세자산의 일부 또는 전부에 대한 혜택이 사용되기에 충분한 과세소득이 발생할 가능성이 더 이상 높지 않다면 이연법인세자산의 장부금액을 감액시킨다. 감액된 금액은 사용되기에 충분한 과세소득이 발생할 가능성이 높아지면 그 범위 내에서 환입한다.

뿐만 아니라, 매 보고기간 말에 인식되지 않은 이연법인세자산도 주기적으로 재검토하여야 한다. 미래 과세소득에 의해 이연법인세자산이 회수될 가능성이 높아진 범위까지 과거 인식되지 않은 이연법인세자산을 인식한다. 예를 들어, 거래조건이 개선되어 이연법인세자산의 인식조건을 충족하도록 미래 충분한 과세소득을 창출할 가능성이 더 높아질 수 있다. 또 다른 예로는 기업이 사업결합일 또는 그 이후 시점에 이연법인세자산에 대하여 재검토할 수 있다. 따라서 이연법인세자산의 회수가능성에 대한 판단이 변경되는 경우, 관련된 일시적 차이 금액에 변동이 없더라도 이연법인세자산의 장부금액은 변경될 수 있다.

한편, 관련된 일시적 차이 금액에 변동 없이도 이연법인세자산 및 부채의 장부금액이 변동될 수 있는 그 밖의 사유는 아래와 같다. 이는 이연법인세자산 및 부채의 산정과정에서 고려되는 요소들이 변경될 경우에 해당된다.

① 세율이나 세법이 변경되는 경우
② 예상되는 자산의 회수방법이 변경되는 경우

2. 이연법인세자산 및 부채의 측정 및 보고

이연법인세자산 및 부채는 **현재가치로 평가하지 않는다**. 그 이유는 이연법인세자산과 부채를 신뢰성 있게 현재가치로 할인하기 위해서는 각 일시적 차이의 소멸시점을 상세히 추정하여야 하는데, 많은 경우 소멸 시점을 실무적으로 추정할 수 없거나 추정이 매우 복잡하기 때문이다. 따라서 이연법인세자산과 부채를 할인하도록 하는 것은 적절하지 않다. 또한 할인을 허용한다면 기업간 이연법인세자산과 부채의 비교가능성이 저해될 것이다. 따라서 기업회계기준서에서는 이연법인세자산과 부채를 할인하지 않도록 하였다.

이연법인세자산 및 부채는 그 실현 시기를 합리적으로 예측하기 어렵기 때문에 전액 **비유동자산 또는 부채로 보고**한다.

이연법인세자산과 이연법인세부채는 다음의 조건을 모두 충족하는 경우에만 상계하여 보고한다.

① 기업이 당기법인세자산과 당기법인세부채를 상계할 수 있는 법적으로 집행가능한 권리를 가지고 있다.
② 이연법인세자산과 이연법인세부채가 다음의 각 경우에 동일한 과세당국에 의해서 부과되는 법인세와 관련되어 있다.
  (가) 과세대상기업이 동일한 경우
  (나) 과세대상기업은 다르지만 당기법인세자산과 부채를 순액으로 결제하거나, 이연법인세자산을 실현하는 동시에 이연법인세부채를 결제할 의도가 있는 경우

기업회계기준서에서는 위의 조건을 모두 충족하는 경우에만 상계를 허용하고 있는데, 이는 각 일시적 차이가 소멸하는 시점을 상세하게 추정하지 않도록 하기 위함이다. 상계하지 않는 경우와 상계하는 경우를 비교하기 위하여 <예제 2>를 상계하여 처리하는 경우로 바꾸어 <예제 5>를 보도록 하자.

예제 5

모든 상황은 <예제 2>와 동일하다. 다만 이연법인세자산 및 부채의 상계요건을 충족하는 것으로 가정한다.

1. 20×5년 말 이연법인세부채 또는 자산을 구하라.
2. 20×5년과 20×6년의 이연법인세 관련 분개를 하라.

해 답

1. 다음과 같은 단계로 이연법인세부채 또는 자산을 구한다.
   1) 20×5년 당기법인세 부담액 ₩224,000(<예제 1> 참조)
   2) 차감할 일시적 차이 : ₩80,000(금융자산(FVPL)평가손실, 제품보증비용)
      가산할 일시적 차이 : ₩20,000(미수이자수익)

      차감할 일시적 차이 : ₩60,000(순액)
   3) 이연법인세자산 = 차감할 일시적 차이 × 세율 = ₩60,000 × 25% = ₩15,000
   4) 법인세비용 = 당기법인세 − 이연법인세자산 증가액
      = ₩224,000 − 15,000 = ₩209,000

2. 다음과 같은 분개가 이루어진다.

• 20×5년도 말

(차)	법인세비용(당기법인세)	224,000	(대) 미지급법인세	224,000
	이연법인세자산	15,000	법인세비용	15,000

• 20×6년도 말

(차)	법인세비용(당기법인세)*	210,000	(대) 미지급법인세	210,000
	법인세비용	15,000	이연법인세자산	15,000

* 20×6년 당기법인세 = (₩900,000 − 60,000) × 25% = ₩210,000(미지급법인세)

3. 이월결손금과 이월세액공제가 있는 경우

법인세는 법인의 소득에 대하여 부과된다. 그러나 법인이 손실을 보고하게 되면 손실에 대한 세금은 환급해주지 않는다. 대신 당기의 손실을 미래로 이월하여 미래 소득에서 차감하는 형태로 세금을 줄여주게 된다. 우리나라의 「법인세법」은 결손이 발생한 기업의 세금부담을 줄여주기 위하여 당해 회계연도에서 발생한 결손금을 결손금 발생연도 후 15년간 이월하여 과세소득에서 공제해 준다.[11)] 그뿐만 아니라 특정 회계연도의

11) 2019년 12월 31일 이전에 개시한 사업연도에서 발생한 결손금은 10년간 이월한다. 결손금이 발생하는 경우 당해 기업이 이미 납부한 법인세를 환급하여 주는 소급공제(loss carryback)와 미래의 과세소득에서 결손금을 차감하여 주는 이월공제(loss carry-forward)가 있다. 일정요건을 충족한 중소기

세액공제금액이 산출세액을 초과하는 경우에 공제받지 못한 미공제세액을 향후 10년간 이월하여 산출세액에서 공제하여 준다.[12)]

이와 같이 우리나라의 세법규정에 의하여 **이월결손금**과 **세액공제의 이월**혜택을 받게 되면 미래기간에 과세소득이 발생할 때 세금을 적게 납부하게 된다. 따라서 이월결손금과 이월세액공제액에 대해서도 이연법인세자산을 인식할 수 있다. 단, 이월된 미사용 세무상결손금과 세액공제로 인한 이연법인세자산의 인식조건도 차감할 일시적 차이로 인한 이연법인세자산의 인식조건과 동일하다. 즉, 이월결손금과 이월세액공제액을 사용할 수 있을 만큼 충분한 미래 과세소득이 발생할 것으로 예상되는 경우에 관련 이연법인세자산을 인식할 수 있다.

그러나 미사용 세무상결손금이 존재한다는 것은 미래 과세소득이 발생하지 않을 수 있다는 강한 증거가 된다. 따라서 기업이 최근 결손금 이력이 있는 경우, 가산할 일시적 차이가 충분히 있거나 미사용 세무상결손금 또는 세액공제가 사용될 수 있는 충분한 **미래 과세소득이 발생할 것이라는 설득력 있는 기타 증거가 있는 경우**에만 그 범위 안에서 미사용 세무상결손금과 세액공제로 인한 이연법인세자산을 인식한다. 이러한 경우에는 이연법인세자산의 금액과 이를 인식하는 근거가 된 증거의 내용을 주석으로 공시한다.

구체적으로, 미사용 세무상결손금 또는 세액공제가 사용될 수 있는 과세소득의 발생 가능성을 검토할 때 다음의 판단기준을 고려한다.

① 동일 과세당국과 동일 과세대상기업에 관련된 가산할 일시적 차이가 미사용 세무상결손금이나 세액공제가 만료되기 전에 충분한 과세대상금액을 발생시키는지의 여부

② 미사용 세무상결손금이나 세액공제가 만료되기 전에 과세소득이 발생할 가능성이 높은지의 여부

③ 미사용 세무상결손금이 다시 발생할 가능성이 없는 식별가능한 원인으로부터 발생하였는지의 여부

④ 미사용 세무상결손금이나 세액공제가 사용될 수 있는 기간에 과세소득을 창출할 수 있는 세무정책을 이용할 수 있는지의 여부

이상의 내용을 요약하면, **이연법인세자산 및 부채의 인식 대상이 되는 것은 회계이익과 과세소득 간의 차이 중 일시적 차이, 이월결손금 및 이월세액공제**이다.[13)]

업에 한하여 결손금 발생시 1년 전에 납부한 법인세를 환급해 주는 소급공제가 시행되고 있다.

12) 「법인세법」에서 외국납부세액과 「조세특례제한법」에서 각종 세액공제의 이월공제기간은 모두 10년이다.

13) 이외에도 법인세기간배분의 대상이 되는 것으로 자본항목과 관련된 차이가 있다. 이는 법인세기간내 배분에서 다룰 것이다.

이제 이월결손금 및 세액공제가 존재하는 경우를 예제를 통하여 살펴보자.

예제 6

<예제 3>에서 다음 결손금 및 세액공제에 관련된 사항을 제외하고는 동일하다고 가정하자. 한솔㈜는 20×4년에 결손이 ₩200,000 발생하였고, 「조세특례제한법」에 의한 세액공제 금액이 ₩10,000 발생하였으나 당기의 결손으로 인해 이월하였다.

1. 20×4년도 말 결산시, 결손금과 세액공제의 이월공제를 통한 법인세혜택의 실현이 확실하다고 판단한 것으로 가정하고, 20×4년과 20×5년의 분개를 하라.
2. 20×4년도 말 결산시, 결손금과 세액공제의 이월공제를 통한 법인세혜택의 실현이 불확실하다고 판단한 것으로 가정하고, 20×4년과 20×5년의 분개를 하라.

단, 20×5년 이후에는 불확실성이 해소되어, 차감할 일시적 차이를 해소할 수 있는 충분한 과세소득이 발생한 것으로 가정한다.

해 답

20×5년의 당기법인세 부담액을 계산하면 다음과 같다.

구 분	세무조정	
	차이	차이의 구분
Ⅰ. 법인세비용차감전순이익*	₩1,000,000	
Ⅱ. 익금산입 및 손금불산입		
1. 금융자산(FVPL)평가손실	₩20,000	차감할 일시적 차이
2. 제품보증비용	60,000	차감할 일시적 차이
3. 전세금에 대한 간주익금	50,000	영구적 차이
4. 접대비 한도초과액	30,000	영구적 차이
Ⅲ. 손금산입 및 익금불산입		
1. 미수이자수익	(20,000)	가산할 일시적 차이
2. 과오납금의 환급이자	(20,000)	영구적 차이
Ⅳ. 세무조정 소계	₩120,000	
Ⅴ. 과세소득	₩1,120,000	
이월결손금공제	(200,000)	
Ⅵ. 과세표준	₩920,000	
법인세율	20%	
Ⅶ. 산출세액	₩184,000	
이월세액공제	(10,000)	
Ⅷ. 결정세액(당기법인세 부담액)	₩174,000	

* 포괄손익계산서상 법인세비용차감전순이익임.

1. 결손금과 세액공제의 이월공제로 인한 법인세혜택의 실현이 확실한 경우의 회계처리는 다음과 같다.

• 20×4년

(차) 이연법인세자산	50,000*	(대) 법인세비용	50,000

* ₩200,000 × 20% + ₩10,000 = ₩50,000

• 20×5년

(차) 이연법인세자산	16,000	(대) 미지급법인세	174,000
법인세비용	212,000	이연법인세자산	50,000
		이연법인세부채	4,000

20×5년도 이연법인세자산을 순액으로 표시하여 다음과 같이 분개할 수 있다.

(차) 법인세비용	212,000	(대) 미지급법인세	174,000
		이연법인세자산	34,000
		이연법인세부채	4,000

2. 결손금과 세액공제의 이월공제를 통한 법인세혜택의 실현이 불확실한 경우의 회계처리는 다음과 같다.

• 20×4년

분개 없음(실현이 불확실하여 이연법인세자산 미계상)

• 20×5년

(차) 법인세비용	162,000	(대) 미지급법인세	174,000
이연법인세자산	16,000	이연법인세부채	4,000

4. 다년도 이연법인세 계산 종합 사례

이연법인세자산 및 부채는 설정 후, 미래기간에 소멸되고, 또 다시 발생하기를 반복한다. 이제 다년간의 사례를 통하여 종합적으로 이연법인세에 대한 종합 사례를 살펴보도록 하자.

예제 7

두솔㈜의 20×5년과 20×6년 법인세비용차감전순이익은 각각 ₩1,000,000, ₩1,200,000이며, 각 연도에 다음과 같은 차이가 발생하였다. 과거년도에서 발생된 일시적 차이는 없으며, 향후 상당한 이익이 예상된다. 20×5년도부터 20×7년까지 법인세율은 25%이었는데, 20×6년도에 20×8년도부터 세율이 22%로 인하된다는 법령이 예고되었다.

(1) 20×5년도 당사 보유 금융자산(FVPL) ₩200,000에 대하여 평가손실이 ₩20,000 발생하였는데, 20×6년도 전액 처분되었다.

(2) 20×5년도에 세법의 한도를 초과한 퇴직급여가 ₩80,000 발생하였는데, 이는 20×6년과 20×7년에 절반씩 손금으로 추인되었다.

(3) 20×5년도에 발생한 미수이자 ₩12,000을 인식하였는데, 다음 연도에 당해 이자를 모두 수령하였다.

(4) 20×5년과 20×6년에 세법의 한도를 초과한 접대비가 각각 ₩30,000, ₩20,000 발생하였다.

(5) 20×6년 말 향후 3년간 임차료 ₩90,000를 선급하였는데, 다음 년도부터 3년간 균등하게 비용으로 인식된다.

1. 위 조정항목들을 이용하여 20×5년과 20×6년도의 법인세부담액을 계산하라.
2. 20×5년도 말과 20×6년도 말 일시적 차이의 소멸 일정을 보이고, 이연법인세자산 및 부채를 계산하라.
3. 20×5년도와 20×6년도 말에 행하여야 할 분개를 하라.

해 답

1. 20×5년과 20×6년도의 법인세부담액을 계산하면 다음과 같다.

항 목		20×5		20×6	
법인세차감전순이익			₩1,000,000		₩1,200,000
가산조정	금융자산평가손실	₩20,000			
	퇴직급여초과액	80,000			
	미수이자			₩12,000	
	접대비초과액	30,000		20,000	
	가산조정 합계		130,000		32,000
차감조정	금융자산평가손실			(20,000)	
	퇴직급여초과액			(40,000)	
	미수이자	(12,000)			
	선급임차료			(90,000)	
	차감조정 합계		(12,000)		(150,000)
과세소득			1,118,000		1,082,000
세율			25%		25%
결정세액(당기법인세 부담액)			279,500		270,500

2. 20×5년도 말의 일시적 차이의 소멸 일정 및 이에 근거한 이연법인세자산 및 부채의 계산 내역은 아래와 같다.

항 목		20×5	소멸일정	
			20×6	20×7
			25%	25%
차감할 일시적 차이	금융자산평가손실	₩20,000	₩(20,000)	
	퇴직급여초과액	80,000	(40,000)	₩(40,000)
20×5 이연법인세자산		25,000	(15,000)	(10,000)
가산할 일시적 차이	미수이자	(12,000)	12,000	
20×5 이연법인세부채		(3,000)	3,000	

20×6년도 말의 일시적 차이의 소멸 일정 및 이에 근거한 이연법인세자산 및 부채의 계산 내역은 아래와 같다.

항 목		20×6	소멸일정	
			20×7	20×8년 이후
			25%	22%
차감할 일시적 차이	퇴직급여초과액	₩40,000	₩(40,000)	
20×6 이연법인세자산		10,000	(10,000)	
가산할 일시적 차이	선급임차료	(90,000)	30,000	₩60,000
20×6 이연법인세부채		(20,700)	7,500	13,200

3. 20×5년도와 20×6년도 말 다음과 같은 분개가 필요하다.
향후 상당한 이익이 예상되기 때문에 이연법인세자산을 인식하여도 무방하다.
20×5년도 말 다음과 같은 분개가 이루어진다.

(차) 이연법인세자산	25,000	(대) 미지급법인세	279,500
법인세비용	257,500	이연법인세부채	3,000

20×6년 말에는 다음과 같은 분개가 이루어진다.

(차) 법인세비용	303,200	(대) 미지급법인세	270,500
		이연법인세자산	15,000*
		이연법인세부채	17,700**

* 20×6년 말 이연법인세자산 ₩10,000 − 20×5년 말 이연법인세자산 ₩25,000 = (−)15,000

** 20×6년 말 이연법인세부채 ₩20,700 − 20×5년 말 이연법인세부채 ₩3,000 = 17,700

제5절 법인세효과의 기간 내 배분

법인세회계에서는 법인세비용을 이연법인세자산 및 부채를 통해 기간별로 배분을 한 후, 당기 비용으로 계상한 법인세비용을 당해 기간 내에서 계정과목별로 배분하는 과정을 거친다. 이를 **법인세효과의 기간 내 배분**이라고 한다. 법인세효과의 기간 내 배분은 포괄손익계산서 내에서의 배분과 재무상태표로의 배분 두 가지로 나뉜다.

1. 포괄손익계산서상의 기간 내 배분

포괄손익계산서상의 **법인세효과 기간 내 배분**은 포괄손익계산서의 표시방법과 밀접한 관련이 있다.「기업회계기준서」제1012호에서는 계속영업손익과 관련된 법인세비용(수익)을 포괄손익계산서에 표시하도록 되어 있다. 이는 계속영업손익이 0원인 경우에도 일시적 차이 등에 따라서 법인세비용이나 법인세비용 감소분이 계속영업손익에 대응할 수 있는 상황에 대하여 보다 잘 설명할 수 있는 방법이다. 반면, 중단영업손익과 관련된 법인세비용(법인세비용감소분)은 해당 손익에 직접 차감(가산)한 후 해당 손익항목을 법인세비용차감(가산) 후 금액으로 표시할 수 있다. 기타포괄손익에 대하여도 이를 구분하여 해당 손익항목을 법인세비용차감(가산) 후 금액으로 기재할 수 있다.[14] 따라서 포괄손익계산서에 계속영업손익, 중단영업손익, 기타포괄손익이 모두 표시되는 경우, 해당 계정과목과 관련된 법인세비용을 배분하는 절차가 필요하다.

예를 들어, 포괄손익계산서에서 기타포괄손익에 포함되는 항목으로서 **금융자산(FVOCI) 평가손익**에 대한 법인세효과를 순액으로 반영하는 경우를 생각해보자. 취득원가가 ₩1,000인 금융자산(FVOCI)이 ₩1,300으로 상승하였다면 다음과 같은 분개가 이루어진다.

(차) 금융자산(FVOCI) 300 (대) 금융자산(FVOCI)평가이익 300

법인세율이 20%일 경우, 평가이익에 대한 법인세 ₩60은 가산할 일시적 차이로서 다음과 같이 이연법인세부채가 인식되어야 하며, 이 법인세는 기타포괄손익항목인 금융자산(FVOCI)평가이익에서 차감된다.

---

14) 중단영업손익과 기타포괄손익에 대한 법인세는 각각 항목별로 관련 법인세효과를 차감한 순액으로 표시할 수도 있고, 각 항목과 관련된 법인세효과 반영 전 금액으로 표시하고, 각 항목들에 관련된 법인세효과는 단일 금액으로 합산하여 표시할 수도 있다.

(차) 금융자산(FVOCI)평가이익	60	(대) 이연법인세부채	60

다음 연도에 본 금융자산(FVOCI)이 ₩1,500에 처분하였다면 관련 이연법인세부채의 제거를 포함한 다음과 같은 분개가 이루어진다.

(차) 현　　금	1,500	(대) 금융자산(FVOCI)	1,300
금융자산(FVOCI)평가이익	240	금융자산(FVOCI)처분이익	500
이연법인세부채	60		

처분연도에 본 금융자산(FVOCI)의 처분이익 ₩500에 대하여 법인세 ₩100를 납부할 때에는 다음과 같은 분개가 이루어진다.

(차) 법인세비용	100	(대) 미지급법인세	100

예제 8

어드밴스㈜의 20×5년도 손익계산서는 다음과 같다. 여기에 보고되지 아니한 금융자산(FVOCI)평가이익(기타포괄이익)이 ₩20,000(세전금액)이 존재한다. 어드밴스㈜의 유효법인세율은 30%라고 가정한다. 그리고 회계기간은 1월 1일부터 12월 31일까지이다.

매 출 액	₩1,000,000
매출원가	(600,000)
매출총이익	400,000
판매비와관리비	(100,000)
영업이익	300,000
금융수익	150,000
금융비용	(250,000)
계속영업이익(세전)	200,000
중단영업손실(세전)	(40,000)
법인세비용차감전순이익	160,000
법인세비용	(48,000)
당기순이익	₩112,000

1. 법인세 기간 내 배분을 하라.
2. 계속 중인 영업활동으로부터 발생하는 세후이익은 얼마인가?
3. 법인세 배분이 이루어진 20×5년의 약식 포괄손익계산서를 작성하라.

해 답

1.

	법인세 배분 전 손익계산		법인세 기간 내 배분		법인세 기간 내 배분 후 손익계산
매 출 액	₩1,000,000				
매출원가	(600,000)				
매출총이익	400,000				
판매비와관리비	(100,000)				
영업이익	300,000				
금융수익	150,000				
금융비용	(250,000)				
계속영업이익	200,000	−	₩60,000(계속영업 법인세비용)		
세후계속영업이익				=	₩140,000
중단영업손실	(40,000)	+	₩12,000(중단영업손실 법인세)	=	(28,000)
법인세비용차감전순이익	160,000				
법인세비용	(48,000)				
당기순이익	₩112,000				₩112,000
기타포괄이익	20,000	−	₩6,000(기타포괄이익 법인세)		14,000
총포괄이익					₩126,000

계속영업이익법인세비용 : ₩200,000 × 0.3 = ₩60,000

중단영업법인세효과 : ₩40,000 × 0.3 = ₩12,000

위에서 보면 종전의 법인세비용 ₩48,000은 계속영업이익에 대한 법인세비용 ₩60,000, 중단영업손실에 대한 법인세수익 ₩12,000으로 배분되었으며, 기타포괄이익은 해당되는 법인세 ₩6,000이 공제된 ₩14,000로 보고되고 있음을 알 수 있다.

2. 계속 중인 영업활동으로부터 발생하는 이익은 계속영업이익으로 ₩140,000(= ₩200,000 − ₩60,000)이다.

3. 이상의 자료를 이용하여 약식 포괄손익계산서를 작성하면 다음과 같다.

포괄손익계산서

20×5년 1월 1일부터 20×5년 12월 31일까지

어드밴스㈜

매 출 액	₩1,000,000
매출원가	(600,000)
매출총이익	400,000
판매비와관리비	(100,000)
영업이익	300,000
금융수익	150,000
금융비용	(250,000)

법인세비용차감전계속영업이익	200,000
계속영업이익법인세비용	(60,000)
계속영업이익	140,000
중단영업손실(법인세효과 : ₩12,000)	(28,000)
당기순이익	₩112,000
기타포괄이익(법인세효과 : ₩6,000)	14,000
총포괄이익	₩126,000

2. 재무상태표상의 기간 내 배분

회계상 대부분의 손익은 포괄손익계산서에 보고되고 과세소득 계산에 포함된다. 그런데 일부 항목들은 회계상 직접 자본잉여금, 자본조정, 기타포괄손익누계액 및 이익잉여금(당기순이익으로 발생한 부분은 제외)으로 보고되지만 세무상으로는 익금 또는 손금으로 분류되어 과세소득에 포함되기도 한다. 이 경우 법인세비용의 기간별 배분을 하더라도 회계이익과 당기법인세비용이 완전히 대응되지 못한다. 이를 해결하기 위해, 재무상태표에 계상되는 자본항목에 대한 법인세효과는 해당 자본항목에서 직접 조정하여 표시한다. 따라서 이 경우에는 법인세 기간 내 배분의 효과가 재무상태표에 나타난다.

「기업회계기준서」는 특정 항목에 대해 법인세효과를 자본계정에 직접 계상하도록 요구하고 있는데 예를 들면 다음과 같다.

① 소급적용되는 회계정책의 변경이나 오류의 수정으로 인한 기초이익잉여금 잔액의 조정

② 복합금융상품의 자본요소에 대한 최초 인식에서 발생하는 금액

추가적으로, 자기주식처분손익은 회계상 자본잉여금으로 보고되지만 세무상으로는 과세소득에 포함되는 항목으로서, 해당 법인세효과를 자본계정에 직접 계상해야 하는 또 다른 예이다. 이러한 항목들은 관련 법인세효과를 직접 가감한 잔액으로 자본에 표시하여야 한다. 자기주식처분이익을 활용한 <예제 9>를 통해 재무상태표상의 법인세 기간 내 배분에 대해 익혀보자.[15)]

15) 복합금융상품의 자본요소에 대한 최초인식에서 발생하는 금액에 대해서는 연습문제로 다룬다.

예제 9

번영㈜의 20×5년도 법인세차감전이익이 ₩1,000이고, 여기에 익금불산입될 금액으로 ₩300(미래에 가산할 일시적 차이)이 포함되어 있다. 또한 자기주식을 ₩1,000에 구입하여 ₩1,500에 처분하였다. 법인세율은 20%라고 가정하자.

1. 위 자료를 토대로 20×5년도 과세소득과 당기법인세를 구하라.
2. 법인세비용의 회계처리에 대한 분개를 하라.
3. 20×5년도 약식 포괄손익계산서 및 재무상태표를 작성하라.

해 답

1. 20×5년도 과세소득과 당기법인세

법인세비용차감전이익은 ₩1,000이지만, 다음과 같이 과세표준은 ₩1,200이 되어 이에 세율 20%를 적용하면, 납부할 당기법인세는 ₩240(=1,200 × 20%)이 된다.

세무 조정		비 고
법인세차감전이익	₩1,000	
익금불산입	(300)	가산할 일시적 차이
자기주식처분이익	500	재무회계상 자본잉여금이지만 세무상 익금
과세소득	₩1,200	
당기법인세	₩240	

2. 이상의 사례에 대한 법인세비용 회계처리를 분개하면 다음과 같다.

① 당기법인세에 대한 분개

(차) 법인세비용 240 (대) 미지급법인세 240

② 기간 간 배분: 일시적 차이에 대한 이연법인세 인식

(차) 법인세비용 60 (대) 이연법인세부채 60*

* ₩300 × 20% = ₩60(가산할 일시적 차이 → 이연법인세부채)

③ 기간 내 배분: 자기주식처분이익은 익금항목이지만 회계상 수익이 아닌 자본항목으로 계상되기 때문에 일시적 차이가 아니다. 그러나 이를 영구적 차이로 보고 아무런 조정을 하지 않으면, 자본잉여금으로 계상된 항목에 대해서 법인세비용을 인식하는 꼴이 된다. 따라서 자본잉여금에 관련된 법인세비용을 비용이 아닌 자본항목에서 직접 차감해주도록 하는 조정을 해야 한다.

(차) 자기주식처분이익 100 (대) 법인세비용 100*

* ₩500 × 20% = ₩100

상기 조정 분개를 통해 자기주식처분이익은 세후금액인 ₩400으로, 법인세비용은 계속영업이익에 대한 20%에 해당하는 ₩200이 된다. 이는 아래 3번 해답에서 확인할 수 있다.

3. 20×5년도 약식 포괄손익계산서 및 재무상태표는 다음과 같다.

포괄손익계산서		재무상태표			
		차 변		대 변	
계속영업이익	1,000				
법인세비용	(200)			이연법인세부채	60
당기순이익	800			자본잉여금:	
				자기주식처분이익	400

<예제 9>에서는 총 법인세비용 ₩300이 같은 기간에 ₩200과 ₩100으로 배분되었다. 구체적으로, 법인세 기간 내 배분의 대상이 된 금액은 ₩300이며, 포괄손익계산서상 법인세비용은 ₩200이고 재무상태표(자본잉여금)에 배분된 법인세비용은 ₩100이다. 이와 같이 법인세 기간 내 배분은 자본에 배분되는 법인세비용을 차감하기 전의 법인세비용을 대상으로 한다.

앞선 설명이나 사례에서는 자본계정에 직접 귀속되는 항목과 관련된 당기법인세와 이연법인세의 크기가 쉽게 결정되었다. 그러나 다음과 같은 사례가 발생하면 관련된 당기법인세와 이연법인세의 크기를 결정하기가 어렵다.

① 과세되었던 과세소득(세무상결손금)의 특정 요소에 대한 적용세율을 결정하는 것이 누진세율 때문에 불가능한 경우

② 세율이나 기타 세법상의 변화가 과거에 자본에 직접 가감된 항목(전부 또는 일부)과 관련된 이연법인세 자산이나 부채에 영향을 미치는 경우

③ 과거에 자본에 직접 가감된 항목(전부 또는 일부)과 관련된 이연법인세자산에 대하여 이연법인세자산으로 인식할지 또는 더 이상 전액 인식할 수 없는지를 결정하는 경우

이러한 경우에는 자본에 가감된 항목과 관련된 당기법인세와 이연법인세는 관련 국가 내 기업의 합리적인 당기법인세와 이연법인세 비율로 배분하거나 또는 상황에 따라 더 적절히 배분할 수 있는 방법에 따른다.

[부록] 법인세회계의 주요 이슈

1. 재무회계와 세무회계 비교

재무회계의 목적은 주로 기업 외부의 이해관계자에게 그들의 경제적 의사결정에 도움이 되는 정보를 제공하는 데 있다. 반면에 **세무회계**의 목적은 국가재정수입의 확보를 위하여 부담능력에 따른 공평과세를 실현하면서, 정확한 과세대상이 되는 소득을 파악하는 데 있다. 재무회계는 「기업회계기준서」와 같이 적절한 회계기준을 적용하는 반면 세무회계는 법인세법과 같은 세법을 적용한다. 이와 같이 재무회계와 세무회계는 그 근본목적이 다르기 때문에 <부록표 1>에 나타난 것과 같이 다양한 측면에서 차이점을 지니고 있다.

부록표 1 재무회계와 세무회계의 비교

구 분	재무회계	세무회계
보고기준	기업회계기준서	법인세법 등
이용자	이해관계자	과세관청
기 능	경제적 의사결정수단	국가의 재정수입 확보수단
기업의 이익계상 유인	과대계상	과소계상
회계정보의 성격	사 적	공 적
회계책임	경영자	소유주 및 경영자

2. 회계이익과 과세소득 차이의 발생원인

재무회계에 따라 산정된 회계이익과 세무회계에 따라 산정된 과세소득 간에 차이를 발생시키는 원인은 다음 다섯 가지로 볼 수 있다.

(1) 조세정책적 목적에 의한 차이

조세정책적 목적에 의한 차이는 정책적 목적을 달성하기 위하여 세법상 경제적 혜택을 주거나 불이익을 부과함으로써 회계이익과 과세소득 간에 차이가 발생된 것을 의미한다. 조세정책적 입법에 의한 차이를 발생시키는 구체적인 경우를 살펴보면 다음과 같다.

첫째, 설비투자나 연구개발을 증대시키기 위해 세무회계에서는 준비금을 손금으로 인정한다. 그러나 재무회계에서는 준비금을 임의적립금(이익잉여금)으로 처리하여 비용으로 인정하지 않기 때문에 차이가 발생한다.

둘째, 접대비 등 소비성 경비나 기부금 등 비생산적 경비의 과다한 지출을 억제하기 위하여 재무회계상 비용이 발생하였음에도 불구하고 일정한 한도를 초과하는 금액은 세무회계에서는 손금으로 인정하지 않기 때문에 차이가 발생한다. 이외에도 한도를 초과하는 대손상각비, 감가상각비, 퇴직급여충당부채 전입액, 단체퇴직보험료 등도 세무회계에서 손금으로 산입하지 않는다.

(2) 손익인식기준에 의한 차이

「기업회계기준서」상의 수익과 비용은 **발생주의회계원칙**에 의하여 발생된 시점에 인식하는 것이 원칙이다. 다만, 수익은 회계처리의 신뢰성을 확보하기 위하여 실현되었을 때 수익으로 인식한다. 이에 반하여 세무회계의 익금과 손금은 **권리의무확정주의**에 의하여 인식한다. 권리의무확정주의란 대금을 수취할 권리와 대금을 지불할 의무가 법률적으로 확정된 때를 소득계산의 시기로 보는 원칙이다. 손익인식기준에 의한 차이를 발생시키는 구체적인 예로는 다음과 같은 것이 있다. 재무회계에서는 실현주의에 의해 당기에 발생된 미수수익을 전액 수익으로 계상하도록 하고 있으나, 세무회계에서는 수취할 권리가 확정되지 않았다면 발생한 수익(예를 들면, 미수이자)을 익금에 포함시키지 않는다.

(3) 자산 · 부채의 평가방법상의 차이

자산이나 부채에 대해서 재무회계와 세무회계의 평가방법이 다르기 때문에 회계이익과 과세소득에 차이가 발생한다. 자산 · 부채의 평가방법상의 차이를 발생시키는 구체적인 예로는 다음과 같은 것이 있다.

첫째, 재고자산의 평가방법에 있어서 재무회계(저가법)와 세무회계(원가법과 저가법을 선택, 단 저가법은 과세관청에 신고가 전제) 간에 차이가 있을 수 있다.

둘째, 금융자산(FVPL)의 평가방법에 있어서 재무회계(공정가치법)와 세무회계(원가법) 간에 차이가 있을 수 있다.

(4) 회계이익과 과세소득의 개념에 의한 차이

재무회계에서는 손익거래가 아닌 자본거래로 순자산이 증가한 경우에는 수익으로 인식하지 않지만, 세무회계는 순자산증가설에 의하여 과세소득을 산출하므로 자본거래로 순자산이 증가한 경우에도 익금으로 인식하는 경우가 있다. 재무회계에서는 임의적립금이나 차기이월이익잉여금을 재원으로 하는 주식배당과 배당이 불가능한 이익준비금이나 법정적립금을 재원으로 하는 무상증자에 따라 주식을 취득하는 경우에 수익을 인식하지 않도록 하고 있다. 그러나 세무회계에서는 이를 익금으로 인식한다. 또한 자기주식처분이익도 재무회계상 자본잉여금 항목으로 분류되어 수익이 아니지만, 세무회계에서는 이를 익금으로 포함시키고 있다.

(5) 규정이행의 강제성에 의한 차이

재무회계와 세무회계가 규정하고 있는 회계처리방법이 동일함에도 불구하고 재무회계에서는 중요성기준에 따라 규정된 회계처리방법에 따르지 않아도 되도록 허용하고 있지만, 세무회계에서는 규정된 회계처리방법을 반드시 따라야 하기 때문에 차이가 발생한다.

3. 회계이익과 과세소득 간 차이의 유형

재무회계에 따라 산정된 회계이익과 세법에 따라 결정된 과세소득 간 차이의 유형이 다음 <부록표 2>에 요약되어 있고, 각 항목에 대한 설명이 표 아래에 기술되어 있다.

부록표 2

일시적 차이와 기타의 차이 유형

구분	차이 유형		항목	인식시점	
				재무회계	세무회계
일시적 차이	가산할 차이 ↓ 이연법인세 부채발생	선수익 후익금	• 단기매매증권평가이익 • 기간경과이자	발생시 발생시	매각시 수취시
		선손금 후비용	• 조세특례제한법상의 제준비금[1] • 가지급기부금	불인정 발생시	전입시 지급시
	차감할 차이 ↓ 이연법인세 자산발생	선비용 후손금	• 감가상각비 한도초과액[2] • 퇴직급여충당부채 한도초과액[3] • 대손충당금 한도초과액[4] • 부실채권대손액[5] • 단기매매증권평가손실	발생시 발생시 발생시 발생시 발생시	한도 부족시 퇴직금 초과지급시 차기 인정시 매각시
		선익금 후수익	• 관세환급금[6]	수취시	발생시
비일시적 기타 차이	법인세 비용에 가산될 항목	익금산입	• 자기주식처분이익 • 부동산임대업을 주업으로 하는 법인의 전세금에 대한 간주익금		
		손금 불산입	• 비지정기부금, 법정기부금 · 특례기부금 · 지정기부금 · 접대비의 한도초과액[7] • 벌금과 과태료		
	법인세 비용에서 차감될 항목	익금 불산입	• 과오납금의 환급이자 • 기관투자자가 상장법인 등으로부터 받은 배당금수익의 90%[8] • 중소기업창업투자회사의 주식양도차익		
		손금산입	• 자기주식처분손실		

〈표의 각 항목에 대한 설명〉

1) 일시적 차이는 재무회계나 세무회계상 모두 인정하는 항목이지만 인식시점이 다름으로 인해 발생한다. 하지만 「조세특례제한법」상 제준비금은 재무회계상 인정하지 않음에도 일시적 차이가 되는 이유는 세무회계상 손금으로 인정한 후 일정기간이 지나면 다시 익금으로 산입해야 하기 때문이다.

2) 세무회계에서 감가상각비는 「법인세법」상 상각범위액을 한도로 하여 손금산입한다. 따라서 재무회계에서 계산한 감가상각비가 세무회계의 상각범위액보다 크면(작으면) 상각부인액(시인부족액)이 발생한다. 상각부인액은 손금불산입하여 차기로 이월하며, 차기 이후 시인부족액의 범위 내에서 손금으로 추인한다. 한편, 시인부족액은 전기에서 이월된 상각부인액이 있는 경우에 그 시인부족액의 범위 내에서 전기 상각부인액을 손금추인하며 그 외는 소멸계산한다.

3) 실제로 지급한 퇴직금이 세무회계상 퇴직급여충당부채 잔액을 초과하는 경우 전기부인액(전기한도초과액)의 범위 내에서 손금산입한다.

4) 세무회계에서 대손충당금 설정률은 1%(금융기관은 2%)와 대손실적률 중 큰 금액으로 한다. 이에 따라 재무상태표에 계상된 대손충당금 기말잔액이 한도액(설정대상채권 × 설정률)을 초과하면 손금불산입한다. 「법인세법」은 대손충당금을 총액법으로 설정하므로 전기대손충당금 한도초과액은 다음 연도에 자동으로 손금산입하도록 규정하고 있다.

5) 세무회계에서 대손상각비는 대손요건을 충족(예 수표 · 어음상의 채권은 부도발생일로부터 6개월 이상 경과)하는 경우에 손금산입한다. 대손요건을 충족하지 못한 대손상각비는 대손부인을 하여 추후 대손요건을 충족하는 사업연도에 손금산입한다.

6) 관세환급금의 세법상 익금귀속시기는 수출을 완료한 날이다. 이러한 관세의 환급은 결정일로부터 30일 내에 환급청구권자에게 환급한다.

7) 「법인세법」은 접대비의 과다지출을 막기 위하여 일정한 한도까지만 손금으로 인정하고 있다. 또한 접대비 중 10만원 초과의 접대비에 대하여 신용카드를 사용하지 않는 경우와 타인명의의 신용카드 사용분은 손금불산입한다.

8) 기관투자자가 상장법인 등으로부터 받은 배당금수익의 90%를 익금불산입하는 이유는 이중과세를 회피하기 위한 목적이다.

4. 법인세 계산구조

우리나라의 현행 「법인세법」상 법인세 계산구조를 살펴보면 <부록표 3>과 같다. 이를 보면 법인세비용차감전순손익에서 익금산입·손금불산입, 손금산입·익금불산입 등 세무조정을 거쳐 과세소득이 산출된다. 「법인세법」상의 과세표준은 과세소득에서 이월결손금, 비과세소득 및 소득공제를 차감하여 계산한다. 이 과세표준에 법인세율을 곱하여 산출세액을 계산한다. 이렇게 구해진 산출세액에서 세액공제와 세액감면을 차감하고 가산세를 가산하면 최종적으로 **결정세액**(당기법인세)이 산출되는 것이다.

부록표 3 법인세 계산구조와 법인세효과의 회계기간별 배분

법인세 계산구조	비 고
법인세비용차감전순손익 +익금산입·손금불산입 -손금산입·익금불산입	일시적 차이만 법인세효과의 회계기간별 배분에서 고려
각 사업연도소득(과세소득) -이월결손금 -비과세소득·소득공제	이월결손금, 비과세소득·소득공제 중 공제대상 이월결손금은 법인세효과의 회계기간별 배분에서 고려대상
과세표준 ×법인세율	
산출세액 -세액공제·세액감면 +가산세	세액공제·세액감면 중 이월공제되는 세액공제는 법인세효과의 회계기간별 배분에서 고려대상
결정세액(당기법인세)	

5. 법인세효과의 회계기간별 배분의 적용범위

(1) 종합배분법과 부분배분법

일시적 차이에 대한 법인세효과의 기간배분을 지지하는 견해가 지배적임에도 불구하고, 법인세효과의 회계기간별 배분의 적용범위에 대해서는 두 가지 방법이 관점의 차이를 보이고 있다.

첫 번째 방법인 **부분배분법**(partial allocation)의 관점은 회계이익과 과세소득의 일시적 차이 중 비반복적으로 발생하는 차이에 대해서만 법인세기간배분을 적용하여야 한다는 것이다. 그 이유는 반복적으로 발생하는 일시적 차이는 법인세효과가 반대의 방향으로 발생하는 것을 무기한 연기시킬 수 있기 때문에 기간배분이 불필요하다는 것이다. 법인세효과가 상쇄되는 것을 무기한 연기시킬 수 있는 이유는 어느 한 거래에 대한 법인세

지급의 이연이 종료될 때면 다른 거래에 대한 법인세 지급의 이연이 발생하기 때문이다. 부분적 배분은 기업의 유동성이나 지급능력을 잘 나타내 줄 수 있다는 장점이 있다. 또한 일시적 차이를 발생시키는 항목이 많은 경우, 즉 「기업회계기준서」와 세법 간 괴리가 큰 경우 실무에서 적용을 쉽게 할 수 있는 방법이다. 하지만 부분적 배분은 반복적 차이와 비반복적 차이에 대한 구분을 경영자의 자의로 할 수 있다는 단점이 있다. 또한 부분적 배분은 현금주의에 가까운 방법이기 때문에 발생주의에 부합하지 않는다.

두 번째 방법인 **종합배분법**(comprehensive allocation)의 관점은 모든 일시적 차이가 법인세효과를 가지고 있으며, 그 차이의 반복성 여부에 상관없이 모두 기간배분을 하여야 한다는 것이다. 그 이유는 모든 일시적 차이에 따른 법인세효과를 인식할 때 비로소 발생주의에 따른 정확한 법인세비용을 계상할 수 있기 때문이다. 종합배분법의 장점은 다음과 같다.

첫째, 자의적인 판단의 가능성을 배제할 수 있어서 회계정보의 조작가능성을 낮춘다는 것이다.

둘째, 발생주의와 수익·비용 대응원칙에 부합한다는 것이다.

미국의 회계원칙심의회(APB)에서는 포괄적 기간배분을 지지하였다.[16] 우리나라에서도 법인세의 기간배분에 있어 특정 일시적 차이가 일정한 기간 내에 소멸이 예상되는지의 여부와 상관없이 모든 일시적 차이를 인식대상으로 하는 종합배분법을 수용하였다.

(2) 적용대상법인의 선정

중소기업의 부담을 완화시키기 위하여 중소기업에는 법인세기간배분회계제도를 적용하지 않을 수 있는 특례규정을 신설하였다. 이를 적용하지 않는 경우에는 법인세비용차감전순이익과 법인세비용의 계정과목 대신에 종전의 법인세차감전순손익과 법인세등이라는 계정과목을 사용해야 한다.

6. 법인세효과의 평가 : 자산·부채법과 이연법

일시적 차이의 법인세효과를 회계기간별로 배분하는 방법에는 크게 자산·부채법과 이연법 두 가지가 있다.[17]

---

16) AICPA, APB Opinion No. 11, par 29, 1967.

17) 자산·부채법과 이연법 외에도 순액법이 있다. 순액법은 일시적 차이에서 발생하는 법인세효과를 이를 발생시킨 관련 자산이나 부채에 대한 평가계정으로 처리하는 방법이다. 이 방법하에서는 이연법인세를 별도의 계정으로 보고하지 않기 때문에 법인세비용과 산출세액이 일치한다. 또한 순액법하에서는 법인세효과를 계산하기 위하여 자산·부채법을 적용할 수도 있고, 이연법을 적용할 수도 있다. 한편,

첫째, **자산 · 부채법**(asset · liability method)은 회계이익과 과세소득의 차이로 인해 재무상태표일 현재 기업과 정부 사이에 채권 · 채무관계가 발생되었다고 가정하고 매 회계연도 말 동 채권 · 채무의 금액을 유효한 세법과 세율의 구조 속에서 평가하여 재무제표에 반영하고자 하는 방법이다. 그렇기 때문에 자산 · 부채법에서는 일시적 차이에 의한 법인세효과를 계산함에 있어서 그 일시적 차이가 반대방향으로 나타나는 기간의 예상세율(당기 말 현재 확정된 세율)을 적용한다. 단, 세율의 변동을 예상할 수 없을 경우에는 일단 일시적 차이가 발생한 기간의 세율을 적용하여 법인세효과를 계산하지만, 향후 세율이 변동하면 이연법인세자산(부채)의 계정금액을 조정하여야 한다. 이와 같이 자산 · 부채법은 법인세와 관련된 자산 및 부채의 정확한 계상을 강조하므로 재무상태표 지향적인 접근방법이다. 그러나 자산 · 부채법은 포괄손익계산서상 당기의 수익에 대응하는 법인세비용을 적절히 계상하지 못한다는 단점을 지닌다.

둘째, **이연법**(deferred method)은 포괄손익계산서상에 계상될 법인세비용은 법인세비용차감전순이익에 근거하여 산출하고, 실제로 지급하여야 할 재무상태표상의 법인세부담액은 「법인세법」상 과세소득에 의해 결정한 후에 양자 간의 차이인 법인세효과를 이연해 두었다가 향후 일시적 차이가 소멸될 때마다 일정액을 상각하는 방법이다. 이연법에서는 일시적 차이에 의한 법인세효과를 계산함에 있어서 그 일시적 차이가 발생한 기간의 세율을 적용하여야 한다. 그렇기 때문에 이 방법은 일시적 차이가 발생한 연도의 법인세비용을 중시하는 포괄손익계산서 지향적인 접근방법이다.

「기업회계기준」에서는 명시적으로 자산 · 부채법과 이연법 중에서 **자산 · 부채법**을 사용하도록 규정하고 있다. 미국의 SFAS No. 109에서도 자산 · 부채법을 도입하고 있다. 자산 · 부채법과 이연법의 장 · 단점을 비교한 것이 <부록표 4>에 나타나 있다.

부록표 4
자산 · 부채법과 이연법의 비교

구 분	자산 · 부채법	이연법
장 점	재무상태표에 이연법인세자산 · 부채가 정확히 계상된다.	포괄손익계산서에 법인세비용이 정확히 계상된다.
단 점	수익 · 비용의 대응이 적절히 이루어지지 못한다.	자산과 부채 개념이 적절하지 못하다.
이연법인세 계산시 적용세율	미래의 해당 세율을 적용한다.	발생시의 세율을 적용한다.
세율조정시 이연법인세의 조정	조정한다.	조정하지 않는다.

여기서 순액법의 의미는 이연법인세자산과 이연법인세부채를 상계하는 것이 아니라 이연법인세를 별도계정으로 인식하지 않는다는 것이다.

부록예제 1

본문 <예제 2>에서 발생된 일시적 차이는 본 예제에서도 유효하다. 한솔㈜의 20×6년 법인세비용차감전순이익은 ₩1,100,000이며, 추가적 세무조정사항은 다음과 같다. 차감할 일시적 차이의 실현가능성은 거의 확실하다고 가정한다.

(1) 조세특례법상 준비금 ₩60,000
(2) 벌과금 ₩10,000

조세특례법상 준비금은 일시적 차이의 손금산입항목으로 20×7년과 20×8년에 각각 ₩30,000씩 소멸할 것이다. 벌과금은 일시적 차이를 유발하지 않는 차이의 손금불산입항목이다. 20×6년의 법인세율은 20%이다. 20×6년 말에 20×7년 이후의 법인세율을 18%로 하는 법인세법(안)이 국회에서 통과되었다.

1. 이연법을 적용하여 20×6년 말의 분개를 하라.
2. 자산·부채법을 적용하여 20×6년 말의 분개를 하라.

해 답

1. 미지급법인세가 먼저 계산되고, 이연법인세자산·부채의 증감액이 계산되면 대차평균에 의해 법인세비용이 산출된다. 20×6년의 법인세비용과 법인세부담액을 계산하면 다음과 같다.

구 분	세무조정	
	일시적 차이	일시적 차이 아님
Ⅰ. 법인세비용차감전순이익		₩1,100,000*
Ⅱ. 익금산입 및 손금불산입		
1. 벌과금		10,000
2. 미수이자수익(20×5년 발생)	₩20,000	
Ⅲ. 손금산입 및 익금불산입		
1. 조세특례법상 준비금	(60,000)	
2. 금융자산(FVPL)평가손실(20×5년 발생)	(20,000)	
3. 제품보증비용(20×5년 발생)	(60,000)	
Ⅳ. 세무조정 소계	₩(120,000)	₩1,110,000
Ⅴ. 과세소득		₩990,000
법인세율		20%
Ⅵ. 법인세부담액		₩198,000

* 포괄손익계산서상 법인세비용차감전순이익

한편, 20×5년과 20×6년의 세무조정항목 중 일시적 차이들을 해소시기별로 분석한 결과는 다음과 같다.

	20×7	20×8	20×9	계
조세특례법상 준비금	₩30,000	₩30,000	₩0	₩60,000
계	₩30,000	₩30,000	₩0	₩60,000
법인세율	20%	20%	20%	
이연법인세부채	₩6,000	₩6,000	₩0	

따라서 20×6년 말의 분개는 다음과 같이 할 수 있다.

(차) 법인세비용	222,000	(대) 미지급법인세	198,000
		이연법인세자산	12,000*
		이연법인세부채	12,000

* 20×5년도분의 제거

2. 자산 · 부채법에서는 예상세율을 적용하여 이연법인세자산 · 부채와 법인세부담액을 먼저 계산하고, 법인세비용을 대차평균이 되도록 나중에 계산한다. 법인세부담액은 이연법에서 이미 ₩198,000으로 계산하였기 때문에 여기서는 이연법인세자산 · 부채만 새로운 세율을 적용하여 구하기로 한다.

	20×7	20×8	20×9	계
조세특례법상 준비금	₩30,000	₩30,000	₩0	₩60,000
계	₩30,000	₩30,000	₩0	₩60,000
법인세율	18%	18%	18%	
이연법인세부채	₩5,400	₩5,400	₩0	

따라서 20×6년 말의 분개는 다음과 같이 할 수 있다.

(차) 법인세비용	220,800	(대) 미지급법인세	198,000
		이연법인세자산	12,000*
		이연법인세부채	10,800

* 20×5년도분의 제거

7. 자산 및 부채의 장부금액과 세무기준액

「기업회계기준서」 **제1012호에서는 일시적 차이를** 장부금액과 세무기준액 간의 차이로 정의하고 있다. **장부금액**(book value)은 재무제표에 인식된 자산 및 부채의 금액이며, **세무기준액**은 세무 목적으로 자산 및 부채에 귀속되는 금액을 말한다. 본 절에서는 일시적 차이에 대한 체계적인 이해를 돕기 위해, 자산 및 부채의 장부금액과 세무기준액에 대해 설명하고 이를 회계이익과 과세소득 간의 차이로 연결해본다.

(1) 자산의 장부금액 및 세무기준액

기업에서 자산은 미래의 수익 획득에 공헌하고, 이에 공헌한 자산의 원가는 비용으로 인식되어 소멸(비용화)된다. 이때 소멸되는 금액인 자산의 원가는 그 자산의 회계상 **장부금액**이 된다.

세법에서도 자산으로부터 획득한 수익을 익금으로 인식하고 이에 공헌한 자산의 원가를 손금으로 차감하여 과세소득을 산출한다. 이때 손금으로 차감되는 자산의 금액은 세무상 기준액이다. 따라서 **자산의 세무기준액은 자산의 장부금액이 회수될 때 기업에 유입될 과세 대상 경제적 효익에서 세무상 차감될 금액**으로 정의된다. 즉, 자산의 세무기준액은 자산이 매각 또는 사용에 따라 경제적 효익이 유입될 때, 익금을 인식하면서 이에 대응되는 손금으로 인정될 수 있는 금액이라고 할 수 있다.

자산의 장부금액과 세무기준액의 차이 역시 회계기준과 세법 간의 차이에 기인한다. 따라서 장부금액－세무기준액의 차이는 회계이익－과세소득 차이와 동전의 양면과 같은 관계를 갖는다. 예를 들어, 취득원가가 ₩100이며, 내용연수가 4년, 잔존가치가 없는 기계를 취득한 경우를 생각해보자. 그런데 감가상각시 회계상으로는 연수합계법을 사용하는 반면, 세무상으로는 정액법을 적용하고 있다고 하자. 취득 시점에서는 장부금액과 세무기준액이 ₩100으로 동일하다. 그런데 1년 차에 회계상 감가상각비는 ₩40, 세무상 감가상각비는 ₩25이 되기 때문에, 이 기계의 1년도 말 장부금액은 ₩75인 반면, 세무기준액은 ₩60이 된다. 세무기준액과 장부금액의 차이는 1년 차에 세무상 감가상각비로 인정되지 않은 ₩15와 일치한다.

앞선 <사례 2>의 황금은행으로 돌아가 보자. 황금은행의 20×7년 말 미수이자 장부금액은 ₩4,000이다. 세무상으로는 20×7년 인식한 이자수익이 익금이 아니기 때문에 미수이자의 세무기준액은 ₩0이 된다. 미수이자의 세무기준액과 장부금액의 차이는 20×7년에 세무상 이자수익으로 인정되지 않은 ₩4,000과 일치한다.

또 다른 예로 20×7년도에 회계상 선급한 비용 ₩100을 선급비용으로 계상한 경우를 들 수 있다. 세무상으로는 현금으로 비용을 지급하는 시점에 전액 손금으로 인정된다. 따라서 선급비용의 20×7년 말 세무기준액은 ₩0이다. 선급비용의 세무기준액과 장부금액의 차이는 20×7년에 세무상 이미 손금으로 인정된 ₩100과 일치한다.

이 밖에도 자산의 장부금액과 세무기준액의 차이는 회계상 금융자산(FVPL) 시가평가, 정부보조금에 자산 구입을 세무회계에서 인정하지 않는 경우 등에서 발생하기도 한다.

자산의 장부금액과 세무기준액의 상대적 크기에 따른 일시적 차이의 방향을 정리해 보면 다음과 같다(이때 자산으로부터 미래에 기업에 유입되어 과세될 경제적 효익은 회계와 세무 간에 차이가 없다고 가정한다).

먼저, 자산의 장부금액보다 세무기준액이 작은 경우이다. 이 경우에는 미래에 자산으로부터 기업에 유입되어 과세될 경제적 효익에서 차감될 장부금액보다 세무상 금액이 작기 때문에 미래 회계이익보다 과세소득이 더 크다. 즉, 이는 미래 과세소득 및 법인세 부담액을 증가시키는 차이이므로 가산할 일시적 차이에 해당된다.

반대로 자산의 장부금액보다 세무기준액이 큰 경우이다. 이 경우에는 자산으로부터 미래에 기업에 유입되어 과세될 경제적 효익에서 차감될 장부금액보다 세무상 금액이 크기 때문에 미래 회계이익보다 과세소득이 더 작다. 즉, 이는 미래 과세소득 및 법인세 부담액을 감소시키는 차이이므로 차감할 일시적 차이에 해당된다.

(2) 부채의 장부금액 및 세무기준액

회계상 부채는 비용과 더불어 인식되므로 부채의 장부금액은 회계상 비용으로 인식된 금액이다. 한편, 부채의 세무기준액은 장부금액에서 미래 회계기간에 당해 부채와 관련하여 세무상 공제될 금액을 차감한 금액으로 정의된다. 즉, 부채의 세무기준액은 장부금액에서 세무상 아직까지 손금 인정되지 않은 금액(즉, 미래에 손금으로 인정될 금액)을 제외한 금액이다. 자산과 마찬가지로 부채의 장부금액 – 세무기준액 차이는 회계이익 – 과세소득 차이의 이면이다. 이를 몇 가지 예로 익혀보자.

앞의 <사례 2>에서 신용상사㈜가 20×7년 말 인식한 미지급이자는 장부금액이 ₩4,000이지만, 20×7년이 아닌 현금으로 지급되는 시점에 가서야 세무상 손금으로 산입될 것이다. 따라서 이 미지급이자의 세무기준액은 장부금액이 ₩4,000에서 미래에 손금으로 인정될 ₩4,000을 차감한 ₩0이 된다. 미지급이자의 세무기준액과 장부금액의 차이는 세무상 손금으로 인정되지 않은 ₩4,000과 일치한다.

또 다른 예로, 회계상 장부금액이 ₩1,000인 선수이자가 계상되어 있는 경우를 살펴보자. 회계상으로는 해당 이자에 대한 수익을 인식하지 않고 동액을 부채로 계상하였지만, 세무상으로는 현금 수령하는 시점에 익금으로 과세되기 때문에 부채는 존재하지 않는다(즉, 선수이자의 세무기준액은 ₩0이다). 미수이자의 세무기준액과 장부금액의 차이는 세무상 익금으로 인정된 ₩1,000과 일치한다.

부채의 장부금액과 세무기준액의 상대적 크기에 따른 일시적 차이의 방향을 정리해보면 다음과 같다(이때 누적적으로 인식될 비용 및 손금의 총액은 회계와 세무 간에 차이가 없다고 가정한다).

먼저, 부채의 장부금액보다 세무기준액이 작은 경우이다. 이 경우에는 미래에 과세소득에서 차감될 손금이 회계상 비용보다 크기 때문에 미래 회계이익보다 과세소득이 더 작다. 즉, 이는 미래 과세소득 및 법인세 부담액을 감소시키는 차이이므로 차감할 일시적 차이에 해당된다.

반대로 부채의 장부금액보다 세무기준액이 큰 경우를 생각해보자. 이 경우에는 미래에 과세소득에서 차감될 손금이 회계상 비용보다 작기 때문에 미래 회계이익보다 과세소득이 더 크다. 즉, 이는 미래 과세소득 및 법인세 부담액을 증가시키는 차이이므로 가산할 일시적 차이에 해당된다.

상기의 설명을 모두 종합하여 보면 다음 <부록표 5>와 같다.

부록표 5
일시적 차이와 이연법인세자산과 부채

	차이의 유형	미래 과세소득에 대한 영향	인식할 이연법인세 자산·부채
자산	장부금액 > 세무기준액	가산할 일시적 차이	이연법인세부채
부채	장부금액 < 세무기준액		
자산	장부금액 < 세무기준액	차감할 일시적 차이	이연법인세자산
부채	장부금액 > 세무기준액		

익힘문제

[1] 회계이익과 과세소득 간에 차이가 발생하는 원인에 대하여 설명하라.

[2] 회계이익과 과세소득 간에 발생하는 일시적 차이와 일시적 차이를 유발하지 않는 차이를 정의하고 그 차이점을 설명하라.

[3] 법인세효과의 회계기간별 배분의 필요성을 주장하는 논리와 반대하는 논리를 각각 세 가지씩 제시하라.

[4] 이연법인세자산의 인식요건에 대해 설명하라.

[5] 법인세효과에 대해 설명하라.

[6] 법인세효과를 현재가치로 평가하지 않는 이유를 설명하라.

[7] 법인세효과의 기간별 배분의 적용범위에서 부분배분법과 종합배분법에 대해 설명하라.

[8] 법인세의 기간별 배분에 있어서 자산·부채법과 이연법의 의미와 차이점을 설명하고 장·단점을 기술하라.

[9] 이월결손금과 이월세액공제가 있는 경우에 발생하는 과세소득과 회계이익 간의 차이는 일시적 차이를 유발하지 않는 차이이다. 일시적 차이를 유발하지 않는 차이임에도 불구하고 법인세 기간배분의 대상이 되는 이유에 대하여 설명하라.

[10] 기업회계기준에서 규정하고 있는 법인세효과의 공시방법을 기술하라.

[11] 법인세의 기간 내 배분에 대하여 설명하라.

[12] 자본에 가감하는 법인세효과에 대하여 설명하라.

[13] 다음의 시점에서 필요한 법인세회계처리를 설명하라. 단, 이연법인세회계는 무시한다.

(1) 법인세 원천징수 혹은 중간예납시

(2) 결산시

(3) 법인세 납부시

[14] 다음 중 잘못된 부분이 있으면 지적하라.

(1) 법인세효과의 회계기간별 배분의 적용범위는 종합배분법에 따른다.

(2) 법인세효과의 평가는 자산·부채법을 따른다.

(3) 법인세에 부가되는 주민세나 농어촌특별세도 이연법인세회계의 대상이다.

(4) 당해 결손금으로 인하여 과거에 납부한 법인세를 환급받는 경우 동 법인세를 이연법인세자산으로 인식한다.

(5) 자본잉여금이 과세소득에 포함되는 경우 일시적 차이를 발생시키는 여부에 관계없이 재무상태표상에는 항상 법인세 해당액을 차감한 금액으로 계상하여야 한다.

[15] 법인세회계의 적용순서를 설명하라.

연습문제

[1] 자산의 세무기준액과 부채의 세무기준액

(1) 자산의 세무기준액과 부채의 세무기준액을 설명하라.

(2) 다음에서 세무기준액을 계산하라.

<예 1> 금융자산(FVOCI)을 ₩100에 취득, 연말시가가 ₩120

<예 2> 기계장치를 ₩300에 취득(5년, 정액법, 잔존가치 없음), 세무상 내용연수는 6년, 취득 1년 후의 세무기준액

<예 3> 매출채권잔액 ₩500에 대하여 ₩100의 대손충당금을 설정, 세무상 대손은 매출채권 제각시 손금산입됨.

<예 4> 미지급비용(세무상 현금주의)이 ₩100 있음.

<예 5> 선수수익(세무상 현금주의)이 ₩200 있음.

[2] 이연법인세자산 · 부채의 인식

한솔㈜는 20×5년에 영업을 시작하였다. 다음은 한솔㈜의 20×5년 법인세계산표의 일부 자료이다.

20×5년 법인세계산표

법인세비용차감전순이익		₩1,000,000
일시적 차이를 유발하지 않는 차이		
접대비 한도초과액	₩100,000	100,000
일시적 차이		
관세환급금(수익 미인식)	200,000	
감가상각비 한도초과액	300,000	
연구 · 인력개발준비금	(600,000)	(100,000)
과세소득		₩1,000,000
세　　율		20%
결정세액		₩200,000

위의 20×5년 법인세계산표에서 미수취한 관세환급금은 20×6년부터 20×9년까지 매년 ₩50,000씩 소멸될 것으로 추정되며, 감가상각비 한도초과액은 20×6년과 20×7년에 각각 ₩150,000씩 소멸될 것으로 추정된다. 그리고 연구 · 인력개발준비금은 20×7년에 ₩200,000, 20×8년에 ₩200,000, 20×9년에 ₩200,000이 소멸될 것으로 추정된다. 20×5년의 법인세비용 및 이연법인세자산 · 부채를 계산하고 필요한 분개를 하라. 단, 예상과세소득이 차감할 일시적 차이를 초과한다. 여기서 이연법인세 자산 및 부채의 상계요건을 충족하는 것으로 가정한다.

[3] 법인세회계 종합문제

동성㈜는 20×5년에 영업을 시작하였다. 다음은 동성㈜의 20×5년 법인세계산표의 일부 자료이다.

20×5년 법인세계산표

법인세비용차감전순이익		₩100,000
접대비 한도초과액	₩70,000	
제품보증비용 손금 부인액	30,000	
감가상각비 한도초과액	40,000	
연구·인력개발준비금 손금 인정	(60,000)	80,000
과세소득		₩180,000
세 율		20%
결정세액		₩36,000

위의 20×5년 법인세계산표에서 제품보증비용은 20×6년부터 20×8년까지 매년 ₩10,000씩 소멸될 것으로 추정되며, 감가상각비 한도초과액은 20×6년과 20×7년에 각각 ₩20,000씩 소멸될 것으로 추정된다. 그리고 연구·인력개발준비금은 20×7년과 20×8년도에 각각 ₩30,000씩 소멸될 것으로 추정된다. 20×6년과 20×7년도 법인세율은 20×5년도와 같이 20%이나, 20×8년도에는 18%로 하락할 것이 예상된다. 이연법인세자산은 이후 실현 가능하며, 이연법인세 자산 및 부채는 상계하지 아니한다.

(1) 동성㈜가 20×5년도에 인식할 가산할 차이와 차감할 차이를 각각 계산하라.
(2) 동성㈜가 20×5년도에 인식할 이연법인세자산과 부채를 각각 계산하라.
(3) 동성㈜가 20×5년도에 행하여야 할 법인세 관련 분개를 하라.
(4) 동성㈜가 20×5년도 법인세 관련사항을 어떻게 공시하여야 하는지 20×5년도 손익계산서에서 법인세비용차감전순이익에서 당기순이익까지 부분을 제시하라.
(5) 손익계산서에 당기 납부할 법인세를 공시하지 않고 위와 같이 이연법인세 조정을 하는 이유는 무엇인가?

[4] 법인세 기간 내 배분

안산시스템㈜의 20×5년도 계속영업이익은 ₩1,500,000이다. 또한 20×5년 기중에 자기주식처분이익 ₩100,000을 계상하였고, 이는 세법상 익금에 해당한다. 20×5년에 적용되는 법인세율은 과세표준이 ₩1,000,000 미만은 16%이며, ₩1,000,000 이상은 28%이다.

(1) 계속영업이익 및 자본에 대한 법인세비용으로 배분하라.
(2) 법인세 기간 내 배분을 회계처리하라.

[5] 법인세비용

서울㈜의 20×5년과 20×6년 법인세비용차감전순이익은 ₩6,000,000으로 동일하였다. 서울㈜는 20×5년 포괄손익계산서에 제품보증비용 ₩2,000,000을 계상하고 이를 제품보증충당부채로 처리하였다. 그러나 「법인세법」상 제품보증충당부채는 인정되지 않으며 실제 발생시에 비용처리된다. 제품보증수리비는 20×6년에 ₩2,500,000이 실제로 발생하였다. 20×5년의 법인세율은 25%이고 세율변동은 없다.

(1) 20×5년의 법인세 관련 회계처리를 하라.

(2) 위의 세무조정사항 이외의 조정항목이 없을 경우 20×6년의 법인세 관련 회계처리를 하라.

(3) 차이 이후의 법인세율의 변동이 있을 경우 당기 포괄손익계산서상 법인세비용의 구성요소에 대해서 서술하라.

[6] 법인세율의 계산

다음은 일산㈜의 20×8년 12월 31일 장부마감 직전 자료이다. 20×8년도의 법인세율을 구하면 몇 %인가?

<자료>

포괄손익계산서상의 당기순이익은 ₩100,000이다. 재무상태표에 당기 발생한 미지급법인세 ₩150,000과 이연법인세자산 ₩50,000이 계상되어 있다(전기이월된 이연법인세자산 · 부채계정은 없고, 일시적 차이를 유발하지 않는 차이도 없으며, 미래의 법인세율은 일정하다고 가정한다).

[7] 중단영업손익과 법인세 기간 내 배분

삼송회사는 A와 B로 구성되는 2개의 부문을 가지고 있다. 삼송회사의 경영진은 B부문이 장기적으로 수익성이 악화될 것으로 판단하고 B부문을 매각하기로 결정하였다. 20×5년 7월 1일에 삼송회사의 이사회는 20×6년 5월 말까지 B부문의 매각을 완료하기로 하는 매각계획을 승인하고 이를 발표하였다. 이날 현재 B부문의 순자산의 장부금액은 ₩1,500(자산 ₩2,000, 부채 ₩500)이었다. 자산의 장부금액 ₩2,000의 회수가능금액은 ₩1,900으로 추정되었으며, ₩100의 손상차손을 인식해야 하는 것으로 나타났다.

20×5년 11월 1일에 삼송회사는 B부문을 을회사에 ₩1,200에 매각하기로 하는 계약을 체결하였고, 이때 B부문의 순자산의 장부금액은 ₩1,400(자산 ₩1,900, ₩부채 500)이었으며, 20×6년 4월 30일에 매각이 완료될 예정이다. 또한 자산의 장부금액 ₩1,900의 회수가능금액은 ₩1,700으로서 최초 공시사건 이후 사업중단확정일까지 추가적으로 ₩200의 손상차손을 인식하여야 한다.

삼송회사는 매각계약에 따라 20×6년 4월 30일까지 B부문에서 근무하는 일정 인원의 종업원을 퇴직시켜야 하며, 이에 따라 20×6년 7월 30일까지 지급하여야 하는 퇴직금예상액은 ₩300이다. 한편, 삼송회사는 20×6년 4월 30일까지 B부문을 계속 가동할 예정이다.

20×5년 12월 31일 현재 B부문의 순자산 장부금액은 ₩1,200(자산 ₩1,900, 부채 ₩700 : 퇴직금예상액에 대한 충당금 ₩300이 포함됨)이었으며, 20×5년 11월 1일과 20×5년 12월 31일 사이에 추가적인 손상차손은 없었다.

20×5년 1월 1일부터 11월 1일까지의 중단영업손상차손 ₩300과 B부문 매각에 따른 퇴직금예상액 ₩300을 제외한 B부문의 법인세비용차감전계속영업이익은 ₩100이고, B부문의 법인세비용차감전계속영업이익을 제외한 삼송회사 전체의 법인세비용차감전계속영업이익은 ₩2,000이며, 그 계산내역은 다음과 같다.

매 출 액	₩20,000
매출원가	(15,000)
매출총이익	5,000
판매비와관리비	(3,000)
영업이익	2,000
금융수익	500
금융비용	(500)
법인세비용차감전계속영업이익	₩2,000

삼송회사는 20×6년 4월 30일에 B부문이 매각되면 ₩200의 처분손실이 발생할 것으로 예상하고 있다. 20×5년 11월 1일부터 12월 31일까지 B부문은 중단영업손상차손 ₩300과 B부문 매각에 따른 퇴직금예상액 ₩300을 제외하고 ₩50의 계속영업손실이 발생하고, 20×6년 1월 1일부터 20×6년 4월 30일까지 ₩100의 추가적인 계속영업손실이 발생할 것으로 예상된다. 삼송회사에 적용되는 법인세율은 30%이고, 회계기간은 1월 1일부터 12월 31일까지이다.

(1) 삼송회사의 20×5년 법인세효과를 차감한 중단영업손익을 계산하라.

(2) 삼송회사의 20×5년 약식 포괄손익계산서를 작성하라.

[8] 자본에 부가(차감)하는 법인세부담액

한강㈜는 20×5년에 회계이익 ₩10,000을 보고하였다. 한강㈜에서 당기 발생한 자본잉여금 ₩4,000은 세무회계상 익금이다. 한강㈜의 법인세율은 20%이다. 법인세와 관련한 회계처리를 하라.

[9] 세액공제와 법인세효과의 회계기간별 배분

아리스㈜는 20×5년에 ₩100,000의 회계이익과 ₩100,000의 과세소득을 보고하였다. 아리스㈜는 조세특례제한법상의 세액공제 ₩10,000을 받을 수 있다. 아리스㈜의 법인세율은 20%이며, 「법인세법」상 최소한 과세소득의 15%는 법인세로 납부하여야 한다고 가정하자.

(1) 세액공제가 이월되지 않을 경우 필요한 회계처리를 하라.

(2) 세액공제가 이월되는 경우 필요한 회계처리를 하라.

[10] 법인세비용 기간 내 배분 (2023년 공인회계사 2차 기출문제 변형)

[공통자료] 다음은 ㈜서울의 당기(20×1년) 법인세 관련 자료이다.

1. 당기(20×1년)의 법인세부담액(당기법인세)은 ₩50,000이다.
2. 당기 중 일시적 차이 변동내역의 일부이다.

구분	기초	감소	증가	기말
차감할 일시적 차이	₩8,500	₩3,500	₩3,000	₩8,000

3. 당기의 평균 법인세율과 전기 말 및 당기 말의 일시적 차이가 소멸될 것으로 예상되는 기간의 과세소득에 적용될 것으로 예상되는 평균 법인세율은 22%이다.
4. 전기 말과 당기 말 현재 차감할 일시적 차이가 사용될 수 있는 미래과세소득의 발생가능성은 높다.
5. 회계처리 수행 시 이연법인세자산과 이연법인세부채는 상계하며, 포괄손익계산서에서 기타포괄손익은 관련 법인세효과를 가감한 순액으로 표시한다.

[사례 1] 당기 중 [공통자료]에서 제시된 일시적 차이의 변동 외에 추가변동내역은 다음과 같다.

구분	기초	감소	증가	기말
금융자산(FVOCI) 평가이익	₩4,500	₩2,000	₩500	₩3,000

금융자산(FVOCI)와 관련된 일시적 차이 감소액 ₩2,000은 당기 중 금융자산(FVOCI) 일부 처분에 따른 감소분이며, 일시적 차이 증가액은 당기 중 발생한 금융자산(FVOCI) 평가이익이다.

㈜서울의 당기 중 일시적 차이의 변동내역을 모두 반영한 20×1년의 회계처리를 수행하라.

[사례 2] 당기 중 [공통자료]에 제시된 사항 외에 추가내용은 아래와 같다. [사례 1]은 무시하라.

㈜서울은 20×1년 12월 31일 액면금액이 ₩100,000인 전환사채(20×4년 12월 30일 만기, 액면상환조건)를 액면발행하였다. 전환권이 없는 동일 조건의 일반사채 시장이자율은 연 9%이다. 동 전환사채의 표시이자율은 연 7%이며, 이자는 만기까지 매년 12월 30일에 현금지급한다. 전환청구기간은 사채 발행일 이후 2개월 경과일로부터 상환기일 30일 전까지이며, 전환조건은 사채액면금액 ₩2,000당 주식 1주이다.

㈜서울의 20×1년 말 전환사채 발행분개 및 법인세 분개를 제시하고, 재무상태표에 인식할 이연법인세자산(부채)와 20×1년도 포괄손익계산서에 인식할 법인세비용을 각각 계산하라.

[11] 중간재무제표와 이연법인세

다음의 자료에 의거 <방법 1>과 <방법 2>를 이용하여 1분기와 2분기의 법인세부담액, 법인세비용, 이연법인세자산 혹은 이연법인세부채를 계산하라.

구분	법인세 계산구조	1분기	2분기 (누적)	연간 예상	비 고
A	세전당기순이익	₩10,000	₩30,000	₩100,000	
±	세무조정	−2,000		+10,000	일시적 차이
B	각사업연도소득	8,000	30,000	110,000	
−	이월결손금 등	−2,000	−6,000	−20,000	
C	과세표준	6,000	24,000	90,000	
D	산출세액			21,900	법인세율 : 15%(2만원 이하), 27%(2만원 초과)
−	세액공제 · 감면			−3,200	
E	법인세부담액			18,700	
F	법인세비용			16,000	연간유효세율

(1) 방법 1 : 연간예상유효세율(16%로 가정)을 이용한 경우

(2) 방법 2 : 연간예상평균세율(20%로 가정)을 이용한 경우

CHAPTER 21

리 스

Contents

한국채택국제회계기준	국제회계기준
제1116호 리 스	IFRS 16 Leases

제1절 리스의 기본 개념

1. 리스의 정의

기업은 사업을 영위하기 위해 다양한 형태의 자산을 운용한다. 그 가운데 설비자산과 같은 유형자산은 매입에 많은 자금이 소요되므로 현금흐름이 충분하지 않은 기업은 사채 발행, 유상증자 등 외부로부터 자금을 조달해야만 한다. 또 자산을 매입하여 소유하면 빠른 기술발전으로 인해 자산이 진부화되는 위험에 노출될 수도 있다. 따라서 기업은 자산 매입에 수반하는 일시적인 대규모 자금부담과 소유 자산의 진부화 위험을 부담하지 않고도 자산을 매입하여 운용하는 것과 동등한 경제적 효과를 원할 수 있다. 현실에서는 이러한 기업의 필요를 충족시켜 주기 위해 다양한 형태의 리스(lease) 거래가 활발하게 이루어진다.

일반적으로 리스는 기업이 운용하고자 하는 특정 자산(이를 '**기초자산**'이라고 함)의 법적 소유권을 리스회사가 대신 취득한 후, 법적 소유권은 보유한 채 해당 자산을 사용할 수 있는 권리(이를 '**사용통제권**'이라고 함)를 기업에게 제공하고 그에 따른 대가(이를 '**리스수수료**'라고 함)를 수령하는 계약의 형식을 취한다. 리스거래에서 리스이용자(lessee)에 해당하는 일반 기업은 기초자산에 대한 법적 소유권을 보유하지 않고도 마치 해당 자산을 직접 매입한 것과 동등한 경제적 효익을 누릴 수 있다. 또 리스이용자는 리스기간에 걸쳐 약정된 수수료를 정기적으로 지급하므로 자산 매입에 수반하는 일시적인 대규모 현금 수요도 발생하지 않는다. 반면, 리스제공자(lessor)인 리스회사는 기초자산의 법적 소유권을 취득하는 데에 따른 대규모 현금유출을 부담하고 리스이용자로부터 약정된 수수료를 수령함으로써 수익을 창출한다. 결국, 리스거래는 기초자산과 관련한 두 거래당사자의 경제적 실질(리스이용자의 자산 사용권 행사)과 법적 외형(리스제공자의 자산 소유권 보유)이 분리되는 결과를 초래한다.

이러한 리스거래의 일반적인 절차는 다음 [그림 21. 1]과 같다.

① **리스물건의 선정**: 리스이용자가 가격조건 등을 고려하여 공급자(사용 희망 대상 자산의 제조자 또는 판매자)로부터 리스물건(기초자산)을 선정한다.[1)]

② **리스계약의 체결**: 리스이용자가 리스신청을 하면, 리스제공자는 리스이용자의 신용분석을 한 후에 리스계약을 체결한다.

---

1) '리스물건'은 법률 용어이고, '기초자산'은 회계적 용어이다. 그러나 양자가 지칭하는 대상은 동일하게 리스계약상의 '리스자산'이므로, 이하에서는 문맥에 따라 이를 혼용하여 사용한다.

그림 21.1

리스거래의 절차

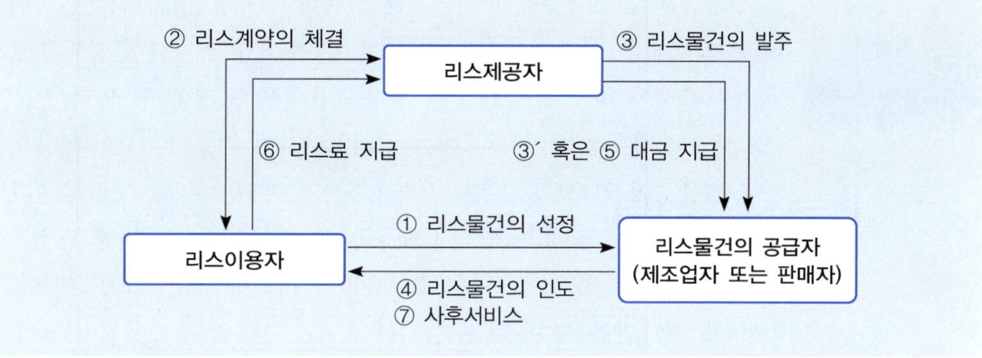

③ **리스물건의 발주**: 리스제공자는 리스이용자가 선정한 공급자에게 리스이용자가 정한 매수조건으로 발주를 한다.

④ **리스물건의 인도**: 공급자는 리스물건을 리스이용자에게 직접 인도하여 설치와 시운전 등을 한다. 리스이용자는 리스제공자에게 리스물건수령증서(차수증)를 발급한다.

③′ 혹은 ⑤ **대금 지급**: 리스제공자는 리스물건수령증서를 기초로 인도된 리스물건에 이상이 없음을 확인한 후에 공급자에게 리스대금을 지급한다.

⑥ **리스료 지급**: 계약조건에 따라 리스료를 지급한다.

⑦ **사후서비스**: 사후서비스(after-sale service)는 리스이용자가 공급자로부터 직접 받는다.

위와 같은 리스거래의 장단점을 리스이용자의 입장에서 정리해 보자. 먼저 장점으로는 이미 언급하였듯이 두 가지가 있다. 첫째, 기술의 발전에 따른 자산의 진부화 위험을 피할 수 있다. 이는 리스물건의 법적 소유권이 리스제공자에게 있으므로 리스기간 종료와 더불어 리스물건이 리스제공자에게 반환되기 때문이다. 둘째, 리스를 통해 소액의 자금으로도 거액의 자산을 운용할 수 있는 장점이 있다. 리스이용자는 자산 매입에 따르는 막대한 현금지출이 불필요하므로 자금부담을 현저히 감소시킨다.[2)]

반면 리스거래는 다음과 같은 단점이 있다. 첫째, 일반적으로 리스이용자는 자산의 취득원가에 해당하는 감가상각비용(누계액)보다 더 많은 리스료 비용(누계액)을 리스기간에 걸쳐 인식하므로 회계이익이 줄어든다. 참고로, 자산의 취득원가를 초과하는 리스

2) 이러한 리스제공자의 리스이용자에 대한 실질적인 자금 대여 성격을 고려하여 우리나라는 리스산업을 금융업에 포함시키고 있다. 그러나 [그림 21.1]과 같이 리스는 실물흐름과 자금흐름이 동시에 이루어지는 **물적 금융**(physical financing)이라는 점에서 자금흐름만으로 구성된 일반 금융과 차이가 난다. 리스를 통해 전체 금융자금이 실물투자로 전환될 수 있다는 점에서 리스는 경제발전의 촉매 역할을 할 수 있다.

료 누계액은 리스제공자가 리스거래를 통해 이익을 창출하는 원천이 된다. 리스거래의 두 번째 단점은, 중도해약이 사실상 불가능하여 리스자산이 불필요해지더라도 리스기간 동안 보유해야 하므로 자산 운용에 비효율성을 초래할 수 있다. 많은 경우 리스거래의 중도해약이 사실상 불가능한 이유는 리스자산이 리스이용자의 맞춤형 필요에 의해 결정되어 범용성이 없으므로 비록 리스제공자가 계약 해지로 자산을 반환받더라도 이를 통해 얻을 수 있는 경제적 효익이 매우 낮기 때문이다. 세 번째 단점으로는, 법적 소유권이 리스제공자에게 있으므로 리스이용자가 리스자산의 용도변경이나 증설 등을 함에 있어서 제약을 받을 수 있다는 점이다.

2. 리스의 식별

리스 회계처리의 출발점은 리스의 식별이다.[3] 즉, 계약 시점에서 계약 자체가 리스인지 또는 그 계약이 리스를 포함하는지 우선적으로 판단해야 한다. 「기업회계기준서」 제1116호에 의하면, "대가와의 교환으로 어떤 **식별되는 자산의 사용통제권**(the right to control the use of an identified asset)을 일정 기간 이전하는" 계약은 그 자체가 리스이거나 리스를 포함한다. 즉, 어떤 '**식별되는 자산**(기초자산)'이 존재하고, 그 자산의 공급자(리스제공자에 해당)가 자산의 '**사용통제권**'을 일정 기간 고객(리스이용자에 해당)에게 이전하는 계약이라면 이를 리스로 식별하는 것이다.

그러면 식별되는 자산의 사용통제권이 공급자로부터 고객에게 이전되었는지는 어떻게 판단하는가? 이를 판단하기 위한 세부 기준은 다음과 같다.

① **식별되는 자산이 있는가?** 일반적으로 자산은 계약상 특정되므로(예 건설회사가 사용하는 고정형 T-타워 크레인) 대부분 식별된다. 그러나 자산이 특정되더라도 공급자가 그 자산을 대체할 실질적 권리(이를 **실질적 대체권**이라 함)를 사용 기간 내내 갖는다면 식별되는 자산은 없다고 본다. 따라서 자산의 공급자가 실질적 대체권이 없다면 자산은 식별되는 것이다.[4] 편의상 이 조건을 **자산대체불가 요건**

---

3) 본서의 제5장에서 소개한 「기업회계기준서」 제1115호 '고객과의 계약에서 생기는 수익'은 리스를 적용 범위에서 명시적으로 배제하고 「기업회계기준서」 제1116호가 적용되도록 하였다. 그런데 제5장에서 배운 수익인식의 5단계 중 첫 단계가 고객과의 계약을 식별하는 것이었다. 리스도 고객과의 계약이므로 리스의 식별이 리스회계처리의 첫 단계가 되는 것은 놀랄 일이 아니다.

4) 예를 들면, 자동차 장기대여거래에서 공급자의 권한으로 동종의 차량을 교체하여 제공하는 것이 가능하다면 식별되는 자산은 없는 것이다. 여기서 그냥 대체권(substitution rights)이 아니라 "실질적(substantive)" 대체권이라 표현한 이유는 대체권이 계약에 명시되더라도 공급자가 대체 자산을 쉽게 구하거나 적시에 공급받을 수 없는 경우 또는 대체로 인한 경제적 효익이 대체 비용보다 적다면 그 대체권은 유명무실하기 때문이다.

이라 부르자.

② **고객이 사용기간 내내 자산 사용에서 발생하는 경제적 효익의 대부분을 얻을 권리가 있는가?** 고객이 자산을 사용기간 내내 배타적으로 사용할 권리가 있다면 그 자산 사용에서 발생하는 경제적 효익의 대부분을 얻는다. 편의상 이 조건을 **경제적 효익 요건**이라 부르자.

③ **고객이 사용기간 내내 자산의 사용을 지시할 권리가 있는가?** 고객이 사용기간 내내 자산의 사용 방법과 목적을 지시할(direct) 권리가 있거나, 사용 방법과 목적이 이미 정해진 경우라면 고객이 자산을 운용할 권리가 있고 그 운영권을 공급자가 변경할 권리가 없거나, 또는 고객이 사용 방법과 목적을 미리 결정하는 방식으로 자산을 설계하였다면 고객은 자산의 사용을 지시할 권리를 갖는다. 편의상 이 조건을 **자산사용지시 요건**이라 부르자.

요약하면, 상기 세 가지 요건 중 **자산대체불가 요건**(①)은 식별되는 자산의 존재 유무를 판단하는 기준이고, **경제적 효익 요건**(②)과 **사용지시 요건**(③)은 자산의 사용통제권이 고객에게 이전되는지를 판단하는 기준이다. 따라서 ①, ② 및 ③이 모두 충족되어야 "식별되는 자산의 사용통제권이 이전되는" 것이고, 해당 계약은 리스로 식별되어 「기업회계기준서」 제1116호가 적용된다.

한편, 공급자의 "**방어권**(protective right)"은 사용지시 요건(③)의 충족 여부를 판단할 때 고려하지 **않는다**. 공급자의 방어권이란 자산에 대한 공급자의 지분(interest)을 보호하고, 공급자의 인력을 보호하며, 공급자의 준법(compliance)을 보장하기 위해 계약에 포함된 조건을 말한다. 예를 들면, 자산의 최대 사용량을 규정하거나, 고객이 자산을 사용할 수 있는 장소나 시간을 제한하거나(예 선박의 경우 북한 해역에서의 조업 금지), 고객에게 특정한 운용 관행을 따르도록 하거나(예 고객이 임차한 버스의 기사에게 2시간 운행시간마다 30분 휴식 요구), 고객이 자산을 사용하는 방법을 바꾸는 경우 공급자에게 통보할 것을 요구하는 것 등이다. 이러한 공급자의 방어권이 고객의 자산사용권의 범위를 제한할 수 있지만, 고객의 자산사용지시권을 방해하는 것으로 보지는 않는다.

지금까지 설명한 리스의 식별을 흐름도로 정리하면 [그림 21. 2]와 같다. 먼저 그림에서 "식별되는 자산이 있는가?"에 관해서는 자산대체불가 요건(①)이 충족되면 식별되는 자산이 있음을 앞에서 이미 설명하였다. 다만 자산의 식별과 관련하여 실무적으로 발생할 수 있는 세부적 이슈가 있다. 예를 들면, 실무에서는 건물 전체를 리스하지 않고 몇 개 층만을 리스하는 경우를 흔히 볼 수 있다. 이때 몇 개 층은 식별되는 자산이 될 수 있는가? 「기업회계기준서」 제1116호는 물리적으로 구분될 수 있다면 더 큰 자산의 일부도 별도의 자산으로 식별될 수 있다고 본다. 건물의 한 층은 더 큰 자산인 전체 건물의 일부이지만 물리적으로 구분되므로 식별되는 자산이 될 수 있다.

그림 21. 2

리스의 식별5)

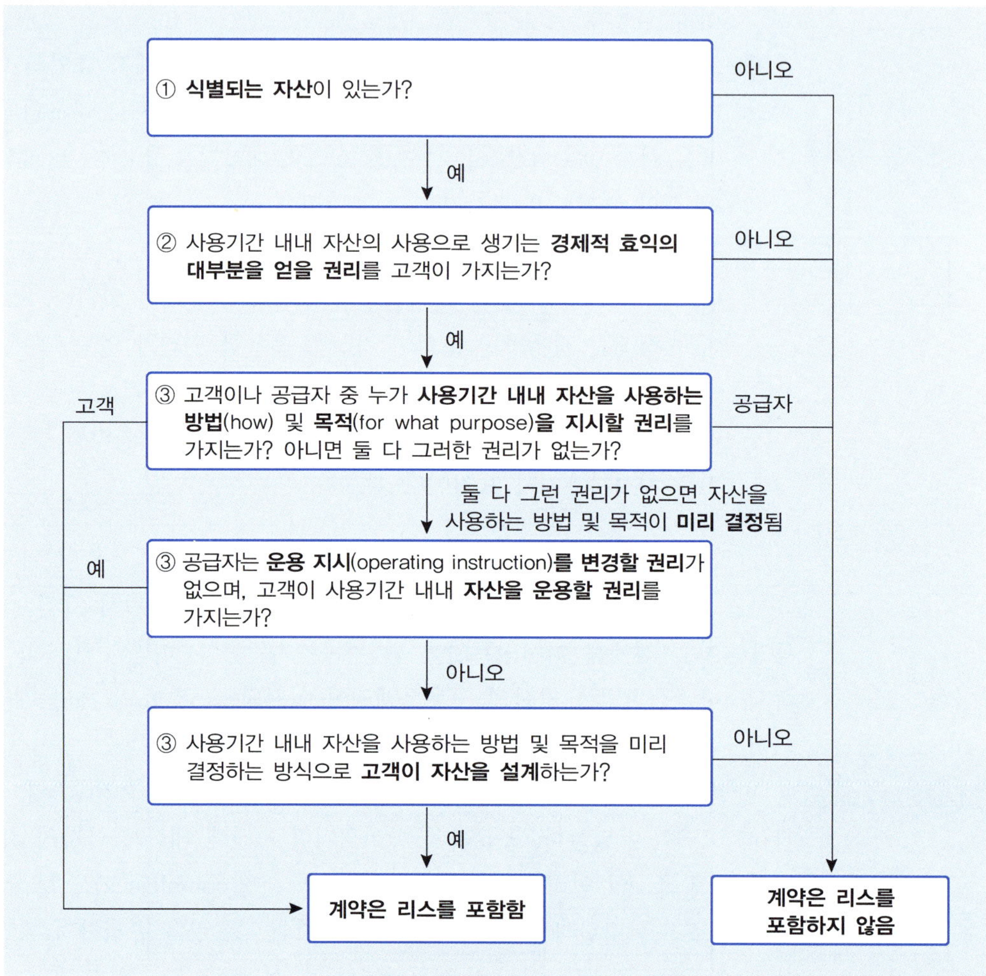

다음으로, [그림 21. 2]의 “사용기간 내내 자산의 사용으로 생기는 경제적 효익의 대부분을 얻을 권리를 고객이 가지는가?”에 대해서도 고객에게 배타적 사용권이 있다면 그러하다는 것을 앞에서 설명하였다. 다만 여기서도 실무적으로 발생할 수 있는 세부적 이슈가 있다. 예를 들어, 화물을 수송하기 위해 비행기나 선박을 통째로 사용하지 않고 일정 공간만 사용하는 경우가 흔하다. 이런 경우 고객은 비행기나 선박의 사용으로 생기는 경제적 효익의 대부분을 얻을 권리는 없는 것이다.

마지막으로, [그림 21. 2]의 나머지 부분은 전술한 자산사용지시 요건(③)의 충족 여부를 상세히 풀어서 나타낸 것이다. 즉, 자산사용지시 요건이 충족될 수 있는 경우의 수를 세 가지로 풀어서 보여준다. 첫 번째는, 사용기간 내내 자산의 사용 방법과 목적을

---

5) 「기업회계기준서」 제1116호 적용지침(Application Guidance) B31을 일부 수정하였음.

고객이 지시할 수 있는 경우이다. 두 번째는, 자산의 사용 방법과 목적이 미리 결정되어 있어서 고객도 공급자도 지시할 권리가 없을 때 고객이 사용기간 내내 자산을 운용할 권리를 가지며 공급자는 이 운용권을 변경할 수 없는 경우이다.[6] 세 번째는, 자산의 사용 방법과 목적을 미리 결정하는 방식으로 고객이 자산을 설계한 경우이다.[7] 이 세 가지 경우의 수에 있어서 고객이 사용기간 내내 **자산의 사용을 지시할 권리**가 있는 것으로 본다.

이상으로 특정 계약이 「기업회계기준서」 제1116호를 적용할 리스인지 또는 그런 리스를 포함하는지를 판단할 때(즉, 리스를 식별할 때) 적용할 세 가지 조건에 대해 살펴보았다. 이를 일목요연하게 요약하면 <표 21. 1>과 같다.

표 21. 1 리스의 식별을 위한 판단기준

<table>
<tr><th>리스의 식별</th><th colspan="2">판단기준</th></tr>
<tr><td rowspan="2">① 식별되는 자산이 있음 [우측 Ⓐ와 Ⓑ 모두 충족]</td><td colspan="2">Ⓐ 자산이 계약에 (명시적 또는 암묵적으로) 특정됨</td></tr>
<tr><td colspan="2">Ⓑ 공급자가 자산을 사용기간 내내 대체할 실질적인 능력이 없거나 자산 대체의 경제적 효익이 없음 (실질적 대체권 없음)</td></tr>
<tr><td rowspan="4">자산의 사용통제권이 일정 기간 고객에게 이전됨 [우측 ②와 ③ 모두 충족]</td><td colspan="2">② 사용기간 내내 자산의 사용으로 생기는 경제적 효익의 대부분을 얻을 권리를 고객이 보유함</td></tr>
<tr><td rowspan="3">③ 고객이 자산의 사용지시권을 보유함 [우측 셋 중 하나 충족]</td><td>사용기간 내내 자산의 사용 방법 및 목적을 지시할(변경할) 권리가 고객에게 있음</td></tr>
<tr><td>자산의 사용 방법 및 목적이 미리 결정되었고 고객이 사용기간 내내 자산을 운용할 권리가 있음</td></tr>
<tr><td>자산의 사용 방법과 목적을 미리 결정하는 방식으로 고객이 자산을 설계</td></tr>
</table>

6) 참고로 「기업회계기준서」 제1116호는 사용 방법과 목적의 변경 가능성을 판단하기 위한 예시적 기준으로 산출물 유형 변경권리, 생산시기 변경권리, 생산장소 변경권리, 생산 여부나 생산량 변경권리 등을 제시하고 있는데, 이를 보다 구체적으로 살펴보면 다음과 같다. 첫째, 자산이 생산하는 산출물의 유형을 변경할 권리이다(예 운송 컨테이너를 재화의 수송에 사용할지 저장에 사용할지를 결정하거나, 소매점포에서 판매되는 상품의 구성을 결정할 권리). 둘째, 산출물이 생산되는 시기를 변경할 권리이다(예 기계나 발전소를 사용할 시기를 결정할 권리). 셋째, 산출물이 생산되는 장소를 변경할 권리이다(예 트럭이나 선박의 목적지를 결정하거나, 설비를 사용하는 장소를 결정할 권리). 넷째, 산출물 생산 여부와 그 생산량을 변경할 권리이다(예 발전소에서 에너지 생산 여부를 결정하고, 그 발전소에서 생산하는 에너지 양을 결정할 권리).

7) 자산을 사용하는 방법 및 목적에 관련되는 결정은 다양한 방식으로 미리 내려질 수 있다. 예를 들면, 자산의 설계나 자산 사용에 대한 계약상 제약에 따라 관련되는 결정이 미리 내려질 수 있다.

예제 1[8)]

운송업자 A는 부산에서 멕시코까지 화물을 운송하려고 한다. 선박이 없는 A는 선주 B와 다음과 같은 계약을 맺었다. 아래 계약이 리스의 정의를 충족하는 리스계약으로 식별되는지 판단하라.

계약 1 : 계약기간은 5년이며, 계약대상인 선박이 계약서에 명시되어 있고, A가 선박의 대체를 막을 수 있고, 선주 B는 마음대로 다른 선박으로 대체할 수 없다. 선주 B가 배의 운행과 관리를 담당하면서 사용하는 방법이나 목적을 지시할 권리를 가지고 있고, 선박이용자 A의 재량으로 다른 사람을 고용하거나 본인이 직접 운영과 관리를 할 수 없다. 화물은 선박 용량의 대부분을 차지한다. 계약서에 운송할 화물, 출발일, 도착일, 항구 등이 명시되어 있다.

계약 2 : 상기 계약내용 중 운송화물, 운송시기 및 항구가 명시되어 있는 사항이 변경되었다. 운송업자인 A가 운송될 화물, 운송시기, 출발항, 도착항 등을 결정할 수 있어서, A가 선박을 언제 어떻게 사용할지를 지시할 수 있다. 즉, A는 선박의 사용을 지시할 권한이 있다. 물론 A 마음대로 위험한 특정 지역에는 못가도록 제한이 있지만, 이는 선박제공자인 B가 자산을 보호하기 위한 방어권에 해당하므로 A의 사용지시요건 충족여부에 영향을 미치지 않는다.

해 답

1. 계약 1

고객 A의 입장에서 이 계약이 리스에 해당하는지 살펴본다.

① 계약에 계약대상 선박이 명시되어 있다. 그리고 선주 B는 해당 선박을 다른 선박으로 바꿀 수 없기에 공급자는 대체할 수 있는 실질적 능력이 없고, 공급자의 대체권은 없다. 종합하면 식별되는 자산이 분명히 특정되어 있다.

② A가 운반하는 화물이 선박 용량의 대부분을 차지하므로 일정 기간 선박 사용에 따른 경제적 효익이 대부분 A에게 있다.

③ 선박의 일정 기간 사용지시요건의 경우 계약상 이미 운송되어야 할 화물과 운송시기, 항구가 명확히 정해져 있고, 선주 B가 배의 운영과 관리를 담당하면서 사용하는 방법이나 목적을 지시할 권리를 가진다. 따라서 A에게 선박의 사용을 지시할 수 있는 사용지시권이 없고, 동 사용지시권이 공급자에게 있다.

종합적으로 판단할 때 식별되는 자산은 있으나, 사용통제권이 공급자에게 있어서 결과적으로 리스의 정의를 충족하지 못하므로 리스기준서를 적용할 수 없다.

---

8) 예제 1부터 예제 8까지와 예제 15는 IFRS 16 Leases Examples을 활용하여 수정하거나 설명을 추가하였다.

<table>
<tr><th>구분</th><th colspan="4">검토요소</th><th colspan="3">검토결과</th></tr>
<tr><td rowspan="3">① 식별되는 자산</td><td colspan="4">분명히 측정 혹은 암묵적 특정</td><td colspan="2">분명히 특정</td><td rowspan="3">식별됨</td></tr>
<tr><td colspan="2" rowspan="2">공급자 대체권</td><td colspan="2">실질적 능력</td><td>무</td><td rowspan="2">무</td></tr>
<tr><td colspan="2">경제적 효익</td><td>무</td></tr>
<tr><td rowspan="4">사용통제권</td><td colspan="4">② 경제적 효익의 대부분을 얻을 권리</td><td colspan="2">고객</td><td rowspan="4">공급자 권리</td></tr>
<tr><td rowspan="3">③ 사용 지시권</td><td rowspan="3">사용방법과 사용목적을 지시할 권리</td><td colspan="2">고객</td><td>무</td><td rowspan="3">공급자</td></tr>
<tr><td rowspan="2">미리 결정</td><td>운용권리</td><td>해당 없음</td></tr>
<tr><td>설계</td><td>해당 없음</td></tr>
</table>

2. 계약 2

<table>
<tr><th>구분</th><th colspan="4">검토요소</th><th colspan="3">검토결과</th></tr>
<tr><td rowspan="3">① 식별되는 자산</td><td colspan="4">분명히 측정 혹은 암묵적 특정</td><td colspan="2">분명히 특정</td><td rowspan="3">식별됨</td></tr>
<tr><td colspan="2" rowspan="2">공급자 대체권</td><td colspan="2">실질적 능력</td><td>무</td><td rowspan="2">무</td></tr>
<tr><td colspan="2">경제적 효익</td><td>무</td></tr>
<tr><td rowspan="4">사용통제권</td><td colspan="4">② 경제적 효익의 대부분을 얻을 권리</td><td colspan="2">고객</td><td rowspan="4">고객의 권리</td></tr>
<tr><td rowspan="3">③ 사용 지시권</td><td rowspan="3">사용방법과 사용목적을 지시할 권리</td><td colspan="2">고객</td><td>유</td><td rowspan="3">고객</td></tr>
<tr><td rowspan="2">미리 결정</td><td>운용권리</td><td>해당 없음</td></tr>
<tr><td>설계</td><td>해당 없음</td></tr>
</table>

결과적으로 이 계약은 리스의 정의를 충족하므로 A가 사용권자산과 리스부채를 인식해야 한다.

3. 리스거래와 자본화 논쟁

앞서 살펴본 것처럼 리스거래는 거래의 경제적 실질(리스이용자의 자산 사용)과 법적 외형(리스제공자의 자산 소유권 보유)이 일치하지 않는다. 그 결과 경제적 실질이 아닌 법적 외형에 따라 리스거래를 회계처리할 경우 심각한 **부외부채**(off-balance sheet liabilities) 문제가 발생할 수 있다. 리스이용자가 리스계약을 통해 기초자산에 대한 실질적인 사용통제권을 보유하게 되는 경우, 법적 외형에 따른 회계처리가 이루어지게 되면 외부로부터 자금을 조달하여 직접 자산을 취득하는 것과 비교하여 경제적 실질이 유사함에도 기초자산과 자금조달과 관련한 부채가 동시에 누락되어 재무상태나 재무성과에 유의한 차이가 나타날 수 있기 때문이다.[9] 따라서 리스회계에서 가장 중요한 쟁점은

---

9) 법적 외형에 따른 회계처리 시 나타날 수 있는 문제점을 보다 구체적으로 살펴보면 다음과 같다. 첫째, 리스이용자의 재무상태 정보가 완전히 드러나지 않아 회계투명성이 저하되고 있다(**재무정보 투명성 저하**). 둘째, 리스이용 기업과 자금을 차입하여 자산을 구매하는 기업 간의 재무정보를 비교하는

법적 소유권이 리스제공자에게 있는 리스물건(기초자산)을 리스이용자의 자산으로 인식할 수 있는가, 즉 자본화(capitalization) 여부라 할 수 있다. 이와 관련하여 다음과 같은 두 가지 상반된 관점이 오랜 기간 대립되어 왔다.

먼저, **미이행계약적 관점**(executory contracts view)이다. 동 관점에서는 자본화(즉, 리스이용자의 기초자산 인식)를 반대한다. 리스계약은 구매계약이나 고용계약과 마찬가지로 계약의 당사자가 실행해야 할 의무가 상당히 남아 있는 미이행계약이므로 리스료의 수취(지급)분에 대해서만 회계처리해야 한다는 것이다.

이에 반해, **회계사상적 관점**(accounting events view)은 자본화를 찬성한다.[10] 리스계약의 체결이라는 사건이 두 거래 당사자의 재무상태 및 재무성과에 영향을 초래하며, 그 영향을 상당히 확실하게 측정할 수 있는 경우에는 리스계약을 회계사상으로 인식할 수 있으므로 리스자산의 이전과 함께 자본화할 수 있다는 것이다. 회계사상적 관점은 어떤 리스계약을 회계사상으로 간주하는가에 따라 다시 다음의 세 가지의 견해로 구분된다.

첫째, **할부매입**을 통해 취득한 자산을 자본화하는 만큼 할부매입과 유사한 리스계약도 자본화하여야 한다는 견해가 있다.

둘째, 리스기간이 장기인 리스는 리스물건에서 발생되는 **경제적 효익**의 대부분이 리스이용자에게 귀속되므로 계약기간이 장기인 리스계약을 모두 자본화하여야 한다는 견해가 있다.

셋째, 권리와 의무가 확정되었다고 볼 수 있는 **해지불능리스**를 자본화하여야 한다는 견해가 있다.[11]

개념적으로는 특정 거래의 경제적 실질과 법적 형식이 일치하지 않는 경우 전자를 후자에 우선하여 회계처리한다는 **경제적 실질 우선 원칙**(substance over form)에 따라 리스이용자는 계약의 실질적인 내용이 기초자산의 소유에 따른 일체의 **보상**(즉, 자산의 경제적 내용연수에 걸친 수익성 있는 운용과 가치의 증대 혹은 잔존가치의 실현에서 발생하는 이익의 기대치 등)과 **위험**(즉, 자산의 운휴, 기술적 진부화로 인한 손실 및 경제여건의 변화에 따른 수입액 변동의 가능성 등)을 리스이용자에게로 **이전**시키는 경우 해당

것이 불가능하다(즉, **비교가능성 저하**). 셋째, 위의 문제점들을 해소하기 위해 정보이용자가 운용리스 이용자의 공시사항을 기초로 부외자산과 부외부채 규모를 추정하여 재무정보를 조정하는 데 소요되는 시간과 비용이 늘어나고 있다(**재무정보 조정 원가 증대**).

10) **회계사상**이란 회계적 관점에서 거래가 될 수 있는 사건으로 ① 특정 사건이 이미 발생하였고, ② 발생된 사건이 기업의 재무상태와 재무성과에 영향을 미치며, ③ 그 미치는 영향을 어느 정도 정확하게 화폐액으로 측정할 수 있는 사건을 말한다.

11) 해지불능리스라도 취소할 수는 있다. 해지불능리스를 취소하게 되면 리스이용자는 상당한 위약금을 리스제공자에게 지불해야 하기 때문이다.

계약과 관련된 자산과 부채를 계상하는 **자본화**를 수행하여야 할 것이다.[12)]

그러나 현실에서는 경제적 실질과 법적 외형의 차이를 구분하는 것이 곤란하거나 기업이 부외부채 효과를 누리기 위해 제도적 허점을 악용하는 경우가 많았다.[13)] 이에 2019년부터 새롭게 적용되기 시작한 「기업회계기준서」 제1116호는 리스이용자가 일정 기간 **식별되는 자산의 사용통제권**을 보유하고 있는 경우 이를 리스로 분류하고, 원칙적으로 (단기리스, 소액리스 등 일부 예외를 제외한) 모든 리스계약에 대해 자본화하는 것을 의무화하고 있다.[14)]

제2절 리스이용자의 회계처리

앞서 소개한 것처럼 리스계약이 식별되고 나면, 리스이용자는 원칙적으로 기초자산에 대한 사용통제권을 '사용권자산'으로, 해당 사용통제권(혹은 기초자산)의 취득원가에 상응하는 금액을 '리스부채'로 각각 계상하여야 한다.

이 중 **리스부채**는 i) 먼저 **리스기간**을 산정하고, ii) 다음으로 리스기간 동안 발생할 리스료를 식별한 후, iii) 명목금액(혹은 미래가치)으로 표시된 리스료를 **적정 할인율로 할인**한 현재가치로 측정 · 인식한다.

리스부채 측정을 위한 첫 번째 요소인 **리스기간**은 다음 기간 모두와 리스이용자가 기초자산에 대한 사용통제권을 갖는 해지불능기간을 의미한다.

---

12) 경제적 내용연수는 리스제공자가 리스를 분류하기 위하여 필요한 개념이고, 내용연수는 감가상각에 사용하는 개념이다. **경제적 내용연수**(economic life)는 여러 이용자에 의한 리스자산의 일반적인 경제적 사용가능기간을 의미한다. 경제적 내용연수는 리스분류에서만 사용되는 개념으로 다음의 경우 중 하나에 해당하는 것이다: ① 하나 또는 그 이상의 사용자가 자산을 경제적으로 사용할 수 있는 예상 기간 혹은 ② 하나 또는 그 이상의 사용자가 자산에서 획득할 수 있을 것으로 기대하는 생산량이나 유사단위의 수량. **내용연수**(useful life)는 리스자산의 감가상각기간으로 사용되며, 리스제공자 또는 리스이용자에 의한 예상사용기간의 의미를 가진다. 다시 말해서 내용연수는 리스기간에 한정되지 않고, 리스기간 개시일부터 자산에 내재된 경제적 효익을 기업이 소비할 것으로 예상되는 잔여기간을 의미한다. 중고자산의 경우 내용연수와 경제적 내용연수 구분의 의미가 있다. 중고자산을 리스할 경우 경제적 내용연수보다 내용연수가 짧을 수 있다.

13) 2016년 국제회계기준위원회에서 발표한 자료에 따르면, 국제회계기준과 미국회계기준을 적용하는 30,000개 상장기업이 이용하는 리스 약정의 규모는 약 3.3조 달러이며, 그 금액 중 15%에 해당하는 5천억 달러만이 2014회계연도 리스이용자의 자산과 부채로 인식되고, 나머지 85%에 해당하는 2조 8천억 달러가 14,000개 상장기업의 재무제표에 나타나지 않고 있다. 특히 항공업, 운송업, 여행업, 레저업계가 이용하는 운송수단 등이 부외자산의 70% 이상을 차지하고 있는 것으로 조사되었다 (http://www.ifrs.org/Current-Projects/IASB-Projects/Leases/archive/Pages/Iasb-shine-light-on-leases).

14) 이러한 회계처리를 '금융리스'라고 하며 제2~3절에서 보다 자세히 학습하도록 한다.

① 리스이용자가 리스 **연장선택권**(extension option)을 행사할 것이 상당히 확실한 (reasonably certain) 경우에 그 선택권의 대상 기간[15)]

② 리스이용자가 리스 **종료선택권**(termination option)을 행사하지 않을 것이 상당히 확실한 경우에 그 선택권의 대상 기간

리스계약에 연장선택권 또는 종료선택권이 포함되어 있는 경우 해당 선택권의 행사 가능성이 **상당히 확실**(reasonably certain)한지를 평가하여야 한다. 연장선택권 또는 종료선택권에 대한 행사가능성 평가(혹은 선택권 행사의 상당한 확실성 여부 판단)는 **리스개시일**(commencement date)에 다음과 같은 요소를 종합적으로 고려하여 실시하도록 한다. 예를 들어, 일반적으로

- 선택권 행사기간 동안 계약조건이 시장요율과 비교하여 유리할수록,
- 리스이용자가 기초자산에 이미 유의한 리스개량을 수행한 경우,
- 협상 · 재배치 · 다른 기초자산의 탐색 등으로 인한 리스종료원가가 높을수록,
- 리스이용자의 영업활동에 기초자산의 중요성이 클수록,
- 선택권을 행사할 수 있는 조건의 충족이 용이할수록,
- 해지불능리스에서 해지불능기간이 짧을수록(리스이용자가 인식할 사용권자산 대체원가가 해지불능기간이 짧은 정도에 비례해서 증가하기 때문임),
- 유사한 리스에서 과거에 선택권을 행사한 경제적 이유가 현재의 상황과 유사할수록

연장선택권(종료선택권)을 행사할 가능성이 증가(감소)한다고 볼 수 있다. 여기서 리스개시일은 리스제공자가 리스이용자에게 기초자산을 사용할 수 있도록 한 날로서 재무제표에 리스거래를 인식하는 날을 의미한다.[16)] 한편, 리스기간의 평가에 영향을 미치는 유의적인 사건이나 상황의 변화가 있을 때에는 다른 회계처리에서와 동일하게 리스기간을 재평가한다.

리스부채 측정을 위한 두 번째 요소인 리스료는 리스이용자가 리스기간 동안 기초자산에 대한 사용통제권을 보유함에 따라 리스제공자에게 지급해야 하는 미래 현금유출액을 총칭하며, i) 고정리스료, ii) 변동리스료, iii) 매수선택권 행사가격, iv) 종료 부담금, v) 잔존가치보증에 따라 지급할 금액 등으로 구성된다. 여기서 **고정리스료**(fixed lease

---

15) 'reasonably certain'은 'virtually certain'보다는 약간 낮은 수준의 확신을 요구하는 것으로 판단되므로 이를 구분하기 위하여 '거의 확실한'이 아닌 '상당히 확실한'으로 번역하였다.

16) 리스개시일은 리스계약일과 리스의 주요 조건에 대해서 합의한 날 중 이른 날을 의미하는 리스약정일과 구분되는 개념이다. 리스약정일에 리스이용자는 계약에 포함된 리스(요소)를 식별하고 리스제공자는 리스 유형(후술할 '금융리스 vs. 운용리스')을 구분하나, 실제 거래가 발생한 것은 아니므로 리스거래와 관련한 회계처리가 이루어지지는 않는다. 반면, 리스개시일에는 실제 거래가 발생함에 따라 리스거래와 관련한 회계처리가 이루어진다.

payments)는 리스기간 동안 지급할 리스료가 사전에 확정되어 있는 경우를 의미하며 실질적인 고정리스료는 포함하되 리스제공자로부터 받을 리스인센티브는 차감한 순액으로 인식한다. 참고로 고정리스료는 리스료가 사전적으로 확정된 경우를 의미하므로, 리스료가 변동되더라도 사전에 확정된 금액으로 변동되는 경우라면 변동리스료가 아닌 고정리스료로 분류된다(예 전체 리스기간 10년 중 첫 5년은 월 100만원, 나머지 5년은 월 150만원 지급). **변동리스료**(variable lease payments)는 소비자물가지수, 벤치마크이자율(예 London Inter-Bank Offered Rate : LIBOR), 시장대여요율(market rental rates) 등과 같은 '지수'나 '요율'에 따라 리스료가 변동하는 경우의 리스료를 의미하며, 리스부채 최초 측정(initial measurement) 시 리스개시일의 지수나 요율에 기초하여 산정한다. 다만, 리스료가 변동하더라도 그 원인이 기초자산에서 생기는 리스이용자의 성과(예 부동산 리스의 경우 부동산에서 발생하는 임대수익의 일정 비율로 리스료 결정), 혹은 기초자산의 사용 정도(예 선박 리스에서 운항 거리에 따라 리스료 결정) 등 리스이용자의 리스자산 사용과 관련된 경우에는 전술한 변동리스료에 해당하지 않는다는 점에 유의할 필요가 있다. 이는 외생적 요인에 해당하는 지수나 요율과 달리 리스이용자가 자신의 의도(혹은 사용)에 따라 리스료의 지급을 얼마든지 회피할 수 있으므로 리스개시일 현재 리스이용자가 부담할 현재의무가 존재하지 않기 때문이다. 따라서 리스이용자가 통제할 수 있는 원인으로 인해 변동하는 리스료는 리스부채 측정에서도 제외된다. 매수선택권 행사가격, 종료 부담금, 잔존가치보증 등은 후술한다.

리스부채 측정을 위한 마지막 요소인 **할인율**은 이를 쉽게 산정할(알) 수 있는 경우 **리스 내재이자율**(interest rate implicit in the lease; 이후 '내재이자율'이라고 함)을 사용하되, 그렇지 않으면 **리스이용자의 증분차입이자율**(lessee's incremental borrowing rate; 이후 '증분차입이자율'이라고 함)을 사용한다.[17] 내재이자율이란 리스료의 현재가치와 무보증잔존가치의 현재가치 합계액을 기초자산의 공정가치와 리스제공자의 리스개설직접원가(initial direct cost)의 합계액과 일치시키는 이자율로서, 개념적으로는 리스제공자가 획득할 투자수익률, 즉 내부수익률(internal rate of return : IRR)에 해당한다. 한편, **증분차입이자율**은 리스이용자가 비슷한 경제적 환경에서 비슷한 기간에 걸쳐 비슷한 담보로 사용권자산과 가치가 비슷한 자산 획득에 필요한 자금을 차입한다고 가정할 때 적용받을 이자율을 의미한다.[18]

---

17) 내재이자율은 리스자산의 취득에 필요한 자금조달 시 적용되는 이자율에 리스제공자의 이익률을 가산한 개념으로 리스제공자의 목표수익률이다. 내재이자율에 의한 이자수익에서 리스자산 취득에 필요한 자금조달로 인하여 발생하는 이자비용의 차액이 리스제공자의 영업이익이다. 목표수익률은 리스료를 산정하기 위하여 사전적으로 설정한 이자율이며, 내재이자율은 리스료가 결정된 이후 사후적으로 당해 리스에서 획득하는 수익률이다. 이와 같이 목표수익률과 내재이자율은 그 값은 동일하나, 의미는 다르다.

1. 최초 측정

(1) 리스부채의 최초 측정

리스이용자는 리스개시일 현재 미지급된 리스료의 현재가치를 측정하여 **리스부채**로 인식한다. 리스개시일에 리스부채의 측정에 포함되는 **리스료**는 리스기간에 걸쳐 기초자산을 사용하는 권리에 대한 지급액 중 현재 지급되지 않은 다음 금액으로 구성된다.

① **고정리스료**(실질적인 고정리스료(any in-substance fixed lease payments)를 포함하며, 아직 수취하지는 않았지만 미래 수취할(receivable) **리스인센티브**를 차감한 금액)[19][20]

② 지수나 요율(이율)에 따라 달라지는 **변동리스료**

③ **잔존가치보증**(residual value guarantee)에 따라 리스이용자가 지급할 것으로 예상되는 금액[21]

④ 리스이용자가 매수선택권을 행사할 것이 상당히 확실한 경우에 그 **매수선택권의 행사가격**

---

18) 개념적으로는 리스이용자가 리스부채 측정 시 리스계약의 내재이자율을 할인율로 사용하는 것이 이상적이나, 현실에서는 리스이용자가 리스제공자의 내재이자율을 관측하는 것이 실무적으로 용이하지 않음에 따라 차선책으로 자신의 증분차입이자율을 적용하는 것이 일반적이다.

19) 리스개시일 현재 이미 지급한 리스료는 더 이상 지급 의무가 없으므로 리스부채 측정에서 제외한다.

20) **실질적인 고정리스료**의 의미는 리스기준서 제1116호 적용지침 B42에서 제시하고 있다. 실질적인 고정리스료란 형식적으로 변동성을 내포하고 있지만, 실질적으로 회피할 수 없는 리스료를 의미한다. 변동리스료와 유사하게 설계하였지만 동 리스료에 진정한 변동성을 포함시키지 않는 경우이다. 구체적인 예를 살펴보면, 리스기간 동안 기초자산이 작동할 경우에만 리스료를 지급하는 경우 혹은 리스개시일에 기초자산의 사용과 관련하여 변동리스료를 지급하는 조건으로 설계하였지만, 기초자산에 대한 변동성이 없어지는 시점부터 리스종료시점까지 고정리스료를 지급하는 경우가 있다.

21) **잔존가치보증**은 잔존가치를 보증하는 행위를 의미하며, **보증잔존가치**는 보증한 잔존가치 금액을 의미한다. 구체적으로 ③은 보증잔존가치에 대한 이자로 지급할 금액과 실제잔존가치가 보증잔존가치에 미달되어 지급할 금액을 포함한다. 리스이용자의 경우 리스이용자와 리스이용자의 특수관계자가 리스기간 종료 시 리스자산의 잔존가치 중 일부 또는 전부를 보증한 경우에 지급할 것이 예상되는 금액이다. 반면에, 리스제공자의 경우에는 리스이용자와 리스이용자의 특수관계자뿐만 아니라 리스제공자의 제3자가 보증한 경우에 지급할 것이 예상되는 금액을 추가적으로 포함한다. 따라서 동 금액은 리스제공자와 특수관계에 있지 않은 당사자가 리스제공자에게 보증을 제공하여 지급할 것이 예상되는 금액으로 이해할 수 있다. 보증한 제3자가 보증금액을 부담하고 나서 리스이용자에게 구상권을 행사할 수 있다면, 궁극적으로 리스이용자가 부담하게 되므로, 이런 경우에는 제3자의 보증을 리스이용자의 보증으로 이해하는 것이 타당하다. 그러나 제3자가 리스이용자에게 구상권을 행사할 수 없고, 당해 리스자산을 소유 및 처분하여 보증금액을 회수한다면 리스제공자에게는 잔존가치보증에 해당하지만, 리스이용자에게는 잔존가치보증에 해당하지 않는다. 한편, 리스제공자가 실현할 수 있을지 확실하지 않거나 리스제공자의 특수관계자만이 보증한, 기초자산의 잔존가치부분을 **무보증잔존가치**라 한다.

⑤ 리스이용자가 종료선택권을 행사할 것이 상당히 확실하여 리스기간 산정에 반영된 경우, 그 리스를 종료하기 위하여 필요한 **부담금**.[22] 예를 들면, 해지불능리스에서 해지불능기간이 리스개시일로부터 3년이지만, 리스이용자가 리스개시일로부터 2년이 경과한 시점에서 종료선택권을 행사할 가능성이 상당히 확실한 경우 리스를 종료하기 위하여 지급하는 부담금이다.

한편, 위에서 ①과 ②는 상호배타적이므로 동시에 발생할 수 없는데, 리스료는 계약상 고정된 조건이나 변동부 조건 중 하나로 결정되기 때문이다. 유사한 이유로 ③과 ④ 및 ④와 ⑤도 상호배타적으로서 동시에 발생할 수 없다.

(2) 사용권자산의 최초 측정

리스이용자는 리스개시일에 리스부채와 함께 기초자산에 대한 사용통제권에 해당하는 권리를 사용권자산으로 인식해야 한다. **사용권자산**은 원가로 측정되며, 다음 항목으로 구성된다.[23]

① **리스부채**의 최초 측정금액
② 리스개시일이나 그 전에 지급한 **선급리스료**(이미 수령한 **리스인센티브**는 차감)
③ 리스이용자가 부담하는 **리스개설직접원가**
④ **해체원가** 혹은 **복구원가**[24]

이처럼 사용권자산의 최초 측정금액은 일반적인 자산 취득가액 측정 원칙(경영자가 특정 자산을 의도된 상태에 이르게 하는 데 소요된 회피불능한 모든 원가를 취득원가에 포함)에 따라 ① 리스부채의 최초 측정금액 외에도 ②~④에 해당하는 3가지 항목을 추가적으로 포함한다. 따라서 리스이용자가 최초로 인식하는 사용권자산의 측정금액이 리스부채와 항상 일치하지 않음에 유의할 필요가 있다. 예를 들어, ②는 이미 지급한 리스료이므로 더 이상 부채(미래에 지급할 현재의무)는 아니나, 기초자산에 대한 사용통제권을 취득하기 위해 반드시 필요한 지출이므로 자산 취득가액에 가산한다. ③ 리스개설직접원가는 "리스계약을 체결하지 않았더라면 부담하지 않았을 리스체결의 증분원가"를

22) 리스개시일에 판단할 때 종료선택권을 행사하지 않을 것이 상당히 확실하면, 종료부담금은 리스부채에 포함되지 않는다. 한편, 리스이용자에게 리스연장의무조건이 부과된 경우, 리스기간 연장이 상당히 확실하여 부담금 지급이 예상되지 않는다면 부담금을 리스료 계산에 포함하지 않고, 연장하는 리스기간의 리스료를 리스료 계산에 포함한다. 하지만 리스연장의무조건이 부과된 경우, 리스기간 연장이 상당히 확실하지 않아서 부담금 지급이 예상된다면, 부담금을 리스료 계산에 포함하여야 한다.
23) 기초자산은 리스물건을 의미하고, 사용권자산은 리스이용자의 기초자산을 사용할 권리를 의미한다.
24) 단, 그 원가가 재고자산의 생산 때문에 생긴 것이 아니어야 한다.

의미하는데, 이 역시 정의에서와 같이 리스계약 체결과 관련하여 발생한 취득 부대비용이므로 사용권자산 가액에 포함한다(예 리스이용자가 부담하는 취득 관련 수수료 또는 각종 세금). ④의 해체원가 혹은 복구원가도 유형자산과 관련한 해체 또는 복구원가를 유형자산 취득가액에 포함시키는 것과 동일하게 사용권자산에 포함한다.

예제 2

리스이용자는 건물의 1개 층을 10년간 리스하는 계약을 체결하였다. 동 리스에는 리스기간을 5년 연장할 수 있는 연장선택권이 포함되어 있다. 리스료는 처음 10년간에는 매년 ₩50,000이며, 연장기간 동안에는 매년 ₩55,000이다. 그리고 리스료는 전부 매년 초에 지급하는 조건이다. 리스와 관련하여 리스이용자가 부담하는 리스개설직접원가가 ₩20,000(₩15,000은 직전 리스이용자에게 지급한 권리금, ₩5,000은 부동산중개료)이 발생하였다. 리스제공자는 부동산중개료 ₩5,000을 리스인센티브 명목으로 리스이용자에게 환불해주기로 하였다.

리스개시일에 리스이용자는 연장선택권을 행사할 가능성이 상당히 확실하지는 않은 것으로 판단하여, 리스기간을 10년으로 하여 리스부채와 사용권자산을 계상하기로 결정하였다. 리스이용자는 리스기간에 걸쳐 사용권자산의 미래 경제적 효익을 균등하게 사용할 것으로 기대하고 있어서 사용권자산을 정액법으로 상각하며, 사용권자산의 잔존가치는 없다.

리스이용자는 리스제공자의 내재이자율을 알 수 없고, 리스이용자가 동일 통화로 10년간 유사한 담보를 제공하고 사용권자산의 가치와 유사한 금액을 차입할 경우 적용될 수 있는 고정금리를 반영하는 리스이용자의 증분차입이자율은 5%이다. 리스개시일에 리스이용자는 1차 연도 리스료를 지급하였고, 발생한 리스개설직접원가 ₩20,000을 현금으로 지급하였으며, 리스인센티브 ₩5,000을 현금으로 수취하였다.

1. 리스개시일의 리스부채와 사용권자산을 최초 측정하고 분개하라.

해 답

1. 리스개시일의 리스부채와 사용권자산의 최초 측정과 분개

(차) 사용권자산	405,391	(대) 리스부채	355,391*
		현　금 (1차 연도 리스료)	50,000

$$* \left(1+\frac{1-(1.05)^{-9}}{0.05}\right)\times ₩50{,}000-₩50{,}000$$

(차) 사용권자산	20,000	(대) 현　금 (리스개설직접원가)	20,000
(차) 현　금	5,000	(대) 사용권자산 (리스인센티브)	5,000

따라서 리스개시일의 리스부채는 ₩355,391이며, 사용권자산은 ₩420,391(= ₩405,391 + ₩20,000 − ₩5,000)이다. 리스개시일에 이미 지급한 1차 연도 리스료는 리스부채에 포함하지 않는다.

2. 후속 측정(subsequent measurement)

(1) 리스부채의 후속 측정

리스이용자는 리스개시일 후에 다음을 반영하여 리스부채를 후속 측정한다. ①은 현재가치를 보고시점의 가치로 조정해주는 절차이며, ②와 ③은 리스거래의 변경된 실질을 사후적으로 업데이트해주는 절차로 이해될 수 있다.

① 리스부채에 대한 이자를 반영하여 장부금액을 **증액**
② 지급한 리스료를 반영하여 장부금액을 **감액**
③ **재평가** 또는 **리스변경**을 반영하거나, 실질적인 고정리스료의 변경을 반영하여 장부금액을 **재측정**

(2) 사용권자산의 후속 측정

리스이용자는 리스개시일 후에 **원가모형**에 따라 ①과 ②의 조정을 거쳐 사용권자산을 후속 측정한다.

① 감가상각누계액과 손상차손누계액을 차감
② **재평가**(reassessment) 또는 **리스변경**(lease modification)을 반영하거나, **실질적인 고정리스료의 변경**을 반영하여 리스부채의 재측정을 위한 조정

①의 사용권자산의 감가상각과 관련하여 리스이용자는 원칙적으로 리스개시일부터 사용권자산의 내용연수 종료일과 리스기간 종료일 중 이른 날까지 사용권자산을 감가상각한다. 그러나 리스가 리스기간 종료시점까지 리스이용자에게 기초자산의 소유권을 이전하거나 사용권자산의 원가에 리스이용자가 행사할 가능성이 있는 매수선택권의 가치가 반영되는 경우에는 리스계약이 종료된 이후에도 리스이용자가 기초자산을 계속해서 사용할 가능성이 높으므로, 거래의 실질에 따라 리스이용자는 리스개시일부터 리스기간 종료시점이 아닌 기초자산의 내용연수 종료시점까지 사용권자산을 감가상각한다.

사용권자산의 감가상각(리스이용자) : 정액법인 경우

• 리스기간 종료시 소유권이전이 상당히 확실한 리스인 경우 :
감가상각비 = (취득원가* − 기초자산 내용연수 종료 후 추정잔존가치) ÷ 기초자산의 내용연수

• 소유권 이전이 상당히 확실하지 않은 리스인 경우 :
감가상각비 = (취득원가* − 리스기간 종료 후 잔존가치보증에 따라 지급할 금액**) ÷ Min(리스기간, 사용권자산의 내용연수 종료일)

* 사용권자산의 최초 장부금액
** 잔존가치보증을 하지 않는 경우에는 리스기간 종료 후 사용권자산의 잔존가치는 0

한편, 다음의 2가지 경우에는 예외적으로 앞서 살펴본 원가모형을 적용하지 않을 수 있다.

① 투자부동산에 공정가치모형을 적용한 경우라면 투자부동산인 사용권자산에도 **공정가치모형**을 적용한다.

② 유형자산 분류에 따라 재평가모형을 적용한 경우라면 해당 분류에 속하는 사용권자산에 **재평가모형**을 선택가능하다.

예제 3

일관성과 연결성을 위하여 <예제 2>의 내용을 그대로 이용한다.

1. 6차 연도 초와 6차 연도 말 시점의 분개를 하고, 6차 연도 말 시점에서 리스부채와 사용권자산을 후속 측정하라.

해 답

1. 리스부채와 사용권자산의 **후속 측정**
다음의 상각표를 활용하면 리스부채와 사용권자산에 대한 분개와 **후속 측정**을 효율적으로 수행할 수 있다.

리스부채와 사용권자산의 후속 측정을 위한 리스기간 변경 전 상각표[25)]

연도	리스부채				사용권자산		
	기초 장부금액	리스료	이자비용* (5%)	기말 장부금액	기초 장부금액	감가 상각비	기말 장부금액
1차 연도	₩355,391	–	₩17,770	₩373,161	₩420,391	₩(42,039)	₩378,352
2차 연도	373,161	₩(50,000)	16,158	339,319	378,352	(42,039)	336,313
3차 연도	339,319	(50,000)	14,466	303,785	336,313	(42,039)	294,274
4차 연도	303,785	(50,000)	12,689	266,474	294,274	(42,039)	252,235
5차 연도	266,474	(50,000)	10,823	227,297	252,235	(42,039)	210,196
6차 연도	227,297	(50,000)	8,865*	186,162	210,196	(42,039)	168,157

* 리스료가 기초에 지급되므로 기초장부금액에서 리스료를 차감한 후의 금액에 이자율을 곱함

6차 연도 초:

(차) 리스부채	50,000	(대) 현　　금	50,000

6차 연도 말:

(차) 이자비용	8,865	(대) 리스부채	8,865
감가상각비	42,039*	감가상각누계액	42,039

* ₩210,196 ÷ 5년

리스부채와 사용권자산의 후속 측정을 위한 리스기간 변경 전 상각표를 보면, 6차 연도 말에 리스기간 변경이 이루어지기 전 리스부채는 ₩186,162(아직 지급하지 않은 4회 리스료를 5% 이자율로 할인한 금액)이며, 6차 연도 말 사용권자산은 ₩168,157이고, 6차 연도에 발생한 이자비용은 ₩8,865이며, 감가상각비는 ₩42,039이다.

참고로 <예제 3>에서는 리스부채와 사용권자산의 '통상적인 후속 측정'을 다루었다. 반면, 이어지는 <예제 4~5>는 '재평가'로 인한 리스부채와 사용권자산의 재측정을, <예제 6~8>은 '리스변경'으로 인한 리스부채와 사용권자산 재측정을 각각 다루고 있다. 이처럼 재평가로 인한 리스부채와 사용권자산의 재측정과 리스변경으로 인한 리스부채와 사용권자산의 재측정 역시 리스부채 후속 측정의 일부분이라는 점을 간과하지 않아야 한다.

25) 사채회계에서는 유효이자와 액면이자 간 차이만이 기말 장부금액에 영향을 미치지만, 리스회계에서는 리스료와 이자비용 각각이 기말 장부금액에 영향을 미친다. 따라서 리스기준서에서 요구하는 것을 반영하여 리스료와 이자비용이 기말 장부금액에 미치는 영향을 효율적으로 간편하게 나타낼 수 있도록 사채회계에서의 상각표를 변형하여 리스회계의 상각표로 사용한다.

3. 재평가로 인한 리스부채와 사용권자산의 재측정(remeasurement)

리스이용자는 리스개시일 후 리스료에 생기는 변동을 반영하기 위하여 리스부채를 **재측정**해야 한다. 또한 사용권자산이 리스부채를 포함하므로 리스이용자는 리스부채를 재측정하는 경우, 이를 사용권자산에 반영함으로써 사용권자산도 자연스럽게 재측정하게 된다. 즉, 리스부채 조정을 위한 회계처리를 수행함에 있어 사용권자산이 상대 계정과목으로 사용된다. 다만, 자산을 음(-)의 금액으로 계상할 수 없으므로 사용권자산의 장부금액이 영(0)으로 감소한 상황에서 리스부채 측정치가 그보다 더 많이 줄어드는 경우, 리스이용자는 그 차액[음(-)의 사용권자산 가액에 해당하는 금액]을 당기손익으로 인식한다. 예를 들어, 사용권자산을 정률법으로 급속상각한 경우 재측정에 따른 리스부채의 감소액이 사용권자산 미상각잔액을 초과하는 경우가 발생할 수 있다.

리스개시일 후 리스부채를 재측정하기 위해서 리스부채의 구성요소를 파악할 필요가 있다. 계약조건에 따라 다를 수 있으나, 일반적으로 고정리스료, 변동리스료, 잔존가치보증에 따라 지급할 금액, 조건부 대가(매수선택권, 연장선택권, 종료선택권 등과 관련된 대가) 등으로 구성되어 있다. 따라서 후속적으로 변동리스료에 영향을 주는 물가지수나 시장 대여요율의 변동, 잔존가치보증에 따라 지급할 금액의 변동, 매수선택권 행사가격의 변동, 연장신댁권이나 종료선택권 행사가능성 변화에 따른 리스기간의 변경 등을 **재평가**한 결과, 유의한 변동이 있을 경우 이를 반영하여 리스부채와 사용권자산의 장부금액을 조정해야 한다.[26] 한편, 앞서 설명한 것처럼 계약상 매출액이나 사용량 등에 연동하여 추가 대가를 지급하기로 하는 등 리스료에 변동이 발생한다면, 이는 리스부채에 반영하지 않고 발생연도의 당기비용으로 인식한다.

한편, 리스이용자는 리스기간이나 리스료가 변경되는 경우 리스부채 재측정을 위해 새롭게 산정된 리스료(수정리스료)에 적용할 할인율을 적절히 선택하는 것이 중요하다.

먼저, 다음 2가지 경우와 같이 리스기간이나 매수선택권의 행사가능성에 대한 평가로 인해 리스료에 변동이 있는 경우에는, 리스거래의 경제적 실질이 변화하는 중대한 변화이므로 변경된 조건에 따라 새롭게 산정된 **수정할인율**(남은 리스기간의 내재이자율 혹은 리스재평가일 현재 리스이용자의 증분차입이자율)에 따라 리스부채를 재측정한다.

① 리스이용자는 **연장선택권**이나 **종료선택권** 행사가능성의 변화에 따라 변경된 **리스기간**에 기초하여 수정리스료를 산정한다.

---

26) 리스제공자는 이러한 사건이 발생하면 금융리스의 경우에 수취채권, 운용리스의 경우에 운용리스료수익을 조정하여 회계처리한다. 이자율의 변동으로 인한 위험을 리스이용자가 부담하는 경우 동 리스는 리스제공자에게 금융리스이다. 그렇기 때문에 리스가 운용리스로 분류되는 경우에는 이자율의 변동으로 인하여 조정된 운용리스료수익이 리스제공자에게 발생할 수 없다.

② 리스이용자는 **매수선택권** 행사가격의 변동을 반영하기 위하여 수정리스료를 산정한다.

그러나 다음 2가지 경우와 같이 잔존가치보증에 대한 추정이나 변동리스료의 산정의 기초가 되는 지수나 요율의 변동으로 인해 리스료가 변경되는 경우에는 동일한 경제적 실질 하에 추정이 변경된 것으로 보아 **최초할인율**(원래 적용 중이던 내재이자율이나 이를 모를 경우 증분차입이자율)로 수정리스료를 할인하여 리스부채를 재측정한다.

③ 리스이용자는 **잔존가치보증**에 따라 지급할 것으로 예상되는 금액의 변동을 반영하기 위하여 수정리스료를 산정한다.

④ 리스료를 산정할 때 사용한 **물가지수**나 **시장 대여요율**의 변동을 반영하기 위하여 수정리스료를 산정한다.

다만, ②와 관련하여 지수와 요율 변경 중에서도 변동이자율(floating interest rate)의 변경에 의해 리스료가 변경되는 경우에는 수정할인율을 적용함에 유의할 필요가 있다.

이상의 리스부채 및 사용권자산 재측정 시 적용되는 할인율을 정리하면 다음 <표 21. 2>와 같다.

표 21. 2

리스부채 및 사용권자산 재측정 시 적용 할인율

리스료 수정 사유	적용 할인율
① 연장선택권이나 종료선택권 행사가능성의 변화에 따라 리스기간이 변경되는 경우	수정할인율(남은 리스기간의 내재이자율 혹은 리스재평가일 현재 리스이용자의 증분차입이자율)
② 매수선택권 평가에 변동이 있는 경우	
③ 잔존가치보증에 따라 지급할 것으로 예상되는 금액에 변동이 있는 경우	최초할인율(원래 적용 중이던 내재이자율이나, 이를 모를 경우 증분차입이자율)
④ 리스료를 산정할 때 사용한 물가지수나 시장 대여요율에 의해 리스료가 변동되는 경우주)	

주) 변동이자율(floating interest rate)의 변경에 의해 리스료가 변경되는 경우에는 수정할인율 적용

한편, 리스료를 산정함에 있어 기초자산의 사양이나 성능이 기대치에 미치지 못함에 따라 리스이용자와 리스제공자가 협의하에 리스료를 조정하는 등 지수나 요율의 변동이 아닌 다른 이유에 의해 미래 리스료가 변동된 경우에는 리스부채를 재평가하지 않고, 변동금액을 당기손익으로 인식한다.

예제 4

본 예제는 <예제 3>에서 연결된다. 리스 6차 연도에 리스이용자는 A기업을 인수하였다. A기업은 다른 건물의 1개 층을 리스하여 이용하고 있었다. A기업의 리스계약에는 A기업이 행사할 수 있는 종료선택권이 포함되어 있다. 리스이용자는 A기업을 인수함에 따라 증가된 인력을 수용할 수 있도록 건물의 2개 층이 필요하다. 리스이용자는 비용을 최소화하기 위하여 현재 리스하고 있는 건물에서 7차 연도 말부터 공실이 발생하는 1개 층을 8차 연도 초부터 8년간 별개로 리스하기로 하였고, A기업의 기존 리스계약을 8차 연도 초부터 종료하기로 하였다.

A기업에서 근무하던 인력을 리스이용자가 리스하고 있는 동일한 건물로 이동시킬 필요성이 발생하여, 10년간의 취소불가능한 리스기간이 끝나는 시점에 리스이용자는 원래의 리스기간을 연장할 경제적 인센티브가 생겼다. A기업의 인수와 A기업 인력의 재배치는 리스이용자의 통제범위에 있는 중요한 사건이며, 동 사건은 사용권자산과 리스부채를 계상하기 위하여 최초 리스기간을 결정할 때 고려하지 않았던 연장선택권의 행사가 상당히 확실한지 여부에 영향을 미친다. 왜냐하면 원래 리스한 건물의 1개 층이 연장선택권 기간동안 유사한 리스료를 지급하고 리스할 수 있는 다른 건물과 비교하였을 때 더 많은 효용을 가지고 있기 때문이다. 다른 건물을 리스하면 인력 분산으로 인하여 추가적 비용이 발생할 것이다. 결국 6차 연도 말에 리스이용자는 A기업의 인수와 A기업 인력의 재배치로 인해 원래 리스기간을 연장하는 연장선택권을 행사하는 것이 상당히 확실하다고 결론지었다. 한편, 6차 연도 말에 리스이용자의 증분차입이자율은 6%이다. 6차 연도 말 시점의 리스기간 변경으로 인한 리스부채와 사용권자산의 재측정과 분개를 하라.

해 답

리스이용자는 6차 연도 말 시점에 연장선택권 행사가능성이 상당히 확실해짐에 따른 리스기간 변경으로 인하여 리스부채를 재측정해야 한다. 리스부채는 7차 연도부터 10차 연도까지 4회 지급할 ₩50,000과 연장된 리스기간 동안 5회 지급할 ₩55,000을 6% 이자율로 할인한 현재가치인 ₩378,174이다. ₩378,174는 다음과 같이 계산한다. 계산과정을 보면 리스부채는 앞 부분인 기초연금의 현재가치와 뒷 부분인 이연연금(4년 거치 후, 매년 초에 5년간 현금흐름 발생)의 현재가치로 구성되어 있음을 알 수 있다.

기초연금의 현재가치 + 이연연금의 현재가치

$$= \left\{ 1 + \frac{1-(1.06)^{-3}}{0.06} \right\} \times ₩50{,}000 \quad + \quad \left[\left\{ 1 + \frac{1-(1.06)^{-4}}{0.06} \right\} \times ₩55{,}000\right] \div (1.06)^4$$

$$= ₩378{,}174$$

따라서 리스이용자는 6차 연도 말에 리스부채를 ₩192,012(= ₩378,174 − ₩186,162) 만큼 증가시켜야 한다.

(차) 사용권자산	192,012	(대) 리스부채	192,012

6차 연도 말 재측정 후 사용권자산의 장부금액은 ₩360,169(₩168,157+₩192,012)이며, 7차 연도부터 리스이용자는 리스부채에 대한 이자비용을 수정할인율(연장선택권 행사가능성의 변화에 따라 변경된 리스기간에 기초하여 수정리스료를 산정하기 때문에)인 6%를 이용하여 계산해야 한다.

리스부채와 사용권자산의 재측정을 위한 리스기간 변경 후 상각표

연도	리스부채				사용권자산		
	기초 장부금액	리스료	이자비용 (6%)	기말 장부금액	기초 장부금액	감가 상각비	기말 장부금액
7차 연도	**₩378,174**	₩(50,000)	₩19,690	₩347,864	**₩360,169**	₩(40,019)	₩320,150
8차 연도	347,864	(50,000)	17,872	315,736	320,150	(40,019)	280,131
9차 연도	315,736	(50,000)	15,944	281,680	280,131	(40,019)	240,112
10차 연도	281,680	(50,000)	13,901	245,581	240,112	(40,019)	200,093
11차 연도	245,581	(55,000)	11,435	202,016	200,093	(40,019)	160,074
12차 연도	202,016	(55,000)	8,821	155,837	160,074	(40,019)	120,055
13차 연도	155,837	(55,000)	6,050	106,887	120,055	(40,019)	80,036
14차 연도	106,887	(55,000)	3,113	55,000	80,036	(40,018)*	40.018
15차 연도	55,000	(55,000)	0	0	40,018	(40,018)*	0

* 단수조정

예제 5

리스이용자는 20×1년 1월 1일 기초자산 사용통제권에 대해 5년 동안 매년 초 ₩50,000을 지급하기로 하였으며, 이 금액은 2년마다 소비자물가지수(Consumer Price Index)에 연계하여 변동되도록 하였다. 내재이자율을 5%라 가정하고, 이를 이용하여 최초 사용권자산과 리스부채를 측정한다. 5년 동안 매년 초에 ₩50,000씩 지급하는 리스료를 5%로 할인한 현재가치는 리스개시일(리스료 지급 전)에 ₩227,298이며, 당일 소비자물가지수는 125이다.[27] 리스부채에 지급한 리스료는 포함하지 않기에 20×1년 1월 1일 리스부채 장부금액은 ₩177,298(① 기초연금 5회 지급하는 경우의 현재가치에서 리스개시일에 지급한 리스료 ₩50,000을 차감하여 계산하거나, ② 기말연금 4회 지급하는 것으로 현재가치를 계산할 수 있으며, ①과 ②에서 계산한 결과는 같음)이다.

27) $(1 + \frac{1-(1.05)^{-4}}{0.05}) \times ₩50,000 = ₩227,298$

① $(1+\frac{1-(1.05)^{-4}}{0.05})\times ₩50{,}000-₩50{,}000$ = ② $(\frac{1-(1.05)^{-4}}{0.05})\times ₩50{,}000$ = ₩177,298

그런데 2년 후 소비자물가지수가 135로 8% 상승하여 계약에 따라 20×3년 초부터는 리스료로 ₩54,000씩 지급해야 한다. 리스이용자는 사용권자산의 미래 경제적 효익을 리스기간에 걸쳐 균등하게 소비하므로 정액법으로 상각하며, 사용권자산의 잔존가치는 없다.

1. 20×1년 1월 1일부터 20×2년 12월 31일까지 일자별 회계처리를 하라.
2. 리스이용자가 5년 동안 매년 초에 ₩50,000을 지급하는 것 외에 리스자산을 사용하여 생기는 매출액의 1%를 추가로 지급하는 계약을 체결하였다. 매출액에 연동된 변동리스료에 대한 회계처리를 하라.

해 답

1. 물가지수 변동에 따른 리스부채와 사용권자산 재측정

소비자물가지수 변경 전 상각표

연도	리스부채				사용권자산		
	기초 장부금액	리스료	이자비용 (5%)	기말 장부금액	기초 장부금액	감가 상각비	기말 장부금액
20×1년	₩177,298	–	₩8,865	₩186,163	₩227,298	₩(45,460)	₩181,838
20×2년	186,163	₩(50,000)	6,808	**142,971**	181,838	(45,460)	136,378
20×3년	142,971	(50,000)	4,649	97,620	136,378	(45,460)	90,918
20×4년	97,620	(50,000)	2,380*	50,000	90,918	(45,460)	45,458
20×5년	50,000	(50,000)	0	0	45,458	(45,458)*	0
합 계		(200,000)	22,700			(227,298)	

* 단수조정

소비자물가지수 변경 후 상각표

연도	리스부채					사용권자산			
	기초 장부금액	리스료	이자비용 (5%)	물가지수 변경효과	기말 장부금액	기초 장부금액	감가 상각비	물가지수 변경효과	기말 장부금액
20×1년	₩177,298	–	₩8,865		₩186,163	₩227,298	₩(45,460)		₩181,838
20×2년	186,163	₩(50,000)	6,808	**₩11,438**	**154,409**	181,838	(45,460)	**₩11,438**	**147,816**
20×3년	154,409	(54,000)	5,020		105,429	147,816	(49,272)		98,544
20×4년	105,429	(54,000)	2,571		54,000	98,544	(49,272)		49,272
20×5년	54,000	(54,000)	0		0	49,272	(49,272)		0
합 계		(212,000)	23,265				(238,733)		

20×1년 1월 1일

(차) 사용권자산	227,298	(대) 리스부채	177,298
		현 금	50,000

20×1년 12월 31일

(차) 이자비용	8,865	(대) 리스부채	8,865
감가상각비	45,460*	감가상각누계액	45,460

* ₩227,298 ÷ 5년

20×2년 1월 1일

(차) 리스부채	50,000	(대) 현 금	50,000

20×2년 12월 31일

(차) 이자비용	6,808	(대) 리스부채	6,808
감가상각비	45,460	감가상각누계액	45,460

소비자물가지수 변경 전 상각표를 보면 리스개시일에 측정된 리스부채에 매년 지급하는 리스료를 차감하고, 유효이자율로 계산한 이자비용을 가산한 결과 20×2년 말 장부금액은 ₩142,971이다. 그런데 20×2년 말 소비자물가지수가 135로 8% 상승하여 계약에 따라 20×3년 초부터는 리스료로 ₩54,000씩 지급해야 하기 때문에 리스이용자는 사용권자산과 리스부채를 재측정해야 할 요인이 생겼다. 소비자물가지수 변경 후 상각표를 보면 남은 3년 동안 매년 초에 리스료를 ₩54,000씩 지급할 경우 20×2년 12월 31일 리스부채의 현재가치는 ₩154,409으로 측정된다. 소비자물가지수 변경으로 리스부채를 재측정하는 경우이므로 변경되지 않은 할인율로 수정리스료를 할인하여 리스부채를 재측정한다.

$$\left(1+\frac{1-(1.05)^{-2}}{0.05}\right)\times ₩54,000 = ₩154,409$$

따라서 기존의 소비자물가지수 125를 반영하여 측정한 리스부채 금액(₩142,971)과 새로운 소비자물가지수 135를 반영하여 재측정된 리스부채 금액(₩154,409)의 차이인 ₩11,438을 리스부채와 사용권자산에 가산한다.

20×2년 12월 31일

(차) 사용권자산	11,438	(대) 리스부채	11,438

2. 매출액에 연동하여 추가 지급하기로 한 금액의 비용 처리

이 경우 매출액에 연동되어 지급하는 조건이므로 리스부채나 사용권자산은 변동되지 않는다. 1차 연도 매출액이 ₩1,000,000이라면 1%에 해당하는 ₩10,000을 지급하고 이를 1차 연도의 비용으로 인식한다.

20×1년 12월 31일

(차) 리스비용	10,000	(대) 현 금	10,000

4. 리스변경으로 인한 리스부채와 사용권자산의 재측정

리스변경(lease modification)은 앞서 살펴본 리스재평가와 달리 i) 리스의 범위가 변경되거나 ii) 리스대가가 변경되는 것을 의미한다. 하나 이상의 기초자산 사용권의 추가 또는 종료, 계약상 리스기간의 연장 또는 단축이 이러한 리스변경의 예에 해당한다. 리스변경의 각 상황에 따른 회계처리방법은 다음과 같다.[28)]

아래 두 가지 리스변경의 조건을 동시에 충족하면 별도 리스로 회계처리	별도 리스로 회계처리하지 않는 리스변경의 회계처리 절차
① 기초자산 사용통제권을 추가적으로 부여하여 리스범위가 확대됨 ② 범위확대 부분에 대한 현행 시장가격만큼 리스대가를 증액함*	① 변경된 계약의 대가 배분(리스요소의 독립적인 가격에 기초하여 계약 대가를 각 리스요소에 배분) ② 변경된 리스의 리스기간 산정 ③ 리스부채 재측정(수정할인율**로 수정리스료 할인) - 리스료 변경(예제 6)이나 리스범위 확대(예제 7) 등 리스범위 축소 이외의 리스변경 : 리스부채의 변동액을 리스부채와 사용권자산에 반영하여 조정 - 리스범위 축소(리스기긴 단축 포힘)(예제 8) : 리스의 일부나 전부의 종료를 반영하기 위하여 리스종료 관련 차손익(리스범위 축소로 인한 리스부채 감소액과 사용권자산 감소액 간 차이)을 당기손익으로 인식하고, 변경사항 전부 반영 후 리스부채와 리스범위 축소 반영 후 리스부채 간 차이를 리스부채와 사용권자산의 장부금액에 반영하여 조정

* 특정한 계약 상황을 반영하기 위해서 증액한 금액을 조정한 경우라면, 조정액 반영 후 금액. 예를 들어 리스제공자가 다른 리스이용자에게 리스하였다면 발생할 수 있었던 마케팅비용을 할인해 준 경우 동 금액은 차감 조정된 금액.

** 남은 리스기간의 내재이자율 혹은 리스변경 유효일 현재 리스이용자의 증분차입이자율

28) 리스변경에 따른 회계처리는 기본적으로 '제5장 수익'에서 학습한 (고객과의) 계약의 변경에 따른 회계처리와 일맥상통한다. 따라서 학습의 효율성 측면에서 양자를 비교하며 학습할 것을 추천한다.

예제 6

〈리스료 변경〉

다음과 같이 리스료가 달라지는 리스변경으로 인한 리스부채와 사용권자산 재측정의 회계처리를 하라. 단, 사용권자산의 상각방법은 정액법이며, 사용권자산의 잔존가치는 없다.

구 분	최초 리스 약정	리스변경(5차 연도 초)
리스대상	사무실 1,000m^2	좌동
리스기간	8년	좌동
리스료 지급	매년 말 ₩10,000	매년 말 ₩9,000
증분차입이자율	연 5%	연 6%

해 답

연도	리스부채				사용권자산		
	기초 장부금액	이자비용 (5%)	리스료	기말 장부금액	기초 장부금액	감가 상각비	기말 장부금액
1차 연도	₩64,632	₩3,232	₩(10,000)	₩57,864	₩64,632	₩(8,079)	₩56,553
2차 연도	57,864	2,893	(10,000)	50,757	56,553	(8,079)	48,474
3차 연도	50,757	2,538	(10,000)	43,295	48,474	(8,079)	40,395
4차 연도	43,295	2,165	(10,000)	35,460	40.395	(8,079)	32,316
5차 연도	35,460	–	–	–	32,316	–	–

구 분	리스부채	사용권자산	조정금액
4차 연도 말 리스변경 전 장부금액	A = PV(5%, 4년, ₩10,000) = ₩10,000 × 3.5460 = ₩35,460	최초 인식금액 = PV(5%, 8년, ₩10,000) = ₩10,000 × 6.4632 = ₩64,632 C = 감가상각 후 금액 = ₩64,632 – ₩32,316 = ₩32,316	
4차 연도 말 리스변경 후 장부금액	B = PV(6%, 4년, ₩9,000) = ₩9,000 × 3.4651 = ₩31,186	D = C – ₩4,274 = ₩28,042	B – A(= – ₩4,274)를 사용권자산과 리스부채의 조정액으로 인식

리스료 변경

(차) 리스부채 4,274 (대) 사용권자산 4,274

예제 7

〈리스범위 확대〉

다음과 같이 리스기간을 연장하였다. 리스범위 확대의 리스변경으로 인한 리스부채와 사용권자산 재측정의 회계처리를 하라. 단, 사용권자산의 상각방법은 정액법이며, 사용권자산의 잔존가치는 없다.

구 분	최초 리스 약정	리스변경(5차 연도 초)
리스대상	사무실 1,000m^2	좌동
리스기간	8년	2년 연장(총 10년)
리스료 지급	매년 말 ₩10,000	좌동
증분차입이자율	연 5%	연 6%

해 답

구 분	리스부채	사용권자산	조정금액
4차 연도 말 리스변경 전 장부금액	A = PV(5%, 4년, ₩10,000) = ₩10,000 × 3.5460 = ₩35,460	최초 인식금액 = PV(5%, 8년, ₩10,000) = ₩10,000 × 6.4632 = ₩64,632 C = 감가상각 후 금액 = ₩64,632 - ₩32,316 = ₩32,316	
4차 연도 말 리스변경 후 장부금액	B = PV(6%, 6년, ₩10,000) = ₩10,000 × 4.9173 = ₩49,173	D = C + ₩13,713 = ₩46,029	B - A(=₩13,713)를 사용권자산과 리스부채의 조정액으로 인식

리스범위 확대

(차) 사용권자산	13,713	(대) 리스부채	13,713

예제 8

〈리스범위 축소〉

다음과 같이 리스범위 축소(리스료 변경 포함)의 리스변경으로 인한 리스부채와 사용권자산 재측정의 회계처리를 수행한 경우의 회계처리를 하라. 단, 사용권자산의 상각방법은 정액법이며, 사용권자산의 잔존가치는 없다.

구 분	최초 리스 약정	리스변경(5차 연도 초)
리스대상	사무실 1,000m^2	사무실 500m^2로 축소
리스기간	8년	좌동
리스료 지급	매년 말 ₩10,000	매년 말 ₩6,000
증분차입이자율	연 5%	연 6%

해 답

구 분	리스부채	사용권자산	조정금액
4차 연도 말 리스변경 전 장부금액	A = PV(5%, 4년, ₩10,000) = ₩10,000 × 3.5460 = ₩35,460	최초 인식금액 = PV(5%, 8년, ₩10,000) = ₩10,000 × 6.4632 = ₩64,632 C = 감가상각 후 금액 = ₩64,632 − ₩32,316 = ₩32,316	
리스범위 축소	E = ₩35,460 × 50% = ₩17,730	F = ₩32,316 × 50% = ₩16,118	E − A(= −₩17,730)와 F − C(= −₩16,118)의 차이(=₩1,612)를 당기손익으로 인식
4차 연도 말 리스변경 전부 반영 후 장부금액	B = PV(6%, 4년, ₩6,000) = ₩6,000 × 3.4651 = ₩20,791	D = F + ₩3,061 = ₩19,179	B − E(=₩3,061)를 사용권자산과 리스부채의 조정액으로 인식

리스범위 축소

(차) 리스부채	17,730	(대) 사용권자산	16,118
		리스조정이익	1,612

리스료 변경

(차) 사용권자산	3,061	(대) 리스부채	3,061

5. 단기리스와 소액리스

리스이용자는 원칙적으로 모든 리스에 대해 사용권자산과 리스부채를 인식해야 한다. 하지만 기준서는 리스이용자의 재무제표 작성부담을 줄이기 위해 두 가지 예외를 두었다.

리스기간이 12개월 이하인 **단기리스**(short-term lease)인 경우와 기초자산의 가치가 적은 **소액리스**(low-value lease)인 경우이다. 여기서 소액이 얼마인지는 기준서가 규정하고 있지 않으나, 결론 도출 근거에서 $5,000을 예시로 제시하고 있다. 원화로 환산하면 약 ₩6,000,000 수준이나, 실무에서는 보수적 관점에서 ₩5,000,000 기준을 사용하기도 한다. 소액 기초자산의 조건을 충족하기 위해서는 리스이용자가 기초자산 그 자체나 쉽게 구할 수 있는 다른 자원과 함께 사용하여 효익을 얻을 수 있으며, 기초자산이 다른 자산에 대한 의존도나 상호관련성이 높지 않아야 한다. 소액 기초자산의 예로는 태블릿 · 개인 컴퓨터, 소형 사무용 가구, 전화기를 들 수 있다. 이때 소액의 판단은 개별 리스별로 한다.

이렇게 단기리스 혹은 소액리스에 해당되어 예외가 적용되는 경우, 리스이용자는 본 절에서 소개한 리스부채와 사용권자산과 관련한 회계처리를 수행하지 않는 대신, 당기에 지급된(혹은 지급되어야 할) 리스료만 손익계산서에 비용으로 인식하면 되므로 재무제표 작성부담이 크게 경감될 수 있다. 참고로 이처럼 간소화된 리스 회계처리는 다음 절에서 학습할 리스제공자의 운용리스에 대응되는 리스이용자의 회계처리라고 이해해도 무방하다.

제3절 리스제공자의 회계처리

원칙적으로 모든 리스거래에 대해 리스부채와 사용권자산을 인식해야 하는 리스이용자와는 달리, 리스제공자는 각 리스를 **리스약정일**(inception date)에 금융리스 또는 운용리스로 분류하고 그에 따른 회계처리를 수행한다.[29] 그리고 리스변경이 발생한 경우

---

29) 운용리스는 일종의 미완성계약으로서 리스제공자는 미래 기간에 자산을 사용하게 하는 대가로 용역수수료와 유사한 대가를 수취한다. **운용리스**에서 리스제공자는 계속하여 리스자산 자체로 회계처리하며, 계약에 따라 미래에 수취할 금액으로 회계처리하지 아니한다. 반면에 **금융리스**에서 리스제공자는 리스계약에 따라 수취할 금액에 대한 투자로 회계처리하며, 리스자산 자체로 회계처리하지 않는다. 따라서 금융리스는 금융상품에 해당하며, 운용리스는 금융상품에 해당하지 않는다. 단,

에는 리스 분류(금융리스 vs. 운용리스)에 대한 판단을 재수행한다.

리스 분류와 관련하여 리스제공자는 기초자산의 소유에 따른 **위험과 보상**의 대부분(substantially all)이 리스이용자에게 이전되는 리스계약의 경우 **금융리스**로 분류한다. 반면, 기초자산의 소유에 따른 위험과 보상의 대부분을 이전하지 않는 리스계약은 **운용리스**로 분류한다.

금융리스로 분류되는 상황의 예는 다음과 같다.

① 리스이용자에게 리스기간 종료시점까지 기초자산(underlying asset)의 소유권 이전: **소유권이전기준**

② 매수선택권의 행사가 리스약정일 현재 **상당히 확실**(reasonably certain): **매수선택권기준**

③ 리스기간이 기초자산 경제적 내용연수(economic life)의 **상당부분**(major part)인 경우 — 비상장 외부감사대상 기업이 사용하는 일반기업회계기준에서는 상당부분을 (리스기간 ÷ 내용연수)의 75%로 규정: **리스기간기준**

④ 리스료의 현재가치가 리스약정일 현재 기초자산 공정가치의 **대부분**(substantially all)인 경우 — 비상장 외부감사대상 기업이 사용하는 일반기업회계기준에서는 대부분을 (최소리스료의 현재가치 ÷ 공정가치)의 90%로 규정: **리스료기준** 혹은 **공정가치회수기준**

⑤ 해당 리스이용자만이 중요한 변경 없이 사용할 수 있는 **특수한 성격**(specialized nature)의 기초자산: **범용성기준**[30)]

계약의 다른 특성들을 고려할 때 기초자산의 소유에 따른 위험과 보상의 대부분을 이전하지 않는다는 점이 분명하다면 그 리스는 **운용리스**로 분류한다. 예를 들면 다음과 같은 경우가 이에 해당할 수 있다.

① 리스기간 종료시점에 기초자산의 소유권을 그 시점의 공정가치에 해당하는 변동지급액으로 이전(즉, 물가변동위험을 리스이용자가 보유)하는 경우

② 변동리스료가 있고 그 결과로 리스제공자가 기초자산의 소유에 따른 위험과 보상의 대부분을 이전하지 않는 경우

리스는 **리스약정일**에 분류하며, 리스변경이 있는 경우에만 리스분류를 다시 판단한다.

운용리스의 경우에도 지급기일이 도래하였으나 아직 지급하지 않은 개별적인 지급액은 금융상품에 해당한다.

30) 리스자산의 범용성이 없는 경우란 자산의 사용목적이 리스이용자만의 특정 목적에 한정되어 있고, 물리적으로 전용이 불가능하거나 또는 전용에 과다한 비용이 발생하여 사실상 전용이 불가능한 경우를 말한다.

추정의 변경(예 기초자산의 내용연수 또는 잔존가치 추정치의 변경)이나 상황의 변화(예 리스이용자의 채무불이행)는 회계 목적상 리스를 새로 분류하는 원인이 되지 않는다.

한편, 금융리스로 분류된 경우 리스제공자는 리스거래의 경제적 실질이 리스제공자가 리스이용자에게 기초자산 취득원가를 대여한 것과 유사하므로 (기초자산을 자산으로 인식하는 대신) 미래에 수령할 리스료의 현가를 수취채권으로 인식하고, 그에 따른 이자수익을 인식한다. 운용리스로 분류된 경우에는, 리스거래의 경제적 실질이 리스제공자가 리스이용자에게 기초자산의 사용통제권을 이전하는 서비스를 제공하는 것과 유사하므로 자신이 취득한 기초자산을 인식하고 그에 따른 감가상각비를 인식하면서 리스이용자로부터 수령한 리스료를 운용리스료수익으로 인식한다.31)

이처럼 리스이용자는 원칙적으로 모든 리스계약에 대해 리스부채와 사용권자산을 인식하는 **단일모형**의 회계처리가 적용되나, 리스제공자는 리스거래의 실질에 따라 금융리스와 운용리스로 구분되는 **이중모형**의 회계처리가 적용된다. 따라서 본 절에서는 리스제공자가 운용리스에 따른 회계처리를 수행하는 경우 리스이용자의 (금융리스에 상응하는) 회계처리와 비대칭적인 모습을 보이게 된다는 점을 이해하며 학습할 필요가 있다.

1. 금융리스(finance lease)

(1) 인식과 최초 측정

리스제공자는 리스개시일에 금융리스에 따라 보유하는 자산을 재무상태표에 **인식**하게 되는데, 구체적으로 금융리스의 경제적 실질(리스제공자의 리스이용자에 대한 기초자산 취득가액 대여)에 부합하도록 **리스총투자**(gross investment in the lease)를 현재가치로 할인한 **리스순투자**와 동일한 금액으로 **수취채권**(receivables)을 인식한다.

리스총투자는 리스료[고정리스료, 변동리스료, 매수선택권 행사가격, 종료 부담금, 잔존가치보증에 따라 지급할 금액(즉, 보증잔존가치)32) 포함]와 무보증잔존가치33)의 합

---

31) 자산을 구성하는 권리는 사용권, 매각권, 담보권 등 여러 가지 권리가 있는데 리스에서는 사용권 중의 일부가 이전되어서 리스이용자가 사용권자산과 리스부채를 인식한다. 그 상대방인 리스제공자도 사용권자산과 관련되어 회수할 금액은 수취채권인데, 그 수취채권과 리스제공자가 가지고 있는 자산의 나머지 부분을 각각 구별해서 회계처리를 하는 것이 가장 합리적인 방법이다. 따라서 리스제공자가 리스하지 않은 자산부분에 대하여 감가상각을 하는 것이 논리적으로 타당하지만, 리스한 자산과 나머지 자산을 구분하는 것이 복잡하여 작성비용이 너무 많이 발생하기 때문에 그렇게 회계처리하는 방식을 선택하지 않았다. 결국 리스한 자산과 나머지 부분의 자산을 구분하여 감가상각하는 것이 논리적이지만 리스제공자의 회계처리비용 부담 때문에 그러한 방법을 선택하지 않은 것으로 볼 수 있다.

32) 리스이용자, 리스이용자의 특수관계자, 리스제공자와 특수관계에 있지 않고 보증의무를 이행할 재무적 능력이 있는 제3자가 리스제공자에게 제공하는 잔존가치보증(residual value guarantee) 금액을

계약을 의미한다. 여기서 리스총투자를 측정함에 있어 보증잔존가치만을 고려하는 리스이용자와 달리 리스제공자는 보증잔존가치와 무보증잔존가치를 모두 고려해야 한다는 점에 유의할 필요가 있다. 리스계약 종료 후 반환된 기초자산의 가치 하락으로 인한 경제적 손실을 (보증이 없더라도) 리스제공자가 최종적으로 부담해야 하기 때문이다.

리스총투자가 측정되면 리스제공자는 리스계약의 내재이자율로 리스총투자를 할인하여 리스순투자를 산출한다. 리스제공자는 리스계약을 설계하는 당사자로서 해당 계약의 내재이자율(리스제공자가 리스계약을 통해 얻고자 하는 투자수익률)을 항상 알 수 있으므로 리스이용자와 달리 증분차입이자율 등과 같은 대용치를 사용할 필요가 없다.

한편, 리스제공자가 기초자산의 제조자도 판매자도 아닌 일반적인 금융리스의 경우 리스개설직접원가는 리스계약 실행에 회피불능한 원가이므로 리스순투자의 최초 측정에 포함되어 원금회수 부분을 증가시킨다. 즉, 리스개설직접원가가 발생하게 되면 리스제공자는 이를 고려하여 리스이용자로부터 수령하는 리스료를 증가시키게 된다. 그 결과 증가된 리스순투자액만큼 내재이자율이 감소하므로 리스기간에 걸쳐 인식되는 이자수익을 감소하게 된다. 이처럼 리스개설직접원가의 경우 리스료 증가와 내재이자율 감소를 통해 리스순투자에 자연스럽게 반영되므로 리스료의 현재가치와 무보증잔존가치의 현재가치에 별도로 가산할 필요가 없다.[34)]

한편, 이렇게 측정된 리스순투자는 결과적으로 기초자산의 공정가치와 리스개설직접원가의 합계액과 일치하게 된다. 이상의 내용을 요약하면 다음과 같다.

리스순투자(net investment in the lease)[35)]
= **리스총투자**(gross investment in the lease)의 현재가치
= **수취채권**(receivable)
= **리스료**(고정리스료, 변동리스료, 매수선택권 행사가격, 종료 부담금, 잔존가치보증에 따라 지급할 금액 포함)의 현재가치 + **무보증잔존가치**의 현재가치
= **기초자산의 공정가치 + 리스개설직접원가**

의미한다.

33) 리스제공자가 실현할 수 있을지 확실치 않거나 리스제공자의 특수관계자만이 보증한 기초자산의 잔존가치 부분을 의미한다.

34) 리스개설직접원가 중 금융리스와 관련하여 제조자 또는 판매자인 리스제공자가 부담하는 원가는 리스기간 개시일에 리스제공자가 판매비로 처리한다.

35) 리스순투자는 리스총투자를 내재이자율로 할인한 금액이다. 전대리스의 경우에 쉽게 산정할 수 있으면 내재이자율을 사용하고, 그렇지 않으면 상위 리스에 사용된 내재이자율에 전대리스 관련 리스개설직접원가를 조정한 이자율을 사용한다. 한편, 리스총투자와 리스순투자의 차이를 **미실현이자수익**이라고 한다.

예제 9

리스제공자와 리스이용자는 다음과 같은 금융리스계약을 체결하였다.

- 리스약정일 : 20×4년 12월 31일
- 리스개시일 : 20×5년 1월 1일
- 기초자산 : 취득원가 ₩1,000,000, 경제적 내용연수와 내용연수 모두 5년, 잔존가치가 없는 기계장치
- 리스기간 : 리스개시일로부터 3년
- 고정리스료 : ① 20×5년 12월 31일 ₩281,270
  ② 20×6년 12월 31일 ₩281,270
  ③ 20×7년 12월 31일 ₩281,270
- 리스조건 : ① 계약해지시 선수리스료 미반환조건
  ② 리스기간 종료 시 기초자산의 소유권이전 조건 없음
  ③ 잔존가치보증에 따라 지급할 금액 ₩300,000, 무보증잔존가치 ₩100,000

리스약정일의 기초자산 공정가치는 ₩1,000,000이다. 리스기간 종료 시 잔존가치는 ₩400,000으로 추정되며, 실제잔존가치(공정가치기준)가 ₩400,000으로 판명되었다. 상기 고정리스료는 리스개설직접원가를 반영한 것으로, 이를 감안한 리스제공자의 목표수익률은 10%이며, 리스이용자가 리스 내재이자율을 알고 있다. 리스제공자와 리스이용자의 감가상각방법은 정액법이며, 결산일은 매년 12월 31일로 동일하다.

1. 본 리스의 리스료는 얼마인가?
2. 리스총투자를 구하라
3. 리스순투자를 구하라.
4. 현재 리스 내재이자율(10%)에서 리스순투자가 기초자산의 공정가치와 일치되는지 확인하라.
5. 만일 리스제공자의 목표수익률이 12%라면 고정리스료는 얼마로 산정되는지 계산하고, 변동하는 이유를 설명하라.

해 답

1. 리스료 = 고정리스료 + 잔존가치보증에 따라 지급할 금액
   = ₩281,270 × 3 + ₩300,000 = ₩1,143,810

2. 리스총투자 = 고정리스료 + 잔존가치보증에 따라 지급할 금액 + 무보증잔존가치
   = ₩281,270 × 3 + ₩300,000 + ₩100,000 = ₩1,243,810

3. 리스순투자 = 리스총투자의 현재가치
   = ₩281,270 × 2.48685(기말연금의 현재가치계수; 기간 3년, 이자율 10%)
   + ₩300,000 × 0.75131(일회금액의 할인율; 기간 3년, 이자율 10%)
   + ₩100,000 × 0.75131(일회금액의 할인율; 기간 3년, 이자율 10%)

$= ₩1,000,000$

4. 리스순투자 ₩1,000,000 = 기초자산 공정가치 ₩1,000,000
   고정리스료가 리스제공자가 획득하는 수익률인 내재이자율 10%에 기초하여 계산되었기 때문에 위의 두 금액이 동일하다.

5. 목표수익률이 12%인 경우 고정리스료
   $₩1,000,000 = X \div (1.12)^1 + X \div (1.12)^2 + X \div (1.12)^3 + ₩300,000 \div (1.12)^3 + ₩100,000 \div (1.12)^3$
   $= X \times 2.4018 + ₩300,000 \times 0.7118 + ₩100,000 \times 0.7118$
   따라서 $X = ₩715,280 \div 2.4018 = ₩297,810$
   목표수익률 10%에서는 고정리스료가 ₩281,270이었던 것이, 목표수익률이 12%로 상승하면 고정리스료도 ₩297,810으로 상승한다. 리스제공자가 리스료 산정을 위해서 목표수익률을 사용하고, 내재이자율은 리스료 산정 후 획득한 수익률이다.

예제 10

<예제 9>와 모든 상황은 동일하다.
1. 리스제공자의 입장에서 리스약정일과 리스개시일의 분개를 하라.
2. 리스이용자의 입장에서 리스개시일의 분개를 하라.

해 답

1. **리스제공자**의 리스약정일과 리스개시일의 분개
   • 리스약정일의 분개

(차) (선급)리스자산	1,000,000	(대) 현 금	1,000,000*

   * 기초자산의 「공정가치」

   • 리스개시일의 분개

(차) 수취채권	1,000,000	(대) (선급)리스자산	1,000,000

2. **리스이용자**의 리스개시일 분개

(차) 사용권자산	924,869	(대) 리스부채	924,869**

   ** 리스료의 현재가치 = 고정리스료의 현재가치 + 잔존가치보증에 따라 지급할 금액의 현재가치
   = ₩281,270 × 2.48685(기말연금의 현재가치계수 ; 기간 3년, 이자율 10%)
   + ₩300,000 × 0.75131(일회금액의 할인율 ; 기간 3년, 이자율 10%)
   = ₩924,869

   무보증잔존가치의 현재가치 = ₩100,000 × 0.75131(일회금액의 할인율 ; 기간 3년, 이자율 10%)
   = ₩75,131
   따라서 리스료의 현재가치(₩924,869)와 무보증잔존가치의 현재가치(₩75,131)의 합계액이 기초자산의 취득원가(공정가치)인 ₩1,000,000과 일치한다.

(2) 금융리스 후속 측정

리스제공자는 리스기간에 걸쳐 내재이자율에 해당하는 금융수익(즉, 이자수익)을 인식한다. 구체적으로 유효이자율법에 따라 수취한 리스료 중 원금회수에 해당하는 부분만큼 수취채권의 장부금액을 감소시키고, 이를 초과하는 내재이자율에 상응하는 금융수익을 이자수익으로 인식한다.

한편, 수취채권의 경우 리스제공자가 리스이용자로부터 약정된 리스료를 수령할 권리이므로(경우에 따라 리스기간 종료 후 기초자산을 반환받을 권리 포함) 일반적인 금융자산과 동일하게 신용위험(즉, 리스이용자의 리스료 미지급 위험)이 존재한다. 따라서 수취채권에 대해서도 금융상품기준서(제1109호)의 인식 및 손상 규정을 적용한다.

또한 수취채권의 잔존가치에 영향을 미치는 무보증잔존가치를 정기적으로 검토한다. 검토 결과 무보증잔존가치가 감소한 것으로 추정되는 경우, 추정된 무보증잔존가치 감소액을 손상차손으로 차기(즉, 비용 인식)하고 수취채권을 대기(즉, 수취채권 잔액 감소)한다. 그리고 수취채권 장부액이 감소되었으므로 리스기간에 걸쳐 배분되는 이자수익을 차감조정한다.

예제 11

<예제 9>에서 리스제공자와 리스이용자의 상각표를 작성하라. 또한 리스제공자와 리스이용자의 20×5년 말부터 20×7년 말까지 기말분개를 일자별로 하라.

해 답

1. 리스제공자의 상각표 36)

연도	수취채권			
	기초 장부금액	고정리스료	이자수익 (10%)	기말 장부금액
20×5년	₩1000,000	(₩281,270)	₩100,000*	₩818,730
20×6년	818,730	(₩281,270)	81,873	619,333
20×7년	619,333	(₩281,270)	61,937**	400,000
합 계		(₩843,810)	₩243,810	

* 리스료가 기말에 지급되기 때문에 기초장부금액에 이자율을 곱하여 이자수익을 인식함.
** 단수조정

36) 상각표를 실무에서는 "원금 및 이자상환표"라고 한다.

2. 리스이용자의 상각표

연도	리스부채				사용권자산		
	기초 장부금액	고정 리스료	이자비용 (10%)	기말 장부금액	기초 장부금액	감가 상각비	기말 장부금액
20×5년	₩924,869	(₩281,270)	₩92,487	₩736,086	₩924,869	(₩208,290)*	₩716,579
20×6년	736,086	(281,270)	73,609	528,425	716,579	(208,290)	508,289
20×7년	528,425	(281,270)	52,845**	300,000	508,289	(208,289)**	300,000
합 계		(₩843,810)	₩218,941	0		(₩624,869)	

* (₩924,869 − ₩300,000) ÷ 3년 = ₩208,290/년

** 단수조정

3. 리스제공자와 리스이용자의 기말분개

리스제공자

20×5년 12월 31일

(차) 현 금	281,270	
(대) 수취채권		181,270
이자수익		100,000

20×6년 12월 31일

(차) 현 금	281,270	
(대) 수취채권		199,397
이자수익		81,873

20×7년 12월 31일

(차) 현 금	281,270	
(대) 수취채권		219,333
이자수익		61,937*

리스이용자

20×5년 12월 31일

(차) 리스부채	188,783	
이자비용	92,487	
(대) 현 금		281,270
(차) 감가상각비	208,290*	
(대) 감가상각누계액		208,290

* (₩924,869 − ₩300,000) ÷ 3 = ₩208,290

20×6년 12월 31일

(차) 리스부채	207,661	
이자비용	73,609	
(대) 현 금		281,270
(차) 감가상각비	208,290	
(대) 감가상각누계액		208,290

20×7년 12월 31일

(차) 리스부채	228,425	
이자비용	52,845*	
(대) 현 금		281,270
(차) 감가상각비	208,289*	
(대) 감가상각누계액		208,289

* 단수조정

끝으로 소유권이 이전되지 않는 금융리스의 경우 리스제공자는 리스기간 종료 후 기초자산을 회수한다. 이때 반환된 기초자산으로부터 기대되는 회수가능액이 해당 기초자산의 추정잔존가치에 해당하는 수취채권의 장부금액을 초과하는 경우에는 기초자산을 수취채권의 장부금액으로 인식하면 되나, 미달하는 경우에는 그 차액을 손상차손으로 인식하여야 한다. 또한 리스제공자는 리스기간 종료시 반환된 자산의 공정가치가 보증잔존가치에 미달하는 경우 리스이용자로부터 현금보상을 받게 되는데, 이를 리스보증이익(당기손익)으로 인식한다. 마찬가지로 리스이용자도 지급한 현금보상액을 리스보증손실(당기손익)로 인식한다.

리스제공자의 기초자산 손상차손 = 장부금액(추정잔존가치) - 회수가능액
리스제공자의 리스보증이익 = 보증잔존가치 - 공정가치(실제 잔존가치)
리스이용자의 리스보증손실 = 보증잔존가치 - 공정가치(실제 잔존가치)

예제 12

<예제 9>에서 리스기간이 종료될 때 기초자산의 공정가치(회수가능액)가 ₩260,000(₩250,000)인 경우와 ₩460,000(₩450,000)인 경우 및 ₩340,000(₩330,000)인 경우로 구분하여 기초자산의 반환과 관련한 리스제공자와 리스이용자의 분개를 하라. 단, 기초자산의 회계처리는 원가모형을 사용한다. 참고적으로 회수가능액은 max(순공정가치, 사용가치)이며, 순공정가치는 처분부대비용을 차감한 공정가치이다.

해 답

1. 기초자산의 공정가치(회수가능액)가 ₩260,000(₩250,000)인 경우

리스제공자			리스이용자		
(차) 리스자산	400,000		(차) 리스부채	300,000	
현 금	40,000		감가상각누계액	624,869	
(대) 수취채권		400,000	리스보증손실	40,000	
리스보증이익		40,000	(대) 사용권자산		924,869
(차) 리스자산손상차손	150,000		현 금		40,000
(대) 리스자산		150,000			

2. 기초자산의 공정가치(회수가능액)가 ₩460,000(₩450,000)인 경우

리스제공자			리스이용자		
(차) 리스자산	400,000		(차) 리스부채	300,000	
(대) 수취채권		400,000	감가상각누계액	624,869	
			(대) 사용권자산		924,869

3. 기초자산의 공정가치(회수가능액)가 ₩340,000(₩330,000)인 경우

리스제공자			리스이용자		
(차) 리스자산	400,000		(차) 리스부채	300,000	
(대) 수취채권		400,000	감가상각누계액	624,869	
(차) 리스자산손상차손	70,000		(대) 사용권자산		924,869
(대) 리스자산		70,000			

(3) 금융리스의 리스변경

금융리스제공자는 리스변경을 다음과 같이 회계처리한다. 리스계약의 범위가 확대되고 리스대가가 적정하게 조정되는 경우 별도 리스로 처리하는 것은 앞서 살펴본 리스이용자의 회계처리와 동일하다. 그러나 그렇지 않는 경우의 리스변경에 대한 회계처리는 리스이용자와 다르다.

원칙적으로 모든 리스에 대해 금융리스에 해당하는 회계처리를 수행하는 리스이용자와 달리 리스제공자는 리스 유형(금융리스 vs. 운용리스)에 따른 회계처리가 상이하므로, 본래 금융리스로 분류되었다 하더라도 리스변경으로 인해 운용리스로 재분류될 가능성을 고려해야 한다.

구체적으로 리스변경이 해당 리스약정일을 기준으로 유효하다는 가정 하에 금융리스가 아닌 운용리스로 분류되는 것이 적절한 경우라면 기초자산을 리스변경 유효일 직전의 리스순투자금액으로 측정한 후, 이를 바탕으로 변경 유효일부터 새로운 리스로 회계처리한다. 반면 리스변경이 해당 리스약정일을 기준으로 유효하다고 가정하더라도 여전히 금융리스로 분류되는 것이 적절한 경우에는 수취채권이 금융자산에 해당하므로 '제1109호 금융상품' 기준서에 따른 회계처리를 수행한다.

리스변경이 아래 두 가지 조건을 동시에 충족하면 금융리스제공자가 별도 리스로 회계처리	별도 리스로 회계처리하지 않는 금융리스제공자의 리스변경 회계처리
① 기초자산 사용통제권을 추가적으로 부여하여 리스범위가 확대됨 ② 범위확대 부분에 대한 현행 시장가격만큼 리스대가를 증액함(특정한 계약 상황을 반영하기 위해서 증액한 금액을 조정한 경우라면, 조정액 반영 후 금액; 예를 들어 리스제공자가 다른 리스이용자에게 리스하였다면 발생할 수 있었던 마케팅비용을 할인해 준 경우 동 금액은 차감 조정된 금액)	① 변경이 리스약정일에 유효하였다면 운용리스로 분류하였을 경우 - 기초자산을 리스변경 유효일 직전 리스순투자로 측정 - 리스변경을 변경 유효일부터 새로운 리스로 처리 ② 그 외의 리스변경 사항은 기업회계기준서 제1109호 금융상품을 적용하여 처리

2. 운용리스(operating lease)

(1) 수익과 비용의 인식과 측정

리스제공자는 리스거래를 금융리스가 아닌 운용리스로 분류하는 경우 리스이용자로부터 수령한(혹은 수령할 권리가 있는) 리스료를 (마치 유형자산에 대한 감가상각과 유사하게) **정액기준**(a straight-line basis)이나 **다른 체계적인 기준**(another systematic basis)으로 **수익**으로 인식한다.[37] 리스제공자는 다른 체계적인 기준이 기초자산의 사용으로 생기는 효익이 감소되는 형태를 더 잘 나타내는 기준이라면 그 기준을 적용한다.

리스제공자는 기초자산에 대한 감가상각비를 포함하여 리스료 수익 획득 과정에서 부담하는 모든 원가를 **비용**으로 인식한다. 운용리스 체결과정에서 리스제공자가 부담하는 리스개설직접원가는 기초자산 취득과 관련된 회피불능한 원가이므로 기초자산의 장부금액에 가산하고, 기초자산의 감가상각을 통해 리스기간에 걸쳐 체계적으로 비용으로 인식한다. 한편, 운용리스와 관련된 감가상각 대상 기초자산의 감가상각 정책은 리스제공자가 소유한 다른 비슷한 자산의 보통 감가상각 정책과 일치하여야 한다.

끝으로 운용리스의 대상이 되는 기초자산에 대해 손상 여부를 판단하는 것은 다른 자산과 동일하다.

---

37) 다른 체계적인 기준의 예로는 첫째, 리스제공자가 리스자산에 대해 정률법을 적용하여 상각하면 리스기간 초기에 감가상각액이 운용리스료수익을 초과함으로써 손실이 발생할 수 있기 때문에 감가상각비를 고려하여 운용리스료수익을 리스기간의 초기에 후기보다 많이 인식함으로써 당해 리스자산으로 인한 이익을 기간별로 균등하게 하는 경우이다. 둘째, 리스자산의 사용과 관련된 효익이 기간경과에 따라 체감한다고 인정되는 경우이다.

예제 13

리스제공자와 리스이용자는 다음과 같이 운용리스계약을 체결하였다.

- 리스약정일 : 20×4년 12월 31일
- 리스개시일 : 20×5년 1월 1일
- 기초자산 : 취득원가 ₩1,200,000(리스개설직접원가 ₩100,000 포함), 경제적 내용연수와 내용연수 모두 5년, 잔존가치가 없는 기계장치
- 리스기간 : 리스개시일로부터 3년
- 변동리스료 : ① 20×5년 12월 31일 ₩200,000
  ② 20×6년 12월 31일 ₩250,000
  ③ 20×7년 12월 31일 ₩300,000
- 리스조건 : ① 계약해지시 선수리스료 미반환 조건
  ② 리스기간 종료시 기초자산 반환 조건

리스제공자의 내재이자율은 10%이며, 리스이용자가 알고 있다. 리스제공자와 리스이용자의 감가상각방법은 정액법이며, 결산일은 매년 12월 31일로 동일하다. 리스제공자와 리스이용자의 입장에서 리스거래와 관련된 분개를 일자별로 하라. 리스제공자는 다른 체계적인 기준이 없어 정액기준으로 리스기간에 걸쳐 리스관련 수익과 비용을 인식한다.

해 답

변동리스료의 현재가치

= ₩200,000 × 0.90909(일회금액의 할인율 ; 기간 1년, 이자율 10%)
+ ₩250,000 × 0.82645(일회금액의 할인율 ; 기간 2년, 이자율 10%)
+ ₩300,000 × 0.75131(일회금액의 할인율 ; 기간 3년, 이자율 10%)
= ₩181,818 + ₩206,613 + ₩225,393
= ₩613,824

리스이용자의 상각표

연도	리스부채				사용권자산		
	기초 장부금액	변동 리스료	이자비용 (10%)	기말 장부금액	기초 장부금액	감가 상각비	기말 장부금액
20×5년	₩613,824	(₩200,000)	₩61,382	₩475,206	₩613,824	(₩204,608)*	₩409,216
20×6년	475,206	(250,000)	47,521	272,727	409,216	(204,608)	204,608
20×7년	272,727	(300,000)	27,273**	0	204,608	(204,608)	0
합 계		(₩750,000)	₩136,176			(₩613,824)	

* ₩613,824 ÷ 3년 = ₩204,608/년

** 단수조정

• 리스제공자와 리스이용자의 분개

리스제공자			리스이용자		
20×4년 12월 31일					
(차) (선급)리스자산	1,200,000		분개 없음		
(대) 현　　금		1,200,000			
20×5년 1월 1일					
(차) 리스자산	1,200,000		(차) 사용권자산	613,824	
(대) (선급)리스자산		1,200,000	(대)리스부채		613,824
20×5년 12월 31일					
(차) 현　　금	200,000		(차) 이자비용	61,382	
장기미수운용리스료	50,000		리스부채	138,618	
(대) 운용리스료수익		250,000*	(대) 현　　금		200,000
* (₩200,000 + ₩250,000 + ₩300,000) ÷ 3년 = ₩250,000/년					
(차) 감가상각비	240,000		(차) 감가상각비	204,608	
(대) 감가상각누계액		240,000	(대) 감가상각누계액		204,608
* ₩1,200,000 ÷ 5년 = ₩240,000/년			* ₩613,824 ÷ 3년 = ₩204,608		
20×6년 12월 31일					
(차) 현　　금	250,000		(차) 이자비용	47,521	
미수운용리스료	50,000		리스부채	202,479	
(대) 운용리스료수익		250,000	(대) 현　　금		250,000
장기미수운용리스료		50,000			
(차) 감가상각비	240,000		(차) 감가상각비	204,608	
(대) 감가상각누계액		240,000	(대) 감가상각누계액		204,608
20×7년 12월 31일					
(차) 현　　금	300,000		(차) 이자비용	27,273	
(대) 운용리스료수익		250,000	리스부채	272,727	
미수운용리스료		50,000	(대) 현　　금		300,000
(차) 감가상각비	240,000		(차) 감가상각비	204,608	
(대) 감가상각누계액		240,000	(대) 감가상각누계액		204,608

(2) 운용리스의 리스변경

운용리스는 리스변경이 발생하는 경우 변경 유효일부터 새로운 리스로 회계처리한다. 즉, 운용리스의 변경을 변경 유효일부터 새로운 리스로 회계처리하므로 변경된 리스가 금융리스로 분류된다면 금융리스로, 운용리스로 분류된다면 운용리스로 회계처리한다. 따라서 변경 유효일에 새로운 리스가 운용리스로 분류되는 경우라면 별도의 회계처리가 필요하지 않을 수 있으나, 금융리스로 분류되는 경우라면 리스자산을 제거하고 변경 유효일의 리스순투자액에 해당하는 금액을 수취채권으로 인식해야 한다. 이때 제거되는 리스자산과 새롭게 인식된 수취채권의 장부금액 차이는 당기손익으로 인식된다.

다만, 운용리스의 변경을 새로운 리스로 회계처리하더라도 (변경 전) 최초 리스와 관련된 선수운용리스료 또는 미수운용리스료는 새로운 리스의 리스료 일부로 본다.

3. 판매형리스(리스제공자가 제조자 또는 판매자인 경우)

지금까지는 리스제공자가 리스계약의 기초자산을 직접 제조하거나 판매하지 않는 경우, 즉 리스제공자 외에 기초자산의 제조자 또는 판매자가 별도로 존재하는 경우를 살펴보았다. 그러나 현실에서는 다양한 판촉활동의 일환으로 제조자나 판매자가 리스제공자로서 고객에게 리스서비스(혹은 리스서비스에 대한 선택권)를 제공하는 경우가 증가하고 있다. 이처럼 제조자나 판매자가 직접 리스제공자가 되는 리스거래 형태를 **판매형리스**(sales-type leases)라고 한다.[38]

이처럼 판매형리스는 제조자나 판매자가 직접 리스서비스를 제공하므로 일반적인 재고자산 판매에 리스서비스가 추가된 거래로 이해될 수 있다. 따라서 회계처리도 기본적인 리스 회계처리에 재고자산 판매와 관련된 회계처리가 추가되는 방식으로 이루어진다.

구체적으로 고객이 판매자로부터 기초자산을 직접 구매하기로 선택하는 경우에는, 일반적인 재고자산 판매이므로 제5장에서 학습한 바와 같이 수익기준서(제1115호)에 따라 회계처리가 이루어진다. 그러나 고객이 리스서비스를 선택하는 경우에는 판매자는 해당 리스계약의 성격에 따라 금융리스 혹은 운용리스에 해당하는 회계처리를 수행해야 한다. 즉, 고객에게 제공되는 서비스가 **금융리스**에 해당하는 경우에는 경제적 실질에 따라 재고자산에 해당하는 기초자산의 매출수익과 매출원가를 각각 인식한 후 금융리스 회계처리를 적용한다. 반면 해당 리스서비스의 성격이 **운용리스**에 해당하는 경우에는 재고자산과 관련한 위험과 보상이 실질적으로 이전되지 않았으므로 기초자산의 판매로 볼 수 없다. 따라서 기초자산 이전에 따른 매출수익과 매출원가를 인식하지 않고 운용리스에 따른 회계처리를 수행한다.

이처럼 판매형리스라 하더라도 리스서비스가 금융리스로 분류되는 경우에 한해 매출 관련 손익이 인식되기에 회계처리가 달라지며, 운용리스의 경우에는 재고자산이 리

---

38) 일반적인 금융리스의 경우에는 리스제공자를 단순한 중개업자(우리나라에서는 여신전문금융업으로 분류되는 캐피탈 명칭을 가진 회사가 해당함)로 볼 수 있는 반면, 판매형리스에서는 리스제공자가 제조업자 혹은 판매자라는 점에서 차이가 있다.

스자산으로 재분류되는 것 외에는 회계처리에 아무런 차이가 없다.

금융리스로 분류되는 판매형리스에서 매출손익을 인식하기 위한 회계처리는 구체적으로 다음과 같이 이루어진다. 제조자 또는 판매자인 리스제공자는 리스개시일에 각 **금융리스**에 대하여 다음을 인식한다.

① 기초자산의 공정가치와 리스제공자에게 귀속되는 리스료를 시장이자율로 할인한 현재가치 중 적은 금액으로 **매출수익**을 인식한다.
② 기초자산의 원가(원가와 장부금액이 다를 경우에는 장부금액)에서 무보증잔존가치의 현재가치를 뺀 금액을 **매출원가**로 인식한다.
③ 제조자 또는 판매자인 리스제공자는 기초자산을 이전하는지에 관계없이 리스개시일에 금융리스에 대한 **매출손익**을 인식한다.

제조자 또는 판매자인 리스제공자가 제공하는 자산의 금융리스에서는 적용할 수 있는 수량할인 또는 거래할인을 반영한 정상 판매가격으로 기초자산을 판매하여 생기는 손익과 동일한 손익을 인식하는 것이 원칙이다. 하지만 제조자 또는 판매자인 리스제공자는 고객을 유인하기 위하여 의도적으로 낮은 이자율을 제시하기도 한다. 낮은 이자율은 미래 현금흐름(리스료)의 현재가치를 증가시키고, 그 결과 매출수익이 증대되어 판매자가 리스거래에서 발생하는 전체 이익에서 많은 부분을 리스개시일에 조기 인식하는 결과를 초래하게 된다. 이러한 문제점을 방지하기 위하여 기준서는 ①에서와 같이 판매형리스에 대해 **시장이자율**을 부과하였을 경우의 금액으로 매출이익(selling profit)을 제한하고 있다.

한편, 판매형리스의 리스개설직접원가는 일반 금융리스처럼 기초자산 취득원가에 포함하지 않고 리스개시일에 비용으로 인식한다. 이는 일반 금융리스에서는 리스개설직접원가 기초자산 취득이 완료되기 전에 발생하나(즉, 취득과정에서 발생), 판매형리스에서는 이미 취득이 완료된 재고자산이 기초자산으로 사용됨에 따라 취득 이후에 발생하는 리스개설직접원가의 경우 판매비로서의 성격이 더욱 강하기 때문이다. 이처럼 판매형리스의 리스개설직접원가는 당기 비용처리됨에 따라 리스순투자에서도 제외된다.

지금까지 소개한 판매형리스의 회계처리를 요약하면 다음과 같다.

리스제공자 :

수취채권(매출액) = Min[리스료의 현재가치*, 기초자산의 공정가치]
매출원가 = 기초자산의 취득원가** − 무보증잔존가치***의 현재가치*

리스이용자 :

사용권자산 = Min[리스료의 현재가치*, 기초자산의 공정가치]
부채 = Min[미지급한 리스료의 현재가치*, 기초자산의 공정가치]

* 판매형리스거래는 매출거래와 자금대여거래로 구성됨. 매출거래 부분은 일반적인 매출과 경제적 실질이 동일하므로 현재가치를 계산하기 위하여 시장이자율(즉, 일반 상거래 이자율 혹은 신용거래시 적용 이자율)로 할인함. 그리고 리스이용자가 리스제공자의 시장이자율을 모르면 자신의 시장이자율인 증분차입이자율을 사용함.

** 기초자산의 취득원가와 장부금액이 다를 경우 기초자산의 장부금액

*** 무보증잔존가치는 리스이용자로부터 회수하는 것이 아니므로 매출액과 매출원가에서 제외하며, 판매된 부분이 아니므로 재고자산으로 남아 있는 것을 리스개시일에 수취채권으로 대체함.

예제 14

판매업자는 매출부진을 해결하기 위하여 리스계약을 통해 기계장치를 판매하기로 하였다. 이를 위하여 판매업자인 리스제공자와 리스이용자 간에 다음과 같은 조건으로 기계장치에 관한 해지불능리스계약을 체결하였다.

- 리스약정일 : 20×5년 1월 1일
- 리스개시일 : 20×5년 1월 1일
- 기초자산 : 취득원가 ₩800,000, 취득원가와 장부금액이 동일함.
  리스약정일의 공정가치 ₩1,000,000
  경제적 내용연수와 내용연수 모두 5년, 잔존가치가 없는 기계장치
- 리스기간 : 리스개시일로부터 3년
- 변동리스료 : 리스계약 체결시 ₩200,000 및 매년 말 ₩250,000씩 3회 지급[39)]
- 리스조건 : 리스기간 개시일 현재시점에 리스이용자가 리스기간 종료시 매수선택권을 ₩200,000에 행사하여 기초자산의 소유권이 리스이용자에게 이전될 가능성이 상당히 확실함.

리스제공자의 시장이자율은 12%이며, 리스이용자의 시장이자율인 증분차입이자율은 14%이다. 리스이용자는 리스제공자의 시장이자율을 모른다. 리스제공자와 리스이용자의 감가상각방법은 정액법이며, 결산일은 매년 12월 31일로 동일하다. 또한 상기 리스계약과 관련하여 리스개시일 당일 판매자가 부담한 리스개설직접원가는 ₩50,000이다.

1. 위의 리스를 분류하고 20×5년 1월 1일의 수취채권 및 매출액을 계산하라.
2. 20×5년 1월 1일의 사용권자산과 리스부채를 계산하라.

39) 20×5년 12월 31일부터 지급하는 리스료는 **실질적인 고정리스료**이다.

3. 리스제공자의 입장에서 상각표를 작성하라.
4. 리스이용자의 입장에서 상각표를 작성하라.
5. 리스제공자와 리스이용자 각각의 입장에서 일자별 분개를 수행하라.

해 답

1. 리스의 분류와 수취채권 및 매출액의 계산

리스료의 현재가치 = 변동리스료의 현재가치 + 매수선택권 행사가격의 현재가치
= {₩200,000 + ₩250,000 × 2.40183(기말연금의 현재가치계수; 기간 3년, 이자율 12%)}
+ ₩200,000 × 0.71178(일회금액의 할인율; 기간 3년, 이자율 12%)
= ₩800,458 + ₩142,356 = ₩942,814(기초자산 공정가치의 대부분에 해당)

위의 리스는 매수선택권기준과 리스료기준에 의하여 금융리스로 분류한다.
또한 20×5년 1월 1일의 수취채권 및 매출액은 리스료의 현재가치(₩942,814)와 기초자산의 공정가치(₩1,000,000) 중 낮은 금액인 ₩942,814이다.

2. 20×5년 1월 1일의 사용권자산과 리스부채의 계산

사용권자산 = 변동리스료의 현재가치 + 매수선택권 행사가격의 현재가치
= {₩200,000 + ₩250,000 × 2.32163(기말연금의 현재가치계수; 기간 3년, 이자율 14%)}
+ ₩200,000 × 0.67497(일회금액의 할인율; 기긴 3년, 이자율 14%)
= ₩780,408 + ₩134,994 = ₩915,402

리스부채 = 미지급한 변동리스료의 현재가치 + 매수선택권 행사가격의 현재가치
= ₩250,000 × 2.32163(기말연금의 현재가치계수; 기간 3년, 이자율 14%)
+ ₩200,000 × 0.67497(일회금액의 할인율; 기간 3년, 이자율 14%)
= ₩580,408 + ₩134,994 = ₩715,402

위에서 계산한 사용권자산과 리스부채의 금액은 모두 기초자산의 공정가치(₩1,000,000)보다 작은 금액이기에 동 금액이 사용권자산과 리스부채의 20×5년 1월 1일 현재 장부금액이다.

3. 리스제공자의 상각표

연도	수취채권			
	기초 장부금액	변동리스료	이자수익 (12%)	기말 장부금액
20×5년 초	₩942,814	(₩200,000)	₩0	₩742,814
20×5년 말	742,814	(₩250,000)	89,138	581,952
20×6년 말	581,952	(₩250,000)	69,834	401,786
20×7년 말	401,786	(₩250,000)	48,214	200,000
합 계		(₩950,000)	₩207,186	

4. 리스이용자의 상각표

연도	리스부채				사용권자산		
	기초 장부금액	실질적인 고정리스료	이자비용 (14%)	기말 장부금액 (매수선택권 행사 전)	기초 장부금액	감가상각비	기말 장부금액
20×5년	₩715,402	(₩250,000)	₩100,156	₩565,558	₩915,402	(₩183,080)*	₩732,322
20×6년	565,558	(250,000)	79,178	394,736	732,322	(183,080)	549,242
20×7년	394,736	(250,000)	55,264	200,000	549,242	(183,080)	366,162
합 계		(₩750,000)	₩234,598			(549,240)	

* ₩915,402 ÷ 5년 = ₩183,080/년

5. 리스제공자와 리스이용자의 일자별 분개

일 자	리스제공자		리스이용자	
20×5년 1월 1일	(차) 수취채권	942,814	(차) 사용권자산	915,402
	매출원가	800,000	(대) 리스부채	715,402
	(대) 매 출 액	942,814	현 금	200,000
	재고자산	800,000		
	(차) 현 금	200,000		
	(대) 수취채권	200,000		
	(차) 판매비	50,000		
	(대) 현 금	50,000		
20×5년 12월 31일	(차) 현 금	250,000	(차) 리스부채	149,844
	(대) 수취채권	160,862	이자비용	100,156
	이자수익	89,138	(대) 현 금	250,000
			(차) 감가상각비	183,080*
			(대) 감가상각누계액	183,080
			* ₩915,402 ÷ 5 = ₩183,080/년	
20×6년 12월 31일	(차) 현 금	250,000	(차) 리스부채	170,822
	(대) 수취채권	180,166	이자비용	79,178
	이자수익	69,834	(대) 현 금	250,000
			(차) 감가상각비	183,080
			(대) 감가상각누계액	183,080

20×7년 12월31일	(차) 현 금	250,000	(차) 리스부채	194,736
	(대) 수취채권	201,786	이자비용	55,264
	이자수익	48,214	(대) 현 금	250,000
			(차) 감가상각비	183,080
			(대) 감가상각누계액	183,080
매수선택권 행사한 경우				
	(차) 현 금	200,000	(차) 리스부채	200,000
	(대) 수취채권	200,000	(대) 현 금	200,000
			(차) 기계장치	366,162
			감가상각누계액	549,240
			(대) 사용권자산	915,402

지금까지 살펴본 리스이용자와 리스제공자의 회계처리를 요약하면 <표 21. 3>과 <표 21. 4>와 같다. 다시 한번 강조컨대, 리스이용자의 회계처리는 리스 유형의 구별이 없는 **단일모형**이며, 리스제공자의 회계처리는 금융리스와 운용리스로 구분되는 **이중모형**이라는 점을 이해하고, 두 거래 당사자의 회계처리가 대칭적이지 않음에 유의할 필요가 있다.

표 21. 3

리스이용자의 회계처리

사건일	리스이용자(단기리스 및 소액리스 제외)
약정일	분개 없음
개시일	(차) 사용권자산 (A) (대) 리스부채 (A)
리스대금의 지급	(차) 이자비용 (B) 리스부채 (대) 현 금(정기리스료) (차) 감가상각비 (대) 감가상각누계액

표 21. 4
리스제공자의 회계처리

사건일	리스제공자	
	금융리스	운용리스
약정일	(차) (선급)리스자산 (대) 현 금	(차) (선급)리스자산 (대) 현 금
개시일	(차) 수취채권 (C) (대) (선급)리스자산 리스자산처분이익	(차) 리스자산 (대) (선급)리스자산
리스대금 수주	(차) 현 금(정기리스료*) (대) 이자수익 (D) 수취채권	(차) 현 금 미수운용리스료(미달액의 경우)** (대) 운용리스료수익(균등액) 선수운용리스료(초과액의 경우)** (차) 감가상각비 (대) 감가상각누계액

(A) 사용권자산=리스부채(단, 리스개시일이나 그 전에 지급한 선급리스료, 리스인센티브, 리스이용자가 부담하는 리스개설직접원가 및 재고자산 생산과 무관한 해체원가 혹은 복구원가가 없는 경우에만 사용권자산과 리스부채가 동일한 금액임)
(B)=(A)×내재이자율
(C) 리스료(고정리스료, 변동리스료, 잔존가치보증에 따라 수취할 금액, 매수선택권의 행사가격, 부담금)의 현재가치+무보증잔존가치의 현재가치
(D)=(C)×내재이자율
* **정기리스료**는 여기서 고정리스료와 변동리스료를 통칭하는 의미로 사용하였다.
** 미수운용리스료(비금융자산계정)와 선수운용리스료(비금융부채계정)는 동시에 나타날 수 없다.

한편, 지금까지 소개한 리스개설직접원가의 경우 회계처리가 거래당사자(리스이용자 vs. 리스제공자) 및 리스 유형에 따라 차이를 보여 독자 입장에서 혼선이 있을 수 있다. 따라서 이를 정리하면 다음 <표 21. 5>와 같다.

표 21. 5
리스개설직접원가의 회계처리

리스 유형	리스제공자	리스이용자
일반적인 금융리스	내재이자율 감소(혹은 리스료 증가)로 반영	사용권자산 취득원가에 반영
판매형(금융)리스	리스개시일에 당기비용 처리	
운용리스	기초자산 취득가액에 반영	

[부록 A] 용어정리

용 어	설 명
리스개시일 / 개시일	리스제공자가 리스이용자에게 기초자산을 사용할 수 있게 하는 날
경제적 내용연수	하나 이상의 이용자가 자산을 경제적으로 사용할 수 있을 것으로 예상하는 기간이나 자산에서 얻을 것으로 예상하는 생산량 또는 이와 비슷한 단위 수량
고정리스료	리스기간의 기초자산 사용권에 대하여 리스이용자가 리스제공자에게 지급하는 금액에서 변동리스료를 뺀 금액
공정가치	이 기준서의 리스제공자 회계 요구사항을 적용하는 목적상, 합리적인 판단력과 거래의사가 있는 독립된 당사자 사이의 거래에서 자산이 교환되거나 부채가 결제될 수 있는 금액
금융리스	기초자산의 소유에 따른 위험과 보상의 대부분이 리스이용자에게 이전되는 리스
기초자산	리스제공자가 리스이용자에게 자산의 사용권을 제공하는, 리스의 대상이 되는 자산
단기리스	리스개시일에 리스기간이 12개월 이하인 리스. 매수선택권이 있는 리스는 단기리스에 해당하지 않는다.
리스	대가와 교환하여 자산(기초자산)의 사용권을 일정 기간 이전하는 계약이나 계약의 일부
리스료	기초자산 사용권과 관련하여 리스기간에 리스이용자가 리스제공자에게 지급하는 금액으로 다음 항목으로 구성됨 (1) 고정리스료(실질적인 고정리스료를 포함함)에서 리스인센티브를 뺀 금액 (2) 지수나 요율(이율)에 따라 달라지는 변동리스료 (3) 리스이용자가 매수선택권을 행사할 것이 상당히 확실한 경우에 그 매수선택권의 행사가격 (4) 리스기간이 리스이용자의 종료선택권 행사를 반영하는 경우에, 그 리스를 종료하기 위하여 필요한 부담금 리스이용자의 경우에 리스료는 잔존가치보증에 따라 리스이용자가 지급할 것으로 예상되는 금액도 포함한다. 리스이용자가 비리스요소와 리스요소를 통합하여 단일 리스요소로 회계처리하기로 선택하지 않는다면 리스료는 비리스요소에 배분되는 금액을 포함하지 않는다. 리스제공자의 경우에 리스료는 잔존가치보증에 따라 리스이용자, 리스이용자의 특수관계자, 리스제공자와 특수관계에 있지 않고 보증의무를 이행할 재무적 능력이 있는 제3자가 리스제공자에게 제공하는 잔존가치보증을 포함한다. 리스료는 비리스요소에 배분되는 금액은 포함하지 않는다.
리스개설직접원가	리스를 하지 않았더라면 부담하지 않았을 리스체결증분원가. 다만 금융리스와 관련하여 제조자 또는 판매자인 리스제공자가 부담하는 원가는 제외
리스기간	리스이용자가 기초자산 사용권을 갖는 해지불능기간과 다음 기간을 포함하는 기간 (1) 리스이용자가 리스 연장선택권을 행사할 것이 상당히 확실한 경우에 그 선택권의 대상기간

용 어	설 명
	(2) 리스이용자가 리스 종료선택권을 행사하지 않을 것이 상당히 확실한 경우에 그 선택권의 대상 기간
리스 내재이자율	리스료 및 무보증잔존가치의 현재가치 합계액을 다음 (가)와 (나)의 합계액과 동일하게 하는 할인율 (가) 기초자산의 공정가치 (나) 리스제공자의 리스개설직접원가
리스변경	최초 리스 조건의 일부가 아닌 리스의 범위 또는 리스대가의 변경(예 하나 이상의 기초자산 사용권의 추가 또는 종료, 계약상 리스기간의 연장 또는 단축)
리스순투자	리스총투자를 내재이자율로 할인한 금액
리스약정일 / 약정일	리스계약일과 리스의 주요 조건에 대하여 계약당사자들이 합의한 날 중 이른 날
리스이용자	대가와 교환하여 기초자산의 사용권을 일정 기간 얻게 되는 기업
리스이용자의 증분차입이자율	리스이용자가 비슷한 경제적 환경에서 비슷한 기간에 걸쳐 비슷한 담보로 사용권자산과 가치가 비슷한 자산 획득에 필요한 자금을 차입하기 위하여 지급해야 하는 이자율
리스인센티브	리스와 관련하여 리스제공자가 리스이용자에게 지급하는 금액이나 리스의 원가를 리스제공자가 보상하거나 부담하는 금액
리스제공자	대가와 교환하여 기초자산 사용권을 일정 기간 제공하는 기업
리스총투자	금융리스에서 리스제공자가 받게 될 리스료와 무보증잔존가치의 합계액
무보증잔존가치	리스제공자가 실현할 수 있을지 확실하지 않거나 리스제공자의 특수관계자만이 보증한, 기초자산의 잔존가치 부분
미실현금융수익	리스총투자와 리스순투자의 차이
변경 유효일	두 당사자가 리스변경에 동의하는 날
변동리스료	리스기간에 기초자산의 사용권에 대하여 리스이용자가 리스제공자에게 지급하는 리스료의 일부로서 시간의 경과가 아닌 리스개시일 후 사실이나 상황의 변화 때문에 달라지는 부분
사용권자산	리스기간에 리스이용자가 기초자산을 사용할 권리(기초자산 사용권)를 나타내는 자산
사용기간	고객과의 계약을 이행하기 위하여 자산이 사용되는 총 기간(비연속적인 기간 포함)
선택권 리스료	리스기간에는 포함되지 않으나, 리스를 연장하거나 종료하는 선택권의 대상 기간에 기초자산 사용권에 대하여 리스이용자가 리스제공자에게 지급하는 리스료
운용리스	기초자산의 소유에 따른 위험과 보상의 대부분이 이전되지 않는 리스
잔존가치보증	리스제공자와 특수관계에 있지 않은 당사자가 리스제공자에게 제공한, 리스종료일의 기초자산 가치(또는 가치의 일부)가 적어도 특정 금액이 될 것임을 보증
전대리스	리스이용자(중간 리스제공자)가 기초자산을 제3자에게 다시 리스하는 거래. 상위 리스제공자와 리스이용자 사이의 리스(상위 리스)는 여전히 유효하다.

[부록 B] 판매후리스

판매후리스(sales and leaseback)란 리스이용자가 리스제공자에게 자산을 판매하고 다시 그 자산을 리스하여 사용하는 거래를 말한다. 판매후리스 거래의 경우 형식적으로는 판매거래와 리스거래가 구분되나, 실제로는 리스이용자가 기초자산을 리스제공자에게 판매한 후에도 리스를 통해 계속해서 사용하기 때문에 기초자산의 물리적 이동이 없는 경우가 대부분이다. 이처럼 판매후리스는 통상 서류상으로 이루어지는 거래로, 그 실질이 판매되는 기초자산을 담보로 한 차입거래에 가깝다(즉, 리스이용자가 기초자산 판매대금을 리스제공자로부터 차입하고, 그 대가로 리스료 형태의 이자비용을 리스제공자에게 지급). 이 경우 리스료와 판매가격이 일괄적으로 협상되기 때문에 일반적으로 리스료와 판매가격이 서로 관련성을 가진다. 판매형리스에서는 제조업자나 판매자가 리스제공자이지만, 판매후리스에서는 판매자가 리스이용자이며 구매자가 리스제공자이다.

이처럼 **판매후리스**는 그 경제적 실질이 리스제공자가 리스이용자에게 자금을 대여하는 거래이다. 따라서 리스제공자는 대여한 자금이 많을수록 높은 수익을 얻을 수 있기에 리스자산을 공정가치보다 더 높은 가격으로 구입할 유인이 있다. 이와 같이 높은 가격으로 거래가 이루어지면 리스이용자는 자산의 판매로 인한 처분이익을 자연스럽게 과대계상하게 된다. 따라서 이러한 손익조작 가능성으로 인하여 일반적인 리스회계처리의 적용이 일부 배제된다.

구체적으로 판매에 따른 이익(손실)을 이연하여 환입(상각)하는 회계처리를 배제하기 위하여 판매손익은 일반적인 (판매금액 – 장부금액) 방식으로 측정하지 않고, (공정가치 – 장부금액) 중 자산사용통제권이 없는 비율을 곱한 금액으로 인식한다. 즉, 리스제공자와의 협상을 통해 임의조작이 가능한 판매금액 대신 객관적인 공정가치를 기준으로 사용하며, 처분이익 중에서도 리스제공자에게 사용통제권을 이전하여 진성매각에 해당하는 비율에 한해 처분손익으로 인식할 수 있다는 것이다. 이와 동일한 맥락에서 사용권자산도 추가 금융부분을 제외한 리스료 현금흐름의 할인액에 기초자산 공정가치 대비 장부금액의 비율을 곱한 금액으로 측정한다.

판매후리스의 회계처리는 두 단계로 걸쳐 이루어진다. 먼저 수익기준서에 따라 자산의 진성판매 여부에 대한 판단을 한다. 자산의 판매에 해당한다면 리스이용자는 판매된 자산을 제거하고, 관련 처분손익을 인식한다. 그리고 그 다음 단계로 리스기준서에 따라 사용권자산과 리스부채를 인식한다. 그러나 첫 단계에서 자산 판매에 해당하지 않는다면, 경제적 실질이 일반 차입에 해당하므로 금융상품기준서(제1109호)에 따라 해당 자산과 금융부채를 인식한다. 즉, 리스거래가 아니므로 리스기준서가 적용되지 않는다.

이러한 판매후리스 거래의 회계처리를 살펴보면 리스이용자는 어떠한 경우에도 부채를 인식하게 되는데, 이를 통해 판매후리스가 기업의 부외금융 수단으로 이용되는 것을 예방하고자 하는 기준서의 시각을 엿볼 수 있다.

이상의 판매후리스의 회계처리를 요약하면 다음과 같다.

구 분	판매인 경우	판매가 아닌 경우
판매자-리스이용자	• 기초자산의 판매차익(=공정가치-장부금액) 중 기초자산 공정가치 대비 리스이용자가 보유하는 기초자산 사용통제권에 관련 없는 부분의 비율을 곱한 금액을 판매손익으로 인식 • 추가 금융부분을 제외한 리스료 현금흐름의 할인액에 기초자산 공정가치 대비 장부금액의 비율을 곱한 금액으로 계속 보유하는 사용권자산 측정	• 이전된 자산 계속 인식 • 금융부채(이전대가로 받은 금액) 인식(기업회계기준서 제1109호 금융상품 적용)
구매자-리스제공자	• 자산 매입에 적용할 수 있는 기준서 적용 • 리스에는 리스제공자 회계규정 적용 • 금융자산(공정가치를 초과한 판매대가에 해당하며, 리스이용자가 추가 금융을 제공받은 것) 인식	• 금융자산(이전대가로 지급한 금액) 인식(기업회계기준서 제1109호 금융상품 적용)

부록예제

판매자-리스이용자가 구매자-리스제공자에게 건물을 판매하고 해당 건물을 10년간 리스하기로 계약을 체결하였다. 매각금액은 ₩20,000이었고, 매각시점의 장부금액과 공정가치는 각각 ₩10,000과 ₩18,000이었다. 그리고 매년 말 지급하는 고정리스료는 ₩1,200이었고, 구매자-리스제공자의 내재이자율은 연 5%였다. 판매자-리스이용자 역시 리스의 내재이자율을 쉽게 산정할 수 있었다.

구매자-리스제공자는 동 건물리스를 **운용리스**로 분류하며, 공정가치를 초과한 판매대가는 판매자-리스이용자가 구매자-리스제공자로부터 추가 금융(additional financing provided by Buyer-lessor to Seller-lessee)을 제공받는 것으로 인식한다. 판매자-리스이용자와 구매자-리스제공자의 회계처리를 거래의 자산이전이 수익기준서에서 판매로 회계처리할 수 있는 요구사항을 충족하는 경우와 충족하지 못하는 경우를 구분하여 수행하라.

해 답

판매인 경우 판매자-리스이용자의 회계처리 :

(차) 현 금	20,000	(대) 건 물		10,000
사용권자산	4,037**	금융부채		9,266*
		유형자산처분이익 (판매차익)		4,771***

* 금융부채(금융관련 부분과 리스관련 부분이 혼합되어 있어서 리스부채 계정과목 대신에 금융부채 계정과목을 사용) = 고정리스료의 현재가치(5%, 10년, ₩1,200) = ₩1,200 × {(1 − 1.05 − 10) ÷ 0.5} = ₩9,266 = ₩2,000(추가 금융관련) + ₩7,266(리스관련)

** 사용권자산(추가 금융부분을 제외한 고정리스료 현금흐름의 할인액에 건물 공정가치 대비 장부금액의 비율을 곱한 금액) = ₩7,266(추가 금융부분을 제외한 리스료 현금흐름의 할인액) × {₩10,000(건물의 장부금액) ÷ ₩18,000(건물의 공정가치)} = ₩4,037

*** 판매자-리스이용자의 판매차익(건물의 판매차익 중 자산권이 구매자-리스제공자에게 이전된 부분 즉, 건물의 판매차익 중 건물 공정가치 대비 리스이용자가 보유하는 건물사용통제권에 관련 없는 부분의 비율을 곱한 금액으로 손익을 인식) = (₩18,000 − ₩10,000) × {(₩18,000 − ₩7,266) ÷ ₩18,000} = ₩4,771

- 추가 금융부분을 제외한 금융부채 중 사용권자산에 포함되지 않는 금액(추가 금융부분을 제외한 고정리스료 현금흐름의 할인액에 건물 공정가치 대비 장부금액의 공정가치 미달액 비율을 곱한 금액) = ₩7,266(추가 금융부분을 제외한 고정리스료 현금흐름의 할인액) × {₩8,000(건물 장부금액의 공정가치 미달액) ÷ ₩18,000(건물의 공정가치)} = ₩3,229(= ₩7,266 − ₩4,037 = ₩8,000 − ₩4,771)
- 판매자-리스이용자의 판매차익 중 공정가치 대비 판매자-리스이용자의 건물사용통제권과 관련 있는 부분의 비율을 곱한 금액[= (₩18,000 − ₩10,000) × (₩7,266 ÷ ₩18,000) = ₩3,229]은 판매시 수익으로 인식하지 않음.
- 추가 금융부분(=₩20,000 − ₩18,000)을 제외한 고정리스료 현금흐름의 할인액(₩7,266)에서 판매자-리스이용자의 판매차익 중 공정가치 대비 판매자-리스이용자의 건물사용통제권과 관련 있는 부분의 비율을 곱한 금액(₩3,229)을 차감한 금액이 사용권자산(₩4,037)으로 계상됨으로써 이연유형자산처분이익을 계상할 수 없음(사용권자산을 ₩7,266으로 계상할 수 없기에 대변에 이연유형자산처분이익 ₩3,229을 계상할 수 없음).

판매인 경우 구매자-리스제공자의 회계처리 :

리스개시일

(차) 건 물	18,000	(대) 현 금	20,000
금융자산	2,000		

판매가 아닌 경우 판매자-리스이용자의 회계처리 :

(차) 현 금	20,000	(대) 금융부채	20,000

판매가 아닌 경우 구매자-리스제공자의 회계처리 :

(차) 금융자산	20,000	(대) 현 금	20,000

익힘문제

[1] 리스이용자가 식별되는 자산의 사용통제권을 보유하고 있는지를 판단하기 위한 기준을 제시하라.

[2] 리스의 부외부채(off-balance sheet liabilities) 효과에 대해 간략히 설명하라. 구체적으로 자산의 소유권을 직접 취득하는 회사와 리스계약을 통해 해당 자산에 대한 소유권 없이 사용권만을 획득한 회사의 재무상태를 자산 및 부채 규모, 그로 인한 부채비율을 중심으로 비교하라.

[3] 리스거래와 임대차거래의 차이점을 설명하라.

[4] 리스자산을 리스이용자 입장에서 자본화해야 한다는 주장과 자본화해서는 안 된다는 주장이 있다. 이들 주장의 논리적 근거를 제시하라.

[5] 리스의 자본화에 대하여 미이행계약적 관점과 회계사상적 관점에서 각각 설명하라.

[6] 리스기준서에서 리스의 자본화 논쟁에 대하여 어떠한 관점을 취하고 있는지 설명하라.

[7] 리스료의 최초 측정을 설명하라.

[8] 사용권자산의 최초 측정을 설명하라.

[9] 금융리스로 분류되는 상황의 예를 제시하라.

[10] 원가모형을 적용하는 경우 사용권자산의 후속 측정을 설명하라.

[11] 리스부채의 후속 측정을 설명하라.

[12] 리스부채를 재측정할 때 수정할인율을 사용할 경우와 변경되지 않은 할인율을 사용할 경우로 구분하여 설명하라.

[13] 리스변경으로 인한 재측정의 회계처리를 설명하라.

[14] 금융리스에서 수취채권의 최초 인식 방법을 제시하라.

[15] 다음의 각 기술이 옳은지 그른지를 밝히고 판단근거를 제시하라.

(1) 리스개시일 이후 추가적인 비용(관리유지비용, 자본적 지출 등)이 예상되지 않는다면 리스제공자의 총미래 현금유입예상액과 리스이용자의 총미래 현금유출예상액은 언제나 동일하다.

(2) 리스료란 리스이용자가 리스자산의 사용에 대한 대가로서 리스제공자에 지급하는 금액을 말하며, 고정리스료, 변동리스료, 매수선택권 행사가격 및 리스종료 부담금으로 구성된다.

(3) 내재이자율이란 리스약정일 현재 리스제공자의 리스자산 취득에 필요한 자금 조달시 적용된 이자율을 말한다.

(4) 판매형리스거래가 이루어지는 경우에 리스제공자의 매출액과 이에 대한 수취채권을 계산하기 위하여 리스자산의 공정가치를 적용한다.

[16] 판매후리스와 판매형리스의 의미에 대하여 간략히 설명하라.

[17] 판매후리스의 회계처리방법을 제시하라.

연습문제

[1] 리스의 정의(식별)

쇼핑센터 일부를 구성하는 점포 A를 6년간 사용하는 계약을 체결하였다. 공급자는 이전비용을 지급하고 비슷한 품질과 규격의 점포를 제공하는 조건으로 고객에게 점포 이전을 요구할 수 있다. 계약 약정시점에는 공급자가 점포 A에 대하여 더 유리한 요율의 새로운 계약을 체결할 것으로 판단되지는 않는다. 계약에서는 점포 A에서 판매할 유명 브랜드의 재화를 정하였다. 고객은 사용기간 내내 점포 A의 사용시 판매 재화의 구성, 가격, 보유 재고량 등 모든 결정을 내리고 점포 A에 대한 물리적 접근을 통제할 수 있다. 고객은 공급자에게 고정금액을 지급함과 동시에 점포 A에서 발생하는 매출액의 일정 비율을 지급한다. 공급자는 광고 용역과 청소 및 보안 용역을 제공한다. 위 계약에 리스가 포함되어 있는지 여부를 판단하라.

[2] 리스의 정의(식별)

특정 선박으로 화물을 운송하는 계약을 체결하고, 동 계약에서 화물, 인수·배달 장소 및 일정을 정하였다. 선박은 계약에서 분명히 특정하였다. 고객이 선박의 대체를 막을 수 있고, 공급자는 선박을 대체할 권리가 없다. 화물은 선박 용량의 대부분을 차지한다. 공급자는 선박을 운행·유지하고 화물을 운반할 책임이 있다. 고객은 선박을 직접 운행하거나 다른 운행자를 고용할 수 없다. 위 계약에 리스가 포함되어 있는지 여부를 판단하라.

[3] 리스의 정의(식별)

특정 선박을 5년간 사용하는 계약을 체결하였다. 선박은 계약에서 분명히 특정하였다. 고객이 선박의 대체를 막을 수 있고, 공급자는 선박을 대체할 권리가 없다. 계약에서는 공급자 방어권의 일환으로 위험 해역 운행이나 위험 화물 운반을 제한하고 있다. 고객은 사용기간 내내 선박의 항해 여부, 출항 항구, 운반 화물을 정할 수 있다. 화물은 선박 용량의 대부분을 차지한다. 공급자는 선박을 운행·유지하고 화물을 운반할 책임이 있다. 고객은 선박을 직접 운행하거나 다른 운행자를 고용할 수 없다. 위 계약에 리스가 포함되어 있는지 여부를 판단하라.

[4] 리스의 정의(식별)

항공기를 2년간 사용하는 계약을 체결하였다. 계약에서 항공기의 내부와 외부 규격을 상세히 열거하고 있다. 공급자는 항공기를 대체할 수 있고, 항공기가 작동하지 않으면 계약상 규격에 부합하는 항공기로 반드시 대체해 주어야 한다. 규격에 부합하는 항공기를 갖추는 데 상당한 원가가 공급자에게 발생한다. 계약에서는 공급자 방어권의 일환으로 항공기의 비행 공간에 대한 계약적 그리고 법적 제약을 명시하고 있다. 고객은 사용기간 내내 항공기의 비행 여부, 시기, 방향, 운송 승객, 운반 화물을 정할 수 있다. 공급자는 항공기를 운행할 책임이 있다. 고객은 항공기를 직접 운행하거나 다른 운행자를 고용할 수 없다. 위 계약에 리스가 포함되어 있는지 여부를 판단하라.

[5] 리스제공자의 리스 분류

리스제공자와 리스이용자는 리스기간 10년의 리스계약을 체결하였다. 리스약정일 현재 기계장치의 공정가치가 ₩2,000,000,000이고, 리스기간 종료시점에 기계장치의 공정가치는 ₩1,000,000,000으로 추정된다. 리스이용자가 리스기간 종료시점에 기계장치를 ₩800,000,000으로 매입할 수 있는 매수선택권을 리스약정일 현재 보유하고 있다면 동 리스를 어떻게 분류할 수 있는가? 단, 리스약정일과 리스개시일은 동일하다.

[6] 리스제공자의 리스 분류

리스제공자는 건물을 2011년 1월 1일에 취득하였다. 경제적 내용연수는 2060년 12월 31일까지 50년으로 추정된다. 건물취득일로부터 30년이 지난 2041년 1월 1일에 처음으로 리스제공자는 리스이용자와 리스기간 19년의 리스계약을 체결하였다. 이러한 경우 동 리스를 어떻게 분류하여야 하는가?

[7] 리스총투자, 리스순투자 및 미실현이자수익

리스제공자와 리스이용자는 리스기간 만료 시 매수선택권약정이 있는 리스계약을 체결하였다. 다음의 경우에 리스총투자, 리스순투자 및 미실현이자수익의 금액은 얼마인가?

- 리스기간 : 10년
- 매년 리스료 : ₩100,000
- 리스료의 현가 : ₩600,000
- 리스자산의 취득원가: ₩500,000
- 무보증잔존가치 : ₩50,000
- 무보증잔존가치의 현가 : ₩10,000

[8] 리스제공자의 운용리스

리스제공자와 리스이용자는 20×7년 1월 1일부터 개시하는 리스기간 3년의 운용리스 계약을 체결하였다. 매년의 리스료는 20×7년 ₩3,000, 20×8년 ₩4,500, 20×9년 ₩6,000이며, 리스료지급일은 매년도 말이다. 20×7년 12월 31일에 실제 지급한 리스료는 ₩1,500이다. 정액기준으로 수익인식할 경우 리스제공자가 20×7년에 인식할 운용리스료수익은 얼마인가?

[9] 리스제공자가 지급한 리스인센티브

아래의 경우 ㈜팔공이 20×9년에 인식할 리스료수익은 얼마인가?

- 건물을 소유하고 있는 ㈜팔공은 20×9년 1월 1일부터 사무실을 5년 동안 리스하는 운용리스계약을 체결하였다.
- 매년 리스료 수령액은 ₩10,000,000이다. 단, 인센티브로 20×9년 상반기 6개월은 무상으로 제공하고 있어서 20×9년의 리스료 수령액은 ₩5,000,000이다.

[10] 사용량에 연동하는 추가리스료

리스제공자는 리스이용자에게 통신전용선을 임대해주는 리스계약을 체결하였다. 리스기간은 10년이며, 이는 리스자산의 경제적 내용연수와 내용연수도 10년이다. 리스기간 종료 후 소유권은 리스이용자가 추가 대가를 리스제공자에게 제공하지 않고 이전된다. 매년 리스료는 통신전용선의 사용량에 따라 결정되는데, 100% 사용할 경우 ₩100,000,000이고, 최소 지급액은 50% 사용량을 가정한 ₩50,000,000이다. 리스제공자는 리스기간 동안의 통신전용선 평균 사용량을 80%로 추정하고 있으며, 매년 평균 리스료는 ₩80,000,000이 될 것으로 예상하고 있다. 연간 리스료는 얼마이며, 사용량에 연동하는 연간 추가리스료는 어떻게 회계처리하여야 하는가?

[11] 리스료 계산시 부담금의 포함 여부

리스약정일에 리스제공자는 리스이용자의 요구에 따라 기초자산의 변형작업을 수행하였다. 리스기간은 4년이고, 추가로 4년 연장가능하다. 리스기간 연장선택권이 행사되지 아니할 경우, 리스이용자는 리스물건 변형비용의 75%를 부담금으로 부담해야 한다. 어떠한 경우 상기 부담금을 리스료에 포함하는가?

[12] 리스변경

다음과 같이 리스범위 축소와 확대가 동시에 나타나는 리스변경(리스료 변경 포함)으로 인한 리스부채와 사용권자산 재측정의 회계처리를 하라. 단, 사용권자산의 상각방법은 정액법이며, 잔존가치는 없다.

구 분	최초 리스 약정	리스변경(5차 연도 초)
리스대상	사무실 1,000m^2	사무실 1,500m^{2}로 확대
리스기간	8년	2년 단축(총 6년)
리스료 지급	매년 말 ₩10,000	매년 말 ₩15,000
증분차입이자율	연 5%	연 6%

[13] 금융리스

리스제공자는 20×5년 1월 1일에 취득원가 ₩532,948, 경제적 내용연수와 내용연수가 모두 3년, 잔존가치는 없으며, 정액법으로 감가상각을 하는 리스자산을 리스이용자에게 위험과 보상을 이전하는 조건으로 해지불능리스계약을 체결하였다. 리스약정일과 리스개시일은 동일하다. 리스기간은 3년이며, 매 6개월마다 기초에 리스료를 선급하는 조건이다. 리스제공자의 목표수익률은 10%이며, 리스이용자가 리스 내재이자율을 알고 있다. 동 리스는 리스료의 현재가치가 기초자산의 취득원가(공정가치)와 일치하는 완불리스이다.

(1) 매기의 리스료를 계산하라.
(2) 상각표를 작성하라.

[14] 운용리스와 금융리스

20×4년 12월 31일 리스제공자는 기계장치를 취득한 후 20×5년 1월 1일부터 리스이용자에게 3년간 리스하기로 약정하였다. 기계장치의 취득원가는 ₩400,000이며 잔존가치는 없다. 리스제공자의 내재이자율은 15%이다. 리스료는 매년 말 동일한 금액을 수수하기로 하였다. 동 리스는 리스기간 종료시 리스이용자는 잔존가치를 보증하지 않는다. 리스제공자는 리스자산의 취득과 관련하여 금융원가 ₩6,000이 발생하여 이를 현금으로 지급하였다. 리스제공자의 감가상각방법은 정액법이며, 결산일은 매년 12월 31일로 동일하다.

(1) 위의 리스에서 매년 리스료는 얼마인가?
(2) 위의 리스가 운용리스와 금융리스로 각각 분류된다고 가정할 때 리스제공자의 20×4년 12월 31일, 20×5년 1월 1일 및 20×5년 12월 31일의 분개를 하라. 단, 감가상각에 관한 분개는 고려하지 않는다.

[15] 금융리스의 리스제공자와 리스이용자

리스제공자와 리스이용자는 다음과 같은 조건으로 기계장치에 관한 해지불능리스계약을 체결하였다.

- 리스약정일 : 20×5년 1월 1일
- 리스개시일 : 20×5년 1월 1일
- 기초자산 : 취득원가(공정가치) ₩100,000, 경제적 내용연수와 내용연수가 모두 4년, 잔존가치가 없는 기계장치
- 리스기간 : 리스개시일로부터 3년
- 고정리스료 : 매년 초 지급
- 리스조건 : 리스개시일로부터 3년 후 ₩10,000에 리스자산을 구입할 수 있는 매수선택권을 부여하였으며, 동 선택권은 리스개시일 현재 행사가 상당히 확실함

리스기간 종료시 추정잔존가치는 ₩15,000이며, 잔존가치보증조건은 없다. 리스제공자의 목표수익률은 10%이며, 리스이용자의 증분차입이자율도 10%이다. 리스이용자는 리스제공자의 내재이자율을 모른다. 리스제공자와 리스이용자의 감가상각방법은 정액법이며, 결산일은 매년 12월 31일로 동일하다. 단, 리스기간이 경제적 내용연수의 75% 이상일 경우 경제적 내용연수의 상당부분을 차지하는 것으로 가정하고, 리스료의 현재가치가 리스자산의 공정가치의 90% 이상일 경우 리스자산 공정가치의 대부분에 해당하는 경우로 가정한다.

(1) 매년 초 리스이용자가 지급하여야 할 리스료는 얼마인가?
(2) 상각표를 작성하라.
(3) 리스제공자와 리스이용자의 일자별 분개를 하라. 단, 20×7년 12월 31일의 분개는 매수선택권이 행사되었을 경우와 행사되지 않았을 경우로 구분하여 분개할 것. 단, 리스기간 종료시 리스자산의 실제잔존가치는 ₩8,000이다.

[16] 판매형리스

㈜장비는 기계장치를 매입하여 판매하는 회사이다. ㈜장비는 매출을 촉진하기 위해 리스계약을 통해 기계를 판매하기로 하고, 다음과 같은 리스계약을 체결하였다. 이 거래와 관련하여 ㈜장비는 리스개시일에 ₩20,000의 지출이 있었다.

- 리스개시일 : 20×1년 1월 1일
- 기계(기초자산) : 장부금액은 ₩500,000으로 취득원가이고, 리스개시일 공정가치는 ₩700,000임. 내용연수 4년, 잔존가치는 ₩100,000이며, 전액 무보증 잔존가치임.

- 리스기간과 리스료: 리스기간은 3년이며, 리스료는 매년 말 ₩250,000씩 3회 지급함.
- 리스제공자의 시장이자율: 연 7%

(1) ㈜장비가 위 리스를 판매형리스로 회계처리하는 근거를 설명하라.
(2) 리스개시일 ㈜장비에게 필요한 분개를 제시하라.
(3) 20×1년 12월 31일 ㈜장비에게 필요한 분개를 제시하라.

[17] 판매후리스

판매자-리스이용자는 장부금액 ₩1,000,000의 항공기를 리스제공자에게 공정가치 ₩1,137,237에 판매하고 동 항공기를 다시 리스하여 사용하는 판매후리스거래를 해지불능조건으로 다음과 같이 체결하였다. 판매가가 공정가치이기 때문에 추가금융관련 부분은 없다.

- 리스약정일: 20×5년 1월 1일
- 리스개시일: 20×5년 1월 1일
- 기초자산: 경제적 내용연수와 내용연수 모두 10년,
  잔존가치가 없는 항공기
- 리스기간: 리스개시일로부터 5년
- 고정리스료: 매년 말 ₩300,000씩 5회 지급

리스제공자의 내재이자율은 10%이며 리스이용자가 알고 있다. 리스제공자와 리스이용자의 감가상각방법은 정액법이며, 결산일은 매년 12월 31일로 동일하다. 거래의 자산이전이 수익기준서에서 판매로 회계처리할 수 있는 요구사항을 충족한다.

(1) 항공기가 위의 조건대로 거래가 이루어졌을 경우, 판매자-리스이용자의 20×5년 1월 1일과 20×5년 12월 31일의 분개를 하라.
(2) 소유권이전약정이나 매수선택권이 없는 상황에서 리스기간 종료시 항공기의 잔존가치가 ₩379,079로 추정되며, 판매자-리스이용자가 보증하는 잔존가치는 없다. 공정가치에 근거하여 결정된 리스료가 ₩200,000이라고 가정하자. 판매자-리스이용자의 20×5년 1월 1일과 20×5년 12월 31일의 분개를 하라.

[18] 리스제공자의 리스 분류

다음의 해지불능리스를 리스제공자의 입장에서 분류하라. 위험과 보상은 아래표의 요건이 금융리스에 해당하면 이전된다고 가정한다. 리스기간이 경제적 내용연수의 75% 이상일 경우 경제적 내용연수의 상당부분을 차지하는 것으로 가정하고, 리스료의 현재가치가 기초자산의 공정가치의 90% 이상일 경우 기초자산 공정가치의 대부

분에 상당하는 경우로 가정한다. 리스개시일에 매수선택권과 연장선택권은 행사할 것이 상당히 확실하다고 판단되었다.

구분	소유권이전 조건	매수 선택권	리스기간 ÷ 경제적 내용연수 × 100	(리스기간+ 연장선택권기간) ÷ 내용연수 × 100	리스료 ÷ 기초자산의 공정가치 × 100
리스 A	없음	없음	70%	70%	80%
리스 B	없음	있음	70%	70%	90%
리스 C	없음	없음	70%	75%	80%
리스 D	없음	없음	70%	70%	80%
리스 E	없음	없음	80%	80%	90%
리스 F	있음	없음	60%	60%	90%

[19] 수취채권과 리스부채 간 차이 : 잔존가치의 영향

다음 각각의 상황에서 리스개시일에 계상할 리스제공자의 수취채권과 리스이용자의 리스부채 간 차이가 있는지를 밝히고 그 이유를 설명하라. 보증한 잔존가치가 있는 경우 보증한 금액을 전부 지급할 것으로 예상하고 있다. 단, 리스제공자의 내재이자율과 리스이용자의 증분차입이자율은 동일하다.

<상황>

(1) 리스기간 종료시 잔존가치 없음

(2) 리스기간 종료시 잔존가치 전액 무보증

(3) 리스기간 종료시 잔존가치 전액 보증

(4) 리스기간 종료시 잔존가치 일부 보증

(5) 리스기간 종료시 잔존가치 제3자 보증

[20] 수취채권손상차손

20×6년 1월 1일(리스약정일 겸 리스개시일)에 리스이용자는 리스제공자와 해지불능 리스계약을 체결하였다. 이 리스계약과 관련된 자료는 다음과 같다.

(1) 기초자산의 취득원가(= 리스약정일의 공정가치) : ₩106,000

(2) 리스기간 : 3년, 만기일은 20×8년 12월 31일

(3) 기초자산의 내용연수와 경제적 내용연수 : 4년

(4) 연간 리스료 : 총 ₩120,000(매년 말에 ₩40,000씩 3회 지급)

(5) 기초자산의 3년 후 추정잔존가치 : ₩10,000

(6) 잔존가치보증에 따라 수취할 금액: ₩6,000(매수선택권은 없음)

(7) 리스제공자의 리스개설직접원가 : ₩988

(8) 리스제공자의 내재이자율 : 연 10%

동 리스계약과 관련하여 20×6년 1월 1일과 20×6년 12월 31에 리스제공자가 수행해야 할 회계처리는? 단, 20×6년 12월 31일 현재 리스자산의 추정잔존가치는 ₩6,000으로 추정이 변경되었고, 동 리스는 금융리스로 분류하는 것으로 가정한다.

CHAPTER 22

종업원급여

Contents

한국채택국제회계기준		국제회계기준	
제1019호	종업원급여	IAS 19	Employee Benefits
제1026호	퇴직급여제도에 의한 회계처리와 보고	IAS 26	Accounting and Reporting by Retirement Benefit Plans
제2114호	기업회계기준서 제1019호: 확정급여자산한도, 최소적립요건 및 그 상호작용 (2008년 제정)	IFRIC 14	IAS 19 – The Limit on a Defined Benefit Asset, Minimum Funding Requirements and their Interaction

기업은 토지, 설비, 건물 등 물적 자원과 기술, 브랜드 등 무형자원을 이용하여 가치를 창출하는 조직이다. 그런데 기업의 무형자산을 창출하며, 모든 물적 자원을 건설하고 운영하는 주체는 그 기업에 근무하는 종업원들이다. 따라서 기업에서 필수적인 자산은 인적 자산, 즉 종업원이 중심이다.

종업원들은 기업에 근무하면서 다양한 근로용역을 제공하고 그 대가로 여러 종류의 금전적 혜택을 받는다. 이를 **종업원급여**(employee benefits)라고 한다. 종업원급여에는 다양한 종류가 있다. 우선 매월 받는 월급이 있다. 이뿐만 아니라 의료보험, 고용보험 등 다양한 급여와 혜택도 받게 된다. 또한 퇴직시에는 퇴직금도 받게 되며, 일부 기업에서는 해직 또는 조기퇴직시에 명예퇴직수당 등 퇴직관련 특별 수당을 지급하기도 한다. 대학 또는 연구소 등에서는 안식년 등으로 일정기간 이상의 재직연수가 경과하면, 장기간의 유급휴가를 주기도 한다.

퇴직금 등 일부 종업원급여는 근무용역을 제공하는 기간이 아니라 이후 미래 기간에 지급된다. 그러나 이후에 지급되는 종업원급여도 현재 제공된 근무용역에서 발생하기 때문에 다음과 같이 회계처리한다.

① 종업원이 근무용역 제공으로 인해 미래에 지급할 종업원급여가 발생할 때 부채로 인식한다.

② 종업원이 근무용역 제공으로 발생된 경제적 효익을 기업이 소비할 때 비용으로 처리한다.

여기에서 중요한 종업원급여의 회계처리 원칙은 수익·비용 대응의 원칙이다. 즉, 용역제공으로 인하여 당기에 수익이 발생하였기에 이에 대응되는 비용을 당기에 인식하는 것이다. 본 장에서는 이와 같이 종업원이 근무의 대가로 받게 되는 다양한 급여의 종류와 이에 대한 회계처리에 대하여 살펴보고자 한다.

제1절 종업원급여의 정의와 분류

종업원급여는 기업과 종업원(노조 등 종업원단체 또는 그 대표자를 포함한다) 사이에 합의된 공식적인 제도나 그 밖의 공식적인 협약에 따라 제공하는 다양한 종류의 급여를 말한다. 또한 기업이 공공제도, 산업별제도 또는 그 밖의 복수사용자제도에 기여금을 납부하도록 강제하는 법률이나 산업별협약에 따라 제공되는 급여도 포함하여, 비공식적 관행에 따라 제공하는 급여도 포함한다(이를 의제의무라고 한다). 또한 종업원 자신만이 아니라, 그의 피부양자에게 직접 또는 간접적으로 제공하는 급여를 포함한다.

「기업회계기준서」(제1019호)에서는 종업원급여를 다음과 같이 4가지 범주로 구분하고 있다.

① **단기종업원급여**(short-term employee benefits) : 임금, 사회보장분담금(예 국민연금), 유급연차휴가 · 유급병가, 이익분배금 · 상여금, 현직종업원을 위한 비화폐성 급여(예 의료, 주택, 자동차, 무상 또는 일부 보조로 제공되는 재화나 용역) 등으로 종업원이 관련 근무용역을 제공하는 연차보고기간 말 이후 12개월 이전에 전부 결제될 것으로 예상되는 것으로 한다.

② **퇴직급여**(post-employment benefits) : 퇴직시 또는 그 이후에 지급되는 퇴직금(예 퇴직연금과 퇴직일시금 등)과 그 밖의 퇴직급여(예 퇴직후생명보험, 퇴직후의료급여 등)를 말한다.

③ **해고급여**(termination benefits) : 해고시 정상적인 퇴직급여 이외에 일시적으로 지급하는 급여이다. 조기퇴직으로 인한 명예퇴직수당 등이 있는데, 이는 근로에 대한 대가가 아니라 해고에 대한 대가이기 때문에 일반 퇴직급여와 구별된다.

④ **기타장기종업원급여**(other long-term employee benefits) : 단기종업원급여, 퇴직급여 및 해고급여를 제외한 급여로서, 장기유급휴가(예 장기근속휴가, 안식년휴가), 그 밖의 장기근속급여, 장기장애급여 등이 포함된다.

위에서 단기종업원급여와 기타장기종업원급여는 근무시 지급하는 급여이며, 퇴직급여는 퇴직시 또는 후에 지급하는 급여라는 점과 해직급여는 해직시 지급하는 급여라는 데에 차이가 있다. 또한 단기종업원급여, 기타장기종업원급여, 퇴직급여는 근무의 대가로 정상적으로 지급하는 급여인 반면, 해직급여는 해고의 대가로 일시적으로 지급하는 일종의 위로금의 성격의 특별급여라는 데에서 차이가 있다. 이 네 가지 종류를 그림으로 표현하여 보면 다음과 같다.

그림 22.1
종업원급여의 종류

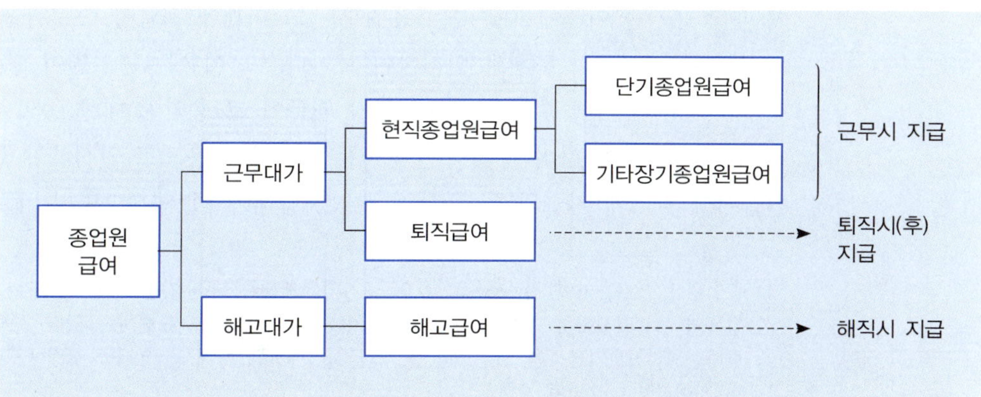

예제 1

조수석 박사는 박사학위를 취득하고 35세가 되는 20×1년도에 ㈜나래전자 중앙연구소에 취업하였다. 취업 첫 해 연봉은 ₩60,000이며, 매년 5%씩 인상되었는데 이에 따라 매년 연봉을 보면 다음과 같다.

연도	20×1	20×2	20×3	20×4	20×5	20×6	20×7	20×8	20×9	2×10
연봉	60,000	63,000	66,150	69,458	72,930	76,577	80,406	84,426	88,647	93,080

이 연구소는 6년을 근무하면 1년의 유급연구휴가를 부여하는데, 이는 급여를 지급하지만 본 연구소에서 근무하지 않고 자기개발을 위하여 다른 대학이나 연구기관에 연구휴가를 떠날 수 있다. 또한 이 연구소는 정년이 60세이며, 퇴직시 연봉의 10%에 근무연수를 곱하여 퇴직금을 일시불로 지급한다. 10년을 연구소에서 근무하던 조 박사는 벤처기업 창업을 고려하게 되었다. 퇴직금은 당시 연봉이 ₩93,080이었고 여기의 10%에 10년을 곱하면 ₩93,080으로 예상된다. 그러던 중 연구소에서 명예퇴직 신청을 하여 퇴직금 이외에 ₩10,000의 명예퇴직 수당을 추가로 받아 총 ₩103,080의 보상을 받았다.

위에서 조 박사가 받은 여러 가지 급여를 기업회계기준서에 따라, 단기종업원급여, 퇴직급여, 기타장기종업원급여, 해고급여로 구분하라.

해 답

- 단기종업원급여: 매년 받는 연봉(매년 ₩60,000에서 ₩93,080)(7년째 지급되는 급여 제외)
- 기타장기종업원급여: 7년째 연구휴가기간에 지급하는 급여인 ₩80,406
- 퇴직급여: 퇴직시 받게 되는 정상적인 퇴직금인 ₩93,080
- 해고급여: 퇴직시 명예퇴직수당 ₩10,000

종업원급여의 회계처리 핵심은, 우선 **종업원이 제공한 근무용역에서 발생하는 경제적 효익을 기업이 소비할 때, 그 용역에 대하여 종업원에게 제공한 종업원급여를 비용으로 인식**하는 것이다.[1] 또한 퇴직급여와 같이 종업원이 근무용역을 현재 제공하였지만, 그에 대한 대가를 미래에 지급하는 경우에는 그 미래에 지급할 종업원급여는 당기 비용으로 인식함과 아울러 부채로 인식하여야 한다. 그 이유는 종업원이 당기에 용역을 제공하여 기업은 당기에 수익을 획득하였기 때문에 그 용역에 대한 종업원급여는 수익·비용 대응의 원칙에 따라 수익이 발생하는 당기에 비용으로 인식해야 한다. 그리고 종업원급여가 당기에 지급되지 않고 미래에 지급해야 될 의무라면 부채로 인식해야 한다.

---

1) 종업원은 근무용역이라는 경제적 효익을 기업에게 제공하는 것을 기준서에서는 "종업원이 제공한 근무용역에서 발생하는 경제적 효익을 기업이 소비할 때"라고 표현하고 있다. 종업원이 근무용역을 제공하는 대가로 지급하는 모든 비용을 지급 시기에 무관하게 용역 제공 시점에서 종업원급여로 인식하는 것이다.

앞에서 언급한 종업원급여 네 종류는 각기 다른 특성을 지니고 있으므로 「기업회계기준서」(제1019호)에서는 종류별로 회계처리를 규정하고 있다. 이에 본 장에서도 종업원급여의 종류별로 각각의 회계처리를 설명한다.

제2절 단기종업원급여

단기종업원급여(short-term employee benefits)란 종업원의 근무에 따라서 지급되는 통상적인 급여로서, 다음 급여를 포함한다. 다만, 종업원이 관련 용역을 제공하는 연차 보고기간 말 이후 12개월 이전에 전부 결제될 것으로 예상되는 경우에 한정한다.

① 임금, 사회보장분담금(예 국민연금)
② 유급연차휴가와 유급병가
③ 이익분배금, 상여금
④ 현직종업원을 위한 비화폐성급여(예 의료, 주택, 자동차, 무상 또는 일부 보조로 제공되는 재화나 용역) 등

1. 단기종업원급여에 대한 회계처리

단기종업원급여의 회계처리는 일반적으로 단순하다. 종업원이 회계기간에 근무용역을 제공한 때 이에 대하여 지급이 예상되는 단기종업원급여를 할인되지 않은 금액으로 인식한다. 다만 결산시, 기간이 경과되었지만 아직 지급되지 않은 금액은 부채(미지급급여)로 인식하며, 반대로 종업원이 근무용역을 제공하기 이전에 지급한 금액은 자산(선급비용)으로 인식한다.

예제 2 

1. <예제 1>의 ㈜나래전자는 매월 15일에 지난 한 달 동안의 월급을 지급한다. 20×1년 12월 15일 급여지급에 관한 분개를 하라. 단, 월급은 12개월 균등하게 지급하는 것으로 가정하라.
2. 20×1년 12월 결산시 조수석 박사의 월급에 대한 수정분개를 하라.

해 답

1. 매월 지급되는 월급이 ₩5,000이므로 12월 15일 지급한 월급(11월 15일~12월 15일)에 대한 분

개는 다음과 같다.

(차) 급 여	5,000	(대) 현 금	5,000

2. 12월 15일 월급을 지급하였고, 12월 말 현재 12월 15일~12월 31일에 해당하는 반 달분의 월급 ₩2,500이 미지급된 상태이다.

(차) 급 여	2,500	(대) 미지급급여	2,500

2. 단기유급휴가

단기유급휴가는 누적유급휴가와 비누적유급휴가로 구분한다. **누적유급휴가**란 당기에 사용되지 않은 유급휴가가 이월되어 차기이후에 사용될 수 있는 휴가를 말한다. 누적유급휴가는 기업에 관련 채무가 존재하므로 그 채무를 인식하여야 한다. 따라서 누적유급휴가의 경우에는 종업원이 미래 유급휴가 권리를 증가시키는 근무용역을 제공하는 때에 인식한다.

비누적유급휴가란 당기에 사용되지 않은 유급휴가는 소멸되어 차기이후에 사용할 수 없는 휴가를 말한다. 비누적유급휴가의 예로서는 주로 유급병가, 출산 · 육아휴가와 유급 배심원참여 · 병역 등에서 찾아볼 수 있다. 이 경우 종업원이 근무용역을 제공하더라도 관련 급여를 증가시키지 않기 때문에 종업원이 실제로 유급휴가를 사용하기 전에는 부채나 비용을 인식하지 아니한다. 따라서 비누적유급휴가의 경우에는 휴가가 실제로 사용되는 때에 인식한다.

예제 3

㈜달구벌건설은 50명의 종업원에게 1년에 7일의 근무일수에 해당하는 유급병가를 제공하고 있으며, 미사용유급병가는 다음 1년 동안 이월하여 사용할 수 있다. 유급병가는 당해 연도에 부여된 권리가 먼저 사용된 다음 직전연도에서 이월된 권리가 사용되는 것으로 본다(후입선출법 방식). 20×7년 12월 31일 현재 미사용유급병가는 종업원당 평균 2일이 남아 있다. 과거의 경험에 비추어 볼 때 20×8년도 중에 누적하여 사용할 유급휴가는 30명의 종업원은 평균 하루 정도, 나머지 20명의 종업원은 평균 2일 정도가 될 것으로 예상된다. 종업원 하루 평균 임금은 ₩50이다. 이에 대한 ㈜달구벌건설의 20×7년 12월 31일 정리분개를 하라.

해 답

20×7년 12월 31일 현재 누적된 미사용유급병가는 100일 정도 되지만, 실제 사용 예상일수는 70일(30명 × 1일 + 20명 × 2일) 정도 되므로 ㈜달구벌건설은 70일분의 유급병가에 상응하는 부채를 인식하여야 한다(70일 × ₩50 = ₩3,500).

(차) 급 여	3,500	(대) 미지급급여	3,500

<참고> 다음 해 종업원이 병가를 사용한 경우에는 그날 임금에 대하여 반대 급여를 한다. 다음 해 사용한 병가는 전년도 서비스에 해당하는 비용이기 때문에, 전연도 인식한 부채를 상환하고, 다음 연도 급여를 감소시키는 회계처리를 한다.

3. 이익분배 및 상여

통상적인 임금이 아닌 **이익분배금** 및 **상여금**도 (1) 과거 사건의 결과로 현재의 지급의무(법적의무 또는 의제의무)가 발생하였고, (2) 채무금액을 신뢰성 있게 추정할 수 있는 경우, 그 예상원가를 급여로 인식하여야 한다.

예제 4

㈜달구벌건설은 회계연도 당기순이익의 3%를 해당 회계연도에 근무한 종업원에게 지급하는 이익분배제도를 두고 있다. 20×7년 일부 종업원이 퇴사함에 따라 실제로 지급될 이익분배금 총액은 당기순이익의 2.4% 정도가 될 것으로 예상한다. 20×7년도 당기순이익은 ₩300,000으로 결정되었다. 이에 대한 ㈜달구벌건설의 분개를 하라.

해 답

(차) 급 여	7,200*	(대) 미지급급여	7,200

* ₩300,000 × 2.4% = ₩7,200

제3절 퇴직급여

퇴직급여(post-employment benefits)는 다음과 같은 급여를 포함한다.

① 퇴직금(예 퇴직연금과 퇴직일시금 등)
② 퇴직금 이외의 퇴직급여(예 퇴직후생명보험이나 퇴직후의료급여 등)

퇴직급여제도는 종업원이 퇴직할 때 또는 그 이후에 회사가 종업원에게 퇴직급여를 지급하는 근거가 되는 공식 또는 비공식 협약을 말한다. 퇴직급여제도에는 퇴직금과 퇴직연금제도가 있다. 퇴직금은 종업원이 퇴직시 일시금을 지급하는 제도이며, 퇴직연금은 퇴직 후 일정기간 또는 사망시까지 매년 일정금액을 연금으로 지급하는 제도이다.

근로자퇴직급여보장법에 따르면 퇴직급여는 일시금으로 지급되거나 퇴직 이후 여러 기간에 걸쳐 연금의 형식으로 지급될 수 있다. 또한 퇴직급여제도는 퇴직연금펀드 형식으로 별도의 적립금을 갖거나 그렇지 않을 수 있는데, 별도의 퇴직연금펀드를 갖는 경우 회사는 퇴직연금사업자를 상대로 적립금운용과 관리에 관한 업무수행계약을 체결하고 당해 적립금을 납부할 의무를 진다.

1. 퇴직급여제도의 종류

퇴직급여제도에는 기업이 부담하는 비용이 확정되어 있는 확정기여제도와 종업원이 퇴직시 받을 급여가 확정되어 있는 확정급여제도 두 종류가 있다.

퇴직급여제도 중 **확정기여제도**(defined contribution plan)에서는 사용자인 회사는 일정액을 기여만 하면 그 책임이 종료된다. 이후 적립금 운용 결과에 따라서 종업원이 받을 수 있는 퇴직급여가 달라질 수 있다. 따라서 종업원이 적립금 운용의 수익자가 된다. 반면, **확정급여제도**(defined benefit plan)에서는 사용자인 회사가 적립금 운용의 수익자가 된다. 따라서 적립금 운용 실적이 기대보다 좋지 않으면, 회사가 추가적으로 부담할 수도 있고, 적립금 운용실적이 기대보다 좋으면 퇴직급여 부담이 감소될 수도 있다.

확정급여제도에서는 종업원이 퇴직 이후에 지급받게 될 퇴직급여가 일정한 함수나 금액으로 결정되게 된다. 예를 들어, 퇴직급여는 종업원의 근무기간과 퇴직 전 최종임금의 함수로 정의될 수 있다. 이 경우 회사는 이와 같이 미리 결정된 퇴직급여를 지급할 의무를 지게 된다. 적립금이 법률적으로는 회사로부터 분리됨에도 불구하고, 적립금의 운용결과에 따라 회사는 퇴직급여에 대한 부채 또는 자산을 인식할 수 있다. 즉, 적립금의 운용실적이 좋지 않아 적립금이 부족하다면 회사가 이를 추가적으로 보전하여야 함으로, 미래 경제적 효익의 유출가능성이 존재하기 때문에, 회사는 퇴직급여에 대한 부채를 인식하여야 하며, 반대의 경우에는, 회사는 자산을 인식할 수도 있다.

확정기여제도와 확정급여제제도의 특징을 비교하여 보면 다음과 같다.

표 22.1
퇴직급여제도 비교

구 분	확정기여제도	확정급여제도
사용자의 의무	일정액을 퇴직적립금에 기여	일정액의 퇴직 급여 지급
비용부담 수준	당초 정해진 금액	적립금 운용결과에 따라 다름
사용자의 관리부담	적립 후 부담 없음	적립 후에도 관리 필요
보험수리적 위험	종업원이 부담	사용자가 부담
투자 수익 및 손실	종업원이 부담	사용자가 부담

2. 확정기여제도

확정기여제도(defined contribution plan)의 회계처리는 **각 기간에 대한 보고기업이 부담하는 채무가 당해 기간의 기여금으로 결정**되기 때문에 비교적 단순하다. 확정기여제도를 설정한 경우에는 당해 회계기간에 대하여 회사가 납부하여야 할 부담금(기여금)을 퇴직급여(비용)로 인식하고, 퇴직급여운용자산, 퇴직급여부채 및 퇴직급여미지급금은 인식하지 아니한다.[2)]

일정기간 종업원이 근무용역을 제공하였을 때 기업은 그 근무용역에 대하여 납부해야 할 확정된 기여금을 비용으로 인식한다. 이때 납부한 금액은 현금지출로 처리한다. 다만, 납부해야 할 확정된 기여금보다 적게 납부한 경우에는 미납된 기여금을 부채(미지급비용)로 인식하며, 이미 납부한 기여금이 보고기간말 이전에 제공된 근무용역에 대해 납부하여야 하는 기여금을 초과하는 경우에는 초과액만큼을 자산(선급비용)으로 인식한다.[3)]

예제 5

㈜달구벌건설은 매년 종업원에게 지급된 단기급여의 10%를 해당 회계연도에 퇴직급여로 기여하도록 되어 있다. 20×1년도에 지급된 단기급여총액은 ₩240,000이다. 이듬해 20×2년도 ₩20,000의 퇴직금이 지급되었다. 20×1년도 말 퇴직급여에 대한 분개를 하라.

해 답

20×1년도 말 퇴직급여원가 인식

(차) 퇴직급여	24,000	(대) 현　　금	24,000

<참고> 이후 연도에 퇴직금 지급시에는 아무런 분개를 하지 않는다.

3. 확정급여제도의 기본 구조

확정기여제도 이외의 모든 퇴직급여제도는 **확정급여제도**(defined benefit plan)로 분류한다. 퇴직시 급여의 일정비율을 지급하는 퇴직금도 확정급여제도의 일종이다. 퇴직 후 일정액 또는 매년 연금으로 지급되는 확정급여제도는 회사가 모든 위험과 수익을 책

---

2) 채무나 비용을 측정하기 위해 보험수리적 가정을 세울 필요가 없고 그 결과 보험수리적 손익이 발생할 가능성도 없다. 또 기여금 전부나 일부의 납부기일이 종업원의 근무용역이 제공된 회계기간의 말부터 12개월 이내에 도래하지 않는 경우를 제외하고는 할인되지 않은 금액으로 채무를 측정한다.

3) 확정기여제도에서는 일단 정액을 불입하면 의무가 종료되기 때문에 현금지출로 처리한다. 혹시 현금을 지출하지 않았을 경우에는 대변과목을 퇴직급여부채가 아니라 장기미지급비용으로 처리한다.

임지기 때문에 비용과 부채의 인식과 측정이 매우 복잡하다. 즉, 확정급여제도는 고용계약에서 정해진 금액을 미래 퇴직 시점에 지급하여야 하기 때문에, 이를 지급할 의무를 미리 현재 시점에서 추정하는 것은 환경적 불확실성을 포함하고 있어 복잡한 추정의 과정이 필요한데, 이에 대하여 구체적으로 살펴보도록 하자.

(1) 확정급여제도에서 확정급여채무의 산정과정

확정급여제도에서는 근로자퇴직급여보장법, 또는 근로규약 등 규칙에 의하여 미래 종업원이 퇴직한 이후 일정기간(대개 사망시까지) 동안 일정한 퇴직급여를 연금의 형태로 지급하여야 한다. 퇴직급여는 종업원이 당기에 지급한 근로용역에 대하여 지급하는 것이기 때문에 미리 지급할 퇴직급여라고 할지라도 당기에 이를 예상하여 관련된 확정급여채무와 원가를 인식하는 것이다. 확정급여채무 산정과정을 그림으로 표현하여 보면 다음과 같다.

그림 22. 2

확정급여채무 계산구조

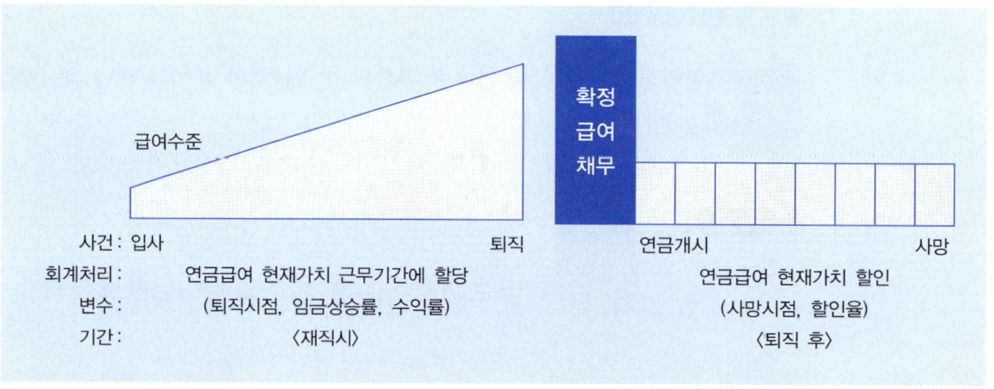

자료 : 회계기준원 교육자료 일부 수정

위를 보면, 회사는 종업원의 퇴직시점과 이후 지급할 퇴직금 또는 연금을 예측하여 이를 지급하는 데에 필요한 금액을 미리 비용과 부채로 인식하여야 한다. 확정급여제도에서는 퇴직시 지급할 금액이 일정한 함수나 금액으로 정의되어 있는데, 환경적 불확실성을 포함하게 된다. 따라서 당기에 부담할 확정급여채무는 몇 가지 보험수리적 변수들을 가정하여 예측단위적립방식을 사용하여 추정한다. 이를 보험수리적 가정이라고 하며, 여기에는 인구통계적 가정과 재무적 가정이 있다. 미리 예상하여야 하는 중요한 보험수리적 가정을 들어보면 다음과 같다.

① 급여를 수령할 권리를 갖는 전 · 현직 종업원(그 피부양자 포함)의 미래 특성에 관한 다음과 같은 인구통계적 가정

(가) 사망률

(나) 이직률, 신체장애율 및 조기퇴직률

(다) 급여수령권을 갖는 피부양자가 있는 종업원의 비율

(라) 제도규약 하에서 이용가능한 지급선택권의 각 형태를 선택할 종업원의 비율

(마) 의료급여제도의 경우 의료원가청구율

② 재무적 가정

(가) 할인율

(나) 급여수준(종업원에 의해 충족될 수 있는 급여의 원가는 제외)과 미래의 임금 등

(다) 의료급여의 경우 보험금청구원가(즉, 보험금을 처리하고 해소할 때 발생하는 원가로서 법정수수료와 손해사정인 수수료를 포함)를 포함하는 미래 의료원가

(라) 보고일 이전의 근무용역과 관련된 기여금 또는 보고일 이전의 근무용역으로 인하여 발생하는 급여에 대하여 제도자체에 부과되는 세금

기업에서 보험수리적 가정을 결정할 때는 **편의가 없어야 하며 서로 양립가능**해야 한다. 여기서 편의가 없다는 것은 보험수리적 가정이 지나치게 낙관적이지 않으면서 지나치게 보수적이지도 않을 때를 말한다. 보험수리적 가정이 서로 양립가능하기 위해서는 물가상승률, 임금상승률, 사외적립자산의 기대수익률, 할인율 등과 같은 요소들 사이의 경제적 관계를 반영하여야 한다. 예를 들어, 미래 일정기간의 특정 물가상승률에 좌우되는 모든 가정들(예 이자율 및 임금과 급여 상승에 대한 가정)은 서로 동일한 물가상승률을 가정하여야 한다. 이러한 재무적 가정은 채무가 결제될 회계기간에 대하여 보고기간 말 현재 시장에서 형성되는 기대치에 기초한다.

여기서 확정급여채무(기금이 적립되는 경우와 적립되지 않는 경우 모두 포함)를 할인하기 위해 사용하는 **할인율**은 보고기간 말 현재 우량회사채의 시장수익률을 참조하여 결정한다. 만약 그러한 회사채에 대해 거래층이 두터운 시장이 없는 경우에는 보고기간 말 현재 국공채의 시장수익률을 사용한다. 그러한 회사채나 국공채의 통화 및 만기는 확정급여채무의 통화 및 예상지급시기와 일관성이 있어야 한다. 재무적 가정은 채무가 결제될 회계기간에 대하여 보고기간 말 현재 시장에서 형성되는 기대치에 기초한다.

이상과 같은 보험수리적 가정을 토대로 확정급여부채와 퇴직급여비용을 예상하는 것을 **보험수리적 방법**(actuarial valuation method)이라고 한다. 퇴직급여계산에서 확정급여채무의 현재가치와 당기근무원가를 결정하기 위해서는 **예측단위적립방식**(the projected unit credit method)을 사용한다. 예측단위적립방식에서는 퇴직급여추정액을 예상되는 근무기간 동안 균등하게 귀속시킨 다음, 이를 할인율로 할인하여 당기근무원가를 산정한다. 따라서 당기근무원가는 당해 연도에 귀속되는 퇴직급여의 현재가치를 인식한다.

(2) 확정급여제도 회계처리의 구성요소

확정급여제도에서 퇴직급여와 관련된 주요한 과목은 재무상태표에 보고되는 순확정급여부채(자산)와 포괄손익계산서에 보고되거나 자산의 원가에 산입되는 확정급여원가가 있다. 순확정급여부채(자산)는 다음과 같이 ① 확정급여채무의 현재가치에서 ② 사외적립자산의 공정가치를 차감하여 계산한다.[4] 이 순확정급여부채(또는 자산)는 재무상태표 대변(또는 차변)에 보고된다.[5]

- 순확정급여부채(자산) = ① - ②
  ① 확정급여채무의 현재가치
  ② 사외적립자산의 공정가치(존재하는 경우)

여기서 확정급여채무의 현재가치란 종업원이 당기와 과거기간에 근무용역을 제공하여 발생한 채무를 결제하는 데 필요한 예상 미래지급액의 현재가치(사외적립자산 차감 전)를 말한다. 사외적립자산은 보고기업과 법적으로 별개로 오로지 종업원급여를 지급하기 위하여 장기종업원급여기금이 보유하고 있는 자산과 적격보험계약을 포함한다.

손익계산서에 보고하는 확정급여원가는 당기 손익에 포함되는 ① 근무원가와 ② 순확정급여부채(자산) 순이자, 그리고 기타포괄손익에 포함되는 ③ 순확정급여부채(자산) 재측정 요소로 구성된다.

- 확정급여원가 = ① + ② + ③
  ① 근무원가
  ② 순확정급여부채(자산) 순이자
  ③ 순확정급여부채(자산) 재측정 요소

여기서 근무원가는 (1) 당기에 종업원이 근무용역을 제공함에 따른 확정급여채무 증가액인 당기근무원가, (2) 확정급여제도의 개정 또는 축소에 따라 확정급여채무가 변동하는 과거근무원가, 그리고 (3) 확정급여제도의 정산으로 인한 손익을 포함한다. 순확정급여부채(자산)의 순이자란 보고기간 동안 시간의 경과에 따라 당초 정해진 이자율을 적용하여 인식하는 이자로 인하여 순확정급여부채(자산)가 변동하는 금액을 말한다. 이

---

4) 순확정급여부채(net defined benefit liability)는 미래 퇴직급여의무를 의미하는 확정급여채무(defined benefit obligation)에서 이를 충당하기 위한 사외적립자산의 공정가치를 차감한 순액이다. 확정급여부채는 퇴직급여부채와 동일한 의미로 사용된다. 확정급여원가도 퇴직급여원가라고 이해하여도 무방하다.

5) 본 수치가 양수이면 과소적립액으로 부채가 되며, 음수이면 초과적립액으로 자산이 되는데, 이 경우 자산인식상한을 한도로 하는 초과적립액만을 자산으로 인식한다. 여기서 자산인식상한은 제도로부터의 환급이나 제도에 대한 미래기여금절감의 형태로 이용가능한 경제적 효익의 현재가치를 말한다.

그림 22. 3

확정급여원가 인식방법

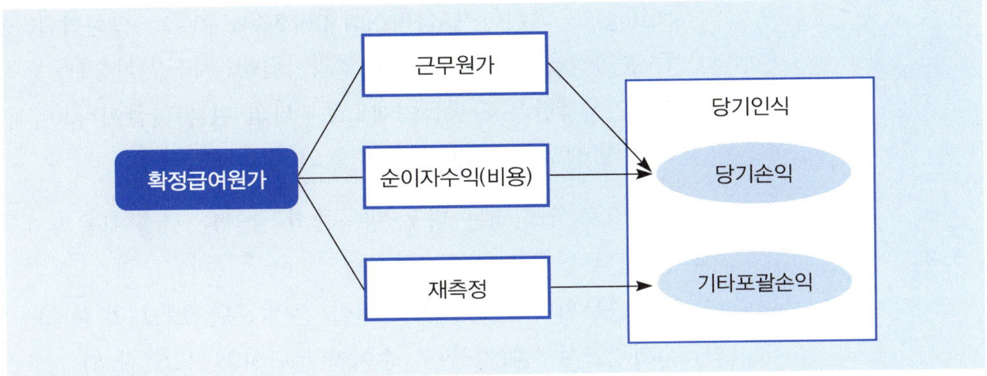

근무원가와 순확정급여부채(자산)의 순이자원가(수익)는 모두 손익계산서의 당기순이익에 포함된다.

그런데 순확정급여부채(자산)의 재측정요소는 기타포괄손익으로 보고된다. 재측정요소는 다음으로 구성된다.

- 재측정 요소 = ①+②+③
  ① 보험수리적 손익
  ② 사외적립자산의 수익(순확정급여부채(자산)의 순이자에 포함된 금액 제외)
  ③ 자산인식상한효과의 변동 (순확정급여부채(자산)의 순이자에 포함된 금액 제외)

확정급여원가를 구성하는 비목과 이들의 보고방법을 구분하면 [그림 22. 3]과 같다.

4. 확정급여제도에 대한 회계처리

기업회계기준서 제1019호에서 규정하고 있는 확정급여제도의 회계처리를 요약하면 다음과 같은 절차에 따르게 된다.

① 순확정급여부채(자산)와 당기근무원가의 금액을 결정한다.

(가) 매기말 예측단위적립방식을 사용하여 확정급여채무의 현재가치와 당기근무원가를 결정한다(문단 67-98 참조).

(나) 순확정급여부채(자산)의 금액은 확정급여채무의 현재가치에서 사외적립자산의 공정가치(문단 113-115 참조)를 차감하여 결정한다(문단 64 참조).
즉, 확정급여채무의 현재가치 - 사외적립자산의 공정가치
= (양이면) 확정급여부채, (음이면) 확정급여자산

(다) 초과 적립액이 있는 경우는, 확정급여자산은 다음과 같이 자산인식상한(asset

ceiling)을 고려하여 순확정급여자산의 금액을 결정한다(문단 64-65 참조).
즉 순확정급여자산 = Min(초과적립액, 자산인식상한)
자산인식상한은 확정급여제도로부터의 현금 환급이나, 미래 기여금의 감소에 따라 발생하는 미래 경제적 효익의 현재가치.

② 당기손익으로 인식되는 다음 항목들의 금액을 결정한다.
(가) 당기근무원가(문단 70 참조)
(나) 과거근무원가와 정산으로 인한 손익(문단 99-112 참조)
(다) 순확정급여부채(자산)의 순이자(문단 123-126 참조)

③ 기타포괄손익으로 인식되는 다음과 같은 재측정요소를 결정한다.
(가) 보험수리적 손익(문단 128과 129 참조)
(나) 순확정급여부채(자산)의 순이자에 포함된 금액[②-(다)]을 제외한 사외적립자산의 수익(문단 130 참조)
(다) 순확정급여부채(자산)의 순이자에 포함된 금액[①-(다)]을 제외한 자산인식상한 효과의 변동

확정급여제도가 둘 이상인 경우에는 이러한 절차를 중요한 제도별로 각각 적용한다. 그럼 위 순서에 따라 각 요소별 금액을 결정하여 보자.

(1) 확정급여채무의 현재가치와 당기근무원가

첫 단계로 순확정급여부채(자산)와 당기근무원가는 매기말 **예측단위적립방식**(the projected unit credit method)을 사용하여 결정한다. 예측단위적립방식이란 근무기간에 비례하도록 기타장기종업원급여와 퇴직급여를 발생시키는 방법인데, 매 근무기간에 추가적인 급여수급권단위가 발생하는 것으로 처리하는 방식으로 다음과 같은 순서에 따라 이루어진다.

① 퇴직시점, 퇴직급여 또는 기타장기종업원급여 개시시점, 임금상승률, 할인율 등 보험수리적 가정을 한다.
② 보험수리적 평가방법을 적용하여 급여지급액을 결정한다.
③ 급여지급액을 종업원의 근무기간에 걸쳐 정액법으로 배분하여 기간별 귀속급여액을 결정한다.

귀속급여액 = 급여지급액/종업원 기대근무기간

④ 각 기간별 귀속급여액을 할인하여 당기근무원가를 결정한다.

당기근무원가 = 당기귀속급여액/(1 + 할인율)잔여근무연수

⑤ 이자원가는 전기말(당기초) 확정급여채무에 이자율(할인율)을 곱하여 계산한다.

이자원가 = 기초확정급여채무 × 이자율(할인율과 동일)

⑥ 기말 확정급여채무는 당해 연도와 과거연도에 귀속되는 급여의 현재가치로서 기초확정급여채무와 이에 대한 이자원가, 당기근무원가를 합산하여 계산한다.

기말확정급여채무 = 기초확정급여채무 + 이자원가 + 당기근무원가

⑦ 매 기간 ⑤와 ⑥ 과정을 반복한다.

위 예측단위적립방식을 보면, **확정급여채무의 현재가치**(the present value of the defined benefit obligation)란 종업원이 당기와 과거기간에 근무용역을 제공하여 발생한 채무를 결제하는 데 필요한 예상 미래지급액의 현재가치로서 사외적립자산을 차감하기 전 금액을 말한다. 또한 당기에 종업원이 근무용역을 제공하여 발생한 확정급여채무 현재가치의 증가분을 **당기근무원가**(current service cost)임을 알 수 있다.

그러면 예측단위적립방식으로 순확정급여부채(자산)와 당기근무원가 금액을 추정하여 보자. 이를 위하여 맨 처음 <예제 1>로 돌아가 보자.

예제 6

<예제 1>의 ㈜나래전자 중앙연구소는 퇴직시 연봉의 10%에 근무연수를 곱하여 퇴직금을 일시불로 지급한다. 20×1년도 첫 해 근무를 마친 경우, 이에 대한 퇴직급여를 계산하기 위하여 보험수리적 추정을 통하여 다음과 같이 주요 파라메터를 가정하였다. 조 박사가 당초 예상보다 일찍 또는 늦게 퇴직할 가능성을 반영하기 위해 필요한 추가적인 조정은 없다고 가정한다. 이를 기초로 퇴직급여를 매년 어떻게 계산하는지 계산표를 만들고 관련된 매년 말 정리분개와 퇴직급여 지급에 관한 분개를 하라.

(1) 퇴직시점 : 20×6년 초
(2) 매년 임금상승률 : 5%
(3) 퇴직 후 사망시점 : 여기서는 일시불 지급으로 가정이 불필요함.
(4) 할인율 : 4%
(5) 사외적립자산의 수익률(여기서는 없다고 가정)

해 답

위의 자료에 의하여 조 박사는 5년을 연구소에서 근무하고 20×6년 초 퇴직할 것으로 예상되며, 퇴직급여는 5년 후 연봉 ₩72,930의 10%에 5년을 곱하면 ₩36,465을 퇴직급여를 일시불로 지급 받게 될 것이다. 또한 연간 할인율은 4%로 가정하고 있다.

아래 표에서는 보험수리적 가정에 변화가 없다고 할 때 5차년도 말에 퇴직하는 조수석 박사와 관련하여 확정급여채무가 결정되는 방식을 보여주고 있다.

	20×1	20×2	20×3	20×4	20×5
당해 연도 귀속급여[1)]	7,293	7,293	7,293	7,293	7,293
할인계수(4%)	$(1+0.04)^4$	$(1+0.04)^3$	$(1+0.04)^2$	$(1+0.04)^1$	$(1+0.04)^0$
당기근무원가[2)]	6,234	6,483	6,743	7,013	7,293
기초 확정급여채무	–	6,234	12,967	20,228	28,050
이자원가(할인율=4%)[3)]	–	249	519	809	1,122
기말 확정급여채무[4)]	6,234	12,967	20,228	28,050	36,465

위의 표를 순서대로 설명하여 보면,

1) 당해 연도 귀속급여는 일시불 퇴직급여 예상액 ₩36,465을 근무예상연수인 5년으로 나누어 균등하게 배분한다 : ₩36,465/5 = ₩7,293
2) 20×1년도 당기근무원가는 당해 연도에 귀속되는 급여의 현재가치로서 당해 연도 귀속급여를 할인율 4%로 할인한다 : ₩7,293/$(1+0.04)^4$ = ₩6,234
3) 이자원가(20×2년도)는 전기말 확정급여채무에 이자율(할인율) 4%를 곱하여 계산한다 : ₩6,234 × 0.04 = ₩249
4) 20×2년도 기말 확정급여채무는 당해 연도와 과거연도에 귀속되는 급여의 현재가치로서 기초 확정급여채무와 이에 대한 이자원가, 당기근무원가를 합산하여 계산한다 : ₩6,234 + 249 + 6,483 = ₩12,967 (사사오입 오차가 1원 존재함)

위에 대한 분개를 하여 보면 다음과 같다.

20×1년도 말 확정급여채무 인식

(차) 퇴직급여 (당기근무원가)	6,234	(대) 확정급여채무	6,234

20×2년도 말 확정급여채무 인식

(차) 퇴직급여	6,483	(대) 확정급여채무	6,732
퇴직급여이자원가	249		

20×3년도 말 확정급여채무 인식

(차) 퇴직급여	6,743	(대) 확정급여채무	7,262
퇴직급여이자원가	519		

20×4년도 말 확정급여채무 인식

(차) 퇴직급여	7,013	(대) 확정급여채무	7,822
퇴직급여이자원가	809		

20×5년도 말 확정급여채무 인식

(차) 퇴직급여	7,293	(대) 확정급여채무	8,415
퇴직급여이자원가	1,122		

20×6년도 초 퇴직급여 지급

(차) 확정급여채무	36,465	(대) 현 금	36,465

최근에 들어 연금제도가 발전함에 따라 위와 같이 퇴직 후 일시불의 퇴직금 대신 매년 연금으로 지급되는 확정급여제도가 많이 보급되고 있다. 다음 예제에서는 퇴직 연금제도에 대한 사례를 살펴보도록 하자.

예제 7

<예제 1>의 ㈜나래전자에서 중앙연구소는 10년 이상 근무하면, 퇴직 후에 일시 퇴직금 대신, 퇴직시 연봉의 1%에 근무연수를 곱한 금액을 사망시까지 매년 연금으로 지급한다고 가정하자. 20×1년도 첫 해 근무를 마친 경우, 이에 대한 퇴직급여를 계산하기 위하여 다음과 같은 인구통계적, 재무적 가정을 수립하였다.

(1) 퇴직시점 : 2×10년 말
(2) 매년 임금상승률 : 5%
(3) 퇴직 후 사망시점 : 15년 후
(4) 할인율 : 4%
(5) 사외적립자산의 수익률(여기서는 없다고 가정)

해 답

퇴직시점에서의 최종임금 : ₩60,000 × $(1+0.05)^9$ = ₩93,080
퇴직연금 : ₩93,080 × 1% × 10년 = ₩9,308 (2×11 ~ 2×25년 동안 15년간 지급)
퇴직시점에서 퇴직연금의 현재가치 : ₩9,308 × 연금의 현재가치계수(15년, 4%)
= ₩9,308 × 11.118 = ₩103,486

위에서 결정된 퇴직시점에서 퇴직연금의 현재가치 ₩103,486을 각 근무기간에 할당하면 다음과 같다.

연 도	20×1	20×2	20×3	20×4	20×5	20×6	20×7	20×8	20×9	2×10
귀속급여	10,349	10,349	10,349	10,349	10,349	10,349	10,349	10,349	10,349	10,349
할인계수	1.04^9	1.04^8	1.04^7	1.04^6	1.04^5	1.04^4	1.04^3	1.04^2	1.04^1	1.04^0
당기근무원가*	7,271	7,562	7,864	8,179	8,506	8,846	9,200	9,568	9,951	10,349
기초확정급여채무		7,271	15,123	23,592	32,715	42,529	53,076	64,399	76,543	89,555
이자원가		291	605	944	1,309	1,701	2,123	2,576	3,062	3,582
기말확정급여채무	7,271	15,123	23,592	32,715	42,529	53,076	64,399	76,543	89,555	103,486

* 당기근무원가 = 당기귀속급여액 / $(1+\text{할인율})^{\text{잔여근무연수}}$

이상과 같이 예측단위적립방식에서는 당기근무원가를 결정하기 위해 급여를 근무한 각 기간에 배분한다.[6] 급여는 기업이 퇴직급여를 지급하여야 할 채무가 발생하는 기간

6) 확정급여채무의 현재가치와 관련 당기근무원가를 결정할 때에는 제도에서 정하고 있는 급여산정식에 따라 종업원의 근무기간에 걸쳐 급여를 배분하며, 적용가능하다면 과거근무원가를 결정할 때에도 이

에 배분한다. 이러한 채무는 종업원이 근무용역을 제공할 때 발생하며, 그 근무용역은 기업이 미래 보고기간에 지급할 것으로 예상하는 퇴직급여의 대가이다. 퇴직급여채무를 측정할 때 보험수리적 기법을 사용하면 충분한 신뢰성을 가지고 부채의 인식을 정당화할 수 있다.

(2) 과거근무원가와 정산으로 인한 손익

기업이 확정급여제도를 개정하거나 축소하는 경우가 있다. 제도의 개정은 확정급여제도를 도입 또는 철회하거나, 기존의 확정급여제도 하에서 지급될 급여를 변경할 때 일어난다. 제도의 축소는 제도의 대상이 되는 종업원 수를 유의적으로 감소시킬 때 발생한다. 축소는 공장폐쇄, 영업중단 및 제도의 종료나 중단과 같은 사건에서 비롯될 수 있다.

기업이 확정급여제도를 개정하거나 축소하는 경우, 확정급여채무의 현재가치가 변동하게 된다. 이때 **과거근무원가**(past service cost)가 발생하게 되는데, 과거근무원가는 제도 개정으로 인하여 발생하는 확정급여채무의 변동금액으로 측정한다.

과거근무원가는 다음 중 이른 날에 전액 비용으로 인식한다.

① 제도의 개정이나 축소가 발생할 때

② 관련되는 구조조정원가나 해고급여를 인식할 때

제도의 정산은 확정급여제도에 따라 발생한 급여의 전부나 일부에 대한 법적의무나 의제의무를 기업이 더 이상 부담하지 않기로 하는 거래가 발생할 때 일어난다. 예를 들어, 기업이 보험계약의 체결을 통해 확정급여채무를 보험회사에 일시에 이전하게 되었다면 이 사건이 정산에 해당한다. 다만 제도가입자에게 일시불현금을 지급하는 것은 제도의 정산이 아니다.

확정급여제도의 정산이 일어나는 때에 **정산손익**(settlement gain or loss)을 인식한다. 정산으로 인한 손익은 정산일에 결정되는 확정급여채무의 현재가치에 정산시 지급하게 되는 정산가격의 차이로 측정한다.

와 동일한 방식을 사용한다. 그러나 종업원의 근무기간 후반에 귀속되는 급여수준이 근무기간 초반에 귀속되는 급여수준보다 중요하게 높은 경우에는 정액법에 따라 급여를 배분한다. 정액법에 따라 급여를 배분하는 기간은 다음 ①에서 ②에 이르는 기간으로 한다.

① 종업원이 근무용역을 제공함에 따라 확정급여제도에서 정하고 있는 급여가 처음으로 발생하는 날 (그 급여가 미래의 근무용역제공을 조건으로 하는지 여부와 무관함)

② 종업원이 추가로 근무용역을 제공하더라도 확정급여제도에 따라 추가임금상승 이외에는 더 이상 중요한 금액의 급여가 발생하지 않는 날

예제 8

㈜달구벌건설은 각 근무기간에 대하여 퇴직 전 최종임금의 1.5%에 해당하는 연금을 제공하는 연금제도를 갖고 있다. 연금급여는 근무기간이 10년을 경과할 때 가득된다.

기업은 20×8년 1월 1일자로 제도를 개정하였고, 이 개정으로 1998년 1월 1일 이후 근무기간에 대하여 최종임금의 2.0%에 해당하는 연금을 지급한다. 0.5% 상승으로 인하여, 제도개정일 현재, 1998년 1월 1일부터 20×8년 1월 1일까지 제공된 근무용역에 대하여 기업이 추가로 부담하여야 하는 연금급여의 현재가치는 ₩5,400인 경우, 과거근무원가를 인식하고 이에 대한 분개를 하라.

해 답

추가된 확정급여채무 ₩5,400은 즉시 과거근무원가로 인식한다.

(차) 퇴직급여 (과거근무원가)	5,400	(대) 확정급여채무	5,400

(3) 사외적립자산의 인식과 측정

앞에서 본 바와 같이 순확정급여부채(자산)의 금액은 확정급여채무의 현재가치에서 사외적립자산의 공정가치를 차감하여 결정한다. 따라서 **사외적립자산은 확정급여부채를 보고하는 데에 중요한 요소이다.** 사외적립자산은 장기종업원급여기금이 보유하고 있는 자산과 적격보험계약 두 가지 종류로 구성된다.

장기종업원급여기금이 보유하고 있는 자산이란 다음의 요건을 모두 충족하는 자산을 말한다.

(1) 보고기업과 법적으로 별개이고, 오로지 종업원급여를 지급하기 위하여 또는 종업원급여 기금적립을 위하여만 존재하는 실체(기금)가 보유하고 있다.

(2) 종업원급여를 지급하기 위하여 또는 종업원급여 기금적립에만 사용될 수 있고 보고기업 자신의 채권자(파산의 경우 포함)에게는 이용가능하지 않으며 다음 중 하나의 경우를 제외하고는 보고기업에게 반환될 수 없다.

(가) 반환 후에도 기금의 잔여자산이 급여제도 또는 보고기업의 관련 종업원급여 채무를 이행하기에 충분한 경우

(나) 보고기업이 이미 지급한 종업원급여를 보상하기 위한 경우

적격보험계약이란 보고기업과 특수관계자가 아닌 보험자와의 보험계약으로서 다음의 요건을 모두 충족하는 것을 말한다.

(1) 보험금은 오직 확정급여제도상 종업원급여를 지급하기 위하여 또는 종업원급여 기금적립에만 사용될 수 있다.

(2) 보험금은 보고기업 자신의 채권자(파산의 경우 포함)에게 이용가능하지 않으며 다음 중 하나의 경우를 제외하고는 보고기업에게 지급될 수 없다.

(가) 보험금이 관련 종업원급여채무를 모두 이행하고도 남는 경우

(나) 보고기업이 이미 지급한 종업원급여를 보상하기 위한 경우

여기서 보고기업이 기금에 납부하여야 하는 미지급기여금과 기업이 발행한 것으로서 기금이 보유하고 있는 양도불가능한 금융상품은 사외적립자산에 포함하지 않는다. 또한 사외적립자산이 제도에 따라 지급해야 할 급여의 전부나 일부와 금액 및 시기 면에서 완전히 일치하는 적격보험계약을 포함하는 경우, 해당 보험계약의 공정가치는 관련 채무의 현재가치와 동일한 것으로 본다.

확정급여채무를 결제하기 위해 필요한 지출의 전부나 일부를 다른 제3자가 보상할 것이 거의 확실한 경우에는 보상권을 별개의 자산으로 처리하고 공정가치로 측정한다. 보상권도 완전히 일치하는 보험계약에서 발생한다면, 보상권의 공정가치는 관련 채무의 현재가치와 동일한 것으로 본다.

(4) 순확정급여부채(자산)의 순이자

순확정급여부채(자산)의 순이자는 순확정급여부채(자산)에 할인율을 곱하여 결정된다. 여기서 순확정급여부채(자산)와 할인율은 연초에 결정된 이자율을 사용한다. 이와 함께 보고기간 동안의 기여금 납부와 급여 지급으로 인한 순확정급여부채(자산)의 변동을 고려한다. 순확정급여부채(자산)의 순이자는 사외적립자산에 대한 이자수익, 확정급여채무에 대한 이자원가와 자산인식상한효과에 대한 이자로 구성된다.

확정급여채무와 사외적립자산에 적용되는 할인율은 퇴직급여채무의 측정에 사용된 할인율로서 모두에 동일한 할인율을 적용함에 주목할 필요가 있다. 할인율이 확정급여채무와 사외적립자산에 연초에 결정된 동일한 이자율이 적용되기 때문에 다음 여러 수식이 동일하다.

순이자수익(비용)
= (확정급여채무의 현재가치 × 할인율) − (사외적립자산의 공정가치 × 할인율)
= (확정급여채무의 현재가치 − 사외적립자산의 공정가치) × 할인율
= 확정급여부채 × 할인율

사외적립자산에 대한 이자수익은 사외적립자산에 대한 수익의 구성요소로서 사외적립자산의 공정가치에 할인율을 곱하여 결정된다. 이와 함께 보고기간 동안의 기여금 납

부와 급여 지급으로 인한 보유하고 있는 사외적립자산의 변동을 고려한다. 당초 할인율을 적용한 사외적립자산에 대한 이자수익과 사외적립자산의 실제 수익의 차이는 사외적립부채(자산)의 재측정요소에 포함된다.

자산인식상한효과에 대한 이자는 자산인식상한효과의 총변동의 일부로서 자산인식상한효과에 할인율을 곱하여 결정된다. 자산인식상한효과와 할인율 또한 연차보고기간초에 결정된다. 자산인식상한효과에 대한 이자와 자산인식상한의 총변동의 차이는 확정급여부채(자산)의 재측정요소에 포함된다.

순확정급여부채(자산)의 순이자는 순확정급여부채인지 순확정급여자산인지 여부에 따라, 그리고 순확정급여자산인 경우, 그 자산이 자산인식 상한을 초과하였는지 여부에 따라 측정방법이 달라진다. 순확정급여부채(자산)의 순이자를 결정하는 방법을 요약하면 다음과 같다.

순확정급여부채(자산)의 순이자 금액의 결정

- 순확정급여부채인 경우 : 즉, 과소적립액이 있는 경우

  순이자(비용) = (확정급여채무의 현재가치 × 할인율)
  −(사외적립자산의 공정가치 × 할인율)

- 순확정급여자산인 경우 : 즉, 초과적립액이 있는 경우

  If 초과적립액 < 자산인식상한,

  순이자(수익) = 사외적립자산의 공정가치 × 할인율
  −확정급여채무의 현재가치 × 할인율

  If 초과적립액 > 자산인식상한 (자산인식상한효과에 대한 이자)

  순이자(수익) = 자산인식상한 × 할인율

(5) 확정급여부채(자산)의 재측정요소

순확정급여부채(자산)의 재측정요소는 기타포괄손익으로 인식한다. 순확정급여부채(자산)의 재측정요소는 다음과 같은 요소로 구성된다.

① 보험수리적 손익(사망률, 퇴직률, 할인율, 임금상승률)
② 순확정급여부채(자산)의 순이자에 포함된 금액을 제외한 사외적립자산의 수익
③ 순확정급여부채(자산)의 순이자에 포함된 금액을 제외한 자산인식상한효과의 변동

보험수리적 손익은 보험수리적 가정의 변동과 경험 조정으로 인하여 확정급여채무 현재가치의 증감이 있을 때 발생한다. 보험수리적 손익이 발생하는 원인의 예는 다음과 같다.

① 종업원의 이직률, 조기퇴직률, 사망률, 임금상승률, 급여(제도의 공식적 규약이나 의제의무에 따라 물가상승률에 연동하여 급여가 증액되는 경우) 또는 의료원가가 실제로는 당초 예상보다 높거나 낮은 경우
② 급여지급선택권과 관련된 가정의 변동효과
③ 종업원의 이직률, 조기퇴직률, 사망률, 임금상승률, 급여(제도의 공식적 규약이나 의제의무에 따라 물가상승률에 연동하여 급여가 증액되는 경우) 또는 의료원가에 대한 추정치가 변경됨에 따른 효과
④ 할인율의 변경에 따른 효과

보험수리적 손익은 확정급여제도의 도입, 개정, 축소 또는 정산으로 인한 확정급여채무의 현재가치의 변동 또는 확정급여제도하에서 지급될 급여의 변동을 포함하지 아니한다. 이러한 변동은 과거근무원가나 정산으로 인한 손익에 포함됨을 앞에서 본 바 있다.

순확정급여부채(자산)의 순이자에 포함된 금액을 제외한 사외적립자산의 수익이란 사외적립자산의 수익률이 당초 설정한 할인율을 초과하는 부분이다. 앞에서 당초 할인율을 적용한 사외적립자산에 대한 이자수익과 사외적립자산의 실제 수익의 차이는 사외적립부채(자산)의 재측정요소에 포함된다고 말한 바 있다. 이 차이를 수식으로 표현하면 다음 식과 같다. 사외적립자산의 이자수익을 당기손익에 포함되는 부분과 기타포괄손익에 포함되는 부분을 구분하면 아래 표와 같이 요약할 수 있다.

기타포괄손익으로 인식하는 순확정급여부채(자산)의 순이자
= 사외적립자산의 실제수익 − 사외적립자산의 기대수익(사외적립자산의 공정가치 × 할인율)

사외적립자산의 이자수익의 구분

20××년 1월 1일 현재 사외적립자산의 공정가치	×××	
차감 : 급여지급액	(×××)	
가산 : 기여금수령액	×××	
사외적립자산의 20××년 말 잔액추정(A)	×××	
20××년 12월 31일 현재 사외적립자산의 공정가치(B)	×××	
사외적립자산의 20××년도 실제수익(C = A − B)	×××	
사외적립자산 20××년도 할인율 적용 기대수익(D)	×××	당기손익
기타포괄손익 귀속분(C − D)	×××	기타포괄

기대수익(D)은 1년 보유 사외적립자산과 올해 변동차액에 대하여 할인율을 적용하여 산출

재측정의 마지막 요소는 자산인식상한이 존재하는 경우이다. 확정급여자산의 상한이 존재하는 경우에도, 본 자산에 할인율을 적용한 이자수익이 발생하는데 이는 당기손익으로 보고한다. 한편 자산인식 상한도 확정급여제도로부터의 현금 환급 금액이나, 미래 기여금의 감소금액의 현재가치가 변동함에 따라 그 상한이 변동할 수 있다. 그 상한의 변동 중에서 정상적인 할인율을 적용한 당기손익을 제외한 나머지 금액은 기타포괄손익으로 보고한다.

기타포괄손익으로 인식하는 자산인식상한효과의 변동
= 자산인식상한효과의 총변동 − 자산인식상한효과에 대한 이자

다음 예제를 통하여 사외적립자산에서 발생하는 수익이 당기손익과 기타포괄손익으로 어떻게 나뉘어 보고되는지 보도록 하자.

예제 9

㈜희망전자에서는 20×1년도 초에 확정급여채무에 해당하는 사외적립자산의 공정가치는 ₩10,000이었다. 20×1년 6월 30일 퇴직급여를 ₩2,000을 지급했고, 기여금을 ₩8,000을 수령하였다. 20×1년말 본 사외적립자산의 사외적립자산 공정가치가 ₩17,000이 되었다. 연초 할인율은 4%로 결정되었다. 20×1년도 사외적립자산의 수익을 구하여 당기 손익으로 인식하는 이자수익과 기타포괄손익 인식금액으로 구분하라.

해 답

20×1년도 사외적립자산에서 발생한 수익의 구분하면 다음과 같다.

사외적립자산의 20×1년말 원금 잔액 추정(A)		
20×1년 1월 1일 현재 사외적립자산의 공정가치	₩10,000	
차감 : 급여지급액	(2,000)	
가산 : 기여금수령액	8,000	₩16,000
20×1년 12월 31일 현재 사외적립자산의 공정가치(B)		₩17,000
사외적립자산의 20×1년도 실제 수익(C)		₩1,000
사외적립자산의 20×1년도 할인율 적용 수익 : 당기손익(D)		
1~6월 사외적립자산 할인율 적용 수익(₩10,000 × 6/12 × 4%)	₩200	
7~12월 사외적립자산 할인율 적용 수익(₩16,000 × 6/12 × 4%)	320	₩520
기타포괄손익 귀속분(C − D)		₩480

(가) 사외적립자산 실제수익 : ₩1,000
(나) 당기손익으로 보고하는 이자수익 : ₩520
(다) 기타포괄손익으로 보고하는 이자수익 : ₩480

기타포괄손익에 인식되는 순확정급여부채(자산)의 재측정요소는 후속기간에 당기손익으로 재분류되지 아니한다. 그러나 기타포괄손익에 인식된 금액을 자본 내에서 대체할 수는 있다.

(6) 확정급여부채(자산)의 보고

확정급여제도에서 발생한 자산 또는 부채와 관련 비용은 각각 재무상태표와 포괄손익계산서에 보고된다. 보고 형식은 확정급여자산이 자산인식상한을 초과하는지 여부에 따라 달라진다.

① 확정급여부채가 존재 또는 확정급여자산 < 자산인식상한인 경우

(i) 재무상태표에 보고사항

항목		
확정급여부채(자산) :		
확정급여채무의 현재가치	xxx	
사외적립자산의 공정가치	(xxx)	xxx

(ii) 포괄손익계산서에 보고사항

항목		
당기손익 항목 :		
당기근무원가	xxx	
과거근무원가	xxx	
순확정급여부채(자산)의 순이자	xxx	xxx
기타포괄손익 항목 :		
보험수리적 손실	xxx	
순확정급여부채(자산)의 순이자에 포함된 금액을 제외한 사외적립자산의 수익	xxx	xxx

② 확정급여자산 > 자산인식상한인 경우

(i) 재무상태표에 보고사항

항목		
확정급여부채 :		
확정급여채무의 현재가치	xxx	
사외적립자산의 공정가치	(xxx)	xxx
자산인식 상한		yyy
순확정급여자산		yyy

(ii) 포괄손익계산서에 보고사항

당기손익 항목:		
당기근무원가	xxx	
과거근무원가	xxx	
순확정급여자산의 순이자 수익 (자산인식상한 적용)	xxx	xxx
기타포괄손익 항목:		
보험수리적 손실	xxx	
순확정급여자산의 순이자에 포함된 금액을 제외한 사외적립자산의 수익	xxx	
순확정급여자산의 순이자에 포함된 금액을 제외한 자산인식상한의 변동	xxx	xxx

확정급여제도의 회계처리는 채무와 비용의 측정에 보험수리적 가정이 요구되고 가정의 변동에 따라 보험수리적 손익이 발생할 가능성이 있기 때문에 매우 복잡하며 많은 불확실성이 내재되어 있다. 이에 재무제표 본문 이외에 다음에 관련된 사항을 상세하게 공시하여야 한다.

① 확정급여제도의 특성과 이와 관련된 위험을 설명하는 정보
② 확정급여제도에서 발생하는 재무제표상 금액을 식별하고 설명하는 정보
③ 확정급여제도가 어떻게 기업의 미래현금흐름의 금액, 시기 및 불확실성에 영향을 미칠 수 있는지를 기술하는 정보

예제 10

<예제 6>의 ㈜나래전자 중앙연구소의 사례에서 다음과 같이 당기근무원가와 이자원가를 인식하였다. 여기서는 20×2년도에 추가 적립이나 지급이 없었고, 할인율이 4%였음을 상기하자. 20×2년 나래전자는 아래와 같이 당기근무원가 ₩6,483을, 이자원가 ₩249(=₩6,234 × 4%)를 인식하였다.

	20×1	20×2
당해 연도 귀속급여	7,293	7,293
할인계수(4%)	$(1+0.04)^4$	$(1+0.04)^3$
당기근무원가	6,234	6,483
기초 확정급여채무	-	6,234
이자원가(할인율=4%)	-	249
기말 확정급여채무	6,234	12,967

<추가 자료>

위 확정급여채무가 특정 개인이 아닌 연구소원 전체에 해당하는 것으로 가정한다. 20×2년

초 본 확정급여채무에 해당하는 사외적립자산을 ₩6,000 보유하고 있었는데, 연말 사외적립자산 공정가치가 ₩11,900이 되었다. 한편 보험계리사는 20×2년에 종업원의 이직률이 감소함에 따라 확정급여채무와 관련하여 발생한 보험수리적 손실이 ₩177인 것으로 보고하여 왔다. 또한 20×2년 6월 30일 퇴직급여를 ₩1,000을 지급했고 기여금 ₩6,500을 수령하였다.

1. 20×2년도 당기손익 인식항목인 근무원가, 과거근무원가와 정산으로 인한 손익과 확정급여채무의 이자원가를 계산하라.
2. 20×2년도 사외적립자산의 수익을 구하여 당기 손익으로 인식하는 순확정급여부채(자산)의 순이자원가(수익)와 기타포괄손익 인식금액으로 구분하라.
3. 기타포괄손익으로 인식되는 순확정급여부채(자산)의 재측정요소를 식별하라.
4. 20×2년도 퇴직급여 지급 및 기여와 20×2년도 말 위 퇴직급여와 관련된 분개를 하라.
5. 관련 계정과목인 확정급여채무와 사외적립자산의 20×2년도 변동내역을 계정별로 기록하라.
6. 이상의 각 항목들이 재무제표에 어떻게 보고되는지 표시하라.

해 답

1. 근무원가와 확정급여채무의 이자를 위 표를 기초로 계산한다: 당기손익 인식항목
   (가) 당기근무원가: ₩6,483
   (나) 과거근무원가와 정산으로 인한 손익: 없음
   (다) 확정급여채무의 이자원가: ₩249

2. 20×2년도 사외적립자산에서 수익의 구분하면 다음과 같다.

사외적립자산의 20×2년말 잔액 추정(A)		
20×2년 1월 1일 현재 사외적립자산의 공정가치	₩6,000	
차감 : 급여지급액	(1,000)	
가산 : 기여금수령액	6,500	₩11,500
20×2년 12월 31일 현재 사외적립자산의 공정가치(B)		₩11,900
사외적립자산의 20×2년도 실제 수익(C)		₩400
사외적립자산의 20×2년도 할인율 적용 수익: 당기손익(D)		
1~6월 사외적립자산 할인율 적용 수익(₩6,000 × 6/12 × 4%)	₩120	
7~12월 사외적립자산 할인율 적용 수익(₩11,500 × 6/12 × 4%)	230	₩350
기타포괄손익 귀속분(C − D)		₩50

   (가) 사외적립자산 수익: ₩400
   (나) 당기손익으로 보고하는 순확정급여부채의 순이자수익: ₩350 − ₩249 = ₩101
   (다) 기타포괄손익으로 보고하는 이자수익: ₩50

3. 순확정급여부채(자산)의 재측정요소를 결정한다(기타포괄손익으로 인식 항목).
   (가) 보험수리적 손실: ₩177

(나) 순확정급여부채(자산)의 순이자에 포함된 금액을 제외한 사외적립자산의 수익: ₩50
(다) 순확정급여부채(자산)의 순이자에 포함된 금액을 제외한 자산인식상한 변동: 없음

4. 관련 분개

<퇴직급여 지급 및 기여 시>

(차) 확정급여채무	1,000	(대)사외적립자산	1,000
사외적립자산	6,500	현 금	6,500

<연말 분개>

(차) 퇴직급여(당기근무원가)	6,483	(대) 확정급여채무	6,732
이자원가	249		
(차) 기타포괄손실(보험수리적 손실)	177	(대) 확정급여채무	177
(차) 사외적립자산	400	(대) 이자원가(수익)	350
		기타포괄이익(사외적립자산)	50

5. 관련 계정 분석

확정급여채무

지급	1,000	기초	6,234
		당기근무원가	6,483
		이자원가	249
∨	12,143	보험수리손실	177

사외적립자산

기초	6,000	지급	1,000
기여	6,500		
발생수익	400	∨	11,900

6. 재무제표에 공시

(i) 재무상태표에 보고사항

확정급여부채:		
확정급여채무의 현재가치	₩12,143	
사외적립자산의 공정가치	11,900	₩243

(ii) 포괄손익계산서에 보고사항

당기손익 항목:		
당기근무원가	₩(6,483)	
과거근무원가	0	
순확정급여부채(자산)의 순이자 수익(₩249 − 350)	101	₩(6,382)
기타포괄손익 항목:		
보험수리적 손실	₩(177)	
순확정급여부채(자산)의 순이자에 포함된 금액을 제외한 사외적립자산의 수익	50	
순확정급여부채(자산)의 순이자에 포함된 금액을 제외한 자산인식상한	0	₩(127)

제4절 해고급여

해고급여(termination benefits)란 해고시 정상적인 퇴직급여 이외에 일시적으로 지급하는 급여이다. 조기퇴직으로 인한 명예퇴직수당 등이 이에 해당한다. 기업회계기준서에서는 해고급여에 대해 다른 종업원급여와 구별하여 규정한다. 왜냐하면 채무를 발생시키는 중요한 사건이 종업원의 근무가 아니라 해고이기 때문이다. 해고급여는 통상 일시불현금으로 지급하지만, 경우에 따라서는 다음과 같은 방식으로 지급할 수 있다.

① 직접 또는 종업원급여제도를 통하여 간접으로 퇴직급여를 증액한다.
② 해고대상 종업원이 기업에 경제적 효익을 가져다주는 근무용역을 특정예고기간까지 더 이상 제공하지 않더라도 그 기간의 임금을 지급한다.

해고급여를 인식하는 시기를 보면, 다음 중 두 시기 중 더 빠른 날에 해고급여에 대한 부채와 비용을 인식한다.

① 기업이 해고급여의 제안을 더 이상 철회할 수 없을 때
② 기업이 기업회계기준서 제1037호[7]의 적용범위에 포함되고 해고급여의 지급을 수반하는 구조조정에 대한 원가를 인식할 때

해고급여를 측정함에 있어, 그 종업원급여의 성격에 따라 최초인식시점에 측정하고, 후속적 변동을 측정 및 인식한다.

① 해고급여가 퇴직급여를 증액시키는 것이라면, 퇴직급여에 대한 규정을 적용한다. 그 밖의 경우에는 다음과 같이 처리한다.
② 해고급여가 인식되는 연차보고기간 말 이후 12개월 이전에 해고급여가 모두 결제될 것으로 예상되는 경우 단기종업원급여에 대한 규정을 적용한다.
③ 해고급여가 인식되는 연차보고기간 말 이후 12개월 이전에 해고급여가 모두 결제될 것으로 예상되지 않는 경우 기타장기종업원급여에 대한 규정을 적용한다.

---

7) 기업회계기준서 제1037호 충당부채, 우발부채 및 우발자산

예제 11

㈜달구벌건설은 건설경기 불황이 심화되어 조기에 퇴직하는 명예퇴직 신청을 받기로 하였다. 12월 말 다음 해 1월 한 달 동안 명예퇴직 신청을 받기로 하였다. 명예퇴직을 신청하는 사람에게는 1인당 ₩10,000을 지급한다. 내년 1월 한 달 동안 약 8명 정도가 명예퇴직 신청을 할 것으로 예상하고 있다. 이 경우 12월 말 결산시 분개를 하라.

해 답

(차) 해고급여	80,000	(대) 해고급여채무	80,000

제5절 기타장기종업원급여

기타장기종업원급여(other long-term employee benefits)는 단기종업원급여, 퇴직급여 및 해고급여를 제외한 급여로서, 다음과 같은 급여가 포함된다. 다만, 종업원이 관련 근무용역을 제공하는 연차보고기간 말 이후 12개월 이전에 전부 결제될 것으로 예상되지 않는 경우에 한정된다.

① 장기근속휴가나 안식년휴가와 같은 장기유급휴가
② 그 밖의 장기근속급여
③ 장기장애급여
④ 장기 이익분배금과 상여금
⑤ 이연된 보상

기타장기종업원급여에 대한 회계처리는 퇴직급여와 유사하다. 기타장기종업원급여와 퇴직급여 계산에서 확정급여채무의 현재가치와 당기근무원가를 결정하기 위해서는 **예측단위적립방식**(the projected unit credit method)을 사용한다. 그러나 일반적으로 기타장기종업원급여를 측정할 때 나타나는 불확실성은 퇴직급여를 측정할 때 나타나는 불확실성에 비하여 크지 않다. 따라서 기준서에서는 기타장기종업원급여에 대해 비교적 단순화된 회계처리방법을 규정하고 있다.[8] 기타장기종업원급여에 대한 회계처리에 대하여 다음 예제를 보도록 하자.

8) 기타장기종업원급여에 대한 회계처리방법은 퇴직급여와는 달리 보험수리적 손익을 즉시 인식한다. 또한 기타장기종업원급여를 계산할 때, 중도 퇴사가능성을 고려하여야 한다.

예제 12

<예제 1>의 ㈜나래전자에서 조수석 박사가 이 연구소에 6년을 근무하면 1년의 유급 연구휴가를 부여받을 수 있는데, 이에 대하여 기타장기종업원급여를 매년 어떻게 계산하는지 계산표를 만들고 관련된 매년 말 정리분개와 급여지급에 관한 분개를 하라. 여기서 할인율은 4%로 가정하며, 제7년째 연구휴가연도의 급여는 연초에 일시 지급한다고 가정한다.

해 답

조수석 박사가 연구휴가를 받는 7년째 급여 ₩80,406은 이전 6년 동안 정액법으로 배분하여야 한다. 따라서 각 연도에 ₩13,401(₩80,406 ÷ 6년) 배분하며, 각 연도는 이를 현재가치로 할인하여 비용을 인식한다. 기타장기종업원급여를 기간별로 배분하면 다음 표와 같다.

	20×1	20×2	20×3	20×4	20×5	20×6
당해 연도 귀속급여[1)]	13,401	13,401	13,401	13,401	13,401	13,401
할인계수(4%)	$(1+0.04)^5$	$(1+0.04)^4$	$(1+0.04)^3$	$(1+0.04)^2$	$(1+0.04)^1$	$(1+0.04)^0$
당기근무원가[2)]	11,015	11,455	11,913	12,390	12,886	13,401
기초 확정급여채무		11,015	22,910	35,740	49,560	64,428
이자원가(할인율 = 4%)[3)]		441	916	1,430	1,982	2,577
기말 확정급여채무[4)]	11,015	22,910	35,740	49,560	64,428	80,406

* 일부 수치 소수점반올림으로 계산오차(rounding error) 있음.

위 표를 순서대로 설명하여 보면,

1) 당해 연도 귀속급여는 연구휴가의 급여예상액 ₩80,406을 이전 근무연수인 6년으로 나누어 균등하게 배분한다 : ₩80,406/6 = ₩13,401
2) 당기근무원가(20×1년도)는 당해 연도에 귀속되는 급여의 현재가치로서 당해 연도 귀속급여를 할인율 4%로 할인한다 : ₩13,401/$(1+0.04)^5$ = ₩11,015
3) 이자원가(20×2년도)는 전기말 확정급여채무에 이자율(할인율) 4%를 곱하여 계산한다 : ₩11,015 × 0.04 = ₩441
4) 기말 확정급여채무(20×2년도)는 당해 연도와 과거연도에 귀속되는 급여의 현재가치로서 기초 확정급여채무와 이에 대한 이자액, 당기근무원가를 합산하여 계산한다 : ₩11,015 + 441 + 11,455 = ₩22,910

위에 대한 분개를 하여 보면 다음과 같다.

20×1년도 말 기타장기종업원급여채무 인식

(차) 기타장기종업원급여	11,015	(대) 기타장기종업원급여채무	11,015

20×2년도 말 기타장기종업원급여채무 인식

(차) 기타장기종업원급여	11,455	(대) 기타장기종업원급여채무	11,896
기타장기종업원급여이자원가	441		

20×3년도 말 기타장기종업원급여채무 인식

(차) 기타장기종업원급여	11,913	(대) 기타장기종업원급여채무	12,829
기타장기종업원급여이자원가	916		

20×4년도 말 기타장기종업원급여채무 인식

(차) 기타장기종업원급여	12,390	(대) 기타장기종업원급여채무	13,820
기타장기종업원급여이자원가	1,430		

20×5년도 말 기타장기종업원급여채무 인식

(차) 기타장기종업원급여	12,886	(대) 기타장기종업원급여채무	14,868
기타장기종업원급여이자원가	1,982		

20×6년도 말 기타장기종업원급여채무 인식

(차) 기타장기종업원급여	13,401	(대) 기타장기종업원급여채무	15,978
기타장기종업원급여이자원가	2,577		

20×7년도 연구 휴가시 기타장기종업원급여 지급(일시 지불로 간주)

(차) 기타장기종업원급여채무	80,406	(대) 현　금	80,406

* 만일 제7년차 급여를 이전 연도들과 같이 연말에 지급한다면, 이를 연초로 할인하여 기간별로 배분한다.

[부록] 종업원급여에 관련된 특수한 사례

1) 조건부로 가득되는 퇴직급여

확정급여제도하에서는 종업원이 근무용역을 제공함에 따라 채무가 발생한다. 따라서 그 급여가 미래의 근무용역제공을 조건으로 지급되는 경우에 아직 그 조건이 충족되지 않은 경우라 할지라도 채무를 인식한다.

예를 들어 일정기간 이상 근무를 하여야 퇴직급여를 제공하는 경우가 있다. 이 경우 종업원은 일정기간을 근무하여야 퇴직급여를 가득하였다고 할 수 있다. 그러나 이 기간이 경과하기 이전에도 확정급여부채를 인식한다. 다만 확정급여채무를 측정할 때에는 중도에 퇴사하여 일부 종업원이 가득조건을 충족하지 못할 가능성을 고려한다.

마찬가지로, 퇴직급여가 종업원의 퇴직 후 특정 사건의 발생을 전제로 지급되는 경우(예 퇴직 후 의료급여)에도 그 급여를 가득하기 위한 조건으로서 종업원이 근무용역을 제공한다면 기업에는 채무가 발생한다. 따라서 특정 사건이 발생할 확률이 채무의 측정에는 영향을 미치지만 그 채무가 존재하는지를 결정하지는 않는다.

〈조건부 퇴직급여 사례〉

부록사례 1

㈜나래전자는 확정급여제도를 가지고 있으며, 10년 이상을 근무하면 매 근무연도에 대해 급여 ₩500,000이 지급된다.

해 설

본 퇴직급여는 10년이 경과하여야 가득되지만, 그 이전에도 매 근무연도에 급여 ₩500,000을 배분한다. 또 처음 10년 동안 매 근무연도의 당기근무원가와 확정급여채무의 현재가치에 종업원이 근무기간 10년을 채우지 못하고 퇴사할 가능성을 반영한다.

부록사례 2

부산전자는 확정급여제도를 가지고 있으며, 매 근무연도에 대해 급여 ₩500,000이 지급되며, 당해 급여는 즉시 가득된다. 다만, 20세가 되기 전의 근무기간에 대해서는 급여가 지급되지 않는다.

해 설

종업원이 20세가 되기 전에는 근무용역을 제공하더라도 급여(조건부 또는 무조건부 급여)를 수령할 권리가 없으므로 20세가 되기 전의 근무기간에는 어떠한 급여도 배분하지 않는다. 종업원이 20세가 된 날부터 각 근무연도마다 급여 ₩500,000을 배분한다.

2) 특별급여

종업원이 일정기간 근무하면 이에 대하여 특별급여를 지급하는 경우가 있다. 이 특별급여도 그동안의 근무에 대한 대가이므로 그 근무기간에 전체에 걸쳐 정액법으로 배분한다. 여기서 당기근무원가와 확정급여채무의 현재가치를 측정할 때에는 종업원이 급여를 받기 위해 필요한 근무기간을 채우지 못하고 퇴사할 가능성을 반영한다.

종업원이 추가로 근무용역을 제공하더라도 일정기간을 초과하면 더 이상 퇴직급여를 지급하지 않는 경우가 있다. 예를 들면, 공무원의 경우도 33년을 초과하면 그 이상의 기간에 대하여는 퇴직급여가 발생하지 않는다. 이러한 경우, 이후 기간에 대하여 배분하지 않는다.

〈특별급여의 사례〉

부록사례 3

울산전자의 확정급여제도에 따르면 종업원의 근무기간이 10년을 경과할 때, 일시불 급여 ₩1,000,000이 지급된다. 그러나 그 후의 근무기간에 대해서는 더 이상 급여가 지급되지 않는다.

해 설

처음 10년 동안의 매 근무연도에 급여 ₩100,000(₩1,000,000 ÷ 10년)을 배분한다. 처음 10년 동안 매 근무연도의 당기근무원가에는 종업원이 근무기간 10년을 채우지 못하고 퇴사할 가능성을 반영한다. 10년을 경과한 후의 근무연도에 대해서는 급여를 배분하지 않는다.

부록사례 4

대전전자의 확정급여제도에 따르면 55세가 넘도록 근무한 종업원에게는 그 근무기간이 20년을 경과하는 해에 일시불 급여 ₩10,000,000이 지급한다. 20년 이상 근무하지 않은 경우에도, 65세가 되는 날까지 계속 근무하고 있는 종업원에게는 그 근무기간과 관계없이 일시불 급여 ₩10,000,000이 지급된다. 종업원은 이 둘 중 하나의 혜택만 받을 수 있다. 다음 세 사람의 경우를 비교하여 보자.

해 설

① 김갑돌 씨는 34세에 입사하였다. 김갑돌 씨는 55세가 되면 ₩10,000,000을 받을 수 있게 된다. 따라서 확정급여제도의 급여는 35세가 되는 날부터 근무용역이 제공됨에 따라 발생한다. 따라서 35세가 되기 전에 입사한 종업원의 경우 35세가 된 날부터 55세가 되는 날까지 매 근무연도에 급여 ₩500,000(₩10,000,000 ÷ 20년)을 배분한다.
여기서는 김갑돌 씨가 55세가 된 후에는 근무용역이 제공되더라도 더 이상 중요한 금액의 급여가 발생하지 않기 때문에 그 이후기간에는 배분하지 않는다. 또한 김갑돌 씨가 30세에 퇴사한 후 34세에 재입사할 수도 있는데 이 경우 급여의 금액이나 시기에 아무런 영향을 미치지 않음에 유의하라.

② 김을순 씨는 39세에 입사하였다고 가정한다. 35세와 45세 사이에 입사한 경우, 55세에는 일시불 급여를 받을 수 없다. 대신 그 이후 20년이 되는 해에 ₩10,000,000을 받을 수 있게 된다. 따라서 이러한 종업원에 대해서는 근무시작 후 처음 20년 동안 매 근무연도에 급여 ₩500,000 (₩10,000,000 ÷ 20년)을 배분한다. 김을순 씨의 경우, 근무기간이 20년을 경과하는 59세 이후에는 근무용역이 제공되더라도 더 이상의 급여가 발생하지 않음에 유의하라.

③ 김병돌 씨는 55세에 입사하였다. 이 경우 근무기간이 10년을 경과할 때 그 후 근무용역이 제공되더라도 더 이상의 급여가 발생하지 않는다. 다만 65세가 되면 ₩10,000,000의 일시 급여를 받을 수 있다. 이러한 종업원에 대해서는 처음 10년 동안 매 근무연도에 급여 ₩1,000,000 (₩10,000,000 ÷ 10년)을 배분한다.

위 세 사람을 비교하여 보면 다음과 같다.

입사시기	급여배분기간	55세 급여	56~64세 급여	65세 급여
35세 이전 입사자(김갑돌)	35~54세 20년간 급여를 배분	○		
35~45세 입사자(김을순)	입사 후 첫 20년간 급여를 배분		○	
55세 입사자(김병돌)	55~65세 10년간 급여를 배분			○

3) 퇴직 후 의료급여제도

어떤 기업에서는 퇴직 후 의료비를 보조하여 주는 제도가 있다. 이러한 퇴직 후 의료급여제도에서는 퇴직급여가 공공퇴직급여수준이나 공공의료급여수준 등과 같은 변수에 연동되는 경우에는 퇴직급여를 측정할 때 그러한 변수의 예상변동성을 과거의 경험이나 그 밖의 신뢰할 만한 증거에 기초하여 반영한다.

퇴직 후 의료급여를 측정할 때에는 미래의 의료원가청구 수준 및 빈도, 그리고 미래의 의료원가청구를 충족시키는 데 소요되는 원가에 관한 가정이 필요하다. 퇴직 후 의료급여제도에 따라 종업원이 의료원가의 일부를 분담해야 하는 경우에는 미래의료원가를 추정할 때 보고기간말 현재 제도규약(또는 공식적 규약을 넘어서는 의제의무)에 기초하여 종업원 분담금을 고려한다. 일정기간의 근무를 조건으로 퇴직 후 의료급여를 제공하는 경우에는 그 기간 이내에 퇴사할 것으로 예상되는 종업원에 대해서는 의료급여를 배분하지 않는다.

〈퇴직 후 의료급여 사례〉

부록사례 5

퇴직 후 의료급여제도에 따르면 다음과 같은 조건에서 종업원의 퇴직 후 의료원가 중 일부를 보상해 준다.

(1) 종업원의 근무연수가 10년 이상 20년 미만인 경우에는 퇴직 후 의료원가의 20% 보상
(2) 종업원의 근무연수가 20년 이상인 경우에는 퇴직 후 의료원가의 30% 보상

해 설

확정급여제도의 급여산정식에 따라서 처음 10년 동안은 매 근무연도에 예상의료원가 현재가치의 20%를 10년에 걸쳐 배분한다. 따라서 첫 10년은 매년 2%(20% ÷ 10년)를 배분한다. 그 다음 10년 동안은 매 근무연도에 예상의료원가 현재가치의 추가적인 10%를 배분하는데, 이에 따라 매년 1%(10% ÷ 10년)를 배분한다.

매 근무연도의 당기근무원가에는 종업원이 해당 의료급여의 전부나 일부를 가득하기 위해 필요한 근무기간을 채우지 못하고 퇴사할 가능성을 반영한다. 예를 들어, 10년 이내에 퇴사할 것으로 예상되는 종업원에 대해서는 의료급여를 배분하지 않는다.

부록사례 6

퇴직 후 의료급여제도에 따르면 다음과 같은 조건에서 종업원의 퇴직 후 의료원가 중 일부를 보상해 준다.

(1) 종업원의 근무연수가 10년 이상 20년 미만인 경우에는 퇴직 후 의료원가의 20% 보상
(2) 종업원의 근무연수가 20년 이상인 경우에는 퇴직 후 의료원가의 60% 보상

해 설

이 사례에서는 근무기간 후반에 귀속되는 의료급여 수준이 근무기간 초반에 귀속되는 의료급여 수준보다 중요하게 높으므로, 종업원들을 예상근무연수에 따라 구분하여 급여원가를 배분한다.

근무기간이 20년을 경과할 것으로 예상되는 종업원에 대해서는 60%의 금액을 정액법으로 의료급여를 배분한다. 근무기간이 20년을 경과한 후에는 근무용역이 제공되더라도 더 이상 중요한 금액의 급여가 발생하지 않는다. 따라서 의료급여는 처음 20년 동안 매 근무연도에 예상의료원가 현재가치의 3.0%(60% ÷ 20년)만큼 배분한다.

근무기간이 10년을 경과하지만 20년에는 미치지 못할 것으로 예상되는 종업원의 경우에는 처음 10년 동안 매 근무연도에 예상의료원가 현재가치의 2%(20% ÷ 10년)를 의료급여로 배분하고, 처음 10년이 경과한 날부터 예상퇴사일까지는 의료급여를 배분하지 않는다.

10년 이내에 퇴사할 것으로 예상되는 종업원에 대해서는 의료급여를 배분하지 않는다.

익힘문제

[1] 단기종업원급여란 무엇이며, 회계처리에 대해 설명하라.

[2] 기타장기종업원급여란 무엇이며, 회계처리에 대해 설명하라.

[3] 해고급여 회계처리를 설명하라.

[4] 확정기여제도와 확정급여제도에 대해 간략히 설명하라.

[5] 당기근무원가란 무엇인가?

[6] 과거근무원가의 의미와 회계처리에 대하여 간단히 언급하라.

[7] 예측단위적립방식에 대해 간단히 설명하라.

[8] 예측단위적립방식에서 급여의 기간배분에 대해 설명하라.

[9] 확정급여채무를 계산하기 위한 할인율에 대해 설명하라.

[10] 확정급여원가에서 당기손익으로 인식되는 항목은 어떤 것들이 있는가?

[11] 확정급여원가에서 기타포괄손익으로 인식되는 항목은 어떤 것들이 있는가?

[12] 보험수리적 손익이 발생하는 예를 들어보라.

[13] 사외적립자산으로 부터의 수익을 당기손익으로 인식되는 항목과 기타포괄손익으로 인식되는 항목을 구별하여 설명하라.

[14] 확정급여제도에서 확정급여부채와 확정급여채무의 차이점은 무엇인가?

[15] 확정급여제도에서 확정급여부채의 금액이 부(-)의 금액이 될 수도 있다. 이 경우 확정급여자산이라고 하는데, 어떤 경우에 이러한 현상이 발생하는지 설명하라.

연습문제

[1] 예측단위적립방식(일시불지급)

기업은 확정급여제도를 채택하고 있고 종업원이 퇴직한 시점에 일시불 급여를 지급하며, 일시불 급여는 종업원의 퇴직 전 최종임금의 1%에 근무연수를 곱하여 산정된다. 종업원의 연간임금은 2009년에 10,000원이며 향후 매년 7%씩 상승하는 것으로 가정한다. 또 연간 할인율은 10%라고 가정한다. 보험수리적 가정에 변화가 없다고 할 때 2013년도 말에 퇴직하는 종업업과 관련하여 주어진 물음에 답하라.

(1) 각 연도별 당기근무원가를 구하라.
(2) 각 연도별 확정급여채무 장부가액을 구하라.
(3) 각 연도별 분개를 제시하라.

[2] 예측단위적립방식(연금지급)

경북주식회사는 확정급여제도를 도입하고 있으며, 2009년 현재 3년 후 퇴직하는 종업원에 대하여 보험수리적 가정을 적용한 경우 퇴직 후 5년간 매년 말 10,000원씩의 퇴직급여를 지급할 것으로 예상하고 있다. 당기 말 현재 우량회사채의 시장수익률은 10%이다.

(1) 각 연도별 당기근무원가를 구하라.
(2) 각 연도별 확정급여채무 장부가액을 구하라.
(3) 각 연도별 분개를 제시하라.

[3] 과거근무원가

경북주식회사는 종업원의 퇴직에 대해 확정급여제도를 실시하던 중 2010년 말 확정급여제도의 개정으로 인해 종업원에게 추가적으로 급여가 제공된다. 2010년까지의 근무용역에 대해 추가로 제공되는 급여의 현재가치는 기말 현재 12,000원이다. 제도개정의 효과 반영 전 기초 확정급여채무의 장부가액은 100,000원이고 퇴직급여계산에 적용되는 할인율은 10%이다. 당기근무원가가 20,000원이고 보험수리적 가정에 변화가 없다고 가정하고 아래의 물음에 답하라.

(1) 2010년의 당기손익에 영향을 미치는 퇴직급여원가를 당기근무원가, 이자원가, 과거근무원가를 구분하여 항목별로 제시하라.
(2) 2010년도 말 분개를 제시하라.

[4] 사외적립자산손익

복현전자는 2011년도 초 확정급여채무의 현재가치가 ₩10,000, 사외적립자산이 ₩9,000이었다. 우량회사채의 시장수익률은 10%이기에 할인율도 10%로 설정하였다. 연중 지급하거나 추가 기여한 것은 없는데, 사외적립자산의 공정가치가 ₩10,500으로 상승하였다. 한편 보험계리사는 2011년에 종업원의 이직률이 감소함에 따라 확정급여채무와 관련하여 발생한 보험수리적 손실이 ₩55인 것으로 보고하여 왔다.

(1) 당기손익 인식항목인 순확정급여채무의 순이자원가를 구하라.

(2) 2011년도 사외적립자산의 수익에서 당기손익 인식금액과 기타포괄손익 인식금액으로 구분하라.

(3) 기타포괄손익으로 인식되는 순확정급여부채(자산)의 재측정요소를 식별하라.

[5] 퇴직급여: 종합문제

대구전자의 최근 3년간 퇴직급여 관련 정보는 다음과 같다. 다음에 제시된 정보를 이용하여 물음에 답하라. 퇴직급여계산을 위한 할인율은 10%로 변화가 없다. 2011년도 말 사외적립자산의 공정가치는 ₩10,000이다. 기여금의 불입과 급여의 지급은 기말에 이루어진 것으로 가정한다.

<퇴직급여정보>

	2009	2010	2011
기초확정급여채무	10,000	?	?
당기근무원가	1,650	1,820	2,000
급여지급액	(1,500)	(2,100)	(1,500)
기여금수령액	2,000	2,000	2,000
보험수리적 이익(손실)	(800)	1,000	
기초사외적립자산 공정가치	10,000	12,000	12,500

(1) 각 연도별 기말확정급여채무를 계산하라.

(2) 각 연도별 사외적립자산에서 발생하는 수익을 당기손익항목과 기타포괄손익항목으로 구분하라.

(3) 각 연도별 기말확정급여부채(자산) 금액을 구하라.

CHAPTER 23

회계변경과 오류수정

Contents

한국채택국제회계기준		국제회계기준	
제1008호	회계정책, 회계추정치 변경 및 오류	IAS 8	Accounting Policies, Changes in Accounting Estimates and Errors
제1016호	유형자산	IAS 16	Property, Plant and Equipment

㈜삼성정밀화학은 1995년에 감가상각방법을 정률법에서 정액법으로 변경하였고, 이러한 회계변경은 약 ₩99억의 감가상각비를 감소시켰다. 회사가 보고한 당기순이익이 ₩10억 정도이므로, 만일 이 회계변경이 없었다면 회사는 약 ₩89억의 순손실을 보고하였을 것이다. 또, ㈜삼립GF와 ㈜신호제지도 1996년에 감가상각방법을 정률법에서 정액법으로 변경하였고, 이 회계변경으로 인해 ㈜삼립GF는 ₩61억의 감가상각비를, ㈜신호제지는 ₩30억의 감가상각비를 줄였다.

이와 같이 여러 기업들이 가끔씩 회계변경을 한다. 기업들은 왜 이러한 회계변경을 하는 것일까? 먼저, 기업회계기준이 새로 제정되거나 또는 개정되는 경우 이를 따르기 위해 기업들은 회계변경을 해야 한다. 일례로, 1998년에 개정된 기업회계기준은 외화환산손익을 당기의 손익으로 인식하도록 규정함으로써 종전에 외화환산손익을 자산으로 처리하던 기업들은 회계변경이 불가피하였다. 이를 강제적 회계변경이라고 한다.

그러나 이러한 강제적인 회계변경보다는 기업이 자발적으로 하는 회계변경이 더 보편적이다. 기업이 스스로 회계변경을 하는 몇 가지 이유를 살펴보자.

첫째, 기업환경이 변화하는 경우 새로운 기업환경에서 더 합리적인 회계절차로 전환하는 것이 필요할 수 있다. 예를 들어, 기계장비의 가치가 급격하게 하락하는 상황에서는 감가상각방법을 정액법에서 체감잔액법으로 변경할 수 있다.

둘째, 회사의 기술이나 경영상의 변화로 인해 회계변경이 필요할 수도 있다. 일례로, 생산기술이나 정비기술이 발달함에 따라 유형자산의 내용연수가 취득시점에서 추정한 것보다 더 연장되면, 그 추정치를 변경하게 된다. 또, 미국의 경우이기는 하지만 최고경영자가 바뀌면 기존의 회계절차를 변경하는 경우도 있다.

여기서 한 가지 유의할 점은 자발적인 회계변경이라고 해서 회사가 이를 마음대로 할 수 있는 것은 아니라는 사실이다. 「기업회계기준서」 제1008호(회계정책, 회계추정치 변경 및 오류)에 의하면, 기업은 한국채택국제회계기준 또는 관련 법규의 개정이 있거나, 새로운 회계정책을 적용함으로써 회계정보의 신뢰성과 목적적합성을 향상시킬 수 있는 경우에 한하여 회계정책을 변경할 수 있도록 규정함으로써 자의적인 회계변경을 엄격히 제한하고 있다.

그 이유는 회계변경이 본래의 취지를 떠나 경영자가 자기회사의 이익을 임의로 줄이거나 늘리는 수단으로 남용할 가능성이 있기 때문이다. 즉, 경영자가 회계변경을 자의적인 **이익관리**(利益管理 : earnings management) 수단으로 이용함으로써 회계정보가 왜곡되는 것을 방지하기 위해 회계변경을 엄격히 제한할 필요가 있는 것이다. 본 장에서는 이러한 회계변경과 아울러 회계오류의 수정과 관련된 회계적 이슈와 절차를 살펴보고자 한다.

제1절 회계변경의 유형과 회계처리

1. 회계정책의 선택과 적용

기업에서 특정 거래, 기타 사건에 적용될 회계정책은 **일반적으로 인정된 회계원칙**인 회계기준서를 반영하여야 하며 또한 이와 관련된 실무적용지침도 고려하여야 한다. **회계정책**은 적용대상인 특정 거래, 기타사건 및 상황에 관한 정보가 목적적합하고 신뢰성 있게 재무제표에 반영될 수 있도록 하여야 한다. 회계기준에서 다양한 대체적인 회계처리방법을 허용하고 있는 경우, 회계처리방법은 경영진의 판단에 의하여 선택된다.

또한 특정 거래, 기타 사건 또는 상황에 대하여 구체적으로 적용할 수 있는 회계기준이 없는 경우, 경영진은 판단에 따라 회계정책을 개발 및 적용하여 회계정보를 작성할 수 있으며, 이때 회계정보는 다음과 같은 특성을 모두 보유하여야 한다.

(1) 이용자의 경제적 의사결정 요구에 목적적합하다.

(2) 신뢰할 수 있다.[1] 신뢰할 수 있는 재무제표는 다음의 속성을 포함한다.

① 기업의 재무상태, 경영성과 및 현금흐름을 충실하게 표현한다.

② 거래, 기타 사건 및 상황의 단순한 법적 형태가 아닌 경제적 실질을 반영한다.

③ 중립적이다. 즉, 편의가 없다.

④ 신중하게 고려한다.

⑤ 중요한 사항을 빠짐없이 고려한다.

위와 같은 판단에서 경영진은 내용상 유사하고 관련되는 회계논제를 다루는 한국채택국제회계기준의 규정과 지침을 우선 참조하고, 다음으로 자산, 부채, 수익, 비용에 대한 '개념체계'의 정의, 인식기준 및 측정개념을 순차적으로 참조하여 적용가능성을 고려한다. 이때 경영진은 유사한 개념체계를 사용하여 회계기준을 개발하는 다른 회계기준제정기구가 가장 최근에 발표한 회계기준, 기타의 회계문헌과 인정된 산업실무를 고려할 수도 있다.

또한 **발생주의회계**에서는 여러 가지 추정을 필요로 한다. 예를 들면, 유형자산의 내용연수 추정, 대손상각률의 추정, 퇴직급여에 관한 추정 등 많은 추정치를 기초로 회계

---

1) 국제회계기준 "재무보고를 위한 개념체계"에서는 "재무정보가 유용하기 위해서는 목적적합해야 하고 나타내고자 하는 바를 충실하게 표현해야 한다"(QC4)며, 재무정보의 근본적 질적 특성을 목적적합성과 충실한 표현을 들고 있다(QC5). 반면 FASB 개념보고서는 재무정보의 질적 특성의 두 요소를 목적적합성과 신뢰성을 들고 있다. 그런데 국제회계기준서 1008호에서는 회계정보의 특성으로 목적적합성과 신뢰성을 제시하고 있어 FASB 개념보고서의 질적 특성을 제시하고 있다.

처리하게 된다. 이러한 추정은 추정 당시의 정보에 기초하여 전문가적인 판단을 통하여 이루어지지만 미래에 대한 예측이므로 불가피하게 많은 불확실성을 내포하게 된다.

회계기준에서는 특정 범주별로 서로 다른 회계정책을 적용하도록 규정하거나 허용하는 경우를 제외하고는 유사한 거래, 기타 사건 및 상황에는 **동일한 회계정책과 추정을 선택하여 일관성 있게 적용**하여야 한다.

2. 회계변경의 유형

위에서와 같은 규정에도 불구하고 기업에서 회계정책 또는 추정을 변경하는 경우가 발생한다. 이 경우 「기업회계기준서」 제1008호를 적용하게 된다. 본 기준서에서는 회계변경을 크게 **회계정책**(혹은 회계처리방법)**의 변경**(changes in accounting methods or principles)과 **회계추정의 변경**(changes in accounting estimates)으로 구분하고 있다.

(1) 회계정책의 변경

회계정책의 변경은 재무제표의 작성과 보고에 적용하던 회계정책을 다른 회계정책으로 변경되는 것을 말한다. 기업회계기준서 제1008호에서는 회계정책을 **기업이 재무제표를 작성·표시하기 위하여 적용하는 구체적인 원칙, 근거, 관습, 규칙 및 관행**으로 정의하고 있다.

회계정책은 재무제표를 작성하고 공시함에 있어서 자산, 부채, 자본, 수익, 비용 등 재무제표 요소들을 인식, 측정, 공시하는 방법을 의미한다. 즉 회계정책이란 기업이 다음의 사항들을 결정하기 위하여 선택한 회계처리방법이라고 할 수 있다.

- 인식(recognition) : 언제 그 재무제표 요소를 인식할 것인가?(인식 여부 포함)
- 측정(measurement) : 얼마의 금액으로 그 재무제표 요소를 인식할 것인가?
- 공시(presentation) : 어떻게 재무제표에 그 요소를 표시할 것인가?

회계정책의 변경은 기업이 하나의 일반적으로 인정된 회계원칙(GAAP : Generally Accepted Accounting Principles)에서 다른 GAAP으로 변경시키는 것을 말한다. 기업회계기준서 제1008호에서는 '측정기준의 변경은 회계추정의 변경이 아니라 회계정책의 변경에 해당한다(문단 35)'고 명시하고 있다. 예를 들어, 투자자산을 원가모형에서 공정가치모형으로 측정기준을 변경하는 것은 회계정책의 변경이다. 회계정책의 변경에 대한 사례는 다음과 같은 것들이 있다.

- 재고자산 평가방법의 변경 : 예를 들면, 선입선출법에서 평균법으로 변경

• 유형자산 측정모형 변경 : 원가모형에서 공정가치모형으로 변경
• 건설자금이자를 비용화방법에서 자본화방법으로 변경
• 원가의 재분류 : 매출인센티브를 판관비에서 매출 차감으로 변경
• 탐사지출에 대한 회계정책 변경 : 전부원가법에서 성공원가법으로 변경

기업이 일반적으로 인정된 회계원칙과 다른 방법으로 회계처리를 하다가 외부감사인 등의 지적을 받고 이를 GAAP의 방법으로 변경시킨 것은 회계정책의 변경이 아니라, 회계오류의 수정으로 간주한다. 또한 당초에 기업에서 적용하여 왔던 회계정책이 한국채택국제회계기준에서 허용하는 방법이 아니어서 이를 한국채택국제회계기준이 허용하는 방법으로 변경하는 것은 회계정책의 변경이 아니라 오류의 수정에 해당한다. 오류의 수정에 대하여는 본 장의 뒷부분에서 다루도록 한다.

(2) 회계추정의 변경

회계추정은 재무제표의 요소에 영향을 미치는 회계실체의 추정을 말한다. 추정이란 기업의 판단을 필요로 하는데, 이러한 판단은 최근의 이용가능하고 신뢰할 만한 정보에 기초하여 이루어진다. 기업활동은 매우 불확실한 특성을 가지고 있기 때문에, 많은 재무제표 요소들에 대한 추정이 이루어진다. 이러한 회계추정이 요구되는 대표적인 예는 다음과 같다.

• 회수불능채권에 대한 대손금액의 추정
• 재고자산의 진부화에 대한 판단
• 금융자산이나 금융부채의 공정가치의 추정
• 감가상각자산의 내용연수 또는 감가상각자산에 내재된 미래 경제적 효익의 기대소비행태에 대한 가정
• 품질보증의무, 제품보증부채, 복구충당부채 등 충당부채에 대한 추정
• 우발채무에 대한 추정

이러한 항목들은 모두 미래의 특정 사건이나 상황이 실현되어야 금액을 확정지을 수 있으나, 발생주의에 따른 회계보고를 위해서는 현시점에서 추정치가 필요하다. 이와 같이 모든 회계추정은 불확실한 상황에서 이루어지므로, 현재 이용가능한 모든 정보에 근거하여 합리적인 추정치를 구하여야 그 신뢰성을 확보할 수 있다. 이는, 바꾸어 말하면 최초의 추정이 이루어진 후 추가적인 정보를 획득하게 되면, 원래의 추정치를 변경할 필요성이 생길 수 있음을 시사하는 것이다.

이와 같이 **새로운 정보의 획득, 새로운 상황의 전개** 등에 따라 지금까지 사용해 오던

회계적 추정치를 변경시키는 것을 **회계추정의 변경**이라고 한다. 따라서 회계추정의 변경은 **자산과 부채의 현재상태를 평가하거나 자산과 부채와 관련된 예상되는 미래효익과 의무를 평가한 결과에 따라 자산이나 부채의 장부금액 또는 기간별 자산의 소비액을 조정하는 것**을 말한다. 이는 과거기간 동안에 재무제표를 작성할 때 신뢰할 만한 정보를 이용하지 못했거나 잘못 이용하여 발생한 재무제표에의 누락이나 왜곡표시된 오류를 정정하는 오류수정과는 다르다.

종전에는 감가상각방법을 회계정책의 변경으로 분류하였다. 그러나 기업회계기준서 1016호는 이를 회계추정의 변경으로 간주하고 있다. 이에 따르면 내용연수가 유한한 무형자산의 상각기간과 상각방법은 적어도 매 회계연도 말에 검토하여, 자산의 예상내용연수가 과거의 추정치와 다르다면 상각기간을 이에 따라 변경한다. 자산이 갖는 미래경제적 효익의 예상소비형태가 변동된다면, 변동된 소비형태를 반영하기 위하여 상각방법을 변경한다. 그러한 변경은 기업회계기준서 제1008호에 따라 회계추정의 변경으로 회계처리한다(1016호 문단 61).

회계변경의 속성상 회계정책의 변경과 회계추정의 변경을 구분하는 것이 어려운 경우에는 이를 회계추정의 변경으로 본다. 비용으로 처리해오던 특정 지출에 대해 미래 경제적 효익을 중요한 것으로 판단하여 자본화하는 경우가 이러한 예에 속한다. 그 이유는 이 변경이 해당 지출의 비용화(expensing)에서 자본화(capitalization)로 전환한 것이므로 회계정책의 변경으로 간주할 수 있으나, 동시에 해당 지출의 미래 경제적 효익에 대한 회계추정을 변경시킨 것이기도 하기 때문이다.

예제 1

다음 요소들에 대한 회계정책과 회계추정의 예를 들어보라.

(1) 기계에 대한 회계처리

(2) 채권금융자산에 대한 회계처리

해 답

(1) 기계에 대한 회계처리

- 회계정책 : 기계를 원가모형에 의하여 측정할 것인가, 아니면 재평가모형에 의하여 측정할 것인가?
- 회계추정 : 감가상각방법, 내용연수, 잔존가액에 대한 결정

(2) 채권금융자산에 대한 회계처리

- 회계정책 : 채권금융자산을 매도가능자산으로 분류할 것인가, 아니면 대여금으로 분류할 것인가?
- 회계추정 : 본 채권금융자산의 시가결정

3. 회계변경이 가능한 경우

앞에서 말하였듯이, 대부분의 회계변경은 당기순이익이 변동을 초래하기 때문에 경영자의 의도적인 이익관리수단으로 남용될 위험이 존재한다. 따라서 「기업회계기준서」 제1008호는 회계변경이 가능한 경우를 엄격히 제한하고 있다. 먼저, 이 기준서는 기업이 **회계정책을 변경할 수 있는 경우를 다음 두 가지로 제한**하고 있다.

① 한국채택국제회계기준에서 회계정책의 변경을 요구하는 경우
② 회계정책의 변경을 반영한 재무제표가 특정 거래, 기타 사건 또는 상황이 재무상태, 경영성과 또는 현금흐름에 미치는 영향에 대하여 신뢰성 있고 더 목적 적합한 정보를 제공하는 경우

이와 같이 변경사유를 제한하는 이유는 재무제표이용자는 기업의 재무상태, 경영성과 및 현금흐름의 추이를 알기 위하여 기간별 재무제표를 비교할 수 있어야 하기 때문이다. 그러므로 회계정책의 변경이 위에서 제시한 기준 중 어느 하나를 충족하는 경우가 아니라면, 동일 기간 내에 그리고 기간 간에 동일한 회계정책을 적용하여야 한다.

앞의 변경사유에서 첫 번째 사유는 강제적 회계변경에 해당하여 비교적 명백하다. 그런데 후자의 사유는 "**신뢰성 있고 더 목적적합한 정보를 제공하는 경우**"로서 주관적인 판단이 필요한 사항이다. 이러한 회계변경에 대한 몇 가지 구체적인 사례를 들면 다음과 같다.

- 합병, 사업부 신설, 대규모 투자 등으로 기업환경이 중대하게 변화하여 총자산, 매출액, 제품의 구성 등이 현저히 바뀐 경우 종전의 회계정책을 적용하면 재무제표가 왜곡되므로 새로운 회계정책을 채택하는 경우
- 동종산업에 속한 대부분의 기업이 채택한 회계정책 또는 회계추정이 더 합리적이라고 판단되어 그러한 회계정책 또는 추정으로 변경하는 경우
- 공신력 있는 증권거래시장에서 기업을 최초로 공개하기 위해 공개시점이 속한 회계기간의 직전 회계기간에 회계정책을 변경을 하는 경우

위의 각 경우 회계변경기업은 그 변경의 타당성을 입증해야 함은 물론이다. 한편, 단순히 세법의 규정을 따르기 위한 회계변경은 정당한 회계변경이 아니다. 그 이유는 세무보고의 목적과 재무보고의 목적이 서로 다르므로 세법에 따른 회계변경이 반드시 회계정보의 유용성을 향상시키는 것은 아니기 때문이다. 또한 이익조정을 주된 목적으로 한 회계변경도 정당한 회계변경이 될 수 없음은 물론이다.

또한 회계변경과 유사하지만, 회계변경으로 처리하지 않는 경우가 있다. 먼저 과거에

발생한 거래와 실질이 다른 거래, 기타 사건 또는 상황에 대하여 다른 회계정책을 적용하거나 새로운 회계추정을 하는 경우는 회계변경이 아니다. 또한 과거에 발생하지 않았거나 발생하였어도 중요하지 않았던 거래, 기타 사건 또는 상황에 대하여 새로운 회계정책을 적용하는 경우도 회계변경으로 보지 않는다. 예를 들면, 품질보증비용이 미미하여 현금주의에 따라 지출연도에 비용으로 처리하다가, 그 중요성이 증대됨에 따라 제품보증충당부채를 설정하는 경우가 바로 그런 경우이다. 또 같은 맥락에서, 신제품의 개발을 위해 지출하는 개발비의 금액이 중요하지 않아서 당기비용으로 처리하다가 개발비의 규모가 커지고 중요해짐에 따라 이를 무형자산으로 처리하는 경우도 회계변경이 아니다.

4. 회계변경에 대한 회계처리

이론적으로, 회계변경을 처리하기 위한 회계절차로서 세 가지 접근방법이 있다. 여기서는 먼저 이러한 세 가지 접근방법을 간단히 설명한 후 회계변경의 종류별로 「기업회계기준서」에서 규정하고 있는 방법을 자세히 소개하도록 한다.

(1) 당기일괄처리법(current approach)

이 방법은 먼저 **회계정책변경누적효과**(cumulative effect of accounting changes)를 계산한 후, 이를 회계변경이 속한 연도의 포괄손익계산서상에 경상적인 항목과 구분하여 별도의 항목으로 보고하는 방법이다. 여기서 회계정책변경누적효과란 새로 채택한 회계절차를 **과거 해당 연도부터 적용**하여 왔었다고 가정할 때의 순자산과 현재의 실제 순자산 간의 차이를 가리킨다.

(2) 소급법(retroactive approach)

소급법에서도 당기일괄처리법에서처럼 회계정책변경누적효과를 계산한다. 그러나 당기일괄처리법과는 달리 소급법에서는 회계정책변경누적효과를 **회계변경이 속한 연도초의 이익잉여금**, 즉 전기이월이익잉여금을 조정하는 '**전기조정항목**(prior-period adjustments)'으로 보고한다.

(3) 전진법(前進法: prospective approach)

회계변경을 처리하는 가장 손쉬운 방법은 전진법이다. 이 방법에 의하면 회계정책변경누적효과를 계산하여 보고하지 않으며, 과거 재무제표나 재무제표상의 어떠한 항목도 재작성 또는 재계산하지 않는다. 즉, 변경된 회계절차를 변경연도로부터 **전진적으로 미**

래 회계기간에 대해서만 적용하는 것이다. 따라서 회계변경 자체를 위한 어떠한 분개도 할 필요가 없다.

이제 <예제 2>의 감가상각방법 변경의 예를 통해 이 세 가지 회계처리방법을 비교하여 보자.

예제 2

㈜고려는 20×7년 중에 기계에 대한 감가상각방법을 연수합계법에서 정액법으로 변경하였다. 이 기계는 20×5년 1월 1일 ₩40,000에 구입하였는데, 잔존가치는 없고, 내용연수는 4년이다. 감가상각방법 변경 직전 2년간의 감가상각비는 가속상각법과 정액법하에서 각각 다음과 같다.

	정액법(새 방법)	연수합계법(구 방법)	차 액
20×5	₩10,000	₩16,000	₩6,000
20×6	10,000	12,000	2,000
누계액	₩20,000	₩28,000	₩8,000

여기서 법인세는 고려하지 않는다. 이 회계변경에 대하여 당기일괄처리법, 소급법, 전진법에 의한 분개를 하고 20×7년 감가상각에 대한 분개를 하라.

해 답

(1) 당기일괄처리법에 의한 분개

(차) 감가상각누계액	8,000	(대) 회계정책변경누적효과	8,000
감가상각비	10,000	감가상각누계액	10,000

위에서 회계정책변경누적효과는 20×7년도 포괄손익계산서상에 영업손익과 구분하여 별도의 항목으로 보고한다. ₩10,000은 20×7년도 감가상각비이다.

(2) 소급법에 의한 분개

(차) 감가상각누계액	8,000	(대) 전기이월이익잉여금	8,000
감가상각비	10,000	감가상각누계액	10,000

위에서 전기이월이익잉여금은 20×7년도 포괄손익계산서와는 무관한 자본변동표 상의 항목으로 보고한다. ₩10,000은 20×7년도 감가상각비이다..

(3) 전진법에 의한 분개

(차) 감가상각비	6,000	(대) 감가상각누계액	6,000

전진법은 이제까지 상각한 것을 인정하고, 당기 초 장부가액인 ₩12,000(=₩28,000)을 잔여 내용연수인 향후 2년 동안 감가상각을 한다. 따라서 ₩6,000을 20×7년도 감가상각비로 계상하면 된다.

제2절 회계정책의 변경

1. 회계정책 변경의 사유

기업은 다음 중 하나의 경우에 회계정책을 변경할 수 있다.

① 한국채택국제회계기준에서 회계정책의 변경을 요구하는 경우
② 회계정책의 변경을 반영한 재무제표가 특정 거래, 기타 사건 또는 상황이 재무상태, 경영성과 또는 현금흐름에 미치는 영향에 대하여 신뢰성 있고 더 목적적합한 정보를 제공하는 경우

회계정책의 변경에 대하여는 **소급법**을 적용하여 재무제표를 작성한다. 즉, 경과규정이 없는 한국채택국제회계기준을 최초 적용하는 경우에 발생하는 회계정책의 변경이나 자발적인 회계정책의 변경은 소급적용한다. 다만, 경과규정이 있는 한국채택국제회계기준을 최초 적용하는 경우에 발생하는 회계정책의 변경은 해당 경과규정에 따라 회계처리한다. 이제 소급법에 의한 회계처리를 상세히 알아보도록 하자.

2. 소급법에 의한 회계처리

소급법(retroactive approach)에서는 먼저 **회계정책변경누적효과**(cumulative effect of accounting changes)를 계산한다. 여기서 회계정책변경누적효과란 새로 채택한 회계절차를 과거 해당 연도부터 적용하여 왔었다고 가정할 때의 순자산과 현재의 실제 순자산 간의 차이를 가리킨다. 이러한 회계정책변경누적효과는 변경이 속하는 **회계연도의 초**에 계산한다. 소급법에서는 회계정책변경누적효과를 회계변경이 속한 연도 초의 이익잉여금, 즉 전기이월이익잉여금을 조정하는 '**전기조정항목**(prior-period adjustments)'으로 보고한다. 결과적으로 회계정책변경누적효과는 당기순이익에는 반영(당기일괄처리법)되지 않은 채 이익잉여금에 직접 반영되는 셈이다.

소급법이 당기일괄처리법과 또 하나 다른 점은 비교재무제표를 제시할 때에 과거 회계연도의 재무제표를 새로 변경된 회계처리절차를 적용하여 **재작성**한다는 점이다. 즉, 소급적용하는 경우, 비교표시되는 가장 이른 과거기간의 영향받는 자본의 각 구성요소의 기초금액과 비교공시되는 각 과거기간의 기타 대응금액을 새로운 회계정책이 처음부터 적용된 것처럼 조정한다.

다만, 비교표시되는 하나 이상의 과거기간의 비교정보에 대해 특정 기간에 미치는 회계정책 변경의 영향을 실무적으로 결정할 수 없는 경우도 있다. 이런 경우에는 실무적으로 소급적용할 수 있는 가장 이른 회계기간의 자산 및 부채의 기초장부금액에 새로운 회계정책을 적용하고, 그에 따라 변동하는 자본 구성요소의 기초금액을 조정한다. 실무적으로 적용할 수 있는 가장 이른 회계기간이 당기일 수도 있다.

소급법의 장단점은 당기일괄처리법의 장단점과 역의 관계에 있다. 즉, 소급법은 회계정보의 기간별 비교가능성을 제고시켜 주는 장점이 있지만, 투자자들이 느끼는 회계정보의 신뢰성을 저하시킬 우려가 있고 정보처리비용이 증가하는 등의 단점을 갖는다.

다음 <예제 3>을 통해 소급법에 의한 회계처리를 살펴보자.

예제 3

20×5년 초 개업한 ㈜고려는 20×7년 말 재무상태와 경영성과를 좀 더 신뢰성 있고 목적 적합하도록 제공하기 위하여 재고자산평가방법을 선입선출법에서 평균법으로 변경하였다. 이 두 방법은 기업회계기준서에서 모두 허용하는 방법이다. 이에 따라 재고자산의 기말평가액이 다음과 같이 변동되었다.

평 가 방 법	20×5.12	20×6.12	20×7.12
선입선출법	305,000	379,000	457,000
평 균 법	300,000	385,000	455,000

다음은 지난 2년간 선입선출법에 의하여 공시된 재무제표와 20×7년 말 결산자료이다.

비교재무상태표 (단위: 천원)

항 목	20×5.12	20×6.12	20×7.12
재고자산	305	379	?
기타자산	3,302	3,275	3,587
자산총계	3,607	3,654	?
부채합계	2,056	2,070	2,326
자본금	1,500	1,500	1,500
이익잉여금	51	84	?
부채와자본총계	₩3,607	₩3,654	?

비교포괄손익계산서 (단위: 천원)

항 목	20×5	20×6	20×7
매출액	₩3,803	₩4,259	₩4,549
매출원가	3,471	3,906	?
기초재고액	0	305	?
당기매입액	3,776	3,980	4,365
기말재고액	305	379	?
매출총이익	332	353	?
기타손익합계	−281	−320	−128
당기순이익	₩51	₩33	?

1. 이전연도 재무제표를 재작성하고 20×7년도 재무제표와 비교식으로 표시하라.
2. 기업회계기준서에 따라 소급법을 적용하는 분개를 하라.

해 답

1. 재고자산 회계처리의 예에서 본 바와 같이 20×5년도 기말재고자산 평가금액의 변동은 20×6년도에 자동상쇄되기 때문에 20×6년도 기말 이익잉여금에는 영향을 미치지 않는다. 따라서 20×6년 말 재고자산 평가금액의 변동만이 20×6년 말 이익잉여금과 20×7년 초 재고재산금액에 영향을 미친다. 따라서 다음과 같은 수정분개가 이루어진다.

(차) 재고자산 (기초재고)	6,000	(대) 전기이월이익잉여금	6,000

2. 이전연도 재무제표이 작성은 우선 포괄손익계산서에서 기말재고자산금액이 수정되면 매출원가가 수정되고, 아울러 다음 연도 기초재고자산이 수정된다. 이에 따라 이전연도 및 당연도 포괄손익계산서를 다음과 같이 작성할 수 있다.

비교포괄손익계산서 (단위: 천원)

항 목	20×5(재작성)	20×6(재작성)	20×7
매 출 액	₩3,803	₩4,259	₩4,549
매출원가	3,476	3,895	4,295
기초재고액	0	300	385
당기매입액	3,776	3,980	4,365
기말재고액	300	385	455
매출총이익	327	364	254
기타손익합계	−281	−320	−128
당기순이익	₩46	₩44	₩126

이에 따라 재무상태표에서도 재고자산금액의 수정이 이루어지며, 당기순이익의 변동에 따라 이익잉여금이 수정되고, 종합하면 차변의 자산 합계와 대변의 부채와 자본 총계가 일치되게 된다.

비교재무상태표 (단위: 천원)

항　목	20×5.12(재작성)	20×6.12(재작성)	20×7.12
재고자산	300	385	455
기타자산	3,302	3,275	3,587
자산총계	3,602	3,660	4,042
부채합계	2,056	2,070	2,326
자본금	1,500	1,500	1,500
이익잉여금	46	90	216
부채와자본총계	₩3,602	₩3,660	₩4,042

3. 실무적으로 소급적용하거나 재작성할 수 없는 경우

소급법에서는 먼저 회계정책변경누적효과를 계산하여 이를 전기이월이익잉여금을 조정하는 '전기조정항목'으로 보고한다. 또한 비교재무제표를 제시할 때에 과거 회계연도의 재무제표를 새로 변경된 회계처리절차를 적용하여 재작성한다는 점이다. 즉, 소급적용하는 경우, 비교표시되는 가장 이른 과거기간의 영향받는 자본의 각 구성요소의 기초금액과 비교공시되는 각 과거기간의 기타 대응금액을 새로운 회계정책이 처음부터 적용된 것처럼 조정한다.

그런데 당기와의 비교가능성을 유지하기 위하여 필요한 하나 이상의 과거기간의 비교정보를 실무적으로 조정할 수 없는 상황이 있을 수 있다. 예를 들어, 새로운 회계정책을 소급적용하거나, 전기오류를 수정하기 위하여 소급재작성하는 데 적합한 과거기간의 정보를 수집할 수 없는 경우가 있으며, 정보를 실무적으로 재생산할 수 없는 경우도 있다.

특히 특정 거래, 기타 사건 또는 상황이 발생하였던 시점에 존재하였던 상황에 대한 증거를 제공하는 정보나 해당 과거기간 재무제표의 발행승인일에 이용할 수 있었던 정보들이 현재에 이용가능하지 않을 수도 있다. 예를 들어, 새로운 회계정책을 과거기간에 적용하거나 과거기간의 금액을 수정하는 경우, 과거기간에 존재했던 경영진의 의도에 대한 가정이나 과거기간에 인식, 측정, 공시된 금액의 추정에 사후에 인지된 사실을 이용할 수 없다. 따라서 소급적용이나 소급재작성을 위하여 관련된 정보를 이용가능하지 않은 경우는 새로운 회계정책이나 전기오류의 수정을 실무적으로 소급적용할 수 없다.

이러한 경우를 「기업회계기준서」 제1008호에서는 '실무적으로 소급적용하거나 재작성할 수 없는 경우'로 규정하고, 비교표시되는 하나 이상의 과거기간의 비교정보에 대해 특정 기간에 미치는 오류의 영향을 실무적으로 결정할 수 없는 경우, **실무적으로 소급재작성할 수 있는 가장 이른 회계기간부터** 그 기간의 자산, 부채 및 자본의 기초금액을 재작성하도록 허용하고 있다.

따라서 과거 재무자료의 요약을 포함한 과거기간의 정보는 실무적으로 적용할 수 있는 최대한 앞선 기간까지만 소급하여 재작성한다. 이 경우, 적용시점 이전 기간의 자산, 부채 및 자본에 대한 누적효과에 대한 조정은 그 금액을 추정하는 것이 불가능하기 때문에 고려하지 아니한다. 어떤 때에는 직전연도에 대하여도 재작성이 불가능하다면, 실무적으로 소급 재작성할 수 있는 가장 이른 회계기간은 당기일 수도 있다. 이 경우, 소급법을 적용하고자 하였으나, 당기 이후의 기간에만 적용되어 전진적으로 오류를 수정하게 되기 때문에 전진법의 회계처리와 유사하게 된다.

제3절 회계추정의 변경

1. 회계추정 변경의 종류

기업에서는 사업활동에 내재된 불확실성으로 인하여 재무제표의 많은 항목들을 정확히 측정할 수 없기 때문에 추정할 수밖에 없다. 추정은 최근의 이용가능하고 신뢰성 있는 정보에 기초한 판단을 통하여 이루어진다. 추정이 필요할 수 있는 항목의 예는 대손, 재고자산 진부화, 금융자산이나 금융부채의 공정가치, 감가상각자산, 품질보증의무 등 다양하다.

따라서 합리적 추정을 사용하는 것은 재무제표 작성의 필수적인 과정이며, 추정치를 사용한다고 하여 재무제표의 신뢰성이 손상되지는 않는다. 그러나 추정의 근거가 되었던 상황의 변화, 새로운 정보의 획득, 추가적인 경험의 축적이 있는 경우에는 추정의 수정이 필요하게 되는데, 이를 회계추정의 변경이라고 한다. 다만 과거기간의 정보의 오용이나 실수와 연관된 수정은 추정의 변경이 아니라, 오류수정으로 분류한다.

그런데 측정기준의 변경은 회계추정의 변경이 아니라 회계정책의 변경에 해당한다. 회계정책의 변경과 회계추정의 변경을 구분하는 것이 어려운 경우에는 이를 회계추정의 변경으로 본다.

회계추정의 변경효과는 변경이 발생한 기간과 미래기간에 모두 영향을 미치는 경우에는 변경이 발생한 기간과 미래기간에 걸쳐 전진적으로 인식한다. 다만, 회계추정의 변경이 자산 및 부채의 장부금액을 변경하거나 자본의 구성요소에 관련되는 경우, 회계추정을 변경한 기간에 관련 자산, 부채 또는 자본 구성요소의 장부금액을 조정하여 회계추정의 변경효과를 인식한다.

회계추정의 변경효과를 전진적으로 인식하는 것은 추정의 변경을 그것이 발생한 시점 이후부터 거래, 기타 사건 및 상황에 적용하는 것을 말한다. 회계추정의 변경은 당기손익에만 영향을 미치는 경우와 당기손익과 미래기간의 손익에 모두 영향을 미치는 경우가 있다.

예를 들면, 대손에 대한 추정의 변경은 당기손익에만 영향을 미치므로 변경의 효과는 당기에 인식된다. 그러나 감가상각자산의 추정내용연수의 변경 또는 감가상각자산에 내재된 미래 경제적 효익의 기대소비 형태의 변경은 당기의 감가상각비뿐만 아니라 그 자산의 잔존내용연수 동안 미래기간의 감가상각비에 영향을 미친다. 두 경우 모두 당기에 미치는 변경의 효과는 당기손익으로 인식하며, 미래기간에 영향을 미치는 변경의 효과는 해당 미래기간의 손익으로 인식한다.

2. 전진법에 의한 회계처리

회계변경을 처리하는 가장 손쉬운 방법은 **전진법**(前進法 : prospective approach)이다. 이 방법에 의하면 회계정책변경누적효과를 계산하여 보고하지 않으며, 과거 재무제표나 재무제표상의 어떠한 항목도 재작성 또는 재계산하지 않는다. 즉, 변경된 회계절차를 **변경연도로부터 전진적으로 미래 회계기간**에 대해서만 적용하는 것이다. 따라서 회계변경 자체를 위한 어떠한 분개도 할 필요가 없다. 다음 <예제 4>는 회계변경을 전진법으로 처리한 예이다.

예제 4

㈜고려는 20×5년 1월 1일 ₩380,000에 건물을 취득하였다. 취득시점에서 추정한 내용연수와 잔존가치가 각각 10년과 ₩0이었다. 20×7년 중에 사무실로 사용하는 건물에 대한 감가상각방법을 가속상각법에서 정액법으로 변경하였다. 감가상각방법 변경 직전 2년간의 감가상각비는 가속상각법과 정액법하에서 각각 다음과 같았다.

	정액법(새 방법)	가속상각법(구 방법)	차 액
20×5	₩38,000	₩50,000	₩12,000
20×6	38,000	46,000	8,000
누계액	₩76,000	₩96,000	₩20,000

㈜고려의 20×7년도 회계추정의 변경을 전진법으로 처리하라.

해 답

전진법에 의한 회계추정의 변경은 당기와 미래기간에 대해서만 적용하므로 회계변경이 속한 연도인 20×7년 초 건물의 장부금액을 파악한 후, 이 장부금액을 남은 내용연수에 걸쳐 정액법으로 상각하면 된다. 20×7년 초 장부금액은 ₩284,000(=₩380,000−₩96,000)이고, 잔존 내용연수가 8년이므로 연간 감가상각비는 ₩35,500(=₩284,000/8)이다. 따라서 20×7년부터 향후 8년간 다음과 같은 분개가 필요하다.

(차) 감가상각비	35,500	(대) 감가상각누계액	35,500

이상과 같이, 전진법은 회계변경에 대해 누적효과를 계산하지 않으므로 회계변경 자체에 대한 어떠한 분개도 필요하지 않다.[2] 다음 <예제 5>는 전진법으로 회계처리하는 또 다른 예를 보여준다.

예제 5

㈜황태탄전은 수년 전 ㈜자원개발이 탐사하여 개발한 탄광을 ₩4,800,000에 취득한 후 이 취득원가에 대해 생산량비례법으로 감모상각(depletion)을 실시하여 왔다. 취득 당시의 총생산량 추정치는 2,400,000톤이었으나, 20×7년 9월에 지질검사를 새로 실시한 결과 총생산량의 원래 추정치를 3,000,000톤으로 변경하였다. 20×7년 1월 1일 시점에서 회사는 총 1,000,000톤의 석탄을 채굴하였으며, 20×7년 한 해 동안에는 650,000톤을 채굴하였다. 상기 회계변경을 전진법을 이용하여 처리하라.

해 답

- 최초 추정치에 의한 감모상각률 : ₩4,800,000 ÷ 2,400,000톤 = ₩2/ton
- 20×7년 1월 1일 감모상각누계액 : ₩2/ton × 1,000,000톤 = ₩2,000,000
- 20×7년 1월 1일 천연자원계정의 장부금액 : ₩4,800,000 − ₩2,000,000 = ₩2,800,000

<추정변경 후>

한편, 20×7년 1월 1일 현재 남아 있는 석탄의 양은 변경된 총생산량 추정치인 3,000,000톤에서 지금까지 채굴한 1,000,000톤을 차감한 2,000,000톤으로 추정된다. 그러므로 이 변경된 추정치에 의한

2) <예제 4>에서처럼 전진법을 적용하면, 20×7년부터 포괄손익계산서상 감가상각비는 ₩35,500인 반면 법인세 계산상의 감가상각비는 ₩38,000이 되므로, 매년 ₩500(=20% × (₩38,000 − ₩35,500))씩 이연법인세자산이 줄어들고, 8년 후 감가상각이 끝나면 이연법인세자산의 잔고가 0(=₩4,000 − (8 × ₩500))이 된다.

- 새 감모상각률 : ₩2,800,000 ÷ (3,000,000 − 1,000,000톤) = ₩1.4/ton
- 20×7년도에 인식할 감모상각액 : ₩1.4/ton × 650,000톤 = ₩910,000

이에 대한 분개는 아래와 같다.

(차) 감모상각비	910,000	(대) 감모상각누계액	910,000

이상과 같이, 전진법을 적용하는 회계변경은 당기와 당기 이후의 연도에만 영향을 주게 된다. 또 <예제 5>에서처럼 새로운 회계추정치가 기중(20×7년 9월)에 실시한 지질검사 결과로 얻어진 것이지만, 새 추정치의 적용은 20×7년 전체에 대해 이루어진다.

제4절 오류수정

1. 오류수정의 종류

회계정책 또는 추정의 변경은 이전과 이후 회계처리 모두 일반적으로 인정된 회계원칙(GAAP)의 범위 내에서 변경이 이루어진다. 그러나 **오류수정**은 이전의 정보의 오용과 실수에 의하여 잘못된 회계처리를 회계기준서에 따르도록 바로잡는 것이다. 따라서 오류수정이란 기업회계기준서에 위배된(즉, non-GAAP) 회계처리를 기업회계기준서(즉, GAAP)에 합당한 회계처리로 정정하는 것이다.

회사의 **내부통제체제**(internal control system)를 강화하면 회계오류의 위험을 감소시킬 수는 있다. 그러나 어떠한 회사도 그 규모와는 관계없이 회계오류로부터 완전히 자유로울 수는 없다. 회계오류의 대표적인 예로는 다음 <표 23. 1>과 같은 것들이 있다.

회계오류가 당기에 발생하여 장부가 마감되기 전에 발견되었다면, 이의 수정을 위한 절차는 매우 간단하다. 해당 계정의 금액을 고치거나, 해당 계정과목들을 올바르게 재분류하기만 하면 된다. 그러나 과거 회계연도에 범했던 회계오류가 그 당시에는 발견되지 않고 당기에 와서 발견된 경우라면, 일부 해당 계정과목들은 이미 마감되어 버린 상태이기 때문에 이의 수정을 위해서는 다소 복잡한 절차를 밟아야 한다. 본 절에서 다루는 모든 회계오류는 달리 언급이 없는 한 과거 회계연도에 발생하여 당기에 발견된 회계오류를 가리킨다.

표 23.1
회계오류의 예

- 덧셈, 뺄셈, 곱하기, 나누기 등 계산상의 오류
- 기록상의 오류 <예 : ₩297을 ₩279로 기록함>
- 계정분류의 오류 <예 : 비유동자산의 취득원가를 취득시점에서 전액 비용처리함>
- 일반적으로 인정되지 않는 회계기준을 사용함(회계기준적용의 오류). <예 : 수익을 현금주의로 인식함>
- 발생된 수익이나 비용을 실수로 회계연도 말에 인식하지 않음.
- 비현실적인 추정치를 잘못 사용함(추정의 오류). <예 : 대손이 전혀 없을 것이라고 판단하여 대손율을 0%로 함>
- 실수로 사실을 누락하거나 오용함.
- 고의적인 회계부정(accounting fraud)

2. 회계오류의 분석과 수정

이상에서 회계오류에 대한 기본적인 내용을 파악하였으므로 이제 회계오류를 수정하는 절차에 대해 좀 더 자세히 분석하여 보자. 오류의 수정은 소급하여 수정하게 되는데, 기본적으로 다음 세 단계를 거친다.

1단계 : 당초 수행하였어야 할 바른 분개를 생각한다.
2단계 : 오류로 잘못된 틀린 분개를 추정한다.
3단계 : 틀린 분개를 바른 분개로 변경하기 위한 수정분개를 수행한다.

수정분개를 할 때, 수정할 계정과목의 종류와 수정할 연도를 파악하는 것이 중요하다. 손익계정은 매기 말 마감되어 소멸하기 때문에 전연도 손익계정과 당연도 손익계정은 별개이다. 당해 연도인 올해의 손익과목은 그 과목을 수정하면 되지만, 마감된 연도의 손익과목은 이미 소멸되었기 때문에 이익잉여금 과목을 수정한다. 다만 자산, 부채, 자본 등 재무상태표 과목들은 과거 연도부터 누적된 수치이기 때문에 연도와 무관하게 그 과목을 직접 수정하면 된다.

회계오류의 유형은 크게 차기자동수정오류와 비차기자동수정오류로 분류되는데, 유형에 따라 회계처리도 다르므로 이를 구분하여 설명하도록 한다.

(1) 차기자동수정오류

차기자동수정오류(counterbalancing errors)란 두 연속된 회계기간에 걸쳐 자동적으로 수정되는 오류를 가리킨다. 예를 들어, 올해에 발생한 차기자동수정오류는 시간이 경과하여 내년에 장부가 마감되면 저절로 그 오류가 바로잡히게 된다. 따라서 차기자동수정오류들은 과거 몇 년 전 발생한 오류들은 그 다음 해에 자동 수정되기 때문에 수정할 필요가 없고, 오직 직전 연도 오류만 수정하면 된다. 다음 예제를 통하여 차기자동수정 오류에 대하여 분석하여 보자.

예제 6

㈜숭례는 20×7년도에 발생한 ₩67,000의 미지급급여에 대한 수정분개를 20×7 회계연도 결산과정에서 실수로 누락하였다. 이 미지급급여는 차기 회계연도인 20×8년도 첫 급여지급일인 1월 20일에 ₩200,000의 급여를 지급하면서 전액 20×8년도 비용으로 인식하였다.

1. ㈜숭례의 바른 분개와 틀린 분개를 대조하여 표시하라.
2. 본 오류가 20×7년 및 20×8년 두 회계기간에 걸쳐 재무제표에 미친 영향을 분석하여 설명하라.
3. 이 오류가 20×8 회계연도 장부가 마감이전에 발견되었을 때 어떠한 수정분개를 하여야 하는가?
4. 이 오류가 20×8 회계연도 장부가 마감된 20×9년도 중에 발견되었을 때 어떠한 수정분개를 하여야 하는가?

해 답

1. ㈜숭례가 20×7년 말과 20×8년 첫 급여지급일에 잘못한 분개를 바른 분개와 대조하여 표시하면 다음과 같다.

㈜숭례의 바른 분개와 틀린 분개의 대조

바른 분개			틀린 분개		
① 20×7. 12. 31.					
급 여	67,000		[분개누락]		
미지급급여		67,000			
② 20×8. 1. 20.					
미지급급여	67,000		급 여	200,000	
급 여	133,000		현 금		200,000
현 금		200,000			

2. 본 오류가 20×7년 및 20×8년 두 회계기간에 걸쳐 재무제표에 미친 영향을 분석하면 다음 표와 같다.

㈜숭례의 회계오류가 재무제표에 미친 영향

20×7	20×8
비용(급여)이 과소평가됨	비용(급여)이 과대평가됨
당기순이익이 과대평가됨	당기순이익이 과소평가됨
이익잉여금이 과대평가됨	이익잉여금은 바르게 평가됨
부채(미지급급여)가 과소평가됨	부채(미지급급여)도 바르게 평가됨

위 표를 보면 20×7년에 발생한 오류로 인해 이익잉여금이 과대평가되고 부채가 과소평가되는 결과가 초래되었지만, 20×8년에 와서 이 두 계정의 금액은 저절로 바로 잡아졌다.

3. 이 오류가 20×8 회계연도 장부가 마감이전에 발견되었다면 위 1번 바른 분개와 틀린 분개를 비교하여 수정분개를 하면 다음과 같다.

(차)이익잉여금(B/S)	67,000	(대) 급 여(I/S)	67,000

⇒ 과대평가된 20×8년도 급여를 줄이기 위해 급여 대기 (20×8년 마감전)
과대평가된 20×7년도 이익잉여금을 감소시키기 위해 이익잉여금 차기

4. 이 오류가 20×8 회계연도 장부가 마감된 20×9년도 중에 발견되었다면, 이미 자동 상쇄되었기 때문에 어떠한 수정분개도 할 필요가 없음. 즉, 이 회계오류는 차기자동수정오류임.
(비교재무제표를 작성할 때는 과거연도의 재무제표를 재작성하여야 함)

여기서 주목할 것은 이 오류를 20×8년도 장부가 마감된 20×9년도에 발견되었다면, 급여는 비용계정으로서 장부마감 후에는 없어지므로, 20×8년의 급여가 과대평가되었어도 장부마감 후에는 이를 수정할 필요가 없다는 점이다. 아울러 이익잉여금도 장부마감 후에는 자동수정되므로 장부마감 후에는 이를 고치기 위한 분개가 필요 없다. 결과적으로 오류가 발견된 시점에서 이미 장부가 **마감되었다면**, 수정을 위한 어떠한 분개도 할 필요가 없다.[3] 차기자동수정오류에 대한 예를 하나 더 살펴보자.

예제 7

㈜창해는 재고자산 회계절차로서 실지재고조사법을 채택하고 있다. 회사는 20×7년 말 실시한 재고조사에서 한 창고의 재고를 실수로 누락하였고, 이로 인해 20×7년의 기말재고가 ₩25,000만큼 과소평가되었다. 그러나 20×8년 말 재고조사에서는 오류가 없었다.

1. ㈜창해의 20×7년 말 회계오류가 20×7년도와 20×8년도 재무제표의 관련 항목에 어떻게 영향을 미치는지 차기자동수정오류임을 보여라.
2. 이 오류를 20×9년도 초 20×8년도 결산을 하던 중 발견하였다. 아직 장부가 마감되지 않았다고 가정하고 수정분개를 하라.

해 답

1. ㈜창해의 20×7년도 회계오류가 당기와 차기 회계연도의 재무제표에 미친 영향을 요약하면 다음과 같다.

3) 그러나 비교재무제표를 작성할 때에는 과거연도의 재무제표를 재작성하여 오류를 수정해야 함은 물론이다.

㈜창해의 회계오류가 재무제표에 미친 영향

20×7	20×8
기말재고자산이 과소평가됨	기초재고자산이 과소평가됨
비용(매출원가)이 과대평가됨	비용(매출원가)이 과소평가됨
당기순이익이 과소평가됨	당기순이익이 과대평가됨
이익잉여금이 과소평가됨	이익잉여금은 바르게 평가됨(장부마감 후)

기초재고원가와 당기 매입원가를 합한 금액, 즉 판매가능재고원가(cost of goods available for sale)에서 기말재고원가를 차감한 것이 매출원가이다. 따라서 ㈜창해의 20×7년도 기말재고원가가 과소평가됨으로써 매출원가는 과대평가되는 결과를 초래하였다. 매출원가는 비용항목이므로 20×7년 당기순이익이 과소평가되고, 아울러 이익잉여금도 과소평가된다.

또한 20×7년 기말재고는 다음 해의 기초재고가 되므로 20×8년 기초재고원가는 과소평가된 상태이다. 따라서 20×8년 매출원가가 과소평가되고, 당기순이익은 반대로 과대평가된다. 한편, 20×7년에 과소평가되어 이월된 이익잉여금은 동액만큼 과대평가된 20×8년도 순이익이 이익잉여금에 마감됨으로써 자동적으로 수정된다. 또한, 과소평가되어 20×8년으로 넘어온 기초재고도 기말에는 자동수정되는데, 그 이유는 20×8년 말 실지재고조사에서는 오류가 없었기 때문이다. 따라서 이 회계오류는 차기자동수정오류이다.

2. 장부마감 전에 이 오류가 발견되었기 때문에 아래와 같은 수정분개가 필요하다.

(차) 재고자산(기초)	25,000	(대) 이익잉여금	25,000

재고자산을 차기하여 증액시키는 이유는 기초재고가 과소평가되었기 때문이며,3) 이익잉여금을 대기한 것도 20×7년도당기순이익이 과소평가되어 이익잉여금이 과소평가되어 있기 때문이다.

<참고> 만일 20×8년 장부가 이미 마감된 후 이 오류가 발견되었다면, 아무런 분개도 필요 없다. 왜냐하면 자동 균형에 의하여 오류가 바로 잡아졌기 때문이다.

(2) 비차기자동수정오류

차기자동수정오류는 연속된 두 회계기간에 걸쳐 오류가 자동적으로 수정되지만, 대부분의 오류들은 한번 오류가 발생하면 오류가 그대로 남아 있는 경우가 많다. 이를 **비차기자동수정오류**(non-counterbalancing errors)라고 하며, 다음의 예제를 통해 분석하여 보자.

4) 재고자산을 차기하는 대신 매출원가계정을 차기하여도 동일한 수정효과를 얻을 수 있다. 그러나 실지재고조사법하에서 매출원가는 기말에 계상하므로 기중에 매출원가를 기록하는 것은 개념적으로 일관성이 없다.

예제 8

㈜호수는 20×7년 1월 1일 ₩50,000에 취득한 사무실 비품을 취득시 자산으로 기록하지 않고 실수로 소모품비로 비용처리한 오류가 20×9년 1월 20×8년도 결산과정에서 발견되었다. 비품의 내용연수는 5년이고 잔존가치는 ₩0이다. 회사는 모든 유형자산에 대해 정액법으로 감가상각을 한다.

1. 이 거래에 대하여 20×7년 취득 시와 20×7년 및 20×8년 결산에서 하였어야 하는 바른 분개와 ㈜호수가 잘못한 틀린 분개를 비교하여 제시하라.
2. 이 오류를 수정하기 위한 분개를 제시하라. 20×8년도 장부가 마감된 경우와 마감되지 않은 경우에 필요한 분개를 각각 표시하라.

해 답

1. ㈜호수가 20×7년도 비품 구입일과 결산일, 20×8년도 결산일에 잘못한 분개를 바른 분개와 대조하여 표시하면 다음과 같다.

㈜호수의 바른 분개와 틀린 분개의 대조

바른 분개			틀린 분개		
① 20×7. 1. 1.			① 20×7. 1. 1.		
비 품	50,000		소모품비	50,000	
현 금		50,000	현 금		50,000
② 20×7. 12. 31.			② 20×7. 12. 31.		
감가상각비	10,000		[분개누락]		
감가상각누계액		10,000			
③ 20×8. 12. 31.			③ 20×8. 12. 31.		
감가상각비	10,000		[분개누락]		
감가상각누계액		10,000			

위를 보면 20×7년도 오류가 다음 해인 20×8년이 되어도 자동 수정되지 않는다. 20×9년도에 보면 아직 비품이 30,000 과소계상되어 있고, 이에 따라 이익잉여금도 과소계상되어 있다. 이 오류가 자동으로 수정되기 위해서는 5년이 걸린다. 즉, 구입한 비품의 내용연수가 다하여 그 취득원가가 재무상태표에서 완전히 없어진 후에야 오류의 효과가 없어지는 것이다.

2. 위 오류를 수정하기 위해서는 소모품비로 처리되었던 비품을 회복시키고, 이에 대한 감가상각누계액을 추가 인식하여야 한다. 다만 20×7년도와 20×8년도 감가상각비는 손익계정으로 이미 장부가 마감되었으므로 손익이 누적되어 있는 이익잉여금으로 수정한다. 20×9년도 오류 발견 당시 20×8년도 장부가 마감된 경우와 마감되지 않은 경우는 수정 분개에 차이가 있으므로 이를 대조하여 제시하면 다음과 같다.

㈜호수의 회계오류에 대한 분개

20×8년 장부가 마감되지 않은 경우	20×8년 장부가 마감된 경우
① 오류발견시점 비　　품　　50,000 　감가상각누계액　　10,000 　이익잉여금　　40,000 ② 20×8년도 결산수정분개 감가상각비　　10,000 　감가상각누계액　　10,000	① 오류발견시점 비　　품　　50,000 　감가상각누계액　　20,000 　이익잉여금　　30,000

장부마감 전에는 20×8년도 감가상각비를 인식할 수 있으므로, 증액되어야 할 감가상각누계액은 20×7년도 감가상각비에 해당하는 ₩10,000뿐이고, 이익잉여금은 20×7년 말 시점에서 과소평가된 금액과 같은 ₩40,000이다. 반면, 장부마감 후에는 20×8년도 감가상각비를 인식할 수 없으므로, 이를 감가상각누계액에 포함시켜야 한다. 즉, 증액되어야 할 감가상각누계액은 ₩20,000이 되고, 이익잉여금은 20×8년 말 시점에서 과소평가된 금액인 ₩30,000이다. 한편, 이 ₩30,000은 과거 2년에 걸쳐 오류로 인해 순이익이 누적적으로 과소평가된 금액이기도 하다.

3. 오류수정 회계처리 : 소급법과 재무제표 재작성

「기업회계기준서」 제1008호에서는 중요한 전기오류가 발견된 이후 최초로 발행을 승인하는 재무제표에 다음의 방법으로 전기오류를 **소급하여 수정**하도록 규정하고 있다.

① 오류가 발생한 과거기간의 재무제표가 비교표시되는 경우에는 그 과거기간 재무정보를 재작성한다.

② 오류가 비교표시되는 가장 이른 과거기간 이전에 발생한 경우에는 비교표시되는 가장 이른 과거기간의 자산, 부채 및 자본의 기초금액을 재작성한다.

전기오류의 수정은 오류가 발견된 기간의 당기손익으로 보고하지 않는다. 따라서 과거 재무자료의 요약을 포함한 과거기간의 정보는 실무적으로 적용할 수 있는 최대한 앞선 기간까지 소급 **재작성**한다. 그러나 비교표시되는 하나 이상의 과거기간의 비교정보에 대해 특정 기간에 미치는 오류의 영향을 실무적으로 결정할 수 없는 경우, 실무적으로 소급재작성할 수 있는 가장 이른 회계기간의 자산, 부채 및 자본의 기초금액을 재작성한다.[5] 또한 당기 기초시점에 과거기간 전체에 대한 오류의 누적효과를 실무적으로

5) 과거기간 전체에 대한 새로운 회계정책 적용의 누적효과를 결정할 수 없기 때문에 회계정책을 실무적으로 소급적용할 수 없는 경우, 새로운 회계정책을 실무적으로 적용할 수 있는 가장 이른 기간의 기초

결정할 수 없는 경우에도 실무적으로 적용할 수 있는 가장 이른 회계기간부터 전진적으로 오류를 수정하여 비교정보를 재작성한다.

다음 <예제 9>를 통해 오류수정의 회계절차를 좀 더 구체적으로 살펴보자.

예제 9

㈜오로라는 20×6년 1월 1일에 기계를 구입하고 현금 ₩125,000을 지불하였다. 이 기계의 내용연수는 10년이고, 잔존가치는 ₩0으로 추정하였으며, 정액법에 의해 상각하기로 하였다. 그러나 송장(invoice)의 분실로 인하여 이 기계의 구입원가를 소모품비로 분류되어 회계처리되었다. 이러한 회계오류는 재무보고뿐 아니라 세무보고를 함에 있어서도 동일하게 범하였으며, 이 오류가 발견된 것은 20×7년 5월 중이었다. 한편, 20×6년도에 보고된 회계정보는 다음과 같다.

20×6년 포괄손익계산서(일부)		20×6년 자본변동표상의 이익잉여금	
법인세비용차감전순이익	₩9,500,000	전기이월이익잉여금	₩46,000,000
법인세비용(법인세율 40%)	3,800,000	당기순이익	5,700,000
당기순이익	₩5,700,000	중간배당	(4,500,000)
		차기이월이익잉여금	₩47,200,000

20×7년도 수정전 법인세비용차감전순이익은 ₩7,000,000이었다. ㈜오로라의 회계오류를 수정하기 위하여 소급법으로 회계처리하고 재무제표를 재작성하라.

해 답

회계오류로 인한 효과는 바른 분개와 잘못 기록된 실제 분개를 비교해봄으로써 쉽게 파악할 수 있다. 첫 단계로, ㈜오로라가 20×6년에 기록했어야 할 바른 분개를 생각해 보자. 먼저, 기계의 구입과 관련하여 회사는 아래와 같이 분개했어야 한다.

(차) 설비자산	125,000	(대) 현　　금	125,000

또한 구입한 기계는 감가상각대상 자산이므로 회사는 20×6년 말에 감가상각비를 인식했어야 한다. 취득원가가 ₩125,000이고, 내용연수가 10년이며, 잔존가치가 ₩0이므로 다음의 분개가 누락되었음을 알 수 있다.

(차) 감가상각비	12,500	(대) 감가상각누계액	12,500

두 번째 단계로, ㈜오로라가 해당 기계의 구입과 관련하여 20×6년에 잘못 기록한 분개는 아래와 같다.

(차) 소모품비	125,000	(대) 현　　금	125,000

부터 전진적으로 적용한다. 따라서 적용시점 이전기간의 자산, 부채 및 자본에 미치는 누적효과의 조정은 고려하지 아니한다. 변경된 회계정책을 과거의 회계기간부터 실무적으로 전진적용할 수 없는 경우에도 회계정책을 변경하거나 오류수정을 할 수 있다.

세 번째 단계로, 순이익을 바르게 계산하여야 한다. 곧, 비용이 과다하게 계상됨으로써 과소된 순이익 ₩5,700,000이 보고되었다. 수정을 위해서 먼저 잘못된 법인세비용차감전순이익을 조정하여 바른 법인세비용차감전순이익을 구해야 한다. 소모품비로 처리한 취득원가를 더하고 이에 대한 감가상각비를 차감하여 바른 법인세비용차감전순이익을 구하고, 이에 대한 법인세를 부과하면, 아래와 같이 바른 당기순이익을 구할 수 있다.

틀린 법인세비용차감전순이익	=	₩9,500,000		
	+	125,000	(기계 취득원가 : 비용 차감하지 말았어야 할 금액)	
	−	12,500	(감가상각비 : 비용으로 차감했어야 할 금액)	
바른 법인세비용차감전순이익	=	₩9,612,500	틀린 금액	₩9,500,000
바른 법인세 비용	=	3,845,000		3,800,000
바른 당기순이익	=	₩5,767,500		₩5,700,000

먼저, 설비자산으로 계상되었어야 할 ₩125,000이 비용으로 잘못 계상되었고, 동시에 감가상각비 ₩12,500이 계상되지 않았으므로, 20×6년도 비용은 ₩112,500(=₩125,000−₩12,500)만큼 과대계상되었다. 소급법에서는 오류의 수정손익은 전기이월이익잉여금에 반영한다. 여기서 주의할 점은 전기오류수정손익을 이익잉여금에 반영할 때는 관련 법인세효과를 차감한 세후 금액으로 해야 한다는 점이다. 아래 표와 같이 전기오류수정이익이 ₩112,500이므로 세후 금액은 ₩67,500[=₩112,500×(1−40%)]이다.

		바른 금액	오류금액	정정 금액
법인세비용차감전순이익	=	₩9,612,500	₩9,500,000	₩112,500
바른 법인세 비용	=	3,845,000	3,800,000	45,000
바른 당기순이익	=	₩5,767,500	₩5,700,000	₩67,500

네 번째 단계로, 바른 분개와 틀린 분개를 비교함으로써 회계오류의 효과를 파악하고 이를 수정하기 위한 분개를 할 수 있다. 아래 표는 이 두 짝의 분개를 대조하여 보여준다.

㈜오로라의 바른 분개와 잘못된 분개의 대조

바른 분개			틀린 분개 (실제 분개)		
① 20×6년 1월 1일(기계 취득시점)			① 20×6년 1월 1일(기계 취득시점)		
설비자산	125,000		소모품비	125,000	
현　금		125,000	현　금		125,000
② 20×6년 12월 31일			② 20×6년 12월 31일		
감가상각비	12,500				
감가상각누계액		12,500			
법 인 세	45,000		[감가상각을 위한 분개누락]		
미지급법인세		45,000			
집합손익	5,767,500		집합손익	5,700,000	
이익잉여금		5,767,500	이익잉여금		5,700,000

먼저, 설비자산으로 계상되었어야 할 ₩125,000이 비용으로 잘못 계상되었고, 동시에 감가상각비 ₩12,500이 계상되지 않았으므로, 20×6년도 비용은 ₩112,500(=₩125,000−₩12,500)만큼 과대 계상되었다. 소급법에서는 오류의 수정손익은 전기이월이익잉여금에 반영한다. 여기서 주의할 점은 전기오류수정손익을 이익잉여금에 반영할 때는 관련 법인세효과를 차감한 세후 금액으로 해야 한다는 점이다. 아래 표와 같이 전기오류수정이익이 ₩112,500이므로 세후 금액은 ₩67,500[=₩112,500×(1−40%)]이다.

		바른 금액	오류금액	정정 금액
법인세비용차감전순이익	=	₩9,612,500	₩9,500,000	₩112,500
바른 법인세 비용	=	3,845,000	3,800,000	45,000
바른 당기순이익	=	₩5,767,500	₩5,700,000	₩67,500

다섯 번째 단계로, 오류수정을 위해 다음과 같은 수정분개가 필요하다.

(차)	설비자산	125,000	(대) 감가상각누계액	12,500
			미지급법인세	45,000
			전기이월이익잉여금	67,500

위 분개에서 미지급법인세를 대기한 이유는 전기오류수정이익으로 회사가 법인세를 추납해야 하기 때문이다.

여섯 번째 단계로, 중요한 회계오류에 대해서는 비교재무제표상 과거 회계연도의 재무제표를 재작성해야 한다. <예제 6>에서 ㈜오로라가 20×7년도에는 법인세차감전순이익이 ₩7,000,000이므로 20×7년도 비교포괄손익계산서와 비교자본변동표를 작성하면 다음과 같다.

㈜오로라의 20×7년도 비교재무제표

20×7년도 포괄손익계산서

	20×7	20×6 (재작성되었음)
법인세비용차감전순이익	₩7,000,000	₩9,612,500[a)]
법인세비용(40%)	(2,800,000)	(3,845,000)
당기순이익	₩4,200,000	₩5,767,500[b)]

a) 회계오류수정 후의 20×6년도 법인세비용차감전순이익
b) 회계오류수정 후의 20×6년도 당기순이익

20×7년도 자본변동표상의 이익잉여금

	20×7	20×6 (재작성되었음)
전기이월이익잉여금[a)]	₩47,200,000[b)]	₩46,000,000[c)]
가산: 전기오류수정이익	67,500	-

수정후이익잉여금	₩47,267,500[e]	₩46,000,000
당기순이익	4,200,000	5,767,500[d]
중간배당	–	(4,500,000)
차기이월이익잉여금	₩51,467,500	₩47,267,500[e]

a) 전년도(20×6) 자본변동표에 보고된 금액 그대로임(수정전 금액).
b) 전년도(20×6) 자본변동표에 보고된 차기이월이익잉여금(수정전 금액)
c) 전년도(20×6) 자본변동표에 보고된 전기이월이익잉여금(수정전 금액)
d) 회계오류수정 후의 20×6년도 당기순이익
e) 이 금액은 20×7년도 전기이월이익잉여금(수정전 금액)과는 불일치하나, 수정후이익잉여금과는 동일함.

한편, 회계오류의 영향은 전기오류수정이익과 전기오류수정손실 항목으로 구분하여 기재하도록 함으로써 반대 성격을 갖는 둘 이상의 회계오류의 영향이 서로 상쇄되지 않도록 해야 한다. 이렇게 함으로써 기업이 범하는 회계오류에 관한 정보가 투명해지고, 이러한 정보의 투명성은 경영자들이 자의적인 이익관리를 하기 위해 회계오류를 고의적으로 범하는 관행을 억제할 수 있다.

이상에서 회계변경과 회계오류에 대한 회계절차를 모두 살펴보았는데, 이를 우리나라 기업회계기준(K-IFRS)과 미국회계기준이 규정하고 있는 방법으로 나누어 요약하면 <표 23. 2>와 같다.

표 23. 2
우리나라 및 미국회계기준이 규정한 회계변경 및 오류수정에 관한 회계절차

우리나라 회계기준서(K-IFRS)	미국회계기준
① 회계추정의 변경 : 전진법 적용	① 회계추정치의 변경 : 전진법 적용
② 회계정책의 변경 : 소급법 적용 단, 과거기간 전체에 대한 새로운 회계정책 적용의 누적효과를 결정할 수 없기 때문에 회계정책을 실무적으로 소급적용할 수 없는 경우, 새로운 회계정책을 실무적으로 적용할 수 있는 가장 이른 기간의 기초부터 전진적으로 적용	② 회계정책의 변경 : 당기일괄처리법 적용 단, 예외적으로 일부 회계원칙의 변경에 대해 소급법 적용(<부록표 1> 참조) 또, 회계정책변경누적효과를 합리적으로 계산하는 것이 불가능한 경우에는 전진법을 적용(예 재고자산회계처리방법을 후입선출법으로 변경, 투자주식회계처리방법을 지분법에서 다른 방법으로 변경)
③ 회계오류 : 소급법 적용 단, 당기 기초시점에 과거기간 전체에 대한 오류의 누적효과를 실무적으로 결정할 수 없는 경우, 실무적으로 적용할 수 있는 가장 이른 날부터 전진적으로 오류를 수정하여 비교정보를 재작성	③ 회계오류 : 소급법 적용

[부록] 당기일괄처리법

미국회계기준6)은 회계추정의 변경에 대해서는 우리나라 회계기준처럼 전진법을 적용하나, 회계정책의 변경에 관하여는 원칙적으로 당기일괄처리법을 적용하고, 예외적인 몇 가지 회계정책의 변경에 관해서만 소급법을 적용한다. 이렇게 예외적으로 소급법 적용을 받는 회계정책변경의 예는 <부록표 1>에 제시되어 있는 바와 같다.

부록표 1

미국회계기준에서 예외적으로 소급법의 적용을 받는 회계정책의 변경

- 재고자산원가의 결정방법을 후입선출법(LIFO)에서 선입선출법(FIFO)으로 변경
- 장기공사계약회계처리를 공사진행기준(percentage-of-completion method)에서 완성공사기준(completed-contract method)으로 변경, 혹은 그 역(逆)의 변경
- 탐사원가회계처리를 성공원가법(successful-efforts method)에서 전부원가법(full-cost method)으로 변경, 혹은 그 역(逆)의 변경
- 지분증권투자에 대한 회계처리를 지분법(equity method)으로 변경

미국회계기준에서 당기일괄처리법의 적용에 예외를 둔 이유는 <부록표 1>에 제시된 회계정책변경의 경우 해당 회계정책변경누적효과가 회계변경이 속한 연도의 당기순이익을 압도할 만큼 매우 크므로, 이를 당기순이익에 반영할 경우 회사의 당기 경영성과가 크게 왜곡될 것이기 때문이다. 따라서 당기일괄처리법을 적용하지 않고 소급법을 적용함으로써 회계정책변경누적효과가 순이익에 포함되지 않고 곧바로 이익잉여금에 반영되도록 하고 있다. 회계정책변경의 누적효과가 엄청날 수 있음은 미국의 자동차제조회사인 Chrysler의 예에서 찾아볼 수 있다. 이 자동차회사가 재고자산원가회계를 LIFO에서 FIFO로 변경하였을 때, 그 누적효과가 $53,500,000이었는데, 그 해에 회사는 $7,600,000의 순손실을 기록하였다. 따라서 회계정책변경누적효과가 당기순이익에 반영되었더라면 회사는 순손실 대신 $45,900,000의 순이익을 보고할 수 있었을 것이고, 회사의 당기 경영성과는 크게 왜곡되었을 것이다.

다음에는 우리나라에서는 사용되지 않지만, 미국회계기준에서 널리 사용되고 있는 당기일괄처리법(current approach)에 대하여 상세히 살펴보도록 하자.

당기일괄처리법은 먼저 **회계정책변경누적효과**(cumulative effect of accounting changes)를 계산한 후, 이를 회계변경이 속한 연도의 포괄손익계산서상에 경상적인 항목과 구분하여 별도의 항목으로 보고하는 방법이다. 여기서 회계정책변경누적효과란 새로 채택한 회계절차를 과거 해당 연도부터 적용하여 왔었다고 가정할 때의 순자산과 현재의 실제 순자

6) Accounting Principles Board Opinion No. 20.

산 간의 차이를 가리킨다. 이러한 회계정책변경누적효과는 변경이 속하는 **회계연도의 초**에 계산한다. 한편, 당기일괄처리법하에서는 비교재무제표(comparative financial statements)를 제시할 때에 과거연도의 재무제표는 당기에 새로 채택한 회계절차에 맞추어 재작성하지 않는다. 즉, 당기일괄처리법은 회계정책변경누적효과를 당기의 재무제표에만 반영시키는 것이다.

이러한 당기일괄처리법의 단점은 당기의 회계정보와 과거의 회계정보가 서로 다른 회계기준에 의해 산출됨으로써 정보의 기간별 비교가능성을 저해한다는 사실이다. 반면, 이 방법은 과거의 재무제표를 재작성함으로써 발생할 수 있는 문제점들을 회피할 수 있는 장점이 있다. 예를 들어, 과거에 이미 공시한 회계정보를 당기에 변경하여 보고한다면 투자자들은 회계정보에 대해 신뢰성을 잃을 가능성이 있다. 또한 순이익이나 부채비율, 자기자본비율 등과 같은 재무제표상에 보고된 숫자에 근거하여 성립된 과거의 금전대차계약이나 약정(約定)들에 대해서는 이들 숫자의 변경이 계약변경이나 파기와 같은 심각한 법적인 문제를 초래할 수도 있다. 이에 더하여 과거 재무제표를 재작성함으로써 회계처리비용이 가중되는 문제도 있으며, 또 회사가 과거 재무제표를 재작성할 수 있을 만큼 충분한 정보를 보유하고 있지 않을 수도 있다. 당기일괄처리법을 사용하면 과거 재무제표의 재작성에 수반하는 이러한 문제점들을 회피할 수 있다.

한편, 당기일괄처리법에서는 회계정보의 기간별 비교가능성이 저해되는 문제를 부분적으로나마 해소하기 위해 법인세비용차감전순이익, 당기순이익 등과 같은 중요한 회계정보에 한하여 과거의 정보를 당기에 새로 채택한 회계절차에 따라 다시 계산하여 보고한다. 이러한 재무제표를 **가상재무제표**(pro-forma financial statements)라고 부른다. 이제 <부록예제 1>을 통해 당기일괄처리법을 좀 더 구체적으로 익혀보자.

부록예제 1

㈜고려는 20×7년 중에 사무실로 사용하는 건물에 대한 감가상각방법을 가속상각법에서 정액법으로 변경하였다. 이 건물은 20×5년 1월 1일 구입하였으며, 감가상각방법 변경 직전 2년간의 감가상각비는 가속상각법과 정액법하에서 각각 다음과 같았다.

	정액법(새 방법)	가속상각법(구 방법)	차 액
20×5	₩38,000	₩50,000	₩12,000
20×6	38,000	46,000	8,000
누계액	₩76,000	₩96,000	₩20,000

㈜고려의 법인세율은 20%이며, 법인세법상 건물의 감가상각은 정액법을 사용하였으므로 과거 2년간 손금불산입에 해당하는 감가상각한도초과액이 있었다. 이 회계변경을 당기일괄

처리법에 의해 회계처리하라.

해 답

㈜고려가 건물 취득연도인 20×5년부터 정액법을 사용하였더라면 2년에 걸쳐 감가상각비를 누적으로 ₩20,000 더 적게 인식하였을 것이다. 만일 법인세가 없다면, 이러한 감가상각누계액의 차이로 인해 순자산은 ₩20,000만큼 더 컸을 것이다. 그러나 법인세로 인해 회사는 2년 동안 ₩4,000(=₩20,000×20%)의 법인세비용을 인식하였을 것이므로, 회사가 처음부터 정액법을 사용하였다면 순자산은 ₩16,000만큼만 더 증가하였을 것이다. 이 ₩16,000이 바로 회계정책변경누적효과이다. 여기서 한 가지 유의할 점은 회계변경이 회계연도 중에 이루어졌지만, 회계정책변경누적효과는 회계변경이 속한 연도의 초인 20×7년 1월 1일을 기준으로 계산한다는 점이다.

또한 ㈜고려는 건물의 취득연도부터 재무보고를 위해서는 가속상각법을 사용해 온 반면, 법인세 납부를 위해서는 정액법을 사용하여 왔으므로, 법인세회계상 일시적 차이(temporary difference)가 2년에 걸쳐 ₩20,000이 발생하였다. 이 차이는 정액법하의 감가상각비가 가속상각법하의 감가상각비보다 커질 때, 즉 감가상각비 한도가 미달될 때에 반전되어 법인세를 감소시킬 것이므로, 지난 2년간 ㈜고려는 이연법인세자산(deferred tax asset)을 계상하였을 것이다. 즉, 20×7년 초 이연법인세자산 계정의 잔고는 ₩4,000(=₩20,000×20%)일 것이다. 그러나 20×7년의 회계변경으로 감가상각방법이 동일해짐에 따라 이연법인세자산 계정이 더 이상 필요 없게 되었으므로 이를 제거해야 한다. 따라서 본 회계변경을 당기일괄처리법으로 처리할 경우 필요한 분개는 아래와 같다.

(차) 감가상각누계액	20,000	(대) 회계정책변경누적효과	16,000
		이연법인세자산	4,000

이 분개에서 회계정책변경누적효과를 **대기**한 이유는 그것이 순자산(즉, 자본)을 증가시키는 금액이기 때문이며, 감가상각누계액을 차기한 이유는 회사가 정액법을 사용하였더라면 2년에 걸쳐 감가상각비를 누적적으로 ₩20,000 더 적게 계상하였을 것이기 때문이다. 또한 이연법인세자산 계정을 대기함으로써 회계변경으로 인해 법인세회계상 일시적 차이가 없어졌음을 나타내고 있다.

당기일괄처리법에 따른 회계정책변경누적효과는 앞에서 말한 대로, 포괄손익계산서상 경상적인 항목과는 별도로 구분하여 보고하여야 한다. 미국회계기준에 따르면, 회계정책변경누적효과는 **특별항목**(extra-ordinary items) **직후 당기순이익 직전**에 보고한다. 이때 법인세의 기간 내 배분(intra-period tax allocation)에 따라 회계정책변경누적효과를 세후(稅後) 금액으로 보고한다.

이제 당기일괄처리법에서 요구되는 가상포괄손익계산서를 작성하여 보자.[7)] 이를 위해 ㈜고려가 20×7년도에 **실제** 비교포괄손익계산서를 다음과 같이 보고하였다고 가정하자. 이 비교포괄손익계산서에는 **미국회계기준**에 따라 회계정책변경누적효과가 특별항목 후 당기순이익 전에 보고되어 있다. 또한 법인세의 기간 내 배분이 적용되었으므로 '특별항목 및 회계정책변경누적효과 이전 순이익'은 관련법인세비용을 이미 차감한 금액이다.

7) <부록예제 1>에서 가상재무상태표는 그 내용이 매우 단순하므로 그 작성을 생략한다. 사실 가상재무상태표가 실제재무상태표와 다른 점은 건물의 감가상각누계액과 장부금액으로 국한된다.

㈜고려의 20×7년 실제 포괄손익계산서(일부)

	20×7	20×6
특별항목및회계정책변경 누적효과 이전 순이익	₩630,000	₩600,000
특별이익(손실) (법인세효과 : 20×7년 ₩7,500 ; 20×6년 ₩10,000)	30,000	(40,000)
회계정책변경누적효과 (법인세효과 : ₩4,000)	16,000	–
당기순이익	₩676,000	₩560,000

㈜고려의 실제 포괄손익계산서 정보를 이용하여 20×7년도 가상포괄손익계산서(pro-forma income statement)를 작성하면 다음과 같다.

㈜고려의 20×7년 가상포괄손익계산서(일부)

	20×7	20×6
특별항목이전순이익	₩630,000	₩606,400
특별이익(손실) (법인세효과 : 20×7년 ₩7,500 ; 20×6년 ₩10,000)	30,000	(40,000)
당기순이익	₩660,000	₩566,400

위에서 회계변경 직전연도인 20×6년도 가상포괄손익계산서를 먼저 살펴보자. 본 예제의 정보를 참조하면, ㈜고려가 20×6년도에 정액법을 사용하였다면 ₩8,000의 감가상각비를 더 적게 계상하였을 것이므로, 순이익에 미치는 영향은 감가상각비의 세금효과 ₩1,600(=₩8,000 × 20%)을 제외한 ₩6,400임을 알 수 있다. 따라서 회사가 20×6년에 정액법을 사용하였다면, 경상이익은 ₩6,400만큼 더 컸을 것이고, 이로 인해 가상의 '특별항목이전순이익'은 앞의 실제포괄손익계산서에서 보고된 금액인 ₩600,000(특별항목 및 회계정책변경누적효과 이전 순이익)보다 더 큰 ₩606,400이 된다. 또한 가상당기순이익도 실제 보고된 당기순이익 ₩560,000보다 더 많은 ₩566,400이 된다.

한편, 20×7년도 가상포괄손익계산서를 살펴보면, 회계정책변경누적효과가 실제포괄손익계산서에는 나타나지만 가상포괄손익계산서에는 나타나지 않음을 알 수 있다. 그 이유는 건물의 취득시점부터 정액법(즉, 새 방법)을 사용했다는 가정하에 가상포괄손익계산서를 작성하므로 회계변경은 애초부터 없는 것이기 때문이다. 또 하나 중요한 사실은 20×7년 가상포괄손익계산서의 특별항목이전순이익이 동년 실제포괄손익계산서의 특별항목 및 회계정책변경누적효과 이전 순이익과 동일하다는 점이다. 그 이유는 20×7년도 실제포괄손익계산서가 이미 변경된 정액법에 근거하여 작성되었기 때문이다. 한편, 회계변경연도인 20×7년부터는 정액법을 사용하므로 추후 감가상각비는 매년 ₩38,000을 인식한다.

익힘문제

[1] 회계변경에는 어떠한 유형이 있는지 밝히고 각 유형에 대해 설명하라.

[2] 회계추정변경의 예를 들어보라.

[3] 회계정책변경의 예를 들어보라.

[4] 기업들이 회계변경을 하는 이유를 설명하라.

[5] 회계변경을 통한 기업의 이익관리에 대해 설명하라.

[6] 정당한 회계변경이란 무엇인가?

[7] 정당한 회계변경이 아닌 예를 들어보라.

[8] 당기일괄처리법에 대해 요점만 간략히 설명하라.

[9] 소급법에 대해 요점만 간략하게 설명하라.

[10] 당기일괄처리법의 장단점을 소급법과 비교하여 설명하라.

[11] 전진법에 대해 요점만 간단히 설명하라.

[12] 회계정책변경누적효과란 무엇인가?

[13] 가상재무제표(pro-forma financial statements)란 무엇인가?

[14] 전기조정항목(prior-period adjustments)이란 무엇인가?

[15] 회계오류의 예를 몇 가지 들어보라.

[16] 중요한 오류란 무엇인가?

[17] 전기오류수정손익이란 무엇인가? 그리고 당기일괄처리법과 소급법 하에서 전기오류수정손익이 각각 어떻게 보고되는지 설명하라.

[18] 차기자동수정오류와 비차기자동수정오류를 구분하여 설명하라.

[19] 차기자동수정오류가 장부마감 후에 발견되면 별도의 회계처리가 필요 없는 이유는 무엇인가?

[20] 비차기자동수정오류를 장부마감 전에 발견한 경우와 장부마감 후에 발견한 경우 회계처리가 어떻게 다른지 설명하라.

[21] 회계변경과 오류수정에 관한 회계절차에 있어서 우리나라 회계기준과 미국회계기준이 어떻게 다른지 설명하라.

연습문제

[1] 회계변경의 유형

다음 각호에 대해 가장 적합한 알파벳 기호를 선택하라.

a. 회계추정의 변경　　b. 회계정책의 변경
c. 회계오류수정　　d. 회계변경도 오류수정도 아님

(1) 감가상각방법을 정률법에서 정액법으로 변경
(2) 경기침체로 인해 대손율을 매출채권 대비 0.5%에서 1%로 상향조정
(3) 제품에 대한 품질보증을 제공하지 않던 회사가 마케팅전략의 변경으로 당기부터 품질보증을 제공하게 됨으로써 제품보증충당부채를 인식
(4) 할인채에 대한 사채발행할인차금을 정액법으로 상각하던 회사가 유효이자율법으로 변경
(5) 연구단계에서 발생한 중요한(material) 지출을 자본화해 오던 회사가 당기부터 비용화하기로 함.
(6) 대손율이 미미하여 직접차감법으로 대손회계를 처리해 오던 회사가 당기부터는 공격적인 신용정책을 채택함으로써 대손율이 급증할 것으로 예상하여 충당금설정법으로 변경
(7) 원가보다 가격이 하락하여 저가법에 따라 원재료 원가를 현행대체원가로 평가
(8) 대손충당금을 추정함에 있어 세법에 규정되어 있는 대손율과 상이한 대손율을 사용해 오던 회사가 회계처리의 단순화를 위해 세법에 규정되어 있는 대손율을 채택
(9) 감가상각방법을 정액법에서 정률법으로 바꾸면서 내용연수가 단축됨.
(10) 영업권의 상각기간을 10년에서 5년으로 변경

[2] 회계정책의 변경

㈜방패백화점은 20×2년 사업을 시작할 때 재고자산 회계처리방법으로 평균법을 채택하였다. 그러나 20×5년 회사는 선입선출법으로 재고자산회계처리방법을 변경하였다. 두 방법에 의한 순이익 정보는 각 연도에 대해 아래와 같다. 법인세는 없다고 가정하라.

	당기순이익		
	평균법	선입선출법	차 이
20×2년	₩68,200	₩73,700	₩5,500
20×3년	74,800	78,100	3,300
20×4년	77,000	81,400	4,400
20×5년	82,500	84,700	2,200

(1) 20×5년의 회계변경을 소급법으로 처리할 때 필요한 분개를 제시하라.
(2) 주어진 정보에 따라 소급법으로 20×5년도 비교포괄손익계산서를 작성하라. 과거 3년간 포괄손익계산서를 모두 포함시킬 것

[3] 회계추정의 변경

㈜변심은 20×2년 1월 1일에 트럭 한 대를 ₩76,000에 취득하고, 잔존가치와 내용연수를 각각 ₩8,000과 10년으로 추정하고 정액법으로 감가상각하여 왔다. 법인세는 없는 것으로 가정한다. 다음 두 문제는 서로 독립적이다.

(1) ㈜변심은 20×6년 12월, 트럭의 감가상각방법을 연수합계법으로 변경하였다. 본 회계변경과 관련하여 20×6년에 필요한 모든 분개를 제시하라.
(2) ㈜변심은 20×6년 12월, 트럭의 잔존가치를 ₩8,000에서 ₩2,000으로, 내용연수는 10년에서 14년으로 변경하였다. 본 회계변경과 관련하여 20×6년에 필요한 모든 분개를 제시하라.
(3) 위 (2)에서의 회계변경으로 인해 20×6년에 발생한 ㈜변심에 대한 재무적 영향을 설명하라.

[4] 오류 수정

㈜바위는 20×2년 1월 1일에 트럭 한 대를 ₩76,000에 취득하고, 잔존가치와 내용연수를 각각 ₩8,000과 10년으로 결정하였다. 그러나 회계담당자의 실수로 인해 트럭의 취득원가 전액이 잡비용계정으로 비용처리되었다. 이 회계오류는 20×5년에 발견되었으며 중요한 오류로 분류되었다. ㈜바위는 모든 유형자산을 정액법으로 감가상각하며 법인세는 없다.

(1) 위의 회계오류로 인해 20×2년에서 20×4년까지 발생한 재무적 영향을 연도별로 설명하라.
(2) 위의 회계오류가 20×5년 회계장부가 마감되기 전에 발견되었다고 가정하고, 트럭과 관련하여 필요한 모든 분개를 제시하라.

[5] 오류 수정

㈜수정은 3년에 걸쳐 아래와 같이 순이익을 보고하였다.

20×5	20×6	20×7
₩65,000	₩66,000	₩62,000

20×8년 중에 실시한 내부감사를 통해 과거 3년간 아래와 같은 오류를 발견하였다. 법인세는 없다고 가정하라.

	20×5	20×6	20×7
재고조사의 착오로 인한 기말재고의 과대계상 :	₩6,000	₩8,000	₩4,000
미지급이자의 과소계상 :	800	1,500	900
유형자산에 대한 감가상각비의 과소계상 :	2,800	2,500	2,200

(1) 상기한 오류를 참조하여 20×5, 20×6, 20×7 회계연도의 순이익을 바르게 계산하라.

(2) 20×8년 장부가 아직 마감되지 않은 상태에서 상기한 회계오류를 바로잡기 위한 분개를 제시하라.

[6] 차기자동수정오류

㈜복현은 20×3년 말 회계감사 도중 다음과 같은 기말재고자산 평가금액의 오류들이 발견되었다. 경북상회는 실제재고조사법을 사용하고 있다. 최근 3년간 보고된 순이익과 기말재고금액은 다음과 같다.

	20×1	20×2	20×3
당초 보고된 순이익	₩76,200	₩69,500	₩73,100
당초 보고된 기말재고	3,200	6,000	5,100
정확한 기말재고	4,000	4,500	6,500

(1) 20×1, 20×2, 20×3 각 년도의 정확한 순이익을 계산하라.

(2) 20×3년 결산에서 필요한 수정분개를 하라.

CHAPTER 24 현금흐름표

Contents

한국채택국제회계기준	국제회계기준
제1007호 현금흐름표	IAS 7 Statement of Cash Flows
제1118호 재무제표 표시와 공시 기업회계기준서 제1118호 '재무제표 표시와 공시' 제정에 따른 다른 기준서 개정	IFRS 18 Presentation and Disclosure in Financial Statements

재무제표이용자들은 기업이 현금을 어떻게 창출하고 사용하는지에 대하여 관심이 있다. 기업은 영업활동을 수행하고, 채무를 상환하며, 투자자에게 투자수익을 분배하기 위하여 현금이 필요하기 때문이다.

포괄손익계산서는 기업의 성과를 발생주의 기준으로 보여주지만, 실제로 기업이 현금을 창출할 수 있는지 여부를 직접적으로 보여주지는 않는다. 현금흐름표는 이러한 한계를 보완하여, 기업의 단기 지급능력과 재무적 유연성을 평가하는 데 핵심적인 정보를 제공한다.

현금흐름표(statement of cash flows)는 기업의 현금(현금및현금성자산 이하 동일) 변동내용을 자세히 보고하기 위하여 한 회계기간 동안 발생한 모든 현금유입과 현금유출에 대한 정보를 제공하는 재무제표이다. 구체적으로 현금흐름표는 기업의 **영업활동**(operating activities), **투자활동**(investing activities) 및 **재무활동**(financing activities)이 현금흐름에 미친 영향을 각기 구별하여 보고함으로써, 동 기간에 발생한 현금의 변동을 기업활동의 유형별로 나누어 설명해 준다.

현금흐름표는 포괄손익계산서와 같이 지난 회계연도의 기업활동에 관한 정보를 제공한다. 이 두 재무제표는 일정 기간 중의 성과에 관한 정보를 제공하지만 서로 다른 내용을 가지고 있다. 포괄손익계산서에서의 순이익과 현금흐름표의 현금흐름(특히, 영업활동현금흐름)은 서로 불가분의 관계에 있지만, 항상 서로 일치하는 것은 아니다. 일부 기업은 플러스의 순이익을 보고하지만, 현금 부족이 발생하여 부도에 이르기도 한다.[1] 따라서 현금흐름표는 일정기간 중의 활동에 관한 정보를 제공하는 면에서는 포괄손익계산서와 상호 보완적인 관계에 있다고 할 수 있으며, 기업의 유동성에 관한 정보를 제공하는 재무상태표와도 밀접한 관계가 있다.

기업의 현금흐름정보는 재무제표이용자에게 현금및현금성자산의 창출능력과 현금흐름의 사용 용도를 평가하는 데 유용한 기초를 제공한다. 재무제표이용자는 기업에 관한 경제적 의사결정을 함에 있어 그 기업의 현금 창출능력 및 현금흐름의 시기와 확실성을 평가해야 한다. 현금흐름표는 다른 재무제표와 같이 사용되는 경우 순자산의 변화, 재무구조(유동성과 지급능력 포함), 그리고 변화하는 상황과 기회에 적응하기 위하여 현금흐름의 금액과 시기를 조절하는 능력을 평가하는 데 유용한 정보를 제공한다.

현금흐름정보는 서로 다른 기업의 미래현금흐름의 현재가치를 비교 평가하는 모형을 개발할 수 있도록 한다. 또한 현금흐름정보는 동일한 거래와 사건에 대하여 다른 회계처리방법을 적용함에 따라 달리 성과가 표시되는 발생주의 회계와는 달리, 현금흐름

---

1) 이를 '흑자도산'이라고 한다. 불황기에 아파트 건설업체들은 분양한 후 중도금을 입주 시까지 연기하기도 한다. 이 경우 분양은 되었기 때문에 수익이 발생하여 순이익을 보고하나, 현금회수가 지연되어 부도에 이르는 경우가 발생한다.

자체의 흐름을 표시하기 때문에 영업활동에 대한 기업 간의 비교가능성이 높다.

역사적 현금흐름정보는 미래현금흐름의 금액, 시기 및 확실성에 대한 지표로 자주 사용된다. 또한 과거에 추정한 미래현금흐름의 정확성을 검증하고, 수익성과 순현금흐름 간의 관계 및 물가변동의 영향을 분석하는 데 유용하다.

제1절 현금의 정의와 현금흐름의 구분

한 회계기간에 걸쳐 발생한 기업의 현금흐름은 그 발생원천(sources)별로 세분하여, 영업활동, 투자활동, 그리고 재무활동으로 나누어 보고된다. 이러한 구분은 기업활동을 이해하는 데에 중요한 틀을 제공한다. 기업에서는 가장 먼저 기업의 주요 활동인 영업활동에서의 현금과 수익·비용의 흐름을 고려하며, 다음으로 이러한 영업활동을 지속하기 위한 시설 확장 등의 투자활동을 고려한다. 마지막으로 이 두 활동에서 필요한 자금의 조달 및 상환을 결정하는 것이 재무활동이다. 이 가운데 영업활동현금흐름은 기업가치와 신용도를 평가하는 데에 특히 유용한 정보로 생각된다.

1. 현금흐름표에서 현금의 정의

현금흐름표에서 기준이 되는 현금은 재무상태표상의 **현금과현금성자산**으로 정의된다. 따라서 현금흐름표에서 현금흐름이란 현금및현금성자산의 유입과 유출을 의미한다. **현금**이란 교환의 매개물로서 재화를 구입하거나 단기채무의 결제에 즉시 사용될 수 있는 경제적 자원을 의미한다. 회계상 **현금**이란 보유 현금과 요구불예금(demand deposit)을 말하며, 다음과 같이 통화와 통화대용증권을 포함한다.

(1) **통화**: 지폐, 주화

(2) **통화대용증권** : 당좌수표, 가계수표, 자기앞수표, 여행자수표, 우편환증서, 지급기일이 도래한 공사채이자표, 일람출급조건의 받을어음, 배당금지급통지표

현금성자산(cash equivalents)이란 큰 거래비용 없이 현금으로 전환이 용이하고 이자율 변동에 따른 가치변동의 위험이 중요하지 않은 자산을 포함한다. 주로 채무증권과 단기금융상품으로서 취득 당시 만기 또는 상환일이 3개월 이내인 것을 말한다. 현금성자산에는 단기채권, MMF 등이 포함되며, 주식이나, 펀드 등은 제외된다. 현금성자산의 예는 다음과 같다.

(1) 취득 당시 만기가 3개월 이내인 국공채와 사채
(2) 취득 당시 상환일이 3개월 이내인 상환우선주
(3) 취득 당시 만기가 3개월 이내인 양도성예금증서(CD : Certificate of Deposit)
(4) 3개월 이내의 환매조건을 가진 환매채, 초단기금융상품 등

2. 영업활동

영업활동(operating activities)이란 **기업의 주요 수익창출활동**을 의미하며, 그리고 투자활동이나 재무활동이 아닌 기타의 활동을 말한다. 따라서 제품의 생산과 판매활동, 상품과 용역의 구매와 판매활동 및 관리활동을 가리키며, 일반적으로 영업이익의 결정에 영향을 주는 대부분의 거래가 이에 속한다. 영업활동현금흐름을 현금유입(cash inflows)과 현금유출(cash outflows)로 나누어 살펴보면, 현금유입으로는 제품, 상품 또는 용역의 판매대가로 받은 현금 등이 있다.

영업활동으로 인한 현금유출로는 원재료, 상품, 용역 등의 구입을 위해 지출한 현금, 종업원급여로 지급한 현금, 법인세로 납부한 현금[2] 등을 포함한다. 영업활동은 주로 매출채권, 재고자산, 매입채무 등과 같은 유동자산과 유동부채계정에 영향을 미친다.

따라서 현금흐름표 구조상의 영업활동은 투자활동과 재무활동에 포함되지 않는 모든 활동을 포괄한다고 보기 때문에 기업의 **주요 수익창출활동뿐만 아니라 기타 부수적인 활동도 포함**하는 것이다. 이로 인해 현금흐름표 구조상의 '영업활동'과 포괄손익계산서 구조상의 '영업'의 의미(즉, 기업의 주요 수익창출활동)는 동일하지는 않지만, 기준서 1118호 제정으로 상당 부분 일치하게 되었다.

3. 투자활동

투자활동(investing activities)이란 **장기성 자산**과 함께 현금성자산에 속하지 않는 **기타금융자산**의 취득과 처분활동을 의미한다. 따라서 현금을 대여하고 회수하는 활동, 그리고 단기금융상품, 금융자산 및 유·무형자산을 취득하거나 처분하는 활동이 포함된다. 다만, 단기금융상품이나 금융자산이라 하더라도 현금성자산으로 분류된 것이거나 단기매매를 목적으로 하는 것은 투자활동에서 제외된다. 왜냐하면 현금성자산은 현금흐름표상 현금으로 취급되므로 그 취득과 처분은 현금의 증감에 해당되기 때문이고, 단기매매가 목적인 자산의 취득과 처분은 앞에서 본 바와 같이 영업활동에 속하기 때문이다.

---

2) 법인세의 지급 중 유형자산의 처분에 따른 특별부가세는 영업활동으로 인한 현금유출에서 제외한다. 상세한 내용은 제4절을 참조하라.

투자활동으로 인한 현금유입으로는 단기금융상품, 금융자산, 유·무형자산의 처분대가로 받은 현금과[3] 대여금을 회수함에 따라 받은 현금, 그리고 이자 및 배당을 받은 현금[4] 등이 있다. 또 투자활동으로 인한 현금유출로는 대여금으로 지출된 현금을 비롯하여 단기금융상품, 금융자산, 유·무형자산을 취득하기 위해 지불된 현금이 있다. 투자활동은 일부 단기금융자산(즉, 단기금융상품, 단기대여금 등)과 같은 유동자산에 영향을 주기도 하지만, 주로 비유동자산(유형자산, 투자자산 등)에 영향을 미친다.

4. 재무활동

재무활동(financing activities)이란 기업의 **차입금**과 **납입자본**의 크기 및 구성내용에 변동을 가져오는 활동을 의미한다. 따라서 자금의 차입 및 상환, 신주발행이나 배당금의 지급, 자기주식의 취득 등과 같은 자본조달이나 상환과 관련된 거래를 뜻한다.

재무활동으로 인한 현금유입으로는 장·단기 자금의 차입, 어음 및 채권의 발행, 주식의 발행을 통해 조달된 현금이 있고, 재무활동으로 인한 현금유출로는 이자와 배당금의 지급, 유상감자, 자기주식의 취득, 차입금의 상환 등으로 인해 주주나 채권자에게 지불된 현금이 있다. 재무활동은 단기차입금과 미지급배당금 등의 유동부채에 영향을 주기는 하지만, 대부분 비유동부채와 자본계정에 영향을 미친다.[5]

5. 현금흐름표와 다른 재무제표의 관계

앞에서 말한 바와 같이, 현금흐름표에서는 기업활동을 영업활동, 투자활동, 재무활동의 세 종류로 구분한다. 여기서 영업활동은 기업의 판매와 구입, 급여 지급, 판매 및 제조활동을 포함하기 때문에 포괄손익계산서와 밀접한 관련이 있다. 또한 재무상태표에서도 매출채권, 매입채권, 선수금 등 거래성 자산 및 부채가 소속되어 있는 유동자산과 유

---

3) 유형자산처분손익은 종전에 손익계산서에서 영업외손익으로 분류되었으나, K-IFRS 1118 제정에 따라 이 유형자산처분손익이 기업의 주된 사업활동과 관련성이 높다고 판단될 경우 손익계산서에서 영업손익에 포함한다. 그러나 현금흐름표에서는 K-IFRS 1007에 따라, 유형자산의 취득 및 처분은 투자활동 현금흐름으로 계속 분류한다.

4) 종전에는 이자 및 배당금 수수는 기업에 따라 영업활동이나 투자활동 또는 재무활동으로 선택할 수 있었으나, K-IFRS 1118 제정에 따라 이자 및 배당 수익은 투자활동, 이자 및 배당 지급은 재무활동으로 분류하여야 한다.

5) 환율변동으로 인한 미실현손익은 현금흐름이 아니다. 그러나 외화로 표시된 현금및현금성자산의 환율변동효과는 기초와 기말의 현금및현금성자산을 조정하기 위해 현금흐름표에 보고한다. 이 금액은 영업활동, 투자활동 및 재무활동 현금흐름과 구분하여 별도로 표시하며, 그러한 현금흐름을 기말 환율로 보고하였다면 발생하게 될 차이를 포함한다.

그림 24.1
현금흐름표와 다른 재무제표의 관계

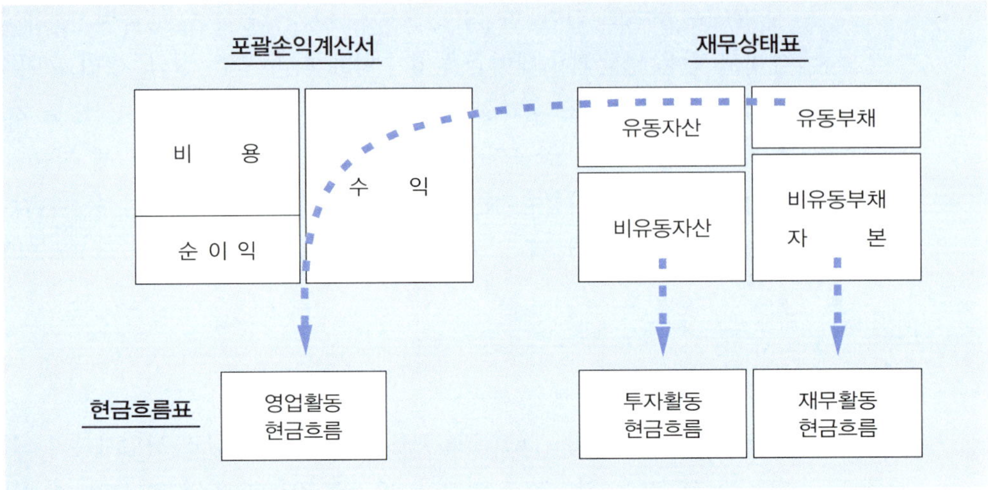

동부채 계정에 영향을 미친다.

반면 투자활동은 기업의 비유동자산을 구입하고 매각하는 활동이기 때문에 주로 비유동자산계정에 영향을 미치며, 재무활동은 차입 및 상환, 증자 및 감자 등 자금조달활동에 관련되기 때문에 비유동부채와 자본계정에 영향을 미친다. 현금흐름표의 영업활동, 투자활동 및 재무활동과 다른 재무제표 항목 간의 관계를 그림으로 표현하면 [그림 24. 1]과 같다.

이상에서 본 세 가지 활동에서의 현금흐름은 각각 손익계산서(P/L)에서의 범주 분류와 일관성을 가지고 있는데, 이를 정리하면 다음 <표 24. 1>과 같다.

표 24.1
현금흐름의 구분

구 분	현금 유입	현금 유출
① 영업활동현금흐름 (P/L 영업범주)	- 현금 판매 및 매출채권 회수 - 선수금, 선수 수익의 수입	- 상품 매입 및 매입채무 지급 - 종업원에 대한 급여 지급 - 재화 · 용역 공급자에 대한 지출 - 법인세 납부
② 투자활동현금흐름 (P/L 투자범주)	- 대여금 회수 - 금융자산 처분 - 유형 · 무형자산 처분 - 이자 및 배당금 수입	- 대여금 대여 - 금융자산 취득 - 유형 · 무형자산 취득
③ 재무활동현금흐름 (P/L 재무범주)	- 차입금 차입 - 사채의 발행 - 주식(자기주식 포함)의 발행 - 주주의 현금 증여	- 차입금 상환 - 사채의 상환 - 유상 감자 - 자기주식 취득 - 이자 및 배당금 지급

제2절 현금흐름표의 작성

현금흐름표는 영업활동현금흐름, 투자활동현금흐름, 재무활동현금흐름으로 구분하여 표시하고, 이 세 활동에서의 현금증감액을 종합한 현금증감액의 합계에 기초의 현금액을 가산하면 기말의 현금액이 산출되는 형식으로 작성한다. 이와 같이 현금흐름을 기업의 활동유형별로 구별하여 보고하는 이유는 원천 활동별로 현금흐름의 특성이 다르기 때문이다. 이는 손익계산서에서 이익을 영업범주, 투자범주, 재무범주로 구분하여 보고하는 논리와 동일하다. 즉, 투자자들에게 기업의 현금창출능력을 원천별로 알 수 있게 하여 해당 기업의 가치나 신용도를 정확하게 판단하는 데에 도움을 줄 수 있기 때문이다.

앞에서 본 바와 같이 기준서 1118호가 제정되면서 손익계산서 구조가 영업(Operating) – 투자(Investing) – 재무(Financing), 소위 OIF로 정비되면서, 현금흐름표의 분류 기준 역시 손익 구분과 일관성을 강화하는 방향으로 조정되었다. 기준서 1118호는 현금흐름표가 손익계산서 · 재무상태표와 정합성 있게 연결되도록 강조한다. 즉 손익계산서에서,

영업으로 분류된 수익 · 비용에 관련된 현금흐름은 영업활동에 배치,
재무 관련 손익은 재무활동 현금흐름에 배치,
투자 관련 손익은 투자활동 현금흐름에 배치하고 있다.

종전 기준에서는 이자와 배당 지급을 영업활동 또는 재무활동 중 하나로, 이자 및 배당 수입을 영업활동 또는 투자활동 중 하나로 선택할 수 있게 한 바 있다. 그런데 새로운 기준서 1118호는 기존 기준서 1007호(IAS 7)에서 선택적 · 해석적이었던 영역을 표준화하고 있다. 즉, 기준서 1007호(IAS 7)는 이자와 배당의 현금흐름 분류에 대해 일정한 선택을 허용하고 있으나, IFRS 18 및 K-IFRS 1118에서는 손익계산서의 영업 · 투자 · 재무 범주와 현금흐름표의 분류 간 정합성을 보다 강조한다. 이에 따라 실무에서는 기업의 주된 영업활동과의 관련성을 기준으로 일관되게 분류하는 것이 중요하다.

표 24.2 손익계산서와 현금흐름표의 항목별 정합성

현금흐름 항목	손익계산서 분류	현금흐름표 분류	종전 기준
이자지급	재무(Financing)	재무활동(Financing)	영업 또는 재무 활동
배당지급	재무(Financing)	재무활동(Financing)	영업 또는 재무 활동
이자수입	투자(Investing)	투자활동(Investing)	영업 또는 투자 활동
배당수입	투자(Investing)	투자활동(Investing)	영업 또는 투자 활동

그럼 현금흐름표에서 각 현금흐름을 활동유형에 따라 어떻게 구분하여 작성하는지 살펴보자.

1. 영업활동현금흐름

영업활동현금흐름의 금액은 기업이 외부의 재무자원에 의존하지 않고 주 활동인 영업을 통하여 차입금 상환, 영업능력의 유지, 배당금 지급 및 신규투자 등에 필요한 현금흐름을 창출하는 정도에 대한 중요한 지표가 된다. 역사적 영업현금흐름의 특정 구성요소에 대한 정보를 다른 정보와 함께 사용하면, 미래 영업현금흐름을 예측하는 데 유용하다.

영업활동현금흐름은 주로 기업의 **주요 수익창출활동**에서 발생한다. 따라서 영업활동현금흐름은 일반적으로 당기순손익의 결정에 영향을 미치는 거래나 그 밖의 사건의 결과로 발생한다. 영업활동현금흐름의 예는 다음과 같다.

(1) 재화의 판매와 용역의 제공에 따른 현금유입
(2) 로열티, 수수료, 중개료 및 기타수익에 따른 현금유입
(3) 재화와 용역의 구입에 따른 현금유출
(4) 종업원과 관련하여 직·간접으로 발생하는 현금유출
(5) 보험회사의 경우 수입보험료, 보험금, 연금 및 기타 급부금과 관련된 현금유입과 현금유출
(6) 법인세의 납부 또는 환급. 다만, 재무활동과 투자활동에 명백히 관련되는 것은 제외한다.
(7) 단기매매목적으로 보유하는 계약에서 발생하는 현금유입과 현금유출

영업현금흐름에서 특이한 사항 중 하나는 **단기매매목적**으로 자산을 취득하거나 이를 처분하는 경우의 현금유입과 현금유출도 영업활동으로 분류하는 점을 들 수 있다. 여기서 단기매매라 함은 매매차익을 목적으로 적극적이고 빈번하게 매수·매도하는 행위를 의미하고, 이러한 단기매매목적 자산의 대표적인 예로는 금융자산(FVPL)이 있다. 단기매매자산의 취득과 처분을 투자활동으로 보지 않고 영업활동으로 보는 이유는 단기매매자산이 재판매를 목적으로 취득하는 재고자산과 그 성격이 유사하다고 보기 때문이다.

설비 등 유형자산 매각 거래에서 처분손익이 발생할 수 있는데, 이와 관련된 현금흐름은 투자활동현금흐름으로 분류한다. 손익계산서에서는 K-IFRS 1118호에 따라 유형자산처분손익이 기업의 주된 사업활동과 관련성이 높다고 판단될 경우 손익계산서에서 영업손익에 포함하는 반면, 현금흐름표에서는 처분 대금의 회수를 투자활동으로 분류되고 있음에 유의하여야 한다 (K-IFRS 1007).[6)]

기업은 단기매매목적으로 금융자산(FVPL)이나 대출채권을 보유할 수 있으며, 이때 금융자산(FVPL)이나 대출채권은 판매를 목적으로 취득한 재고자산과 유사하다. 따라서 단기매매목적으로 보유하는 금융자산(FVPL)의 취득과 판매에 따른 현금흐름은 영업활동으로 분류한다. 마찬가지로 금융회사의 현금 선지급이나 대출채권은 주요 수익창출활동과 관련되어 있으므로 일반적으로 영업활동으로 분류한다. 또한 **법인세**로 인한 현금흐름은 별도로 공시하는데, 재무활동과 투자활동에 명백히 관련되지 않는 한 영업활동현금흐름으로 분류한다.

영업활동현금흐름은 **직접법** 또는 **간접법**으로 작성할 수 있다. 직접법이란 총현금유입과 총현금유출을 주요 항목별로 구분하여 표시하는 방법이며, 간접법이란 영업이익에서부터 여러 항목들을 조정하여 현금흐름을 구하는 방법이다.[7] 직접법과 간접법은 영업활동현금흐름을 산출하는 경로만 다를 뿐, 최종적으로 산출되는 영업활동현금흐름 금액은 동일하다.

(1) 직접법

직접법(direct approach)은 영업을 통해 획득한 현금(현금유입)에서 영업을 위해 지출한 현금(현금유출)을 차감하는 방식으로 영업활동현금흐름을 직접 계산한다. 이때 현금유입은 주요 원천(sources)별로 분류하고 현금유출은 주요 용도(uses)별로 분류하여 표시한다. 따라서 이 방법은 영업활동현금흐름을 **발생원인별로 직접 표시하는 것**이다. 직접법으로 작성한 영업활동현금흐름은 재무제표사용자가 쉽게 이해할 수 있는 장점이 있다.

<표 24. 3>은 영업활동현금흐름을 직접법으로 표시한 예인데, 영업활동과 관련된 항목을 유입과 유출로 구분하여 **영업으로부터 창출된 현금**을 먼저 보고한다. 그리고 법인세 등의 납부를 마지막에 보고하는데, 이는 포괄손익계산서상 법인세비용을 제일 마지막에 보고하는 관행에 따른 것이다.

한편, 매출 등 영업활동을 통해 획득한 현금유입액에는 당기 매출에 대한 현금수령액뿐만 아니라 전기에 이루어진 외상매출에 대한 현금회수액도 포함된다. 마찬가지로 당기 매입활동에 대한 유출액과 함께 전기의 외상매입에 대한 당기 대금지급액을 포함한다. 이와 같이 현금흐름표상의 재무정보는 재무상태표나 포괄손익계산서와는 달리 발생주의에 의거하지 않고 현금주의(cash basis)에 의거한다.

---

6) K-IFRS 1118가 2025.11.21. 제정되면서 재무제표를 규정하고 있는 다른 기준서의 개정이 불가피하여졌다. 이에 따라 한국회계기준원에서는 다른 기준서 개정에 상당 기간이 소요됨에 따라 "기업회계기준서 제1118호 '재무제표 표시와 공시' 제정에 따른 다른 기준서 개정"이라는 색다른 기준서를 발간하였다. 이것도 기준서의 효력을 가지는데, 이 기준서는 기준원 홈페이지에서 회계기준－기업회계기준－회계기준연혁 2025년도에 탑재되어 있다(https://www.kasb.or.kr/front/board/List2006.do).

7) 현금흐름표 작성사례는 기업회계기준서 제1007호 부록과 K-IFRS 제1007호 부록에 예시되어 있다.

표 24.3 영업활동현금흐름을 직접법으로 표시한 예

영업활동현금흐름 :		₩×,×××,×××
영업활동으로 인한 현금유입액		
매출처로부터의 현금유입	₩×××,×××	
선수수익으로 인한 현금유입	××,×××	
기타의 영업활동현금유입	××,×××	
영업활동으로 인한 현금유출액		
매입처에 대한 현금유출	(××,×××)	
종업원에 대한 현금유출	(×,×××)	
기타 재화·용역제공자에 대한 현금유출	(×,×××)	
기타의 영업활동현금유출	(×××)	
영업에서 창출된 현금	₩×××,×××	
법인세 등에 따른 현금흐름		
법인세의 납부	(×,×××)	
기타의 세금 및 공과금의 납부	(×,×××)	
법인세 등의 환급	×,×××	

아래 <예제 1>을 통해 영업활동현금흐름을 직접법으로 표시하여 보자.

예제 1

다음은 의류도매업에 종사하는 ㈜치세의 20×7 회계연도 손익계산서와 이와 차이가 있는 현금흐름에 대한 사항을 거래를 요약한 것이다. 영업활동현금흐름을 직접법으로 계산하라. 단, 이자 및 배당의 수령과 지급은 영업활동현금흐름으로 처리한다.

항 목	금 액	특기사항
매출액	₩450,000	(1) 당기 매출 중 외상매출은 ₩300,000임. 당기 중 매출채권이
(−)매출원가	245,000	₩280,000이 회수되었다.
매출총이익	₩205,000	(2) 당기매입 중 현금매입액은 ₩55,000이며, 외상매입액은
(−)급여	48,000	₩275,000인데, 당기 중 매입채무 ₩200,000을 현금으로
(−)감가상각비	15,000	지급하였다.
영업이익	₩142,000	(3) 급여 중 미지급급여 ₩13,000이 포함되어 있다.
(+)배당금수익	12,000	(4) 이자비용 중 미지급이자비용 ₩2,000 포함되어 있다.
(+)이자수익	15,000	(5) 당기중 납부한 법인세는 ₩15,000이다.
(−)이자비용	5,000	
법인세전이익	₩164,000	
(−)법인세비용	65,000	
당기순이익	₩99,000	

해 답

(1) 매출로 인한 현금유입액은 당기 매출액에 매출채권 증가액(미회수액)을 차감하여 ₩430,000[=450,000－(300,000－280,000)]이 된다.

(2) 매출원가에서 당기 재고자산 증가액 ₩85,000(=55,000+275,000－245,000)을 가산하고 매입채무 증가액 ₩75,000(=275,000－200,000)을 차감하여 매입처에 대한 현금유출을 계산한다.

(3) 급여비용 중 현금 지급액은 ₩35,000(=48,000－13,000)이 된다.

(4) 이자비용 중 현금 지급액은 ₩3,000(=5,000－2,000)이 되는데, 이는 "영업에서 창출된 현금" 아래에 구분하여 표시한다.

(5) 법인세 비용 중 현금 지급액은 ₩15,000(=65,000－50,000)이 된다. 이 또한 이는 "영업에서 창출된 현금" 아래에 구분하여 표시한다.

이상의 내용을 손익계산서에서 조정하면 다음과 같다.

항 목	금 액	조 정	현금흐름
매출액	₩450,000	매출채권 증가(20,000) 차감	₩430,000
(－)매출원가	245,000	매입채무증가(75,000) 차감 재고자산증가(85,000) 가산	(－)255,000
매출총이익	₩205,000		
(－)급여	48,000	미지급급여(13,000) 차감	(－)35,000
(－)감가상각비	15,000	비현금성 비용으로 제거	-
영업이익	₩142,000		
(+)배당금수익	12,000		12,000
(+)이자수익	15,000		15,000
(－)이자비용	5,000	미지급이자비용(2,000) 차감	(－)3,000
법인세전이익	₩164,000		
(－)법인세비용	65,000	미지급법인세(50,000) 차감	(－)15,000
당기순이익	₩99,000	영업활동에서 현금흐름	₩149,000

이상의 자료를 토대로 영업활동 현금흐름을 직접법으로 작성하면 다음과 같다.

영업활동현금흐름의 계산(직접법)

영업활동현금흐름 :		₩125,000
영업활동으로 인한 현금유입액		
매출처로부터 현금유입	₩430,000	
영업활동으로 인한 현금유출액		
매입처에 대한 현금유출	(255,000)	
종업원에 대한 현금유출	(35,000)	
영업에서 창출된 현금	₩140,000	
법인세 등에 따른 현금흐름		
법인세의 납부	(15,000)	

(2) 간접법

간접법(indirect approach)에서는 영업활동현금흐름을 영업이익의 조정을 통해 간접적으로 계산한다. 영업이익은 영업활동의 결과가 반영된 금액이므로 영업활동현금흐름과는 유사한 개념을 갖는 금액이다. 그러나 영업이익은 발생주의(accrual basis)에 따라 산출하는 반면, 영업활동현금흐름은 그 의미대로 현금주의에 따라 산출하므로 이 둘은 서로 일치하지 않는다.

따라서 영업활동현금흐름을 영업이익의 조정을 통해 간접적으로 구할 때는 **수익과 비용의 인식시점의 차이에 대한 조정이 필요**하다. 즉, 영업이익에는 반영되어 있지만 현금의 변동과는 무관한 금액들을 제거하는 것이 필요하며, 또한 영업이익과는 무관하지만 현금의 변동을 유발하는 금액은 포함시켜야 한다. 간접법을 적용하는 경우, 영업활동순현금흐름은 영업손익에 다음 항목들의 영향을 조정하여 결정한다.[8)]

(1) 감가상각비, 충당부채, 외화환산손익, 미배분 관계기업 이익 및 미배분 비지배지분과 같은 비현금항목

(2) 회계기간 동안 발생한 재고자산과 영업활동에 관련된 채권 · 채무의 변동

(3) 투자활동현금흐름이나 재무활동현금흐름으로 보고되는 차손, 차익 항목

이를 좀 더 구체적으로 말하면, 영업활동현금흐름을 구하기 위해서는 다음 항목들을 영업손익[9)]에 가산하거나 차감해야 한다.

① 현금흐름을 수반하지 않는 수익과 비용

간접법에서 영업이익에 가산해 주어야 할 항목은 '**현금유출이 없는 비용**(non-cash expenses)'이다. 현금유출이 없는 비용의 대표적인 예는 감가상각비이다. 감가상각비는 비용으로 인식되어 영업이익을 감소시키지만 현금은 유출되지 않는다. 이와 같이 현금유출이 없는 비용을 가산해 주는 이유는 비용의 인식으로 영업이익은 감소하지만, 그에 상응하는 현금의 감소는 일어나지 않기 때문이다. 따라서 그 금액만큼을 더해주어야 영업이익을 영업에서 창출된 현금흐름으로 변환할 수 있다.

이와 반대로 영업이익에서 차감해야 할 항목은 '**현금유입이 없는 수익**(non-cash revenues)'이다. 각종 평가이익은 가치가 증가하여 손익계산서에서 이익으로 인식되었

---

8) 대체적인 방법으로, 영업활동순현금흐름은 포괄손익계산서에 공시된 수익과 비용, 그리고 회계기간 동안 발생한 재고자산과 영업활동에 관련된 채권 · 채무의 변동을 보여줌으로써 간접법으로 표시할 수 있다.

9) 국제회계기준이사회는 2024년 4월 IFRS 18 '재무제표의 표시와 공시'를 발표하였다. 이사회는 IAS 7을 개정하여 기업이 IFRS 18에서 요구하는 대로 영업손익을 영업활동 현금흐름 보고의 간접법 시작점으로 사용하도록 하고, 현금흐름표에서 이자 및 배당금 현금흐름 분류를 단일화하도록 하였다는 내용을 IAS 7의 경과문에 게재하였다.

지만 현금의 유입은 없다. 이러한 항목들을 영업이익에서 차감하는 것은 현금유입이 없는 수익은 영업이익을 증가시키지만, 그에 상응하는 현금의 증가는 일어나지 않는다. 따라서 이를 차감해야 영업이익을 영업에서 창출된 현금흐름으로 변환시킬 수 있다.[10)]

② 재고자산과 영업활동에 관련된 채권 · 채무의 변동

기업에서는 현금거래뿐만 아니라 신용거래가 일어난다. 이 경우 수익 · 비용과 현금흐름에 불일치가 발생한다. 예를 들어, 1,000원을 매출하고 현금은 800원을 받았다면, 매출수익은 1,000원인 반면, 현금유입액은 800원이 된다. 대신 매출채권이 200원 증가한다. 따라서 매출수익액에 기초한 순이익에서 출발하여 현금유입액을 산출하려면 현금수입이 없어서 매출채권이 증가한 금액 200원을 차감하여야 한다.

반대로 매입채무 증가액은 매입은 하였으나 현금을 지급하지 않았으므로 가산하여 준다. 매입과 관련하여 재고자산 증가액은 구입액은 지출되었으나 비용화되지 않았기 때문에 현금흐름에서 차감한다.

간접법에서 영업이익에 가산해 주어야 할 다른 항목으로는 '**수익이 아닌 현금유입**(cash receipts that are not recognized as revenues)'이 있다. 이러한 항목의 예로 재화나 용역을 인도하기 전에 고객으로부터 미리 받은 대금인 선수금이 있다. 선수금은 현금은 유입되었으나 수익은 아니어서 영업이익에는 반영되어 있지 않기 때문에 이를 가산해 주어야 영업에서 창출된 현금흐름과 일치시킬 수 있다. 요약하면, 선수금 및 선수수익은 수익이 아니기 때문에 영업이익에 영향을 미치지 않지만, 현금을 증가시키기 때문에 영업이익에 가산하여 현금의 증가를 표시하는 것이다.

반대로 '**비용이 아닌 현금유출**(cash payments that are not recognized as expenses)' 항목들은 영업이익에서 차감한다. 이러한 항목들을 영업이익에서 차감하는 것은 앞에서 설명한 가산항목과는 정반대의 이유 때문이다. 예를 들어, 선급금, 선급비용 등은 현금이 유출되었지만 비용으로 인식되지 않았기 때문에 영업이익을 감소시키지 않으므로 이를 차감하여야 영업이익을 영업에서 창출된 현금흐름으로 변환할 수 있다.

③ 투자활동현금흐름이나 재무활동현금흐름과 관련된 차손과 차익 항목

간접법에서 영업이익에 차감 또는 가산해 주어야 할 다른 항목으로는 **투자 및 재무활동에 관련된** 차익 또는 차손 항목들이다. **차손**(losses)의 대표적인 예들은 유 · 무형자산처분손실, 금융자산처분손실 등은 투자활동에 관련되어 있으며, 사채상환손실은 재무활동에 관련되어 있기 때문에 이로 인한 손실을 영업이익에 가산함으로써 영업활동현금흐름에서는 제외시키는 것이다. 이와 반대로 유 · 무형자산이나 금융자산의 처분 또는 사채상환 등으로 인한 **차익**(gains)은 영업활동이 아니라 투자활동이나 재무활동의 결과

---

10) 영업손익항목에는 현금유입이 없는 수익항목은 자주 발생하지 않는다.

이므로 이를 영업이익에서 차감함으로써 영업활동현금흐름에서 제외시켜야 한다.

투자 및 재무활동에 관련된 차익 또는 차손 항목들을 영업이익에 차감 또는 가산하여 그 영향을 삭제하는 이유는 차익과 차손의 중복 계상을 방지하기 위함이다. 유·무형자산이나 금융자산의 처분은 현금유입을, 사채상환은 현금유출을 초래하므로 처분대가와 상환금액은 각각 투자활동과 재무활동현금흐름으로 보고한다. 이때 보고금액이 처분 및 상환손익이 포함된 총액으로 보고되기 때문에 이중 계상(double counting)의 오류를 방지하기 위하여 자산처분 및 부채상환손익을 영업이익에서 제외하는 것이다. 만일 관련 손익을 영업이익에서 배제하지 않으면, 동일한 차익 또는 차손이 당익순이익을 통하여 영업활동현금흐름에 반영될 뿐 아니라 투자활동이나 재무활동현금흐름에도 반영되어 이중으로 계상되는 오류가 발생하는 것이다.

④ 법인세의 구분 표시

간접법에서도 법인세로 인한 현금흐름은 영업에서 창출된 현금흐름과 구분하여 그 아래에 별도로 공시한다. 이들을 별도로 공시하는 이유는 영업활동현금흐름 중에서 "영업에서 창출된 현금"을 다른 원천들과 구분하기 위함이다.11)

이상의 내용을 정리하여 보면, 가산항목과 차감항목이 개념적으로 서로 반대되는 짝(counterparts)을 포함하고 있음을 알 수 있다. 현금유출이 없는 비용은 현금유입이 없는 수익과 짝을 이루며 차손과 차익이 서로 짝을 이룬다. 이러한 항목들을 요약하여 보면 다음 <표 24. 4>와 같다.

표 24. 4

간접법에서의 영업활동현금흐름 조정항목

구 분	가산 항목	차감 항목
① 현금흐름을 수반하지 않는 수익과 비용	감가상각비, 상각비, 지분법손실, 손상차손, 평가손실*, 외화환산손실 등	지분법이익, 손상차손환입, 평가이익*, 외화환산이익 등
② 재고자산과 영업활동에 관련된 채권·채무의 변동	자산의 순감소 부채의 순증가	자산의 순증가 부채의 순감소
	<자산> 매출채권(순액), 재고자산, 선급비용, 미수수익 등 <부채> 매입채무, 미지급비용, 확정급여부채, 제품보증충당부채 등	
③ 투자·재무활동 관련 차손과 차익	자산 처분손실, 부채 상환손실	자산 처분이익, 부채 상환이익
④ 법인세의 구분 표시	법인세 환급액	법인세 납부액

* 금융자산평가손익은 영업이익에 포함되지 않기 때문에(기타포괄손익) 조정하지 아니한다.

11) 법인세 실제 납부금액은 기업에서 세무조정을 거쳐 산출한 금액으로 재무제표에서는 계산할 수 없어 기업 세무자료를 참고하여야 한다.

직접법은 '현금이 실제로 어디서 들어오고 어디로 나갔는가'를 거래별로 보여주는 방식인 반면, 간접법은 발생주의 손익에서 출발하여 이를 현금기준으로 조정하는 방식이다. 계산 경로는 다르지만, 동일한 영업활동을 대상으로 하므로 최종 영업활동현금흐름은 동일하다. 간접법에 의한 영업활동현금흐름의 양식은 <표 24. 5>와 같다.

표 24. 5
간접법으로 표시한 영업활동현금흐름 (개념적 설명)

영업활동현금흐름		₩×××,×××
영업이익 :	₩×××,×××	
가감 :		
현금유출이 없는 비용	₩××,×××	
현금유입이 없는 수익	(××,×××)	
영업활동 관련 부채의 증가 (또는 자산 감소)	×,×××	
영업활동 관련 자산의 증가 (또는 부채 감소)	(×,×××)	
투자와 재무활동으로 인한 손실	×,×××	
투자와 재무활동으로 인한 이익	(×,×××)	
영업에서 창출된 현금	₩××,×××	
법인세 등에 따른 현금흐름		
법인세의 납부	(××,×××)	
기타의 세금 및 공과금의 납부	(×,×××)	
법인세 등의 환급	×,×××	

<예제 1>의 자료를 이용하여 간접법에 의한 영업활동현금흐름을 표시하여 보자.

예제 2

<예제 1>의 다음 자료로 영업활동현금흐름을 간접법으로 계산하라.

항 목	금 액	특기사항
매출액	₩450,000	
(−)매출원가	245,000	
매출총이익	₩205,000	(1) 당기 매출 중 외상매출은 ₩300,000임.
(−)급여	48,000	당기 중 매출채권이 ₩280,000이 회수되었다.
(−)감가상각비	15,000	(2) 당기매입 중 현금매입액은 ₩55,000이며, 외상매입액은
영업이익	₩142,000	₩275,000인데, 당기 중 ₩200,000을 현금으로 지급하였
(+)배당금수익	12,000	다.
(+)이자수익	15,000	(3) 급여 중 미지급급여 ₩13,000이 포함되어 있다.
(−)이자비용	5,000	(4) 이자비용 중 미지급이자비용 ₩2,000 포함되어 있다.
법인세전이익	₩164,000	(5) 당기중 납부한 법인세는 ₩15,000이다.
(−)법인세비용	65,000	
당기순이익	₩99,000	

해 답

<예제 1>에서 다음과 같은 조정표를 작성하였던 것을 상기하자. 간접법은 아래 조정사항을 정리하면 된다.

항 목	금 액	조 정	현금흐름
매출액	₩450,000	매출채권 증가(20,000) 차감	₩430,000
(−)매출원가	245,000	매입채무증가(75,000) 차감 재고자산증가(85,000) 가산	(−)255,000
매출총이익	₩205,000		
(−)급여	48,000	미지급급여(13,000) 차감	(−)35,000
(−)감가상각비	15,000	비현금성 비용으로 제거	-
영업이익	₩142,000		
(+)배당금수익	12,000		12,000
(+)이자수익	15,000		15,000
(−)이자비용	5,000	미지급이자비용(2,000) 차감	(−)3,000
법인세전이익	₩164,000		
(−)법인세비용	65,000	미지급법인세(50,000) 차감	(−)15,000
당기순이익	₩99,000	영업활동에서 현금흐름	₩149,000

이상의 자료를 토대로 영업활동 현금흐름을 간접법으로 작성하면 다음과 같다. 여기서 영업이익에서 시작한다. 법인세납부액 ₩15,000은 "영업에서 창출된 현금" 아래에 구분하여 표시함으로 주목하라.

영업활동현금흐름의 계산(간접법)

영업활동현금흐름 :		₩125,000
영업이익 :	₩142,000	
가감 :		
현금유출이 없는 비용		
감가상각비	15,000	
영업활동 관련 부채의 증가 (또는 자산 감소)		
매입채무 증가	75,000	
미지급급여 증가	13,000	
영업활동 관련 자산의 증가 (또는 부채 감소)		
매출채권 증가	(20,000)	
재고자산 증가	(85,000)	
영업에서 창출된 현금	₩140,000	
법인세 등에 따른 현금흐름		
법인세의 납부	(15,000)	

지금까지는 영업활동현금흐름을 간접법으로 계산하는 방법을 설명하였다. 영업활동현금흐름을 실제로 계산할 때는 가산 및 차감을 위한 구체적인 항목을 보고해야 한다. 이러한 구체적인 가산 및 차감항목들은 제3절에서 상세히 설명하도록 한다.

(3) 직접법과 간접법의 비교

직접법과 간접법은 서로 장·단점을 갖고 있다. 직접법은 영업활동으로 인한 현금유입액과 현금유출액을 분리하여 보고하므로 단순히 영업활동으로 인한 순현금흐름만을 보고하는 간접법보다 현금흐름표의 기본목적에 더 잘 부합한다. 즉, 직접법은 영업으로 인한 현금유입과 유출을 원천별(예 매출, 매입, 법인세 등)로 구분하여 보고하는 반면, 간접법은 이것들의 단순한 대수적인 합(즉, 영업활동으로 인한 순현금흐름)만을 보고한다. 따라서 회사의 영업을 통한 미래 현금창출능력을 평가함에 있어 직접법이 더 상세한 정보를 제공해 준다.

그러나 기업의 회계정보시스템은 발생주의에 근거하므로 현금유입과 유출에 관한 정보를 원천별로 기록하지 않는다. 그러므로 이에 관한 정보를 수집하기 위해서는 상당한 회계정보 처리비용이 사후적으로 소요된다. 이러한 단점 이외에도 직접법에 의한 현금흐름표는 해당 회사의 영업에 관해 지나치게 상세한 정보를 공개한다는 문제도 있다. 상세한 영업정보는 경쟁회사들에 의해 전략적으로 이용당함으로써 해당 회사의 경쟁력을 약화시킬 가능성이 있다.

반면 간접법은 발생주의에 근거한 영업이익과 영업활동현금흐름 간의 차이를 조정하는 데에 초점을 맞춘다. 따라서 간접법은 현금흐름표와 발생주의에 근거한 재무제표(재무상태표와 포괄손익계산서) 간에 연결고리를 제공해 줌으로써 재무제표의 종합적인 이해를 증진시켜 준다.

또한 간접법은 현금흐름표를 작성할 때에 회계정보시스템에서 처리된 재무정보를 기계적으로 이용할 수 있지만, 직접법에서는 현금계정에 기록된 수많은 거래에 대해 거래별로 일일이 분석하여 영업활동, 투자활동 및 재무활동으로 구분하여야 한다. 따라서 간접법은 상대적으로 적은 정보처리비용이 든다.[12)]

직접법을 적용하여 표시한 현금흐름은 간접법에 의한 현금흐름에서 파악할 수 없는 정보를 제공하며, 미래현금흐름을 추정하는 데 보다 유용한 정보를 제공한다. 이에 따라

---

12) 현금분석을 주로 하는 투자안 평가에서도 미래현금흐름에 대한 예측은 미래 발생주의 이익을 먼저 예측한 다음, 이를 조정하여 미래현금흐름을 추정한다. 이는 발생주의 이익이 예측가능성이 높다는 것을 반영하며 현금주의회계보다는 발생주의회계가 미래 예측에 더 우월하다는 사실에 근거한다. 실무에서 간접법을 선호하는 이유도 비용상 이점도 있으나, 이러한 조정관습을 반영한다. 발생주의 회계의 우월성에 대해서는 제2장 개념체계를 참조하라.

국제회계기준서에서는 직접법을 사용할 것을 권장하고 있다.

2. 투자활동현금흐름

투자활동현금흐름은 미래수익과 미래현금흐름을 창출할 **자원의 확보**를 위하여 지출된 정도를 나타내기 때문에 현금흐름을 별도로 구분 공시하는 것이 중요하다. 투자활동현금흐름의 예는 다음과 같다.

(1) 유형자산, 무형자산 및 기타 장기성 자산의 취득에 따른 현금유출. 이 경우 현금유출에는 자본화된 개발원가와 자가건설 유형자산에 관련된 지출이 포함
(2) 유형자산, 무형자산 및 기타 장기성 자산의 처분에 따른 현금유입
(3) 채권에서 이자 수령 및 투자회사에서 배당금 수령
(4) 다른 기업의 지분상품이나 채무상품 및 조인트벤처 투자지분의 취득에 따른 현금유출(현금성자산으로 간주되는 상품이나 단기매매목적으로 보유하는 상품의 취득에 따른 유출액은 제외)
(5) 다른 기업의 지분상품이나 채무상품 및 조인트벤처 투자지분의 처분에 따른 현금유입(현금성자산으로 간주되는 상품이나 단기매매목적으로 보유하는 상품의 처분에 따른 유입액은 제외)
(6) 제3자에 대한 선급금 및 대여금(금융회사의 현금 선지급과 대출채권은 제외)
(7) 제3자에 대한 선급금 및 대여금의 회수에 따른 현금유입(금융회사의 현금 선지급과 대출채권은 제외)
(8) 선물계약, 선도계약, 옵션계약 및 스왑계약에 따른 현금유출(단기매매목적으로 계약을 보유하거나 현금유출이 재무활동으로 분류되는 경우는 제외)
(9) 선물계약, 선도계약, 옵션계약 및 스왑계약에 따른 현금유입(단기매매목적으로 계약을 보유하거나 현금유입이 재무활동으로 분류되는 경우는 제외[13])

13) 파생상품계약에서 식별가능한 거래에 대하여 위험회피회계를 적용하는 경우, 그 계약과 관련된 현금흐름은 위험회피대상 거래의 현금흐름과 동일하게 분류한다.

투자활동현금흐름은 현금유입액과 유출액으로 구분하여 보고한다. <표 24. 6>은 투자활동현금흐름을 예시하고 있다.

표 24. 6
투자활동현금흐름의 예

투자활동현금흐름 :		₩××,×××
투자활동현금유입액		
대여금의 회수	₩××,×××	
금융자산의 처분	×,×××	
유형자산의 처분	×,×××	
무형자산의 처분	×××	
이자의 수령	×××	
배당의 수령	×××	
투자활동현금유출액		
대여금의 대여	××,×××	
금융자산의 취득	×××	
유형자산의 취득	×,×××	
무형자산의 취득	×,×××	

3. 재무활동현금흐름

재무활동현금흐름은 미래현금흐름에 대한 **자본제공자의 청구권**을 예측하는 데 유용하기 때문에 현금흐름을 별도로 구분 공시하는 것이 중요하다. 재무활동현금흐름의 예는 다음과 같다.

(1) 주식이나 기타 지분상품의 발행에 따른 현금유입
(2) 주식의 취득이나 상환에 따른 소유주에 대한 현금유출
(3) 담보 · 무담보부사채 및 어음의 발행과 기타 장 · 단기차입에 따른 현금유입
(4) 차입금의 상환에 따른 현금유출
(5) 채권자에게 이자 지급이나, 주주에게 배당금 지급에 따른 현금 유출
(6) 리스이용자의 금융리스부채 상환에 따른 현금유출

재무활동현금흐름도 투자활동현금흐름처럼 현금유입액과 유출액으로 나누어 보고한다. <표 24. 7>은 재무활동현금흐름을 표시한 예이다.

표 24. 7
재무활동현금흐름의 예

재무활동현금흐름 :		₩××,×××
재무활동현금유입액		
차입금의 차입	₩××,×××	
사채의 발행	×,×××	
주식의 발행	×,×××	
자기주식의 재발행	×××	
주주의 현금증여	×××	
재무활동현금유출액		
차입금의 상환	××,×××	
사채의 상환	×,×××	
자기주식의 취득	×,×××	
이자 지급	×××	
배당금의 지급	×××	
유상감자	×××	

예제 3

대구조선은 20×7년 12월 31일로 종료되는 회계연도의 현금흐름표를 작성하고 있다. 다음 항목들이 간접법에 의한 현금흐름표상 어느 구분에 얼마의 금액으로 공시될 것인지 기입하시오(모든 '금액' 란에 음수는 괄호안에 금액을 표시하시오).

(1) ₩100,000짜리 토지를 ₩30,000 현금 지급하고 잔액은 차년도 지급하기로 하고 구입하여 등기하였다.
(2) 20×2년 초 ₩100,000에 구입한 기계(내용연수 10년, 잔존가치 ₩0, 정액법상각)에 대하여 20×7년 감가상각하였다.
(3) 액면가액 ₩200,000의 사채를 ₩180,000에 발행하였다.
(4) 선박을 수주하고 선수금 ₩40,000을 수령하였다.
(5) 자기주식 ₩30,000을 현금 취득하였다.
(6) 3년 전 ₩10,000에 구입한 토지를 ₩15,000에 매각하였다.
(7) 주당액면가액이 ₩5,000인 보통주 25주를 주당 ₩6,200으로 발행하였다.
(8) 사채에 대한 이자 ₩10,000을 현금 지급하였다.
(9) 보유하고 있는 투자주식으로부터 배당금 ₩7,000을 받았다
(10) 사채(액면 ₩200,000, 미상각할인발행차금 ₩20,000)를 ₩187,000에 상환하였다.

구분 거래	Ⅰ. 영업활동으로 인한 현금흐름	Ⅱ. 투자활동으로 인한 현금흐름	Ⅲ. 재무활동으로 인한 현금흐름
(1)			
(2)			
(3)			
(4)			
(5)			
(6)			
(7)			
(8)			
(9)			
(10)			

해 답

구분 거래	Ⅰ. 영업활동으로 인한 현금흐름	Ⅱ. 투자활동으로 인한 현금흐름	Ⅲ. 재무활동으로 인한 현금흐름
(1)		(30,000)	
(2)	10,000		
(3)			180,000
(4)	40,000		
(5)			(30,000)
(6)	(5,000)	15,000	
(7)			155,000
(8)			(10,000)
(9)		7,000	
(10)	7,000		(187,000)

4. 주석 또는 주기사항

지금까지 현금흐름표의 주요 내용들을 살펴보았는데, 그 밖에도 주석 또는 주기로 보고해야 할 사항들도 있다. 「재무제표의 작성과 표시에 관한 기준서」는 다음 사항들을 현금흐름표의 주석사항이나 주기사항으로 보고하도록 규정하고 있다.

1) 현금의 유입과 유출이 없는 중요한 거래(주석사항)

투자활동이나 재무활동과 연관된 중요한 거래이지만 현금의 유입이나 유출을 수반하지 않는 거래(significant non-cash investment and financing transactions)는 현금흐름표의 주석사항으로 보고한다. 일례로, 금융자산 등과 같은 비현금자산을 대가로 자산을 취득하거나, 혹은 전환사채의 전환이 일어난 경우 회사의 자산 및 자본구조에는 중요한 변화가 일어나지만 현금흐름은 변동이 없다. 그 외에도 유형자산의 연불구입, 금융리스에 의한 자산의 취득, 기부에 의한 비현금자산의 취득 등이 현금유입이나 유출이 없는 중요한 투자활동이나 재무활동에 속한다. 한편, 무상증자, 무상감자, 주식배당, 주식분할, 주식병합, 이익잉여금의 적립 등은 중요한 비현금거래이지만 자본계정 내의 계정 간 대체에 불과하고 재무활동으로서의 의미가 거의 없기 때문에 현금흐름표의 주석사항이 아니다.

2) 직접법 사용시 영업이익의 조정내용(주석사항)

영업활동현금흐름을 직접법으로 계산한 경우에는 영업이익 및 영업이익에 가감할 항목들을 주석사항으로 보고해야 한다. 이는 직접법을 사용하는 경우에도 간접법에 의한 조정내용을 추가적으로 공시해야 함을 의미한다. 그러나 이러한 주석요구사항은 기업들이 직접법을 사용하지 않게 하는 또 하나의 요인이 될 수도 있다.

제3절 간접법에서의 영업이익 조정

제2절에서는 영업활동현금흐름을 간접법으로 작성함에 있어 영업이익에서 다음 세 가지 요소를 조정하여야 함을 설명하였다.

(1) 현금흐름을 수반하지 않는 수익과 비용
(2) 재고자산과 영업활동에 관련된 채권 · 채무의 변동
(3) 투자활동현금흐름이나 재무활동현금흐름으로 분류되는 기타 모든 항목

본 절에서는 위의 두 항목들[(1), (2)]에 대한 구체적인 계정분석을 통하여 자세히 살펴보도록 하자. 설명의 편의를 위해 각 항목들을 서로 반대되는 짝(counterparts)으로 한데 묶어 설명한다.

1. 현금흐름을 수반하지 않는 수익과 비용

현금유출이 없는 비용의 대표적인 예는 유형자산에 대한 감가상각비이며, 감가상각비는 영업이익에 가산해 준다. 감가상각비는 감가상각누계액계정의 기말잔고에서 기초

잔고를 차감한 후 회계기간 중에 처분한 자산의 감가상각누계액을 더하여 구할 수 있다. 회계기간 중 처분한 자산의 감가상각누계액은 장부에서 제거하므로 이를 감가상각누계액계정의 잔고변동액에 가산해 주어야 감가상각비를 올바로 계산할 수 있다.

당기 감가상각비 = 감가상각누계액의 기말잔고 - 기초잔고 + 기중 처분한 유형자산의 감가상각누계액

감가상각비와 유사한 성격을 가진 항목으로서 특허권, 개발비, 영업권 등과 같은 무형자산에 대한 상각비가 있다. 이들도 현금유출이 없는 비용이므로 영업이익에 가산해 주어야 한다.

현금흐름을 수반하지 않는 수익과 비용항목에 지분법 수익 또는 손실, 금융자산(FVPL) 평가이익 또는 손실, 외화환산이익 또는 손실, 손상 차손 또는 환입 등이 있고, **이자수익 중 현재가치할인차금상각**, 이자비용 중 현재가치할인차금상각 등을 들 수 있다. 이러한 항목들은 이익은 차감하고 손실은 가산한다.

2. 재고자산과 영업활동에 관련된 채권 · 채무의 변동

(1) 매출채권, 매입채무, 재고자산의 변동

기업에서는 현금거래만이 아니라 신용거래가 이루어진다. 따라서 발생주의에 의한 수익 및 비용과 현금흐름이 일치하지 않는 경우가 많다. 발생주의 수익과 현금 수입이 일치하지 않는 대표적인 예는 매출채권에서 찾아볼 수 있다. 먼저, 매출채권계정에 발생할 수 있는 거래를 T-계정에 요약해 보자.

만일 매출채권의 잔고가 증가하였다면, 다음 매출채권계정분석에서 보는 바와 같이 외상매출액이 현금회수액을 초과하였기 때문이다. 외상매출이 일어나면 수익을 인식하므로 영업이익은 증가하지만 현금은 증가하지 않는다. 반면, 외상매출의 현금회수는 현금을 증가시키지만 영업이익은 증가시키지 않는다. 따라서 매출채권이 증가한 것은 영업이익의 증가가 현금의 증가보다 크다는 것을 의미한다. 즉, 매출채권의 증가는 현금유입이 없는 수익이므로 이를 영업이익에서 차감해야 한다. 그러나 만일 매출채권이 감소하였다면 이는 수익이 아닌 현금유입이므로 영업이익에 가산한다. 매출채권에 대한 대손충당금이 있는 경우는 이를 공제한 순액으로 매출채권 계정을 분석하면 된다.

매출채권	
기초잔고 외상매출액(수익)	매출채권의 회수(영업현금유입) 기말잔고
차기 기초잔고	

☞ 매출채권 증가시 영업이익에 차감

외상매출액(수익) > 매출채권회수(영업현금유입) → 매출채권 증가
☞ 매출채권 증가시 영업이익 차감

이와 대비되는 예로서 재고자산과 매입채무계정을 살펴보자. 먼저 이 두 계정과 관련하여 발생할 수 있는 거래를 각각의 T-계정에 요약하면 다음과 같다. 설명의 편의상 모든 재고자산의 구매는 외상으로 이루어진다고 가정한다.[14)]

매입채무	
외상매입대금의 현금지급(현금유출) 기말잔고	기초잔고 외상매입
	차기 기초잔고

☞ 매입채무 증가시 영업이익에 가산

재고자산	
기초잔고 외상매입	매출원가(비용인식) 기말잔고
차기 기초잔고	

☞ 재고자산 증가시 영업이익에 차감

재고자산은 재고의 구매가 이루어지면 증가하고, 매출원가를 인식함으로써 감소한다. 한편, 매입채무는 재고를 외상매입할 때 증가하며, 대금을 지급하면 감소한다. 설명을 위해, 회계기간 중 재고자산은 감소하고 매입채무는 증가하였다고 하자. 위의 계정분석 내용을 참조하면 재고자산의 감소는 매출원가가 외상매입액을 초과하였기 때문이며, 매입채무의 증가는 외상매입액이 대금지급액보다 컸기 때문임을 알 수 있다. 이를 식으로 요약하면 다음과 같다.

재고자산의 감소 : 매출원가 - 외상매입액 > 0
매입채무의 증가 : 외상매입액 - 외상대금지급액 > 0

14) 이 가정은 설명의 편의를 위한 것일 뿐이며 현금구매와 외상구매가 모두 있는 경우에도 분석결과는 유효하다.

이 두 식의 양변을 더하면 오른쪽에 있는 외상매입액이 서로 상쇄되어 없어지고 아래의 식을 얻을 수 있다.

재고자산의 감소+매입채무의 증가 = 매출원가 − 외상대금지급액
(비용) (현금유출)

즉, 재고자산의 감소와 매입채무의 증가는 매출원가가 외상대금의 지급액을 초과한 금액이므로 현금유출이 없는 비용이 된다. 따라서 이들을 영업이익에 가산해 준다. 즉 매출원가에 외상으로 구입한 재고가 포함되어 있어, 이는 비용(매출원가)보다 현금지출(외상대금지급액)이 더 작기 때문에 이 금액을 영업이익에 가산해야 한다. 반대로 이 금액이 음수라면 이 금액을 영업이익에서 차감해야 한다. 이들의 관계를 나타내면 다음과 같다.

매출원가 > 외상대금지급 → 매출원가에 외상구입액 포함
또는 재고자산의 감소 / 매입채무의 증가
☞ 영업이익에 가산

(2) 선급비용과 선수수익의 변동

다음으로 '현금유출이 없는 비용'과 '비용이 아닌 현금유출'의 짝에 대하여 살펴보자. 한 가지 예로서 선급비용(prepaid expenses)계정의 감소를 고려해 보자. 선급임차료나 선급보험료와 같은 선급비용계정의 변동은 비용의 인식과 현금의 선급이라는 두 가지 상반된 거래로 인해 생긴다. 이 두 가지 거래를 선급보험료 T-계정에 표시해 보면 다음과 같다.

만약 선급보험료계정의 잔고가 감소하였다면, 이는 표에서 알 수 있듯이 인식한 보험료비용이 현금으로 선급한 보험료보다 더 컸기 때문이다. 즉, 선급보험료의 감소액은 현금유출을 초과하여 인식한 비용이며, 이를 달리 해석하면 현금유출이 없는 비용인 것이다. 그러므로 선급비용의 감소는 영업이익에 가산해 주어야 한다.

반면에 선급보험료계정의 경우 잔고가 증가하였다면, 이는 현금으로 선급한 보험료가 인식한 보험료비용보다 컸기 때문이다. 즉, 선급보험료의 증가액은 인식한 보험료비용을 초과하여 지급한 보험료이므로 비용이 아닌 현금유출인 셈이다. 따라서 이를 영업이익에서 차감해 주어야 한다.

선급보험료와 보험료비용의 관계를 나타내면 다음과 같다.

선급비용(보험료)	
기초잔고 현금으로 선급한 보험료(현금유출)	보험기간이 만료되어 비용으로 인식한 선급보험료(보험료비용) 기말잔고
차기 기초잔고	

☞ 선급비용 증가시 영업이익에 차감

현금으로 선급한 보험료 > 보험료비용 → 선급보험료계정 증가
(현금유출) (비용)

☞ 영업이익에 차감

다음으로 선수금(선수수익)계정을 분석하여 보자. 이 계정에 발생할 수 있는 거래를 T-계정에 요약하면 다음과 같다.

선수금(선수수익)	
고객에게 인도한 재화 · 용역의 가치(수익) 기말잔고	기초잔고 고객으로부터의 선수대금(현금유입)
	차기 기초잔고

☞ 선수금(선수수익) 증가시 영업이익에 가산

선수금(선수수익)계정의 잔고가 증가하였다면, 이는 고객에게 인도한 재화 및 용역의 가치보다 고객으로부터 받은 선수대금액을 더 받았다는 의미가 된다. 따라서 선수금의 증가는 현금유입액이 수익으로 인식한 금액을 초과한 부분으로 영업이익에 가산한다. 반대로 선수금(선수수익)이 감소하였다면 이는 현금유입이 없는 수익임을 의미하므로 영업이익에서 차감한다.

이상의 분석을 <표 24. 8>과 같이 요약할 수 있다. 이 표를 보면, 간접법에서 영업이익을 조정해주는 구체적인 내용을 보여주고 있는데, 이를 자세히 검토해 보면 **일정한 규칙**이 있음을 알 수 있다. 즉, 선급비용이나 재고자산과 같은 유동자산계정이 감소하거나 선수수익 또는 매입채권과 같은 유동부채계정이 증가하면 이를 영업이익에 가산한다. 반대로, 유동자산계정의 증가와 유동부채계정의 감소는 영업이익에서 차감한다.

표 24. 8
간접법에서 영업이익의 조정

영업이익에서 차감하는 항목	영업이익에 가산하는 항목
<유동자산의 증가>	<유동자산의 감소>
매출채권의 증가	매출채권의 감소
재고자산의 증가	재고자산의 감소
선급비용의 증가 등	선급비용의 감소 등
<유동부채의 감소>	<유동부채의 증가>
매입채무의 감소	매입채무의 증가
선수금 / 선수수익의 감소 등	선수금 / 선수수익의 증가 등
<현금유입이 없는 수익>	<현금유출이 없는 비용>
	유형자산 감가상각비
	무형자산의 상각비
지분법 이익	지분법 손실
손상차손 환입	손상 차손
금융자산(FVPL)평가이익	금융자산(FVPL)평가손실
외화환산이익 등	외화환산손실 등

직관적으로 이해하기 위하여 위 내용을 정리하면 다음과 같다.

- 자산 증가 → 아직 현금 못 받음 → 현금 감소
- 자산 감소 → 이전에 받았던 현금의 결과 → 현금 증가
- 부채 증가 → 아직 현금 안 냄 → 현금 증가
- 부채 감소 → 현금 지급 완료 → 현금 감소

3. 단기매매목적자산과 투자 및 재무활동 관련 유동항목

(1) 단기매매목적자산

앞에서 말한 바와 같이 **단기매매목적**으로 자산을 취득하거나 이를 처분하는 경우의 현금유입과 현금유출도 영업활동으로 분류한다. 여기서 단기매매라 함은 매매차익을 목적으로 적극적이고 빈번하게 매수·매도하는 행위를 의미하고, 이러한 단기매매목적자산의 대표적인 예로는 금융자산(FVPL), 단기매매목적 매출채권 등이 있다. 단기매매자산의 취득과 처분을 투자활동으로 보지 않고 영업활동으로 보는 이유는 단기매매자산이 재판매를 목적으로 취득하는 재고자산과 그 성격이 유사하다고 보기 때문이다. 다음 단기매매목적자산 계정의 변동내역을 분석하여 보면 다음과 같다.

단기매매목적자산	
기초잔고 취득원가 평가이익	 처분 평가손실 기말잔고
차기 기초잔고	

☞ 단기매매목적자산 증가시 영업이익에 차감

단기매매목적자산에서 특이한 점은 취득원가를 영업이익에서 차감한다는 점이다. 그 이유는 영업활동현금유출인데 손익계산서상에서는 아직 영업이익에 반영되어 있지 않기 때문이다. 반대로 처분된 단기매매목적자산에 대하여는 장부금액을 영업이익에 가산한다. 투자활동에 해당되는 유형자산의 처분은 실처분가액을 유입액으로 기재하지만, 단기매매목적자산의 처분손익은 이미 영업이익에 반영되어 있으므로 처분된 장부금액을 가산하는 것이다. 평가손익은 현금흐름이 수반되지 않으므로 영업이익에 가감한다. 이상의 설명은 좀 복잡하여 보이지만, 위 세 가지 조정을 한꺼번에 할 수 있다. 즉, 단기매매목적자산의 잔고가 증가하면, 영업이익에서 차감하고, 잔고가 감소하면 영업이익에 가산하면서 한꺼번에 조정이 이루어진다.

(2) 투자 및 재무활동과 연관된 유동항목

대부분의 유동자산과 유동부채가 영업활동과 연관이 있지만, 일부 유동자산이나 유동부채계정은 영업활동과는 관계없이 투자활동이나 재무활동과 연관되어 있다는 사실이다. 일례로, 단기대여금 및 유동자산으로 분류된 금융자산(FVOCI) 등은 유동자산이지만 투자활동과 연관이 있고, 단기차입금이나 미지급배당금은 유동부채이지만 재무활동과 상관이 있다. 따라서 영업활동과 상관이 없는 이러한 계정들의 변동을 영업활동현금흐름을 산출하는 영업이익의 조정내용에 포함해서는 안 된다. 이들 계정의 변동은 비유동자산, 비유동부채 및 자본계정의 변동처럼 투자 및 재무활동현금흐름에 반영한다.

제4절 현금흐름표 작성 종합사례

이제 종합적인 사례를 이용하여 현금흐름표를 작성하여 보자.

예제 4

다음은 ㈜승리의 20×7년도 비교재무상태표와 포괄손익계산서이다. 추가적인 몇 가지 재무정보를 토대로 ㈜승리의 20×7년도 현금흐름표를 작성하라.

비교재무상태표

	20×7. 12. 31.	20×6. 12. 31.
현 금	₩21,000	₩18,000
매출채권	25,000	18,000
재고자산	81,000	55,000
금융자산(FVOCI)	10,000	58,000
유형자산	370,000	215,000
(감가상각누계액)	(30,000)	(50,000)
자산 총계	₩477,000	₩314,000
매입채무	₩35,000	22,000
미지급이자	9,000	8,000
미지급법인세	1,000	2,000
사 채	80,000	0
자본금과 자본잉여금	285,000	254,000
이익잉여금	67,000	28,000
부채 및 자본 총계	₩477,000	₩314,000

포괄손익계산서

	20×7
매출액	₩210,000
매출원가	90,000
판매비와관리비	25,000
감가상각비*	20,000
유형자산처분이익	2,000
영업이익	₩77,000
금융자산처분손실	9,000
이자비용	3,000
법인세차감전순이익	₩65,000
법인세비용	12,000
당기순이익	₩53,000

* 매출원가와 판매비와관리비에는 감가상각비를 포함하지 않고 별도로 표기한 것이다.

[추가정보]
① 20×6년 12월 31일 당시 보유 중이던 금융자산(FVOCI)을 20×7년도에 ₩39,000에 매각하였다. 매각한 금융자산은 시장성 없는 주식으로서 장부상 ₩48,000의 원가로 보유하고 있었다.
② 20×7년 회사는 취득원가가 ₩50,000이고, 80%를 상각한 기계설비를 ₩12,000에 매각하였다.
③ 20×7년 ㈜승리는 회사채를 액면발행하였고 유상증자도 실시하였다.

㈜승리의 비교재무상태표는 20×7년 중에 ₩3,000의 현금이 증가하였음을 보여주고 있으며, 현금흐름표는 이러한 현금의 변동내역에 관한 정보를 제공해 줄 것이다. 먼저 영업활동현금흐름을 간접법으로 구하여 보자. 이를 위해 필요한 정보는 유동자산과 유동부채의 변동, 감가상각비 등과 같은 상각비용, 그리고 비유동자산 혹은 비유동부채의 처분과 관련된 손익이다.

먼저 감가상각비를 고려해 보자. 감가상각비는 포괄손익계산서를 참조하면 알 수 있지만, 본 예제에서는 포괄손익계산서가 주어져 있지 않으므로 감가상각누계액계정을 분석하여 감가상각비를 구해야 한다. 회계연도 중에 취득원가가 ₩50,000이고 80%의 상각이 끝난 유형자산이 처분되었으므로(추가정보 ②), 이와 관련하여 장부에서 소멸된 감가상각누계액은 ₩40,000(=₩50,000 × 80%)이다. 감가상각누계액의 기초잔고는 ₩50,000이므로 추가적인 감가상각의 인식이 없었다면 기말잔고는 ₩10,000이 되어야 할 것이다. 그러나 실제 기말잔고는 ₩30,000이므로 20×7년도 감가상각비로 인식한 금액이 ₩20,000임을 쉽게 유추할 수 있다. 이 금액은 영업이익에 가산해야 함은 물론이다.

감가상각누계액 기초잔액	₩50,000
당기처분 유형자산 감가상각누계액	(40,000)
당기 감가상각비	?
감가상각누계액 기말잔액	₩30,000

다음으로 비유동자산 또는 비유동부채의 처분과 관련한 손익을 찾아보자. 예제에서 ㈜승리는 유형자산과 금융자산(FVOCI)을 처분하였다. 장부금액이 ₩10,000(=₩50,000 × 20%)인 유형자산을 ₩12,000에 처분하였으므로(추가정보 ②), 다음 분개와 같이 ₩2,000의 처분이익이 발생하였다.

(차)	감가상각누계액	40,000	(대) 유형자산	50,000
	현　　금	12,000	유형자산처분이익	2,000

이에 따라 당해의 유형자산 변동내역을 파악하기 위하여 유형자산 계정을 분석하면 다음과 같다. 이를 보면 당기에 유형자산을 ₩205,000에 취득하였음을 알 수 있다.

유형자산 기초잔액	₩215,000
당기처분 유형자산	(50,000)
당기취득 유형자산	?
유형자산 기말잔액	₩370,000

여기서 당기 유형자산 취득액 ₩205,000은 투자활동에서의 현금유출액이 된다. 당기에 처분한 유형자산에서의 대금 수취액 ₩12,000은 투자활동에서의 현금유입액이 된다. 이 경우 유형자산 처분액 ₩12,000이 투자활동에서의 현금유입액으로 보고되는데, 보고된는 ₩12,000에 유형자산 처분이익 ₩2,000이 포함되어 있기 때문에 중복 계상을 방지하기 위하여 영업이익에서 차감하는 것이다.

세 번째로 영업활동과 연관된 유동계정들의 변동에 관한 정보가 필요하다. 앞의 예제에서 유동계정으로는 재고자산과 매입채무가 있는데, 이 두 계정은 모두 영업활동과 연관된 계정이다. 재고자산은 ₩26,000이 증가하였으므로 영업이익에서 차감해 주고, 매입채무는 ₩13,000이 증가하였으므로 이는 가산하여 영업활동에서 창출된 현금을 구한다.

법인세비용은 손익계산서상 비용이 아니라, 실 현금지급액 ₩13,000(당기법인세비용 ₩12,000 + 미지급법인세 지급액 ₩1,000)을 기입한다. 여기에 배당금 지급액 ₩14,000도 함께 기입한다. 이상의 분석을 토대로 영업활동현금흐름을 간접법으로 구하여 보면 <표 24. 9>와 같다.

표 24. 9
영업활동현금흐름의 계산(간접법)

영업활동현금흐름		₩62,000
영업이익	₩77,000	
가감 :		
감가상각비	20,000	
매출채권의 증가	(7,000)	
재고자산의 증가	(26,000)	
매입채무의 증가	13,000	
유형자산처분이익	(2,000)	
영업활동에서 창출된 현금	₩75,000	
법인세 등에 따른 현금흐름		
법인세 납부액	(13,000)	

영업활동현금흐름을 직접법으로 구하여 보면 <표 24. 10>과 같다. 여기서 고객으로부터 유입된 현금은 ₩203,000(=매출액 ₩210,000−매출채권 증가액 ₩7,000)이고, 공급자와 종업원에 대한 현금유출액은 ₩128,000(=매출원가 ₩90,000+판매비와관리비 ₩25,000+재고자산증가액 ₩26,000−매입채무 증가액 ₩13,000)이 된다.

표 24. 10
영업활동현금흐름의 계산(직접법)

영업활동현금흐름		₩62,000
고객으로부터 유입된 현금	₩203,000	
공급자와 종업원에 대한 현금유출	128,000	
영업활동에서 창출된 현금	₩75,000	
법인세 지급액	(13,000)	

투자활동과 재무활동 현금흐름을 보기위하여 유동계정, 비유동자산, 비유동부채, 그리고 자본계정을 분석한다.

먼저 투자활동부터 보자. 금융자산(FVOCI)의 잔고가 ₩58,000에서 ₩10,000으로 감소하였는데, 이는 회계연도 중 취득원가가 ₩48,000인 주식을 처분하였기 때문이다(추가정보 ①).

처분한 금융자산(FVOCI)은 보유 중이던 주식으로서 취득원가가 ₩48,000이고 처분가격이 ₩39,000이므로(추가정보 ①), 다음 분개를 통하여 알 수 있는 바와 같이 처분손실은 ₩9,000이다. 재무상태표에서 금융자산(FVOCI)은 ₩48,000 감소하였으므로 당기에 신규 구입한 것은 없음을 알 수 있다. 금융자산(FVOCI) 처분손실 ₩9,000을 감안한 처분금액 ₩39,000은 투자활동에서 현금유입액으로 보고한다.

(차) 현　　금	39,000	(대) 금융자산(FVOCI)	48,000
금융자산처분손실	9,000		

다음으로 유형자산은 ₩215,000에서 ₩370,000으로 ₩155,000만큼 증가하였다. 이는 취득원가가 ₩50,000인 기계설비를 처분하였음에도 증가한 것이므로 ₩205,000(=₩155,000+₩50,000)만큼의 유형자산을 취득하였음을 말해준다. 이에 투자활동 현금흐름에 유형자산 취득액 ₩205,000과 처분액 ₩12,000을 현금 유출과 유입으로 각각 보고한다.

다음으로 재무활동을 보자. 채권발행으로 인해 사채의 잔고는 ₩80,000이 증가하였는데, 회사가 채권을 액면으로 발행하였으므로(추가정보 ④), 그 금액 전체가 현금으로 유입되었음을 알 수 있다. 자본금과 자본잉여금은 ₩31,000이 증가하였는데, 이는 유상증자에 기인한 것이다(추가정보 ④).

배당금에 관한 정보는 이익잉여금계정을 분석하면 된다. 아래 분석표와 같이 이익잉여금의 기초잔고가 ₩28,000이고 당기순이익이 ₩53,000이므로 배당지급이 없었다면, 기말잔고는 ₩81,000이어야 할 것이다. 그러나 실제 기말잔고는 ₩67,000이므로, 그 차액인 ₩14,000은 배당지급으로 감소한 금액임을 유추할 수 있다.

이익잉여금 기초잔액	₩28,000
당기순이익	53,000
당기 배당액	(?)
이익잉여금 기말잔액	₩67,000

이자비용 ₩3,000중 미지급된 이자(미지급이자 증가액) ₩1,000이 있기 때문에 이자 현금지급액은 ₩2,000이 된다. 배당금 지급액은 앞에서 언급한 대로 재무활동에 포함된다. 이상의 내용을 정리하면 <표 24. 11>과 같다.

표 24. 11
투자활동 및 재무활동 현금흐름의 요약

투자활동	금융자산(FVOCI)의 처분	₩39,000 (현금유입)
	유형자산의 처분	12,000 (현금유입)
	유형자산의 취득	(205,000) (현금유출)
재무활동	사채의 발행	80,000 (현금유입)
	주식의 발행	31,000 (현금유입)
	이자 지급	2,000 (현금유출)
	배당 지급	14,000 (현금유출)

이제 현금흐름표를 작성하는 데에 필요한 모든 정보를 얻었으므로 이를 토대로 현금흐름표를 작성하면 다음 <표 24. 12>와 같다.

이상의 현금흐름표 작성과정에서 보았듯이, 현금흐름표의 작성을 위해서는 재무상태표의 모든 계정과목을 일일이 분석하여 각 계정잔고의 변동이유를 확인하여야 하며, 이러한 확인을 위해 추가적인 재무정보를 필요로 한다. 추가적인 재무정보는 포괄손익계산서와 자본변동표뿐 아니라, 그밖의 모든 이용가능한 정보원천으로부터 얻을 수 있다.

이처럼 현금흐름표를 작성할 때 재무상태표의 모든 계정의 변동을 하나도 빠짐없이 분석해야 하는 이유는 회계등식을 생각하면 쉽게 이해할 수 있다. 회계등식에 의하면, 자산은 부채와 자본의 합과 같다. 기본적으로 회계등식은 절대금액으로 표시하지만, 변동액으로도 표시할 수 있다. 즉, 자산의 변동은 부채의 변동과 자본의 변동을 합한 것과 같다. 편의상 잔고의 변동을 Δ(델타)로 표시하면 회계등식을 다음과 같이 쓸 수 있다.

$$\Delta 자산 = \Delta 부채 + \Delta 자본$$

표 24.12
(주)승리의 현금흐름표

현금흐름표

20×7년 1월 1일부터 20×7년 12월 31일까지

회사명 : ㈜승리 (단위 : 원)

과 목	제×(당)기	
I. 영업활동현금흐름		₩62,000
법인세차감전 순이익	₩77,000	
가감 :		
감가상각비	20,000	
매출채권의 증가	(7,000)	
재고자산의 증가	(26,000)	
매입채무의 증가	13,000	
유형자산처분이익	(2,000)	
영업활동에서 창출된 현금	₩75,000	
법인세 지급액	(13,000)	
II. 투자활동현금흐름		
투자활동현금유입액		(₩154,000)
금융자산(FVOCI)의 처분	₩39,000	
유형자산의 처분	12,000	
투자활동현금유출액		
유형자산의 취득	(205,000)	
III. 재무활동현금흐름		
재무활동현금유입액		₩95,000
사채의 발행	₩80,000	
보통주의 발행	31,000	
재무활동현금유출액		
이자 지급	(2,000)	
배당금 지급	(14,000)	
IV. 현금의 증가(I+II+III)		₩3,000
V. 기초의 현금		18,000
VI. 기말의 현금		₩21,000

한편, 자산은 현금과 비현금자산으로 나누어 볼 수 있으므로, 위의 식을 다음과 같이 다시 쓸 수 있다.

$$\Delta \text{현금} + \Delta \text{비현금자산} = \Delta \text{부채} + \Delta \text{자본}$$

이를 다시 정리하면, 현금증가액은 다음과 같이 나타낼 수 있다.

$$\Delta \text{현금} = \Delta \text{부채} + \Delta \text{자본} - \Delta \text{비현금자산}$$

위의 식은 현금의 변동이 현금을 제외한 모든 재무상태표 계정의 변동과 연관이 있음을 보여준다. 부채의 증가와 자본의 증가는 현금의 증가를 초래하고, 비현금자산의 증가는 현금을 감소시킨다. 반면, 부채의 감소와 자본의 감소는 현금을 감소시키지만, 비현금자산의 감소는 현금을 증가시킨다.[15] 이와 같이 현금의 변동은 부채, 자본, 그리고 비현금자산 등 현금을 제외한 재무상태표상의 모든 계정의 변동으로 설명해야 하는 것이다. 이제까지는 간접법에서 현금흐름표의 이해와 작성을 위한 기본적인 지식을 습득하였으므로 부록에서는 영업이익의 조정과 관련하여 좀 더 복잡한 내용을 살펴볼 것이다.

---

15) 이 결과는 현금이 수수되는 거래의 경우에 관해서만 타당하다. 일례로, 현금수수가 없는 외상매출의 경우에는 비현금자산(매출채권)이 증가하지만 현금은 변동이 없고 대신 자본(이익잉여금)이 증가한다. 또 현물출자는 자본을 증가시키지만 현금이 증가하는 대신 비현금자산이 증가한다.

[부록] 간접법에서의 영업이익 조정: 복잡한 항목

1. 대손충당금

대손충당금은 회수불능 매출채권에 대한 추정치로서 매출채권의 평가계정이며, 이를 매출채권금액에서 차감하면 순매출채권액이 된다. 대손충당금계정이 있는 경우는 순매출채권의 변동을 분석하면 편리하다. 즉, 순매출채권이 증가하였으면 그 증가액을 영업이익에서 차감해 주고, 반대로 감소하였으면 감소액을 가산해 준다. 이렇게 매출채권과 대손충당금을 한데 묶어 일괄처리해도 무방한 이유를 설명하면 다음과 같다. 먼저, 대손이 발생하는 상황에서 매출채권 및 대손충당금계정에 발생할 수 있는 거래를 T-계정에 요약하면 다음과 같다.

순매출채권은 매출채권과 이의 차감계정인 대손충당금을 합한 것이다. 따라서 순매출채권계정에 일어날 수 있는 거래만을 T-계정에 요약한다면, 매출채권의 대변과 대손충당금의 차변에 공통으로 나타나는 대손발생은 상계되어 없어지고 아래 표에 표시된 거래만 남는다.

매출채권 (차변)	매출채권 (대변)
기초잔고 외상매출액	매출채권의 회수 대손발생 기말잔고
차기 기초잔고	

대손충당금 (차변)	대손충당금 (대변)
대손발생 기말잔고	기초잔고 기말 대손상각
	차기 기초잔고

순매출채권 (차변)	순매출채권 (대변)
기초잔고 외상매출액	매출채권의 회수 기말 대손상각비의 인식 기말잔고
차기 기초잔고	

☞ 순매출채권의 증가시 영업이익에 차감

여기서 만일 순매출채권이 감소하였다면, 이는 매출채권의 회수와 기말 추정된 대손상각비의 합이 외상매출액을 초과하였기 때문이다. 즉,

순매출채권의 감소 = 매출채권의 회수 + 대손상각비 - 외상매출액

매출채권의 회수는 현금유입을 초래하고 외상매출은 수익의 인식을 유발한다. 또, 대손상각비는 감가상각비처럼 현금유출이 없는 비용이다. 따라서 순매출채권의 감소는 개념적으로 다음과 같이 나타낼 수 있다.

순매출채권의 감소 = (현금유입 - 수익) + 현금유출이 없는 비용

위의 식 오른쪽에 있는 첫 항인 (현금유입 - 수익)은 수익을 초과한 현금의 유입, 곧 수익이 아닌 현금의 유입이다. 따라서 순매출채권의 감소는 수익이 아닌 현금의 유입과 현금유출이 없는 비용의 합을 의미하므로 이를 영업이익에 가산하는 것이다. 반면, 순매출채권이 증가하였다면 그 증가분은 영업이익에서 차감해야 한다.

2. 지분법적용투자주식(관계기업투자주식)

지분법(equity method)은 관계기업의 경제적 일체성을 강조하기 위한 회계처리방법이다. 회계처리가 복잡하기는 하지만, 투자회사가 피투자회사에 중대한 영향력을 행사하고 있는 경우 투자회사가 관계회사 간 내부거래를 통하여 혹은 피투자회사의 배당정책을 조정함으로써 야기될 수 있는 투자회사의 자의적인 이익관리가능성을 배제할 수 있는 장점이 있다. 여기서는 설명의 편의상, ① 투자주식의 취득금액이 피투자회사 순자산의 장부금액보다 크고, ② 이러한 취득금액과 장부금액의 차이는 감가상각대상 유형자산의 과소평가액과 영업권 때문이라고 가정한다. 이러한 가정하에 투자주식계정에 영향을 미치는 모든 거래를 T-계정에 요약하면 다음 계정분석표와 같다.

지분법적용투자주식	
기초잔고 당기취득 지분원가 피투자회사 순이익 × 지분율	현금배당 수령액 피투자회사 순손실 × 지분율 손상차손 기말잔고
차기 기초잔고	

먼저 피투자회사의 지분을 취득하기 위해 지불한 현금(당기취득분)[16]과 피투자회사로부터 받은 현금배당액은 투자활동현금흐름으로 보고한다. 피투자회사로부터 받은 현

금배당액을 투자활동현금흐름으로 보는 이유는 배당이 지분법에서는 **투자금액의 회수**로 간주되기 때문이다.

다음으로 피투자회사의 순이익 또는 순손실에 대한 투자회사의 몫과 영업권 손상차손에 대해 살펴보자. 이 항목들은 손익계산서 영업이익에 영향을 미치지 않기 때문에 간접법에서 영업이익에서 조정할 필요가 없다. 다만 비현금거래이므로 중요한 사항은 주석으로 기재하게 된다. 한편, 지분법적용투자주식계정에 영향을 미치는 항목으로서 자본에 직접 가감되는 항목들은(예 기타포괄손익, 자본조정항목 등) 현금흐름과 당기순이익(영업이익) 모두에 영향을 미치지 않는 항목이므로 현금흐름표 작성과는 무관하다.

3. 법인세 납부액

회사가 납부하는 **법인세**는 대부분이 영업이익에 대한 세금이지만 모든 법인세가 영업활동과 관련이 있는 것은 아니다. 일례로, 회사가 비유동자산을 처분하여 차익이나 차손이 발생하였다면 이에 대한 법인세효과는 투자활동의 결과인 것이다. 영업활동과 무관한 법인세는 원칙적으로 투자활동이나 재무활동으로 보고하여야 할 것이나, 이와 같은 법인세의 발생원천별 배분은 실무적으로 매우 번거롭고, 또 그렇게 번거로운 회계절차를 거쳐 생산한 정보의 효용(benefits)도 추가적 **정보처리비용**(costs)을 정당화해 줄만큼 크지 않다. 따라서 법인세 지급과 환급은 일괄적으로 영업활동현금흐름으로 분류한다.

예를 들어, 회사가 장부금액이 ₩10,000인 유형자산을 ₩15,000에 매각하였다고 하자. 그 차액인 ₩5,000의 처분이익은 영업활동현금흐름 계산시에 영업이익에서 차감해 주고, 처분금액인 ₩15,000은 투자활동현금흐름 계산시에 유형자산처분에 따른 현금유입액으로 보고한다. 여기서 주목할 점은 ₩5,000의 유형자산처분이익이나 유형자산의 처분으로 인한 ₩15,000의 현금유입액은 세금효과를 고려하지 않은 세전금액(before-tax amount)이라는 점이다. 이렇게 처리하는 이유가 바로 위에서 언급한 '법인세 지급과 환급은 영업활동현금흐름으로 분류한다'는 가정 때문이다.

그렇다면 만일 이러한 가정이 없이 법인세를 영업·투자·재무활동별로 구분해야 한다면, 앞의 유형자산의 처분은 현금흐름표상 어떻게 보고하여야 할까? 법인세율을 30%라고 한다면, 유형자산처분이익의 세후금액인 ₩3,500(=₩5,000×(1-30%))만을 영업이익에서 차감하고, 해당 세액인 ₩1,500(=₩5,000-₩3,500)은 투자활동으로 인해 국세청에 납부할 현금이므로 이를 자산처분금액 ₩15,000에서 차감해야 한다. 그리고 이 차감된

16) 지분법적용투자주식계정의 기초잔고는 당기 이전에 획득한 피투자회사지분의 취득원가를 나타내므로 당기의 현금흐름표에 보고할 필요는 없다.

금액, 즉 처분금액의 세후금액인 ₩13,500(=₩15,000−₩1,500)을 투자활동현금유입으로 보고해야 한다. 이와 같이 법인세 납부액을 영업/투자/재무활동별로 배분하여 보고해야 한다면, 현금흐름표의 작성은 개념적으로나 절차상으로나 더욱 까다로웠을 것이다. 따라서 모든 법인세는 영업활동현금흐름으로 분류한다.

그러나 이 가정에 한 가지 예외가 있는데, 만일 거래별로 관련법인세현금흐름을 별도로 직접 확인할 수 있다면 그 법인세현금흐름은 투자활동 또는 재무활동으로 분류할 수 있다. 일례로 특정 유형자산의 처분이익에 대해 법인세 이외에 특별부가세가 부과되어 현금유출이 직접 발생하였다면 이를 투자활동현금흐름으로 분류한다. 따라서 해당 유형자산처분이익에서 특별부가세액을 공제한 금액만을 영업이익에서 차감하고, 아울러 특별부가세액을 처분금액에서 차감한 금액을 투자활동으로 인한 현금유입액으로 보고한다.

4. 기타 영업이익 조정사항

퇴직급여충당부채, 제품보증충당부채와 같은 충당부채에 있어서 비용으로 인식한 금액과 실제 현금으로 지급한 금액의 차액은 영업이익에 가산하거나 차감해 준다. 일례로, 당기의 퇴직급여충당부채전입액이 ₩1,000이고 실제 퇴직금지급액이 ₩1,500이라면, 그 차액인 ₩500은 비용을 초과하여 지급된 현금이므로 '비용이 아닌 현금유출'이다. 따라서 그 금액을 영업이익에서 차감해 준다. 물론 실제 퇴직금지급액이 ₩1,500은 영업활동현금유출에 해당한다. 주식선택권(stock options)을 경영자에게 수여한 회사는 일정기간에 걸쳐 보상비용을 인식한다. 이러한 비용의 인식은 순이익을 감소시키지만 현금흐름에는 영향이 없으므로 이를 영업이익에 가산해 주어야 한다. 즉, 주식선택권과 관련한 보상비용은 감가상각비처럼 '현금유출이 없는 비용'이다.

또한 회계오류의 수정은 그 효과를 포괄손익계산서에 보고한다. 그러나 이러한 전기오류수정손익은 현금흐름과는 무관한 항목이므로 손실이면 영업이익에 가산하고 이익이면 차감해 준다.[17] 금융자산 중 금융자산(FVPL)으로 분류된 증권은 평가손익은 투자범주이므로 영업이익을 조정할 필요가 없다. 반면 금융자산(FVOCI)의 평가손익은 자본항목(기타포괄손익누계액)이므로 조정이 불필요하다. 그 밖에도 금융자산(FVPL)의 평가손익과 유사한 조정이 필요한 항목으로서 금융자산(FVPL), 재고자산 및 유·무형자산에 대한 손상차손과 손상차손의 환입이 있다. 손상차손은 영업이익에 가산하고, 그

17) 우리나라 회계기준은 회계정책의 변경을 소급법으로 처리하므로 회계정책변경누적효과를 영업이익에 조정해 줄 필요가 없지만, 미국회계기준처럼 회계정책의 변경을 당기일괄처리법(current approach)으로 처리한다면 회계정책변경누적효과도 영업이익을 조정해 주는 항목이 된다.

환입은 차감해야 한다.

5. 공급자금융약정에 대한 현금흐름표 표시[18)]

(1) 공급자금융약정의 기본 구조

공급자금융약정(supplier finance arrangement)이란, 구매자(기업), 공급자, 금융기관(은행 등)의 세 당사자가 참여하여, 구매자의 매입채무 결제 구조를 조정하는 금융약정을 의미한다. 실무에서는 역팩토링(reverse factoring), 공급망금융(supply chain finance) 등으로도 불린다. 일반적인 구조는 다음과 같다.

첫째, 공급자가 구매자에게 재화나 용역을 제공하면 구매자는 매입채무를 인식한다.

둘째, 금융기관은 구매자를 대신하여 공급자에게 대금을 지급한다(공급자는 조기 회수 가능).

셋째, 구매자는 원래의 지급기일보다 늦은 시점에 금융기관에 대금을 지급한다.

이 약정의 핵심 경제적 효과는 공급자는 조기 유동성을 확보하고, 구매자는 지급기일을 연장하여 운전자본을 관리할 수 있다는 점이다. 그러나 외형상 매입채무 구조가 유지되는 것처럼 보이더라도, 실질적으로는 구매자가 금융기관으로부터 자금을 조달한 것과 유사한 효과가 발생할 수 있으므로, 재무상태표와 현금흐름표 표시가 중요한 회계 쟁점이 된다.

(2) 공급자금융약정과 현금흐름표의 표시

공급자금융약정이 존재할 경우 현금흐름표에서 가장 중요한 질문은 다음 두 가지이다.

- 금융기관이 공급자에게 지급하는 시점에, 구매자에게 현금흐름이 발생하는가?
- 구매자가 금융기관에 지급하는 현금유출은 영업활동인가, 재무활동인가?

국제회계기준(IFRS)에서는 이에 대해 명시적인 단일 처리방법을 강제하지 않으며, 부채의 성격에 대한 기업의 판단에 따라 현금흐름의 분류가 달라질 수 있음을 전제로 한다. 여기서 핵심은 금융기관이 공급자에게 대금을 지급할 때 구매자에게 현금흐름이 발생하는지 여부를 판단해야 하는 것이다.

첫 번째로 금융기관이 공급자에게 대금을 지급할 때 현금흐름이 발생한다고 보는 경우는, 금융기관이 구매자를 대신하여 지급하는 대리인(agent) 역할을 수행한다고 판단하

18) 아래 사항은 PWC 삼일회계법인 "공급자금융약정에 대한 투명성 확보: 재무보고 A-Z"(2023. 6.)를 참고하여 작성하였다.

면, 구매자는 다음의 두 가지 현금흐름이 동시에 발생한 것으로 본다.

- 영업활동 현금유출 : 공급자에 대한 대금 지급
- 재무활동 현금유입 : 금융기관으로부터의 차입

이 경우, 은행이 공급자에게 지급하는 시점에 구매자의 재무상태표에서 매입채무(영업부채)가 단기차입금(재무부채)으로 분류 변경되며, 현금흐름표에서는 영업현금유출(매입채무 상환)과 재무현금유입(재무부채 차입)이 동시에 인식된다. 이후 구매자가 금융기관에 상환할 때는 단기차입금의 상환으로 재무활동 현금유출로 표시한다. 이는 공급자금융약정을 실질적으로 차입을 통한 매입채무를 결제한 것으로 해석하는 접근이다.

반대로 현금흐름이 발생하지 않는다고 보는 경우는, 금융기관과 공급자 간의 지급이 구매자의 현금흐름이 아닌 제3자 간 거래라고 판단하는 경우에 가능하다. 이 경우, 은행이 공급자에게 지급하는 시점에는 구매자의 현금흐름표에 아무런 현금흐름도 표시하지 않는다. 이후 구매자가 금융기관에 지급하는 시점에만 현금유출을 인식하며, 이는 부채의 성격에 따라 영업활동 또는 재무활동 현금유출로 분류된다. 이 접근에서는 공급자금융약정 도입 시점이나 은행의 공급자 지급 시점이 비현금거래로 간주된다. 이러한 비현금 변동이 중요한 경우에는 주석에 반영하여야 한다.

익힘문제

[1] 현금흐름표에서 현금의 의미는 무엇인가?

[2] 영업활동, 투자활동 및 재무활동현금흐름의 예를 각각 들어보라.

[3] 영업활동, 투자활동 및 재무활동이 영향을 미치는 재무상태표계정을 각각 설명하라.

[4] 직접법과 간접법의 차이 및 장·단점을 설명하라.

[5] 간접법에서 영업이익에 가산하거나 차감할 항목들을 개념적으로 열거하고 각 항목을 설명하라.

[6] 현금흐름표의 주석이나 주기로 보고해야 하는 사항에는 어떤 것이 있는가?

[7] 감가상각누계액계정을 분석하여 감가상각비를 계산할 수 있는 방법을 설명하라.

[8] 간접법에서 선급비용계정의 잔고가 증가하면 그 증가액을 영업이익에서 차감하는 이유는 무엇인가?

[9] 간접법에서 매출채권계정의 잔고가 감소하면 그 감소액을 영업이익에 가산하는 이유는 무엇인가?

[10] 간접법에서 선수수익계정의 잔고가 증가하면 그 증가액을 영업이익에 가산하는 이유는 무엇인가?

[11] 간접법에서 영업이익을 조정할 때 유동계정에 대한 일정한 규칙이 있다. 이를 설명하라.

[12] 일반적으로 간접법에서는 유동계정의 증감에 대해 영업이익을 조정해 준다. 유동계정이면서도 그 변동을 영업이익에 가산하거나 차감해서는 안 되는 계정의 예를 들어보라.

[13] 현금흐름표를 작성하기 위해 재무상태표의 모든 계정의 변동을 빠짐없이 분석해야 하는 이유는 무엇인가?

[14] 간접법에서 사채할인(또는 할증)발행차금의 상각에 대해서는 어떠한 조정이 필요한지 설명하라.

[15] 간접법에서 지분법적용투자주식에 대해서는 어떠한 조정이 필요한지 설명하라.

[16] 현금흐름표를 작성할 때 법인세 납부액에 대해서는 어떠한 가정을 하는가?

연습문제

[1] 영업이익의 조정

간접법에서는 영업활동현금흐름을 계산하기 위해 영업이익을 조정해 준다. 이러한 조정항목으로서 현금유출이 없는 비용, 수익이 아닌 현금유입, 현금유입이 없는 수익, 비용이 아닌 현금유출 등이 있다. 또한 영업이익에서 조정할 필요가 없는 항목은 어느 활동에 속하는지 그 이유를 적으시오. 다음 각호의 항목은 5개 분류 가운데 어떤 것인지 밝혀라.

(1) 선급보험료의 증가
(2) 영업권의 상각
(3) 사채할증발행차금의 상각
(4) 감가상각비
(5) 대손상각비
(6) 매출채권의 감소
(7) 선수수익의 감소
(8) 이자 지급액
(9) 주식보상비용
(10) 지분법손실
(11) 내용연수가 30년인 건물의 감가상각을 취득 후 4년 만에 정률법에서 정액법으로 변경한 경우의 회계정책변경누적효과(당기일괄처리법을 가정함)

[2] 영업이익의 조정

영업활동현금흐름을 간접법으로 계산하는 경우 다음 각호의 항목이 영업이익에 어떻게 조정되는 항목인지 밝혀라.

(1) 재고자산감소액
(2) 지분법적용 피투자회사로부터 수령한 현금배당액
(3) 금융자산(FVOCI)평가이익
(4) 단기금융자산(FVPL)처분손실
(5) 중요한 전기오류수정손실
(6) 유형자산손상차손
(7) 이연법인세자산의 증가액

[3] 영업활동현금흐름(직접법)

다음은 ㈜만물의 20×7 회계연도에 발생한 거래를 요약한 것이다. 영업활동현금흐름을 직접법으로 계산하라.

(1) 1월 1일 ₩500,000의 장기차입금을 8% 이자율로 차입하였다. 이자는 매년 말 지급한다.
(2) 현금매출은 총 ₩350,000이고, 외상매출은 ₩1,730,000이다.
(3) 매출채권의 회수액은 ₩1,230,000이다.
(4) 외상매입액은 ₩935,000이며, 현금매입액은 ₩215,000이다.
(5) 외상매입액 중 ₩740,000을 현금으로 지급하였다.
(6) 매출원가는 ₩1,115,000이다.
(7) 지급한 급여는 모두 ₩450,000이고, 12월 31일 현재 미지급급여가 ₩27,000이다.
(8) 법인세로 ₩315,000을 납부하였고, 12월 31일 현재 미지급법인세가 ₩92,000이다.
(9) 감가상각비가 ₩675,000이다.
(10) 기타 미지급비용이 12월 31일 현재 ₩415,000이다.
(11) 장기투자증권에 대한 배당금 ₩132,000과 이자 ₩285,000을 수령하였다.

[4] 영업활동현금흐름(직접법)

다음은 ㈜청량의 20×7 회계연도에 발생한 거래를 요약한 것이다. 영업활동현금흐름을 직접법으로 계산하라.

(1) 현금매출은 총 ₩1,740,000이고, 외상매출은 ₩5,310,000이다.
(2) 매출채권의 회수액은 ₩4,635,000이다.
(3) 거래처로부터 받은 선수수익은 ₩719,000이며, 이 가운데 ₩463,000은 기말에 매출로 인식하였다.
(4) 현금매입액은 ₩1,734,000이며, 외상매입액 중 ₩3,553,000을 현금으로 지급하였다.
(5) 종업원에게 지급한 급여는 모두 ₩1,735,000이고, 12월 31일 현재 미지급급여가 ₩391,000이다.
(6) 법인세로 ₩783,000을 납부하였다.
(7) 장기투자증권에 대한 배당금 ₩98,300과 이자 ₩732,000을 수령하였다.
(8) ₩1,917,000의 단기매매목적의 금융자산(FVPL)을 취득하였고, 이 가운데 일부를 ₩563,000에 처분하였다.
(9) 건물에 대한 화재보험료 ₩432,500을 선급하였다.
(10) 7월 1일 ₩2,500,000의 장기차입금을 7% 이자율로 차입하였다. 이자는 매년 12월 31일과 6월 30일에 지급한다.

[5] 현금흐름표(간접법)

다음은 ㈜이화의 20×7년도 재무상태표계정의 순변동액이다.

	순증가	순감소
현　　금	₩38,000	
매출채권		₩16,000
대손충당금	3,500	
재고자산	59,300	
선급비용	5,000	
장기투자증권		36,000
토　　지	75,000	
건　　물	150,000	
설비자산		5,600
감가상각누계액		
건　　물	8,000	
설비자산		3,000
매입채무		35,800
미지급비용	18,000	
사채할증발행차금		3,000
사　　채	200,000	
보통주(액면가 ₩10)	39,000	
자본잉여금	30,000	
이익잉여금	13,000	

[추가정보]

① 20×7년 영업이익은 ₩53,000이며, 법인세는 없다고 가정한다. 또 정부가 도로건설을 위하여 회사가 소유하고 있던 토지를 수용하였으며, 수용당한 토지의 장부금액은 ₩60,000이고, 이로 인한 손실은 ₩27,000이다.

② 20×7년 3월 중에 5%의 주식배당을 결의하고 주식을 발행하였다.

③ 장기투자증권을 ₩55,000에 매각하였으며, 20×7년도 중 추가로 취득한 장기투자증권은 없었다. 장기투자증권은 시장성이 없는 주식으로서 취득원가로 보유 중이다.

④ 취득원가가 ₩145,000인 건물과 취득원가가 ₩5,000인 토지를 일괄하여 ₩125,000에 매각하였다. 매각한 건물의 장부금액은 ₩90,000이다.

⑤ 취득원가가 ₩5,600인 잔존가치가 ₩0인 설비자산의 감가상각이 모두 끝나 무상으로 처분하였다.

⑥ 회사는 20×7년 6월 15일 3,000주의 보통주를 주당 ₩20에 발행하였다. 20×7년 12월 31일 현재 21,900주의 보통주가 유통 중이다.

⑦ 회사는 20×7년 1월 1일 사채를 102%로 발행하였다. 20×7년도 중 상환한 사채는 없다.

(1) 건물과 설비자산에 대한 20×7년도 감가상각비를 계산하라.

(2) 20×7년에 취득한 건물과 토지의 취득원가를 구하라.

(3) 건물과 토지 및 투자주식의 처분에 따른 손익을 계산하라.

(4) 토지수용과 관련하여 회사가 수령한 현금은 얼마인가?

(5) 20×7년도 중에 실시한 5%의 주식배당과 관련하여 회사가 발행한 주식의 수는? (힌트 : 추가정보 ⑥을 이용하라).

(6) 주식배당과 관련하여 이익잉여금은 얼마나 감소하였나?

(7) 회사가 20×7도에 지급한 현금배당액은 얼마인가?

(8) 사채할증발행차금의 20×7년도 상각액을 구하라.

(9) 간접법을 이용하여 20×7 회계연도의 현금흐름표를 작성하라.

[6] 현금흐름표(직접법/간접법)

다음은 ㈜만나의 20×7 회계연도 재무상태표 계정과목의 기초 및 기말잔고와 포괄손익계산서계정의 금액을 보여주고 있다.

	20×7. 12. 31.	20×7. 1. 1.
현 금	₩176,400	₩58,000
매출채권	34,000	29,000
재고자산	21,000	25,400
선급보험료	5,600	4,000
매도가능금융자산(FVOCI)	6,000	16,800
설비자산	80,000	66,000
자기주식	10,000	20,000
매출원가	368,000	
판매비와관리비	184,200	
이자비용	2,800	
법인세비용	37,600	
설비자산처분손실	1,000	
차변 총액	₩926,600	₩219,200
대손충당금	4,000	2,400
감가상각누계액	19,000	18,000
매입채무	7,000	11,200
미지급이자	1,000	2,000
미지급법인세	12,000	8,000
장기차입금	16,000	24,000
자 본 금	110,000	100,000
자본잉여금	28,000	30,000
이익잉여금	23,600	23,600
매 출	704,000	
매도가능증권(FVOCI)처분이익	2,000	
대변총액	₩926,600	₩219,200

[추가정보]

① 20×7년 12월 31일의 이익잉여금 잔고는 장부마감 전 금액이다.

② 자본잉여금계정의 금액은 자기주식을 제외한 나머지 모든 자본조정항목을 포함하고 있다.

③ 매도가능금융자산(FVOCI)의 금액은 취득원가이며, 20×7년도에 수취한 배당금은 없다.

④ 모든 재고자산의 매입 및 매출은 외상으로 이루어졌다.

⑤ 취득원가가 ₩10,000인 설비자산을 ₩3,000에 매각하였다. 또, 20×7 회계연도 중에 설비자산을 구입하고 현금 ₩12,000과 보통주를 발행하여 대금을 지급하였다.

⑥ 판매비와관리비는 ₩7,000의 감가상각비, ₩2,000의 대손상각비, ₩2,400의 보험료 비용 그리고 나머지는 급여로 구성되어 있다.

⑦ 보유 중이던 자기주식을 취득원가보다 ₩4,000 낮은 가격으로 재발행하였다. 이는 기중의 유일한 자기주식거래이다.

⑧ 20×7 회계연도 중에는 배당을 전혀 실시하지 않았다.

(1) 회계기간 중 고객으로부터 수령한 총현금은 얼마인가?

(2) 재고자산의 매입과 관련하여 지급한 총현금은 얼마인가?

(3) 보험료로 선급한 현금은 모두 얼마인가?

(4) 20×7년에 현금이자로 지급한 금액은 얼마인가?

(5) 20×7년도에 법인세로 납부한 현금은 얼마인가?

(6) 종업원의 급여로 지급한 현금은 얼마인가?

(7) 영업활동현금흐름을 직접법으로 작성하라.

(8) 20×7년도 포괄손익계산서를 작성하라.

(9) 간접법을 이용하여 20×7년도 현금흐름표를 작성하라.

[7] 현금흐름표(간접법)

다음은 ㈜번성의 20×7년도 비교재무상태표와 포괄손익계산서 정보이다. ㈜번성의 20×7년도 현금흐름표를 간접법으로 작성하라(여기서 배당의 수령은 투자활동현금흐름, 지급은 재무활동현금흐름으로 분류한다).

재무상태표

	20×7. 12. 31.	20×7. 1. 1.
현　　금	₩46,000	₩30,000
매출채권	330,000	296,000
선급임차료	20,000	29,000
상　　품	400,000	350,000
금융자산(FVOCI)	360,000	325,000
지분법적용투자주식	775,000	700,000
토　　지	665,000	500,000
건　　물	1,300,000	1,300,000
감가상각누계액-건물	(400,000)	(360,000)
설비자산	500,000	550,000
감가상각누계액-설비자산	(155,000)	(135,000)
특허권	63,000	65,000
자산 총계	₩3,904,000	₩3,650,000
매입채무	₩95,000	₩70,000
미지급법인세	26,000	15,000
미지급급여	47,000	40,000
미지급배당금	0	80,000
장기차입금	45,000	50,000
사　　채	1,000,000	1,000,000
사채할인발행차금	(50,750)	(64,630)
자 본 금	1,200,000	1,100,000
자본잉여금	685,000	650,000
이익잉여금	876,750	749,630
자기주식	(20,000)	(40,000)
부채와 자본총액	₩3,904,400	₩3,650,000

포괄손익계산서(20×7년)

매　　출	₩1,007,500
매출원가	403,000
매출총이익	604,500
판매비와관리비	222,087
유형자산처분이익	15,000
영업이익	397,413
투자활동 손익	
지분법이익	115,000
배당금수익(지분법 기업 이외)	15,000
재무활동 손익	
이자비용	(98,880)
법인세비용차감전계속사업이익	428,533
법인세비용	(171,413)
당기순이익	257,120
당기 배당	(130,000)

[추가정보]

① 20×7년 중에 장부금액이 ₩45,000인 설비자산을 처분하였다.

② 20×7년에 인식한 지분법이익은 ₩115,000이며, 피투자회사로부터 수령한 현금배당액은 ₩40,000이다.

③ 매도가능금융자산(FVOCI)에 대해 평가손익은 발생하지 않았다.

④ 20×7년 중 자기주식을 처분하였으나, 자기주식처분손익은 발생하지 않았다.

현 가 표

〈표 1〉 일회금액 1원의 미래가치 $(1+r)^n$

n	1%	1.5%	2%	2.5%	3%	4%	5%	6%	8%	10%	12%	16%	20%
1	1.0100	1.0150	1.0200	1.0250	1.0300	1.0400	1.0500	1.0600	1.0800	1.1000	1.1200	1.1600	1.2000
2	1.0201	1.0302	1.0404	1.0506	1.0609	1.0816	1.1025	1.1236	1.1664	1.2100	1.2544	1.3456	1.4400
3	1.0303	1.0457	1.0612	1.0769	1.0927	1.1249	1.1576	1.1910	1.2597	1.3310	1.4049	1.5609	1.7280
4	1.0406	1.0614	1.0824	1.1038	1.1255	1.1699	1.2155	1.2625	1.3605	1.4641	1.5735	1.8106	2.0736
5	1.0510	1.0773	1.1041	1.1314	1.1593	1.2167	1.2763	1.3382	1.4693	1.6105	1.7623	2.1003	2.4883
6	1.0615	1.0934	1.1262	1.1597	1.1941	1.2653	1.3401	1.4185	1.5869	1.7716	1.9738	2.4364	2.9860
7	1.0721	1.1098	1.1487	1.1887	1.2299	1.3159	1.4071	1.5036	1.7138	1.9487	2.2107	2.8262	3.5832
8	1.0829	1.1265	1.1717	1.2184	1.2668	1.3686	1.4775	1.5983	1.8509	2.1436	2.4760	3.2784	4.2998
9	1.0937	1.1434	1.1951	1.2489	1.3048	1.4233	1.5513	1.6895	1.9990	2.3579	2.7731	3.8030	5.1598
10	1.1046	1.1605	1.2190	1.2801	1.3439	1.4802	1.6289	1.7908	2.1589	2.5937	3.1058	4.4114	6.1917
11	1.1157	1.1779	1.2434	1.3121	1.3842	1.5395	1.7103	1.8983	2.3316	2.8531	3.4786	5.1173	7.4301
12	1.1268	1.1956	1.2682	1.3449	1.4258	1.6010	1.7959	2.0122	2.5182	3.1384	3.8960	5.9360	8.9161
13	1.1381	1.2136	1.2936	1.3785	1.4685	1.6651	1.8856	2.1329	2.7196	3.4523	4.3635	6.8858	10.6993
14	1.1495	1.2318	1.3195	1.4130	1.5126	1.7317	1.9799	2.2609	2.9372	3.7975	4.8871	7.9875	12.8392
15	1.1610	1.2502	1.3459	1.4483	1.5580	1.8009	2.0789	2.3966	3.1722	4.1772	5.4736	9.2655	15.4070
16	1.1726	1.2690	1.3728	1.4845	1.6047	1.8730	2.1829	2.5404	3.4259	4.5950	6.1304	10.7480	18.4884
17	1.1843	1.2880	1.4002	1.5216	1.6528	1.9479	2.2920	2.6928	3.7000	5.0545	6.8660	12.4677	22.1816
18	1.1961	1.3073	1.4282	1.5597	1.7024	2.0258	2.4066	2.8543	3.9960	5.5599	7.6900	14.4625	26.6233
19	1.2081	1.3270	1.4568	1.5987	1.7535	2.1068	2.5270	3.0256	4.3157	6.1159	8.6128	16.7765	31.9480
20	1.2202	1.3469	1.4859	1.6386	1.8061	2.1911	2.6533	3.2071	4.6610	6.7275	9.6463	19.4608	38.3376
21	1.2324	1.3671	1.5157	1.6796	1.8603	2.2788	2.7860	3.3996	5.0338	7.4002	10.8039	22.5745	46.0051
22	1.2447	1.3876	1.5460	1.7216	1.9161	2.3699	2.9253	3.6035	5.4365	8.1403	12.1003	26.1864	55.2061
23	1.2572	1.4084	1.5769	1.7646	1.9736	2.4647	3.0715	3.8198	5.8715	8.9543	13.5523	30.3762	66.2474
24	1.2697	1.4295	1.6084	1.8087	2.0328	2.5633	3.2251	4.0489	6.3412	9.8497	15.1786	35.2364	79.4969
25	1.2824	1.4509	1.6406	1.8539	2.0938	2.6658	3.3864	4.2919	6.8485	10.8347	17.0001	40.8742	95.3962
30	1.3478	1.5631	1.8114	2.0976	2.4273	3.2434	4.3219	5.7435	10.0627	17.4494	29.9599	85.8499	237.3763
50	1.6446	2.1052	2.6916	3.4371	4.3839	7.1067	11.4674	18.4204	46.9016	117.3909	289.0022	1670.7038	9100.4382

〈표 2〉 **일회금액 1원의 현가** $(1+r)^{-n}$

n	1%	1.5%	2%	2.5%	3%	4%	5%	6%	8%	10%	12%	16%	20%
1	0.9901	0.9852	0.9804	0.9756	0.9709	0.9615	0.9524	0.9434	0.9259	0.9091	0.8929	0.8621	0.8333
2	0.9803	0.9707	0.9612	0.9518	0.9426	0.9246	0.9070	0.8900	0.8573	0.8264	0.7972	0.7432	0.6944
3	0.9706	0.9563	0.9423	0.9286	0.9151	0.8890	0.8638	0.8396	0.7938	0.7513	0.7118	0.6407	0.5787
4	0.9610	0.9422	0.9238	0.9060	0.8885	0.8548	0.8227	0.7921	0.7350	0.6830	0.6355	0.5523	0.4823
5	0.9515	0.9283	0.9057	0.8839	0.8626	0.8219	0.7835	0.7473	0.6806	0.6209	0.5674	0.4761	0.4019
6	0.9420	0.9145	0.8880	0.8623	0.8375	0.7903	0.7462	0.7050	0.6302	0.5645	0.5066	0.4104	0.3349
7	0.9327	0.9010	0.8706	0.8413	0.8131	0.7599	0.7107	0.6651	0.5835	0.5132	0.4523	0.3538	0.2791
8	0.9235	0.8877	0.8535	0.8207	0.7894	0.7307	0.6768	0.6274	0.5403	0.4665	0.4039	0.3050	0.2326
9	0.9143	0.8746	0.8368	0.8007	0.7664	0.7026	0.6446	0.5919	0.5002	0.4241	0.3606	0.2630	0.1938
10	0.9053	0.8617	0.8203	0.7812	0.7441	0.6756	0.6139	0.5584	0.4632	0.3855	0.3220	0.2267	0.1615
11	0.8963	0.8489	0.8043	0.7621	0.7224	0.6496	0.5847	0.5268	0.4289	0.3505	0.2875	0.1954	0.1346
12	0.8874	0.8364	0.7885	0.7436	0.7014	0.6246	0.5568	0.4970	0.3971	0.3186	0.2567	0.1685	0.1122
13	0.8787	0.8240	0.7730	0.7254	0.6810	0.6006	0.5303	0.4688	0.3677	0.2897	0.2292	0.1452	0.0935
14	0.8700	0.8118	0.7579	0.7077	0.6611	0.5775	0.5051	0.4423	0.3405	0.2633	0.2046	0.1252	0.0779
15	0.8613	0.7999	0.7430	0.6905	0.6419	0.5553	0.4810	0.4173	0.3152	0.2394	0.1827	0.1079	0.0649
16	0.8528	0.7880	0.7284	0.6736	0.6232	0.5339	0.4581	0.3936	0.2919	0.2176	0.1631	0.0930	0.0541
17	0.8444	0.7764	0.7142	0.6572	0.6050	0.5134	0.4363	0.3714	0.2703	0.1978	0.1456	0.0802	0.0451
18	0.8360	0.7649	0.7002	0.6412	0.5874	0.4936	0.4155	0.3505	0.2502	0.1799	0.1300	0.0691	0.0376
19	0.8277	0.7536	0.6864	0.6255	0.5703	0.4746	0.3957	0.3305	0.2317	0.1635	0.1161	0.0596	0.0313
20	0.8195	0.7425	0.6730	0.6103	0.5537	0.4564	0.3769	0.3118	0.2145	0.1486	0.1037	0.0514	0.0261
21	0.8114	0.7315	0.6598	0.5954	0.5375	0.4388	0.3589	0.2942	0.1987	0.1351	0.0926	0.0443	0.0217
22	0.8034	0.7207	0.6468	0.5809	0.5219	0.4220	0.3418	0.2775	0.1839	0.1228	0.0826	0.0382	0.0181
23	0.7954	0.7100	0.6342	0.5667	0.5067	0.4057	0.3256	0.2618	0.1703	0.1117	0.0738	0.0329	0.0151
24	0.7876	0.6995	0.6217	0.5529	0.4919	0.3901	0.3101	0.2470	0.1577	0.1015	0.0659	0.0284	0.0126
25	0.7798	0.6892	0.6095	0.5394	0.4776	0.3751	0.2953	0.2330	0.1460	0.0923	0.0588	0.0245	0.0105
30	0.7419	0.6398	0.5521	0.4767	0.4120	0.3083	0.2314	0.1741	0.0994	0.0573	0.0334	0.0116	0.0042
50	0.0680	0.4750	0.3715	0.2909	0.2281	0.1407	0.0872	0.0543	0.0213	0.0085	0.0035	0.0006	0.0001

(표 상단의 r은 1%~20% 열 전체에 걸친 머리글)

〈표 3〉 기말연금 1원의 미래가치 $\frac{(1+r)^n-1}{r}$

n	1%	1.5%	2%	2.5%	3%	4%	5%	6%	8%	10%	12%	16%	20%
1	1.0000	1.0000	1.0000	1.0000	1.0000	1.0000	1.0000	1.0000	1.0000	1.0000	1.0000	1.0000	1.0000
2	2.0100	2.0150	2.0200	2.0250	2.0300	2.0400	2.0500	2.0600	2.0800	2.1000	2.1200	2.1600	2.2000
3	3.0301	3.0452	3.0604	3.0756	3.0909	3.1216	3.1525	3.1836	3.2464	3.3100	3.3744	3.5056	3.6400
4	4.0604	4.0909	4.1216	4.1525	4.1836	4.2465	4.3101	4.3746	4.5061	4.6410	4.7793	5.0665	5.3680
5	5.1010	5.1523	5.2040	5.2563	5.3091	5.4163	5.5256	5.6371	5.8666	6.1051	6.3528	6.8771	7.4416
6	6.1520	6.2296	6.3081	6.3877	6.4684	6.6330	6.8019	6.9753	7.3359	7.7156	8.1152	8.9775	9.9299
7	7.2135	7.3230	7.4343	7.5474	7.6625	7.8983	8.1420	8.3938	8.9228	9.4872	10.0890	11.4139	12.9159
8	8.2857	8.4328	8.5830	8.7361	8.8923	9.2142	9.5491	9.8975	10.6366	11.4359	12.2997	14.2401	16.4991
9	9.3685	9.5593	9.7546	9.9545	10.1591	10.5828	11.0266	11.4913	12.4876	13.5795	14.7757	17.5185	20.7989
10	10.4622	10.7027	10.9497	11.2034	11.4639	12.0061	12.5779	13.1808	14.4866	15.9374	17.5487	21.3215	25.9587
11	11.5668	11.8633	12.1687	12.4835	12.8078	13.4864	14.2068	14.9716	16.6455	18.5312	20.6546	25.7329	32.1504
12	12.6825	13.0412	13.4121	13.7956	14.1920	15.0258	15.9171	16.8699	18.9771	21.3843	24.1331	30.8502	39.5805
13	13.8093	14.2368	14.6803	15.1404	15.6178	16.6268	17.7130	18.8821	21.4953	24.5227	28.0291	36.7862	48.4966
14	14.9474	15.4504	15.9739	16.5190	17.0863	18.2919	19.5986	21.0151	24.2149	27.9750	32.3926	43.6720	59.1959
15	16.0969	16.6821	17.2934	17.9319	18.5989	20.0236	21.5786	23.2760	27.1521	31.7725	37.2797	51.6595	72.0351
16	17.2579	17.9324	18.6393	19.3802	20.1569	21.8245	23.6575	25.6725	30.3243	35.9497	42.7533	60.9250	87.4421
17	18.4304	19.2014	20.0121	20.8647	21.7616	23.6975	25.8404	28.2129	33.7502	40.5447	48.8837	71.6730	105.9306
18	19.6148	20.4894	21.4123	22.3864	23.4144	25.6454	28.1324	30.9057	37.4502	45.5992	55.7497	84.1407	128.1167
19	20.8109	21.7967	22.8406	23.9460	25.1169	27.6712	30.5390	33.7600	41.4463	51.1591	63.4397	98.6032	154.7400
20	22.0190	23.1237	24.2974	25.5447	26.8704	29.7781	33.0660	36.7856	45.7620	57.2750	72.0524	115.3797	186.6880
21	23.2392	24.4705	25.7833	27.1833	28.6765	31.9692	35.7193	39.9927	50.4229	64.0025	81.6987	134.8405	225.0256
22	24.4716	25.8376	27.2990	28.8629	30.5368	34.2480	38.5052	43.3923	55.4568	71.4027	92.5026	157.4150	271.0307
23	25.7163	27.2251	28.8450	30.5844	32.4529	36.6179	41.4305	46.9958	60.8933	79.5430	104.6029	183.6014	326.2369
24	26.9735	28.6335	30.4219	32.3490	34.4265	39.0826	44.5020	50.8156	66.7648	88.4973	118.1552	213.9776	392.4842
25	28.2432	30.0630	32.0303	34.1578	36.4593	41.6459	47.7271	54.8645	73.1059	98.3471	133.3339	249.2140	471.9811
30	34.7849	37.5387	40.5681	43.9027	47.5754	56.0849	66.4389	79.0582	113.2832	164.4940	241.3327	530.3117	1181.8816
50	64.4632	73.6828	84.5794	97.4844	112.7969	152.6671	209.3480	290.3359	573.7702	1163.9085	2400.0183	10435.6488	45497.1910

〈표 4〉 **기말연금 1원의 현가** $\frac{1-(1+r)^{-n}}{r}$

n	1%	1.5%	2%	2.5%	3%	4%	5%	6%	8%	10%	12%	16%	20%
1	0.9901	0.9852	0.9804	0.9756	0.9709	0.9615	0.9524	0.9434	0.9259	0.9091	0.8929	0.8621	0.8333
2	1.9704	1.9559	1.9416	1.9274	1.9135	1.8861	1.8594	1.8334	1.7833	1.7355	1.6901	1.6052	1.5278
3	2.9410	2.9122	2.8839	2.8560	2.8286	2.7751	2.7232	2.6730	2.5771	2.4869	2.4018	2.2459	2.1065
4	3.9020	3.8544	3.8077	3.7620	3.7171	3.6299	3.5460	3.4651	3.3121	3.1699	3.0373	2.7982	2.5887
5	4.8534	4.7826	4.7135	4.6458	4.5797	4.4518	4.3295	4.2124	3.9927	3.7908	3.6048	3.2743	2.9906
6	5.7955	5.6972	5.6014	5.5081	5.4172	5.2421	5.0757	4.9173	4.6229	4.3553	4.1114	3.6847	3.3255
7	6.7282	6.5982	6.4720	6.3494	6.2303	6.0021	5.7864	5.5824	5.2064	4.8684	4.5638	4.0386	3.6046
8	7.6517	7.4859	7.3255	7.1701	7.0197	6.7327	6.4632	6.2098	5.7466	5.3349	4.9676	4.3436	3.8372
9	8.5660	8.3605	8.1622	7.9709	7.7861	7.4353	7.1078	6.8017	6.2469	5.7590	5.3283	4.6065	4.0310
10	9.4713	9.2222	8.9826	8.7521	8.5302	8.1109	7.7217	7.3601	6.7101	6.1446	5.6502	4.8332	4.1925
11	10.3676	10.0711	9.7868	9.5142	9.2526	8.7605	8.3064	7.8869	7.1390	6.4951	5.9377	5.0286	4.3271
12	11.2551	10.9075	10.5753	10.2578	9.9540	9.3851	8.8633	8.3838	7.5361	6.8137	6.1944	5.1971	4.4392
13	12.1337	11.7315	11.3484	10.9832	10.6350	9.9856	9.3936	8.8527	7.9038	7.1034	6.4235	5.3423	4.5327
14	13.0037	12.5434	12.1063	11.6909	11.2961	10.5631	9.8986	9.2950	8.2442	7.3667	6.6282	3.4675	4.6106
15	13.8651	13.3432	12.8493	12.3814	11.9379	11.1184	10.3797	9.7122	8.5595	7.6061	6.8109	5.5755	4.6755
16	14.7179	14.1313	13.5777	13.0550	12.5611	11.6523	10.8378	10.1059	8.8514	7.8237	6.9740	5.6685	4.7296
17	15.5623	14.9077	14.2919	13.7122	13.1661	12.1657	11.2741	10.4773	9.1216	8.0216	7.1196	5.7487	4.7746
18	16.3983	15.6726	14.9920	14.3534	13.7535	12.6593	11.6896	10.8276	9.3719	8.2014	7.2497	5.8178	4.8122
19	17.2260	16.4262	15.6785	14.9789	14.3238	13.1339	12.0853	11.1581	9.6036	8.3649	7.3658	5.8775	4.8435
20	18.0456	17.1686	16.3514	15.5892	14.8775	13.5903	12.4622	11.4699	9.8181	8.5136	7.4694	5.9288	4.8696
21	18.8570	17.9001	17.0112	16.1846	15.4150	14.0292	12.8212	11.7641	10.0168	8.6487	7.5620	5.9731	4.8913
22	19.6604	18.6208	17.6581	16.7654	15.9369	14.4511	13.1630	12.0416	10.2007	8.7715	7.6446	6.0113	4.9094
23	20.4558	19.3309	18.2922	17.3321	16.4436	14.8568	13.4886	12.3034	10.3711	8.8832	7.7184	6.0442	4.9245
24	21.2434	20.0304	18.9139	17.8850	16.9355	15.2470	13.7986	12.5504	10.5288	8.9847	7.7843	6.0726	4.9371
25	22.0232	20.7196	19.5235	18.4244	17.4132	15.6221	14.0939	12.7834	10.6748	9.0770	7.8431	6.0971	4.9476
30	25.8077	24.0158	22.3965	20.9303	19.6004	17.2920	15.3725	13.7648	11.2578	9.4269	8.0552	6.1772	4.9789
50	39.1961	34.9997	31.4236	28.3623	25.7298	21.4822	18.2559	15.7619	12.2335	9.9148	8.3045	6.2463	4.9995

〈표 5〉 기초연금 1원의 현가

$$1+\frac{1-(1+r)^{-(n-1)}}{r}$$

n	1%	5%	6%	7%	8%	9%	10%	11%	12%	13%	14%	15%	16%
1	1.0000	1.0000	1.0000	1.0000	1.0000	1.0000	1.0000	1.0000	1.0000	1.0000	1.0000	1.0000	1.0000
2	1.9901	1.9524	1.9434	1.9346	1.9259	1.9174	1.9091	1.9009	1.8929	1.8850	1.8772	1.8696	1.8621
3	2.9704	2.8594	2.8334	2.8080	2.7833	2.7591	2.7355	2.7125	2.6901	2.6881	2.6467	2.6257	2.6052
4	3.9410	3.7233	3.6730	3.6243	3.5771	3.5313	3.4869	3.4437	3.4018	3.3612	3.3217	3.2832	3.2459
5	4.9020	4.5460	4.4651	4.3872	4.3121	4.2397	4.1699	4.1025	4.0374	3.9745	3.9137	3.8550	3.7982
6	5.8534	5.3295	5.2124	5.1002	4.9927	4.8897	4.7908	4.6959	4.6048	4.5172	4.4331	4.3522	4.2743
7	6.7955	6.0757	5.9173	5.7665	5.6229	5.4859	5.3553	5.2305	5.1114	4.9976	4.8887	4.7845	4.6847
8	7.7282	6.7864	6.5824	6.3893	6.2064	6.0330	5.8684	5.7122	5.5638	5.4226	5.2883	5.1604	5.0386
9	8.6517	7.4632	7.2098	6.9713	6.7466	6.5348	6.3349	6.1461	5.9676	5.7988	5.6389	5.4873	5.3436
10	9.5660	8.1078	7.8017	7.5152	7.2489	6.9953	6.7590	6.5371	6.3283	6.1317	5.9464	5.7716	5.6065
11	10.4713	8.7217	8.3601	8.0236	7.7101	7.4177	7.1446	6.8892	6.6502	6.4262	6.2161	6.0188	5.8332
12	11.3676	9.3064	8.8869	8.4987	8.1390	7.8052	7.4951	7.2065	6.9377	6.6869	6.4527	6.2337	6.0286
13	12.2551	9.8633	9.3838	8.9427	8.5361	8.1607	7.8137	7.4924	7.1944	6.9177	6.6603	6.4206	6.1971
14	13.1337	10.3936	9.8527	9.3577	8.9038	8.4869	7.1034	7.7499	7.4236	7.1218	6.8424	6.5832	6.3423
15	14.0037	10.8986	10.2950	9.7455	9.2443	8.7862	8.3667	7.9819	7.6282	7.3025	7.0021	6.7245	6.4675
16	14.8651	11.3797	10.7123	10.1079	9.5595	9.0607	8.6061	8.1909	7.8109	7.4624	7.1422	6.8474	6.5755
17	15.7179	11.8378	11.1059	10.4467	9.8514	9.3126	8.8237	8.3792	7.9740	7.6039	7.2651	6.9542	6.6685
18	16.5623	12.2741	11.4773	10.7632	10.1216	9.5436	9.0216	8.5488	8.1196	7.7291	7.3729	7.0472	6.7486
19	17.3983	12.6896	11.8276	11.0591	10.3719	9.7556	9.2014	8.7016	8.2497	7.8399	7.4674	7.1280	6.8179
20	18.2260	13.0853	12.1581	11.3356	10.5036	9.9501	9.3649	8.8393	8.3658	7.9380	7.5504	7.1982	6.8775
21	19.0456	13.4622	12.4699	11.5940	10.8182	10.1286	9.5136	8.9633	8.4694	8.0248	7.6231	7.2593	6.9288
22	19.8570	13.8212	12.7641	11.8355	11.0168	10.2922	9.6487	9.0751	8.5620	8.1016	7.6870	7.3125	6.9731
23	20.6604	14.1630	13.0416	12.0612	11.2007	10.4424	9.7715	9.1757	8.6447	8.1695	7.7429	7.3587	7.0113
24	21.4558	14.4886	13.3034	12.2722	11.3711	10.5802	9.8832	9.2664	8.7184	8.2297	7.7921	7.3988	7.0443
25	22.2434	14.7986	13.5504	12.4693	11.5288	10.7088	9.9847	9.3481	8.7843	8.2829	7.8351	7.4338	7.0726
30	25.0658	16.1411	14.5907	13.2777	12.1584	11.1983	10.3696	9.6501	9.0218	8.4701	7.9830	7.5509	7.1656
50	39.5881	19.1687	14.7076	14.7668	13.2122	11.9482	10.9063	10.0362	9.3010	8.6730	8.1312	7.6596	7.2457

저자소개

▌정운오(鄭雲午)

서울대학교 사회과학대학 졸업(경제학 학사)
Cornell University 경영대학원 졸업(경영학 석사)
UCLA 경영대학원 졸업(경영학 박사)
University of Illinois, Urbana-Champaign 회계학과 교수
한양대학교 상경대학 교수
서울대학교 경영대학 교수
홍콩 이공대학/중국 상해교통대학 초빙교수
State University of New York, Korea 석좌교수
한국회계기준위원회(KASB) 비상임위원
한국회계학회 삼일 저명교수(연구분야)
한국세무학회장
한국회계기준원 이사회 의장
(현) 서울대학교 경영대학 명예교수

〈주요 저술〉
회계학연구, 세무학연구, *Journal of Accounting Research*, *The Accounting Review*, *Contemporary Accounting Research*, *Journal of Accounting and Public Policy*, *Asia-Pacific Journal of Accounting and Economics*, *Pacific-Basin Finance Journal* 등에 논문을 발표함.

▌조성표(趙盛豹)

연세대학교 상경대학 졸업(경영학 학사)
한국과학기술원(KAIST) 경영과학과 졸업(공학 석사)
연세대학교 대학원 졸업(경영학 박사)
공인회계사(등록번호 : 1757호), 경북대학교 기획처장, BK사업단장, 융합기술경영사업단장 역임
Fulbright Visiting Scholar at Purdue University
Asian Accounting Associations, 2018 Best Paper Award
한국경영학회 '학회창립 60주년기념 최우수논문상' 수상
Global Engagement Committee, American Accounting Association 위원 역임
제37대 한국회계학회 회장 역임
공인회계사, 행정고시 출제위원 역임
(현) 대구경북과학기술원 기술경영전문대학원 초빙석좌교수

〈주요 저술〉
- 연구개발 관리와 회계(형설출판사, 1996), 공저
- 공학회계 제7판(청람, 2026), 공저
- 돈 걱정 없는 인생(CUP, 2023)
- Sunder, Shyam ed., *A chapter in Japanese Style Accounting*(Quorum Books, 1999)
- Comparative Analysis on the Performance Evaluation of National R&D Projects(*Asian Journal of Technology Innovation*, 2009), 공저
- 杉本德榮 · 조성표 편저, 『韓國企業の IFRS 導入』, (中央經濟社, 日本 東京, 2011), 공저

▌ 한승엽(韓承燁)

서울대학교 경영대학 경영학과 졸업(경영학 학사)
The University of Texas at Austin, MBA 졸업(경영학 석사)
서울대학교 경영대학 경영대학원 졸업(경영학 박사)
삼일회계법인 감사 본부 Associate
금융감독원(복합금융감독실, 회계감독국, 비서실, 보험리스크제도실) 선임조사역
금융위원회 자본시장조사단 선임검사역
공인회계사(등록번호 : 12427호)
한국회계학회 회계학연구 '우수논문상' 및 회계저널 '우수논문상', 한국공인회계사회 회계 · 세무와 감사 연구 '최우수논문상'
(현) 이화여자대학교 경영대학 부교수

〈주요 저술〉

- "신용카드 포인트 리워드 거래에 대한 이해: 회계적 고려사항과 재무정보 비교가능성을 중심으로"(회계저널, 2022), 공저
- "건설사업과 경제적 실질 우선 원칙: 시행사와 시공사 관계를 중심으로"(회계저널, 2022), 공저
- "IFRS 17(보험계약) 수익성 정보의 이해와 해석: 수익 인식 체계의 비일관성을 중심으로"(회계저널, 2021)
- "대규모 기업집단 총수일가의 경영 참여와 감사보수"(회계학연구, 2021), 공저
- "Financial Reporting Quality of Privately Held Firms: Evidence from Private Corporations versus Limited Companies" (*Asia-Pacific Journal of Accounting and Economics*, 2020), 공저 외 다수

▌ 선우희연(鮮于希娟)

서울대학교 경영대학 경영학과 졸업(경영학 학사)
서울대학교 경영대학 경영대학원 졸업(경영학 석사 및 박사)
삼일회계법인 감사 및 세무 본부
프랭클린템플턴투신운용 고유회계부서
SC금융지주회사 세무부서
공인회계사(등록번호 : 8792호)
한국회계학회 회계학연구 '우수논문상' 및 'KAA-한경논문상', 한국경영학회 '최우수논문상' 등
(현) 세종대학교 경영학부 부교수

〈주요 저술〉

- "An empirical analysis of gender differences in asymmetric labor adjustment: Evidence from Korea"(*Review of Accounting Studies*, 2024), 공저
- "National culture and the revenue-expense matching"(*Journal of International Financial Management & Accounting*, 2023), 공저
- "ESG 중요성 공시의 유용성"(회계학연구, 2022), 공저
- "연구개발 지출의 수익성, 지속성, 자본화, 가치관련성의 추세"(회계저널, 2021), 공저
- "주기적 감사인 지정제의 이행비용: 피감법인의 효용변화를 중심으로"(회계학연구, 2020), 공저
- "Income shifting by NOL firms when loss carry-forward period is extended"(회계학연구, 2019), 공저 외 다수

IFRS 중급회계 2026년판

공저자 정운오 · 조성표 · 한승엽 · 선우희연
발행자 한헌주
발행처 도서출판 **경문사**
서울특별시 서대문구 독립문로 21-9
전화 738-7035 FAX. 722-4678
E-mail : kmsp@korea.com
홈페이지 : http://www.kmsp.co.kr
등 록 1995년 11월 9일 제300-1995-138호

2009년 2월 20일 초 판 발행
2026년 2월 27일 2026년판 발행

정가 56,000원

ISBN 978-89-420-0087-6 93320

한국채택국제회계기준 목차

03 기업회계기준해석서

한국채택국제회계기준		국제회계기준	
제2101호	사후처리 및 복구관련 충당부채의 변경	IFRIC 1	Changes in Existing Decommissioning, Restoration and Similar Liabilities
제2102호	조합원 지분과 유사 지분	IFRIC 2	Members' Shares in Co-operative Entities and Similar Instruments
제2105호	사후처리, 복구 및 환경정화를 위한 기금의 지분에 대한 권리	IFRIC 5	Rights to Interests arising from Decommissioning, Restoration and Environmental Rehabilitation Funds
제2106호	특정 시장에 참여함에 따라 발생하는 부채 : 폐전기·전자제품	IFRIC 6	Liabilities arising from Participating in a Specific Market-Waste Electrical and Electronic Equipment
제2107호	기업회계기준서 제1029호 '초인플레이션 경제에서의 재무보고'에 따른 재작성 방법의 적용	IFRIC 7	Applying the Restatement Approach under IAS 29
제2110호	중간재무보고와 손상	IFRIC 10	Interim Financial Reporting and Impairment
제2112호	민간투자사업	IFRIC 12	Service Concession Arrangements
제2114호	기업회계기준서 제1019호 : 확정급여자산한도, 최소적립요건 및 그 상호작용	IFRIC 14	IAS 19-The Limit on a Defined Benefit Asset, Minimum Funding Requirements and their Interaction
제2116호	해외사업장순투자의 위험회피	IFRIC 16	Hedges of a Net Investment in a Foreign Operation
제2117호	소유주에 대한 비현금자산의 분배	IFRIC 17	Distributions of Non-cash Assets to Owners
제2119호	지분상품에 의한 금융부채의 소멸	IFRIC 19	Extinguishing Financial Liabilities with Equity Instruments
제2120호	노천광산 생산단계의 박토원가	IFRIC 20	Stripping Costs in the Production Phase of a Surface Mine
제2121호	부담금	IFRIC 21	Levies
제2122호	외화 거래와 선지급·선수취 대가	IFRIC 22	Foreign Currency Transactions and Advance Consideration
제2123호	법인세 처리의 불확실성	IFRIC 23	Uncertainty over Income Tax Treatments
해당 없음		SIC 7	Introduction of the Euro

한국채택국제회계기준		국제회계기준	
제2010호	정부지원: 영업활동과 특정한 관련이 없는 경우	SIC 10	Government Assistance-No Specific Relation to Operating Activities
제2025호	법인세: 기업이나 주주의 납세지위 변동	SIC 25	Income Taxes-Changes in the Tax Status of an Entity or its Shareholders
제2029호	민간투자사업: 공시	SIC 29	Service Concession Arrangements: Disclosures
제2032호	무형자산: 웹 사이트 원가	SIC 32	Intangible Assets-Web Site Costs